Kathmandu
SUN KOSI
ARUN
VIDEHA
Mithilā
NEPAL
VAJJI
INDIA
Darbhanga
LICCHAVI
Muzaffarpur
Vesāli
BĀGHMATI
SAPTI KOSI
Monghyr
Bhāgalpur
Campā
Nālandā
Rājagaha
AṄGA
Gayā
Uruvelā
NERAÑ-
JARĀ
PHALGU

슈랑가마다라니와 수능엄경

- 능엄주와 슈랑가마수트라 주석 -

인도신화와 금강승에 의한 해설서

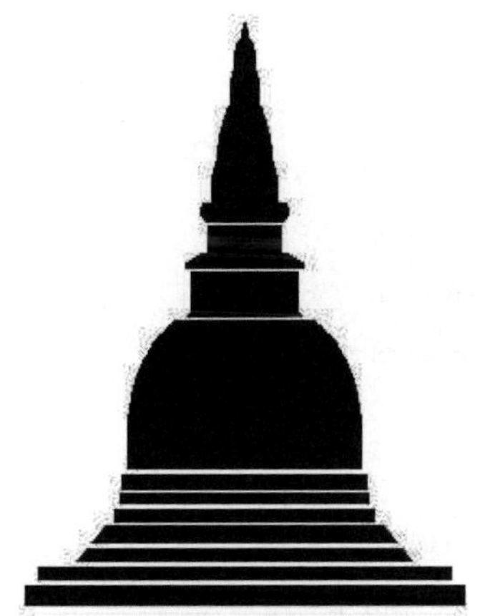

सत्यमेव जयते

退玄 全在星

철학박사. 서울대학교를 졸업했고,
한국대학생불교연합회 13년차 회장을 역임했다.
동국대학교 인도철학과 석·박사과정을 수료했고,
독일 본대학에서 인도학 및 티베트학을 연구했으며,
독일 본대학과 쾰른 동아시아 박물관 강사,
동국대 강사, 중앙승가대학 교수, 경전연구소 상임연구원,
한국불교대학(스리랑카 빠알리불교대학 분교)교수,
충남대 강사, 가산불교문화원 객원교수를 역임했고,
현재 한국빠알리성전협회 회장을 역임하고 있다.
저서에는 〈거지성자〉(선재, 안그라픽스), 〈빠알리어사전〉
〈티베트어사전〉 〈범어문법학〉 〈초기불교의 연기사상〉
역주서로는 〈『금강경』-번개처럼 자르는 지혜의 완성〉
〈붓다의 가르침과 팔정도〉 〈쌍윳따니까야 전집〉
〈오늘 부처님께 묻는다면〉 〈맛지마니까야〉 〈명상수행의 바다〉
〈디가니까야 전집〉 〈신들과 인간의 스승〉
〈앙굿따라니까야 전집〉 〈생활 속의 명상수행〉
〈법구경-담마파다〉 〈숫타니파타〉 〈우다나-감흥어린 싯구〉
〈이띠붓따까-여시어경〉 〈예경지송-쿳다까빠타〉
〈테라가타-장로게경〉 〈테리가타-장로니게경〉
〈비나야삐따까〉 〈빅쿠-빠띠목카〉 〈빅쿠니빠띠목카〉
〈자타카 전서〉(이상, 한국빠알리 성전협회)
그리고 역서로 〈인도사회와 신불교〉(일역, 한길사)가 있다.
주요논문으로 〈初期仏教의 緣起性 研究〉 〈中論帰敬偈無畏疏研究〉
〈学問梵語의 研究〉 〈梵巴蔵音声論〉 등 다수가 있다.

슈랑가마다리니와 수능엄경

Published and Distributed by
Korea Pali Text Society

능엄주와 능엄경

능엄신주와 슈랑가마수트라

슈랑가마다라니와 수능엄경

शुरंगमधारणि-शुरंगमसूत्र

슈랑가마다라니의 불교철학적 이해

퇴현 전 재 성 역주

한국빠알리성전협회
Korea Pali Text Society

슈랑가마다라니와 수능엄경

값 60,000 원

발행일 2024년 7월 10일 초 판
발행인 도 법
역주자 전재성
편집인 혜능, 김열권, 최훈동
발행처 한국빠알리성전협회
1999년5월31일(신고번호:제318-1999-000052호)
우) 03728 서울 서대문구 모래내로430. #102-102
전화 02-2631-1381, 070-7767-8437 팩스. 02-2219-3748
전자우편 kptsoc@kptsoc.org
홈페이지 www.kptsoc.org
Korea Pali Text Society
Moraenaero 430. #102-102, Sudaemunku.
Seoul 03728 Korea
TEL 82-2-2631-1381 FAX 82-2-2219-3748
전자우편 kptsoc@kptsoc.org
홈페이지 www.kptsoc.org

ISBN 978-89-8996-664-7 04220

슈랑가마다라니와 수능엄경

이 대승경전에 속한
슈랑가마다라니와 수능엄경은
산스크리트 원전대장경과
빠알리대장경의 중요성을
알리기 위해 번역한 것입니다.

सत्यमेव जयते

발 간 사

이 「슈랑가마다라니」가 『수능엄경』을 통해 중국에 전래된 것은 당나라 시대이지만, 그 다라니의 송주는 특히 송나라 시대 이후에 동아시아에서 사찰의례, 장례식, 안거의식, 왕가의례 등을 비롯한 일상적 기도의례에서 광범히 이루어졌습니다. 그것은 의궤(儀軌), 청규(淸規), 일송(日誦)의 문헌으로 남아 있습니다. 다라니의 염송은 불교의례의 중심이 되었고, 의례는 그것을 통해서 사람들이 문화적 환경을 연출하고, 사회적 구조를 만들어내는 핵심적 역할을 하게 됩니다.

천태종의 승려들은 송나라 승려들의 다라니의 해석과 이해에 머물지 않고, 「슈랑가마다라니」의 지송을 참회수행에 도입하는 혁신적인 운동을 일으켜서 다라니 자체를 삼매를 얻는 한 가지 방법으로 정착시켰습니다. 중국의 선종의 승려들도 사찰청규에 「슈랑가마다라니」의 염송을 도입하였는데, 그것은 그 다라니의 귀신을 쫓는 기능과 삼매의 획득하게 하는 가치에 대해 신뢰를 했기 때문이었습니다.

또한 「슈랑가마다라니」가 사찰의 다비식이나 장례식에서도 중요한 역할을 한 것은 세상을 달리한 승려에게 다라니의 지송과 공덕의 회향을 통해서 그의 성공적인 재생을 얻게 하고 남은 자들에게 가르침의 혈맥을 승계하도록 하는 것이었습니다.

본질적으로는 「슈랑가마다라니」에는 수많은 인도신화에 등장하는 신들이 불교의 우주적인 법계의 불보살과 동화되어, 천백억 화신으로 나타나는 만큼, 그 다라니의 지송은 그들을 불러내어 뭇삶과 다르마를 수호하게 하기 위한 것이었습니다.

이러한 「슈랑가마다라니」가 생겨난 인연담과 해설서라고 할 수 있는 것이 『수능엄경』입니다. 『수능엄경』은 동아시아 선불교에서 금과 옥조로 여겨지는 경전입니다.

특히 『수능엄경』이 가지고 있는 강력한 계율정신과 수행자에 대한 비호정신으로 인해서 『수능엄경』은 동아시아사찰의 필수적 대교과목으로 선정되었고, 「슈랑가마다라니」는 『백장청규』를 비롯한 동아시아 사찰의 일과적 염송으로 채택되었습니다.

그러나 「슈랑가마다라니」와 『수능엄경』은 성숙기의 인도불교와 중국불교를 통합하는 과정에서 생겨난 경전으로 수많은 경전 가운데 가장 난해한 경전의 하나에 속합니다. 그리고 다라니에 대한 오종불번의 역사 때문에 「슈랑가마다라니」에 관한 한, 아직도 적절한 해설서가 없고, 『수능엄경』은 수많은 주석서에도 불구하고 여전히 난해합니다.

그런데 이번에 초기불교의 경장과 율장의 대부분을 완역한 한국 빠알리성전협회의 전재성 박사께서 과거에 「천수다라니」를 완역한 적이 있으시므로 「슈랑가마다라니」의 번역을 부탁한 적이 있었는데, 이번에 그 번역이 완성되었으니, 대비주와 능엄주의 두 가지 강력한 만트라가 비로소 그 모습을 세상에 드러내게 되었습니다.

불기 2568(2024)년 여름

유나방송대표 정목 합장

추 천 사

『능엄경』은 제불여래의 대총지문(大總持門)이요 비밀의 심인心印이며 오시삼승(五時三乘)의 일대장교(一大藏教)를 통섭하여 성인과 범부, 진실과 허망, 미혹과 깨달음, 원인과 결과의 법들을 빠짐없이 체계적으로 모두 포괄하고 있습니다.

홀로 걸식하고 있는 아난다를 음녀「마땅기」가 큰 환술로 유인하여 아난다의 계행의 몸〔戒體〕을 훼손하려고 할 때, 세존께서 불정(佛頂)에서 백 가지 보배로 빛나는 무외(無畏)의 광명을 놓으시며 신비한「슈랑가마다라니」를 선설하셨습니다. 마침내 문수사리보살이 이 다라니의 위력으로「마땅기」의 사악한 주술의 힘〔呪力〕을 저지하고 아난다와「마땅기」를 구호해 부처님 처소로 돌아오는 것으로 이 경전은 시작되고 있습니다. 여기에서 아난다의 걸식은 유정들의 생존을, 마땅기의 환술은 생사의 번뇌를, '신비한 다라니'는 번뇌 망상을 완전히 저지·소멸시키는 부처님의 가르침으로 이해할 수 있습니다.

부처님께서 큰 가르침의 깃발을 세우시고, 일체중생이 청정한 눈을 뜨게 하려 법을 설하셨어도, '부처님의 위신력을 믿고 있으면 내가 애써 닦지 않아도 장차 여래께서 나에게 삼매를 얻게 해 주실 것이라는 생각만 해왔다.'라고 고백·참회하고 있는 아난다처럼, 우리 자신이 철저하게 수행하지 않는다면 아무리 음식에 관해 말하더라도 먹지 않으면 결코 배가 부를 수 없는 것과 같습니다.

그리고 '이치로는 단박에 깨닫는 것이라, 깨달으면 모두 소멸하는 것이지만, 사상(事相)은 단박에 없어지는 것이 아니라 차제로 소멸하는 것이다.'(제12장 §81)라고 하셨듯이, 능엄에서는 번뇌를 여의고 중생의 삶을 벗어나기 위해 수행자가 거쳐야 할 56단계의 수행절차를 내보이고 25가지 원통을 설하고 있는데, 이러한 수행의 세 가지 결정의(決定義)는 계·정·혜 삼학을 벗어나지 않습니다.

'마음을 거두는 것을 계행이라고 하고, 그 계행으로 인하여 선정이 생겨나고, 선정으로 인하여 지혜가 생겨난다.'(제7장 §2)고 하시며, 수행의 기초가 되는 계행에 대해 "만약 음욕을 끊지 않고 선정을 닦는다면, 마치 모래를 삶아 밥을 짓는 것과 같다."(제7장 §4)라고 하시며 보살도를 구하려면 무엇보다 먼저 얼음과 서리처럼 깨끗하게 계행을 지키면서 승묘한 사마타, 삼매, 선정 그리고 지혜를 닦아야 한다고 말씀하십니다.

선사들이 「슈랑가마다라니-능엄주」를 지송하는 결정적인 이유는 다라니에 나와 있듯이 「슈랑가마다라니-능엄주」가 마장을 퇴치하는 힘을 비롯해서, 사악한 주력을 쳐부수고 수행자를 보호하고 삼매에 들게 하고 안거 중에 승원을 안전하게 보호하는 위력을 지녔다고 믿었기 때문이기도 합니다.

불교 「다라니(dhāraṇī)」는 '기억하고 간직하며 악으로부터 스스로를 보호하는 것'이라는 의미에서 '총지(總持)'라고 번역하듯이, 단순히 신성한 연상기호나 불가사의한 힘을 환기 시키는 주술적인 주문이나 상징이 아니라, 그 자체가 부처님이고 부처님 다르마의 압축적 진동입니다.

부처님 가르침에 대한 바른 믿음〔信〕·이해〔解〕·수행〔行〕 없이 단지 다라니를 외우는 것만으로 소재와 길상을 원한다면 베다종교나 힌두교의 샤머니즘적인 주술과 무엇이 다를까요?

불교의 진언·다라니는 부처님 가르침의 진수와 핵심을 함축하고 있는 것이므로, 진언·다라니의 지송으로 밀의적인 부처님 교설을 새기며 선정을 닦고 통찰의 지혜를 계발해서 소재와 길상을 성취하고 궁극적으로 번뇌를 지멸하는 것이「불교 다라니 지송 수행」의 요체입니다.

「슈랑가마다라니-능엄주」를 단지 기복적인 주문처럼 지송해 온 측면이 없지 않았습니다. 그런데『5부 니까야』와『비나야(율장) 전서』로 전하는 부처님 가르침의 원음 역경에 헌신해 온 전재성 박사님이「슈랑가마다라니-능엄주」의 고전 산스크리트 문법에 맞는 환범본을 택하여 심혈을 기울여 각주를 달아 누구나「불교밀교」의 입장에서「슈랑가마다라니-능엄주」의 여래밀인(如來密因)을 바르게 이해하여 수지할 수 있게 되었습니다. 부처님 가르침의 원음을 전하려 정진하시는 박사님의 법연(法緣)에 수희 찬탄을 드리며, 미혹과 깨달음, 이치와 현상, 인과와 계율을 바탕으로 한 수증(修證)을 자세하게 설하고 있는 이『능엄경과 슈랑가마다라니』를 수행의 선지식으로 삼으시기를 권장합니다.

불기 2568(2024)년 여름

영축총림 통도사 정족산 보리원 람림학당
원장 고천 혜능 합장

머 리 말

필자가 천수다라니에 대한 해설서인 '천수다라니와 앙코르와트의 신비'에서 '대비주(大悲呪)'에 대한 해설을 출간 이래로 '수능엄주' 즉, 「슈랑가마다라니」(Śuraṁgamadhāraṇī)에 대한 해설을 요구하는 독자의 목소리가 높았으나, 초기불교의 경전번역에 매진하는 필자로서는 오랫동안 손을 댈 수가 없었습니다. '천수다라니'는 불교 경전 가운데 우리나라에서는 조석의 예불에 사용되는 경전으로 일반에 가장 잘 알려져 있습니다. 그 다음은 널리 일반에 알려진 다라니가 '수능엄주'입니다.

'수능엄주'는 동아시아에서 예불과 의례에서 가장 많이 사용되는 다라니 가운데 하나입니다. 「슈랑가마다라니」가 수록된 『수능엄경』(首楞嚴經)은 밀교경전이긴 하지만, 수능엄삼매(首楞嚴三昧: Śuraṁgamasamādhi)의 교의에서 반야공사상을 본체로 여래장사상을 강조하며 참선을 역설하므로 선종에서 거부감 없이 수용되었다. 『수능엄경』이 번역된 이래로 「슈랑가마다라니」는 특히 선종사찰에 널리 독송되었습니다. 『백장청규』나 『선원청규』안에 그 다라니의 독송이 들어있기 때문입니다. 그 때문에 선종사찰에서는 「슈랑가마다라니」를 일상적으로 독송을 했습니다. 우리나라에서도 『수능엄경』이 보급된 고려시대 이후에 사찰에서는 널리 독송되다가, 일제 식민지에서 해방직후 성철 스님, 청담 스님, 자운 스님이 한국불교의 수행기풍을 바로 잡으려고 했던 봉암사결사에서 성철스님이 특히 선풍을 바로 잡으려고 '수능엄주'를 공주규약에 넣을 정도였습니다.

「슈랑가마다라니」는 『수능엄경』과는 별도로 인도에서부터 범어로 전해져 내려오는 다라니들이 집대성되어 완성된 후에 『수능엄경』의 성립과 더불어 편입된 것으로 보입니다. 그러나 다라니에 대한 오종불번(五種不翻)의 역사, 「슈랑가마다라니」에 대한 일부실담문자의 하이브리드 범어적인 성격과 음사한 한역의 범어에로의 환원의 난제, 그리고 베다시대로 소급해 올라가는 인도신화와 얽혀있는 내용을 파악하고자 할 때의 당면하는 어려움 때문에 지금까지 범세계적으로 철저한 연구는 이루어지지 않았다고 해도 과언이 아닙니다.

역자는 우리말 해설을 하는데 있어서는 인도 신화의 고증에는 '힌두 이코노그라피'(Hindu Iconography)'와 필자가 번역한 '힌두교의 그림언어'에서, 밀교철학적 관점은 치첸 호(Chi Chen Ho) 박사가 연구한 속법대사(續法大師)의 『능엄주소』(楞嚴呪疏: Xog.)와 『진언사전』(眞言事典), 『수능엄경』의 주석은 운허 스님의 자상한 능엄주해(楞嚴經註解)에서 큰 도움을 얻었음을 밝힙니다. 정확한 인도신화적 해석이나 보다 심도있는 밀교적 해석은 미래의 후학들에게 요청해야 할 것입니다.

이에 정목 스님의 간절한 요청으로 지난 몇 해에 걸쳐, 「슈랑가마다라니」와 『수능엄경』을 천착한 뒤, 주석을 달아 번역하고, 혜능 스님의 도움으로 출간합니다. 두 분께 특별히 감사를 드리고, 그동안 한국빠알리성전협회를 후원하신 모든 분들과 독자들에게도 심심한 감사를 드립니다.

불기 2568(2024)년 여름

창릉천의 연구실에서

퇴현 전재성 합장

목 차

제3부 수능엄경(首楞嚴經) / 309

일 러 두 기

1. 이 『슈랑가마다라니와 수능엄경』은 신수대장경의 『대불정여래밀인수증료의제보살만행수능엄경』(大佛頂如來密因修證了義諸菩薩萬行首楞嚴經; T. 945)를 토대로 하고 있다.
2. 「슈랑가마다라니」(SD.)는 상기의 『수능엄경』(T. 945)의 반명본(般明本. T. 945B)에서 분류한 번호를 사용하였고, 그 중국적 전개와 밀교적 해설은 주로 치첸 호(Chi Chen Ho)의 「중국불교 맥락에서 본 슈랑가마다라니」(Chi.)를 참조하였고, 음사본에 대한 산스크리트어 복원은 와타나베 이쿠코(渡邊郁子)의 환범본을 사용하였다.
3. 『수능엄경』은 원래 10권으로 구성되었으나 형식적 분류이지 내용적 분류가 아니므로, 서분과 정종분(제1장-제12장), 유통분 이외에 정종분은 장으로 나누고, 문단을 나누어 번호를 부가하였다. 다만, 주석은 주로 운허 스님 『능엄경주해』를 참조하여 인용하였는데, 판권을 지닌 봉선사의 허락을 맡았음을 밝혀둔다.
4. 초기불교에 등장하는 고대인도의 인명들은 ≪니까야≫의 빠알리어가 아닌 ≪아가마≫[北傳阿含]의 산스크리트 인명을 사용하였고, 대승불교에 와서 등장하는 인명은 산스크리트어로 환원하지 않고 한역에서 통용되는 인명을 그대로 사용했다. 초기불교에 등장하는 개념은 역자가 ≪니까야≫의 번역에서 사용한 용어를 차용하였으나, 대승불교의 용어는 극도로 추상적이고 예술적이고 미묘하고 난해하여 쉽게 한글화할 경우에 심오한 의미가 훼손되기 쉬우므로 가능한 한역용어를 보존했다.
6. 부록에는 학문적인 이해를 돕기 위해, 참고문헌, 불교의 세계관·우주관, 금강계만다라, 태장계만다라 그리고 주요술어와 고유명사색인을 포함시켰다.

제1부 수능엄해제

Śūraṁgamadhāraṇī
&
Śūraṁgamasūtra

제1부 수능엄해제

제1장 수능엄경/슈랑가마수트라 개괄

1. 〔수능엄경의 이름〕『수능엄경』(首楞嚴經)의 완전한 이름은 『대불정여래밀인수증요의제보살만행수능엄경』(大佛頂如來密因修證了義諸菩薩萬行首楞嚴經)'이다. 일반적으로는 약칭해서 『대불정수능엄경』, 『대불정경』, 『만행수능엄경』, 『능엄경』이라고 하고, 또한 『중인도나란타대도량경』(中印度那蘭陀大道場經)으로 불리기도 한다. 『수능엄경』의 완전한 이름에서 '대(大)'는 '체(體)'이고, '불정'은 '구경각(究竟覺)'이니, '대불정'은 경전의 '법체(法體)'이다. '여래밀인수증요의'는 '여래의 비밀한 원인(因)을 닦아서 증득할 요의법(了義法)'라는 뜻이며 '불과(佛果)'이다. '제보살만행수능엄'은 '여러 보살들이 자리이타행을 닦음에, 미세한 모든 번뇌를 끊어 자리이타의 수행을 구족한다.'는 의미를 지녔다. 『대반열반경』(大般涅槃經)에 따르면, 수능(首楞: śūraṃ)이라는 것은 '구경(究竟: atyanta)'이라는 뜻이고, 엄(嚴: gama)이라는 것은 '견고(堅固: sāra)'라는 뜻이다. '필경견고(畢竟堅固)'라는 의미에서 수능엄이라고 하는데, 수능엄삼매(首楞嚴經三昧)의 이름이자 불성(佛性)을 의미한다.[1] 『수능엄경』은 전10권 총6,200字로 되어있으며, 일반적인 경전처럼 서분(序分). 정종분(正宗分). 유통분(流通分)으로 구성되어 있다.

---

1) 首楞者. 名一切畢竟. 厳者名堅. 一切畢竟而得堅固名首楞厳. 以是故言 首楞厳定名為仏性 : T. 374. 525a.

2. 그 중심적인 사상의 초기불교적 기원은 ≪앙굿따라니까야≫의 "수행승들이여, 이 마음은 빛나는 것이다. 그 마음이 다가오는 번뇌로 오염된다."2)라는 부처님의 말씀에 근거를 두고 있는 자성청정심(自性淸淨心)이다. 대승불교의 여래장사상(如來藏思想)은 여기서 기원한다. 여래장(如來藏)이란 산스크리트어 따타가따가르바(tathāgatagarbha)를 번역한 것으로 '여래의 태(胎)'라는 뜻인데, 여래의 태(胎)이자 여래의 모태(母胎)라는 두 가지 의미를 모두 함축하고 있다. 뭇삶의 마음이 여래의 씨앗을 갈무리하는 창고, 즉, 부처가 될 수 있는 청정한 가능성을 가진 것, 나아가서는 만유의 현상이 성립하는 근거를 의미한다. 뭇삶들은 본래 깨달을 수 있는 빛나는 청정한 마음인 불성(佛性)을 간직하고 있다는데, 그러한 '본연의 자성청정심'이 단지 '객진번뇌(客塵煩惱) —

---

2) pabhassaram idaṃ bhikkhave cittaṃ tañ ca kho āgantukehi upakkilesehi upakkiliṭṭhaṃ : 이 구절은 대승불교의 단초를 제공하는 것 같다. 『능가경』의 '여래장은 청정한 상태를 지녔지만, 객진번뇌에 의해서 오염되어 부정하다(以如來藏是淸淨相客塵煩惱垢染不淨)'이라는 말을 상기시키기 때문이다. 실제로 '다가오는 번뇌'는 한역에서 '객진번뇌(客塵煩惱)라고 한다. Mrp. I. 60에 따르면, 빛나는 것이란 밝고 청정한 것(paṇḍaraṁ parisuddhaṁ)을 말하고 마음은 잠재의식으로 이해되는 존재지속의 고리의 마음(有分心 : bhavaṅgacitta)을 말한다. '다가오는 번뇌에 의해서 오염된다.'는 것은 존재지속의 고리의 마음과 함께 생겨난 것(sahajāta)이 아니라 나중에 통각의 찰나(速行刹那 : javanakkhaṇa)에 나타나는 탐욕·성냄·어리석음의 번뇌에 의해서 마음이 오염된다는 뜻이다. 그 관계는 바른 행실을 갖춘 부모나 스승이 행실이 나쁜 아들이나 제자 때문에 치욕을 얻는 것과 같다. 따라서 '청정한 존재지속의 고리의 마음'과 '다가오는 번뇌의 오염'은 동시에 성립하는 것이 아니라 차제로 따르는 것이다. 그러나 여기서 말하는 존재지속의 고리의 마음은 서구의 심리학에서 말하는 잠재의식과 달리 윤회 속에서 개인적인 삶에 연속성(ekasantati)을 부여하는 업식(業識)에 근거를 두는 무의식적인 정신적 과정을 말한다. 이러한 이해는 대승불교와는 이해방식은 다른 것이다. 그러나 '마음은 빛나는 것이다.'라는 어구를 자성청정심(自性淸淨心)으로 이해하면, 대승불교나 선불교에 상당한 영향을 끼친 사상의 근원에 해당하는 것이 틀림이 없다.

번뇌는 모든 법에 대하여 체성(體性)이 없으므로 객(客)이라 하였음 — 에 가리워져 있어 생사윤회하므로, 그 망념만 없애면 곧바로 청정한 자성(自性)이 드러난다는 사상이다.[3]

3. 〔슈랑가마의 의미와 수능엄삼매〕 원래 '수능엄(首楞嚴)'이라는 말은 산스크리트어 슈랑가마(Śūraṃgama)를 음사한 것인데, 부처님께서 증득한 삼매의 이름으로 일체의 마군들이 부수지 못하는 견고한 삼매를 나타낸 것이다. 따라서 수능엄삼매(首楞嚴三昧) 즉, 슈랑가마싸마디(Śūraṃgamasamādhi)가 무엇인가를 알아보기 위해서는 수많은 대소승적 삼매 가운데 그 정체성을 밝힌 구마라즙(鳩摩羅什: Kumārajīva AD. 343-413)역의 『수능엄삼매경』(首楞嚴三昧經)을 살펴볼 필요가 있다. 이것을 중국의 『혜림음의』(慧琳音義)에서는 용건정(勇健定), 건상정(健相定) 또는 건행정(健行定), 용진삼매(勇進三昧)라고 번역했다. 슈랑가마(Śūraṃgama)는 슈라-앙가-마(śūra-aṅga-ma)로 분해하거나 슈랑-가마(śūra-

3) Namh. 30에 따르면, 불성, 자성청정심, 여래장 이외에도 불생불멸(不生不滅)의 본체를 가리키는 용어로 불교의 경론이나 선어록에 등장하는 용어는 이와 같이 많다. 일심(一心), 유심(唯心), 유식(唯識), 법성(法性), 법신(法身), 진제(眞諦), 본성(本性), 본제(本際), 실성(實性), 진여(眞如), 진심(眞心), 진성(眞性), 진제(眞際), 실상(實相), 성공(性空), 여여(如如), 여실(如實), 실제(實際), 법계(法界), 불허망성(不虛妄性), 불변이성(不變異性), 불이법(不二法), 평등성(平等性), 법주(法住), 부사의계(不思議界), 열반(涅槃), 보리(菩提), 반야(般若), 승의(勝義), 제일의제(第一義諦), 제일의공(第一義空), 필경공(畢竟空), 원성실성(圓成實性), 대원경지(大圓鏡智), 무분별지(無分別智), 무분별심(無分別心), 보리심(菩提心), 무구심(無垢心), 청정식(淸淨識), 진식(眞識), 무상정등정각(無上正等正覺), 무상정진도(無上正眞道), 무상정변지(無上正遍智), 소멸, 적멸, 원리, 원적(圓寂), 원각(圓覺), 본체(本體), 진상(眞相), 일여(一如), 제법실상(諸法實相), 중도실상(中道實相), 실상의(實相義), 실상인(實相印), 여실지(如實智), 상주진심(常住眞心), 묘명진심(妙明眞心), 묘심(妙心), 진성해탈(眞性解脫), 이체(理體), 일정명(一精明), 진상심(眞常心), 일원상(一圓相), 일영물(一靈物), 심우(心牛), 상원지월(常圓之月), 무위진인(無位眞人), 성전일구(聲前一句), 본래면목(本來面目) 등이다.

ṃ-gama)라고 분해할 수 있다. 전자는 '영웅적 지체'이라는 뜻이 되므로 용건정(勇健定), 건상정(健相定)과 관계되고, 후자는 '영웅적 행진'이라는 뜻이 되므로 건행정(健行定), 용진삼매(勇進三昧)와 관계된다. 또한 슈라(śūra)라는 뜻은 태양 또는 일명(日明)을 뜻하므로 『초일명삼매경』(超日明三昧經: T. 638)에서는 초일명삼매(超日明三昧)라고 번역하기도 했다.

4. 그렇다면 『수능엄삼매경』에서는 수능엄삼매에 관하여 어떻게 정의하고 있는 것일까? "어떠한 것이 수능엄삼매인가? 마음을 다스려 허공과 같이 하는 것이다. 그 마음은 고요하고 텅 비어 특징이 없다."[4]라고 정의하고 있는 것으로 보아, 그 삼매는 아마도 성립당시에는 반야공(般若空)을 내용으로 삼는 삼매였다. 그래서 용수는 『대지도론』(大智度論)에서 이 삼매에 관하여 "수능엄삼매는 건상(健相)이라고 하는데, 분별하여 모든 삼매의 행상의 깊고 얕음을 안다. 마치 대장이 모든 병력의 대소를 아는 것과 같다. 또한 보살이 이 삼매를 얻으면, 모든 번뇌와 악마와 악마적 인간에 교란되지 않는다. 비유하면 전륜성왕의 보배와 같은 군대가 머무는 곳에 항복하지 않는 것이 없는 것과 같다."[5]라고 이 삼매가 일체지(一切智)를 지닌 것임을 강조한다.

5. 반면에, 『수능엄삼매경』에서는 "만약 보살이 이 삼매를 얻으면 일체 불국토를 두루 유행하여 그 국토에서 분별하는 바가 없고 능

---

4) 何等是首楞嚴三昧 爲修治心猶如虛空, 基心寂空無有相; 首楞嚴三昧經百句義 : T. 632. 93

5) 首楞嚴三昧者, 秦言健相, 分別知諸三昧行相多少深淺, 如大將知諸兵力多少. 復次菩薩得足三昧. 諸煩惱魔魔人無能壞者. 譬如轉輪聖王主兵寶將所住至處無降伏: T. 1509. 398.

히 모든 부처님과 같아져서 평등법성(平等法性)을 분별하지 않는다."[6]라고 오히려 제법실상의 도리를 밝히는 무분별지(無分別智)를 강조한다.

6. 수능엄삼매가 일체지지나 무분별지를 강조하는 것은 수능엄삼매가 위없는 깨달음의 경지를 지향하는 삼매인 것을 나타낸다. 그러므로 『수능엄삼매경』에서는 "보살이 수능엄삼매를 행함에 따라 일체의 삼매가 모두 수반한다. 견의(堅意) 보살이여, 전륜성왕이 행차할 때에 칠보가 모두 따르는 것과 같아, 수능엄삼매는 일체의 깨달음의 원리를 도와서 모두 수반하게 한다. 그러므로 이 삼매를 수능엄이라고 하는 것이다."[7]라고 설하는데, 이것은 수능엄삼매가 모든 깨달음에 이르는 원리를 갖추고 있으므로, 자체적으로 일체의 삼매를 구족하고 있는 것을 나타낸다.

7. 뿐만 아니라, 이 밖에도 『수능엄삼매경』에서는 수능엄삼매가 바로 사자후삼매(獅子吼三昧), 금강삼매(金剛三昧)의 다른 이름이고, 또한 법성(法性)이자 불성(佛性)을 의미하고, 반야바라밀(般若波羅蜜)이고 대열반(大涅槃)이라고 설명한다. 그리고 동일한 경전에서 그 불성(佛性)에 관한 언급이 있다. 사자후보살이 부처님께 "만약 모든 뭇삶에게 불성이 있는 것이 금강역사와 같다면, 무슨 까닭에 모든 뭇삶이 볼 수가 없습니까?"라고 묻자, 부처님께서는 "선남자여, 비유하면 물질에서 청(青), 황(黃), 적(赤), 백(白)의 차

---

6) 若有菩薩得是三昧 遍遊一切諸佛國土。而於國土無所分別。悉能得值一切諸佛。而不分別平等法性: T. 642. 630a.

7) 隨有菩薩行首楞嚴三昧。一切三昧皆悉隨從。堅意。譬如轉輪聖王行時七寶皆從。如是堅意。首楞嚴三昧。一切助菩提法皆悉隨從。是故此三昧名爲首楞嚴 : T. 642. 632a

이와 길고 짧음의 바탕이 있으나 눈먼 장님은 보지 못한다. 그러나 보지 못한다고 하더라도 청, 황, 적, 백과 길고 짧음의 바탕이 없다고는 말 할 수 없다. 그것은 무슨 까닭인가? 장님은 보지 못하더라도 눈이 있으면 볼 수 있기 때문이다. 이와 같이 불성도 마찬가지이다. 모든 뭇삶이 볼 수 없더라도 십주(十住)의 보살은 조금 보기 때문이고 여래는 완전히 본다. 십주의 보살이 보는 불성은 밤의 풍광과 같고 여래가 보는 불성은 낮의 풍광과 같다. 훌륭한 가문의 아들이여, 비유하자면, 눈병이 있는 자가 형상을 분명히 보지 못하지만, 좋은 의사가 그 눈을 치료하면 약의 힘으로 분명히 볼 수 있듯, 십주보살도 그와 마찬가지라, 불성이 있다고 하더라도 분명히 볼 수가 없다. 그러나 수능엄삼매의 힘으로 능히 볼 수 있다."[8]라고 대답하신다.

8. 『대반열반경』에 따르면, 불성(佛性)을 보지 못한다는 것은 일체제법(一切諸法)의 무상(無常), 무아(無我), 무락(無樂), 무정(無淨)을 보고, 비일체법(非一切法: 三寶)의 무상, 무아, 무락, 무정을 본다는 의미이고, 불성을 조금 본다는 것은 일체제법(一切諸法)의 무상, 무아, 무락, 무정을 보고, 비일체법(非一切法: 三寶)의 상(常), 락(樂), 아(我), 정(淨)을 1/10 정도 본다는 의미이고, 불성을 완전히 본다는 것은 일체제법(一切諸法)의 무상, 무아, 무락, 무정을 보고, 비일체법(非一切法: 三寶)의 상(常), 락(樂), 아

---

8) 譬如色法. 雖有青黃赤白之異長短質像盲者不見. 雖復不見。亦不得言無青黃赤白長短質像. 何以故。盲雖不見有目見故. 佛性亦爾. 一切衆生雖不能見. 十住菩薩見少分故. 如來全見. 十住菩薩所見佛性如夜見色. 如來所見如晝見色. 善男子. 譬如瞎者見色不了. 有善良醫而爲治目. 以藥力故得了了見. 十住菩薩亦復如是. 雖見佛性不能明了. 以首楞嚴三昧力故能得明了: T. 374, 525b

(我), 정(淨)을 완전히 본다는 의미인 것을 밝히고 있다.

9. 그리고 『수능엄삼매경』에서 보살은 육바라밀(六波羅蜜)을 행하면서 중생구제를 시현하는 것을 수능엄삼매의 묘용(妙用)이라고 설하는데, 그것이 가능한 것은 그 삼매의 본질이 불성이기 때문이다. 『수능엄삼매경』에 의하면, 수능엄삼매는 '여섯 가지 초월의 길' 즉, 육바라밀(六波羅密)을 갖추고 있다. "일체 모든 마음을 버려서 탐착이 없는 것이 보시에 의한 초월의 길 즉, 보시바라밀(布施波羅蜜)이고, 마음에 잘 적멸하여 궁극적으로 악이 없는 것이 지계에 의한 초월의 길 즉, 지계바라밀(持戒波羅蜜)이고, 마음에서 인상이 다하여 모든 티끌 경계에서 상처받지 않는 것이 인욕에 의한 초월의 길 즉, 인욕바라밀(忍辱波羅蜜)이고, 근행하여 마음을 관찰하고 탐구함으로써 마음의 떠남을 아는 것이 정진에 의한 초월의 길 즉, 정진바라밀(精進波羅蜜)이고, 궁극적으로 아주 고요히 그 마음을 조복하는 것이 선정에 의한 초월의 길, 즉 선정바라밀(禪定波羅蜜)이고, 마음을 관찰하고 마음을 알아서 심상을 통달하는 것이 지혜에 의한 초월의 길, 즉 반야바라밀(般若波羅蜜)이다."[9]

10. 그리고 이러한 보살이 "중생교화에 나서면, 감각적 쾌락의 욕망계에 나서, 전륜왕이 되어 모든 시녀에 둘러싸여 처자를 거느리더라도, 다섯 가지 감각적 쾌락의 욕망〔五欲〕에는 자신의 허물을 묻고, 안으로 선정(禪定)에서 오는 청정한 계행을 버리는 일이 없어, 세 가지 존재〔三有〕의 세계에서 허물을 잘 볼 수 있다."[10] 그

---

9) 是菩薩一切悉捨心無貪著. 是檀波羅蜜. 心善寂滅畢竟無惡. 是尸波羅蜜. 知心盡相於諸塵中而無所傷. 是羼提波羅蜜. 勤觀擇心知心離相. 是毘梨耶波羅蜜. 畢竟善寂調伏其心. 是禪波羅蜜. 觀心知心通達心相. 是般若波羅蜜: T642. 633c

러한 보살은 수능엄삼매(首楞嚴三昧) 속에서 지내면서 중생교화의 도사(導師), 선사(船師), 환사(幻師)로서 방편력을 지니고 있는데, 그것을 수능엄삼매력(首楞嚴三昧力)이라고 한다.

11. 〔수능엄경의 권별·장별 내용〕 능엄경은 제1권에서 제10권으로 나뉘어 있지만 엄밀하게 내용적으로 구분된 것이 아니라 경전의 편집자가 편의상 일정분량에 따라 나눈 것으로 엄밀하게 구분하기 어렵지만 구태어 각권의 특정부분에서 다루는 중심내용을 나눈다면 다음과 같다.

12. 〔수능엄경 제1권; 칠처징심〕 제1권에서는 일곱 곳에서 마음의 소재(所在)를 구하는 칠처징심(七處徵心)을 주제로 하고 있다. 여시아문으로 시작하는 서분(序分)에서는 아난다가 탁발하면서 홍등가를 지나게 되고 마땅기의 큰 환술에 걸려 계행의 몸을 훼손하려하자 여래께서 이를 아시고 문수사리로 하여금 구호하라고 하셨다. 그리고 정종분(正宗分)이 시작된다. 〔제1장〕 부처님께서는 제자 아난다와의 문답을 통하여 마음을 일곱 군데 – ① 마음은 몸 안에 있다. ② 마음이 몸 밖에 있다. ③ 마음이 감관 속에 있다. ④ 마음이 안팎에 있다. ⑤ 마음이 생겨나 어울리는 곳에 있다. ⑥ 마음의 감관과 대상의 중간에 있다. ⑦ 마음은 일체에 대한 무착 속에 있다. – 어느 곳에서 찾아도, 구할 수 없다는 사실을 밝힌다. 아무리 마음을 찾아보아도, 그 어느 곳에도 구할 수 있는 것이 아니다.

13. 〔수능엄경 제2권; 팔환변견〕 제2권에서는 온갖 세간의 일체

---

10) 爲欲敎化諸衆生故。生於欲界作轉輪王. 諸婇女衆恭敬圍遶. 現有妻子五欲自恣. 而內常在禪定淨戒. 善能了見三有過患: T642; 632a

변화상이 각각 본래의 처소인 인처(因處)로 돌아간다는 팔환변견(八還辨見)을 주제로 하고 있다. 〔제2장〕 빠라쎄나지뜨 왕과 대화를 통해서 이 육신은 변화하여 소멸하는 것이지만 진성(眞性)은 불생불멸하는 것임을 보여주고 마쓰까리 고샬리뿌뜨라(제2장§8) 등처럼, 이 몸이 사후에 절멸한다는 허무주의인 단멸론을 부정한다. 그리고 아난다에게는 깨달음의 본성이 무엇인가를 밝히고, 깨달음으로 나아가는 과정을 설한다. ① 밝음은 태양으로 돌아가는 것이고 ② 어둠은 흑월로 돌아간다. ③ 소통은 창호로 돌아가고 ④ 폐색은 담장으로 돌아가고, ⑤ 조건은 분별로 돌아가고, ⑥ 텅빔은 허공으로 돌아가고, ⑦ 흙비는 티끌로 돌아가고, ⑧ 청명은 쾌청으로 돌아간다는 팔환변견(八還辨見)을 설하고, 물질과 나, 외계와 나, 몸과 마음, 본체와 현상이 둘이 아니지만, 다만 일체의 뭇삶이 윤회하는 것은 별업망견(別業妄見)과 동분망견(同分妄見)을 원인으로 한다는 사실을 밝힌다.

14. 〔수능엄경 제3권; 회귀일헐〕 제3권에서는 모든 것이 하나로 돌아가 쉬는 회귀일헐(會歸一歇)을 주제로 하고 있다. 〔제3장〕 다섯 가지 존재의 다발〔五陰=五蘊〕[11], 여섯 가지 감역〔六入〕, 열두 가지 감역〔十二處〕 내지 열여덟 가지 인식의 세계〔十八界〕가 모두 허망하여 환망(幻妄)에 불과하여 당처(當處)에서 생겨나 수처(隨處) 소멸하는 것이다. 그러나 본래는 여래장성(如來藏性)의 진여의 성품을 지니고 있다는 것을 말씀하시자. 아난다는 "세존이시여,

11) 五陰 : 능엄경에서는 오음(五陰)이라고 나오지만, 오온(五蘊 : pañcakkhandha)을 의미한다. 다섯 가지 존재의 다발이라고 번역한 것에 대한 상세한 것은 『수능엄경』 제3장§1의 주석을 보라.

여래께서 항상 화합하는 인연에 대해 '일체 세간의 갖가지 변화가 모두 네 가지 요소〔四大〕의 화합으로 인하여 나타난다.'라고 설하셨는데, 어찌하여 인연과 자연의 두 가지를 함께 배척하십니까?"라고 질문한다. 부처님께서는 네 가지 요소〔四大〕가 본래 여래장인 것을 깨우쳐 주고, 허공에 관해서도 '여래장 가운데 성품이 지각〔覺〕인 참다운 공(空)' 즉 성각진공(性覺眞空)과, '성품이 공(空)인 참다운 지각' 즉 성공진각(性空眞覺)이 있어서, 허공이 청정본연 그대로 법계에 두루 편재하여 있다고 가르치고, 마찬가지로 일곱 가지 요소〔七大萬法〕도 법계에 편재하고 시방허공을 함토(含吐)하지만, 다만 업에 따라 발현하는 것으로, 세간이 무지하여 인연이니 자연이니 하여 의혹할 뿐, 세간(世間)의 만법(萬法)이 모두 여래장묘진여성(如來藏妙眞如性)이라는 사실과 마음의 불생불멸성(不生不滅性)을 일깨우고 있다.

15. 〔수능엄경 제4권; 부석제상〕 제4권에서는 세계와 인간을 분석하는 부석제상(部析諸相)을 주제로 하고 있다. 〔제4장〕 뿌르나가 '세간의 일체의 감관, 경계, 다발, 감역, 인식의 세계 등이 모두 여래장이어서 청정본연하다면, 어찌하여 홀연히 산하대지의 모든 유위현상이 생겨나서 차례로 변천하고 종말을 겪다가 다시 시작합니까?'라고 묻자, 부처님께서는 여래장(如來藏)이 무엇인가를 밝히고, 세계와 인간을 분석하여 세간상속(世間相續), 업과상속(業果相續), 중생상속(衆生相續)의 삼종상속(三種相續)에 관하여 말했고, 그리고 그가 '지수화풍의 본성이 원융하여 법계에 두루 편재하고 상주한다면, 서로 능멸하지 않고 서로 융통합니까?'를 묻자, 지수화풍의 상태를 관찰해 보면 원래가 망(妄)이어서 지적하여 묘사

할 수 없는 것이, 마치 허공꽃이 허공열매를 맺기를 기다리는 것과 같으나, 그 본성을 관찰하면 원래가 진여(眞如)여서 오직 묘각명(妙覺明)일 뿐이지만, 중생들이 미혹하게 된 원인이 망상인 것을 밝히고 깨달음을 얻기 위한 수행할 때의 마음가짐으로 두 가지 결정의 즉, 첫째는 보살승에 들어야 한다는 것과, 둘째는 보리심을 발하여 번뇌의 근본을 살펴야 한다는 것을 설명하고 있다.

16. 〔수능엄경 제5권; 육해일망〕 제5권에서는 여섯 가지가 풀리면 하나마저도 없어지는 육해일망(六解一亡)을 주제로 하고 있다. 〔제5장〕 아난다가 생사의 근원을 알 수 없다고 하자, 부처님께서는 생사에 윤회하는 것과 안락묘상(安樂妙常)케 하는 것이 다른 것이 아니라 우리의 여섯 감관이며, 감관과 경계가 그 본원이 동일하고 속박과 해탈이 둘이 아니라고 말씀하시고, 수행할 때 풀어야 할 업의 근원이 무엇인가를 밝히고 있다. 풀어야 할 근원적인 업의 매듭은 육근(六根)·육경(六境)·육식(六識) 등이며, 여섯 가지가 풀리면, 하나마저도 없어져 깨달음으로 들어갈 수 있다고 하자, 그 인연을 법회에 참석한 제자들이 체험담으로 기술한 것이 이십오원통(二十五圓通)이다.

이십오원통(二十五圓通)				
원통종류	법회의 주인공	원인		원통의 이름
육진원통 (六塵圓通)	까운디니야 등	소리	1	성진원통(聲塵圓通)
	우빠니샤드	형상	2	색진원통(色塵圓通)
	향엄동자	냄새	3	향진원통(香塵圓通)
	약왕보살 등	맛	4	미진원통(味塵圓通)
	바드라빨라 등	감촉	5	촉진원통(觸塵圓通)
	마하 까쉬야빠 등	사실	6	법진원통(法塵圓通)
육근원통	아누룻다	시각	7	안근원통(眼根圓通)

(六根圓通)	쭈다빤타까	후각	8	비근원통(鼻根圓通)
	가밤빠띠	미각	9	설근원통(舌根圓通)
	삘린다바뜨싸	촉각	10	신근원통(身根圓通)
	쑤부띠	정신	11	의근원통(意根圓通)
	※관세음보살	청각	12	이근원통(耳根圓通)
육식원통(六識圓通)	샤리뿌뜨라	시각의식	13	안식원통(眼識圓通)
	보현보살	청각의식	14	이식원통(耳識圓通)
	쑨드라난다	후각의식	15	비식원통(鼻識圓通)
	뿌르나 마이뜨라야니뿌뜨라	미각의식	16	설식원통(舌識圓通)
	우빨리	촉각의식	17	신식원통(身識圓通)
	마하 마우드갈리야야나	정신의식	18	의식원통(意識圓通)
칠대원통(七大圓通)	웃추슈마	불	19	화대원통(火大圓通)
	지지보살	땅	20	지대원통(地大圓通)
	월광동자	물	21	수대원통(水大圓通)
	유리광법왕자	바람	22	풍대원통(風大圓通)
	허공장보살	허공	23	공대원통(空大圓通)
	미륵보살	의식	24	식대원통(識大圓通)
	대세지보살	감관 =봄	25	근대원통(根大圓通) =견대원통(見大圓通)
※ 관세음보살의 이근원통은 제6권에서 별도로 다루어진다.				

17. 〔수능엄경 제6권; 이근원통〕 제6권에서는 이십오원통 가운데 이근원통(耳根圓通)을 가장 수승한 것으로 취급하는 선택원통(選擇圓通)을 주제로 하고 있다. 앞서 스물네 분의 성현이 각기 깨달음을 얻은 동기를 말하자, 〔제6장〕 관세음보살은 항하사 겁의 우주기 전에 관세음이라는 부처님이 출세하였을 때에, 문·사·수(聞·思·修)의 세 가지 지혜를 좇아 삼매에 들라는 가르침을 받고, 시방제불이 지닌 본래의 묘각심(妙覺心)과 합일하여 여래이신 부처님과 자비를 베푸는 능력이 같아지고, 둘째는 시방의 일체 육도중생과 더불어 자비를 원하는 소망이 같아져서 삼십이응신(三十二應身)을 나툴 수 있게 되었고, 또한 열네 가지 무외공덕과 네 가

지 부사의한 묘덕(妙德)을 얻었다는 사실을 들어서, 청문을 통해 삼매에 드는 것이 보리를 성취하는데 제일이라고 주장한다. 그러자 부처님께서는 문수사리에게, 아난다로 하여금 깨닫게 하고자, 이십오원통(二十五圓通) 가운데 어느 것이 가장 적당하고 여래가 멸도한 뒤에 뭇삶들이 무상도를 구하려면 어떠한 방편을 사용하는 것이 용이하겠는가를 묻는다. 그러자 문수사리는 자신도 청문을 통해 깨우친 것을 말하고, 열반심(涅槃心)을 얻으려면 관세음보살의 이근원통이 최상인 것을 찬탄한다. 이 사바세계에서 깨달음의 세계로 들어가는 가장 쉽고도 심오한 방법이 이근원통(耳根圓通)이다. 이 이근원통은 관음수행문(觀音修行門)인데, 『법화경』과 함께 우리나라 관음신앙의 유포에 크게 영향을 준 원인이 되었다.

18. 〔수능엄경 제7권; 주심묘용〕 제7권에서는 「슈랑가마다라니」를 지송하는 공덕을 다루는 주심묘용(呪心妙用)을 주제로 하고 있다. 〔제7장〕 불살생, 불투도, 불사음, 불망어의 사종율의를 얼음과 서리처럼 정화하면, 마음으로 짓는 세 가지와 입으로 짓은 네 가지〔心三口四〕의 일곱 가지 악하고 불건전한 원리가 일어나지 않아, 마장이 일지 않겠지만, 숙세의 습기가 이 마장을 없애지 못한다면, 「슈랑가마다라니」를 일심으로 외워야 한다고 가르치고 있다. 그러자 아난다는 비록 「슈랑가마다라니」의 가피를 입었으나, 친히 듣지는 못했으니 수행자들을 위해 다시 설해줄 것을 청했다. 그러자 부처님께서 육계 가운데로부터 백가지 광명을 용출시키니, 광명 가운데 천 잎의 보배연꽃이 솟아 올려 보배연꽃 가운데 화신여래가 나타나 해탈의 문에 들어가는 「슈랑가마다라니」를 설한다. 이 신주(神呪)가 끝나자, 부처님께서는 지송신주의 열세 가지 공덕을 밝힌

다. 〔제8장〕 그리고 아난다가 수행의 제위를 묻자 부처님은 뭇삶의 전도와 세계의 전도에 관해 말씀하시고 열두 종류의 뭇삶의 생성에 관하여 말씀하셨다.

19. 〔수능엄경 제8권; 지위진수〕 제8권에서는 보살이 수행하여 나아가는 단계를 설하는 지위진수(地位進修)를 주제로 하고 있다. 〔제9장〕 아난다가 수행의 제위를 묻자, 먼저 수습(修習), 진수(眞修), 증진(增進)의 세 가지 차제를 밝히고 보살이 수행하여 나아가는 단계로 건혜지(乾慧地), 십주(十住), 십신(十信), 십행(十行), 십회향(十廻向), 사가행(四加行), 십지(十地), 등각(等覺), 묘각(妙覺)의 오십칠위(五十七位)를 설한다. 여기서 『화엄경의 53위와는 달리 사가행(四加行)을 넣어 57위로 한 점이나 중생의 갈래에 신선을 포함시킨 점 등은 이 경에서만 볼 수 있는 특이한 점이다. 〔제10장〕 그리고 경의 이름을 『대불정실달다반달라무상보인시방여래청정해안』(大佛頂悉怛多般怛囉無上寶印十方如來淸淨海眼)' 등의 다섯 가지로 밝혔다. 〔제11장〕 그 다음에는 아난다가 "보련화비구니는 보살계를 지키다가 사사로이 음행을 행하고는 음행은 살생도 아니고 훔치는 것도 아니므로 업보가 있을 수 없다고 하더니, 말을 마치자마자 여근에서 맹렬한 불길이 일어나 마침내 사지의 마디마디가 불길에 타면서 무간지옥에 떨어졌고, 비두다바는 샤끼야 족을 죽여 없애고, 수행승 '쑤낙샤뜨라'는 '일체법은 공하다.'라고 망설하다가 살아있는 몸으로 아비지옥(阿鼻地獄)에 들어갔는데, 이러한 모든 지옥이 정해진 곳이 있는 것입니까, 또는 자연히 제각기 업을 지어 각각 자기가 받는 것입니까?"라고 질문하자, 부처님께서는 일체중생이 참되고 청정하였는데, 망견(妄見)으로

인하여 망습(妄習)이 생겨나고, 이것으로 말미암아 지옥 · 아귀 · 축생 · 인간 · 신선 · 천신 · 아수라라는 일곱 갈래의 중생이 생겨난 원인과 그 각각의 존재양상을 설명한다.

20. 〔수능엄경 제9권; 오음망상〕 제9권에서는 다섯 가지 존재의 다발의 악마성을 설명하는 오음망상(五陰妄想)을 주제로 하고 있다. 그러나 초반부에서는 제8권의 후반부에 나오는 일곱 갈래 중생 가운데 제8권에서 설명하지 못한 미세한 물질계〔色界〕의 십팔천(十八天)과 비물질계〔無色界〕의 사천(四天)과 아수라에 관해서 부처님께서 설명한다. 〔제12장〕 그리고 법좌를 마치려고 하시다가 말세중생이 수행하는 도중에 나타나는 망상을 밝히셨다. 다섯 가지 존재의 다발 가운데 물질의 다발의 마장〔色陰魔〕, 느낌의 다발의 마장〔受陰魔〕, 지각의 다발의 마장〔想陰魔〕을 각각 열 가지 특징으로 나누어서 삼십종마(三十種魔) – 다섯 가지 존재의 다발과 관련하여 전체적으로 오십종마(五十種魔) – 의 그 원인과 종류를 밝히고 있는데, 이것을 편의상 오음망상이라고 명명한 것이다.

21. 〔수능엄경 제10권; 오십종마〕 제10권에서도 역시 다섯 가지 존재의 다발의 악마성을 설명하는 오십종마(五十種魔)를 주제로 하고 있다. 〔제13장〕 단, 다섯 가지 존재의 다발 가운데, 형성의 다발의 마장〔行陰魔〕과 의식의 다발의 마장〔識陰魔〕을 각각 열 가지 특징으로 나누어서 이십종마(二十種魔) – 다섯 가지 존재의 다발과 관련하여 전체적으로 오십종마(五十種魔) – 의 그 원인과 종류를 밝히고 있는데, 이것을 편의상 오십종마라고 명명한 것이다. 〔유통분〕 그리고 경의 본론을 끝낸 뒤 이 경의 지송공덕에 관하여

"어떤 뭇삶이 이 경전을 외우거나 이 다라니를 지송하면, 그 공덕은 내가 아무리 겁의 우주기가 다하도록 널리 설하여도 미치지 못할 것이고, 나의 가르침과 말에 의지하여 가르치는 대로 실천을 행하면, 곧바로 보리를 이루어 다시는 악마로 인한 마장이 없을 것이다."라고 부언하였다.

22. 〔수능엄경 내용의 총괄〕 이렇게 전체적으로 10권으로 구성되어있으나 권별로 내용의 장이 정확히 구분되는 것은 아니다. 크게 두 부분으로 나눈다면, 대체로 1-6권이 심론(心論)을 다루고 있고 7-10권이 수행론(修行論)을 다루고 있다고 볼 수 있다. 전체적으로 선수행과 관련해서는 위에서 언급한 칠처징심(七處徵心), 팔환변견(八還辨見), 회귀일헐(會歸一歇), 육해일망(六解一亡), 선택원통(選擇圓通), 주심묘용(呪心妙用), 지위진수(地位進修), 오음망상(五陰妄想), 오십종마(五十種魔)가 선수행의 십의(十義)를 이룬다. 수행의 측면에서 살펴보면, 『수능엄경』의 내용은 전체적으로 다음과 같다. 수행자들은 진실과 허망을 분별할 수 있는 통찰력을 확보해야 하는데, 거기에 이르기 위해서는 엄정한 계율을 지켜야 하고, 장애를 물리칠 수 있는 다라니를 지송하는 것이 도움을 주고, 여러 수행단계에서 이르는 경지, 수행하는 가운데 나타나는 마음의 악마성에 대한 사전 지식을 알아야 할 필요가 있다.

23. 〔수능엄경과 선불교〕 직지인심(直指人心)과 불립문자(不立文字)를 내세웠던 선종(禪宗)에도 소의경전은 있었다. 선불교의 초조인 달마대사도 중국에서 『금강경』(金剛經)과 『능가경』(楞伽經)을 혜가(慧可)에게 전했고, 육조혜능(六祖惠能: AD. 638-713)

도 『금강경』의 '머무르는 바 없이 마음을 일으키라〔應無所住而生其心〕'의 구절을 듣고 깨달음을 이루었고, 중봉명본(中峰明本: AD. 1263-1323)도 『금강경』의 '여래의 바르고 원만한 깨달음을 짊어지다〔荷擔如來阿耨多羅三藐三菩提〕'라는 구절을 듣고 활연대오(豁然大悟)하였다. 그런데 『수능엄경』은 육대조사이자 북선종의 지도자였던 신수(神秀; AD. 606? - 706) 대사에 의해서 처음 측천무후 당시에 선종에 도입되었을 가능성이 있다.12) 『수능엄경』은 선불교의 핵심적 교재의 하나로, 보당종(保唐宗)의 법계를 서술한 『역대법보기』(曆代法寶記: AD. 781)에 『불정경』(佛頂經)이 인용되어 있고 홍주종(洪州宗)의 시조 마조도일(馬祖道一: AD. 709-788) 선사상의 핵심인 작용즉성설(作用卽性說)의 근거가 되었다. 그러나 『수능엄경』이 본격적으로 알려지기 시작한 것은 규봉종밀(圭峰宗密; AD. 780-841)에 의해서다. 그가 선교일치(禪敎一致)와 돈오점수(頓悟漸修)를 주장할 때 『수능엄경』의 "이치로는 단박에 깨닫는 것이라, 깨달으면 모두 소멸하는 것이지만, 사상(事相)은 단박에 없어지는 것이 아니라 차제로 소멸하는 것이다(理則頓悟乘悟併銷. 事非頓除因次第盡: 155a)"라는 구절을 인용하였다. 그 후에 『수능엄경』은 송대에 와서 안거중의 능엄회를 통해서 특별히 영향력을 갖게 되었다, 그래서 후세 선종에서는 『금강경』과 아울러서 『수능엄경』이 소의경전이 되었다.

24. 『수능엄경』의 대화의 내용은 절반 정도가 아난다와 부처님 사

12) 이 책 『수능엄해제』 제4장§11과 다음과 같은 논문을 참조하라. Faure, Bernard (1991), The Rhetoric of Immediacy. A Cultural Critique of Chan/Zen Buddhism, Princeton, New Jersey: Princeton University Press

이의 대화로 이루어져 있다. 그밖에 까운디니야, 뿌르나, 쁘라쎄나지뜨 왕, 문수보살 등이 등장한다. 아난다와 부처님의 대화는 주로 '보는 성품〔見性〕'을 다루고 있는데, 후세의 선불교에 지대한 영향을 끼치게 된다. 예를 들어 설두중현(雪竇重顯; AD. 980~1052)의 『벽암록』(碧巖錄) 제4칙에서 '능엄경약견불견(楞嚴經若見不見)'이라는 공안(公案)이 화두로서 제시되고 있는데 『수능엄경』에 나타난 그 내용은 다음과 같다. "만약에 보는 것〔見〕이 사물이라면, 그대 또한 내가 보는 것을 볼 수 있어야 한다. 만약에 동일한 것을 보았다고 해서 나를 보았다고 한다면, 내가 보지 않을 때, 어찌 내가 보지 않는 곳을 보지 못하는가? 만약 내가 보지 않는 곳을 본다면, 자연히 그것은 보지 못하는 곳의 상태는 아닌 것이다. 만약 내가 보지 못하는 곳을 그대가 보지 못한다면, 자연히 사물이 아닐 것인데 어찌 그것이 그대가 아니겠는가?"[13] 여기서 '내가 보지 못하는 곳'은 사물이 아닌 것으로 인식의 차원을 떠난 초월적인 진실로서의 참성품이다. 수행을 통해서 망념에 사로잡힐 수 밖에 없는 인식의 굴레를 벗어나야 비로소 볼 수 있는 것이다. 그후 송나라 때의 승려 대혜종고(大慧宗杲: AD. 1089-1163)가 나타나 묵조선의 병폐를 비판하고 화두참선을 고취시키면서, 그의 편지를 모아놓은 『서장』(書狀) 등에서 『수능엄경』을 활구로서 『화엄경』 다음으로 가장 많이 인용하였는데, 이로써 그는 이 『수능엄경』을 토대로 회광반조(廻光返照)의 선불교전통을 새롭게 확립하면서 『수능엄경』

13) 若見是物則汝亦可見吾之見. 若同見者名爲見吾(111c) 吾不見時何不見吾不見之處. 若見不見自然非彼不見之相. 若不見吾不見之地. 自然非物云何非汝.(T. 1911: T. 945 111c; 제2장§19)

에 입각한 선불교의 수행은 크게 현창했다.

25. 이후 만송행수(萬松行秀: AD. 1166~1246)가 완성했고, 『벽암록』과 아울러 선문(禪門)의 쌍벽을 이루는 『종용록』(從容錄; AD. 1223) 제100칙에 등장하는 유명한 낭야산하(琅瑘山河)라는 공안의 전거를 이루는 것도 『수능엄경』이다. 어떤 수행승이 낭야각(琅瑘覺) 화상에게 "본래 청정하다면 어찌하여 홀연히 산하대지가 생겨났습니까?"라고 하자, 낭야각 화상이 "본래 청정하거늘 어찌하여 산하대지가 생겨났다고 하는가?"라고 대답했다는 것이다.[14] 이 공안에서 낭야각 화상은 대지라는 것 자체가 유위법적인 분별심의 소산으로 망념에 사로잡힐 수밖에 없는 인식의 굴레 안에 있다는 것을 지적하고 있는 것인데, 그 대화는 『수능엄경』에 나오는 부처님과 뿌르나와의 다음 대화와 같다: "부처님께서 뿌르나에게 말씀하셨다. "그대가 말한 대로 '청정본연하다면, 어찌하여 홀연히 산하대지가 생겨났는가?'라는 하는데, 그대는 여래가 항상 '성각(性覺)은 묘명(妙明)하고 본각(本覺)은 명묘(明妙)하다.'라고 설하는 것을 듣지 못했는가?"[15] 그러나 부처님에 의하면, "성각(性覺)은 필연적으로 밝은 것이지만, 허망하게 깨달음을 밝히는 것"(性覺必明妄爲明覺)이 된다.

26. 그리고 우리나라에서는 고려후기 한국 선불교에 초석을 놓은 고려시대 고승 보조국사 지눌의 제자인 진각국사 혜심(慧諶: AD.

---

14) 僧問琅瑘覺和尙 淸淨本然云何忽生山下大地(迷時三界有) 覺云 淸淨本然云忽生山下大地(悟後十方空) : T. 2004. 291c

15) 佛言富樓那. 如汝所言淸淨本然. 云何忽生山河大地. 汝常不聞如來宣說性覺妙明本覺明妙 : T. 945. 120a

1178-1234)이 선종의 화두 1,125칙에 염과 찬송을 붙인 공안집 인 『선문염송』(禪門拈頌)이 있는데, 선가의 공안으로 사용되는 그 제50칙은 “『수능엄경』(楞嚴經)에서 말한, ‘지견(知見)에서 지해(知解)를 세우면, 즉 무명의 근본이 되고, 지견(知見)에서 견해(見解)를 없애면, 즉 열반이다.”[16]라는 공안이다. 이것에 대해 숭승공(崇勝珙)이 “지견에서 지해를 세운다 하니, 머리 위에 머리를 붙이는 격이요, 무명의 근본이라 하니, 그물을 치고 낚시를 드리우는 짓이다. 지견에서 견해가 없다 하니, 금을 버리고 놋쇠를 가지는 짓이요, 그것이 열반이라 하니, 기둥에 결박된 원숭이다.”라는 송을 달자, 지해일(智海逸)이 이 송을 들어 “여러분에게 감히 묻노니 매일매일 하늘. 땅. 산. 물. 승(僧). 속인. 밝음. 어둠을 보며, 주림. 목마름. 추위. 열기. 짠 것〔鹹〕. 싱거운 것. 아름다운 것. 추한 것을 아는데, 어느 것이 지견에서 지해를 세우는 것인가? 또 어느 것이 지견에서 견해가 없는 도리인가? 어느 것이 열반이며 어느 것이 무명인가?”라고 반문했다고 기술하고 있다.

27. 이렇게 후대의 다수의 선불교공안의 전거로서 여기지는 『수능엄경』은 중국의 선불교가 형성되기까지 도입된 인도불교의 공사상, 화엄사상, 유가유식사상, 여래장사상 뿐만 아니라 밀교사상은 물론 중국적인 선불교, 심지어는 불교에 습합된 도가적 신선사상까지 포괄하는 통불교적인 가르침을 내포하고 있다. 따라서 『수능엄경』이 나타나자, 중국에서 성립된 천태종, 화엄종, 선종 등에 적극 수용되었던 것이다. 그리고 특히 『중국불교사』를 저술한 카마다 시

16) 知見立知卽無明本. 知見無見斯卽涅槃 : T. 945. 124b

게오(鎌田茂雄)에 의하면, 『수능엄경』은 선종의 최초 이론서적일 뿐만 아니라 대표적인 소의경전으로 확립되었다. 심지어 그는 당대(唐代)의 불교학에 가장 큰 영향을 미쳤던 것이 『원각경』(圓覺經)이었다면, 송(宋)이나 원(元), 명(明)의 시대에 가장 많은 영향을 주었던 것은 『수능엄경』이라고 단언했다.

28. 그리고 우리나라의 고려시대에 정혜쌍수(定慧雙修)를 주장한 보조지눌(普照知訥; AD. 1158-1210)은 『수심결』(修心訣)에서도 앞서 규봉종밀이 인용한 『수능엄경』의 구절을 인용하여 돈오점수(頓悟漸修)을 주장하면서 "규봉 스님도, 먼저 깨닫고 뒤에 닦아 나가는 뜻을 분명히 밝혀 말씀하기를 '얼어 있는 연못이 순전히 물인줄 알지만은 햇빛을 받아야 녹고, 범부가 곧 부처인줄을 알지만은 법의 힘을 빌려서 익히고 닦아야 한다. 얼음이 녹아 물이 흘러야 바야흐로 그 물에 씻는 보람이 나타나고, 망상이 사라지면 마음이 신령하게 통하여 신통과 광명의 작용이 나타난다.'하였다."라고 기술하고 있다. 다른 저술 『진심직설』(眞心直說)에서 진심(眞心)이 무엇인가는 『수능엄경』에서 다 밝혀 놓았다고 했다. 그리고 제자인 혜심(慧諶)도 앞에서 언급했다시피 『선문염송』(禪門拈頌)의 공안으로 『수능엄경』의 구절을 인용했다. 최근에 돈점논쟁을 촉발시킨 퇴옹성철(退翁性徹; AD. 1912-1993)의 『선문정로』(禪門正路)에 나오는 오매일여(夢中一如)의 사상은 『수능엄경』에 나오는 오매항일(寤寐恒一: 151c; 제12장§47)을 달리 표현한 것이다. 그는 "견성(見性)은 아뢰야(阿賴耶)의 미세망념이 멸진(滅盡)한 구경묘각(究竟妙覺)의 원증불과(圓證佛果)이며 무여열반(無餘涅槃)의 대원경지(大圓鏡智)이다. 이 견성(見性)이 즉 돈오(頓悟)이니,

오매일여(寤寐一如), 내외명철(內外明徹), 무심무념(無心無念), 상적상조(常寂常照)를 내용으로 한다."고 주장했다. 그는 아뢰야식이 다 없어지면 일초직입여래지(一超直入如來地)라고 했는데, 이는 '의식의 다발의 궁진' 즉 식음진〔識陰盡; 제12장§59〕'에 대한 설명과 상통하는 것이다.

29. 〔수능엄경과 엄정한 계율〕 그러나 『수능엄경』이 선불교의 사랑을 받은 것은 계율을 지키는 것을 서릿발처럼 강조하기 때문이었다. 『수능엄경』은 특히 강력한 불사음, 불살생, 채식주의 그리고 생명존중을 강조한다.

30. 불사음(不邪婬)에 대해서는 이렇게 강조한다: "만약 음욕을 끊지 않고 선정을 닦는다면, 마치 모래를 삶아 밥을 짓는 것과 같아, 백 천의 우주기를 지나도 뜨거운 모래인 것과 같아질 뿐이다. 그것은 무슨 까닭인가? 이것은 밥이 아니라 본래 모래로 이루어진 까닭이다. 그대가 음행의 몸으로 부처님의 묘과(妙果)를 구한다면, 비록 오묘한 깨달음을 얻더라도, 모두가 음욕의 뿌리가 될 뿐이다."17)

31. 그리고 불살생(不殺生)을 엄정히 하여 고기를 먹는 것을 완전히 금한다: "어찌 여래가 멸도 후에 뭇삶이 고기를 먹는다면 어찌 불자라고 하겠는가? 그대들은 알아야 한다. 이 고기를 먹는 사람들은 비록 마음이 열려 삼매를 얻은 것 같지만, 모두가 크나큰 나찰로서 목숨을 마친 후에는 반드시 생사고해에 떨어질 것이니, 이는 불

---

17) 若不斷婬修禪定者. 如蒸沙石欲其成飯. 經百千劫秖名熱沙. 何以故此非飯本石沙成故. 汝以婬身求佛妙果. 縱得妙悟皆是婬根 : T. 945. 131c

제자가 아니다. 이러한 사람은 서로 죽이고 서로 삼키고 서로 먹기를 그치지 않을 것이니, 어떻게 삼계를 벗어날 수가 있겠는가?"[18] 또한 불살생의 강조는 불사음과 관련하여 오신채를 부정하는 엄정한 채식주의로까지 강화된다. 모든 뭇삶은 삼매를 구하고자 한다면, 세간의 오신채(五辛菜: 마늘, 파, 달래, 부추, 흥거)를 끊어야 한다는 것이다. 이 오신채는 익혀 먹으면 음란한 마음이 발생하고 날로 먹으면 성내는 마음이 증가하기 때문이었다.

32 그리고 보살은 크나큰 자비를 강조하면서 생명존중을 앞세운다: "청정한 수행승과 모든 보살들은 길을 다니면서 살아있는 풀도 밟지 않는데, 하물며 손으로 뽑겠는가? 어찌 크나큰 자비를 지닌 자들이 모든 뭇삶의 피와 고기를 취하여 배불리 먹겠는가? 만약 모든 수행승이 동방의 명주나 비단으로 만든 옷을 입지 않고 내지 이 땅의 구두, 가죽신, 가죽옷, 새털옷을 사용하지 않고, 우유와 타락과 버터를 먹지 않으면, 이러한 수행승은 참으로 세상에서 벗어나 묵은 빚을 갚고 삼계에서 다시 유행하지 않는다."[19] 여기서 우리는 동아시아 선불교 사원의 계율에 입각한 엄정한 청규(淸規)가 이러한 『수능엄경』의 서릿발 같은 계율사상에 힘입은 바가 크다는 것을 알 수 있다.

18) 食衆生肉名爲釋子. 汝等當知是食肉人縱得心開似三摩地. 皆大羅刹. 報終必沈生死苦海非佛弟子. 如是之人相殺相吞相食未已. 云何是人得出三界 : T. 945. 132a

19) 淸淨比丘及諸菩薩. 於岐路行不踏生草. 況以手拔. 云何大悲取諸衆生血肉充食. 若諸比丘不服東方絲綿絹帛. 及是此土靴履裘毳乳酪醍醐. 如是比丘於世眞脫. 酬還宿債不遊三界 : T. 945. 132a

제2장 슈랑가마다라니/수능엄주 개괄

1. 〔슈랑가마다라니의 명칭〕 슈랑가마다라니(Śūraṅgāmadhāraṇī)에 대해 불당본(不唐本: 大正944A)에 따라 정식명칭을 부여하면, 「불정여래광취백산개무상비호진언」(佛頂如來光聚白傘蓋無上庇護眞言)이라고 할 수 있으며, 산스크리트어로 환원하면, '따타가또슈니샤 씨따따빠뜨라 아빠라지따 쁘라띠양기라 다라니'(Tathāgatôṣṇīṣasitātapatrâparājitā pratyaṅgīrā dhāraṇī)가 된다. 그 뜻은 '여래불정의 광취를 지닌 백산개불모(白傘蓋佛母: SD. 73-77을 참조)의 불패의 쁘라띠양기라(SD. 73-77을 참조) 다라니' 또는 '여래의 불정(佛頂)에서 출현한, 광취의 백산개((白傘蓋)를 갖는, 사악한 주력에서 수호하는〔反呪詛〕 불패의 다라니'가 된다. 원래 불교적 다라니(陀羅尼: dhāraṇī)의 기원은 그 정당성을 수호주인 빠릿따(paritta)인 만큼, '사악한 주력에서 수호하는〔反呪詛〕 진언'이라는 의미의 비호진언(庇護眞言), 즉 '쁘라띠양기라-다라니'라는 명칭은 그러한 수호주로서의 본질적 특징을 분명히 드러내고 있다. 불당본(不唐本: T. 944A)에는 「대불정여래방광실달다발달라다라니」(大佛頂如來放光悉怛多鉢怛囉陀羅尼)라고 하고, 실담문자(悉曇文子; 不唐本: T. 944B)로는 '쓰따타가또슈니샴 씨따따빠뜨람 아빠라지땀 쁘라띠융기람 다라니'(Stathāgatôṣṇīṣaṃ sitātapatraṃ aparājitaṃ pratyuṅgīraṃ dhāraṇī)로 되어 있는데, 이것은 고전적 범어문법이 많이 변형된 하이브리드-산스크리트 형태로 표현된 것이다. 그런데 이 「슈랑가마다라니」의 정식명칭에 항상 백산개(白傘蓋: sitātapatra)라는 명칭이 들어가는

이유는 무엇일까? 백산개(白傘蓋)는 원래 흰 비단으로 덮개를 만든 천개(天蓋)로서 왕위의 상징이지만, 불교의 밀교에 와서는 석가모니불의 전륜성왕삼매를 통해 나투어지는 불정(佛頂)의 지혜를 상징하게 되었다. 『불정일자정륜왕경』(一字頂輪王經), 「불정대백산개다라니경」(佛頂大白傘蓋陀羅尼經) 등의 밀교문헌에서 사용된다. 『중국밀교사』(中國密教史: 585-586쪽)를 보면, 몽고문자를 만든 팍빠(Phags-pa: 1235-1280)가 원나라 황실에서 백산개밀교의례를 행한 기록이 있다. 원나라 황실에서 이러한 의례를 행한 것은 다양한 신들을 통섭하고 있는 「백산개다라니」의 종교통섭적 이념이 황실 정치적 의도와 부합되었기 때문이었다.

2. 〔수능엄경과 슈랑가마다라니〕 『수능엄경』은 그 제1권에서 아난다가 탁발걸식을 하다가 홍등가를 지나가는데, 대환술을 일으키는 마등가녀(摩登伽女) 마땅기(Mātaṅgī)의 유혹에 빠져서 계행을 훼손하려고 하자, 여래가 이를 아시고 문수사리(文殊師利)에게 신비한 다라니를 일러주는 장면부터 시작한다. "세존께서는 불정에서 백가지 보배로 빛나는 두려움 없음의 광명을 놓으시니, 그 빛 가운데에는 천 개의 꽃잎을 지닌 연꽃이 피어나고 그 속에 부처님의 화신이 결가부좌하고 앉아 신비한 다라니를 선설하셨다."[20] 이 신비한 주문이 「슈랑가마다라니」인데, 부처님께서는 이것을 문수사리에게 일러주어 아난다를 구원해오도록 명하는 것으로 『수능엄경』이 시작한다.

3. 그리고 이후에 「슈랑가마다라니」의 지송과 그 귀중한 가치에 관

20) 于時世尊頂放百寶無畏光明. 光中出生千葉寶蓮. 有佛化身結跏趺坐. 宣說神咒. (T. 9 45. 106c)

해 부처님께서 아난다에게 직접 부촉하는 말씀이 있다. "만약에 숙세의 습기가 있어 이를 없애지 못한다면, 그대는 그 사람에게 일심으로 나의 불정광명(佛頂光明)인 '마하씨따따빠뜨라(Mahāsitāt-apatra)'라는 위없는 신주(神呪)를 외우게 하라. 이것이 바로 여래이신 무견정상무위심불(無見頂相無爲心佛)께서 정수리로부터 광명을 내고 보련화에 앉아 말씀한 신주이다."[21] 여기서 우리는 부처님께서 「슈랑가마다라니」에 대하여 어떻게 직접 묘사했는가를 알 수 있다. 그것은 바로 앞에서 지적했듯, 부처님의 정수리인 불정(佛頂)에서 나오는 지혜인 불정광명(佛頂光明)이자, '마하씨따따빠뜨라' 즉 '위대한 백산개〔大白傘蓋〕'라는 이름의 강력한 만트라라는 뜻이다. 여기서는 그것이 불정광명의 지혜가 우주적으로 편재화되는 것을 상징하는 밀인(密印)을 지칭하는 것을 알 수 있다.

4. 그밖에도 부처님께서 『수능엄경』 자체에 대한 명칭 가운데 하나로 『대방광묘련화왕시방불모다라니주』(大方廣妙蓮華王十方佛母陀羅尼呪: 143a)라는 경명을 언급하고 있는 것은 「슈랑가마다라니」가 『수능엄경』의 중심에 놓일 수 있을 정도의 가치를 지닌다는 사실을 나타낸다.

5. 그리고 「슈랑가마다라니」는 말법시대의 올바른 삼매의 이정표가 될 수 있다. 부처님께서는 아난다에게 "만약에 말법시대의 우둔한 뭇삶들이 선정을 알지 못하고, 설법을 알지 못하면서, 삼매를 닦기를 좋아한다면, 그대도 똑같이 사도에 떨어질까 두려우니, 일심으로 권하여 나의 불정다라니주를 수지하게 하라."[22]라고 말씀하

---

21) 若有宿習不能滅除. 汝敎是人一心誦我佛頂光明摩訶薩怛多般怛囉無上神咒. 斯是如來無見頂相無爲心佛從頂發輝坐寶蓮華所說心咒(T. 945, 132c)

셨다. 그러나 이것은 부처님께서 아난다에게 대화한 내용인데, 선정을 알지 못하거나 설법을 알지 못하는 말법시대에도 「슈랑가마다라니」는 유효하니, 열심히 그 지송을 권하라는 뜻이지, 선정을 알지 못하고 설법을 알지 못하는 경우에 「슈랑가마다라니」를 지송하게 하라는 뜻은 아니다.

6. 「슈랑가마다라니」는 아난다의 계행의 몸을 범하기 위해, 걸어두었던 '쌍키야' 외도의 사악한 주력을 파괴하여, 아난다와 마땅기 둘 다를 음행으로 인한 파멸의 위기에서 구출하여 수호주로서의 본분을 다하였을 뿐만 아니라, 나아가서 아난다는 아라한의 지위를, 마땅기는 돌아오지 않는 님의 지위를 증득하게 만들었다. 이와 같이 『수능엄경』에서는 「슈랑가마다라니」가 깨달음의 직접적인 수단일 뿐만 아니라, 30여 가지 공덕(『수능엄경』 제7장§35-50)을 갖고 있다고 강조하는데, 그 가운데 제일 처음 등장하는 공덕이 깨달음과 관계되는 것으로서 "시방의 여래가 이 다라니의 주심(呪心)으로 위없이 바르고 원만한 깨달음을 얻는다."[23]라는 내용이다.

7. 심지어 이 「슈랑가마다라니」에 의지해서 시방의 여래가 모든 뭇삶의 고통을 제거한다는 내용이 나온다: "시방의 여래가 이 다라니에 의지하고 시방에서 여러 가지 고통을 뽑아내어 구제하시니, 이른바 지옥의 고통, 아귀의 고통, 축생의 고통, 시각장애인의 고통, 청각장애인의 고통과 미워하는 사람과 만나는 고통, 사랑하는 사람과 헤어지는 고통, 구하지만 얻지 못하는 고통, 다섯 가지 존재의 다발

---

22) 若諸末世愚鈍衆生. 未識禪那不知說法. 樂修三昧汝恐同邪. 一心勸令持我佛頂陀羅尼呪.(T. 945, 154b)
23) 十方如來因此呪心. 得成無上正遍知覚(T. 945, 136a)

이 치성한 고통, 크고 작은 횡액을 동시에 벗어나게 하고, 도적의 난, 전쟁의 난, 왕에 의한 재앙, 투옥의 재앙, 바람과 물과 불에 의한 재앙, 배고프고 목마른 가난과 궁핍을 한 생각에 소멸시킨다."24) 이와 같이 『수능엄경』은 「슈랑가마다라니」가 대승불교의 상구보리와 마장퇴치를 포함한 하화중생의 완벽한 이념을 구현시키는 수단이라는 사실을 보여준다.

8. 〔슈랑가마다라니의 내용〕 『수능엄경』 제7권에서 아난다는 「슈랑가마다라니」를 직접 듣지 못하였으니 대자비를 베풀어 선설해 주실 것을 부처님께 청하게 되고, 여래는 정수리에서 백보광명(百寶光明)을 놓자, 천엽보련(千葉寶蓮)이 솟아오르고 화신여래(化身如來)가 나타나 「슈랑가마다라니」를 재연하게 된다. 「슈랑가마다라니」는 총5회 427구(般明本: T.945B)로 구성되어 있다.

9. 〔비로진법회〕 제1회 비로자나불의 참모임, 즉 비로진법회(毘盧眞法會: SD. 1- 137)에서는 제불제존(諸佛諸尊)에 대한 찬양과 귀의로 이루어져 있다. 이것은 제불제존의 권능(權能)을 빌어서 「슈랑가마다라니」, 즉 백산개불모의 공능(功能)을 극대화하기 위한 것으로 보인다. 여기에는 석가모니 부처님과 성자들, 그리고 대승불교와 금강승불교의 불보살들을 포함하여, 비로자나불의 보리심에서 출현한 힌두교의 절대신들, 하느님(브라흐마), 비슈누, 시바신과 그들의 화현으로 등장하는 수많은 신들과 그에 소속된 성선들 등의 제존(諸尊: SD. 1-73)이 등장한다. 이들에게 귀의하여 그들

---

24) 十方如來依此咒心. 能於十方拔済群苦. 所謂地獄餓鬼畜生盲聾瘖啞 怨憎会苦愛別離苦. 求不得苦五陰熾盛. 大小諸横同時解脱. 賊難兵難王難獄難. 風水火難飢渇貧窮応念銷散.(T. 945, 136c)

의 권능의 힘을 얻은 지송자(持誦者)는 SD. 73-77에서는 신격화된 다라니 자체인 "존귀한 님, 여래의 불정에서 나투시어, 승리하여 패하지 않고, 사악한 주력에서 뭇삶을 수호하시는 백산개불모(白傘蓋佛母)"가 사악한 주력을 차단하고(SD. 80) 때 아닌 때의 죽음에서 구호하고(SD. 81- 81), 모든 결박에서 벗어나게 하고(SD. 83), 일체의 사악한 악몽을 없애버리시고 (SD. 84-85), 팔만사천의 귀신을 쳐부수고(SD. 86-88), 성수천신들을 최복시키고(SD. 89- 94), 모든 원적을 제거시켜주시고(SD. 95), 공포스런 악몽을 제거시켜주시고(SD. 96), 독 · 칼 · 물 · 불의 재앙에서 구제하여주십니다." (SD. 97- 98)라고 고백함으로써, 권능에 대한 믿음을 극대화시켜, 모든 무드라(mudrā: 印契)를 현시하는 제존들(SD. 134)이 자신을 수호하기를 기원한다.(SD. 135-137)

10. [석존응화회] 제2회 부처님 응화의 모임, 즉 석존응화회(釋尊應化會: SD. 138-178)에서는 「슈랑가마다라니」에 대한 권증(權證)과 그에 대한 신앙을 나타낸다. 그 권증은 옴(Oṁ : 烏𤙖 = 唵)의 송출로 이루어진다. 옴(Oṁ=Auṃ)은 모든 진언, 즉 만트라(mantra)의 근원으로 신성한 종자(種子: bīja)이다. 본래 베다시대에는 응낙(應諾)의 의미로서 또는 기도문의 첫머리에 사용되었다. 옴은 우파니샤드 시대에 와서 최초로 등장했다. 『만두끼야 우파니샤드』에 따르면, 과거, 현재, 미래가 모두 옴이라는 한 음절 속에 들어있다. 『따이띠리야 우파니샤드』에 따르면, 우파니샤드 시대에 와서 옴이 창조신인 브라흐마(梵)이자 전세계가 곧 옴이라고 명상하는 관상(觀想)이 일반화되었다. 『문다까 우파니샤드』에도 '옴은 활이고 나는 화살이다. 브라흐마는 그 목적이다.'라는 내용이 있

는데, 옴이 범아일여(梵我一如)를 파악하는 수단적인 관상법이라고 밝히고 있다. 이 때 옴은 진리의 세계에 목숨 바쳐 돌아가 마음을 청정하고 고요히 해서 우주의 절대적인 진리와 합일할 때에 들을 수 있는 우주적인 지복(至福)의 진동파이다.

11. 힌두철학에 따르면, 옴(Oṁ)은 삼박자, 즉 A-U-Ṁ으로 분석할 수 있는데, 그것은 각각 위대한 절대신의 삼현사상(三顯思想)과 결합되어 있다. 첫째, A는 곧 창조신(創造神)인 브라흐마 신의 현현이다. 요가철학에서는 우주를 지배하는 격질(激質 : rajas)의 원리를 나타내며 현상세계로의 윤회와 속박의 원인을 제공한다. 둘째, U는 곧 유지신(維持神)인 비슈누 신의 현현으로, 요가철학에 따르면 우주를 지배하는 순질(純質 : sattva)의 원리를 나타내며 현상세계를 유지하고 지탱하는 원인을 제공한다. 셋째, Ṁ은 파괴신(破壞神)인 시바 신의 현현으로, 요가철학에 따르면 우주를 지배하는 암질(暗質 : tamas)의 원리를 나타내며, 현상세계를 파괴하여 변화시키는 원인을 제공할 뿐만 아니라 형상세계를 종합하기도 한다. 따라서 힌두교에서 옴은 우주적인 창조-유지-파괴가 하나로 통합되어 있는 절대적 신성을 대변한다.

12. 대승불교 경전 가운데 하나인 『수호국계주다라니경』(守護國界主多羅尼經: T. 997)에서는 이 옴(Oṁ)을 다음과 같이 정의한다. 옴(Oṁ)은 A-U-Ṁ의 세 글자로 나누어지는데, A는 보리심(菩提心)이나 법신불(法身佛)을 상징하고 U는 보신불(報身佛)을 상징하고 Ṁ은 화신불(化身佛)을 상징하고, 삼세제불이 모두 이 옴(Oṁ)을 관상하여 깨달음을 얻었다. 이 옴은 모든 부처님의 어머

니, 즉 불모(佛母)라고 볼 수 있다.

13. 불교적 밀교(密敎)에서는 법신불인 비로자나불(毘盧蔗那佛)의 종자가 바로 옴이다. 그 종자는 선인들에게 찬양받는 여래의 불정에서 나투어진 것이다.(SD. 138-141) 이 가운데 백산개불정(白傘蓋佛頂)의 권증인 옴, 무변음변불정(無邊音邊佛頂)의 권증인 훔(hūṃ), 광취불정(光聚佛頂)의 권증인 뜨룸(trūṃ = bhrūṃ)이 나뉘면서, 세 부처님 부족, 또는 다섯 부처님 부족을 구성하는 셋 또는 다섯 부처님 종자를 캡슐에 넣는다. 또는 훔(hūṃ) 뜨룸(trūṃ)은 총지진언(總持眞言)인 옴-아하-훔(oṃ-aḥ-hūṃ)과 같으며, '옴'은 비로자나불(毗盧遮那佛), '아하'는 아미타불(阿彌陀佛), '훔'은 아촉불(阿閦佛)의 종자를 나타내며, 모든 다라니는 이 옴-아하-훔에서 나온 것이다. 또한 모든 성자들도 여기서 출현한 것이다. 이때 뜨룸을 '뜨-루-움'으로 별도로 해석하면, '뜨'는 아촉불(阿閦佛), '루'는 불공성취불(不空成就佛), '움'은 보생불(寶生佛)의 종자를 나타낸다.

14. 그런데 이러한 '옴'-소리는 대승불교에서 절대적 위치를 차지하게 된 관세음보살의 관세음(觀世音)으로 인식되면서 천수천안관세음보살의 무한편만의 자비가 온 우주에 퍼지는 소리를 의미하게 되었고, 자비방편에 대한 불보살의 내증이 되었다. 『법화경』(法華經)과 『관음경』(觀音經)에 따르면, 옴 소리는 다섯 가지 소리(五音)으로 나타난다. ① 묘음(妙音) : 아름다운 소리. 모든 윤리적인 도덕을 갖추고 있는 성취의 소리이다. ② 관세음(觀世音) : 관세음보살의 본질인 무한 편만의 자비가 온 우주에 퍼지는 소리를 말한

다. ③ 범음(梵音) : 청정한 우주의 소리. 번뇌의 때가 없는 깨끗한 소리라는 뜻이다. ④ 해조음(海潮音) : 성스러운 옴 소리는 우주적인 바다의 파도 소리처럼 들린다. 이때에 그 소리는 '쓰와하(svāhā)'라고 표현된다. 이것은 지복(至福)의 소리로서 모든 번뇌에서 우리를 해방시키고 축복의 세계에 들게 한다. 우리말 다라니경에서 '사바하(娑婆訶)'라는 표현은 곧 이 해조음을 말하는 것으로 성스러운 옴 소리와 같은 말이다. 그러나 이 어구는 주로 다라니 뒤에 놓여 원만성취(圓滿成就)의 의미로 쓰인다. ⑤ 승피세간음(勝彼世間音) : 세상을 뛰어넘는 소리. 성스러운 우주의 소리는 이 창조-유지-소멸의 세상에 있으면서 그러한 윤회의 세상을 뛰어넘는 초월의 소리이다. 관세음의 자비방편은 사악한 주력를 행사하는 자에 대한 분노와 다라니를 지송하는 자에 대한 수호로 나타날 수 있는데, 이것을 표현한 반주저(反呪咀)의 다라니가 보인다. "모든 야차와 나찰의 악귀들을 쳐부수는 님이여, 훔 뜨룸, 팔만사천의 악귀들을 쳐부수는 님이여, 훔 뜨룸. 수호하십시오. 존귀한 여래의 불정을 지닌 님이여, 사악한 주력에서 뭇삶을 수호하는 님이여, 천개의 팔과 천개의 머리를 지닌 님이여, 천백 억의 눈으로 살피시는 님이여."(SD. 153-169) 여기서 천개의 팔과 천개의 머리를 지닌 님과 천백 억의 눈으로 살피는 님이란 관세음보살이자, 수능엄삼매의 묘용이 중생구제로 나타났을 때의 길상의 세계에서 환희하는 다리니 지송자가 경험하는 내적 체험을 표현한 것이기도 하다. 그래서 이 제2회의 『슈랑가마다라니』는 '옴, 제게 안온이 있어지이다. 이와 같이 저에게 안온이 있어지이다.'(SD. 175-178)라고 끝난다.

15. 〔관음합동회〕 제3회 관세음과 함께 하는 모임, 즉 관음합동회(觀音合同會: SD. 179-272)는 지송자가 성취할 수 있는 공덕을 구체적으로 나열하고 그것이 성취되기를 바란다. 『관음경』에서는 관세음을 부르면 일곱 가지 구체적 재난, 즉 ① 화난(火難) : 불에 의한 재난 ② 수난(水難) : 물에 의한 재난 ③ 풍난(風難) : 바람에 의한 재난 ④ 도장난(刀丈難) : 칼과 몽둥이 등의 폭력에 의한 재난 ⑤ 귀난(鬼難) : 야차(夜叉)나 나찰(那刹)등의 잡귀에 의한 재난 ⑥ 가쇄난(枷鎖難) : 감옥에 갇히는 몸이 되는 재난 ⑦ 원적난(怨敵難) : 원한있는 사람이나 적군에 의한 재난의 두려움으로부터 벗어날 수 있다고 강조하고 있는데, 그것과 유사하기 때문에 관세음과 함께 하는 모임이라는 명칭이 붙었다. 그 내용은 갖가지 위험들과 갖가지 악귀들과 갖가지 귀신들로 분류된다. 1) 갖가지 위험: 사악한 정치의 위험, 도적의 위험, 불의 위험, 물의 위험, 독극물의 위험, 무기의 위험, 전쟁의 위험, 굶주림의 위험, 천둥의 위험, 때 아닌 때의 죽음의 위험, 대지의 지진으로 생겨난 험로의 위험, 운석낙하의 위험, 정치적 형벌의 위험, 용의 위험, 번개의 위험, 금시조(金翅鳥)의 위험으로부터,(SD. 179-195) 2) 갖가지 악귀: 야차의 악귀, 나찰의 악귀, 아귀의 악귀, 삐샤짜의 악귀, 부따의 악귀, 꿈반다의 악귀, 뿌따나의 악귀, 까따뿌따나의 악귀, 쓰깐다의 악귀, 아빠쓰마라의 악귀, 운맛따의 악귀, 차야의 악귀, 레바띠의 악귀으로부터,(SD. 196-207) 3) 갖가지 귀신: 자양을 먹는 귀신, 태아를 먹는 귀신, 피를 먹는 귀신, 살을 먹는 귀신, 고름을 먹는 귀신, 골수를 먹는 귀신, 유아를 먹는 귀신, 목숨을 먹는 귀신, 바람을 먹는 귀신, 구토물을 먹는 귀신, 부정물(不淨物)을 먹는 귀신,

심장을 먹는 귀신으로부터.(SD. 208-219) 능엄주의 지송자는 그러한 갖가지 위험들과 갖가지 악귀들과 갖가지 귀신들로부터, 모든 일체의 악귀들이 거는 사악한 주력 뿐만 아니라 이교도, 다끼니, 루드라 신, 나라야나 신, 비슈누 신, 마하깔라 신과 성모들, 까빨리까, 작승존, 작밀존, 모든 의취의 성취존, 사자매여신(四姉妹女神), 브링기리띠와 난디께슈와라, 가나빠띠를 거느린 시바 신, 나형외도, 자이나교도, 인드라 신과 비밀스런 구히야까의 주인 꾸베라 신이 행하는 주력의 형향을 끊어버리고 묶어버리므로, 지송자를 수호해주길 기원한다.(SD. 220-272)

16. 〔금강절섭회〕 제4회 금강살들의 조복섭수 모임 즉, 금강절섭회(剛藏折攝會: SD. 273-332)는 백산개불모(白傘蓋佛母)이자 금강모존(金剛母尊)인 「슈랑가마다라니」에 대한 찬탄과 예배 그리고 금강계만다라의 제존과의 계합을 통해, 보다 강력하게 서원이 성취되길 바란다. 먼저 백산개불모와 그의 공능에 대한 찬탄과 축복이 이루어진다. "존귀한 백산개불모님이시여, 당신께 예경하나이다. 광휘의 불꽃을 놓아 광명을 열어 비추는 백산개여존이시여, 광휘를 비추소서. 광휘를 비추소서. 분쇄하소서. 분쇄하소서. 파쇄하소서. 파쇄하소서. 끊어버리소서. 끊어버리소서. 훔 훔 팟 팟 팟 팟 팟 쓰와하"(SD. 273-286) 여기서 훔(hūṃ)은 종자로서는 번뇌를 부정하고, 자기를 확립하고, 보리심을 발현하고 구제 등으로 광범위한 상징성을 지녔고, 모든 부처님께 귀의한다는 금강혜(金剛慧)의 활동을 암시한다. 팟(phaṭ)에서 파(pha)는 '제거, 절복, 분노'의 자구적 의미가 있고 특히 마지막 자구인 받침 ㅅ〔ṭ〕은 '자비, 섭수'의 의미를 지닌다. 금강살타(金剛薩埵)들은 뭇삶들이 폭력적으

로 가르침에 저항하는 상황 하에서 무기류를 사용하여 뭇삶을 복속시키는 분노의 형태로 표현된 불보살들이다. 그들은 이 부처님의 다르마인 팟(phaṭ)을 통해 가르침에 저항하는 자들을 자비로서 섭수하고, 마지막에 쓰인 쓰와하(svāhā: 길상이 있기를!)를 통해 주로 다라니 뒤에 놓여 길상(吉祥)과 원만성취(圓滿成就)를 기원한 것이다. 그리고 공여래장(空如來藏)을 상징하는 '헤(he: 오라! 또는 오!)'라는 다라니를 통해 금강계만다라의 부처님의 부족들을 활성화 편재화시킨다: " 헤 헤 팟, 허망하지 않은 님이여, 팟, 장애가 없는 님이여, 팟, 은혜를 베푸는 님이여, 팟"(SD. 287-290) 이로써 모든 힌두적이고 밀교적인 모든 신들의 존재 - 아수라, 천신, 용, 야차, 건달바, 뿌따나, 까따뿌따나, 모든 극복하기 어려운 존재, 모든 추악하게 보이는 존재, 모든 열병의 병마, 아빠쓰마라, 모든 수행하는 님, 모든 이교도, 모든 운맛따, 모든 진언의 파지자, 작승존, 작밀존, 모든 의취의 성취존, 진언행자, 사자매여신, 금강동녀로서 진언에 자재한 여존, 사악한 주력에서 뭇삶을 수호하시는 위대한 여존, 금강의 사슬을 지닌, 사악한 주력에서 뭇삶을 수호하는데 자재하신 존자, 마하깔라 신〔大黑天神〕으로서 위대한 성모(聖母)의 무리에 섬김 받는 님, 비슈누 신, 브라흐마 신, 아그니 신, 마하깔라 신, 깔라단다 신, 인드라 신, 루드라 신, 짜문다 여신, 깔라라뜨리 여신, 까빨린 신, 해탈의 묘지에 사는 마하깔라 신(SD. 287-329) - 은 『슈랑가마다라니』의 지송자와 계합하여 조복되어 사실상 부처님의 부족으로 활성화 편재화된다. 이로써 어떠한 뭇삶들이라도, 지송자를 수호할 수 있는 공능을 부여받는다.(SD. 330-332)

17. 〔문수홍전회〕 제5회는 문수보살 전법의 모임, 즉 문수홍전회(文殊弘傳會: SD. 333-427)에서는 사바세계에서 구체적으로 수행자들을 괴롭히는 존재들, 즉, 귀신들, 악귀들, 발열귀들, 부조화에 의한 병마들, 통증의 병마들, 부따와 베딸라와 다끼니와 관계되는 귀신들, 불시의 죽음을 야기하는 독충과 맹수들에 대하여 언급한다. 1) 귀신들: 악한 마음을 갖는 귀신, 적대적인 마음을 갖는 귀신, 정기를 먹는 귀신, 태아를 먹는 귀신, 피를 먹는 귀신, 지방을 먹는 귀신, 골수를 먹는 귀신, 갓난아이를 먹는 귀신, 생명을 먹는 귀신, 공물을 먹는 귀신, 냄새를 먹는 귀신, 꽃을 먹는 귀신, 열매를 먹는 귀신, 곡물을 먹는 귀신, 악독한 마음을 지닌 귀신, 사악한 마음을 지닌 귀신, 포악한 마음을 지닌 귀신(SD. 333-349) 2) 악귀들: 야차의 악귀, 나찰의 악귀, 아귀의 악귀, 삐샤차의 악귀 부따의 악귀, 꿈반다의 악귀, 쓰깐다의 악귀, 운맛따의 악귀, 차야의 악귀, 아빠쓰마라의 악귀, 다까와 다끼니의 악귀, 레바띠의 악귀, 자미까의 악귀, 샤꾸니의 악귀, 마뜨리난디까의 악귀, 알람바까의 악귀, 간타빠니의 악귀(SD. 350-366) 3) 발열귀들: 하루 안에 나타나는 발열귀, 이틀 만에 나타나는 발열귀, 사흘 만에 나타나는 발열귀, 나흘 만에 나타나는 발열귀, 계속적으로 의식불명을 일으키는 발열귀(SD. 367-372) 4) 부조화에 의한 병마들: 바람의 부조화에 의한 병마. 담즙의 부조화에 의한 병마, 점액의 부조화에 의한 병마, 체질의 부조화에 의한 병마(SD. 373-376) 5) 통증의 병마들 : 모든 열병의 병마, 두통의 병마, 편두통의 병마, 안질의 병마, 구강통의 병마, 인후통의 병마, 인두통의 병마, 이통의 병마, 치통의 병마, 심장통의 병마, 관절통의 병마, 늑골통의 병마, 척추

통의 병마, 복통의 병마, 요통의 병마, 방광통의 병마, 대퇴통의 병마, 각통의 병마, 수통의 병마, 족통의 병마, 모든 사지관절통의 병마.(SD. 376-396) 6) 부따와 베딸라와 다끼니와 관계되는 발열귀, 피부염귀, 개선귀, 수두귀, 지주창귀, 단독귀, 정창귀, 무시무시한 공포를 일으키고 독기를 품은 불귀신, 물귀신, 역병귀(疫病鬼), 원적귀(怨敵鬼), 재난귀(災難鬼)(SD. 397-404) 7) 불시의 죽음을 야기하는 독충과 맹수: 불시의 죽음을 야기하는 벌, 등에, 전갈, 뱀, 악어, 사자, 호랑이, 곰, 하이에나, 야크(SD. 405-410), 그러한 모든 수행자를 괴롭히는 존재들에 대하여 지송자는 백산개불모(白傘蓋佛母)를 찬탄하면서 명주의 효력이 미치는 성역을 결계(結界)하여 수행자의 성역을 수호하고 십이요자나에 걸친 능엄만다라의 성역의 결계를 이와 같이 완성시킨다. "백산개불모님, 위대한 금강과 같은 불정에서 나투신 님이여, 사악한 주력에서 뭇삶을 수호하시는 위대한 여존이여, 십이 요자나의 범위 안에 명주의 성역을 제가 결계하옵니다. 시방의 성역을 제가 결계하옵니다. 사악한 타자의 주력에 승리하는 성역을 제가 결계하옵니다."(SD. 411-418)

18. 〔수능엄주심〕 성역의 결계가 확정되면 「슈랑가마다라니」의 주심(呪心)이 등장한다. 그때 옴은 '타오르는 불꽃'으로 수직적으로 확장되고 '광휘로 빛나는 것'으로 수평적으로 확장되고 능엄만다라의 성역에 머물지 않고 전체의 법계에 활성화되고 편재화된다. 여기서 수많은 금강살타들이 등장함으로써 수능엄삼매의 개현으로서의 수능엄주는 법계전체에 대불정여래의 밀인(密因)이 종자(種子) – 팟. 훔 뜨룸. 팟. 쓰와하 – 로서 나타나, 수증(修證)을 끝내고 만

행(萬幸)을 구족한 성존(聖尊)의 길상성취를 드러낸다. 그 주심은 다음과 같다. "곧, 그것은 이와 같습니다. 옴 타오르는 불꽃이여, 광휘로 빛나는 님, 금강저를 지닌 용맹한 님이여, 신성한 결계를 관장하는 님, 금강저를 손에 쥔 님이여, 팟. 훔 뜨룸. 팟. 쓰와하!"(SD. 419-427)

19. 〔참회의례와 수능엄단장의 성립〕 안거 중이나 일상예불에서 고대인도의 승원에서 「슈랑가마다라니」를 외었다는 기록은 아직까지 존재하지 않는다. 그런데 어떻게 중국의 선종사찰에서는 「슈랑가마다라니」를 염송하는 것이 중요한 일과가 된 것일까? 중국의 사찰에서는 학파마다 안거시에 다양한 수행이 이루어졌는데, 그 중점이 달랐다. 천태종에서는 경전과 참회의례를 중시했고, 정토종에서는 아마타불 염송을 중시했고, 선종에서는 참선을 중시했다. 「슈랑가마다라니」가 최초로 수용된 것은 중국에서 천태종사찰의 참회의례에서 영향을 받은 것이다.

20. 중국에서 천태지의(天台智顗, AD. 538-597)가 『대방등다라니경』(大方等陀羅尼經: T. 1339)에 기초하여 최초로 참회의례를 만들어냈다. 그 이후 참여자들은 거기에 참여하여 다라니를 염송하면 죄악을 제거할 수 있다고 믿게 되었다. 그후 불공금강(不空金剛, AD. 705-774)이 『바즈라쉐까라경』(Vajraśekarasūtra)이나 『마하바이로짜나경』(Mahāvairocanasūtra)의 유가밀교적 교의 또는 천태종사찰에서 널리 신봉되던 묘법연화경(妙法蓮華經)에 기초해서 의례집을 만들어 보급했다. 『수능엄경』과 관련되어 가장 고층으로 현존하는 수능엄단장(首楞嚴壇場 : Śūraṃgamamaṇḍala)은 화엄종의 승려 송나라의 진수정원(晉水淨源; AD. 1011-1083)이 AD. 1071년에 편찬한 『수능엄단장수증의』(首楞嚴壇場修證儀)이다. 그 책의 서문에서 정원은 그 이전의 화엄승려나 천태승려의 그들이 저술한 작품에서 영향을 받았다고 기술하고 있다. 당시에도 화엄종이나 천태종은 모두 『수능엄경』의 중요한 옹호자였다. 이것은 수능엄단장 안에서 실천하는 21일간의 참회기도문에 대한 안내서이다. 단장(壇場), 즉 '만다라(曼陀羅; maṇḍala)'라는 것은 염송자가 삼매를 얻기 위해 실천할 때, 그에게 닥친 악마적 위협을 제거하는데 「슈랑가마다라니」가 그 기능을 다하도록 돕는 필수적인 내용을 지칭한다. 의궤 안에 기록된 수능엄단장은 『수능엄경』(楞嚴經, T. 945)의 7장의 시작에서 발견되는 만다라의 주형에 따라서 만들어진 것이다. 참여자들은 부처님과 보살들과 천신들을 만다라 안에 불러서 초대한 뒤에 봉헌하고 예경하고, 첫7주야에 하루에 여섯 번(세 번은 밤, 세 번은 낮) 동안, 만다라를 순행하면서, 「슈랑가마다라니」를 108번 염송한다. 두 번째 일주일에는 참여자들이 한 마음으로 보살원을 세운다. 세 번째 일주일에는 하루에 12시간씩 「슈랑가마다라니」를 암송한다. 세 번째 일주일의 일곱째 날에는 시방의 제불이 나타나 참여자들의 정수리를 어루만지고, 제21일부터는 참여자는 100일 동안 자리에서 일어나지 않고 명상을 지속할 수 있게 되면, 흐름에 든 님(須陀洹 : Śrotāpanna)의 지위에 이르게 되고, 성자의 지위에 이르지 못하더라도 그의 마음은 궁극적으로 성자의 지위를 향하게 된다. 현세에서 능엄삼매를 얻고자 하는 자를 위하여 『수능엄경』은 「슈랑가마다라니」가 그들의 몸을 정화시켜 수정처럼 맑게 해준다고 가르친다. 단장에 참여

한 지송자가 다섯 감관을 통해 만들어진 죄악을 참회하면 「슈랑가마다라니」는 무시이래 쌓인 죄악마저도 없애준다. 「슈랑가마다라니」의 힘은 뜨거운 물이 얼음을 녹이듯 생겨난 죄업을 씻어낸다. 죄업이 정화되면, 무생법인(無生法忍)을 얻을 수 있다.

21. 천태지의(天台智顗)의 『법화삼매참의』(法華三昧懺儀; T. 19 41)를 보면, 수행에서의 참회의 중요성을 강조하는데, 계체(戒體)를 어기고 더럽히면, 삼매를 얻을 수 없다는 사실을 지적하며, 참회가 자신의 죄업으로 인해 생겨난 업장을 제거하는데 효과적이라는 것을 주장하고 있다. 이러한 지의(智顗)의 의규(儀規)는 강남지방에서 특히 잘 받아들여졌지만, 회창폐불(會昌廢佛 : AD. 845)[25]이 일어나고 오대(五代 : AD. 907-960)[26] 시대의 이어지는 혼란을 지나면서, 모든 천태와 화엄을 포함한 종파가 정치적 혼란으로 흩어지고 상처를 입게 되었다. 그후 불교복원운동과 더불어 불

---

25) AD. 840년에 즉위한 당나라의 무종(武宗)은 도교를 신봉하였다. 그는 노자가 탄생한 날을 강성일(降聖日) 즉, 성인이 탄생한 날로 공휴일로 정하고, 도교를 지지하고 반면 사찰소유의 토지증대와 세수감소, 승려의 타락 등을 구실로 주로 불교에 대한 탄압을 행했고, 다른 외래 종교에 대한 탄압도 병행했다. 회창1년(AD. 841)에 시작한 불교의 탄압은 회창 2년(AD. 842)에 재상 이덕유가 강대해지는 승원을 통제할 것을 제언해, 사도승이나 소년승에 대한 추방령이 떨어졌고. 회창 3년(AD. 843년)에 불교보호자인 환관 구사량(仇士良)이 사망하자, 장안에서는 사원에서의 승려의 외출 금지령, 성내에서의 환속 따위가 이루어졌었고, 회창5년(AD. 845)에 무종의 조서 훼불사륵승니환속제(毁佛寺勒僧尼還俗制)가 내려져서 절정에 이르게 된다. 사원 4,600여 곳, 환속하게 된 승려는 260,500명, 몰수된 사전은 수천만 여개, 절의 노비를 백성으로 편입한 수가 150,000명이었다. 그러나 무종은 회창 6년(AD. 846년)에 단약(丹藥)을 너무 마셔 목숨을 잃었다기도 하고, 환관에 의해 암살되었다기도 하는데, 33세에 붕어했고, 탄압은 중단되었다. 중국에서 일어난 불교탄압의 법난 가운데 최대 규모이며, 철저하게 이루어진 이 폐불에서 장안·낙양 두 도읍에서 겨우 4개의 사찰이 살아남았고, 각 주의 주도(州都)에서는 겨우 1개씩 살아남았다.

26) 오대는 당나라가 멸망하고 송나라가 건국되기 이전까지의 과도기에 중원에서 흥망한 다섯 왕조를 말한다.

교의례로서 참회의례는 각 학파의 부활의 중요한 역할을 담당하게 되었고, 그 과정에서 정원(淨源)은 참회의례집을 만들면서 화엄학파에서 중요시했던 『화엄경』(華嚴經)과 『수능엄경』(首楞嚴經)을 끌어들였다. 그리고 북송의 천태종파의 자운준식(慈雲遵式; AD. 946-1032)이 천태의례를 부활시키자, 동시대자들이 그를 역사상 처음으로 참주(懺主)라고 불렀다는 사실은 참회의례의 발전을 상징적으로 징표하는 것이었다.

22. 그 이후에는 『수능엄경』의 수행은 역사적으로 뜸하다가, 명나라에 와서 예외적으로 유계전등(幽溪傳燈: AD. 1554-1628)과 선수(禪修 : 생몰연대불명)에게서 발견된다. 전등은 평생을 삼매를 성취하기로 결정하고 법화삼매(法華三昧), 대비삼매(大悲三昧), 이근원통(耳根圓通 : 『수능엄경』의 관세음보살과 관계된 수행)을 얻기를 염원했다. 그는 『수능엄경』에 제시된 주형에 따른 수능엄만다라의 설치를 AD.1612년 시작해서 AD.1615년 완성했다. 그가 완성한 능엄해인삼매단의비(楞嚴海印三昧壇儀碑)는 절강성(浙江省) 고명사(高明寺)에 아직도 보존되고 있다. 그리고 선수(禪修)는 1624년경의 「의능엄구경사참」(依楞嚴究竟事懺)이라고 불리는 참회지침서를 만들었다. 그는 『수능엄경』의 철학을 바탕으로 「불설불명경」(佛說佛名經)에서 취한 400명의 부처님의 이름을 추가하여 참회의 절을 올리는 지침서를 만들었다. 거기서 참회의례를 시작하기 전에 「슈랑가마다라니」의 염송은 의례가 행해지는 결계가 설치되는 수단으로 행해졌다. 그러나 당나라 이후에는 밀교가 점차 사라지면서 밀교와 관련된 만다라가 의례의 장르에서 점차 사라졌다. 그래서 『수능엄경』에서 나타나는 수능엄단장의 주형은 의

례와 관련된 것이 아니다. 그 만다라의 실행은 의례의 장르에서 떨어져나갔고, 오늘날은 「슈랑가마다라니」만이 보존되어 염송에서 사용되고 있는 것이다.

23. 〔능엄회의 성립〕 백장회해(百丈懷海: AD. 749-814)는 초조 보리달마에서 육조혜능에 이르기까지의 조사적 승원전통을 깨고 선종적 사찰을 건립하였다. 그는 자신의 승원에서 혁신적인 승원규칙인 『백장청규』(百丈淸規)을 제정하여 선종사찰의 독립성을 고취시켰다. 「백장청규」는 원형은 현존하지 않지만, 『전등록』(傳燈錄: AD. 1004)에 집성되어 있는, 후대 송나라의 역사가에 의해 쓰여진, 『선원규식』(禪苑規式)에서 살펴볼 수 있다. 이 승원의 규약을 살펴보면 승원생활의 의례적인 부분을 살펴볼 수 있는데, 의례의 도구로서 「슈랑가마다라니」가 다양한 방식으로 자유로운 해석과 적용을 통해서 실용적으로 활용된 것을 알 수 있다. 청규에는 능엄회(楞嚴會)도 포함되는데, 그것은 우기의 안거시의 의례를 별도로 지칭하는 것이다. 초기에 설일체유부의 ≪율장≫이 번역되면서 안거가 알려지면서 수행자의 명상과 일상의 규칙에 대한 간략히 묘사가 제공되었고, 비교적 현존하는 가장 오래된 북송(北宋)의 『선원청규』(禪苑淸規, AD. 1103)에는 「슈랑가마다라니」가 직접적으로 언급되지는 않지만, 『좌선의』(坐禪儀) 가운데 『수능엄경』과 천태지관과 규봉종밀(圭峰宗密. AD. 780-841)의 좌선법이 언급되어 있다. 안거중의 능엄회에 관해 언급하고 있는 현존하는 최초의 문헌으로는 남송시대의 『입중수지』(入衆須知; X.1247, AD. 1263)라는 문헌이 있다. 승원에서의 기상, 세수, 배변, 착복, 발우펼침, 식사, 독송, 목욕, 취침의 일상생활과, 안거시의 시작과 끝을

언급하고 있는 특별한 의식을 능엄회라고 설명하고 있다.

24. 후대에 원나라의 『선림비용청규』(禪林備用淸規; X.1250; AD. 1311)에 와서, 능엄회가 진행되는 동안 「슈랑가마다라니」를 외우는 공간을 구성하는 승려의 배치도를 그린 능엄승회도(楞嚴僧會圖)가 추가되었는데, 그것을 통해 우리는 능엄회를 좀더 쉽게 이해하게 되었다. 「슈랑가마다라니」가 능엄회에서 편입되면서, 참여한 자들이 불단을 도는 동안, 다라니의 지송은, 참여자들의 안녕과 안거의 성공을 기원하는 큰 공덕을 산출하는 수단으로 여겨지게 되었다. 『선림비용청규』에서 우리는 가장 상세한 능엄회의 묘사를 살펴볼 수 있다. 삼개월 간의 안거 중에 깨달음을 얻으려면, 크나큰 발심과 헌신이 필요했다. 안거의 첫째 날에 주지가 전체 회중을 위해 향을 피우고 부처님들께 이러한 기도문을 올렸다: "청명한 기운〔灝氣〕이 보리도량 위의 허공으로 피어나고, 향기로운 바람이 새벽을 깨뜨리니, 수능엄의 90일 안거가 만행공덕으로 완성되므로, 시방의 여래와 더불어 이 다라니의 핵심을 새기고, 모든 수행승이 함께 그 길을 온전히 닦았습니다. 우러러 위대한 스승 석가여래 대화상의 은혜를 갚사오니, 저희들은, 진리의 바람이 널리 불어와 모든 악마의 보루를 소탕하고, 감로의 법우가 몰아쳐서 마르고 시든 것에 자양을 주기를 기원합니다."27) 그 밖에 기도문을 통해서 지송의 공덕으로 진여실제(眞如實際)를 얻고 위없는 보리를 장엄하고 왕과 스승과 부모와 단월에게 보은하고 삼계의 뭇삶들을 섭수하는

---

27) 灝氣凌空菩提場 九旬制滿 香風散曉首楞嚴 萬行功圓 與十方如來 持此呪心故 一衆比丘 得全道力 敬將殊利 仰酬恩休 本師釋迦如來大和尙 伏願 普扇眞風 盡掃淸於魔壘 滂施法雨 慈暢茂於焦枯 樂至化以無爲 傳宗正而有永(X.1250, 630c)

것을 기원했다. 능엄두(楞嚴頭)가 「슈랑가마다라니」를 염송하기 시작하면 회중이 염송을 따라 하고, 능엄두가 마하반야바라밀을 외우면, 염송을 끝낸다. 이 의례는 능엄두의 공덕회향으로 끝났다. 그리고 둘째 날부터 마지막 날까지는 대중들은 아침 식사로 죽을 든 이후에 염불당에 모여서, 능엄단장에서 지시하는 배치된 사람들과 함께 「슈랑가마다라니」의 염송을 행한다. 「슈랑가마다라니」의 지송이 끝나면, 능엄두는 모든 사람이 쉽게 볼 수 있는 염불당의 한쪽에서 모두 "여기와 앞에 있는 청정한 우리대중 용맹정진 「슈랑가마다라니」 비밀한 뜻 외워서 호법의 천룡천신 모두에 회향하고 토지 또한 가람의 성중에 회향하니 삼도팔난을 모두 함께 벗어나"[28] 라고 시작하는 보회향게(普回向偈)를 외운다. 이러한 과정이 능엄회의 전 과정을 통해서 수행된다. 마지막 행사는 만산(滿散)이라고 불리는데, 기도문이 다시 독송되면서, 첫날의 행사와 동일하게 전개되었다.

25. 이러한 안거기간 중의 능엄회에서 「슈랑가마다라니」를 염송하는 것은 선종뿐만 아니라 율종이나 천태종의 청규에서도 마찬가지였다. 예를 들어 『선림비용청규』, 『환주암청규』(幻住庵淸規: X.1248, 선종. 원나라 AD. 1317), 『율원사규』(律苑事規: X. 1113. 율종. 원나라 AD. 1325), 『교원청규』(敎苑淸規: X. 968. 천태종. 원나라 AD. 1348), 『칙수백장청규』(敕修百丈淸規: X.2025. 선종. 원나라 AD. 1335-1338)에서도 「슈랑가마다라니」를 염송하는 능엄회가 언급되고 있다. 그러나 압도적으로 선불교 사찰에서

---

28) 上来現前比丘衆 諷誦楞厳秘密呪 廻向護法衆竜 地伽藍諸聖造 三途八難倶離苦 (X.1250. 630b)

「슈랑가마다라니」를 채택하게 된 것은 송나라 시대에 『수능엄경』이 강력한 영향력을 교계에 끼치면서부터였다.

26. 〔슈랑가마다라니와 세보단회향〕 『환주암청규』(幻住庵淸規 : X.1248)에 따르면, 음력 새해에 재가신자의 후원으로 승원에서 승단을 위한 채식축제를 여는데, 아침에 죽을 든 이후에 점심시간이 되기 전까지 반재(半齋) 동안 「슈랑가마다라니」를 독송한다. 이 날 꽃, 등불, 촛불, 차, 과일, 음식이 제물로 바쳐진다. 「슈랑가마다라니」가 독송된 이후에는 「슈랑가마다라니」를 염송한 공덕이 궁극적인 진리를 깨달음으로 이끌어지도록 세단보회향(歲旦普回向)이 이루어진다. 이 우주적인 보편적 회향은 관세음보살을 비롯한 승원수호신들, 열반하신 사찰의 창건주나 조사들, 산이나 강 등을 담당하는 용들, 천둥, 바람, 비, 곡식, 추수를 담당하는 신들, 서거한 왕후장상들, 가람의 수호신들, 삼림의 수호신들, 상위의 모든 구성원들을 사랑으로 키워 준 조상들, 인간의 행위를 감시하는 지옥의 시왕들과 쇠머리 말머리의 옥졸들, 방황하는 아귀들, 모든 유정무정의 뭇삶들에게 이루어진다. 이 회향의 일부는 다음과 같다: "먼저 황제의 덕성이 영원히 미치고 제왕의 통치가 멀리 창성하고, 부처님의 태양이 빛을 발휘하여 가르침의 수레가 항상 구르길 기원합니다. 또한 승원이 고요하고 평안하고 안팎으로 평안하여 화마와 도둑과 공사의 악연들이 길상의 경사를 인연으로 변하길 기원합니다. 승가는 모두 수행에 진전을 이루어 마장에서 벗어나 반야의 지혜를 어서 밝혀서 보리심이 퇴전하지 않기를 바랍니다."[29] 이 『환

29) 先願皇風永扇帝道遐昌 仏日增輝法輪常伝 次冀菴門鎮静内外咸安 火盜公私諸縁吉慶合菴僧道修行有序進道無魔 般若智以早明 菩提心而不退(X. 1248. 578c)

주암청규』는 원나라(AD.1317) 때에 임제종의 승려 중봉명본(中峰明本: AD. 1263-1323)이 지은 것이다.

27. 〔슈랑가마다라니와 황실안녕의 기원〕『총림교정청규총요』(叢林校定淸規總要: X.1249, AD.1274)에 보이는 성절계건만산(聖節啓建漫散)이라는 표현은 황제의 탄신축제의 시작과 끝이라는 표현이다. 성절축제는 한 달간 계속되는데, 축제가 시작되기 전에 성절을 알리는 황색전단을 준비해서 붙여야 한다. 축제의 첫날에는 모든 상가의 구성원들이 불당에 모여 축제를 시작한다. 주지가 자리에 앉고 차와 향이 바쳐지고, 매일 「슈랑가마다라니」를 염송하고 마지막 날에 공덕을 회향하고, 황제의 장수무강을 빈다. 「슈랑가마다라니」가 성절의례의 한 부분으로 통합된 것은 역사적으로 교정청규(校定淸規)에서 처음 나타난다. 그러나 그 이전부터 황족의 영향력으로 지대했으며, 황족의 재정적 지원과 사찰의 존립의 함수관계가 커감에 따라 성절축제가 청규에 정식으로 편입된 것으로 보아야 한다. 그래서 『선림비용청규』에는 제일 앞 장에 다른 모든 의례보다 먼저 언급되는 것이 성절의례이다. 그 안에는 조정기도(朝廷祈禱)라는 의례가 있다. 조정기도는 음력 초하루나 닷세째 날에 사찰에서 이루어지는데, 안거기간 중의 능엄회가 있어도 참석하지 않으면 안 된다. 의례기간 중에 사찰은 깨끗이 청소되어야 하고 풍부한 성물이 바쳐진다. 주지로부터 주요직책자들에 이르기까지 법복을 입고 경전을 독송하면, 초대된 조정대신들이 향을 사르고 승원에 황제의 선물을 바친다. 그리고 황제에게 바치는 축성(祝聖)의 기도문구에는 「슈랑가마다라니」가 포함되며 주심(呪心)을 염송함으로써 끝난다. 『환주암청규』에 따르면, 금강무량수도량(金剛無量

壽道場)이라는 이름으로 한 달간 성절축제가 열린 기록이 있는데 이때에 제일 먼저 「슈랑가마다라니」를 지송했다. 그리고 『교원청규』에 따르면, 장전축찬(藏殿祝讚; 매달 음력8일과 23일에 행해지는 황제를 위한 기도)과 천추절(千秋節; 세자의 탄신일) 및 황실가족에 바쳐지는 사찰의례에서도 「슈랑가마다라니」가 사용되었다고 기록하고 있다.

28. 〔슈랑가마다라니와 다비식〕 그리고 「슈랑가마다라니」에 대한 압도적 지지는 승원이나 교계에서의 다비식이나 장례식에서도 예외일 수가 없었다. 『선림비용청규』와 『교원청규』에는 승원의 디비의례의 과정, 즉 세욕, 염의, 입관, 염송, 장례, 화장, 유지(遺志)의 선언, 유품(遺品)의 정리에 관하여 상세히 기술하고 있다. 『근본설일체유부비나야』(根本說一切有部毘奈耶; T. 1442)에 기술된 승원장례식에서는 화장하기에 앞서 시신에 대한 경배를 하고 화장한 뒤 마지막에는 '다르마의 지송'과 '공덕의 회향'을 행한다. 그것들이 그렇지 않으면 아귀가 되어 자신의 소유에 대한 집착에서 벗어나지 못해, 유산의 분배를 방해할지 모를 죽은 자들을 보상한다. 그러므로 승원의 장례식에서 가장 중요한 요소는 부처님 당시에서부터 '다르마의 염송'과 '공덕의 회향'이다. 중국에서도 이러한 비나야의 전통대로 다비식이 이루어지다가, 능엄회가 보편화된 이후부터는 대부분의 장례의례에서 「슈랑가마다라니」가 유일한 다라니로서 사용되게 되었다. 그러나 능엄회에 대한 최초의 기록문헌인 『입중수지』가 다비식에서 「슈랑가마다라니」의 사용도 최초로 다음과 같이 간략하게 기록하고 있다. 당두화상(堂頭和尙: 주지스님, 당두는 주지스님의 거처)이 거행하는데, 존숙대야(尊宿大夜)30)가 끝

날 때 시신이 화장터로 운구되기 전에 「슈랑가마다라니」의 염송이 거행되고 시신이 화장될 때에는 산두염송(山頭念誦)이라는 의례를 행하여 불보살의 명호를 부르며 죽은 자의 성공적인 왕생을 기원했고 공덕을 회향하기 전에 마지막으로 「슈랑가마다라니」를 외우고 장례의례를 끝냈다. 중국의 사원에서는 수행승들이 열반에 들기 이전에 죽어가는 수행승을 위하여 경전의 독송, 다라니의 염송, 불보살 명호의 칭명을 행했다. 그것은 부정적인 업장을 제거하고, 성공적인 왕생를 기원하기 위한 것이었다. 『환주암청규』에는 사망한 승려의 영가를 어떻게 취급했는가가 기술되어있다. 청명일사당회향(淸明日祠堂廻向)이라는 제를 지냈는데, 제물이 준비되면 유교적 조상숭배의 영향을 받아 생겨난 사당(祠堂)에서 승원의 수행승들이 모여 「슈랑가마다라니」를 염송하여 거기서 생겨난 공덕을 영가에게 회향하여 서방극락세계에 태어나 깨달음을 얻는 것을 도왔다. 그리고 부처님의 열반일, 탄생일, 정각일, 관음재일 등에도 법당에서 의례가 행해졌는데, 주지가 향을 사르면, 대중들은 예불을 행하고 「슈랑가마다라니」를 외었다. 그리고 『총림교정청규총요』에 따르면, 법사의 열반기념주기〔法嗣師祭忌辰〕나 조사의 열반기념주기〔祖師忌辰〕에는 경전의 독송이 행해졌고 「슈랑가마다라니」가 염송되었다.

29. 〔슈랑가마다라니와 일상예불화〕 「슈랑가마다라니」는 참회의례나 사찰청규에만 쓰인 것이 아니라 점차로 사찰의 일상지송문에도 쓰였다. 중국에서는 당나라 때에 이미 『백장청규』(百丈淸規)에

---

30) 존경하는 분이 열반에 드신 당야(當夜)의 다음 날을 대야(大夜)라고 헌다.

서 『화엄경』, 『수능엄경』 등 독송뿐만 아니라 「슈랑가마다라니」(楞嚴呪), 「대비주」(大悲呪) 등을 외우도록 규정하였고, 명대에 와서 그 내용이 현저하게 증가하자, 명말청초 때의 우익지욱(藕益智旭: AD. 1599-1655)이 재정비하여 『제경일송』(諸經日誦: AD. 1600)을 편집했는데, 「각중정제경일송자서」(刻重訂諸經日誦自序)에서 운서주굉(雲棲袾宏 AD. 1535-1615)이 편집한 일송집(日誦集)에 관하여 다음과 같이 기술하고 있다: “부처님 당시 수행승은 좌선을 닦기도 하고 두타행을 닦기도 하고 범패를 부르기도 하고 설법을 전하기도 하며 열반을 추구했다. 처음부터 따라야 할 표준적 수행은 없었다. 모두가 부처님의 가르침을 따르는 것 밖에는 개인적인 이의는 없었다. 가르침이 동아시아로 전래된 이후에도 마찬가지였다. 마조가 총림을 건설하고 백장이 청규를 확립 이래 세대가 바뀌면서 각자 망령되이 자신의 의견을 내어 그 내용을 증가시켰다. 예를 들어 『백장청규』에 대한 세 가지 다른 일송집은 하나로 만족하지 못하고 날조와 왜곡을 드러낸다. 올바른 수행의 길이 매일의 아침저녁의 일송(日誦)에 있는 것을 알지 못하고 창가와 북과 요발을 섬기니 가히 개탄스러운 일이다. 그래서 운서화상이 옛 파본을 교각하여 정본을 만들었다.”31) 『제경일송』은 명나라 때 편찬된 것으로 현존하지는 않지만 내용을 알 수 있는 가장 오래된 일송집이었다. 운서주굉은 정토행자였으나, 정토행과 지계행과 선수행을 그들의 융합가능성을 보고 결합시켰다. 그는 계율의 무시와

31) 仏世比丘 或習坐禅 或行頭陀 或事梵唄 或伝説法 趨涅槃道 初無定轍 然皆遵仏明誨 未有妄率已意者也 法流東土 始亦如是 自馬祖建叢林 百丈立清規 世相沿襲 遂各出私見 妄增条章 如蔵中百丈清規一書 及流通諸経日誦三冊 杜撰穿鑿 不一而足. 寧惟罔知正修行路 秖早晩課誦一事 参差失欸 惟事唱讃鼓鈸 大可歎矣. 雲棲和尚 較刻定本(Chi. 83 재인용).

선수행자의 퇴락에서 구원하고자 했다. 『제경일송』의 편찬은 이러한 승원개혁의 기둥이 되었다. 거기에는 매일의 아침예불 송출항목으로 「슈랑가마다라니」가 실려 있다.

30. 〔선문일송〕 『제경일송』을 정리하고 증보하여 1600년대에 편찬된 것이 『선문일송』(禪門日頌)이다. 이 『선문일송』은 청대이후 오늘날까지 중국뿐만 아니라 우리나라, 대만, 일본, 싱가포르, 베트남으로 전해져서 동아시아 불교의례를 규정짓는 가장 중요한 문헌으로 널리 전파되었고, 아울러 사찰의 일상예불에서 「슈랑가마다라니」가 독송되는 원인이 되었다. 중국에서 현재 유통되는 『선문일송』은 1900에 강소성(江蘇省) 상주(常州) 천녕사(天寧寺)판본이다. 그 조석염송의 내용은 다음과 같다. 1) 아침염송〔朝時課誦〕: 능엄주(楞嚴呪), 대비주(大悲呪), 십소주(十小呪: 消災吉祥神呪 등), 반야심경(般若心經), 보회향기불게(普回向起佛偈), 예화엄문(禮華嚴文), 이산연선사발원문(怡山然禪師發願文), 삼귀의(三歸依). 2) 저녁염송〔暮時課誦〕: 아미타경(阿彌陀經), 예불참회문(禮佛懺悔文: 89佛의 名號), 몽산시식의(蒙山施食儀: 감로법사〔甘露法師〕가 몽상〔蒙山〕에 거주할 때 모아 놓은 유심게(唯心偈), 파지옥진언〔破地獄眞言〕 등의 밀교주문들), 반야심경(般若心經), 정토문(淨土文), 서방발원문(西方發願文), 경중게(警衆偈 : 警策大衆偈), 삼귀의(三歸依)이다. 『선문일송』의 보다 원천적으로 오래된 내용은 일본의 『황벽청규』(黃檗淸規)에 나타나 있다. 『황벽청규』에는 일본의 황벽종을 개창한, 중국 복건성의 황벽산 승려 은원(隱元: 1592-1673) 선사가 일본 장기(長崎)의 흥복사(興福寺) 주지였던 일연성융(逸然性融)의 초빙으로 1654년 일본에 와

서 1661년 황벽산 만복사(萬福寺)를 세우고 제정한 것이다. 『황벽청규』에서는 기본독송을 오당공과(五堂功課)라고 한다. 오당공과란 아침염송〔朝時課誦〕의 ① 「슈랑가마다라니」(楞嚴呪), ② 대비주(大悲呪) 및 십소주(十小呪)와 저녁염송〔暮時課誦〕에서의 ③ 아미타경(阿彌陀經), ④ 몽산시식(蒙山施食), ⑤ 반야심경(般若心經)을 뜻한다. 이후에 만복사(萬福寺)의 의례를 정하기 위해 1662년 간행한 것이 『선림과송』(禪林課誦)인데, 실제로 당시에 중국에서 행해지던 『선문일송』과 동일하다고 볼 수 있을 것이다. 다만 『선림과송』에서는 오당공과에 포함된 『아마타경』을 독송하지 않는다. 그 밖에 대만, 싱가포르, 베트남 등지에서도 『선문일송』을 크게 벗어나지 않는 범위 내의 일상의례가 이루어지고 있다.

31. 〔신라와 고려의 능엄법회〕 우리나라의 경우 신라말에 『수능엄경』이 전해졌으나, 당시에 『수능엄경』을 강설하는 능엄법회나 「슈랑가마다라니」를 지송하는 능엄회가 개최되었다는 기록이 없었다. 그러나 고려시대에 와서 차츰 『수능엄경』이 알려지면서 선종6년(AD. 1089)에 능엄도량이 설치된 적이 있었고, 고려말에 『수능엄경』이 널리 유통되면서 충렬왕2년(AD. 1267)에 보환(普幻) 스님에 의해서 강양 범계사(梵溪寺)에 능엄도량이 개설된 적이 있다. 그러나 예종12년(AD. 1117)과 16년(AD. 1121)에 이자현(李資玄)이 임금의 명을 받고 5일간의 불사로서 능엄법회를 개최한 것은 능엄강회로서의 능엄법회로 그야말로 『수능엄경』을 강설한 것이었다. 능엄도량은 능엄의궤에 따라 밀교적 작법으로 국태민안을 기원하는 능엄법회였을 것인데, 현존하는 자료가 남아 있지 않아 구체적으로 어떠한 절차와 방법으로 이루어졌는지는 알 수가 없

다.[32] 다만 『수능엄경』의 제7권의 도량작법에 관한 기술(제7장 §15-§20)로 추측해볼 수밖에 없다. 그리고 조선시대에 와서는 태조4년, 정종원년, 태종2년, 태종8년에 능엄법석(楞嚴法席)이 열렸다는 기록이 있으나, 이것은 『수능엄경』을 강론하는 능엄법회라기보다는, 돌아가신 부왕의 명복을 위한 천혼법석(薦魂法席)이었다. 우리나라 고려시대에는 「슈량가마다라니」가 중국에서의 청규처럼 사찰의 일상의식으로서 자리매김했다는 구체적 기록은 없으나, 점차로 광범위하게 일상적 예참의식에 도입되었을 것이라는 것을 추측해 볼 수 있다.

32. 〔조선시대의 슈량가마다라니〕 조선시대로 오면서 세조(AD. 1455-1468) 때에는 '승려가 되려는 자는 선종 혹은 교종에 신고하여 『반야심경』, 『금강경』, 「슈량가마다라니」의 송경을 시험한 후에 예조에 보고하여 정전(丁錢)을 받고 도첩(度牒)을 주도록 하는 법령이 제정되었다. 한국불교의 진언 및 선시대(眞言禪時代 : 成宗 AD. 1469-1494)에 와서는 「슈량가마다라니」(首楞嚴神呪)가 『금강경』, 『보현행원품』(普賢行願品), 『아미타경』, 『관세음보살예문』(觀世音菩薩禮文), 『관세음보살보문품』(觀世音菩薩普門品)과 더불어 육경합부(六經合部)라고 칭하며 판각되었다. 그 후기의 진언 및 정토시대 이후로 「슈량가마다라니」는 승려가 되려는 자가 필수적으로 외워야 하는 진언에 속하게 되었다. 그래서 오늘날까지 「슈량가마다라니」가 우리나라의 적지 않은 사찰에 「여의륜주」(如意輪呪), 「모다라니」(牟陀羅尼), 「소재주」(消災呪)와 더불어 사대주

32) 『한국밀교사상사』 서윤길 저, 운주사, 서울, 2006.

(四大呪)라고 하여 지송되고 있는 것이다.

33. 〔한국사찰의 일상의례〕 그러나 우리나라의 경우, 『한국불교의례자료총서』 등에는 중국의 사찰에서 유행하던 『선문일송』(禪門日誦)이라는 이름이 보이지 않는다. 불교의례에 관한 문헌이 나오기 시작한 것은 AD. 1800년도에 들어와서 인데, 이렇게 다른 나라에 비해 늦은 것은 조선시대에 숭유억불(崇儒抑佛)의 정책으로 제대로 된 불교의례가 행해지지 못하여 의식절차에 대한 통일된 규범이 없었기 때문이었다. 그나마 AD. 1829의 『작법귀감』(作法龜鑑), AD. 1869년의 『불가일용작법』(佛家日用作法)이 가장 고층적인 것이었다. 그때까지만 해도 사찰마다 의례의 내용과 절차가 가지각색으로 전례되고 있었다. AD. 1935년이 돼서야 비로소 안진호(安震湖)가 각 사찰의 의례를 수집하여 정리한 것이 『석문의범』(釋門儀範)이었다. 그러나 『석문의범』에는 『선문일송』의 영향을 찾기 힘들다. 일제로부터 해방된 이후 성철스님 등이 주도한 봉암사결사(AD. 1947-1950)는 한국불교를 혁신하기 위한 것이었는데, 이때 그 결사정신으로 강조한 것이 『백장청규』이므로, 당시의 대중의 일상의례는 『선문일송』에 따라 세워졌을 것이라는 것을 짐작할 수 있고 실제로 그 결사의 내용은 그 영향을 현저하게 받은 것으로 보인다. 현재에도 성철 스님의 사찰인 고심정사(古心精舍)의 예불문을 보면 「슈랑가마다라니」(楞嚴呪), 「예불대참회문」(禮佛大懺悔文), 「회향게」(回向偈), 「이산선사발원문」(怡山禪師發願文), 「반야심경」(般若心經)을 지송하는데, 그 내용이 『선문일송』과 동일한 것을 알 수 있다.

제3장 슈랑가마다라니의 밀교적 구조

1. 〔슈랑가마다라니에 대한 주석〕 자운사(慈雲寺)의 현밀교관사문(顯密敎觀沙門)인 백정속법(伯亭續法 : AD. 1641-1728) 대사가 지은 『능엄주소』(楞嚴呪疏)는 「슈랑가마다라니」를 그 밀교적 구조를 토대로 해설한 주석서이다. 『백정대사전기총질』(伯亭大師傳記總帙; X. 1656)의 『수능엄경관정소』(楞嚴經灌頂疏)안에 기록되어 있다. 한역 『수능엄경』이 출현한 이후에 『수능엄경』에 대해서는 수많은 연구와 주석을 쓴 학자들이 있었으나, 『능엄주소』에 관한 한, 속법대사가 역사상 「슈랑가마다라니」에 포괄적 최초의 주석학자라고 볼 수 있다. 최근에 치첸 호(Chi Chen Ho)가 연구하여 「중국불교 맥락에서 본 슈랑가마다라니」(The Śūraṃgama Dhāraṇī in Sinitic Buddhist Context. Chi.)[33]라는 논문과 부록으로 출간하여, 밀교다라니로서의 면모가 드러났다. 그러나 속법대사의 「슈랑가마다라니」의 주석은 정확한 원문의 번역을 토대로 한 것이 아니고, 고대 인도에서 유행하던 유사언어학적 해석을 곁들이거나 원문 번역과는 상관없는 밀의적 해석을 바탕으로 한 것이다. 다라니의 해석과는 별도로 진행되는 유가행밀교적 주석임에도 불구하고, 이제까지의 전개된 「슈랑가마다라니」에 대한 이해에 비하면, 새로운 지평을 열어준다. 그는 운서주굉(雲棲袾宏)의 15대 법손인 유봉덕수(乳峰德水)에게서 의발을 전수받았으니, 거슬러 올라가면, 화엄초조인 두순(杜順)의 26대 법손이다. 그의 별칭은 백

33) Chi Chen Ho : The Śūraṃgama Dhāraṇī in Sinitic Buddhist Context; Univercity of California. Los Angeles 2010.

정(伯亭) 또는 관정(灌頂)을 사용했는데, 명나라 말기에 태어나 청나라 옹정(雍正) 7년에 88세로 열반에 들었다. 그는 7세에 출가하려했으나 어머니의 허락을 받지 못하고 9세에 부모를 떠나 승원으로 들어갔다. 16세에 삭발하고 19세에 구족계를 받았다. 그는 구족계를 받기 전에 복부에 혹이 생겼는데, 관세음보살 앞에서 무릎을 꿇고 삼일 밤낮으로 「슈랑가마다라니」를 외우자 혹이 욱신거리며 아프다 치유되었고 구족계를 받을 수 있었다. 그의 스승은 그에게 여러 학파의 불서를 섭렵할 것을 권했기 때문에 천태와 화엄, 현교와 밀교의 모든 가르침을 통섭했다. 그는 『수능엄경』에 대해서는 주석을 했지만, 그 과정에서 「슈랑가마다라니」를 번역하고 주석을 달아야 하는가에 대해서는 주저한 것으로 보인다.

2 〔다라니의 번역불가론자〕 속법은 다라니를 주석하기에 앞서 현장의 오종불번(五種不翻)34)에 대해 찬성하고, 다라니의 번역을 반대했던 다섯 명의 학승을 거론하고 있다. 그 첫 번째로 거론하는 학승이 명대(明代)에 『능엄경정맥소』(楞嚴經正脈疏)를 쓴 교광진감(交光眞鑑: AD. ~1576-1600~)의 이었다. 그는 '현교(顯敎)는 처방을 받는 것과 같은 것이라면, 밀교적 다라니〔密呪〕는 그 효과를 알 수 없는 투약과 같은 것이고, 다라니를 구성하는 언어는 주역의 원형이정(元亨利貞)처럼 무량한 신비한 힘을 갖고 있어 결코 완전히 번역될 수가 없고, 삼보의 경이로운 덕성과 막강한 권위의 힘을 함축하고 있어 결코 완전히 이해될 수 없다. 거짓이 없는 진실한 언어로서 힘을 지니고 있어 일반적인 이해를 넘어서기 때문에

34) 五種不翻 : 이 『수능엄해제』 제4장 §20을 참조하라.

번역이 불가능하다.'(Xog. 18)라 고 주장했다. 두 번째 송나라의 학승 장수자선(長水子璿; AD. 965-1038)은 '다라니는 모든 부처님의 비밀한 언어로서 어떠한 성자도 이해하기 어렵고, 모든 부처님의 비밀한 인장으로 황제의 옥쇄와 같은 것으로 번역되어서는 안 되고, 모든 다르마를 통합하고 무한한 의미를 지니므로 완전히 번역될 수 없고, 특히 「슈랑가마다라니」는 그 명호를 부르는 자를 수호하는 귀신들의 왕들의 이름들을 포함하고 있으므로 그들을 존중하여 번역되어서는 안 되고, 다라니가 지닌 힘들은 상상조차 할 수 없기 때문에 번역되어서는 안 된다.'(Xog. 18)고 주장했다. 세 번째 천태학승 고산지원(孤山智圓; AD. 976-1022)은 '다라니는 귀신들의 왕들의 이름을 포함하고 있는데, 그들의 권속들이 복종하고 감히 문제를 일으키지 않고 존경을 표해야 하는 대상이므로 번역할 수가 없고, 군대의 암호와 같은 것으로 제기했을 때 반응이 옳으면 더 이상 의혹이 없고, 틀리면 처벌을 받기 때문에 번역할 수가 없고, 다라니는 비천한 자가 다른 나라로 가서 왕자로 행세하여 그 나라 공주와 결혼 할 때에 누군가가 그의 정체를 노래로 폭로하는 것과 같아, 아무도 모르게 사악한 짓을 멈추게 하기 때문에, 번역해서는 안 되고, 다라니는 모든 부처님들의 비밀한 언어이므로 성자들만이 알 수 있는 것이고 다라니의 한 단어가 다양한 다른 힘을 함축하고 있으므로 번역되어서는 안 된다.'(Xog. 18)고 주장했다. 그 밖에 명나라의 천태승려 유계전등(幽溪傳燈; AD. 1554 - 1627)은 '『수능엄경』에 등장하는 귀신들의 이름은 실제로는 부처님들의 화신들이므로 그 이름들을 염송하는 것은 부처님들의 이름을 부르는 것과 같아 번역해서는 안 된다.'(Xog. 19)라고 주장했다. 다섯 번째 송나라의 선승이었던 죽암가관(竹庵可觀; AD. 1092-1182)는 '신비한 밀의적 언어는 범부들이 이해할 수 없으므로 번역해서는 안 되고 설사 번역되었더라도 아무에게도 알려져서는 안 된다.'(Xog. 19)고 주장했다.

3. 〔다라니의 번역가능론자〕 그러나 이어서 속법은 다라니를 번역한 역경가들을 소개하고 다라니를 번역할 수 있다고 주장하면서「슈랑가마다라니」 주석의 근거를 마련했다. 그 역경가들은 다음과 같다. 나가르주나(龍樹: Nāgarjuna; AD. 150-250)도「준제진언」(准提眞言)에 관해 해설했고, 화엄종의 현수법장(賢首(法藏: AD. 643-712)도 반야부 문헌의 다라니를 번역했고, 다르마락샤(竺法護; Dharmarakṣa)는『정법화경』(正法華經; T. 263)의 다라니를 번역했고, 바즈라보디(金剛智: Vajrabodhi)는『금강정유가약출염송경』(金剛頂瑜伽略出念誦經; T. 866)의 다라니를 번역했고, 아모가바즈라(不空 : Amoghavajra)는『인왕호국반야바라밀경』(仁王護國般若波羅蜜經; T. 246)의 다라니를 번역했다. 그밖에 구나바드라(求那跋陀罗: Guṇabhadra)도 다라니를 번역했으니, 다라니는 번역될 수 있는 것이지만, "의미는 무궁한데 번역하자면 적은 부분이 너무 많은 것을 포함할 수 있고, 번역하지 않으면, 다소간 전체가 애매해진다(義雖無盡 飜則少能攝多 不飜多少均味)"라고 주장했다. 속법은 이러한 주장을 관철하여『능엄주소』를 저술했다.

4. 〔슈랑가마다라니의 밀교적 구조〕 속법(續法)의『능엄주소』는 다라니의 염송, 다라니의 시각화, 무드라(mudrā: 印契)의 형성으

로 이루어지는 의례에 대한 설명부터 시작하지만, 실제로 동아시아의 불교사찰에서 이러한 의례가 실제로 실행되었는지에 관해서는 문헌적 증거는 없다. 그 의례는 천신들을 불러내고 의례의 집전에 대한 가르침을 제공하고 그들이 산출하는 공덕을 묘사한다. 이러한 것은 유가행에서 사용되는 의례의 원형들이다. 그러나 『수능엄경』의 제7장의 초두에 윤곽을 그리고 있는 정교한 만다라와 비교하면, 단순화된 것이다. 「슈랑가마다라니」의 의례는 신체적 복잡한 절차에 의존하는 것이 아니라, 실천자의 신체·언어·정신의 삼밀〔身口意三密〕을 동원하여 보디만다라(菩提慢茶羅: bodhimaṇḍa-la)를 전개시키고 「슈랑가마다라니」와 관련된 부처님들과 다른 신들의 출현을 불러온다. 의례의 본질은 세속적인 이익보다는 정신적인 성취, 즉 삼밀(三密)의 공명을 통한 정신적 성취를 목표로 하고 있다. 삼밀(三密)은 1) 언어적으로 다라니를 외우고 2) 정신적으로 범자(梵字)를 시각화하고 3) 신체적으로 손을 사용하여 무드라를 형상화한다. 이것을 삼차원 만다라〔三壇〕이라고 한다. '만다라'는 의례의 실천을 통해 부처님의 힘이 성립하고 전달되는 정화된 우주적 공간이라고 할 수 있다. 그 우주적 공간에는 불보살은 물론, 힌두교의 신뿐만이 아니라 귀신이나 악귀까지 포함된다. 만다라를 설치하고 의례를 실천하는 자는 삼차원의 만다라의 공명을 통하여 해탈을 보장받으며, 능엄삼매를 궁극적 목표로서 성취하게 된다. 그 목표는 바로 이 몸에서 성취된다.

5. 1) 다라니의 염송: 의례를 행할 때에는 「슈랑가마다라니」 전체를 한번 염송하고 주심(呪心)을 108번 염송하거나 다른 대안으로는 「슈랑가마다라니」 전체를 염송하거나 단순히 주심을 108번 염

송하는 것이다. 「슈랑가마다라니」는 427구(般明本: T945B)로 이루어져 있는데, 마지막 10구(十句)가 주심에 해당한다. 앞부분은 「슈랑가마다라니」와 관계된 천신들의 이름들인데, 모두 금강계단의 법주인 비로자나불의 마음에서 유출한 것이다. 이 이름들은 기도문구로 사용되며 일치하는 천신들로부터 도움의 힘을 일깨워 다라니의 사용자는 모든 독소를 없애고 모든 사악한 귀신들, 재앙, 질병 등에서 벗어난다. 다라니를 염송하는 것을 들으면, 「슈랑가마다라니」와 관련된 불보살과 많은 다른 자들이 다라니와 그것을 독송하고, 염송하고, 베껴 쓰고, 휴대하고, 안치하는 자들을 보호하고 수호한다. 염송에는 사종염송(四種念誦: Xog. 25)이 있다. ① 음성염송(音聲念誦): 자신 만이 아니라 남도 들을 수 있게 하는 염송 ② 금강염송(金剛念誦): 입을 닫고 자신만이 알아듣도록 하는 조용히 하는 염송, ③ 삼마제염송(三摩提念誦): 삼매에 들어 행하는 염송. ④ 진실의염송(眞實義誦法): 범자의 시각화에 일치하도록 염송하는 염송이다. 또는 오종염송(五種念誦: Xog. 25)이 있다. ① 출입식송(出入息頌) : 다라니 구절을 입출식에 따라서 밝은 구슬처럼 시각화하며 끊이지 않게 염송하는 것이다. ② 유가지송(瑜伽持誦) : 마음의 월륜을 안팎으로 분명하도록 떠올려 다라니를 차제로 오른쪽으로 선회시키며 반복적으로 염송한다. ③ 금강지송(金剛持誦) : 다라니를 입속으로 미세하고 조용하게 염송한다. ④ 미성지송(微聲持誦) : 다라니의 음절을 분명하게 염송하되 자신만이 듣게 한다. ⑤ 고성지송(高聲持誦) : 다른 사람이 다라니를 듣고 악하고 불건전한 것을 버리고 착하고 건전한 것을 향하도록 한다. 자백진가(紫柏眞可 : AD. 1543-1603) 선사는 그러한 다라니염송에 대하여 "깨달음을 추구하는 자는 염송하는 다라니에 대해 성실하게 명상해야 한다. 모든 단어와 구절이 완전히 눈앞에 분명히 떠올려야 한다. 마음과 귀가 혼란 없이 다라니를 이해해야 하고 잠이나 꿈속에서도 잊지 않고 기억하는 것이 수만 번의 혼란된 마음으로 염송하는 것보다 낫다. 그것이 팔만사천의 고통을 제거할 수 있고 팔만사천 길의 과보를 산출할 수 있다, 그 공덕은 극히 놀라운 것이고 상상을 뛰어넘는 것이다."라고 말했다.

6. 2) 다라니의 시각화: 시각화라는 것은 주심을 실담(悉曇; Siddhaṃ)이나 란자나(Rañjanā) 문자로 시각화하는 것이다. 주심(呪心)을 로마나이즈화하면 판본마다 차이가 있지만, 다음과 같다. 반명본(般明本: T. 945B)에 기초한 속법본(續法本)에서는 다음과 같다 : 옴 아날레 비샤데 비라 바즈라다레 반다 반다니 바즈라빠니 팟 훔 뜨룸 쓰와하(oṃ anale viśade vīra-vajra-dhare bandha-bandhani vajrapāṇi phaṭ hūṃ trūṃ phaṭ svāha : 옴, 타오르는 불꽃이여, 광휘로 빛나는 님, 금강저를 지닌 용맹한 님이여, 신성한 결계를 관장하는 님, 금강저를 손에 든 님이여, 팟. 훔 뜨룸, 팟, 쓰와하). 이 주심(呪心)은 강력한 만트라로 다라니의 핵심이며 전체 다라니와 일치한다. 「슈랑가마다라니」의 주심에 보이는 두 음절 훔(hūṃ)과 뜨룸(trūṃ)은 금강계단에서 다섯 부처님 각자로 나타나는 기본적인 종자이다. 종자가 앞서가고 팟(phaṭ)이 따라온다. 전자인 종자는 활성화를 의미하고 후자인 팟은 편재화를 의미한다. 주심(呪心)이 염송되고 시각화되면, 모든 사악한 귀신이 물러가고 해를 끼치지 못하고 모든 선한 천신들이 모이고 축복이 내린다. 그리고 모든 다섯 부처님이 나타나고 다섯 부처님과 관계

된 모든 기능이 활성화되어 뭇삶의 모든 서원이 성취된다. 그러나 다라니의 실천자는 세속적으로는 건강이나 장수, 마장의 조복, 재앙의 제거를 목표로 하지만, 궁극적으로는 「슈랑가마다라니」에서 중요한 인물인 금강보살들에 의해 활성화되는 능엄삼매가 성취한다. 주심에 등장하는 '바즈라빠니(Vajrapāṇi)'는 한역으로 금강수(金剛手)로, '금강저(金剛杵; 번개를 상징)를 손에 쥔 자'라는 뜻인데 '금강보살'을 대변한다. 금강보살에는 금강수(金剛手; vajrapāṇi), 금강인(金剛因; vajrahetu), 금강보(金剛寶; vajraratna), 금강태(金剛胎; vajragarbha), 금강침(金剛針; vajrasūci), 금강장(金剛將; vajrasena), 금강색(金剛索; vajrapāśa), 금강구(金剛鉤; vajrāṅkuśa), 금강향(金剛香; vajradhūpa), 금강광(金剛光; vajrateja), 금강법(金剛法; vajradharma), 금강리(金剛利; vajratīkṣṇa) 등이 있는데, 「슈랑가마다라니」에서는 모든 금강보살들의 집합명사처럼 등장한다. 그래서 금강수들은 금강살타(金剛薩埵)라고도 하며, 부처님과는 별개의 존재가 아니고, 금강계단의 법주인 비로자나불의 마음에서 유출한 존재들로서 바로자나불의 화신들이다. 그들이 「슈랑가마다라니」에서 나타나는 가장 영향력이 있는 다르마의 수호신들이다. 그들은 실천자의 의식의 가장 심오하고 깊은 곳으로 내밀하고 신속하게 들어가 내적인 불성(佛性), 즉 능엄삼매를 활성화시킨다. 그 능엄삼매는 유가행의 딴뜨라에서는 '부처님의 정수리(佛頂 : uṣṇīṣa)'와 일치한다.

3) 무드라의 형상화: 『일자불정륜왕경』(一字佛頂輪王經; T. 951)에 따르면, 다섯 불정(佛頂 : uṣṇīṣa)이 있는데, 그와 연관된

각각의 다라니와 무드라(mudrā)가 있다. 부처님이 다라니를 언급할 때에는 스스로 전륜왕으로 화현하여 삼매에 들었을 때, 그의 정수리, 즉 불정으로부터 다라니가 선언된다. 불정은 부처님의 삼십이상 가운데 가장 현저한 특징을 지니며 많은 의미를 갖고 있다. 예를 들어 부처님이 미소를 지으면 천연색의 빛들이 입에서 나와 그 빛다발이 돌아갈 때에 특수한 위치와 더불어 몸의 각 부분으로 흡수되고 부처님이 어떤 개인에게 일어날 미래의 깨달음을 선언할 때 빛다발은 되돌아가서 부처님의 정수리에 흡수된다. 다섯 가지의 불정다라니는 다음과 같다. ① 일자불정륜왕주(一字佛頂輪王呪: ekākṣaroṣṇīṣacakravartindharāṇi); 나마 싸만따붓다남 옴 브룸(namaḥ samantabuddhānāṃ oṃ bhrūṃ : 해석하자면 다음과 같다; 모든 편재하시는 부처님께 귀의합니다. 옴 브룸[35]) ② 백산개불정륜왕주(白傘蓋佛頂輪王呪: sitātapatroṣṇīṣacakravartindharāṇi); 나마하 싸만따붓다남 옴 따타가토슈니샤 아나발로끼따무르다 옴, 마, 마, 마, 마, 훔, 니히(namaḥ samantabuddhānāṃ oṃ tathāgatoṣṇīṣa anavalokitamūrdha oṃ, ma, ma, ma, ma, hūṃ. nīḥ : 모든 편재하시는 부처님께 귀의합니다. 옴 여래불정〔如來佛頂〕이여, 무견정상〔無見頂相〕이여, 옴, 마, 마, 마, 마, 훔. 니히.[36]) ③ 광취불정륜왕주(光聚佛頂輪王呪: sitātapatroṣṇīṣācakravartindharāṇi; 부처님의 사리가 있는 곳에서

35) oṃ bhrūṃ : 다라니에 따라 trūṃ과 대체되어 쓰이는 것으로 동일한 의미를 지닌다. oṃ과 trūṃ에 대해서는 이 책 『수능엄해제』 제2장 §10-14를 참조하라. trūṃ에 대해서는 SD. 142-143의 주석을 참조하라.

36) oṃ ma, ma, ma, ma, hūṃ, nīḥ : 백산개다라니에서 흔히 마(ma)와 니(nīḥ)가 등장하는데 의미는 불분명하다. hūṃ에 대해서는 이 책 『수능엄해제』 제2장 §10-14과 SD. 142-143의 주석을 참조하라.

염송); 나마하 싸만따붓다남 옴 따타가토슈니샤 아나발로끼따무르다 떼조라쉬 훔 즈왈라 즈왈라 닥까 닥까 비닥까 비닥까 달라 달라 비달라 비달라 치다 치다 비다 비다 훔 훔 팟 팟 쓰와하(namaḥ samantabuddhānāṃ oṃ tathāgatoṣṇīṣa anavalokitamūrdha tejorāśi hūṃ jvala jvala dhakka dhakka, vidhakka vidhakka, dala dala, vidala vidala, chida chida, bhida bhida, hūṃ hūṃ, phaṭ phaṭ, svāhā: 모든 편재하시는 부처님께 귀의합니다. 옴, 여래불정〔如來佛頂〕이여, 무견정상〔無見頂相〕이여, 광취〔光聚〕여, 훔, 광휘를 비추소서, 광휘를 비추소서, 화염을 태우소서, 화염을 태우소서, 소진시키소서, 소진시키소서, 파쇄하소서, 파쇄하소서, 분쇄하소서, 분쇄하소서, 끊으소서, 끊으소서, 자르소서, 자르소서, 훔, 훔, 팟, 팟, 쓰와하) ④ 고불정륜왕주(高佛頂輪王呪: abhyudgatoṣṇīṣācakravartindharāṇi); 나마하 싸만따붓다남 옴 즈왈라 즈왈라 디삐야 디삐야 우드가또슈니샤 두나 두나 훔(namaḥ samantabuddhānāṃ oṃ jvala jvala dīpya dīpyôdgatoṣṇīṣa, dhuna dhuna hūṃ : 모든 편재하시는 부처님께 귀의합니다. 옴, 빛나소서, 빛나소서, 숭고한 불정〔高佛頂〕이여, 떨쳐버리소서, 떨쳐버리소서, 훔) ⑤ 승불정륜왕주(勝佛頂輪王呪:jayoṣṇīṣacakravartindharāṇi); 나마하 싸만따붓다남 옴 즈왈라 자요슈니싸 즈왈라 즈왈라 반다 반다 다마 다마 드룸 드룸 하하 하하 하나 하나 훔(namaḥ samantabuddhānāṃ oṃ jvala jayoṣṇīṣa, jvala jvala, bandha bandha, dama dama, druṃ druṃ, hāḥ hāḥ, hāna hāna hūṃ : 모든 편재하시는 부처님께 귀의합니다. 옴, 광휘를 비추소서 승리의 불정〔勝佛頂〕이여,

광휘를 비추소서. 광휘를 비추소서. 저지하소서. 저지하소서. 조복하서소. 조복하소서. 드룸, 드룸, 하하,[37] 하하, 멸하소서. 멸하소서. 훔). 수행자는 다섯 불정 무드라를 만드는 대신 일반적으로 오직 하나의 불정-무드라, 즉 백산개불정인(白傘蓋佛頂印)을 만든다. 그렇게 함으로써 다섯 불정-다라니의 염송이 이루어진다. 백산개불정인은 엄지들의 바닥을 무명지들의 손톱들 위에 놓고 검지와 중지를 약간 구부려 함께 포개고 약지는 똑바로 합치는 무드라이다. 이 무드라를 만드는 다른 두 방법이 있다. 백산개불정륜왕인(白傘蓋佛頂輪王印)과 금강합장인(金剛合掌印)이다. 백산개불정륜왕인은 왼손바닥을 수평으로 올리고 그 아래에 오른쪽 손을 주먹을 주었다가 검지만 펴서 왼손바닥을 찌르는 형식의 무드라이고, 금강합장인은 손가락을 합하고 손바닥을 펴서 합장한 형식의 무드라이다. 이 금강합장인과 연관된 것이 금강권인(金剛拳印)과 금강박인(金剛縛印)이다. 금강권인은 한쪽 손에서 엄지를 네 손가락으로 거머쥐는 형식의 무드라이다. 금강박인은 양손의 네 손가락을 교차하여 합하고 엄지는 서로 마주보는 형식의 무드라이다. 이들 무드라의 기능은 백산개불정인(白傘蓋佛頂印)과 동일하므로, 이들

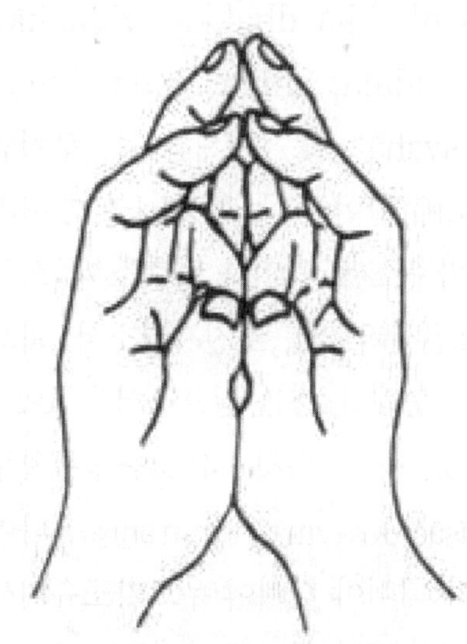

백산개불정인(白傘蓋佛頂印)

---

37) 하하(hāḥ) : 종자(種子) 하하(hāḥ)는 제견(除遣)을 행하는 것을 의미한다.

가운데 어느 한 무드라를 만들더라도, 충분하다.

8. 〔만다라의 부사의화〕 신체·언어·정신〔身·口·意〕의 삼밀(三密)에 대하여 언급했는데, 삼밀이 이루어지면, 삼륜(三輪) – 정법륜(正法輪), 자성륜(自性輪), 교령륜(敎令輪) – 의 부사의화(不思議化)가 이루어지고,[38] 모든 부처님의 불가사의한 화신이 나타나 세간적 출세간적인 모든 원하던 것이 성취되게 된다. 속법의 주석에서는 앞서 언급한 『수능엄경』의 삼밀과 관련된 세 가지 만다라 이외에 부수적으로 다른 세 가지 만다라를 소개하고 있다. 그것은 세 가지 다라니, 즉 진언(眞言)에 의해서 발현되는 만다라이다. 1) 법계진언(法界眞言) : 옴 바즈라다투 밤[39] (oṃ vajradhātu vaṃ) 2) 청정진언(淸淨眞言) : 옴 람[40] 쓰와하(oṃ raṃ svāhā) 3) 삼단진언(三壇眞言) : 옴 아하[41] 훔[42] (oṃ āḥ hūṃ). 법계진언이 염송되면, 금강계(金剛界 : vajradhātu)가 출현한다. 청정진언이 염송되면, 결계 내의 모든 오염이 청정해지고 진주의 표면처럼 제한된 허공에 밝은 빛의 천연색 점들의 장엄이 나타난다. 마지막으로 삼단진언이 염송되면, 모든 제물과 불법승 삼보의 삼단이 갖추어진다. 이때 수행자는 금강좌를 취한다. 오른쪽 다리를 왼쪽 다리 위에 놓고, 대삼매의 무드라 – 오른손바닥을 왼손바닥 위에 놓고

---

38) Amoghavajra : 大楽金剛不空真実三昧耶経般若波羅蜜多理趣釈(T. 1003)

39) 밤(vaṃ)은 묘박(妙縛)을 의미한다.

40) 람(raṃ)은 광명이 두루한 상태를 불의 원소를 상징하며 번뇌를 불태워 법계를 정화시킨다는 의미를 갖고 있다.

41) 아(āḥ)는 여래의 금강불괴좌(金剛不壞座)를 표시한다. 무드라는 개부연화인(開敷蓮華印)이다.

42) 훔(hūṃ)은 번뇌의 업인(業因)을 파괴하여 공무(空無)로 하는 것을 의미한다. 그밖에 자기의 확립, 보리심의 발현, 구제의 의미로 광범위하게 쓰인다.

두 엄지를 끝은 연결하는 형태 – 를 취한다. 이러한 의례의 과정이 수행자를 신체 언어 정신적 차원에서 관계된 천신들과 신비적인 화합으로 이끈다. 유가행의 문헌에서 다라니는 부처님의 화현이고, 신성들은 다라니의 화신들이고, 그 신성들은 무드라의 형태로 나타난다. 다라니는 언어적 장치이고, 신성한 기호가 무드라와 쓰여진 범자이고, 신성들이 불보살과 천신, 귀신 등인데, 그들은 임의로 변화하며 다양화되는데 시공간의 제약이 없다. 다라니를 염송하고, 다라니를 시각화하고, 무드라를 취하는 것은 수행자에게 출구를 제공하여 자신을 부처님으로 그려내어 근본으로 회귀하도록 하도록 자신의 노력을 기울이게 하는 것을 가능하게 한다. 그때 비로자나불(毗盧遮那佛)은 시각적 형상(쓰여진 다라니), 청각적 소리(염송된 다라니), 신체적 몸짓(무드라)으로 변화한다. 그것들이 다양한 문을 열면, 수행자들은 자신의 노력을 부사의한 그의 힘에 연결할 수 있게 되고, 공덕을 쌓고 불성(佛性)을 깨우치게 된다. 그러한 점에서 다라니는 단순히 연상기호나, 신성한 불가사의한 힘을 환기시키는 주문이나 상징이 아니라, 그 자체가 부처님이고 부처님 다르마의 압축적 진동이다.

9. 〔다라니의 의미와 불교적 변용〕 중국에서 역경역사의 초기에는 다라니(dhāraṇī: 陀羅尼)를 명(明), 또는 총지(總持)라고 번역했는데, 이것은 다른 산스크리트 비디야(vidyā, vijjā)를 번역할 때도 명(明) 또는 명주(明呪)라고 한 것과 겹친다. 그리고 만트라(mantra)를 주(咒), 신주(神呪) 또는 진언(眞言)이라고 번역하기도 했다. 그러나 모두 같은 대상을 지칭한 것이었다. 어원적으로 보면, '다라니'는 '기억하여 간직하여 악으로부터 스스로를 보호하

는 것'이라는 의미를 지니고 '비디야'는 원래 천상세계에 가기 위한 불가사의한 힘을 지닌, 제사에 관한 지식을 의미했으나, 초기불교에서는 명지(明智)의 의미로, 대승불교에 와서는 '모든 집착을 소멸시키는 반야바라밀의 지혜'를 뜻하게 되어 명주(明呪)의 의미로 쓰이게 되었다. 만트라는 '사유의 도구'인 베다의 싯구를 지칭하다가 제사에 사용되면서 신과 인간을 매개하는 불가사의한 힘을 지니게 되었다. AD. 3세기에 번역된 『불설안택신주경』(佛說安宅神呪經: T. 1394), 『마등가경』(摩登伽經; T. 1300), 『불설화적다라니신주경』(佛說華積陀羅尼神呪經: T. 1356) 등에서는 주(呪), 신주(神呪), 다라니(陀羅尼) 등의 용어는 서로 교환가능한 것으로 사용되었다.

10. 오늘날 많은 사람들이 다라니를 밀교(密教; Tantric Buddhism)의 가르침으로 알고 있다. 그러나 밀교는 실제로 다라니를 근원으로 하지 않으므로 다라니와는 관련이 없다는 주장도 있다. 밀교는 종교적 훈계자로서의 스승의 역할에 대하여 강조하는 교의의 발전과정에서 나타난 종교로 특별한 입교, 밀교적 가르침과 언어와 구조를 갖는다. 오히려 다라니는 그 근원을 베다이전 시대의 인도 토착민들의 물활론적인 사고방식에 뿌리를 두고 있다. 역사적 부처님 출현 이전의 원주민의 주술이 바라문교에 스며들었고, 바라문교의 주술이 불교에 스며들었다. 초기불교에서 주술의 사용은 호의적인 것이 아니었다. 승단추방죄법 제3조(Vin. III. 84)를 살펴보자. 한때 어떤 '부따'에 대한 주술〔bhūtavijjā: 귀매의 일종인 '부따'에 대해서는 SD. 78-79를 참조)을 다루는 수행승이 야차의 목숨을 빼앗았다, 그에게 후회가 생겨났다. 부처님께 그 사실을 알렸

다. 그러자 부처님께서는 "수행승이여, 승단추방죄가 아니지만, 추악죄를 범한 것이다.(anāpatti bhikkhu pārājikassa, āpatti thullaccayassā'ti)"라고 말씀하셨다. 그러한 주술은 저속한 지식(tiracchānavijja : Vin. II. 139)으로 여겨졌다. 소위 말썽 많았던 육군비구가 저속한 지식을 배웠을 때, 세상 사람들이 감각적 쾌락을 추구하는 일반사람과 같다고 비난하자 부처님께서는 악작죄(惡作罪)를 지은 것이라고 규정하였다. 어떤 수행녀(Vin. IV. 305)에 대해서는 "어떠한 수행녀이든 저속한 지식을 배우거나 가르치면, 단순속죄죄(單純贖罪罪)를 범하는 것이다.(yā pana bhikkhunī tiracchānavijjaṁ pariyāpuṇeyya, pācittiyan'ti)"라고 규정했는데, 그것을 자송주술계(自誦呪術戒)라고 한다. 그러나 예외적으로 수호주를 배우거나 가르치는 경우는 용인되었다. 수호주(守護呪 : parittā)는 두려움과 위험에 대한 수호의 용도로 쓰이면서 용인된 것이다. 따라서 불교의 모든 다라니, 비디야, 만트라는 기본적으로 수호주를 그 토대로 하는 것이다.

11. 이러한 수호다라니는 인도에서 힌두교의 밀교가 성행하던 시기인 AD. 6, 7세기경에 대승불교 내에서도 널리 유포되어 유행하게 되었다. 밀교는 이 시기에 형성되어 AD. 7세기 후반에 스승과 제자의 변치 않는 신성한 관계를 주장하는 공식의 의례화된 가르침으로 나타나게 되었다. 이 의례에서 만다라와 다라니가 그 중추적 역할을 하게 된다. 인도의 날란다 대학은 많은 다라니들과 그 문헌들과 의례도구들이 그곳에서 발전한 중심지였다. 슈바까라씽하(善無畏: Śubhakarasiṃha; AD. 635-735), 바즈라보디(金剛智; Vajrabodhi; AD. 671-741)와 아모가바즈라(不空; Amoghavajra; AD. 705-774)와 많은 초기의 역경가들이 날란다 대학에서 밀교를 공부하고 중국으로 건너왔다. 그들은 많은 다라니들과 그 문헌들을 중앙아시와 돈황을 거쳐서 중국으로 가져왔다. 그 과정에서 밀교는 중앙아시아의 토착문화와 습합과정을 거치면서 문화변용적 성격을 띠게 되었다. 그 결과로 돈황문헌들 가운데 다라니 자료들이 많이 발견되는데, 그 가운데 「슈랑가마다라니」가 속하는 불정(佛頂; uṣṇīṣa) 다라니가 모든 다라니 가운데 두 번째로 많게 되었다.

12 〔밀교적 해석〕 속법은 유가행밀교의 기본적인 경전인 『금강정일체여래진실섭대승현증대교왕경』(金剛頂一切如來眞實攝大乘現證大教王經; T. 865)에 따라서 「금강계만다라」(이 책의 부록참조)를 시설하고, 그것을 「슈랑가마다라니」에 적용했다. 그 만다라는 중앙에 비로자나불(毗盧遮那佛)을 주불로 하는 여래부족, 동방은 아촉불(阿閦佛)을 주불로 하는 금강부족, 남방은 보생불(寶生佛)을 주불로 하는 보물부족, 서방은 아마타불(阿彌陀佛)을 주불로 하는 연화부족, 북방은 불공성취불(不空成就佛)을 주불로 하는 갈마부족으로 이루어져 있다. 이 다섯 부처님 부족은 다섯 가지 다발(五蘊)과 연관되어 있고, 다섯 가지 독(毒), 다섯 가지 지혜, 다섯 가지 색깔, 다섯 가지 요소, 등등과 연관되어 있다. 다섯 부처님은 그 자신의 종자(種子 bīja; hūṃ trūṃ, SD. 142-143, 145-146, 148-149, 151-152, 156-157), 자신의 주심(呪心, SD. 78-85, 279-286, 420-427), 자신의 부처님 부족(SD. 32-37)을 가지고 있다. 다섯 가지 요소를 구체화한 천신들(SD. 16-23)은 다섯 부처님의 화신이고, 다섯 부처님 부족에 할당된 금

강신들(SD. 108-116)은 그들의 구성원들이다. 다라니에서 팟 팟(phaṭ phaṭ, SD. 284- 285)은 다섯 번 반복되는데, 다음의 다섯 기능들 – ① 다섯 부처님의 주심의 활성화 ② 다섯 유가행법, 즉 오종호마(五種護摩; 아래 §14참조)의 발휘 ③ 다섯 가지 존재(인간, 천신, 성문, 연각, 보살)의 일깨움 ④ 다섯 가지 운명(五趣 : 지옥, 아귀, 축생, 인간, 천신)의 떠남 ⑤ 다섯 수레(五乘)의 다섯 영역을 모두 공무(空無)로 비움 – 을 상징한다.

13. 〔산개에 대한 밀교적 해석〕 속법의 주석에 따르면, 「슈랑가마 다라니」에서는 다섯 부처님과 관계되어 출현하는 산개(傘蓋)가 있다. 다섯 부처님 가운데 중앙 비로자나불이 지도적 역할을 하는데, 그와 관련된 백산개(白傘蓋)가 중앙의 위치를 점유한다. 그리고 동방의 아촉불(阿閦佛)과 연관된 청산개(靑傘蓋)가 있고, 남방의 보생불(寶生佛)과 연관된 황산개(黃傘蓋)가 있고, 서방의 아마타불(阿彌陀佛)과 연관된 적산개(赤傘蓋)가 있고, 북방의 불공성취불(不空成就불)과 연관된 녹산개(綠傘蓋)가 있다. 다섯 개의 산개는 제4회 강장절섭회(剛藏折攝會)에서 언급되어 있듯, 다섯 부처님의 주심(呪心)이 구체화된 것(SD. 267-286)이다. 부처님의 정수리에서 빛이 나온다. 나선으로 회전하며 번쩍거리는 백색의 빛이 여래부족의 백산개를, 꼬이고 가물거리는 적색의 빛이 연화부족의 적산개를, 감기고 뭉치고 둥글게 도는 청색의 빛이 금강부족의 청산개를 형성한다. 그 밖에 보물부족의 구름산개, 갈마부족의 향기산개, 연화부족의 진주산개, 여래부족의 꽃산개가 언급되고 있다. 청산개는 정화의 기능을 지녔는데, 선한 존재들을 지원하고 수호하는 반면, 악하고 사악한 존재들을 쳐부수고 조복한다. 적산개의 기본

적 기능은 오염을 제거하고 소원을 충족시킨다. 이러한 산개들은 모든 사악하거나 불길한 것을 제거한다. 이러한 산개 아래서 착하고 건전한 것이라면 어떠한 것이든 신속하게 그 성취를 이룬다.

14. 다섯 불정 다라니에 나타난 다섯 불정〔五佛頂: 위의 §5참조〕 – 일자불정(一字佛頂), 백산개불정(白傘蓋佛頂), 광취불정(光聚佛頂), 고불정(高佛頂), 승불정(勝佛頂) – 은 그에 일치하는 다섯 다라니를 대변하는데, 삼매에 든 전륜왕의 몸을 취한 부처님에 의해서 선언된 것이다. 다섯 불정 가운데 중앙의 백산개불정(白傘蓋佛頂)이 「슈랑가마다라니」와 관계된 불정이다. 이것에 대해 『일자불정륜왕경』(一字佛頂輪王經; T. 951)에서는 이와 같이 설하고 있다: "이때 세존께서 다시 자리에서 일어나 일체제불의 광명의 도움을 힘입은 '백산개정륜왕의 다라니'라는 몸을 나투었다. 그러자 정수리 상에 나타난 하나의 산개가 삼천대천세계 허공의 끝에까지 두루 덮어 그 밝은 빛이 눈부셨으나 허공의 뭇삶을 괴롭히지 않았다. 이때에 관세음보살과 금강밀적주보살〔金剛密跡主菩薩=金剛手〕이 합장하여 우러러 존경하며 세존께 아뢰었다. 이러한 신통변화는 어떠한 본질과 현상을 갖고 있습니까? 홀연히 삼천대천세계에 펼쳐진 것이 산개와 같습니다. 부처님의 정수리에 있으며 그 한계를 알 수 없습니다. 아무도 알거나 이해할 수 없습니다. 이때 세존께서는 다시 금강밀적주보살 등에게 설하셨다. "나는 지금 일체여래의 무량광명인 백산개정륜왕삼매(白傘蓋頂輪王三昧)에 들었습니다. 그 삼매는 과거 · 현재 · 미래의 여래에 의해 선언된 백산개정륜왕이라고 부르는 다라니 왕의 다라니 형상의 지체입니다. 이 백산개는 진실로 일체여래의 무량한 색보(色寶)이고 무량한 음성

입니다. 일체 여의주와 방울과 보물의 그물망으로 둘러싸이고 장엄되어 부사의한 제불세존의 광명 산개를 현현시킵니다. 나는 지금 이 일체 여래의 백산개를 한 전륜왕을 나투어 일체의 뭇삶들의 갖가지 죄장을 제거하고자 합니다. 지금 이 이 일체 제불여래의 백산개를 한 전륜왕을 일체의 위대한 덕성을 지닌 보살들이 함께 사유하더라도 그 의미를 알 수 없습니다. 더구나 모든 불자들이 백천억 대겁을 살면서 이 백산개의 과거 현재 미래를 관찰사유하더라도 그들은 그것을 이해할 수 없습니다."43) 우리는 위에서 관세음보살과 금강밀적주보살의 눈을 통해서 부처님의 정수리에서 유출하여 한계 없이 펼쳐지는 백산개를 알게 되고 백산개가 '백산개정륜왕'이라고 불리는 다라니의 자체라는 것도 알 수 있다. 백산개는 모든 부처님들께서 설하는 다라니이자 모든 부처님들이 들어가는 삼매이다. 백산개는 여래의 무량한 형상이자 여래의 무량한 음성이다. 그리고 또한 다라니의 신체적 현현이고 다라니 자체는 삼매의 구현이다. 이러한 백산개를 통해서 우리는 죄장을 제거할 수 있다.

15. 우리는 백산개정륜왕삼매(白傘蓋頂輪王三昧)가 바로 일체제불의 어머니인 수능엄삼매를 지칭하는 것임을 알 수 있는데, 열반경을 통해서, 그것은 사자후삼매, 금강삼매라고도 불리며, 일체의

---

43) 爾時世尊復於座上 現一切諸佛光明加被白傘蓋頂輪王呪王之身 卽於頂上合現一蓋 遍覆三千大千世界虛空空際 光皎奇特 亦不觸惱空居有情 是時觀世音菩薩金剛密迹主菩薩合掌瞻敬白言世尊 如是神變是何物相 欻遍大千狀如傘蓋 住佛頂上不見邊際無不識解 爾時世尊又誥金剛密迹主菩薩等言 我今正入一切如來無量光明白傘蓋頂輪王三摩地 由是現此過現一切諸如來共說白傘蓋頂輪呪王呪狀支體 此白傘蓋是眞一切如來無量色寶無量音聲 一切如意寶鐸網羅普周莊嚴 顯現不思議 諸佛世尊光明傘蓋 我今現此一切如來白傘蓋頂輪王 爲今蠲除一切有情種種罪障 今此一切諸佛如來白傘蓋頂輪王 一切菩薩大威德者盡思共度亦不了知 縱諸佛子住過百千俱胝大劫 觀察思惟此白傘蓋前際後際中際 亦不了知(T. 951)

뭇삶이 지닌 불성이라는 것을 확인할 수 있다: "훌륭한 가문의 아들이여, 불성이라는 것은 수능엄삼매이고 그 본성은 제호와 같고 일체제불의 어머니이다. 수능엄삼매의 힘으로 인해 모든 부처님들은 상락아정(常樂我淨)을 누린다. 모든 뭇삶은 수능엄삼매를 소유하고 있는데, 수행을 하지 않는 까닭에 볼 수가 없다. 이것이 위없이 바르고 원만한 깨달음을 얻지 못하는 이유이다. 훌륭한 가문의 아들이여, 수능엄삼매에는 다섯 가지 이름이 있다. 첫째, 수능엄삼매(首楞嚴三昧 = 楞嚴三昧; śūlaṃgamasamādhi) 둘째, 반야바라밀(般若波羅蜜; prajñāpāramita) 셋째 금강삼매(金剛三昧; vajrasamādhi) 넷째 사자후삼매(獅子吼三昧; siṃhanādasamādhi) 다섯째 불성(佛性: buddhasvabhāva)이다. 그 활동이 이루어지는 경우에 따라 달리 이름을 얻는다. 일체의 뭇삶들에게는 불성이 있다. 그러나 번뇌에 덮여있어 볼 수 없는 것이다."44) 이러한 백산개와 다라니와 삼매 사이의 대등관계를 토대로 하는 의례의 과정은 일체중생이 불성을 갖고 있고 삼밀(三密)을 통해서 부처님이 될 수 있다는 믿음에서 추론된 것이다. 이것은 밀교적이지만, 스승과 제자의 구이상전의 밀교적 전통과는 다른 것이다.

16. 〔다섯 가지 유가행법〕 앞서 언급한 다섯 산개(傘蓋)와 더불어 「슈랑가마다라니」에서는 다섯 유가행법, 즉 오종호마(五種護摩)가 상이한 목적에 따라 적용되고 있다. 다섯 유가행법은 원래 베다적

---

44) 善男子. … 仏性者即首楞厳三昧性如醍醐. 即是一切諸仏之母. 以首楞厳三昧力故. 而令諸仏常樂我浄. 一切衆生悉有首楞厳三昧. 以不修行故不得見. 是故不能得成阿耨多羅三藐三菩提. 善男子. 首楞厳三昧者. 有五種名. 一者首楞厳三昧. 二者般若波羅蜜. 三者金剛三昧. 四者師子吼三昧. 五者仏性. 随其所作処処得名. … 一切衆生悉有仏性. 煩悩覆故不能得見.(T. 374. 524c-525a)

인 의례에서 기원하는 것이지만 불교적으로 업그레이드한 것들이다. 1) 재앙을 쉬게 하는 방법 즉 식재법(息災法; śāntika): 재앙은 그 자체가 보리의 싹이고 부처의 인(因)인 것을 자각하면 재앙이 쉬어지고 재앙이 보리로 바뀌고 정법을 지향하게 된다. 2) 이익을 증대하는 방법, 즉 증익법(增益法; pauṣṭika): 재앙을 쉬고 정법을 실천하는 데서 오는 즐거움을 모든 뭇삶에 회향하고 감사의 뜻으로 부처님께 공양을 올림으로써 공덕을 더욱 크게 하는 것이다. 3) 조복시키는 방법, 즉 항복법(降伏法; abhicaraka): 정법을 실천하려 하면 사법이 동시에 일어나 정법을 방해하니, 자비에 입각한 분노를 일으켜 중생심을 항복시켜야 한다. 4) 가피를 부르는 방법, 즉 구소법(鉤召法; ākarṣaṇī): 부처님과 보살과 천신 등을 소집하여 가피로 중생심을 정법으로 이끄는 방법이다. 5) 경애를 끌어내는 방법, 경애법(敬愛法; vaśīkaraṇa): 서로 존경과 사랑으로 섬기어 부처와 중생이 하나가 되는 방법이다. 여기에는 상중하의 위계가 있는데, 이익을 증대하는 방법이 최상의 방법이고, 재앙을 진압하는 방법과 가피를 부르는 방법이 중간이고, 조복시키는 방법이 하열한 방법이다. 최상의 방법에는 세 가지 단계가 있는데, 의례의 실행, 다르마의 명상, 금계의 확립이다. 위계와는 상관없이 다섯 유가행법은 수행자가 깨달음 즉 보리(菩提; bodhi)를 얻도록 돕는다.

17. 〔다섯 부처님 부족의 성존들〕 금강계만다라(金剛界曼陀羅 : Vajradhātumaṇḍala)는 『일체여래진실섭』(一切如來眞實攝)에 따르면 다섯 개의 주요 만다라 가운데 하나이다.[45] 각각의 이 다섯 가지 만다라는 모두가 다섯 부처님 부족을 포함하고 있는 하위

네 개의 만다라를 가지고 있다. 처음에는 세 부처님 부족(여래, 금강, 연화/법)이었다가 나중에 보물부족과 갈마부족이 부가되었다. 각각의 만다라 안에서, 한 분의 부처님이 중앙에 위치하고 다른 네 분의 부처님은 사방에 위치한다. 중앙에 위치한 청정법신 비로자나불의 여래부족은 네 분의 바라밀존으로 구성되어 있다. 사방에 위치한 부처님의 영역 안에 열여섯 명의 위대한 보살들이 네 구룹을 형성한다. 열여섯 위대한 보살들은 그들이 위치한 부족들에 따라 다르다. 「슈랑가마다라니」와 관계된 금강계만다라의 십육보살(十六菩薩)들의 이름은 다음과 같다. 1) 동방 아촉불(阿閦佛)의 금강부족 : 금강수(金剛手), 금강왕(金剛王), 금강애(金剛愛), 금강선(金剛善) 2) 남방 보생불(寶生佛)의 보물부족 : 금강보(金剛寶), 금강광(金剛光), 금강당(金剛幢), 금강소(金剛笑) 3) 서방 아미타불(阿彌陀佛)의 연화부족 : 금강법(金剛法), 금강검(金剛劍), 금강인(金剛因), 금강어(金剛語) 4) 북방 불공성취불(不空成就佛)의 갈마부족 : 금강업(金剛業), 금강호(金剛護), 금강아(金剛牙), 금강권(金剛拳) 이 열여섯 위대한 보살들은 모두가 궁극적으로는 비로자나불의 삼매에서 드러난 불성의 양상으로 나투어진 것이다. 동시에 그들은 금강수, 금강장 등의 다양한 이름을 가진 보현보살의

45) David L. Snellgrove and Lokeshchandra : Sarva-tathāgata-tattva-saṅ- graha, Facsimile Reproduction of A Sanskrit Manucript from Nepal, New Delhi: Jayyed Press. 1981. (Chi. 186에서 재인용) Vajra-dhātu-maṇḍala는 여래부족에 속하고, 금강수(金剛手: Vajrapāṇi) 보살에 의해서 지배된다. 2) Triloka-vijaya-maṇḍala 3) Triloka-cakra-maṇḍala는 금강부족에 속하고 특별히 분노존(忿怒尊)의 모습을 한 금강수보살들에 의해서 지배된다. 4) Sakala-jagad-vinaya- mahā-maṇḍala는 연화부족에 속하고 관세음보살에 지배된다. 5) Sarvartha-siddhi- ma-hāmaṇḍala는 갈마부족에 속하고 허공장보살에 지배된다.

화신들로 여겨진다. 보살들의 이름들은 그 공능을 표현하고 있다. 금강부족은 제어와 만족을 나타내고, 보물부족은 헌신과 소원의 성취를 나타내고, 연화부족은 지혜와 교계를 나타내고, 갈마부족은 예배와 수호와 악의 제거와 무드라의 효과를 나타낸다.

18. 『금강정유가삼십칠존출생의』(金剛頂瑜伽三十七尊出生義; T. 872)에서는 삼십칠존(三十七尊)과 십육보살(十六菩薩)들의 출생에 대한 정보를 제공한다. 네 주요 보살로서 대변되는 네 분의 바라밀존들은 네 부처님의 지혜에서 출현했으나, 열여섯 분의 금강보살들은 모든 여래의 보리심에서 출현했고, 그들은 여래의 삼매유형의 상징을 그들의 손에 들고 있다. 그들의 본질은 부처님께서 보리수 아래에서의 깨닫기 전의 수행과 관계된다. 그는 자신의 마음 속에서 많은 무수한 번뇌의 장애가 있는 것을 관찰한다. 그는 금강과 같은 지혜 – 수능엄삼매와 동일한 – 로 장애를 부수고 깨달음을 성취한다. 깨달음을 통해 장애는 지혜로 전환된다. 이 과정에서 부처님은 거친 존재들을 조복시키기 위해 여러 속성을 지닌 보살의 이름을 취할 수 있다. 그러나 언제나 대자비를 바탕으로 한다. 여기서 열여섯 분의 보살이 대표적으로 언급되지만 실제로 그 숫자는 항하의 모래알 숫자보다도 많다. 청정법신 비로자나불은 자신이 가진 공능(功能)을 넷으로 나누어 네 부처님을 출현시켜 뭇삶을 교화한다. 네 부처님은 법신불에게 지혜를 상징하는 사바라밀보살(四波羅密菩薩)을 각각 한 분씩 출현시켜 법신불의 사위(四圍)에 공양을 올려 답한다. 네 부처님으로부터 사바라밀보살을 공양받은 법신불은 보답으로 보리심, 공덕취, 지혜문, 대정진으로 보살공능을 나누어 십육대보살을 출현시켜 사방의 네 부처님에게 각각의 능력에

따라 네 보살씩 공양을 올린다. 이렇게 공양을 받은 네 부처님은 안의 네 공양보살, 즉 내사공양보살(內四供養菩薩), 밖의 네 공양보살, 즉 외사공양보살(外四供養菩薩)을 출현시켜 법신불에 대한 화답으로 공양을 올린다. 이러한 공양을 받은 법신불은 다시 사방의 부처님의 교화를 돕기 위해 사섭보살(四攝菩薩)을 출현시켜 네 분의 부처님에게 공양을 올린다. 다시 이러한 공양을 받은 네 분의 부처님은 각각 수많은 현겁의 수많은 부처님들을 출현시켜 법신불을 위요하게 하고 법신불은 수많은 천신을 출현시켜 현겁의 수많은 부처님들을 위요하게 한다. 이러한 상호공양으로 법신불의 금강계만다라가 완성된다. 이 금강계만다라에 대해서는 이 책의 부록을 참조하라.

제4장 수능엄경과 슈랑가마다라니의 유통

1. 〔개원석교록〕 당나라 때의 문헌인 『개원석교록』(開元釋教錄; T. 2154, AD. 730)과 『속고금역경도기』(續古今譯經圖紀; T. 2152, AD. 730)에서 지승(智昇)은 『수능엄경』이 인도에 그 출처를 두고 있다고 주장한다. 가장 오래된 『개원석교록』의 기록 – 물론 돈황본 『수능엄경』이 있지만 그곳에는 전역과 관련하여 아무런 기술이 없다 – 은 다음과 같다: "사문 회적(懷迪)은 순주(循州) 사람으로 본래 나부산(羅浮山)의 남루사(南樓寺)에서 지냈는데, 그곳은 성선들이 노니는 장소여서 회적은 오랫 동안 경론을 익혀 해박하였고 구류칠략(九流七略)도 깊이 연구하였다. 해변가 근처에

살았고, 자주 인도의 승려들이 드나들었기 때문에 회적은 범서와 범어를 익혀 모두 통달했다. 이전에 보리유지(菩提流志: Bodhiruci: AD.572- 727)가 『보적경』(寶積經)을 번역하기 위해 먼 곳에서 와서 AD. 706-713년 회적을 초빙하여 증의(證義)를 맡겼다. 회적은 일을 마치자 고향으로 돌아왔다. 후일 광부(廣府)에서 이름을 알 수 없는 한 인도 승려를 만났는데, 그가 범어로 쓰여진 경전 한권을 건네주면서 회적에게 같이 번역하자고 하였다. 마침내 그 경전이 10권으로 완역되었고, 그것이 『대불정만행수능엄경』이다. 회적이 필수하고 문리도 정리하였다. 그 인도의 승려는 번역을 끝내고 가버렸는데, 어디로 갔는지 알 수 없었다. 그리고 남사(南使)에 의해 유포된 그 경전이 현재에까지 이르고 있다."[46]

2 〔속고금역경도기〕 그러나 동일한 저작자가 동일한 시기에 개작한 『속고금역경도기』의 기술은 다음과 같다: "사문 빠라미띠(Pāramiti: 般刺蜜諦)는 당나라 말로 극량(極量)인데, 중인도의 사람이다. 도에 뜻을 두어 사방을 살피며 인연 따라 중생을 제도하면서 옮기며 교화하면서 유행하다가 우리 중국에 도착하여 광주(廣州)의 제지사(制旨寺)에 지냈다. 대중은 그가 박식한 것을 알았고, 알현하고자 하는 자들도 많았다. 그는 세상을 이롭게 하는데 마음을 기울이고 심오하고 보기 어려운 진리를 펼쳤다. 신룡 원년(神龍元年) 을사년(乙巳年: AD.705), 달은 을묘월(乙卯月: 5월), 신축

46) 沙門懷迪 循州人也 住本州羅浮山南樓寺 基由乃仙聖遊居之處 迪舊習經論多所該博九流七略粗亦討尋 但以居近海隅 數有梵僧遊止 迪就學書語復皆通悉 往者三藏菩提流志寶積經 遠召迪來以充證義 所爲事畢還歸故鄉 後因遊廣府遇一梵僧(未得其名) 齎梵經一夾請共譯之 勒成十卷 卽大佛頂萬行首楞嚴經也 迪筆受經旨兼輯綴文理 其梵僧傳經事畢莫知所之 有因南使流經至此(T. 2154. 571c)

일(辛丑日: 23일)에 마침내 관정부(灌頂部) 중에 일부를 송출(誦出)하여 『대불정여래밀인수증요의제보살만행수능엄경』 일부(一部)10권이라고 불렀다. 웃디야나(烏萇國: Uddiyana) 사문 미가석가(彌伽釋迦)가 어휘를 번역하였고, 보살계제자인 예전의 정간대부동중서문하평장사(前正諫大夫同中書門下平章事) 청하방융(淸河房融)이 필수(筆受)하고, 순주(循州)에 있는 나부산(羅浮山) 남루사(南樓寺)의 회적(懷迪)이 번역을 검증했다. 그 승려는 전경이 끝나자 배를 타고 서역으로 돌아갔다. 그리고 남사(南使)에 의해 유포된 그 경전이 현재에까지 이르고 있다."47)

3. 『개원석교록』과 동일한 발간연도 동일한 저작자의 『속고금역경도기』이지만, 그보다 앞선 『개원석교록』(A)은 『속고금역경도기』(B)와는 전역기가 상당히 다른 것을 알 수 있다. 1) A에 나타난 번역연대는 AD. 713년, B에 나타난 번역연대는 AD. 705년이다. 2) A에 나타난 필수자는 회적(懷迪)이지만, B에 나타난 필수자는 방융(房融)이다. 3) A에 나타난 번역장소는 광부(廣府)라고만 되어 있지만, B에 나타난 번역장소는 광주(廣州)의 제지사(制旨寺)라고 되어 있다. 4) A에 나타난 역경자는 이름을 알 수 없는 범승(梵僧)이지만, B에 나타난 역경자는 빠라미띠이다. 『속고금역경도기』가 『개원석교록』보다 상세하며, 『수능엄경』을 보다 공식적인 역경절차를 밟은 진경으로 보고 있다.

47) 沙門般剌蜜帝 唐云極量 中印度人也 懷道觀方隨緣濟度 展轉遊化達我支那 乃於廣州制旨道場居止 衆知博達祈請亦多 利物爲心敷斯秘賾 以神龍元年集乙巳五月己卯朔二三日辛丑 遂於灌頂部中誦出一品 名大佛頂如來密印修證了義諸菩薩萬行首楞嚴經一部十劵烏萇國沙門彌伽釋迦譯語 菩薩戒弟子前正諫大夫同中書門下平章事淸河房融筆受 循州州羅浮山南樓寺懷迪證譯 其僧傳經事畢汎船西歸 有因南使流經至此(T. 55, 371c)

4. 〔정원신석교목록과 송고승전〕 그 이후 69년이 지나 원조(圓照)는 『정원신석교목록』(貞元新釋教目錄)에서 『속고금역경도기』의 내용에 '일명 중인도 나라타의 대도량에 있는 관정부로부터 필사하여 별도로 묶어 제작한 것이다〔一名中印度那爛陀大道場灌頂部錄出別行〕'라고 구절을 추가시켰다. 그리고 더 훗날 AD. 988년 찬녕(贊寧)이 정리한 『송고승전』(宋高僧傳)에서는 '빠라미띠는 경전의 전역을 마쳤을 때 본국의 왕이 그 경전을 몰래 빼낸 것에 대해 진노하여 사람을 시켜 뒤를 쫓게 할 것을 염려하여 서역으로 돌아갔다는 사실'48)과 유각법사(惟慤法師)와 자중연공(資中沇公)이 각각 소(疏)와 해(解)를 달았다는 것을 추가하고 있다. 그리고 회적에 대해서는 『개원석교록』의 전기를 그대로 기록하고 있어 사실상 『속고금역경도기』와의 모순을 인지하지 못하고 기술한 것으로 보인다. 그 후 장수자선(長水子璿; AD. 965-1038)이 『수능엄경의소주경』(首楞嚴經義疏註經)에서 그 모순을 해결하기 위해 두 역자가 서론 다른 판본을 번역했으리라고 추론했다. 그러나 그후 AD. 1658년 전겸익(錢謙益)은 『능엄경해몽초』(楞嚴經解蒙抄)에서 실제로 『수능엄경』의 판본 글자가 모두 일치하는 하나의 판본만이 존재하므로,49) 역자는 다른데 내용이 한 글자도 틀리지 않는다는 것은 있을 수 없다고 주장했다.

5. 〔돈황본출토와 위경시비〕 이러한 역경절차과 역경가의 불확실성에 기름을 부은 것은 AD. 1900년경 중국 돈황에서 발굴된 현존

---

48) 量繇傳事畢 會本國王怒 其担出經本遣人迫攝 泛舶西歸(T. 50, 718c)

49) 『수능엄경』의 모든 판본은 동일하고 단지 수능엄주의 구절 수만 차이를 보인다. 돈황본은 426구, 고려대장경판본은 430구, 신수대장경반명본은 427구로 되어 있다.

최고본인 능엄경이다. 그 판본은 기존의 능엄경과 내용적으로 동일하지만, 전역에 관해서는 아무런 기록이 없이 곧바로 본문이 시작되고 있고 다만 특이한 점은『수능엄경』여섯 군데에서 방융(房融), 회적(懷迪)이라는 메모만 보인다. 이러한 점들은『수능엄경』의 중국찬술설과 위경시비에 기름을 부었다. 더구나『수능엄경』은 산스크리트판본이 부재하다. 티베트본이 있으나 산스크리트본에서 번역된 것이 아니라 한문본에서 번역된 것이다.『수능엄경』(首楞嚴經)은 티베트어로 AD.8세기 후반에서 AD. 9세기 초에 걸쳐서 번역되었으나, 아마도 랑다르마(gLang Darma: AD.840-841)가 지배하던 시기에 불교박해 때문에 제9권과 제10권의 오십마장(五十魔障: 본서의 제12장)과 마지막 유통분만이 살아남은 것이지만,『수능엄경』(首楞嚴經)이라고 되어 있다. 역자가 확인한 결과 한문본과 일치한다. 역사가 부뙨(Bu sTon) 린뽀체에 의하면 2부가 번역되었고, 하나는 한문본에서 번역되었다고 했는데, 바로 그것을 지칭하는 것이고, 다른 하나는 제9품 마품초출(魔品抄出)이라고 되어 있는 것으로 앞의 것의 절반 분량인데, 출처를 알 수 없는 문헌에서 번역된 것이다.『수능엄경』전체가 한문경전에서 만주어로 번역된 것은 AD. 1763년이었다. 건륭제(乾隆帝; 1711-1799)의 명으로 창꺄 쿠툭뚜 롤뻬 도제(Changkya Khutukhtu Rölpé Dorjé: 若必多吉: Lalitavajra: AD.1716-1786)가 역경에 관여하여 부내(傅鼐; AD.1758-1811)의 도움으로 사개국 언어(한어, 만주어, 몽고어, 티베트어)로 편집했다. 이 가운데 티베트어로 완역된『수능엄경』은 나르탕 깐규르의 유보분에서만 발견된다. 한문본의 제목『대불정여래밀인수증요의제보살만행수능엄경』(大佛頂如來密因修證了義諸菩薩萬行首楞嚴經; T. 945)의 제목은 그대로 『bCom lDan 'Das kyi gTsug Tor Chen Po De bŽin gŚeg Pa'i gSaṅ Ba sGrup pa'i Don mṄon Par Thob Pa'i rGyu Byaṅ Chub Sems dPa' Thams Cad kyi sPyod Pa dPa' Bar 'Gro ba'i mDo Le'u sToṅ Phrag bCu Las Le'u bCu Pa』라는 제목으로 번역되어 있다.

6. 사실상 중국에서 『수능엄경』의 위경시비(僞經是非)가 일어난 것은 오래 전의 일이었다. 주역학자인 송나라의 호치당(胡致堂; AD. 1098-1156)은 『수능엄경』의 세계관을 비판했고, 『주자어류』(朱子語類)에서 주희(朱熹; AD. 1130-1200)는 『수능엄경』은 방융(房融)의 날조품이라고 주장했고, 일본의 선사 도원(道元; AD. 1200-1253)은 스승인 여정(如淨; AD. 1163-1227)이 유석도 삼교일체(儒釋道三敎一體)를 주장하는 『수능엄경』을 싫어했다고 그의 저서 『제법실상』(諸法實相)에서 언급하고 있다. 근대에 와서는 양계초(梁啓超; AD. 1873-1929)와 호적(胡適; AD. 1891-1962), 여징(呂澂; AD. 1896-1989)이 『수능엄경』을 위경 – 여징과 양계초의 능엄경에 대한 비판에 대해서는 석민생(釋愍生)은 100가지 비판에 대한 100가지 변론을 행했지만 – 이라고 주장했다.

7. 『수능엄경』이 중국찬술경전이라는 주장에는 다음과 같은 이유가 있을 수 있다. 1) 번역문체라기 보다는 고유한 아름다운 고전중국어문체로 이루어져있다. 2) 비불교적 중국전통 사상인 음양오행(陰陽五行)의 사상이 반영되어 있다. 3) 신주의 지송을 위한 도량

의 건립에 사용한 열 가지 향(제7장§16) 가운데 침수향, 백교향, 청목향, 영릉향, 계설향은 인도에서 나지 않는 향이다. 4) 귀신들에 대한 열 가지 분류(제11장§32)는 명백히 도교적·유교적인 사상에 영향을 받은 것이다. 5) 『포박자』(抱朴子)에 보이는 십선(十仙), 도인술(導引術), 연수(鉛水)를 삶고 달여서 만든 단사(丹沙)와 같은 금석(金石)의 섭취 – "금석(金石)을 복용하기를 단련하여 쉬지 않아서 연단의 복용의 효과가 완성되면, 그를 유행선(遊行仙)이라고 한다."50) – 등의 도교사상 또는 장자(莊子)의 「제물론」

50) 堅固金石而不休息. 化道圓成名遊行仙(제11장§35) : 『포박자』 영향으로 남북조시기에 이르면 황제조차도 연단에 열중하지만, 불사약이 독약인 것임이 드러난다. 갈홍(葛弘; AD. .283-343)이 저술한 도교의 교리서인 『포박자』(抱朴子)의 내편 제11 선약편(仙藥編)은 복용할 수 있는 금석(金石)을 상·중·하의 3등급으로 분류하면서 운모(雲母)를 최상의 상약(上藥)으로 분류하고 있다. 여기에 갈홍은 먼저 '사람들이 잘 분별하지 못하지만 운모에는 5종류가 있다'고 하면서 그 다섯 가지 운모를 이와 같이 분류한다. 오색을 두루 갖추면서도 푸른 빛을 띠는 것을 운영(雲英)이라 하는데, 이는 봄에 복용해야 한다. 오색을 갖추면서도 붉은 빛을 주로 띠는 것을 운주(雲珠)라 하는데, 여름에 복용한다. 오색을 갖추면서도 흰 빛을 주로 띠는 것을 운액(雲液)이라 하는데 가을에 복용한다. 오색을 갖추면서도 검은 빛을 주로 띠는 것을 운모(雲母)라 하는데 겨울에 복용한다. 청색과 황색이 감도는 것을 운사(雲沙)라고 하는데. 초여름에 복용한다. 빛깔이 아주 흰 것은 인석(磷石)이라 한다. 그러면서 갈홍은 이런 운모를 적절한 계절에 제대로 만들어 '한 해를 복용하면 온갖 병이 물러나며, 두 해를 복용하면 늙은이도 어린아이처럼 돌아오며, 다섯 해를 복용을 게을리 하지 않으면 능히 귀신도 부리게 되며, 불에 들어가도 타지 않으며 물에 들어가도 옷이 젖지 않고, 가시밭을 걸어도 살갗이 상하지 않으며, 선인(仙人)을 만날 수 있으며 … 십년을 복용하길 계속하면 … 자연(自然)을 다스린다.'고 하고 있다. 그는 운모 복용과 관련된 일화로 중산(中山)에 살았던 위숙경(衛叔卿)이라는 사람이 구름을 타고 하늘을 오르내릴 수 있었다고 소개하고 있다. 그러나 이러한 주장은 무지의 결과로 생겨난 것이고, 인간의 장생(長生)의 욕망을 부추기는 기만이다. 아무리 유불선 삼교에 정통한 사람이라도 운모를 오랜 세월 복용하면 단명해질 수밖에 없다. 중국이라는 나라가 거대한 만큼 무지의 깊이도 크다는 사실은 안타까운 일이 아닐 수 없다. 다만 연단술은 중국의 도교에 고유한 것으로, 원래 깨달음과 같은 정신적 변화에서 오는 신체의 생리적 변화에 대한 상징적인 표현에 불과한 것이다. 실제로 연단을 복용하면 중금속에 오염될 수 밖에 없다. 이 『수능엄경』에서는 이러한 신선의 운명을 소개하면서 그 서두에서 '올바른 깨달음에 의지하여 삼매를 닦지 않는 자들'이고 '망정

(齊物論)이나 「양생주」(養生主)에서 차용한 듯한 유사한 어구와 논리가 보인다는 점이다.

8. 근대의 학자로는 일본불교학자 모치주키 신쿄(望月信亨: AD. 1869-1948)는 『수능엄경』의 상당부분이 8세기 초반의 중국문헌에 영향을 받고 있다고 주장했다. 찰스 뮐러(Charles Muller)와 미주노 코겐(水野弘元)는 이 경이 위경이라고 주장했다. 뮐러는 "토착 중국철학과 인도의 대승불교문헌에 익숙한 사람이 위경 작품을 잠깐 훑어보아도 토착 전통의 주제, 용어 및 개념이 텍스트에서 지배적인 역할을 하고 있으며, 동아시아에서 쓰여진 것임에 틀림없다"고 말했다.[51] 그에 의하면 시각(始覺), 본각(本覺), 여래장(如來藏)과 그 반대에 대한 전체 담론은 맹자시대로까지 거슬러 올라가 마음의 근원적으로 청정한가에 대한 맹자(孟子)와 고자(告子)의 토론을 방불케 하는 중국철학의 관념을 반영할 뿐만 아니라, 텍스트의 토착적 출처는 현대의 다른 유행하는 동아시아 문헌으로부터의 분명한 영향도 발견되는데, 특히 다른 중국의 위경 가운데 하나인 『기신론』(起信論: T. 1667) – 『수능엄경』과 동일하게 반야, 유식, 여래장사상을 통합하고 있다 – 의 형이상학적 프레임에 틀림없이 영향을 받고 있는 것이다. 제임스 벤(James A. Benn)은 중국에서 같은 시기에 찬술된 다른 위경, 즉 『원각경』(圓覺經: T. 842)과 몇 가지 주목할 만한 유사점을 공유한다고 지적한다.[52] 실제로 그는 "『수능엄경』의 열 권와 달리, 단 하나의 분책만

(忘情)으로 유전하는 자들'(제11장§35)이라고 비판하고 있는 것을 명심해야 한다.

51) Muller, Charles, East Asian Apocryphal Scriptures: Their Origin and Role in the Development of Sinitic Buddhism, Bulletin of Toyo Gakuen University, vol. 6 (1998), BRILL, pp. 245-255.

있는 『원각경』은 『수능엄경』의 본질적인 요점으로 간주될 수 있다."라고까지 말했다.

9. 그러나 그럼에도 불구하고 역사적으로 『수능엄경』은 정통 경전으로 인정받아 첫 번째 중국대장경인 개보장(開寶藏; AD. 971-983 唐)을 비롯하여 모든 중국의 대장경과 그리고 우리나라 고려대장경(高麗大藏經; AD. 1236-1251)과 일본 대정신수대장경(大正新修大藏經; AD. 1922-1932)에도 정통경전으로 실려 있다. 중국 당대(唐代)의 규봉종밀(圭峰宗密; AD. 780-841)이 찬술한 『원각경대소』에서 『수능엄경』을 중시한 이래, 법안종의 영명연수(永明延壽; AD. 904-975)는 100권에 이르는 그의 방대한 저서 『종경록』(宗鏡錄)에서 『수능엄경』을 광범위하게 인용하고 있어서 『수능엄경』의 교학사적(教學史的) 위치를 잘 보여주고 있다. 명말청초(明末清初)의 학자 전겸익(錢謙益)은 영명연수의 『종경록』을 평하면서 "연수(延壽) 선사는 삼종(三宗)의 학자를 모아서 대승의 여러 경론과 제종(諸宗)의 어록을 집록하여 『종경록』100권을 편찬하여 법문을 절충하고 심요(心要)를 회귀(會歸)할 때 『수능엄경』에서 많은 근거를 취하였다."53)라고 말했다. 송나라 초기부터 중국에서는 광범위하게 송나라 장수자선(長水子璿; AD. 965-1038), 각범혜홍(覺範慧洪: AD. 1025-1102) 등을 통해 『수능엄경』이 연구되었고, 명나라에 와서는 60개의 주석서가 있을 정도로 널리 유포되었고, 명나라의 감산덕청(憨山德清; AD. 1546-

52) Benn, James A. Another Look at the Pseudo-Śūraṃgamasūtra. Harvard Journal of Asiatic Studies, Vol. 68, No. 1 (Jun., 2008), pp. 57-89, Harvard-Yenching Institute, JSTOR 40213652

53) 『楞嚴經疏解蒙鈔』卷之一 (X. 287)

1623), 우익지욱(蕅益智旭, AD. 1599-1655), 운서주굉(云栖袾宏; AD. 1536-1615), 자백진가(紫柏眞可; AD. 1543-1603)와 근대에 와서는 유명한 허운덕청(虛雲德清; AD. 1840- 1959) 등이 모두 『수능엄경』을 인도유래 경전 가운데서도 최상의 경전으로 취급하였다. 심지어 당나라의 문장가 백락천(白樂天: AD. 772-846), 송나라의 문장가 왕안석(王安石: AD. 1021-1086)도 『수능엄경』을 애독하고 깊은 감화를 받았다. 그래서 이상하긴 하지만, 『불설법멸진경』(佛說法滅盡經; T. 396)에 따르면 말세에 세상에서 사라지는 첫 번째 경전이 『수능엄경』이라고까지 기술되어 있다. 이 경에 의하면 차례차례 불경이 사라지고 마침내 수행승의 가사가 백색으로 탈색된다고 기록하고 있다.

10. 또한 최근 대승불교학자 론 엡스타인(Ron Epstein)은 인도나 중국의 기원에 대한 논쟁을 개괄적으로 설명하고『수능엄경』이 아마도 오랜 문학 역사를 가졌을 수 있는 산스크리트 자료의 편집물일 것이라는 결론을 내린다.[54] 그는 고전 중국어 구문과 명확하게 구별될 수 있는 구조의 복잡한 아름다움을 가지고 있고, 따라서 경전이 위경이라는 이론의 어려움 중 하나는 구조와 언어 모두에 대해 그럴듯하게 책임을 질 수 있고 경전이 제시하는 교리적 복합성에 대해서도 잘 알고 있는 저자를 찾기가 어렵다는 것을 들었다. 엡스타인은 경전의 특정 구절이 도교의 신선사상에 관한 부분과 같은 것은 중국의 영향을 보여준다고 생각하지만, 이것이 불교 탄트

---

54) Ronald Epstein, 「The Shurangama-Sutra(T. 945): A Reappraisal of it's Authenticity」. Presented at the annual meeting of the American Oriental Society, March 16-18, 1976, Philadelphia, Pennsylvania.

라 사상이 중국적 적응과정에서 토착용어를 쉽게 사용할 수 있다고 생각했다. 도교의 내적 연금술과 불교 탄트라 사이의 교리적 관계의 전체 영역은 모호한 것이며, 우리가 둘 다에 대해 더 많이 알기 전까지는 이 문제가 적절하게 해결될 수 없을 것이라고 주장했다. 반면에 그는 경전의 밀교적 요소와 여래장 사상의 일반적인 교리적 입장이 실제로 이 기간 동안 날란다의 불교 가르침에 대해 알려진 것과 일치한다고 지적했고, 데이비드 라운드(David Rounds)는 경전에서 AD.5-6세기에 날란다 대학에서 발전한 불교의 인명론(因明論: hetuvidya)과 「슈랑가마다라니」에 대한 텍스트의존을 지적함으로써 인도 출처를 주장했다.[55)]

11. 〔수능엄경의 성립과 중국유통〕 이 『수능엄경』이 인도에서 유래한 것이라면, 성립시기가 있을 것이다. 경전상으로 본다면, 이 경은 전체적으로 내용적으로 반야공관(般若空觀)의 철학이 흐르기 때문에 법화사상 이전에 설해진 것이라는 주장이 있는 반면에, 『수능엄경』 제4장§25에 등장하는 여의주의 비유는 『법화경』에 등장하는 보주(寶珠)의 비유이므로, 『법화경』 이후에 설해진 경전이라는 주장이 맞서고 있다. 이렇게 의견이 분분한 것은 그 저본인 산스크리트 원본이 없기 때문이었다. 그러나 『수능엄경』은 반야계통의 제경론, 『화엄경』(AD. 420 漢譯)과 유가론, 여래장 계통의 경론을 비롯한 다양한 대승경론을 반영하고 있고, 실천적으로는 유가행법을 도입하고 있으며 심지어 유가(儒家)나 도가(道家)의 사상까지 언급하고 있어, 인도에서 전래된 『법화경』(AD.400경 漢譯) 이

---

55) Rounds, David. 「Rescuing Ananda - An overview of the Surangama Sutra」 Religion East &West, Issue 7, October, 2007.

후에 성립되어, 역경과정에서 유가나 도가 사상이 곁들여지면서 중국에서 찬술되었을 가능성이 있다. 만약에 그렇게 중국에서 찬술되었다면, 『수능엄경』의 찬술이 끝난 것은 『수능엄경』의 역경의 해로 알려진 AD. 705이다. 그 해는 당나라 중기 측천무후(則天武后)가 죽은 해이다. 그러나 신수(神秀: AD.606-706)가 측천무후의 부름을 받고 내도량(內道場)에서 『수능엄경』을 열람했다는 기록이 있는 것으로 보아 『수능엄경』의 성립은 그 보다 다소 이전이라고 보아야 한다. 당시에 중국에서는 현교(顯敎)의 시대가 저물어 가고 선종(禪宗), 밀교(密敎), 정토교(淨土敎) 등이 성행했던 시대였다. 특히 당시에 신수(神秀)는 당의 수도였던 장안과 당 시대 동방의 수도라는 의미로 동도(東都)라고 불린 낙양 양경(兩京)을 중심으로 중국 대륙 북부에 북종선(北宗禪)을 보급하였고, 혜능(慧能)은 장강 이남지역인 강남(江南)에 남종선(南宗禪)을 선양(宣揚)하는 시기였다. 특히 이심전심(以心轉心), 견성성불(見性成佛), 불립문자(不立文字), 교외별전(敎外別傳)의 단순명쾌한 논리를 앞세운 선종은 정치적 신흥세력의 강력한 지지를 받고 있었다. 이러한 시대적 분위기에서 『수능엄경』은 제종파의 주의주장을 다양하게 소개하면서 그것들을 통합하려는 강력한 의지 하에서 성립된 것이라고 볼 수 있다. 실제로 정치사회적 변화에 적응하려는 집권층은 기존의 불교의 다양한 주의주장을 통합할 필요성을 느꼈고, 밀교의 도입으로 퇴락할 수 있는 불교를 강력한 계율과 용맹정진의 수행으로 복귀시킬 필요가 있었을 것이다.

12. 〔수능엄경의 한국유통〕 우리나라의 선불교가 들어왔던 신라말기에 이미 신라의 유학승들이 중국으로부터 선불교문헌과 『수능엄

경』을 가지고 들어와 유통시켰을 것이라는 것을 추론해볼 수 있다. 왜냐하면 우리나라에 『수능엄경』에 대한 최초의 기록은 이미 신라의 지증대사(智証大師: AD. 824-882)의 비문에서 보이기 때문이다. 지증대사적조지탑비명(智証大師寂照之塔碑銘)에 『수능엄경』 제4권에 등장하는 표현이 실려 있다. 부처님께서 우리의 허망한 마음이 슈라바스띠 시의 정신이상자 양냐닷따가 제 머리가 무서워 달아나는 것과 같다고 비유하신 미두축영지사(迷頭逐影之事)[56]라는 표현이 등장하는 것으로 보아 알 수 있다. 그가 생존했던 시기는 신라말기로 중국에서 선불교가 전래된 시기와 거의 일치한다. 이 시기는 중국에서 『수능엄경』이 처음 번역된 지 불과 100여년이 지난 후였다.

13. 그러나 『수능엄경』이 본격적으로 알려진 것은 고려시대 대각국사 의천(義天: AD. 1055-1101)에서 비롯되었다. 의천이 송(宋)에 들어가 화엄종의 대가인 정원(淨源)을 만나 교학을 탁마한 뒤에 귀국하면서 중국에서 연구되었던 『수능엄경』 관련 전적들을 소개한 것으로 보인다. 그 후 『수능엄경』이 중요시된 것은 청평거사(清平居士) 이자현(李資玄 : AD. 1061-1125)이 독자적인 능엄선(楞嚴禪)을 확립하고부터였다. 그는 고려시대에 삼대에 걸쳐 승려4명과 두 명의 호법자(好法子)를 배출한 귀족집안에서 출생하여 높은 벼슬에 올랐으나 그것을 버리고 29세에 청평산에 입산하여 65세에 입적하였다. 그는 예종(睿宗)의 명을 받고 능엄강회(楞嚴講會)를 개최하여 『수능엄경』을 현창했다. 그는 견성암에서 선

56) 迷頭逐影之事 : 『수능엄경』 제4장§20의 이야기이다. 楞嚴經의 韓國流通에 對한 研究; 崔成烈 1979, 東國大學校. 19

정에 들었다가 7일 만에 깨어나기도 했다. 이자현의『문수사기』(文殊寺記)을 읽고 깨달은 바가 있어『수능엄경』을 공부하고 능엄선을 본격적으로 현창시킨 승려가 승형(承逈)이다. 그는 고종(高宗) 원년(AD. 1215) 대선사가 되었다가 나중에 문수사기를 읽고 청평사에 주석하면서 능엄선을 현창시켰다.『수능엄경』이 세상에 성행하게 된 것은 바로 이 승형선사 덕분이었다. 그리고 보조지눌(普照知訥; AD. 1158-1210)의『수심결』(修心訣)이나『진심직설』(眞心直說)에서 이 경전이 중요하게 인용되고 있다.

14. 그후 목판인쇄술의 발명으로『수능엄경』은 목판본으로 인쇄되어 널리 유통되었다.『수능엄경초조개판본』(楞嚴經最初開版本)은 고려시대 고종 22년(AD. 1235)에 이승광(李勝光) 등이 간행한 것으로, 해인사의 목판본이 현재 국립도서관에 소장되어 있다. 그 이후 고려 충렬왕 21년(AD. 1295)의 해인사(海印寺) 판본, 공민왕 21년(AD. 1372년)의 안성 청룡사(青龍寺) 판본, 조선시대에 와서는 세종 13년(AD. 1429)의 화암사(花岩寺) 판본, 그 후 성종 6년(AD. 1475)의 해인사(海印寺)의 판본, 성종 19(AD. 1488년)의 충청도 무량사(無量寺) 판본, 성종 20년(AD. 1489)의 황해도 자비령사(慈悲嶺寺) 판본, 명종2년(AD. 1547)의 황해도 석두사(石頭寺) 판본, 명종 14년(AD. 1559)의 황해도 성숙사(星宿寺) 판본, 광해군 1년(AD. 1609)의 순천 송광사(松廣寺) 판본, 인조 13년(AD. 1635)의 태인 용장사(龍藏寺) 판본, 현종 13년(AD. 1672)의 전라도 운흥사(雲興寺) 판본, 숙종 8년(AD. 1682년) 묘향산 보현사(普賢寺) 판본 등이 있었는데, 현존하는 것으로 해인사판본과 송광사판본, 용장사판본이 있다. 그리고 백용성

(白龍城)이 번역한 것을 AD. 1922년에 경성삼장역회(京城三藏譯會)에서 연활자로 간행한 것이 있다.

15. 〔수능엄경의 중국주석〕 능엄경이 중국에 전래된 이후에 『금강경』 만큼 많은 주석서가 쏟아져 나왔는데, 사서를 통해 보면 당나라의 숭복사(崇福寺)의 유각법사(惟慤法師)의 『능엄경소』(楞嚴經疏)를 비롯하여 송나라, 원나라, 명나라, 청나라를 거쳐 오면서 80여 종의 주소(註疏)가 있었다. 그 가운데 중요한 주석서로는 송대(宋代) 장수자선(長水子璿: AD. 964~1038)의 『수능엄경의소주경』(首楞嚴經義疏注經), 천태종의 오흥인악(吳興仁岳: AD. 992-1064)은 능엄경훈문기(楞嚴經熏聞記), 온릉계환(溫陵戒環: AD. ?-1127)의 『능엄경요해』(楞嚴經要解), 명대(明代) 전겸익(錢謙益: AD. 1582-1664)의 『능엄경소해몽초』(楞嚴經疏解蒙鈔), 명대(明代) 교광진감(交光眞鑑: AD. ~1576-1600~)의 『능엄경정맥소』(楞嚴經正脈疏)와 청대(淸代) 통리달천(通理達天: AD. 1701-1782)의 『능엄경지장소』(楞嚴經指掌疏)가 유명하다.

16. 〔수능엄경의 한국주석〕 우리나라에는 최근의 운허 스님 등을 제외하곤 주석서를 쓴 저자가 없는데, 역사적으로 단지 주석서를 비평한 『환해산보기』(環解刪補記: AD. 1265)가 있고 그 밖에 사기(私記) 또는 서언(緖言)만이 존재한다. 산보기는 고려 충렬왕 때의 선승 보환(普幻)이 지은 것이다. 그는 충렬왕2년(AD. 1276)에 능엄도량 몽계사(夢溪寺)의 맹주가 되었고 삼년 뒤에는 왕의 부탁으로 백련사에서 능엄법회를 열었다. 그리고 사기(私記)로서 조선 중기 영정조 때의 강학계에서 선풍을 날리던 연담유일(淵潭有

一; AD. 1720-1799)과 인각의첨(仁岳義沾; AD. 1746-1796)이 지은 것이 있다. 이들은 제방강원 교재에 대하여 참고서로서 사기를 저술했는데, 호남지방에서는『연담기』(淵潭記)를 영남지방에서는『인악기』(仁岳記)를 사용했다. 그런데『화엄경』에는 연담기가 우수하고 사교과인『수능엄경』,『기신론』,『금강경』,『원각경』에는『인악기』가 우수하다는 평판이 있었으나, 시대가 지나면서 학인들이 판각하여 전하면서 어느 것이 연담기이고 어느 것이 인악기인지 구분이 어렵게 되었다. 서언(緖言)으로는 연파혜장(蓮坡惠藏; AD. 1772-1811)의「능엄서언」(楞嚴緖言)이 있다. 이것은『수능엄경』의 난해한 부분을 몇몇 골라 해설하고 있는 일종의 주석서인데 부분적으로만 전한다. 최근 운허 스님이 쓴『능엄경주해(楞嚴經註解)』(AD. 1974)는 난해한 능엄경에 대하여, 정통주석을 참조하여 새롭게 쓴 비교적 상세한 주석으로 비록 국한문 혼용체이지만 세계적으로도 손색이 없는 것이라고 볼 수 있다.

17. 〔수능엄경의 고전적 판본〕『수능엄경』은 중국대장경인 개보장(開寶藏; AD. 971-983 唐)을 비롯하여 조성금장(趙城金藏; AD. 1148-1173 宋), 자복장(資福藏; AD. 1175 宋), 적사장(磧砂藏; AD. 1231-1322 宋), 보녕장(普寧藏; AD. 1269-1286 元), 영락남장(永樂南藏; AD. 1372-?明), 경산장(徑山藏; AD. 1589-1677 明), 용장(龍藏; AD. 1735-1738淸), 중화대장경(中華大藏經;AD. 1982-?)에 그리고 고려대장경(高麗大藏經; AD. 1236-1251)과 대정신수대장경(大正新修大藏經; AD. 1922-1932)에도 실려 있다. 실려 있는『수능엄경』은 모두 기본적으로 동일한 경전이고, 훗날 티베트어로 또는 만주어로, 몽고어로 번

역된 것은 모두 이 『수능엄경』에서 번역된 것이다. 1) 한역 『수능엄경』(首楞嚴經: T. 945): 『대불정여래밀인수증요의제보살만행수능엄경』(大佛頂如來密因修證了義諸菩薩萬行首楞嚴經)은 일명 『중인도나란타대도량경어관정부록출별행』(中印度那蘭陀大道場經於灌頂部錄出別行)으로 대당신룡원년(大唐神龍元年: A D. 705년)에 중천축(中天竺)의 사문 빠라미띠(Pāramiti: 般剌蜜諦)가 광주(廣州)의 제지도량(制止道場)에서 번역한 것으로 되어 있고 역자가 이 책에서 사용하고 있는 판본이다. 모든 유통본은 기본적으로 하나이며, 건륭제(乾隆帝; AD. 1711-1799)의 명령으로 창꺄 쿠툭뚜 룈뻬 도제(Changkya Khutukhtu Rölpé Dorjé: 若必多吉: Lalitavajra: AD.1716-1786)가 부내(傅鼐; AD.1758-1811)의 도움으로 사개국 언어(한어, 만주어, 몽고어, 티베트어)로 완역하여 편집한 것은 모두가 이 빠라미띠 본과 일치한다. 이 때 완역된 『수능엄경』은 나르탕 깐규르의 유보분에서만 발견된다. 2) 티베트역 『수능엄경』: 『수능엄경』 제12장과 유통분만 있고, 8세기말에서 9세기초에 한문본에서 번역된 것인데, 랑다르마(AD.840- 841)가 지배하던 시기에 불교박해 때문에 일부만 살아남은 것으로 완역본과 발췌본이 있다: 『bCom lDan 'Das kyi gTsug Tor Chen Po De bŽin gŚeg Pa'i gSaṅ Ba sGrup pa'i Don mṄon Par Thob Pa'i rGyu Byaṅ Chub Sems dPa' Thams Cad kyi sPyod Pa dPa' Bar 'Gro ba'i mDo Le'u sToṅ Phrag bCu Las Le'u bCu Pa』(역자의 참조본: Dege-Kangyur mDo-sDe No. 236)

18. 〔능엄경의 현대어역〕 그 현대어역으로는 괄목할 만한 것은 다음과 같은 작품이 있다. 1) 『능엄경주해』(楞嚴經註解). 이운허(李雲虛) 주해(註解), 동국역경원, 서울, 1974년: 송나라의 온릉계환(溫陵戒環)의 『요해』(要解)와 명나라 교광진감(交光眞鑑)의 『정맥소』(正脈疏)와 청나라의 달천동리(達天通理)의 『지장소』(指掌疏), 그리고 고려말의 한암보환(閑庵普幻)의 『환해산보기』(環解刪補記), 천여유칙(天如惟則)의 『회해』(會解)를 참조하여 가장 상세한 주석을 단 것이다. 대승불교의 모든 철학을 관통하고 있는 난해하기 짝이 없는 『수능엄경』인데, 운허스님의 노고가 없었다면, 결코 이해하기 어려울 것이다. 단지 문체가 국한문 혼용체라 한글세대가 읽기에는 너무 어려운 측면이 있다. 역자의 주석은 주로 이 운허 스님의 주석을 참조한 것이다. 2) 『능엄경강설』, 선화상인 저, 각산 정원규 편역, 불광출판사, 서울. 2009년: 아래의 책을 편역한 것이다. The Shurangama Sutra with commentary by Master Hsuan Hua. Volumes 1 to 8. Buddhist Translation Society, 2nd edition. 2003: 이 책은 정통 주석을 운허스님처럼 상세히 참조하지 않고 법회에서 강의한 것을 제자들이 녹음하여 편집제작한 책으로 정밀한 논리적 흐름을 좇아야 하는 능엄경을 이해하기로는 부족하나 운허 스님의 해석이 이해에는 보완적 도움을 줄 수 있다. 3) 『대승기신론을 통해 본 수능엄경』, 전종식 지음, 도서출판 예학. 서울, 2010년: 전종식 선생이 전통적인 주석과는 별개로 『대승기신론』의 사상을 중심으로 주해를 달은 독창적인 번역본이다. 4) 『역주수능엄경』(譯註首楞嚴經) 일귀 역주. 샘이 깊은 물, 서울, 2003: 특히 『계환해』에 입각하여 상세한 주

석을 달아 놓은 독창적인 번역본이다. 5) 『능엄경정맥소』(楞嚴經正脈疏) 전4권 교광진감 저, 진명 옮김, 불광출판사, 서울, 2023: 『수능엄경』을 '법화의 곳집이요, 화엄의 열쇠이다.'라고 까지 극찬한 교광진감(交光眞鑑: AD. ~1576- 1600~)의 방대한 주석서를 그대로 옮겨 놓아 능엄경의 세밀한 연구에 도움을 준다. 그러나 아쉽게도 역자는 「슈랑가마다라니」에 집중하느라 살펴볼 시간이 없었다. 6) 『능엄경대의풀이』 남회근 저, 송찬문 번역, 마하연, 서울, 2016: 『능엄경』이 진상유심론(眞常唯心論)으로서 외도의 학설이라는 것을 신불학연구파의 논조를 반박하고, 비록 『능엄경』이 상주진심(常住眞心)을 설하지만 어디까지나 망심(妄心)과 구별하기 위해 마지못해 가설(假說)한 것이라는 밝히고 있다.

19. 〔슈랑가마다라니의 정통성 문제〕 그런데 『수능엄경』(楞嚴經: T. 945)이 위경이라면, 「슈랑가마다라니」의 정통성은 어떻게 되는 것일까? 만약에 「슈랑가마다라니」는 『수능엄경』의 한 부분이라면, 『수능엄경』이 정통성이 없다면 「슈랑가마다라니」도 정통성이 없어야 하고, 『수능엄경』이 정통성이 있으면 「슈랑가마다라니」도 정통성을 지녀야 한다. 그러나 「슈랑가마다라니」가 『수능엄경』과 함께 만들어지지 않았고 별도로 성립했는데, 나중에 편집자에 의해서 특별한 목적으로 『수능엄경』에 삽입된 것이라면, 「슈랑가마다라니」는 『수능엄경』의 정통성과는 상관 없이 취급되어야 한다. 그런데 『수능엄경』은 「슈랑가마다라니」가 속해 있는 고유한 문헌이 아니다. 『수능엄경』의 산스크리트 원본인 『슈랑가마수트라』(Śūraṃgamasūtra)는 존재하지 않는 것으로 믿어지지만, 거기에 포함된 「능엄주」(楞嚴呪)의 산스크리트 원본인 「슈랑가마다라니」

(Śūraṃgamadhāraṇī T945)는 인도에서도 존재했다. 청나라 건륭제(乾隆帝; AD.1711-1799)가 AD.1770년 출간한 서문에서 『수능엄경』의 한역본의 어떤 다라니는 같은 다라니의 인도본과 같다고 기록하고 있고, 북경판 깐쥬르의 첫 권의 서문에서는 그 다라니의 티베트 판본은 「데쩩추또르기슝」(bDe gCegs gTsug Tor gyi gŽuṅs: Sugatoṣṇīṣadhāraṇī)라고 불린다고 밝히고 있다. 그리고 별도로 전역된 사라파(沙囉巴) 역의 『불정대백산개다라니경』(佛頂大白傘蓋陀羅尼經: T. 976)과 진지(眞智) 등 역의 『불설대백산개총지다라니경』(佛說大白傘蓋摠持陀羅尼經: T. 977)은 바로 수능엄주를 한역하거나 음역한 것이므로 원래의 판본은 인도에서 유래된 것이 분명한 것이다. 또한 『수능엄경』 안의 「슈랑가마다라니」(T. 945)는 아띠꾸따(Atikūṭa; 阿地瞿多)가 번역한 『다라니집경』(陀羅尼集經; T. 901)에 등장하는 첫 두 장과 유사하다. 그러므로 빠라미띠(Pāramiti: 般刺蜜諦) 역의 『수능엄경』(T. 945)에 귀속된 「슈랑가마다라니」가 「슈랑가마다라니」와 관계된 유일한 판본이 아니다. 「슈랑가마다라니」가 포함된 것 가운데에는 경전이 있고, 의례집이 있고, 다라니로서만 기록된 것도 있다. 그 자료들은 방산석경(房山石經), 돈황사본(燉煌寫本), 대정장경(大正藏經)에서 별도로 독립적으로 존재하므로, 그 관계는 세밀한 비교와 조사를 필요로 한다.

20. 다만 「슈랑가마다라니」의 산스크리트 원본은 존재하지만, 실담문자로 되어 있고, 하이브리드 범어로 되어 있어 산스크리트 정통 문법사항에 일치하지 않는 경우가 많아, 그 해석이 난해한 측면을 지니고 있다. 그리고 음사된 판본들은 원어로 문법에 맞게 복원

하기가 쉽지 않다. 그리고 오종불번(五種不翻)의 전통을 갖고 있는 한역장경에서는 「슈랑가마다라니」를 완전하게 의역을 한 적이 없어 정확한 해석을 기한다는 것이 쉬운 일은 아니다. 현장(玄奘)은 음사하되 번역해서는 안 되는 다섯 가지를 열거했다. 1) 비밀고(祕密故): 다라니처럼 미묘하고 심오하여 생각할 수 없는 것, 2) 다함고(多含故): 바가범처럼 한 단어가 많은 의미를 갖는 것, 3) 차방무고(此方無故): 염부수처럼 이 땅에는 없는 것, 4) 순고고(順古故): 아뇩다라삼먁삼보리처럼 고래로 음사만 한 것으로 알 수 있는 것, 5) 존중고(尊重故): 반야처럼 지혜를 존중하는 것이다. 그 가운데 첫 번째로 다라니가 포함되기 때문에 「슈랑가마다라니」도 정확히 번역된 적이 없다. 『능엄경정맥소』(楞嚴經正脈疏)를 쓴 교광진감(交光眞鑑)은 「슈랑가마다라니」를 비주(秘呪)로 규정하고 "성현의 넓은 교화에 현교와 밀교가 있는 것은 마치 의원이 병을 치료하는데 두 길이 있는 것과 같다. 첫 번째는 처방을 내리는 것이니, 병의 근원과 약의 성질과 약을 다리는 법을 설명하는 것이 부처님의 현교와 같다. 두 번째는 약을 주는 것이니, 다 설명해주지 않고 다만 약을 주어서 복용하게 하여 병을 낫게 할 뿐이다. 무슨 약으로 어떻게 치료하는지 굳이 알 필요가 없는 것이 부처님의 밀교와 같다. 그러므로 비주(秘呪)는 바로 약을 주는 것과 같아서 굳이 이해할 필요가 없다. 만약 알음알이가 생기면 다라니가 힘을 잃으니 뭇 삶들은 믿고 수지하기만 하면 저절로 모든 이익을 얻는다."라고[57] 까지 주장했다. 그러나 역자는 비밀한 다라니라도 산스크리트어의 고전문법에 맞게 복원하고 제대로 해석하면 밀의적인 심오한 의미

57) 楞嚴經正脈疏 III. 665 : 교광진감 저술. 진명 옮김. 불광출판사 2023.

를 드러낼 수 있다는 입장에 서있다. 그래서 문법적으로 불확실하고 난해한 하이브리드 산스크리트어에 기초하고 있는 한문음사본과 실담문자의 불당본(不唐本: T. 944AB)보다는 반명본(般明本: T. 945B)을 고전 문법에 맞게 복원한 기무라 도쿠겐(木村得玄)의 『능엄주-현대어역과 해설』(Kimu.)(춘추사, 동경, 2006)에 실려 있는 와타나베 이쿠코(渡邊郁子)의 환범본을 토대로 인도신화부분과 밀교부분을 보완하여 주석으로 처리하면서 번역하고 해설했다.

21. 〔슈랑가마다라니의 판본〕『선종의 다라니』[58]에 따르면, 수랑가마다라니에는 여러 판본이 있는데, 돈황출토본, 대영박물관소장본, 대정신수장경수록본 등이 있다. 그리고 실담본(悉曇本: T. 944B) 외에 신수대장경수록의 한역 음사본을 나누자면, 불당본(不唐本. T. 944A), 반송본(般宋本. T. 945A), 반명본(般明本: T945B), 사라본(沙囉本: T. 976), 진지본(眞智本: T. 977)이 있다. 각판본의 음역은 이를 테면, 바즈라(vajra)의 경우 〔불당본〕 부왈라(嚩日攞), 〔반송본〕 발절라(跋折囉), 〔반명본〕 발자라(跋闍囉), 〔사라본〕 부왈라(嚩日囉), 〔진지본〕 말즉라(末則囉)로 되어 있다. 공통되는 구절의 경우 음사의 차이는 있지만 환원복원에서는 큰 문제가 없으나, 각 판본마다 다소가 문구의 추가나 탈락이 보이므로 면밀한 검토를 요한다. 그리고 반명본을 토대로 몇몇 음사의 한자를 바꾼 일본의 조동종, 임제종, 황벽종의 판본이 있다. 역자가 참조한 「슈랑가마다라니」의 한역본들은 주로 음역을 한 것인데 일부 고유명사만 주로 함축적으로 번역된 것이 대부분이다. 대부분

58) 禪宗의 陀羅尼 : 木村俊彦 & 竹中智泰. 大東出版社. 1998

통용되는 판본은 반명본이므로 필자의 역주도 반명본을 따랐다.

22 1) 불당본(不唐本: T. 944A) 수능엄주: 초두에 명칭은 「대불정여래방광실달다발달라다라니」(大佛頂如來放光悉怛多鉢怛囉陀羅尼)인데, 대흥선사삼장사문(大興善寺三藏沙門)인 불공(不空)이 음역한 것임을 밝히고 있고, 대당청룡사내공봉사문담정수건진언비본(大唐靑龍寺內供奉沙門曇貞修建眞言碑本)에 조각된 것을 원록 16년 2월 6일(元祿十六年二月六日)에 정엄화상(淨嚴和上)으로 하여금 위의 본을 재교(再校)한 것이다. 이것이 실제로 당본(唐本)으로 다른 판본보다는 다소 대본이다.

23 2) 실담본(悉曇本: 不唐本 T. 944B) 수능엄주 : 위의 불당본(不唐本)에 일치하는 하이브리드 범어로 기록되어 있는 것으로, 정통 하이브리드 범어 문법에 맞지 않고, 해독이 상당히 난해하다.

24 3) 반송본(般宋本: T. 945A, 133c) 수능엄주 : 『대불정여래밀인수증요의제보살만행수능엄경』(大佛頂如來密因修證了義諸菩薩萬行首楞嚴經)으로 대당신룡원년(大唐神龍元年: AD. 705년)에 중천축(中天竺)의 사문 빠라미띠(Pāramiti: 般刺蜜諦)가 광주(廣州)의 제지도량(制止道場)에서 번역한 능엄경의 제7권 중간에 439구(句)로 실려 있는데, 명칭은 『대불정여래방광실달다발달라보살만행품관정부록출별행』(大佛頂如來放光悉怛多鉢怛囉菩薩萬行品灌頂部錄出別行)의 『중인도나란타만다라관정금강대도장신주』(中印度那蘭陀曼茶羅灌頂金剛大道場神咒)라고 되어 있다. 이것은 금강지(金剛智)가 인도의 나란다 대학의 밀교강좌에서 전수한 것이기 때문이 붙어진 이름이다. 그런데 당대의 역경목록 삼종에는

이 판본이 없고 송판대장경에서 나타나는 것으로, 실제로 그 신주는 송본(宋本)이라고 할 수 있다.

25. 3) 반명본(般明本: T. 945B, 139a-141b)의 수능엄주: 『대불정여래밀인수증요의제보살만행수능엄경』(大佛頂如來密因修證了義諸菩薩萬行首楞嚴經) 제7권의 말미에 실려 있는 것으로 별도의 명칭이 없고, 다만 주석에 따르면, 이 다라니가 명본(明本)에 의탁하여 실린 것인데, 송본(宋本)과 원본(元本)을 대교(對校)한 것이라고 밝히고 있다. 이 반명본「슈랑가마다라니」의 경문은 총427구 2617자로 이루어졌고 이것은 속법(續法)의 분류에 의하면, 오회(五會)로 나뉜다. 제1회 비로진법회(毘盧眞法會; SD. 1-37), 제2회 석존응화회(釋尊應化會; SD. 38-178), 제3회 관음합동회(觀音合同會; SD. 179-272), 제4회 강장절섭회(剛藏折攝會; SD. 273-332) 제5회 문수홍전회(文殊弘傳會; SD. 333-418) 그리고 제5회 말미에 주심(呪心: SD. 419-427)이 실려 있는데, 그 주심은「비밀수능엄」(祕密首楞嚴)이라도도 하며, 9구37자로 이루어져 있다. 불당본과는 반송본과 반명본은 상당히 구조적으로도 다른 측면이 있지만, 반송본과 반명본은 서로 일치하며, 반명본은 반송본이 후대로 오면서 암송하기 좋게 다소간 쉬운 음사로 한문글자가 변형되고 일부구절이 생략된 것이다. 반명본이라고 하지만, 원래는 원대 청졸(淸拙:AD. 1247-1339)이 사용한 것으로, 그것은 실제로는 원본(元本)이라고 하는 것이 옳다. 그래서 원본 수능엄주는 임제종 15개 파뿐만 아니라 조동종, 황벽종에서도 사용하고 대만에서도 가장 일반적인 주요한 과송경전이 되고 있다.

26. 4) (호탄본) 「호탄본 슈랑가마다라니」『敦煌出土于闐語祕密經典集の研究』(田久保周譽師 東京 : 春秋社, 1975)안에 실려 있는 것인데, 반명본의 원래 산스크리트어로 추정되고 있다. 역자는 직접 구하지 못했고, 주석에서는 기무라 토시히코(木村俊彦)의『禪宗の陀羅尼』를 통해서 간접적으로 인용했음을 밝혀둔다.

27. 5) 사라본(沙囉本: T. 976)의 수능엄주:『불정대백산개다라니경』(佛頂大白傘蓋陀羅尼經)이라고 불리고, 광록대부대사도삼장법사사라파봉조역(光祿大夫大司徒三藏法師沙囉巴奉詔譯)이라고 되어 있다. 이 경은 수능엄주 제1회, 제3회, 제5회를 한역하고, 제2회와 제4회는 음역하고 있고, 제5회의 심주는 중복적으로 기재하고 있다.

28. 6) 진지본(眞智本: T. 977)역 수능엄주 :『불설대백산개총지다라니경』(佛說大白傘蓋摠持陀羅尼經)이라고 명칭지어져 있고, 원천축준변대사즐날명득리련득라마녕급역주승진지등역(元天竺俊辯大師唧捺銘得哩連得囉磨寧及譯主僧眞智等譯)이라고 되어 있는데, 기본적으로는 4)의 불정대백산개다라니경(佛頂大白傘蓋陀羅尼經)과 동일한 것으로 능엄주 제1회, 제3회, 제5회를 한역하고, 제2회와 제4회는 음역하는 동일한 구조를 보여주고 있다.

29. 〔슈랑가마다라니의 현대어역〕「슈랑가마다라니」에 대한 현대어역으로 괄목할 만한 것은 다음과 같은 것이 있으나, 아직 인도신화학적으로 정밀하게 심층적으로 연구하여 번역된 역서나 주석이나 논문은 없다. 대부분 신화학적 스토리와는 관계없는 유사언어학적 기반위에 건립된 차연(差延)의 철학에 기반을 두고 있다. 필자

가 참고한 것으로는 다음과 같은 것이 있다.

30. 1)『新編楞嚴呪譯釋註疏』, 王智揚. 臺灣, 1985年: 반명본의 음사본을 토대로 하여 음사를 바꾸고 그 자구에 대한 상세한 주석을 달았으나, 범어환원이 없고, 음사본에 대한 주석도, 범어환원과는 상관없는 주석들이 많은 것이 특징이다. 속법(續法)의 주해라고 밝히지 않았으나 속법본을 정리한 것으로 보인다.

31. 2)「楞嚴呪解義』, 鄭泰爀, 佛敎學報, 佛敎文化硏究院. 서울, 1986 : 저자는 정밀하지는 않지만, 베다와 힌두신화에 얽힌 이야기를 해의(解義)로 가미하여 번역한 것이다. 국내 번역 가운데는 가장 설득력 있는 편에 속하지만 문법학적으로 일치하지 않는 측면이 발견된다.

32. 3)「古梵文楞嚴呪校註』, 簡豊祺. 臺灣, 1995년: 불당본에서 불공의 한문음사본을 토대로 실담문자로 표기된 불당본을 로마나이즈화하고 간단한 번역어를 부가한 것이다. 그러나 기본적으로 기존의 범어문법과는 일치하지 않는 하이브리드 문법에 토대를 두고 만들어진 것으로 보이는 불당본에 대한 문법학적 연구나 명칭이나 어구의 인도신화적 해석은 전혀 이루지지 않았다.

33. 4)「梵學津梁所收の白傘蓋陀羅尼硏究」 木村俊彦 인도학불교학연구 제62권제1호 동경. 2013년12월: 일본의 자운존자(慈雲尊者: 1718-1804)의『梵學津梁』에 소개된 백산개다라니의 하나로 고귀사에 보관되어 있는 양호한 실담본(悉曇本)을 키무라 토시히코(木村俊彦)가 로마나이즈화하고 번역한 것이다. 음사본인 반명본(般明本)의 산스크리트어로의 복원에 결정적인 도움을 준다.

34. 5) 「敦煌本楞嚴呪」, 『敦煌本 楞嚴經の 硏究』 崔昌植. 山喜房佛書林), 東京, 2008 : 돈황본과 반명본을 비교하여 한문음사의 일부 표기의 차이를 밝혀놓았으나, 전체적으로 반명본과 정확히 일치하는 것을 알 수 있다. 범어환원은 하지 않았으나 비교적 범어와 일치하는 일대일 대응의 번역을 하고 있다.

35. 6) 「楞嚴呪現代語譯と解說」, 木村得玄, 春秋社, 東京 2006. : 저자가 반명본을 토대로 범어전문가인 와타나베 이쿠코(渡邊郁子)의 도움으로 번역한 것을 가감하여 완성한 뒤에 여러 판본을 대교하여 완성한 것이다. 번역에는 다소의 문제가 없지 않지만, 지금까지 나온 것 중에는 가장 정통 산스크리트 문법에 가깝도록 환원을 한 것이다. 역자는 이 판본을 채택했다.

36. 6) 『The Śuraṁgama Dhāraṇī in Sinitic Buddhist Context: from the Tang Dynasty through the Contemporary Period』 A Dissertation for the degree Doctor of Philosophy in Asian Languages and Cultures. by Chi Chen Ho. University of Califonia Los Angeles 2010; 이 논문은 청나라 시대의 백정속법(伯亭續法 : AD. 1641-1728) 대사가 지은 밀교적 주석인 『능엄주소』(楞嚴呪疏: Xog.)를 토대로 「슈랑가마다라니」를 해설한 것이다. 이 책은 속법이 원래의 산스크리트 원문과는 상관없이 음사된 한문에 대하여 자의적으로 분석하여 밀교적 유사해석을 시도한 것으로, 실제 인도신화학적인 해석에는 도움을 주지 못하지만, 밀교철학적 심오성으로 향한 새로운 지평을 열어준 것이라고 볼 수 있다. 이 논문의 부록에 그 원문이 실려 있

다. 「楞嚴呪疏」(Xog.) 折水慈雲寺顯密教觀沙門 續法編 2009年. 이 책은 원래 ≪백정대사전기총질≫(伯亭大師傳記總帙; X. 1656)의 『수능엄경관정소』(楞嚴經灌頂疏)에 기록되어 있는 것이다. 역자의 다라니 해석에서 밀교적 관점은 주로 이 「楞嚴呪疏」(Xog.)에 의존하고 있다.

37. 7) 『楞嚴呪詳解』, 張宏實, 橡實文化, 臺北, 2023 : 가장 최근에 나온 서적이지만, 특별한 연구성과는 보이지 않는다. 반명본의 음사본을 토대로 하여 음사를 바꾸고, 범어환원을 시도하여 약간의 설명을 부가한 것이지만, 고적적이나 하이브리드적 범어에 맞지 않고 문법학적으로 완벽하지 않고 인도신화가 갖고 있는 철학성을 담보하지 못하고 있다.

제2부 슈랑가마다라니

Śūraṁgamadhāraṇī

제2부 슈랑가마다라니

[Śuraṁgamadhāraṇī][59]

I. 송경의례(誦經儀禮)

1. 〔정구업진언(淨口業眞言)〕

śurī śuri mahāśuri suśuri svāhā

슈리 슈리 마하슈리 쑤슈리 쓰와하[3회]

---

59) Śuraṁgamdhāraṇī : 슈랑가마(Śuraṁgama)는 수능엄(首楞嚴)이라고 음사되는 말로, 원래 수능엄삼매(首楞嚴三昧)의 이름이다. 그 삼매는 용건정(勇健定), 건상정(健相定) 또는 건행정(健行定), 용진삼매(勇進三昧)라고 한역되기도 한다. 슈랑가마(Śū-raṃgama)는 슈라-앙가-마(śūra-aṅga-ma)로 분해하거나 슈랑-가마(śūraṃgama)라고 분해될 수 있다. 전자는 '영웅적 용기'이라는 뜻이 되므로 용건(勇健), 건상(健相)과 번역된 것이고, 후자는 '영웅적 행진'이라는 뜻이 되므로 건행(健行), 용진(勇進)으로 번역되었다. 또한 슈라(śūra)라는 뜻은 태양 또는 일명(日明)을 뜻하므로 '태양의 밝음을 뛰어 넘는 것'이라는 의미로 초일명(超日明)이라고 번역되기도 했다. 이것은 부처님의 불정삼매(佛頂三昧)를 상징하는 표현이다. 다라니(dhāraṇī: 陀羅尼)는 역경역사의 초기에는 명(明), 또는 총지(總持)라고 번역했는데, 이것은 다른 산스크리트 비디야(vidyā, vijjā)를 번역할 때도 명(明) 또는 명주(明呪)라고 한 것과 겹친다. 그리고 만트라(mantra)를 주(呪), 신주(神呪) 또는 진언(眞言)이라고 번역하기도 했다. 그러나 모두 같은 대상을 지칭한 것이었다. 어원적으로 보면, '다라니'는 '기억하여 간직하여 악으로부터 스스로를 보호하는 것'이라는 의미를 지니고 '비디야'는 원래 천상세계에 가기 위한 불가사의한 힘을 지닌, 제사에 관한 지식을 의미했으나, 초기불교에서는 명지(明智)의 의미로, 대승불교에 와서는 '모든 집착을 소멸시키는 반야바라밀의 지혜'를 뜻하게 되어 명주(明呪)의 의미로 쓰이게 되었다. 만트라는 '사유의 도구'인 베다의 시구를 지칭하다가 제사에 사용되면서 신과 인간을 매개하는 불가사의한 힘을 지니게 되었다.

蘇利 蘇利 摩訶蘇利 蘇蘇利 娑婆訶60)

수리 수리 마하수리 수수리 사바하〔3회〕

길상, 길상, 위대한 길상, 승묘한 길상이 이루어지이다. 쓰와하61)

2. 〔오방내외안위제신진언(五方內外安慰諸神眞言)〕

namaḥ samanta-budddhānām oṁ turu turu jimi svāhā

나마하 싸만따 붇다남 옴 뚜루 뚜루 지미 쓰와하 [3회]

南無 三漫多 沒馱喃 唵 覩嚕覩嚕 地尾 娑婆訶62)

나무 사만다 몰타남 옴 도로도로 지미 사바하

두루 하신 모든 부처님께 귀의하오니,

옴,63) 거룩하고 밝은 종자가 활성화되어지이다. 쓰와하

3. 〔개경게(開經偈)〕

無上甚深微妙法　　가장높고 깊고깊어

무상심심미묘법　　미묘하온 부처님법

百千萬劫難遭遇　　백천만겁 지나도록

백천만겁난조우　　만나뵙기 어려워라

---

60) 蘇利 蘇利 摩訶蘇利 蘇蘇利 娑婆訶 : 웃추슈마(除穢忿怒尊: Ucchuṣma; SD. 101 참조)는 모든 더러움과 죄악, 즉 예오(穢惡)을 없애서 정예(淨穢)의 차별이 없는 명왕(明王)이다. 수리(蘇利)란 길상(吉祥 : śrī. śuri는 하이브리드 범어의 형태)로, 청정하고 가장 영광스러운 상태를 의미한다.

61) 쓰와하(svāhā) : 주로 다라니 뒤에 놓여 길상(吉祥)과 원만성취(圓滿成就)의 의미로 쓰인다. 원래는 신들에게 공물(供物)을 제공할 때에 사용했다. 상세한 것은 이 책의 『수능엄해제』 제2장§10-14를 참조하라.

62) 南無 三漫多 沒馱喃 唵 覩嚕覩嚕 地尾 娑婆訶 : 南無(namaḥ) : namas(귀의)의 주격. 사만다 몰타남(三漫多 沒馱喃: samanta-budddhānām)은 '편재하는 부처님들께'라는 뜻이고, 覩嚕覩嚕 地尾(turu turu jimi)는 밀교적으로 신성하고 밝은 종자, 옴(oṃ)에 대해서는 SD. 138-141을 참조하라.

63) 옴(oṃ) : SD. 138-141을 참조하라.

我今聞見得受持 저는이제 다행이도
아금문견득수지 보고듣고 지니오니

願解如來眞實義 원하건대 부처님의
원해여래진실의 진실한뜻 알아지다

4. 〔개법장진언(開法藏眞言)〕

oṁ āraṇaṁ ārādha
옴 아라남 아라다 [3회]
唵 阿囉喃 阿囉達
옴 아라남 아라다 〔3회〕
옴, 깊은 심연(深淵)을 현전시키소서!64)

5. 〔대불정능엄신주계청(大佛頂楞嚴神呪啓請)〕

妙湛總持不動尊 오묘하고 맑은총지
묘담총지부동존 동요없는 부동존님

首楞嚴王世希有 용맹정진 수능엄왕
수능엄왕세희유 세상에서 희유하니

銷我億劫顚倒想 억겁을 가로지르는
소아억겁전도상 전도망상 없애시고

不歷僧祇獲法身 무량겁을 지냄없이
불력승기획법신 법신성취 시키시니

願今得果成寶王 원하건대 경지얻어
원금득과성보왕 최상보물 이루어서

64) 깊은 심연(深淵)을 현전시키소서! : 아라나(āraṇa)는 깊은 심연을 의미하고 아라다(ārādha)는 ā+√rādh의 이인칭 단수 명령형이다.

還度如是恒沙衆 환도여시항사중	항하수같은 뭇삶을 돌아와 제도하고자
將此深心奉塵刹 장차심심봉진찰	장차깊은 마음으로 많은세상 받들리니
是則名爲報佛恩 시즉명위보불은	이것이 부처님은혜 이른바 갚는것이리
伏請世尊爲證明 복청세존위증명	엎드려서 청하오니 세존께서 아시나니
五濁惡世誓先入 오탁악세서선입	오탁65)으로 물든악세 맹세코 먼저들어가
如一衆生未成佛 여일중생미성불	한뭇삶도 남김없이 성불이루지 못하면,
終不於此取泥洹 종불어차취니원	결단코 끝내기전에 열반에 들지않으리
大雄大力大慈悲 대웅대력대자비	위대한 영웅이시고 대자비지닌 부처님
希更審除微細惑 희경심제미세혹	원컨대 다시살펴서 미세혹 없애주소서
令我早登無上覺 영아조등무상각	빨리 저희로하여금 위없는 깨달음얻어
於十方界坐道場	시방세계에 어디나

65) 五濁 : 이 책의 『수능엄경』 제5장§4를 참조하라.

어시방계좌도장	도량에 앉게하소서
舜若多性可銷亡	허공66)의 다양한성품
순약다성가쇄망	없어질 수가있어도
爍迦囉心無動轉	저의 견고한67)서원은
삭가라심무동전	변하지 않으오리다
南無常住十方佛	어디에나 상주하는
나무상주시방불	부처님께 귀의하고
南無常住十方法	어디에나 상주하는
나무상주시방법	가르침에 귀의하고
南無常住十方僧	어디에나 상주하는
나무상주시방승	참모임에 귀의하고
南無釋迦牟尼佛	석가부족 성자이신
나무석가모니불	부처님께 귀의하고
南無佛頂首楞嚴	위없는 슈랑가마의
나무불정수능엄	부처님께 귀의하니
爾時世尊從肉髻中	바로이때 세존께서
이시세존종육계중	머리위 육계가운데
涌百寶光光中涌出	수백보광 놓으시니
용백보광광중용출	광명가운데 솟아나
千葉寶蓮有化如來	수천잎 보배연꽃위
천엽보련유화여래	화신여래 나투시고

66) 舜若多 : 『수능엄경』 제3장§34을 참조하라.
67) 爍迦囉 : 『수능엄경』 제3장§34을 참조하라.

坐寶華中 頂放十道　　보배로운 연꽃중에
좌보화중 정방십도　　온우주로 빛놓으니

百寶光明 一一光明　　수백많은 보배광명
백보광명 일일광명　　하나하나 낱낱광명

皆遍示現 十恒河沙　　모두에서 두루두루
개편시현 십항하사　　십항하사 나투나니

金剛密跡 擎山持杵　　금강밀적이 나타나
금강밀적 경산지저　　금강저를 세워쥐고

遍虛空界 大衆仰觀　　허공계를 채웠으니
편허공계 대중앙관　　뭇삶들이 우러르고

畏愛兼抱 求佛恃怙　　두려움과 애호품고
외애겸포 구불시호　　부처님께 믿음구해

一心聽佛 無見頂相　　일심으로 들었나니
일심청불 무견정상　　볼수없는 으뜸가는

放光如來 宣說神咒　　광명으로 여래께서
방광여래 선설신주　　능엄신주 설하시니,

II. 대불정수능엄신주

제1장 대불정수능엄신주 범본

[Tathāgatôṣṇīṣa-śūraṅgāma-dhāraṇī : SD.]

[Tathāgatôṣṇīṣa-sitātapatrâparajitā pratyaṅgīrā dhāraṇī][68)]

1) namaḥ satata-sugatāya arhate samyaksaṃbuddhasya 2) satata-buddha-koṭy-uṣṇīṣam 3) namaḥ sarva-buddha-bodhisattvebhyaḥ 4) namaḥ saptānāṃ samyaksaṃbuddhā-koṭīnāṃ 5) saśrāvaka-saṃghanāṃ 6) namo loke arhatānāṃ 7) namaḥ srotāpannānāṃ 8) namaḥ sakṛdāgāminaṃ 9-10) namo loke samyaggatānāṃ samyakpratipannānāṃ 11) namo devarṣinaṃ 12) namaḥ siddha-vidyā-dhara-rṣīnāṃ 13) śāpânugraha-saha-samārthānāṃ 14) namo brahmaṇe 15) namo indrāya 16-19) namo bhagavate rudrāya umāpati-sahitāya 20-23) namo bhagavate nārāyaṇāya pañca-mahāmudrā-namaskṛtāya 24-31) namo bhagavate mahākalāya tri-pura-nagara-vidrāvaṇa-kālāya adhimuktika-śmaśāna-nivāsine mātṛ-gaṇa-namaskṛtāya 32-33) namo

---

68) 기무라 도쿠겐(木村得玄)의 저술(Kimu.)에 실려 있는 것으로 자운존자(慈雲尊者)의 범학진량(梵學津梁)의 백산개다라니(白傘蓋陀羅尼)를 토대로 반명본(般明本; T 945B; 139a-141b)을 범어로 환원한 것으로 보이는 와타나베 이쿠코(渡邊郁子)의 환범본이다.

bhagavate tathāgata-kulāya 34) namaḥ padmakulāya 35) namo vajrakulāya 36) namo maṇi-kulāya 37) namo karma-kulāya 38-41) namo bhagavate dṛḍha-śura-sena-praharaṇa-rājāya tathatāgatāya arhate samyaksaṃbuddhāya 42-46) namo bhagavate amitābhāya tathāgatāya arhate samyaksambuddhāya 47-51) namo bhagavate akṣobhyāya tathāgatāya arhate samyaksambuddhāya 52-55) namo bhagavate bhaiṣajya-guru-vaiḍūrya-prabhārājāya tathāgatāya [arhate samyaksambuddhāya] 56-61) namo bhagavate saṃpuṣpita-sālendra-rājāya tathāgatāya arhate samyaksambuddhāya 62-66) namo bhagavate śākyamunaye tathāgatāya arhate samyaksambuddhāya 67-71) namo bhagavate ratna-ketu-rājāya tathāgatāya arhate samyaksambuddhāya 72) tebhyo namaskrtya 73-77) etad-bhagavatī satathāgatôṣṇīṣasitātapatrā namāparājitā pratyaṅgīrā 78-79) sarva-bhūta-graha-nigraha-karaṇī 80) para-vidyāc-chedanī 81-82) akāla-mṛtyu-paritrāyaṇa-karī 83) sarva-bandhana-mokṣana-karī 84-85) sarva-duṣṭa-duḥsvapna-nivāraṇi 86) caturaśītīnāṃ 87-88) graha-sahasrānāṃ vidhvaṃsana-karī 89-91) aṣṭaviṃśatīnāṃ nakṣatrānāṃ prasādhana-karī 92-94) aṣṭānāṃ mahā-grahanāṃ vidhvaṃsana-karī 95) sarva-śatru-nivāraṇī 96) ghora-duḥsvapnānāṃ ca nāśanī 97-98) viṣa-śastra-agny-udakôttaraṇī 99) aparājita-ghorā 100) mahā-bala-caṇḍā 101) mahā-dīptā 102) mahā-teja 103) mahā-śveta-jvālā 104) mahā-bala-pāṇḍara-vāsinī 105) ārya-tārā 106) bhṛkuṭī 107) caiva vijayā 108-109) vajra-māleti viśrutā 110) padmakā 111) vajra-jihvā ca 112) mālā caivāparajitā 113) vajra-daṇḍī 114) viśālā ca 115) śānta-videha-pūjitā 116) saumya-rūpā 117) mahā-śvetā 118) ārya-tārā 119) mahā-bala-amarā 120) vajra-śṛṅkalā caiva 121) vajra-kumārī 122) kula-dhārī 123) vajra-hastā ca 124) vidyā-kāñcana-mālikā 125) kusumbha-ratnā 126-127) vairocana-kri-yā-arthoṣniśā 128) vijṛmbhamāṇā ca 129-130a) vajra-kanaka-prabhā-locanā- 130b) vajra-tuṇḍī ca 131-133) śvetā ca kamala-akṣā śaśi-prabhā ityete 134) mudrā-gaṇāḥ 135-136) sarve rak-ṣāṃ kurvantu 137) itthaṃ mamâsya 138-141) oṃ ṛṣi-gaṇa-praśasta-tathāgatoṣṇīṣa 142-143) hūṃ trūṃ 144) jambhana 145-146) hūṃ trūṃ 147) stambhana 148-149) hūṃ trūṃ 150) paravidyā-saṃbhakṣana-kara 151-152) hūṃ trūṃ 153-154) sar-va-yakṣa-rākṣasa-grahāṇāṃ 155) vidhvaṃsana-kara 156-157) h-ūṃ trūṃ 158-159) catur-āśitīnāṃ raha-sahasrāṇām 160) vidh-vaṃsana-kara 161-162) hūṃ trūṃ 163) rakṣa 164-165) bhaga-vāṃs tathāgatoṣṇīṣa 166) pratyaṅgire 167-168) mahā-sahasra-bhuje sahasra-śīrṣe 169) koṭi-sahasra-netre 170-171) abhedya-jvalita-naṭake 172) mahā-vajra-dhare 173-174) tri-bhuvana-maṇḍalêśvāre 175-177) oṃ svastir bhavatu mama 178) itthaṃ mamâsya 179) rāja-bhayāc 180) caura-bhayād 181) agni-bhayād 182) udaka-bhayād 183) viṣa-bhayāc 184) chastra-bhayāt 185) paracakra-bhayād 186) durbhikṣa-bhayād 187) aśanibhayād 188) akāla-mṛtyu-bhayād 189) dharaṇi-bhūmi-kampa-kāpatha-bhayād 190) ulkā-pāta-bhayād 191) rāja-daṇḍa-bhayād 192) nāgabhayād 193) vidyudbhayāt 194) suparṇa-bhayād 195) yakṣa-grahād 196) rākṣasa-grahāt 197) preta-grahāt 198) piśāca-grahād 199) bhūta-grahāt 200) kumbhāṇḍa-grahāt 201) pūtanā-grahāt 202) kaṭa-pūtanā-grahāt 203) ska-nda-grahād 204) apasmarâgrahād 205) unmatta-grahāc 206) chāyā-grahād 207) revatī-grahād 208) ojâhāriṇyā 209) gar-bhâhāriṇyā 210) rudhirâhāriṇyā 211) maṃsâhāriṇyā 212) medâhāriṇyā 213) majjâhāriṇyā 214) jātâhāriṇyā 215) jivi-tâhāriṇyā 216) vatâhāriṇyā 217) vāntâhāriṇyā 218) aśucy-âhāriṇyāḥ 219) cittâhāriṇyāḥ 220) teṣāṃ sarveṣāṃ 221) sarva-grahāṇāṃ 222) vidyāñ chedayāmi 223) kīlayāmi 224) pari-vrājaka-kṛtaṃ 225) vidyāñ chedayāmi 226) kīlayāmi 227) ḍā-kiṇī-kṛtaṃ 228) vidyāñ chedayāmi 229) kīlayāmi 230-231) mahā-paśupati-rudra-kṛtaṃ 232) vidyāñ chedayāmi 233) kila-yāmi 234) nārāyaṇa-kṛtaṃ 235) vidyāñ chedayāmi 236) kīlay-āmi 237) tatva-garuḍa-sahāya-kṛtaṃ 238) vidyāñ chedayāmi 239) kīlayāmi 240) mahākāla-matṛgaṇa-kṛtaṃ 241) vidyāñ chedayāmi 242) kīlayāmi 243) kāpālika-kṛtaṃ 244) vidyāñ chedayāmi 245) kīlayāmi 246-247) jayakara-madhukara-sarvārtha-sādhana-kṛtaṃ 248) vidyāñ chedayāmi 249) kīlayāmi 250) catur-bhaginī-kṛtaṃ 251) vidyāñ chedayāmi 252) kīlayāmi 253-254) bhṛṅgiriṭi-nandikeśvara-gaṇapati-sahāya-kṛtaṃ 255) vidyāñ chedayāmi 256) kīlayāmi 257) nagna-śravaṇa-kṛtaṃ 258) vidyāñ chedayāmi 259) kīlayāmi 260) arhanta-kṛtaṃ 261) vidyāñ chedayāmi 262) kīlayāmi 263) vīta-rāga-kṛtaṃ 264) vidyāñ chindayāmi 265) kīlayāmi 266-267) vajra-pāṇi-guhya-guhyakâdhipati-kṛtaṃ 268) vidyāñ chedayāmi 269) kīlayāmi 270) rakṣa māṃ 271) bhagavan 272) itthaṃ mamāsya 273-274) bhagavatī sitāta-patre 275) namo'stu te 276-278) asitânalârka-prabhā-sphuṭa-vikasitâtapatre 279) jvāla jvāla 280) dala dala 281a) vidala vidala 281b) cheda cheda 282-283) hūṃ hūṃ 284-285) phaṭ phaṭ phaṭ phaṭ phaṭ 286) svāha 287) he he phaṭ 288) amoghāya phaṭ 289) apratihatāya phaṭ 290) vara-pradāya phaṭ 291) asura-vidrāvakāya phaṭ 292) sarva-devebhyaḥ phaṭ 293) sarva-nāgebhyaḥ phaṭ 294) sarva-yakṣebhyaḥ phaṭ 295) sarva-gandharvebhyaḥ phaṭ 296) sarva-pūtanebhyaḥ phaṭ 297) sarva-kaṭapūtanebhyaḥ phaṭ 298) sarva-durlaṅghitebhyaḥ phaṭ 299) sarva-duṣprekṣitebhyaḥ phaṭ 300) sarva-jvarebhyaḥ phaṭ 301) sarva-apasmārebhyaḥ phaṭ 302) sarva-śramaṇebhyaḥ phaṭ

303) sarva-tīrthikebhyaḥ phaṭ 304) sarvônmattebhyaḥ phaṭ 305) sarva-vidyādhara-sucāribhyaḥ phaṭ 306-307) jayākara-madhukara-sarvârthasādhakebhyaḥ phaṭ 308) vidyā-caryebhyaḥ phaṭ 309) catur-bhaginībhyaḥ phaṭ 310-311) vajra-kumārīvidyā-rājnībhyaḥ phaṭ 312) mahā-pratyaṅgirābhyaḥ phaṭ 313) vajra-śaṅkalāya 314) pratyaṅgira-rājāya phaṭ 315) mahā-kālāya 316-317) mahā-mātṛgaṇa-namas-kṛtāya phaṭ 318) viṣṇave phaṭ 31 9) brahmaṇe phaṭ 320) agnaye phaṭ 321) mahākālāya phaṭ 322) kāladaṇḍāya phaṭ 323) indrāya phaṭ 324) rudrāya phaṭ 325) cāmuṇḍāyai phaṭ 326) kāla-rātraye phaṭ 327) kāpāline phaṭ 328-329) adhi-muktika-śmaśāna-vāsine phaṭ 330-331) ye kecit sattvāḥ 332) mama itthaṃ mamāsya 333) duṣṭa-cittā 334) amitra-cittā 335) ojâhārā 336) garbhâhārā 337) rudhirâhārā 338) vāsâhārā 339) majjâhārā 340) jatâhārā 341) jivitâhārā 342) bālyâhārā 343) gandhâhārā 344) puṣpâhārā 345) phālâhārā 346) sasyâhārā 347) pāpa-cittā 348) duṣṭa-cittā 349) rudra-cittā 350) yakṣagrahā 351) rakṣāsa-grahā 352) preta-grahā 353) piśāca-grahā 354) bhūta-grahā 355) kumbhāṇḍa- grahā 356) skanda-grahā 357) unmatta-grahā 358) chāyā-grahā 359) apasmāra-grahā 360) ḍāka-ḍākinī-grahā 361) revatī-grahā 362) jāmika-grahāḥ 363) śakuni-grahā 364) mātṛnandika-grahā 365) ālaṃbhaka-grahā 366) kaṇṭhapāṇi-grahā 367) jvaraikâhnikā 36

8) dvetīyakā 369) tritīyakā 370) caturthakā 371) nitya-jvarā vismara-jvarā 372) vātikā 373) paittikā 374) ślaiṣmikā 375) sāṃnipātikā 376) sarva-jvarā 377) śiro-rujā 378) ardhâva-bhedakā 379) akṣi-rogo 380) mukha-rogaḥ 381) kaṇṭha-rogaḥ 382) galaka-garaṃ 383) karṇa-śūlaṃ 384) danta-śūlaṃ 385) hṛdaya-śūlaṃ 386) marma-śūlaṃ 387) pārśva-śūlaṃ 388) pṛṣṭha-śūlaṃ 389) udara-śūlaṃ 390) kaṭi-śūlaṃ 391) vasti-śūlaṃ 392) ūru-śūlaṃ 393) jaṅghā-śūlaṃ 394) hasta-śūlaṃ 395) pāda-śūlaṃ 396) sarvâṅga-pratyaṅga-śūlaṃ 397-398) bhūta-vetāla-ḍākinī-jvarā- 399-400) dadru-kaṇḍu-kiṭibha-lūtā-visarpa-lohaliṅgāḥ 401) śūṣa-trāsana-kara- 402) viśa-yoga- 403) agny-udaka- 404) māra-vīra-kāntāra- 405) akāla-mṛtyu-tryambuka- 406-407) trailāṭa-vṛścika- 408) sarpa-nakra- 409) siṃhā-vyāghra-ṛkṣa-tarakṣu- 410) camara-jīvās teṣāṃ sarveśāṃ 411) sitāta-patrā 412) mahā-vajrôṣṇiṣā 413) mahā-pratyaṅgirā 414-415) yavad-dvādaśa-yojanâbhyantarena 416) vidyā-bandhaṃ karomi 417) diśā-bandhaṃ karomi 418) paravidyā-bandhaṃ karomi 419) tadyathā 420-422) oṃ anale viśade 423) vīra-vajra-dhare 424) bandha-bandhani 425) vajrapāṇi phaṭ 426) hūṃ trūṃ phaṭ 427) svāhā.

제2장 대불정수능엄신주 지송

[大佛頂首楞嚴神呪]

따타가또슈니샤 씨따따빠뜨라 아빠라지따 빠라띠양기라 다라니69)

1. 〔제1회 비로진법회〕 1) 나마하 싸따따 쑤가따야 아르하떼 싸미약쌈붓다씨야 2) 싸따따 붓다 꼬띠 우슈니쌈 3) 나마하 싸르와 붓다 보디쌋뜨웨뱌하 4) 나마하 쌉따남 싸미약쌈붓다 꼬띠낭 5) 싸슈라바까 쌍가난 6) 나모 로께 아르한따난 7) 나마하 쓰로따빤나난 8) 나마하 싸끄리다가미난 9-10) 나모 로께 싸미약가따낭 싸미약쁘라띠빤나난 11) 나모 데바 르씨난 12) 나마하 씻다 비디야 다라 르씨낭 13) 샤빠 아누그라하 싸하 싸마르타난 14) 나모 브라흐마네 15) 나모 인드라야 16-19) 나모 바가바떼 루드라야 우마빠띠 싸히따야 20-23) 나모 바가바떼 나라야나야 빤짜 마하무드라 나마쓰끄리따야 24-31) 나모 바가바떼 마하깔라야 뜨리 뿌라 나가라 비드라바나 깔라야 아디묵띠까 슈마샤나 니바씨네 마뜨리 가나 나마쓰끄리따야 32-33) 나모 바가바떼 따타가따 꿀라야 34) 나마하 빠드마 꿀라야 35) 나모 바즈라 꿀라야 36) 나모 마니 꿀라야 37) 나모 까르마 꿀라야 38-41) 나모 바가바떼 드리다 슈라쎄나 쁘라하라나 라자야 따타가따야 아르하떼 싸미약쌈붓다야 42-46) 나모 바가바떼 아미따바야 따타가따야 아르하떼 싸미약쌈

69) 이하 다라니는 반명본(般明本; T945B; 139a-141b)에 대한 와타나베 이쿠코(渡邊郁子)의 환범본를 범어음성학의 원리에 따라 역자가 한글로 음사한 것이다. 상세한 번역과 해설 및 주석에 대해서는 다음 장들을 참조하라.

붓다야 47-51) 나모 바가바떼 악쇼비야야 따타가따야 아르하떼 싸미약쌈붓다야 52-55) 나모 바가바떼 바이샤지야 구루 바이두리야 쁘라바 라자야 따타가따야 아르하떼 싸미약쌈붓다야 56-61) 나모 바가바떼 쌈뿌슈삐따 쌀렌드라 라자야 따타가따야 아르하떼 싸미약쌈붓다야 62-66) 나모 바가바떼 샤끼야무나예 따타가따야 아르하떼 싸미약쌈붓다야 67-71) 나무 바가바떼 라뜨나 께뚜 라자야 따타가따야 아르하떼 싸미약쌈붓다야 72) 떼비요 나마쓰끄리띠야 73-77) 에따드 바가바띠 싸따타가또슈니샤 씨따따빠뜨라 나마 아빠라지따 쁘라띠양기라 78- 79) 싸르와 부따 그라하 니그라하 까라니 80) 빠라 비디얏 체다니 81-82) 아깔라 므리띠유 빠리뜨라야나 까리 83) 싸르와 반다나 목끄샤나 까리 84-85) 싸르와 두슈따 두후쓰와쁘나 니바라니 86) 짜뚜라쉬띠낭 87-88) 그라하 싸하쓰라낭 비드방싸나 까리 89- 91) 아슈따빈샤띠난 낙샤뜨라남 쁘라싸다나 까리 92-94) 아슈따남 마하그라하낭 비드왕싸나 까리 95) 싸르와 샤뚜루 니바라니 96) 고라 두후쓰와쁘나난 짜 나샤니 97-98) 비샤 샤쓰뜨라 아그니 우다꿋따라니 99) 아빠라지따 고라 100) 마하 발라 짠다 101) 마하 딥따 102) 마하 떼자 103) 마하 슈웨따 즈왈라 104) 마하 발라 빤다라 바씨니 105) 아리야 따라 106) 브리꾸띠 107) 짜이와 비자야 108-109) 바즈라 말레띠 비슈루따 110) 빠드마까 111) 바즈라 지흐와 짜 112) 말라 짜이와 아빠라지따 113) 바즈라 단디 114) 비샬라 짜 115) 샨따 비데하 뿌지따 116) 싸우미야 루빠 117) 마하 슈웨따 118) 아리야 따라 119) 마하 발라 아마라 120) 바즈라 슈링깔라 짜이와 121) 바즈라 꾸마리 122) 꿀라 다리 123) 바즈라 하쓰따 짜 124) 비디야 깐짜나 말리까 125) 꾸쑮바 라뜨나 126-127) 바이로짜나 끄리야 아르토슈니샤 128) 비즈름바마나 짜 129-130a) 바즈라 까나까 쁘라바로짜나 130b) 바즈라 뚠디 짜 131-133) 슈웨따 짜 까말라 악끄샤샤쉬 쁘라바 이띠에떼 134) 무드라 가나하 135-136) 싸르웨 락샴꾸르완뚜 137) 잇탐 마마 아씨야 〔불제자 ○○○는 경수봉지(經受奉持)하옵니다.〕

2. 〔제2회 석존응화회〕 138-141) 옴 르쉬 가나 쁘라샤쓰따 따타가또슈니샤 142-143) 훔 뜨룸 144) 잠바나 145-146) 훔 뜨룸 147) 쓰땀바나 148-149) 훔 뜨룸 150) 빠라비디야 쌈바끄샤나까라 151-152) 훔 뜨룸 153-154) 싸르와 약샤 락샤싸 그라하낭 155) 비드왕싸나 까라 156-157) 훔 뜨룸 158-159) 짜뚜르 아쉬띠남 그라하 싸하쓰라남 160) 비드왕싸나 까라 161-162) 훔 뜨룸 163) 락샤 164-165) 바가방쓰 따타가토슈니샤 166) 쁘라띠양기레 167-168) 마하 싸하쓰라 부제 싸하쓰라 쉬르쉐 169) 꼬띠 싸하쓰라 네뜨레 170-171) 아베디야 즈왈리따 나따께 172) 마하 바즈라 다레 173-174) 뜨리 부바나 만다레슈와레 175-177) 옴 쓰와쓰띠르 바바뚜 마마 178) 잇탐 마마 아씨야 〔불제자 ○○○는 경수봉지(經受奉持)하옵니다.〕

3. 〔제3회 관음합동회〕 179) 라자 바야쯔 180) 짜우라 바야드 181) 아그니 바야드 182) 우다까 바야드 183) 비샤 바야쯔 184) 차쓰뜨라 바야뜨 185) 빠라짜끄라 바야드 186) 두르비끄샤 바야드 187) 아샤니 바야드 188) 아깔라 므리띠유 바야드 189) 다라니 부미 깜빠 까빠타 바야드 190) 울까 빠따 바야드 191) 라자 단

다 바야드 192) 나가 바야드 193) 비디윳 바야뜨 194) 쑤빠르나 바야드 195) 약샤 그라하드 196) 락샤샤 그라하뜨 197) 쁘레따 그라하뜨 198) 삐샤짜 그라하드 199) 부따 그라하뜨 200) 꿈반다 그라하뜨 201) 뿌따나 그라하뜨 202) 까따뿌따나 그라하뜨 203) 쓰깐다 그라하드 204) 아빠쓰마라 그라하드 205) 운맛따 그라하쯔 206) 차야 그라하드 207) 레바띠 그라하드 208) 오자 아하리니야 209) 가르바 아하리니야 201) 루디라 아하리니야 211) 망싸 아하리니야 212) 메다 아하리니야 213) 맛자 아하리니야 214) 자따 아하리니야 215) 지비따 아하리니야 216) 바따 아하리니야 217) 반따 아하리니야 218) 아슈찌야 아하리니야하 219) 찟따 아하리니야하 220) 떼샴 싸르웨샴 221) 싸르와 그라하남 222) 비디얀 체다야미 223) 낄라야미 224) 빠리브라자까 끄리땅 225) 비디얀 체다야미 226) 낄라야미 227) 다끼니 그리땅 228) 비디얀 체다야미 229) 낄라야미 230-231) 마하 빠쓔빠띠야 루드라 끄리땅 232) 비디얀 체다야미 233) 낄라야미 234) 나라야나 끄리땅 235) 비디얀 체다야미 236) 낄라야미 237) 따뜨와 가루다 싸하야 끄리땀 238) 비디얀 체다야미 239) 낄라야미 240) 마하 깔라 마뜨리가나 끄리땅 241) 비디얀 체다야미 242) 낄라야미 243) 까빨리까 끄리땅 244) 비디얀 체다야미 245) 낄라야미 246-247) 자야까라 마두까라 싸르와르타싸다나 끄리땅 248) 비디얀 체다야미 249) 낄라야미 250) 짜뚜르 바기니 끄리땅 251) 비디얀 체다야미 252) 낄라야미 253-254) 브링기리띠 난디께슈와라 가나빠띠 싸하야 끄리땅 255) 비디얀 체다야미 256) 낄라야미 257) 나그나 슈라바나 끄리땅 258) 비디얀 체다야미 259) 낄라야미 260) 아라한따 끄리땅 261) 비디얀 체다야미 262) 낄라야미 263) 비따 라가 끄리땅 264) 비디얀 체다야미 265) 낄라야미 266-267) 바즈라빠니 구히야 구히야까 아디빠띠 끄리땅 268) 비디얀 체다야미 269) 낄라야미 270) 락샤 맘 271) 바가반 272) 잇탐 마마 아씨야 〔불제자 ○○○는 경수봉지(經受奉持)하옵니다.〕

4. 〔제4회 강장절섭회〕 273-274) 바가바띠 씨따따 빠뜨레 275) 나모쓰뚜 떼 276-278) 아씨따 아날라 아르까 쁘라바 쓰푸따 비까씨따 아따빠뜨레 279) 즈와라 즈와라 280) 달라 달라 281a) 비달라 비달라 281b) 체다 체다 282-284) 훔 훔 285) 팟 팟 팟 팟 팟 286) 쓰와하 287) 혜 혜 팟 288) 아모가야 팟 289) 아쁘라띠하따야 팟 290) 바라 쁘라다야 팟 291) 아쑤라 비드라바까야 팟 292) 싸르와 데베바햐 팟 293) 싸르와 나게바햐 팟 294) 싸르와 야끄세바햐 팟 295) 싸르와 간다르베바햐 팟 296) 싸르와 뿌따네바햐 팟 297) 싸르와 까따뿌다네바햐 팟 298) 싸르와 두르랑기떼바햐 팟299) 싸르와 두슈따 쁘레끄쉬떼바햐 팟 300) 싸르와 즈바레바햐 팟 301) 싸르와 아빠쓰마레바햐 팟 302) 씨르와 슈라마네바햐 팟303) 싸르와 띠르티께바햐 팟 304) 싸르본맛떼바햐 팟 305) 싸르와 비디야다라 쑤짜리바햐 팟 306-307) 자야까라 마두까라 싸르와르타 싸다께바햐 팟 308) 비디야 짜리예바햐 팟 309) 짜뚜르남 바기니바햐 팟 310-311) 바즈라 꾸마리 비디야 라즈니바햐 팟 312) 마하 쁘라띠양기라바햐 팟 313) 바즈라 샹깔라야 314) 쁘라띠양기라 라자야 팟 315) 마하 깔라야 316-317) 마하 마뜨리가나 나마쓰 끄리따야 팟 318) 비슈나베 팟 319) 브라흐마

네 팟 320) 아그나예 팟 321) 마하깔라야 팟 322) 깔라단다야 팟 323) 인드라야 팟 324) 루드라야 팟 325) 짜문다야이 팟 326) 깔라라뜨라예 팟 327) 까빨리네 팟 328-329) 아디묵띠까 슈마샤나 바씨네 팟 330-331) 예 께찌뜨 쌋뜨와하 332) 잇탐 마마 아씨야 〔불제자 ○○○는 경수봉지(經受奉持)하옵니다.〕

5. 〔제5회 문수홍전회〕 333) 두슈따 찟따 334) 아미뜨라 찟따 335) 오자 아하라 336) 가르바 아하라 337) 루디라 아하라 338) 바싸 아하라 339) 맛자 아하라 340) 자따 아하라 341) 지비따 아하라 342) 발리야 아하라 343) 간다 아하라 344) 뿌슈빠 아하라 345) 팔라 아하라 346) 싸씨야 아하라 347) 빠빠 찟따 348) 두슈따 찟따 349) 루드라 찟따 350) 약샤 그라하 351) 락샤싸 그라하 352) 쁘레따 그라하 352) 삐샤짜 그라하 353) 삐샤짜 그라하 354) 부따 그라하 355) 꿈반다 그라하 356) 쓰깐다 그라하 357) 운맛따 그라하 358) 차야 그라하 359) 아빠쓰마라 그라하 360) 다까 다끼니 그라하 361) 레바띠 그라하 362) 자미까 그라하 363) 샤꾸니 그라하 364) 마뜨리난디까 그라하 365) 알람바까 그라하 366) 간타빠니 그라하 367) 즈와라이까흐니까 368) 드웨띠야까 369) 뜨리띠야까 370) 짜뚜르타까 371) 니띠야 즈와라 비쓰마라 즈와라 372) 바띠까 373) 빠잇띠까 374) 슈라이슈미까 375) 쌈니빠띠까 376) 싸르와 즈와라 377) 쉬로 루자 378) 아르다바베다까 379) 악쉬 로고 380) 무카 로가하 381) 깐타 로가하 382) 갈라까 가람 383) 까르나 슐란 384) 단따 슐랑 385) 흐리다야 슐람 386) 마르마 슐람 387) 빠르슈와 슐람 388) 쁘리슈타 슐람 389) 우다라 슐랑 390) 까띠 슐람 391) 바쓰띠 슐람 392)

우루 슐란 393) 장가 슐랑 394) 하쓰따 슐람 395) 빠다 슐람 396) 싸르바 앙가 쁘라띠양가 슐람 397-398) 부따 베딸라 다끼니 즈와라 399-400) 다드루 간다 끼띠바 루따 비싸르빠 로하링가하 401) 슈샤 뜨라싸나 까라 402) 비샤 요가 403) 아그니 우다까 404) 마라 비라 깐따라 405) 아깔라 므리띠유 뜨리얌부까 406- 407) 뜨라이라따 브리슈찌까 408) 싸르빠 나끄라 409) 씽하 비야그리하 리끄샤 따락슈410) 짜마라 지바쓰 뗴샴 싸르베샴 411) 씨따따 빠뜨라 412) 마하 바즈로슈니샤 413) 마하 쁘라띠양기라 414-415) 야바드 드와다샤 요자나 아비얀따레나 416) 비디야 반당 까로미 417) 디샤 반당 까로미 418) 빠라비디야 반당 까로미 419) 따디야타 〔주심〕 420-422) 옴 아날레 비샤데 423) 비라 바즈라 다레 424) 반다 반다니 425) 바즈라 빠니 팟 426) 훔 뜨룸 팟 427) 쓰와하! 〔불제자 ○○○는 경수봉지(經受奉持)하옵니다.〕

제3장 대불정수능엄신주 번역

여래의 불정에서 나투어진 백산개의 무상비호진언입니다.

1. 〔제1회 비로진법회〕 1) 상주하시는 행복한 님, 거룩한 님, 올바로 원만히 깨달은 님 2) 불멸의 백억 부처님들의 불정(佛頂)에 귀의합니다. 3) 모든 부처님과 보살님께 귀의합니다. 4) 칠백억 올바로 원만히 깨달은 님들과 5) 그 제자들의 참모임에 귀의합니다. 6) 세상에 계신 거룩한 님들께 귀의합니다. 7) 흐름에 든 님들께 귀의합니다. 8) 한번 돌아오는 님들께 귀의합니다. 9-10) 세상에 올바로 가는 님들, 올바로 실천하는 님들께 귀의합니다. 11) 천신들과 성선(聖仙)들에게 귀의합니다. 12) 신통력이 있는 명주(明呪)를 지닌 성선들, 13) 사악한 주력을 조복할 수 있는 성선들께 귀의합니다. 14) 브라흐마 신께 귀의합니다. 15) 제석천(帝釋天)에 귀의합니다. 16-19) 존귀한 님, 우마의 반려자인 루드라 신께 귀의합니다. 20-23) 존귀한 님, 다섯 마하무드라의 제존에게 섬김 받는 나라야나 신께 귀의합니다. 24-31) 존귀한 님, 천계와 공계와 지계의 세 도시의 요새를 파괴하는 시간의 신으로서 즐겨 시체 버리는 곳에 살면서 성모의 무리에게 섬김 받는 마하깔라 신께 귀의합니다. 32-33) 존귀한 여래부족의 님들께 귀의합니다. 34) 연화부족의 님들께 귀의합니다. 35) 금강부족의 님들께 귀의합니다. 36) 보물부족의 님들께 귀의합니다. 37) 갈마부족의 님들께 귀의합니다. 38-41) 존귀한 님, 완고한 마군을 최파하는데 자재하신 이렇게 오신 님, 거룩한 님, 올바로 원만히 깨달은 님께 귀의합니다.

42-46) 존귀한 님, 아미타불(阿彌陀佛)이신 이렇게 오신 님, 거룩한 님, 올바로 원만히 깨달은 님께 귀의합니다. 47-51) 존귀한 님, 아촉불(阿閦佛)이신 이렇게 오신 님, 거룩한 님, 올바로 원만히 깨달은 님께 귀의합니다. 52-55) 존귀한 님, 약사유리광왕불(藥師琉璃光王佛)이신 이렇게 오신 님, 거룩한 님, 올바로 원만히 깨달은 님께 귀의합니다. 56-61) 존귀한 님, 개부화사라수왕불(開敷華沙羅樹王佛)이신 이렇게 오신 님, 거룩한 님, 올바로 원만히 깨달은 님께 귀의합니다. 62-66) 존귀한 님, 석가모니불(釋迦牟尼佛)이신 이렇게 오신 님, 거룩한 님, 올바로 원만히 깨달은 님께 귀의합니다. 67-71) 존귀한 님, 보당왕불(寶幢王佛)이신 이렇게 오신 님, 거룩한 님, 올바로 원만히 깨달은 님께 귀의합니다. 72) 이러한 모든 존귀한 님들께 귀의하오니, 73-77) 이 존귀한 님, 여래의 불정에서 나투시어 승리하여 패하지 않고 사악한 주력에서 뭇삶을 수호하는 백산개의 불모께서는 78-79) 모든 부따의 악귀를 제압하시고, 80) 타자들의 사악한 주력을 끊어버리시고, 81-82) 때 아닌 때의 죽음에서 구호하시고, 83) 모든 결박에서 벗어나게 하시고, 84-85) 일체의 사악한 악몽을 없애주시고, 86) 팔만히고도사천의 87-88) 천(千)의 귀신들을 쳐부수시고, 89-91) 이십팔성수천신(二十八星宿天神)을 정렬시키시고, 92- 94) 팔대행성신(八大行星神)들을 최복(摧伏)시키시고, 95) 모든 원적을 제거시켜주시고, 96) 공포스러운 악몽을 없애주시고 97-98) 독·칼·불·물의 재앙에서 구제하여주십니다. 99) 경외의 무능승명왕(無能勝明王) 님, 100) 분노의 대력금강(大力金剛) 님, 101) 광대한 화염을 뿜어내는 님, 102) 위대한 위광을 지닌 님, 103) 위대한 백-광

명을 지닌 님, 104) 위대한 힘을 지닌 백의관음(白衣觀音) 님, 105) 고귀한 따라 보살님 106) 분노승모(忿怒勝母) 님 107) 뿐만 아니라 또한 승리자로서, 108-109) 금강의 꽃타래를 지닌 님으로 잘 알려진 110) 연화 위의 존자님, 111) 금강의 혀를 지닌 님, 112) 또한 불패의 꽃타래를 갖춘, 113) 금강의 칼을 지닌 님, 114) 위대한 님으로, 115) 죽음을 평정하고 공양을 받으시는 116) 싸우미야 여신 님, 117) 위대한 백-광명으로 빛나는 님, 118) 고귀한 따라 여신님, 119) 불사(不死)의 위대한 힘을 지닌 님, 120) 그리고 금강의 사슬을 지닌 님 뿐만 아니라, 121) 금강동자를 섬기는 님, 122) 부족을 지지하는 님, 123) 금강저를 손에 쥔 님, 124) 명주(明呪)의 황금 꽃타래를 품은 님, 125) 홍화색의 보물을 갖춘 님, 126-127) 두루 비추는 작용을 발휘하는 불정님, 128) 그리고 악귀를 마비시키는 님, 129-130a) 번개처럼 황금빛 광명을 비추는 눈과 130b) 금강과 같은 부리를 지닌 님, 131-133) 그리고 백-광명 연화의 눈으로 달처럼 광명을 비추는 님, 이와 같은 이들 134) 무드라를 현시하는 님들, 135-136) 모든 님들께서는 수호하사이다. 137) 이와 같이 저를 수호하사이다. 〔불제자 ○○○는 경수봉지(經受奉持)하옵니다.〕

2 〔제2회 석존응화회〕 138-141) 옴, 선인들에게 찬양받는 여래의 불정이여! 142-143) 훔 뜨룸 144) 파괴하는 님이여, 145-146) 훔 뜨룸 147) 제어하는 님이여 148-149) 훔 뜨룸 150) 타자의 사악한 주력을 삼켜 없애는 님이여 151-152) 훔 뜨룸 153-154) 모든 야차와 나찰의 악귀들을 155) 쳐부수는 님이여 156-157) 훔 뜨룸 158-159) 팔만사천의 악귀들을 160) 쳐부수

는 님이여 161-162) 훔 뜨룸 163) 수호하십시오. 164-165) 존귀한 여래의 불정이여! 166) 사악한 주력에서 뭇삶을 수호하는 님이여, 167-168) 천개의 팔과 천개의 머리를 지닌 님이여, 169) 천백 억의 눈으로 살피시는 님이여 170-171) 불멸의 광휘를 뿜으며 춤추는 님이여 172) 위대한 금강저를 지닌 님이여 173-174) 삼계의 만다라를 지배하는 님이여, 175-177) 옴 제게 안온이 있어지이다. 178) 이와 같이 간절한 제게 안온이 있어지이다. 〔불제자 ○○○는 경수봉지(經受奉持)하옵니다.〕

3. 〔제3회 관음합동회〕 179) 사악한 정치의 위험 180) 도적의 위험 181) 불의 위험 182) 물의 위험 183) 독극물의 위험 184) 무기의 위험 185) 전쟁의 위험 186) 굶주림의 위험 187) 천둥의 위험 188) 때 아닌 때의 죽음의 위험 189) 대지의 지진으로 생겨난 험로의 위험 190) 운석낙하의 위험 191) 정치적 형벌의 위험 192) 용의 위험 193) 번개의 위험 194) 금시조(金翅鳥)의 위험으로부터, 195) 야차의 악귀 196) 나찰의 악귀 197) 아귀의 악귀 198) 삐샤짜의 악귀 199) 부따의 악귀 200) 꿈반다의 악귀 201) 뿌따나의 악귀 202) 까따뿌따나의 악귀 203) 쓰깐다의 악귀 204) 아빠쓰마라의 악귀 205) 운맛따의 악귀 206) 차야의 악귀 207) 레바띠의 악귀으로부터, 208) 자양을 먹는 귀신 209) 태아를 먹는 귀신 210) 피를 먹는 귀신 211) 살을 먹는 귀신 212) 고름을 먹는 귀신 213) 골수를 먹는 귀신 214) 유아를 먹는 귀신 215) 목숨을 먹는 귀신 216) 바람을 먹는 귀신 217) 구토물을 먹는 귀신 218) 부정물(不淨物)을 먹는 귀신 219) 심장을 먹는 귀신으로부터 220) 그러한 모든 221) 일체의 악귀들이 거는 222)

주력의 영향을 저는 끊어버립니다. 223) 저는 묶어버립니다. 224) 이교도의 유행자가 행하는 225) 주력의 영향을 저는 끊어버립니다. 226) 저는 묶어버립니다. 227) 다끼니가 행하는, 228) 주력의 영향을 저는 끊어버립니다. 229) 저는 묶어버립니다. 230-231) 위대한 짐승의 주인인 루드라 신이 행하는 232) 주력의 영향을 저는 끊어버립니다. 233) 저는 묶어버립니다. 234) 나라야나 신이 만든 235) 주력의 영향을 저는 끊어버립니다. 236) 저는 묶어버립니다. 237) 실제로 가루다를 거느리는 비슈누 신이 행하는 238) 주력의 영향을 저는 끊어버립니다. 239) 저는 묶어버립니다. 240) 마하깔라 신과 성모들의 무리가 행하는 241) 주력의 영향을 저는 끊어버립니다. 242) 저는 묶어버립니다. 243) 까빨리까들이 행하는 244) 주력의 영향을 저는 끊어버립니다. 245) 저는 묶어버립니다. 246-247) 작승존, 작밀존, 모든 의취의 성취존이 만드는 248) 주력의 영향을 저는 끊어버립니다. 249) 저는 묶어버립니다. 250) 사자매여신(四姉妹女神)이 만드는 251) 주력의 영향을 저는 끊어버립니다. 252) 저는 묶어버립니다. 253-254) 브링기리띠와 난디께슈와라와 가나빠띠를 거느린 시바 신이 행하는 255) 주력의 영향을 저는 끊어버립니다. 256) 저는 묶어버립니다. 257) 나형외도가 행하는 258) 주력의 영향을 저는 끊어버립니다. 259) 저는 묶어버립니다. 260) 이교의, 거룩한 자가 행하는 261) 주력의 영향을 저는 끊어버립니다. 262) 저는 묶어버립니다. 263) 이교의, 욕망을 여읜 자가 행하는 264) 주력의 영향을 저는 끊어버립니다. 265) 저는 묶어버립니다. 266-267) 인드라 신과 비밀스런 구히야까의 주인 꾸베라 신이 행하는

268) 주력의 영향을 저는 끊어버립니다. 269) 저는 묶어버립니다. 270) 저를 수호하소서. 271) 존귀한 님이시여, 272) 이와 같이 저를 수호하사이다. 〔불제자 ○○○는 경수봉지(經受奉持)하옵니다.〕

4. 〔제4회 강장절섭회〕 273-274) 존귀한 백산개불모님이시여, 275) 당신께 예경하나이다. 276-278) 광휘의 불꽃을 놓아 광명을 열어 비추는 백산개여존이시여, 279) 광휘를 비추소서. 광휘를 비추소서. 280) 분쇄하소서. 분쇄하소서. 281a) 파쇄하소서. 파쇄하소서. 281b) 끊어버리소서. 끊어버리소서. 282-284) 훔 훔 팟 285) 팟 팟 팟 팟 286) 쓰와하 287) 헤 헤 팟 288) 허망하지 않은 님이여, 팟 289) 장애가 없는 님이여, 팟 290) 은혜를 베푸는 님이여, 팟 291) 아수라를 몰아내는 님이여, 팟 292) 모든 천신이여, 팟 293) 모든 용이여, 팟 294) 모든 야차여, 팟 295) 모든 건달바여, 팟 296) 모든 뿌따나여, 팟 297) 모든 까따뿌따나여, 팟 298) 모든 극복하기 어려운 존재여, 팟 299) 모든 추악하게 보이는 존재여, 팟 300) 모든 열병의 병마여, 팟 301) 모든 아빠쓰마라여, 팟 302) 모든 사문이여, 팟 303) 모든 이교수행자여, 팟 304) 모든 운맛따여, 팟 305) 모든 진언의 파지를 잘 행하는 님이여, 팟 306-307) 작승존, 작밀존, 모든 의취의 성취존들이여, 팟 308) 진언행자들이여, 팟 309) 사자매여신들이여, 팟 310-311) 금강동녀로서 진언에 자재한 여존들이여, 팟 312) 사악한 주력에서 뭇삶을 수호하시는 위대한 여존들이여, 팟 313) 금강의 사슬을 지닌, 314) 사악한 주력에서 뭇삶을 수호하는데 자재하신 존자여, 팟 315) 마하깔라 신〔大黑天神〕으로서 316-317) 위대한

성모(聖母)의 무리에 섬김 받는 님이여, 팟 318) 비슈누 신이여, 팟 319) 브라흐마 신이여, 팟 320) 아그니 신이여 321) 마하깔라 신이여, 팟 322) 깔라단다 신이여, 팟 323) 인드라 신이여, 팟 324) 루드라 신이여, 팟 325) 짜문다 여신이여, 팟 326) 깔라라뜨리 여신이여, 팟 327) 까빨린 신이여, 팟 328-329) 해탈의 묘지에 사는 마하깔라 신이여, 팟 330-331) 어떠한 님들이라도 뭇 삶들이라면, 332) 이와 같이 간절한 저를 수호하사이다. 〔불제자 ○○○는 경수봉지(經受奉持)하옵니다.〕

5. 〔제5회 문수홍전회〕 333) 악한 마음을 갖는 귀신들 334) 적대적인 마음을 갖는 귀신들 335) 정기를 먹는 귀신들 336) 태아를 먹는 귀신들 337) 피를 먹는 귀신들 338) 지방을 먹는 귀신들 339) 골수를 먹는 귀신들 340) 갓난아이를 먹는 귀신들 341) 생명을 먹는 귀신들 342) 공물을 먹는 귀신들 343) 냄새를 먹는 귀신들 344) 꽃을 먹는 귀신들 345) 열매를 먹는 귀신들 346) 곡물을 먹는 귀신들 347) 악독한 마음을 지닌 귀신들 348) 사악한 마음을 지닌 귀신들 349) 포악한 마음을 지닌 귀신들 350) 야차의 악귀들 351) 나찰의 악귀들 352) 아귀의 악귀들 353) 삐샤차의 악귀들 354) 부따의 악귀들 355) 꿈반다의 악귀들 356) 쓰깐다의 악귀들 357) 운맛따의 악귀들 358) 차야의 악귀들 359) 아빠쓰마라의 악귀들 360) 다까와 다끼니의 악귀들 361) 레바띠의 악귀들 362) 자미까의 악귀들 363) 샤꾸니의 악귀들 364) 마뜨리난디까의 악귀들 365) 알람바까의 악귀들 366) 간타빠니의 악귀들 367) 하루 안에 나타나는 발열귀 368) 이틀 만에 나타나는 발열귀 369) 사흘 만에 나타나는 발열귀 370) 나흘 만에 나타나는

발열귀 371) 계속적으로 의식불명을 일으키는 발열귀 372) 바람의 부조화에 의한 병마 373) 담즙의 부조화에 의한 병마 374) 점액의 부조화에 의한 병마 375) 체질의 부조화에 의한 병마 376) 모든 열병의 병마 377) 두통의 병마 378) 편두통의 병마 379) 안질의 병마 380) 구강통의 병마 381) 인후통의 병마 382) 인두통의 병마 383) 이통의 병마 384) 치통의 병마 385) 심장통의 병마 386) 관절통의 병마 387) 늑골통의 병마 388) 척추통의 병마 389) 복통의 병마 390) 요통의 병마 391) 방광통의 병마 392) 대퇴통의 병마 393) 각통의 병마 394) 수통의 병마 395) 족통의 병마 396) 모든 사지관절통의 병마 397-398) 부따와 베딸라와 다끼니와 관계되는 발열귀 399-400) 피부염귀, 개선귀, 수두귀, 지주창귀, 단독귀, 정창귀 401) 무시무시한 공포를 일으키고 402) 독기를 품은 403) 불귀신, 물귀신 404) 역병귀(疫病鬼), 원적귀(怨敵鬼), 재난귀(災難鬼) 405) 불시의 죽음을 야기하는 벌, 406-407) 등에, 전갈 408) 뱀, 악어 409) 사자, 호랑이, 곰, 하이에나 410) 야크와 같은 뭇삶들이 있는데, 그러한 모든 뭇삶들에 대하여 411) 백산개불모님, 412) 위대한 금강과 같은 불정에서 나투신 님, 413) 사악한 주력에서 뭇삶을 수호하시는 위대한 여존께서는 414-415) 십이 요자나의 범위 안에 임하셨으니. 416) 명주의 성역을 제가 결계하옵니다. 417) 시방의 성역을 제가 결계하옵니다. 418) 타자의 사악한 주력에 승리하는 성역을 제가 결계하옵니다. 419) 곧, 그것은 이와 같습니다. 420-422) 옴 타오르는 불꽃이여, 광휘로 빛나는 님이여, 423) 금강저를 지닌 용맹한 님이여, 424) 신성한 결계를 관장하는 님이여, 425) 금강저를 손에

쥔 님이여, 팟 426) 훔 뜨룸 팟 427) 쓰와하! 〔불제자 ○○○는 경수봉지(經受奉持)하옵니다.〕

제4장 대불정수능엄신주 해설

대불정능엄신주[大佛頂首楞嚴神呪]

[Tathāgatôṣṇīṣa-śūraṅgāma-dhāraṇī : SD.][70)]

[따타가또슈니샤 슈랑가마 다라니]

Tathāgatôṣṇīṣa-sitātapatrâparajitā pratyaṅgīrā dhāraṇī
따타가또슈니샤 씨따따빠뜨라 아빠라지따 쁘라띠양기라 다라니
佛頂如來光聚白傘蓋無上庇護眞言
불정여래광취백산개무상비호진언
여래의 불정에서 나투어진 백산개의 무상비호진언입니다.

---

70) 大佛頂楞嚴神呪 : 당나라의 천축사문(天竺沙門) 반랄밀제(般刺密諦)가 역출한 『대불정여래밀인수증요의제보살만행수능엄경』(大佛頂如來密因修證了義諸菩薩萬行首楞嚴經) 제7권의 말미(大正945, 139a)에 실려 있는 것으로, 별도의 명칭이 없고, 다만 주석에서 이 다라니가 명본(明本)에 의탁하여 실린 것이고 송본(宋本)과 원본(元本)을 대교(對校)한 것이라고 밝히고 있다. 이 다라니가 현재 조동종, 임제종, 황벽종 등의 선종에서 가장 널리 사용되고 있는 다라니이다. 역자는 이 다라니에 대불정능엄신주라는 일반명칭을 부여하고, 반명본(般明本: T. 945, 139a)이라는 약어를 부여한다. 불당본(不唐本: T. 944A)에 따라 정식명칭을 부여하면, 불정여래광취백산개무상비호진언(佛頂如來光聚白傘蓋無上庇護眞言)이라고 할 수 있고, 범어로 환원하면, 따타가또슈니샤 씨따따빠뜨라 아빠라지따 쁘라띠양기라 다라니(Tathāgatôṣṇīṣa-sitātapatrâparājitā pratyaṅgīrā dhāraṇī)가 된다. 그 뜻은 '여래불정의 광취를 지닌 백산개불모(白傘蓋佛母: SD. 73-77을 참조)의 불패의 쁘라띠양기라(SD. 73-77을 참조) 다라니' 또는 '여래의 불정에서 출현한, 광취의 백산개를 갖는, 사악한 주력에서 수호하는(反呪詛), 불패의 다라니'가 된다. 불당본(不唐本: T. 944A)에는 대불정여래방광실달다발달라다라니(大佛頂如來放光悉怛多缽怛囉陀羅尼)라고 실담문자(不唐本: T. 944B)로는 쓰따타가또슈니샴 씨따따빠뜨람 아빠라지땀 쁘라띠융기람 다라니(Stathāgatôṣṇīṣaṃ sitātapatraṃ aparājitaṃ pratyuṅgīraṃ dhāraṇī)으로 되어 있는데, 이것은 고전적 범어문법이 많이 변형된 하이브리드-범어 형태로 표현된 것이다.

제1회 비로자나불의 참법회

비로진법회[毘盧眞法會][71)]

1. 〔삼보(三寶)와 삼승(三乘)〕

1. namaḥ satata-sugatāya arhate samyaksaṃbuddhasya

나마하 싸따따 쑤가따야 아르하떼 싸미약쌈붓다씨야

南無 薩怛他 蘇伽多耶 阿羅訶帝 三藐三菩陀寫[72)]

나모 살달타 소가다야 아라하제 삼막삼보타사

상주하시는 행복한 님, 거룩한 님, 올바로 원만히 깨달은 님,

2. satata-buddha-koṭy-uṣṇīṣam

싸따따 붓다 꼬띠 우슈니쌈

薩怛他 佛陀 俱胝 瑟尼衫[73)]

살달타 불타 구지 슬니삼

불멸의 백억 부처님의 불정(佛頂)에 귀의합니다.

---

71) 毘盧眞法會 : 제1회 비로진법회(毘盧眞法會)라는 제목은 속법(續法)이 『능엄주소』(楞嚴呪疏: Xog. 26)에서 분류하여 부여한 것으로 이하 제5회에 이르기까지 주어지는데, 역자가 그 분류체계를 따른 것이다.

72) 南無 薩怛他 蘇伽多耶 阿羅訶帝 三藐三菩陀寫(T. 945, 139a) : Xog. 25에 따르면, 삼보 가운데 여래십호(如來十號) 가운데 삼호를 나열하여 시방진허공계일체불(十方盡虛空界一切佛)인 불보(佛寶)에의 귀의를 나타낸 것이다. 불당본(不唐本)에는 없다. Chung. 1에서는 namas tathāsugatāya arhat-samyak-saṃbuddhasya라고 읽고 '지극하신 여래, 아라한, 정등각에 귀의합니다.'라고 번역한다.

73) 薩怛他 佛陀 俱胝 瑟尼衫 : 이 구절은 불당본(不唐本)과 반송본(般宋本)에는 없다. Xog. 27에 따르면, 불정(佛頂)에 귀의한다는 것으로, 삼보 가운데 법보(法寶)에의 귀의를 나타낸다. 구지(俱胝 : koṭi)는 백억(百億)으로 계산한 것이다. 남방상좌부에서는 천만(千萬)으로 계산하지만, 북방불교에서는 천만(千萬) 혹은 때에 따라 억(億), 십억(十億), 백억(百億), 천억(千億), 경(京: 10^{16})으로 계산한다. Xog. 27에 따르면 백억(百億)을 의미한다. Chung. 2에서는 'satyatā buddhakoṭīṣṇīṣaṃ'이라고 읽고 '진실로 칠구지불(七俱胝佛)에게 귀의합니다.'라고 번역한다.

3. namaḥ sarva-buddha-bodhisattvebhyaḥ

나마하 싸르와 붇다 보디쌋뜨웨뱌하

南無 薩婆 勃陀 勃地薩跢鞞弊74)

나무 살바 발타 발지살다비폐

모든 부처님과 보살님께 귀의합니다.75)

4. namaḥ saptānāṃ samyaksaṃbuddhā-koṭīnāṃ

나마하 쌉따남 싸미약쌈붇다 꼬띠낭

南無 薩多南 三藐三菩陀 俱知南

나모 삽다남 삼막삼보타 구지남

칠백억 올바로 원만히 깨달은 님들과

5. saśrāvaka-saṃghanāṃ

싸슈라바까 쌍가난

娑舍囉婆迦 僧伽喃76)

사사라바가 승가남

그 제자들의 참모임77)에 귀의합니다.

---

74) 南無 薩婆 勃陀 勃地薩跢鞞弊 : Xog. 27에 따르면, 삼보 가운데 승보(僧寶)인 대승보살중(大乘菩薩衆)에의 귀의를 나타낸다. 보살은 지혜로써 위로는 불도를 구하고 아래로는 자비로써 중생을 제도하는 중생이다. Chung. 2에서는 'namaḥ sattva-buddhi-bodhisattvebhyaḥ'라고 환원하고 '[일체의] 불보살에게 귀의합니다.'라고 번역했는데, 범어로의 환원뿐만 아니라 번역에도 문제가 있어 보인다.

75) 모든 부처님과 보살님께 귀의합니다 : 호탄본에는 '부처님께 귀의하고 가르침에 귀의하고 참모임에 귀의합니다.'라고 되어 있다.

76) 娑舍囉婆迦 僧伽喃 : Xog. 28에 따르면, 대벽지불(大辟支佛)에 귀의하는 것인데, 밀의적으로는 성문, 연각, 보살의 삼승(三乘)이 포함된 것으로 보고 있다. 이로써 앞의 불법승 삼보에 대한 귀의와 성문, 연각, 보살의 삼승에 대한 귀의가 완성된다.

77) 그 제자들의 참모임 : 배울 것이 남아 있는 유학(有學)에서 배울 것이 없는 무학(無學)에 이르기까지의 성문(聲聞)을 포함하는 참모임을 뜻하는 것으로, 연각, 보살을 포함한 삼승(三乘)을 말한다. 이하 SD. 6-10에서 개별적으로 반복한다.

6. namo loke arhatānāṃ

나모 로께 아르한따난

南無 盧雞 阿羅漢跢喃[78]

나모 로계 아라한다남

세상에 계신 거룩한 님[79]들께 귀의합니다.

7. namaḥ srotāpannānāṃ

나마하 쓰로따빤나난

南無 蘇盧多波那喃[80]

나모 소로다바나남

흐름에 든 님[81]들께 귀의합니다.

8. namaḥ sakṛdāgāmināṃ

나마하 싸끄리다가미난

南無 娑羯嚟陀伽彌喃[82]

나모 사갈리타가미남

---

78) 南無 盧雞 阿羅漢跢喃 : Xog. 29에 따르면, 대아라한(大阿羅漢)에 대한 귀의이다.

79) 거룩한 님(阿羅漢) : 고귀한 경지에 든 참사람[四果] 가운데 한분이다. 거룩한 님은 위의 다섯 가지 낮은 단계의 결박[五下分結 : 아래의 흐름에 든 님 이하의 주석을 참조]은 물론 다섯 가지 높은 단계의 결박[五上分結], 즉 ⑥ 미세한 물질계에 대한 탐욕(rūparāga : 色貪) ⑦ 비물질계에 대한 탐욕(arūparāga : 無色貪) ⑧ 자만(māna : 慢) ⑨ 흥분(uddhacca : 掉擧, 自己正當化), ⑩ 무명(avijjā : 無明)에서 완전히 벗어난 자를 말한다. 이 가운데 거룩한 님을 제외하면 학인의 단계에 있는 유학(sekha : 有學)이라고 부르고 거룩한 님은 학인의 단계를 초월한 무학(asekha : 無學)이라고 부른다.

80) 南無 蘇盧多波那喃 : Xog. 29에 따르면, 흐름에 든 님[須陀洹]에게 귀의이다.

81) 흐름에 든 님[豫流者] : 흐름에 든 님은 열 가지 결박[十結 : dasa saṁyojjanāni] 가운데 ① 개체가 있다는 견해(sakkāyadiṭṭhi : 有身見) ② 의심(vicikicchā : 疑) ③ 규범과 금계에 대한 집착(sīlabhataparāmāsa : 戒禁取)에서 벗어나야 한다.

82) 南無 娑羯嚟陀伽彌喃 : Xog. 29에 따르면, 한번 돌아오는 님(斯陀含)에게 귀의이다.

한번 돌아오는 님83)들께 귀의합니다.

9-10. namo loke samyaggatānāṃ samyakpratipannānāṃ

나모 로께 싸미약가따낭, 싸미약쁘라띠빤나난

南無 盧雞 三藐伽哆喃,84) 三藐伽波囉底波多那喃85)

나모 로계 삼막가다남 삼막가파라저파다나남

세상에서 올바로 가는 님들,86) 올바로 수행하는 님들87)께 귀의합니다.

2 〔삼계의 성존들과 제석천(三界梵釋)〕

11. namo devarṣināṃ

나모 데바 르씨난

---

83) 한번 돌아오는 님[斯陀含 = 一來者] : 천상이나 인간계에 태어나 열반에 들기 위해 한 번 돌아오는 님, 즉 일래자(一來者)이다. 그는 열 가지 결박 가운데 위 세 가지와 더불어 ④ 감각적 쾌락에 대한 탐욕(kāmarāga : 欲貪) ⑤ 분노(paṭigha : 有對)를 거의 끊어야 한다.

84) 三藐伽哆喃 : 반송본(般宋本. 10)와 반명본(般明本. 9)에는 논리적으로 반드시 들어가야 할 '돌아오지 않는 님들께(阿那伽彌喃: anāgāmināṃ)' – 불당본(不唐本)과 호탄본에는 등장한다. – 라는 구절이 빠져있는데, Xog. 29에 따르면, 이 삼막가다남(三藐伽哆喃)이 바로 '돌아오지 않는 님들께 귀의하는 것'을 뜻한다.

85) 三藐伽波囉底波多那喃 : Xog. 29에 따르면, 과거·현재·미래의 성현의 무리[聖賢衆]를 의미한다.

86) 올바로 가는 님들 : Xog. 29의 지적이 옳다면, 돌아오지 않는 님 즉, 불환자(不還者)을 지칭하는 것이다. 돌아오지 않는 님은 천상에 가면서나 거기에 도달해서 열반에 들지 않는 자이다. 그는 위의 열 가지 결박[十結] 가운데 다섯 가지 낮은 단계의 결박[五下分結]을 완전히 끊은 자이다.

87) 올바로 수행하는 님들 : 앞의 언급에서 누락된, 흐름에 드는 길을 가는 님, 즉 예류향(srotāpannāmagga : 豫流向), 한번 돌아오는 길을 가는 님, 즉 일래향(sakadāgāmīmagga : 一來向), 돌아오지 않는 길을 가는 님, 불환향(anāgamīmagga : 不還向), 거룩한 길을 가는 님, 즉 아라한향(arahattamagga : 阿羅漢向)의 모든 고귀한 님들께 귀의한다는 뜻이다. 이로써 사쌍팔배(四雙八輩)가 모두 언급되었고, 거기에 연각, 보살도 포함되었다고 볼 수 있다. 그러한 의미에서 Xog. 29에 따르면, 과거·현재·미래의 성현의 무리[聖賢衆]를 의미한다고 한 것이다.

南無 提婆 離瑟赧[88]

나모 데바 리슬난

천신들과 성선(聖仙)들께[89] 귀의합니다.

12. namaḥ siddha-vidyā-dhara-rṣīnāṃ

나마하 씻다 비디야 다라 르씨낭

南無 悉陀耶 毘地耶 陀囉 離瑟赧,[90]

나무 실타야 비지야 타라 리슬난

신통력이 있는 명주(明呪)를 지닌 성선들,[91]

13. śāpânugraha-saha-samārthānāṃ

샤빠 아누그라하 싸하 싸마르타난

舍波 奴揭囉訶 娑訶 娑囉摩他喃[92]

사파 노게라하 사하 사라마타남

사악한 주력을 조복할 수 있는 성선들께[93] 귀의합니다.

---

88) 提婆 離瑟赧 : 이 구절부터 불당본(不唐本)은 SD. 32-71의 뒤에 배치하고 있다. 호탄본은 이 반명본(般明本)과 동일하다. Xog. 31에 따르면, 제바(提婆)는 천신들, 리슬난(離瑟赧)은 감각적 쾌락의 욕망계[欲界]와 미세한 물질계[色界]의 천신들을 말한다.

89) 천신들과 성선(聖仙)들께 : Kih. 11에 따르면, 천신들은 베다 종교의 자연신들, 성선들은 베다의 계시를 받은 사제들이나 찬가의 시인들을 신비화한 것이다.

90) 南無 悉陀耶 毘地耶 陀囉 離瑟赧 : Xog. 31에 따르면, 남무실타야(南無悉陀耶)는 도솔천(兜率天)을, 비지야(毘地耶)는 사천왕천(四天王天)을 타라리슬난(陀囉離瑟赧)은 화락천(化樂天)과 광과천(廣果天)을 의미한다.

91) 신통력이 있는 명주(明呪)를 지닌 성선들 : 진언(眞言)인 다라니(陀羅尼)의 힘을 불러오는데, 특화된 천신들과 성선(聖仙)들께 귀의한다는 뜻이다. 태장계만다라의 성취지명선중(成就持明仙衆)에 해당한다. Kih. 11에 따르면, 인도에서 요가행자의 신비적 자재력(siddhi)을 지닌 주문학(呪文學)에 밝은 성선들을 뜻한다.

92) 舍波奴 揭囉訶 娑訶娑囉摩他喃 : Xog. 31의 밀의적 해석에 따르면, 사파노게라하 波奴揭囉訶)는 타화자재천(他化自在天)을 뜻하고, 사하사라마타남(娑訶娑囉摩他喃)은 삼천대천세계의 모든 천신들과 인간들을 포함하는 것을 뜻한다.

93) 사악한 주력을 조복할 수 있는 성선들 : 불당본(不唐本)의 음사 사몰라타남(娑沒囉

14. namo brahmaṇe

나모 브라흐마네

南無 跋囉訶摩泥

나무 발라하마니

하느님94)에게 귀의합니다.

15. namo indrāya

나모 인드라야

南無 因陀囉耶

나무 인타라야

제석천(帝釋天)95)에 귀의합니다.

陀喃)을 참조하여 범어로 환원한 뒤에 번역한 것이다. 사악한 주력[呪咀]을 행하는 자들을 섭수를 통해 선행을 바꿀 수 있는 선인(仙人)들을 뜻이다. Kimu. 13에서는 śāpānāṃ grahasamārthānāṃ으로 음사하고 '주력을 포획할 능력이 있는 자들에게'라고 번역한다. Chung. 13에서는 'sāpānām grahasamārtānāṃ'이라고 범어로 환원하고 '두루 잡아서 이익을 가져오는 주(呪)에 귀의합니다.'라고 했는데, 범문철자법과 번역에 문제가 있어 보인다.

94) 하느님(brahman) : 돈황본(敦煌本)에서는 복수4격으로 표현하고 있다. 브라흐마[梵天: 하느님]는 불교적 세계관과 우주관에서는 하느님들은 복수로서 감각적 쾌락의 욕망계를 초월하는 하느님 세계를 지배하는 신들이지만, 힌두교에서는 브라흐마 신은 절대자로서 스스로 있는 자, 또는 창조주로서 베다의 계시인 네 쌍히따와 시간적으로 사우주기와 공간적으로 네 방향을 나타내는 네 머리와 네 팔을 갖고 있고, 성대를 하고 흰옷을 입고 검은 사슴가죽을 두르고 있고, 선인들과 요정들에 둘러싸여 있고, 천신들과 왕들을 다스리는 것을 상징하는 총채를 들고 있는 자로 묘사된다. 때로는 수염을 기르고 두 부인 싸라쓰와띠(Sarasvatī)와 가야뜨리(Gāyatrī)를 동반자로 함께 하고 있다. 그가 앉아 있는 받침대인 연화대에는 그의 탈것인 백조가 새겨져 있다. 나중에 우주생성의 근본원리를 지닌 세계영혼이 되어 범아일여(梵我一如)의 철학적 바탕이 된다. 그러나 다른 신화에 따르면, 창조주로서의 브라흐마 신은 자신의 딸이자 첫 여성인 샤따루빠(Śatarūpa)를 자신으로부터 분출시켰는데, 그가 그녀에게 매료되자, 그의 다섯 번째 머리로 생겨난 샤따루빠는 추적을 피해 하늘로 도망가자, 그의 네 머리가 사방으로 자라나 마침내 자신의 딸과 근친상간하여 태어난 것이 인류의 조상인 마누였다. 파괴의 신인 시바 신은 창조주에게 근친상간의 죄를 물어 그의 다섯 번째 머리를 잘라버렸다.

3. 〔다섯 위대한 천신들(五大諸天)〕

16-19. namo bhagavate rudrāya umāpati-sahitāya

나모 바가바떼 루드라야 우마빠띠 싸히따야

南無 婆伽婆帝, 嚧陀囉耶, 烏摩般帝, 娑醯夜耶96)

나무 바가바제, 로다라야, 오마반제, 사혜야야

존귀한 님, 우마97)의 반려자인 루드라98) 신께 귀의합니다.

---

95) 제석천(帝釋天) : 수미산정 도리천[忉利天: 三十三天]의 선견성(善見城)에서 사는 신들의 제왕이다. 석제환인(釋提桓因), 천주제석(天主帝釋)이라고도 한다. 힌두교에서는 인드라 신인데, 뇌우(雷雨)와 다산의 신으로 황소와도 자주 일치하는 신들의 왕이다. 그는 악마의 파괴자로서 가뭄의 신 브리뜨라(Vṛtra)를 물리쳤고 전사의 대표자로서 아리안의 영웅적 이념의 화신이었다. 그 한역 이름은 '영웅적인 신들 가운데 인드라(Śakradevānāṃ Indra)'의 음역이다. 그는 힌두교에서는 후에 비슈누신 속에 흡수된다. 그의 동료는 폭풍의 신 마루뜨이고 메루 산의 신들의 도시에 살면서, 신들과 아수라들이 쟁취하기 위해 싸우는 불사의 감로수와 여의수를 보호한다. 그는 화려하게 치장한 왕의 모습을 하고 주요한 장신구로 금강저(金剛杵)를 들고 있다. 불교의 밀교적 관점에서는 이 금강저가 무지를 파괴하는 남성적 원리로 여겨진다. 그리고 다른 장신구로는 코끼리 조련봉인 앙꾸샤(aṅkuśa: 鉤)를 들고 있다.

96) 南無 婆伽婆帝, ①嚧陀囉耶, ②烏摩般帝, ③娑醯夜耶 : Xog. 33의 밀의적 해석에 따르면, ① 로타라야(嚧陀囉耶), ② 오마반제(烏摩般帝), ③ 사혜야야(娑醯夜耶) 가운데 ① ② ③은 다라니를 보호하는 대자재천(大自在天)과 같은데, ①은 중앙 비로자나불의 화신인 지천신(地天神)이고 ②는 북방 불공성취불의 화신인 풍천신(風天神)이고, ③은 서방 아미타불의 화신인 화천신(火天神)이다.

97) 우마(Umā; 烏摩)는 시바 신의 아내(Pārvatī, Durgā)의 이름으로 오마천후(烏摩天后)라고도 한다. 따라서 우마의 반려자, 즉 남편은 시바 신을 지칭한다.

98) 루드라(Rudra) : 시바 신의 다른 이름이다. 시바 신의 공포의 형태로 루드라-바이라바(Rudrabhairava)의 형상이 있는데, 창조주인 브라흐마 신을 살해하고 그의 해골을 손에 들고 다니며 참회하는 고행자의 모습을 보여주고 있다. 창조주의 살해는 창조와 피조가 결국 모두 파괴되고 사라져서 파괴의 신 시바 신에 종속되는 것을 의인화한 것이다. 그러한 우주의 질서에 책임을 지고 고행하는 시바 신은 참회의 신으로서 마침내 요가의 신이 된다. 시바 신은 불교의 밀교에서는 대자재천왕(大自在天王: Maheśvara)이라고 불린다. 대일경(大日經)에 따르면, 금강살타(金剛薩埵)가 분노신으로 나타나서 대자재천왕(大自在天王) — 시바 신을 이름 — 을 항복시킬 때에 왼발로 대자재천왕을 밟고, 오른발로 반려자인 우마를 밟으며 크게 핍박하여 마침내 제도하여 불법(佛法)에 들게 했다.

20-23. namo bhagavate nārāyaṇāya pañca-mahāmudrā-nam-askṛtāya

나모 바가바떼 나라야나야 빤짜 마하무드라 나마쓰끄리따야

南無 婆伽婆帝, 那囉野拏耶, 槃遮 摩訶慕陀囉, 南無悉羯嚟多耶99)

나무 바가바제, 나라야나야, 반차 마하모타라, 나무슬갈리다야

존귀한 님, 다섯 마하무드라100)로 섬김 받는 나라야나 신101)께

---

99) 南無 婆伽婆帝, ④ 那囉野 ⑤ 拏耶, 槃遮 摩訶慕陀囉, 南無悉羯嚟多耶 : Xog. 33의 밀의적 해석에 따르면, ④ 나라야(那囉野)는 동방 아촉불의 화신인 수천신(水天神)을 뜻하고 ⑤ 나야(拏耶)는 남방 보생불(寶生佛)의 화신인 공천신(空天神)을 뜻한다. 이들은 다섯 부처님 부족의 구성원들이다. 그리고 반차(槃遮)는 가락천신(歌樂天神)을 나타내고 마하모타라(摩訶慕陀囉)는 영조천신(影照天神)을 나타내고 이 두 천신들은 서른셋 하늘나라에 사는 보살들의 화신들이다.

100) 다섯 마하무드라 : 오대인계(五大印契)라고 하는데, 오지광명봉저인(五智光明峰杵印), 오지인(五智印), 오봉인(五峰印), 대갈마인(大羯磨印), 대고인(大股印), 오대인(五大引), 외오고인(外五股印), 지탑인(智塔印)이라고 한다. 두 손으로 금강박(金剛縛)을 하고 두 중지를 세워 합하고, 두 검지를 갈고리 모양으로 하고, 두 소지와 두 엄지를 세워서 합하여 그 모양이 오봉(五峰)과 같은 무드라를 말한다. 이때 오봉은 오지오불(五智五佛)을 상징하기도 하고, 또는 오봉에서 각각 일광(一光)을 발하여 오취의 암흑을 비추어 뭇삶을 이고득락(離苦得樂)하게 한다거나, 철학적으로는 구식(九識)을 전화하여 오지(五智)로 바꾸는 것을 상징한다. 오지오불에 대해서는 이 책의 부록 「금강계만다라와 삼십칠존」을 참조하라. Chung. 22에서 이 구절과 연관하여 '오대인(五大印)에게 귀의합니다.'라고 따로 떼어 번역한 것은 문제가 있어 보인다.

101) 나라야나(Nārāyaṇa) : 베다시대의 원인(原人: puruṣa)의 별칭으로 인간의 모습을 하고 창조주로서 현현한 비슈누 신이다. 불교에서는 나라연천(那羅延天)이라고 한다. 그는 우주적 바다의 무한 뱀의 침대 위에서 깊은 명상에 잠긴 잠을 자면서 두 우주기 사이에서 쉬고 있다. 자신의 배꼽에서 연꽃을 피워 창조주 브라흐마 신으로 하여금 연꽃 위에 앉아 세계를 창조하게 한다. 나라야나 옆에서 남편에게 발을 맛사지하는 여신은 행운의 여신 락슈미(Lakṣmī)이다. 밀교의 태장계만다라에 묘사된 나라야나 신, 즉 나라연천(那羅延天)은 비슈누 신의 권화였으나 불교의 밀교에 수용되어 부처님의 응신(應身)이 되었다. 브라흐마 신, 나라야나 신(=비슈누 신), 마헤슈와라 신(=시바 신)은 인도 신화에서 삼신이지만, 불교의 밀교에 와서는 삼보(三寶)와 삼신(三身)에 배당되었다. 나라야나 신은 법보관자재보살(法寶觀自在菩薩)의 지위에 올랐다. 몸은 청흑색이고 가루다를 타고 있고 오른발을 내리고 왼손을 펴서 허리에 대고, 세 얼굴 가운데 정면은 세 개의 눈을 갖고 있고 오른쪽 얼굴은 흰 코끼리, 왼쪽 얼굴은 검은 멧돼지이고 보관과 영락을 갖추고 있다.

귀의합니다.

24-31. namo bhagavate mahākalāya tri-pura-nagara-vi-drāvaṇa-kālāya adhimuktika-śmaśāna-nivāsine mātṛ-gaṇa-namaskṛtāya

나모 바가바떼 마하깔라야 뜨리 뿌라 나가라 비드라바나 깔라야 아디묵띠까 슈마샤나 니바씨네 마뜨리 가나 나마쓰끄리따야

南無 婆伽婆帝, 摩訶 迦羅耶,102) 地唎 般刺 那103)伽囉, 毘陀囉104)波拏 迦囉耶,105) 阿地目帝,106) 尸摩舍那 泥107)婆悉泥,108) 摩怛唎伽拏,109) 南無悉羯唎多耶

나무 바가바제, 마하가라야, 지리 반라 나가라, 비다라바나 가라야, 아디목데, 시마사나 니바슬니, 마달리가나, 나무슬갈리다야

존귀한 님, 천계와 공계와 지계의 세 도시의 요새110)를 파괴하는

---

102) 摩訶 迦羅耶 : Xog. 34의 밀의적 해석에 따르면, 마하가라야(摩訶迦羅耶)는 대범천(大梵天)인데, 밀의적으로는 불보살의 화신인 대비광불(大悲光佛)이기도 하다.

103) 地唎 般刺 那 : Xog. 34의 밀의적 해석에 따르면, 지리반라나(地唎般刺那)는 대범천(大梵天)인데, 밀의적으로는 불보살의 화신인 연등불(燃燈佛)이기도 하다.

104) 伽囉 毘陀囉 : Xog. 34의 밀의적 해석에 따르면, 가라비타라(伽囉毘陀囉)는 천장중(天將衆)인데, 밀의적으로는 불보살의 화신인 무우덕불(無憂德佛)이기도 하다.

105) 波拏 迦囉耶 : Xog. 34의 밀의적 해석에 따르면, 바나가라야(波拏迦囉耶)는 천조중(天曹衆)인데, 밀의적으로는 불보살의 화신인 항복중마왕불(降伏衆魔王佛)이기도 하다.

106) 阿地目帝 : Xog. 34의 밀의적 해석에 따르면, 아지목제(阿地目帝)는 천조중(天曹衆)인데, 밀의적으로는 불보살의 화신인 선의불(善意佛)이기도 하다.

107) 尸摩舍那 泥 : Xog. 34의 밀의적 해석에 따르면, 시마사나니(尸摩舍那泥)븐 천신중(天神衆)인데, 밀의적으로는 불보살의 화신인 보화불(寶火佛)이기도 하다.

108) 婆悉泥 : Xog. 34의 밀의적 해석에 따르면, 바실니(婆悉泥)는 천병중(天兵衆)인데, 밀의적으로는 불보살의 화신인 투전승불(鬪戰勝佛)이기도 하다.

109) 摩怛唎伽拏 : Xog. 34의 밀의적 해석에 따르면, 마달리가나(摩怛唎伽拏)는 천남녀중(天男女衆)인데, 밀의적으로는 불보살의 화신인 실달보살(悉達菩薩)과 마야보살(摩耶菩薩)을 지칭하다.

110) 천계와 공계와 지계의 세 도시의 요새 : '뜨리-뿌라-나가라(tri-pura-nagara)'는

시간의 신으로서 즐겨 시체 버리는 곳에 살면서 성모의 무리111)에게 섬김 받는 마하깔라112) 신께 귀의합니다.

아수라가 천계(天界) · 공계(空界) · 지계(地界)의 삼계에 각각 금(金) · 은(銀) · 철(鐵)의 요새를 환술(幻術)로 만든 것이다. 이 이야기는 마하깔라 신으로서의 시바 신의 뜨리뿌란따까무르띠(tripurāntakamūrti)의 형상에 잘 나타나 있다. 『마하바라타』에 의하면, 시바 신이 베다 시대에 루드라 신의 후계자로 궁수가 되어 아수라 신이 천 · 공 · 지 삼계에 금(金) · 은(銀) · 철(鐵)로 만든 세 성을 정복하고 삼계의 주인이 된다. 이때 네 개의 머리가 달린 브라흐마 신은 마부의 역할을 한다. 여기서 네 마리의 말은 네 베다를 상징한다. 오른쪽 아래에 브라흐마 신이 창조신으로 연꽃 위에 앉아 있다.

111) 성모의 무리 : 인도에서는 시간의 여신인 깔리(Kālī; SD. 24-31, 360과 주석을 참조) 여신은 모신 숭배사상과 결합한다. 어머니들인 성모(聖母)의 무리[matṛgaṇa]는 자애로운 모성적 특징으로 생명과 자비를 베풀지만, 한편으로는 자신이 낳은 아이들을 삼켜버린다. 이러한 의미에서 성모들의 무리는 파괴의 신인 시바 신의 여성적 원리들이기도 하며, 마하깔리(Mahākālī : SD. 240 참조) 여신의 권화들이다. 마하깔리는 대흑천녀로 무서운 형상에 검푸른 피부를 지니고 이마에 제3의 눈이 빛나고 뿔이 있고, 피를 흘리며 늘어뜨린 혓바닥, 해골과 뱀으로 장식하고, 불꽃결발을 하고 해골관을 쓰고 발가벗은 채 호랑이나 코끼리 가죽을 뒤집어쓰고, 시바교적 장신구를 가지고 다닌다. 그리고 지혜와 다르마의 상징인 칼과 방패 및 신비적 자아희생을 상징하는 잘린 머리를 갖고 있다. 엘루라의 고대사원에는 칠성모상(七聖母像: Sapta Matṛkā)이 있다. 좌대 위에 남성 동반자의 탈것이 그려져 있다. 왼쪽에서 오른쪽으로 브라흐마니 여신(Brahmāṇī; 브라흐마 신의 여성적 원리: SD. 319)이 백조 위에, 마헤슈와리 여신(Māheśvarī: 시바 신의 여성적 원리: SD. 18, 324)이 황소 위에, 까우마리 여신(Kaumārī: 쓰깐다 신의 여성적 원리: SD. 121, 310)이 공작 위에 바이슈나비 여신(Vaiṣṇavī: 비슈누 신의 여성적 원리: SD. 318)이 태양조 가루다 위에, 바라히 여신(Vārāhī: 바라하 신의 여성적 원리: 『수능엄경』 제7장§18)이 멧돼지 위에, 인드라니 여신(Indrāṇī: 제석천의 여성적 원리: SD. 15)이 코끼리 위에, 짜문다 여신(아수라들을 전멸시킨 두르가 여신으로 야마 신의 여성적 원리: SD. 116, 325)이 올빼미 위에 앉아있다. 그녀들은 왼쪽으로 황소 위에 앉아 있는 비라바드라 여신(Vīrabhadra: 깔리 여신; SD. 24-31, 360과 주석을 참조)의 엄호를 받고 있고, 오른쪽으로 열매 껍질을 갖고 있는 가네샤(SD. 253-254참조)의 비호를 받고 있다. 이러한 동반상은 다산성을 상징하지만, 그녀들이 시간의 신으로서 만물의 무상함을 재촉하는 파괴적 측면은 우측의 해골형상의 바이라바 형태와 마하깔리 또는 깔리 여신으로서 드러난다. 마두라이 사원의 마헤슈와리는 시바 신의 여성적 원리를 상징하는 여신으로 제삼의 눈, 도끼, 시바교적 부착물인 장구, 삼지창, 뱀 등의 무서운 형상을 갖고 있다.

112) 마하깔라 : 힌두교의 창조-유지-파괴의 삼현(三顯 : Trimurti) 가운데 시바 신은 우주를 파괴하는 시간의 신인 마하깔라[大黑天神]로 등장한다. 그는 히말라야의 카

4. 〔다섯 부처님 부족(五部種族)〕

32-33. namo bhagavate tathāgata-kulāya

나모 바가바떼 따타가따 꿀라야

南無 婆伽婆帝, 多他伽跢 俱囉耶113)

나무 바가바제, 다타가다 구라야

존귀한 여래부족114)의 님들에게 귀의합니다.

일라사 산에 거주하면서 숲의 한정처에서 수행하는 고행자이자 위대한 스승으로 남쪽으로 자신의 교도를 응시한다. 또한 창조신을 죽인 자로 여러 지방을 방랑하며 선인들의 아내를 애욕으로 불태우기도 하지만 자신의 순결을 지키고 자신의 씨앗을 아그니 신에게 쏟아부어 정신적으로 거듭난 자식을 낳으며 딴다바(Tandava)의 춤을 추면서 가르침을 전한다. 우주의 종말기에는 우주를 다시 자신으로부터 전개시키기 위해 모든 것을 삼켜버린다. 그러나 불교의 밀교에 와서는 비로자나불의 화신으로서 다끼니를 항복시키는 분노신이 되기도 한다. 한역하여 대흑천신(大黑天神)이라고 하며, 검은 색의 몸, 분노하는 얼굴, 불꽃머리, 정면 얼굴에 세 개의 눈, 좌우 두 얼굴에는 각각 두 개의 눈이 있고, 오른쪽 앞 손으로 칼을 들어 앞에 놓고 왼쪽 앞 손으로 그 끝을 잡고 있다. 오른쪽 아래 손으로 무릎을 꿇고 합장한 사람의 머리를, 왼쪽 아래 손으로 사지를 드리운 백양의 뿔을 쥐고 있다. 좌우의 윈 손으로는 코끼리의 가죽을 붙잡고 배경에 두고, 해골을 관통하는 영락을 드리우고 뱀으로 비녀를 꼽고 있다.

113) 多他伽跢 俱囉耶 : Xog. 36에 의하면, 다타가다구라야(多他伽跢俱囉耶)는 여래부족(如來部族)은 금강계만다라를 구성하는 37존을 유출하는 중앙의 비로자나불이 이끄는 여래부족에 귀의하는 것이다.

114) 여래부족(如來部族) : 이하 차례로 오지불(五智佛) 또는 오지여래(五智如來) 또는 오선정불(五禪定佛)이 이끄는 부족이 등장한다. 여래부족은 금강계만다라에서는 중앙의 비로자나불이 직접 이끄는 부족으로 여기에는 사바라밀보살(四波羅密菩薩)이 있다. 동방의 금강바라밀보살(金剛波羅蜜菩薩)은 보리심금강불변(菩提心金剛不變)의 정덕(定德)을 나타내고, 남방의 보바라밀보살(寶波羅蜜菩薩)은 이지불이(理智不二)의 인체(人體)의 정덕을 나타내고, 서방의 법바라밀보살(法波羅蜜菩薩)은 법만다라불(法曼茶羅佛)의 정덕을 나타내고, 북방의 업바라밀보살(業波羅蜜菩薩)은 갈마부이리사업(羯磨部二利事業)의 정덕을 상징한다. ① 여래부족1: 비로자나불(Vairocana)은 금강계만다라에서 중앙에 여래부족을 이끄는 부처님이다. 의역하면, 대일여래(大日如來)이다. 법신의 법계체성지(法界體性智)를 불격화한 부처님이다. 삼밀평등, 즉 신평등(身平等)의 밀인(密印), 어평등(語平等)의 진언(眞言), 심평등(心平等)의 묘관(妙觀)으로 설법한다. 몸은 둘로 나투는데, 본지법신(本地法身)은 깨달음의 주체이고 가지수용신(加持受用身)은 설법의 주체이지만 서로 나눌 수가 없다. 몸은 백색으로 손은 지

34. namaḥ padmakulāya

나마하 빠드마 꿀라야

南無 般頭摩 俱囉耶115)

나무 반두마 구라야

연화부족116)의 님들께 귀의합니다.

권인(智拳印)을 하고, 이마에는 오불보관(五佛寶冠)을 하고 있다. 보련화의 좌대위에 앉아있다. ② 여래부족2: 금강바라밀보살(金剛波羅蜜菩薩), 금강계37존 가운데 비로자나불이 직접 이끄는 여래부족에 속한 사바라밀보살의 하나로 흑청색의 천녀형태를 지닌다, 아촉불이 금강바라밀삼매에 들어 비로자나불을 섬기기 위해 유출한 보살로 금강견고의 보리심의 덕성으로 비로자나불에게 공양을 올린다. 보통 왼손은 연꽃 위의 범협(梵篋)을 갖고 있고 오른손은 촉지인을 하고 있다. 연꽃은 자성청정을 범협은 부처님의 지혜를 상징한다. ③ 여래부족3-보바라밀보살(寶波羅蜜菩薩), 금강계37존 가운데 비로자나불이 직접 이끄는 여래부족에 속한 사바라밀보살의 하나로 백황색의 천녀형태를 지닌다, 남방보생불이 보바라밀삼매에 들어 비로자나불을 섬기기 위해 유출한 보살로 만행만선(萬行萬善)에서 비로자나불을 섬기는 보살이다. 왼손은 팔을 굽히고 연화 위에 보주가 있는 것을 들고 있고 오른손은 팔을 밖으로 열고 손바닥 위에 금륜을 들고 있다. ④ 여래부족4-법바라밀보살(法波羅蜜菩薩) 금강계37존 가운데 비로자나불이 직접 이끄는 여래부족에 속한 사바라밀보살의 하나로 살색의 천녀형태를 지닌다, 서방아미타불이 법바라밀삼매에 들어 비로자나불을 섬기기 위해 유출한 보살인데 자성청정의 무구청정심(無垢淸淨心)으로 비로자나불을 섬긴다. 왼손은 팔을 굽히고 연화 위에 보주가 있는 것을 들고 있고 오른손은 팔을 밖으로 열고 손바닥 위에 금륜을 들고 있다. ⑤ 여래부족5-업바라밀보살(業波羅蜜菩薩), 금강계37존 가운데 비로자나불이 직접 이끄는 여래부족에 속한 사바라밀보살의 하나로 청색의 천녀형태를 지닌다, 북방불공성취불이 업바라밀삼매에 들어 비로자나불을 섬기기 위해 유출한 보살인데 무량안립의 잡염청정세계(雜染淸靜世界)로 비로자나불을 섬긴다. 왼손은 팔을 굽히고 연화를 들고 있는데, 그 위에 보협(寶篋)이 놓여있고, 오른손은 팔을 밖으로 열고 갈마저(羯磨杵)를 잡고 있다.

115) 般頭摩 俱囉耶 : Xog. 36에 의하면, 반두마구라야(般頭摩俱囉耶)는 연화부족(蓮華部族)에 귀의하는 것이다. 그 부족은 서방의 아미타불이 주존이고, 여기에는 관세음보살(觀世音菩薩)과 다른 보살들이 권속으로 속한다.

116) 연화부족(連華部族) : 서방의 아미타불이 이끄는 부족으로 법바라밀보살(法波羅蜜菩薩)을 능생양육(能生養育)의 어머니로 삼아 설법지혜문(說法智慧門)의 덕성에서 생겨난다. 금강법보살(金剛法菩薩), 금강검보살(金剛劍菩薩), 금강인보살(金剛因菩薩), 금강어보살(金剛語菩薩)이 있다. ① 연화부족1-아미타불(阿彌陀佛 : Amitābha)은 금강계만다라에서 서방에 연화부족을 이끄는 부처님이다. 무량광불(無量光佛) 또는 무량수불(無量壽佛)이라고도 한다. 법신의 묘관찰지(妙觀察智)를 불격화한 부처님이다.

35. namo vajra-kulāya

나모 바즈라 꿀라야

南無 跋闍羅 俱囉耶117)

나모 발자라 구라야

금강부족118)의 님들께 귀의합니다.

오랜 옛날 세자재왕불(世自在王佛)의 감화를 받은 법장(法藏)이 2백10억의 많은 국토에서 수승한 나라를 택해서 이상국가를 건설하기로 마음을 먹고 48원을 세워 자타가 함께 성불하기로 기원하여 오랜 수행을 닦아 지금부터 10겁의 우주기 전에 그 원행이 성취되어 아마타불이 되었다. 몸은 금색이고 몸의 키는 60만억 나유타항사사유순이다. 미간백호는 수미산과 같은 크기이고 눈은 청백색으로 사대해의 바다와 같다. 몸의 모공에서는 무량한 광명을 비춘다. 손은 제산란(除散亂)의 삼마지인(三摩地印)을 하고 있다. ② 연화부족2: 금강법(金剛法)보살, 금강안(金剛眼)보살이라고도 불리며 관자재(觀自在)와 동체이다. 금강계37존, 십육대보살 가운데 하나이다. 다르마의 본래청정을 증득하여 미묘법을 연설하며 일체법을 뗏목의 비유와 같다고 알고 있는 보살이다. 형상은 살색으로 왼손에 연화를 가지고 있고 연화상에 독고저(獨鈷杵)가 있다. 오른손은 팔을 굽혀 손을 말아 독고저에 대고 있다. ③ 연화부족3-금강검(金剛劍)보살, 금강리(金剛利)보살이라고도 불리며, 금강계37존, 십육대보살 가운데 하나이다. 하나로 문수보살의 화신. 몸은 금색이고 왼손에 꽃과 범협(梵篋)을 들고 오를손에는 날카로운 칼을 들고 있다. 몸의 금색은 불지성만(佛智盛滿)을, 범협은 정중불지(定中佛智)를, 날카로운 칼은 단혹제장(斷惑諸障)을 상징한다. ④ 연화부족4: 금강인(金剛因)보살, 금강륜(金剛輪)보살이라고도 불리며, 금강계37존, 십육대보살 가운데 하나이다. 무량제불세계에 일체여래에게 전묘법륜(轉妙法輪)을 청하는 보살이다. 몸은 살색이며 왼손은 팔을 구부려 손가락은 말고 허리에 대고 오른손은 팔을 굽혀 수레바퀴를 쥐고 가슴에 놓는다. ⑤ 연화부족5: 금강어(金剛語)보살, 금강설(金剛舌)보살이라고도 하며, 금강계37존, 십육대보살 가운데 하나이다. 법음을 널리 시방에 전하여 뭇삶에 따라 법익을 얻게하는 보살이다. 형상은 살색으로 왼손을 주먹을 쥐고 가부좌에 안치하고 오를손은 여래설(如來舌)을 지니고 가슴에 두고 있다.

117) 跋闍羅 俱囉耶 : Xog. 36에 의하면, 발자라구라야(跋闍羅俱囉耶)는 금강부족(金剛部族)에 귀의하는 것이다. 이 부족의 주존은 동방의 아촉불(阿閦佛)이고, 금강수(金剛手菩薩)와 다른 보살들이 이 부족의 권속에 속한다.

118) 금강부족(金剛部族) : 동방의 아촉불(阿閦佛)이 이끄는 부족으로 금강바라밀보살(金剛波羅蜜菩薩)을 능생양육(能生養育)의 어머니로 삼아 금강견고의 보리심에서 생겨난다. 금강살타보살(金剛薩埵菩薩), 금강왕보살(金剛王菩薩), 금강애보살(金剛愛菩薩), 금강희보살(金剛喜菩薩)이 있다. 금강살타는 일체중생이 지닌 보리심의 시작으로서의 보리심견고상주(菩提心堅固常住)의 본체를, 금강왕은 보리심이 이미 생겨나 심자재일체귀복(心自在一切歸伏)을, 금강애는 보리심이 자재하여 뭇삶을 사랑하는 중

36. namo maṇi-kulāya

나모 마니 꿀라야

南無 摩尼 俱囉耶[119]

나모 마니 구라야

보물부족[120]의 님들께 귀의합니다.

생애(衆生愛)를, 금강희는 중생을 사랑하는 까닭에 생겨나는 상호애(相互愛)를 상징한다. ① 금강부족1: 아촉불(阿閦佛)이다. 부동불(不動佛), 무노불(無怒佛)이란 의미를 지닌다. 법신의 대원경지(大圓鏡智)를 불격화한 부처님이다. 아촉은 육바라밀을 설하는 비로자나불을 만나 '분노를 끊고 음행을 끊어 정각을 이루겠다.'라고 원을 세워 아촉이라는 이름을 얻었고, 수행을 완성하여 성불하여 동방환희국에서 설법하는 부처님이다. 오른손은 파마인(破魔印)을 하여 손가락으로 땅을 누르고 왼손은 옷자락을 잡고 부동여래삼매(不動如來三昧)에 들어 있다. ② 금강부족2: 금강살타(金剛薩埵)보살이다. 금강수(金剛手), 금강장(金剛藏), 금강수비밀주(金剛手祕密主)라고도 하며, 금강계37존, 십육대보살 가운데 하나이다. 보리심의 시작으로서의 일체중생이 지닌 견고상주하는 보리심(菩提心)의 본체를 상징한다. 형상은 살색으로 왼손에 요령을 들고 오른손에 오고(五鈷)의 금강저를 들고 삼고(三鈷)의 연화대 위에 있다. ③ 금강부족3: 금강왕(金剛王)보살이다. 금강장(金剛藏), 금강구왕(金剛鉤王)이라고도 하며, 금강계37존, 십육대보살 가운데 하나이다. 자리이타(自利利他)의 원행(遠行)에 무애자재한 까닭에 금강왕이다. 몸은 금강계만다라에서는 살색, 태장계만다라에서는 옅은 녹색으로 두 손은 손가락은 주먹을 쥐고 집게손가락은 펴고 팔은 교차하여 가슴에 대고 있다. ④ 금강가족4: 금강애(金剛愛)보살이다. 금강궁(金剛弓), 금강처(金剛妻)라고도 하며, 금강계37존, 십육대보살 가운데 하나이다. 욕망을 떠나 청정한 까닭에 오염을 조복하고 무변의 중생에게 무연대비(無緣大悲)를 일으키는 보살이다. 몸은 살색이고 두 손으로 화살을 바로잡는 자세를 취하고 있다. ⑤ 금강가족5: 금강희(金剛喜)보살이다. 금강칭(金剛稱), 금강수(金剛首)라고도 하며, 금강계37존, 십육대보살 가운데 하나이다. 보리심의 덕성이 일체중생을 애민히 여겨 구제하여 자타가 함께 희열하는 모습의 보살이다. 몸은 살색으로 두 손은 주먹으로 쥐고 가슴에 닿게 탄지(彈指)하는 형상을 취하고 있다.

119) 摩尼 俱囉耶 : Xog. 36에 의하면, 마니구라야(摩尼俱囉耶)는 보물부족[寶部族]에 귀의하는 것이다. 이 부족의 주존은 남방의 보생불(寶生佛)이고, 허공장보살(虛空藏菩薩)과 다른 보살들이 이 부족의 권속에 속한다.

120) 보물부족(寶物部族) : 남방의 보생불(寶生佛)이 이끄는 부족으로 보바라밀보살(寶波羅蜜菩薩)을 능생양육(能生養育)의 어머니로 삼아 만선만행(萬善萬行)에서 생겨난다. 금강보보살(金剛寶菩薩), 금강광보살(金剛光菩薩), 금강당보살(金剛幢菩薩), 금강소보살(金剛笑菩薩)이 있다. 금강보는 보리심을 발하여 만행을 닦아 만보를 섭지한 것을, 금강광은 보체상에 광명이 혁혁한 것을, 금강당은 보물의 깃발을 세우고 뭇삶

37. namo karma-kulāya

나모 까르마 꿀라야

南無 伽闍 俱囉耶121)

나무 가자 구라야

갈마부족122)의 님들께 귀의합니다.

에게 만보의 비를 내리는 것을, 금강소는 만선만행을 뭇삶에게 주는 까닭에 뭇삶이 웃는 것을 상징한다. ① 보물부족1: 보생불(寶生佛: Ratnasambhava)이다. 금강계만다라의 오불(五佛) 가운데 한 부처님으로 법신의 평등성지(平等性智)를 불격화한 부처님이다. 일체중생의 소원을 들어주고 자타평등을 길들인다. 몸은 금색으로 왼손을 말아서 배꼽아래 두고 오른손은 밖으로 열고 무명지와 소지를 약간 구부리고 나머지 손가락은 펴서 시원인(施願印)을 하고 있다. 연화상에 결가부좌하고 있다. ② 보물부족2: 금강보(金剛寶)보살이다. 금강태(金剛胎), 묘금강(妙金剛), 금강마니(金剛摩尼) 등으로도 불린다. 금강계37존, 십육대보살 가운데 하나이다. 발보심 이후의 만행이 만법을 섭지(萬法攝持)하는 덕성을 나타낸 보살이다. 오른손에 여원인(與願印)을 하고 있고 왼손에 보주(寶珠)를 들고 있다. 보주는 보리심을 뜻하고 여원인은 보리심을 진언행자에 주는 것을 뜻한다. ③ 보물부족3: 금강광(金剛光)보살이다. 금강휘(金剛輝), 금강일(妙金日), 금강위덕金剛威德) 등으로도 불린다. 금강계37존, 십육대보살 가운데 하나이다. 찰나에 일체중생의 안팎의 어둠을 멸진시킬 수 있는 보살이다. 몸은 살색으로 왼손은 주먹을 쥐고 오른손으로 태양의 형상을 들고 가슴에 대고 있다. ④ 보물부족4: 금강당(金剛幢)보살이다. 보당(寶幢), 허공기(虛空旗) 등으로도 불린다. 금강계37존, 십육대보살 가운데 하나이다. 뭇삶들의 세간적 출세간적 소원을 만족시키는 보살이다. 몸은 살색으로서 두 손으로 당번(幢幡)을 잡고 있다. 여기서 당번은 맹장의 깃발처럼 마군을 항복받을 수 있는 깃발을 말한다. 오른쪽 팔꿈치가 왼손의 주먹부근에 두어 묘보당(妙寶幢)의 모양을 취하고 있다. ⑤ 보물부족5: 금강소(金剛笑)보살이다. 금강희유(金剛希有) 등으로도 불린다. 금강계37존, 십육대보살 가운데 하나이다. 시각(始覺)의 부처님이 얻기 어려운 보리의 보주를 얻어 삼세시방의 제불과 더불어 환희하는 모습을 취한 보살이다. 몸은 살색이고 양손을 합해서 양쪽 귀의 측면까지 높이 올리고 주먹을 쥐고 귓등을 누르고 있다.

121) 伽闍 俱囉耶 : 반송본(般宋本. 35)에서는 상족(象族)이라고 해석하고 있다. Xog. 37에 의하면, 가자구라야(伽闍俱囉耶)는 갈마부족(羯磨部族)에 귀의하는 것이다. 이 부족의 주존은 북방의 불공성취불(不空成就佛)이고, 지장보살(地藏菩薩)과 다른 보살들이 이 부족의 권속에 속한다.

122) 갈마부족(羯磨部族) : 북방의 불공성취불(不空成就佛)이 이끄는 부족으로 업바라밀보살(業波羅蜜菩薩)을 능생양육(能生養育)의 어머니로 삼아 중생이익사업(衆生利益事業)에서 생겨난다. 금강업보살(金剛業菩薩), 금강호보살(金剛護菩薩), 금강아보살(金剛牙菩薩), 금강권보살(金剛拳菩薩)이 있다. 금강업은 손을 써서 자타이익의 사업시

38-41. namo bhagavate dṛḍha-śura-sena-praharaṇa-rājāya tatathāgatāya arhate samyaksaṃbuddhāya

나모 바가바떼 드리다 슈라 쎄나 쁘라하라나 라자야 따타가따야 아르하떼 싸미약쌈붓다야

南無 婆伽婆帝, 帝嚟茶 輸囉 西那, 波囉訶囉拏 囉闍耶, 跢他伽多耶 阿囉訶帝 三藐三菩陀耶123)

작을, 금강호는 뭇삶을 수호하는 덕성을, 금강아는 뭇삶을 위해 그들의 번뇌업장을 소화하는 것을, 금강권은 자타이익에서 오는 법문무진의 만덕을 집지하는 덕성을 상징한다. ① 갈마부족1: 불공성취불(不空成就佛 : Amoghasiddhi)이다. 금강계만다라의 오불(五佛) 가운데 한 부처님으로 법신의 성소작지(成所作智)를 불격화한 부처님이다. 몸은 금색이고, 왼손은 말아서 위로 올려 무릎 위에 놓고 오른손의 다섯 손가락을 펴서 가슴 앞에 두고 연화 위에 결가부좌하고 있다. ② 갈마부족2: 금강업(金剛業)보살이다. 금강갈마(金剛羯磨), 금강불공(金剛不空) 등으로도 불린다. 금강계37존, 십육대보살 가운데 하나이다. 일체처에서 묘사업(妙事業)을 성취하는 보살이다. 왼손을 주먹을 쥐고 허리에 두고, 오른손을 갈마저(羯磨杵)를 손바닥에 안치하여 가슴에 둔다. ③ 갈마부족3: 금강호(金剛護)보살이다. 금강정진(金剛精進), 금강수호(金剛守護) 등으로도 불린다. 금강계37존, 십육대보살 가운데 하나이다. 견고무신(堅固無身)의 금강승신(金剛勝身)으로 일체중생을 수호하고 무포외(無怖畏)를 보시하는 보살이다. 형상은 청색이고 두 손은 각 집게손가락은 펴고 나머지 손가락은 굽혀 팔 쪽으로 향하게 하고 가슴에 댄다. ④ 갈마부족4: 금강아(金剛牙)보살이다. 금강야차(金剛夜叉), 금강최복(金剛摧伏) 등으로도 불린다. 금강계37존, 십육대보살 가운데 하나이다. 입안에 금강의 날카로운 이빨이 있어 보는 자가 대공포를 품고 일체의 마원(魔怨)을 최복(摧伏)하게 한다. 몸은 살색으로, 왼손에 연화 위에 있는 반삼고저(半三鈷杵: 이빨을 뜻함)를 들고 있고 허리에 대고 오른손은 손바닥을 펴고 네 손가락을 구부려 가슴에 대고 있다. 천의를 입고 황련화위에 앉아있다. ⑤ 갈마부족5: 금강권(金剛拳)보살이다. 금강밀합(金剛密合), 금강박(金剛縛) 등으로도 불린다. 금강계37존, 십육대보살 가운데 하나이다. 묘견박(妙堅縛)으로 능히 의락(意樂)을 성취하는 보살이다. 형상은 청색으로 두 손은 주먹을 쥐고 들어서 가슴에 대고 팔은 굽혀서 드리운다. 그런데 호탄본은 오부족(五部族: SD.32-37) 뒤에 동자부족[童部]과 용부족[龍部]의 님들께 귀의한다는 것을 추가하고 있다.

123) 南無 婆伽婆帝, 帝嚟茶 輸囉 西那, 波囉訶囉拏 囉闍耶, 跢他伽多耶 阿囉訶帝 三藐三菩陀耶 : 마지막 구절 '아라하제 삼막삼보타야(阿囉訶帝 三藐三菩陀耶)'는 모든 판본에서 누락되었는데, Kimu. 18쪽에서처럼 다음 구절과 관계해서 형평상 논리적으로 보완되어야 한다. 이 구절 전체는 Xog. 37의 밀의적 해석에 의하면, 이들은 무기를 지닌 강력하고 영웅적인 하늘의 장군들인데, 그들은 괴마라망독보불(壞魔羅網

나무 바가바제, 디리다 수라 서나, 파라하라나 라자야, 다타가다야 아라하제 삼막삼보타야

존귀한 님, 완고한 마군을 최파하는데 자재하신 이렇게 오신 님, 거룩한 님, 올바로 원만히 깨달은 님께 귀의합니다.124)

5. 〔여섯 방향의 부처님들(六方諸佛)〕

42-46. namo bhagavate amitābhāya tathāgatāya arhate samyaksambuddhāya

나모 바가바떼 아미따바야 따타가따야 아르하떼 싸미약쌈붓다야

南無 婆伽婆帝, 阿彌多婆耶, 路他伽多耶, 阿囉訶帝, 三藐三菩陀耶125)

나무 바가바제, 아미다바야, 다타가다야, 아라하제, 삼막삼보타야

존귀한 님, 아미타불(阿彌陀佛)126)이신 이렇게 오신 님, 거룩한 님, 올바로 원만히 깨달은 님께 귀의합니다.

獨步佛)과 다른 부처님들을 언급한 것이다. Zhang. 38-41에서는 견고용맹군부기계왕여래(堅固勇猛軍部器械王如來)라고 번역한다.

124) 이 구절은 모든 부처님에 해당하는 구절인 듯하다.

125) 南無 婆伽婆帝, 阿彌多婆耶, 路他伽多耶, 阿囉訶帝, 三藐三菩陀耶 : 반명본(般明本)에는 나무아미타바야(南無阿彌多婆耶)로 되어 있으나 반송본(般宋本. 41)에 따라 논리적으로 형평상 나무(南無)를 빼고 아미다바야(阿彌多婆耶)로 고친다. Xog. 38의 밀의적 해석에 의하면, 아미타불은 서방정토의 주존이고, 아미(阿彌)는 무한을, 다바(多婆)는 빛과 목숨을 의미하므로, 이 부처님의 빛과 목숨은 무한하다고 해석하고 다타가다야(路他伽多耶)는 아미타불의 모든 제자들, 아라하제(阿囉訶帝)는 그의 고귀한 권속들, 삼막삼보타야(三藐三菩陀耶)는 올바른 깨달음을 얻은 성자들의 모임에 귀의하는 것을 뜻한다고 해석하고 있다.

126) 아마타불(阿彌陀佛: Amitābha)은 무량수불(無量壽佛: Amitāyus)이라고도 불린다. SD. 34를 참조하라. 이하 태장계만다라의 중대팔엽원의 오불(五佛) 가운데 비로자나불[毗盧遮那佛 = 盧舍那佛 = 大日如來], 보당불(寶幢佛), 개부화왕불(開敷華王불), 무량수불(無量壽佛), 천고뢰음불(天鼓雷音佛)이 있는데, 그 가운데 보당불, 개부화왕불, 무량수불에다가 추가로 아촉불, 약사여래, 석가모니불이 소개되고 있다.

47-51. namo bhagavate akṣobhyāya tathāgatāya arhate samyaksambuddhāya

나모 바가바떼 악쇼비아야 따타가따야 아르하떼 싸미약쌈붓다야

南無 婆伽婆帝, 阿芻鞞耶,[127] 路他伽多耶, 阿囉訶帝, 三藐三菩陀耶

나무 바가바제, 아추비야, 다타가다야, 아라하제, 삼막삼보타야

존귀한 님, 아촉불(阿閦佛)[128]이신 이렇게 오신 님, 거룩한 님, 올바로 원만히 깨달은 님께 귀의합니다.

52-55. namo bhagavate bhaiṣajya-guru-vaiḍūrya-prabhā-rājāya tathāgatāya [arhate samyaksambuddhāya]

나모 바가바떼 바이사지야 구루 바이두리야 쁘라바 라자야 따타가따야 아르하떼 싸미약쌈붓다야

南無 婆伽婆帝, 鞞沙闍耶 俱盧 吠柱嚟耶 般囉婆囉闍耶,[129] 路他伽多耶 阿囉訶帝 三藐三菩陀耶[130]

나무 바가바제, 비사자야 구로 폐주리야 반라바라도야, 다타가다야 아라하제 삼막삼보타야

존귀한 님, 약사유리광왕불(藥師琉璃光王佛)[131]이신 이렇게 오신

---

127) 阿芻鞞耶 : Xog. 39의 밀의적 해석에 의하면, 아촉불(阿閦佛)에 귀의한다는 것인데, 아촉불(阿閦佛)은 동방환희국(東方歡喜國: Abhirata)의 부처님이고 아추(阿芻)은 부동(不動)을 의미한다.

128) 아촉불(阿閦佛: akṣobhya) : 아촉비(阿閦鞞), 아추비야(阿芻鞞夜) 등으로 음역하고 부동불(不動佛), 무노불(無怒佛) 등으로 번역한다, SD. 35를 참조하라.

129) 鞞沙闍耶俱盧吠柱嚟耶 般囉婆囉闍耶 : Xog. 39에 의하면, 약사유리광왕불(藥師琉璃光王佛)에 대한 귀의인데, 비사자야구노(鞞沙闍耶俱盧)는 약사(藥師)로 아촉불계(阿閦國界)의 근처에 정유리계(淨瑠璃界)가 있고 청색의 베주리야(吠柱嚟耶: 猫眼石; Vaidūrya)가 깔려 있는데, 이 부처님은 그 세계의 중앙에 있다.

130) 阿囉訶帝 三藐三菩陀耶 : 반명본(般明本)에는 누락된 것을 반송본(般宋本. 52)에 따라 복원한 것이다.

131) 약사유리광왕불(藥師琉璃光王佛: bhaiṣajya-guru-vaiḍūrya-prabhā-rāja) : 약사

님, 거룩한 님, 올바로 원만히 깨달은 님께 귀의합니다.

56-61. namo bhagavate saṃpuṣpita-sālendra-rājāya tathāgatāya arhate samyaksambuddhāya

나모 바가바떼 쌈뿌슈삐따 쌀렌드라 라자야 따타가따야 아르하떼 싸미약쌈붇다야

南無 婆伽婆帝, 三補師毖多 薩憐捺囉 剌闍耶,132) 跢他伽多耶, 阿囉訶帝, 三藐三菩陀耶

나모 바가바제 삼보사필다 살련나라 라자야 다타가다야 아라하제 삼막삼보타야

존귀한 님, 개부화사라수왕불(開敷華沙羅樹王佛)133)이신 이렇게

여래(藥師如來) 또는 대의왕불(大醫王佛)이라고도 하며, 그에 대한 경전으로 산스크리트본 『약사유광왕경』(藥師瑠璃光王經)이 있다. 『약사여래본원경』에 따르면, 그가 보살행을 할 때에 약사12대원을 세워 이 세계를 위하여 질병을 치료하고 수명을 연장하고 재액을 진압하고 의복과 음식을 조달하며 부처의 행을 닦아 무상보리를 증득하게 하기를 소원하여, 성불하여 정유리세계(淨瑠璃世界)에 살고 있다. 이 약사여래는 연화대위에 서 있고 왼손에 약병을 들고 있고 오른손으로는 시무외인(施無畏印)을 하고 있다.

132) 三補師毖多, 薩憐捺囉 剌闍耶 : Xog. 39의 밀의적 해석에 의하면, 개부화사라수왕불(開敷華沙羅樹王佛)에게 귀의한다는 것인데, 삼보(三補)는 보편일체(普遍一切)를 뜻하고, 필다(毖多)는 광승(光勝)을, 살련날라(薩憐捺囉)는 사라수(沙羅樹)로 견고를 뜻하고 라자야(剌闍耶)는 왕(王)을 뜻한다. 이 부처님도 세계의 중앙에 있다.

133) 개부화사라수왕불(開敷華沙羅樹王佛) : 개부화왕불(開敷華王佛: saṃkusumitarā-ja)이라고도 하며, 줄여서 단지 화개부 또는 개화부라고도 한다. 사라수(沙羅樹)는 견고수(堅固樹)라고도 하며 줄기가 길고 재질이 견고한데, 꽃은 담황색으로 화변(花弁)이 5개이다. 힌두교의 비슈누 신의 별칭이 사라수왕(沙羅樹王: sālendra = śālendra)이기도 하다. 개부화왕불의 몸은 금색으로서 널리 광명을 놓으며 이구삼매(離垢三昧)에서 지내는 부처님이다. 이구(離垢)는 대공(大空)을 뜻하는데, 대공을 이룰 때에 몸이 진금(眞金)으로 단련된다고 한다. 보리심의 종자에서 대비만행(大悲萬行)을 키워서 편각(遍覺)을 이루어 만덕개부(萬德開敷)를 이루신 부처님이다. 금색에 통견가사를 입고 오른손 바닥을 들어 밖으로 향해 손끝을 내리고 왼손은 옷자락을 잡고 단전에 두고 있다. 태장계만다라(胎藏界曼茶羅)에서는 중대팔엽원(中臺八葉院)의 남쪽에 있는 부처님이다.

오신 님, 거룩한 님, 올바로 원만히 깨달은 님께 귀의합니다.

62-66. namo bhagavate śākyamunaye tathāgatāya arhate samyaksambuddhāya

나모 바가바떼 샤끼야무나예 따타가따야 아르하떼 싸미약쌈붓다야

南無 婆伽婆帝, 舍雞野母那曳,134) 跢他伽多耶, 阿囉訶帝, 三藐三菩陀耶

나무 바가바제, 사계야모나예, 다타가다야, 아라하제, 삼막삼보타야

존귀한 님, 석가모니불(釋迦牟尼佛)135)이신 이렇게 오신 님, 거룩한 님, 올바로 원만히 깨달은 님께 귀의합니다.

---

134) 舍雞野母那曳 : Xog. 39의 밀교적 밀의적 해석에 의하면, 사계야모나(舍雞野母那)의 나라는 『법화경』에서는 동북쪽이라고 하지만 북쪽에 있다. 석가모니불은 북쪽에 있는 부처님이다.

135) 석가모니불(釋迦牟尼佛) : 샤끼야무니 가우따마(Śakyamuṇi Gautama)이다. 그는 과거 25불 가운데 마지막 25번째의 부처님으로 역사적인 부처님이다. 까삘라바쓰뚜(Kapilavastu)의 슛도다나(ddhodana) 왕과 왕비인 마야(Māyā) 부인 사이에서 태어났다. 태어난 곳은 룸비니(Lumbinī) 동산이다. 생후 7일 만에 마야 부인이 돌아가자 이모 마하쁘라자빠띠 가우따미(Mahāprajāpatī Gautamī)가 그를 양육했다. 그는 라미야(Ramya), 쑤라미야(Suramya), 쑤바(Subha)의 세 궁전에 살면서 젊어서 야쇼다라(Yasodharā)와 결혼해서 라홀라(Rāhula)라는 아들을 두었다. 29세에 출가해서 6년간의 고행을 한 뒤에 마가다 국의 네란자라 강 근처에서 정각을 이루었다. 그때 처녀 쑤자따(Sujātā)가 유미죽을, 목동 쓰와쓰띠까(Svastika)가 자리 풀인 길상초를 제공했다. 그리고 보리수는 아자빨라(Ajapāla) 나무였다. 초전법륜은 리쉬빠따나(Ṛṣipatana)에서 까운디니야(Kauṇḍinya) 등 다섯 수행승에게 행했다. 샤끼야무니 가우따마의 10대제자로는 샤리뿌뜨라, 마우드갈리야야나, 마하 까씨야빠, 아누룻다, 쑤부띠, 뿌르나, 까띠야야나, 우빨리, 라홀라, 아난다가 있었으며 수행녀로는 비구니 교단을 이끌던 이모 마하쁘라자빠띠 가우따미가 유명했다. 신도로는 장자 아나타삔다다(Anāthapiṇḍada)로 알려진 싸닷따(Sadatta)가 유명하고 빔비싸라(Bimbisāra) 왕, 쁘라쎄나지뜨(Prasenajit) 왕 등도 불교의 보호자로 잘 알려져 있다. 45년간의 중생교화를 끝내고 꾸씨나가라(Kusinagara)에서 열반에 들었다. Kih. 66에 따르면, 이 석가모니불은 밀교만다라에서는 오불이나 칠불의 하나이지만 비로자나불을 주존으로 하는 순밀(純密)과 달라서 잡밀(雜密)의 단계에서는 본 다라니처럼 모두(冒頭)에서 석가불에게 귀의 표시하여 불교의 골격을 유지하면서 7여래에 속하게 된다.

67-71. namo bhagavate ratna-ketu-rājāya tathāgatāya arhate samyaksambuddhāya

나무 바가바떼 라뜨나 께뚜 라자야 따타가따야 아르하떼 싸미약 쌈붓다야

南無 婆伽婆帝, 刺怛那 雞都 囉闍耶,136) 跢他伽多耶, 阿囉訶帝, 三藐三菩陀耶

나모 바가바제, 라달나 계도 라자야, 다타가다야 아라하제 삼막삼 보타야

존귀한 님, 보당왕불(寶幢王佛)137)이라는 이렇게 오신 님, 거룩한 님, 올바로 원만히 깨달은 님께 귀의합니다.

6. 〔다섯 부처님 부족의 주심(五部呪心)〕

72. tebhyo namaskṛtya

떼비요 나마쓰끄리띠야

帝瓢 南無 薩羯唎多138)

---

136) 刺怛那 雞都 囉闍耶 : Xog. 40에 따르면, 라달나계도라자야(刺怛那雞都囉闍耶)는 보광불(普光佛)과 보당왕불(寶幢王佛)의 두 부처님을 지칭하며, 보적불(寶積佛)과 보승불(寶勝佛)을 의미할 수도 있으며, 남방의 보물부족[寶部族]에 속한다. 이 절의 제목에서 속법이 지칭하는 육방불(六方佛)은 서방의 아마타불, 동방의 아촉불, 중앙의 약사여래불, 중앙의 개부화왕불, 북방의 석가모니불, 남방의 보당왕불을 지칭한다.

137) 보당왕불(寶幢王佛: ratna-ketu-rāja) : 보성불(寶星佛), 보당불(寶幢佛), 보당왕불(寶幢王佛), 보화당왕불(寶花幢王佛)이라고도 하며, 아침에 떠오르는 적백-광명의 빛깔을 하고 있는데, 일체지(一切智)를 얻기를 서원하는 것으로 깃발을 삼아 보리수하에서 마구니의 항복을 받고, 성불했다. 몸은 엷은 황색, 가사는 붉은 색에 편단우견(偏袒右肩)하고 왼손은 안으로 향하고 가사는 두 모서리를 접어 가슴에 대고, 오른손은 팔을 굽혀 드리우고 밖으로 향하게 하고 손가락은 촉지인(觸地印)을 하고 있다. 제8식을 전식득지(轉識得智)한 대원경지(大圓鏡智)의 지혜를 갖고 있다. 태장계만다라(胎藏界曼茶羅)에서는 중대팔엽원(中臺八葉院)의 동방에 있다.

138) 帝瓢 南無 薩羯唎多 : Xog. 41의 밀의적 해석에 의하면, 제표(帝瓢)는 '삼보'를 포함하는 것인데, 그 가운데 불보(佛寶)와 관련해서는 비로자나불을 지칭하는 것이

제표 나무 살갈리다
이러한 모든 존귀한 님들께 귀의하오니,

73-77. etad-bhagavatī sa-tathāgatoṣṇīṣa-sitātapatrā namāparājitā pratyaṅgīrā

에따드 바가바띠 싸따타가또슈니샤 씨따따빠뜨라 나마 아빠라지따 쁘라띠양기라

翳曇 婆伽婆多, 薩怛他伽都瑟尼釤, 薩怛多般怛嚂, 南無阿婆囉視耽般囉帝揚岐囉139)

예담 바가바다, 살달타가도오슬니삼, 살달다발달람, 나무아파라지탐, 반라디양기라

이 존귀한 님, 여래의 불정에서 나투시어, 승리하여 패하지 않고, 사악한 주력에서 뭇삶을 수호하시는140) 백산개불모141)께서는

고, 법보(法寶)와 관련해서는 관정부(灌頂部 : Abhisecanī)를 지칭한 것이고, 승보(僧寶)와 관련해서는 금강사(金剛師)를 지칭하는 것이다. 살갈리다(薩羯唎多)는 '한 마음으로 돌아가 예경하고'라는 뜻이다.

139) 翳曇 婆伽婆多, 薩怛他伽都瑟尼釤, 薩怛多般怛嚂, 南無阿婆囉視躭 般囉帝揚岐囉 : Xog. 41-42의 밀의적 해석에 따르면, '예담바가바다(翳曇婆伽婆多)'는 모든 다르마들은 성자들에 의해 존중받는다는 것을 뜻한다. 살달타가도슬니삼(薩怛他伽都瑟尼釤)는 부처님의 백산개에 귀명한다는 뜻이고, 살달다(薩怛多)는 보석으로 덮인 것을 의미하고 반달람(般怛嚂)은 꽃으로 장식한 산개를 뜻하는데, 비로자나불의 전두부에서 출현한 모든 다라니의 심장인 핵심 다라니를 나타낸다. '아바라시탐(阿婆囉視躭)은 '정복할 수 없는' '비교할 수 없는'이라는 뜻이고, 반라제양기라(般囉帝揚岐囉)에서 반라제(般囉帝)는 초월의 길인 바라밀(波羅蜜 : pāramitā)을 뜻하고, 양기라(揚岐囉)는 고동인데, 다르마의 고동이 불면, 모든 유해한 악마들이 격파되고 조복되어 일체의 뭇삶들을 피안에 이르게 한다는 뜻을 갖고 있다.

140) 사악한 주력[呪詛]에서 뭇삶을 수호하는 님 : 역자가 쁘라띠양기라(pratyaṅgī-rā)를 번역한 것인데, Zhang. 327쪽에 의하면 전통적으로 중국에서는 조복(調伏)이나 비호(庇護), 비호중생(庇護衆生)의 의미 또는 나아가서 「슈랑가마다라니」를 염송하는 자의 평정한 지혜의 상태로 해석되어 왔다. 그러나 인도신화적으로 유추하면, 그 의미는 주저(呪詛)를 막아내는 힘을 체득한 여신[反呪詛女神]을 뜻한다. 시바 신의 비(妃)인 두르가(Durgā: SD. 116을 참조) 여신의 별칭이다. Chung. 77에 따르면,

78-79. sarva-bhūta-graha-nigraha-karaṇī

싸르와 부따 그라하 니그라하 까라니

薩囉婆 部多 揭囉訶, 尼羯囉訶 揭迦囉訶尼142)

살라바 부다 게라하 니갈라하 갈가라니

모든 부따143)의 악귀들을 제압하시고,

앙기라스(Aṅgīras)는 리그베다 시대의 사제로서 대중이 바라는 바대로의 소망(所望)과 주저(呪詛)에 대처하는 사제관이었다. 그의 노래는 리그 베다 찬가에 들어있다. 우선 반주저의 시로서 다음과 같은 것이 있다: "주저(呪咀)여, 우리를 떠나거라/산불이 늪을 피해가듯/ 주저(呪詛)를 행하는 자를 쳐부수어라/벼락이 나무를 쓰러뜨리듯//(RV. 6, 37, 3) 그리고 연명의 소망을 담은 시는 다음과 같다 : 여기로부터 떠나거라/ 발에서 죽음의 묶음을 풀어라/ 이 세상과 끊기지 않게 하라/ 불과 햇볕에서 끊이지 않게 하라//(RV. 8, 1, 4) 그밖에 도박에서의 승리기원을 담은 시도 있다: 벼락이 나무를 넘어뜨리듯/ 오늘은 승부를 겨루는 저들을/ 내가 주사위로 패배케하리라//(RV. 7, 50, 1)

141) 백산개불모(白傘蓋佛母: sitātapatrā) : 여기서 여래의 불정(佛頂)에서 나투신 백산개불모는 대불정백산개다라니(大佛頂白傘蓋陀羅尼: 「슈랑가마다라니」)를 의미하며 그것이 존귀한 님[世尊]으로 불격화되면, 백산개불정륜왕(白傘蓋佛頂輪王)이라고도 하고 백산개불모(白傘蓋佛母)라고도 한다. 여기서는 존귀한 님에 대해 여성형어미를 사용했으므로 백산개불모라고 번역한 것이다. 몸은 황색이고, 왼손에 연화를 잡고 있고 연화위에 백-광명의 산개가 있다. 오른손은 팔을 굽히고 손가락은 굽혀 대지두지상(大指頭指相)을 하고 있다. 붉거나 흰색의 연꽃좌대위에 있다.

142) 薩囉婆 部多 揭囉訶 尼揭囉訶 羯迦囉訶尼 : 반송본(般宋本. 71)에는 살부부다게라하가라니(薩嚩部多揭囉訶迦囉尼)라고 되어 있다. Xog. 42의 밀의적 해석에 의하면, 부처님의 비밀한 뜻을 아는 천상의 신들이 부처님의 역할을 맡아 다르마를 선포하여 모든 뭇삶을 가르치는 것을 의미한다. 부다(部多)는 위대한 몸(大身)으로 부처님의 정수리를 뜻하고, 게라하(揭囉訶)는 종성(種性)이나 계통(系統)을 뜻하므로 부처님의 정수리가 대승의 종성을 지녔다는 의미이다. '니게라하 갈가라하니(尼揭囉訶 羯迦囉訶尼)'에서 니게라하(尼揭囉訶)는 그 가운데 니(尼)는 성문 연각 보살의 삼승(三乘)의 지도자를 뜻하므로 대승의 종성을 니지고 성자의 길을 가는 것을 의미한다. 갈가라하니(羯迦囉訶尼)은 인간 천신 성문 연각 보살의 오승(五乘)이 대승의 종성을 지니고 성자의 길을 가는 것을 의미한다.

143) 부따(bhūta) : 한역에서 부다(部多)로 음사하는데, 철학적으로는 존재물(存在物), 피창조물, 세계라는 의미로 쓰이는 반면에, 힌두교에서는 괴물, 정령, 유령, 마물(魔物), 요매(妖魅)의 의미로 쓰인다. 원래 난폭하게 죽은 사람의 혼령인 귀신으로 밤중에 돌아다니며 사람을 헤치며 나무나 외진 곳에 출몰하는 모든 악마적 존재를 포괄하기도 한다.

80. para-vidyāc-chedanī

빠라 비디얏 체다니

跋囉 毖地耶 叱陀儞144)

발라 비디야 질타이

타자들의 사악한 주력을 끊어버리시고,

81-82. akāla-mṛtyu-paritrāyaṇa-karī

아깔라 므리띠유 빠리뜨라야나 까리

阿迦囉 蜜嚟柱, 般嚟怛囉耶儜 揭嚟145)

아가라 밀리주, 반리달라야나 게리

때 아닌 때의 죽음에서 구호하시고,

83. sarva-bandhana-mokṣana-karī

싸르와 반다나 목끄샤나 까리

薩囉婆 畔陀那 慉乞叉那 迦嚟146)

---

144) 跋囉 毖地耶 叱陀儞 : Xog. 42의 밀의적 해석에 의하면, 발라비지야(跋囉毖地耶)의 발라(跋囉)는 지혜(prajñā)를 의미하고, 비지야(毖地耶)는 보리(菩提 : bodhi)를 의미한다. ① 질타이(叱陀儞)는 관세음보살(중앙)의 주심(呪心)의 이름인 적색여의주(赤色如意珠)라고 지적하고 있다. 그에 의하면, 전체의 의미는 삼보가 세상에 상주하면서 뭇삶을 변화시켜 모든 뭇삶이 수행을 통해 깨달음을 얻도록 유도하는 것이다.

145) 阿迦囉 蜜嚟柱 般嚟怛囉耶儜 揭嚟 : Xog. 42의 밀의적 해석에 의하면, ② 아가라(阿迦囉)는 서방 연화부족에 속한 대자비다라니의 주심(呪心)인 '무상비심(無上悲心)'을 뜻한다. ③ 밀리주(蜜嚟柱)는 동방 금강부족에 속한 주심(呪心)으로 견고(堅固)를 뜻한다. ④ 반리달라야(般嚟怛囉耶)의 반리(般嚟)는 탄생, 달라야(怛囉耶)는 보석을 뜻하므로 보생불(寶生佛)의 의미이므로 남방 보물부족의 주심을 나타낸다. ⑤ 녕게리(儜揭嚟)의 '녕(儜)'은 위없는 최상이고, '게리(揭嚟)'은 행위를 뜻하는 갈마를 지칭하므로 갈마부족에 속하는 주심인 법륜을 상징하고 있다.

146) 薩囉婆 畔陀那 慉乞叉那 迦嚟 : Xog. 43의 밀의적 해석에 의하면, 모든 결박이 다섯 부처님 부족과 관계된 다섯 다라니핵심에 의해서 제거될 수 있다는 것을 의미한다. 그에 의하면, 반타나(畔陀那)는 일체제불이 굴리는 법륜에 포함된 다르마를 찬탄하는 것이고, '목걸차나가리(慉乞叉那迦嚟)'는 모든 고통과 어려움을 뛰어넘는 최상의 해탈을 의미한다.

살라바 반타나 목걸차나 가리
모든 결박에서 벗어나게 하시고,

84-85. sarva-duṣṭa-duḥsvapna-nivāraṇi

싸르와 두슈따 두후쓰와쁘나 니바라니
薩囉婆 突瑟吒, 突悉乏般那 儞伐囉尼147)
살라바 돌슬타, 돌실핍반나 이벌라니
일체의 사악한 악몽을 없애버리시고,

86. caturaśītīnāṃ

짜뚜라쉬띠낭
赭都囉失帝南148)
자도라실제남
팔만하고도 사천의

7.〔절복하고 섭수하는 천신들(折攝天神)〕

87-88. grahasahasrānāṃ vidhvaṃsana-karī

---

147) 薩囉婆 突瑟吒, 突悉乏般那 儞伐囉尼 : Xog. 43의 밀의적 해석에 의하면, 돌슬타(突瑟吒)는 장애, 고통, 사견을 의미하는데, 알고 보면, 관자재지(觀自在智)라는 지혜의 빛이다. 돌실핍(突悉乏)는 고통 또는 환희왕(歡喜王)을 의미한다고 보았다. 그 두 단어는 본래 부정적인 것이지만 부정적인 것이 함께 놓이면 긍정적인 것으로 변하여 청정을 나타내고 모든 악몽과 불길한 사건을 제거한다. 그리고 반나이(般那儞)는 지혜를 뜻하고 벌라니(伐囉尼)는 관자재(觀自在)를 뜻한다. 관자재지(觀自在智)가 없이는 잘못에 포함된 진실을 볼 수가 없다. 그러므로 앎과 무지는 지혜(prajñā)로 여겨질 수 있다. 보살과 외도들이 동일한 본성을 갖고 있어 모두 보리(菩提)를 성취할 수 있다.

148) 赭都囉失帝南 : Xog. 43의 밀의적 해석에 의하면, 다르마를 수호하는 삼천대천세계의 무수한 금강중(金剛衆)들을 언급한 것이다. 자도라(赭都囉)는 증오의 극복, 실제남(失帝南)은 재앙의 추방이라는 뜻을 지닌다. 또한 금강신의 두 이름인 '궁(弓)'과 '환희(歡喜)'로 번역된다. 그리고 이 절의 제목은 다섯 부처님 부족(般明本: 80-81의 주석)에 의해 대변되는 다섯 주심(呪心)을 일컫는 것이다.

그라하 싸하쓰라낭 비드방싸나 까리

羯囉訶 娑訶薩囉若闍, 毘多崩娑那 羯唎[149]

갈라하 사하살라약자, 비다붕사나 갈리

천(千)의 귀신들을 쳐부수고,[150]

89-91. aṣṭaviṃśatīnāṃ nakṣatrānāṃ prasādhana-karī

아슈따빈샤띠난 낙샤뜨라남 쁘라싸다나 까리

阿瑟吒冰舍帝南, 那叉剎怛囉若闍, 波囉薩陀那 羯唎[151]

아슬타빙사데남, 나차찰달라약자, 파라살타나 갈리

이십팔성수천신(二十八星宿天神)[152]을 정렬시키시고,

---

149) 羯囉訶 娑訶薩囉若闍, 毘多崩娑那 羯唎 : Xog. 45의 밀의적 해석에 의하면, 갈라하사가살라약자(羯囉訶娑訶薩囉若闍)는 밀의적으로는, 다르마를 수호하는 삼천대천세계의 금강신(金剛神)들인데, 그들은 법회를 조직하여 무수한 뭇삶을 삼보에 귀의하게 만든다. 비다붕사나갈리(毘多崩娑那羯唎)는 금강신들이 모든 사악한 자들을 조복시켜 삼보에 귀의하게 만들며 증오를 부수고 악귀의 위협을 경고한다.

150) 그라하(graha)는 사람에게 달라붙어 떠나지 않는 귀매(鬼魅)를 지칭한다. 그런데 제성모다라니경(諸星母陀羅尼經)을 그라하마뜨리까(grahamātṛka)라고 하는데, 그럴 경우는 '그라하'는 별들을 지칭한다.

151) 阿瑟吒冰舍帝南, 那叉剎怛囉若闍, 波囉薩陀那 羯唎 : Xog. 45의 밀의적 해석에 의하면, 아슬타빙사제남(阿瑟吒冰舍帝南)과 나차찰달라약자(那叉剎怛囉若闍)는 계율을 보호하는 금강신들과 보리도량(菩提道場 : bodhimaṇḍa)을 수호하는 천신들인데, 빛을 방사해서 위험과 재앙과 난관에 처한 존재들을 구원한다. 그리고 별자리를 의미하는 '나차찰달라약자(那叉剎怛囉若闍)'의 나차(那叉)는 존재를 모으는 도구인 갈고리와 쇠사슬을 뜻한다. 그리고 '파라살타나갈리(波囉薩陀那羯唎)'는 다르마의 수호자로 영웅적인 용맹정진으로 피안에 이르러 아수라들을 정복하고 삼보에 귀의하게 만드는 금강살타(金剛薩埵 : Vajrasattva)들이다.

152) 이십팔성수천신(二十八星宿天神) : 브라흐마 신의 아들이며 신들의 사제가운데 우두머리인 성선(聖仙) 닥샤(Dakṣa)의 딸들이자, 짠드라(Candra;月神)의 아내들로서 인격화된 천신들이다. 달이 한 달간 운행하는 백도(白道)에 28성좌가 있다. 처음에는 27개였는데, 후에 28개로 되었다: 1. 묘수(昴宿: kṛttikā), 2. 필수(畢宿 : rohiṇī 또는 brāhmī), 3. 자수(觜宿 : mṛgaśiras 또는 āgrahā yaṇī), 4. 참수(參宿 : ārdā), 5. 정수(井宿 : punarvasū 또는 yāmakau), 6) 귀수(鬼宿 : puṣya 또는 sidhya), 7. 유수(柳宿 : āślesā)[이상 7수는 동방에 있음] 8. 성수(星宿 : maghā), 9. 장수(張宿 : pūrvaphalgunī), 10. 익수(翼宿 : uttaraphalgunī), 11. 진수(軫宿 : hastā), 12. 각수

92-94. aṣṭānāṃ mahāgrahanāṃ vidhvaṃsana-karī

아슈따남 마하그라하낭 비드왕싸나 까리

阿瑟吒南, 摩訶揭囉訶若闍, 毘多崩薩那 羯唎153)

아슬타남, 마하게라하약자, 비다붕살나 갈리

팔대행성신(八大行星神)154)들을 최복(摧伏)시키시고,

95. sarva-śatru-nivāraṇī

싸르와 샤뚜루 니바라니

(角宿 : citrā), 13. 항수(亢宿 : svātī), 14. 저수(氐宿 : viśākhā 또는 rādhā),[이상 7수는 남방에 있음] 15. 방수(房宿 : anurādhā, 16. 심수(心宿 : jyeṣṭha), 17. 미수(尾宿 : mūla), 18. 기수(箕宿 : pūrvāṣāḍhā), 19. 두수(斗宿 : uttarāṣāḍhā), 20. 우수(牛宿 : abhijit), 21. 여수(女宿 : śravaṇā),[이상7수는 서방에 있음] 22. 허수(虛宿 : dhaniṣṭhā 또는 śraviṣṭhā), 23. 위수(危宿 : śataviṣaj), 24. 실수(室宿 : pūrvabhā-drapāda), 25. 벽수(壁宿 : uttarabhādrapāda), 26. 규수(奎宿 : revatī), 27. 누수(婁宿 : aśvinī), 28. 위수(胃宿 : bharaṇī),[이상 7수는 북방에 있음] 이들은 태장계만다라(胎藏界曼荼羅)에서 최외원(最外院)에 배당되어 있다. 상세한 것은 망월5권4039참조하라.

153) 阿瑟吒南, 摩訶揭囉訶若闍, 毘多崩薩那 羯唎 : Xog. 45의 밀의적 해석에 의하면, 아슬타남(阿瑟吒南)은 계율에 귀의한 금강신들인데, 삼천대천세계를 보호하는 천신들로, 놀라운 힘을 갖고 있는 금강수(金剛手)들을 뜻한다. 마하게라하약자(摩訶揭囉訶若闍)은 금강수의 빛으로 대승의 종성으로 유도한다는 뜻이고, 비다붕살나갈리(毘多崩薩那羯唎)는 악을 부순다는 의미인데, 금강장(金剛將)들이 많은 방편을 통해서 악마들을 진압시킨다는 뜻이다.

154) 팔대행성(八大行星)의 신들은 칠대행성[1. 일(日 : Āditya); 태양의 신 2. 월(月: Soma 또는 Candra): 달의 신 3. 화성(火星: Aṅgaraka): 전쟁을 좋아하는 신. 4. 수성(水星: Budha): 전쟁을 좋아하는 신. 5. 목성(木星 : Bṛhaspati): 신들의 스승 6. 금성(金星: Śukra): 악마의 스승 7. 토성(土星: Śainaiścara): 불길한 신]에 8. 라후(羅睺: Rāhu)[일식(日蝕)의 신] 또는 께뚜(計都: Ketu)[월식(月蝕)의 신]를 포함한 것을 말한다. 라후와 께뚜의 전설은 다음과 같다. 모히니(Mohinī: 비슈누 신의 여성형태) 여신이 불사주(不死酒)를 나누어주며 신들의 곁을 지날 때에, 거인인 아수라인 다이띠야(Daitya)가 거드름을 피웠는데, 태양신과 월신이 그의 태도를 비난하자 비슈누 신이 원반으로 그 아수라의 머리를 잘라버렸다. 그러나 그 거인은 불사주 덕분에 다시 살아나 머리는 라후신이 되고 몸은 께뚜신이 되어 하늘에 한 자리를 차지하고 있다. 라후신은 용의 머리 형상에 8마리의 검은 말이 모든 수레를 타고 있고, 께뚜신은 용의 꼬리형상에 8마리의 붉은 말이 모는 수레를 타고 있다.

薩婆 舍都嚧 儞婆囉若闍155)
살바 사도로 이바라약자
모든 원적을 제거시켜주시고,

96. ghora-duḥsvapnānāṃ ca nāśanī
고라 두후쓰와쁘나난 짜 나샤니
呼藍156) 突悉乏難 遮 那舍尼157)
호람 돌실핍난 차 나사니
공포스러운 악몽을 없애주시고,

97-98. viṣa-śastra-agny-udakôttaraṇī
비샤 샤쓰뜨라 아그니 우다꼿따라니
毖沙 舍悉怛囉, 阿吉尼 烏陀迦 囉若闍158)
비사 사슬달라, 아길니 오타가 라약자

---

155) 薩婆 舍都嚧 儞婆囉若闍 : Xog. 45에 따르면, 금강왕(金剛王)들은 뭇삶을 삼보에 귀의하게 하여 원한을 품은 악마를 제어하고 질병을 일으키고 역병을 야기하는 독소를 제거하고 모두가 착하고 행복하도록 만든다.

156) 呼藍 : 반송본(般宋本. 87)에는 거라남(巨囉喃)이라고 되어 있다. 동일한 원음의 음사이다.

157) 呼藍 突悉乏難 遮 那舍尼 : Xog. 44-46의 밀의적 해석에 의하면, 호람(呼藍) 이하는 죽음으로부터 구출한다는 의미이고, 돌실핍(突悉乏)은 금강신(金剛神)이 사용하는 곤봉이고, 난차나사니(難遮那舍尼)는 수천신(水天神)으로 독수(毒水)에 의해 야기되는 모든 질병을 제거하고 생노병사의 고생을 제거시킨다.

158) 毖沙 舍悉怛囉, 阿吉尼 烏陀迦 囉若闍 : Xog. 46의 밀의적 해석에 의하면, 비사(毖沙)는 풍천신(風天神)으로 바람, 추위, 더위, 습기, 건조에 의해 야기되는 질병을 제거하고, 사실달라(舍悉怛囉)는 지천신(地天神)으로 지진이나 화산과 같은 땅과 관계되어 야기되는 모든 질병과 전염병을 제거하고, 아길니(阿吉尼)는 화천신(火天神)으로 모든 열병을 제거하고, '오타가라약자(烏陀迦囉若闍)'는 류마티즘과 신체마비를 치료하는 비람풍천신(毘嵐風天神 : Vairambha)이다. 이 장을 요약하면, 금강신들은 다르마를 의약으로 사용하여 모든 뭇삶을 유독한 질병에서 구제하고 행복을 얻게 만든다. 이 다라니는 천지의 독소에 대한 해독제로서 이 다라니를 외우면 부지불식간에 좋은 영향을 미쳐서 천지의 부조화를 해소하고 그들에게 건강을 돌려준다.

독 · 칼 · 불 · 물의 재앙에서 구제하여주십니다.159)

8. 〔칠 요소의 성존들(七大諸聖)〕

99. aparājita-ghorā

아빠라지따 고라

阿般囉視多 具囉160)

아반라시다 구라

경외의 무능승명왕(無能勝明王) 님,161)

100. mahā-bala-caṇḍā

마하 발라 짠다

摩訶 般囉 戰持162)

마하 발라 전지

---

159) 독 · 칼 · 불 · 물의 재앙에서 구제하는 님입니다 : 이상은 불정백산개다라니의 공덕을 이야기한 것이다. Chung. 19에 따르면, 본래의 백산개다라니는 여기까지이지만 여기에 불교의 성자, 힌두교의 신들에게 기원하는 구절이 첨가되어 불정백산개다라니가 성립한다.

160) 阿般囉視多 具囉 : Xog. 47의 밀의적 해석에 의하면, 아반라시다구라(阿般囉視多具囉)는 최상으로 장식된 성자들의 무리란 뜻으로, ① 미륵보살(彌勒菩薩: Maitreya Bodhisattva; 의식의 요소[識大]를 통한 원통을 이룬 자), ② 대세지보살(大勢至菩薩; Mahāsthāmaprāpta Bodhisattva; 감관의 요소[根大]를 통한 원통을 이룬 자)와 ③ 향엄동자(香嚴童子: 냄새를 통해 원통을 이룬 자) 등을 지칭한다.

161) 무능승명왕(無能勝明王: Aparājita) : 군다리보살(軍荼利菩薩: Kuṇḍalī)이라고도 하며, 석가모니불이 보리수하에서 성도할 때에 주력으로서 마군을 퇴치하고 항복시킨 대분노(大忿怒)의 보살이다. 네 개의 얼굴과 네 개의 팔을 갖고 있고, 네 얼굴이 모두 눈썹을 찌푸린 분노의 모습을 하고 있고 불꽃머리를 하고 있다. 오른쪽의 첫 번째 손은 금강저를 쥐고 집게손가락을 펴고, 두 번째 손은 중지와 무명지로서 엄지를 누루고, 팔꿈치를 굽혀 위로 향하고 승리의 자세를 취하고, 왼손의 첫 번째 손은 삼지창을 쥐고, 두 번째 손은 도끼를 쥐고 있다. 아빠라지따(Aparājita: SD. 16-19 참조)는 힌두교에서는 루드라(Rudra) 신의 이름이기도 하다.

162) 摩訶般囉戰持 : Xog. 46-47의 밀의적 해석에 의하면, 대력진노왕(大力瞋怒王)이지만, 밀의적으로는 ③ 월광보살(月光菩薩; Candraprabha Bodhisattva; 물의 요소[水大]를 통한 원통을 이룬 자)를 지칭한다.

분노의 대력금강(大力金剛) 님,163)

101. mahā-dīptā

마하 딥따

摩訶 疊多164)

마가 첩다

광대한 화염을 뿜어내는 님,165)

102. mahā-teja

마하 떼자

摩訶 帝闍166)

마하 제자

위대한 위광을 지닌 님,167)

---

163) 대력금강(大力金剛): 선정력(禪定力)이 광대하여 대력(大力)이라고 한다. 내정력(內定力)이 견고하고 외만행(外萬行)을 확립하여 행족용맹(行足勇猛)하다. 입을 열고 눈을 부라리며 분노하고 머리는 불꽃머리를 하고 있다. 오른손을 팔을 굽혀 손바닥을 위로 하고 네 손가락을 약간 굽히고 엄지는 열어둔다. 왼손은 팔을 들고 몸을 향해 독고저(獨鈷杵)를 들고 있다. 오른발을 기울이고 왼발은 굽히고 각 발은 연화를 타고 비상하는 모습을 취한다.

164) 摩訶 疊多 : Xog. 47의 밀의적 해석에 의하면, 마가첩다(摩訶疊多)가 불과 관계된 천신(火天神)으로, 밀의적으로는 화두금강대장(火頭金剛大將), 즉 ④ 웃추슈마(Uc- chuṣma : 除穢忿怒尊, 烏芻瑟摩; SD. 101참조; 불의 요소[火大]를 통한 원통을 이룬 자)를 지칭한다.

165) 광대한 화염을 뿜어내는 님 : Xog. 47의 해석에 따라 웃추슈마(Ucchuṣma : 除穢忿怒尊, 烏芻瑟摩)라고 한다면, 예적금강(穢積金剛)을 지칭하는 것인데, 부동명왕(不動明王), 항삼세명왕(降三世明王), 무능승명왕(無能勝明王: 軍茶利)과 함께 사대명왕의 한 분이다. 뭇삶이 출산시의 부정(不淨)과 오예(汚穢)을 제거하고 독사나 악귀 등을 물리치는 역할을 한다. 눈은 붉고 몸은 청흑색이고 몸에서 화염을 방사한다. 네 개의 팔에 오른쪽 윗손에 칼을, 그 아랫손에 라삭(羅索)을, 왼쪽의 윗손에 타차봉(打車奉)을, 아랫손에 삼고차(三股叉)를 들고 있다.

166) 摩訶 帝闍 : Xog. 47의 밀의적 해석에 의하면, 마하제자(摩訶帝闍)는 공계와 관계된 천신(空天神)인데, ⑤ 허공장보살(虛空藏菩薩: Akāśagarbha Bodhisattva; 허공의 요소[空大]를 통한 원통을 이룬 자)을 지칭한다.

103. mahā-śveta-jvālā

마하 슈웨따 즈왈라

摩訶 稅多 闍婆囉168)

마하 세다 자바라

위대한 백-광명을 지닌 님,169)

104. mahā-bala-pāṇḍara-vāsinī

마하 발라 빤다라 바씨니

摩訶 跋囉 槃陀囉 婆悉儞170)

---

167) 위대한 위광을 지닌 님 : Xog. 47의 해석에 따라, 허공장보살(虛空藏菩薩)이라면, 다음과 같다. 허공은 파괴되지 않고, 대보장(大寶藏)을 지니고 있어, 허공장보살은 원하는 자에게 자재하게 궁핍을 제거하고, 이락중생(利樂衆生)하고 법보자재(法寶自在)를 수용한다. 몸은 자금색이고 정수리에 오불(五佛)이 있고, 왼손에 시무외(施無畏), 오른손에는 연화를 들고 있다. 청련화 좌대위에 월륜 가운데 앉아 있다. 그러나 『법화경』(法華經)에서는 대위덕(大威德: Mahāteja), 대신(大身: Mahākāya), 대만(大滿: Mahāpūrṇa), 여의(如意: Maharddhiprāpta)라는 이름의 사대가루라왕(四大迦樓羅王)이 나온다. 따라서 위대한 위광을 지닌 님은 위대한 가루라(迦樓羅), 즉 태양조(太陽鳥) 또는 금시조(金翅鳥: SD. 194와 주석을 참조하라)라고 불리는 가루다(Garuḍa)의 명칭인 것을 알 수 있다.

168) 摩訶 稅多 闍婆囉 : Xog. 47의 밀의적 해석에 의하면, 마가세다자바라(摩訶稅多闍婆囉)는 빛을 명상하는 천신(觀光天)인데, 세다(稅多)는 흰 옷을 입은 자이고, 자바라(闍婆囉)는 빛을 명상하는 자재자로 밀의적으로는 백의관세음보살(白衣觀音菩薩)을 지칭한다.

169) 위대한 백-광명을 지닌 님 : 슈웨따바가바띠(Śvetabhagavatī)를 뜻한다. 한역에서는 백신보살(白身菩薩) 또는 백신관자재보살(白身觀自在菩薩)이라고 한다. 몸은 백황색이고 왼손에 연화를 들고 있고 오른손은 다섯 손가락을 펴서 덮어 어깨를 향하고 팔꿈치를 무릎위에 대고 약간 무릎을 세우고 붉은 연꽃위에 앉아있다. 백황색의 연화는 본래청정을, 오른손을 무픞 위에 두는 것은 불지(佛智)의 수행성취를 의미한다. 널리 뭇삶을 교화하는 까닭에 보화금강(普化金剛)이란 밀호를 갖고 있다.

170) 摩訶 跋囉 槃陀囉 婆悉儞 : Xog. 47의 밀의적 해석에 의하면, 마하발라반타라파실이(摩訶跋囉槃陀囉婆悉儞)는 대력천신(大力天神)들인데, 밀의적으로는 발라(跋囉)는 보현보살(普賢菩薩), 반타라(槃陀囉)는 주리반특가(周利槃特迦) 존자, 바실이(婆悉儞)는 과거 용광왕불(龍光王佛) 시대에 사지보살(四地菩薩)이었던 파사익(波斯匿)을 지칭한다.

마하 발라 반다라 바실이

위대한 힘을 지닌 백의관음(白衣觀音) 님,171)

105. ārya-tārā

아리야 따라

阿嚟耶 多囉172)

아리야 다라

고귀한 따라 보살님,173)

---

171) 위대한 힘을 지닌 백의관음(白衣觀音) : 백주처보살(白住處菩薩)이라고도 번역하는데, 항상 보리심으로 지내는 보살이라는 뜻이다. 보리심은 부처님의 경계에서 생겨나므로 항상 보리심에 주하므로, 능히 모든 부처님을 생산하는 관음모(觀音母)이다. 몸은 백황색이고 흰옷을 입고 있고 왼손에 활짝 핀 연꽃을 들고 있다. 오른손에는 여원인(與願印)을 하고 손가락은 펴고 손바닥을 밖으로 향하고 허리에 두고 있다. 붉은 연꽃좌대 위에 결가부좌하고 있다. 보관에 화불이 있고 정상에 오색구름이 있고 구름위에 부처가 있다.

172) 阿嚟耶 多囉 : Xog. 47의 밀의적 해석에 의하면, 아리야다라(阿嚟耶多囉)는 대성신중(大聖神衆)인데, 밀의적으로는 ⑥ 지지보살(持地菩薩: Dharaṇimdhara Bodhisattva; 땅의 요소[地大]를 통한 원통을 이룬 자)을 지칭한다.

173) 따라(Tārā) : '따라'는 '별' 또는 '여자구세주'라는 의미를 지녔고 힌두교에서 '기도의 주존'인 브리하쓰빠띠(Bṛhaspati)의 비(妃)이자 일찍이 모든 힌두교의 위대한 여신에게 주어지는 별칭이었다. 또한 악마와 싸우는 영웅적인 여신인 두르가(Durgā) 여신의 별칭 가운데 하나이다. 그녀는 마하뜨미야(Mahātmyā)란 이름으로 아수라를 정복한다. 호랑이를 타고 있는 씽하바히니(Siṃhavāhinī)의 형상에서 칼과 방패를 지니고 있는데, 지혜와 다르마[法]를 상징한다. 한편 그녀는 허공을 함께 나누어 가지는 깔리 여신의 형상을 취하고 있고 그녀의 네 개의 팔과 머리는 뱀으로 휘감겨있다. 또한 그녀는 나찰의 잘려진 머리를 들고 있고, 세계의 정기인 피를 마시는 성배를 들고 있다. 밀교에서는 마하비디야(Mahāvidyā) 여신로서 해탈로 이끄는 굶주림의 힘을 상징하고 있다. 그리고 '별'로서 항해에서 방향타[키]를 지닌 것으로 묘사된 여신이었다. 불교에서는 관세음보살의 화신이므로 다라존관음(多羅尊觀音) 또는 다라관세음(多羅觀世音)이라고도 한다. 티베트에서는 될마(sGrol-Ma)라고 하는데, 구도모(求度母)라는 의미이다. 육진(六塵)의 생사대해(生死大海)에서 뭇삶을 구제하는 보살이다. 관세음보살의 눈동자에서 태어난 아름다운 보살로서 모든 재앙에서 뭇삶을 구제하는 보살이다. 백색-따라 보살과 녹색-따라 보살의 두 종류가 있다. 백색-따라 보살은 무병식재(無病息災)와 연명장수 등의 식재법(息災法)에 관계되는 반면에 녹색-따라 보살은 초복, 재운 등의 증익법(增益法)과 관계되지만, 반드시 그런 것은 아니

106. bhṛkuṭī

브리꾸띠

毘㘑俱知174)

비리구지

브리꾸띠 님,175)

107. caiva vijayā

짜이와 비자야

誓婆 毘闍耶176)

다. 따라 보살은 팔난(八難) ① 사자 ② 코끼리 ③ 불[火] ④ 독사 ⑤ 도적 ⑥ 가쇄(枷鎖) ⑦ 해파(海波) ⑧ 식육귀(食肉鬼)에서 뭇삶을 구제한다. 이 팔난의 숨겨진 밀교적 의미는 인간이 퇴치해야 할 여덟 가지 번뇌, 즉 ① 자만 ② 무지 ③ 진에 ④ 질투 ⑤ 사견 ⑥ 간탐 ⑦ 탐욕 ⑧ 의혹을 상징한다.

174) 毘㘑俱知 : Xog. 47-48의 밀의적 해석에 의하면, 비리구지(毘㘑俱知)는 최승왕(最勝王)인데, 밀의적으로는, ⑦ 유리광보살(琉璃光菩薩; Vaidurya Bodhisattva; 바람의 요소[風大]를 통한 원통을 이룬 자)를 지칭한다. Chung. 106에서는 축액여존(蹙額女尊), Zhang. 106에서는 분노모(忿怒母)라고 번역한다.

175) 브리꾸띠(bhṛkuṭī) : 이맛살을 찌푸린 성모라는 뜻인데, 힌두신화에 따르면, 두르가(Durgā: SD. 116을 참조) 여신의 온화한 형태인 암비까 여신의 화난 이맛살에서 천상의 아름다움을 지닌 한 여신이 나타났는데, 아수라가 그녀를 차지하려고 하자, 화난 이맛살에서 무시무시한 표정의 두르가(Durgā) 여신이 나타나, 모든 악마를 죽이고 아수라마저 죽였다. 분노모신은 악마의 처치자로서의 두르가 여신이자, 만물을 낳고 만물을 삼키는 깔리(Kali) 여신이기도 하다. 불교에 와서 브리꾸띠(bhṛkuṭī)는 비구지관음(毘俱胝觀音) 또는 분노명비(忿怒明妃), 분노승모(忿怒勝母)라고 불리웠다. 태장계만다라 관음원 동방에 배치되어 있다. 관세음보살의 이마의 주름에서 출생하여 대분노의 형상을 하고 태만하고 아집에 싸여있는 자들을 항복시킨다. 몸에는 네 개의 팔이 달려있고, 오른쪽 한 손은 염주를 드리우고, 한 손은 시원인(施願印)을 하고, 왼쪽의 한 손은 연화를 갖고 한 손을 군지(軍持)를 갖는다. 얼굴에는 세 개의 눈이 있고 비로자나불의 발계관(髮髻冠)을 하고 있다.

176) 誓婆 毘闍耶 : Xog. 48의 밀의적 해석에 의하면, 서바(誓婆)와 비자야(毘闍耶)는 최승왕들이지만, 밀의적으로는 약왕보살(藥王菩薩)과 약상보살(藥上菩薩)의 두 보살을 지칭한다. 이 장에서는 일곱 요소의 천상의 성자가 『수능엄경』에서처럼 칠대원통(七大圓通) 즉, 일곱 요소의 완전한 꿰뚫음에 의한 성취를 이룬 보살로서 의식의 요소를 원통한 미륵보살, 감관의 요소를 원통한 대세지보살, 물의 요소를 원통한 월광

서바 비자야

뿐만 아니라 또한 승리자로서,177)

9. 〔다섯 부처님 부족의 법장군(五部法將)〕

108-109. vajra-māleti viśrutā

바즈라 말레띠 비슈루따

跋闍囉 摩禮底, 毘舍嚧多178)

발자라 마례저, 비사로다

금강의 꽃타래를 지닌 님으로179) 잘 알려진,

동자, 자불의 요소를 원통한 화두금강대장(火頭金剛大將) 웃추슈마, 허공의 요소를 원통한 허공장보살, 바람의 요소를 원통한 유리광보살이 나온다. 물론 『수능엄경』에서는 부처님의 요청으로 25성자들이 어떻게 모든 장애를 부수고 보리를 성취하는지 모두 열거한다. 우선 여섯 성자가 여섯 감관에 대하여 지속적인 순수한 관찰을 통해서 삼매를 얻게 되었는가를 설명한다. 또한 여섯 성자가 여섯 감관의 대상이 수행을 통해 얼마나 허망한 것을 깨달았는가와 감관을 되돌려서 근본을 따르게 되었는가를 설명한다. 그리고 여섯 성자가 여섯 감관의식에서 벗어야 마음으로 되돌려 본성을 깨닫게 되는가를 설명한다. 그리고 일곱 성자가, 일곱 가지 요소가 시방(十方)이 진공(眞空)과 구별되지 않는 것을 통해서, 무생법인(無生法忍)과 보리성취(菩提成就)를 얻는다. 문수보살(文殊菩薩)은 관세음보살(觀世音菩薩)에 의해 이근원통(耳根圓通)을 지복을 얻기 위한 가장 수승한 수행방법으로 선택한다.

177) 뿐만 아니라 또한 승리자로서 : 힌두신화에 의하면 승리자인 비자야(Vijayā)는 시바 신의 비(妃)인 두르가 여신(Durgā: SD. 116을 참조)의 별칭이다.

178) 跋闍囉 摩禮底 毘舍嚧多 : Xog. 49의 밀의적 해석에 의하면, 사물을 산산히 부수어 가루내는 금강신들의 무리인데, 밀의적으로는 발자라(跋闍囉)는 금강계(vajra-dhātu)에서 다섯 부처님 부족을 보호하는 법장군(法將軍)으로서 금강장보살(金剛藏菩薩)을, 마례저(摩禮底)는 ① 갈마부족을 보호하는 다수의 분쇄하는 금강신(金剛神), 비사로다(毘舍嚧多)는 다섯 부처님 부족을 다스리고 금강계의 장왕(將王)들의 주존인 ② 여래부족의 비로자나불이다.

179) 금강 꽃타래를 지닌 님 : Kih. 108에서는 금강염주여존(金剛念珠女尊)이라고 번역한다. 그러나 금강 꽃타래를 지닌 님은 금강만(金剛鬘) 보살은 금강계만다라삼십칠존의 한 분으로 일체화만으로 제불보살을 공양하는 분이다. 백황색 피부의 천녀의 형태를 하고 있고 두 손에 꽃타래를 취해 묶고 있다. 꽃타래는 보리분법(菩提分法)의 꽃타래를 뜻한다. 보생불(寶生佛)이 대일여래(大日如來)를 공양하기 위해 유출한 몸이다.

110. padmakā

빠드마까

敦騰罔迦[180]

발등망가

연화 위의 존자님,[181]

111. vajra-jihvā ca

바즈라 지흐와 짜

跋闍囉 制喝那阿 遮[182]

발자라 제갈나아 차

금강의 혀를 지닌 님,[183]

112. mālā caivāparajitā

말라 짜이와 아빠라지따

摩囉 制婆 般囉質多[184]

---

180) 敦騰罔迦 : Xog. 49의 밀의적 해석에 의하면, 조복시키는 것 또는 홍련화라는 의미인데, ③ 보물부족(寶部族)을 보호하는 금강신의 이름이다.

181) 연화위의 존자님 : 앞의 금강 꽃타래를 지닌 님을 지칭한다. Kih. 110에서는 연화좌여존(蓮華坐女尊)이라고 번역한다.

182) 跋闍囉制 喝那阿 遮 : 한역에서 금강설(金剛舌)이라고 한다. Xog. 48의 밀의적 해석에 의하면, 발자라제갈나아차(跋闍囉制喝那阿遮)는 모든 것을 항복시키는 금강역사로서 ④ 금강부족을 보호하는 금강신의 이름이다.

183) 금강의 혀를 지닌 님: 금강설(金剛舌: Vajra-jihva) 또는 금강어(金剛語: Vajra-bhāṣa)라고 하며, 금강계삼십칠존의 한 분으로 서방 ⑤ 아미타불의 부족에 속한다. 64종의 법음을 널리 시방에 전하여 뭇삶에 따라 법익을 얻게 한다. 형상은 살색으로 왼손을 주먹을 쥐고 가부좌에 안치하고 오른손은 여래설(如來舌)을 지니고 가슴에 두고 있다.

184) 摩囉制婆 般囉質多 : Xog. 49의 밀의적 해석에 의하면, 보물방망이를 든 금강신들(金剛寶杵衆)을 뜻하는데, 마라제파(摩囉制婆)는 관정부(灌頂部 : abhiṣecanī), 즉 여래부족를 보호하는 금강신들을 지칭하고, 반라질다(般囉質多)는 연화부족을 보호하는 금강신들을 지칭한다.

마라 제바 반라질다

또한 불패의 꽃타래185)를 갖춘

113. vajra-daṇḍī

바즈라 단디

跋闍囉 檀持186)

발자라 단지

금강의 칼을 지닌 님,187)

114. viśālā ca

비샬라 짜

毘舍羅 遮188)

비사라 차

위대한 님으로

115. śānta-videha-pūjitā

샨따 비데하 뿌지따

扇多舍 鞞提婆 補視多189)

---

185) 불패의 꽃타래 : 보리분법(菩提分法)의 꽃타래를 지칭한다.

186) 跋闍囉 檀持 : Xog. 48-49의 밀의적 해석에 의하면, 발자라단지(跋闍囉檀持)는 보검을 지닌 금강신들(金剛寶劍神)을 뜻하는데, 다섯 가지 유가행법(SD. 114-116참조)으로 특징지어지는 해탈(解脫)과 무생(無生)으로 번역된다.

187) 金剛杖 : 속법의 해석에 따르면, 금강리(金剛利) 또는 금강검(金剛劍)을 뜻한다, 금강계37존의 하나로 아미타불의 부족에 속한다. 그는 문수보살의 화신으로 반야바라밀의 날카로운 칼로 자타무량의 번뇌에서 오는 모든 고통을 끊어버린다. 몸은 금색이고 왼손에 꽃과 범협(梵篋)을 들고 오른손에는 날카로운 칼을 들고 있다. 몸의 금색은 불지성만(佛智盛滿)을, 범협은 정중불지(定中佛智)를, 날카로운 칼은 단혹제장(斷惑諸障)을 상징한다.

188) 毘舍羅遮 : 반송본(般宋本. 108)에는 비사라마(毘舍羅摩)로 되어 있다. Xog. 50의 밀의적 해석에 의하면, 비사라차(毘舍羅遮)는 강력한 힘을 지닌 천신역사(天神力士)인데, 다섯 가지 유가행법 가운데 ① 항복법(降伏法 : abhicaraka)과 관계된다.

선다사 비제바 보시다
죽음을 평정하고 공양을 받으시는

116. saumya-rūpā

싸우미야 루빠

蘇摩 嚧波190)

소마 로파

싸우미야 여신님.191)

---

189) 扇多舍 鞞提婆 補視多 : Xog. 50의 밀의적 해석에 의하면, 선다사(扇多舍)는 천신역사(天神力士)인데 다섯 가지 유가행법 가운데 재앙을 없애는 ② 식재법(息災法 : śāntika)과 관계되고, 비제바(鞞提婆)는 천재역사(天才力士)로서 유가행법 가운데 제존을 불러 소집하는 ③ 구소법(鈎召法 : ākarṣaṇī)과 관계되고, 보시다(補視多)는 천재역사(天才力士)로서 유가행법 가운데 이익을 증진시키는 ④ 증익법(增益法 : pauṣṭika)과 관계된다.

190) 蘇摩 嚧波 : Xog. 50의 밀의적 해석에 의하면, 소마로파(蘇摩嚧波)는 천재역사(天才力士)로서, 유가행법 가운데 ⑤ 경애법(敬愛法 : vaśīkaraṇa)과 관계된다.

191) 불당본(不唐本.)에서는 saumirupā, Kimu. 116과 Zhang. 116에서는 saumyarūpā로 환원하고 각각 '우아한 자태를 지닌 자' 또는 '선상존자(善相尊者)'라고 해석하고 있다. Chung. 116에서는 sumāyarūpa로 환원하고 '뛰어난 주술자의 모습을 한 여존'이라고 번역한다. 그러나 인도신화에 따르면, 싸우미야(Saumyā)는 '아름다운 자[美女]'라는 뜻을 가진 두르가(Durgā) 여신의 이름이다. 인도에서 두르가 여신은 자신의 사원이 별도로 지어질 정도로 높이 숭앙받는 여신으로 아리안 문화 이전의 드라비다 족의 모신(母神)의 문화를 계승하고 있다. 시바교에 수용되어 시바 신의 비(妃)가 되었고, 비슈누교에 수용되어 크리슈나 신의 누이가 되었다. 두르가 여신은 모성애적 어머니로 등장하기도 하고 젊은 처녀의 형태로 나타나기도 하고 악마와 싸우는 형태로 영웅적 여신으로 등장하기도 한다. 여기서 죽음을 평정하는 두르가 여신에 얽힌 이야기는 다음과 같다. 물소 형상의 아수라 마히샤(Mahisa)가 빈디야 산맥에 살았는데 한 번은 신들을 공격했다. 그런데 한 아름다운 여신이 신들의 단합된 힘으로 사자를 타고 장신구와 천상의 무기들을 들고 나타났다. 또는 다른 인도신화에 의하면, 아수라의 지도자 마히샤가 인드라[帝釋天: SD. 15를 참조] 군대에 대항하여 여러 가지 형상을 나투다가, 한번은 죽음을 상징하는 물소의 형상을 나투었다. 두르가 여신은 사자위에 올라타서 악마 마히샤와 싸워 그를 평정하고 죽음을 추방했다. 그녀는 마히샤는 사람에서 물소로 둔갑하거나 물소의 머리 위에 몸을 나툰다. 나체이며 화려하게 치장한 미녀로서 팔은 네 개, 여덟 개, 열여덟 개, 또는 스무 개를 갖고 있다. 그리고 그녀는 여러 신들의 장신구를 들고 있다. 비슈누 신의 수레바퀴,

10. 〔세 궁전의 천신들의 무리(三宮天衆)〕

117. mahā-śvetā

마하 슈웨따

摩訶 稅多192)

마하 세다

위대한 백-광명으로 빛나는 님.193)

118. ārya-tārā

아리야 따라

阿哩耶 多羅194)

아리야 다라

고귀한 따라 여신님.195)

시바 신의 삼지창, 바루나 신의 소라고동, 아그니 신의 투창, 바유 신[風神]의 활, 쑤리야 신[太陽神]의 활과 화살통, 야마 신의 쇠막대기, 꾸베라 신의 곤봉, 비슈와까르만[一切創造神]의 도끼, 브라흐마 신의 염주와 물단지, 깔라 신[시간의 신]의 방패와 칼, 인드라 신의 금강저, 아난따 신[ananta: 무한 뱀의 신]의 뱀목걸이, 히말라야 신의 사자가 그것들이다. 이것으로 그녀가 여신으로서 일체신을 능가하는 능력을 드러내고 있다.

192) 摩訶 稅多 : Xog. 50의 밀의적 해석에 의하면, 마가세다(摩訶稅多)는 천상의 왕자인데, 밀의적으로는 백의관음(白衣觀音)이다.

193) 위대한 백-광명으로 빛나는 님 : 백신보살(白身菩薩: SD. 103을 참조)로 백신관자재보살(白身觀自在菩薩)이라고도 불린다. 따라 여신(Tārā: SD. 105를 참조)의 다른 이름이기도 하다. 몸은 백황색으로 왼손에 연화를 붙잡고 있고, 오른손의 오지(五指)를 덮어서 어깨로 향하고 팔뚝을 오른쪽 무릎위에 안치하고 오른쪽 무릎을 세우고 적련화(赤蓮華)의 좌대 위에 앉아 있다. 태장계만다라의 연화부에 존재한다.

194) 阿哩耶 多羅 : Xog. 50의 밀의적 해석에 의하면, 아리야다라(阿哩耶多羅)는 천상의 왕자들로, ① 아리야(聖)는 태양궁[日宮]으로 관세음보살의 화신이고, ② 따라(多羅)는 월궁(月宮)으로 대세지보살의 화신이다. ③ SD. 119의 성수(星宿)는 허공장보살의 화신이다. 이것들은 이 절의 제목의 삼궁(三宮)을 의미한다.

195) 따라(Tārā) : 인도신화에서 따라(Tārā: SD. 105 참조) 여신은 아수라와 싸우는 두르가(Durgā: SD. 116을 참조) 여신의 권화 가운데 한 분이다.

119. mahā-bala-amarā

마하 발라 아마라

摩訶 婆囉 阿般囉[196)]

마하 바라 아반라

불사(不死)의 위대한 힘을 지닌 님.[197)]

11. 〔다섯 부족 만다라의 천신들(五壇界神)〕

120. vajra-śṛṅkalā caiva

바즈라 슈링깔라 짜이와

跋闍囉 商羯囉 制婆[198)]

발자라 상갈라 제바

그리고 금강의 사슬을 지닌 님[199)] 뿐만 아니라,

---

196) 摩訶 婆囉 阿般囉 : Xog. 50의 밀의적 해석에 의하면, 마하바라(摩訶婆囉)는 오성(五星), 즉 ① 태백성(太白星, 金星 : Sukta, Venus, 서쪽), ② 수성(水星 : Budha, Mercury, 북쪽), ③ 형혹성(熒惑星, 火星 : Aṅgāraka, Mars, 남쪽), ④ 진성(鎮星, 土星 : Śanaiścara, Saturn, 중앙) ⑤ 세성(歲星, 목성 : Bṛhaspati, Jupiter 동쪽)과 아홉 개의 발광체, 즉 구요(九曜 또는 九執: navagraha)를 말하고, 아반라(阿般囉)는 '기타의 것들'이라는 뜻으로 이십팔성수(二十八星宿)와 팔만사천 별들과 행성의 영향을 받는 천신들과 태양과 달과 별자리의 영향을 받는 천상의 왕자들을 뜻한다. 이때 별들은 허공장보살(虛空藏菩薩)의 화신이고, 마하(摩訶)라는 뜻은 해와 달과 별들이 모두 위대한 보살의 화신인 것을 의미한다.

197) 불사(不死)의 위대한 힘을 지닌 님 : 따라 여신은 두르가(Durgā: SD. 116을 참조) 여신의 화현이고, 두르가는 죽음을 평정한 여신으로서 불사(不死)의 여신이다.

198) 跋闍囉 商羯囉 制婆 : Xog. 51의 해석에 따르면, 발자라상갈라제바(跋闍囉商羯囉制婆)는 쇠사슬과 무기 지닌 금강신들[金剛連鎖甲]을 뜻한다.

199) 금강의 사슬을 지닌 님 : 한역에서는 금강쇄(金剛鏁)라고 한다. 태장계금강수원(胎藏界金剛手院)의 보살이다. 형상은 옅은 황색이며, 오른손은 드리우고 중명지(中名指)를 굽히고, 두소지(頭小指)는 갈고리 모양으로 굽혀 가슴에 대고 금쇄(金鎖)를 쥐고, 왼손은 주먹을 쥐고 위로 향해 허리에 대고 얼굴은 오른쪽으로 향하고 오른쪽 무릎을 세우고 발을 교차하여 연화좌 위에 앉아 있다. 일체중생을 묶고 있는 번뇌장(煩惱障)과 소지장(所知障)의 두 장애를 단멸시키는 보살이다.

121. vajra-kumārī

바즈라 꾸마리

跋闍囉 俱摩唻200)

발자라 구마리

금강동자를 섬기는 님,201)

122. kula-dhārī

꿀라 다리

俱嚂 陀唻202)

구람 타리

부족을 지지하는 님,203)

---

200) 跋闍囉 俱摩唻 : 반송본(般宋本. 114)에는 달타발절라구마리가(怛他跋折囉俱摩唻迦)로 되어 있다. 범어로 환원하면 tathā-vajra-kumārikā가 되는데 의미상 차이는 없다. Xog. 51에 의하면, 발자라구마리(跋闍囉俱摩唻)는 금강동남중(金剛童男衆)으로 천상의 강력한 전사[力士]이다.

201) Vajra-kumārī : 여기서 'Vajra-kumārī'는 금강동녀라고 번역할 수 있는데, 희두신화에서 꾸마리(Kumārī)는 두르가 여신(SD. 116의 주석 참조)의 별칭이기도 하지만, 여기서는 까우마리여신(Kaumārī)을 뜻한다. 위타천비(韋馱天妃)라고도 하는데, 힌두신화에서 군신(軍神)인 쓰깐다(Skanda: SD. 203과 그 주석을 참조; 韋馱天 = 金剛童子)의 여성적인 세력을 뜻한다. 쓰깐다는 태어난 지 나흘 만에 어른이 된 그의 손에는 악마를 물리칠 수 있는 활, 나머지 열한 개의 손에도 모든 악마를 물리칠 수 있는 강력한 무기들이 들려 있었다. 태장계금강부원(胎藏界金剛部院)의 보살이다. 몸은 살색으로 불꽃머리를 하고 있고, 얼굴은 분노의 표정이고 눈에 노기를 띠고 입을 열고 오른손은 드리워 여원인(與願因)을 하고 오른쪽 어깨에 칠화불(七化佛)을 나타내고 왼손은 크게 들고 팔을 세워 주먹을 쥐고 몸을 향해 삼고저(三鈷杵)를 들고 있고, 왼발을 기우려 왼쪽으로 굽히고 오른발은 펴고 양발은 각각 연화를 밟고, 머리는 오른쪽으로 기울고 원광(圓光)으로 장식하고 가사는 왼쪽 어깨에 걸치고 있다.

202) 俱嚂 陀唻 : Xog. 51에 의하면, 구람타리(俱嚂陀唻)는 금강신녀중(金剛神女衆)으로 나찰녀의 이름이다.

203) 부족을 지지하는 님 : Kih. 122에서는 장남을 kula-dhāra라고 하므로, kula-dhārī을 장녀존(長女尊)이라고 번역한다. 부족을 지지하는 여존이라는 의미이다.

123. vajra-hastā ca

바즈라 하쓰따 짜

跋闍囉 喝薩多 遮[204)]

발자라 갈살다 차

금강저를 손에 쥔 님,[205)]

124. vidyā-kāñcana-mālikā

비디야 깐짜나 말리까

毘地耶 乾遮那 摩嚟迦[206)]

비지야 건차나 마리가

명주(明呪)의 황금 꽃타래를 품은 님,[207)]

125. kusumbha-ratnā

꾸쑴바 라뜨나

啒蘇母婆 羯囉跢那[208)]

---

204) 跋闍囉 喝薩多 遮 : Xog. 51-52에 의하면, 발자라갈살다차(跋闍囉喝薩多遮)는 금강수(金剛手)인데, ① 동방 아촉불(阿閦佛) 부족의 천신들이다.

205) 금강저를 손에 쥔 님 : 여기서는 오고저(五鈷杵: SD. 172와 그 주석을 참조하라.)의 금강저를 지닌 보살을 의미한다. 글자그대로 금강수(金剛手)라고 번역할 수 있는데, 금강수의 다른 이름은 금강모(金剛母: Māmakī[忙莽鷄]이다. 그녀는 영락으로 몸을 장식하고 있다. 그래서 Kih. 123에서는 금강수여존(金剛手女尊)이라고 호칭한다. 금강수는 태장계금강수원의 보살. 몸은 황백색으로 보관을 하고 오른손은 시원인으로 팔을 굽혀 열고 무릎의 위치에 두고, 왼손은 안으로 향해 삼고저(三鈷杵)를 집고 가슴에 대고, 얼굴은 약간 오른쪽으로 향하고 적련화(赤蓮華) 위에 앉아 있다.

206) 毘地耶 乾遮那 摩嚟迦 : Xog. 51-52에 의하면, 비지야(毘地耶)는 '다라니'라는 용어이고, 건차나(乾遮那)는 사천왕천의 왕자들인데, 그들은 동방 아촉불의 부족의 천신들이고, 마리가(摩嚟迦)는 삼광천왕(三光天王)의 권속이지만, ② 서방 아미타불의 부족의 천신들이다.

207) 명주(明呪)의 황금 꽃타래를 품은 님 : 명주(明呪)는 명지(明知)를 의미한다. 명지에 의해서 무명의 어둠이 사라진다. 명지는 황금의 꽃타래처럼 가치가 있는 것이다. Kih. 124에서는 대명주여존(大明呪女尊), 금만여존(金鬘女尊)이라고 분리하여 번역한다.

구소모바 갈라다나

홍화색의 보물을 갖춘 님,209)

126-127. vairocana-kriyârthôṣṇiśā

바이로짜나 끄리야 아르토슈니샤

鞞嚧遮那 俱囄耶,210) 夜囉菟 瑟尼釤211)

비로차나 구리야, 야라토 슬니사

두루 비추는 작용을 발휘하는 불정님,212)

128. vijṛmbhamāṇā ca

비즈름바마나 짜

毘折藍婆摩尼 遮213)

비절람파마나 차

---

208) 啒蘇母婆 羯囉跢那 : 반송본(般宋本. 119)에는 구소바갈라달라달라(俱蘇婆喝囉怛囉怛那)라고 되어 있어 범어로 환원하면 kusumbha-rāga-ratnā가 된다. 의미상으로는 큰 차이가 없다. 다만 여기서 다나(跢那)는 반명본(般明本)의 𤙖那를 임제종과 황벽종의 판본에 따라 치환한 것이다. Xog. 51-52에 의하면, 삼광천왕(三光天王)의 권속이지만, ③ 북방 불공성취불(不空成就佛) 부족의 천신들이다.

209) 홍화색의 보물을 갖춘 님 : 홍화(紅花: kusumbha)는 샤프란색, 가사(袈裟)의 색을 띄고 있고 그것이 의미하는 것으로 황금을 뜻하는 것이다. Kih. 125에서는 '황금의 보물을 지닌 여존(女尊)'이라고 번역한다.

210) 鞞嚧遮那 俱囄耶 : Xog. 51-53에 의하면, ④ 여래(如來) 부족의 천신들의 이름으로 비로자나불의 화신들이다.

211) 夜囉菟 瑟尼釤: 야라토(夜囉菟)는 반송본(般宋本. 121)에는 도담야라오(韜淡夜囉烏)라고 되어 있다. Xog. 51-53에 의하면, 부처님의 정수리의 광명에서 유출한 천신들[大佛頂光神衆]로 사천왕 아래서 지배받는 천신들인데, ⑤ 보물부족의 천신들로 보생불(寶生佛)의 화신들이다.

212) 두루 비추는 작용을 발휘하는 불정님 : Kih. 126-127에서는 '널리 비추는 행위의 이익이 있다 여존(女尊)'이라고 번역한다.

213) 毘折嚂婆摩尼 遮 : 반송본(般宋本. 122)에는 비절람바마라(毘折藍婆摩邏)라고 되어 있고, 나찰여신(羅刹女神)을 뜻한다. Xog. 51-53의 밀의적 해석에 의하면, 나찰들의 이름을 뜻하지만, 부처님의 정수리의 광명에서 유출한 천신들[大佛頂光神衆]로 사천왕 아래서 지배받는 천신들인데, 밀의적으로는 보물부족의 천신들을 지칭한다.

그리고 악귀를 마비시키는 님,214)

129-130a. vajra-kanaka-prabhā-locanā-

바즈라 까나까 쁘라바 로짜나

跋闍囉 迦那迦 波囉婆 嚧闍那215)

발자라 가나가 파라바 로자나

번개처럼 황금빛 광명을 비추는 눈과216)

130b. vajra-tuṇḍī ca

바즈라 뚠디 짜

跋闍囉 頓稚 遮217)

발자라 돈치 차

금강과 같은 부리를 지닌 님,218)

---

214) 악귀를 마비시키는 님 : 반송본(般宋本. 122)에서는 나찰신녀(羅刹神女)라고 번역한다. Zhang. 128에서는 추미상존(皺眉相尊), Chung. 128에서는 개구여신(開口女神)이라고 번역한다. 산스크리트사전에 의하면, vijṛmbhaka는 사악한 악귀를 하품을 하게 하여 마비시키는 마법의 무기를 지닌 퇴마사[持明者 : Vidhyādhara]의 이름이다. 이 단어의 어근은 √jṛmbh인데, '열다. 펴다, 확장하다.'라는 뜻을 지닌다. 또한 vijṛmbhamāṇa는 '자주 하품하게 하는 법[頻申欠法]'을 뜻하기도 한다. 별도로 개구여존(開口女尊)이라고 불린다.

215) 跋闍囉 迦那迦 波囉婆 嚧闍那 : 반송본(般宋本. : 123-124)에 따르면 발자라가나가(跋闍囉迦那迦)는 금강사자(金剛使者), 바라바로도나(波囉婆嚧闍那)는 연화신중(蓮華神衆)을 뜻한다. Xog. 51-53의 밀의적 해석에 의하면, 발자라(跋闍囉) 가나가(迦那迦) 파라바(波囉婆) 로자나(嚧闍那)는 각각 금강사자(金剛使者), 등불의 천신들, 음악의 천신들, 꽃향기의 천신들인데, 모두 중앙의 여래부족을 수호하는 천신들이다.

216) 번개처럼 황금빛 광명을 비추는 눈과 : 두루 비추는 작용을 발휘하는 불정(佛頂)에서 유출하는 것을 이마를 열개(裂開)하여 출현하는, 다음에 등장하는 태양조, 가루다에 비유하여 묘사한 것이다.

217) 跋闍囉 頓稚 遮 : 반송본(般宋本. 125)에 따르면, 금강경산신(金剛擎山神)이다. Xog. 51-53에 의하면, 산을 들어 올리고 곤봉을 휘두르는 금강신중(金剛神衆)인데, 서방 연화부족의 영역을 수호하는 천신들이다. Chung. 130에서는 금강취여존(金剛嘴女尊)이다.

218) 금강과 같은 부리를 지닌 님 : 인도신화에서는 가루다(Garuḍa: SD. 102의 주석

131-133. śvetā ca kamala-akṣā śaśi-prabhā ityete

슈웨따 짜 까말라 악끄샤 샤쉬 쁘라바 이띠에떼

稅多 遮 迦摩囉, 刹奢尸[219] 波囉婆, 翳帝夷帝[220]

세다 차 가마라, 찰사시 파라바, 예제이제

그리고 백-광명 연화의 눈으로[221] 달처럼 광명을 비추는 님,[222]

이와 같은 이들,

134. mudrā-gaṇāḥ

무드라 가나하

母陀囉 羯拏[223]

모타라 갈나

무드라[224]를 현시하는 님들,

참조) 또는 가네샤(Gaṇeśa: 역자의 금강주253-254의 주석참조)의 이름이 바즈라뚠다(vajratuṇḍa)이다. 가루다는 비슈누 신의 태양적 성격, 모든 극단적인 양극성을 자신 곳에서 하나로 승화시키는 원리를 나타낸다. 가네샤는 해탈의 장애를 없애는 역할을 한다. 여기서는 가루다, 즉 태양조(太陽鳥)를 의미하는 것이다. Kih. 130에서는 금강취여존(金剛嘴女尊)이라고 번역한다.

219) 稅多遮 迦摩囉 刹奢尸 : Xog. 51-53에 의하면, 산을 들어 올리고 곤봉을 휘두르는 금강신중(金剛神衆)인데, 서방 연화부족의 영역을 수호하는 천신들이다.

220) 波囉婆 翳帝夷帝 : Xog. 51-53에 의하면, 항하의 모래알 숫자처럼 많은 금강신중(金剛神衆)으로 파라바(波囉婆)는 남방 보물부족을 수호하는 천신들을 지칭하고, 예제이제(翳帝夷帝)는 동방 금강부족을 수호하는 천신들을 지칭한다.

221) 연화의 눈을 지닌 님(kamalâkṣā)는 힌두신화에서 쓰깐다(Skanda: SD. 203과 그 주석을 참조)의 권속가운데 어머니의 이름이기도 하다.

222) 달처럼 비추는 님(śaśiprabhā)은 여자의 이름이기도 하다. Chung. 132에서는 월광여존(月光女尊)이라고 번역한다.

223) 母陀囉 羯拏 : Xog. 51-53에 의하면, 모든 부처님의 인주(印呪)를 뜻하는데, 밀의적으로는 북방 갈마부족의 영역을 수호하는 천신들을 지칭한다. 위의 SD. 130b에서 SD. 134까지는 비로자나불의 마음에서 유출한 팔만사천의 금강장(金剛藏 : Vajragarbha) 보살들과 관계된 것이다.

224) 무드라 : 무드라(mudrā)는 원래 도장이나 사인, 또는 프린트, 코인을 의미하지만, 느낌, 감정, 사실, 생각, 형이상학적 의미, 신화적인 사건, 초월적 존재의 환기 등을

12 〔시방의 부처님의 인증(十佛印成)〕

135-136. sarve rakṣāṃ kurvantu

싸르웨 락샴 꾸르완뚜

娑鞞 囉懺, 掘梵都[225)]

사비 라참, 굴범도

모든 님들께서는 수호하사이다.

137. itthaṃ mamâsya

잇탐 마마 아씨야

印兎那 麽麽 寫[226)]

인토나 마마 사

이와 같이 저를 수호하사이다.[227)]

표현하는 손과 팔의 얽힘을 포함한 자태나 모양새를 뜻한다. 주로 춤이나 종교적으로는 의례에서 기도하며 취하는 자세이다. 금강승의 불보살들은 자신의 특징짓는 개성적인 무드라를 취한다. 이것은 한역에서는 인계(印契)라고 번역한다. 금강계만다라에서는 37존의 37인계가 있고 인도의 무용에서도 37종의 인계가 있다.

225) 娑鞞 囉懺 掘梵都 : Xog. 54의 밀의적 해석에 의하면, 사비라참(娑鞞囉懺)은 몸으로 절하여 참회하고, 입으로 용서를 구하고 마음은 청정하게 하는 것이다. 굴범도(掘梵都)는 세존을 의미하고 부처님을 지칭한 것이다.

226) 印兎那 麽麽寫 : 이 SD. 135-137은 Xog. 54의 밀의적 해석에 의하면, '「슈랑가마다라니」를 지닌 나는 부처님께 죄에 대한 용서를 구하고 나의 죄에 대한 참회에 증명을 구하고 청정해질 수 있다.'라는 뜻이다. Chi. 240에 따르면, 여기서 첫 번째 모임이 끝난다. 첫 번째 모임은 비로진법회(毘盧眞法會)로 「슈랑가마다라니」를 지지하고 보호하는 수호모임을 소개하는 것이다. 이 모임은 다섯 방위로 분포되어 각각 다섯 부처님에 의해서 인도된다. 이들 수호자들은 금강보살들이라고 불린다. 그들이 천신들, 부처님의 권속이나 제자, 인간, 천상의 존재, 별자리로 나타나든, 그들 모두는 부처님들과 보살들의 화신들이다. 그들은 재앙을 쉬게 하고, 이익을 증가시키고, 조복시키고, 가피를 부르고, 수행자의 경애를 이끌어냄으로서 법계를 보호한다. 이러한 모든 부처님들과 보살들은 모두가, 모든 다라니의 핵심인 비로자나불의 마음에서 유출한 자들이다. 「슈랑가마다라니」를 지니면, 악마들을 정복하고 삼매에 들어 고통을 극복하고 여섯 가지 초월의 길, 즉 육바라밀(六波羅密)을 얻고 궁극적인 해탈을 얻을 수 있다.

〔불제자 ○○○는 경수봉지(經受奉持)하옵니다.〕

제2회 부처님 응화의 모임

석존응화회[釋尊應化會]

1. 〔다섯 부처님 부족의 응화(應作五部)〕

138-141. oṃ ṛṣi-gaṇa-praśasta-tathāgatoṣṇīṣa

옴 르쉬 가나 쁘라샤쓰따 따타가또슈니샤

烏𤙖228) 嚟瑟揭拏, 般剌舍悉多 薩怛他伽都瑟尼釤229)

오움 리슬게나, 반라사실다 살달타가도슬니삼

옴230) 선인들에게 찬양받는231) 여래의 불정이여!232)

---

227) 이와 같이 저를 수호하사이다 : 원래 '이와 같이 이러한 저에 대하여(itthaṃ mamâsya)'라는 뜻으로, 앞의 문장에 걸리는 구절인데, 도치문을 만들어야 하므로, 다소간 의역을 한 것이다.

228) 烏𤙖 : Xog. 56의 해석에 의하면, 옴(Oṁ: 烏𤙖 = 唵)은 비로자나불의 종자로서, 모든 공덕을 낳는 부처님의 삼신(三身), 법신(法身 : dharmakāya), 보신(報身) : sambhogakāya), 응신(應身 : nirmāṇakāya)의 의미와 무견정상(無見頂相)의 의미를 지니고 있다. 또한 아촉불 등의 다섯 부처님 부족의 불모, 오지불모(五智佛母)이기도 하다. 이것은 깨우침[警策]의 의미, 항마(降魔)의 의미, 출생(出生)의 의미, 옹호(擁護)의 의미, 재앙을 막아냄[除災]의 의미를 지닌 것이다.

229) 嚟瑟揭拏, 般剌舍悉多 薩怛他伽都瑟尼釤 : Xog. 56의 밀의적 해석에 의하면, ① 리슬(嚟瑟)은 금강부족의 다르마이고, ② 게나(揭拏)는 보물부족의 다르마이다, 그는 반라사실다(般剌舍悉多)에서 ③ 반라(般剌)는 연화부족의 다르마이고, ④ 사실다(舍悉多)는 갈마부족의 다르마이고 ⑤ 살달타가도슬니삼(薩怛他伽都瑟尼釤)는 여래부족의 다르마이자, 이 「슈랑가마다라니」를 지칭한다.

230) 옴 : 옴(Oṁ: 烏𤙖 = 唵) 또는 아움(Auṃ)은 모든 진언, 즉 만트라의 근원으로 신성한 종자(種子: bīja)이다. 본래 베다시대에는 응낙(應諾)의 의미로서 또는 기도문의 첫머리에 사용되었다. 옴은 우파니샤드 시대에 와서 최초로 등장했다. 『만두끼야 우파니샤드』에 따르면, 과거, 현재, 미래가 모두 옴이라는 한 음절 속에 들어있다. 『따이띠리야 우파니샤드』에 따르면, 우파니샤드 시대에 와서 옴이 창조신인 브라흐마(梵)이자 전세계가 곧 옴이라고 명상하는 관상(觀想)이 일반화되었다. 『문다까 우파

니샤드』에도 '옴은 활이고 나는 화살이다. 브라흐마는 그 목적이다.'라는 내용이 있는데, 옴이 범아일여(梵我一如)를 파악하는 수단적인 관상법이라고 밝히고 있다. 이때 옴은 진리의 세계에 목숨 바쳐 돌아가 마음을 청정하고 고요히 해서 우주의 절대적인 진리와 합일할 때에 들을 수 있는 우주적인 지복(至福)의 진동파이다. 힌두철학에 따르면, 옴(Oṁ)은 삼박자 즉 A-U-Ṁ으로 분석할 수 있는데, 그것은 각각 위대한 절대신의 삼현사상(三顯思想)과 결합되어 있다. 첫째, A는 곧 창조신(創造神)인 브라흐마 신의 현현이다. 요가철학에서는 우주를 지배하는 격질(激質 : rajas)의 원리를 나타내며 현상세계로의 윤회와 속박의 원인을 제공한다. 둘째, U는 곧 유지신(維持神)인 비슈누 신의 현현으로, 요가철학에 따르면 우주를 지배하는 순질(純質 : sattva)의 원리를 나타내며 현상세계를 유지하고 지탱하는 원인을 제공한다. 셋째, Ṁ은 파괴신(破壞神)인 시바 신의 현현으로, 요가철학에 따르면 우주를 지배하는 암질(暗質 : tamas)의 원리를 나타내며, 현상세계를 파괴하여 변화시키는 원인을 제공할 뿐만 아니라 형상세계를 종합하기도 한다. 따라서 힌두교에서 옴은 우주적인 창조-유지-파괴가 하나로 통합되어 있는 절대적 신성을 대변한다. 대승불교 경전 가운데 하나인 『수호국계주다라니경』(守護國界主多羅尼經)에서는 이 옴(Oṁ)을 다음과 같이 정의한다. 옴(Oṁ)은 A-U-Ṁ의 세 글자로 나누어지는데, A는 보리심(菩提心)이나 법신불(法身佛)을 상징하고 U는 보신불(報身佛)을 상징하고 Ṁ은 화신불(化身佛)을 상징하고, 삼세제불이 모두 이 옴(Oṁ)을 관상하여 깨달음을 얻었다. 이 옴은 일체의 부처님의 어머니인 불모(佛母)라고 볼 수 있다. 『법화경』과 『관음경』에 따르면, 옴 소리는 다섯 가지 소리[五音]으로 나타난다. 그것은 관점에 따라서 묘음, 관세음, 범음, 해조음, 승피세간음으로 불린다. ① 묘음(妙音) : 아름다운 소리. 모든 윤리적인 도덕을 갖추고 있는 성취의 소리이다. ② 관세음(觀世音) : 관세음보살의 본질인 무한 편만의 자비가 온 우주에 퍼지는 소리를 말한다. ③ 범음(梵音) : 청정한 우주의 소리. 번뇌의 때가 없는 깨끗한 소리라는 뜻이다. ④ 해조음(海潮音) : 성스러운 옴 소리는 우주적인 바다의 파도 소리처럼 들린다. 이때에 그 소리는 '쓰와하(svāhā)'라고 표현된다. 이것은 지복(至福)의 소리로서 모든 번뇌에서 우리를 해방시키고 축복의 세계에 들게 한다. 우리말 다라니 경에서 '사바하'라는 표현은 곧 이 해조음을 말하는 것으로 성스러운 옴 소리와 같은 말이다. 그러나 이 어구는 주로 다라니 뒤에 놓여 원만성취(圓滿成就)의 의미로 쓰인다. 원래는 신들에게 공물(供物)을 바칠 때 사용했다. ⑤ 승피세간음(勝彼世間音) : 세상을 뛰어넘는 소리. 성스러운 우주의 소리는 이 창조-유지-소멸의 세상에 있으면서 그러한 윤회의 세상을 뛰어넘는 초월의 소리이다. 또한 밀교의 경전인 반야이취경(理趣經: T. 1003)에 따르면, 비로자나불의 보리심 가운데서 출현한 브라흐마 신, 나라야나 신(Nārāyaṇa: SD. 20-23참조, 비슈누 신을 지칭), 마헤슈와라 신(Maheśvara: SD. 170-171참조, 시바 신을 지칭)이 있는데, 이를 삼법형제(三法兄第)라고 한다. 삼신(三身)의 관점에서 보면, 각각 법신불(法身佛), 보신불(報身佛), 응신불(應身佛)이고, 삼보의 관점에서 보면, 불보금강살타(佛寶金剛薩埵), 법보관자재보살(法寶觀自在菩薩), 승보허공장보살(僧寶虛空藏菩薩)이다.

231) 선인(仙人)들에게 찬양받는 님 : 힌두신화에 따르면 선인(仙人)들은 아득한 옛날 일종의 예언자였고 신적 체험의 계시자였으며 인도의 생활양식의 개척자이고 주술

2 〔삼보의 현현(現證三寶)〕

142-143. hūṃ trūṃ

훔 뜨룸

虎餠, 都嚧雍233)

호움 도로옹

훔234) 뜨룸235)

사, 무속인, 점성술사, 사제였고 때로는 신들의 화신이었다. 유명한 선인들로는 아뜨리(Atri), 닥샤(Dakṣa), 까쉬야빠(Kaśyapa), 브리구(Bṛgu), 마리찌(Marīci), 뿔라쓰띠야(Pulastya), 비슈와미뜨라(Viśvāmitra), 나라다(Narada) 등이 있다. 불교에서는 태장계만다라외금강부원의 선인들의 무리, 즉 바쑤(Vasu), 바쓰위Vasvī), 앙기라쓰(Aṅgiras), 앙기라씨(Aṅgirasī), 가우따마(Gautama), 가우따미(Gautamī) 등을 말한다. 불모대공작명왕경에 따르면, '모든 선인들은 모든 성취금계(成就禁戒)를 지니고 항상 고행을 하며 모든 위덕(威德)을 지녀 대광명이며, 산하(山河)와 숲속에 살면서 선악의 주원(呪願)을 행하며 길흉의 말에 따라 성취를 바라며, 오통자재(五通自在)하여 허공을 유행하며 일체의 장애를 지니지 않는다.'라고 기록하고 있다. 여기서 선인들 무리의 우두머리는 곧, 비로자나불의 능엄삼매를 말한다. 그들은 모두 비로자나불에서 유출했기 때문이다.

232) 여래의 불정이여 : 호탄본에는 '일체여래불정백산개(一切如來佛頂白傘蓋)여'라고 되어 있다.

233) 虎餠, 都嚧雍 : Xog. 57의 밀의적 해석에 의하면, 호움 도로옹(虎餠 都嚧雍)은 옴(唵: oṃ) 한 음절로 축약될 수 있으며, 그것은 부처님의 삼신(三身)을 상징하며, 그것에서 모든 부처님의 다르마가 나왔고, 세 부처님 부족, 또는 다섯 부처님 부족을 구성하는 셋 또는 다섯 부처님 종자를 캡슐에 넣는다. 총지진언(總持眞言)인 옴(唵)-아하[啞]-훔(吽)[oṃ-aḥ-hūṃ]과 같으며, 옴(唵)은 비로자나불, 아하[啞]는 아미타불, 훔(吽)는 아촉불을 나타낸다. 모든 다라니는 이 옴-아하-훔[唵-啞-吽]에서 나온 것이다. 또한 모든 성자들도 여기서 나온 것이다. 이때 도로옹(都嚧雍)을 별도로 해석하면 도(都)는 아촉불, 로(嚧)는 불공성취불, 옹(雍)은 보생불을 나타낸다.

234) 훔(hūṃ) : 밀교의 일반적 용례에 따르면, 훔(hūṃ)은 번뇌의 부정, 자기의 확립, 보리심의 발현, 구제 등의 의미로 사용된다. 『수능엄해제』 제2장 §13에 따르면, '옴'과 관련해서는 '옴'은 백산개불정(白傘蓋佛頂)을 나타낸 것이라면, '훔'은 무변음변불정(無邊音邊佛頂)을 나타낸 것이다.

235) 뜨룸(trūṃ) : 『수능엄해제』 제2장§13에 따르면, '훔'과 관련해서 훔은 무변음변불정(無邊音邊佛頂)을 나타낸 것이라면, 뜨룸은 광취불정(光聚佛頂)을 나타낸 것이다.

144. jambhana

잠바나

瞻婆那[236]

첨바나

파괴하는 님이여,[237]

145-146. hūṃ trūṃ

훔 뜨룸

虎𤙖, 都嚧雍

호움 도로옹

훔 뜨룸

147. stambhana

쓰땀바나

悉耽婆那[238]

실탐바나

---

236) 瞻婆那 : Xog. 58의 밀의적 해석에 의하면, 천신들이 악한 존재를 진압하라고 명령을 받은 것이다. 삼보 가운데 ① 불보(佛寶)를 나타낸다.

237) 파괴하는 님이여 : 호탄본에는 jambhana가 jambhana-kara라고 되어 있으나 의미는 같다. Kih. 147의 설명에 따르면, '파괴하는 님이여'이나 이하의 '제어하는 님이여(SD. 147)' 등은 독립된 존명이 아니라 불정존(佛頂尊)의 덕칭(德稱)이다. 이것은 『야주르베다』의 제사에 나타난 귀의문을 통해서 이해할 수 있다. 루드라-시바 신에 대한 제사에서 사람들은 "루드라여, 그대의 분노에 예배한다. 또한 그대의 화살에 예배한다. 그대의 활에 예배한다. 그대의 팔에 예배한다."라고 했다. 이를테면 시바 신상은 사면(四面)을 갖고 있는데 각각 독립된 신격을 가진 것처럼 기도하지만, 시바 신에게 기도하는 것과 같다. 부처님에게 귀의하는 것은 불지내증(佛智內證)을 찬탄하는 것이다. 불정(佛頂)은 불지(佛智)의 인식소의(認識所依)라고 하는 덕칭(德稱)을 지닌다. 이하는 그 덕칭의 위력을 찬탄하고 귀의하는 것이다.

238) 悉耽婆那 : Xog. 58의 밀의적 해석에 의하면, 천신들은 다르마를 수호하라는 명령을 받은 것이다. 삼보 가운데 ② 법보(法寶)를 나타낸다.

제어하는 님이여,239)

148-149. hūṃ trūṃ

훔 뜨룸

虎許, 都嚧雍

호움 도로옹

훔 뜨룸

150. paravidyā-saṃbhakṣana-kara

빠라비디야 쌈바끄샤나 까라

波羅瑟地耶 三般叉拏 羯囉240)

파라슬지야 삼반차나 갈라

타자의 사악한 주력을 삼켜 없애는 님이여.241)

151-152. hūṃ trūṃ

훔 뜨룸

虎許 都嚧雍242)

호움 도로옹

훔 뜨룸

---

239) 제어하는 님이여 : 호탄본에는 stambhana가 stambhana-kara라고 되어 있으나 의미는 같다.

240) 波羅瑟地耶 三般叉拏 羯囉 : Xog. 58의 밀의적 해석에 의하면 파라슬지야(波羅瑟地耶)는 초월의 길, 즉 바라밀(波羅密)을 의미하고 삼반차(三般叉)는 행도원만(行到圓滿)을 말한다. 노갈라(拏羯囉)는 ③ 승보(僧寶)를 나타낸다.

241) 타자의 주력을 파괴하는 자여 : '타자의 주저(呪詛)를 먹어 없애는 자여'를 다소 간 의역한 것이다.

242) 虎許 都嚧雍 : 이 다음에 반송본(般宋本. 142-143)에는 '살파부슬타남 색담파나 갈라(薩婆部瑟吒喃 塞曇婆那 羯囉)'가 추가되어 있어 범어로 환원하면 sarvaduṣṭa-nāṃ stambhanakara가 된다. 그 의미는 '모든 악한 자들을 쳐부수는 자여'가 된다. 그리고 呼吽 咄嚕吽(hūṃ trūṃ)가 반복된다.

3. 〔두 신왕의 화현(化二神王)〕

153-154. sarva-yakṣa-rākṣasa-grahāṇāṃ

싸르와 약샤 락샤싸 그라하낭

薩婆 藥叉 喝囉刹娑, 揭囉訶若闍243)

살바 약차 갈라찰사, 게라하약자

모든 야차와 나찰244)의 악귀들을

---

243) 薩婆 藥叉 喝囉刹娑, 揭囉訶若闍 : 반송본(般宋本. 154)에는 게라하약자(揭囉訶若闍)가 게라하남(揭囉訶喃)으로 되어 있다. Xog. 59의 밀의적 해석에 의하면, 약차(藥叉)는 용맹한 귀신, 갈라찰사(喝囉刹娑)은 민첩한 귀신, 귀신은 지계와 공계에 돌아다니는 귀신들의 한량 없는 부족들을 말한다. 야차와 나찰은 그들의 권속들 부모들과 자손들, 형제들, 장군들, 관료들, 하인들이 한량이 없다.

244) 야차(yakṣa)와 나찰(rākṣasa) : 야차는 원래 뿌루샤(Puruṣa; 原人)와 쁘라자빠띠(Prajāpati: 生主神)와 비견되는 세계창조주의 호칭이었다. 그래서 시바 신을 위시한 부처님조차 야차라고 불리기도 한다. 그러나 힌두신화에 와서는 야차는 초목이나 산과 언덕의 신이자 원래 다산성을 상징하는 뚱뚱한 배를 지닌 드라비다적인 농경신으로 변모했다. 어원은 불분명하지만 '신비한 존재' '초월적 존재'(<√yaj)를 뜻한다. 나찰은 데칸 고원 이남의 남쪽의 거인에서 유래한 신인데, 밤중에 돌아다니는 악마적 존재로서 개, 당나귀, 말, 독수리, 매, 부엉이, 난쟁이, 남편, 연인 등의 모습을 취할 수 있는데, 두드러진 이빨과 긴 혀를 지니고 무서운 눈과 무서운 얼굴을 하고, 인간이나 소생한 시체를 잡아먹기도 하고 인류를 여러 가지 방식으로 괴롭히기도 한다. 야차와 나찰은 인간 또는 신들의 인간적 화현에 대한 적대자로서 등장하는 신이다. 그들은 힌두신화에서와 마찬가지로, 아수라가 하느님의 첫 번째 창조적 충동의 파장에서 생겨나 비교적 마력적인 존재 가운데 고층적인 지위를 누리는 반면에, 하층적 지위를 누린다. 야차와 나찰은 사이에는 부족적 관계가 존재한다. 야차의 왕은 꾸베라(Kubera)이고 나찰의 지도자는 라바나(Rāvana)이다. 양자는 고대의 선인 뿔라쓰띠야(Pulastya : 브라흐마의 여섯 아들 가운데 하나)의 아들들이었다. 야차와 나찰의 두 종족은 기괴하고 때로는 야수적이고, 즉 살인, 약탈, 강도, 식인 등을 포함한 악마적인 가해를 즐겼다. 불교적 관점에서 깨달은 존재는 탐진치(貪瞋癡)의 권화인 악마와는 대척적인 존재이다. 따라서 처음에는 악마들은 신들보다는 인간에 유사했고 인간의 도덕적 상태를 상징하는 것이었다. 그러나 이러한 그들의 악마적 저항은 악마의 존재론적 실체를 인정하지 않는 불교적 관념에 따라 순화적 순종으로 바뀌게 되었다. 그래서 악마들은 방치되고 정복되었고 그대로 남게 되었다. 깨달은 존재와 악마적 존재의 대극적 관계는 모든 존재에게 주어지는 깨달음의 가능성 때문에 상쇄되었다. 불경에서 야차는 첩질(捷疾) 또는 경첩(輕捷)이라고도 불리며, 팔부중(八部衆)의 하나이다. 지상이나 허공이나 천상에 살면서 위세 있는 사람을 해치기도 하고 또는

155. vidhvaṃsana-kara

비드왕싸나 까라

毘騰崩薩那 羯囉245)

비등붕살나 갈라

쳐부수는 님이여

156-157. hūṃ trūṃ

훔 뜨룸

虎許 都嚧雍

호움 도로옹

훔 뜨룸

4. 〔금강장이 자취를 드러냄(跡示金剛將)〕

158-159. catur-āśitīnāṃ graha-sahasrāṇām

짜뚜르 아쉬띠남 그라하 싸하쓰라남

者都囉 尸底南 揭囉訶 娑訶薩囉南246)

자도라 시저남 게라하 사하살라남

정법을 수호하기도 하는 귀신들이다. 비사문천이나 도리천에서 천신들을 수호하기도 한다. 깨달음의 가능성은 모든 뭇삶의 의식 속에 존재한다.

245) 毘騰崩薩那 羯囉 : Xog. 59의 밀의적 해석에 의하면, 야차부족들과 나찰부족들을 이끄는 두 신왕(神王)이 모든 원한을 부수고 모든 재앙을 없애버리고 일체고액(一切苦厄)을 구제하는 것이다.

246) 者都囉 尸底南 揭囉訶 娑訶薩囉南 : 반송본(般宋本. 150)에는 사하살라남(娑訶薩囉南) 대신에 사라남(娑囉喃)이라고만 되어 있다. Xog. 60의 밀의적 해석에 의하면, 자도라(者都囉)는 번개를 지닌 금강수보살의 이름이고 '재앙과 위해를 없애는 자' 또는 사람의 지위를 향상시키는 '지혜의 활'이다. 시저남(尸底南)은 '견고한 화살을 가지고 삼매에 드는 것'을 의미하는 '화살' 또는 모든 악귀를 진압하는 금강왕의 보석칼을 지칭하는 '날카로운 칼'로 번역될 수 있다. 아라하(揭囉訶)는 금강왕들을, 사하살라남(娑訶薩囉南)은 삼천대천세계의 천신들을 지칭한 것이다.

팔만사천의 악귀들을

160. vidhvaṃsana-kara

비드왕싸나 까라

毘騰崩薩那 羯囉247)

비타방사나 갈라

쳐부수는 님이여,

161-162. hūṃ trūṃ

훔 뜨룸

虎𤙖 都嚧雍248)

호움 도로옹

훔 뜨룸

5. 〔불정 다르마의 수호(護仏頂法)〕

163. rakṣa

락샤

囉叉249)

---

247) 毘騰崩薩那 羯囉 : 반명본(般明本)과 임제종과 황벽종의 판본에는 갈라(羯囉)의 갈(羯)이 누락된 것을 반송본(般宋本. 151)에 따라 바로 잡는다. Xog. 60의 밀의적 해석에 의하면, 악마적 위해의 제거와 평온을 의미한다.

248) 虎𤙖 都嚧雍 : 이 뒤에 반송본(般宋本. 153-156)에서는 '아슬타미마사제남 나구사달라남 파라마타나 가라 함우 돌로우(阿瑟吒微摩舍帝喃 那佉沙怛囉喃 婆囉摩馱那伽囉 含吽 咄嚕吽)'라는 구절이 추가되어 있다. 범어로 환원하자면, 'aṣṭāviṃsatināṃ nakṣatrānāṃ pramardanakara hūṃ trūṃ'이고 번역하면, '이십팔성수[二十八星宿]들을 산산조각내는 자여, 훔 뜨룸'이 된다.

249) 囉叉 : 반송본(般宋本. 157)에는 동일한 내용의 문구가 '나찰 나찰(囉刹 囉刹)'이라고 두 번 등장한다. Xu60의 밀의적 해석에 따르면, 내가 부처님의 정수리의 광명에 귀의하니 세존의 위신력으로 금강천선(金剛天仙)들이 다르마를 수호하라고 명령을 받은 것이다. 라차(囉叉)는 ① 수호하고 보호하는 자[守護], ② 재물을 보시하고 남을 돕는 자[利行] ③ 경외감을 일으키는 자[可畏], ④ 일억(一億)의 숫자를 의미하

라차

수호하십시오.250)

164-165. bhagavāṃs tathāgatoṣṇīṣa

바가방쓰 따타가토슈니샤

婆伽梵薩 怛他伽都瑟尼釤251)

박가범살 달타가도슬니삼

존귀한 여래의 불정이여!

6. 〔삼보에 대한 강력한 지지(力持三寶)〕

166. pratyaṅgire

쁘라띠양기레

波囉點闍吉唻252)

파라점자길리

사악한 주력에서 뭇삶을 수호하는 님253)이여.

는데, 이러한 네 가지가 모두 금강신들의 이름이다.

250) 수호하십시오 : 불당본(不唐本)에서는 이 자리에 앞에 삽입구가 '이십팔 성수를 정렬시키는 님이여, 훔, 브룸, 팔부의 대악귀를 최복시키는 님이여, 수호하소서, 수호하소서, 저를!'(aṣṭāviṃśatīnāṃ nakṣatrānāṃ prasādanakara hūṃ bhrūṃ aṣṭānāṃ mahāgrahāṇāṃ vidhvaṃsanakara rakṣa rakṣa māṃ)이라는 구절이 들어가 있다.

251) 婆伽梵薩 怛他伽都瑟尼釤 : Xog. 61의 밀의적 해석에 따르면, 사악한 존재를 조복시켜 섭수하는 것을 통해서 부처님의 불정으로부터 나투어지는 위대한 다르마를 수호하는 무수한 금강신들을 지칭하기도 한다.

252) 波囉點闍吉唻 : Xog. 61의 밀의적 해석에 의하면, 파라점자길리(波囉點闍吉唻)는 '내가 삼보에 귀의한다.'는 것인데, 밀의적으로는 파라점(波囉點)은 '다르마의 빛은 두루 비추는 것[法光遍照]'이고 크나큰 자비[大悲]이고 그 빛과 소리는 제약이 없는 것[光音自在]을 뜻하고, 자길리(闍吉唻)는 '예경하는 것[作禮]' 또는 번영을 암시하는 '머물지 않는 것[無住]' '생산하는 것[生生無盡]'을 뜻한다.

253) 사악한 주력에서 뭇삶을 수호하는 님 : 사악한 주력에서 뭇삶을 수호하는 님은 쁘라띠양기라(pratyaṅgīrā : SD. 73-77을 참조)를 뜻한다. 쁘라띠양기라는 두르가 여신((Durgā: SD. 116을 참조) 여신의 별칭이다. 불당본(不唐本)에는 위대한(mahā)이란 수식어가 들어가 있다.

7. 〔만다라를 통한 악의 차단(迴遮壇下)〕

167-168. mahā-sahasra-bhuje sahasra-śīrṣe

마하 싸하쓰라 부제 싸하쓰라 쉬르쉐

摩訶 娑訶薩囉 勃樹 娑訶薩囉 室嚓沙254)

마하 사하살라 발수 사하살라 실리사

천개의 팔과 천개의 머리를 지닌 님이여.255)

169. koṭi-sahasra-netre

꼬띠 싸하쓰라 네뜨레

俱知 娑訶薩 泥帝嚇256)

---

254) 摩訶 娑訶薩囉 勃樹 娑訶薩囉 室嚓沙 : Xog. 60-61의 밀의적 해석에 의하면, 천(千) 개의 팔을 지닌 무장한 위대한 금강신들과 천 개의 머리를 지닌 위대한 금강신들께 귀의한다는 뜻이다. 여기서 사하살라(娑訶薩囉)는 참은 것을 뜻하고 인토(忍土)인 사바세계를 지칭한다. 사바세계의 숫자는 삼천 개가 넘는다. 발수(勃樹)는 '춤[舞]'이나 '꽃[華]'을 의미하는데, 모두 금강왕의 이름들이다. 또는 그 아래서 모든 부처님들이 깨달음을 얻은 보리수를 지칭하기도 한다. 실리사(室嚓沙)는 '놀라운 지도자[妙首], 놀라운 덕성[妙德], 놀라운 행운[妙吉祥]'을 뜻하는데, 모두 금강왕의 이름들이다.

255) 천개의 팔과 천개의 머리를 지닌 님 : 금강장왕보살(金剛藏王菩薩)을 뜻한다. 천수천안관자재보살과 상대하여, 허공장보살의 복지이문(福智二門) 가운데 지덕(智德)을 표현한 것이다. 태장계만다라허공장원(胎藏界曼荼羅虛空藏院) 가운데의 보살로 십육면백팔비(十六面百八臂)의 모습이다. 각각의 팔에는 금강저 금강검 등이 들려있다. 따라서 천수천비(千首千臂)의 금강장왕보살이라고 할 수 있다. '금강'은 제팔식대원경지본유불괴(第八識大圓鏡智本有不壞)를, '장'은 만법을 함장하고 있다는 뜻하고, '왕'은 이 의식이 행자의 마음에 있다는 것을 뜻한다. 백팔비(百八臂)는 백팔번뇌의 퇴치를 뜻한다. 이것은 거슬러 올라가면, 『리그베다』 X. 90의 뿌루샤(Puruṣa) 찬가, 즉 원인찬가(原人讚歌)에 등장하는 천두천안천족(千頭千眼千足)에서 유래한 것이다. 이 뿌루샤가 죽어서 우주가 된 것이다. 이 뿌루샤가 힌두교에서는 남성신일 경우는 비슈누 신의 형태인 비슈와루빠(Viśvarūpa: SD. 169 참조) 신, 여성형일 때에는 두루가(Durgā: SD. 116을 참조) 여신의 칭호가 되었다. 대승불교에 와서 천수천안관자재보살(千手千眼觀自在菩薩)이 되고 금강승에 수용되어 천수천비금강장왕보살(千首千臂金剛藏王菩薩)이 되었다.

256) 俱知 娑訶薩 泥帝嚇 : 반송본(般宋本. 163)에는 '구지 사다 사하살라 녕달(俱胝

구지 사하살 니제예

천백 억의 눈으로 살피는 님이여.257)

170-171. abhedya-jvalita-naṭake

아베디야 즈왈리따 나따께

阿弊提 視婆嚟多 吒吒罌迦258)

아폐제 시바리다 타타앵가

불멸의 광휘를 뿜으며 춤추는 님이여.259)

舍多 娑訶薩囉 寧怛)'이라고 되어 있는데 범어로 환원하자면, koṭi-śata-sahasra-netre이고, 번역하면 '천백억 눈을 지닌 님이여'가 된다. Xog. 62의 밀의적 해석에 의하면, 천백 억의 눈을 지닌 위대한 금강신들께 귀의한다는 것이다. 꼬띠(koṭi)는 '쇠사슬[鎖]'와 '보물[寶]'로 번역되고, 모두 금강왕의 이름들이다. 그것은 또한 숫자로 백억(百億)인데, '사리(舍利)'를 뜻하도 한다. 사리에는 백색의 골사리(骨舍利), 흑색의 발사리(髮舍利), 적색의 육사리(肉舍利)가 있고, 금강과 같은 불사(不死)의 사리, 승가의 구성원인 불, 보살, 아라한, 연각의 사리의 숫자를 상징한다. 니제예(泥帝隸)는 연화부족을 지칭하고 '위덕(威德)' '윤택(潤澤)' '관정(灌頂)'을 뜻하는데, 모두 금강왕의 이름들이다.

257) 천백 억의 눈으로 살피는 님 : 천수천안관자재보살을 뜻한다. 이 「슈랑가마다라니」에서는 천수천비(千首天臂)의 금강신으로 나타난다. 힌두교에서는 비슈누 신의 화신인 비슈와루빠(Viśvarūpa) 신을 뜻한다. 비슈누 신은 드라비다적 전통으로는 바다를 계승하고 아리안적 전통으로는 태양과 관계된 우주적 질서를 계승한다. 그래서 그의 상징물로 소라고동, 연꽃과 수레바퀴, 금강저가 있다. 비슈와루빠는 리그베다 X. 90의 '뿌루샤(Puruṣa) 찬가' 즉 원인찬가(原人讚歌)에 등장하는 천두천안천족(千頭千眼千足)의 뿌루샤 신과 불교의 십일면관세음보살(十一面觀世音菩薩)에서 영감을 받아 생겨난, 비슈누 신, 온갖 머리와 온갖 눈 그리고 모든 형태를 지닌 신이다.

258) 阿弊提 視婆嚟多 吒吒罌迦 : 반송본(般宋本. 164)에는 아폐지야 십박리다 가타가(阿弊地也 什嚩哩多 那吒迦)로 되어 있어 범어로 환원하기가 이 반명본(般明本)의 구절보다는 용이하다. Xog. 62에 의하면, SD. 170-172)의 구절은 대륜금강신(大輪金剛神)들께 귀의하는 것이다. 아폐제(阿弊提)는 '정복할 수 없는 것[無能勝]'이고, 시파리다(視婆嚟多)는 '놀라운 찬탄[善讚]' '놀라운 청정[善淨]' '억누를 수 없는 것[無能壓]'이라는 뜻인데, 그 모두가 금강신의 이름들이다. 그리고 타타앵가(吒吒罌迦)는 수많은 다르마가 장애를 여읜 것[衆法無礙]를 뜻하는데, 또한 '박살낼 수 있는 것[能摧碎]'를 뜻하기도 한다. 그리고 SD. 166-171의 구절은 금강계신(金剛界神)들이 전력을 기우려 다르마의 뇌전[法雷電]처럼, 사자후(獅子吼)처럼, 장애를 부수며 모든 곳에 편재하는 삼보를 찬탄하고 지지하는 것을 뜻한다.

172. mahā-vajra-dhare

마하 바즈라 다레

摩訶 跋闍嚧 陀囉260)

마하 발자로 타라

위대한 금강저261)를 지닌 님이여.

---

259) 불멸의 광휘를 뿜으며 춤추는 님 : '딴다바'의 춤을 즐기는 마헤슈와라(Maheśvara: 大自在天王)인 시바 신은 우주적인 신으로 다섯 가지의 활동 원리를 갖고 있다. 그것은 우주를 지배하고 활동하게 하는 창조, 유지, 파괴의 세 가지 원리와 무지(無知)의 베일을 가리고 여는 두 가지 원리이다. ① 창조(創造): 창조는 시바 신의 위쪽 오른손에 있는 장구로서 상징된다. 장구의 소리는 현상세계속에서 절대자의 최초의 섬세한 현현이다. ② 유지(維持): 대극성의 합일, 시바 신의 형상은 모든 대극적인 모순을 자신 속에서 합일, 즉 지양하는 절대신을 나타내고 있다. 대극성이란 창조와 파괴, 물질과 정신, 남성과 여성 등을 뜻한다. ③ 파괴(破壞): 우주의 파괴는 창조의 대극적인 측면으로 위쪽 왼손에 있는 불로 상징된다. ④ 차폐(遮蔽) : 정신적인 무지나 맹목은 난쟁이 아빠쓰마라(Apasmāra : SD. 204를 참조)로 상징된다. 시바 신의 발아래 쭈그리고 앉아서 삶의 수레바퀴(불꽃)에 바싹 다가가 붙들고 있는 것이다. 이 악마는 윤회의 괴로움에서 벗어나는 것을 방해하는 인간의 성격을 의인화한 것이다. 북인도에서는 이 난쟁이 대신에 탐욕과 교만을 상징하는 황소가 등장한다. ⑤ 열개(裂開) : 춤의 제왕으로서의 시바 신은 무지의 악마를 짓밟은 채 승리자로 춤을 춘다. 시바 신은 지혜의 여신 '강가'를 머리카락 사이에 비녀로서 감추고 있다. 왼쪽 손에는 장구를 들고 오른쪽 손에는 횃불을 들고 있다. 그리고 불꽃의 화환에 둘러싸여 있다. 왼손의 장구는 성스러운 옴-소리를 상징하며 현상세계 속으로의 절대자의 창조적 현현을 상징한다. 조화로운 춤은 모든 대극성의 합일, 즉 창조와 파괴의 합일, 삶과 죽음의 합일, 물질과 정신의 합일을 상징한다. 오를손의 불은 윤회하는 우주의 파괴를 상징한다. 춤추는 시바 신을 둘러싼 불꽃 광휘는 승리를 나타내며 무지의 베일이 열리는 것을 상징한다. 불꽃은 한편으로는 파괴의 상징이지만 또한 윤회의 수레바퀴 우주적 춤과 놀이의 새로운 창조를 위한 생성의 전제 조건이기도 하다.

260) 摩訶 跋闍嚧 陀囉 : Xog. 63의 밀의적 해석에 의하면, 마하발자로타라(摩訶跋闍嚧陀囉)는 수호하고 지지할 수 있는 위대한 금강신을 언급한 것이다.

261) 金剛杵 : 금강저는 Vajra는 원래 제석천(帝釋天 : Indra)의 전광(電光)을 의미하지만, 동시에 그가 갖고 있는 무기를 뜻한다. 부처님의 위신력을 적을 최파(摧破)한다는 의미가 있지만, 밀교에서의 금강저의 진정한 의미는 우치망상(愚癡妄想)의 내마(內魔)를 부수어 자성청정(自性淸淨)의 지광(智光)을 발현시키는 도구이다. 금강저에는 일고저(一鈷杵), 삼고저(三鈷杵), 오고저(五鈷杵), 보저(寶杵), 탑저(塔杵)가 있는데, 각각 상징성을 갖고 있다. 이를 테면 오고저는 오지금강저(五智金剛杵)라고 불리니, 오고(五鈷)는 오불(五佛)의 오지(五智), 즉 법계체성지(法界體性智), 대원경지(大

173-174. tri-bhuvana-maṇḍalêśvāre

뜨리 부바나 만다레슈와레

帝嚟 菩婆那 曼茶囉262)

제리 보부나 만다라

삼계(三界) 만다라를 지배하는 님이여.263)

8. 〔기원의 원만성취(印令圓成)〕

175-177. oṃ svastir bhavatu mama

옴 쓰와쓰띠르 바바뚜 마마

烏𤙖 莎悉帝 薄婆都264) 麽麽

圓鏡智), 평등성지(平等性智), 묘관찰지(妙觀察智), 성소작지(成所作智)를 상징한다. 그리고 가운데 직(直)은 바름의 의미로 방편이며, 변이 굽은 것은 권(權)의 의미로 방편을 둘러싸고 반드시 실(實)로 돌아가는 까닭에 곡선이다. 불계와 중생계가 동일한 오지(五智)를 지녔기에 상하가 동일하다.

262) 帝嚟 菩婆那 曼茶囉 : Xog. 63의 밀의적 해석에 의하면, 이 「슈랑가마다라니」를 장착한 과거 현재 미래의 모든 부처님께 귀의한다는 뜻이고, 보부나(菩婆那)는 '깨달은 자'로서 부처님을 뜻하고 만다라(曼茶囉)는 현세에서 능엄삼매(楞嚴三昧)를 현증하게 하는 능엄만다라(楞嚴曼茶羅)를 뜻한다.

263) 삼계의 만다라를 지배하는 님이여 : 호탄본에 따라 반송본(般宋本. 173-174)에 복합어에 이슈와라(īśvāra: 自在者, 支配者)를 추가하여 호격(呼格)을 취해 번역한 것이다. 다라니의 원문의 복원에도 이것을 사용한다. 이슈와라는 힌두교에서는 전지전능한 신이 시바 신이고, 불교에서는 본래 이름이 아발로끼떼슈와라(Avalokitêśvāra)인 관세음보살을 지칭한다. 그것의 여성형이므로 힌두교에서 보면 두르가 여신(Durgā: SD. 116을 참조), 불교에서 보면 백산개불모(白傘蓋佛母: SD. 73-77을 참조)를 지칭한다. Xog. 63의 해석에 따라 이 만다라가 능엄삼매(楞嚴三昧)를 현증하게 하는 능엄만다라라고 한다면, 그것을 지배하는 자는 백산개불정다라니, 즉 「슈랑가마다라니」를 불격화(佛格化)한 존재인 백산개불정륜왕(白傘蓋佛頂輪王)이나 백산개불모(白傘蓋佛母)를 지칭하는 것이다. 여기서는 여성형이므로 백산개불모를 뜻한다.

264) 烏𤙖 莎悉帝 薄婆都 : Xog. 64의 밀의적 해석에 의하면, 모든 천상의 존재들이 항상 「슈랑가마다라니」를 수호하고 따르기를 다시 한 번 기원하는 것이다. 오움(烏𤙖)은 비로자나불을 상징하며 모든 공덕을 낳는 세 가지 몸, 법신(法身 : dharmakāya), 보신(報身 : sambhogakāya), 응신(應身 : nirmānakāya)을 대변한다. 또한 비로자나불의 종자(種子)를 지칭하기도 한다. 이것은 일깨우고 박차를 가하는 것이고

옴 사실디 박파도 마마

옴, 제게 안온이 있어지이다.265)

178. itthaṃ mamâsya

잇탐 마마 아씨야

印兎那 麽麽 寫266)

인토나 마마 사

이와 같이 저에게 안온이 있어지이다.267)

〔불제자 ○○○는 경수봉지(經受奉持)하옵니다.〕

제3회 관세음과 함께 하는 모임

관음합동회[觀音合同會]

악마를 진압하는 것이고 생산하는 것이고 지지하고 수호하는 것이고 재앙을 막아내는 것이다. 사실디(莎悉帝)는 성취(成就)와 관련된 모든 다르마들이다. 박파도(薄婆都)는 부처님을 의미하는 세존(世尊)과 같다.

265) 제게 안온이 있어지이다 : 안온(svasti)은 길상, 안녕, 행운을 의미하는데 쓰와쓰띠까[卍字: 『수능엄경』 제1장§44와 그 주석을 참조]와 관계가 있다.

266) 印兎 麽麽 寫 : Xog. 64의 밀의적 해석에 의하면, 여기까지 제2회 모임에서 석가모니 부처님으로부터 화현된 천신들을 소개하는 것이다. 그 가운데 가장 두드러진 존재가, 능엄만다라에서 재앙을 방지하고 악마를 조복하고 실천자를 수호하는 금강왕들이다. 그들은 실천자들을 수능엄삼매(首楞嚴三昧)에 들게 한다. 각각의 금강왕들은 다르마의 안내자로 봉사하는 수많은 수행원들을 거느리고 있다. 「슈랑가마다라니」를 외우면, 지송자들은 안내자들로부터 도움과 수호를 얻는다. 금강왕들의 명령에 따라 다르마의 안내자들은 지송자들을 모든 재앙과 악마적 위해로부터 보호하고 삼매를 얻도록 도와준다.

267) 이와 같이 저에게 안온이 있어지이다 : 원래 '이와 같이 이러한 저에 대하여(itthaṃ mamâsya)'라는 뜻으로, 앞의 문장에 걸리는 구절인데, 도치문을 만들어야 하므로, 다소간 의역을 한 것이다. 반송본(般宋本. 130)에서는 '다라니를 염송하는 자는 이 구절에 이르러 앞에서와 같이 이 다라니를 수지하겠다라고 자기 이름을 칭명한다.'(誦呪者但至此語皆自稱名)라고 간주(間註)를 달고 있다.

1. 〔온갖 재난 즉 부처님 자비(諸法除難上同佛慈)〕

179. rāja-bhayāc
라자 바야쯔

囉闍 婆夜268)

라자 바야

사악한 정치의 위험,269)

180. caura-bhayād
짜우라 바야드

主囉 跋夜270)

주라 발야

도적의 위험,

181. agni-bhayād
아그니 바야드

阿祇尼 婆夜271)

---

268) 囉闍 婆夜 : Xog. 65-66의 밀의적 해석에 의하면, 왕난(王難)을 제거한다는 뜻이고, 라자(囉闍)는 왕을 뜻하는데, 금강부족에 속하는 왕이고, 밀의적으로는 바야(婆夜)는 '최상의 영예로운 존재[最勝尊]', 이익을 주고 행복을 가져올 수 있는 존재[能利樂]를 지칭한다. 또한 '경이로운 존재[可畏]'인데, 뭇삶의 모든 고통과 난관을 제거하는 자이다.

269) 사악한 정치의 위험 : 원래는 '왕의 위험으로부터(rāja-bhayāc)'를 역자가 의역한 것이다. 탈격어미인 '으로부터'는 이하 계속 반복되기 때문에 맨 마지막으로 열거되는 단어에만 적용하기로 한다. 이하 불당본(不唐本)의 실담문자에는 바야(bhaya)라고 하이브리드 형태로 되어 있으나, 산스크리트 고전문법에 맞게 코탄본에 따라서 이것과 그 이하에 탈격어미(-bhayāt: SD. 179-194)를 적용한 것이다.

270) 主囉 跋夜 : Xog. 65-66의 밀의적 해석에 의하면, 적난(敵難)을 제거한다는 뜻인데, 주라(主囉)는 도둑을 뜻하지만, 밀의적으로는 여래부족에 속한 비로자나불(毗盧遮那佛)을 지칭한다.

271) 阿祇尼 婆夜 : Xog. 65-66의 밀의적 해석에 의하면, 화난(火難)을 제거한다는 뜻인데, 아기지(阿祇尼)는 화신(火神)을 이지만, 불을 끌 수 있는 기야(祈夜)[12분교의

아기니 파야

불의 위험,

182. udaka-bhayād

우다까 바야드

烏陀迦 婆夜272)

오타가 파야

물의 위험,

183. viṣa-bhayāc

비샤 바야쯔

毘沙 婆夜273)

비사 바야

독극물의 위험,

184. chastra-bhayāt

차쓰뜨라 바야뜨

舍薩多囉 娑夜274)

하나] 또는 백의관음(白衣觀音)을 지칭한다.

272) 烏陀迦 婆夜 : Xog. 65-66의 밀의적 해석에 의하면, 풍란(風難)을 제거한다는 뜻이다. 오타가(烏陀迦)는 '바람' — 물인데 착각한 듯 — 으로 번역되는데, 따라(多羅: Tara) 보살의 화신이다. 또한 자설(自說[udāna] : 12분교의 하나)'이나 비유(譬喩)[12분교의 하나]를 지칭하기도 한다.

273) 毘沙 婆夜 : Xog. 65-66의 밀의적 해석에 의하면, 독란(毒難)을 제거한다는 뜻이고, 비사(毘沙)는 약왕보살과 관련된 천상의 존재들을 언급한 것이다. 바야(婆夜)는 광설(廣說), 논설(論說), 이설(異說)로 번역되는데, 모두 약왕신중(藥王神衆)의 이름들이다. 또한 보살의 논의(論義)[12분교의 하나]가 모든 독을 제거하고 일체 초목의 독도 제거한다.

274) 舍薩多囉 娑夜 : Xog. 65-66의 밀의적 해석에 의하면, 도장란(刀杖難)을 제거한다는 뜻이다. 사살다라(舍薩多囉)는 '뭇삶에게 이익을 주는 것(善利衆生)'이라고 번역되는데, 금강신의 이름이다. 이것은 또한 금강신들이 경전들과 무기로서의 사살다라

사살다라 바야

무기의 위험,[275]

185. paracakra-bhayād

빠라짜끄라 바야드

波囉斫羯囉 婆夜[276]

파라작갈라 바야

전쟁의 위험,[277]

186. durbhikṣa-bhayād

두르비끄샤 바야드

突瑟叉 婆夜[278]

돌슬차 바야

굶주림의 위험,

187. aśanibhayād

아샤니 바야드

(舍薩多囉: śāstra)를 사용하여 난관을 극복하고 뭇삶이 공덕을 얻을 수 있다는 사실을 뜻한다.

275) 무기의 위험 : 샤쓰뜨라바야뜨(śastrabhayāt)가 연음현상에 의해서 차쓰뜨라바야뜨(chastrabhayāt)가 된 것이다. '무기의 위험으로부터'라는 뜻이다.

276) 波囉斫羯囉 婆夜 : Xog. 65-66의 밀의적 해석에 의하면, 병난(兵難)을 제거한다는 뜻이고, 파라(波囉)는 협장(篋藏: 迦旃延論 śāstra의 일종)의 이름이고, 작갈라(斫羯囉)는 금강부족으로 지칭한다. 파라작갈라(波囉斫羯囉)는 금강살(金剛薩)들이 갈마법륜(羯磨法輪)으로 적병으로 인한 난관을 물리친다는 사실을 의미한다.

277) 전쟁의 위험 : 빠라짜끄라(paracakra)는 '적의 군세, 적병, 타방원적(他方怨敵), 인국전쟁(隣國戰爭)'의 뜻을 지닌다.

278) 突瑟叉 婆夜 : Xog. 65-66의 밀의적 해석에 의하면, 기아난(飢餓難)을 제거한다는 뜻이고, 돌슬차(突瑟叉)는 '권수(拳手)' '수호(守護)'라고 번역되는 것으로 금강신들의 이름이다. 금강신들은 뭇삶을 가난, 고통, 추위에서 보호한다. 그것은 또한 의무계율(波羅提木叉 : prātimokṣa)이라고 번역될 수 있는데, 계율을 준수함으로써 뭇삶은 고통과 난관을 극복하고 해탈을 얻을 수 있다는 것을 뜻한다.

阿舍儞 婆夜[279)]

아사이 바야

천둥의 위험,

188. akāla-mṛtyu-bhayād

아깔라 므리띠유 바야드

阿迦囉 蜜㘑柱 婆夜[280)]

아가라 밀리주 바야

때 아닌 때의 죽음의 위험,

189. dharaṇi-bhūmi-kampa-kāpatha-bhayād

다라니 부미 깜빠 까빠타 바야드

陀囉尼[281)] 部彌 劍波 伽波陀 婆夜[282)]

타라니 부미 검파 가파타 바야

---

279) 阿舍儞 婆夜 : Xog. 65-66의 밀의적 해석에 의하면, 뇌전난(雷電難)을 제거한다는 뜻이다. 아사니(阿舍儞)는 '이유(離有)' '무유(無有)' '무애(無碍)'라고 번역되는데, 그것들은 천상의 신들의 이름이다. 또한 그것은 논의장(論義藏)[12분교의 하나]을 지칭하는데, 그것을 지지함으로써 뭇삶은 번개와 천둥을 피할 수 있다.

280) 阿迦囉 蜜㘑柱 婆夜 : Xog. 65-66의 밀의적 해석에 의하면, 횡사비명난(橫死非命難)을 제거한다는 뜻이다. 아가라(阿迦囉)는 '최상의 염송'이라고 번역되는데, 금강살의 이름이다. 그것은 또한 '미증유(未曾有 : adbhutadharma)[12분교의 하나]을 지칭한다. 밀리주(蜜㘑柱)는 '기쁨[喜]'이나 '사랑[愛]'으로 번역되는데, 황금 갑옷과 투구를 지닌 천신들인 금강왕들의 이름이다. 이러한 천신들의 신통력의 도움으로 뭇삶은 모든 예기치 않았던 사건을 극복한다. 이것 또한 미증유법이다.

281) 陀囉尼 : 반송본(般宋本. 181)에서는 아타라니(阿陀囉尼)인데, 여기서 다라니(陀囉尼)는 진언의 의미가 아니라, 다라니(dharaṇi), 즉 대지(大地)를 음사한 것이다.

282) 陀囉尼 部彌 劍波 伽波陀 婆夜 : Xog. 65-67의 밀의적 해석에 의하면, 총지력(總持力)을 얻어 일체재앙(一體災難)을 제거한다는 뜻이다. 다라니부다검파(陀囉尼部彌 劍波)는 지신(地神)들이 부처님의 다라니를 보호하기로 맹세한 것을 의미한다. 그들은 땅과 관련된 독소와 땅과 관련된 질병에서 야기된 독소들을 추방하고 제거하는 다라니를 지지하는 자들을 따른다. 동방의 지신(地神)은 제석(帝釋)이며, 불안보살(仏眼菩薩)이 응하여 나툰 것이다.

대지의 지진으로 생겨난 험로의 위험,

190. ulkā-pāta-bhayād

울까 빠따 바야드

烏囉迦 婆多 婆夜283)

오라가 바다 바야

운석낙하의 위험,

191. rāja-daṇḍa-bhayād

라자 단다 바야드

剌闍 壇茶 婆夜284)

라자 단다 바야

정치적 형벌의 위험,285)

192. nāgabhayād

나가 바야드

那伽 婆夜286)

---

283) 烏囉迦 婆多 婆夜 : Xog. 65-67의 밀의적 해석에 의하면, 험조난(險阻難)을 제거한다는 뜻이다. 오라가바다(烏囉迦婆多)는 부처님의 이름 가운데 하나인 '세상을 이해하는 님'(世間解 : lokavid)이라고 번역되는데, 그것은 또한 본사(本事: 如是語 ityukta), 인연(因緣; nidāna), 고기(孤起; gāthā)[모두 12분교의 하나]를 함의하는 것으로 뭇삶에게 안전을 보장하는 것이다.

284) 剌闍 壇茶 婆夜 : Xog. 65-68의 밀의적 해석에 의하면, 독사난(毒蛇難)을 제거한다는 뜻이다. 라자단다(剌闍壇茶)는 보물부족에 속한 보왕(寶王), 보광(寶光)으로 번역되며, 라자(剌闍)는 뱀들의 이름이고 단다(壇茶)는 보석을 박은 막대기이다. 그러므로 라자단다(剌闍壇茶)는 뱀들의 독을 없애준다.

285) 정칙적 형벌의 위험 : 원래는 왕의 권위로 부과하는 형벌(王罰 : rājadaṇḍa)이라는 의미인데 역자가 의역한 것이다.

286) 那伽 婆夜 : Xog. 65-68의 밀의적 해석에 의하면, 독룡난(毒龍難)을 제거한다는 뜻이다. 나가(那伽)는 물로 번역되며 수천신(水天神)의 이름이자, 모든 용들의 고유한 이름이다. 그것은 또한 본생(本生)[12분교의 하나]을 지칭한다. 이 구절로 용들과 물로 인한 재앙을 종식시킬 수 있다. 서방의 수천신은 금강모(金剛母 : Māmakī 또는

나가 바야
용(龍)의 위험,

193. vidyudbhayāt
비디윳 바야뜨
毘條怛 婆夜[287)]
비조달 바야
번개의 위험,

194. suparṇa-bhayād
쑤빠르나 바야드
蘇波囉拏 婆夜[288)]
소파라나 바야
금시조(金翅鳥)[289)]의 위험으로부터,[290)]

Māmukī)의 화신이다.

287) 毘條怛 婆夜 : Xog. 65-68의 밀의적 해석에 의하면, 섬전난(閃電難)을 제거한다는 뜻이다. 비조달(毘條怛)은 방광(方廣 : vaipulya)으로 번역되고, 또한 비나야(毘奈耶: vinaya)로 번역되는데, 서방의 번개신으로 뇌성벽력의 재앙을 없앤다.

288) 蘇波囉拏 婆夜 : Xog. 65-68의 밀의적 해석에 의하면, 금시조난(金翅鳥難)을 제거한다는 뜻이다. 소파라나(蘇波囉拏)는 연화부족과 관계되는 것으로, '묘련화(妙蓮花)' '선해방(善解放)'으로 번역되는데, 둘 다 금강신의 이름이고, 그들은 사악한 새로 인한 재앙을 없애준다. 이 장에서 속법이 언급한 십이분교(十二分敎)는 다음과 같다. ① 장행(長行: sātra): 진리에 대한 부처님의 산문형태의 설명 ② 기야(祇夜: geya): 산문으로 이미 설명된 시 ③ 수기(授記: vyakarana): 부처님이 행하는 제자의 성취에 대한 예언 ④ 인연(因緣: nidāna): 현재상태를 설명하는 과거의 이야기 ⑤ 비유(譬喩; avadāna): 부처님 제자들의 과거의 삶의 이야기 ⑥ 본사(本事: ityukta): 제자가 듣고 전한 이야기. ⑦ 본생(本生: jātaka): 과거의 부처님의 삶에 대한 이야기 ⑧ 방광(方廣: vaipulya): 진리에 대한 확장적인 해설 ⑨ 미증유(未曾有: adbhuta-dharma): 부처님이 행한 기적 ⑩ 고기(孤起: gāthā); 산문이 아닌 시로 설한 정형시의 법문 ⑪ 자설(自說: udana): 부처님이 제자의 요청 없이 홍에 겨워 설한 법문 ⑫ 논의(論義: upadeśa): 부처님과 제자의 대화.

289) 금시조(金翅鳥) : 묘시조(妙翅鳥)라고도 한역한다. 태양조 가루다(Garuḍa)를 의미한다. 가루다는 비슈누 신의 상징동물이고 새들의 왕인데, 신들의 조상 까쉬야빠

2 〔악귀의 제도와 부처님의 자비(度生男女下合生悲)〕291)

195. yakṣa-grahād

약샤 그라하드

藥叉 揭囉訶292)

약차 게라하

야차293)의 악귀,294)

196. rākṣasa-grahāt

락샤샤 그라하뜨

(Kaśyapa)와 그의 아내 비나따(Vinatā)의 아들이다. 비나따는 용의 어머니 까드루(Kadrū)와 불화하자, 가루다도 땅에 묶여 있는 용과 뱀들의 원적 - 예부터 뱀에 물린 사람들은 사원의 가루라 기둥에 운반하여 치료했다. - 이 되었다. 또한 부모는 가루다에게 바라문을 제외한 기타의 악인들을 먹을 것을 허락하였는데, 한 바라문과 그의 아내를 삼키자, 바라문이 그의 목구멍을 불태워 다시 토해내었다고 한다. 그리고 어머니가 까드루로 인해 고통을 받자, 어머니를 치료하기 위해 불사주(不死酒)를 약탈했기 때문에 신들의 제왕 제석천과 싸우게 되었다고 한다. 가루다는 비슈누 신의 태양적 성격, 모든 극단적인 양극성을 자기에게서 하나로 승화시키는 원리를 나타낸다. 가루다의 상반신은 강력한 날개가 달려 있고, 하반신은 인간의 형상, 얼굴은 새의 부리나 사람의 얼굴로 묘사된다. 불교의 밀교에서는 대범천, 대자재천 등이 뭇 삶을 애민히 여겨 구제하기 위해 나타난 화신으로 보고 있다.

290) 금시조의 위험으로부터 : 이 구절 뒤에 호탄본에서처럼 SD. 175-178과 유사하게 '저에게 안온이 있어지이다.'(mama svastirbhavatu)라는 구절을 첨가할 수 있다.

291) 度生男女下合生悲 : 이 절의 원래 한문 제목은 역자의 번역과 일치하지 않는데, 그 의미는 Chi. 260에 따르면, 자비가 남녀 야차와 나찰을 제도하여 그들을 부처님의 다르마와 일치시킨다는 뜻이다.

292) 藥叉 揭囉訶 : Xog. 68-69의 해석에 의하면, 약차게라하(藥叉揭囉訶)는 혼(魂)을 수호하는 귀신들이다. 그들은 용감하고 단호하고 반항적이고 악독한 귀신들이다. 약차(藥叉)에는 날지 못하는 지상의 약차들이 있고, 날 수 있는 천상의 야차들이 있다. 게라하(揭囉訶)는 귀신을 지칭한다. 그러나 밀의적으로는 천상의 신장(神將)이자 귀왕(鬼王)이다.

293) 야차(yakṣa) : SD. 153-154를 참조하라.

294) 야차의 악귀으로부터(yakṣa-grahā) : 이하 불당본(不唐本)의 실담문자에는 그라하(-grahā)라고 하이브리드 형태로 되어 있으나, 고전산스크리트 문법에 맞게 코탄본에 따라 이하 탈격어미(-grahāt: SD. 195-207)를 사용한 것이다.

囉叉私 揭囉訶295)

라차사 게라하

나찰296)의 악귀,

197. preta-grahāt

쁘레따 그라하뜨

畢唎多 揭囉訶297)

필리다 게라하

아귀298)의 악귀,

198. piśāca-grahād

삐샤짜 그라하드

毘舍遮 揭囉訶299)

비사차 게라하

---

295) 囉叉私 揭囉訶 : Xog. 68-69의 해석에 의하면, 라차사게라하(囉叉私揭囉訶)는 왕족의 아내를 보호하기 위한 귀신[守宮婦女鬼]으로서 민첩한 귀신들이다. 그러나 밀의적으로는 천상의 신장(神將)이자 귀왕(鬼王)이다.

296) 나찰(rākṣasa) : SD. 153-154를 참조하라.

297) 畢唎多 揭囉訶 : Xog. 68-69의 해석에 의하면, 필리다게라하(畢唎多揭囉訶)는 사체를 보호하기 위한 귀신들로서 조상귀신들이나 아귀들이 있다. 그러나 밀의적으로는 천상의 신장(神將)이자 귀왕(鬼王)이다.

298) 아귀(preta) : 어원적으로 '고인(故人)'이라는 뜻인데, 원래는 사람이 죽어서 조상과의 만남이 이루어질 때까지의 영묘한 존재를 뜻한다. 그러나 어떤 아귀들은 살던 집에 나타나 달래주지 않으면 해악을 끼친다. 폐려다(閉麗多), 필리다(畢唎多) 등으로 음사되고, 주로 조상의 영혼을 지칭하기도 하지만, 일반적으로는 간탐이 많아 신체적 언어적 정신적 악행을 저질러서 아귀계에 와서 생사를 반복한다. 아귀의 배는 산만하고 목구멍은 바늘만하다. 똥이나 체액이나 혈농, 설거지한 구정물이나 출산시의 부정(不淨)을 먹으며 화생자(化生者)와 태생자(胎生者)가 있다.

299) 毘舍遮 揭囉訶 : Xog. 68-69의 해석에 의하면, 비사차게라하(毘舍遮揭囉訶)는 수확물을 보호하고 독 있는 약초로 인한 재앙을 물리치는 귀신들인데, 거기에는 인간과 곡물을 먹는 귀신들이 있다. 그러나 밀의적으로는 천상의 신장(神將)이자 귀왕(鬼王)이다.

삐샤짜300)의 악귀,

199. bhūta-grahāt

부따 그라하뜨

部多 揭囉訶301)

부다 게라하

부따302)의 악귀,

200. kumbhāṇḍa-grahāt

꿈반다 그라하뜨

鳩槃茶 揭囉訶303)

구반다 게라하

꿈반다304)의 악귀,

201. pūtanā-grahāt

뿌따나 그라하뜨

---

300) 삐샤짜(piśāca) : 어둠의 자식(Manu. XII. 44)으로 살코기를 먹는 귀신이다. 나찰과 연결되기도 한다. 시체버리는 곳에 살면서 밤중에 한적한 곳, 버려진 집이나 폐쇄된 길을 돌아다닌다. 음사하여 필사차(畢舍遮) 또는 비사차(毘舍遮)라고 하는데, 동방 지국천의 권속이고, 아귀의 형상을 갖고 손에는 잘린 팔을 들고 있다. 식혈육귀(食血肉鬼)이자, 담인정기귀(噉人精氣鬼)이고, 전광귀(癲狂鬼)이다. 태장계외금강부원(胎藏界外金剛部院)에 소속되어 있다.

301) 部多 揭囉訶 : Xog. 69의 해석에 의하면, 대신귀(大身鬼)인데, 밀의적으로는 천상의 신장(神將)이자 귀왕(鬼王)이다.

302) 부따(bhūta) : SD. 78-79를 참조하라.

303) 鳩槃茶 揭囉訶 : Xog. 69의 해석에 의하면, 다른 사람위에 앉아 있는 옹형귀(甕形鬼)이지만, 밀의적으로는 천상의 신장(神將)이자 귀왕(鬼王)이다.

304) 꿈반다(kumbhāṇḍa) : 옹형귀(甕形鬼), 음낭귀(陰囊鬼), 동고귀(冬苽鬼)라고 한역하는데, 사람의 정기를 빨아먹는 귀신이다. 형상은 인간의 몸에 백마의 머리를 갖고 있는데, 10형제들이 있다. 사람과 가축에 죽음을 야기하는 사악한 신인 루드라(Rudra) 신을 따르는 귀신이다. 밀교에서는 남녀이체(男女二體)를 갖고 있어, 남자 꿈반다는 발우를 두드리고 여자 꿈반다는 태고를 두드린다. 남방 증장천왕(增長天王)의 권속으로 태장계만다라최외원 남쪽에 배당되어 있다.

補丹那 揭囉訶[305)]

보단나 게라하

뿌따나[306)]의 악귀,

202. kaṭa-pūtanā-grahāt

까따뿌따나 그라하뜨

迦吒補丹那 揭囉訶[307)]

갈타포단나 게라하

까따뿌따나[308)]의 악귀,

203. skanda-grahād

쓰깐다 그라하드

悉乾度 揭囉訶[309)]

실건도 게라하

---

305) 補丹那 揭囉訶 : Xog. 69의 해석에 의하면, 보단나게하라(補丹那揭囉訶)는 우리의 신체적인 몸을 수호하는 귀신들로 열병에 책임이 있는 냄새나고 악한 아귀들(奇臭餓鬼)이지만, 밀의적으로는 천상의 신장(神將)이자 귀왕(鬼王)이다.

306) 뿌따나(pūtanā) : 한역에서는 취귀(臭鬼), 취아귀(臭餓鬼), 열병귀(熱病鬼), 재괴귀(災恠鬼)라고 한다. 힌두신화에 의하면, 뿌따나는 악마 왕 발리(Bali)의 딸로 거인이었는데, 크리슈나 신이 지상의 생활에서 어렸을 때에 독 있는 젖으로 그를 달래려고 했다. 크리슈나 신은 그녀를 때려죽였고, 죽은 뒤에 뱀파이어와 같은 여악귀로 태어나서는 인간과 가축에 질병을 일으키는 귀녀가 되었다. 『혜림음의』(慧琳音義)에서는 '더럽고 냄새나는 귀신이지만 아귀 중에는 복은 최상이다.'라고 설명하고 있다.

307) 迦吒補丹那 揭囉訶 : Xog. 69의 해석에 의하면, 가타보단나(迦吒補丹那)는 백(魄)을 보호하는 귀신들로, 지독한 냄새를 풍기는 아귀들(奇臭餓鬼)이지만, 밀의적으로 가타보단나게라하는 천상의 신장(神將)이자 귀왕(鬼王)이다.

308) 까따뿌따나(kaṭa-pūtanā) : 한역에서 극취귀(極臭鬼), 기취귀(奇臭鬼), 극취아귀(極臭餓鬼), 재괴귀(災恠鬼)라고 번역한다. 힌두신화에 따르면, 살아서 그의 의무를 게을리 한 왕족계급의 죽은 영혼이라고 추측되는 악마이다.

309) 悉乾度 揭囉訶 : Xog. 69-70의 밀의적 해석에 의하면, 실건도(悉乾度)는 동자신(童子神)들인데, 그들은 곤충의 독소에 책임이 있는 황색귀신[黃色鬼]들이다. Chung. 203에서는 전광병마(癲狂病魔)라고 번역한다. 그러나 밀의적으로 실건도게라하는 천상의 신장(神將)이자 귀왕(鬼王)이다.

쓰깐다310)의 악귀,

204. apasmarâgrahād

아빠쓰마라 그라하드

阿播悉摩囉 揭囉訶311)

---

310) 쓰깐다(Skanda) : 한역에서는 새건타(塞建陀), 위타천(韋馱天), 위천장군(韋天將軍)이라고 한다. 힌두신화에 따르면, 고행을 하는 시바 신의 씨앗은 너무 강해서 그의 배우자였던 빠르바띠(Pārvatī) 여신이 감당할 수가 없었으므로 아그니 신(火神: Agni) 가운데 사정했는데, 화신은 그것을 다시 강가 강의 여신에게 내뿜었다. 강가 여신은 그 씨앗을 강변의 갈대 속에 저장했다. 거기서 일곱 선인신군(仙人神群)을 상징하는 북두칠성의 영향으로 까르띠께야(Kārttikeya)라고 불리는 여섯 개의 머리를 가진 아이가 태어났다. 이렇게 출생했기 때문에 쓰깐다는 아그니 신의 아들 아그네야(Agneya) 또는 강가의 아들 강가뿌뜨라(Gaṅgāputra) 또는 '까르띠께야'라고 불린다. 그는 여섯 개의 머리와 무수한 귀, 열두 개의 눈과 손, 다리를 갖고 있다. 태어난 지 나흘 만에 어른이 된 그의 손에는 악마를 물리칠 수 있는 활이 들려 있었고, 나머지 열한 개의 손에도 모든 악마를 물리칠 수 있는 강력한 무기들이 들려 있었다. 또 다른 힌두신화에 의하면, 우마 빠르바띠(Umā Pārvatī) 여신은 아그니 신의 도움을 받아 기적적으로 시바 신의 씨앗을 얻을 수 있었으나, 인드라(Indra : SD. 15 참조) 신이 그것을 다시 강가 강에 버렸다. 이때 아그니 신은 일곱 선인의 아내들인 여섯 끄리띠까(Kṛttikā)를 탐내고 있었다. 그러자 화신을 사모하던 바라문성자 닥샤(Dakṣa)의 아내 쓰와하(Svāhā)가 여섯 끄리띠까(Kṛttikā)의 모습으로 차례로 화현하여 그때 마다 강가 강에서 아그니(Agni) 신과 결합하여 시바 신의 씨앗을 얻을 수 있었다. 그녀는 그때마다 간통했다는 오해를 받을까 두려워 도망가면서 악마들과 일곱 머리의 독사가 사는 갈대숲으로 덮인 흰 산을 보고 그 황금병속에 씨앗을 넣어 산꼭대기에 보관했다. 그 황금병 속에서 쓰깐다가 태어났다. 그는 악마들과 일곱 머리의 독사가 있는 흰 산을 향해 화살을 날려 그 흰 산을 산산조각으로 부수고 창을 던져 산의 정상을 날려 보냈다. 그러나 성자들의 부인이 아그니 신과 불륜을 저질렀다는 목격자가 나오자, 분노한 성자들은 신들을 동원하여 쓰깐다를 죽이려했으나 인드라 신마저 쓰깐다에게 항복했다. 쓰깐다는 인드라 신과 그의 군대의 투항을 받아들였다. 천상의 신들은 쓰깐다와 인드라를 장군으로 삼아 군대를 재정비하여 악마들을 완전히 물리쳤다. 그리하여 쓰깐다는 어머니를 기쁘게 한 자, 즉 마뜨리난디까(Matṛnandika) 또는 마뜨리난다나(Matṛnandana)라고 불렸다. 한역에서는 위타천(韋馱天)이라고 하며, 불교에 와서는 가람의 수호신으로 증장천(增長天)의 8대 장군 가운데 한 장군으로 발이 빠른 것으로 알려져 있다. 일설에 의하면 알렉산더 대왕의 모습이 여기에 투영된 것이라고 한다. 그는 귀신을 주관하고, 많은 마귀를 거느리고 있는데 수행자가 도력이 부족하면 혹란을 일으키지만, 수행자가 청정범행에 입각한 동진(童眞)의 업을 닦아 여래의 열반에 들기를 원하는 장군(將軍)이다.

아파실마라 게라하

아빠쓰마라312)의 악귀,

205. unmatta-grahāc

운맛따 그라하쯔

烏檀摩陀 揭囉訶313)

오단마타 게라하

운맛따314)의 악귀,

206. chāyā-grahād

차야 그라하드

車夜 揭囉訶315)

---

311) 阿播悉摩囉 揭囉訶 : 반송본(般宋本. 197)에서는 양두귀(羊頭鬼)로 나오는데, Xog. 70의 해석에 의하면, 아파실마라게라하(阿播悉摩囉揭囉訶))는 양머리를 한 귀신들로, 야생의 여우 형상의 귀신[形如野狐鬼]들이고, 청색귀(靑色鬼)로 간질에 책임이 있는 귀신들이지만, 밀의적으로는 아파실마라게라하는 천상의 신장(神將)이자 귀왕(鬼王)이다.

312) 아빠쓰마라 : 어원적으로 보면, 기억상실(記憶喪失)이란 의미가 있으나, 원래 아빠쓰마라(Apasmāra; 상세한 것은 SD. 170-171을 참조)는 힌두신화에서는 난쟁이로서 무지와 몽매의 화신이다. 시바 신이 음악과 예술의 신으로 화현하여 비파를 든 형상으로 나타나 악마 아빠쓰마라를 짓밟는다.

313) 烏檀摩陀 揭囉訶 : 반송본(般宋本. 198)에서는 열귀(熱鬼)로 나오는데, Xog. 70의 해석에 의하면, 오단마타게라하(烏檀摩陀揭囉訶)는 열병귀신으로, 바람에 책임이 있는 귀신들로 흑색귀(黑色鬼)들이지만, 밀의적으로는 천상의 신장(神將)이자 귀왕(鬼王)이다.

314) 운맛따(Unmatta) : 착란자(錯亂者) 또는 '미친 자'라는 뜻이 있지만, 천·공·지(天·空·地) 삼계의 아수라를 쳐부순 시바 신의 공포스런 형태인 바리라바(Bhairava)의 형태 가운데 하나로, 개를 데리고 다니는데, 특별히 불가촉천민에게 숭배를 받는다. 상징물로는 해골-컵과 해골달린 곤봉, 호랑이나 코끼리 가죽, 짧은 창, 드럼, 뱀, 삼지창이 있다. 운맛따는 흰 피부에 잘 생긴 용모를 갖고 있고 방패와 불, 곤봉과 짧은 창을 지니고 있다.

315) 車夜 揭囉訶 : Xog. 70의 해석에 의하면, 차야게라하(車夜揭囉訶)은 그림자 귀신인 영귀(影鬼)들인데, 그 종류에는 불의 원인이 되는 귀신들[主火神], 갈고리 귀신들[鈎神] 또는 코끼리 귀신들[象神]이 있다. 그러나 밀의적으로는 차야게라하는 천상

차야 게라하

차야316)의 악귀,

207. revatī-grahād

레바띠 그라하드

醯嚟婆帝 揭囉訶317)

혜리파데 게라하

레바띠318)의 악귀으로부터,319)

208. ojâhāriṇyā

오자 아하리니야

의 신장(神將)이자 귀왕(鬼王)이다.

316) 차야 : 차야(Chāyā)는 그림자라는 뜻을 지녔고, 한역은 영귀(影鬼; 般宋本. 199)이다. 힌두신화에 따르면, 태양신 라비Ravi)의 반려자의 하나이다. 태양신이 비슈와까르만(Viśvakarman)의 딸인 쌍그냐(Saṃjnā)와 결혼하자, 그녀는 버림받아 자신의 광채를 잃고 그의 그림자로 남았다. 그녀는 암나귀의 형태를 지녔으나 태양신이 암말이라고 착각하여 그녀와 결합한 결과로 두 개의 말 머리를 가진 농경신인 아슈윈(Aśvin)이 태어났다.

317) 醯嚟婆帝 揭囉訶 : 반송본(般宋本. 200)에서는 음모귀(陰謀鬼)로 나온다. Xog. 70의 해석에 의하면, 혜리파제게라하(醯嚟婆帝揭囉訶)는 소리 귀신들인데, 헛간에 사는 귀신들로 갈고리 모양의 짐승을 책임지는 귀신들[主獸神]이다. 그러나 밀의적으로는 천상의 신장(神將)이자 귀왕(鬼王)이다.

318) 레바띠(Revatī) : 한역에서는 여매(女魅), 복행매(腹行魅)라고도 번역한다. 힌두신화에 따르면, 이십팔성수천신(二十八星宿天神)의 하나로 규성(奎星)을 뜻하기도 하고, 특정한 질병을 일으키는 여자 악마이지만, 두르가(Durgā: SD. 116을 참조) 여신 또는 아디띠(Aditi: 무한공간을 상징하는 베다 시대의 여신으로 비슈누 신의 그녀의 남편으로 신들의 어머니) 여신으로 여겨진다. 또한 발라라마(Balarāma)의 아내의 이름이기도 하다. 그녀의 왼손은 측면으로 우아하게 늘어져 있고, 오른손에는 연꽃이 들려 있다. 인도에서 발라라마의 숭배는 아주 오래되었다. 농경문화와 뱀의 숭배와 관련이 있다. 그는 태초의 무한 뱀의 화신으로서 크리슈나의 형제 또는 비슈누 신의 화신으로 여겨진다. 발라라마는 경작자나 농부의 신으로 쟁기를 지니고 술 마시기를 좋아하는 신이다. 한역에서 복행매(腹行魅)라고 한 것은 무한 뱀의 화신인 발라라마와 관계된 것으로 보인다.

319) Chung. 207에 따르면, 이 구절 뒤에 호탄본에서처럼 SD. 175-178과 유사하게 '저에게 안온이 있어지이다.'(mama svastir bhavatu)라는 구절을 첨가할 수 있다.

社多 訶嚟南320)

사다 하리남

자양을 먹는 귀신,

209. garbhâhāriṇyā

가르바 아하리니야

揭婆 訶嚟南321)

게바 하리남

태아를 먹는 귀신,

210. rudhirâhāriṇyā

루디라 아하리니야

嚧地囉 訶嚟南322)

로지라 하리남

피를 먹는 귀신,

211. maṃsâhāriṇyā

---

320) 社多 訶嚟南 : 반송본(般宋本. 201)에서는 식초산귀(食初産鬼)로 나온다. Xog. 71의 밀의적 해석에서는 사다(社多)가 약다(惹多)로 음사되어 있어 Kimu. 208에서처럼 자따(jāta)로 환원하지 않고 오자(oja)로 환원했다. 그에 의하면, 사다하리남(社多訶嚟南)은 정기(精氣)를 먹는 귀신들[食精氣鬼]이며, 하리남(訶嚟南)은 귀자모(鬼子母)라고 불리는 귀신의 이름인데, 부처님께 귀의하기 전에는 원적이었으나 귀의한 후에는 환희야차신(歡喜夜叉神)이 되었다. 그러나 밀의적으로 사다하리남은 천상의 신장(神將)이자 귀왕(鬼王)을 뜻한다.

321) 揭婆 訶嚟南 : 반송본(般宋本. 202)에서는 식회잉귀(食懷孕鬼)로 나온다. Xog. 70-71의 해석에 따르면, 게바하리남(揭婆訶嚟南)은 태아를 먹는 귀신[食胎臟鬼]들이지만, 여기서 게바(揭婆)는 비밀한 수호[密護]라고 뜻하고 밀의적으로 게바하리남은 천상의 신장(神將)이자 귀왕(鬼王)을 뜻한다.

322) 嚧地囉 訶嚟南 : 반송본(般宋本. 203)에서는 식혈귀(食血鬼)로 나온다. Xog. 70-71의 해석에 따르면, 로지라하리남(嚧地囉訶嚟南)은 피를 먹는 귀신[食血鬼]들이지만, 밀의적으로 로지라(嚧地囉)는 최상(最上)을 뜻하고, 로지라하리남은 천상의 신장(神將)이자 귀왕(鬼王)을 뜻한다.

망싸 아하리니야

忙娑 訶嚟南323)

망사 하리남

살을 먹는 귀신,

212. medâhāriṇyā

메다 아하리니야

謎陀 訶嚟南324)

미타 하리남

고름을 먹는 귀신,

213. majjâhāriṇyā

맛자 아하리니야

摩闍 訶哩南325)

마자 하리남

골수를 먹는 귀신,

---

323) 忙娑 訶嚟南 : 반송본(般宋本. 204)에서는 식육귀(食肉鬼)로 나온다. Xog. 70 - 71의 해석에 따르면, 망사하리남(忙娑訶嚟南)은 기름을 먹는 귀신[食油鬼?; 食肉鬼여야 올바름]들이지만, 밀의적으로 망사(忙娑)는 백색귀(白色鬼)로 모든 금강살타의 어머니(金剛母: 般明本. 192)를 지칭하고, 망사하리남은 천상의 신장(神將)이자 귀왕(鬼王)을 뜻한다.

324) 謎陀 訶嚟南 : 반송본(般宋本. 205)에는 게타하리남(計陀訶哩泥)라고 되어 있는데, 게타(計陀: ghṛta)와 미타(謎陀: meda)는 동일하게 지방(脂肪)을 뜻한다. 따라서 식지귀(食脂鬼)라고 되어 있다. Xog. 70-71의 해석에 따르면, 미타(謎陀)는 산후 태를 먹는 귀신, 식산귀(食産鬼)여야 올바름]인데, 적색귀(赤色鬼)의 이름이지만, 밀의적으로 미타하리남은 천상의 신장(神將)이자 귀왕(鬼王)을 뜻한다.

325) 摩闍 訶哩南 : 반송본(般宋本. 206)에는 식수귀(食髓鬼)라고 되어 있다. Xog. 70- 71의 해석에 따르면, 마자하리남(摩闍訶哩南)은 생명을 먹는 귀신[食命鬼]들인데, 마자(摩闍)는 바람귀신[風鬼神]의 이름이지만, 밀의적으로 마자하리남은 천상의 신장(神將)이자 귀왕(鬼王)을 뜻한다.

214. jātâhāriṇyā

자따 아하리니야

闍多 訶嚟南[326]

자다 하리니

유아를 먹는 귀신,

215. jivitâhāriṇyā

지비따 아하리니야

視比多 訶嚟南[327]

시비다 하리남

목숨을 먹는 귀신,

216. vatâhāriṇyā

바따 아하리니야

毘多 訶嚟南[328]

비다 하리남

326) 闍多 訶嚟南 : 반송본(般宋本. 207)에는 식기귀(食氣鬼)라고 되어 있다. Xog. 70- 71의 밀의적 해석에 따르면, 자다하리남(闍多訶嚟南)은 기름때를 먹는 귀신[食垢膩鬼?] - 산후 태를 먹는 귀신(食産鬼)이어야 한다 - 이지만, 자다(闍多)는 구제[救]를 의미하고, 자다하리남은 밀의적으로 천상의 신장(神將)이자 귀왕(鬼王)을 뜻한다.

327) 視比多 訶嚟南 : 반송본(般宋本. 208)에는 식수명귀(食壽命鬼)라고 되어 있다. Xog. 70-72의 해석에 따르면, 시비다하리남(視比多訶嚟南)은 제물을 먹는 귀신[食祭鬼]이고, 시비다(視比多)는 한림(寒林)을 지칭하지만, 밀의적으로 시비다하리남은 천상의 신장(神將)이자 귀왕(鬼王)을 뜻한다.

328) 毘多 訶嚟南 : 반송본(般宋本. 209)과 Kimu. 216에서는 vātâhāriṇyā로 환원하여 식풍귀(食風鬼)라고 해석하고 있다. 그러나 비다하리남(毘多訶嚟南)을 puṣpâhāriṇyā로 환원하면, 식화귀(食花鬼)가 된다. Xog. 70-72의 해석에 따르면, 비다하리남(毘多訶嚟南)은 꽃을 먹는 귀신食花鬼]들이지만, 밀의적으로 비다(毘多)는 친구[朋友]를 뜻하고, 비다하리남은 천상의 신장(神將)이자 귀왕(鬼王)을 뜻한다.

바람을 먹는 귀신,

217. vāntâhāriṇyā
반따 아하리니야
婆多 訶嚟南329)
바다 하리남
구토물을 먹는 귀신,

218. aśucyâhāriṇyāḥ
아슈찌야 아하리니야하
阿輸遮 訶嚟女330)
아수차 하리녀
부정물을 먹는 귀신,

219. cittâhāriṇyāḥ
찟따 아하리니야하
質多 訶哩女331)
질다 하리녀

329) 婆多 訶嚟南 : 불당본(不唐本)과 Kimu. 217은 vāntâhāriṇyā로 환원하고, 구토물을 먹는 귀신이라고 해석하고, Xog. 70-72의 해석에 따르면, 바다하리남(婆多訶嚟南)은 과일를 먹는 귀신, 즉 식과귀(食菓鬼)이지만, 밀의적으로 바다(婆多)는 대신(大身), 낭모(娘母)를 뜻하고, 바다하리남은 천상의 신장(神將)이자 귀왕(鬼王)을 뜻한다.

330) 阿輸遮 訶嚟女 : Xog. 71-72의 해석에 따르면, 이수차하리녀(阿輸遮訶嚟女)는 오곡종자를 먹는 귀신[食五穀種子鬼]이지만, 밀의적으로는 아수차(阿輸遮)는 색깔과 광채에서 비교할 수 없는 것[無比色光]을 뜻하고, 천상의 신장(神將)이자 귀왕(鬼王)을 뜻한다.

331) 質多 訶哩女 : 반송본(般宋本. 211)과 Kimu. 219에서는 cittâhāriṇyā로 환원하고, 마음을 먹는 귀신, 즉 식심귀(食心鬼)로 해석하고 있다. 불당본(不唐本)과 Chi. 256은 ciccâhāriṇyā로 환원했다. Xog. 71-72의 해석에 따르면, 질다하리녀(質多訶哩女)는 등불을 먹는 귀신, 즉 식등귀(食燈鬼)이지만, 질다(質多)는 밀의적으로는, '최상의 마음[勝心]'을 뜻하며, 질다하리녀는 천상의 신장(神將)이자 귀왕(鬼王)을 뜻한다.

심장을 먹는 귀신으로부터332)

220. teṣāṃ sarveṣāṃ

떼샴 싸르웨샴

帝釤 薩鞞釤333)

데삼 살비삼

그러한 모든

221. sarva-grahāṇāṃ

싸르와 그라하남

薩婆 揭囉訶南334)

살바 게라하남

일체의 악귀들이 거는,

3. 〔귀심삼보·중계장심·사부사의(歸心三寶·中契藏心·四不思議)〕335)

222. vidyāñ chedayāmi

비디얀 체다야미

毘陀耶闍 瞋陀夜彌336)

---

332) 여기까지 SD. 175-178구절이 걸린다. 이 구절 뒤에 호탄본에서처럼 SD. 175-178과 유사하게 '저에게 안온이 있어지이다.'(mama svastir bhavatu)라는 구절을 첨가할 수 있다.

333) 帝釤 薩鞞釤 : Xog. 71-72의 해석에 따르면, 제삼살비삼(帝釤薩鞞釤)은 모든 악귀들과 천신들을 언급한 것으로, 밀의적으로 제삼(帝釤)은 악귀의 힘을 조복시키고 쳐부수는 위덕을 의미하고, 살비삼(薩鞞釤)은 소언(笑言)을 의미한다. 제삼살비삼은 밀의적으로는 천상의 신장(神將)이자 귀왕(鬼王)이다.

334) 薩婆 揭囉訶南 : 반송본(般宋本. 211)에 따르면, 일체집조귀(一切執祖鬼)를 의미한다, Xog. 71-72의 밀의적 해석에 따르면, 살파게라하남(薩婆揭囉訶南)은 모든 열뇌를 일으키는 조부신귀[熱惱祖父神鬼]들을 의미하고, SD. 195-219의 귀신들은 밀의적으로는, 모두 신장(神將)들과 귀왕(鬼王)들의 주존들(一切神將鬼王中之主)이다.

335) 歸心三寶·中契藏心·四不思議 : 삼보에 돌아가 마음의 보고 가운데 네 가지 부사의(SD. 224의 주석참조)를 헤아린다는 뜻이다.

비타야자 진타야미

주력의 영향을 저는 끊어버립니다.[337]

223. kīlayāmi

낄라야미

雞囉夜彌[338]

계라야미

저는 묶어버립니다.[339]

224. parivrājaka-kṛtaṃ

빠리브라자까 끄리땅

波嚟跋囉者迦 訖嚟擔[340]

---

336) 毘陀耶闍 瞋陀夜彌 : Xog. 73-74의 밀의적 해석에 따르면, 비타야자(毘陀耶闍)를 위대한 밝은 다라니의 곳간[大明呪藏]이고, 여래부족에 속하고 불보(佛寶)를 지칭한다. 진타야미(瞋陀夜彌)는 죄악을 끊는 다라니[斬依罪者呪]로서, 연화부족에 속하고 법보(法寶)를 지칭한다.

337) 주력의 영향을 저는 끊어버립니다 : Zhang. 222에서는 'vidyāñ chindayāmi'를 사용하고 있다.

338) 雞囉夜彌 : Xog. 73-74의 밀의적 해석에 따르면, 계라야미(雞囉夜彌)는 야차 왕들을 잡는 다라니[捕捉夜叉王呪]인데, 금강부족에 속하고 승보를 지칭한다.

339) 저는 묶어버립니다 : 원래 kīlayāmi는 '내가 쐐기를 박습니다. 말뚝을 박습니다. 빗장을 잠급니다.'라는 뜻이다.

340) 波嚟跋囉者迦 訖嚟擔 : Xog. 73-76의 밀의적 해석에 따르면, 파리발라자가흘리담(波嚟跋囉者迦訖嚟擔)은 28만의 군대를 명령하고 이끄는 세 명의 금강장(金剛將)들을 의미한다, 파리(波嚟)는 윤회의 차안에서 열반의 피안으로 이끄는 초월의 길, 즉 바라밀(波羅密)을 뜻하고 발라(跋囉)는 지혜를 뜻하는 반야(般若)이다. 모든 부처님과 보살은 반야를 어머니로 삼고 그것에서 보리와 열반을 산출한다. 자가(者迦)는 '청정한 성품', '청정한 법안(法眼)' '부동(不動)' '대산(大山)' '공(空)'을 뜻한다. 따라서 파리발리자가(波嚟跋囉者迦)는 본래 공성인 불성(佛性)으로 해석되는 것으로, 산처럼 부동인 것이고, 지혜의 법안으로서 본성이 청정하고, 산중의 산으로서 공덕 또한 그 본성이 청정하고 부동하다. 흘리담(訖嚟擔: kṛtaṃ ?; hṛdayaṃ이 心臟)은 심통범성(心通凡聖)을 뜻하는데, 육단심(肉團心)은 범부의 마음이고 견실심(堅實心)은 성인(聖人)의 마음일 뿐이다. 이 모든 마음은 비로광명변조심(毘盧光明遍照心)을 일체법본(一切法本)으로 한 것이다. 정요견실(精要堅實)한 마음은 여래부족의 마음[佛部

파리발라자가 흘리담

이교도의 유행자가 행하는

225. vidyāñ chedayāmi

비디얀 체다야미

毘陀夜闍 瞋陀夜彌

비타야자 진타야미

주력의 영향을 저는 끊어버립니다.

226. kīlayāmi

낄라야미

雞囉夜彌

계라야미

저는 묶어버립니다.

227. ḍākinī-kṛtaṃ

다끼니 그리땅

荼演尼 訖嚟擔[341)]

心]이고 무량비민(無量悲愍)의 마음은 연화부족의 마음[連花部心]이고, 금강쵀쇄(金剛摧碎)의 마음은 금강부족의 마음[金剛部心]이다. 이 메시지는 이 절의 제목이 되는 '삼보에 돌아가 마음의 보고 가운데 네 가지 부사의를 헤아림(帰心三寶 中契藏心四不思議)'과 관계된다. 이때의 네 가지 부사의는 『수능엄경』 제6장§74-78에 나오는 사부사의(四不思議) – ① 현용부사의(現容不思議) ② 설주부사의(說呪不思議) ③ 수공부사의(受供不思議) ④ 여공부사의(與供不思議) - 이다. 또는 ① 흘리담(訖嚟擔)은 마음 ② 비타야자(毘陀夜闍)는 불보(佛寶) ③ 진타야미(瞋陀夜彌)는 법보(法寶) ④ 게라야미(雞囉夜彌)는 승보(僧寶)를 지칭한다. Xog. 76의 밀의적 해석에 따르면, 비타야자(毘陀夜闍)-진타야미(瞋陀夜彌)-게라야미(雞囉夜彌)를 반복해서 지송하면, 화엄사십이자모(華嚴四十二字母: 실담문자의 자모)가 모두 반야문(般若門)으로 돌아가고, 금강계만다라의 삼십칠존(三十七尊)이 모두 비로심(毘盧心)에서 나온다. 즉, 신성한 다라니가 품은 음절의 씨앗(呪神聖字種)은 모두 법계장심(法界藏心)에서 나와 법계장심으로 돌아간다.

다연니 흘리담
다끼니342)가 행하는

228. vidyāñ chedayāmi
비디얀 체다야미
毘陀夜闍 瞋陀夜彌
비타야자 진타야미
주력의 영향을 저는 끊어버립니다.

229. kīlayāmi
낄라야미
雞囉夜彌
계라야미
저는 묶어버립니다.

230-231. mahā-paśupati-rudra-kṛtaṃ

---

341) 荼演尼 訖嚟擔 : 반송본(般宋本. 221)에는 다연니(荼演尼)에 대해서 다기니(荼枳尼)라고 음사되어 있고 호매귀(狐魅鬼)라고 번역한다. Xog. 73-76의 밀의적 해석에 의하면, 다연니(荼演尼)는 인간 모양의 여우 형상을 지닌 여자귀신들이 야기하는 재앙을 없애주기 위한 것이다. 그들은 '정구(淨垢)' '청량(清凉)' '보최(普摧)' '조복(調伏)'으로 번역되는데, 모두 금강신들의 이름이다.

342) 다끼니(Ḍākinī) : 힌두신화에 의하면, 다끼니는 아타르바베다(Atharvaveda)에 언급된 루드라(Rudra) 신의 여성시자였던 고시니(Ghoṣiṇī)에서 유래한 악귀로 원래는 약시니(yakṣinī)였는데, 시간의 여신 깔리(Kali: SD. 360과 주석을 참조)의 시자가 되었다. 그녀는 시간을 삼켜버리고 인육(人肉)을 먹어치운다. 두르가(Durgā: SD. 116을 참조) 여신 - 영웅적이고 파괴적이고 처녀의 현현, 풀어헤친 머리와 이마의 영안과 해골로 된 성대, 삼지창을 지니고 있다 - 의 머리가 없는 형태인 친나마쓰따(Chinnamasta)의 동반녀이기도 하다. 묘지나 화장터를 돌아다니며 삶의 무상함을 일깨운다. 브라흐마 신의 잘린 머리를 들고 있는 시바 신의 동반녀들이기도 하고, 마하깔라(Mahākāla: SD. 24-31을 참조하라) 즉 대흑천신(大黑天神) 소속의 야차녀들이기도 하다. 불교의 밀교적 의미에서 보면, 허공을 날아다니는 공행모(空行母)이고 요가에 능숙한 요기니(yoginī: 瑜伽女)이자, 반야불모(般若佛母)의 화신이기도 하다.

마하 빠쓔빠띠야 루드라 끄리땅

摩訶 般輸般怛夜 嚧陀囉 訖㗚擔343)

마하 반수반달야 로타라 흘리담

위대한 짐승의 주인인 루드라 신344)이 행하는

232. vidyāñ chedayāmi

비디얀 체다야미

毘陀夜闍 瞋陀夜彌

비타야자 진타야미

주력의 영향을 저는 끊어버립니다.

233. kīlayāmi

낄라야미

雞囉夜彌

계라야미

저는 묶어버립니다.

234. nārāyaṇa-kṛtaṃ

343) 摩訶 般輸般怛夜 嚧陀囉 訖㗚擔 : Xog. 73-77의 밀의적 해석에 의하면, 마하반수반달야(摩訶般輸般怛夜)는 대자재천에 사는 뭇삶[大自在天衆]들인데, '능승(能勝)' '다성(多成)' '정각(正覺)', 로타라(嚧陀囉)는 '최상자' 또는 '최상(最上)', '유지(維持)' '명정(明淨)'이라고 번역되며, 모두 금강신들의 이름이다.

344) 위대한 짐승의 주존인 루드라 신 : 힌두창조신화에 의하면, 루드라(Rudra: SD. 16-19를 참조하라) 신은 생주신(生主神 : Prajapati)이 자신의 딸을 강간하려 할 때 신들이 가장 무서운 형상을 모아 만든 신으로 시바 신 - 절대자로서 대자재천신(大自在天神)이라고도 불린다 -과 동일시된 신이다. 신들은 루드라에게 생주신을 활로 쏘아 죽일 것을 부탁하자, 자신이 짐승들의 지배자가 되는 것인데, 그것을 들어주면 생주신을 활로 쏘겠다고 했다. 신들이 루드라 신의 소원을 들어주었기 때문에 그는 마하빠슈빠띠(mahāpaśupati)가 되었다. 그가 생주신에게 활을 쏘자 생주신은 자신의 씨앗을 흘리면서 하늘로 날아 올라갔다.

나라야나 끄리땅

那囉夜拏 訖㗚擔345)

나라야나 흘리담

나라야나346) 신이 행하는

235. vidyāñ chedayāmi

비디얀 체다야미

毘陀夜闍 瞋陀夜彌

비타야자 진타야미

주력의 영향을 저는 끊어버립니다.

236. kīlayāmi

낄라야미

雞囉夜彌

계라야미

저는 묶어버립니다.

237. tatva-garuḍa-sahāya-kṛtaṃ

따뜨와 가루다 싸하야 끄리땀

怛埵 伽嚧荼 西 訖㗚擔347)

---

345) 那囉夜拏 訖㗚擔 : Xog. 73-77의 밀의적 해석에 의하면, 나라야나(那囉夜拏)는 자재천에 사는 뭇삶[自在天衆]들인데, '견고, 용맹'이라고 번역할 수 있는데, 금강역사(力士)의 상수(上首)들의 이름이다.

346) 나라야나 : 나라야나(Nārāyaṇa: SD. 20-23을 참조)는 비슈누 신의 화신 또는 크리슈나 신의 화신을 의미한다. 나라야나 신은 인도신화에서 가장 아름답게 표현되는 신이기도 하다. 그는 영원한 인간이자 창조주로서의 비슈누 신의 화현이다. 그는 우주적인 에너지를 상징하는 무한뱀 위에서 쉬는 자이다. 그는 우주적인 바다에서 무한뱀이라는 침대에 누워서 깊은 명상에 잠긴 채 우주의 파괴와 생성 사이의 기간에 잠을 자면서 쉬고 있다. 그는 잠을 자지 않을 때는 옴 소리를 상징하는 소라고동과 우주질서를 상징하는 수레바퀴를 들고 무한뱀 위에 앉아 있다.

달타 가로다 서 흘리담

실제로 가루다348)를 거느리는 비슈누349) 신이 행하는

238. vidyāñ chedayāmi

비디얀 체다야미

毘陀夜闍 瞋陀夜彌

비타야자 진타야미

주력의 영향을 저는 끊어버립니다.

239. kīlayāmi

낄라야미

雞囉夜彌

계라야미

저는 묶어버립니다.

240. mahākāla-matṛgaṇa-kṛtaṃ

마하 깔라 마뜨리가나 끄리땅

摩訶 迦囉 摩怛嚟 伽拏 訖嚟擔350)

---

347) 怛埵 伽嚧茶 西 訖嚟擔伽嚧 : 반송본(般宋本. 231)에는 '가로다흘리담(伽嚕茶 訖嚟擔)'이라고만 되어 있다. Xog. 74-77의 밀의적 해석에 의하면, 달타가로다서(怛埵伽嚧茶西)는 금시조왕의 신중(金翅鳥王神衆)들인데, 보편(普遍), 비심(悲心)을 뜻하고, 구경에는 일체법륜(一切法輪)을 함장한다는 뜻이다.

348) 가루다 : SD. 194를 참조하라. 가루다는 비슈누 신의 태양적 성격, 모든 극단적인 양극성을 자기에게서 하나로 승화시키는 원리를 나타낸다.

349) 비슈누 : SD. 20-23, SD. 169, SD. 318을 참조하라.

350) 摩訶 迦囉 摩怛嚟 伽拏 訖嚟擔 : Xog. 74-77의 밀의적 해석에 의하면, 마하가라(摩訶迦囉)는 마하깔라(Mahākāla: SD. 24-31을 참조하라)에 의해 지배되는 천신의 무리[大小黑天神衆]인데, 밀의적으로는, 위대한 자비로운 손과 눈을 지닌 자들[大悲手眼]을 뜻한다. 마달리가나(摩怛嚟伽拏)는 본모(本母)인데, 밀의적으로는 금강살타(金剛薩埵)의 이름이다.

마하가라 마달리가나 흘리담

마하깔라 신과 성모들의 무리351)가 행하는

241. vidyāñ chedayāmi

비디얀 체다야미

毘陀夜闍 瞋陀夜彌

비타야자 진타야미

주력의 영향을 저는 끊어버립니다.

242. kīlayāmi

낄라야미

雞囉夜彌

계라야미

저는 묶어버립니다.

243. kāpālika-kṛtaṃ

까빨리까 끄리땅

迦波嚟迦 訖嚟擔352)

351) 마하깔라 신과 성모들의 무리 : 힌두신화의 시바 신은 우주를 파괴하는 마하깔라(Mahākāla: SD. 24-31을 참조하라)로서 등장하는데, 여신의 형태로 모든 것을 집어삼키는 시간의 여신인 마하깔리(Mahākālī) - 위대한 검은 여신으로 무서운 형상에 검푸른 피부를 지니고 있고 이마에 제삼의 눈이 빛나고, 뿔이 있고 피를 흘리며 늘어뜨린 혓바닥, 해골과 뱀으로 장식하고, 불꽃머리와 해골관을 쓰고, 벌거벗은 채 호랑이나 코끼리 가죽을 뒤집어쓰고 여러 시바교적 장신구를 가지고 다니고 지혜와 다르마의 상징인 칼과 방패, 신비적인 자아희생을 상징하는 잘린 머리를 들고 다니는데, 죽음의 신 야마(yama)와 일고여덟 명의 성모의 무리(matṛgaṇa : 다산성의 상징이지만 한편 무지와 몽매에서 생겨나 덕성을 통해 극복되어야 하는 부정적 성격의 의인화: SD. 24-31을 참조하라)들과 함께 다닌다. - 와 결합한다.

352) 迦波嚟迦 訖嚟擔 : 가파리가(迦波哩迦)에 대해 반송본(般宋本. 237)에서는 촉루외도(髑髏外道)라고 번역한다. 인간의 두개골을 몸에 착용하고 식기로 사용하는 시바교도를 지칭한다. Xog. 74-77의 밀의적 해석에 의하면, 가파리가(迦波嚟迦)는 해골을

가파리가 흘리담
까빨리까353)들이 행하는

244. vidyāñ chedayāmi

비디얀 체다야미

毘陀夜闍 瞋陀夜彌

비타야자 진타야미

주력의 영향을 저는 끊어버립니다.

245. kīlayāmi

낄라야미

雞囉夜彌

계라야미

저는 묶어버립니다.

246-247. jayakara-madhukara-sarvârthasādhana-kṛtaṃ

자야까라 마두까라 싸르와르타싸다나 끄리땅

지니고 다니는 신선의 무리[髑髏外道神仙衆]를 뜻하는데, 밀의적으로는, 위대한 여읨[大捨心], 모든 다섯 가지 감각적 쾌락의 탐욕의 여읨[捨去一切五欲樂]을 상징한다.

353) 까빨리까 : 힌두교에 의하면, 시바 신을 믿는 수행자들의 일파가 까빨리까파(kāpālika)이다. 까빨리까는 '까빨라(Kāpāla : 해골[頭蓋骨, 髑髏])를 지닌 일파'라는 뜻이다. 시바 신이 루드라-바이라바(Rudra-Bhairava: SD. 16-19와 그 주석을 참조) 형태 가운데 창조주인 브라흐마의 신의 잘린 머리를 들고 있고, 삼지창과 칼, 장구를 갖고 있고, 그 밖에 해골관, 해골목걸이, 뱀이 감긴 해골지팡이를 지니고 있는 모습이 있다. 시바 신은 원래 창조-유지-파괴의 신들 가운데 파괴의 신으로 창조주인 브라흐마를 살해한 책임을 지고, 그 무거운 죄를 속죄하기 위해 방랑하는 고행자가 되었다. 시바 신은 창조주를 살해한 무거운 죄를 속죄하기 위해 유행하는 고행자 빅샤따나로서 브라흐마 신의 해골[頭蓋骨]을 가지고 방랑한다. 이 시바 신이 비슈누 신의 권유로 갠지강 기슭에서 창조주 브라흐마를 죽인 죄를 씻은 곳이 오늘날의 성스러운 도시 바라나씨(베나레스)이다. 까빨리까 파는 이러한 시바 신의 고행을 따르는 일파이다.

闍耶羯囉 摩度羯囉 薩婆囉他娑達那 訖㗚擔354)
자야갈라 마도갈라 살바라타사달나 흘리담
작승존, 작밀존, 모든 의취의 성취존355)이 행하는

248. vidyāñ chedayāmi
비디얀 체다야미
毘陀夜闍 瞋陀夜彌
비타야자 진타야미
주력의 영향을 저는 끊어버립니다.

249. kīlayāmi
낄라야미
雞囉夜彌
계라야미

354) 闍耶羯囉 摩度羯囉 薩婆囉他娑達那 訖㗚擔 : Xog. 77의 밀의적 해석에 의하면, 자야갈라 마도갈라 살파라타사달나(闍耶羯囉 摩度羯囉 薩婆囉他娑達那)은 뭇삶을 보호하는 금강왕(金剛王), 금강군(金剛軍), 금강장(金剛將)들인데, 자야(闍耶)는 승존(勝尊), 최승왕(最勝王)을, 갈라(羯囉)는 본성이 청정한 것[生性自淨]을 뜻하므로, 자야갈라(闍耶羯囉)는 법보를 상징하고, 마도(摩度)는 각자(覺者), 갈라(羯囉)는 세존의 종족을 뜻하므로, 마도갈라(摩度羯囉)는 불보(佛寶)를 상징하고, 살바(薩婆)는 일체, 라타(囉他)는 이행(利行)을, 사달나(娑達那)는 중생을 제도하는 것[度衆生]으로, 살바라타사달나(薩婆囉他娑達那)는 모든 존재에게 이익을 주는 자로 승보를 상징한다.

355) 작승존(作勝尊: jayakara), 작밀존(作蜜尊: madhukara), 모든 의취의 성취존(成就尊: sarvārthasādhana) : 작승존(作勝尊)은 승리를 만드는 님, 작밀자(作蜜尊)는 꿀을 만드는 님이라는 뜻인데 봉밀(蜂蜜)을 뜻하기도 한다. 모든 의취의 성취존(成就尊)은 모든 이익을 성취한 님을 뜻한다. 이것은 각각 브라흐마 신, 비슈누 신, 시바 신을 지칭한다. 반야이취경(般若理趣經: 대정 No.1003)에 마도갈라삼형제(麽度羯囉三兄弟)가 나오는데, 각각 '범왕(梵王)과 나라연천(那囉延)과 마헤수라(摩醯首羅)'의 이명이라는 설명이 나온다. 이로서 작승존은 브라흐마(Brahma) 신을, 작밀존은 나라야나(Nārāyaṇa: SD. 20-23참조, 비슈누 신을 지칭) 신을, 모든 의취의 성취존은 마헤슈와라(Maheśvara: SD. 170-171참조, 시바 신을 지칭, 한역에서는 大自在天)인 것을 알 수 있다. 이들을 삼법형제(三法兄第) 또는 삼형제존(三兄弟尊)라고 한다.

저는 묶어버립니다.

250. catur-bhaginī-kṛtaṃ

짜뚜르 바기니 끄리땅

赭咄囉婆耆儞 訖㗚擔356)

자돌라바기이 흘리담

사자매여신(四姉妹女神)357)이 행하는

251. vidyāñ chedayāmi

비디얀 체다야미

毘陀夜闍 瞋陀夜彌

---

356) 赭咄囉婆耆儞 訖㗚擔 : Xog. 74-77의 밀의적 해석에 의하면, 자돌라바기이(赭咄囉婆耆儞)는 신녀자매(神女姉妹)인데, 자돌(赭咄)은 원가를 항복시키는 것(降伏怨家) 또는 법륜을 굴리는 것[轉輪]을 뜻하고, 바기이(婆耆儞)는 승군(僧軍)을 뜻한다.

357) 힌두신화에 의하면 사자매여신은 추측건데, 사랑의 신 까마(kāma)를 인솔자로 하는 물의 님프인 압사라쓰(apsaras), 라띠(rati), 쁘리띠(prīti), 바싼따(vasantā)이다, 그리고 불교의 밀교에서는 『반야이취경』(般若理趣經: 대정No.1003)의 사자매집회품(四姉妹集會品)에 자야(jayā:惹耶), 비자야(vijayā: 肥闍耶), 아지따(ajitā: 阿爾多), 아빠라지따(aparājitā: 阿波羅爾多)의 네 자매가 등장하는데, 비로자나불인 대일여래로부터 개일체유정가지반야이취(皆一切有情加持般若理趣) – 대원경지성(大圓鏡智性)을 나타내는 여래장(如來藏), 평등성지성(平等性智性)을 나타내는 금강장(金剛藏), 묘관찰지성(妙觀察智性)을 나타내는 묘법장(妙法藏), 성소작지성(成所作智性)을 나타내는 갈마장(羯磨藏)의 사종지장(四種智藏) – 듣고 환희한다. 문수보살은 반야혜검진여법신(般若慧劍眞如法身)으로서 상락아정(常樂我淨)의 주인이다. 사자매여신은 문수보살의 권속인데, ① '자야'는 상바라밀(常波羅蜜)을 나타낸다. 대력자(大力者)로서 몸은 살색으로 오른손에 반독고저(半獨鈷杵)를 들고 있고, 왼손은 손바닥을 드리우고 가운데 손가락들을 굽히고 허리에 둔다. 일천(日天)의 비(妃)로서 일천의 오른쪽 안치되어 있다. ② '비자야'는 낙바라밀(樂波羅蜜)을 나타내고, 일천(日天)의 비(妃)로서 일천의 왼쪽 안치되어 있다. 대력자(大力者)로서 몸은 살색으로 오른손에 반독고저(半獨鈷杵)을 들고 있고 왼손은 손바닥을 위로 하여 허리에 안치하고 얼굴은 왼쪽으로 향하고 다리는 교차한다. ③ '아지따'는 아바라밀(我波羅蜜)을 나타낸다. 오른손에 반고독저를 들고 왼손은 주먹을 쥐고 허리에 대고 천의를 입었는데 양단이 비양(飛揚)한다. 얼굴은 왼쪽으로 향하고 다리는 교차한다. ④ '아빠라지따'는 정바라밀(淨波羅蜜)을 나타낸다. 오른손으로 반고독저를 들고 외손은 주먹을 쥐고 허리에 대고 있다. 얼굴은 왼쪽으로 향하고 다리는 교차한다.

비타야자 진타야미
주력의 영향을 저는 끊어버립니다.

252. kīlayāmi
낄라야미
雞囉夜彌
계라야미
저는 묶어버립니다.

253-254. bhṛṅgiriṭi-nandikeśvara-gaṇapati-sahāya-kṛtaṃ
브링기리띠 난디께슈와라 가나빠띠 싸하야 끄리땅
毘嚟羊訖嚟知 難陀雞沙囉 伽拏般帝 索醯夜 訖嚟擔358)
비리양흘리지 난타계사라 가나반제 삭혜야 흘리담
브링기리띠와 난디께슈와라와 가나빠띠를 거느린 시바 신359)이

358) 毘嚟羊訖嚟知 難陀雞沙囉 伽拏般帝 索醯夜 訖嚟擔 : 반송본(般宋本. 249-253)에서는 다음과 같이 각 음사와 간략해 해석을 곁들이고 있다. 빙의리지(憑儀哩知: 鬥戰勝神幷器仗) 난니계수파라(難泥雞首婆囉: 孔雀王器仗) 가나발저(伽那鉢底: 毘那夜迦王) 사혜야(娑醯夜: 野叉王兄弟三人各領二十八萬衆) 흘리담(訖哩擔). Xog. 74-78의 밀의적 해석에 의하면, 비리양흘리지 난타계사라 가나반제 삭혜야(毘嚟羊訖嚟知 難陀雞沙囉 伽拏般帝 索醯夜)는 전장에서 승리하는 천상의 금강장들과 공작명왕(孔雀明王)의 무기류들이다. 비리양흘리지(毘嚟羊訖嚟知는 '티끌 없는 행위[無垢行], 화살, 뿔 달린 올빼미, 내가 행하는 것, 삼지창, 독수리'를 뜻하고, 난타계사라(難陀雞沙囉)는 '기쁨과 행복(喜: 금강신들의 이름), 보장(寶仗), 까치[好聲鳥], 정근행(精勤行), 갈고리(鈎: 금강신들의 이름), 갈매기[美聲鳥]'를 뜻하고, 가나반제(伽拏般帝)는 '근본지(根本智), 무기류(器仗 : 천신들의 이름), 독수리, 비둘기'를 뜻한다. 삭혜야(索醯夜)는 '놀라운 지혜에 대한 가르침[妙智教], 정진에 대한 새김[精進念], 원리와 이익의 성취[成義利], 안락(安樂: 금강신들의 이름), 화륜(火輪), 앵무새'를 뜻한다.

359) 브링기리띠(Bhṛṅgiriṭī) : 반송본(般宋本. 249)에서 전투승신(戰鬪勝神)이라고 해석하고 있는데, 시바 신의 시자(侍者)의 이름이고, 난디께슈와라(nandikeśvara)는 환희자재천(歡喜自在天) 또는 줄여서 환희천(歡喜天)이라고 번역하는데, 가나빠띠(Gaṇapatī), 즉 가네샤(Gaṇeśa)를 지칭하여 말 한 것이다. 형제인 쓰깐다(Skanda: SD. 203과 주석참조)와 함께 시바 신의 권속이다. 비나야가(Vināyaka: 태장계만다라 최외원의 북방에 있음), 비그나야까(Vighnāyaka), 비그네슈와라(Vighneśvara)라고도

행하는

255. vidyāñ chedayāmi

비디얀 체다야미

毘陀夜闍 瞋陀夜彌

비타야자 진타야미

주력의 영향을 저는 끊어버립니다.

256. kīlayāmi

낄라야미

雞囉夜彌

계라야미

저는 묶어버립니다.

257. nagna-śravaṇa-kṛtaṃ

나그나 슈라바나 끄리땅

한다. 힌두신화에서 가네샤에 얽힌 이야기는 다음과 같다. 시바 신의 비(妃)인 빠르바띠(Pārvatī)가 목욕물과 향유와 기름으로부터 사람의 형상을 만들어 강가 강에 입욕시켜 생명을 부여했다. 그러나 시바 신이 오랫동안의 외유에서 돌아왔을 때, 그를 낯선 남자로 오인하고 그의 머리를 잘라버렸다. 그러자 빠르바띠가 자신의 아들이라고 울부짖었다. 그래서 시바 신은 근처에 있던 한 코끼리의 머리를 잘라 그에게 붙여주었다. 또 다른 전설에 의하면, 빠르바띠가 한 아이를 낳고 자랑스러워 신들을 초대했는데, 토성신(土星神)인 샤니는 저주에 따라 자신의 눈빛으로 아이를 삼키는 일이 없도록 아이를 쳐다보려고 하지 않았는데, 빠르바띠가 요청으로 샤니가 쳐다보자 어린아이의 머리가 잘렸는데, 비슈누 신이 그에게 코끼리의 코를 부여했다. 비슈누 신의 관점에서는 가네샤는 비슈누 신의 아들이다. 가네샤는 해탈의 길 위에 놓인 장애를 제거하는 자로, 바이샤 계층의 보호자이고, 부와 사업의 성공, 즐거운 여행을 보장하고, 다산성의 수호신으로 민중의 우상이고, 출입문의 수호자이고, 농경과 수확의 문화와 관계되고 쥐로서 상징되기도 한다. 그는 원래는 아수라였으나 다산성의 수호자로 시바교에 통합되어 시바 신의 정신적 후예 또는 그의 아내 빠르바띠의 아들이다. 그는 코끼리 머리를 하고 시바교적인 제삼의 눈을 하고 보석과 뱀 등으로 치장하고 성대를 걸치고 수레와 연꽃을 들고 있다. 불거져 나온 배는 다산성을 상징하고 복부에 세 줄과 흰 횡선이 있다. 들쥐 위에 앉아 있다.

那揭那 舍囉婆拏 訖嚟擔360)
나게나 사라바나 흘리담
나형외도361)가 행하는

258. vidyāñ chedayāmi
비디얀 체다야미
毘陀夜闍 瞋陀夜彌
비타야자 진타야미
주력의 영향을 저는 끊어버립니다.

259. kīlayāmi
낄라야미
雞囉夜彌
계라야미
저는 묶어버립니다.

260. arhanta-kṛtaṃ
아라한따 끄리땅
阿羅漢 訖嚟擔362)
아라한 흘리담

---

360) 那揭那 舍囉婆拏 訖嚟擔 : Xog. 74-78의 밀의적 해석에 의하면, 나게나사라바나(那揭那舍囉婆拏)는 나형외도출신의 천신들[裸形外道神衆]인데, 아라한(阿羅漢) 가운데 대력(大力)을 지닌 용들과 코끼리들[龍象], 성문(聲聞)과 연각(緣覺 = 獨覺 = 辟支佛)을 상징한다.

361) 裸形外道 : 인도고대 외도 고행주의파의 일파인데, 특히 자이나교 즉, 니간타파를 말한다. 자이나교에는 백의파(白衣派: śvetāmbara)와 공의파(空衣派 : digambara)가 있는데 공의파를 나형외도라고 한다.

362) 阿羅漢 訖嚟擔 : Xog. 74의 밀의적 해석에 의하면, 아라한(阿羅漢)은 나찰을 항복시키는 왕의 무리(降伏羅刹王衆)를 뜻한다.

이교의, 거룩한 자가 행하는363)

261. vidyāñ chedayāmi
비디얀 체다야미
毘陀夜闍 瞋陀夜彌
비타야자 진타야미
주력의 영향을 저는 끊어버립니다.

262. kīlayāmi
낄라야미
雞囉夜彌
계라야미
저는 묶어버립니다.

263. vīta-rāga-kṛtaṃ
비따 라가 끄리땅
毘多 囉伽 訖嚟擔364)
비다 라가 흘리담
이교의, 욕망을 여읜 자365)가 행하는

264. vidyāñ chedayāmi
비디얀 체다야미

---

363) 정본(鄭本261)에 따르면, 여기서 거룩한 자[阿羅漢]는 자이나교의 아라한을 의미한다.

364) 毘多 囉伽 訖嚟擔 : 비다라가(毘多囉伽), 즉 베딸라까(vetālaka)로 환원할 경우 그 의미는 시체 속에서 사는 악귀 즉, 기시귀(起尸鬼)를 뜻한다. Xog. 74-78의 밀의적 해석에 의하면, 대력신왕(大力神王)을 뜻하고, 오형제천(五兄弟天?)을 상징한다.

365) 정본(鄭本263)에 따르면, 자이나교의 이욕자(離欲者)를 말한다. 그렇다면 고행주의자를 의미하는 것이다.

毘陀夜闍 瞋陀夜彌

비타야자 진타야미

주력의 영향을 저는 끊어버립니다.

265. kīlayāmi

낄라야미

雞囉夜彌

계라야미

저는 묶어버립니다.

266-267. vajrapāṇi-guhya-guhyakâdhipati-kṛtaṃ

바즈라빠니 구히야 구히야까 아디빠띠 끄리땀

跋闍囉波儞 具醯夜 具醯夜迦 地般帝 訖嚟擔[366)]

발자라파이 구혜야 구혜야가 지반제 흘리담

인드라 신과 비밀스런 구히야까의 주인 꾸베라 신[367)]이 행하는

---

366) 跋闍囉波儞 具醯夜 具醯夜迦 地般帝 訖嚟擔 : 반송본(般宋本. 269)에서는 동일한 음사인 발절라바니(跋折囉婆尼)가 두번 반복되지만, 구혜야(具醯夜)는 반송본(般宋本. 270)에서는 한번만 등장한다. 반송본(般宋本. 268-271)에는 집금강밀적력사총관(執金剛神密迹力士總管)이라고 해석하고 있다. 바즈라빠니-구히야(Vajrapāṇiguhya)는 밀적금강력사(密迹金剛力士)라고, 바즈라빠니 구히야 구히야까 아디빠띠(Vajrapāṇi-guhya-guhyakâdhipati)는 집금강밀적비밀주(執金剛密迹祕密主)라고 해석할 수 있다. 모두 금강수(Vajrapāṇi: 金剛手)의 다른 이름이다. Xog. 74-79의 밀의적 해석에 의하면, '발자라파이 구혜야 구혜야가 지반제'(跋闍囉波儞 具醯夜 具醯夜迦 地般帝)는 집검금강신왕(執劍金剛神王)과 밀적역사(密迹力士)들인데, 발자라파이(跋闍囉波儞)는 칼을 휘두르는 금강왕들을 지칭하고, 구혜야가(具醯夜迦)는 집회(集會) 또는 보중회(普衆會)를 지칭하고, 가지반제(迦地般帝)는 근행(勤行), 해탈(解脫), 무동(無動), 반야묘구(般若妙句), 조명시방(照明十方), 다소요익(多少饒益), 지일체호(至一切護), 무주(無住)를 뜻하는데, 그것들은 모두 금강왕(金剛王)들의 이름이다.

367) 인드라 신과 비밀스런 구히야까의 주인 꾸베라 신 : 인도신화에 따르면, 바즈라빠니는 인드라 신[帝釋天: SD. 15 참조]의 다른 이름이고, 구히야까(Guhyaka)는 꾸베라(Kubera[俱肥羅, 俱吠羅]; SD. 153-154의 주석참조)의 종자(從子)로서 동굴에 살면서 그러한 '비밀스런 구히야까'라는 이름을 얻은 야차였다. 그는 부(富)의 안내자

268. vidyāñ chedayāmi

비디얀 체다야미

毘陀夜闍 瞋陀夜彌

비타야자 진타야미

주력의 영향을 저는 끊어버립니다.

269. kīlayāmi

낄라야미

雞囉夜彌

계라야미

저는 묶어버립니다.

4. 〔심불중생무차별(心佛衆生無差別)의 원통구경(圓通究竟)〕

270. rakṣa māṃ

락샤 맘

囉叉 罔368)

이다. 따라서 '구히야까 아디빠띠'는 꾸베라(Kubera) 신을 의미한다. 꾸베라 신은 아리안 이전의 드라비다적인 음지(陰地)의 신으로 다산성의 신이었다. 힌두교에 와서 브라흐마 신의 조카가 되었다. 바라문 아내를 지닌 뿔라쓰띠야(Pulastya)의 아들로 그의 이복형제가 라바나(Ravana)이며, 거녀인 락샤시(Rākṣasī)와 함께 거인 족에 속한다. 고행을 닦아서 시바 신의 사랑을 받는 자가 되었고 야차의 지도자, 부(富)의 신, 재화와 보물의 수호자이지만, 그 때문에 뭇삶을 윤회로 유인하는 역할을 하므로 존경받지 못하는 부정적인 신으로 묘사된다. 그러나 사원 문 앞에 가득한 단지, 코끼리와 소라고동과 연꽃의 문양은 부의 신 꾸베라 신의 상징물이다. 단지에 가득한 물 대신에 표현된 강가 여신으로 표현되기도 한다. 꾸베라 신은 북방의 수호신인데, 태장계마다라에서는 서북방에 있다. 나중에 불교에 와서는 사천왕의 한분인 비사문천(毘沙門天 : Vaiṣravaṇa)에 흡수된다.

368) 囉叉 罔 : 반송본(般宋本. 274)에서는 '라차 라차 망(囉叉 囉叉 罔)'으로 라차(囉叉)가 반복된다. 세존께 자신과 뭇삶을 신통력으로 도와주고 수호해 줄 것을 요청하는 것인데, Xog. 79의 밀의적 해석에 의하면, 이 다라니로 참회, 인내, 자신의 죄악에 대한 용서가 이루어지는 것이다.

라차 망
저를 수호하소서.

271. bhagavan
바가반
婆伽梵
바가범
존귀한 님이시여,

272. itthaṃ mamâsya
잇탐 마마 아씨야
印兎那 麼麼 寫369)
인토나 마마 사
이처럼 저에 대하여 수호하사이다.370)
〔불제자 ○○○는 경수봉지(經受奉持)하옵니다.〕

제4회 금강장들의 조복과 섭수의 모임

금강절섭회[剛藏折攝會]

---

369) 印兎那 麼麼 寫 : Xog. 79의 밀의적 해석에 의하면, 인토나마마사(印兎那麼麼寫)는 다라니는 외우는 자가 성심으로 증명을 요청하고, 그가 행한 다르마가 완전하고 놀라운 깨달음을 성취한 것을 나타낸다. 이로써 다라니의 지송자는 관음합동회(觀音合同會)를 통해서 자신의 자애를 부처님들의 자애와 일치시키고 자애로 마음을 삼보에 귀의시키고 뭇삶과의 상호작용을 통해 관세음보살의 이근원통(耳根圓通) 즉, 원통구경(圓通究竟)을 계발하고 마음과 부처와 중생이 차별이 없는 것, 심불급중생무차별(心佛及衆生無差別)을 깨닫는다.

370) 이와 같이 저를 수호하사이다 : 원래 '이와 같이 이러한 저에 대하여(itthaṃ mamâsya)'라는 뜻으로, 앞의 문장(SD. 270-271)에 걸리는 구절인데, 도치문을 만들어야 하므로, 다소간 의역을 한 것이다.

1. 〔주요한 심주(心呪首領)〕

273-274. bhagavatī sitāta-patre

바가바띠 씨따따 빠뜨레

婆伽梵 薩怛多 般怛囉[371]

바가범 살달다 반달라

존귀한 백산개불모[372]님이여,

275. namo'stu te

나모쓰뚜 떼

南無粹都 帝

나무수도 데

당신께 예경하나이다.

276-278. asitânalârka-prabhā-sphuṭa-vikasitâtapatre[373]

아씨따 아날라 아르까 쁘라바 쓰푸따 비까씨따 아따빠뜨레

阿悉多那囉剌迦 波囉婆 悉普吒 毘迦薩怛多 鉢帝嚟[374]

---

371) 婆伽梵 薩怛多 般怛囉 : 반송본(般宋本. 277)에서는 바가범살 살달타게도 오슬니사 실달다 발달라(婆伽梵薩 薩怛他揭都 烏瑟尼沙 悉怛多 鉢怛囉)라고 되어 있는데, 범어로 환원하자면 바가방쓰따타가또슈니샤 씨따따빠뜨레(bhagavāṃstathāgatoṣṇīṣa, sitātapatre)가 되고, 그 의미는 '존귀한 여래의 불정을 지닌 님이여, 백산개를 지닌 님이여'가 된다. Xog. 80의 밀의적 해석에 의하면, 이 다라니는 부처님의 힘(佛力)인 화개(花蓋)에 귀의한다는 것이고, 바가범(婆伽梵)은 비로자나불(毘盧蔗那佛), 살달다 반달라(薩怛多般怛囉)는 주심(呪心)을 의미한다.

372) 백산개불모(白傘蓋佛母): SD. 73-77을 참조

373) asitânalârka-prabhā-sphuṭa-vikasitâtapatre : 이 복합어는 문법적으로 다음과 같이 asita-anala-arka-prabhā-sphuṭa-vikasita-ātapatre로 분석되어야 한다.

374) 阿悉多那囉剌迦 波囉婆 悉普吒 毘迦薩怛多 鉢帝嚟 : 반송본(般宋本. 280-281)에서 아실다나라라가(阿悉多那囉剌迦)는 아실다나라라가(阿悉多那囉囉迦), 살보타(薩普吒)는 비살보타(毘薩普吒)라고 되어 있다. Xog. 80-81의 밀의적 해석에 의하면, 아실다나라라가(阿悉多那囉剌迦)는 '둘러싼 붉은 빛'[赤光繚繞]으로, '무능승(無能勝)' '강력한 힘[大力]' '견고(堅固)'를 뜻하는데, 금강왕과 역사주(力士主)들의 이름이다.

아실다나라라가 파라바 실보타 비가살달다 발제리

광휘의 불꽃을 놓아 광명을 열어 비추는 백산개여존이시여,

279. jvāla jvāla

즈왈라 즈왈라

什佛囉 什佛囉375)

집불라 집불라

광휘를 비추소서. 광휘를 비추소서.

280. dala dala

달라 달라

陀囉 陀囉376)

타라 타라

분쇄하소서. 분쇄하소서.377)

281a. vidala vidala

비달라 비달라

頻陀囉 頻陀囉378)

파라바(波囉婆)는 선정(善淨)을 뜻하고, 실보타(悉普吒)는 최쇄(摧碎)란 뜻으로, 금강살(金剛薩)들의 이름이다. 비가살달다발제리(毘迦薩怛多鉢帝嚟)는 나선모양으로 소용돌이치는 백색-광명[白光旋轉]으로 '존승(尊勝)'을 뜻하는데, 심주(心呪)의 이름이다. 이것도 불정(佛頂)의 마음에서 방사되는 빛[頂心光]이다. 이것으로부터 다섯 개의 심주(五心呪)가 전개된다.

375) 什佛囉 什佛囉 : Xog. 81의 밀의적 해석에 의하면, ① 집불라(什佛囉)는 광음이 자재한 것[光音自在]을 뜻하고, SD. 273-279는 화만의 산개[華蓋]이고, 이 다라니는 여래부족[佛部]의 심주이고, 백산개(白傘蓋)이고, 다른 모든 산개를 포괄하고 있다.

376) 陀囉 陀囉 : Xog. 80-81의 밀의적 해석에 의하면, ② 타라(陀囉)는 구름의 산개[雲蓋]이고 이 다라니는 보물부족[寶部]의 심주이고, 황색의 산개와 관계된다.

377) 분쇄하소서, 분쇄하소서 : Chung. 280과 Kt. 280에서는 dara, dara를 취하지만, 역자는 Zhang. 280의 dala, dala(√dal)을 취한다.

378) 頻陀囉 頻陀囉 : Xog. 80-81의 밀의적 해석에 의하면, ③ 빈타라(頻陀囉)는 향기

빈타라 빈타라

파쇄하소서. 파쇄하소서.379)

281b. cheda cheda

체다 체다

嗔陀 嗔陀380)

진타 진타

끊어버리소서. 끊어버리소서.381)

282-283. hūṃ hūṃ

훔 훔

虎䶥 虎䶥382)

호움 호움 반

훔 훔383)

284-285. phaṭ phaṭ phaṭ phaṭ phaṭ

팟 팟 팟 팟 팟

의 산개[香蓋]이고, 이 다라니는 갈마부족[羯磨部]의 심주이고, 녹색의 산개이다.

379) 파쇄하소서, 파쇄하소서 : Chung. 280과 Kt. 280에서는 vidara, vidara를 취하지만, 역자는 Zhang. 280의 vidala, vidala(vi-√dal)을 취한다.

380) 嗔陀 嗔陀 : Xog. 80-81의 밀의적 해석에 의하면, ④ 진타(嗔陀)는 법계에 가득한 진주의 산개(珠蓋)이고 이 다라니는 연화부족[連華部]의 심주이고, 적색을 띤 산개이다.

381) 끊어버리소서. 끊어버리소서 : Zhang. 281b와 다수의 다른 판본에서는 'chinda, chinda'를 취한다.

382) 虎䶥 虎䶥 Xog. 80-81의 밀의적 해석에 의하면, 호움[虎䶥]은 천상천하의 모든 뭇삶에 대한 명령을 뜻하는 것으로, ⑤ 산개의 이름은 주어져 있지 않지만 금강부족의 주심이고, 자주빛 또는 청색의 산개이다.

383) hūṃ hūṃ : 훔(hūṃ)은 종자로서는 번뇌를 부정하고, 자기를 확립하고, 보리심을 발현하고 구제 등으로 광범위한 상징성을 지녔고, 모든 부처님께 귀의한다는 금강혜(金剛慧)의 활동을 암시한다.

泮 泮 泮 泮 泮384)

반 반 반 반 반

팟 팟 팟 팟 팟385)

286. svāha

쓰와하

娑訶386)

사하

쓰와하387)

2 〔다섯 부처님 부족의 활성화(五部開發)〕

287. he he phaṭ

384) 泮 : 반송본(般宋本. 289) 뿐만 아니라 이 반명본(般明本)에서도 동일한 음절 phaṭ의 음사에 반타(泮吒:phaṭ) 또는 반(泮: phaṭ)이 교대로 쓰인다. 역자는 반(泮)으로 통일한다. Xog. 81의 밀의적 해석에 따르면, 반(泮)은 모든 악을 제거하는 것으로 '최쇄(摧碎)' 또는 '개통(開通)'을 의미하는데, SD. 284-285에서 다섯 번 반복되고 있는 것은 다섯 가지 의미 – 1) 다섯 부처님 부족의 다섯 주심을 활성화시킴[開五部心] 2) 다섯 가지 유가행 방식의 적용[通王法門] 3) 다섯 존재의 형태(인간, 천신, 성문, 벽지불, 보살)의 일깨움[覺五乘] 4) 다섯 가지 운명의 존재(지옥, 아귀, 축생, 인간, 천신)에서 벗어남[出五道], 5) 다섯 가지 수레(五乘)의 다섯 영역의 비움[空五乘] – 를 함축한다.

385) phaṭ : 팟(phaṭ)은 금강살타들의 '제거, 절복, 분노'의 활동의 의미가 있고 특히 마지막 자구인 받침[ṭ]은 '자비, 섭수'의 의미를 지닌다. 금강살타들은 뭇삶들이 폭력적으로 가르침에 저항하는 상황 하에서 무기류를 사용하여 뭇삶을 복속시키는 분노의 형태로 표현된 불보살들이다. 그들은 부처님의 다르마인 팟(phaṭ)의 수호아래 그들을 자비로서 섭수한다.

386) 娑訶 : 반송본(般宋本. 291)에서는 사바하(莎皤訶)이다. Xog. 80-81의 밀의적 해석에 의하면, 사하(娑訶)는 재앙과 죄악이 즉시 제거되고 길상의 지복을 얻어서 공덕이 완전히 성취되는 것이다. 여래부족의 심주는 SD. 273-274, 279이고, 보물부족의 심주는 SD. 280이고, 갈마부족의 심주는 SD. 281a이고, 연화부족의 심주는 SD. 281b이고, 금강부족의 심주는 SD. 282이다.

387) 쓰와하(svāha) : 주로 다라니 뒤에 놓여 길상(吉祥)과 원만성취(圓滿成就)의 의미로 쓰인다. 원래는 신들에게 공물(供物)을 제공하는 것을 뜻했다.

혜 혜 팟

醯 醯 泮[388)]

혜 혜 반

혜 혜 팟[389)]

288. amoghāya phaṭ

아모가야 팟

阿牟迦耶 泮[390)]

아모가야 반

허망하지 않은 님이여,[391)] 팟

289. apratihatāya phaṭ

아쁘라띠하따야 팟

阿波囉提訶多 泮[392)]

아파라제하다 반

장애가 없는 님이여, 팟

---

388) 醯 醯 泮 : Xog. 82의 밀의적 해석에 의하면, 혜혜반(醯醯泮)은 해탈일체(解脫一切)를 뜻하고, 혜혜(醯醯)는 공(空), 허(虛), 진(盡盡), 공여래장심(空如來藏心)을 나타내고, ① 반(泮)은 중앙 여래부족을 활성화, 편재화시킨다.

389) 혜 혜 팟 : '혜 혜 팟'에서 혜(he)는 감탄적 분사이므로 '오! 오! 팟'이라는 의미를 지닌다.

390) 阿牟迦耶 泮 : Xog. 82의 밀의적 해석에 의하면, 이로써 나의 서원이 헛된 것이 아님을 드러낸다. 아모가야(阿牟迦耶)는 불공(不空)으로 번역되고, ② 반(泮)을 통해 불공성취불(不空成就佛)이 북방 갈마부족을 활성화, 편재화시킨다.

391) 허망하지 않은 님이여 : 기도의 대상이 4격의 어미를 취한 것이다. 기도구(祈禱句)의 감탄사는 4격이나 6격의 어미를 취한다.

392) 阿波囉提訶多 泮 : Xog. 82의 밀의적 해석에 의하면, 이로써 나의 서원이 장애가 없이 실현된다. 아파라(阿波囉)는 비할 데 없는 지혜의 광명[比無智光]을, 제하다(提訶多)는 천(天), 청정(淸淨), 광결(光潔), 최승(最勝)을 뜻하고, ③ 반(泮)을 통해 치성광왕(熾盛光王)이 남방 보물부족을 활성화, 편재화시킨다.

290. vara-pradāya phaṭ

바라 쁘라다야 팟

婆囉 波囉陀 泮393)

바라 파라타 반타

은혜를 베푸는 님이여, 팟

291. asura-vidrāvakāya phaṭ

아쑤라 비드라바까야 팟

阿素囉 毘陀囉波迦 泮394)

아소라 비타라바가 반

아수라를 몰아내는 님이여, 팟

3. 〔여덟 부족의 조복(八部通伏)〕

292. sarva-devebhyaḥ phaṭ

싸르와 데베뱌하 팟

薩婆 提鞞弊 泮395)

살파 제비폐 반

---

393) 婆囉 波囉陀 泮 : Xog. 82의 밀의적 해석에 의하면, 이로써 나의 서원이 이루어지게 된다. 바라(婆囉)는 광명(光明), 수량(壽量), 묘음(妙音)을 뜻한다. ④ 반(泮)을 통해 구경무량아미타불(究竟無量阿彌陀佛)이 서방 연화부족을 활성화, 편재화시킨다.

394) 阿素囉 毘陀囉波迦 泮 : Xog. 82의 밀의적 해석에 의하면, 이로써 아수라(阿修羅)를 쳐부수는 것이다. 비타라(毘陀囉)는 강대한 힘을 지닌 자[大力持]를 뜻하고, 바가(波迦)는 최고의 존경을 받는 자[勝尊]로서 큰 위력을 지닌 아수라조차 지탱할 수가 없고 놀라운 공덕을 지닌 오직 부처님만이 지탱할 수 있는 것을 뜻한다. ⑤ 반(泮)을 통해 아촉비환희광불(阿閦毗歡喜光佛)이 동방 금강부족을 활성화, 편재화시킨다.

395) 薩婆 提鞞弊 泮 : Xog. 83-84의 밀의적 해석에 의하면, 천신의 무리를 조복하는 것[降伏一切天神衆]인데, 살바(薩婆)는 일체이고 제비폐(提鞞弊)는 다양한 천신이고 반(泮)은 조복을 뜻하니, 금강신들이 일체 다양한 천신을 조복한다는 뜻이다.

모든 천신이여, 팟

293. sarva-nāgebhyaḥ phaṭ

싸르와 나게뱌하 팟

薩婆 那伽弊 泮[396)]

살파 나가폐 반

모든 용이여, 팟

294. sarva-yakṣebhyaḥ phaṭ

싸르와 야끄셰뱌하 팟

薩婆 藥叉弊 泮[397)]

살바 약차폐 반타

모든 야차[398)]여, 팟

295. sarva-gandharvebhyaḥ phaṭ

싸르와 간다르베뱌하 팟

薩婆 乾闥婆弊 泮[399)]

---

396) 薩婆 那伽弊 泮 : Xog. 83-84의 밀의적 해석에 의하면, 이로써 ① 독용의 무리를 항복시키는 것[降伏一切毒龍衆]이다. 용에는 독룡(毒龍), 선룡(善龍), 천룡(天龍), 지룡(地龍) 등이 있다.

397) 薩婆 藥叉弊 泮 : Xog. 83-84의 밀의적 해석에 의하면, 이로써 ② 악귀의 무리를 조복하는 것[降伏一切勇猛鬼神]이다. 여기서 약차(藥叉)는 야차(夜叉) 뿐만 아니라 ③나찰(羅刹)과 ④ 비사차(毗舍遮)와 ⑤ 구반다(鳩槃茶)와 그들의 남녀권속을 대변한다.

398) 藥叉 : SD. 153-154를 참조하라.

399) 薩婆 乾闥婆弊 泮 : 이 이후에 반송본(般宋本. 302-307)이 추가되어 있다. 반송본(般宋本. 301)의 '살바 아소라폐 반(薩皤 阿素囉弊 泮)은 싸르와 아쑤라비야하 팟(sarvâsurebhyaḥ phaṭ), 즉 '모든 아수라들을 위하여, 팟' 반송본(般宋本. 302)의 살바 게로다폐 반(薩皤 揭嚕茶弊 泮)'은 싸르와 가루데비야하 팟(sarvagaruḍebhyaḥ phaṭ), 즉 '모든 금시조들이여, 팟', 반송본(般宋本. 303)의 살바 긴나라폐 반(薩皤 緊那羅弊 泮)은 싸르와 낀나레비야하 팟(sarvakinnarebhyaḥ phaṭ), 즉 '모든 긴나라들이여, 팟' 반송본(般宋本. 304)의 살바 마호라가폐 반(薩皤 摩護囉伽弊 泮)은 싸르와

살바 건달바폐 반

모든 건달바400)여, 팟

296. sarva-pūtanebhyaḥ phaṭ

싸르와 뿌따네뱌하 팟

薩婆 補丹那弊 泮401)

살바 보단나폐 반

마호라게비야하 팟(sarvamahoragebhyaḥ phaṭ), 즉 '모든 마호라가들이여, 팟', 반송본(般宋本. 305)의 살바 나찰사폐 반(薩皤 囉刹莎弊 泮)은 싸르와 락샤쎄비야하 팟(sarva-rākṣasebhyaḥ phaṭ), 즉 '모든 나찰들이여, 팟' 반송본(般宋本. 306)의 살바 마노쇄폐 반(薩皤 摩努曬弊 泮)은 싸르와 마누쉐비야하 팟(sarva-anuṣebhyaḥ phaṭ), 즉 '모든 인간들이여, 팟' 반송본(般宋本. 307)의 살바 아마노쇄폐 반(薩皤 阿摩努曬弊 泮)은 싸르와 아마누쉐비야하 팟(sarva- amanuṣebhyaḥ phaṭ), 즉 '모든 인간이 아닌 비인(非人)들이여, 팟'라는 뜻이다. Xog. 83-84의 밀의적 해석에 의하면, ⑥ 살바 건달파폐 반(薩婆 乾闥婆弊 泮)으로써 모든 음악을 즐기는 무리인 건달바를 조복할 수 있다.

400) 건달바(乾達婆) : 범어에서는 간다르바(gandharva)라고 하고, 우리말로 건달이라고 하는 말은 여기서 나왔다. 불교에서는 네 하늘나라 신들의 왕[四天王]의 지배를 받는 하늘의 음악가들로 신들 가운데 최하층의 신들에 편입되었다. 이들과 짝이 되는 하늘의 여자 음악가는 앗차라(accharā)라고 부르는 요정이다. 그들의 직접적인 왕은 '동쪽의 지국천왕(持國天王 : Dhataraṭṭha)'이다. AN. II. 39에 따르면, 이들의 별칭은 '하늘을 나는 자(vihaṅgamā)'이다. 건달바가 향기와 결합되어 있는 것은 어원적으로 간다르바(gandharva)의 간다(gandha)가 향기라는 말에 기초를 두고 있는 것이다. 특히 이 건달바는 생물학적 연기에서의 재생에 대한 문제를 둘러싸고 논쟁의 대상이 되고 있다. MN. II. 156~157의 '부모가 교합해야 하며 어머니가 경수를 가져야 하며 건달바가 나타나야 한다. 이처럼 세 가지가 모이면 입태가 이루어진다'라는 말은 생명체가 어떤 종으로 태어나기 위해서는 ① 암수의 교합 ② 적당한 시기(경수 있을 때) ③ 생명현상으로써의 건달바의 현현이라는 조건이 충족되어야 함을 보여 주고 있다. 이것에 대해 상세한 것은 역자의 『초기불교의 연기사상』 362-373쪽을 참조하라. 그리고 밀교의 『호제동자다라니경』(護諸童子陀羅尼經)에 따르면, 건달바 신왕은 항상 사람의 태아를 즐겨 삼키는 야차나 나찰의 공격에서 태아를 보호하고 미수가(彌酬迦) 등의 15귀신을 잡아서 영아를 수호하는 신이다.

401) 薩婆 補丹那弊 泮 : Xog. 83-84의 밀의적 해석에 의하면, 이로써 모든 귀신들이 찬탄하고 예경하러 오는 것[一切鬼來讚禮]이다. ⑦ 보단나(補丹那)는 열병에 책임이 있는 냄새나는 아귀, 즉 취아기(臭餓鬼)을 지칭한다. ⑧ 아귀(餓鬼)는 여기서 주어져 있지 않지만 이하의 모든 귀신으로서 팔부(八部)라고 지칭하는 것을 대변한다.

모든 뿌따나402)여, 팟

297. sarva-kaṭapūtanebhyaḥ phaṭ

싸르와 까따뿌다네바햐 팟

薩婆 迦吒補丹那弊 泮403)

살파 가타보단나폐 반

모든 까따뿌따나404)여, 팟

298. sarva-durlaṅghitebhyaḥ phaṭ

싸르와 두르랑기떼바햐 팟

薩婆 突狼枳帝弊 泮405)

살파 돌랑지제폐 반

모든 극복하기 어려운 존재여, 팟

299. sarva-duṣprekṣitebhyaḥ phaṭ

싸르와 두슈따 쁘레끄쉬떼바햐 팟

薩婆 突澀比嚟訖瑟帝弊 泮406)

살바 돌삽비리흘슬제폐 반

---

402) SD. 201과 주석을 참조하라.

403) 薩婆 迦吒補丹那弊 泮 : 살바(薩婆)는 반명본(般明本)에서 누락된 것을 반송본(般宋本. 311)에 따라 보완한 것이다. Xog. 83-84의 밀의적 해석에 의하면, 살바가타보단나폐(迦吒補丹那弊)는 공손히 돌아오는 모든 귀신들이나 괴귀들[一切鬼奇皈敬]이다. 가타보단나(迦吒補丹那)는 지독하게 냄새나는 귀신, 즉 기취귀(奇臭鬼)를 지칭한다.

404) SD. 202와 주석을 참조하라.

405) 薩婆 突狼枳帝弊 泮 : Xog. 83-84의 밀의적 해석에 의하면, 이로써 모든 악마를 조복하는 것[降伏諸磨]이다. 돌랑지제(突狼枳帝)는 '강력한 힘을 얻는 것[得大强力]'을 뜻한다.

406) 薩婆 突澀比嚟訖瑟帝弊 泮 : Xog. 83-84의 밀의적 해석에 의하면, 이로써 모든 악들이 조복되는 것[降伏諸惡]이다. 돌삽비리흘슬제폐(突澀比嚟訖瑟帝弊)에서 돌삽(突澀)은 부동(不動), 비리(比嚟)는 '해탈, 진멸', 흘슬제(訖瑟帝)는 불생(不生)으로 뜻하는데, 밀의적으로는 이들은 모두 천신들의 이름이다.

모든 추악하게 보이는 존재여, 팟

300. sarva-jvarebhyaḥ phaṭ

싸르와 즈바레바햐 팟

薩婆 什婆嚟弊 泮[407)]

살바 집바리폐 반

모든 열병의 병마여, 팟

301. sarva-apasmārebhyaḥ phaṭ

싸르와 아빠쓰마레바햐 팟

薩婆 阿播悉摩嚟弊 泮[408)]

살바 아파실마리폐 반

모든 아빠쓰마라[409)]여, 팟

302. sarva-śramaṇebhyaḥ phaṭ

씨르와 슈라마네바햐 팟

薩婆 舍囉婆拏弊 泮[410)]

살바 사라바나폐 반

---

407) 薩婆 什婆嚟弊 泮 : Xog. 83-84의 밀의적 해석에 의하면, 이로써 아득한 어둠을 물리치는 것[破諸幽暗]이다. 집바리(什婆嚟)는 '광자재(光自在)'를 뜻하는데, 밀의적으로는 이들은 모두 천신들의 이름이다.

408) 薩婆 阿播悉摩嚟弊 泮 : 아파실마리(阿播悉摩嚟)에 대해서는 SD. 204를 참조하라. Zhang. 301에서는 양두전신중(羊頭癲神衆)이라고 번역한다. Xog. 83-84의 밀의적 해석에 의하면, 이로써 원한을 야기하는 모든 업을 끊는 것[破諸寃業]이다. 아파실마리(阿播悉摩嚟)는 '무구행(無垢行)' '무위(無爲)'를 뜻하고, 밀의적으로는 이들은 모두 천신들의 이름이다.

409) 아빠쓰마라 : 아빠쓰마라(Apasmāra)는 정신적인 무지나 맹목을 상징하는 난쟁이의 이름이다. SD. 204를 참조하라.

410) 薩婆 舍囉婆拏弊 泮 : Xog. 83-84의 밀의적 해석에 의하면, 이로써 재앙과 위험을 없애는 것[破諸災厄]이다. 사라(舍囉)는 '견고(堅固)'를, 바나(婆拏)는 '숲[林]'을 의미하는 것으로, 나무에 깃든 천신, 즉 수신(樹神)의 이름이다.

모든 사문이여, 팟

303. sarva-tīrthikebhyaḥ phaṭ

싸르와 띠르티께바햐 팟

薩婆 地帝雞弊 泮[411]

살바 지제계폐 반

모든 이교수행자여, 팟

304. sarvônmattebhyaḥ phaṭ

싸르본맛떼바햐 팟

薩婆 怛摩陀繼弊 泮[412]

살바 달마타계폐 반

모든 운맛따[413]여, 팟

305. sarva-vidyādhara-sucāribhyaḥ phaṭ

싸르와 비디야다라 쑤짜리바햐 팟

薩婆 毘陀耶囉 誓遮嚟弊 泮[414]

---

411) 薩婆 地帝雞弊 泮 : Xog. 83-84의 밀의적 해석에 의하면, 이로써 원한과 위해를 없애는 것[破諸寃害]이다. 지제계(地帝雞)는 '심용(甚勇)'을 뜻하며, 천신의 이름이다.

412) 薩婆 怛摩陀繼弊 泮 : Xog. 83-84의 밀의적 해석에 의하면, 이로써 목숨을 위협하는 상황을 몰아내는 것[破一切非命]이다. 달마타계(怛摩陀繼)는 '무애행(無碍行)' '무애법(無碍法)'을 뜻한다.

413) 운맛따(unmatta) : SD. 205를 참조하라.

414) 薩婆 毘陀耶囉誓遮嚟弊 泮 : Xog. 83-84의 밀의적 해석에 의하면, 이로써 모든 독기를 없애는 것이다. 비타(毘陀)는 정각(正覺), 라서(囉誓)는 왕(王), 차리(遮嚟)는 소행(所行)의 뜻으로 비타야라서차리(毘陀耶囉誓遮嚟)는 정각법왕의 소행을 따른다는 뜻이다. 이상의 다라니로 악한 자들은 모두 조복되고 선한 자들은 모두 삼보에 귀의한 것이다. 이 장(SD. 292-305)의 제목이 되는 여덟 부족, 팔부(八部)이란 용(nāga), 야차(yakṣa), 나찰(rākṣasa), 삐샤차(piśāca), 꿈반다(kumbhāṇḍa), 간다르바(gandharva), 뿌따나(pūtana), 아귀(preta)를 말하는데, 이 모든 악마의 추종자들은 금강신들에 의해 조복된다.

살바 비타야라 서차리폐 반
모든 진언의 파지를 잘 행하는 님이여,415) 팟

4. 〔금강왕들의 호법(剛王護法)〕

306-307. jayākara-madhukara-sarvârthasādhakebhyaḥ phaṭ
자야까라 마두까라 싸르와르타싸다께바햐 팟
闍耶羯囉 摩度羯囉 薩婆囉他娑陀雞弊 泮416)
자야갈라 마도갈라 살파라타사타계폐 반
작승존, 작밀존, 모든 의취의 성취존417)들이여, 팟.

308. vidyā-caryebhyaḥ phaṭ
비디야 짜리예바햐 팟
毘地夜 遮唎弊 泮418)
비지야 차리폐 반
진언행자들이여, 팟

309. catur-bhaginībhyaḥ phaṭ

---

415) 모든 진언의 파지를 잘 행하는 님이여 : Chi. 274에서는 sucāribhyaḥ 대신에 ācāryebhyaḥ로 환원하고 있다.

416) 闍耶羯囉 摩度羯囉 薩婆囉他 娑陀雞弊 泮 : Xog. 85의 밀의적 해석에 의하면, 모든 심각한 어려움을 해결하는 금강왕들이다. ① 자야갈라(闍耶羯囉)는 법보를 수호하는 금강신, ② 마도갈라(摩度羯囉)는 불보의 수호하는 금강신, ③ 살파라타사타계폐(薩婆囉他娑陀雞弊)는 승보의 수호하는 금강신으로, 이들 삼보의 수호자들이 모든 어려움을 해결할 수 있다.

417) 작승존(作勝尊), 작밀존(作蜜尊), 모든 의취의 성취존(成就尊) : SD. 246-247을 참조하라. 이들을 삼법형제(三法兄第) 또는 삼형제존(三兄弟尊)라고 한다.

418) 毘地夜 遮唎弊 泮 : Xog. 85의 밀의적 해석에 의하면, 이로써 간헐적인 열병을 치유하기 위한 것인데, 비지(毘地)는 보리(菩提)로 초발심에서 시작하여 나중에 십지(十地)를 얻는 것을 뜻하고, 차리(遮唎)는 원행(遠行), 사홍(四弘), 육도(六度) 등 자신과 남의 질병을 치유할 수 있는 법약(法藥)을 뜻한다. 밀의적으로 금강왕들이 다르마를 수호한다는 의미를 지닌다.

짜뚜르남 바기니뱌하 팟

者都囉 縛耆儞弊 泮[419]

자돌라 박기이폐 반

사자매여신[420]들이여, 팟

310-311. vajra-kumārī-vidyā-rājnībhyaḥ phaṭ

바즈라 꾸마리 비디야 라즈니뱌하 팟

跋闍囉 俱摩嚟 毘陀夜 囉誓弊 泮[421]

발자라 구마리 비타야 라서폐 반

금강동녀[422]로서 진언에 자재한 여존들이여,[423] 팟.

312. mahā-pratyaṅgirābhyaḥ phaṭ

마하 쁘라띠양기라뱌하 팟

摩訶 波囉丁羊乂耆嚟弊 泮[424]

---

419) 者都囉 縛耆儞弊 泮 : Xog. 85의 해석에 의하면, 이로써 이교도들을 조복[降伏外道]한다. 자도라(者都囉)는 원한의 조복[伏怨]을, 박기이(縛耆儞)는 최상의 악마조차의 귀의[勝魔亦來歸仰]를 뜻한다. 밀의적으로 금강왕들이 다르마를 수호한다는 의미를 지닌다.

420) 사자매여신 : SD. 25을 참조하라.

421) 跋闍囉 俱摩嚟 : 반송본(般宋本. 323)에는 발절라 구람타리폐 반(跋折囉 俱藍陀利弊 泮: vajrakulaṃdharībhyaḥ phaṭ' 즉 '금강부족을 후원하는 천신들이여, 팟'이 추가되어 있다. Xog. 85의 밀의적 해석에 의하면, 이로써 모든 악독을 푸는 것[解諸惡毒]인데, 발자라(跋闍囉)는 금강왕, 구마리(俱摩嚟)는 화만동신(華鬘童神)으로 승보를 지칭하는 것이다. 비타야(毘陀夜)는 불보를 뜻하고, 라서폐(囉誓弊)는 불생(不生)으로 법보를 지칭한다.

422) 금강동녀(金剛童女) : SD. 121의 주석을 참조하라. 군신(軍神) 쓰깐다(Skanda: SD. 203과 그 주석을 참조)의 여성적 원리를 나타낸다.

423) 진언에 자재한 여존들이여 : 진언의 여왕인 백산개불모(白傘蓋佛母: SD. 73-77을 참조)를 지칭하는 것이다. Chung. 311에서는 명주여왕존(明呪女王尊)이라고 번역한다. 여기서 복수형태를 취한 것은 백산개불모의 권속이나 시자들까지 포함하여 언급한 것이다.

424) 摩訶 波囉丁羊乂耆嚟弊 泮 : 불당본(不唐本)에는 마하쁘라띠융기레(mahāpratyuṅgire)라고 환원하고 있다. Xog. 85의 밀의적 해석에 의하면, 이로써 모든 위난의

마하 파라정양예기리폐 반

사악한 주력에서 뭇삶을 수호하는 위대한 여존들이여,425) 팟.

313. vajra-śaṅkalāya

바즈라 샹깔라야

跋闍囉 商羯囉夜426)

발자라 상갈라야

금강의 사슬427)을 지닌,

314. pratyaṅgira-rājāya phaṭ

쁘라띠양기라 라자야 팟

波囉丈耆囉 闍耶 泮428)

파라장기라 자야 반

사악한 주력에서 뭇삶을 수호하는데429) 자재하신 존자여, 팟.

조복[伏諸危難]시킨다. 마하파라(摩訶波囉)는 대승의 8만4천 가지의 초월의 길[波羅密]을, 정양(丁羊)은 밀부(密部)를, 기리(耆啄)는 조복(調伏)과 애락법(愛樂法)을 뜻한다. 밀의적으로 그것들은 금강신들의 이름이고, 이상의 모든 이름들은 다르마를 수호하는 현밀신왕(顯密神王)의 이름이기도 하다.

425) 사악한 주력에서 뭇삶을 수호하는 위대한 여존들이여 : 사악한 주력에서 뭇삶을 수호하는 님은 쁘라띠양기라(pratyaṅgirā : SD. 73-77을 참조)를 뜻한다. 쁘라띠양기라는 두르가 여신(Durgā: SD. 116을 참조)의 별칭이다. 여기서 복수형태를 취한 것은 두르가 여신의 권속이나 시자들까지 포함하여 언급한 것이다.

426) 跋闍囉 商羯囉夜 : 반송본(般宋本. 326)에서는 발절라상갈라야반(跋折囉商羯囉夜泮)라고 되어 있다. Xog. 86-87의 해석에 의하면, 이로써 모든 악한 종파들의 조복[降伏一切惡道]을 행한다. 상갈라(商羯囉)는 조복의 작용을 가진 법라(法螺)이다. 밀의적으로 금강왕들이 다르마를 수호한다는 의미를 지닌다.

427) 금강의 사슬(金剛鎖) : SD. 120과 그 주석을 보라

428) 波囉丈耆囉 闍耶 泮 : 반송본(般宋本. 327)은 발라등기라라도야반(缽囉登祁囉囉闍耶泮)이다. Xog. 86-87의 해석에 의하면, 이로써 역시 모든 악한 종파들의 조복[降伏一切惡道]을 행한다. 파라(波囉)는 밝음을, 파라장기라(波囉丈耆囉)는 평온과 행복, 자야(闍耶)는 왕을 의미한다. 밀의적으로는 금강왕들이 다르마를 수호한다는 의미를 지닌다.

429) 사악한 주력에서 뭇삶을 수호하는데 : SD. 73-77과 그 주석을 참조하라.

315. mahā-kālāya

마하 깔라야

摩訶 迦囉夜430)

마하 가라야

마하깔라431) 신으로서

316-317. mahā-mātṛgaṇa-namas-kṛtāya phaṭ

마하 마뜨리가나 나마쓰 끄리따야 팟

摩訶 末怛唎迦拏 南無娑羯唎多夜 泮432)

마하 말달리가나 나무사갈리다야 반

위대한 성모(聖母)의 무리에 섬김 받는 님이여, 팟

5. 〔천신들의 봉행(天神奉行)〕

318. viṣṇave phaṭ

비슈나베 팟

毖瑟拏婢曳 泮433)

---

430) 摩訶 迦囉夜 : Xog. 86- 87의 밀의적 해석에 의하면, 이로써 모든 고통스러운 독소의 제거[降伏一切苦毒]를 행한다. 밀의적으로는 가라(迦囉)는 '위대한 실천의 손[大作手]'을 의미한다.

431) 마하깔라 : SD. 24-31을 참조하라.

432) 摩訶 末怛唎迦拏 南無娑羯唎多夜 泮 : Xog. 86-87의 밀의적 해석에 의하면, 이로써 역시 모든 고통스러운 독소의 제거[降伏一切苦毒]를 행하는데, 말달리(末怛唎)는 '위대한 논쟁의 우두머리[大辯論首]'를, 나무사갈리다야(南無娑羯唎多夜)는 '다르마를 수호하는 밀적금강신들께 귀의하고 그들을 따르겠다[護法密迹悉皆信伏]'라는 뜻이다. 이 절(SD. 306-317)은 밀의적으로 금강왕들이 다르마를 수호한다는 내용을 함축하고 있다.

433) 毖瑟拏婢曳 泮 : Xog. 86-87의 밀의적 해석에 의하면, 이하는 모두 금강신들인데, 비슬나비예반(毖瑟拏婢曳泮)으로써 모든 사악한 스승들의 조복[降伏諸惡毒師]을 조복시킨키고, 비슬나비는 밀의적으로 타화자재천(他化自在天)의 신들[他化神衆]을 지칭한다.

비슬나비에 반
비슈누 신434)이여, 팟

319. brahmaṇe phaṭ
브라흐마네 팟
勃囉訶牟尼曳 泮435)
발라하모니예 반
브라흐마 신436)이여, 팟.

320. agnaye phaṭ
아그나예 팟
阿闍尼曳 泮437)

---

434) 비슈누 신[毘紐天] : 어원적으로 '침투자, 편재자'라는 의미를 지니는 힌두교의 신이다. 리그베다 시대에는 태양에너지의 인격화된 주변적 신이었으나 힌두교에 와서 주요한 삼현신 가운데 하나가 되었다. 그는 우주를 유지 보존하는 신으로서 진리와 공덕과 자비의 구현자가 되었다. 이 비슈누 신의 상징물은 존재의 근원을 나타내는 소라고동, 마음의 집착적 성향을 나타내는 원반, 우주를 전개시키는 환상의 인과적 힘과 확산과 해탈의 경향을 나타내는 활(또는 연꽃), 태고의 지혜와 개인적 존재를 나타내는 곤봉이 있다. 가슴에는 빛나는 보석인 까우쓰뚜바(Kaustubha)가 있는데, 그 보석의 빛은 모든 존재 속에서 빛나는 의식(意識)을 상징한다. 슈리바뜨싸(śrīvatsa)라는 왼쪽 가슴에 장식된 머리타래는 세계의 근원을 나타내고, 마까라(makara) 모양의 귀고리는 지적 지혜와 직관적 지각을 나타낸다. 팔찌들은 세속생활의 삼대목표인 정의, 성공, 쾌락을 상징하고, 왕관은 알 수 없는 실재를 상징하고, 세 가닥의 성뉴(聖紐)는 AUṀ의 만트라를 의미한다. 비슈누 신과 모든 화신인 아바타들은 허리 근처에 엷은 황금 베일을 두르고 있는데, 비슈누 신의 어두운 몸의 신적인 광채로서 신적 실재가 빛나는 것을 통해서 신성한 베다의 계시를 보여주는 것이다. 그의 어두운 안색은 공간적 우주의 편재적 본질을 상징하는 것이다. 그러나 그의 화신들은 우주적 시대(yuga)에 따라 상이하게 흰색, 적색, 황색, 흑색으로 표현되기도 한다. 그밖에 비슈누 신에 대해서 SD. 20-23, SD. 169, SD. 237을 참조하라.

435) 勃囉訶牟尼曳 泮 : Xog. 86-87의 해석에 의하면, 발라하모니예반(勃囉訶牟尼曳泮)으로써 사악한 만트라 왕들의 조복[降伏惡毒呪王]을 행한다. 발라하모니는 밀의적으로는 화락천(化樂天)의 천신들이다.

436) 브라흐마 신[梵天, 하느님] : SD. 14를 참조하라.

437) 阿闍尼曳 泮 : Xog. 86-87의 해석에 의하면, 아자니예반(阿闍尼曳泮)으로써 불의

아자니예 반

아그니[438] 신이여, 팟.

321. mahākālāya phaṭ

마하깔라야 팟

摩訶羯嚟曳 泮[439]

마하갈리예 반

마하깔라[440] 신이여, 팟.

322. kāladaṇḍāya phaṭ

깔라단다야 팟

羯囉檀遲曳 泮[441]

가라단지예 반

깔라단디[442] 신이여, 팟

천신의 조복[伏火天神]을 행하는 것인데, 아도니예는 밀의적으로 아자니(阿闍尼)는 색구경천(色究竟天), 장수천(長壽天)의 천신들을 언급한 것이다.

438) 아그니(Agni) : 화신(火神)을 말한다. 베다시대에는 인드라 신[帝釋天], 쑤리야 신[太陽神]과 더불어 삼현신(三顯神)의 하나였다. 제화(祭火)의 아궁이의 베다적 신이며, 제화에 둘러싸여 있고, 부착물인 수저, 베다의 종려나무 필사본, 주전자 등을 갖고 있는데 그가 제관임을 보여주고 있다. 브라흐마나 시대에는 바라문 앙기라스의 아들이었다. 힌두교의 시대에 와서는 불의 파괴적 측면 때문에 시바교에 흡수되어 버린다. 깔리 여신이 그의 불혀이고, 쓰깐다(Skanda: SD. 203과 주석참조)는 그의 아들이다. 하나에서 셋 까지의 얼굴을 갖고 있고 불꽃에 둘러싸여 있고 수염을 갖고 있다. 머리는 숫양을 머리를 하고 있고, 두 개의 얼굴은 제화와 아궁이를 뜻하고 세 번째 얼굴은 태양의 불꽃을 뜻한다. 몸은 붉거나 어두운 색깔을 하고 있다.

439) 摩訶 羯嚟曳 泮 : Xog. 86-87의 해석에 의하면, 마가갈리예반(摩訶羯嚟曳泮)으로써 대흑천녀(大黑天女)의 조복을 행하고, 밀의적으로는 마하갈리는 대자재천으로서 풍천신(風天神)이다.

440) 마하깔라 : SD. 24-31을 참조하라.

441) 羯囉 檀遲曳 泮 : 반송본(般宋本. 335)에서는 단특예(檀特曳)라고 음사하고, 대귀수흑오신(大鬼帥黑奧神)이라고 번역한다. Xog. 86-87의 해석에 의하면, 갈라단지예반(羯囉檀遲曳泮)으로써 흑면신(黑面神)들과 옥녀중(玉女衆)을 조복하는 것이고, 밀의적으로 갈라단지는 수천신(水天神)이다.

323. indrāya phaṭ

인드라야 팟

蔑怛嚟曳 泮443)

멸달리예 반

인드라444) 신이여, 팟

324. rudrāya phaṭ

루드라야 팟

嘮怛嚟曳 泮445)

---

442) 깔라단다(Kāladaṇḍa) : 죽음의 징표로 지팡이를 지닌 사신(死神)을 의미한다. 공포스러운 죽음의 신인 야마(Yama) 신의 다른 이름이다. 야마는 베다 시대에는 태양신 비슈와바뜨(Viśvavat)의 아들로 황혼의 태양을 뜻했다. 그는 최초의 인간이었고, 따라서 최초의 죽은 자였기 때문에, 죽어야 하는 인류의 조상이 되었고, 천상의 야마 왕국은 영웅들의 고향이 되었다. 당시에 그는 결코 죄악의 처벌자가 아니였다. 나중에 힌두시대에 와서는 죽음의 신 또는 시간의 신으로 죽은 자의 심판관이 되었다. 그래서 다르마라자(Dharmarāja)라는 별칭을 얻었다. 그의 옷은 황색이고, 해골 지팡이와 밧줄이 주요한 부착물이다. 몸은 검은 구름처럼 검은 색이고 눈은 붉은 색, 어금니는 입의 양쪽 끝에서 돌출한 모습으로 무시무시하지만, 붉은 장식과 붉은 꽃으로 화려하게 치장한 왕의 모습을 하고 있다. 그는 손에 권위를 상징하는 곤봉과 희생자를 묶는 포승을 들고 있다. 그는 그를 받쳐주는 검은 색 물소 위에 앉아 있거나, 또는 죽어야만 했던 자들이 그의 왕국에 들어온 것을 나타내는 온갖 형상을 표현한 연꽃 위에 서있다. 동반자로는 브라흐마 신의 권속인 찌뜨라굽따(Citragupta)가 오른쪽에 있는데 그가 살아생전의 선악의 업을 아그라삼다니(Agrasamdhānī)라는 책에 기록한다.

443) 蔑怛嚟曳 泮 : 목촌본(木村本. 323)에서는 범어로 환원하여 '마뜨레(mātre)'라고 하고 있으나, 반송본(般宋本. 336)에서는 예니리예(翳泥哩曳)라고 되어 있는 것으로 보아, Chi. 278에서처럼 인드리예(indrīye)라고 환원하는 것이 옳다. 마뜨리(聖母)는 앞에서 언급되었기 때문이다. Xog. 86-87의 해석에 의하면, 멸달리예반(蔑怛嚟曳泮)로써 천제석중(天帝釋衆)의 조복을 행하는 것이고, 멸달리예(蔑怛嚟曳)는 밀의적으로 도리천(忉利天)의 신들이다.

444) 인드라(Indra) : SD. 15를 참조하라.

445) 嘮怛嚟曳 泮 : 반송본(般宋本. 337-338)에서는 이 구절과 다음 구절의 순서가 뒤바뀌었다. 차문지예 반(遮文遲曳 泮)이 먼저 이고, 로달리예 반(嘮怛哩曳 泮)이 나중이다.

로달리예 반

루드라446) 신이여, 팟

325. cāmuṇḍāyai phaṭ

짜문다야이 팟

遮文荼曳 泮447)

차문다예 반

짜문다448) 여신이여, 팟

326. kāla-rātraye phaṭ

깔라라뜨리예 팟

羯邏囉怛嚟曳 泮449)

갈라라달리예 반

깔라라뜨리450) 여신이여, 팟

---

446) 루드라 : SD. 16-19를 참조하라.

447) 遮文荼曳 泮 : Xog. 86-87의 해석에 의하면, 이로써 사람들을 집어삼키는 거대한 신[噉人大神]들을 조복하는 것이고, 밀의적으로 차문다(遮文荼)는 천신들의 이름이다.

448) 짜문다(Cāmuṇḍā) : 힌두교에서는 짜문다(cāmuṇḍā) 또는 짜문디(cāmuṇḍi)라기도 하는, 두르가(Durgā: SD. 116을 참조) 여신의 해골상으로 시체 위에 앉아 있는데, 불꽃 머리에 늘어진 유방을 하고 무시무시한 해골 형상을 하고 있으며, 해골과 뱀의 장신구와 검은 피부, 충혈된 눈, 휘감긴 혓바닥을 갖고 있다. 코끼리나 사자 가죽의 옷을 입고, 해골 목걸이, 이마의 영안, 지혜의 칼 등을 지니고 있고, 좌대에는 파괴와 혼돈을 상징하는 부엉이가 새겨져 있고, 그녀의 가느다란 가슴에 미소 짓는 해골은 현상세계의 무상함과 지혜와 깨달음의 요청을 상징한다.

449) 羯邏 囉怛嚟曳 泮 : Xog. 86-87의 밀의적 해석에 의하면, 이로써 산들을 집어삼키는 거대한 신들[喝山大神]을 조복한다. 밀의적으로는 라달리(囉怛嚟)는 서른셋 신들의 하늘나라[三十三天]의 주존인 제석천이다.

450) 깔라라뜨리(kālarātri) : 힌두신화에 따르면, 칠흑 같은 밤이라는 뜻으로 세계의 종말과 소멸을 상징하는 세계 종말인 밤의 여신으로 시간의 여신인 깔리 여신의 가장 무시무시한 형상이다. 두르가(Durgā: SD. 116을 참조) 여신의 화신으로 여겨진다. 그녀는 하층민의 형상으로 하고 당나귀 위에 벌거벗은 채로 올라타서 풀어헤친 불꽃 모양의 머리를 하고 돌아다닌다. 그녀는 환상을 몰아내고 명지를 가져오는 지

327. kāpāline phaṭ

까빨리네 팟

迦般嚟曳 泮451)

가바리예 반

까빨린452) 신이여, 팟

328-329. adhimuktika-śmaśāna-vāsine phaṭ

아디묵띠까 슈마샤나 바씨네 팟

阿地目質多迦 尸摩舍那 婆私儞曳 泮453)

혜를 신격화한 마하비디야(Mahāvidyā)이기도 하다. 그녀는 당나귀를 타고 다니고 비파를 들고 있다. 장미꽃과 피의 잔, 해골의 화환으로 장식하고 있고, 몸은 나체인데 모든 것을 빼앗기는 시간을 상징한 것이다. 불교에 와서는 흑암천(黑暗天)이라고 불렸으며, 길상천(吉祥天)에 상대하여 불렸고, 그 둘은 서로 자매지간으로 여겨졌다. 흑암천은 가난하고 추하게 불운하고, 길상천은 부유하고 아름답고 길상이지만, 둘은 자매지간이기 때문에 실처럼 함께 다니므로 어느 하나만을 초대할 수 없다는 설화의 주인공으로 등장한다.

451) 迦般嚟曳 泮 : Xog. 86-87의 해석에 의하면, 이로써 빛을 삼키는 거대한 신들[食光大神]을 조복하는 것이다. 밀의적으로 가반리(迦般嚟)는 '선사(善捨)'를 뜻하는데, '계신(戒神)'의 이름이다.

452) 까빨린(Kāpālin) : 힌두신화에 따르면, 까빨린은 까빨라(Kāpāla : 해골[頭蓋骨, 髑髏])를 지닌 자'라는 뜻으로, 시바 신을 지칭한다. 그는 해골지팡이를 짚고 파괴된 우주의 잿더미 위에 해골로 된 목걸이를 걸치고 있다. 우주의 무한한 생성과 파괴, 삶과 죽음의 불가분리성을 상징하고 있다. 시바 신이 루드라-바이라바(Rudra-Bhairava: SD. 16-19과 그 주석을 참조) 형태 가운데 창조주인 브라흐마의 신의 잘린 머리를 들고 있고, 삼지창과 칼, 장구를 갖고 있고, 그 밖에 해골관, 해골목걸이, 뱀이 감긴 해골지팡이를 지니고 있는 모습이 있다.

453) 阿地目質多迦 尸摩舍那 婆私儞曳 泮 : Xog. 86-87의 밀의적 해석에 의하면, 이로써 모든 귀신의 수장들[諸持作大鬼帥]과 강력한 귀신들과 신들[有力鬼神]을 조복하는 것이다. 아지목질다가(阿地目質多迦)는 다양한 하늘에 산다는 것을 의미한다. 시마(尸摩)는 '위대한 별빛[大星光]'으로, 사나(舍那)는 '위대한 태양의 빛[大日光]'이므로, 시마사나(尸摩舍那)는 비로자나불을 지칭한다. 바사이예(婆私儞曳)는 '위대한 달빛[大月光]'을 뜻한다. 모두 해와 달과 별자리의 왕자들[三宮天子]을 지칭한다. 모든 상기에 언급된 천신들과 그들의 권속들은 금강왕들에게 조복되고 그들의 명령을 따른다.

아지목질다가 시마사나 바사이예 반

해탈의 묘지에 사는 마하깔라 신이여,454) 팟

6. 〔궁극적 서원의 성취(結歸滿願)〕

330-331. ye kecit sattvāḥ

예 께찌뜨 쌋뜨와하

演 吉質 薩埵婆寫455)

연 길질 살타바사

어떠한 님들이라도 뭇삶들이라면,

332. mama itthaṃ mamāsya

잇탐 마마 아씨야

麼麼 印兎那 麼麼 寫456)

마마 인토나 마마 사

이와 같이 간절한 저를 수호하사이다.457)

〔불제자 ○○○는 경수봉지(經受奉持)하옵니다.〕

제5회 문수보살 전법의 모임

문수홍전회[文殊弘傳會]

---

454) 해탈의 묘지에 사는 마하깔라 신이여 : SD. 23-31을 참조하라.

455) 演 吉質 薩埵婆寫 : Xog. 89의 밀의적 해석에 의하면, 이로써 모든 귀신들과 천신들을 조복한다. 연(演)은 예경하는 것을 뜻하고 길질(吉質)는 법보와 관련해서 내가 행하는 것을 다스리는 마음을 뜻하고 살타바사(薩埵婆寫)는 승보와 불보를 뜻한다.

456) 麼麼 印菟那 麼麼 寫 : Xog. 89의 밀의적 해석에 의하면, 이 절(SD. 331-332)에서는 내가 행하는 것이 완전히 이루어질 것이라는 뜻을 함축하고 있다.

457) 이와 같이 간절한 저를 수호하사이다 : 원래 '이와 같이 이러한 간절한 저에 대하여(mama itthaṃ mamâsya)'라는 뜻으로, 앞의 문장에 걸리는 구절인데, 도치문을 만들어야 하므로, 다소간 의역을 한 것이다.

1. 〔오로지 마음뿐인 법계(法界唯心)〕

333. duṣṭa-cittā

두슈따 찟따

突瑟吒 質多458)

돌슬타 질다

악한 마음을 갖는 귀신들,459)

334. amitra-cittā

아미뜨라 찟따

阿末怛嚟 質多460)

아말달리 질다

적대적인 마음을 갖는 귀신들,461)

335. ojâhārā

458) 突瑟吒 質多 : Xog. 90-91의 해석에 의하면, 돌슬타질다(突瑟吒質多)는 악심을 품은 귀신들[惡心鬼]이다. 그런데 밀의적으로는 돌슬타(突瑟吒)는 범부의 입장에서는 세속적인 지혜로 야기되는 무명의 번뇌사장[煩惱事障]를 뜻하고, 성자의 입장에서는 안전하게 머무는 한량없는 지혜의 빛[無量智光]을 뜻한다.

459) 악한 마음을 갖는 귀신들 : 한역에서는 악심귀(惡心鬼: 般宋本343)이다.

460) 阿末怛嚟 質多 : 반송본(般宋本. 344)의 로지라질다(澇持囉質多)는 반송본(般宋本. 358)의 로타라질다(嘮陀羅質多)와 동일한 범어 라우디라(raudira)로 환원된다. 불당본(不唐本)에는 이 앞에 파파질다 로나라질치 미이폐사질다(播跛質跢 嘮娜囉質哆 尾儞吠沙質跢: pāpacittā raudracittā vidvaiṣacittā : 罪心鬼, 凶暴心鬼, 瞋恨心鬼)가 첨가되어 있다. Xog. 90-91의 해석에 의하면, 아말달리(阿末怛嚟)는 악독한 귀신, 즉 악독귀(惡毒鬼)이지만, 밀의적으로는 아비다르마(abhidharma)를 뜻하고 무비법(無比法), 무능승법(無能勝法)으로 지칭하고 성자들이나 지혜를 의미하기도 한다. 질다(質多)는 성자들과 범부들의 마음을 나타낸다. 그리고 이 SD. 333-334는 문수보살의 위대한 지혜광명의 칼[智光大劍]을 나타낸다. 문수보살은 이 모임의 수장으로, 지혜청정의 부처님, 즉 지청정불(智淸淨佛)이자 악마를 조복하는 부처님 즉, 항복마불(降伏魔佛)이다.

461) 적대적인 마음을 지닌 귀신들 : 한역하자면, 적심귀(敵心鬼)이다.

오자 아하라

烏闍 訶囉462)

오자 하라

정기를 먹는 귀신들,463)

336. garbhâhārā

가르바 아하라

伽婆 訶囉464)

가바 하라

태아를 먹는 귀신들,465)

337. rudhirâhārā

루디라 아하라

嚧地囉 訶囉466)

로지라 하라

피를 먹는 귀신들,467)

---

462) 烏闍 訶囉 : Xog. 90-91의 해석에 의하면, 오도가라(烏闍訶囉)는 정기를 먹는 귀신, 즉 식정귀(食精鬼)이지만, 밀의적으로는 풍천신(風天神)으로 논의(論義 : upadeśa)를 수단으로 풍류식정악귀(風流食精惡鬼)를 조복하고, 풍광명인승불(風光明人勝仏)이 된다. 하라(訶囉)는 풍자재불(無自在仏)을 지칭하고, '한 몫의 힘으로 많은 몫의 제압[以一分勝過衆多分]'을 뜻하기도 한다.

463) 정기를 빨아먹는 귀신들 : 반송본(般宋本. 345)에 의하면, 한역은 식정기귀(食精氣鬼)이다.

464) 伽婆 訶囉 : Xog. 90-92의 해석에 의하면, 가바하라(伽婆訶囉)는 태를 먹는 귀신, 즉 식태귀(食胎鬼)이지만, 밀의적으로는 수기(授記 : vyākaraṇa)를 수단으로 악귀를 조복하고, 공왕불(空王仏)이 된다.

465) 태아를 잡아먹는 귀신들 : 반송본(般宋本. : 345)에 의하면, 식태장귀(食胎藏鬼)이다.

466) 嚧地囉 訶囉 : Xog. 90-92의 해석에 의하면, 로지라가라(嚧地囉訶囉)는 피를 먹는 귀신, 즉 식혈귀(食血鬼)이지만, 밀의적으로는 지천신(地天神)으로 지광명인승불(地光明人勝仏)이 된다.[여기서 그의 수단은 언급되지 않는다.]

467) 피를 빨아먹는 귀신들 : 반송본(般宋本. 346)에 따르면, 한역은 식혈귀(食血鬼)이다.

338. vāsâhārā

바싸 아하라

婆娑 訶囉468)

바사 하라

지방을 먹는 귀신들,469)

339. majjâhārā

맛자 아하라

摩社 訶囉470)

마사 하라

골수를 먹는 귀신들,471)

340. jatâhārā

자따 아하라

闍多 訶囉472)

자다 하라

갓난아이를 먹는 귀신들,473)

---

468) 婆娑 訶囉 : Xog. 90-92의 해석에 의하면, 바사가라(婆娑訶囉)는 기름을 먹는 귀신, 즉 식유귀(食油鬼)인데, 밀의적으로는 화천신(火天神 : 燈油火燭諸鬼)으로 경론(經論 : śāstra)을 수단으로 악귀를 조복하고 자복보화불(自伏寶火仏)이 된다.

469) 지방을 먹는 귀신들 : 한역하자면 식지귀(食脂鬼)이다.

470) 摩社 訶囉 : 반송본(般宋本. 348)에서는 망사하라(芒娑訶囉)라고 되어 있어 환원하면 살코기를 먹는 귀신들[māṃsâhārā]이 된다. Xog. 90-92의 밀의적 해석에 의하면, 마사가라(摩社訶囉)는 산후의 태를 먹는 귀신들 즉 식산귀(食産鬼)이지만, 밀의적으로는 수천신(水天神)으로 본사(本事 : ityukta, itivṛttaka)를 수단으로 수자재불(水自在仏)이 된다.

471) 골수를 먹는 귀신들 : 한역하자면 식수귀(食髓鬼)이다.

472) 闍多 訶囉 : Xog. 90-92의 해석에 의하면, 자다하라(闍多訶囉)는 살코기를 먹어치우는 귀신, 즉 식육귀(食肉鬼?)들인데, 밀의적 해석에서는 언급이 없다.

473) 갓난아이를 먹는 귀신들 : 한역하자면 식산귀(食産鬼)이다.

341. jivitâhārā

지비따 아하라

視毖多 訶囉474)

시비다 하라

생명을 먹는 귀신들,475)

342. bālyâhārā

발리야 아하라

跋略夜 訶囉476)

발략야 하라

공물을 먹는 귀신들,477)

343. gandhâhārā

간다 아하라

乾陀 訶囉478)

건타 하라

냄새를 먹는 귀신들,479)

---

474) 視毖多 訶囉 : Xog. 90-92의 해석에 의하면, 시비다하라(視毖多訶囉)는 목숨을 먹는 귀신, 즉 식명귀(食命鬼)이지만, 밀의적으로는 음악천(音樂天) 또는 가영신(歌詠神)으로, 성명론(声明論 : śabdavidyāśāstra)을 수단으로 악귀를 조복하고, 금강가보살(金剛歌菩薩), 악음왕보살(楽音王菩薩), 성다라니자재불(声陀羅尼自在仏)이 된다.

475) 생명을 먹는 귀신들 : 반송본(般宋本. 351)에 따르면 한역은 식수명귀(食壽命鬼)이다.

476) 跋略夜 訶囉 : Xog. 90-92의 해석에 의하면, 발약야하라(跋略夜訶囉)는 제물을 먹는 귀신, 즉 식제귀(食祭鬼)이지만, 밀의적으로는 방광(方廣 : vaipulya)을 수단으로 귀신을 조복하여 개자재불(蓋自在仏), 의광명인승불(衣光明人勝仏)이다.

477) 공물을 먹는 귀신들 : 반송본(般宋本. 352)에 따르면, 한역에서는 식제귀(食祭鬼)이다.

478) 乾陀 訶囉 : Xog. 90-92의 해석에 의하면, 건타하라(乾陀訶囉)는 냄새를 먹는 귀신, 즉 식향귀(食香鬼)이지만, 밀의적으로는 향자재불(香自在仏)이다.

344. puṣpâhārā

뿌슈빠 아하라

布史波 訶囉[480]

포사파 하라

꽃을 먹는 귀신들,[481]

345. phālâhārā

팔라 아하라

頗囉 訶囉[482]

파라 하라

열매를 먹는 귀신들,[483]

346. sasyâhārā

싸씨야 아하라

娑寫 訶囉[484]

사사 하라

곡물을 먹는 귀신들,[485]

---

479) 냄새를 먹는 귀신들 : 반송본(般宋本. 353)에 따르면, 한역은 식향귀(食香鬼)이다.

480) 布史波 訶囉 : Xog. 90-92의 해석에 의하면, 포사파하라(布史波訶囉)는 꽃을 먹는 귀신, 즉 식화귀(食花鬼)이지만, 밀의적으로는 화자재불(花自在仏)이다.

481) 꽃을 먹는 귀신들 : 반송본(般宋本. 354)에 의하면, 한역은 식화귀(食花鬼)이다.

482) 頗囉 訶囉 : Xog. 90-92의 해석에 의하면, 파라하라(頗囉訶囉)는 과일을 먹는 귀신들 즉 식과귀(食菓鬼)이지만, 밀의적으로는 미자재불(味自在仏)이다.

483) 열매를 먹는 귀신들 : 반송본(般宋本. 355)에 따르면 한역은 식오과자귀(食五果子鬼)이다.

484) 娑寫 訶囉 : 반명본(般明本. 346)의 바사(婆寫)라고 되어 있는 것을 Zhang. 346에 따라, 사사(娑寫)라고 교정한 것이다. 반송본(般宋本. 356)에는 살사(薩寫)라고 되어 있다. Xog. 90-92의 해석에 의하면, 사사하라(娑寫訶囉)는 종자를 먹는 귀신, 즉 식종자귀(食種子鬼)이지만, 밀의적으로는 인자재칭불(人自在称仏)이다.

485) 곡물을 먹는 귀신들 : 반송본(般宋本. 356)에 따르면, 한역은 식오곡종자귀(食五

347. pāpa-cittā

빠빠 찟따

般波 質多486)

반파 질다

악독한 마음을 지닌 귀신들,487)

348. duṣṭa-cittā

두슈따 찟따

突瑟吒 質多488)

돌슬타 질다

사악한 마음을 지닌 귀신들,489)

349. rudra-cittā

루드라 찟따

嘮陀羅 質多490)

穀種子鬼)이다.

486) 般波 質多 : 반송본(般宋本. 357)에는 파파질다(波波質多)라고 되어 있다. Xog. 90-93의 해석에 의하면, 반파질다(般波質多)는 악한 형상의 귀신, 즉 악형귀(惡形鬼)이지만, 밀의적으로는 항복증오불(降伏憎郡仏), 항복노한인승불(降伏怒恨人勝仏), 입자재불(入自在仏), 입광명인승불(入光明人勝仏)이다.

487) 악독한 마음을 지닌 귀신들 : 반송본(般宋本. 357)에 따르면, 한역에는 악심귀(惡心鬼)이다.

488) 突瑟吒 質多 : Xog. 90-93의 해석에 의하면, 돌슬타질다(突瑟吒質多)는 악한 눈을 지닌 귀신들 즉 악안귀(惡眼鬼)이지만, 밀의적으로는 항복무지불(降伏無知仏), 항복질투사견불(降伏嫉妬邪見仏), 온자재불(蘊自在仏)이다.

489) 사악한 마음을 지닌 귀신들 : 한역하자면 사심귀(邪心鬼)라고 할 수 있다.

490) 嘮陀羅 質多 : Xog. 90-93의 해석에 의하면, 로타라질다(嘮陀羅質多)는 장대한 머리를 지닌 귀신들[巨頭鬼]이지만, 밀의적으로는 항복탐불(降伏貪佛), 항복희염인승불(降伏戲染人勝佛), 12처와 18계 모두가 본래 진여장성(眞如藏性)인 것에서 유래한 처자재불(處自在佛), 광명인승불(光明人勝佛)이다. Xog. 91에 따르면, 이 절(SD. 333-349)에서는 다음과 같은 사실을 강조하고 있다. 뭇삶들이 번뇌장(煩惱障)과 소지장(所知障)을 극복할 수 있다면, 아공(我空)과 법공(法空)을 얻을 것이다. 이렇게 해

로타라 질다

포악한 마음을 지닌 귀신들,491)

2 〔동류에 의한 동류의 교화(異生同生)〕

350. yakṣa-grahā

약샤 그라하

藥叉 揭囉訶492)

약차 게라하

야차493)의 악귀들,

351. rakṣāsa-grahā

락샤싸 그라하

囉刹娑 揭囉訶494)

라찰사 게라하

서 범부적인 마음은 성자적인 마음으로 변화하고, 누구든지 부처님이 될 수 있다. 여기에 등장하는 모든 귀신들은 이름이 귀신들이지만 불성을 지니고 있고 본질에 있어서는 부처님이다. 변화의 가능성은 귀신에 국한된 것이 아니라 모든 종류의 존재에 내재되어 있는 것이다. 변화의 과정은 모든 존재가 부처님으로서의 성품[佛性]을 갖고 있다는 가르침 속에 전제되어 있다. 존재의 수많은 범주는 마음속에 내재된 자신의 까르마에 의해서 만들어지는 것이다. 그래서 이 장은 '법계는 오직 마음에 의해 만들어지는 것 즉 법계유심(法界唯心)'이라고 하는 것이다.

491) 포악한 마음을 지닌 귀신들 : 한역은 진심귀(嗔心鬼 : 般宋本. 358)이다. 루드라(Rudra: SD. 16-19를 참조하라)는 신의 이름이기도 하다.

492) 藥叉 揭囉訶 : Xog. 94의 밀의적 해석에 의하면, 야차(藥叉)는 불을 삼키는 귀신, 즉 탄화귀(呑火鬼)인데, 남성귀신(?)으로 라찰사(囉刹娑)와 함께 북방 다문천왕(多聞天王)에 지배를 받는다. 게라하(揭囉訶)는 동종의 같이 모여 있는 다양한 악귀들을 뜻한다. 그러나 밀의적으로는 선한 성격의 귀왕들로 다르마의 안내자들이다.

493) 야차(yakṣa) : SD. 153-154를 참조하라.

494) 囉刹娑 揭囉訶 : Xog. 94의 밀의적 해석에 의하면, 라찰사(囉刹娑)은 물을 삼키는 귀신 즉 탄수귀(呑水鬼)인데, 여성귀신(?)으로 야차(夜叉)와 함께 북방 다문천왕(多聞天王)에 지배를 받는다. 그러나 밀의적으로는 선한 성격의 귀왕들로 다르마의 안내자들이다.

나찰495)의 악귀들,

352. preta-grahā

쁘레따 그라하

閉隸多 揭囉訶496)

폐예다 게라하

아귀497)의 악귀들,

353. piśāca-grahā

삐샤짜 그라하

毘舍遮 揭囉訶498)

비사차 게라하

삐샤차499)의 악귀들,

354. bhūta-grahā

부따 그라하

部多 揭囉訶500)

부다 게라하

495) 나찰(rakṣāsa) : SD. 153-154를 참조하라.

496) 閉隸多 揭囉訶 : Xog. 94의 밀의적 해석에 의하면, 폐예다(閉隸多)는 교차하는 손을 지닌 귀신, 즉 교수귀(交手鬼)이다. 그러나 밀의적으로는 선한 성격의 귀왕들로 다르마의 안내자들이다.

497) 아귀(preta) : SD. 197을 참조하라.

498) 毘舍遮 揭囉訶 : Xog. 94의 밀의적 해석에 의하면, 비사차(毘舍遮)는 발을 교차하고 있는 신들, 교족귀(交足鬼)인데, 동방의 지국천(持國天)에 지배된다. 그러나 밀의적으로는 선한 성격의 귀왕들로 다르마의 안내자들이다.

499) 삐샤차(piśāca) : SD. 198을 참조하라.

500) 部多 揭囉訶 : 반송본(般宋本. 362)에는 신중(神衆)이라고만 되어 있다. Xog. 94의 밀의적 해석에 의하면, 부다(部多)는 몸을 교차하는 귀신 즉 교신귀(交身鬼)이다. 그러나 밀의적으로는 선한 성격의 귀왕들로 다르마의 안내자들이다.

부따501)의 악귀들,

355. kumbhāṇḍa-grahā

꿈반다 그라하

鳩槃茶 揭囉訶502)

구반다 게라하

꿈반다503)의 악귀들,

356. skanda-grahā

쓰깐다 그라하

悉乾陀 揭囉訶504)

실건타 게라하

쓰깐다505)의 악귀들,

357. unmatta-grahā

운맛따 그라하

烏怛摩陀 揭囉訶506)

오달마타 게라하

---

501) 부따(bhūta) : SD. 78-79를 참조하라.

502) 鳩槃茶 揭囉訶 : Xog. 94의 밀의적 해석에 의하면, 구반다(鳩槃茶)는 옹기의 몸을 취하는 귀신[分形鬼, 아마도 盆形鬼의 오타]으로, 남방의 증장천(增長天)의 지배를 받는다. 그러나 밀의적으로는 선한 성격의 귀왕들로 다르마의 안내자들이다.

503) 꿈반다(kumbhāṇḍa) : SD. 200과 그 주석을 참조하라.

504) 悉乾陀 揭囉訶 : Xog. 94의 밀의적 해석에 의하면, 실건타(悉乾陀)는 연기를 토해내는 귀신 즉 토연귀(吐煙鬼)이다. 그러나 밀의적으로는 선한 성격의 귀왕들로 다르마의 안내자들이다.

505) 쓰깐다(Skanda): SD. 203과 그 주석을 참조하라.

506) 烏怛摩陀 揭囉訶 : Xog. 94의 해석에 의하면, 오달마타(烏怛摩陀)는 불을 토해내는 귀신 즉 토화귀(吐火鬼)이다. 그러나 밀의적으로는 선한 성격의 귀왕들로 다르마의 안내자들이다.

운맛따[507]의 악귀들,

358. chāyā-grahā

차야 그라하

車夜 揭囉訶[508]

차야 게라하

차야[509]의 악귀들,

359. apasmāra-grahā

아빠쓰마라 그라하

阿播薩摩囉 揭囉訶[510]

아파살마라 게라하

아빠쓰마라[511]의 악귀들,

360. ḍāka-ḍākinī-grahā

다까 다끼니 그라하

宅祛革 茶耆尼 揭囉訶[512]

507) 운맛따(unmatta) : SD. 205를 참조하라.

508) 車夜 揭囉訶 : 반송본(般宋本. 366)에 따르면 영귀(影鬼)이다. Xog. 94의 해석에 의하면, 차야(車夜)는 그림자 형태의 귀신, 형영귀(形影鬼)이다. 그러나 밀의적으로는 선한 성격의 귀왕들로 다르마의 안내자들이다.

509) 차야 : SD. 206을 참조하라.

510) 阿播薩摩囉 揭囉訶 : Xog. 94의 해석에 의하면, 아파살마라(阿播薩摩囉)는 분노한 양의 머리를 한 귀신, 양두진귀(羊頭瞋鬼)이다. 그러나 밀의적으로는 선한 성격의 귀왕들로 다르마의 안내자들이다.

511) 아빠쓰마라(Apasmāra) : 정신적인 무지나 맹목을 상징하는 난쟁이의 이름이다. SD. 204를 참조하라.

512) 宅祛革 茶耆尼 揭囉訶 : 반송본(般宋本. 368)에서는 태거혁다기니(宅祛革 茶耆尼)가 택가다기니(侘迦茶祁尼)로 되어 있다. Xog. 94의 해석에 의하면, 택거혁(宅祛革)는 인간의 형상을 한 여우 귀신 즉, 형인호귀(型人狐鬼)이고, 다기니(茶耆尼)는 살쾡이 형상을 지닌 여자 귀신, 즉 이매여귀(狸魅女鬼)이다. 밀의적으로는 택거혁(宅祛革)이 뜻하는 바는 사악하고 거친 자가 저항하면 무기로 대항하는 것과, 부드럽고 고분

택거혁 다기니 게라하

다까와 다끼니513)의 악귀들,

361. revatī-grahā

레바띠 그라하

嚟佛帝 揭囉訶514)

리불제 게라하

레바띠515)의 악귀들,

362. jāmika-grahāḥ

자미까 그라하

闍彌迦 揭囉訶516)

고분하면 사랑스럽고 배려하는 방법으로 교화하는 것과, 귀신들이 항복하면 그들에게 미래에 부처가 될 것이라는 수기를 주는 것이다. 다기니(荼耆尼)가 뜻하는 바는 결계를 만드는 것[迴遮結界]과 갈고리, 요령, 사슬, 올가미를 가진 위대한 금강왕들[鉤玲鎖索諸大神王]이 미래에 부처가 될 것에 대한 수기를 받는 것이다.

513) 다까와 다끼니 : 다까(ḍāka)는 깔리(Kālī; SD. 24-31, 360과 주석을 참조) 여신의 시자이고 다끼니(ḍākinī: SD. 227을 참조)는 그의 처이다. 깔리 여신은 모든 형상을 드러내고 통합시키는 시간의 힘을 상징하는 시바 신의 여성적 원리이다. 그녀는 두 개 내지 네 개의 팔을 지니고 무섭고 벌거벗은 여성의 모습을 하고 있고, 모든 것을 삼켜버린다. 그녀는 올가미, 금강저(金剛杵), 해골지팡이, 칼 등을 지니고 있고 모든 존재는 시간에서 벗어날 수 없다는 상기시키는 잘려진 머리 등을 지니고 있다. 네 개의 팔은 공간의 방향을 상징하지만 시간의 완전한 순환을 의미하기도 한다. 금강저는 파괴적 힘을 상징하고, 그녀가 벌거벗은 것은 존재의 베일을 벗겨버리는 그녀의 성품을 상징한다. 그녀의 몸은 검은 색인데, 모든 차별적 현상은 궁극적으로 영원한 밤의 우주적 어둠 - 현상에 선행하는 잠재적이고 동태적인 가능태 -속에 용해된다는 것을 상징한다. 해골장식을 하고 화장터에서 그녀가 추는 춤은 죽음의 보편성을 상징한다.

514) 嚟佛帝 揭囉訶 : 반송본(般宋本. 369)에 따르면, 여구뇌소귀(如狗腦小鬼)라고 번역하는데, Xog. 94-95의 해석에 의하면, 리불제게라하(嚟佛帝揭囉訶)는 어린아이들을 괴롭히는 귀신, 즉 뇌소아귀(惱小兒鬼)로 여자 얼굴을 하고 있지만, 밀의적으로는 '적멸(寂滅), 무생(無生), 근행(勤行)'을 뜻하고, 선한 성격의 귀왕들로 다르마의 안내자들이다.

515) 레바띠(Revati) : SD. 207과 그 주석을 참조하라.

자미가 게라하

자미까517)의 악귀들,

363. śakuni-grahā

샤꾸니 그라하

舍俱尼 揭囉訶518)

사구니 게라하

샤꾸니519)의 악귀들,

364. mātṛnandika-grahā

마뜨리난디까 그라하

姥陀囉難地迦 揭囉訶520)

모타라난지가 게라하,

---

516) 闍彌迦 揭囉訶 : 반송본(般宋本. 370)에 따르면, 까마귀 모양의 귀신, 즉 여오귀(如烏鬼)이다. Xog. 94-95의 해석에 의하면, 자미가(闍彌迦)는 까마귀 모양의 귀신이지만, 밀의적으로는, '항복의 가능성[能降伏]' '구름을 일으키는 가능성[能興雲]'을 뜻한다.

517) 자미까(Jāmika) : 자미(Jāmi)는 형제나 자매나 친척 등의 혈족을 말한다. 여기에 소유복합접미사 -ka가 붙은 것인데, 귀신의 이름이겠지만, 역자는 인도신화에서의 범례를 찾지 못했다. Kih. 362에 따르면, 단순히 화생(化生)의 단순한 고유명사일 수 있다.

518) 舍俱尼 揭囉訶 : 반송본(般宋本. 371)에서는 사구니(舍俱尼)를 샤끄니(śakni)로 환원하여 말 모양의 귀신들 즉 여마귀(如馬鬼)로 해석하고 있다. Xog. 94-95의 해석에 의하면 새 모양의 귀신, 즉 여조귀(如烏鬼)이지만, 밀의적으로는, '무유(無有)' '공(空)'을 뜻하고, 선한 성격의 귀왕들로 다르마의 안내자들이다.

519) 샤꾸니(Śakuni) : 인도신화에서는 어린아이에게 특별히 질병을 일으키는, 가끔 두르가(Durgā: SD. 116을 참조) 여신과 관계되는 악귀이다. 금매(禽魅)라고 번역하기도 한다.

520) 姥陀囉 難地迦 揭囉訶 : 반송본(般宋本. 372)에 따르면, 여묘아귀(如貓兒鬼)이다. Xog. 94-95의 밀의적 해석에 의하면, 고양이 모양의 귀신, 즉 여묘귀(如猫鬼)로, 모타라(姥陀囉)는 적색(赤色), 인문(印紋)을 뜻하고, 난지가(難地迦)는 고양이 새끼의 귀신, 즉 묘아귀(猫兒鬼), 여름의 가뭄에 책임이 있는 귀신, 즉 하염한발귀(夏炎旱魃鬼)을 뜻한다. 그러나 밀의적으로는 선한 성격의 귀왕들로 다르마의 안내자들이다.

마뜨리난디까[521]의 악귀들,

365. ālaṃbhaka-grahā

알람바까 그라하

阿藍婆 揭囉訶[522]

아람바 게라하

알람바까[523]의 악귀들,

366. gaṇṭhapāṇi-grahā

간타빠니 그라하

乾度波尼 揭囉訶[524]

---

521) 마뜨리난디까(Mātṛnandika) : 인도신화에 따르면, 까르띠께야(Kārttikeya = Skanda: SD. 203과 주석참조)의 별칭이다.

522) 阿藍婆 揭囉訶 : 반송본(般宋本. 373)에 따르면, 뱀 모양의 귀신 즉, 여사귀(如蛇鬼)이다. Xog. 94-95의 밀의적 해석에 의하면, 아람바(阿藍婆)는 뱀 모양의 귀신 즉, 여사귀(如蛇鬼)로서, 푸른 쪽빛 얼굴을 한 귀신, 즉 남면귀(藍面鬼)이다. 그러나 밀의적으로는 선한 성격의 귀왕들로 다르마의 안내자들이다.

523) 아람바까 : 알람바(ālaṃbha)는 접촉, 파지라는 뜻 이외에 희생수의 도살이라는 의미가 있다. 반송본(般宋本. 373)에 따라 뱀 모양의 귀신일 수 있으나, 인도신화에서의 유래는 아직 밝혀지지 않았다.

524) 乾度 波尼 揭囉訶 : 반송본(般宋本. 374)에는 '건도파니(乾度波尼)'가 '하노건도파니(訶奴建度波尼)'라고 되어 있다. 범어로 환원하면 하누-깐타-빠니(hanu-kaṇṭha-pāṇi)가 되는데, 이것은 '턱과 목과 손을 가진 자'라고 해석하면 닭 모양의 귀신 즉 여계귀(如雞鬼)이다. Xog. 94의 해석에 의하면, 건도파니게라하(乾度波尼揭囉訶)는 닭 모양의 귀신들 즉 여계귀(如鷄鬼)로서 노란 몸과 손을 가지고 있는 귀신들[黃色身手鬼]이고, 닭처럼 보이는 독독귀(蠱毒鬼)이다. Xog. 94-95의 밀의적 해석에 따르면, 이 절(SD. 350-366)의 각각 귀신부족들은 자신의 왕을 갖고 있다. 선한 성격의 귀왕들은 다르마의 안내자들인데, 그들은 한번 악한 성격의 귀신들이었으나 섭수되어 잠정적으로 불보살로 화현하여 귀신부족에 들어가 악한 동료귀신을 교화한다. 사악하고 거친 자가 저항하면, 무기로 대항한다. 부드럽고 고분고분하면, 사랑스럽고 배려하는 방법으로 교화한다. 귀신들이 항복하면, 부처님은 미래에 부처가 될 것이라고 수기를 준다. 그러나 제3회 관음합동회와 이곳의 제5회 문수홍전회에서 동일한 귀신들(yakṣa, rākṣasa, preta, piśāca, bhūta, kumbhāṇḍa)에 대하여 번역을 달리한 것에 대해서는, 그 이유를 별도로 설명하지 않고 있다.

건도파니 게라하

간타빠니525)의 악귀들,

3. 〔다섯 부처님 부족의 원류(五部源流)〕

367. jvaraikâhnikā

즈와라이까흐니까

什伐囉 堙迦醯迦526)

집벌라 인가혜가

하루 안에 나타나는 발열귀,

368. dvetīyakā

드웨띠야까

墜帝藥迦527)

525) 간타빠니 : Chung. 366에서는 간타빠니(Ghaṇṭhapāṇi)로 환원하고 간타빠니 귀신으로만 번역하고 있고 설명이 없다. 인도신화에서 간타는 제사에 사용하는 '종, 방울'을 의미하는데, 깔리 여신이나 시바 신의 가지고 다니는 다양한 물건들 가운데 하나이다. 시바 신의 비인 두르가(Durgā: SD. 116을 참조) 여신이 '종을 지닌 여신'이라는 의미에서 간티(Ghaṇṭhī)라고 불린다. 종과 관련된 신들의 형태로서는 Aghora-murti, Cāmuṇḍā, Durgā, Kaumarī, Mahādeva, Mahākāla, Pārvatī, Ṣaṇmukha, Sarasvatī, Skanda가 있다. 여기서 '종을 손에 쥔 자' 즉, 간타빠니(Ghaṇṭhapāṇi)는 시간의 신으로 죽음을 재촉하는 불가역적 죽음의 힘을 상징하는 마하깔라(Mahākāla)를 의미할 수 있다.

526) 什伐囉 堙迦醯迦 : 반송본(般宋本. 375)에 따르면, 일일발열귀(一日發熱鬼)이다. Xog.96-97의 해석에 의하면, 집벌라(什伐囉)는 고열을 일으키는 귀신, 즉 장열귀(壯熱鬼)이지만, 밀의적으로는, '자재(自在)' 즉, 비로자나불이 모든 곳에 편재하고 자재한 것을 뜻한다. 인가혜가(堙迦醯迦)는 매일 간헐적인 열을 일으키는 귀신, 즉 일일학귀(一日瘧鬼)이지만, 밀의적으로는 여래부족의 마음과 보물부족의 마음을 함축하고 있다. 여기서 가(迦)는 '내가 행한 것(我所作)'을 뜻하며, 또한 성존(聖尊)인 행복한 님[善逝]을 뜻한다.

527) 墜帝藥迦 : 반송본(般宋本. 375b)에 따르면, 이일발열귀(二日發熱鬼)이다. Xog. 96-97의 해석에 의하면, 추제약가(墜帝藥迦)는 이틀마다 간헐적인 열을 일으키는 귀신들 즉 이일학귀(二日瘧鬼)이지만, 밀의적으로는 '해탈'을 뜻하고, 금강부족의 마음을 함축하고 있다. 여기서도 가(迦)는 '내가 행한 것'을 뜻하며, 또한 성존(聖尊)인

추제약가

이틀 만에 나타나는 발열귀,

369. tritīyakā

뜨리띠야까

怛隸帝藥迦528)

달례제약가

사흘 만에 나타나는 발열귀,

370. caturthakā

짜뚜르타까

者突託迦529)

자돌탁가

나흘 만에 나타나는 발열귀,

371. nitya-jvarā vismara-jvarā

니띠야 즈와라 비쓰마라 즈와라

昵提 什伐囉 毖釤摩 什伐囉530)

행복한 님[善逝]을 뜻한다.

528) 怛隸帝藥迦 : 반송본(般宋本. 376)에 따르면, 삼일발열귀(三日發熱鬼)이다. Xog. 9 6-97의 해석에 의하면, 달례제약가(怛隸帝藥迦)는 사흘마다 간헐적인 열을 일으키는 귀신들 즉 삼일학귀(三日瘧鬼)이지만, 밀의적으로는 연화부족의 마음을 함축하고 있다. 여기서도 가(迦)는 '내가 행한 것'을 뜻하며, 또한 성존(聖尊)인 행복한 님[善逝]을 뜻한다.

529) 者突託迦 : 반송본(般宋本. 376)에 따르면, 사일발열귀(四日發熱鬼)이다. Xog. 96- 97의 해석에 의하면, 자돌탁가(者突託迦)은 나흘마다 간헐적인 열을 일으키는 귀신, 즉 사일학귀(四日瘧鬼)이지만, 밀의적으로는 갈마부족의 마음을 함축하고 있다. 여기서도 가(迦)는 '내가 행한 것'을 뜻하며, 또한 성존(聖尊)인 행복한 님[善逝]을 뜻한다.

530) 昵提 什伐囉 毖釤摩 什伐囉 : 반송본(般宋本. 377-378)에 따르면, 상장열귀(常壯熱鬼)와 장열귀(壯熱鬼)이다. Xog. 96-97의 해석에 의하면, 닐제집벌라(昵提 什伐囉)

닐제 집벌라 비삼마 집벌라
계속적으로 의식불명을 일으키는 발열귀,

372. vātikā

바띠까

薄底迦531)

박저가

바람의 부조화에 의한 병마,532)

373. paittikā

빠잇띠까

鼻底迦533)

비저가

담즙의 부조화에 의한 병마,534)

374. ślaiṣmikā

슈라이슈미까

는 항상 열을 일으키는 귀신들 즉 상열귀(常熱鬼)이지만, 밀의적으로는 닐제(昵提)는 '적멸(寂滅)'을 뜻한다. 비삼마집벌라(毖釤摩什伐囉)는 한기를 더하는 귀신들 즉 증한귀(增寒鬼)이지만, 밀의적으로는 비삼마(毖釤摩)는 종종삼매(種種三昧) 즉, 우주적 금강계만다라의 삼십칠존(三十七尊)들의 삼매를 뜻하는데, 모두 여래부족인 비로자나불부(毘盧遮那部)에서 유출된다.

531) 薄底迦 : Xog. 96-97의 해석에 의하면, 박저가(薄底迦)는 풍병을 일으키는 귀신들 즉 풍병귀(風病鬼)이지만, 밀의적으로는 보물부족을 뜻한다.

532) 바람에 의한 질병 : 인도의 아유르베다 의학에서는 인간의 체질을 바람(vata)-체질, 담즙(pitta)-체질, 점액(kapha)-체질로 나누는데, 그 가운데 바람의 부조화에 의한 질병을 말한다.

533) 鼻底迦 : Xog. 96-97의 해석에 의하면, 비저가(鼻底迦)는 황달을 일으키는 귀신, 즉 황병귀(黃病鬼)이지만, 밀의적으로는 그것은 갈마부족을 지칭한다.

534) 담즙에 의한 질병 : 인도의 아유르베다의 의학에서는 인간의 체질을 바람(vata)-체질, 담즙(pitta)-체질, 점액(kapha)-체질로 나누는데, 그 가운데 담즙의 부조화에 의한 질병을 말한다.

室隷瑟蜜迦535)

실례슬밀가

점액의 부조화에 의한 병마,536)

375. sāṃnipātikā

쌈니빠띠까

娑儞般帝迦537)

사이반제가

체질의 부조화에 의한 병마,538)

4. 〔네 분 천신의 근원(四天始本)〕

376. sarva-jvarā

싸르와 즈와라

薩婆 什伐囉539)

---

535) 室隷瑟蜜迦 : Xog. 96-97의 해석에 의하면, 실례슬밀가(室隷瑟蜜迦)는 역병을 일으키는 귀신들 즉 역병귀(疫病鬼)- 반송본(般宋本. 380)에 따르면, 가래를 먹는 귀신 즉 담음귀(痰飮鬼) - 이지만, 밀의적으로는 금강부족을 지칭한다.

536) 점액에 의한 질병 : 인도의 아유르베다의 의학에서는 인간의 체질을 바람(vata)-체질, 담즙(pitta)-체질, 점액(kapha)-체질로 나누는데, 그 가운데 점액의 부조화에 의한 질병을 말한다.

537) 娑儞般帝迦 : Xog. 96-97의 해석에 의하면, 사이반제가(娑儞般帝迦)는 이질을 일으키는 귀신, 즉 이병귀(痢病鬼)이지만, 밀의적으로는 그것은 연화부족을 지칭한다. 이 절(SD. 367-375)에서 다라니의 의미를 귀신으로 이해했지만, 그것의 밀의(密義)는 다섯 부처님 부족에 관련되어 있다. 그리고 다섯 부처님 부족은 모두 비로자나불을 그 원류로 하고 있다.

538) 체질의 부조화에서 오는 질병 : 인도의 아유르베다 의학에서는 인간의 체질을 바람(vata)-체질, 담즙(pitta)-체질, 점액(kapha)-체질로 나누는데, 그 가운데 세 가지 체질의 부조화에 의한 질병을 말한다.

539) 薩婆 什伐囉 : 반송본(般宋本. 383)에서는 일체장열(一切壯熱)이라고 해석하고 있다. Xog. 96-97의 해석에 의하면, 살파집벌라(薩婆什伐囉)는 두통을 일으키는 귀신, 즉 두병귀(頭病鬼)이지만, 밀의적으로는 살바(薩婆)는 무량일체(無量一切)를 뜻하고 집벌라(什伐囉)는 자재(自在)로서 불보(佛寶)를 지칭하며, 다섯 부처님 부족의 다섯

살바 집벌라

모든 열병의 병마,

377. śiro-rujā

쉬로 루자

室嚧 吉帝[540]

실로 길제

두통(頭痛)의 병마,

378. ardhâvabhedakā

아르다바베다까

末陀鞞達嚧制劍[541]

말타비달로제검

편두통(偏頭痛)의 병마,

379. akṣi-rogo

악쉬 로고

부처님들 즉 오방불(五方佛)을 뜻한다.

540) 室嚧 吉帝 : 반송본(般宋本. 383)에서는 실로갈라저(室嚕喝囉底)라고 음사하고 두통(頭痛)을 뜻한다고 적고 있다. 불당본(不唐本744b)에서처럼 범어로 쉬로르띠(śiro‘rti)라고 환원할 수도 있다. Xog. 96-97의 해석에 의하면, 실로길제(室嚧吉帝)에 대해서는 병명을 적시하지 않았지만, 밀의적으로는, 광음(光音), 법보(法寶)의 뜻을 지니며, 부처님 부족의 법광성색(法光聲色)을 드러낸다.

541) 末陀鞞達嚧制劍 : 반송본(般宋本. 384)에서는 아라타파제(阿羅陀皤帝)라고 음사하고 반두통(反頭痛)이라고 해석하고 있다. 불당본(不唐本. 744)에서는 아라태부폐나로좌가(阿囉馱嚩陛那嚧左迦)로, 범어환원은, ‘아르다바베다까 아로짜까(ardhāvabhedaka arocakā)’로 되어 있다. Xog. 96-97의 해석에 의하면, 이것은 미각을 잃은 귀신들 불식귀(不食鬼)이지만, 밀의적으로는 풍천신(風天神)의 이름인데, 말타(末陀)는 ‘위덕(威德)’을 뜻하고, 비달(鞞達)은 ‘광대(廣大)’ 또는 ‘성현(聖賢)’을 뜻하므로 ‘다섯 부처님 부족으로 있는, 영험한 힘을 지닌 승단[五大界內神通僧]’의 승보(僧寶)를 지칭한다.

阿綺 嚧鉗[542)]

아기 로겸

안질(眼疾)의 병마,

380. mukha-rogaḥ

무카 로가하

目佉 嚧鉗[543)]

목구 로겸

구강통(口腔痛)의 병마,

381. kaṇṭha-rogaḥ

깐타 로가하

羯喇突 嚧鉗[544)]

갈리돌 로겸

인후통(咽喉痛)의 병마,

---

542) 阿綺 嚧鉗 : 반송본(般宋本. 385)에서는 '아걸사로검(阿乞史嚧劍)'이라고 음사하고 굶주려도 먹지 못하는 귀신 즉, 기불식귀(飢不食鬼)라고 해석하고 있다. Xog. 96-97의 해석에 의하면, 아기로겸(阿綺嚧鉗)은 입의 질병을 일으키는 귀신, 즉 구통귀(口痛鬼)이지만, 밀의적으로는 불보(佛寶)와 관계되고, 또한 동방의 뇌전천신(電雷天神)이다.

543) 目佉 嚧鉗 : 반송본(般宋本. 385)에서는 구통(口痛)이라고 해석하고 있다. Xog. 96-97의 해석에 의하면, 목구로겸(目佉嚧鉗)은 치아의 질병을 일으키는 귀신, 즉 치통귀(齒痛鬼)이지만, 밀의적으로는 법보(法寶)와 관계되고, 운하천신[雲霞天神]을 나타낸다.

544) 羯喇突 嚧鉗 : 반송본(般宋本. 387)에서는 수귀(愁鬼)라고 해석하고 있다. 불당본(不唐本. 744b)의 범어환원은 흐리드로감(hṛdrogaṃ)이다. '심병(心病)'을 의미한다. Xog. 96-97의 해석에 의하면, 갈리돌로겸(羯喇突嚧鉗)은 입술의 질병을 일으키는 귀신, 즉 순통귀(脣痛鬼)이지만, 밀의적으로는 승보와 관계되고, 우로천신(雨露天神)을 나타낸다. 위의 이 절(SD. 376-381)에서 표층적인 의미는 귀신들을 언급하고 있지만, 밀의적으로는 삼보와 천상의 신들을 뜻한다. 이러한 귀신들과 신들은 대법풍(大法風), 대뇌전(大雷電), 대법운(大法雲), 대법우(大法雨)를 통해서 뭇삶에게 이익을 주는 삼보에 그들의 근원을 두고 있다.

5. 〔세 종류의 상속(三種相續)〕

382. galaka-garaṃ

갈라까 가람

揭囉訶 揭藍545)

게라하 가람

인두통(咽頭痛)의 병마,546)

383. karṇa-śūlaṃ

까르나 슐란

羯拏 輸藍547)

갈나 수람

이통(耳痛)의 병마,

384. danta-śūlaṃ

단따 슐랑

憚多 輸藍548)

---

545) 揭囉訶 揭藍 : 반송본(般宋本. 388)에서의 음사는 갈라하수람(羯囉訶輸藍)인데, 인후통(咽喉痛)이라고 해석하고 있다. Xog. 98-99의 해석에 의하면, 게라하게람(揭囉訶揭藍)은 육체적인 질병을 일으키는 귀신, 즉 신병귀(身病鬼)이지만, 밀의적으로는 태아의 첫째 주의 단계로서의 깔랄라(kalala)[胎中初七鬼: 『수능엄경』 제4장§6의 주석참조]와 같다. 역시 보살의 화신이다.

546) 인두통(咽頭痛)의 병마들 : 인두통은 앞의 인후통(咽喉痛)과는 달리 코의 통증을 말한다.

547) 羯拏 輸藍 : 반송본(般宋本. 389)에서는 이통(耳痛)이라고 번역한다. Xog. 98-99의 해석에 의하면, 갈나수람(羯拏輸藍)도 육체적인 질병을 일으키는 귀신, 즉 신병귀(身病鬼)이지만, 밀의적으로는 갈나(羯拏)는 태아의 네 번째 주의 단계로서의 가나(ghana)[胎中四七鬼]와 같다. 수람(輸藍)은 막강한 힘을 가진 귀신들[大力鬼], 적은 힘을 가진 귀신들[小力鬼], 막강한 부를 가진 귀신들[多財神], 적은 부를 가진 귀신들[小財神]을 포함하는 귀신들의 일반적 형태이다. 밀의적으로는 보살의 화신이다.

548) 憚多 輸藍 : Xog. 98-99의 해석에 의하면, 탄다수람(憚多輸藍)는 턱에 고통을 일으키는 귀신들[頤頷痛鬼]이고, 탄다(憚多)는 치통을 일으키는 귀신, 즉 치통귀(齒痛

탄다 수람

치통(齒痛)의 병마,

385. hṛdaya-śūlaṃ

흐리다야 슐람

迄嚟夜 輸藍549)

흘리야 수람

심장통(心臟痛)의 병마,

386. marma-śūlaṃ

마르마 슐람

末麼 輸藍550)

말마 수람

관절통(關節痛)의 병마,

387. pārśva-śūlaṃ

빠르슈와 슐람

跋嚟室婆 輸藍551)

鬼)이지만, 밀의적으로는 변경을 지키는 귀신[守疆界鬼]을 지칭한다. 역시 보살의 화신이다.

549) 迄嚟夜 輸藍 : 반송본(般宋本. 391)에는 흘리야(迄嚟夜)가 힐리타야(頡哩馱耶)라고 되어 있다. Xog. 98-99의 해석에 의하면, 흘리야수람(迄嚟夜輸藍)는 심장에 통증을 일으키는 귀신 즉, 심통귀(心痛鬼)이지만, 밀의적으로는 심장을 수호하는 귀신[肉團心鬼神]을 뜻한다. 역시 보살의 화신이다.

550) 末麼 輸藍 : Xog. 98-99의 해석에 의하면, 말마수람(末麼輸藍)은 두통을 일으키는 귀신, 즉 두통귀([頭痛鬼?]이지만, 밀의적으로는 말라(末麼)는 '죽은 뒤에 여섯 감관이 멸하는 것'을 뜻한다. 그것은 또한 '사유[思], 추리[量], 의도[意]'로 언급되는 팔식(八識) 가운데 칠식(七識 : 摩那 manas)을 의미한다. 역시 보살의 화신이다.

551) 跋嚟室婆 輸藍 : Xog. 98-99의 해석에 의하면, 발리실파수람(跋嚟室婆輸藍)은 늑골부(肋骨部)의 통증을 일으키는 귀신, 즉 양협통귀(兩脇痛鬼)이지만, 밀의적으로는 형태와 사지와 여섯 가지 기관(六入 : ṣaḍāyatana)이 구비된 다섯 번째 태아의 단계

발리실바 수람
늑골통(肋骨痛)의 병마,

388. pṛṣṭha-śūlaṃ
쁘리슈타 슐람
毖栗瑟吒 輸藍552)
비률슬타 수람
척추통(脊椎痛)의 병마,

389. udara-śūlaṃ
우다라 슐랑
烏陀囉 輸藍553)
오타라 수람
복통(腹痛)의 병마,

390. kaṭi-śūlaṃ
까띠 슐람
羯知 輸藍554)

인 쁘라싸카(prasakha)[胎中五七鬼]와 동일하다. 역시 보살의 화신이다.

552) 毖栗瑟吒 輸藍 : Xog. 98-99의 해석에 의하면, 비률슬타수람(毖栗瑟吒輸藍)은 등에 통증을 일으키는 귀신, 즉 배통귀(背痛鬼)이지만, 밀의적으로는 비률슬타(毖栗瑟吒)는 접촉(觸 : sparśa)을 뜻하고, 또한 무지·갈애·사견·자만[痴愛見慢]으로 오염된 칠식(七識 : 摩那 manas)을 뜻한다. 그러나 역시 보살의 화신이다.

553) 烏陀囉 輸藍 : Xog. 98-100의 해석에 의하면, 오타라수람(烏陀囉輸藍)은 복부(腹部)의 통증을 일으키는 귀신, 즉 복통귀(腹痛鬼)이지만, 밀의적으로는 두 번째 주의 태아의 상태[胞胎二七]이거나 서른여덟 번째 주의 태아의 상태[胎中三十八七]를 뜻하고, 29가지 업풍[二十九種業風]의 이름이기도 하다. 역시 보살의 화신이다.

554) 羯知 輸藍 : Xog. 98-100의 해석에 의하면, 갈지수람(羯知輸藍)은 허리의 통증을 일으키는 귀신 즉, 요통귀(腰痛鬼)이자, 갈지는 시체에 명령을 할 수 있는 귀신 즉 기시귀(起尸鬼), 소머리 귀신 즉 우두귀(牛頭鬼)를 뜻한다. 그러나 밀의적으로는 태아의 세 번째 주의 상태 뻬씨([胎三七鬼: peśī, pāli. pesī : 蔽尸)를 뜻한다. 역시

갈지 수람

요통(腰痛)의 병마,

391. vasti-śūlaṃ

바쓰띠 슐람

跋悉帝 輸藍[555]

발실제 수람

방광통(膀胱痛)의 병마,

392. ūru-śūlaṃ

우루 슐란

鄔嚧 輸藍[556]

오로 수람

대퇴통(大腿痛)의 병마,

393. jaṅghā-śūlaṃ

장가 슐랑

常伽 輸藍[557]

상가 수람

각통(脚痛)의 병마,

보살의 화신이다.

555) 跋悉帝 輸藍 : Xog. 98-100의 해석에 의하면, 발실제수람(跋悉帝輸藍)은 복사뼈에 통증을 일으키는 귀신 즉, 과통귀(踝痛鬼)이고, 발실제는 갈고리 귀신 즉, 구신(勾神)의 이름이지만, 무상귀(無常鬼)를 지칭한다. 그러나 밀의적으로 보살의 화신들이다.

556) 鄔嚧 輸藍 : Xog. 98-100의 해석에 의하면, 오로수람(鄔嚧輸藍)는 다리의 통증을 일으키는 귀신, 즉 퇴통귀(腿痛鬼)이자, 오로는 도둑과 불량배의 귀신 즉, 적구귀(賊寇鬼)을 뜻한다. 그러나 밀의적으로 보살의 화신들이다.

557) 常伽 輸藍 : Xog. 98-100의 해석에 의하면, 상가수람(常伽輸藍)는 팔의 통증을 일으키는 귀신들 즉 완통귀(腕痛鬼?)이자, 상가는 갈고리와 올가미의 귀신 즉 구삭귀(鉤索鬼)를 뜻한다. 그러나 밀의적으로 보살의 화신들이다.

394. hasta-śūlaṃ

하쓰따 슐람

喝悉多 輸藍[558)]

갈실다 수람

수통(手痛)의 병마,

395. pāda-śūlaṃ

빠다 슐람

跋陀 輸藍[559)]

파타 수람

족통(足痛)의 병마,

396. sarvâṅga-pratyaṅga-śūlaṃ

싸르바 앙가 쁘라띠양가 슐람

娑房 盎伽 般囉丈伽 輸藍[560)]

---

558) 喝悉多 輸藍 : Xog. 98-100의 해석에 의하면, 갈실다수람(喝悉多輸藍)은 양손의 통증을 일으키는 귀신, 즉 양수통귀(兩手痛鬼)으로, 말얼굴의 귀신 즉, 마면귀(馬面鬼), 호랑이얼굴의 귀신 사자발귀(獅子髮鬼), 승냥이얼굴의 귀신 즉 야간귀(野干鬼), 치유될 수 없는 병을 일으키는 귀신 즉, 불가치병귀(不可治病鬼)가 있다. 그러나 밀의적으로 보살의 화신들이다.

559) 跋陀 輸藍 : 반송본(般宋本. 401)에서는 파타수람(波陀輸藍)이라고 음사하고 각통(脚痛)이라고 번역한다. Xog. 98-100의 해석에 의하면, 발타수람(跋陀 輸藍)은 사지의 골절에 통증을 일으키는 귀신, 즉 사지골절통귀(四肢骨節痛鬼)로서, 사지(四肢)에 머리부위를 합하여 오지(五肢)에 고통을 일으키는 귀신들이다. 그러나 밀의적으로 보살의 화신이다.

560) 娑房盎伽 般囉丈伽 輸藍 : 반송본(般宋本. 402)에는 '알가 발라등 수람(頞伽 鉢囉登 輸藍)이라 되어 있다. Xog. 99-100의 해석에 의하면, 사방앙가반라장가(娑房盎伽 般囉丈伽)는 상부의 팔(?)에 통증을 일으키는 귀신, 즉 양박통귀(兩膊痛鬼?)인데, 사방앙가(娑房盎伽)는 무기를 지닌 귀신, 즉 도병귀(刀兵鬼)이고 반라장가(般囉丈伽)는 사슬과 방울을 지닌 귀신, 즉 쇄령귀(鎖鈴鬼)이다. Xog. 100-101의 밀의적 해석에 따르면, 이 절(SD. 382-396)의 상기의 귀신들과 귀신들의 지도자들은 보살의 화신(化身)들이다. 그러나 이 절(SD. 382-396)의 명칭에서 제시되는 삼종상속(三種相續)

사방 앙가 반라장가 수람
모든 사지관절통(四肢關節痛)의 병마,

6. 〔다양한 수레의 진리구현(雜乘顯眞)〕

397-398. bhūta-vetāla-ḍākinī-jvarā-

부따 베딸라 다끼니 즈와라
部多 毖跢茶 茶耆尼 什婆囉561)
부다 비다다 다기니 집바라
부따562)와 베딸라563)와 다끼니564)와 관계되는 발열귀,

399-400. dadru-kaṇḍu-kiṭibha-lūtā-visarpa-lohaliṅgāḥ

이 무슨 뜻인지는 설명하고 있지 않다. 그러나 『수능엄경』 제4장에서 살아있는 뭇삶은 유사한 업에 이끌려서 태난습화(胎卵濕化)로 태어나고 인연화합(因緣和合)을 통해 상속하는 것을 설명하고 있다. 그것이 세간(世間)-업과(業果)-중생(衆生)의 삼종상속이다. 뿌르나는 부처님에게 '어떻게 세상이 생겨났는가?'라고 묻는다. 부처님은 인간을 예를 들어 '업이 서로 얽히고 사랑이 흘러 종자가 되고 생각을 받아들여 태가 되고, 서로 어울려 행업을 인연으로 말리암아 깔랄라(羯羅藍: kalala 胎中一七鬼: 『수능엄경』 제4장§6의 주석참조)와 아르부다(遏蒲曇; arbuda 胎中四七鬼: 『수능엄경』 제4장§6의 주석참조) 등이 된다고 설명한다. 이 절에서 이러한 태중의 존재를 귀신의 일종으로 언급하고 있다. 그런데 밀의적으로는 이 절에서 귀신들은 밀의적으로 보살의 현현이다. 그들은 사섭법(四攝法; catuḥ saṃgrahavastu: 보시, 애어, 이행, 동사]을 방편으로 구체화하여 동일한 귀신들과 같은 모습과 본성을 취하여 스스로 귀신의 존재와 일치시켜 그들과 교류한다.

561) 部多 毖跢茶 茶耆尼 什婆囉 : Xog. 101-102의 해석에 의하면, 부다비다다(部多毖跢茶)는 시체버리는 곳의 귀신, 즉 시림귀(尸林鬼)인데, 부다는 희유(希有), 대승(大僧)을 뜻하고, 비다다(毖跢茶)는 보리도(菩提道)를 뜻하는데, 밀의적으로는 양자가 모두 금강신의 이름이고, 다기니(茶耆尼)는 생류를 점유하는 귀신들[魅鬼]인데, 밀의적으로는 금강부족과 관계된 종과 소라고동[鈴螺]을 뜻한다. 집벌라(什婆囉)는 모든 종류의 종양을 일으키는 귀신들[一切瘡鬼]이지만, 밀의적으로는 일불승부(一佛乘部)인 여래부족과 관계된 광염(光燄)을 뜻한다.

562) 부따(Bhūta) : SD. 78-79와 그 주석을 참조하라.

563) 베딸라(Vetāla) : 사체를 점유하고 있는 악귀(起尸鬼)의 일종이다. 두르가(Durgā: SD. 116참조) 여신의 한 형태이다.

564) 다끼니(Ḍākinī) : SD. 227, 360의 주석을 참조하라.

다드루 간다 끼띠바 루따 비싸르빠 로하링가하

陀突嚧迦 建咄 嚧吉知婆 路多 毘薩般 嚧訶凌伽565)

타돌로가 건돌 로길지바 로다 비살반 로하릉가

피부염귀,566) 개선귀,567) 수두귀,568) 지주창귀,569) 단독귀,570) 정창귀,571)

401. śūṣa-trāsana-kara-

565) 陀突嚧迦 建咄 嚧吉知婆 路多 毘薩般 嚧訶凌伽 : 불당본(不唐本. 744)에서는 앞의 jvara와 함께 입부라나눌로(入嚩囉娜訥嚧)를 즈와라다드루(jvaradadrū: 皮膚疹), 건인지지(建紉枳智)를 깐띠유끼띠(kaṇṭyūkiti; 疥癬痘疹), 파로다페(婆魯哆吠)를 발로따바이(bhalotāvai; 浸漏瘡), 살파로가릉아(薩跛魯訶陵誐)를 싸르빠로하링가(sarpalo-hāliṅga; 蛇疔瘡)로 읽고 있다. Xog. 101-102의 해석에 의하면, 타돌로가(陀突嚧迦)는 앞의 집바라(什婆囉)와 더불어 모든 종류의 종양을 일으키는 귀신, 즉 일체창귀(一切瘡鬼)이지만, 밀의적으로는 보물[寶]을 뜻하고 보물부족과 관계된 것이다. 건돌로길지(建咄嚧吉知)는 대상포진을 일으키는 귀신들 즉 지주창귀(蜘蛛瘡鬼)이지만. 밀의적으로는 허공장보살(虛空藏菩薩)이다. 바로다(婆路多)는 얼굴에 종기를 일으키는 귀신들 즉 정창귀(疔瘡鬼)이지만, 밀의적으로는 팔만바라밀다(八萬波羅密多)의 다르마를 뜻하고, 연화부족과 관계된 것이다. 비살반(毘薩般)은 성병을 일으키는 귀신들 즉 만음창귀(漫淫瘡鬼)이지만, 밀의적으로는 반야묘법(般若妙法)을 뜻하는 것이고, 로하릉가(嚧訶凌伽)는 붉은 궤양을 일으키는 귀신, 즉 적창귀(赤瘡鬼)이지만, 밀의적으로는 갈마부족과 관계된 것이다.

566) 피부염귀(皮膚炎鬼: dadru) : 피부에 일어나는 염증이다.

567) 개선귀(疥癬鬼; kaṇḍu) : 옴진드기에 감염되어 일으키는 피부증상으로 야간에 가려움증이 심하며 긁게 되면 출혈과 가피가 형성되고 이차 감염을 일으킨다.

568) 수두귀(水痘鬼; kiṭibha) : 수두는 급성 바이러스 질환으로 급성 미열로 시작되고 전신적으로 가렵고 발진성 수포가 발생하는 질환이다

569) 지주창(蜘蛛瘡; lūtā) : 대상포진(帶狀疱疹)을 말한다. 주로 몸통이나 엉덩이 부위에 생기거나, 신경이 있는 부위이면 얼굴, 팔, 다리 등 어디에서든 발생한다. 대상포진의 주요 증상은 아프거나 따끔거리는 느낌의 통증이고, 이러한 증상이 1~3일 정도 이어진 후 붉은 발진이 나타나며, 열이나 두통이 생겨나고 수포는 2~3주 정도 지속되고, 수포가 사라진 후 농포, 가피가 형성되며, 점차 사라진다.

570) 단독귀(丹毒鬼; visarpa) : 피부의 헌데나 다친 곳으로 세균이 들어가서 열이 높아지고 얼굴이 붉어지며 붓게 되어 부기(浮氣), 동통을 일으키는 전염병.

571) 정창귀(疔瘡鬼; lohaliṅga) : 단단하고 뿌리가 깊으며 형태가 못과 같은 부스럼. 열독이 모여 쌓여서 생기는데, 처음에는 좁쌀만 하게 생겼다가 급속히 퍼지며 통증이 심하다.

슈샤 뜨라싸나 까라

輸沙 怛囉娑那 羯囉572)

수사 달라사나 갈라

무시무시한 공포를 일으키고573)

402. viśa-yoga-

비샤 요가

毘沙 喩迦574)

비사 유가

독기를 품은

403. agny-udaka-

아그니 우다까

阿耆尼 烏陀迦575)

아기니 오타가

572) 輸沙 怛囉娑那 羯囉 : Zhang. 401은 śūṣa-trāsana-gara로 범어환원하고 건조증(乾燥症), 경공증(驚恐症), 극독(劇毒)이라고 번역한다. Xog. 101-102의 해석에 의하면, 수사달라(輸沙怛囉)는 어린아이에게 종기를 일으키는 귀신들, 소아창귀(小兒瘡鬼)이지만, 밀의적으로는 이구법(離垢法)을 뜻한다. 사나갈라(娑那羯囉)는 미치게 격노와 광기를 일으키는 귀신들 즉 전광귀(癲狂鬼)이지만, 밀의적으로는 아름다운 경구[妙句]를 뜻하고, 갈마부족과 관계된 것이다.

573) 무시무시한 공포를 일으키고 : Kih. 403에 따르면, 이하 SD. 401-410 등, 단어의 어미를 생략한 장대한 복합어가 등장하는 것은 5세기의 인도시문학에서 인공적인 복합어를 애호하는 시대의 추이가 반영된 것이다.

574) 毘沙 喩迦 : Xog. 101-102의 해석에 의하면, 비사유가(毘沙喩迦)는 개선(疥癬)을 일으키는 귀신들 개선귀(癩瘡鬼)이지만, 밀의적으로는 비사(毘沙)는 견지(堅持)를 뜻하고 지천신(地天神)을 지칭한 것이고, 유가(喩迦)는 허공(虛空)을 뜻하고, 허공신(虛空神)들의 이름이다.

575) 阿耆尼 烏陀迦 : Xog. 101-102의 해석에 의하면, 아기니(阿耆尼)는 불에서 독을 일으키는 귀신 즉 화독귀(火毒鬼)이지만, 밀의적으로는 화천신(火天神)을 지칭한 것이고, 오타가(烏陀迦)는 물에서 독을 일으키는 귀신 즉, 수독귀(水毒鬼)이지만, 밀의적으로는 수천신(水天神)을 지칭한 것이다.

불귀신, 물귀신,

404. māra-vīra-kāntāra-
마라 비라 깐따라
末囉 鞞囉 建跢囉[576)]
말라 비라 건다라
역병귀(疫病鬼), 원적귀(怨敵鬼), 재난귀(災難鬼),[577)]

405. akāla-mṛtyu-tryambuka-
아깔라 므리띠유 뜨리얌부까
阿迦囉 蜜㗚咄 怛斂部迦[578)]
아가라 밀리돌 달렴부가
불시의 죽음을 야기하는 벌,[579)]

406-407. trailāṭa-vṛścika-
뜨라이라따 브리슈찌까

576) 末囉 鞞囉 建跢囉 : Xog. 101-102의 밀의적 해석에 의하면, 말나비라(末囉鞞囉)와 건다라(建跢囉)는 사망한 여성들의 귀신 즉 여사귀(女死鬼)이지만, 밀의적으로는 말라비라(末囉鞞囉)는 풍천신(風天神)을, 건다라(建跢囉)는 자선왕(慈善王)을 지칭한다.

577) 역병귀와 원적귀과 부상귀 : 마라-비라-깐따라(māra-vīra-kāntāra)가 일반적인 의미 악마-영웅(또는 怨敵)-험로와 다른 특수한 의미가 있는데, 그러한 의미로 쓰인 것이다. 그러나 Zhang. 404에서는 마라-바이라-깐따라(māra-vaira-kāntāra)로 범어환원을 하여, 사망(死亡)-저주(咀呪)-험로(險路)라고 번역한다.

578) 阿迦囉 蜜㗚咄 怛斂部迦 : Xog. 101-102의 밀의적 해석에 의하면, 아가라밀리돌(阿迦囉蜜㗚咄)은 비명횡사를 일으키는 귀신들 즉 횡사귀(橫死鬼)이지만, 밀의적으로는 아가라(阿迦囉)는 '대자비를 지닌 사람[大悲人]'으로, 밀리돌(蜜㗚咄)은 '보시를 좋아하는 사람[好施捨善人]'을 뜻한다. 달렴부가(怛斂部迦)는 약초로부터 독을 일으키는 귀신, 즉 약초독귀(藥草毒鬼)이지만, 밀의적으로는 '한량없는 환희심을 지닌 사람'[無量喜心人]을 뜻한다.

579) 불시의 죽음을 야기하는 벌[蜂] : Zhang. 405에서는 횡사(橫死)와 토봉(土蜂)으로 번역하고 횡사는 앞에서 언급한 재난에 속한 것으로 보았다. 그러나 Chung. 405에서는 역자의 번역과 일치한다.

地栗剌吒 毖嚟瑟質迦580)

지률랄타 비리슬질가

등에,581) 전갈,

408. sarpa-nakra-

싸르빠 나끄라

薩婆 那俱囉582)

살바 나구라

뱀, 악어,583)

7. 〔다섯 부처님 부족의 다라니(五界呪就)〕

409. siṃhā-vyāghra-ṛkṣa-tarakṣu-

---

580) 地栗剌吒 毖嚟瑟質迦 : Xog. 101-102의 밀의적 해석에 의하면, 지률랄타비리슬질가지(栗剌吒毖嚟瑟質迦)는 전갈로부터 독을 일으키는 귀신, 즉 갈독귀(蝎毒鬼)이지만, 밀의적으로는 지률랄타(地栗剌吒)는 대신체인(大身體人)을 뜻하고, 비리슬질가(毖嚟瑟質迦)는 독각(獨覺)인 벽지불(辟支仏)을 지칭하는 것이다.

581) 등에(trailāṭa) : 파리목 등에과에 속하는 곤충이다. 흔히 '쇠파리'라고도 하는데, 소, 말, 사람 등 포유동물의 피를 흡혈한다.

582) 薩婆 那俱囉 : Xog. 101-102의 해석에 의하면, 살바나구라(薩婆那俱囉)는 뱀로부터 독을 일으키는 귀신들 즉 사독귀(蛇毒鬼)이지만, 밀의적으로는 근본설일체유부(根本說一切有部)와 동일한 것이고, 지율비구(持律比丘)를 지칭한다. Xog. 101-104에 따르면, 위의 이 절(SD. 397-408)의 모든 다라니는 귀신들의 명칭이지만, 숨겨진 의미는 신들이거나 사람이거나 승단의 구성원이거나 보살과 관련되거나 다섯 부처님 부족과 관련된다. 다르마의 안내자로서 봉사하는 자들은 점증하는 축복을 받고, 사악한 자로서 조복된 자들은 그들의 행복이 점증하면서 죄악이 소멸할 것이다. 모든 부처님, 보살, 벽지불, 아라한, 인간, 신들, 귀신들, 악마들, 이교도들, 이찬띠까(icchantika : 부처님이 될 수 없는 자들), 그리고 생사의 윤회에 종속된 모든 자들이 비로자나불의 마음인 일진법계(一真法界)로 돌아갈 것이다. 이것이 모든 종류의 뭇삶과 다양한 수레들이 하나의 불성을 지녔다는 이 장의 의미이다.

583) 악어 : 나구라(那俱囉)를 범어로 nakra로 환원하면 악어, nakula로 환원하면 뱀이나 쥐를 박멸하는 망구스가 된다. 목촌본(木村本. 408)은 nakra로 환원하여 악어, Chung. 408과 Zhang. 408은 nakula로 환원하여 망구스라고 번역한다. 그러나 망구스가 사람에게 해악을 끼치지는 않는다. 그러므로 망구스가 아니라 악어가 맞다.

씽하 비야그리하 리끄샤 따락슈

肆引伽 弊揭囉 嚟藥叉 怛囉芻[584)]

사인가 폐게라 리약차 달라추

사자, 호랑이, 곰, 하이에나,[585)]

410. camara-jīvās teṣāṃ sarveśāṃ

짜마라 지바쓰 떼샴 싸르베샴

末囉視 吠帝釤 娑鞞釤[586)]

말라시 폐제삼 사비삼

야크와 같은 뭇삶들이 있는데,[587)] 그러한 모든 뭇삶들에 대하여

411. sitāta-patrā

---

584) 肆引伽 弊揭囉 嚟藥叉 怛囉芻 : Xog. 104-105의 해석에 의하면, ① 사인가(肆引伽)는 호랑이와 여우로부터 독을 일으키는 귀신들 즉 호랑독귀(虎狼毒鬼)이지만, 밀의적으로는 중앙 비로자나불(毗盧遮那仏)과 관계되는 것이고, ② 폐게라리약차(弊揭囉嚟藥叉)는 사자로부터 독을 일으키는 귀신, 즉 사자독귀(獅子毒鬼)이지만, 밀의적으로는 북방 불공성취불(不空成就仏)과 관계되는 것이고, ③ 달라추(怛囉芻)는 모든 사악한 중독의 종류를 일으키는 귀신들 즉 일체악귀(一切惡毒鬼)이지만, 밀의적으로는 서방 아미타불(阿弥陀仏)과 관계되는 것이다.

585) 사자와 호랑이와 곰과 하이에나 : Zhang. 409에서는 siṃhā-vyāghra-ṛkṣa-tarakṣa로 범어환원을 하고 사자(獅子), 호(虎), 흑웅(黑熊), 웅(熊)이라고 번역하고 있는데, tarakṣa(=tarakṣu)는 곰이 아니라 하이에나이다. Chung. 409에서는 siṃhā-vyāghrī-yakṣatāreṣu라고 범어환원을 하고 '사자, 범, 야차에 대하여'라고 번역하고 있는데, 위험한 동물을 열거하는 마당에 야차가 등장하는 것은 맞지 않다.

586) 末囉視 吠帝釤 娑鞞釤 : Xog. 104-105의 해석에 의하면, ④ 말라시(末囉視)는 곰으로부터 독을 일으키는 귀신들 즉 웅독귀(熊毒鬼)이지만, 밀의적으로는 남방 보생불(寶生佛)과 관계되는 것이다. 폐제삼사비삼(吠帝釤娑鞞釤)은 모든 사악한 종류의 귀신들에게 명령하여 모두가 놀라서 조복하게 만드는 데 사용하는 다라니이지만, ⑤ 폐제삼(吠帝釤)은 사악한 종류의 악귀들이지만, 동방 아촉불(阿閦仏)과 관계되는 것이고, 사비삼(娑鞞釤)은 다섯 부처님 부족에서 다섯 부처님인 오부주불(五部主佛)이 모두 행복하고 기쁜 것[皆歡喜]을 나타낸다.

587) 야크와 같은 뭇삶들이 있는데 : 여기서 모든 질병과 물, 불 등의 사물들도 생명체로 신격화된 것을 알 수 있다.

씨따따 빠뜨라

悉怛多 鉢怛囉[588]

실달다 발달라

백산개불모(白傘蓋佛母) 님,

412. mahā-vajrôṣṇiṣā

마하 바즈로슈니샤

摩訶 跋闍嚧 瑟尼釤[589]

마하 발자로 슬니삼

위대한 금강과 같은 불정에서 나투신 님,

413. mahā-pratyaṅgirā

마하 쁘라띠양기라

摩訶 般賴丈耆藍[590]

마하 반뢰장기람

사악한 주력에서 뭇삶을 수호하는[591] 위대한 여존께서는

414-415. yavad-dvādaśa-yojanâbhyantarena

야바드 드와다샤 요자나 아비얀따레나

夜波突 陀舍 喩闍那 辮怛隷拏[592] refer

---

588) 悉怛多 鉢怛囉 : 반송본(般宋本. 419)에서는 화개(花蓋)라고 해석하고 있다. Xog. 104-105의 밀의적 해석에 의하면, 실달다발달라(悉怛多鉢怛囉)는 주심(呪心)으로서 또한 여래부족과 관계된다.

589) 摩訶 跋闍嚧 瑟尼釤 : Xog. 104-105의 해석에 의하면, 마하발자로슬니삼(摩訶跋闍嚧瑟尼釤)은 계화금강장왕(啓火金剛藏王)들인데, 밀의적으로는 마하발도로(摩訶跋闍嚧)는 금강부족을, 슬니삼(瑟尼釤)은 보물부족과 연화부족을 지칭한다.

590) 摩訶 般賴丈耆藍 : Xog. 104-105의 해석에 의하면, 마하반뢰장기람(摩訶 般賴丈耆藍)은 역시 계화금강장왕(啓火金剛藏王)들이고, 밀의적으로는 갈마부족과 관계된다.

591) 사악한 주력에서 뭇삶을 수호하는 여존(pratyaṅgirā) : SD. 73-77을 참조하라.

592) 夜波突 陀舍 喩闍那 辮怛隷拏 : Xog. 104-105의 해석에 의하면, 야비돌타사유자

야바돌 타사 유자나 변달례나
십이 요자나의 범위 안에 임하셨으니,

8. 〔세 부처님 부족의 원리의 입증(三部理證)〕

416. vidyā-bandhaṃ karomi
비디야 반당 까로미
毘陀耶 槃曇 迦嚧彌[593]
비타야 반담 가로미
명주의 성역[594]을 제가 결계하옵니다.

417. diśā-bandhaṃ karomi
디샤 반당 까로미
帝殊 槃曇 迦嚧彌[595]

나(夜波突陀舍喩闍那)은 경고를 발하는 역사들[警力士衆]인데, 밀의적으로는 야바(夜波)는 불보(佛寶)와 여래부족을 지칭하는 것이고 돌타사유자나(突陀舍喩闍那)는 승보(僧寶)와 금강부족과 관계된다. 변달예나(辮怛隷拏)는 법보(法寶)와 연화부족과 관계된다. 이렇게 해서 이 절(SD. 409- 415)은 다섯 부처님 부족의 다라니인 백산개불모를 찬탄하는 것이다.

593) 毘陀耶 槃曇 迦嚧彌 : 불당본(不唐本)에서는 삼망만등가로미(衫莽滿鄧迦嚕弭)로 되어 있어 환원하면, 결계를 짓는다(sīmā-bandhaṃ karomi)라는 뜻이 된다. Xog. 106의 밀의적 해석에 의하면, 비타야(毘陀耶)는 불정광취대명심주(佛頂光聚大明心呪)를 뜻하고, ① 여래부족(如來部族)과 불보(佛寶)를 지칭한다. 반담가로미(槃曇迦嚧彌)는 아무것도 내가 설치한 경계 안에 들어갈 수 없다는 것, 내가 완성한 것인 보디만다라(菩提曼茶羅: bodhimaṇḍala)안에 들어올 수 없다는 것을 뜻한다.

594) 명주의 성역: 원래 명주의 결계(明呪結界: vidyābandha)라는 말인데, 좀 더 명확히 표현하기 위해 '성역을 결계하는 것'이라고 바꾼다. Zhang. 416에 따르면, SD. 333-410의 귀신들은 사바세계에서 종종 만나는 재난이다. 이럴 때에 밀교의 특수한 법문으로 결계법문(結界法門)이 있다. 결계는 만다라는 만드는 것인데, 만다라는 제불보살이 강림하는 신성한 공간이다. 결계는 그러한 신성한 공간을 만들어 귀신들이 범접하지 못하게 하는 것이다. 여기에는 세 가지 결계 즉, 명주결계(明呪結界)와 아래에 등장하는 시방결계(十方結界: diśābandha), 승타주결계(勝他呪結界: paravidyā-bandha)가 있다.

595) 帝殊 槃曇 迦嚧彌 : 반송본(般宋本. 424)에서는 제수반타가로미(帝殊畔陀迦嚧彌)

제수 반담 가로미
시방의 성역[596]을 제가 결계하옵니다.

418. paravidyā-bandhaṃ karomi
빠라비디야 반당 까로미
般囉毘陀 槃曇 迦嚧彌[597]

라고 음사하고 불정광취박결부득입계(佛頂光聚縛結不得入界)라고 해석하고 있다. 이는 범어로 '떼조반담 까로미(tejo-bandhaṃ karomi)'로 환원할 경우 가능한 해석이다. 이는 앞의 주석의 해석과 유사하다. 그러나 Xog. 106의 밀의적 해석에 의하면, 제수(帝殊)는 보든 방향으로 12요자나 안에 모든 악이 금지되어 있다는 것[禁縛諸惡]을 뜻하고, 밀의적으로는 ② 금강부족과 승보(僧寶)와 관계되는 것이다. 반담가로미(槃曇迦嚧彌)는 이상한 악마나 사악한 귀신이나 신왕들이 여기에 들어오거나 방해하거나 어떠한 해악도 끼칠 수 없다는 것, 모든 성자들과 고귀한 자들이 여기에 모여 있고, 내가 전하는 가르침들과 내가 굴리는 훌륭한 가르침의 수레바퀴가 완전히 성취되었다는 것을 뜻한다.

596) 시방의 성역 : 원래는 시방결계(十方結界: diśā-bandha)라는 것인데, 뜻을 명확히 하기 위해 시방의 성역을 결계하는 것이라고 번역한 것이다. 사방으로 12요자나 범위 안에 성역을 결계하는 것을 뜻한다. SD. 416과 그 주석을 참조하라.

597) 般囉毘陀 槃曇 迦嚧彌 : 般囉毘陀 : 반송본(般宋本. 425)에서는 반라비타(般囉毘陀)를 파라미지야(波囉微地也)로 음사하고 있다. Xog. 106의 밀의적 해석에 의하면, 이 다라니가 모든 사악한 귀신들을 결박할 수 있다는 것[此呪能縛諸惡鬼神]과 초월의 길 즉 바라밀(波羅蜜)은 항하의 모래알 숫자만큼 많다는 것을 뜻하고, ③ 연화부족과 법보(法寶)를 지칭하는 것이다. 이로써 능엄회에서 내가 이룬 것은 완성되었고, '삼보로 이루어진 대만다라' 즉 삼보대단(三寶大壇)과 법계실제(法界實際)가 모두 완성된 것이다. Xog. 107에 따르면, 이 절(SD. 416-418)의 다라니들은 주심에 이르기 전의 마지막 다라니들인데, 삼부유통(三部流通)의 원리를 나타낸 것이다. 앞의 다라니들을 총체적으로 오회오법(五會五法)으로 나누면, 오도(五道) – ① 경애법(敬愛法 : vaśikaraṇa)은 견도(見道)이고, ② 증익법(增益法 : pauṣṭika)은 수도(修道)이고, ③ 식재법(息災法 : śāntika)은 증도(證道)이고, ④ 항복법(降伏法 : abhicaraka)은 화도(化道)이고 ⑤ 구소법(鉤召法 : ākarṣanī)은 조도(助道)이다. — 와 관련된다. 그리고 제1회와 제2회는 가르침을 드러내고 설명하는 것[開示示教信解理教]이고, 제3회와 제4회는 뭇삶을 일깨워 유익한 행위를 제공하는 것[悟利行行]이고, 제5회는 뭇삶을 안내하여 행복한 상태에 들게 하고 깨달음을 실현한 것을 증명하는 것[入喜證果思]이다. 그리고 제1회와 제2회는 여래부족과 관계되고, 제3회는 연화부족과 관계되고, 제4회 금강부족과 관계되고, 제1회와 제5회는 문수보살로 대표되는데, 삼부유통을 유형화한 것이다. 또한 제1회는 불보(佛寶)의 모임이고 제2회은 법보(法寶)의 모임이고, 제3회, 제4회, 제5회는 승보(僧寶)의 모임이다. 이 다라니는 무한하고 불가

반라비타 반담 가로미

타자의 사악한 주력에 승리하는 성역598)을 제가 결계하옵니다.

9. 〔슈랑가마다라니의 주심(呪心)〕

419. tadyathā

따디야타

路姪他599)

다질타

곧, 그것은 이와 같습니다.

420-422. oṃ anale viśade

옴 아날레 비샤데

唵 阿那隸 毘舍提600)

암 아나례 비사제

옴, 타오르는 불꽃이여, 광휘로 빛나는 님이여,

423. vīra-vajra-dhare

비라 바즈라 다레

鞞囉 跋闍囉 陀嚟601)

사의한 의미를 함축하고 있다고 말한다.

598) 타자의 사악한 주력에 승리하는 성역 : 원래 승타주결계(勝他呪結界: paravidyā-bandha)라는 것인데, 성역이란 말을 사용하여 쉽게 풀어서 번역한 것이다. 원래 글자 그대로하면, 타주결계(他呪結界)이지만 내용상으로는 승타주결계(勝他呪結界)라고 번역한다. SD. 416과 그 주석을 참조하라.

599) 路姪他 : Xog. 108의 해석에 의하면, 다질타(路姪他)는 '이것이 그 말하는 바이다.[卽說呪曰]' 또는 '소위(所謂)'라는 뜻이다.

600) 唵 阿那隸 毘舍提 : Xog. 108의 해석에 의하면, 옴(唵)에 관한 한, 모든 다라니가 옴(唵)으로 시작하고, 옴(唵)은 비로자나불의 근본으로 일체를 깨우칠 수 있는 능력[能警覺一切]이 있다. 아나예(阿那隸)가 그것의 수직적 확장이고, 비사제(毘舍提)는 그것의 수평적 확장이다.

비라 발자라 타리

금강저를 지닌 용맹한 님602)이여,

424. bandha-bandhani

반다 반다니

槃陀 槃陀儞603)

반타 반타이

신성한 결계를 관장하는 님,604)

425. vajrapāṇi phaṭ

바즈라 빠니 팟

跋折囉 波尼 泮605)

발절라 파니 반

---

601) 鞞囉 跋折囉 陀嚟 : Xog. 109의 밀의적 해석에 의하면, 비라(鞞囉)는 여래부족과 불보(佛寶), 발절라(跋折囉)는 금강부족과 승보(僧寶), 타리(陀嚟)는 연화부족과 법보(法寶)와 관계된다.

602) 금강저를 지닌 용맹한 님 : 여기서 금강지(金剛持) 보살을 특징한 것이 아니라 금강저를 지닌 모든 용맹한 금강살타(金剛薩埵)를 지칭한 것이다.

603) 畔陀 畔陀儞 : Xog. 110의 밀의적 해석에 의하면, 12요자나의 성역의 결계(結界)를 엮는 것을 의미한다. 이것은 현상적 수준이고 본체적인 수준에서는, 「슈랑가마다라니」가 포괄하는 능엄만다라(楞嚴曼荼羅)와 관련된, 화엄우주관적 용어인, 십법계(十法界), 또는 사법계(四法界 : 事法界, 理法界, 理事無碍法界, 事事無碍法界)에 까지 그 주심(呪心)이 영향력을 미친다.

604) 신성한 결계를 관장하는 님 : 역자는 '결계(結界)를 관장하는 님'으로 번역한다. Chung. 424에서는 고전범어문법에 맞게 'bandhabandhane'라고 복원했으나 'bandhabandhani'라고 하여도 하이브리드범어문법에 맞게 복원한 것이다. 다만 그리고 '주박(呪縛)이여, 주박(呪縛)이여'라고 번역했는데, 무슨 의미인지 애매하다. Zhang. 424에서는 '결계(結界), 재결계(再結界)'라고 했는데, 역시 그 의미가 불분명하다.

605) 跋折囉 波尼 泮 : Xog. 111의 해석에 의하면, 발절라파니(跋折囉波尼)는 금강신들이 손에 금강저를 지니고 있는 것을 뜻한다. 반(泮)은 종자(種子 : bīja)인데 활성화되어 편재하게 되는 것을 의미한다. 그것은 밀의적으로 37천신들과 108금강왕(金剛王)과 8만4천억의 금강살타(金剛薩埵)들이 부처님의 가르침과 뭇삶들을 섭수하는 것을 의미한다.

금강저를 손에 쥔 님이여,606) 팟

426. hūṃ trūṃ phaṭ

훔 뜨룸 팟

呼䋻 咄嚕吽 泮607)

호움 돌로우 반

훔 뜨룸 팟

427. svāhā

쓰와하!

莎嚩訶608)

---

606) 금강저를 손에 쥔 님이여(vajrapāṇi) : 여기서는 금강수(金剛手) 보살을 특칭한 것이지만, 금강수의 다른 이름은 금강모(金剛母: Māmakī[忙莽鷄]이기도 하다. Chung. 425에서는 고전범어문법에 맞게 vajrapāṇe라고 복원했으나 vajrapāṇi라고 하여도 하이브리드범어문법에 맞게 복원한 것이다.

607) 呼䋻 咄嚕吽 泮 : Xog. 111의 밀의적 해석에 의하면, 호움 돌오우(呼䋻 咄嚕吽)는 다섯 부처님 부족의 다섯 부처님을 종자의 캡슐에 넣는 것이다. 이 다섯 가지 종자가 모든 성자들과 범인들을 일깨울 수 있다. 그들은 다섯 부처님들의 다섯 지혜 즉 오불종지(五佛種智)를 나타낸다. 반(泮)은 다섯 부처님 부족과 삼보(三寶)를 열어서 십법계(十法界 : 지옥, 아귀, 축생, 아수라, 인간, 천신, 성문, 연각, 보살, 부처님의 세계)의 모든 뭇삶의 소원을, 그것이 세간적이든 출세간적이든, 성취시키는 역할을 한다.

608) 莎嚩訶 : 반송본(般宋本. : 437-438)에는 '옴 비로제 사바하(唵吽 毘嚕提 莎嚩訶)로 되어 있다. 이것으로 「슈랑가마다라니」가 종결된다. Chi. 301-302에 의하면, 이 절의 주심(呪心)에서 부처님은 다시 금강살타들이 「슈랑가마다라니」를 외우는 실천자들을 수호하도록 도탈하도록 가르침을 베푼다. 옴은 일체진언구(一切眞言句)의 머리에 해당하는데, 다양한 의미를 함축하고 있다. 뭇삶을 자극하고 일깨우고 능산적으로 만든다. 옴은 비로자나불의 근본이므로 다라니에 포함된 한량없고 한계 없는 다르마를 깨우쳐 깨닫게 만든다. 이 다라니는 능엄회상에 소개된 모든 것을 캡슐에 담아 「슈랑가마다라니」의 핵심이 된다. 이러한 「슈랑가마다라니」와 관계된 일차적이고 의미심장한 것은 액막이의 기능이다. 금강살타들은 금강저와 갈고리, 사슬, 올가미, 소라고동, 칼, 종 등의 다양한 무기를 사용해서 악마적인 존재를 결박하고 조복시킬 수 있는 존재로 묘사된다. 그리고 옴은 수직적으로 수평적으로 확장되어 「슈랑가마다라니」와 관계된 능엄만다라의 12요자나에 이르는 성역의 결계를 확정짓고 그 영역은 거기에 머물지 않고 전체의 법계를 덮는다. 이러한 결계 내의 모든 악마적인

사바하!

쓰와하![609]

힘은 「슈랑가마다라니」의 지배를 받게 된다. 금강승불교에서는 그 세계가 다섯 부처님 부족 내의 37천신과 수많은 권속들과 추종자들을 포함하는 금강계(金剛界)로 해석될 수 있다.

609) 쓰와하 : 주로 다라니 뒤에 놓여 길상(吉祥)과 원만성취(圓滿成就)의 의미로 쓰인다. 원래는 신들에게 공물(供物)을 제공할 때에 사용했다. 상세한 것은 이 책의 『수능엄해제』 제2장§10-14를 참조하라.

III. 회향계(廻向偈)

上來現前淸淨衆 상래현전청정중	여기와 앞에있는 청정한 우리대중
諷誦楞嚴秘密呪 풍송능엄비밀주	용맹정진 능엄주 비밀한뜻 외워서
廻向三寶衆龍天 회향삼보중천룡	삼보님 천룡천신 모두에 회향하고
守護伽藍諸聖衆 수호가람제성중	가람을 수호하는 성중에 회향하니
三途八難俱離苦 삼도팔난구리고	삼악도[610] 팔난[611]고를 모두함께 벗어나
四恩三有盡霑恩 사은삼유진점은	사은삼유[612] 흠없이 은혜를 입으면서
國界安寧兵革銷 국계안녕병혁소	나라가 안녕하고 싸움이 사라지고
風調雨順民安樂	비바람 순조로워

610) 三途 : 삼악도(三惡道)라고도 하며 지옥·아귀·축생을 말한다.

611) 八難 : ① 재지옥난(在地獄難), ② 재축생난(在畜生難), ③ 재아귀난(在餓鬼難), ④ 재장수천난(在長壽天難), ⑤ 재북울단월주난(在北鬱單越洲難), ⑥ 농맹음아(聾盲瘖瘂), ⑦ 세지변총(世智辯聰), ⑧ 불전불후(佛前佛後)이다. ①-③은 너무 괴로워 가르침을 들을 수 없고, ④-⑤는 너무 즐거워 가르침을 들을 수 없고, ⑦은 너무 총명하여 분주하다보니 가르침을 들을 수 없고 ⑥과 ⑧은 가르침을 접하기 어렵다.

612) 四恩三有 : 사은(四恩)는 부모(父母恩), 중생은(衆生恩), 국왕은(國王恩), 삼보은(三寶恩). 삼유(三有)는 욕망계의 존재(欲有), 미세한 물질계의 존재(色有), 비물질계의 존재(無色有)를 말한다.

풍조우순민안락	백성들이 즐기며
大衆熏修希勝進	대중이 닦는수행
대중훈수희승진	바라건대 나아가
十地頓超無難事	십지613) 뛰어넘는것
십지돈초무난사	어려운일 아니고
三門淸淨絶非憂	삼문614)이 청정하여
삼문청정절비우	근심이 끊어지고
檀信歸依增福慧	신단월615) 귀의하니
단신귀의증복혜	복덕지혜 커가리
十方三世一切仏	시방세계 삼세에
시방삼세일체불	계신 모든부처님
諸尊菩薩摩訶薩	제존 보살마하살
제존보살마하살	모두에 귀의하니
摩訶般若波羅蜜	크나큰 반야지혜
마하반야바라밀	초월의길 이루리

613) 十地 : 『수능엄경』 제9장§11을 참조하라.
614) 三門 : 깨달음을 방해하는 장애가 없는 것으로 지혜문, 자비문, 방편문을 말한다.
615) 檀信 : 믿음이 있는 단월(檀越)로 사원의 후원자, 신도를 말한다.

제3부 수능엄경

Śūraṁgamasūtra

제3부 수능엄경(首楞嚴經)

[Śuraṁgamasūtra][616]

한역: 빠라미띠(Pāramiti)[617]/우리말: 퇴현

I. 서분(序分)

1. 〔수능엄경 제1권〕〔여시아문〕 이와 같이 〔106b〕 나는 들었다. 한때 부처님께서 슈라바쓰띠[618] 시의 제따바나[619] 정사에 위대

616) Śuraṁgamasūtra : 『수능엄경』의 완전한 이름은 『대불정여래밀인수증요의제보살만행수능엄경』(大佛頂如來密因修證了義諸菩薩萬行首楞嚴經)이다. 일반적으로는 약칭해서 『대불정수능엄경』, 『대불정경』, 『만행수능엄경』, 『수능엄경』, 『능엄경』이라고 하고, 또한 『중인도나란타대도량경』(中印度那蘭陀大道場經)으로 불리기도 한다. 능엄경의 완전한 이름에서 '대(大)'는 '체(體)'이고, '불정'은 '구경각(究竟覺)'이니, '대불정'은 경전의 '법체(法體)'이다. '여래밀인수증요의'는 '여래의 비밀한 원인(因)을 닦아서 증득할 료의법(了義法)'라는 뜻이며 '불과(佛果)'이다. '제보살만행수능엄'은 '여러 보살들이 자리이타행을 닦음에, 미세한 모든 번뇌를 끊어 자리이타의 수행을 구족한다.'는 의미를 지녔다. 슈랑가마에 대한 『대반열반경』(大般涅槃經)과 『수능엄삼매경』(首楞嚴三昧經)의 정의에 대해서는 제1부 『수능엄해제』 제1장§1,§2를 참조하라.

617) Pāramiti : 음역하여 반랄밀제(般剌蜜諦)라고 하고 의역하여 극량(極量)이라고 한다. AD. 705년 『수능엄경』을 한역한 중인도 사문이라고 명시되어 있지만, 문헌학적으로는 『속고금역경도기』(續古今譯經圖紀: AD.730)에 처음 등장하는 인물이다. 그가 번역한 다른 경전은 없다. 상세한 것은 제1부 제4장을 참조하라.

618) Śrāvastī(*pāli.* Sāvatthī) : 한역 음사하여 실라벌(室羅筏), 사위성(舍衛城)이라고 한다. 빠알리어 명칭은 싸밧티(Sāvatthī)이다. 부처님 당시 꼬살라(Kośala) 국의 수도로 사위성(舍衛城)이라 한역한다. 네팔 국경지역에 놓여 있는 오늘날의 고락뿌르(Gorakhpur)의 북서쪽에 위치하고 있다. 이 도시의 이름은 성자 슈라바쓰따(Śrāv-asta)가 살았던 데서 유래한다고도 하고, 상업도시이므로 대상(隊商)들이 만나서 '어

한 수행승들 1250명과 함께 계셨다. 모두가 번뇌가 없는 위대한 거룩한 님들이었다. 부처님의 아들로서 착하고 건전한 원리에 의지하여 모든 존재를 뛰어넘어 나라에서 위의를 성취할 수 있었다. 그들은 부처님을 따라 법륜을 굴리어 유촉을 능히 감당했고 계율을 엄숙하고 청정하게 지켜 삼계에 모범이 되었고, 응신(應身)620)을 나투어 무량하게 뭇삶을 제도하여 해탈시키고 미래의 뭇삶까지 구제하여 모든 티끌에서 벗어나게 하였다. 그 이름은 샤리뿌뜨라,621) 마하 마우드갈리야야나,622) 마하 까우슈틸라,623) 뿌르나 마이뜨라야니뿌뜨라,624) 쑤부띠,625) 우빠니샤드626) 등인데,

---

떤 상품이 있는가?'라고 물으면 '싸르밤 아스띠(sarvam asti : 모든 것이 있다)'라고 대답한 데서 유래한다고도 한다. 부처님께서는 승원생활의 대부분을 이곳에서 보내셨다.

619) Jetavana : 음사하여 기환(祇桓) 또는 기원(祇園)이다. 기타림(祇陀林), 혹은 기수(祇樹)라고 한역하며, 원래 소유하고 있던 태자의 이름을 딴 것이다.

620) 應身 : 범어 nirmānakāya로 서른 두 가지가 있다. 제6장§26 이하를 참조하라,

621) Śāriputra : 빠알리어 명칭은 싸리뿟따(Sāriputta)이다. 한역에서는 사리불(舍利弗)이다. AN. I. 23에 따르면, 부처님의 제자 수행승 가운데 '위대한 지혜를 지닌 자 가운데 제일'이었다.

622) Mahā Maudgalyāyāna : 빠알리어 명칭은 마하 목갈라나(Mahāmoggallāna)이다. 한역에서는 대목련(大目連)이다. 부처님의 제자 수행승 가운데 '신통을 지닌 님 가운데 제일이었다.

623) Mahā Kauṣṭhila : 빠알리어 명칭은 마하 꼿티따(Mahā Koṭṭhita)이다. 음사하여 구치라(俱絺羅)라고 한다. 부처님 제자 수행승 가운데 분석적 앎[無碍解]를 얻은 자 가운데 제일이자 문답제일(問答第一)이었다. 그는 샤리뿌뜨라의 외삼촌으로 나면서부터 손톱이 길었기 때문에 장조범지(長爪梵志)라고 불렸다. 분석적인 앎이 뛰어나 MN. 118을 비롯한 많은 경에서 불교교리에 관한 대화를 이끈다.

624) Pūrṇa Maitrayāniputra : 빠알리 명칭은 뿐나 만따니뿟따(Puṇṇamaṇtāniputta)이다. 뿌르나(Pūrṇa)라고 약칭한다. 한역에서는 음사하여 부루나미다라니자(富樓那彌多羅尼子) 또는 약칭해서 뿌르나(富樓那)이다. 부처님의 제자 수행승 가운데 '가르침을 설하는 자 가운데 제일(說法第一)'이다.

625) Subhūti : 빠알리어 명칭도 동일하고 음사하여 수보리(須菩利)라고 한다. 그는 자애의 명상(mettājhāna)을 닦아 거룩한 님(阿羅漢)이 되었다. 그는 법을 가르치는데 차별이나 한계가 없었으며, '평화로운 삶을 사는 자 가운데 제일(無爭第一)' 그리고

그들이 상수제자가 되었다.[627]

2 또한 한량없는 홀로 깨달은 님들 즉, 벽지불들과 거룩한 님들 즉, 아라한들과 초발심자들이 부처님 처소에 함께 와 있었다. 그곳의 모든 수행승들은 여름 안거중의 자자(自恣)[628]를 하고 있었다. 시방의 보살들도 의심이 있으면 자문하여 해결하고 자비롭고 엄숙한 부처님을 흠모하여 받들고 밀의(密義)를 구하고자 했다. 바로 그때 여래께서는 자리에 편안히 앉으시고, 모든 회중을 위하여 심오한 가르침을 설하셨다. 자리에 앉은 청정한 대중들은 일찍이 없었던 놀라운 법문을 들었다. 깔라빙까[629]처럼 아름다운 선음(仙音)이 시방세계에 가득 차자, 항하의 모래알 숫자처럼 많은 보살들이 도량에 와서 모였다. 그 가운데 문수사리(文殊師利)[630]가 상수보살이었다.[631]

'보시할 만한 가치 있는 자들 가운데 제일)'이라고 불렸다.

626) Upaniṣaḍ(Upanisad) : 한역 음사하여 우파니사타(優波尼沙陀)이다. 이 경에서는 부정관(不淨觀)을 닦는데 일가견을 이룬 제자였다.

627) 如是我聞. 一時佛在室羅筏城祇桓精舍. 與大比丘衆千二百五十人俱. 皆是無漏大阿羅漢. 佛子住持善超諸有. 能於國土成就威儀. 從佛轉輪妙堪遺囑. 嚴淨毘尼弘範三界. 應身無量度脫衆生. 拔濟未來越諸塵累. 其名曰大智舍利弗. 摩訶目乾連. 摩訶拘絺羅. 富樓那彌多羅尼子. 須菩提. 優波尼沙陀等而爲上首.

628) 自恣 : 빠알리어로는 빠바라나(pavāraṇa)라고 하는데, 안거의 마지막 날에 안거기간 동안 지은 죄를 고백하고 참회를 하는 모임이다. 포살의 핵심인 의무계율의 독송이 건기의 아홉 달 동안에 저지른 죄악을 제거하고 계율을 존중하게 하려는데 그 취지가 있는 것이라면, 자자는 우기의 3개월 간의 안거에서 저지른 죄악을 제거하고 계율을 존중하게 하려는데 그 취지가 있다. 제14일에 행하는 자자와 제15일에 행하는 자자가 있다.

629) Kalaviṅka : 음사하여 가릉빈가(迦陵頻伽)라고 하고 호음조(好音鳥), 미음조(美音鳥)라고 번역한다. 히말라야 산에 사는 새로 그 소리가 질리는 일이 없다고 한다. 또는 극락정토에 사는 새로 알려져 있다.

630) 문수사리(文殊師利): 범어 만주슈리(Mañjuśrī)를 음사한 것이다. 묘덕(妙德), 묘길상(妙吉祥)의 뜻을 갖고 있다. 대승보살의 이름이다. 오른손에는 지혜의 칼을 들고 있고, 왼손에는 청련화를 들고 있다.

3. 〔경설의 동기〕 이때 쁘라쎄나지뜨632) 왕이 아버지인 부왕(父王)을 위해 제사일에 재(齋)를 올리려고, 부처님을 궁중으로 초대하고, 몸소 여래를 맞이했다. 갖가지 진수성찬과 최상의 맛있는 음식을 차려놓고 아울러 여러 위대한 보살들도 맞아들였다. 도시에는 장자들과 거사들도 있었는데, 동시에 수행승들을 공양하고자 와서 부처님을 기다리고 있었다. 부처님께서는 문수보살(文殊菩薩)633)

---

631) 復有無量辟支無學并其初心. 同來佛所. 屬諸比丘休夏自恣. 十方菩薩諮決心疑. 欽奉慈嚴將求密義. 卽時如來敷座宴安. 爲諸會中宣示深奧. 法筵淸衆得未曾有. 迦陵仙音遍十方界. 恒沙菩薩來聚道場. 文殊師利而爲上首.

632) Prasenajit(Pasenadi) : 꼬샬라(Kośalā, *pali.* Kosalā) 국의 왕이며 빠알리어로는 '빠쎄나디'라고 하며, 부처님과 동시대인이다. 그는 마하 꼬샬라(Mahā Kośala)의 아들이고 딱샤쉴라(Takṣaśilā) 시에서 자랐다. 그는 대규모 동물의 희생제를 준비했으나 왕비 말리까(Mallikā)의 제안으로 부처님을 찾아뵙고는 희생제를 포기했다. 그는 자주 부처님을 찾아뵙고 여러 가지 주제로 토론했다. 그러나 말리까 왕비는 왕보다 일찍 죽었고 다른 왕비로 빔비싸라(Bimbisāra) 왕의 누이와 우르비리(Urvirī)가 있었다. 그리고 쁘라쎄나지뜨 왕의 누이인 꼬샬라데비(Kośaladevī)는 지참금으로 까쉬(Kāśi) 국의 마을을 바치고 빔비싸라 왕의 제일왕비가 되었다. 그러나 빔비싸라 왕의 아들 아자따샤뜨루(Ajātaśatru)는 부왕을 감옥에서 굶어 죽이게 되는데 그러자, 그녀도 슬픈 나머지 죽었다. 그러자 빠쎄나디 왕은 지참금으로 바쳤던 까씨 국의 마을을 다시 병합해버렸다. 이에 화가 난 아자따샤뜨루는 꼬쌀라 국과 전쟁을 일으켰다. 처음에 이겼으나 사로잡히고 말았는데, 쁘라쎄나지뜨 왕은 조카인 그를 놓아주었다. 쁘라쎄나지뜨 왕은 부처님을 존경한 나머지 부처님의 종족인 싸끼야 족의 처녀와 결혼하고자 했다. 그래서 싸끼야 족은 회의를 하게 되었다. 고따마 붓다의 사촌이자 싸끼야 족의 왕족이었던 마하나마(Mahānāma)가 자신의 딸을 천거했다. 그러나 그 딸은 나가문다(Nāgamuṇḍā)라는 하녀와의 사이에 낳은 브리싸바끄샤뜨리야(Vṛṣābhakṣa-triyā)였다. 그녀는 출생과정이 비밀에 붙여진 채, 쁘라쎄나지뜨 왕의 왕비가 되었고 훗날 그 둘 사이에 비두다바(Viḍūḍabha)라는 왕자가 태어났다. 비두다바는 청년이 되어 까삘라바쓰뚜 시에 왔다가 이 사실을 우연히 알게 되어 격분하였다. 훗날 비두다바는 장군 디르가까라야나(Dīrghakārāyaṇa)의 도움으로 부왕 쁘라쎄나지뜨가 부처님께서 계시던 메다따룸빠(Medatalumpa)를 방문했을 때에, 왕위를 찬탈하고 성문을 닫아버렸다. 그러자 쁘라쎄나지뜨 왕은 아들의 왕위 찬탈 소식을 듣고 라자그리하 시의 아자따샤뜨루 왕에 도움을 구하러 가는 도중에 여행에 지친 나머지 죽고 말았다. 비두바다는 왕위에 오르자 어머니의 출생신분을 속인 싸끼야 족을 몰살시켰다.

633) 文殊菩薩 : 문수는 범어 만주슈리(Mañjuśrī)를 음사한 것이다. 보현보살(普賢菩薩)과 아울러 석가모니불의 협시보살(脇侍菩薩: 문수가 왼쪽)이다. 문수보살은 부처

에게 타일러 보살들과 거룩한 님들을 나누어 재주(齋主)들에게 응하게 하셨다.634)

4. 〔아난다의 탁발〕 오직 아난다635)만이 먼저 초청을 받고 멀리 유행하다가 미처 돌아오지 못하고 승차식에 참여할 수 없었다. 상좌도 없이 궤범사도 없이 홀로 돌아오다가, 그날 공양을 얻지 못한 것이었다. 즉시 아난다는 발우를 들고 항상 다니던 도시를 돌며 차

님의 지혜를 담당한다. 머리의 오계(五髻)는 대일여래의 오지(五智)를 상징하고, 오른손에 지혜의 칼을 들고 왼손에는 청련화를 들고 있다. 사자를 타고 있는데, 위엄과 용맹을 나타낸다. 밀교의 태장계만다라의 동방에는 문수원(文殊院)이 있다.

634) 時波斯匿王爲其父王諱日營齋. 請佛宮掖自迎如來. 廣設珍羞無上妙味. 兼復親延諸大菩薩. 城中復有長者居士. 同時飯僧佇佛來應. 佛勅 文殊分領菩薩及阿羅漢應諸齋主.

635) Ānanda : AN. I. 24에 따르면, 부처님의 제자 수행승 가운데 '많이 배운 자 가운데 제일(多聞第一)'이고, '새김 있는 님 가운데 제일'이고, '행동거취가 분명한 님 가운데 제일'이고, '의지가 확고한 님 가운데 제일'이고, '시중드는 님 가운데 제일'이었다. 그는 싸끼야무니 부처님의 사촌으로 같은 날에 태어났으며, 나중에 부처님의 시자가 되었다. 그의 아버지는 싸끼야 족의 숫도다나(Śuddhodana: 淨飯王) 왕의 형제인 아미또다나(Amitodana)였다. 아난다의 형제로는 이복형제인지 분명하지 않지만 마하나마(Mahānāma), 아누룻다(Anuruddha)가 있었다. 그는 부처님이 법륜을 굴리기 시작한 이듬해에 싸끼야 족의 왕자 밧디야(Bhaddiya), 아누룻다, 바구(Bhagu), 낌빌라(Kimbila), 데바닷따와 함께 교단에 들어갔다. 그의 친교사(親敎師)는 벨랏타씨싸(Belaṭṭhasīsa)였고 뿌르나 마이뜨라야니뿌뜨라Pūrṇa Maitrayāniputra)의 설법을 듣고 흐름에 든 님(豫流者)의 경지에 이르렀다. 깨달은 뒤 20년간 부처님에게는 시자가 없었다. 그러나 20년 뒤 모든 위대한 제자들이 부처님을 시봉하길 원했을 때 부처님은 말없이 앉아 있던 아난다를 시자로 택했다. 아난다는 가사나 생필품이나 잠자리를 마련하고 방문객을 맞거나 여행을 준비하는 등의 일을 맡기로 하고 마지막으로 자신의 부재중에 한 설법을 자신에게 반복해주길 요청해서 허락을 받았다. 그 후 25년간 아난다는 부처님을 그림자처럼 따라다니며 씻을 물을 준비하고 발을 씻어드리고 방청소를 하고 모든 곳으로 따라다녔다. 그는 언제나 스승의 손이 닿는 곳에 있다가 스승에게 필요한 것은 미리 알아서 조치했다. 밤에는 단단한 지팡이와 커다란 등불을 들고 부처님의 향실(香室 : Gandhakuṭi) 주변을 아홉 번이나 돌았다. 그 이유는 필요하면 부처님을 깨우고 때로는 주무시는 데 장애가 되는 요인을 제거하기 위해서였다. 그는 부처님이 열반에 드신 이후에 아라한의 경지를 얻어 칠엽굴(七葉窟)에서 경전을 결집할 당시에 참여할 수 있었다. 그때 아난다가 대부분의 경을 송출하여 후대에 대장경으로 남게 되었다.

례로 탁발을 했다. 그는 마음속으로 '먼저 아직 보시해 보지 못한 최후의 단월을 구해서 재주(齋主)로 삼자.'라고 생각하고, 더럽거나 깨끗한 것을 불문하고 왕족계급이건 짠달라[636] 계급이건, 바야흐로 평등한 자비를 베풀어 미천한 것을 가리지 않고, 일체중생이 무량한 공덕을 이루도록 마음을 내었다.[637]

5. 아난다는 이미 여래이신 세존께서 쑤부띠와 마하 까쉬야빠[638]에 대하여 '아라한이 되어 마음이 평등하지 않다.'라고 꾸짖은 사실을 알고 있었으나, 여래께서 아주 개방적이고 장애를 여의어 모든 의심과 비방을 뛰어넘은 것을 흠앙하였으므로, 도시를 지나 성문으로 천천히 걸어가면서 위의자세를 엄정하게 하고 탁발에 주의를 기울였다.[639]

---

636) caṇḍāla : 죽은 소의 고기를 먹고 사는 가장 하천한 계급의 불가촉천민으로 백정이나 옥졸 등의 직업에 종사한다.

637) 唯有阿難先受別請. 遠遊未還不遑僧次. 旣無上座及阿闍黎. 途中獨歸其日無供. 卽時阿難執持應器. 於所遊城次第循乞. 心中初求最後檀越以爲齋主. 無問淨穢刹利尊姓及旃陀羅. 方行等慈不擇微賤. 發意圓成一切衆生無量功德.

638) Mahā Kāśyapa : 빠알리어 이름은 마하 깟싸빠이다. AN. I. 23에 따르면, 부처님의 제자 수행승 가운데 '두타(頭陀)를 설하는 자 가운데 제일'이다. 한역에서 마하가섭(摩訶迦葉)이라고 한다. 그는 원래 엄청난 부자였다. 청년이 되자 마하 까쉬야빠는 원래 부모의 강권에 못 이겨 결혼한다면 자신이 만든 조각과 똑같은 여자가 있다면 결혼하겠다고 했는데, 부모들은 그 요건을 만족시키는 바드라 까삘라니라는 처녀를 발견했고, 양가의 부모는 마침내 그들을 강제로 결혼시켰다. 그러나 서로의 합의로 첫날밤에 잠자리를 꽃 줄로 갈라놓고 각기 따로 잠을 잤다. 그런데 어느 날 마하 까쉬야빠는 쟁기질하는 논에 갔다가 벌레가 새에 쪼여 먹히는 것을 보고 그것이 자신의 죄임을 직감하고 출가를 결심했다. 동시에 아내 바드라 까빌라니(Bhadrā Kapilānī)도 까마귀들이 곤충을 잡아먹는 것을 보고 출가를 결심했다. 그들은 함께 머리를 자른 뒤 발우를 손에 들고 우는 하인들을 뒤로 한 채 집을 떠났고 갈림길에서 헤어졌다. 그 후 깟쉬야빠는 벨루바나(Veḷuvana) 정사의 향실에서 부처님을 뵙고 먼저 제자가 되었고, 평생을 두타행자(頭陀行者)로 살았다. 바드라는 제따바나(Jetavana) 근처의 띠르타까라마(Tīrthakārāma) 승원에서 재가신도로 살다가 나중에 마하쁘라자빠띠 가우따미(Mahāprajāpatī Gautamī)의 비구니 교단에 출가했다.

639) 阿難已知如來世尊. 訶須菩提及大迦葉. 爲阿羅漢心不均平. 欽仰如來開闡無遮度諸

6. 〔마땅기의 환술〕 그때 아난다가 걸식을 하기 위해 홍등가를 지나다가 마땅기640)의 큰 환술에 걸려들었다. 그녀는 그를 '쌍키야'641) 외도의 선범천주(先梵天呪)642)로 음란한 자리로 끌어들여, 음란한 몸으로 장차 계행의 몸을 훼손하려고 했다.643)

7. 〔여래의 구원〕 여래께서는 아난다가 음란한 환술에 걸려든 것을 알고 공양을 마치고 돌아오셨다. 왕과 대신들과 거사들이 함께 부처님을 따라 와서 법문을 듣기를 원하였다. 그때 세존께서는 불정에서 백가지 보배로 빛나는 두려움 없음의 광명을 놓으시니, 그 빛

疑謗. 經彼城隍徐步郭門. 嚴整威儀肅恭齋法

640) Mātaṅgī : 한역 음사는 마등가녀(摩登伽女) 또는 마등녀(摩登女)이다. 죽은 소의 고기를 먹고 사는 가장 하천한 계급의 불가촉천민인 짠달라(Cāṇḍāla)에 속하는 마땅가(Mātaṅga)의 딸이라는 뜻이다. 그녀는 음녀(淫女)로서 아난다에게 반한 딸을 위하여 환술로서 아난다를 유혹하려고 했다.

641) 쌍키야(數論: Sāṃkhya) : 음사는 사비가라(娑毘迦羅)인데, 이 쌍키야 학파의 시조는 까삘라(Kapila)이고, 겁비라(劫比羅), 가비라(迦毘羅)라고도 음역한다. 쌍키야 학파에서는 사물을 새로운 창조가 아니라 원초적인 실체의 변형으로 간주한다. 그 원초적인 실체를 근본원질(prakṛti)이라고 하는데, 이것은 무한한 다양성을 가지고 물질적 우주를 전개시키는 실체로서 우주의 제1원인이다. 이 제1원인은 하나이면서 다양한 복합적인 구성요소적 성질(guṇa)을 갖고 있다. 이들 성질로서 기본적인 것들은 순질(純質 : sattva), 격질(激質 : rajas), 예질(穢質 : tamas)로 이루어졌다. 순질은 순수하고 빛과 같은 요소를, 격질은 활동적인 요소를, 예질은 둔감하고 저항적인 어둠의 요소를 의미한다. 이들은 하나로 조화되지만, 본질상 별개의 요소로 서로 상반되기조차 하는 것이다. 그들이 하나로 작용하는 조화로운 구성은 각각의 성질상 좀처럼 결합하기 어렵게 보이는 기름과 불, 그리고 심지 사이의 상호작용의 결과인 등잔불로 묘사된다. 우주는 이러한 물질적인 근본원질이 전변해서 생겨난 것이다. 따라서 결과가 태초부터 존재하는 인중유과론(因中有果論 : satkāryavāda)을 주장한다. 결과는 새롭게 창조되는 것이 아니고 원인의 전변(pariṇāma)일 뿐이다. 그래서 쌍키야 이론은 전변설이라고 불리운다. 결과는 원인 속에 이미 존재하고 있다. 결과는 원인 속에 내재되어 있던 것이 나타날 뿐이다. 요가-학파는 유신론적인 쌍키야 학파라고 볼 수 있다.

642) 先梵天呪 : 과거에 브라흐마 신이 외우던 주문(Kapila-magic)이라는 뜻이다.

643) 爾時阿難因乞食次經歷婬室. 遭大幻術摩登伽女. 以娑毘迦羅先梵天呪攝入婬席. 婬躬撫摩將毀戒體.

가운데에는 천 개의 꽃잎을 지닌 연꽃이 피어나고 그 속에 부처님의 화신이 결가부좌하고 앉아 신비한 다라니를 선설하시며, 문수사리에게 가서 구호하라고 말씀하셨다. 마침내 사악한 주력이 저지되고 소멸하여, 그가 아난다와 마땅기를 데리고 부처님의 처소로 돌아왔다.644)

Ⅱ. 정종분(正宗分)

제1장 망심과 진심

1. 〔견도분(見道分)〕645) 〔사마타에 대한 법문〕〔망심을 밝힘〕 아난다가 부처님을 뵙고 머리를 조아려 예경하고 비탄하며 울다가 무시이래 오로지 많이 배우기에만 전력을 다한 것을 한탄하면서 조용히 시방여래가 보리를 이룰 수 있었던 승묘한 사마타와 삼매와 선정646)이라는 최초의 방편을 밝혀줄 것을 청하였다. 그때 또한 항하의 모래알 숫자만큼 많은 보살과 시방의 위대한 거룩한 님들과 홀로 깨달은 님들이 함께 법문을 듣기 원하여 물러나 앉아 잠자코

---

644) 如來知彼婬術所加. 齋畢旋歸. 王及大臣長者居士. 俱來隨佛願聞法要. 于時世尊頂放百寶無畏光明. 光中出生千葉寶蓮. 有佛化身結跏趺坐. 宣說神咒. 敕文殊師利將咒往護. 惡咒銷滅. 提奬阿難及摩登伽歸來佛所.

645) 見道分 : Ig. 40에 따르면, 계환 요해(要解)의 견도분(見道分: 제1권-제4권 중간: 제1장-제4장)이 사마타에 대하여 밝힌 것이다.

646) 奢摩他, 三摩, 禪那 : 집중의 세 가지 측면으로 Śamatha(*pāli.* Samatha), Samādhi, Dhyāna(*pāli.* Jhāna)를 각각 음역한 것이다. Śamatha는 멈춤이라는 뜻으로 한역에서는 지(止), 적정(寂靜), 능장(能藏)이라고 번역하고 Samādhi는 집중이라는 뜻으로 삼매(三昧), 삼마제(三摩提), 삼마지(三摩地), 정(定), 등지(等持=等至), 정수(正受)라고 번역하고 Dhyāna는 선정(禪定), 정려(靜慮), 사유수(思惟修)라고 번역한다.

거룩한 가르침을 받들어 받아들였다.647)

2 그때 세존께서 대중 가운데 계시다가 황금빛 팔을 펴서 아난다의 정수리를 만지며 아난다와 모든 대중들에게 말씀하셨다. 〔세존〕 "삼매라는 것이 있는데, 대불정수능엄왕삼매(大佛頂首楞嚴王三昧)648) 라고 한다. 만행을 구족하여 시방여래가 그 하나의 문으로 생사를

	사마타(奢摩他) 정관(靜觀)	삼매(三昧) 환관(幻觀)	선정(禪定) 적관(寂觀)
계환(戒環)	깨달음에 의해서 티끌경계를 멸하는 것이니, 몸가짐을 취하는 것이다	집중으로부터 행위를 나투는 것이니, 사물에 응하는 것이다	일어나고 사라짐이 모두 다하는 것이니, 자취가 사라지는 것이다
진감(眞鑑)	본래 구족하고 있는 것으로 동요가 없고 생멸이 없어 두루 원만한 마음으로 성품에 갖추고 있는 집중의 지혜이다	성정(性定)을 열어 계입(契入)하는 것인데 행위가 끊어져 적정한, 성품에 갖추고 있는 지혜의 집중이다	계입(契入)한 뒤에 깊은 경지에서 선정과 지혜가 쌍섭하여 가운데로 유입되는 성품에 갖추고 있는 집중과 지혜이다
통리(通理)	의식이 마음이 아닌 것을 아는 지(止)와 사실마다 모두 성품인 줄 아는 적(寂)이다	동해(動解)로 있음이 부정되고 정해(淨解)로 없음이 부정되고 근해(根解)로 집중이 심화되는 것이다	사마타(멈춤)와 위빠사나(통찰)이 평등한 것이 정려이니 사마타 가운데 위빠사나를 행하는 것이다.
※ 정통적인 중국 주석가들의 견해가 모두 상당한 차이를 보인다.			

647) 阿難見佛頂禮悲泣. 恨無始來一向多聞未全道力. 殷勤啓請十方如來得成菩提. 妙奢摩他三摩禪那最初方便. 於時復有恒沙菩薩及諸十方大阿羅漢辟支佛等. 俱願樂聞. 退坐默然承受聖旨: Unh. 9에 따르면, 계환(戒環')에 의하면, 여기서 시방여래가 보리를 이루기 때문에 최초의 방변이라고 한 것이다. 그러나 진감(眞鑑)에 의하면, 초방편(初方便)과 최초방편(最初方便)의 두 가지가 있는데, 사마타에서는 보는 것이 마음인 줄 깨닫는 것이 초방편이고, 의식은 마음이 아닌 줄을 요지하는 것이 최초방편이고, 삼매에서는 자성을 반문하는 것이 초방편이고 도량에 드는 것이 최초방편이고, 선정에서는 십신(十信)이 초방편이고 건혜지(乾慧地)가 최초방편이다고 했다. 진감(眞鑑)은 계환 요해(要解)의 견도분(見道分: 제1권-제4권 중간: 제1장-제4장)이 사마타에 대하여 밝힌 것이고, 수도분(修道分: 제4권중간-제7권중간: 제5장-제7장)이 삼매를 밝힌 것이고, 증과분(證果分: 제7권중간-제8권중간: 제8장-제9장)과 결경분(結經分; 제8권중간: 제10장-제11장)이 선정에 대해서 답한 것이라고 했다. 그리고 조도분(助道分: 제8권 중간이하 마장분; 제12장)이 있다고 했다.

648) 大佛頂首楞嚴王三昧 : Unh. 14에 따르면, 대(大)는 당체나 절대를 뜻하고 불정(佛頂)은 위없음을 뜻하고 수능엄(首楞嚴)은 슈랑가마(Śūraṃgama)의 음사로 일체사필경견고(一切事畢竟堅固)를 뜻하고, 왕(王)은 모든 삼매 가운데 가장 존귀한 삼매라는 것을 뜻한다.

뛰어넘는 신묘한 장엄의 길이다. 이제 설하리니 그대들은 자세히 들으라." 그러자 아난다는 이마를 조아리고 엎드려 그 자비하신 의취를 받들었다.649)

3. 부처님께서 아난다에게 이르셨다. 〔세존〕 "그대와 나는 사촌형제 간이니 우애가 동일한 천륜을 지녔다. 그대가 발심할 때에 나의 가르침 가운데 어떠한 수승한 것을 보았기에 세간의 깊고 중한 은혜를 버렸는가?"650)

4. 아난다가 부처님께 대답했다. 〔아난다〕 "저는 여래의 삼십이상(三十二相)651)을 보았습니다. 승묘하고 특이한 몸의 형상이 마치

---

649) 爾時世尊在大衆中. 舒金色臂摩阿難頂. 告示阿難及諸大衆. 有三摩提名大佛頂首楞嚴王具足萬行十方如來一門超出妙莊嚴路. 汝今諦聽. 阿難頂禮伏受慈旨. 이 구절(T. 945, 107a22)은 원래『수능엄경』제1장의 §9와 §10사이에 있는데, Pr. 61에 따라, 신수대장경과 Unh. 14에서도 순서상 착오가 있어 분리하여 이 부분으로 앞당긴 것이다.

650) 佛告阿難. 汝我同氣. 情均天倫當初發心. 於我法中見何勝相. 頓捨世間深重恩愛.

651) dvātriṃśa-mahāpuruṣa-lakṣaṇāni : 삼십이상(三十二相)이라고 한역한다. 삼십이상은 아래와 같다. ① uṣṇiṣa-śariraska : 정상육계상(頂上肉髻相) 머리 위에 육계가 있다. ② pradakṣināvarta-keśa : 발모우선상(髮毛右旋相) 머리의 모든 털이 오른쪽으로 감겨있는 것이다. ③ sama-lalāṭa : 전액평정상(前額平正相) 이마가 바르고 평평한 것이다. ④ ūrṇā-keśa : 미간백호상(眉間白豪相) 미간에 부드러운 흰털이 오른쪽으로 감겨있는 것이다. ⑤ abhinīla-netra : 안색여감청상(眼色如紺青相) 눈동자가 검푸른 색깔을 하고 있다. ⑥ catvāriṃsad-danta : 구사십치상(具四十齒相) 일반인의 치아가 32개인데 비해 부처님의 치아는 40개의 치아가 있다. ⑦ sama-danta : 치제평상(齒齊平相) 평평하고 가지런한 치아가 있다. ⑧ avilala-danta : 치제밀상(齒齊密相) 간격없이 들어찬 가지런한 치아가 있다. ⑨ suśukla-danta : 아치선백유광명상(牙齒鮮白有光明相) 희고 빛나는 치아가 있다. ⑩ rasa-rasāgrata : 인중진액득상미상(咽中津液得上味相) 타액으로 맛을 위없는 맛으로 만들어 즐긴다. ⑪ siṃha-hanu : 사자협차상(獅子頰車相) 외도를 파하기 위해 악골이 사자와 같다. ⑫ prabhūta-tanu-jihva : 광장설상(廣長舌相) 혀가 부드럽고 길어서 얼굴을 덮을 만하고 혀끝은 귀까지 닿을 수 있다. ⑬ brahma-svara : 범음성상(梵音聲相) 낭랑하고 청정한 목소리가 있다. ⑭ susaṃvṛta-skandha : 견박원만상(肩髆圓滿相) 어깨가 둥글고 풍만하다. ⑮ sapta-utsada : 칠처충만상(七處充滿相) 양손과 양발과 양어깨와 머리의 일곱 곳이 충만하고 융기가 돋아 있다 ⑯ citāntarāṃsa : 양액만상(兩腋滿相) 겨드랑이 아

맑은 유리[652]처럼 밝게 비추었습니다. 항상 저는 이러한 형상은 애욕으로 생겨난 것이 아니라고 사유하였습니다. 그것은 무슨 까닭입니까? 애욕의 기운은 거칠고 탁하여 비린내와 누린내가 풍기고 고름과 피가 뒤섞여 수승하게 맑고 미묘하게 밝은 자금색의 빛다발을 낼 수가 없습니다. 그래서 목마르게 우러러 부처님을 따라 머리를 깎았습니다."[653]

5. 부처님께서 말씀하셨다. 〔세존〕 "아난다여, 훌륭하다. 그대들은 마땅히 일체의 뭇삶들이 무시이래 생사를 이어가면서, 모두가 상주하는 진심(眞心)의 본성이 본래 깨끗하고 밝은 것임을 알지 못하고, 온갖 망상을 일으키는데, 그 망상은 진심이 아니다. 그러므로 윤회가 있는 것이다.[654] 그대가 지금 위없는 보리의 진실한 밝은

래의 근육이 원만하여 요철이 없다. ⑰ sūkṣma-suvarṇa-cchavi : 신금색피부세활상(身金色皮膚細滑相) 몸의 색이 금색이고 피부가 부드럽고 매끄럽다. ⑱ ana-vanata-pralamba-bāhutā : 수마슬상(手摩膝相) 손이 길어서 무릎 아래로 내려온다. ⑲ siṃha-purvārdha-kāya : 신여사자상(身如獅子相) 몸이 사자의 상반신처럼 위풍당당하다. ⑳ nyagrodha-parimaṇḍala : 신분원만상(身分圓滿相) 몸의 키와 활짝 핀 팔의 길이가 같다 ㉑ loma-pradakṣināvarta : 신모우선상(身毛右旋相) 모든 몸의 털이 오른쪽으로 감겨 있다. ㉒ ūrdhvaga-roma : 신모상미상(身毛上靡相) 모든 몸의 털이 위쪽 향해 있다. ㉓ kośopagata-vasti-guhya : 세봉장밀상(勢峯藏密相) 성기가 몸속에 감춰져 있다. ㉔ suvartita-ūru : 퇴원만상(腿圓滿相) 넓적다리가 둥글다. ㉕ utsaṅga-pāda : 족질단후상(足趺端厚相) 발의 복사뼈가 높은 위치에 있다 ㉖ mṛdu-taruṇa-hasta-pāda-tala : 수족세연상(手足細軟相) 손과 발이 부드럽다 ㉗ jālāvana-ddha-hasta-pāda : 수족만망상(手足縵網相) 네 손가락과 다섯 발가락이 격자문양처럼 가지런하다. ㉘ dīrgha-aṅguli : 수지섬장상(手指纖長相) 손가락이 길고 섬세하다. ㉙ cakrāṅkita-hāstapada : 수족천폭륜상(手足千輻輪相) 손바닥과 발바닥에 수레바퀴(法輪) 모양이 있다. ㉚ supratiṣṭhita-pāda : 족안평상(足安平相) 땅바닥에 적응해서 안착되는 발을 갖고 있다. ㉛ āyata-pāda-pārṣṇi : 족근만족상(足跟滿足相) 발꿈치가 원만하고 풍만하다 ㉜ aiṇeya-jaṅgha : 천여녹왕상(腨如鹿王相) 장딴지가 사슴처럼 섬세하다.

652) 琉璃 : 청색의 보석으로 바이두리야(vaidūrya: 猫眼石)를 지칭하는 것이다.

653) 阿難白佛我見如來三十二相. 勝妙殊絶形體映徹猶如琉璃. 常自思惟此相非是欲愛所生. 何以故欲氣麤濁腥臊交遘膿血雜亂. 不能發生勝淨妙明紫金光聚. 是以渴仰從佛剃落.

성품을 찾아내려면 마땅히 곧은 마음으로 내가 묻는 바에 응답해야 할 것이다. 시방여래가 모두가 동일한 길을 따라 생사를 벗어났으니, 모두가 곧은 마음으로 한 것이다. 마음과 말이 곧았으므로 이와 같이 처음에서 종극까지 그리고 중간의 위치에서도 영구히 모든 왜곡된 현상을 떠난 것이다.655) 아난다여, 내가 지금 그대에게 묻겠다. 그대의 발심이 응당 여래의 삼십이상을 조건으로 했다고 하니 무엇을 가지고 보았으며, 누가 좋아하고 즐거워한 것인가?"656)

6. 아난다가 부처님께 사뢰었다. 〔아난다〕 "세존이시여, 이렇게 좋아하고 즐거워한 것은 제가 마음과 눈으로 한 것입니다. 눈으로 여래의 수승한 모습을 뵙고 마음에 좋아하고 즐거워하는 마음이 생겨났습니다. 그래서 저는 발심하여 생사를 버리기를 원했던 것입니다."657)

7. 〔칠처징심(七處徵心)〕658) 부처님께서 아난다에게 이르셨다. 〔세존〕 "그대가 말한 것처럼 참으로 좋아하고 즐기는 것이 마음과 눈으로 인한 것이므로, 만약에 마음과 눈이 어디에 있는지를 알지 못한다면, 그대는 번뇌를 항복시키지 못할 것이다. 마치 국왕이 적

---

654) 佛言善哉阿難. 汝等當知一切衆生. 從無始來生死相續. 皆由不知常住眞心性淨明體. 用諸妄想. 此想不眞故有輪轉 : 이 구절에 대해서 『수능엄해제』 제1장§2를 참조하라.

655) 汝今欲(107a)硏無上菩提眞發明性. 應當直心詶我所問. 十方如來同一道故. 出離生死皆以直心. 心言直故. 如是乃至終始地位中間. 永無諸委曲相.

656) 阿難我今問汝. 當汝發心緣於如來三十二相. 將何所見誰爲愛樂.

657) 阿難白佛言世尊如是愛樂用我心目. 由目觀見如來勝相心生愛樂. 故我發心願捨生死.

658) 七處徵心 : 일곱 곳에서 마음의 소재(所在)를 구하는 것을 말한다. 일곱 군데 어느 곳에서 찾아도, 사실상 마음을 구할 수 없다. ① 마음은 몸 안에 있다. ② 마음이 몸 밖에 있다. ③ 마음이 감관 속에 있다. ④ 마음이 안팎에 있다. ⑤ 마음이 생겨나 어울리는 곳에 있다. ⑥ 마음의 감관과 대상의 중간에 있다. ⑦ 마음은 일체에 대한 무착 속에 있다.

에게 침략을 받아 병사를 일으켜 적을 토벌하려면, 그 병사들이 적군의 소재를 알아야 할 필요가 있듯, 그대로 하여금 생사유전하게 하는 것은 마음과 눈의 허물이니, 내가 이제 묻는데, 마음과 눈은 지금 어디에 있는가?"[659]

8. 1) 〔마음이 몸 안에 있는 것의 부정〕 아난다가 부처님께 사뢰었다. 〔아난다〕 "세존이시여, 모든 세간에 열 가지 다른 뭇삶이 똑같이 식별하는 마음을 지녔으니, 몸 안에 있습니다. 가령 여래의 푸른 연꽃 같은 눈을 보더라도 역시 부처님의 얼굴에 있으며, 지금 저의 이 부근사진(浮根四塵)[660]을 보아도 저의 얼굴에 있으니, 이와 같이 식별하는 마음은 몸 안에 있습니다."[661]

9. 부처님께서 아난다에게 이르셨다. 〔세존〕 "그대는 지금 여래의 강당에 앉아 제따바나 숲를 보고 있을 텐데, 지금 그것이 어디에 있는가?" 〔아난다〕 "세존이시여, 큰 중각의 그 청정한 강당이 아나타삔다다 승원[662]에 있고, 제따바나 숲은 강당의 밖에 있습니다."

---

659) 佛告阿難. 如汝所說. 眞所愛樂因于心目. 若不識知心目所在. 則不能得降伏塵勞. 譬如國王爲賊所侵. 發兵討除. 是兵要當知賊所在. 使汝流轉心目爲咎. 吾今問汝唯心與目今何所在?

660) 浮根四塵 : Unh. 12에 따르면, '부근(浮根)'은 육안(肉眼)을 뜻하고 '사진(四塵)'은 형상과 냄새와 맛과 감촉(色香味觸)을 뜻한다.

661) 阿難白佛言世尊. 一切世間十種異生. 同將識心居在身內. 縱觀如來靑蓮花眼亦在佛面. 我今觀此浮根四塵秖在我面. 如是識心實居身內.

662) Anāthapiṇḍadassa ārāme : 한역으로 급고독원(給孤獨園)이라고 한다. 아나타삔디까는 재가신자로서 그 숲을 기증한 슈라바쓰띠 시의 부호의 이름이었다. AN. I. 26에 따르면, 아나타삔다다(Anāthapiṇḍada: *pāli.* Anāthapiṇḍika)는 부처님의 제자 청신남 가운데 '보시하는 자 가운데 제일(dāyakānaṁ aggaṁ)'이었다. Vin. III. 187에 따르면, '아나타삔다다'라는 이름은 장자(長者) 싸닷따(Sadatta : 須達多)의 별명으로 '외로운 이를 부양하는 자'라는 뜻을 지니고 있다. 그가 부처님을 처음 만나 감화된 것은 부처님께서 깨달음을 이룬지 일 년도 안 된 때였고 라자가하 시에서였다. 그는 부처님께 약속한 대로 정사를 짓기 위해 슈라바쓰띠에 있는 제따(Jeta) 태자의

〔세존〕 "아난다여, 그대가 지금 강당 안에서 먼저 무엇이 보이는가?" 〔아난다〕 "세존이시여 제가 강당 안에 있으면 먼저 여래를 뵙고 다음에 대중을 봅니다. 이와 같이 밖으로는 숲과 승원을 봅니다." 〔세존〕 "아난다여, 그대가 숲과 승원을 보았다면, 무엇으로 인해 보는 것인가?" 〔아난다〕 "세존이시여, 이 큰 강당은 문과 창이 활짝 열려있으니, 제가 강당에 있으면 멀리 볼 수 있습니다. "663)

10. 부처님께서 아난다에게 이르셨다. 〔세존〕 "그대가 말한 것과 같이 몸은 강당 안에 있으면서 문과 창이 열려있으므로, 숲과 승원을 본다고 했다. 그렇다면 어떤 뭇삶이 있어 이 강당에서 여래를 보지 못하고 강당 바깥만을 보는 것인가?" 아난다가 대답했다. 〔아난다〕 "세존이시여, 강당 안에 있으면서 여래를 보지 못하고 숲과 샘을 볼 수 있다는 것은 있을 수 없습니다."664)

11. 〔세존〕 "아난다여, 그대도 이와 같아 그대의 신령스런 마음이 일체를 밝게 아는 것인데, 만약 그대의 신령스런 마음이 몸 안에 있다면, 그때 먼저 몸 안에 있는 것을 알아야할 것이다. 그러나 어떤 뭇삶이 있어 먼저 몸 안을 보고 나중에 바깥의 것을 보는 자가 있는가? 비록 심장, 간장, 비장, 위장, 손톱이 나고, 머리카락이 자라고, 근육이 움직이고, 맥박이 뛰는 것을 볼 수 없더라도, 실제로 밝게 알아야 할 터인데, 어찌 알지 못하는가? 안을 알지 못하고 어찌

공원을 전 재산을 들여서라도 사려고 했다. 그러자 그의 열성에 감동한 태자는 무상으로 기증했고, 그래서 그는 그 돈으로 정사를 지어 부처님께 기증했다.

663) 佛告阿難. 汝今現坐如來講堂. 觀祇陀林今何所在. 世尊此大重閣清淨講堂在給孤園. 今祇陀林實在堂外. 阿難汝今堂中先何所見. 世尊我在堂中. 先見如來次觀大衆. 如是外望方矚林園. 阿難汝矚林園因何有見. 世尊此大講堂戶牖開豁. 故我在堂得遠瞻見

664) 佛告阿難. 如汝所言身在講堂. 戶牖開豁遠矚林園. 亦有衆生在此堂中. 不見如來見堂外者. 阿難答言世尊在堂. 不見如來能見林泉. 無有是處.

밖은 알 수 있겠는가? 그러므로 그대가 말하는 깨닫고 알 수 있는 마음이 몸 안에 있다고 하는 말은 그 근거가 있는 것이 아님을 알아야 한다."665)

12. 2) 〔마음이 몸 밖에 있는 것의 부정〕 아난다가 머리를 조아려 예경하고 부처님께 사뢰었다. 〔아난다〕 "제가 이러한 여래의 법문을 들어보니 제 마음이 실로 몸 밖에 있는 것을 알았습니다. 그것은 무슨 까닭입니까? 비유하건대, 등불과 같아 방 안에 있으면서 그 등불이 반드시 먼저 실내를 비추고 그 방문을 통하여 나중에 정원을 비춥니다. 모든 뭇삶이 몸 안을 보지 못하고 몸 밖만 보는 것은 그러나 등불이 실외에 있어 방을 비출 수 없는 것과 같습니다. 그 이치가 너무도 분명하여 의혹을 가질 수 없을 것이니, 부처님의 요의와 일치하여, 틀림이 없겠는지요."666)

13. 부처님께서 아난다에게 이르셨다. 〔세존〕 "이 모든 수행승들이 나를 따라서 슈라바쓰띠 시에 와서 차례로 거친 음식667)을 빌어 제따바나로 돌아왔다. 나는 이미 공양을 마쳤지만, 그대는 보아라. 수행승 한 사람이 식사를 할 때에 모든 사람이 배부를 수 있는가?"

---

665) 阿難汝亦如是. 汝之心靈(107b)切明了. 若汝現前所明了心實在身內. 爾時先合了知內身. 頗有衆生先見身中後觀外物. 縱不能見心肝脾胃. 爪生髮長筋轉脈搖. 誠合明了如何不知. 必不內知云何知外. 是故應知汝言覺了能知之心. 住在身內無有是處.

666) 阿難稽首而白佛言. 我聞如來如是法音. 悟知我心實居身外. 所以者何. 譬如燈光然於室中. 是燈必能先照室內. 從其室門後及庭際. 一切衆生不見身中獨見身外. 亦如燈光居在室外不能照室. 是義必明將無所惑. 同佛了義得無妄耶

667) 摶食 : 네 가지 음식(四食: cāttāro āhārā)이 있는데, 한역은 네 가지의 자양을 ① 추박식(麤摶食 : kabaliṅkāro āhāro oḷāriko) ② 세촉식(細觸食 : sukhumo phasso āhāro) ③ 의사식(意思食 : manosañcetanā āhāro) ④ 식식(識食 : viññāṇa āhāro)이다. 여기서 욕계중생은 거친 음식[摶食]을 먹고, 귀신은 감촉의 음식[觸食]을 하고, 색계중생은 생각의 음식[思食]을 하고 무색계중생은 의식의 음식[識食]을 한다.

아난다가 대답했다. 〔아난다〕 "세존이시여, 그럴 수 없습니다. 그것은 무슨 까닭입니까? 이 모든 수행승들은 비록 거룩한 님일지라도 몸과 목숨이 같지 않은데, 어찌 한 사람이 식사할 때 대중이 배가 부를 수 있겠습니까?"668)

14. 부처님께서 아난다에게 이르셨다. 〔세존〕 "그대가 말하는 깨닫고 알 수 있는 마음이 몸 밖에 있다면, 몸과 마음이 서로 떨어져서 서로 관계하지 않을 것이다. 그렇다면 마음이 아는 바를 몸이 깨닫지 못할 것이고, 깨닫는 것이 몸에 있다면 마음은 알지 못할 것이다. 내가 지금 그대에게 도라면(兜羅綿)669) 같은 손을 보이니, 그대의 눈이 볼 때, 마음이 그것을 분별하는 것이 아닌가?" 아난다가 대답했다. 〔아난다〕 "세존이시여, 그렇습니다."670)

15. 부처님께서는 아난다에게 이르셨다. 〔세존〕 "서로 안다면 어떻게 마음이 몸 밖에 있는가? 그러므로 그대가 말하는 깨닫고 알 수 있는 마음이 몸 밖에 있다는 말은 근거가 없는 것이다." 아난다가 부처님께 사뢰었다. 〔아난다〕 "세존이시여, 부처님께서 말씀하신 바와 같이, 마음은 안을 보지 못하기 때문에 몸 안에 있는 것이 아니고, 몸과 마음이 서로 알고 분리되지 않았기 때문에 몸의 밖에 있는 것도 아닙니다. 제가 지금 생각하니 한곳에 있는 것을 알았습니다."671)

---

668) 佛告阿難. 是諸比丘. 適來從我室羅筏城. 循乞摶食歸祇陀林. 我已宿齋. 汝觀比丘一人食時諸人飽不. 阿難答言不也世尊. 何以故. 是諸比丘. 雖阿羅漢軀命不同. 云何一人能令衆飽.

669) 兜羅綿 : 도라(兜羅)는 면화를 뜻하는 범어 뚤라(tūla)를 음사한 것이다.

670) 佛告阿難. 若汝覺了知見之心實在身外. 身心相外自不相干. 則心所知身不能覺. 覺在身際心不能知. 我今示汝兜羅綿手. 汝眼見時心分別不. 阿難答言如是世尊.

671) 佛告阿難. 若相知者云何在外. 是故應知汝言覺了能知之心住在身外. 無有是處. 阿難

16. 3) 〔마음이 감관 속에 있는 것의 부정〕 부처님께서 말씀하셨다. 〔세존〕 "지금 어디에 있다는 것인가?" 아난다가 사뢰었다. 〔아난다〕 "이 뚜렷이 아는 마음은 안은 알지 못하고 밖은 알 수 있으니, 제가 생각하기로는 감관에 잠재되어 있는 것 같습니다. 마치 어떤 사람이 유리그릇을 가져다가 양쪽 눈에 비록 사물이 가려졌어도 장애가 되지 않듯, 그 감관은 보는 것에 따라서 분별합니다. 그러나 제가 깨닫고 알 수 있는 마음이 안에 있는 것을 보지 못하는 것은 감관에 있기 때문입니다. 분명하게 밖을 보는데 장애가 없는 것은 마음이 감관 안에 잠재되어 있는 까닭입니다."672)

17. 부처님께서 아난다에게 이르셨다. 〔세존〕 "그대가 말한 것처럼, 감관 안에 잠재되어 있는 것이 마치 유리로 엮은 눈과 같다면, 산과 하천을 볼 때에 마땅히 유리를 보는 것이 아닌가?" 〔아난다〕 "세존이시여, 그렇습니다. 그 사람은 당연히 유리로 엮은 눈으로 실제로는 유리를 보는 것입니다."673)

18. 부처님께서 아난다에게 이르셨다. 〔세존〕 "그대의 마음이 유리와 같은 것이라면, 마땅히 산과 하천을 볼 때 어찌하여 눈을 보지 못하는가? 만약에 눈을 본다면, 눈이 대상경계가 되어 성립될 수가 없고, 만약 볼 수 없다면, 어떻게 그것을 밝게 아는 마음이 마치 유리가 그러하듯 감관에 잠재되어 있다고 하겠는가? 그러므로 마땅

白佛言世尊如佛所言不見內故不居身內. 身心相知不相離故不在身外. 我今思惟知在一處.

672) 佛言處今何在. 阿難言. . 此了知心. 旣不知內而能見外. 如我思忖潛伏根裏. 猶如有人取琉璃碗合其兩眼. 雖有物合而不留礙. 彼根隨見隨卽分別. 然我覺了能知之心. 不見內者爲在根故. 分明矚外無障礙者潛根內故

673) (107c)佛告阿難. 如汝所言. 潛根內者猶如琉璃. 彼人當以琉璃籠眼. 當見山河見琉璃不. 如是世尊. 是人當以琉璃籠眼實見琉璃.

히 알아라. 그대가 말한 깨닫고 알 수 있는 마음이 안에 있는 것을 보지 못하는 것은 마치 유리가 그러하듯 감관에 잠재되어 있는 것은 아니다."674)

19. 4) 〔마음이 몸의 안팎에 있는 것의 부정〕 아난다가 부처님께 사뢰었다. 〔아난다〕 "세존이시여, 저는 지금 또한 이와 같이 생각했습니다. 이 뭇삶들의 몸은 오장육부는 안에 있고, 눈 등의 구멍은 밖에 있으니, 마음이 장부(臟腑)에 있으면 어둡고 구멍에 있으면 밝습니다. 지금 제가 부처님을 대하여 눈을 뜨고 밝음을 보는 것을 밖이라고 하고, 눈을 감고 어둠을 보는 것은 안을 본다고 한다면 그 뜻은 어떻습니까?675)

20. 부처님께서 아난다에게 이르셨다. 〔세존〕 "그대가 눈을 감고 어둠을 볼 때에 그 어둠의 대상경계는 눈과 마주하고 있는 것이냐 눈과 마주하지 않고 있는 것이냐? 만약에 눈과 마주하고 있는 것이라면 눈앞에 있는 것이니 어찌하여 안이 성립하는가? 만약에 안이 된다고 한다면, 암실 가운데 있을 때 해나 달이나 등불이 없을 때 그 암실은 모두가 그대의 삼초(三焦)676)나 육부(六腑)677)일 것이다. 만약에 마주하지 않는다면, 어찌하여 본다는 것이 성립하겠는가?"678)

---

674) 佛告阿難. 汝心若同琉璃合者. 當見山河何不見眼. 若見眼者. 眼卽同境不得成隨. 若不能見云何說言此了知心. 潛在根內如琉璃合. 是故應知汝言覺了能知之心. 潛伏根裏如琉璃合. 無有是處

675) 阿難白佛言世尊我今又作如是思惟. 是衆生身府藏在中竅穴居外. 有藏則暗有竅則明. 今我對佛開眼見明名爲見外. 閉眼見暗名爲見內. 是義云何.

676) 三焦 : 육부(六腑)의 하나로 상초·중초·하초로 나뉜다. 상초(上焦)는 심장 위, 중초(中焦)는 위경(胃經) 속, 하초(下焦)는 방광 위에 있어, 각각 음식의 흡수·소화·배설을 맡는다고 한다.

677) 六腑 : 배 속의 여섯 기관(器官)으로 대장·소장·위·담·방광·삼초(三焦)를 뜻한다.

21. "만약 밖으로 보는 것을 떠나고 안으로 마주하는 것이 성립하여, 눈을 감고 어둠을 보는 것을 몸 안이라고 한다면, 눈을 뜨고 밝음을 볼 때 어찌하여 얼굴을 보지 못하는가? 만약에 얼굴을 보지 못하면 안으로 마주하는 것은 성립하지 않는 것이다. 얼굴을 보는 것이 성립한다면, 그 지각하는 마음과 눈의 감관은 허공에 있는 것이니, 어찌 안에 있다고 할 것인가?"679)

22. "만약에 허공에 있다면 자신이 그대의 몸이 아니니, 지금 그대의 얼굴을 보고 있는 여래가 오히려 그대의 몸일 것이고, 그대의 눈은 이미 알아도 몸은 알지 못해야 할 것이다. 굳이 그대가 고집하여 몸과 눈 둘 다가 안다고 한다면, 두 가지 앎이 있는 것이니 그대의 한 몸이 두 부처님을 이루어야 할 것이다. 그러므로 그대는 그대가 말한 어둠을 보는 것이 안을 본다고 하는 것은 타당하지 않은 것이다."680)

23. 5) 〔마음이 어울리는 곳에 있는 것의 부정〕 아난다가 사뢰었다. 〔아난다〕 "저는 항상, 부처님께서 사부대중(四部大衆)에게 말씀하시길, '마음이 생겨나는 까닭에 갖가지 사실이 생겨나고, 사실이 생겨나는 까닭에 갖가지 마음이 생겨난다.'고681) 들었습니다. 제가 지금 생각하니 생각하는 바탕이 실로 저의 마음의 본성입니

---

678) 佛告阿難. 汝當閉眼見暗之時. 此暗境界爲與眼對爲不對眼. 若與眼對暗在眼前云何成內. 若成內者. 居暗室中無日月燈. 此室暗中皆汝焦腑. 若不對者云何成見.

679) 若離外見內對所成. 合眼見暗名爲身中. 開眼見明何不見面. 若不見面內對不成. 見面若成. 此了知心及與眼根. 乃在虛空何成在內.

680) 若在虛空自非汝體卽應如來今見汝面亦是汝身. 汝眼已知身合非覺. 必汝執言身眼兩覺應有二知. 卽汝一身應成兩佛. 是故應知汝言見暗名見內者無有是處.

681) 由心生故種種法生. 由法生故種種心生 : Ig. 57의 계환해에 따르면, 능가경의 취지를 이끌어온 것이다.

다. 어울리는 곳에 따라 마음이 따라서 마음이 존재하는 것이니, 안과 밖과 중간의 세 곳이 아닌가 생각합니다."[682]

24. 부처님께서 아난다에게 이르셨다. 〔세존〕 "그대가 지금 사실〔法〕이 생겨나는 까닭에 갖가지 마음이 생겨나고 어울리는 곳에 따라 마음이 따라서 존재한다고 하나, 그 마음은 자체가 없어 어울릴 곳도 없는 것이다. 만약에 자체가 없이도 어울릴 수 있는 곳이 있다면, 그것은 바로 열아홉 가지 인식의 세계〔十九界〕가 일곱 가지 경계〔七塵〕를 원인으로 어울리는 것[683]이 되므로, 그 이치는 타당하지 않다. 만약에 자체가 있다면 그대가 손으로 자신의 그 몸을 찌를 때에 그대의 아는 마음이 다시 안에서 나오겠는가 밖에서 들어오겠는가? 만약에 안에서 나온 것이라면 돌아가 몸 안을 볼 수 있어야 하고 밖에서 들어온 것이라면 먼저 얼굴을 보아야 할 것이다."[684]

25. 아난다가 사뢰었다. 〔아난다〕 "보는 것은 눈이고 마음은 아는 것이지 눈이 아니니, 본다는 것은 옳지 않은 것 같습니다." 부처님께서 이르셨다. 〔세존〕 "만약 눈이 볼 수 있다면, 네가 방안에 있을 때 문이 볼 수 있지 않은가? 그리고 죽은 사람도 눈은 있으므로 물체를 볼 수 있을 것이다. 만약에 그가 물체를 본다면, 어찌 그가 죽었다고 할 수 있겠는가?"[685]

---

682) 阿難言. 我常聞佛開示四衆. 由心生故種種法生. 由法生故種種心生. 我今思惟卽思惟體實我心性. 隨所合處心則隨有. 亦非內外中間三處

683) 十九界因七塵合 : 열아홉 가지 인식의 세계(十九界)와 일곱 가지 경계(七塵)는 존재하지 않는 것이니 허망한 것들이라는 의미이다. 실재로 존재하는 것은 열여덟 가지 인식의 세계(十八界: 眼識界, 耳識界, 鼻識界, 舌識界, 身識界, 意識界)와 여섯 가지 경계(六塵: 색·성·향·미·촉·법)이다.

684) 佛告阿難. 汝今說言由法生故種種心生. 隨所合處心隨有者. 是心無體則無所合. 若無有體而能合者. 則十九界因七塵合是義不(108a)然. 若有體者如汝以手自挃其體. 汝所知心爲復內出爲從外入. 若復內出還見身中. 若從外來先合見面.

26. "아난다여, 또한 그대의 지각하는 마음이 자체가 있다고 한다면, 그것은 하나의 자체를 지닌 것인가 다수의 자체를 지닌 것인가? 지금 그대의 몸에 편재하는 자체인가 편재하지 않는 자체인가? 만약에 하나의 자체라면, 그대가 손으로 사지 가운데 하나를 찌를 때에 사지가 다 아파야 하고, 모두가 함께 아프다면 찌를 데가 없어야 할 것이다. 만약에 찌를 데가 있다면, 그대 하나의 자체라는 말은 자연히 성립할 수가 없을 것이다. 만약에 다수의 자체라면, 여러 사람이 성립하니, 어떤 자체로 그대를 삼을 것인가? 만약에 편재하는 자체라면, 앞에서와 같이 한곳을 찔러도 모든 곳이 아파야 한다. 만약에 편재하지 않는 자체라면, 그대가 머리를 부딪칠 때에 발 역시 부딪치더라도, 머리가 아프더라도 발은 모를 수 있어야 한다. 그러나 그대는 그렇지 않다. 그러므로 어울리는 곳을 따라 마음이 있다는 것은 타당하지 않다."686)

27. 6) 〔마음이 중간에 있는 것의 부정〕 아난다가 부처님에게 사뢰었다. 〔아난다〕 "세존이시여, 제가 또한 들었습니다. 부처님께서 문수사리 등의 모든 법왕자(法王子)687)와 더불어 실상(實相)에 관해 말씀하실 때, 세존께서 말씀하시길 '마음은 안에 있는 것도 밖에 있는 것도 아니라고 말씀하셨습니다. 제가 이에 따라 생각해 보면, 안에서는 보는 것이 없고 밖에서는 서로 아는 것이 없어야 하는

---

685) 阿難言. 見是其眼心知非眼爲見非義. 佛言若眼能見汝在室中門能見不. 則諸已死尚有眼存應皆見物. 若見物者云何名死.

686) 阿難又汝覺了能知之心若必有體. 爲復一體爲有多體. 今在汝身爲復遍體爲不遍體. 若一體者. 則汝以手挃一肢時. 四肢應覺. 若咸覺者挃應無在. 若挃有所則汝一體自不能成. 若多體者則成多人何體爲汝. 若遍體者同前所挃. 若不遍者當汝觸頭亦觸其足. 頭有所覺足應無知. 今汝不然. 是故應知隨所合處心則隨有無有是處.

687) 法王子 : 대승불교에서 법왕이 부처님이고 법왕자는 보살이다.

데, 안을 알지 못하는 까닭에 안에 있다는 것이 성립하지 않고 몸과 마음이 서로 아는 까닭에 밖에 있다는 것도 옳지 않습니다. 이제 서로 알면서 안을 보지 못하니 당연히 중간에 있을 것입니다."[688)]

28. 부처님께서 이르셨다. 〔세존〕 "그대가 중간이라고 하는 것은 중간이란 혼돈이 아니므로 반드시 어딘가에 있을 것이다. 지금 그대가 중간을 추정하면 그 중간은 어디에 있는가? 다시 말하면 어떤 곳에 있다면 몸에 있어야 하는 것인가? 만약에 몸에 있는데, 주변에 있다면 중간이 아닐 것이고, 중간에 있다면, 안과 동일할 것이다. 어떤 다른 곳에 있다면, 어떤 곳인지 표시할 수 있는가 표시할 수 없는가? 표시할 수 없다면 없는 것과 같고 표시할 수 있어도 정해진 곳은 없는 것이다. 그것은 무슨 까닭인가? 마치 어떤 사람이 푯대로서 표시하여 중간이라고 할 때, 동쪽에서 보면 서쪽이 되고 남쪽에서 보면 북쪽이 되니, 표시자체가 이미 혼란해져서 마음이 혼란해질 것이다."[689)]

29. 아난다가 사뢰었다. 〔아난다〕 "제가 말씀드린 중간이란 것은 그러한 두 종류가 아닙니다. 세존께서 말씀하신 바와 같이 시각과 형상을 조건으로 시각의식이 생기는 것이니, 시각이 분별이 있으나 그 형상은 앎이 없으므로 의식이 그 가운데 생겨나면, 마음이 있다고 하는 것입니다."[690)]

---

688) 阿難白佛言. 世尊我亦聞佛與文殊等諸法王子談實相時. 世尊亦言心不在內亦不在外. 如我思惟內無所見外不相知. 內無知故在內不成. 身心相知在外非義. 今相知故復內無見當在中間: 법왕자(法王子)는 보살을 지칭하는 것이다. 실상(實相)은 허망하지 않은 것으로 법성(法性), 진여(眞如)를 뜻한다.

689) 佛言汝言中間. 中必不迷非無所在. 今汝推中中何爲在. 爲復在處爲當在身. 若在身者在邊非中在中同內. 若在處者爲有所表爲無所表. 無表同無表則無定. 何以故. 如人以表表爲中時. 東看則西南觀成北. 表體旣混心應雜亂.

30. 부처님께서 이르셨다. 〔세존〕 "그대의 마음이 만약에 시각과 형상의 중간에 있다면, 그 마음 자체가 두 가지를 겸하고 있는 것인가 두 가지를 겸하지 않고 있는가? 만약에 두 가지를 겸하고 있는 것이라면, 사물과 마음 자체가 뒤섞일 것이다. 사물은 마음 자체가 아니어서 맞서서 양립하게 되므로 어떻게 중간이라고 하겠는가? 두 가지를 겸하지 않았다면 아는 것도 아니고 모르는 것도 아니어서, 자체의 성품이 없는 것이니, 중간이란 것이 어떠한 현상이겠는가? 그러므로 마땅히 중간에 있다는 것은 타당하지 않다는 것을 알 수 있다."691)

31. 7) 〔마음의 일체에 대한 무착의 부정〕 아난다가 부처님께 여쭈었다. 〔아난다〕 "세존이시여, 제가 예전에 부처님께서 마하 마우드갈리야야나, 쑤부띠, 뿌르나, 샤리뿌뜨라의 네 분 제자들과 함께 법륜을 굴리실 때에 항상 '지각하고 인지하고 분별하는 마음의 본성은 이미 안에 있는 것도 아니고 밖에 있는 것도 아니고 그 중간에 있는 것도 아니니 일체에 대한 무착(無著)을 마음이라고 한다.'라고 말씀하셨으니, 제가 무착을 마음이라고 할 수 없습니까?"692)

32. 부처님께서 아난다에게 이르셨다. 〔세존〕 "그대는 지각하고 인지하고 분별하는 마음의 성품이 어디에도 있는 곳이 없다고 하고,

---

690) 阿難言. 我所說中非此二種. 如世尊言眼色爲緣生於眼識. 眼有分別色塵無知. 識生其中則爲心在.

691) 佛言汝心若在根塵之中. 此之心體爲復兼二爲不兼二. 若兼二者物體雜(108b)亂. 物非體知成敵兩立云何爲中. 兼二不成非知不知卽無體性中何爲相. 是故應知當在中間無有是處

692) 阿難白佛言世尊. 我昔見佛與大目連須菩提富樓那舍利弗四大弟子共轉法輪. 常言覺知分別心性. 旣不在內亦不在外. 不在中間俱無所在. 一切無著名之爲心. 則我無著名爲心不

세간의 허공이나 물이나 육지에서 날아다니거나 걸어다는 것과 모든 사물을 일체라고 한다면, 그대가 무착이라고 하는 것은 있다는 것에 대한 것인가 없다는 것에 대한 것인가? 없는 것에 대한 것이라면 거북이의 털이나 토끼의 뿔과 같은 것이니, 어떻게 무착이라고 말할 수 있으며, 있는 것에 대한 것이라면 무착이라고 이름붙일 수가 없다. 형상이 없으면 곧 없는 것이고, 형상이 없지 않으면 형상이 있는 것이다. 형상이 있다면 어떻게 무착이라고 말하겠는가? 그러므로 일체에 대한 무착을 이름하여 지각하고 인지하는 마음이라고 하는 것은 타당하지 않다는 것을 알아야 한다."693)

33. 〔진심을 밝힘〕 그때 아난다가 대중 가운데 있다가 자리에서 일어나 오른쪽 어깨를 드러내고694) 오른쪽 무릎을 땅에 대고 합장공경하여 부처님에게 사뢰었다. 〔아난다〕 "저는 여래의 가장 어린 형제로서 부처님의 사랑을 받아 비록 지금 출가했으나 오히려 믿고 교만하여, 많이 배웠으나 번뇌를 끊지 못하였으니, 쌍키야 외도의 주문을 조복할 수가 없었습니다. 그것에 넘어가서 저는 홍등가에 빠졌습니다. 당연히 진제(眞際)695)가 지시하는 바를 알 수 없었기 때문입니다. 세존이시여, 바라옵건대 큰 자비로 애민히 여겨 저희들에게 사마타의 길을 열어 모든 잇찬띠까696)로 하여금 믈레

693) 佛告阿難. 汝言覺知分別心性俱無在者. 世間虛空水陸飛行. 諸所物象名爲一切. 汝不著者爲在爲無. 無則同於龜毛免角云何不著. 有不著者不可名無. 無相則無非無則相. 相有則在云何無著. 是故應知一切無著. 名覺知心無有是處

694) 偏袒右肩 : '오른쪽 어깨를 드러내고'는 상대방을 공경하는 표시인데, 그 유래는 오른쪽 어깨에 무기를 감추고 있지 않으니 안심하라는 전사(戰士)의 예절에서 유래한 것이다. 오른쪽 발을 땅에 대고(右膝著地)는 오른 무릎과 오른발끝을 땅에 대고 왼 무릎을 세우고 왼발바닥을 땅에 대는 것이다.

695) 眞際 : 절대의 경지, 진실궁극의 깨달음, 진여(眞如)를 뜻한다.

696) icchantika : 음사하여 천제(闡提), 번역하여 단선근(斷善根)이라고 하고 '생사를

차[697]인 것을 깨뜨리게 하십시오."[698]

34. 이 말을 마치고 오체투지[699]하여 여러 대중들과 함께 목마르게 물을 찾듯 정성을 다하여 가르침을 듣고자 하였다. 이때 세존께서 얼굴에서[700] 갖가지 광명을 놓으시니, 그 광명이 10만 개의 태양처럼 빛났다. 온 부처님의 세계가 육종진동(六種震動)[701]으로 진동하고, 시방에 티끌같이 많은 국토가 일시에 개현되었다. 부처님께서 위신력으로 모든 세계를 하나의 세계로 통합하였으니, 그 세계 가운데 있는 일체 모든 위대한 보살이 모두 제 나라에 있으면서 합장하여 가르침을 들었다.[702]

35. 부처님께서 아난다에게 이르셨다. 〔세존〕 "무시이래 갖가지로 전도된 업의 씨앗이 자연히 악샤[703] 나무처럼 모이니, 모든 수행자들이 위없는 보리를 이루지 못한 것이다. 이에 따라 성문(聲聞)[704]과 연각(緣覺)[705]이 따로 성립하고, 외도와 천신과 악마

원하고 출리를 구하지 않는 허무주의자'로 '성불할 수 없는 사람'을 지칭한다.

697) mleccha : 음사하여 미려거(彌戾車), 밀리거(蜜利車), 멸려거(蔑戾車)라고 하고, 번역하여 악견(惡見), 구탁종(垢濁種), 낙구예인(樂垢穢人), 만민(蠻民)이라고 한다. 무지몽매한 야만인을 뜻한다.

698) 爾時阿難在大衆中卽從座起. 偏袒右肩右膝著地. 合掌恭敬而白佛言. 我是如來最小之弟. 蒙佛慈愛雖今出家猶恃憍憐. 所以多聞未得無漏. 不能折伏娑毘羅咒. 爲彼所轉溺於婬舍. 當由不知眞際所指. 唯願世尊. 大慈哀愍. 開示我等奢摩他路. 令諸闡提隳彌戾車.

699) 五體投地 : 오체(五體)는 머리와 두 팔과 두 다리를 던져 예경하는 것이다.

700) 面門 : Ig. 68의 계환해에 따르면, 입, 눈, 귀, 코, 미간으로 빛을 뜻한다.

701) 六種震動 : 움직이고(動), 일어나고(起), 용솟음 치고(湧), 벼락치고(震), 아우성치고(吼), 부닺치는 것(擊)으로 인도에서는 큰 경사가 있을 때에 대지가 육종으로 진동한다고 표현한다.

702) 作是語已. 五體投地. 及諸大衆傾渴翹佇欽聞示誨. 爾時世尊從其面門放種種光. 其光晃耀如百千日. 普佛世界六種震動. 如是十方微塵國土一時開現. 佛之威神令諸世界合成一界. 其世界中所有一切諸大菩薩. 皆住本國合掌承聽.

703) Akṣa : 음사하여 악차(惡叉)라고 하는 인도산의 나무의 이름이다. 그 씨앗이 세 개씩 한 곳에 모인다. Hs. 39에 따르면, 망상과 행위와 고통의 동시성을 상징한다.

와 왕 내지 악마의 권속이 성립하기도 하였으니, 모두가 두 가지 근본을 알지 못하고 어지러이 뒤섞여 수행해왔기 때문이다. 마치 모래를 삶아서 맛있는 음식을 만들려는 것과 같이 비록 티끌과 같은 겁이 지나도 끝내 증득하지 못하는 것이다.706)

36. 두 가지란 어떠한 것인가? 아난다여, 첫 번째는 무시이래의 생사의 근본으로 그대가 지금 모든 뭇삶과 더불어 반연하는 마음〔攀緣心〕707)을 자신의 성품으로 삼는 것이며, 두 번째는 무시이래 보리와 열반이 원래 청정 자체이고, 지금 그대의 식정(識情)708) 또한 원래 밝은 것으로서, 온갖 조건709)을 생겨나게 하고 조건지어진 것을 유실하게 하는 것이지만, 모든 뭇삶이 그 본래 밝은 것을 잃어버렸기 때문에 비록 종일 수행한다고 해도 스스로 깨닫지 못하고 여러 악한 운명의 세계에 잘못 들게 되는 것이다. 아난다여, 그대가 지금 사마타를 알고 생사에서 벗어나고자 하니, 지금 다시 그대에게 묻겠다.710)

---

704) 聲聞 : 사성제의 이치를 관하여 거룩한 님이 되기를 원하는 자를 말한다.

705) 緣覺 : 홀로 십이인연(十二因緣)의 이치를 깨달은 자이다.

706) 佛告阿難. 一切衆生. 從無始來種種顚倒. 業種自然如惡叉聚. 諸修行人不能得成無上(108c)菩提. 乃至別成聲聞緣覺. 及成外道諸天魔王及魔眷屬. 皆由不知二種根本錯亂修習. 猶如煮沙欲成嘉饌. 縱經塵劫終不能得. 云何二種.

707) 攀緣心 : Unh. 30에 따르면, 여섯 감관의 대상[六塵]을 조건으로 생겨나는 의식[六識]으로 망상심을 말한다. 원숭이가 나무에 오르고 자벌레가 나뭇가지에 의지하는 것처럼 조건에 의지하는 마음을 뜻한다.

708) 識情 : Ig. 70의 계환해에 따르면, 아타나성식(阿陁那性識) 즉, 제팔식(第八識)을 뜻한다. 육식(六識)은 잠재의식인 제8식(第八識)의 소생인데, 육식이 모든 것을 조건으로 하면서도 제팔식을 조건으로 하지 못한다.

709) 諸緣 : Unh. 30에 따르면, 제육식(第六識)을 뜻한다.

710) 阿難一者無始生死根本. 則汝今者與諸衆生. 用攀緣心爲自性者. 二者無始菩提涅槃元淸淨體. 則汝今者識精元明. 能生諸緣緣所遺者. 由諸衆生遺此本明. 雖終日行而不自覺枉入諸趣 阿難汝今欲知奢摩他路願出生死. 今復問汝.

37. 즉시 여래께서는 황금빛 팔을 들어 오륜지(五輪指)711)를 구부려 들고 아난다에게 이르셨다. 〔세존〕 "그대는 지금 보고 있는가?" 아난다가 사뢰었다. 〔아난다〕 "보고 있습니다." 부처님께서 이르셨다. 〔세존〕 "그대에게 무엇이 보이는가?" 아난다가 사뢰었다. 〔아난다〕 "여래께서 황금빛 팔을 들어 오륜지를 구부려 들고 광명권(光明拳)을 만들어 저의 마음과 눈에 비추는 것이 보입니다." 부처님께서 이르셨다. 〔세존〕 "그대가 누구와 더불어 보는가?" 아난다가 사뢰었다. 〔아난다〕 "저는 대중과 더불어 동일한 눈으로 봅니다." 부처님께서 아난다에게 이르셨다. 〔세존〕 "그대는 지금 나에게 여래가 황금빛 팔을 들어 오륜지를 구부려 들고 광명권을 만들어 그대의 마음과 눈을 비추니, 그대가 눈으로 볼 수 있다고 했는데, 무엇으로써 마음을 삼은 까닭에 나의 주먹이 비추어지는 것인가?"712)

38. 아난다가 사뢰었다. 〔아난다〕 "여래께서 지금 마음의 소재를 요구하시니, 제가 마음으로 추측하여 찾아 쫓아가보니, 그 추측하는 자가 무릇 마음일 것입니다." 부처님께서 이르셨다. 〔세존〕 "아난다여, 그것은 그대의 마음이 아니다." 아난다가 흠칫 놀라 자리를 고쳐 앉아 합장하며 일어나 부처님에게 사뢰었다. 〔아난다〕 "그것이 제 마음이 아니라면 무엇이라고 합니까? 부처님께서 아난다에게 이르셨다. 〔세존〕 "그것은 전진(前塵)713)의 허망한 모습에 대

711) 五輪指 : 부처님의 다섯 손가락마다 천폭(千輻)의 지문(指紋)이 있어 붙여진 이름이다.

712) 卽時如來擧金色臂屈五輪指. 語阿難言. 汝今見不. 阿難言. 見. 佛言汝何所見. 阿難言. 我見如來擧臂屈指. 爲光明拳曜我心目. 佛言汝將誰見. 阿難言. 我與大衆同將眼見. 佛告阿難. 汝今答我. 如來屈指爲光明拳. 耀汝心目汝目可見. 以何爲心當我拳耀.

713) 前塵 : 대경(對境)으로서의 육진(六塵) 가운데 앞의 다섯 가지 즉, 형상, 소리, 냄새, 맛, 감촉(色·聲·香·味·觸)을 의미한다.

한 생각이므로, 그대의 진성(眞性)을 현혹케 하는 것이다. 그대가 무시이래 금생에 이르기까지 도적을 오인하여 아들로 삼아,714) 그대의 원상(元常)715)을 잃었으므로, 윤회를 받는 것이다."716)

39. 아난다가 부처님에게 사뢰었다. 〔아난다〕 "세존이시여, 저는 부처님의 총애하는 제자입니다. 마음이 부처님을 좋아하는 까닭에 저를 출가하게 하였사오니, 저의 마음이 어찌 유독 여래만을 섬기겠습니까? 나아가 항하사 국토를 편력하면서 모든 부처님과 선지식을 섬기면서 큰 용맹심을 내어 모든 일체의 행하기 어려운 가르침을 섬기는 것도 모두 이 마음으로 하는 것입니다. 또한 가르침을 비방하여 선근에서 영원히 퇴락하는 것도 이 마음으로 인한 것입니다. 만약 이 분명히 드러난 것을 마음이 아니라고 하신다면, 저는 곧 마음이 없는 토목과 같아야 할 것입니다. 이 지각하고 인지하는 것을 떠나서는 달리 있는 것은 없는데, 어찌 여래께서는 이것이 마음이 아니라고 말씀하십니까? 저는 참으로 놀라고 두렵고, 여기 모인 이 대중도 의혹이 없지 않은 것이니, 오로지 큰 자비를 드리워서 깨닫지 못한 자들을 깨우쳐주십시오."717)

40. 〔무생법인을 일깨움〕 그때 세존께서는 아난다와 모든 대중들

---

714) 認敵爲子 : 망상을 오인하여 진성(眞性)으로 삼는다는 뜻이다. 진성(眞性)은 법성(法性)을 뜻한다.

715) 元常 : 본래 항상한 것으로 진성(眞性)을 달리 표현한 것이다.

716) 阿難言. 如來現今徵心所在. 而我以心推窮尋逐. 卽能推者我將爲心. 佛言咄阿難此非汝心. 阿難矍然避座合掌起立白佛. 此非我心當名何等. 佛告阿難. 此是前塵虛妄相想惑汝眞性. 由汝無始至于今生認賊爲子. 失汝元常故受輪轉.

717) 阿難白佛言世尊我佛寵弟. 心愛佛故令我出家. 我心何獨供養如來. 乃至遍歷恒沙國土. 承事諸佛及善知識發大勇猛. 行諸一切難行法事皆用此心. 縱令謗法永退善根亦因此心. 若此發明不是心者. 我乃無心同諸土木. 離此覺知更無所有. 云何如來說此非心. 我實驚怖兼此大衆無不疑惑. 唯垂大悲開示未悟(109a)

에게 개시하여 무생법인(無生法忍)[718]에 들게 하시려고 사자좌에서 아난다의 정수리를 만지면서 말씀하셨다. 〔세존〕 "여래는 항상 '모든 현상이 오로지 마음이 나타난 것이고 일체 인과(因果)와 세계(世界)와 미진(微塵)도 마음으로 인하여 그 자체를 이룬다.'라고 설한다. 아난다여, 만약에 모든 세계의 온갖 것 가운데 풀잎이나 지푸라기까지도 그 근원을 따지면 그 체성(體性)이 있으며, 더욱이 허공까지도 그 이름과 모양이 있는데, 하물며 어찌 청정하고 오묘하고 맑고 밝은 마음이 일체 마음의 본성으로서 그 당체(當體)가 없겠는가?"[719]

41. "만약 그대가 분별하고 사유하고 숙고하여[720] 이해하는 성품을 마음이라고 고집한다면, 그 마음은 마땅히 온갖 형상, 소리, 향기, 맛, 감촉이라는 모든 전진(前塵)의 활동을 떠나서도 따로 온전한 성품이 있어야 할 것이다. 그대가 지금 나의 가르침을 듣는다면, 소리로 인하여 분별한 것이고, 비록 일체의 보고 듣고 지각하고 인지하는 것이[721] 사라져서 안으로 그윽한 고요를 느끼더라도 법진(法塵)으로서의 사실을 분별하는 허상에 불과한 것이다. 내가 그대에게 강요하여 마음이 아니라고 고집하라는 것이 아니다. 단지 그

---

718) 無生法忍 : 범어로 anutpattikadharmakṣānti라고 하는데, 공(空)이나 실상(實相)에 대한 이해, 불생불멸(不生不滅)의 진리에 대한 인증을 뜻한다. Unh. 33에 따르면, 초지(初地) 이상에서 증득하는 지혜로서 삼계(三界)에 생겨나는 법도 없고, 멸하는 법도 없음을 인지하고 안주(安住)하는 지위(地位)이다.

719) 爾時世尊開示阿難及諸大衆. 欲令心入無生法忍. 於師子座摩阿難頂而告之言. 如來常說諸法所生唯心所現. 一切因果世界微塵因心成體. 阿難若諸世界一切所有. 其中乃至草葉縷結. 詰其根元咸有體性. 縱令虛空亦有名貌. 何況淸淨妙淨明心性一切心而自無體. 미진(微塵)은 원자(原子)를 뜻한다.

720) 分別覺觀 : 분별(分別). 사유(覺: vitarka), 숙고(觀: vicāra)를 뜻한다.

721) 見聞覺知 : 시각으로 보고 청각으로 듣고 후각, 미각, 촉각으로 지각하고 정신으로 인지하는 것을 뜻한다.

대가 마음에 대하여 자세하게 생각해 보라. 만약에 전진을 여의고 분별하는 성품이 있다면 그것이 참다운 그대의 마음일 것이다. 만약 분별하는 성품이 전진을 여의고 체성이 없다면, 그것은 전진을 분별하는 허상일 뿐이다. 그 육진(六塵)의 경계는 상주하는 것이 아니어서 단멸할 때에는 그 마음이 거북이 털이나 토끼 뿔과 같아지는 것인즉, 그대의 법신도 단멸하는 것에 있어서는 동일해질 것인데, 그 누가 무생법인(無生法忍)을 닦아 증득하는 것인가?"[722]

42. 그러자 아난다는 모든 대중과 더불어 잠자코 정신이 나간듯했다. 부처님께서 아난다에게 이르셨다. 〔세존〕 "세간에 모든 수행하는 학인들이 구차제정(九次第定)[723]을 성취한다고 하더라도 번뇌를 다해 거룩한 님이 될 수 없는 것은 모두가 그러한 생사의 망상을 잘못 잡착하여 진실로 삼기 때문이다. 그러므로 그대가 지금 많이 배우기는 했으나 거룩한 경지를 이루지 못한 것이다."[724]

43. 아난다가 말씀을 듣고 다시 눈물을 흘리며 오체투지 하고 장궤(長跪)[725]하고 합장하여 부처님에게 사뢰었다. 〔아난다〕 "제가 부처님을 따라 발심하여 출가한 이래로 부처님의 위신력을 믿고 항상

---

722) 若汝執吝分別覺觀. 所了知性必爲心者. 此心卽應離諸一切色[聲]香味觸. 諸塵事業別有全性. 如汝今者承聽我法. 此則因聲而有分別. 縱滅一切見聞覺知. 內守幽閑猶爲法塵分別影事.我非敕汝執爲非心. 但汝於心. 微細揣摩若離前塵有分別性卽眞汝心. 若分別性離塵無體. 斯則前塵分別影事. 塵非常住若變滅時. 此心則同龜毛免角. 則汝法身同於斷滅. 其誰修證無生法忍.

723) 九次第定 : 미세한 물질계의 초선정(初禪定)에서 사선정(四禪定)까지 그리고 비물질계[無色界]의 공무변처정(空無邊處定), 식무변처정(識無邊處定), 무소유처(無所有處定), 비상비비상처정(非想非非想處定)과 열반의 일시적 상태인 상수멸정(想受滅定)에 이르기까지의 아홉 가지 선정의 단계를 의미한다.

724) 卽時阿難與諸大衆默然自失. 佛告阿難. 世間一切諸修學人. 現前雖成九次第定. 不得漏盡成阿羅漢. 皆由執此生死妄想誤爲眞實. 是故汝今雖得多聞不成聖果.

725) 長跪 : 두 무릎을 땅에 대고 허벅지를 세우고 발끝으로 땅을 디디는 것이다.

스스로 '내가 애써 닦지 않아도 장차 여래께서 나에게 삼매를 얻게 해주실 것이다.'라고 생각했습니다. 몸과 마음이 서로 대신해주지 못한다는 것을 알지 못하여 저의 본심을 잃었으니, 비록 몸은 출가하였어도 마음은 길에 들지 못하였습니다. 마치 궁색한 아들이 아버지를 버리고 도망한 것과 같습니다. 오늘 비로소 '많이 배웠다고 하더라도, 수행하지 않으면 배우지 않은 것과 같다.'는 것을 알았습니다. 마치 사람이 음식에 관해 말하더라도 결코 배가 부를 수가 없다는 것과 같습니다. 세존이시여, 저희들이 지금 두 가지 장애 즉, 이장(二障)[726]에 얽매어 있어 고요하고 항상하는 마음의 성품을 모르는 탓이오니, 바라건대 여래께서 저희의 궁색을 애민하게 여겨 오묘한 밝은 마음을 내도록 저희에게 도안(道眼)[727]을 열게 하소서."[728]

44. 그러자 여래께서 가슴의 쓰와쓰띠까〔卍字〕[729]에서 보배로운

---

726) 二障 : 두 가지 장애[二障]는 번뇌장(煩惱障)과 소지장(所知障)을 말한다.

727) 道眼: Ig. 81의 계환해에 따르면, 진견(眞見)이고 묘명심(妙明心)으로 무심(無心)으로 발하는 것이다.

728) 阿難聞已重復悲淚五體投地. 長跪合掌而白佛言. 自我從佛發心出家恃佛威神. 常自思惟無勞我修. 將謂如來惠我三昧. 不知身心本不相代. 失我本心. 雖身出家心不入道. 譬如窮子捨父逃逝 今日乃知雖有多聞. 若不修行與不聞等. 如人說食終不能飽. 世尊我等今者二障所纏. 良由不知寂常心性. 唯願如來哀愍窮露. 發妙明心開我道眼.

729) 쓰와쓰띠까(svastika: 卍字) : 기원전 3000년 이상으로 거슬러 올라가며, 고대의 길상을 나타내는 신비적 표지로서 모헨조다로(Mohenjodaro)와 하랍빠(Harappa) 뿐만 아니라 페르시아의 쑤싸(Susa) 그리고 메소포타미아의 쌈마라(Sammara), 심지어 팔레스타인, 남아메리카, 이스터섬 등지에서도 발견된다. 고대인들 사이에 대중화된 길상(吉祥)의 상징이었다. 그것은 갈라지는 번개나 물의 빛을 상징하기도 하고, 창조, 유지, 파괴의 브라흐마, 비슈누, 시바 신을 상징하기도 했고, 태양이나 태양의 빛으로서 생명의 원리인 차크라(Cakra)와 동일시되기도 했다. 힌두교, 불교, 자이나교에 공통적으로 사용되었다. 오른쪽으로 도는 쓰와쓰띠까는 희랍의 십자(十字)처럼 만들어졌는데, 베다 시대의 비슈누 신의 문장이었고, 우주적 수레바퀴, 중심이 고정된 우주적 전개, 남성적 원리의 상징이었을 뿐만 아니라, 주로 사원이나 가옥이나 가축우

광명을 놓으셨는데, 그 광명이 십만 종류의 빛깔로 빛나며 시방의 티끌처럼 많은 광대한 부처님 세계에 널리 퍼져나가 시방세계에 있는 불국토의 모든 여래의 불정(佛頂)을 두루 비추다가 선회하여 아난다와 여러 대중에게로 이르자, 아난다에게 말씀하셨다. 〔세존〕 "이제 내가 그대를 위하여 큰 가르침의 깃발을 세우고, 또한 시방의 일체중생이 오묘하고 신비한 성품을 지닌 맑고 밝은 마음을 얻게 하여 청정한 눈을 뜨게 하리라. 아난다여, 네가 먼저 나에게 '저는 광명권(光明拳)을 봅니다.'라고 했는데, 그 광명권은 무엇으로 인하여 있는 것이며 어떻게 광명권이 되었으며, 그대가 무엇으로 보았는가?" 아난다가 사뢰었다. 〔아난다〕 "부처님의 전신이 염부단금(閻浮檀金)[730]과 같아 보배의 산처럼 빛나니 청정한 곳에서 나오는 것이므로 광명이 있는 것입니다. 오륜지(五輪指)[731]를 구부려 사람들에게 보이셨으니, 광명권이 있게 된 것을 저는 실로 눈으로 보았습니다."[732]

45. 부처님께서 아난다에게 이르셨다. 〔세존〕 "여래가 오늘 진실로

리에 장식하여 사악한 눈에서 수행자나 가족이나 동물을 보호하는 역할을 하는데 사용되었다. 왼쪽으로 도는 쓰와쓰띠까는 가을과 겨울의 태양을 상징하는데, 여성적이고 불길한 것으로 남성에게 여겨졌으나, 여성에게는 불길한 것으로 여겨지지 않았다. 시간의 여신인 깔리 여신에게는 신성한 것이었다. 남성적 여성적 쓰와쓰띠까는 우주에서 완전한 균형을 이룬다. 불교에 와서는 전륜성왕이나 부처님을 상징하기도 한다.

730) 閻浮檀金 : 염부수의 대삼림을 흐르는 강밀에서 채취한 사금으로 만든 황금으로 적황색을 띠는 최고급품의 황금이다.

731) 五輪指 : 부처님의 다섯 개의 손가락을 뜻한다.

732) 卽時如來從胸卍字涌出寶光. 其光晃昱有百千色. 十方微塵普佛世界一時周遍. 遍灌(109b)十方所有寶刹諸如來頂. 旋至阿難及諸大衆告阿難言. 吾今爲汝建大法幢. 亦令十方一切衆生. 獲妙微密性淨明心得淸淨眼. 阿難汝先答我見光明拳. 此拳光明因何所有. 云何成拳汝將誰見. 阿難言. 由佛全體閻浮檀金赩如寶山. 淸淨所生故有光明. 我實眼觀五輪指端. 屈握示人故有拳相

그대에게 말하니, 지혜가 있는 자는 이 비유로써 깨달음을 얻게 될 것이다. 아난다여, 예를 들어 나의 주먹과 같이 나의 손이 없다면 나의 주먹이 성립할 수 없다. 만약 그대의 시각이 없다면 그대의 봄은 성립할 수 없다. 그대의 시각의 감관은 나의 주먹에 해당한다면 그 의취가 비슷하겠는가?" 아난다가 사뢰었다. 〔아난다〕 "세존이시여, 그렇습니다. 저의 시각이 없으면, 봄은 성립하지 않습니다. 저의 시각의 감관을 여래의 주먹에 비유하면 그 이치가 서로 비슷합니다."733)

46. 부처님께서 아난다에게 이르셨다. 〔세존〕 "그대가 서로 비슷하다고 했으나 그 이치는 그렇지 않다. 그것은 무슨 까닭인가? 사람의 손이 없으면 주먹은 반드시 없지만, 그 시각이 없다고 봄이 완전히 없는 것은 아니다. 그것은 무슨 까닭인가? 그대가 시험 삼아 길에 나아가 시각장애인에게 '그대는 무엇이 보이는가?'라고 물으면, 그 모든 시각장애인은 반드시 그대에게 '나는 지금 눈앞에 오직 흑암만이 보이고 다른 것은 보이지 않는다.'라고 대답할 것이다. 이 이치를 본다면, 전진(前塵) 자체가 어둠일지언정, 보는 것이야 어찌 훼손이 있겠는가?" 아난다가 사뢰었다. 〔아난다〕 "모든 시각장애인들이 눈앞에 오직 흑암을 목도하는데, 어찌 보는 것이 성립한다고 하겠습니까?"734)

---

733) 佛告阿難. 如來今日實言告汝. 諸有智者要以譬喩而得開悟. 阿難譬如我拳. 若無我手不成我拳. 若無汝眼不成汝見. 以汝眼根例我拳理. 其義均不. 阿難言. 唯然世尊. 旣無我眼不成見. 以我眼根例如來拳事義相類.

734) 佛告阿難. 汝言相類是義不然. 何以故. 如無手人拳畢竟滅. 彼無眼者非見全無. 所以者何. 汝試於途詢問盲人汝何所見. 彼諸盲人必來答汝. 我今眼前唯見黑暗更無他矚. 以是義觀前塵自暗見何虧損. 阿難言. 諸盲眼前. 唯睹黑暗云何成見.

47. 부처님께서 아난다에게 이르셨다.〔세존〕 "모든 시각장애인들이 눈이 멀어서 오직 흑암만을 보는 것과 눈 있는 자가 암실에서 있는 것과 두 가지 흑암이 따로 있으나 차별이 없지 않겠는가?" 〔아난다〕 "세존이시여, 그렇습니다. 저 암실에 있는 자와 시각장애들의 두 가지 흑암을 비교하면 조금도 다른 것이 없겠습니다."735)

48. 〔세존〕 "아난다여, 시각이 없는 자가 온전히 흑암 앞에 있다가 홀연히 시각의 광명을 되찾으면, 전진에서 갖가지 색깔을 보는 것을 시각의 보는 것이라고 한다면, 저 흑암 가운데 있는 자가 온전히 흑암만을 보다가 홀연히 등불의 광명을 얻어 전진에서 갖가지 색깔을 보는 것이니, 그렇다면 등불이 보는 것이라고 해야 한다. 만약 등불이 보는 것이라면, 등불 자체가 보는 것이니, 등불이라고 할 수 없고, 또한 등불이 보는 것이 어찌 그대의 일과 무슨 상관이 있겠는가? 그러므로 등불은 색깔을 드러낼지언정, 이렇게 보는 것은 시각이지 등불이 아니듯, 시각은 색깔을 드러낼 뿐 이와 같이 보는 성품은 마음이지 시각은 아니다."736)

49. 아난다는 비록 이 말씀을 여러 대중과 더불어 들었으나 입으로 아무 말도 못하고 마음으로 깨닫지도 못하고, 오히려 여래께서 자애로운 음성으로 말씀해주시길 바라며, 합장하고 청정한 마음으로 부처님께 자비로운 가르침을 기다리고 있었다.737) 그때 세존께서

---

735) 佛告阿難. 諸盲無眼唯觀黑暗. 與有眼人處於暗室. 二黑有別爲無有別. 如是世尊. 此暗中人與彼群盲. 二黑校量曾無有異.

736) 阿難若無眼人全見前黑. 忽得眼光還於前塵. 見種種色名眼見者. 彼暗中人全見前黑. 忽獲燈光亦於前塵. 見種種色應名燈見. 若燈見者燈能有見自不名燈. 又則燈觀何關汝事. 是故當知燈能顯色. 如是見者是眼非燈. 眼能顯色. 如是見性是心非眼.

737) 阿難雖復得聞是言. 與諸大衆口已默然心未開悟. 猶冀如來慈音宣示. 合掌淸心佇佛(109c)悲誨.

도라면처럼 부드러운 그물 모양의 빛나는 손의 오륜지(五輪指)를 펴서 아난다와 여러 대중에게 이르셨다. 〔세존〕 "내가 처음 성도한 후 므리가다야738) 승원에서 앙냐따739) 등의 다섯 수행승과 그대들 사부대중을 위하여 '일체중생이 보리를 이루지 못하고 내지는 거룩한 님이 되지 못한 것은 모두가 객진번뇌(客塵煩惱)로 인한 과오이다.'라고 했는데, 그대들은 당시에 무엇으로 말미암아 깨달아 지금 거룩한 과위를 이룬 것인가?"740)

50. 그때 까운디니야741)가 일어나 부처님께 사뢰었다. 〔까운디니야〕 "제가 지금 장로로서 대중 가운데 유독 '앙냐따'라는 이름을 얻은 것은 객진(客塵)이라는 두 글자로 과위를 얻었기 때문입니다. 세존이시여, 예를 들어 여행객이 여관에 투숙하여 잠을 자거나 음식을 먹다가 숙식이 끝나면 행장을 꾸려 편히 머물 겨를이 없이 앞길을 떠나지만, 실제의 주인이라면 갈 필요가 없는 것과 같습니다. 이와 같이 생각하면 머물지 않는 것을 객(客)이라고 하고 머무는

---

738) Mṛgadāya : 리쉬빠따나(Ṛṣipatana)의 녹야원(鹿野園)으로, 부처님이 처음으로 설법한 장소에 세워진 승원이다. 부처님은 우루벨라(Uruvelā)에서 바르고 원만한 깨달음을 이룬 이후, 최초의 설법인 초전법륜을 굴린 장소로 유명하다.

739) Ajñāta : 음사하여 아약다(阿若多)라고 한다. 초전법륜 당시에 귀의한 오비구(五比丘: Kauṇḍiniya, Vappa, Bhaddiya, Mahānāma, Assaji) 가운데 까운디니야를 지칭하는 것인데, AN. I. 23에 따르면, 그는 부처님의 제자 수행승 가운데 '세월을 아는 자 가운데 제일'이다. 그는 앙냐따 까운디니야(Ajñāta Kauṇḍiniya: Aññāta Koṇḍañña)는 한역으로 음사하면 아약다(阿若多) 교진여(憍陳如)라고 하고, 궁극의 앎을 얻은 까운디니야라는 뜻으로 오비구(五比丘) 가운데 가장 먼저 부처님의 가르침을 이해했기 때문에 그렇게 불렸다.

740) 爾時世尊舒兜羅綿網相光手開五輪指. 誨敕阿難及諸大衆. 我初成道於鹿園中. 爲阿若多五比丘等及汝四衆言. 一切衆生不成菩提及阿羅漢. 皆由客塵煩惱所誤. 汝等當時因何開悟今成聖果

741) Kauṇḍiniya : 한역의 교진여(憍陳如)로 앞에 등장한 오비구 가운데 앙냐따 즉, 앙냐따 까운디니야(Ajñāta Kauṇḍiniya: Aññāta Koṇḍañña)이다.

것을 주인(主人)이라고 하는 것이니, 머물지 않는 것을 이름하여 객이라고 해야겠습니다. 또한 날씨가 개어 밝은 태양이 하늘에 떠올라 햇빛이 틈새로 들어와 밝게 비추면 허공 가운데 티끌〔塵〕의 형상이 나타나는데, 티끌은 흔들리지만 허공은 고요한 것과 같습니다. 이렇게 생각해 보면, 맑고 고요한 것은 공(空)이라고 부르고 동요하는 것으로 티끌이라고 부릅니다." 부처님께서 말씀하셨다. 〔세존〕 "그러하다."742)

51. 바로 그때 여래께서는 대중 가운데서 오륜지를 구부렸다가 다시 펴고 폈다가 다시 구부리시며 아난다에게 이르셨다. 〔세존〕 "그대가 지금 무엇을 보는가?" 아난다가 사뢰었다. 〔아난다〕 "저는 여래께서 온갖 보배로운 보륜을 대중 앞에서 열고 닫는 것을 봅니다." 부처님께서 아난다에게 이르셨다. 〔세존〕 "그대가 내가 손을 대중 앞에서 열고 닫는 것을 본다고 하니 그것은 나의 손이 열고 닫는 것인가, 아니면 그대가 보는 것이 열고 닫는 것인가?" 아난다가 사뢰었다. 〔아난다〕 "세존께서 보배로운 손을 대중 가운데서 열고 닫으시니, 제가 여래의 손이 스스로 열고 닫는 것을 본 것이지, 저의 보는 성품이 스스로 열고 닫는 것은 아닙니다."743)

52. 부처님께서 이르셨다. 〔세존〕 "누구의 것이 움직이고 누구의 것이 가만히 있는가?" 아난다가 사뢰었다. 〔아난다〕 "부처님의 손이 가

---

742) 時憍陳那起立白佛. 我今長老於大衆中獨得解名. 因客塵二字成果. 世尊譬如行客投寄旅亭. 或宿或食食宿事畢. 俶裝前途不遑安住. 若實主人自無攸往. 如是思惟不住名客住主人. 以不住者名爲客義. 又如新霽淸暘昇天光入隙中. 發明空中諸有塵相. 塵質搖動虛空寂然. 如是思惟澄寂名空搖動名塵 以搖動者名爲塵義. 佛言如是.

743) 卽時如來於大衆中屈五輪指. 屈已復開開已又屈. 謂阿難言. 汝今何見. 阿難言. 我見如來百寶輪衆中開合. 佛告阿難. . 汝見我手衆中開合. 爲是我手有開有合. 爲復汝見有開有合. 阿難言. 世尊. 寶手衆中開合. 我見如來手自開合 非我見性自開自合.

만히 있지 않지만, 제가 보는 성품도 '고요해졌다.'고 할 것이 없는데, 누구의 것이 '가만히 있지 않는가?'라고 하겠습니까?" 부처님께서 말씀하셨다. 〔세존〕 "그러하다."744)

53. 여래께서는 보륜으로 장식된 손바닥으로부터 한 줄기 보배광명을 날려 아난다의 오른쪽을 비추시니, 즉시 아난다가 머리를 돌려 오른쪽을 보았다. 또 한 줄기 광명을 놓아 아난다의 왼쪽을 비추시니, 즉시 아난다가 머리를 돌려 왼쪽을 보았다.745) 부처님께서 아난다에게 이르셨다. 〔세존〕 "그대의 머리가 오늘 무엇을 원인으로 움직였는가?" 아난다가 사뢰었다. 〔아난다〕 "저는 여래께서 오묘한 보배광명을 놓아 저의 오른쪽, 왼쪽으로 보내셨기 때문에 오른쪽 왼쪽을 보느라고 스스로 머리가 움직였습니다." 〔세존〕 "아난다여, 그대는 부처님의 광명을 보느라고 머리가 오른쪽, 왼쪽으로 움직였다고 하니, 그것은 그대의 머리가 움직인 것인가 아니면 보는 것이 움직인 것인가?" 〔아난다〕 "세존이시여, 저의 머리가 스스로 움직인 것이지, 저의 보는 성품은 애초에 멈춘 일이 없는데, 어느 것이 움직였다고 하겠습니까?" 부처님께서 말씀하셨다. 〔세존〕 "그러하다."746)

54. 이에 여래께서 널리 대중에게 이르셨다. 〔세존〕 "만약 뭇삶들이 움직이는 것으로써 티끌〔塵〕이라고 하고 머물지 않는 것으로써

---

744) 佛言誰動誰靜. 阿難言. 佛手不住而我見性. 尙無有靜 誰爲無住. 佛言如是.

745) 如來於是從輪掌中. 飛一寶光在阿難右. 卽時阿難迴首右盼. 又放一光在阿難左. 阿難又則迴首左盼.

746) 佛告阿難. . 汝頭今日何因搖動. 阿難言. 我見如來出妙寶光來我左右. 故左右觀自搖動. 阿難汝盼佛光左右動頭. 爲汝頭動爲復見動. 世尊我頭自動而我見性. 尙無有止誰爲搖動. 佛言如是.

나그네〔客〕이라고 한다면, 그대들은 아난다의 머리가 스스로 움직이는 것을 보았을 뿐, 보는 것은 움직이지 않았던 것이다. 또한 그대들은 나의 손이 스스로 열고 닫는 것을 보았을 뿐, 보는 것은 폈다 쥐었다 한 것이 아니거늘, 어찌 그대들은 지금 움직이는 것을 몸으로 삼고 움직이는 것을 경계로 삼아, 처음부터 끝까지 생각마다 생멸하며 진실한 성품을 잃어버리고 거꾸로 일을 행하며, 본성의 마음을 잃어버리고 사물을 자기라고 오인하고 그 가운데서 윤회하며 스스로 유전을 선택하는 것인가?"[747]

제2장 깨달음의 본성

1. 〔수능엄경 제2권〕〔팔환변견(八還辨見)〕[748] 〔진실과 허망〕 그때 아난다와 모든 대중들은 부처님의 가르침을 듣고 몸과 마음이 평안해져서 무시이래 본래의 마음을 잃고 전진을 조건으로 잘못 인식하여 환영을 분별하다가 오늘 깨달음을 얻은 것이 마치 젖을 먹지 못했던 아이가 홀연히 자애로운 어머니를 만난 것과 같아, 합장하고 부처님께 예배하고, 여래께서 몸과 마음의, 진(眞)과 망(妄), 허(虛)와 실(實), 그리고 현전하는 생멸(生滅)과 불생불멸(不生不滅)의 두 가지 성품을 밝혀주시길 원하였다.[749]

---

747) (110a)於是如來普告大衆. 若復衆生以搖動者名之爲塵. 以不住者名之爲客. 汝觀阿難頭自動搖見無所動. 又汝觀我手自開合見無舒卷. 云何汝今以動爲身以動爲境. 從始洎終 念念生滅. 遺失眞性顚倒行事. 性心失眞認物爲己. 輪迴是中自取流轉

748) 八還辨見 : 온갖 세간의 여덟 가지로 대변되는 일체의 변화상이 각각 본래의 처소인 인처(因處)로 돌아가지만, 그 반면에 보는 성품인 견성(見性)은 돌아갈 곳이 없는 것을 설한다. §15을 보라.

749) 爾時阿難及諸大衆. 聞佛示誨身心泰然. 念無始來失卻本心. 妄認緣塵分別影事. 今

2 〔생멸과 불멸〕 그때 쁘라쎄나지뜨 왕이 일어나 부처님에게 사뢰었다. 〔쁘라쎄나지뜨〕 "제가 예전에 모든 부처님의 가르침을 받들기 전에 까띠야야나750)와 바이라띠뿌뜨라751)를 만났는데, 모두가 '이 몸이 죽은 뒤에는 단멸하는데, 그것을 이름하여 열반이라고 한다.'라고 했습니다. 제가 비록 부처님을 만났으나 아직 의혹을 떨쳐버리지 못하였으니 어떻게 이 마음이 생멸하지 않는 경지를 증득할 수 있겠습니까? 지금 이 번뇌를 벗어나지 못한 모든 대중은 모두 함께 법문을 듣기를 원합니다."752)

3 부처님께서 대왕에게 이르셨다. 〔세존〕 "그대의 육신이 현존하니, 또한 오늘 그대에게 묻겠습니다. 그대의 이 육신은 금강과 같이 견고하여 썩지 않는 것인가 또는 변하여 허물어지는 것입니까?" 〔쁘라쎄나지뜨〕 "세존이시여, 저의 지금 이 육신은 마침내 변하여

日開悟如失乳兒忽遇慈母. 合掌禮佛. 願聞如來顯出身心眞妄虛實現前生滅與不生滅二發明性.

750) Katyāyana : 한역으로 음사하여 가전연(迦旃延)인데 번역하여 전발(剪髮)이라고 한다. 부처님 당시에 육사외도 가운데 허무주의자 즉 단멸론자였다. 까꾸다 깟차야나(Kakudha Katyāyana)는 유물론적 경향의 사상가로서 땅(地), 물(水), 불(火), 바람(風)의 네 가지 원소 이외에 괴로움(苦), 즐거움(樂), 영혼(命我)의 세 가지 원소를 추가해서 일곱 가지 요소의 실재를 주장했다. 그러나 그가 인정하는 영혼은 물질적인 것으로 지극히 유물론적인 것이며, 이를테면 칼로 사람을 죽여도 다만 날카로운 칼날이 7요소 사이를 통과한 데 불과하다고 주장했다.

751) Vairaṭiputra : 한역으로 음사하여 비라지자(毘羅胝子)라고 하고 번역하여 공성(空城), 부작(不作)이라고 하는데, 싼자야 바이라띠뿌뜨라(Sanjaya Vairaṭiputra)를 말한다. 그는 육사외도 가운데 회의론(懷疑論)을 주장했다. 그의 철학은 모든 판단을 유보하는 현상학과 유사했다. 그는 '뱀장어 통을 뒤집어엎은 듯이 혼란스러운 이론'을 주장했는데, 형이상학적인 문제인 사구분별(四句分別 : 있다, 없다, 있기도 하고 없기도 하다, 있지도 않고 없지도 않다)에 관해 어떠한 궁극적인 판단을 내리길 거부했다. 원래 샤리뿌뜨라와 마우드갈라야나도 그의 제자였으나, 그들은 부처님으로부터 연기의 교설을 듣고 회의론에서 벗어났다.

752) 波斯匿王起立白佛. 我昔未承諸佛誨敕. 見迦旃延毘羅胝子. 咸言此身死後斷滅名爲涅槃. 我雖値佛今猶狐疑. 云何發揮證知此心不生滅地. 令此大衆諸有漏者咸皆願聞:

허물어지는 것입니다." 부처님께서 이르셨다. 〔세존〕 "대왕이여, 그대가 아직 죽지 않았는데, 어찌 죽을 것을 아는 것입니까?" 〔빠라쎄나지뜨〕 "세존이시여, 저는 이 무상하고 변하여 허물어지는 몸이 비록 아직 죽지는 않았으나, 현전에서 생각마다 변천하고 새록새록 달라지는 것이 마치 불이 타서 재가 되는 것처럼 차츰 스러지고 죽어가고, 스러져 죽어가는 것이 쉬지 않으니, 반드시 이 몸도 사라져서 없어질 것이라고 알고 있습니다."[753]

4. 부처님께서 이르셨다. 〔세존〕 "대왕이시여, 그렇습니다. 그대는 지금 나이가 들어 노쇠하였는데, 얼굴 모습이 동자였을 때 어떠하였습니까?" 〔빠라쎄나지뜨〕 "세존이시여, 저는 어렸을 때 피부와 살결이 윤택했습니다. 나이가 들어 장성할 때에는 혈기가 왕성하더니 이제 나이가 먹어 늙어 쇠약해지니 형색이 초췌해지고 정신은 혼미해지고 머리는 희어지고 얼굴은 주름이 잡혀 오래가지 못할 것입니다. 어찌 한창일 때와 비교하겠습니까?"[754]

5. 부처님께서 말씀하셨다. 〔세존〕 "그대의 형색과 용모가 갑자기 늙은 것은 아니지 않습니까?" 왕이 사뢰었다. 〔빠라쎄나지뜨〕 "세존이시여, 변화가 모르는 사이에 와서 저는 실로 자각하지 못했고, 추위와 더위가 바뀌면서 점차 여기까지 이르렀습니다. 그것은 무슨 까닭입니까? 제가 나이가 스무 살 때에는 비록 어려도 얼굴 모습은

---

753) 佛告大王汝身現存今復問汝. 汝此肉身爲同金剛常住不朽. 爲復變壞. 世尊我今此身終從變滅 佛言大王汝未曾滅云何知滅. 世尊我此無常變壞之身. 雖未曾滅我觀現前. 念念遷謝(110b)新新不住. 如火成灰漸漸銷殞. 殞亡不息. 決知此身當從滅盡.

754) 佛言如是大王. 汝今生齡已從衰老. 顏貌何如童子之時. 世尊我昔孩孺膚腠潤澤. 年至長成血氣充滿. 而今頹齡迫於衰耄. 形色枯悴精神昏昧. 髮白面皺逮將不久. 如何見比充盛之時.

초년의 열 살보다는 늙었고, 서른 살 때에는 스무 살 때보다 늙었고, 이제 예순에 두 살이 지나고 보니, 쉰 살 때가 훨씬 건강하였습니다. 세존이시여, 제가 모르는 사이에 변화하여 비록 이렇게 조락한 것이 기간을 십년에 한정하여 변천한 것이지만, 다시 제가 자세히 생각해 보면, 그 변화가 어찌 십년, 이십년뿐이겠습니까? 실로 해마다 변하였습니다. 어찌 해마다 변했겠습니까? 또한 달마다 변하였습니다. 어찌 달마다 변했겠습니까? 또한 날마다 변하였습니다. 깊이 그 진리를 살펴보면 찰나찰나 변하였고, 순간순간 머문 적이 없습니다. 그러므로 저는 이 육신이 마침내 변하여 소멸한다고 아는 것입니다."[755]

6. 부처님께서 이르셨다. 〔세존〕 "대왕이여, 그대가 변천하여 머물러 있지 않은 것을 보고 그대가 멸할 것을 알고 있는데, 또한 멸할 때에 그대의 몸 가운데 불멸하는 것이 있는 것을 알고 있습니까?" 쁘라세나찌뜨 왕은 합장하여 부처님에게 사뢰었다. 〔쁘라쎄나지뜨〕 "저는 사실 그것을 알지 못합니다." 부처님께서 이르셨다. 〔세존〕 "내가 지금 그대에게 불생불멸의 성품을 보여주겠습니다. 대왕이여, 그대가 나이 몇 살 때에 항하의 물을 보았습니까?" 왕이 사뢰었다. 〔쁘라쎄나지뜨〕 "제가 세 살 때에 어머니께서 저를 대리고 지바[756] 신에게 참배할 때에 그 강을 건넜는데 그때에 그것이 항하

755) 佛言大王汝之形容應不頓朽. 王言世尊變化密移我誠不覺. 寒暑遷流漸至於此. 何以故我年二十雖號年少. 顏貌已老初十年時. 三十之年又衰二十. 于今六十又過于二. 觀五十時宛然强壯. 世尊我見密移雖此殂落. 其間流易且限十年. 若復令我微細思惟. 其變寧唯一紀二紀實爲年變. 豈唯年變亦兼月化. 何直月化兼又日遷. 沈思諦觀刹那刹那. 念念之間不得停住. 故知我身終從變滅.

756) 지바(Jīva) : 한역에서는 기바천(耆婆天)이라고 한다. 제석천을 좌우에서 모시는 천신들인데, 인도 신화에서는 폭풍의 신 마루뜨(Marut)의 별칭이다.

인 것을 알았습니다."[757]

7. 부처님께서 말씀하셨다. 〔세존〕 "대왕이여, 그대가 말한 바와 같이 스무 살때에는 열 살때보다 늙었고 내지 예순 살에 이르기까지 해마다 달마다 순간순간 변천하였는데, 그대가 세 살 때에 그 강을 보았는데, 열세 살에 이르러 강물은 어떠하였습니까?" 왕이 사뢰었다. 〔쁘라쎄나지뜨〕 "세 살 때와 전혀 차이가 없었습니다. 내지 지금 예순두 살이 되었는데, 역시 차이가 없습니다." 부처님께서 말씀하셨다. 〔세존〕 "그대가 지금 머리가 희어지고 얼굴이 주름진 것을 스스로 안타까워하는데, 그 얼굴은 반드시 어렸을 때보다 주름졌으나, 그대가 지금 항하 강의 물을 보는 것이 늙어졌습니까? 왕이 사뢰었다. 〔쁘라쎄나지뜨〕 "세존이시여, 그렇지 않습니다."[758]

8. 〔견정의 불변성〕 부처님께서 말씀하셨다. 〔세존〕 "대왕이여, 그대의 얼굴이 비록 주름졌으나, 그 견정(見精)[759]은 그 본성이 주름지는 것이 아닙니다. 주름지는 것은 변화하는 것이지만, 주름지지 않는 것은 변화하는 것이 아닙니다. 변화하는 것은 멸하게 되지만 변화하지 않는 것은 원래 생멸이 없는 것입니다. 어찌하여 그대는 그 가운데 생사를 받아들여 오히려 저 마쓰까리[760] 등의 말을

757) 佛言大王汝見變化遷改不停. 悟知汝滅亦於滅時. 知汝身中有不滅耶. 波斯匿王合掌白佛我實不知. 佛言我今示汝不生滅性. 大王汝年幾時見恒河水. 王言我生三歲慈母攜我. 謁耆婆天經過此流. 爾時卽知是恒河水.

758) 佛言大王如汝所說. 二十之時衰於十歲. 乃至六十日月歲時念念遷變. 則汝三歲見此河時. 至年十三其水云何. 王言如三歲時宛然無異. 乃至于今年六十二亦無有異. 佛言汝今自傷髮白面皺. 其面必定皺於童年. 則汝今時觀此恒河. 與昔童時觀河之見有童耄不. 王言不也世尊.

759) 見精 : 이 책『수능엄경』제5장§21과 그 주석을 보라.

760) Maskārī : 마쓰까리 고샬리뿌뜨라(Maskārī Gośālīputra: *pali.* Makkhali Gosāla)의 약칭이다. 음사하여 말가리구사리(末伽黎拘賖梨) 또는 말가리(末伽黎)라고 한다.

인용하여 이 육신이 죽은 뒤에 단멸한다고 말합니까?" 왕은 그 말을 듣고 이 몸이 죽은 뒤에 이생을 버리고 다른 생을 취한다는 사실을 믿어 알고 모든 대중과 더불어 경이로운 것을 얻어 용약하고 환희했다.761)

9. 〔불생불멸의 이치〕 아난다가 자리에서 일어나 부처님께 예배하고 합장한 뒤에 장궤를 하고 부처님께 사뢰었다. 〔아난다〕 "세존이시여, 만약 이 보고 듣는 것이 반드시 생멸하지 않는다면, 어찌 세존께서는 저희들의 무리가 참 성품을 잃어버리고 전도된 일을 한다고 했습니까? 원컨대 자비로써 저의 찌든 때를 씻어주십시오." 바

그의 빠알리어 명칭은 막칼리 고쌀라이다. 그는 육사외도(六師外道) 가운데 한 사람이고, 사명외도(邪命外道 : Ājīvika)라고 불리는 결정론자로서 모든 존재는 '결정과 종과 자연의 본성'(niyatisaṅgatibhāvapariṇatā)에 의해 지배된다고 주장했다. '모든 동물, 모든 유정, 모든 존재, 모든 생명은 … 결정과 종과 자연의 본성에 의해서 서로 변이하여 여섯 가지 종류에 따라서 즐거움과 괴로움을 받는다.(sabbe sattā sabbe pāṇā sabbe bhūtā sabbe jīvā.… niyatisaṅgatibhāvapariṇatā chass evābhijātisu sukhadukkhaṁ paṭisaṁvedenti: DN. I. 53)' 마쓰까리 고샬리의 결정론이 유물론적이든 그렇지 않든 간에 모든 사건의 원인과 결과들이 강하게 결정되어 있는 것을 너무 강조한 나머지 모든 사건들이 미리 결정되어 있으며 운명지어있다는 것을 강조했다. 운명은 신들의 힘과 권능뿐만 아니라 인간의 모든 노력을 넘어서는 것이다. 그러나 이러한 너무 극단적인 결정론은 무조건적 결정론으로 무인론(ahetuvāda)이며, 결과적으로 무인무연론(無因無緣論)이 될 수밖에 없었다. '유정의 염오(染汚)에는 원인도 없고 조건도 없다. 유정은 무원인, 무조건적으로 오염된다. 유정의 청정에도 원인도 없고 조건도 없다. 유정은 무원인, 무조건적으로 청정해진다.(n'atthi hetu n'atthi paccayo sattānaṁ saṁkilesāya, ahetuapccayā sattā saṁkilesanti. n'atthi hetu n'atthi paccayo sattānaṁ visuddhiyā, ahetupaccayā sattā visujjhanti. DN. I. 53)' 그리고 그에 의하면 인간과 세계는 마치 실타래가 던져졌을 때 완전히 풀릴 때까지 풀려나가듯이(seyyathā pi nāma suttaguḷe khitte nibbeṭhiyamānaṁ eva phaleti: DN. I. 53) 가차없는 목적론과 일치하는 무자비한 과정의 산물이다. 마쓰까리 고샬리의 주장은 인과법칙의 가혹함에서 연원된 것이다. 그러나 이러한 숙명론은 결과적으로 정신적인 인과성에서 자명한 자유의지마저 부정할 수밖에 없었다.

761) 佛言大王汝面雖皺. (110c)而此見精性未曾皺。皺者爲變不皺非變。變者受滅彼不變者元無生滅。云何於中受汝生死。而猶引彼末伽黎等。都言此身死後全滅。王聞是言信知身後捨生趣生。與諸大衆踊躍歡喜得未曾有。

로 즉시 여래께서는 금빛 팔을 드리우고 수레바퀴가 아로새겨진 손으로 아래를 가르키면서 아난다에게 이르셨다. 〔세존〕 "그대는 지금 나의 무드라를 취한 손이 바로 되었는지 거꾸로 되었는지 보는가?" 아난다가 사뢰었다. 〔아난다〕 "세간의 뭇삶들은 그것은 거꾸로 된 것이라고 하겠으나, 저는 어느 것이 바로 된 것이고 어느 것이 거꾸로 된 것인지 알지 못하겠습니다."762)

10. 부처님께서 아난다에게 말씀하셨다. 〔세존〕 "만약 세상 사람들이 이것을 거꾸로 된 것이라고 한다면 세상 사람들은 어떠한 것을 바로 된 것이라고 하겠는가?" 아난다가 사뢰었다. 〔아난다〕 "여래께서 팔을 드리우고 도라면 같은 손이 위로 허공을 향해 가르키면, 바른 것이라고 할 것입니다." 부처님께서는 팔을 드리우고 아난다에게 이르셨다. 〔세존〕 "이와 같이 전도라는 것은 머리와 꼬리가 뒤바뀐 것뿐인데, 모든 세상 사람들은 한번 보고 한번 달리 보는 것이다. 그런즉, 바로 알아야 한다. 그대의 몸을 모든 여래의 청정법신과 비교하여 밝혀보면, 여래의 몸은 '올바로 원만히 깨달은 자'라고 하고 그대들의 몸은 '본성이 전도된 자'라고 부르는 것이다. 그대 나름대로 생각해 보라. 그대의 몸과 부처님의 몸에서 전도된 것이라고 한다면, 어느 곳을 전도된 것이라고 하는가?"763)

11. 그때 아난다는 모든 대중과 더불어 멀건이 부처님을 쳐다보면서

---

762) 阿難卽從座起禮佛. 合掌長跪白佛世尊. 若此見聞必不生滅. 云何世尊名我等輩. 遺失眞性顚倒行事. 願興慈悲洗我塵垢 卽時如來垂金色臂. 輪手下指示阿難言. 汝今見我母陀羅手爲正爲倒. 阿難言. 世間衆生以此爲倒. 而我不知誰正誰倒.

763) 佛告阿難. 若世間人以此爲倒. 卽世間人將何爲正. 阿難言. 如來竪臂兜羅綿手. 上指於空則名爲正. 佛卽竪臂告阿難言. 若此顚倒首尾相換. 諸世間人一倍瞻視. 則知汝身與諸如來. 清淨法身比類發明. 如來之身名正遍知. 汝等之身號性顚倒. 隨汝諦觀汝身佛身. 稱顚倒者名字何處號爲顚倒.

눈을 깜박이지도 못하고 몸과 마음이 전도된 것을 알지 못하였다. 부처님께서는 자비로 아난다와 모든 뭇삶들을 애민하게 여기시어 해조음(海潮音)[764]으로 널리 회중에게 이르셨다. 〔세존〕 "모든 훌륭한 가문의 아들들이여, 나는 항상 물질〔色〕[765]과 마음〔心〕[766] 내지 모든 반연〔諸緣〕,[767] 마음의 작용〔心所使〕[768]과 모든 조건지어진 대상〔諸所緣法〕[769]은 오직 마음에서 나타난 것이라고 말하였다. 그대의 몸과 그대의 마음은 모두 오묘하고 밝고 참되고 정묘한 마음속에서 나타난 현상인데, 어찌하여 그대들은 본래 오묘하고 원묘하고 밝은 마음과 보배로운 밝고 오묘한 성품을 잃어버리고 깨달음 가운데 미혹만을 인정하는 것인가? 흑암이 허공이 되고 허공이 흑암 가운데 어둠과 결합하여 물질이 되었으니, 그 물질이 망상과 뒤섞여 지각하는 현상이 몸이 되고, 온갖 조건이 모여 안으로 흔들리고 밖으로 내달리며, 혼미하고 어지러운 현상이 심성이 된다. 한번 헷갈린 것이 마음이 되고 마침내 미혹되어 물질적인 몸의 내부가 되고, 물질적인 몸의 밖에 있는 산하와 허공과 대지가 모두 영묘

---

764) 海潮音 : 쓰와하(svāhā) 즉, 사바하(娑婆訶)를 지칭한다. 이 책의 『수능엄해제』 제2장§10-14를 참조하라.

765) 色 : Ig. 104의 계환해에 따르면, 다섯 가지 감관[五根]과 여섯 가지 경계[六塵]를 통틀어 말한 것이다.

766) 心 : Ig. 104의 계환해에 따르면, 심왕(心王)으로 육식과 팔식을 통틀어 말한 것이다.

767) 諸緣 : Ig. 104의 계환해에 따르면, 감관[根]과 의식[識]으로 반연하는 바의 모든 법으로 능소(能所)의 제법을 말한다.

768) 心所使 : Ig. 104의 계환해에 따르면, 선악의 행업으로 사(思)와 상(想)을 짓는 것으로, 인식의 대상인 소연(所緣)과는 반대로 능연(能緣)으로 작용하는 심소법(心所法)을 의미한다.

769) 諸所緣法 : Ig. 105의 계환해에 따르면, 산하대지와 명암과 색공의 성상과 옳고 그른 인과 등은 모든 인식의 대상을 의미한다.

하고 밝은 진심(眞心) 가운데 있는 것인 줄 모른다. 예를 들어, 맑고 깨끗한 백천의 큰 바다를 버리고 오로지 하나의 물거품을 바다로 오인하고, 전체 파도로써 바다가 다했다고 보는 것이다. 그대들은 미혹한 자들 가운데 미혹한 자들이니, 내가 손을 드리워 아래로 내린 것과 다름없다. 여래가 가련한 자들이라고 하는 것이다."770)

12. 〔반연하는 마음〕 아난다가 부처님께서 애민히 여겨 구원해주시는 심오한 가르침을 받들고 눈물을 떨구며 합장하고 부처님께 사뢰었다. 〔아난다〕 "제가 비록 부처님의 이와 같은 승묘한 음성을 받들어, 영묘하고 밝은 마음의 원래 원만상주하는 마음의 경지를 깨우쳤으나, 제가 부처님께서 현재 설법하는 음성을 아는 것도 반연하는 마음771)이고 진실로 우러러 보는 것도 한갓 이 마음을 얻어서 하는 짓이오니, 감히 이 마음을 본래의 마음의 경지라고 인정하지 못하겠습니다. 원컨대 부처님께서는 애민히 여기시어 원음을 베풀어 저의 의심을 끊고 위없는 도를 이루게 하소서."772)

13. 부처님께서 아난다에게 말씀하셨다. 〔세존〕 "그대들이 아직 반

---

770) 于時阿難與諸大衆. 瞪瞢瞻佛目精不瞬. 不知身心顚倒所在. 佛興慈悲哀愍阿難及諸大衆. 發海潮音遍告同會. 諸善男子我常說言. 色心諸緣及心所使諸所緣法唯心所現. 汝身汝心皆是妙明眞精妙心中所現物. 云何汝等遺失本妙圓妙明心寶明妙性. 認悟中迷. 晦昧爲空. 空晦暗中結暗爲色. 色雜妄想想相爲身. 聚緣內搖趣外奔逸. 昏擾擾相以爲心性. 一迷爲心. 決定惑爲色身之內. 不知色身外泊山河虛空大地. 咸是妙明眞心中物. 譬如澄淸百千大海. 棄之唯認一浮漚(111a)體. 目爲全潮窮盡瀛渤. 汝等卽是迷中倍人. 如我垂手等無差別. 如來說爲可憐愍者.

771) 攀緣心 : Unh. 30에 따르면, 여섯 감관의 대상[六塵]을 조건으로 생겨나는 의식[六識]으로 망상심을 말한다. 원숭이가 나무에 오르고 자벌레가 나뭇가지에 의지하는 것처럼 조건에 의지하는 마음을 뜻한다.

772) 阿難承佛悲救深誨. 垂泣叉手而白佛言. 我雖承佛如是妙音. 悟妙明心元所圓滿常住心地. 而我悟佛現說法音. 現以緣心允所瞻仰. 徒獲此心未敢認爲本元心地. 願佛哀愍宣示圓音. 拔我疑根歸無上道

연하는 마음으로 가르침을 듣는데, 그 가르침 또한 반연에 의한 것이고 법성을 얻은 것은 아니다. 마치 어떤 사람이 손으로 달을 다른 사람에게 가리키면, 그 사람은 손가락으로 인해서 달을 보아야 할 것이다. 만약에 손가락을 보고 달이라고 한다면, 그 사람은 어찌 달만을 잃을 것인가 손가락 또한 잃을 것이다. 그것은 무슨 까닭인가? 표지로서 명월을 삼은 까닭에, 어찌 손가락만을 잃을 것인가? 밝은 것과 더불어 어두운 것도 알아보지 못하는 것이다. 그것은 무슨 까닭인가? 손가락으로써 달의 밝은 성품이라고 하니, 밝음과 어둠의 두 성품을 모르는 까닭이다. 그대도 역시 그와 같다."773)

14. 〔분별하는 마음〕 "만약 나의 설법하는 음성을 분별하는 것을 그대의 마음이라고 한다면, 그 마음이 음성을 분별하는 것을 떠나서도 분별하는 성품이 있어야 한다. 예를 들어, 객이 여관에 묵기 위해 잠시 머물고 문득 떠나가면, 상주하는 것은 아니지만, 여관을 관리하는 사람은 떠날 필요가 없어 여관의 주인이라고 하는 것과 같다. 이 마음도 이와 같아서 참마음이라면 그대의 마음은 떠나가는 바가 없어야 한다. 그런데 어찌 음성을 떠나서 분별하는 성품이 없는가? 이것이 어찌 오직 소리만을 분별하는 마음뿐이겠는가? 나의 얼굴을 분별하는 것도 색상을 떠나면 분별하는 성품이 없고, 이와 같이 나아가 분별이 모두 없어지면, 물질도 아니고 허공도 아니므로774) 고살리775) 등이 아득하여 명제(冥諦)776)라고 하는

---

773) 佛告阿難. 汝等尙以緣心聽法. 此法亦緣非得法性. 如人以手指月示人. 彼人因指當應看月. 若復觀指以爲月體. 此人豈唯亡失月輪亦亡其指. 何以故. 以所標指爲明月故. 豈唯亡指. 亦復不識明之與暗. 何以故. 卽以指體爲月明性. 明暗二性無所了故. 汝亦如是.

774) 非色非空 : Unh. 55에 따르면, 삼매 중의 독두의식(獨頭意識)을 말하는 것이다. 육진(六塵)의 거친 양상을 여의었으므로 물질[色]이 아니고, 유한(幽閒)의 미세한 경

것이다. 온갖 법연을 떠나서는 분별하는 성품이 없는 것이다. 곧 그대의 마음의 성품 각기 돌아갈 곳이 있으니, 어찌 주인이라고 하겠는가?"777)

15. 〔팔환변견(八還辨見)〕 아난다가 사뢰었다. 〔아난다〕 "저의 마음의 성품이 각기 돌아갈 곳이 있다면, 바로 여래께서 설한 영묘하고 밝은 마음은 어디로 돌아갈 곳이 있지 않습니까? 오직 애민하게 여겨 저에게 말씀해주십시오." 부처님께서 아난다에게 말씀하셨다. 〔세존〕 "또한 그대가 나를 볼 때 보는 것의 정명한 본원인 이 보는 것은 비록 승묘하고 정명한 마음은 아닐 지라도 두 번째 달〔第二月〕778)과 같은 것으로서 달의 그림자는 아닌 것이다. 그대가 자세히 들어라. 지금 그대에게 돌아갈 곳이 없음을 보여주겠다. 아난다여, 이 큰 강당은 열려있어 해가 하늘에 떠오르면 밝음이지만, 한밤중 그믐날에 구름과 안개가 자욱하면 어두움이다. 창호의 틈으로는 소통을 보지만, 담장으로는 폐색을 보는 것이다. 또한 분별이 있

계가 있으니 허공[空]이 아니다.

775) Gośāli; 음사하여 구사리(拘舍離)라고 하고 우사(牛舍)라고 번역하는데, 마쓰까리 고샬리뿌뜨라(Maskārī Gośālīputra: *pali.* Makkhali Gosāla)의 약칭이다. 이 책『수능엄경』제2장§8의 주석을 참조.

776) 冥諦 : 수론외도(數論外道 : Sāṃkhya)가 주장하는 스물다섯 가지 원리(二十五諦) 가운데 제일원리로서의 물질(Prakṛti)을 뜻한다.

777) 若以分別我說法音爲汝心者. 此心自應離分別音有分別性. 譬如有客寄宿旅亭. 暫止便去終不常住. 而掌亭人都無所去名爲亭主. 此亦如是若眞. 汝心則無所去. 云何離聲無分別性. 斯則豈唯聲分別心. 分別我容離諸色相無分別性. 如是乃至分別都無非色非空. 拘舍離等昧爲冥諦 離諸法緣無分別性. 則汝心性各有所還云何爲主.

778) 第二月 : Unh. 56에 따르면, 두 번째 달이란 손가락으로 눈을 누르고 달을 보면 본래의 달 곁에 한 개의 달을 보는 것을 뜻한다. '보는 것의 정명한 본원[見精明元]'을 비유한 것이다. 이 두 번째의 달은 본래의 달 밖에 본체가 있는 것이 아니고 손으로 누른 것만 제외하면 본래의 달이니, '보는 것의 정명한 본원'은 진심(眞心)은 아니지만, 누르는 무명만 없어지면, 곧 진심이다.

는 곳에서는 조건을 보지만, 텅빔 가운데는 두루 있는 공성(空性)을 보고, 흙비의 모양에서는 티끌이 얽혀있는 것을 보고, 청명하여 운예가 걷히면 청정을 본다. 아난다여, 그대가 이러한 여러 가지 변화의 양상을 모두 살펴보아라. 내가 오늘 각기 본래 인연이 있는 곳으로 돌아가게 할 것이다. 무엇이 본래 인연이 있는 곳인가? 이 모든 변화 가운데 밝은 것은 태양으로 돌아간다. 그것은 무슨 까닭인가? 태양이 없으면 밝지 못할 것이니, 밝음의 원인은 태양에 속한다. 그러므로 ① 밝음은 태양으로 돌아가는 것이고 ② 어둠은 흑월로 돌아간다. ③ 소통은 창호로 돌아가고 ④ 폐색은 담장으로 돌아가고, ⑤ 조건은 분별로 돌아가고, ⑥ 텅빔은 허공으로 돌아가고, ⑦ 흙비는 티끌로 돌아가고, ⑧ 청명은 쾌청으로 돌아가니, 온갖 세간의 일체가 이러한 종류에서 벗어나지 못한다."[779]

16. "그대가 보건대 여덟 가지[780]를 보는 것의 정명한 성품은 어디로 돌아가겠는가? 그것은 무슨 까닭인가? 만약 밝음으로 돌아간다면, 밝지 않을 때에는 어둠을 다시 보지 못할 것이다. 비록 밝음과 어둠 등이 갖가지 차별이 있더라도 보는 것에는 차별이 없는 것이다. 여러 가지로 돌아갈 수 있는 곳이 있다면 그것은 자연히 그대가 아닐 것이며, 그대에게 돌아갈 수 없는 곳이 있다면, 그것은 그

---

779) 阿難言. 若我心性各有所還. 則如來說妙明元心云何無還. 惟垂哀愍爲我宣說. 佛告阿難. 且汝見我見精明元. 此見雖非妙精明心. 如第二月非是月影. 汝應諦聽今當示汝無所還地. 阿難此大講堂洞開東方. 日輪昇天則有明耀. 中夜黑月雲霧晦暝則復昏暗. 戶牖之隙則復見通. 牆宇之間則復觀擁. 分別之處則復見緣. 頑虛之中遍是空(111b)性. 鬱't之象則紆昏塵. 澄霽斂氛又觀淸淨. 阿難汝咸看此諸變化相. 吾今各還本所因處. 云何本因. 阿難此諸變化明還日輪. 何以故. 無日不明明因屬日. 是故還日暗還黑月. 通還戶牖擁還牆宇. 緣還分別頑虛還空. 鬱't還塵淸明還霽. 則諸世間一切所有不出斯類.

780) 八種 : 여덟 가지는 앞 문단의 번호를 매긴 여덟 가지를 뜻한다.

대가 아니고 누구이겠는가? 바로 그대의 마음이 본래영묘하고 밝고 맑은 것인데, 그대가 스스로 미혹하여 근본을 잃고 윤회를 받아들여 생사에 빠져 항상 표류하고 있는 것이다. 그러므로 여래는 가련하다고 하는 것이다."781)

17. 〔견성무환〕 아난다가 사뢰었다. 〔아난다〕 "제가 비록 이 '보는 성품이 돌아갈 곳이 없다는 것' 즉, 견성무환(見性無還)을 인식하지만, 어떻게 그것이 저의 참성품인 것을 알 수 있습니까?" 부처님께서 아난다에게 말씀하셨다. 〔세존〕 "내가 오늘 그대에게 묻겠다. 지금 그대가 아직 번뇌가 없는 청정을 얻지 못하였으나782) 부처님의 위신력으로 초선천(初禪天)783)을 보는데 장애가 없고, 아누룻다784)는 이 염부제785)를 보기를 마치 손바닥 가운데 아말라786)

---

781) 汝見八種見精明性當欲誰還. 何以故. 若還於明. 則不明時無復見暗. 雖明暗等種種差別見無差別. 諸可還者自然非汝. 不汝還者非汝而誰. 則知汝心本妙明淨. 汝自迷悶喪本受輪. 於生死中常被漂溺. 是故如來名可憐愍:

782) 未得無漏淸淨 : Unh. 59에 따르면, 아난다는 성문사과(聲聞四果) 가운데 수다원(須陀洹; 흐름에 든 경지)을 증득하여 견도혹(見道惑)을 끊었으나 수도혹(修道惑)을 끊지 못해, 번뇌가 없는 무루(無漏)를 얻지 못했다.

783) 初禪天 : 이 책의 부록 「불교의 세계관·우주관」을 참조하라.

784) Anuruddha; 음사하여 아나율阿那律) 또는 阿那律陀이라고 하는데, 부처님의 십대제자 가운데 한 분이다. 부처님의 제자 수행승 가운데 '하늘눈을 지닌 자 가운데 제일'이다. 아누룻다는 부처님의 사촌으로 아므리또다나(Amṛtodana)의 아들이자 마하나마의 형제였다. 부처님의 소식을 듣고 마하나마가 그에게 출가를 제안했으나 궁중의 화려한 생활을 포기할 수 없어 거부했다. 그러나 결국에는 제안을 받아들여 조카인 밧디야(Bhaddiya)와 함께 출가했다. 출가하여 잠을 많이 자다가 부처님으로부터 꾸지람을 얻어 자지 않고 정진하다가 눈이 멀었으나 천안통(天眼通)을 얻었다.

785) 閻浮提 : 범어 잠부드위빠(Jambudvipa, Jambudīpa)를 음사한 것이다. 장미사과나무(Eugenia jambolana)의 섬이라는 뜻으로 수미산 남쪽에 있는 남섬부주(南贍部洲)인 이 세상을 지칭하는 것이다.

786) 아말라(Āmala; 菴摩羅)는 아말라(阿末羅) 또는 아마라(阿摩羅)라고 음역하고 무구(無垢)라고 번역하는 큰 낙엽수로 약용이나 염료 또는 그 유피(柔皮)를 만드는 데 사용하고 꽃은 방상화(房狀花)이고 열매는 호도와 비슷하다.

열매를 보듯 하고, 모든 보살 등은 백 천의 세계를 보고, 시방여래는 티끌처럼 많은 청정국토를 남김없이 보지 못하는 곳이 없지만, 그러나 뭇삶들이 보는 것은 한 치도 되지 못한다."787)

18. "아난다여, 또한 내가 그대와 함께 사천왕(四天王)788)이 거주하는 궁전을 보면서 중간에 물과 육지와 허공을 다니는 것들을 두루 살펴보니 비록 어둡고 밝은 갖가지 형상이 있었는데, 전진(前塵)의 장애를 분별하는 것이 아닌 것이 없었다. 그대가 여기서 나와 남을 분별해 보라. 지금 내가 그대가 보는 것 가운데 어느 것이 나의 본체이고 어느 것이 사물(物象)인지 가려줄 것이니, 아난다여, 그대가 그 근원을 끝까지 찾아보라. 해와 달의 궁전부터 사물이지 그대가 아니니, 칠금산(七金山)789)에 이르기까지 두루 관찰하여도 비록 갖가지 빛깔이 다르지만 역시 사물이지 그대가 아니다. 다시 점차 관찰하여 구름이 일고 새가 날고 바람이 불고 먼지가 이는 것과 산천초목과 풀과 지푸라기, 사람과 짐승 모두가 사물이지 그대는 아니다."790)

---

787) 阿難言. 我雖識此見性無還. 云何得知是我眞性佛告阿難. 吾今問汝. 今汝未得無漏清淨. 承佛神力見於初禪得無障礙. 而阿那律見閻浮提. 如觀掌中菴摩羅果. 諸菩薩等見百千界. 十方如來窮盡微塵清淨國土無所不矚. 衆生洞視不過分寸.

788) 四天王 : 네 위대한 왕들의 하늘나라의 왕들은 감각적 쾌락의 욕망계의 최하층의 하늘나라에 거주하는 신들을 말한다. 네 하늘의 사방을 지키는 안내자들이 있는 감각적 쾌락의 욕망의 세계에 속하는 하늘나라이다. 동방의 지국천왕(持國天王)은 천상의 음악가들인 건달바(SD. 295참조)들을, 남방의 증장천왕(增長天王)는 산이나 들의 숨겨진 보물을 관리하는 꿈반다(SD. 200참조)들을, 서방의 광목천왕(廣目天王)는 용(Nāga)들을, 북방의 다문천왕(多聞天王)는 야차(SD. 153-154참조)들을 통치한다. 이곳의 천인들은 인간처럼 부부 간의 음욕이 있으나 사음을 하지 않는다. 이하의 천상세계에 대해서는 이 책의 부록 「불교의 세계관 · 우주관」을 살펴보라.

789) 七金山 : 수미산을 중심으로 일곱 겹으로 둘려있는 산이다. 지쌍산(持雙山), 지축산(持軸山), 첨목산(檐木山), 선견산(善見山), 마이산(馬耳山), 상비산(象鼻山), 어취산(語嘴山)

19. 〔견성비물(見性非物)〕 "아난다여, 이 가깝고 먼데 있는 모든 사물의 성질은 비록 차이가 있더라도 똑같이 그대의 청정한 견정(見精)791)으로 보는 것〔見〕이니, 모든 물류는 스스로 차별이 있을지언정, 보는 성품에는 차별이 없는 것이다. 이 견정의 정묘한 밝음이 바로 그대가 보는 성품이다. 만약에 보는 것〔見〕이 사물이라면, 그대 또한 내가 보는 것을 볼 수 있어야 한다. 만약에 동일한 것을 보았다고 해서 나를 보았다고 한다면, 내가 보지 않을 때, 어찌 내가 보지 않는 곳을 보지 못하는가? 만약 내가 보지 않는 곳을 본다면, 자연히 그것은 보지 못하는 곳의 상태는 아닌 것이다. 만약 내가 보지 못하는 곳을 그대가 보지 못한다면, 자연히 사물이 아닐 것인데 어찌 그것이 그대가 아니겠는가?"792)

20. "또한 그대가 지금 사물을 볼 때에 그대가 이미 사물을 보았다면, 사물도 역시 그대를 보았어야 한다. 그렇다면 물체와 심성이 어지럽게 섞여 그대와 나와 더불어 모든 세상이 안립하지 못할 것이다. 아난다여, 만약 그대가 볼 때 그것은 그대이지 내가 아니니, 보는 성품이 두루 편재하는데, 그것이 그대가 아니고 누구이겠는가? 어찌 스스로 그대의 참성품 즉, 진성(眞性)을 의심하여 그 성품이

---

790) 阿難且吾與汝觀四天王所住宮殿. 中間遍覽水陸空行. 雖有昏明種種形像. 無非前塵分別留礙. 汝應於此分別自他. 今吾將汝擇於見中. 誰是我體誰爲物象. 阿難極汝見源. 從日月宮是物非汝. 至七金山周遍諦觀. 雖種種光亦物非汝. 漸漸更觀雲騰鳥飛. 風動塵起樹木山川. 草芥人畜咸物非汝.

791) 見精 : 이 책『수능엄경』제5장§21과 그 주석을 보라.

792) 阿難是諸近遠諸有物性. 雖復差殊同汝見精淸淨所矚. 則諸物類自有差別見性無殊. 此精妙明誠汝見性. 若見是物則汝亦可見吾之見. 若同見者名爲見吾(111c) 吾不見時何不見吾不見之處. 若見不見自然非彼不見之相. 若不見吾不見之地. 自然非物云何非汝: Ig. 119의 계환해에 따르면, 보는 것[見]이 사물에 집착하지 않으면, 그것이 그대로 그대의 진성(眞性)이다.

참성품이 아닌 양 나에게 진실을 구하는가?"[793]

21. 〔차별상의 육진경계〕 아난다가 부처님께서 사뢰었다. 〔아난다〕 "세존이시여, 만약 이 보는 성품이 나요 다른 것이 아니라면, 제가 여래와 함께 사천왕의 수승하고 장엄한 승장궁전(勝藏宮殿)[794]을 보느라 일월궁(日月宮)에 있을 때에, 그 보는 것이 두루 원만하여 사바세계(娑婆世界)[795]에 두루했습니다. 정사에 돌아오니 단지 가람(伽藍)[796]만이 보이고 청정한 마음으로 방안에 있을 때는 단지 처마만이 보입니다. 세존이시여, 그 보는 것이 이와 같으니, 그 본체가 본래 두루 세계에 편재해 있지만, 지금은 방안에 있으니 오직 한 방에 가득 찼는데, 그렇다면 다시 그 보는 것이 줄어들어 작아진 것입니까? 아니면 담과 지붕이 가리어 단절된 것입니까? 저는 지금 그 이치가 어디에 있는지 알지 못하겠습니다. 원컨대 크나큰 자비를 베풀어 저에게 일러주시기 바랍니다."[797]

22. 부처님께서 아난다에게 말씀하셨다. 〔세존〕 "일체세간의 크거나 작고 안이거나 밖이거나 모든 일들이 각각 전진(前塵)의 경계에 달린 것이어서 보는 것이 늘어나거나 축소되는 것이라고 할 수가

---

793) 又則汝今見物之時. 汝旣見物物亦見汝. 體性紛雜則汝與我. 幷諸世間不成安立. 阿難若汝見時是汝非我. 見性周遍非汝而誰. 云何自疑汝之眞性. 性汝不眞取我求實.

794) 勝藏宮殿 : 사천왕의 보배궁전을 말한다.

795) 娑婆世界 : 범어로 싸하로까다뚜(sahālokadhātu)라고 하는데, 싸하(sahā)는 대지(大地)라는 뜻과 능인(能忍)이라는 뜻을 모두 갖고 있어 싸하로까다뚜는 인간이 사는 이 세계를 뜻하는 것이다.

796) 伽藍 : 범어 쌍가라마(Saṅghārāma)를 승가라마(僧伽藍摩)라고 음사하는데 이것을 줄임말이다. 번역하면 승원(僧園)이다.

797) 阿難白佛言世尊. 若此見性必我非餘. 我與如來觀四天王勝藏寶殿居日月宮. 此見周圓遍娑婆國. 退歸精舍只見伽藍. 淸心戶堂但瞻簷廡.世尊此見如是. 其體本來周遍一界. 今在室中唯滿一室. 爲復此見縮大爲小. 爲當牆宇夾令斷絶. 我今不知斯義所在. 願垂弘慈爲我敷演.

없다. 예를 들어, 모난 그릇 가운데 모난 공간을 보는 것과 같다. 내가 다시 그대에게 묻건대, 이 모난 그릇 속에서 보는 것이 모난 공간이지만, 그러면 모난 것이 정해진 것인가 정해지지 않은 것인가? 만약 모난 것이 정해진 것이라면, 따로 둥근 그릇 가운데 그 공간은 둥글지 않아야 하고, 만약 정해지지 않았다면, 모난 그릇 가운데서 모난 공간이 없어야 할 것이다. 그대가 그 이치가 어디에 있는지 알지 못하겠다고 말한 그 이치가 이와 같으니 어찌 어디에 있다고 할 수 있겠는가?"798)

23. "아난다여, 만약 그대가 모나고 둥근 것이 없는 곳에 도달하려고 한다면, 단지 모난 그릇을 제거하면 되는 것이다. 공간의 본체는 모난 것이 없는 것이므로, 다시 공간의 모난 형태가 있는 것을 제거해야 한다고 할 필요가 없다. 만약 그대가 방으로 들어갔을 때처럼 보는 것이 축소되어 작아진 것이라면, 태양을 쳐다볼 때 그대가 어찌 보는 것을 늘여서 태양의 표면과 가지런히 한 것이겠으며, 만약 담장과 지붕이 가려서 보는 것이 끊어진 것이라면, 작은 구멍을 뚫었을 때 어찌 구멍의 궤적이 없겠는가? 그 이치는 그러한 것이 아니다. 일체의 뭇삶들은 무시이래 미혹하여 자신을 물체라고 생각하고 본래의 마음을 잃어버리고 물체를 굴리게 되었으므로, 그 가운데 큰 것도 보고 작은 것도 보는 것이다. 만약에 물체를 굴릴 수 있다면, 바로 여래와 같아져서 몸과 마음이 원만하게 밝아져 도량에서 움직이지 않고 한 털끝에 두루 시방국토를 머금을 수 있는 것

---

798) 佛告阿難. 一切世間大小內外. 諸所事業各屬前塵. 不應說言見有舒縮. 譬如方器中見方空. 吾復問汝此方器中所見方空. 爲復定方爲不定方. 若定方者別安圓器空應不圓. 若不定者在方器中應無方空. 汝言不知斯義所在. 義性如是云何爲在.

이다."[799]

24. 〔견성과 분별〕 아난다가 부처님께 사뢰었다. 〔아난다〕 "이 견정(見精)이 반드시 나의 정묘한 성품이라면, 그 정묘한 성품이 저의 앞에 있어야 할 것입니다. 보는 것이 반드시 나의 참다운 성품이라면, 지금 저의 몸과 마음은 어떠한 사물입니까? 지금 몸과 마음을 구별하는 분별이 실제로 있는데, 저 보는 것은 별도로 저의 몸을 분별하는 것이 없습니다. 만약에 진실로 나의 마음이어서 나로 하여금 보게 한다면, '보는 성품' 즉, 견성(見性)이 진실한 나이고 이 몸은 내가 아닙니다. 여래께서는 앞서 꾸짖으시며 '사물도 나를 볼 수 있을 것이다.'라고 하신 것과 어떻게 다릅니까? 대자비를 베풀어 미혹한 것을 깨우쳐주십시오."[800]

25. 〔견정과 위치〕 부처님께서 아난다에게 말씀하셨다. 〔세존〕 "지금 그대가 말한 보는 것이 '그대의 앞에 있다.'는 것은 그 이치가 사실이 아니다. 만약 실제로 그대의 앞에 있어 그대가 실제로 본다면, 곧 이 견정(見精)이 장소가 있는 것이니, 가리켜 보일 수가 없지는 않을 것이다. 또한 지금 그대와 함께 제따바나 정사에 앉아서 숲과 개울과 내지 전당과 해와 달에 이르기까지 보고 앞에는 항하를 마주했으니 그대가 지금 나의 사자좌 앞에서 손을 들어 가리켜 보라. 이들 갖가지 형상, 그늘진 것이 숲이고 밝은 것이 해이고, 가린 것

799) 阿難若復欲令入無方圓. 但除器方空體無方. 不應說言更除虛空方相所在. 若如汝問入室之時. 縮見令小仰觀日時. 汝豈挽見齊於日面. 若築牆宇能夾見斷. 穿爲小竇寧無竇跡. 是義不然. 一切衆生從無始來迷己爲物. 失於本心爲物所轉. 故於是中觀大觀小. 若能轉物則同如來. 身心圓明不動道場. 於一毛端遍能含受十方國土.

800) 阿難白佛言世尊. 若此見精必我妙性. 令此(112a)妙性現在我前.見必我眞. 我今身心復是何物. 而今身心分別有實. 彼見無別分辨我身. 若實我心令我今見見性實我而身非我. 何殊如來先所難言物能見我. 惟垂大慈開發未悟.

이 벽이고, 통하는 것이 공간이니, 이와 같이 초목과 터럭, 크고 작은 것이 비록 다르더라도 단지 형상이 있는 것들은 가리키지 못할 것이 없는 것이다.[801] 만약에 보는 것이 그대의 앞에 있다면, 그대가 손으로 실재 가리켜 보아야 할 것이다. 어느 것이 보는 것인가? 아난다여, 마땅히 알아야 한다. 만약에 허공이 보는 것이라면, 이미 보는 것이 성립했으니 어느 것이 허공이며, 만약에 물체가 보는 것이라면 이미 그것이 보는 것이나 어떤 것이 물체인가? 그대는 상세히 분석하여 정명하고 명정하고 승묘한 보는 것의 근원을 쪼개내어 나에게 가리켜 보여주되, 저 일체의 물체들과 동일하게 분명하여 의혹이 없어야 할 것이다."[802]

26. 아난다가 사뢰었다. 〔아난다〕 "제가 지금 이 중각강당에서 멀리 항하 위의 해와 달까지 보지만, 손을 들어 가리키고 눈을 따라 보는 것이 가르키는 것은 모두 다 사물이고 보는 것은 없습니다. 세존이시여, 부처님께서 말씀하신 바와 같이 저는 번뇌가 있고 초학의 성문인데, 내지 보살이라고 해도, 만물의 형상 앞에서 정묘하게 보는 것을 가려내어, 일체의 사물을 여의고 따로 스스로의 성품이 있다고 할 수 없을 것입니다." 부처님께서 말씀하셨다. "그러하고, 그러하다."[803]

---

801) 佛告阿難. 今汝所言. 見在汝前是義非實. 若實汝前汝實見者. 則此見精既有方所非無指示. 且今與汝坐祇陀林. 遍觀林渠及與殿堂. 上至日月前對恒河. 汝今於我師子座前. 擧手指陳是種種相. 陰者是林明者是日. 礙者是壁通者是空. 如是乃至草樹纖毫大小雖殊. 但可有形無不指著.

802) 若必有見現在汝前. 汝應以手確實指陳何者是見. 阿難當知 若空是見. 既已成見何者是空. 若物是見. 既已是見何者爲物. 汝可微細披剝萬象. 析出精明淨妙見元指陳示我. 同彼諸物分明無惑.

803) 阿難言. 我今於此重閣講堂. 遠洎恒河上觀日月. 擧手所指縱目所觀. 指皆是物無是見者. 世尊如佛所說. 況我有漏初學聲聞. 乃至菩薩亦不能於萬物象前剖出精見. 離一切物

27. 〔사물과 견성〕 부처님께서는 다시 아난다에게 이르셨다. 〔세존〕 "그대가 말한 대로 정묘하게 보는 것이 일체의 사물을 여의고는 따로 스스로의 성품이 있는 것이 아니라면, 그대가 가리키는 이러한 사물 가운데 보는 것은 없어야 할 것이다. 지금 그대에게 다시 말한다. 그대가 여래와 함께 제따바나 정사에 앉아서, 다시 숲과 정원 내지 해와 달을 보는데, 갖가지 현상이 비록 다르지만, 반드시 그대가 지시하는 것을 받아들이는 견정(見精)이 없다면, 그대는 다시 그 모든 사물 가운데 어느 것이 '보는 것'이 아닌지 밝혀야 하리라."[804]

28. 아난다가 사뢰었다. 〔아난다〕 "제가 실제로 제따바나 정사를 두루 살폈으나, 그 가운데 어떤 것이 보는 것인 줄 알지 못합니다. 그것은 무슨 까닭입니까? 나무가 보는 것이 아니라면 어떻게 나무를 보며, 나무가 바로 보는 것이라면 어떻게 나무라고 할 수 있습니까? 이와 같이 만약 공간이 보는 것이 아니라면, 어떻게 공간을 보며, 공간이 바로 보는 것이라면, 어떻게 공간이라고 할 수 있습니까? 제가 또한 생각해 보니, 이 만상 가운데 자세히 밝혀보니 보는 것이 아닌 것이 없습니다." 부처님께서 말씀하셨다. 〔세존〕 "그러하고, 그러하다."[805]

29. 그때 대중 가운데 무학의 경지에 이르지 못한 자들이 부처님의 이 말씀을 듣고 망연하여 그 이치의 시종을 알지 못하고, 일시 어리

別有自性. 佛言如是如是.

804) 佛復告阿難. 如汝所言無有精見. 離一切物別有自性. 則汝所指是物之中無是見者. 今復告汝汝與如來. 坐祇陀林更觀林苑. 乃至日月種種象殊. 必無見精受汝所指. 汝又發明此諸物中何者非見.

805) 阿難言. 我實遍見此祇陀林. 不知是中何者非見 何以故 若樹非見云何見樹. 若樹卽見復云何樹. 如是乃至(112b)若空非見. 云何爲空. 若空卽見復云何空. 我又思惟是萬象中. 微細發明無非見者. 佛言. 如是如是.

둥절한 것이 가지고 있는 것을 잃어버린 듯했다. 여래께서는 그들이 얼빠져 어리둥절한 것을 아시고 가엾게 여기는 마음을 내어 아난다와 모든 대중을 평안하게 위로했다. 〔세존〕 "모든 훌륭한 가문의 아들이여, 이것은 위없는 법왕의 진실한 말씀이고, 적재적소의 말씀이고, 속이는 말이 아니고 헛된 말이 아니다. 마쓰까리 등이 죽지 않으려고 교란하는 네 가지 논의 즉, 사종불사교란논의(四種不死矯亂論議)806)와는 같지 않으니, 그대는 잘 사유하여 부질없이 애달파하지 말아라."807)

30. 〔견정과 시비〕 그때 문수사리법왕자가 사부대중을 가엾게 여겨 대중 가운데 있다가 바로 자리에서 일어나 부처님의 발에 머리를 조아려 예경하고 합장공경하여 부처님에게 사뢰었다. 〔문수사리〕 "세존이시여, 여기 모든 대중은 여래께서 밝혀주신 두 가지 정묘한 보는 것과 물질과 허공을 두고 시비를 논하는 이치를 깨닫지 못하고 있습니다. 세존이시여, 만약 이 앞에 연기한 물질과 허공 등의 현상이 보는 것이라면 가리킬 수가 있어야 하고, 만약 보는 것이 아니라면, 보지 못해야 할 것인데, 지금 그 이치가 귀속하는 곳을 모르기 때문에 놀라고 있을 뿐, 옛 선근(善根)이 감소한 것은 아니오니, 원컨대 여래께서는 크나큰 자비를 베풀어 이 모든 사물과 더불어 이 견정(見精)이 원래 어떤 것이기에 그 가운데 시비가 없는 것인지 밝혀주십시오."808)

---

806) 四種不死矯亂論議 : 죽지 않으려고 주장하는 네 가지 어지러운 논의는 제10권(제12장§52)의 불사교란변계허론((不死矯亂遍計虛論)을 지칭한 것이다.

807) 於是大衆非無學者. 聞佛此言茫然不知是義終始. 一時惶悚失其所守. 如來知其魂慮變慴心生憐愍. 安慰阿難及諸大衆. 諸善男子無上法王是眞實語. 如所如說不誑不妄. 非末伽黎四種不死矯亂論議. 汝諦思惟無忝哀慕

31. 부처님께서 문수사리와 모든 대중에게 이르셨다. 〔세존〕 "시방의 여래들과 대보살들이 스스로 주하는 삼매 가운데서는 보는 것과 더불어 보는 것의 반연과 지각하는 모습[809]은 허공꽃과 같아 본래 있는 것이 아니다. 이 보는 것 내지 보는 것의 반연(攀緣)[810]의 근원은 보리의 정묘하고 명정한 본체인데, 어찌 그 가운데 시비가 있겠는가? 문수여, 내가 지금 그대에게 묻겠다. 그대와 같은 문수가 있는데, 다시 다른 문수가 있는 것처럼, 이것이 문수라고 할 다른 문수가 있겠는가?" 〔문수사리〕 "세존이시여, 그렇습니다. 제가 진짜 문수인데, 다른 문수는 없습니다. 그것은 무슨 까닭입니까? 만약에 그렇다면 두 문수가 있어야 합니다. 그러나 오늘 저 문수가 없는 것은 아니므로, 실제로 시비의 두 양상은 없는 것입니다."[811]

32. 부처님께서 말씀하셨다. 〔세존〕 "이 보는 것이 정묘하고 명정하여 모든 허공과 티끌도 역시 그와 같으니, 그 근본은 정묘하고 명정한 것이니, 위없는 보리의 정원진심(淨圓眞心)일 따름이다. 허망하게 물질과 공간과 더불어 듣는 것, 보는 것이 되었으니, 마치 존재하

---

808) 是時文殊師利法王子愍諸四衆. 在大衆中卽從座起. 頂禮佛足合掌恭敬. 而白佛言世尊. 此諸大衆. 不悟如來發明二種精見色空是非是義. 世尊若此前緣色空等象. 若是見者應有所指. 若非見者應無所矚. 而今不知是義所歸故有驚怖. 非是疇昔善根輕尠. 唯願如來大慈發明此諸物象. 與此見精元是何物. 於其中間無是非是.

809) 見與見緣幷所想相 : Unh. 69에 따르면, 보는 것[見]은 견정(見精: 제5장§21)이고, '보는 것의 반연[見緣]'은 육진(六塵)이고 '지각하는 것'은 육식(六識)이고, 모습[相]은 여섯 감관으로 이루어진 몸이다.

810) 見及緣 : Unh. 69에 따르면, 여기서 반연 속에는 지각하는 모습[相]도 포함되므로 곧 감관, 경계, 의식[根·塵(境)·識]을 말하는 것이다.

811) 佛告文殊及諸大衆. 十方如來及大菩薩. 於其自住三摩地中. 見與見緣幷所想相. 如虛空花本無所有. 此見及緣元是菩提妙淨明體. 云何於中有是非是. 文殊吾今問汝. 如汝文殊更有文殊. 是文殊者爲無文殊. 如是世尊我眞文殊無是文殊. 何以故 若有是者則二文殊. 然我今日非無文殊於中實無是非二相.

지 않는 두 번째 달〔第二月〕과 같으니, 어느 것이 달이고 어느 것이 달이 아닌가? 문수여, 단지 하나의 진짜 달이 있을 뿐, 그 가운데 스스로 '이것은 달이다, 이것은 달이 아니다.'라고 할 것이 없다. 그러므로 그대가 지금 보는 주관과 보이는 경계를 관찰하면서 갖가지를 밝혀냈지만, 그것을 망상이라고 하는 것이니, 그 가운데 '이것이다. 이것이 아니다.'라는 시비를 벗어날 수 없게 된 것이다. 그러나 이 정묘한 진심인 묘각(妙覺)의 밝은 성품을 말미암아 그대는 '가리키는 것과 가리키지 않는 것'의 시비에서 벗어날 수 있을 것이다."[812]

33. 〔묘각의 실상〕 아난다가 부처님께 사뢰었다. 〔아난다〕 "세존이시여, 진실로 법왕께서 말씀하신 바와 같이 각연(覺緣)[813]이 시방세계에 두루 편재하고 담연하게 상주하여 그 성품이 생멸하는 것이 아니라면, 앞서 바라문인 수론외도가 말한 명제(冥諦)와 잿가루를 뒤집어 쓰는 투회외도(投灰外道)[814] 등의 여러 이교도들이 말하는 진아(眞我)[815]가 시방에 편만하다고 설하는 것과 어떠한 차별이 있습니까? 세존께서 또한 일찍이 랑카[816]에서 대혜보살(大慧菩薩) 등을 위하며 그 이치를 설하시면서 '저 이교도들은 항상 자연이라고 말하지만, 내가 설하는 인연은 저들의 경계와는 다르다.'고

---

812) 佛言此見妙明與諸空塵. 亦復如是本是妙明. 無上菩提淨圓眞心. 妄爲色空及與聞見. 如第二月誰爲是月又誰非月. 文殊但一月眞. 中間自無是月非月. 是以汝今觀見與塵. 種種發明名爲妄想. 不能於中出是非(112c)是. 由是精眞妙覺明性. 故能令汝出指非指

813) 覺緣 : Ig. 138의 계환해에 따르면, 깨달음의 성품이 골고루 인연이 되어 있지 않은 곳이 없는 뜻한다.

814) 投灰外道 : 잿가루를 온 몸에 뒤집어 쓰고 다니는 고행주의자를 말한다.

815) 眞我 : 이교도가 정신의 본체라고 주장하는 신아(神我)를 말한다.

816) Laṅkā : 한역으로 음사하여 능가산(楞伽山)이라고 하는데, 스리랑카라고도 하고 남인도의 해안의 도시로, 라마야나에 등장하는 나찰 라바나가 통치하는 도시이다. 또는 중인도의 지역이라고도 하지만 분명하지가 않다, 『능가경』(楞伽經)이 설해진 장소이다.

하셨습니다. 제가 지금 보건대 이 '깨달음의 성품'은 자연 그대로여서 생하는 것도 멸하는 것도 아니라, 일체 허망한 전도를 멀리 떠나 있으니, 인연이 아니고 저들의 자연과 비슷한 것입니다. 어떻게 보여주어야 갖가지 사견에 빠지지 않고 진실한 마음의 묘각인 밝은 성품에 도달할 수 있습니까?"817)

34. 〔자연의 부정〕 부처님께서 아난다에게 말씀하셨다. 〔세존〕 "내가 지금까지 이와 같이 방편을 열어 보여 진실을 그대에게 말했는데도, 그대는 아직 깨닫지 못하여 미혹하게 자연이라고 하는구나. 아난다여, 만약 자연이라고 한다면, 저절로 모름지기 밝고 밝아서 자연의 본체가 있어야 할 것이다. 그대는 또한 관찰해 보라. 이 정묘하고 명정한 보는 것 가운데 무엇을 자연의 본체이라고 하겠는가? 이 보는 것은 밝음으로서 자연의 본체를 삼는가? 어둠을 자연의 본체로 삼는가? 공간을 자연의 본체로 삼는가? 폐색을 자연의 본체로 삼는가? 아난다여, 밝음을 자연의 본체로 삼으면 어둠을 볼 수 없고, 공간을 자연의 본체로 삼으면, 폐색을 볼 수 없다. 이와 같이 모든 어둠 등을 자연의 본체로 삼는다면, 밝을 때에는 보는 성품이 끊어져 단멸할 것인데, 어떻게 밝음을 볼 수 있겠는가?"818)

35. 〔인연의 부정〕 아난다가 사뢰었다. 〔아난다〕 "반드시 이 정묘

---

817) 阿難白佛言世尊. 誠如法王所說覺緣遍十方界. 湛然常住性非生滅. 與先梵志裟毘迦羅所談冥諦. 及投灰等諸外道種. 說有眞我遍滿十方. 有何差別. 世尊亦曾於楞伽山. 爲大慧等敷演斯義. 彼外道等常說自然. 我說因緣非彼境界. 我今觀此覺性自然非生非滅. 遠離一切虛妄顚倒. 似非因緣與彼自然. 云何開示不入群邪. 獲眞實心妙覺明性.

0818) 佛告阿難. 我今如是開示方便. 眞實告汝. 汝猶未悟惑爲自然. 阿難若必自然 自須甄明有自然體. 汝且觀此妙. 明見中以何爲自. 此見爲復以明爲自以暗爲自. 以空爲自以塞爲自. 阿難若明爲自應不見暗. 若復以空爲自體者應不見塞. 如是乃至諸暗等相以爲自者. 則於明時見性斷滅云何見明.

한 보는 성품이 자연이 아니라면, 오늘 저는 그것이 인연의 성품이라고 밝혀야 하지만, 마음이 아직 분명하지 못해 여래께 자문을 구합니다. 이 뜻이 어떻게 인연의 성품과 부합되겠습니까?" 부처님께서 말씀하셨다. 〔세존〕"그대가 인연이라고 말하니 내가 다시 묻겠다. 그대가 지금 보는 것으로 인해서, 보는 성품이 현전하는데, 이 보는 것은 밝음으로 인해서 보게 된 것인가? 어둠으로 인해서 보게 된 것인가? 공간으로 인해서 보게 된 것인가? 폐색으로 인해서 보게 된 것인가? 아난다여, 밝음으로 인하여 보게 된 것이라면, 어둠을 볼 수 없고, 어둠으로 인하여 보게 된 것이라면, 밝음을 볼 수 없다. 이와 같이 내지 공간으로 인한 것과 폐색으로 인한 것도 밝음과 어둠의 경우와 같은 것이다. 또한 아난다여, 이 보는 것은 밝음으로 연해서 보게 된 것인가? 어둠으로 연해서 도게 된 것인가? 공간으로 인해서 보게 된 것인가? 폐색으로 인해서 보게 된 것인가? 아난다여, 이 보는 것은 밝음으로 연하여 보게 된 것이라면, 어둠을 볼 수 없고, 어둠으로 연하여 보게 된 것이라면, 밝음을 볼 수 없다. 이와 같이 내지 공간으로 연한 것과 폐색으로 연한 것도 밝음과 어둠의 경우와 같은 것이다. 이와 같이 정묘한 깨달음의 묘명은 인(因)도 아니고 연(緣)도 아니고 자연(自然)도 아니고, 자연이 아닌 것도 아니고, 아닌 것과 아님이 아닌 것도 없고, 이것인 것과 이것이 아닌 것도 없으니. 일체의 현상을 여의었으나 일체의 사실에 즉한 것이다. 그대는 지금 그 가운데 마음을 내어 모든 세간의 희론으로 이름과 모습을 취하여 분별하는 것인가? 이것은 마치 손바닥으로 허공을 잡는 것 같으니, 단지 애만 쓸 뿐, 허공이 어찌 그대에게 잡히겠는가?"819)

36. 〔인연과 제일의제〕 아난다가 부처님께 사뢰었다. 〔아난다〕 "세존이시여, 그 정묘한 깨달음의 성품이 인(因)도 아니고 연(緣)도 아니라면, 세존께서는 어찌 항상 수행승들에게 설하기를 보는 성품에는 네 종류의 연(緣)이 있으니, ① 공간을 원인으로 삼고, ② 밝음을 원인으로 삼고, ③ 마음을 원인으로 삼고, ③ 시각을 원인으로 삼는다고 하셨는데, 그 이치는 무엇입니까?" 부처님께서 말씀하셨다. 〔세존〕 "아난다여, 나는 세간의 모든 인연의 모습을 설한 것이지 제일의제(第一義諦)820)를 설한 것이 아니다. 아난다여, 내가 다시 묻겠다. 모든 세상 사람들이 나는 볼 수 있다고 말하는데, 어떤 것을 보는 것이라고 하고 어떤 것을 보지 못하는 것이라고 하는가?" 아난다가 사뢰었다. 〔아난다〕 "세상 사람들이 해와 달이나 등불의 빛으로 인하여 갖가지 모습을 보는 것을 보는 것이라고 하고, 만약에 이 세 가지 빛이 없으면, 볼 수가 없는 것입니다."821)

37. 〔세존〕 "아난다여, 밝음이 없을 때 보지 못한다면, 어둠도 보지

---

819) 阿難言. 必此妙見性非自然. 我今發明是因緣性. 心猶未明諮詢如來. 是義云何合因緣性. 佛言汝言因緣吾復問汝. 汝今同見見性現前. 此見爲復因明有見因暗有見. 因空有見因塞有見. 阿難若因明有應不見暗. 如因暗有應不見明. 如是乃至因空因塞同於明暗. 復次阿難此見又復緣明有見緣暗有見. 緣空有見緣塞有見. 阿難若緣空有應不見塞. 若緣塞有應不見空. 如是乃至緣明緣暗同於空塞當. 知如是精覺妙明非因非緣. 亦非自然非不自然. 無非不非無是非是. 離一切相卽一切法. 汝今云何於中措心. 以諸世(113a)間戲論名相而得分別. 如以手掌撮摩虛空. 只益自勞. 虛空云何隨汝執捉.

820) 第一義諦 : 범어로 paramārthasatya라고 하는데, 승의제(勝義諦), 진제(眞諦)라고도 번역하며, 궁극적 진리라는 의미를 지닌다. 열반, 진여, 실상, 중도, 법계, 진공 등의 심오한 진리를 말하는 것이다. 이에 상대되는 용어로 saṃvṛtisatya는 인습적 진리로서 세속제(世俗諦), 속제(俗諦)라고 번역된다.

821) 阿難白佛言世尊. 必妙覺性非因非緣. 世尊云何常與比丘. 宣說見性具四種緣. 所謂因空因明因心因眼是義云何. 佛言阿難我說世間諸因緣相非第一義. 阿難吾復問汝. 諸世間人說我能見. 云何名見云何不見. 阿難言世人因於日月燈光. 見種種相名之爲見. 若復無此三種光明則不能見.

못해야 한다. 만약 어둠을 필연적으로 본다면, 그것은 단지 밝음이 없는 것이지 어찌 보는 것이 없는 것인가? 아난다여, 만약에 어둠이 있을 때에 밝음을 보지 못하기 때문에 보지 못한다고 한다면, 지금 밝음이 있을 때에 어둠을 보지 못하는 것을 다시 보지 못한다고 하겠는가? 그렇다면 두 가지 모습을 모두 보지 못하는 것이 된다. 만약 또한 이 두 가지 모습이 서로 능탈(凌奪)[822]할지언정, 그대의 보는 성품이 그 가운데 잠시라도 없는 것이 아니라면, 그것은 두 가지 경우를 모두 보는 것이라고 해야지 어찌 보지 못하는 것이라고 하는가? 그러므로 아난다여, 그대는 알아야 한다. 밝음을 볼 때에도 보는 것은 밝음이 아니며,[823] 어둠을 볼 때에도 보는 것은 어둠이 아니며, 공간을 볼 때에도 보는 것은 공간이 아니며, 폐색을 볼 때에도 보는 것은 폐색이 아니다. 이 네 가지 이치를 다 알았으니, 그대는 보는 것을 볼 때 보는 것은 보는 것이 아니다. 보는 것은 오히려 보는 것을 여의어서 보는 것으로는 미칠 수가 없는 것이다.[824] 어찌 다시 인연과 자연 내지 화합의 양상이라고 설하겠는가? 그대들 성문들은 용렬하고 무지하여, 청정실상(淸淨實相)을 통달할 수가 없었던 것이다. 내가 지금 그대들을 가르치리니, 잘 사유하여 오묘한 깨달음의 길에서 태만하지 말라."[825]

---

822) 凌奪 : Unh. 74에 따르면, '쫓아내고 차지한다.'라는 뜻으로 쓰인 것이다. 밝음은 어둠을 쫓아내고 어둠이 있던 자리를 차지하고 어둠은 밝음을 쫓아내고 밝음이 있던 자리를 차지한다.

823) 見明之時見非是明 : Unh. 75에 따르면, '밝음을 볼 때에도 보는 것은 밝음이 아니며'에서 밝음은 소견(所見)이고 보는 것은 능견(能見)이니 소견과 능견은 판이하게 다르다는 뜻이다.

824) 見猶離見見不能及 : Unh. 75에 따르면, '보는 것은 오히려 보는 것을 여의어서 보는 것으로는 미칠 수가 없는 것이다.'라는 뜻은 견정(見精: 제5장§21) 중의 본체인 진견(眞見)은 망견(妄見)을 여의어서 망견이 미치지 못한다는 것이다.

38. 〔망심 속의 진심〕 아난다가 부처님께 사뢰었다. 〔아난다〕 “세존이시여, 부처님과 같이 세상에서 존귀한 님께서 저희들을 위하여 인연과 자연 내지 화합의 양상과 불화합의 양상에 대하여826) 선설하셨으나, 마음은 아직 열리지 못했습니다. 지금 다시 보는 것을 보는 것은 보는 것이 아니라는 말씀을 듣고 더욱 미혹해졌으니, 엎드려 바라옵건대 크나큰 자비로 큰 지혜의 눈을 베풀어 저희들에게 깨달음의 마음이 명정(明淨)한 것을 보여주십시오.” 아난다는 이 말을 마치고 눈물을 흘리며 이마를 땅에 대고 예를 올리고 성자의 교지를 받들었다.827)

39. 그러자 세존께서는 아난다와 여러 대중을 가엾게 여겨, 장차 위대한 다라니와 삼매의 오묘한 수행 방법에 대하여 펼쳐 보이기 위해 아난다에게 말씀하셨다. 〔세존〕 “그대가 비록 기억력이 뛰어나 많이 배웠으나, 사마타에서 미묘하고 은밀하게 마음을 관조하는 것은 아직 알지 못한다. 그대는 지금 자세히 들으라. 내가 그대를 위하여 분별하여 열어 보여주고, 또한 장차 번뇌가 있는 모든 자들이 보리의 과위를 얻게 할 것이다. 아난다여, 모든 중생이 세상에서

---

825) 阿難若無明時名不見者. 應不見暗. 若必見暗此但無明云何無見. 阿難若在暗時不見明故名爲不見. 今在明時不見暗相還名不見. 如是二相俱名不見. 若復二相自相陵奪. 非汝見性於中暫無. 如是則知二俱名見. 云何不見. 是故阿難汝今當知. 見明之時見非是明. 見暗之時見非是暗. 見空之時見非是空. 見塞之時見非是塞. 四義成就汝復應知. 見見之時見非是見. 見猶離見見不能及. 云何復說因緣自然及和合相. 汝等聲聞狹劣無識. 不能通達淸淨實相. 吾今誨汝當善思惟. 無得疲怠妙菩提路

826) 諸和合相與不和合 : Unh. 76에 따르면, 화합은 인연과 상관되고 불화합은 자연과 상관이 된다.

827) 阿難白佛言世尊. 如佛世尊爲我等輩. 宣說因緣及與自然. 諸和合相與不和合. 心猶未開. 而今更聞見見非見重增迷悶. 伏願弘慈施大慧目. 開示我等覺心明淨. 作是語已悲淚頂禮承受聖旨,

윤회하는 것은 두 가지 전도된 분별망견(分別妄見)으로 말미암아, 당처(當處)에서 발생하는 당업(當業)에 따라, 유전하기 때문이다.[828] 어떠한 것이 두 가지 분별망견인가? ① 첫 번째는 뭇삶의 별업망견(別業妄見)이고, ② 두 번째는 뭇삶의 동분망견(同分妄見)이다."[829]

40. 1) 〔별업망견〕 "어떠한 것을 별업망견(別業妄見)이라고 하는가? 아난다여, 세상 사람들이 눈이 붉어지는 눈병에 걸리면 밤에 등불을 볼 때 둥근 환영이 따로 생겨나 오색이 중첩된다. 어떻게 생각하는가? 이 밤의 등불에 나타난 원광은 등불의 색깔인가 보는 것의 색깔인가? 아난다여, 이것이 만약 등불의 색깔이면, 눈병이 없는 자는 어찌 같은 것을 보지 못하고 이 원형의 환영은 오직 눈병이 걸린 자만 보는 것인가? 만약 그것이 보는 것의 색깔이면 보는 것은 이미 색깔을 갖춘 것이니, 저 눈병이 있는 자만이 둥근 환영을 보는 것을 무엇이라고 부르겠는가? 또한 아난다여, 만약 이 둥근 환영이 등불을 떠나서 있는 것이라면, 바로 곁의 병풍과 휘장과 걸상과 대자리를 볼 때에도 둥근 환영이 나타나야 하며, 보는 것을 떠나서 따로 있는 것이라면, 눈에 소속된 것이 아닐 것인데, 어찌하여 눈병이 있는 자에게만 둥근 환영이 보이는 것인가? 그러므로 색깔

---

828) 當處發生當業輪轉 : Unh. 77에 따르면, 전법계심(全法界心)이 미혹을 편성한 곳에서 진법계(眞法界)의 유정과 무정이 발생하므로 동분망견(同分妄見)의 경계가 나타나고, 당처의 미혹한 경계에서 취착하는 당업(當業)을 따라 과보를 받으니 별업망견(別業妄見)의 과보가 성립한다.

829) 爾時世尊憐愍阿難及諸大衆. 將欲敷演大陀羅尼諸三摩提妙修行路. 告阿難. 言汝雖強記但益多聞. 於奢摩他. 微密觀照心猶未(113b)了. 汝今諦聽吾今爲汝分別開示. 亦令將來諸有漏者獲菩提果. 阿難一切衆生輪迴世間. 由二顚倒分別見妄. 當處發生當業輪轉. 云何二見. 一者衆生別業妄見. 二者衆生同分妄見

은 실제로 등불에 있는 것인데, 보는 것의 병으로 환영이 된 것이다. 환영과 보는 것이 모두 눈병이지만, 눈병을 보는 것은 병이 아니다. 그러므로 이것을 '등불 탓이다, 보는 것의 탓이다.'라고 끝내 말할 수가 없는 것이다. 마치 두 번째 보이는 달이 본체도 아니고 환영도 아닌 것과 같다. 그것은 무슨 까닭인가? 두 번째 보이는 달은 눈을 눌러 생겨난 것인 까닭이다. 슬기로운 자들은 이 눈을 눌러 생겨난 것을 가리켜 '이것이 달이다, 달이 아니다, 보는 것을 떠난 것이다. 보는 것이 아닌 것이다.'라고 말하지 말아야 한다. 이 역시 그처럼 눈병으로 인해 생겨난 것이다. 지금 무엇을 일러 '등불이다. 보는 것이다.'라고 하겠는가? 어찌 하물며 분별하여 '등불이 아니다. 보는 것이 아니다.'라고 분별하려 하는가?"[830]

41. 2) 〔동분망견(同分妄見)〕 "어떠한 것을 동분망견(同分妄見)이라고 하는가? 아난다여, 이 염부제에서 크나큰 바다를 제외하고도 그 중간에 육지로서 삼천 개의 섬이나 있다. 그 한 가운데 큰 섬에는 동서를 헤아려 큰 나라가 2300개나 있고, 그 나머지 작은 섬들은 바다 가운데 있는데, 그 사이에 어떤 곳은 300개 200개의 나라가 있고 혹은 한두 개 내지 30, 40, 50개의 나라가 있다. 아난다여, 만약에 그 가운데 한 개의 작은 섬에 두 나라가 있는데, 오직 한 나라 사람들이 악연을 함께 만난다면, 그 작은 섬에 사는 바로

830) 云何名爲別業妄見. 阿難如世間人目有赤眚夜見燈光. 別有圓影五色重疊. 於意云何此夜燈明所現圓光. 爲是燈色爲當見色. 阿難此若燈色則非眚人何不同見. 而此圓影唯眚之觀. 若是見色見已成色. 則彼眚人見圓影者名爲何等. 復次阿難若此圓影離燈別有. 則合傍觀屛帳几筵有圓影出. 離見別有應非眼矚. 云何眚人目見圓影. 是故當知色實在燈見病爲影. 影見俱眚見眚非病. 終不應言是燈是見. 於是中有非燈非見. 如第二月非體非影. 何以故第二之觀捏所成故. 諸有智者不應說言此捏根元. 是形非形離見非見. 此亦如是目眚所成. 今欲名誰是燈是見. 何況分別非燈非見

그 뭇삶은 일체의 상서롭지 못한 경계를 보는데, 때로는 두 개의 해나 두 개의 달이나, 그 가운데 내지 해나 달의 무리, 일식이나 월식, 패결(珮玦),[831] 혜성, 유성, 태양풍, 무지개에 이르기까지 갖가지 상서롭지 못한 모습을 단지 이 나라사람들만이 보고, 저 나라의 뭇삶들은 본래 보지도 못하고 듣지도 못한다."[832]

42. "아난다여, 내가 지금 그대를 위해 두 가지 사실로서 앞뒤를 밝혀보겠다. 아난다여, 저 뭇삶들이 별업망견(別業妄見)으로 등불 가운데 나타난 둥근 환영을 보는데, 설사 그것이 경계로서 나타나지만, 결국 그렇게 보이는 것은 눈병으로 생겨난 것이다. 눈병은 보는 것의 피로도이지 물질로서 만들어진 것이 아니다. 그러므로 눈병인 것을 보면, 보는 것〔見〕의 허물이 없게 되는 것이다. 예를 들어 내가 오늘 눈으로 산하와 국토와 모든 뭇삶들을 보는 것은 모두가 무시이래 보는 것의 병통으로 이루어진 것이다.[833] 보는 것과, 보는 것의 반연은 현전하는 경계처럼 나타나지만,[834] 원래 나의 각명(覺明)으로 소연의 눈병을 보는 것이니, 각견(覺見)이 눈병이고, 본각(本覺)의 밝은 마음으로 반연을 지각하는 것은 눈병이 아니다.[835] 소각(所覺)을 지각하는 것이 눈병이지만,[836] 각(覺)은

---

831) 珮玦 : 해나 달의 옆에 생기는 원영(圓影) 즉, 햇무리나 달무리를 의미한다.

832) 云何名爲同分妄見. 阿難此閻浮提除大海水. 中間平陸有三千洲. 正中大洲東西括量. 大國凡有二千三百. 其餘小洲在諸海中. 其間或有三兩百國. 或一或二至于三十四十五十. 阿難若復此中有一小洲只有兩國. 唯一國人同感惡緣. 則彼小洲當土衆生. 睹諸一切不祥境界. 或見二日或見兩月. 其中乃至暈蝕珮玦彗勃飛流. 負耳虹蜺種種惡相. 但此國見彼國衆生. 本所不見亦復不聞.

833) 皆是無始見病所成 : Unh. 81에 따르면, 근본무명(根本無明)이 처음에 업식(業識)을 이루고, 견분(見分)과 상분(相分)을 전생하니, 견분은 눈병과 같고, 상분은 등불의 윤상(輪相)과 같다.

834) 見與見緣似現前境 : Unh. 81에 따르면, 보는 것은 시각이고 보는 것의 반연은 국토와 중생을 지칭하는 것이다.

눈병 가운데 있는 것은 아니다.[837] 이것은 실제로 보는 것을 보는 것이니, 어찌 다시 '지각한다', '듣는다', '인지한다', '본다'라고 하겠는가? 그러므로 그대가 지금 나와 더불어 모든 세상의 열 가지 종류의 뭇삶이 모두 바로 눈병으로 보는 것이니, 눈병으로 보는 것은 저 진실하고 정묘하게 보는 것이 아니고, 그 성품은 질병이 아니어서 보는 것이라고 부르지 못한다. 아난다여, 저 뭇삶들의 동분망견으로써, 예를 들어 저 별업망견(別業妄見)을 지닌 한 사람에 비한다면, 눈병이 난 사람은 저 한 국토와 같고, 저들이 보는 둥근 환영은 눈병으로 거짓 생겨난 것이고, 저 동분망견(同分妄見)으로 생겨난 상서롭지 못한 경계는 동일한 견업(見業) 가운데 장악(瘴惡)[838]으로 인해 생겨난 것이니, 모두가 무시이래 망견으로 생겨난 것이다. 예를 들어 이 염부제에 3000개의 섬 가운데, 아울러 사대해와 사바세계와 시방의 모든 여러 번뇌가 있는 나라들의 모든 뭇삶들이 함께 각명(覺明)의 무루묘심(無漏妙心)[839]이 보고 듣고 지각하고 인지하는 허망한 질병을 반연하니, 화합하여 허망하게 생겨나고 화합하여 허망하게 죽는 것이다."[840]

---

835) 元我覺明見所緣眚. 覺見卽眚本覺明心. 覺緣非眚 : Unh. 81에 따르면, 각명(覺明)은 본각(本覺)이 무명 가운데 떨어진 것이다. 눈병은 각명(覺明)으로 보는 무명의 환영이다.

836) 覺所覺眚 : Unh. 81에 따르면, 소견(所見)은 모든 볼 수 있는 경계이니, 소각(所覺)은 그 경계를 지각[覺]하는 것이니, 모두 눈병이다.

837) 覺非眚中 : Unh. 81에 따르면, 능견(能見)하는 각성(覺性)은 눈병에 떨어진 것이 아니다.

838) 瘴惡 : Unh. 81에 따르면, 산천에서 생기는 나쁜 여기(癘氣) 또는 창질(瘡疾)을 말한다. 동분망견에서 한 국토 사람들이 상서롭지 못한 경계를 보는 것은 모두 장악으로 인해 생겨난 것이다.

839) 覺明無漏妙心 : Unh. 83에 따르면, 보고 듣고 지각하고 인지하는 것인 허망한 질병을 반연하는 진체(眞體)이다. 모든 의보(依報)와 정보(正報)는 스스로 나는 것이 아니라 허망한 질병의 반연으로 화합하여 일어나는 것이다.

43. 〔오계환원(悟界還元)〕 "만약 모든 화합의 반연과 불화합의 반연을 멀리 여의게 되면, 바로 모든 생사의 원인이 제거되어, 보리의 불생불멸의 성품이 성취되고, 청정한 본심의 본각(本覺)이 상주하게 된다. 아난다여, 그대가 비록 먼저 본각(本覺)의 묘명(妙明)한 성품이 인연이 아니고 자연도 아닌 것을 이해했더라도, 그러한 각(覺)의 근원이 화합으로 생겨난 것도 아니고 불화합으로 생겨난 것도 아니라는 것을 알지 못하고 있는 것이다. 아난다여, 내가 지금 다시 전진(前塵)으로써 그대에게 묻겠다.[841] 그대는 오히려 일체 세상의 망상으로 화합하는 모든 인연의 성품을 스스로 미혹하여 보리심을 증득하는 것도 화합으로 생긴다고 의심하고 있다. 그렇다면 그대는 지금 묘정(妙淨)한 견정(見精)이 밝음과 더불어 화합된 것인가, 어둠과 더불어 화합된 것인가, 소통과 더불어 화합된 것인가, 폐색과 더불어 화합된 것인가? 만약 밝음과 더불어 화합된 것이면 그대가 밝음을 볼 때 밝음이 현전해야 하는데, 어디에 보는 것이 섞여있는가? 보는 것과 보이는 모습은 분별할 수 있는데, 섞인 모습은 어떠한 것인가? 만약에 보는 것이 아니라면, 어떻게 밝음을 보는가? 만약에 바로 보는 것이라면, 어떻게 보는 것이 보는가? 보는

---

840) 阿難吾今爲汝. 以此二事進退合明. 阿難如(113c)彼衆生別業妄見. 矚燈光中所現圓影雖現 似境. 終彼見者目眚所成. 眚卽見勞非色所造. 然見眚者終無見咎. 例汝今日以目觀見山河國土及諸衆生. 皆是無始見病所成. 見與見緣似現前境. 元我覺明見所緣眚. 覺見卽眚本覺明心. 覺緣非眚覺所覺眚. 覺非眚中此實見見. 云何復名覺聞知見. 是故汝今見我及汝幷諸世間. 十類衆生皆卽見眚. 非見眚者彼見眞精. 性非眚者故不名見. 阿難如彼衆生同分妄見. 例彼妄見別業一人. 一病目人同彼一國. 彼見圓影眚妄所生. 此衆同分所現不祥. 同見業中瘴惡所起. 俱是無始見妄所生. 例閻浮提三千洲中. 兼四大海娑婆世界. 幷洎十方諸有漏國及諸衆生. 同是覺明無漏妙心. 見聞覺知虛妄病緣. 和合妄生和合妄死.

841) 以前塵問汝 : Unh. 83에 따르면, 앞에 있는 전진(前塵)에 대하여 변명하면서 묻겠다는 뜻이다.

것은 필연적으로 원만한 것인데, 어디에 밝음이 화합되어 있던가? 만약에 밝음이 원만하다면, 보는 것과 화합하지 않았을 것이다. 보는 것이 밝음과 달라 섞여있다면 그 성품이 밝음이라는 이름을 잃을 것이고, 섞였다는 것은 밝음의 성품을 잃은 것이어서 밝음과 화합하였다는 것은 이치에 맞지 않는다. 저들 어둠과 소통과 갖가지 폐색도 역시 이와 마찬가지이다. 또한 아난다여, 그대의 지금 묘정(妙淨)한 견정(見精)이 밝음과 화합된 것인가, 어둠과 화합된 것인가, 소통과 화합된 것인가, 폐색과 화합된 것인가? 만약 밝음과 화합된 것이라면 어두울 때는 밝은 모습은 이미 소멸한 것이니, 이러한 보는 것이 모든 어둠과 화합하지 않았는데, 어떻게 어둠을 본다고 하겠는가? 만약 어둠을 볼 때 어둠과 화합하지 않았다면, 밝음과 화합할 때 밝음을 보지 못해야 할 것이다. 일찌기 밝음을 보지 못한다면 어떻게 밝음과 화합했다고 하겠으며, 밝음이 어둠이 아니라는 것을 알겠는가? 저 어둠과 소통 내지 갖가지 폐색도 또한 이와 같은 것이다."842)

44. 아난다가 부처님께 사뢰었다. 〔아난다〕 "세존이시여, 저의 사유로는 이 정묘한 깨달음〔覺〕의 근원은 모든 연진(緣塵) 내지는 마음이나 생각이 화합한 것이 아닌 듯합니다."843) 부처님께서 말씀

---

842) 若能遠離諸和合緣及不和合. 則復滅除諸生死因. 圓滿菩提不生滅性. 淸淨本心本覺常住. 阿難汝雖先悟本覺妙明. 性非因緣非自然性. 而猶未明如是覺元. 非和合生及不和合. 阿難吾今復以前塵問汝. 汝今猶以一切世間. 妄想和合諸因緣性. 而自疑惑. 證菩提心和合起者. 則汝今者妙淨見精. 爲與明和爲與闇和. 爲與通和爲與塞和. 若明和者且汝觀明. 當明現前何處雜見. 見相可辨雜何形像. 若非見者云何見明. 若卽見者云何見見. 必見圓滿何處和明. 若明圓滿不合見和. 見必異明雜則失彼性明名字. 雜失明性和明非義. 彼暗與通及諸群塞亦復如是(114a) 復次阿難又汝今者妙淨見精. 爲與明合爲與暗合. 爲與通合爲與塞合. 若明合者至於暗時明相已滅. 此見卽不與諸暗合云何見暗. 若見暗時不與暗合. 與明合者應非見明. 旣不見明云何明合. 了明非暗 彼暗與通. 及諸群塞亦復如是.

하셨다. 〔세존〕 "그대가 지금 또한 말하기를, 깨달음의 근원은 화합된 것이 아니라고 하니, 내가 다시 묻겠다. 저 정묘한 견정(見精)이 화합된 것이 아니라면, 밝음과 화합된 것이 아니라는 것인가? 어둠과 화합된 것이 아니라는 것인가? 소통과 화합된 것이 아니라는 것인가? 폐색과 화합된 것이 아니라는 것인가? 만약에 밝음과 화합된 것이 아니라면, 보는 것과 밝음은 필연적으로 경계선이 있을 것이니 그대는 자세히 관찰해 보라. 어디까지가 밝음이고 어디까지가 보는 것인가? 보는 것이 있는 곳과 밝음이 있는 곳은 어디부터 경계가 되는가? 아난다여, 만약에 밝음 가운데 필연적으로 보는 것이 없다면, 서로 미치지 못하여 스스로 그 밝은 모습이 있는 곳을 알지 못할 것인데, 어찌 경계가 성립하겠는가? 저 어둠과 소통과 갖가지 폐색도 역시 마찬가지이다. 또한 정묘한 견정이 화합된 것이 아니라면, 밝음과 화합된 것이 아니라는 것인가, 어둠과 화합된 것이 아니라는 것인가, 소통과 화합된 것이 아니라는 것인가, 폐색과 화합된 것이 아니라는 것인가? 만약에 밝음과 화합된 것이 아니라면, 보는 것과 밝음의 성품과 모습이 서로 어긋남이 마치 청각과 밝음이 서로 닿지 않아 보아도 밝은 모습이 있는 곳을 알지 못하는 것인데, 어떻게 화합된 것과 화합되지 않은 것의 이치를 분명히 밝히겠는가? 저 어둠과 소통과 갖가지 폐색도 역시 마찬가지이다."844)

843) 如我思惟此妙覺元. 與諸緣塵及心念慮非和合耶. : Unh. 85에 따르면, '정묘한 각의 근원'은 시각 또는 시각능력(眼根) 가운데의 보는 성품(見性)을 말하고, '마음이나 생각'은 육식(六識)을 말한 것으로 마음은 의식[識]의 본체이고, 생각은 의식의 작용이다. 연진(緣塵)은 육진(六塵)을 말하는 것이다.

844) 阿難白佛言世尊. 如我思惟此妙覺元. 與諸緣塵及心念慮非和合耶. 佛言汝今又言覺非和合. 吾復問汝此妙見精非和合者. 爲非明和爲非暗和. 爲非通和爲非塞和. 若非明和則見與明必有邊畔. 汝且諦觀何處是明何處是見. 在見在明自何爲畔. 阿難若明際中必無

제3장 여래장

1. 〔회귀일헐(會歸一歇)〕845) "아난다여, 그대는 아직도 일체의 부진(浮塵)의 경계가 환화(幻花)의 모습으로서, 당처(當處)에서 생겨나 수처(隨處) 소멸하는 것임에 밝지 못하니,846) 환망(幻妄)을 대상이라고 일컬어지지만, 그 본성은 묘각(妙覺)의 밝은 본체이다. 이와 같이 다섯 가지 존재의 다발〔五陰=五蘊〕,847) 여섯 가지 감

見者則不相及. 自不知其明相所在. 畔云何成. 彼暗與通及諸群塞亦復如是 又妙見精非和合者. 爲非明合爲非暗合. 爲非通合爲非塞合. 若非明合則見與明性相乖角. 如耳與明了不相觸見. 且不知明相所在. 云何甄明合非合理. 彼暗與通及諸群塞亦復如是.

845) 會歸一歇 : 다섯 가지 존재의 다발[五陰], 여섯 가지 감역[六入], 열두 가지 감역[十二處] 내지 열여덟 가지 인식의 세계[十八界]가 모두 허망하여 환망(幻妄)에 불과하여 당처(當處)에서 생겨나 수처(隨處) 소멸하여 쉬는 것을 말한다.

846) *汝猶未明一切浮塵諸幻化相. 當處出生隨處滅盡* : Unh. 87에 따르면, '일체의 부진(浮塵)의 경계가 환화의 모습'이라는 것에 대해 진감(眞鑑)은 아지랑이, 허공꽃, 건달바성, 꿈, 등불의 원륜 등이 부진환화(浮塵幻化)라고 하였고, 계환(戒環)은 밝음, 어둠, 소통, 폐색의 화합과 비화합의 이치가 부진환화(浮塵幻化)라고 하였다. 그리고 '당처(當處)에서 생겨나 수처(隨處) 소멸하는 것'에 대하여 진감에 의하면 '와도 좇차 온데가 없고 가도 그치는 데가 없는 것을 뜻하고 계환에 의하면 '화합하여 허망하게 나고 화합하여 허망하게 죽는 것이라고 하였다.

847) 五陰 : 능엄경에서는 오음(五陰)이라고 나오지만, 오온(五蘊 : pañcakkhandha)을 의미한다. 역자는 오온을 다섯 가지 존재의 다발이라고 번역한다. 이 다섯 가지에는 물질[色 : rūpa], 느낌[受 : vedanā], 지각[想 : saññā], 형성[行 : saṅkhārā], 의식[識 : viññāṇa]이 있다. 여기서 온(蘊)의 범어 '칸다'(khandha)라는 용어는 PTS사전에 의하면 다음과 같은 의미를 지니고 있다. ① 천연적 의미 : 크기가 큰 것, 육중한 것, 거친 물체, 예를 들어 코끼리의 엉덩이, 사람의 어깨, 나무등골 등으로 하나의 단위를 지니며 크기가 큰 것을 의미한다. 물, 불, 덕성, 부 등도 포함된다. ② 응용적 의미 : 집합적인 의미의 모든 것, 다발, 덩어리, 부분품들, 구성요소 등이다. 붓다고싸는 칸다를 '더미(rāsi)'로 보았다. 그러나 칸다는 어깨의 근육처럼 다발로 뭉쳐있는 상태를 의미한다. 단순히 더미라는 말은 긴밀한 연기적인 의존관계를 반영하기에는 통일성이 없는 개별적인 부품처럼 인식될 수가 있다. 역자는 그래서 다발이라는 말을 쓴다. 물질은 물질의 다발이고 정신은 인식의 다발이다. 그들은 상호 연관적으로 작용한다. 정신· 신체적 복합체를 표현하는 칸다에 대한 가장 적절한 표현은 '존재의 다발'일 것이다. 이 책에서는 칸다를 '존재의 다발'이라고 표현한다. 그 원리는 아마도 비트겐슈타인의 섬유론으로 가장 적절하게 설명될 수 있을 것이다. "노끈의 강도

역, 열두 가지 감역 내지 열여덟 가지 인식의 세계가 인연이 화합하여 허망하게 생겨난 것이고 인연이 흩어지면 허망하게 소멸하는 것이지만, 참으로 생겨나고 소멸하고 가고 오는 것이 본래 여래장(如來藏)848)으로서 항상 있고 승묘하게 밝고, 동요가 없고, 두루 원묘한 진여(眞如)의 성품인 것을 알지 못하는구나. 그 참되고 항상한 성품 가운데서 가고 오는 것이나, 미혹과 깨달음, 삶과 죽음을 구해도 얻을 수가 없다. 아난다여, 어찌하여 다섯 가지 존재의 다발의 본성이 여래장으로서 승묘한 진여의 성품인 것인가?"849)

2 〔다섯 가지 존재의 다발(五陰)〕 1) 〔물질의 다발(色陰)〕 "아난

는 처음에 끈으로 달리는 단 하나의 가닥에만 전적으로 의존하는 것이 아니라, 아무런 가닥도 노끈의 전부를 달리지 않으며 때때로 겹쳐지고 엇갈리는 섬유 사이의 관계에 의존한다."(Die Stärke des Fadens liegt nicht darin, dass irgend eine Faser durch seine ganze Länge lauft, sondern darin, dass viele Fasern einander übergreifen: Wittgenstein, L. 「Philosophische Untersuchungen」『Ludwig Wittgenstein Werkausgabe』Band 1. Frankfurt am Main, 1984, S. 278) 초기불교에서 윤회는 바로 존재의 다발(五蘊)의 지속적 연결이고 그것은 바로 이 노끈의 연결과 유사하다. 거기에는 처음부터 끝까지 영원히 지속되는 한 가닥의 정신적 섬유로서의 자아(ātman)는 없지만 그럼에도 불구하고, 즉 주이적(住異的)으로 무상하지만 겹쳐지고 꼬이면서 상호의존하며 수반되는 섬유들로서의 오온에 의해 확증되는 지속성은 있다.

848) 如來藏 : 범어 tathāgatagarbha를 번역한 것으로 '여래의 태(胎)'라는 뜻인데, 여래의 태아이자 여래의 모태라는 두 가지 의미를 모두 함축하고 있다. 뭇삶의 마음이 여래를 감추고 있는 것, 즉, 부처가 될 수 있는 청정한 가능성을 가진 것, 나아가서는 만유의 제상이 성립하는 근거이다. 우리의 마음은 자성청정심(自性淸淨心)이나 객진번뇌(客塵煩惱)로 오염되어 있다는 사상, ≪앙굿따라니까야≫의 '마음은 빛나는 것이다. 그 마음이 다가오는 번뇌로 오염된다.(pabhassaramidaṃ cittaṃ tañca kho āgantukehi upakkilesehi upakkiliṭṭhaṃ)'라는 구절에 근거를 두고 있다. 여래장은 수능엄경에서 진견(眞見), 묘명(妙明), 진성(眞性) 등의 다양한 이름으로 불린다.

849) 阿難汝猶未明一切浮塵諸幻化相. 當處出生隨處滅盡幻妄稱相. 其性眞爲妙覺明體. 如是乃至五陰六入. 從十二處至十八界. 因緣和合虛妄有生. 因緣別離虛妄名滅. 殊不能知生滅去來. 本如來藏常住妙明. 不動周圓妙眞如性. 性眞常中求於去來. 迷悟死生了無所得. 阿難云何五陰本如來藏妙眞如性.

다여, 예를 들어 어떤 사람이 청정한 눈으로 맑고 밝은 하늘을 볼 때 오직 하나의 허공일 뿐 아무것도 없는데, 그 사람이 까닭 없이 눈동자를 움직이지 않고 주시하다가 피곤해져서 허공에 헛꽃이 보이거나, 어지러워져서 실제 모습이 아닌 것이 나타나기도 하니, 물질의 다발도 이와 같다는 것을 알아야 한다. 아난다여, 이 모든 헛꽃들은 허공에서 온 것도 눈에서 나온 것도 아니다. 이와 같이 아난다여, 허공에서 온 것이라면, 허공으로 돌아가야 하는데, 만약에 나고 드는 것이 있다면 허공이 아닐 것이고,[850] 허공이 비어있는 것이 아니라면, 자연히 그 꽃의 모습이 일어났다가 사라지는 것을 허용하지 않을 것이다.[851] 마치 아난다의 신체가 아난다를 용납하지 않는 것과 같을 것이다. 만약 눈에서 나온 것이라면 눈에서 나온 것으로 눈으로 돌아가야 할 것이다. 이 헛꽃의 성품이 눈에서 나온 것이므로 보는 것이 있어야 할 것이다. 만약에 보는 것이 있다면 나아가 이미 꽃이 허공에 있으므로 돌아올 때 눈을 보아야 할 것이다. 만약 보는 것이 없다면, 나갈 때에 허공을 가렸으므로 돌아올 때 눈을 가려야 할 것이다. 헛꽃을 볼 때에 눈에 가려진 것이 없을 것인데, 어찌하여 청명한 허공을 볼 때, 청명한 눈이 있다고 부르겠는가? 그러므로 물질의 다발은 허망한 것이지만 본래 인연도 아니고 자연도 아닌 성품이라는 것을 알아야 한다."[852]

---

850) 若有出入卽非虛空 : Unh. 85에 따르면, 허공에는 안팎이 없으므로 나고 드는 것이 없는데, 만일 나고 드는 것이 있다면, 허공이 아니다.

851) 空若非空自不容其花相起滅. 如阿難體不容 : Unh. 85에 따르면, '만일 허공이 비어 있지 않으면 실제로 있는 모습이니 실제로 있는 모습이 어떻게 다른 모습을 용납하겠는가?'라는 뜻이다.

852) 阿難譬如有人. 以淸淨目觀晴明空. 唯一精虛逈無所有. 其人無故不動目睛.瞪以發勞則於虛空別見狂花. 復有一切狂亂非相. 色陰當知(114b)亦復如是. 阿難是諸狂花. 非從

3. 2) 〔느낌의 다발(受陰)〕 "아난다여, 예를 들어 어떤 사람이 손발이 편안하고 모든 백해(百骸)[853]가 어울려 있을 때에 문득 살아있음을 잊은 듯, 어기거나 조순함이 없다가, 그 사람이 두 손을 허공에서 서로 마찰하면, 두 손 가운데 허망하게 껄끄럽거나 미끄럽거나 차겁거나 뜨거운 모든 상태가 생기니, 느낌의 다발도 이와 같은 것을 알아야 한다. 아난다여 이러한 모든 환영과 같은 촉감이 허공에서 온 것도 손바닥에서 나온 것도 아니다. 이와 같이 아난다여, 허공에서 온 것이라면, 이미 손바닥에 접촉하였는데, 어찌 몸에는 접촉되지 않는 것인가? 허공이 선택하여 와서 접촉한 것은 아니지 않겠는가?[854] 만약에 손바닥에서 나왔다면, 손바닥이 합하길 기다리지 않아야 할 것이다.[855] 또한 손바닥에서 나온 것이므로 합하면 바로 손바닥이 알아야 할 것이고, 뗄 때에는 바로 촉감이 들어가서, 팔과 손과 골수도 그 자취를 느껴야 할 것이다. 반드시 느끼는 마음이 있어서 나가는 것을 알고 들어가는 것도 안다면, 자연히 한 사물이 몸 가운데 오갈 것인데, 어찌 합해져야 아는 것을 감촉이

空來非從目出. 如是阿難若空來者. 既從空來還從空入. 若有出入卽非虛空. 空若非空自不容其花相起滅. 如阿難體不容阿難. 若目出者既從目出還從目入. 卽此花性從目出故當合有見. 若有見者去既花空旋合見眼. 若無見者出既翳空旋當翳眼. 又見花時目應無翳. 云何晴空號淸明眼. 是故當知色陰虛妄. 本非因緣非自然性 : Ig. 173의 계환해에 따르면, 마지막 구절 '그러므로 물질의 다발은 허망한 것이지만 본래 인연도 아니고 자연도 아닌 성품이라는 것을 알아야 한다.'라는 것은 '이미 환화(幻化)가 무인(無因)임을 요달했다면 응당 물질의 다발도 허망하지만, 본래 인연도 자연도 아닌 여래장의 묘진여성(妙眞如性)인 것을 알아야 한다.'라는 뜻이다.

853) 百骸 : 전신의 모든 부분을 모든 뼈마디를 통틀어 말하는 것이다.

854) 不應虛空選擇來觸 : Unh. 91에 따르면, '허공이 몸을 버리고 손바닥만을 선택하여 접촉하지는 않는다.'는 뜻이다.

855) 若從掌出應非待合 : Unh. 91에 따르면, '손바닥에서 난다면, 아무 때나 날 것인데, 합해야만 껄끄럽거나 미끄럽거나 차겁거나 뜨거운 모든 상태가 나는 것인가?'라는 뜻이다.

라고 하겠는가? 그러므로 느낌의 다발은 허망한 것이지만 본래 인연도 아니고 자연도 아닌 성품이라는 것을 알아야 한다."[856]

4. 3) 〔지각의 다발(想陰)〕 "아난다여, 예를 들어 어떤 사람이 시큼한 매실 이야기를 나누면 입안에 침이 나오고, 낭떠러지를 밟는 것을 생각하면 발바닥이 저리는 것처럼, 지각의 다발도 역시 그렇다는 것을 알아야 한다. 아난다여, 이러한 시큼한 것에 대한 이야기가 매실에서 생겨난 것도 아니고 입으로 들어온 것도 아니지 않은가? 이와 같이 아난다여, 만약 매실에서 생겨난 것이라면, 매실이 스스로 이야기를 해야 하는데, 어찌 사람의 이야기를 기다리는 것인가? 만약에 입으로 들어왔다면, 입에서 들어야 할 텐데, 어찌 모름지기 귀를 기다려야 하는가? 만약에 유독 귀만이 듣는 것이라면, 어찌 침이 귀속에서 나오지 않는가? 낭떠러지 밟는 것을 생각하는 이야기의 경우와 유사하다. 그러므로 지각의 다발은 허망한 것이지만 본래 인연도 아니고 자연도 아닌 성품이라는 것을 알아야 한다."[857]

5. 4) 〔형성의 다발(行陰)〕 "아난다여, 예를 들어 거센 흐름의 파도는 상속하지만, 전제(前際)와 후제(後際)가 서로 넘어서지 못하는 것처럼,[858] 형성의 다발도 이와 같음을 알아야 한다. 아난다여,

---

856) 阿難譬如有人. 手足宴安百骸調適. 忽如忘生性無違順. 其人無故以二手掌於空相摩. 於二手中妄生澀滑冷熱諸相. 受陰當知亦復如是. 阿難是諸幻觸. 不從空來不從掌出. 如是阿難若空來者. 旣能觸掌何不觸身. 不應虛空選擇來觸. 若從掌出應非待合. 又掌出故. 合則掌知離卽觸入. 臂腕骨髓應亦覺知入時蹤跡. 必有覺心知出知入. 自有一物身中往來. 何待合知要名爲觸. 是故當知受陰虛妄. 本非因緣非自然性

857) 阿難譬如有人. 談說醋梅口中水出. 思踏懸崖足心酸澀. 想陰當知亦復如是. 阿難如是醋說. 不從梅生非從口入. 如是阿難若梅生者. 梅合自談何待人說. 若從口入自合口聞何須待耳. 若獨耳聞此水何不耳中而出. 想踏懸崖與說相類. 是故當知想陰虛妄. 本非因緣非自然性.

858) 前際後際不相踰越 : Unh. 92에 따르면, 앞의 파도가 뒤의 파도와 섞이지 않고 뒤

이와 같은 흐름의 성품은 허공으로 인하여 생기는 것도 아니고 물로 인하여 생기는 것도 아니다. 또한 물의 성품도 아니지만 허공과 물을 떠나있는 것도 아니다. 아난다여, 이와 같이 허공으로 인해 생겨난 것이라면, 시방의 무진허공이 무진장한 흐름이 되어 세계가 자연히 물에 잠길 것이다. 만약 물로 인하여 있는 것이라면, 이 거센 흐름의 성품은 물이 아니어야 할 것이다. 있어서 있는 모습이라면 지금 현존해야 할 것이다. 만약 물의 성품이라면, 맑을 때에는 물의 체성이 아닐 것이다. 만약 허공과 물을 떠나있다면, 허공은 밖에 있는 것이 아니고[859] 물 밖에는 흐름은 없는 것이다.[860] 그러므로 형성의 다발은 허망한 것이지만 본래 인연도 아니고 자연도 아닌 성품이라는 것을 알아야 한다."[861]

6. 5) 〔의식의 다발(識陰)〕 "아난다여, 예를 들어 어떤 사람이 빈가병(頻伽瓶)[862]을 양쪽 구멍을 막고 가운데는 허공을 채워 천리나 먼 곳에 가서 다른 나라에서 사용하는 것처럼, 의식의 다발도 이와 같은 것임을 알아야 한다. 아난다여, 이러한 허공은 저쪽에서 오는

의 파도가 앞의 파도를 추월하지 못하는 것을 뜻한다.

859) 空非有外 : Unh. 93에 따르면, 허공이 밖에 있으려면 허공이 끝나고 다른 것이 있어야 하는 것인데, 허공은 끝나는데가 없으므로 밖이 있는 것이 아니다.

860) 水外無流 : Unh. 93에 따르면, 물밖에 흐르는 것 자체는 없다.

861) 阿難譬如暴流波浪. 相續前際後際不相踰越. 行陰當知亦復如是. 阿難如是流性. 不因空生不因水有. 亦非水性非離空水. 如是阿難若因空生. 則諸十方無盡虛空成無盡流. 世界自然俱受淪溺. 若因水有. 則此暴流性應非水. 有所有相今應現在. 若卽水性則澄淸時應非水體. 若離空水. 空非有外水外無流. 是故當知行陰虛妄. 本非因緣非自然性.

862) 頻伽瓶 : 여기 『수능엄경』에서는 허공[空]은 저쪽에서 오는 것도 아니고 이쪽에서 들어가는 것도 아니고 의식[識]도 마찬가지라는 것을 비유할 때 사용하고 있다. Unh. 94에서는, 가릉빈가(迦陵頻伽)라는 새 모양으로 생긴 병으로 용도는 분명하지 않지만, 수중에서 작업하는 사람이 입고 코를 대고 호흡할 수 있게 만든 병으로 추측하고 있다.

것도 아니고 이쪽에서 들어가는 것도 아니다. 이와 같이 아난다여, 만약에 저쪽에서 오는 것이라면, 본래 병 가운데 허공을 담은 채 갔으므로 본래의 병이 있던 곳에는 허공이 조금 적어졌어야 할 것이다. 만약에 이쪽으로 들어갔다면, 구멍을 열고 병을 기울일 때에 허공이 나오는 것을 보아야 할 것이다. 그러므로 의식의 다발은 허망한 것이지만 본래 인연도 아니고 자연도 아닌 성품이라는 것을 알아야 한다."863)

7. 〔수능엄경 제3권〕〔여섯 가지 감역(六入)〕"또한 아난다여, 어찌하여 여섯 가지 감역이 본래 여래장인 승묘한 진여의 성품이겠는가?" 1) 〔시각의 감역(眼入)〕"아난다여, 저 눈동자가 주시하다가 피로가 발현하는데, 이때의 시각과 피로가 모두 보리(菩提)의 징발노상(瞪發勞相)864)이다. 밝음과 어둠의 두 가지 망경계〔妄塵〕로 말미암아, 보는 것이 발현하여 그 가운데에 있으면서 이러한 진상(塵象)을 받아들이는 것을 보는 성품이라고 하는 것이다. 이 보는 것은 저 밝음과 어둠의 두 망경계를 여의고는 필경 그 본체가 없는 것이다. 이와 같이 아난다여, 이 보는 것은 밝음과 어둠에서 오는 것도 아니고 감관에서 나오는 것도 허공에서 생기는 것도 아니다. 그것은 무슨 까닭인가? 만약 밝음에서 온 것이라면, 어둠이 바로 따라 없어질 것이니, 어둠을 보지 못해야 할 것이고, 만약 어둠에서

---

863) 阿難譬如有人取頻伽瓶. 塞其兩孔滿中擎空. 千里遠行用餉他國. 識陰當知亦復如是. 阿難如是虛空. 非彼方來非此方入. 如是阿難若彼方來. 則本瓶中既貯空去. 於本瓶地應少虛空. 若此方入開孔倒瓶應見空出. 是故當知識陰虛妄. 本非因緣非自然性.

864) 菩提瞪發勞相 : Unh. 95에 따르면, 시각(眼)은 부근(浮根) 즉, 부진근(扶塵根)이고 피로는 눈을 주시하여 발생한 것이니, 시각과 피로는 모두 보리성(菩提性)으로 보면, 모두가 환망(幻妄)이므로 보리(菩提)의 징발노상(瞪發勞相)이라고 한 것이다. 부진근(扶塵根=浮塵根)에 대해서는 이 책『수능엄경』제4장§21을 참조하라.

온 것이라면, 밝음이 바로 따라 없어질 것이니, 밝음을 보지 못해야 할 것이다. 만약 감관을 따라 생겨난 것이라면, 반드시 밝음과 어둠도 없을 것이다. 이와 같다면 견정(見精)에는 본래 자신의 성품이 없어야 할 것이다.865) 만약 허공에서 나온 것이라면, 앞의 진상(塵象)을 본 것이므로, 돌아가서는 시각을 보아야 할 것이고, 또한 허공이 자신을 보는 것이라면, 그대의 감역과는 무슨 상관이 있으랴?866) 그러므로 시각의 감역은 허망한 것이지만 본래 인연도 아니고 자연도 아닌 성품이라는 것을 알아야 한다."867)

8. 2) 〔청각의 감역(耳入)〕 "아난다여, 예를 들어 어떤 사람이 두 손으로 갑자기 양쪽 귀를 막음으로써 청각이 피로해진 까닭에 머리에서 소리가 나는데, 이때의 청각과 피로가 모두 보리(菩提)의 징발노상(瞪發勞相)이다. 요동과 적요의 두 가지 망경계〔妄塵〕로 말미암아, 듣는 것이 발현하여 그 가운데에 있으면서 이러한 진상(塵象)을 받아들이는 것을 듣는 것의 성품이라고 하는 것이다. 이 듣는 것은 저 요동과 적요의 두 망경계를 여의고는 필경 그 본체가

---

865) 若從根生必無明暗. 如是見精本無自性 : Unh. 96에 따르면, '보는 성품이 시각의 감관에서 나왔다면, 밝음과 어둠과 관계가 없을 것이니, 견정(見精: 제5장§21)은 밝고 어둠을 분별하는 것을 자체로 삼는데, 밝음과 어둠의 두 경계를 여의고는 자체가 없을 것이다.'라는 뜻이다.

866) 若於空出. 前矚塵象歸當見根. 又空自觀何關汝入 : Unh. 96에 따르면, 보는 성품이 허공에서 생긴다면, 앞으로 밝음과 어둠의 진상(塵象)을 보았으니, 돌아가서는 시각의 감관[眼根]을 보아야할 터인데, 시각은 보지 못하니, 허공에서 생겨났다고 할 수 없다.

867) 復次阿難云何六入本如來藏妙眞如性. 阿難卽彼目精瞪發勞者. 兼目與勞同是菩提. 瞪發勞相. 因于明暗. 二種妄塵發見居中. 吸此塵象名爲見性. 此見離彼明暗二塵畢竟無體. 如是阿難當知是見非明暗來. 非於根出不於空生. 何以故若從明來. 暗卽隨滅應非見暗. 若從暗來. 明卽隨滅應無見明. 若從根生必無明暗. 如是見精本無自性. 若於空出前矚塵象歸當見根. 又空自觀何關汝入. (115a)是故當知眼入虛妄. 本非因緣非自然性.

없는 것이다. 이와 같이 아난다여, 이 듣는 것은 요동과 적요에서 오는 것도 아니고 감관에서 나오는 것도 허공에서 생기는 것도 아니다. 그것은 무슨 까닭인가? 만약 적요에서 온 것이라면, 요동이 바로 따라 없어질 것이니, 요동을 듣지 못해야 할 것이고, 만약 요동에서 온 것이라면, 적요가 바로 따라 없어질 것이니, 적요를 듣지 못해야 할 것이다. 만약 감관을 따라 생겨난 것이라면, 반드시 요동과 적요도 없을 것이다. 이와 같다면 듣는 것의 성품에는 본래 자신의 성품이 없어야 할 것이다. 만약 허공에서 나온 것이라면, 듣는 것이 있어 성품이 이루어졌으니, 바로 허공은 아닐 것이다. 또한 허공이 자신을 듣는 것이라면, 그대의 감역과는 무슨 상관이 있으랴?[868] 그러므로 청각의 감역은 허망한 것이지만 본래 인연도 아니고 자연도 아닌 성품이라는 것을 알아야 한다."[869]

9. 3) 〔후각의 감역(鼻入)〕 "아난다여, 예를 들어 어떤 사람이 급히 코로 숨을 들이 마시고 오래 참음으로써 후각이 피로해진 까닭에 차가운 촉감이 있게 되어 그 촉감으로 인해서 통하고 막히고 허하고 실한 것과 내지 향기(香氣)와 취기(臭氣)를 맡는데, 이때의 후각과 피로가 모두 보리(菩提)의 징발노상(瞪發勞相)이다. 소통과 폐색의 두 가지 망경계〔妄塵〕로 말미암아, 냄새 맡는 것이 발현하

868) 若於空出. 有聞成性卽非虛空. 又空自聞何關汝入 : Unh. 97에 따르면, '듣는 성품이 허공에서 생긴다면, 허공이 듣는 작용이 있어 허공의 성품이 되었으니, 허공은 아닐 것이다.'라는 뜻이다.

869) 阿難譬如有人. 以兩手指急塞其耳. 耳根勞故頭中作聲. 兼耳與勞同是菩提. 瞪發勞相. 因于動靜. 二種妄塵發聞居中. 吸此塵象名聽聞性. 此聞離彼動靜二塵畢竟無體. 如是阿難當知是聞非動靜來. 非於根出不於空生. 何以故若從靜來. 動卽隨滅應非聞動. 若從動來. 靜卽隨滅應無覺靜. 若從根生必無動靜. 如是聞體本無自性. 若於空出. 有聞成性卽非虛空. 又空自聞何關汝入. 是故當知耳入虛妄. 本非因緣非自然性.

여 그 가운데에 있으면서 이러한 진상(塵象)을 받아들이는 것을 냄새 맡는 것의 성품이라고 하는 것이다. 이 냄새 맡는 것은 저 소통과 폐색의 두 망경계를 여의고는 필경 그 본체가 없는 것이다. 이와 같이 아난다여, 이 냄새 맡는 것은 소통과 폐색에서 오는 것도 아니고 감관에서 나오는 것도 허공에서 생기는 것도 아니다. 그것은 무슨 까닭인가? 만약 소통에서 온 것이라면, 폐색이 바로 따라 없어질 것이니, 어떻게 폐색을 알 것이고, 만약 폐색으로 인하여 소통이 있다면, 냄새 맡는 성품은 없는 것이니, 어떻게 향기 등의 냄새를 맡을 수 있겠는가? 만약 감관을 따라 생겨난 것이라면, 반드시 소통과 폐색도 없을 것이다. 이와 같다면 냄새 맡는 것의 기틀870)에는 본래 자신의 성품이 없어야 할 것이다. 만약 허공에서 나온 것이라면, 그 냄새 맡는 것이 돌아가서는 그대의 후각을 냄새 맡아야 할 것이다. 또한 허공이 자신을 냄새 맡는 것이라면, 그대의 감역과는 무슨 상관이 있으랴? 그러므로 후각의 감역은 허망한 것이지만 본래 인연도 아니고 자연도 아닌 성품이라는 것을 알아야 한다."871)

10. 4) 〔미각의 감역(舌入)〕 "아난다여, 예를 들어 어떤 사람이 혀로 입술을 핥아 오래 빨면, 피로해져서 그 사람이 병이 있으면 쓴맛을 맛보고, 병이 없으면 단맛을 맛보지만, 그 쓴맛과 단맛으로 말미

---

870) 門機 : Unh. 99에 따르면, 냄새맡는 것의 기틀이라는 뜻으로 후각

871) 阿難譬如有人. 急畜其鼻畜久成勞. 則於鼻中聞有冷觸. 因觸分別通塞虛實. 如是乃至諸香臭氣. 兼鼻與勞同是菩提. 瞪發勞相因于通塞. 二種妄塵發聞居中. 吸此塵象名嗅聞性. 此聞離彼通塞二塵畢竟無體. 當知是聞非通塞來. 非於根出不於空生. 何以故若從通來. 塞自隨滅云何知塞. 如因塞有通則無聞. 云何發明香臭等觸. 若從根生必無通塞. 如是聞體本無自性. 若從空出. 是聞自當迴嗅汝鼻. 空自有聞何關汝入. 是故當知鼻入虛妄. 本非因緣非自然性.

암아 미각이 동하지 않고 핥지 않을 때는 담백의 성품이 항상 있음을 드러내는데, 이때의 미각과 피로가 모두 보리(菩提)의 징발노상(瞪發勞相)이다. 풍미[872]와 담백의 두 가지 망경계〔妄塵〕[873]로 말미암아, 맛보는 것이 발현하여 그 가운데에 있으면서 이러한 진상(塵象)을 받아들이는 것을 맛보는 성품이라고 하는 것이다. 이 맛보는 것은 저 풍미와 담백의 두 망경계를 여의고는 필경 그 본체가 없는 것이다. 이와 같이 아난다여, 이 풍미와 단백을 맛보는 것은 풍미에서 오는 것도 아니고 담백으로 인해서 있는 것도 아니고 감관에서 나오는 것도 허공에서 생기는 것도 아니다. 그것은 무슨 까닭인가? 만약 풍미에서 온 것이라면, 담백이 바로 따라 없어질 것을 아니, 어떻게 담백을 맛볼 것이고, 만약 담백을 따라 나온 것이라면, 풍미가 있으면 바로 맛보는 것이 없어질 것이니, 어떻게 다시 풍미의 두 가지 양상을 말할 수 있겠는가? 만약 미각을 따라 생겨난 것이라면, 반드시 풍미와 담백의 망경계가 없을 것이다. 이와 같다면 맛보는 감관에는 본래 자신의 성품이 없어야 할 것이다. 만약 맛보는 것이 허공에서 나온 것이라면, 허공 스스로가 맛볼 것이니, 그대의 미각이 맛보는 것이 아니지 않겠는가? 또한 허공이 자신을 맛보는 것이라면, 그대의 감역과 무슨 상관이 있으랴? 그러므로 미각의 감역은 허망한 것이지만 본래 인연도 아니고 자연도 아닌 성품이라는 것을 알아야 한다."[874]

---

872) 甛苦 : 달고 쓴 것을 말하지만 나중에 등장하는 제5장§24에 등장하는 풍미[變]에 해당하므로 전체의 맥락을 이해하기 위애 역자는 용어를 풍미로 통일한다.

873) 甛苦淡二種妄塵 : Unh. 99에 따르면, 달고 쓴 것은 움직이는 것으로 한 종류이고 담백은 아무 맛도 없는 것이니 고요한 것으로 한 종류이다.

874) 阿難譬如有人. 以舌舐吻熟舐令勞. 其人若病則有苦味. 無病之人微有甛觸. 由甛與苦顯此舌根. 不動之時淡性常在. 兼舌與勞同是菩提. 瞪發勞相. 因甛苦淡. 二種妄塵發知居

11. 5) 〔촉각의 감역(身入)〕 "아난다여, 예를 들어 어떤 사람이 찬 손으로 더운 손을 만질 때에, 만약 찬 기운이 세면, 더운 것이 차지고. 더운 기운이 세면, 찬 것이 더워지게 된다. 이것은 이로써 연결되어 아는 합각(合覺)의 촉각으로, 분리되어 아는 이지(離知)를 나타내는 것이다.[875] 이렇게 상섭하는 세력이 성립하는 것은 피로(疲勞)해진 접촉으로 인한 것인데, 이때의 촉각과 피로가 모두 보리(菩提)의 징발노상(瞪發勞相)이다. 분리와 연결의 두 망경계〔妄塵〕를 원인으로 감촉이 나타나 그 가운데 있으면서 이 진상(塵象)을 받아들이는 것을 촉각의 성품이라고 한다. 이 촉각의 실체는 저 분리와 연결의, 어긋나고 따르는 두 망경계〔妄塵〕[876]를 여의고는 궁극적인 실체는 없는 것이다. 이와 같이 아난다여, 이 촉각은 분리와 연결에서 오는 것도 아니고, 어긋나고 따르는데 있는 것도 아니다. 감관에서 나오는 것도 허공에서 생겨나는 것도 아니다. 그것은 무슨 까닭인가? 만약에 연결될 때 온다면, 분리될 때에는 없어질 것이니, 어떻게 분리되는 것을 알 수 있겠는가? 어긋나고 따르는

中. 吸此塵象名知味性. 此知味性離彼甛苦及淡二塵畢竟無體. 如是阿難當知如是嘗苦淡知. 非甛苦來非因淡有. 又非根出不(115b)於空生. 何以故若甛苦來. 淡卽知滅云何知淡. 若從淡出甛卽知亡. 復云何知甛苦二相. 若從舌生. 必無甛淡及與苦塵. 斯知味根本無自性. 若於空出虛空自味非汝口知. 又空自知何關汝入. 是故當知舌入虛妄. 本非因緣非自然性

875) 如是以此合覺之觸顯於離知 : Unh. 100에 따르면, 가령 왼손이 차고 오른손이 덥다면, 합할 적이 왼손은 오른손의 더움을 알고 오른손은 왼손의 차가움을 하는데, 이것이 합각(合覺)이다. 이러한 접촉으로 인하여 합하지 않고 떠났을 때에 왼손은 차고 오른손은 더운 것을 나타낸다. 원래의 왼손은 차면서 찬 줄 모르고 오른손은 더우면서 더운 줄 모르고 있다가 합각으로 인하여 각각 그 손이 차고 더운 것을 알게 된다. 이것이 이지(離知)이다.

876) 離合違順二塵 : Unh. 101에 따르면, 離·合·違·順은 사진(四塵)이지만 違·順은 離·合 가운데 違·順이므로 이진(二塵)으로 계산한 것이다.

것의 두 가지 양상도 역시 이와 만찬가지이다. 만약 감관을 좇아 온 것이라면, 반드시 연결되거나 분리되거나 어긋나거나 따르는 네 가지 양상이 없어야 하리니, 그대의 촉각으로 느끼는 것에는 원래 자성이 없는 것이다. 촉각이 반드시 허공에서 나온 것이라면, 허공이 스스로 느낄 것이니, 그대의 감역과 무슨 관계가 있으랴? 그러므로 촉각의 감역은 허망한 것이지만 본래 인연도 아니고 자연도 아닌 성품이라는 것을 알아야 한다."[877]

12. 6) 〔정신의 감역(意入)〕 "아난다여, 예를 들어 어떤 사람이 피로하여 자고, 실컷 자고 문득 깨어나 경계를 보고 기억하다가, 기억이 사라지면 잊어버린다. 이것은 전도된 생주이멸(生住異滅)[878] 이지만, 받아들이고 익히는 정신의 감관 가운데로 돌아가 서로 넘어서거나 건너뛰지 않으니, 정신의 인지기능〔意知根〕 때문인데, 이때의 정신과 피로는 모두 보리(菩提)의 징발노상(瞪發勞相)이다. 생성과 소멸의 두 가지 망경계〔妄塵〕로 인해 아는 것을 모아 그 가운데 있으면서 내진(內塵)[879]을 흡수하여 보고 듣는 것이 역류하거나 흐름이 미칠 수 없는 것이 각지(覺知)의 성품이다.[880] 이 각지

877) 阿難譬如有人. 以一冷手觸於熱手. 若冷勢多熱者從冷. 若熱功勝冷者成熱. 如是以此合覺之觸顯於離知. 涉勢若成因于勞觸. 兼身與勞同是菩提. 瞪發勞相. 因于離合. 二種妄塵發覺居中. 吸此塵象名知覺性. 此知覺體離彼離合違順二塵畢竟無體. 如是阿難當知是覺. 非離合來非違順有. 不於根出又非空生. 何以故若合時來. 離當已滅云何覺離. 違順二相亦復如是. 若從根出. 必無離合違順四相. 則汝身知元無自性. 必於空出. 空自知覺何關汝入. 是故當知身入虛妄. 本非因緣非自然性.

878) 顚倒生住異滅 : Unh. 102에서은 진감(眞鑑)의 주석을 들고 있다. 전도는 처음과 끝이 순환하는 뜻이고, 처음 기억하는 것이 생(生)이고, 한창 기억하는 것이 주(住)이고, 처음 잊게 되는 것이 이(異)이고, 아주 잃어버리는 것이 멸(滅)이다.

879) 內塵 : 정신의 대경(對境)으로서의 사실[法塵]을 말한다.

880) 見聞逆流. 流不及地名覺知性 : Unh. 102에 따르면, 보고 듣는 것에는 냄새 맡고 맛보고 하는 것 등을 겸한 것이고, 그것들로 현재의 대상경계만을 반연하는 것이 흐

의 성품은 저 깨어나고 잠자는 생성과 소멸의 두 경계를 여의고는 궁극적으로 실체가 없는 것이다. 이와 같이 아난다여, 이와 같은 각지의 뿌리는 깨어있고 잠자는 것에서 오는 것도 생성과 소멸에 있는 것도 아니고, 정신의 감관에서 나오는 것도 아니고 또한 허공에서 생겨나는 것도 아니다. 그것은 무슨 까닭인가? 깨어있는 것에서 오는 것이라면, 잠자면 따라 없어질 것이니, 무엇으로 잠자는 것이라고 하겠는가? 생성할 때마다 있다면, 소멸할 때는 없을 것이니, 누구로 하여금 소멸을 받게 하겠는가? 만약 소멸에 따라 있는 것이라면, 생성할 때는 소멸이 없을 것이니, 누가 그 생성하는 것을 알겠는가? 만약 감관을 따라 나온 것이라면, 깨어나고 잠자는 두 가지 양상은 몸을 따라 열고 닫는 것인데, 이 두 가지 형체를 여의고는, 이 각지하는 자는, 마치 허공속의 꽃처럼, 궁극적으로 자성이 없는 것이다. 만약 허공에서 생겨난다면, 스스로 허공이 아는 것이므로, 그대의 정신의 감역과 무슨 관계가 있으랴? 그러므로 정신의 감역은 허망한 것이지만 본래 인연도 아니고 자연도 아닌 성품이라는 것을 알아야 한다."881)

13. 〔열두 가지 감역(十二處)〕 "또한 아난다여, 어찌하여 열두 가지 감역이 본래 여래장(如來藏)인 영묘한 진여(眞如)의 성품이겠

름[流]이고 정신으로 과거의 낙사진(落謝塵)을 반연하는 것이 역류(逆流)이다. 이것들이 생진(生塵)이고 흐름이 미칠 수 없는 것이 멸진(滅盡)이다.

881) 阿難譬如有人. 勞倦則眠睡熟便寤. 覽塵斯憶失憶爲妄. 是其顚倒生住異滅. 吸習中歸不相踰越稱意知根. 兼意與勞同是菩提. 瞪發勞相. 因于生滅. 二種妄塵集知居中. 吸撮內塵見聞逆流. 流不及地名覺知性. 此覺知性離彼寤寐. 生滅二塵畢竟無體. 如是阿難當知如是覺知之根. 非寤寐來非生滅有. 不於根出亦非空生. 何以故若從寤來. 寐卽隨滅將何爲寐. 必生時有. 滅卽同無令誰受滅. 若從滅有. 生卽滅無孰知生者. 若從根出. 寤寐二相隨身開合. 離斯二體此覺知者. 同(115c)於空花畢竟無性. 若從空生. 自是空知何關汝入. 是故當知意入虛妄. 本非因緣非自然性.

는가?” 1) 〔시각과 형상의 감역(眼色處)〕 “아난다여, 그대가 또한 이 제따바나 숲과 샘과 연못을 보았을 것이다. 그대는 어떻게 생각하는가? 이들에 관한 한, 이 형상이 시각의 보는 것을 생기게 한 것인가, 시각이 물질적 형상을 생기게 한 것인가? 아난다여, 만약 시각의 감관이 물질적 형상을 생기게 한 것이라면, 허공을 보면 물질적 형상이 아니니 형상의 성품은 소멸해버리고 만 것인가? 소멸해버렸다면, 일체가 아무것도 없는 것이어서 물질적 형상이 없으니, 누가 허공의 형질을 밝히겠는가? 허공도 그러하니라. 만약 다시 물질적 경계〔色塵〕가 시각의 보는 것을 생기게 한다면, 허공은 물질적 형상이 아니므로 보는 것은 바로 없어져버리는데, 없어진다면 도무지 없는 것이니, 누가 허공의 형상을 밝히겠는가? 그러므로 시각과 더불어 형상과 허공은 모두 처소가 없으니, 형상과 시각의 두 감역은 허망한 것이지만 본래 인연도 아니고 자연도 아닌 성품이라는 것을 알아야 한다.”882)

14. 2) 〔청각과 소리의 감역(耳聲處)〕 “또한 아난다여, 그대는 이 제따바나 정사에서 음식이 마련되면, 북을 치고 대중이 모이면 종을 쳐서 종과 북소리가 앞뒤로 서로 이어지는 것을 들었을 것이다. 어떻게 생각하는가? 이것은 소리가 청각의 근처로 온 것인가? 청각이 소리가 있는 곳으로 간 것인가? 아난다여, 이것이 소리가 청각의 근처로 온 것이라면, 내가 슈라바쓰띠 시에서 걸식할 때에는 제따바나 숲에는 없는 것과 같이, 이 소리가 반드시 아난다의 청각

882) 復次阿難云何十二處本如來藏妙眞如性. 阿難汝且觀此祇陀樹林及諸泉池. 於意云何. 此等爲是色生眼見眼生色相. 阿難若復眼根生色相者. 見空非色色性應銷. 銷則顯發一切都無. 色相旣無誰明空質. 空亦如是. 若復色塵生眼見者. 觀空非色見卽銷亡. 亡則都無誰明空色. 是故當知見與色空俱無處所. 卽色與見二處虛妄. 本非因緣非自然性

이 있는 곳에 왔을 때, 마우드갈리야야나와 마하 까쉬야빠가 함께 듣지 못했어야 할 터인데, 하물며 어찌하여 그 가운데 1250명의 수행자들이 한꺼번에 종소리를 듣고 똑같이 식당에 와서 모일 수 있었겠는가? 만약 그대의 청각이 소리가 나는 곳으로 가는 것이라면, 내가 제따바나 정사에 돌아가면 슈라바쓰띠 시에는 내가 없는 것과 같이, 그대가 북소리를 들을 때, 그대의 청각이 이미 북치는 곳에 갔으니, 종소리가 나더라도 함께 듣지 못해야 할 터인데, 하물며 어찌하여 그 가운데 코끼리, 말, 소, 양 등의 갖가지 소리까지 울리는 것인가? 만약에 오고 감이 없다면 또한 청각도 없어야 하리라. 그러므로 청각과 더불어 소리는 모두 처소가 없으니, 청각과 소리의 두 감역은 허망한 것이지만 본래 인연도 아니고 자연도 아닌 성품이라는 것을 알아야 한다."883)

15. 3) 〔후각과 냄새의 감역(鼻香處)〕 "또한 아난다여, 그대가 이 향로 가운데서 전단향 냄새를 맡는데, 만약에 이 향을 일수만 태워도 슈라바쓰띠 시의 40리 안에서 동시에 향내를 맡을 수 있을 것이다. 어떻게 생각하는가? 이 냄새가 전단나무에서 생겨난 것인가? 그대의 후각에서 생겨난 것인가? 허공에서 생겨나는 것인가? 아난다여, 만약에 이 냄새가 그대의 후각에서 생겨난 것이라면, 후각이 생긴 곳이라고 일컫게 되니, 마땅히 후각을 따라서 나와야 할 것이

883) 阿難汝更聽此祇陀園中. 食辦擊鼓衆集撞鐘. 鐘鼓音聲前後相續. 阿難於意云何. 此等爲是聲來耳邊耳往聲處. 若復此聲來於耳邊. 如我乞食室羅筏城. 在祇陀林則無有我. 此聲必來阿難耳處. 目連迦葉應不俱聞. 何況其中一千二百五十沙門. 一聞鐘聲同來食處. 若復汝耳往彼聲邊. 如我歸住祇陀林中. 在室羅城則無有我. 汝聞鼓聲. 其耳已往擊鼓之處. 鐘聲齊出應不俱聞. 何況其中象馬牛羊種種音響. 若無來往亦復無聞. 是故當知聽與音聲俱無處所. 卽聽與聲二處虛妄. 本非因緣非自然性

다. 그러나 후각은 전단나무가 아니니, 어떻게 후각 가운데 전단나무가 있겠는가? 그대가 냄새를 맡는다고 한다면, 마땅히 후각으로 들어가야 할 것인데, 후각에서 나오는 냄새를 맡는다고 한다면 옳지 않은 것이다. 만약 허공에서 생긴다면, 허공의 성품이 항상한 것이므로 냄새도 마찬가지로 마땅히 항상 있어야 할 것인데, 어찌하여 향로 가운데 마른 나무를 태워야 하는 것인가? 만약 나무에서 생겨난 것이라면,[884] 바로 그 향기의 바탕을 태움으로 인하여 연기가 생겨난 것이니, 만약에 후각이 냄새 맡을 때에 연기가 함께 들어가야 할 터인데, 그 연기가 공중으로 올라가 멀리 퍼지기도 전에 40리 안까지 어찌 이미 그 냄새를 맡을 수 있었는가? 그러므로 후각과 더불어 냄새는 모두 처소가 없으니, 후각과 냄새의 두 감역은 허망한 것이지만 본래 인연도 아니고 자연도 아닌 성품이라는 것을 알아야 한다."[885]

16. 4) 〔미각과 맛의 감역(舌味處)〕 "또한 아난다여, 그대가 매일 두 끼니[886] 대중 가운데 발우를 가지고 걸식을 하는데, 그 가운데 혹 연유나 버터우유나 버터크림을 만나면, 최상의 맛있는 것으로 친다. 어떻게 생각하는가? 그 맛은 허공에서 생겨난 것인가, 미각에서 생겨난 것인가, 음식 가운데서 생겨난 것인가? 아난다여, 만

---

884) 若生於木 : Unh. 107에 따르면, 보통의 향은 타서 그 향이 코에 이르러야 향기를 맡지만, 특수한 향은 타서 연기가 코에 오기 전에 향기를 맡게 된다.

885) 阿難汝又嗅此鑪中栴檀. 此香若復然於一銖. 室羅筏城四十里內同時聞氣. 於意云何. 此香爲復生栴檀木. 生於汝鼻爲生於空. 阿難若復此香生於汝鼻. 稱鼻所生當從鼻出. 鼻非栴檀. 云何鼻中有栴檀氣. 稱汝聞香當(116a)於鼻入. 鼻中出香說聞非義. 若生於空. 空性常恒香應常在. 何藉鑪中爇此枯木. 若生於木則此香質因爇成煙. 若鼻得聞合蒙煙氣. 其煙騰空未及遙遠. 四十里內云何已聞. 是故當知香臭與聞俱無處所. 卽嗅與香二處虛妄. 本非因緣非自然性

886) 二時 : 아침과 점심을 뜻한다.

약에 다시 그 맛이 그대의 미각에서 생겨난 것이면, 그대의 입 가운데 하나의 미각이 있을 뿐인데, 그 감관이 이미 연유의 맛을 이루었으니, 흑석의 꿀을 만나더라도 달라지지 말아야 할 것이다. 만약 달라지지 않는다면 맛을 안다고 할 수 없고 만약에 달라진다면, 미각이 많은 것이 아닌데, 어찌 많은 맛을 하나의 미각으로 알 수 있겠는가? 만약 음식에서 생겨난 것이라면, 음식에 의식이 있지 않을 터인데, 어찌 스스로 안다는 것인가? 또한 음식이 스스로 안다면 타자가 음식을 먹는 것과 같은 것인데, 그대와 무슨 관계가 있어 맛을 안다고 하겠는가? 만약 허공에서 생겨난 것이라면, 그대가 허공을 씹을 경우 무슨 맛이 생겨나야 한다. 그리고 반드시 그 허공에 짠맛이라면, 그대의 미각을 짜게 하였으므로 그대의 입도 짜게 되리니, 그러면 이 세계의 사람들도 바닷물고기와 같아질 것이니, 이미 항상 짠맛을 수용하여 싱거운 맛을 모를 것이다. 만약에 싱거운 맛을 인식하지 못한다면 짠맛도 인식하지 못할 것이다. 반드시 아는 것이 없는데, 어찌 맛을 본다고 하겠는가? 그러므로 미각과 더불어 맛은 모두 처소가 없으니, 미각과 맛의 두 감역은 허망한 것이지만 본래 인연도 아니고 자연도 아닌 성품이라는 것을 알아야 한다."887)

17. 5) 〔촉각과 감촉의 감역(身觸處)〕 "또한 아난다여, 그대는 항

887) 阿難汝常二時衆中持鉢. 其間或遇酥酪醍醐名爲上味. 於意云何. 此味爲復生於空中. 生於舌中爲生食中. 阿難若復此味生於汝舌. 在汝口中秖有一舌. 其舌爾時已成酥味. 遇黑石蜜應不推移. 若不變移不名知味. 若變移者舌非多體. 云何多味一舌之知. 若生於食食非有識云何自知. 又食自知卽同他食. 何預於汝名味之知. 若生於空汝噉虛空當作何味. 必其虛空若作鹹味. 旣鹹汝舌亦鹹汝面. 則此界人同於海魚. 旣常受鹹了不知淡. 若不識淡亦不覺鹹. 必無所知云何名味. 是故當知味舌與嘗俱無處所. 卽嘗與味二俱虛妄. 本非因緣非自然性

상 아침마다 손으로 머리를 만지는데,[888] 어떻게 생각하는가? 이렇게 만져서 감촉을 안다면 어떤 것이 촉각인가? 촉각은 손에 있는가, 머리에 있는가? 만약에 손에 있다면, 머리에는 곧 감촉이 없어야 하는데, 어찌 감촉을 이루겠는가? 만약에 머리에 있다면, 손은 곧 쓸모가 없어지는데, 어찌 촉각이라고 하겠는가? 만약 머리와 손 각각에 있다면, 그대 아난다는 두 개의 촉각을 갖고 있어야 할 것이다. 만약에 머리와 손이 하나의 촉각으로 생겨난 것이라면, 손과 머리를 하나의 촉각이 되어야 할 것이고, 하나의 촉각이라면, 감촉은 결코 성립하지 않을 것이다. 만약 두 개의 촉각이 있다면, 감촉은 어디에 있을 것인가? 촉각〔能觸〕에 속한다면 감촉〔所觸〕은 아닐 것이고, 감촉〔所觸〕에 속하다면 촉각〔能觸〕은 아닐 것이고, 허공은 그대와 더불어 감촉을 이루지는 않을 것이다. 그러므로 촉각과 더불어 감촉은 처소가 없으니, 촉각과 감촉의 두 가지 감역은 허망한 것이지만 본래 인연도 아니고 자연도 아닌 성품이라는 것을 알아야 한다."[889]

18. 6) 〔정신과 사실의 감역(意法處)〕 "또한 아난다여, 그대의 정신 가운데 반연하는 선과 악과 무기의 세 가지 성품[890]이 사실을

888) 汝常晨朝以手摩頭 : Unh. 109에 따르면, 율장에서 부처님께서는 날마다 제자들에게 세 번씩 머리를 만지면서 수구섭의신막범(守口攝意身莫犯) 여시행자득도세(如是行者得度世)라고 외우라고 했고, 유교경(遺教經)에서 '너희 수행승들은 자신의 머리를 만져보라. 모든 장신구를 버리고 분소의를 입고 발우를 들고 탁발하여 살아가니, 이렇게 하여 탐욕과 자만을 버려라.'고 했다.

889) 阿難汝常晨朝以手摩頭. 於意云何. 此摩所知誰爲能觸. 能爲在手爲復在頭. 若在於手. 頭則無知云何成觸. 若在於頭. 手則無用云何名觸. 若各各有則汝阿難應有二身. 若頭與手一觸所生. 則手與頭當爲一體. 若一體者觸則無成. 若二體者觸誰爲在. 在能非所在所非能. 不應虛空與汝成觸. 是故當知覺觸與身俱無處所. 卽身與觸二俱虛妄. 本非因緣非自然性

890) 善惡無記三性 : 선과, 악과, 선도 아니고 악도 아닌 무기(無記)를 말한다.

이루나니, 그렇다면 이 사실은 정신에서 바로 생겨난 것인가? 정신을 떠나 별도로 처소가 있는 것인가? 아난다여, 만약 사실이 바로 정신에서 생겨났다면, 그 사실은 경계가 아니므로, 정신을 반연한 것이 아니니, 어떻게 처소를 이루겠는가? 만약에 사실이 정신을 떠난 것으로 따로 처소가 있다면, 사실의 자성은 아는 것인가 알지 못하는 것인가? 만약 사실이 아는 것이라면 정신이라고 할 수 있겠지만, 그대와는 다르고 경계도 아니므로, 타자의 헤아림과 같을 것인즉, 바로 그것을 그대의 정신이라고 한다면, 어찌 그대의 정신이 그대에게 두 개가 될 수 있겠는가? 만약 사실이 알지 못하는 것이라면, 이 경계는 이미 형상과 소리와 향기와 맛과 차가운 것과 더운 것, 그리고 허공의 모습도 아니므로, 과연 어디에 있는 것인가? 지금 형상이나 허공에 모두 표시할 수가 없으며, 사람이 응하지 못하는 허공 밖에도 있을 수 없다. 정신은 소연이 아니니 처소가 어찌 성립하겠는가? 그러므로 정신과 더불어 사실은 모두 처소가 없으니, 정신과 사실의 두 가지 감역은 허망한 것이지만 본래 인연도 아니고 자연도 아닌 성품이라는 것을 알아야 한다."891)

19. 〔열여덟 가지 인식의 세계(十八界)〕"또한 아난다여, 어찌하여 열여덟 가지 인식의 세계가 본래 여래장의 승묘한 진여인 것인가? 1) 〔시각의식의 세계(眼識界)〕892) 아난다여, 그대가 밝힌 바와

---

891) 阿難汝常意中所緣. 善惡無記三性生成法(116b)則. 此法爲復卽心所生. 爲當離心別有方所. 阿難若卽心者. 法則非塵非心所緣云何成處. 若離於心別有方所. 則法自性爲知非知. 知則名心異汝非塵. 同他心量卽汝卽心. 云何汝心更二於汝. 若非知者此塵旣非色聲香味離合冷煖. 及虛空相當於何在. 今於色空都無表示. 不應人間更有空外. 心非所緣處從誰立. 是故當知法則與心俱無處所. 則意與法二俱虛妄. 本非因緣非自然性.

892) 眼識界 : 역자가 시각의 세계[眼界], 형상의 세계[色界], 시각의식의 세계[眼識界]의 세 가지 세계를 줄여 표현한 것이다. 이것을 여섯 감관에 모두 적용하면,

같이, 시각과 형상이 조건이 되어 시각의식이 생겨나는 것이니, 이 시각의식이 다시 시각으로 인하여 생겨났다고 시각으로서 시각의식의 세계를 삼겠는가? 형상으로 인하여 생겨났다고 형상으로서 시각의식의 세계를 삼겠는가? 아난다여, 시각으로 인해서 생긴 것이면 이미 형상과 허공은 없으므로 분별할 수 없을 것이며, 따라서 그대에게 시각의식은 있더라도 무슨 소용이 있겠는가? 그대의 보는 것이 청·황·적·백이 아니므로, 표시할 곳이 없는데, 어떻게 세계를 성립시키겠는가? 만약 형상으로 인하여 생겨났다면, 허공에는 형상이 없을 때는 그대의 시각의식은 없어질 것인데, 어떻게 그것이 허공인 것을 알 수 있을 것인가? 만약 형상이 변천할 때에 그대가 또한 형상의 양상이 변천하는 것을 인식한다면, 그대의 시각의식이 변천하지 않는 것이니, 세계가 어떻게 무엇을 의지하여 성립되겠는가? 따라서 변천한다면, 그 변천하는 세계의 양상은 없을 것이며, 변천하지 않는다면, 항상하는 것이니, 형상으로부터 생겨났으므로 허공이 있는 곳을 알지 못해야 할 것이다. 만약 시각과 형상의 두 가지가 함께 생겨난 것이라면, 합하였다면 가운데가 떨어져있을 것이고, 떨어져있다면 양쪽이 합하여 있는 것이므로, 체성이 뒤섞여 어지러울 것이니 어찌 시각의식의 세계를 성립시킬 수 있겠는가? 그러므로 시각과 형상이 조건이 되어 시각의식의 세계가 생겨난다고 하더라도, 그 세 세계는 모두 없는 것이지만, 시각과 형상과 시각의식의 세계의 세 세계는893) 본래 인연도 아니고 자연

3×6=18로 열여덟 가지 인식의 세계[十八界]가 된다.

893) 眼與色及色界三 : 역자의 번역에서 '시각과 형상과 시각의식의 세계의 세 세계'는 본래 '시각과 형상과 형상의 세계의 셋'이라고 되어 있으나, 맨 뒤의 '형상의 세계'는 '시각의식의 세계'를 달리 표현한 것이므로 해석하였음을 밝혀둔다. 이하의 열여덟

도 아닌 성품인 것을 알아야 한다."[894]

20. 2) 〔청각의식의 세계(耳識界)〕 "또한 아난다여, 그대가 밝힌 바와 같이, 청각과 소리가 조건이 되어 청각의식이 생겨나는 것이니, 이 청각의식이 다시 청각으로 인하여 생겨났다고 청각으로써 청각의식의 세계를 삼겠는가? 아니면 소리로 인하여 생겨났다고 소리로써 청각의식의 세계를 삼겠는가? 아난다여, 만약에 청각으로 인하여 생겨난 것이라면, 요동과 적요의 두 가지 양상이 이미 현전하지 않으므로, 청각의 감관이 안다는 것이 없으며, 필연적으로 안다는 것이 없으면 앎도 성립할 수 없는데 청각의식이 어떠한 모습이겠는가? 만약 청각으로 듣는 것을 취한다면, 요동과 적요가 없으므로 듣는 것이 성립할 수 없을 것인데, 어찌 청각형태의 물질의 경계와 접촉의 경계가[895] 뒤섞인 것을 청각의식의 세계로 삼겠으며, 그렇다면 청각의식의 세계가 무엇으로부터 성립하겠는가? 만약 소리에서 생겨난 것이라면, 청각의식은 소리로 인하여 있는 것이어서 바로 듣는 것과는 무관하니, 듣는 것이 없다면, 소리의 양상은 처소가 없을 것이다. 청각의식이 소리를 따라 생겨나고, 소리를 듣는 것으로 인하여 소리의 양상이 있다고 한다면, 들을 때에 청각의식을 들어야 할 것이다. 듣지 못한다면 청각의식의 세계가 아니

가지 인식의 세계에서도 마찬가지이다.

894) 復次阿難云何十八界本如來藏妙眞如性. 阿難如汝所明. 眼色爲緣生於眼識. 此識爲復因眼所生以眼爲界. 因色所生以色爲界. 阿難若因眼生. 旣無色空無可分別. 縱有汝識欲將何用. 汝見又非青黃赤白. 無所表示從何立界. 若因色生. 空無色時汝識應滅. 云何識知是虛空性. 若色變時汝亦識其色相遷變. 汝識不遷界從何立. 從變則變界相自無. 不變則恒旣從色生. 應不識知虛空所在. 若兼二種眼色共生. 合則中離離則兩合. 體性雜亂云何成界. 是故當知眼色爲緣生眼識界. 三處都無. 則眼與色及色界三. 本非因緣非自然性.

895) 色塵觸塵 : 부근사진(浮根四塵; 色·香·味·觸) 가운데 이진(二塵)만을 대표적으로 이야기한 것이다.

고, 듣는다면, 소리와 같아져, 청각의식이 이미 들리었으니, 무엇이 청각의식을 듣는 것을 알 것인가? 만약 아는 것이 없다면 초목과 같아질 것이다. 소리와 듣는 것이 뒤섞이어서 중간의 경계를 이루지 못할 것이고, 중간의 위치가 없으면, 안팎의 양상이 또한 무엇을 따라 성립하겠는가? 그러므로 청각과 소리를 조건으로 청각의식의 세계가 생겨난다고 하더라도, 그 세 세계는 모두 없는 것이지만, 청각과 소리와 청각의식의 세계의 세 세계는 본래 인연도 아니고 자연도 아닌 성품인 것을 알아야 한다."896)

21. 3) 〔후각의식의 세계(鼻識界)〕 "또한 아난다여, 그대가 밝힌 바와 같이, 후각과 냄새가 조건이 되어 후각의식이 생겨나는 것이니, 이 후각의식이 다시 후각으로 인하여 생겨났다고 후각으로서 후각의식의 세계를 삼겠는가? 아니면 냄새로 인하여 생겨났다고 냄새로써 후각의식의 세계를 삼겠는가? 아난다여, 만약에 후각으로 인하여 생겨난 것이라면, 그대의 마음속에 무엇으로서 후각을 삼는가? 살로 이루어진 한 쌍의 손톱 모양을 후각으로 삼는가?897) 냄새 맡아 알고 요동하는 것을 취하여 후각으로 삼는가?898) 만약에 살덩이 모양을 취한다면 살덩이의 바탕이 촉각이고, 촉각으로 아는 것이 감촉이니, 촉각이라고 한다면 후각이 아니고, 감촉이라고 한

896) 阿難又汝所明. 耳聲爲緣生於耳識. 此識爲復因耳所生以耳爲界. 因聲所生以聲爲界 阿難若因耳生. 動靜二相旣不現前. 根不成知必無所知. 知尙無成識何形貌. 若取耳聞. 無動靜故聞無所成. 云何耳形雜色觸塵名爲識界. 則耳識界復從誰立. 若生於聲. 識因聲有則不關聞. 無聞則亡聲相所在. 識從聲(116c)生. 許聲因聞而有聲相. 聞應聞識不聞非界. 聞則同聲. 識已被聞誰知聞識. 若無知者終如草木. 不應聲聞雜成中界. 界無中位. 則內外相復從何成. 是故當知耳聲爲緣生耳識界. 三處都無. 則耳與聲及聲界三. 本非因緣非自然性.

897) 이것은 부진근(浮塵根)으로서의 후각을 말하는 것이다.

898) 이것은 승의근(勝義根)으로서의 후각을 말하는 것이다.

다면 바로 경계일 것이니, 후각이라는 이름도 없는데, 어찌 후각의 식의 세계를 세울 수 있으랴? 만약에 냄새를 맡아 아는 것을 취한다면, 그대의 마음속에 무엇으로 안다는 것인가? 살덩이가 안다면, 곧 살덩이가 아는 것은 본래 촉각이지 후각이 아니고, 허공으로 안다면, 곧 허공이 스스로 아는 것이므로, 살덩이는 당연히 알지 못할 것이며, 그렇다면 허공이 바로 그대일 것이니, 그대의 몸은 알지 못할 것이고, 오늘의 아난다도 당연히 존재하지 못할 것이다. 냄새로써 안다면 아는 것 자체가 냄새에 속하는데, 그대와 무슨 상관이 있겠는가? 만약에 향내와 악취가 반드시 그대의 후각에서 생겨난다면, 그 향기와 악취의 두 가지 냄새는 에란다899) 나무나 전단 나무에서 생기는 것이 아니다. 이 두 가지 냄새가 오지 않았을 때에 그대 스스로가 후각으로 냄새를 맡아보라. 향기인가 악취인가? 악취는 향기가 아니고 향기는 악취가 아니니, 만약에 향기와 악취 두 가지를 모두 냄새 맡을 수 있다면, 그대 한 사람에서 두 가지 후각이 있어야 할 것이고, 나에게 도를 묻는 것도 두 사람의 아난다가 있어야 할 것인데, 어느 것이 그대의 몸인 것인가? 만약에 후각이 하나라서 향기와 악취가 둘이 아니라면, 악취는 이미 향기가 되었고 향기는 다시 악취가 되었으므로 두 가지가 있지 않으니 세계는 무엇을 의지하여 성립되겠는가? 만약에 냄새로 인해 생겨난다면, 후각의식은 냄새로 인하여 있는 것이니, 마치 시각이 보는 것은 있어도 시각을 볼 수 없듯, 냄새로 인하여 있으므로 냄새를 알지 못해야 할

---

899) eranṇḍa : 한역으로 음사하여 이란(伊蘭)이라고 하는데, 아주까리에 속하는 식물의 이름이다. 옛날부터 악취가 있는 독초나무로 향기가 있는 전단과는 대립적으로 사용되었다.

것이다. 안다면, 냄새에서 생겨난 것이 아니고, 알지 못한다면 후각이 아는 것이 아니다. 냄새가 아는 것이 없다면, 냄새의 경계는 성립하지 못할 것이고, 후각의식이 냄새를 알지 못하면, 그것으로 인하여 생겨난 후각의식의 세계가 냄새에 따라 건립된 것이 아닐 것이다. 이미 중간이 없다면 안팎이 성립하지 못할 것이니, 저 온갖 냄새 맡는 성품은 궁극적으로 허망한 것이다. 그러므로 후각과 냄새를 조건으로 청각의식의 세계가 생겨난다고 하더라도, 그 세 세계는 모두 없는 것이지만, 후각과 냄새와 후각의식의 세계의 세 세계는 본래 인연도 아니고 자연도 아닌 성품인 것을 알아야 한다."900)

22 4) 〔미각의식의 세계(味識界)〕 "또한 아난다여, 그대가 밝힌 바와 같이, 미각과 맛이 조건이 되어 미각의식이 생겨나는 것이니, 이 미각의식이 다시 미각으로 인하여 생겨났다고 미각으로써 미각의식의 세계를 삼겠는가? 아니면 맛으로 인하여 생겨났다고 맛으로써 미각의식의 세계를 삼겠는가? 아난다여, 미각으로 인하여 생겨난 것이라면, 모든 세간의 감자, 오매(烏梅), 황련(黃連), 소금, 세신(細辛), 생강 및 계피가 모두 맛이 없을 것이다. 그대가 스스로 미각을 맛보아라. 단 맛인가 쓴 맛인가? 만약 미각의 성품이 쓰다

---

900) 阿難又汝所明. 鼻香爲緣生於鼻識. 此識爲復因鼻所生以鼻爲界. 因香所生以香爲界. 阿難若因鼻生. 則汝心中以何爲鼻. 爲取肉形雙爪之相. 爲取嗅知動搖之性. 若取肉形. 肉質乃身身知卽觸. 名身非鼻名觸卽塵. 鼻尙無名云何立界. 若取嗅知. 又汝心中以何爲知. 以肉爲知. 則肉之知元觸非鼻. 以空爲知. 空則自知肉應非覺. 如是則應虛空是汝. 汝身非知. 今日阿難應無所在. 以香爲知. 知自屬香何預於汝. 若香臭氣必生汝鼻. 則彼香臭二種流氣. 不生伊蘭及栴檀木. 二物不來汝自嗅鼻爲香爲臭. 臭則非香香應非臭. 若香臭二俱能聞者. 則汝一人應有兩鼻. 對我問道有二阿難誰爲汝體. 若鼻是一香臭無二. 臭旣爲香香復成臭. 二性不有界從誰立. 若因香生識因香有. 如眼有見不能觀眼. 因香有故應不知香. 知則非生不知非識. 香非知有香界不成. 識不知香. 因界則非從香建立. 旣無中間不成內外. 彼諸聞性畢竟虛妄. 是故當知鼻香爲緣生鼻識界三處都無. 則鼻與香及香界三. 本非因緣非自然性.

면, 누가 와서 미각을 맛보겠는가? 미각이 스스로 맛보지 못하리니, 무엇이 맛보겠는가? 미각의 성품이 쓰지 않다면, 맛이 저절로 생겨나지 않으리니, 어찌 경계를 성립시키겠는가? 만약 맛으로 인하여 생겨난 것이라면 미각의식 자체가 맛이 되어야 할 것이니, 미각과 마찬가지로 스스로 맛보지 못할 것인데, 어떻게 맛인지 맛이 아니지 구별하여 알겠는가? 또한 일체의 맛이 한 사물에서 생겨난 것이 아니라 맛이 이미 여러 가지에서 생겨났다면, 미각의식은 여러 가지 체성을 지녀야 할 것이다. 미각의식의 본체가 하나이고, 본체가 필연적으로 맛에서 생겨난다면, 짜고 싱겁고 달고 신 것이 화합하여 함께 생겨나거나, 여러 가지로 변하여 달라지는 양상이 한 맛이 되어 분별이 없을 것이다. 분별이 이미 없다면, 바로 미각의식이라고 부르지 못할 것이니, 어찌 미각의식의 세계라고 할 수 있겠는가? 허공이 그대 마음의 의식을 생겨나게 할 수는 없다. 미각과 맛이 화합하여 생겨난다면 그 가운데 원래 자신의 성품이 없을 것인데, 어떻게 미각의식의 세계가 생겨나겠는가? 그러므로 미각과 맛을 조건으로 미각의식의 세계가 생겨난다고 하더라도, 그 세 세계는 모두 없는 것이지만, 미각과 맛과 미각의식의 세계의 세 세계는 본래 인연도 아니고 자연도 아닌 성품인 것을 알아야 한다."901)

23. 5) [촉각의식의 세계(身識界)] "또한 아난다여, 그대가 밝힌

901) 阿難又汝所明. 舌味爲緣生於舌識. 此識爲(117a)復因舌所生以舌爲界. 因味所生以味爲界. 阿難若因舌生. 則諸世間甘蔗烏梅黃連石鹽. 細辛薑桂都無有味. 汝自嘗舌爲甛爲苦. 若舌性苦誰來嘗舌. 舌不自嘗孰爲知覺. 舌性非苦味自不生云何立界. 若因味生識自爲味. 同於舌根應不自嘗. 云何識知是味非味. 又一切味非一物生. 味既多生識應多體. 識體若一體必味生. 鹹淡甘辛和合俱生. 諸變異相同爲一味應無分別. 分別既無則不名識. 云何復名舌味識界. 不應虛空生汝心識. 舌味和合卽於是中. 元無自性云何界生. 是故當知舌味爲緣生舌識界三處都無. 則舌與味及舌界三. 本非因緣非自然性.

바와 같이, 촉각과 감촉이 조건이 되어 촉각의식이 생겨나는 것인데, 이 촉각의식이 다시 촉각으로 인하여 생겨났다고 촉각으로서 촉각의식의 세계를 삼겠는가? 아니면 감촉으로 인하여 생겨났다고 감촉으로서 촉각의식의 세계를 삼겠는가? 아난다여, 만약에 촉각으로 인하여 생겨나는 것이라면, 필연적으로 연결과 분리의 두 가지를 알아보는 조건이 없을 것이니, 촉각이 어디에 있어 인식하겠는가? 만약에 감촉으로 인하여 생겨나는 것이라면, 필연적으로 그대의 촉각은 없을 것이니, 어찌하여 촉각이 아닌 것이 연결과 분리를 알겠는가? 아난다여, 물질은 접촉하여도 알지 못하고 촉각이라야 감촉이 있는 것을 아는 것이므로, 촉각이 알면 감촉이고, 감촉을 아는 것이 촉각이니, 그렇다면 감촉은 촉각이 아니고 촉각은 감촉이 아니다. 촉각과 감촉의 두 가지 양상은 원래 처소가 없으니, 촉각에 연결되면 촉각 자체가 되고, 촉각에서 분리되면 허공 등과 같은 양상이어서 안팎이 성립되지 않은데, 중간이 어찌 성립되겠는가? 중간이 성립되지 않으면 안팎의 것이 비어있어, 그대의 촉각의식이 생겨난다고 하더라도 무엇을 따라 촉각의식의 세계를 성립시키겠는가? 그러므로 촉각과 감촉을 조건으로 촉각의식의 세계가 생겨난다고 하더라도, 그 세 세계는 모두 없는 것이지만, 촉각과 감촉과 촉각의식의 세계의 세 세계는 본래 인연도 아니고 자연도 아닌 성품인 것을 알아야 한다."902)

---

902) 阿難又汝所明. 身觸爲緣生於身識. 此識爲復因身所生以身爲界. 因觸所生以觸爲界. 阿難若因身生必無合離. 二覺觀緣身何所識. 若因觸生必無汝身. 誰有非身知合離者. 阿難物不觸知身知有觸. 知身卽觸知觸卽身. 卽觸非身卽身非觸. 身觸二相元無處所. 合身卽爲身自體性. 離身卽是虛空等相. 內外不成中云何立. 中不復立內外性空. 卽汝識生從誰立界. 是故當知身觸爲緣生身識界三處都無. 則身與觸及身界三. 本非因緣非自然性

24. 6) 〔정신의식의 세계(意識界)〕 "또한 아난다여, 그대가 밝힌 바와 같이, 정신과 사실이 조건이 되어 정신의식이 생겨나는 것이니, 이 정신의식이 다시 정신으로 인하여 생겨났다고 정신으로써 정신의식의 세계를 삼겠는가? 아니면 사실로 인하여 생겨났다고 사실로써 정신의식의 세계를 삼겠는가? 아난다여, 만약 정신으로 생겨난 것이라면, 그대의 정신 가운데 필연적으로 사량하는 곳이 있어서 그대의 정신을 밝히는 것인데, 만약 현전하는 사실이 없다면 정신이 생겨나는 곳이 없을 것이고, 조건을 여의고 양상이 없으리니, 정신의식이 장차 무엇으로 작용하겠는가? 또한 그대의 정신의식은 사량하는 것과 더불어 요별하는 것과 같은 것이겠는가, 다른 것이겠는가? 정신과 같으면 정신일 것이니 어찌 생겨난 것이라고 할 것인가? 정신과 다르다고 한다면 같지 않은 것은 의식하는 것이 없어야 할 것이다. 만약에 의식할 것이 없다면, 어찌 정신이 생겨난다고 할 수 있겠는가? 만약 의식할 것이 있다면, 어찌 정신을 의식한다고 하겠는가? 오로지 같은 것과 다른 것의 두 가지가 세계를 이루지 못하는데 어떻게 세계를 성립시킨다고 말하겠는가? 만약 사실로 인해 생겨난 것이라면, 세간의 모든 사실은 다섯 가지 경계를 벗어나지 못하는 것이니, 그대는 형상의 사실과 더불어 소리의 사실, 냄새의 사실, 맛의 사실 내지 감촉의 사실을 살펴보면 그 양상이 분명해질 것이다. 이는 다섯 가지 감관에 대한 것으로써 정신은 거두지 못한 것이다. 그대의 정신의식이 결정코 사실에 의해 생겨나는 것이라면, 그대는 지금 사실을 자세히 관찰해 보라. 그 사실은 어떠한 양상인가? 만약 형상과 허공, 요동과 적요, 소통과 폐색, 연결과 분리, 생성과 소멸을 떠나서 이러한 온갖

양상을 초월하는 것은 있을 수가 없다. 생겨난다면, 형상과 허공 등의 사실이 생겨나고, 소멸한다면, 형상과 허공 등의 사실이 소멸하는 것이다. 원인이 되는 것들이 이미 없어졌는데 원인으로 생겨났다는 정신의식이 있다면, 어떤 형상을 만들 수 있겠는가? 모습과 형상이 없는데, 정신의식의 세계가 어떻게 생겨나겠는가? 그러므로 정신과 사실을 조건으로 정신의식의 세계가 생겨난다고 하더라도, 그 세 세계는 모두 없는 것이지만, 정신과 사실과 정신의식의 세계의 세 세계는 본래 인연도 아니고 자연도 아닌 성품인 것을 알아야 한다."903)

25. 〔일곱 요소(七大)와 여래장(如來藏)〕 아난다가 부처님께 사뢰었다. 〔아난다〕 "세존이시여, 여래께서 항상 화합하는 인연에 대해 '일체 세간의 갖가지 변화가 모두 네 가지 요소〔四大〕의 화합으로 인하여 나타난다.'라고 설하셨는데, 어찌하여 인연과 자연의 두 가지를 함께 배척하십니까? 저는 지금 그 이치를 알지 못하겠으니, 바라옵건대 애민을 드리워 뭇삶들에게 중도의 뚜렷한 이치와 희론이 아닌 가르침을 열어 보여주소서." 그때 세존께서 아난다에게 말씀하셨다. 〔세존〕 "그대가 먼저 성문과 연각의 모든 소승의 가르침을 싫어하고 발심하여 무상보리를 구하기에 내가 지금 그대에게 제

---

903) 阿難又汝所明. 意法爲緣生於意識. 此識爲復因意所生以意爲界. 因法所生以法爲界. 阿難若因意生於汝意中. 必有所思發明汝意. 若無前法意無所生. 離緣無形識將何用. 又汝識心與諸思量. 兼了別性爲同爲異. 同(117b)意卽意云何所生. 異意不同應無所識. 若無所識云何意生. 若有所識云何識意. 唯同與異二性無成界云何立. 若因法生. 世間諸法不離五塵. 汝觀色法及諸聲法香法味法. 及與觸法相狀分明. 以對五根非意所攝. 汝識決定依於法生. 汝今諦觀法法何狀. 若離色空. 動靜通塞合離生滅. 越此諸相終無所得. 生則色空諸法等生. 滅則色空諸法等滅. 所因旣無. 因生有識作何形相. 相狀不有界云何生. 是故當知意法爲緣生意識界三處都無. 則意與法及意界三. 本非因緣非自然性

일의제를 열어보였는데, 어째서 또한 세간의 희론이자 망상인 인연에 스스로 얽매이는가? 그대가 비록 많이 배웠으나 약을 말하는 사람이 진짜 약이 앞에 있는데도 분별하지 못하는 것과 같으므로, 여래는 그대를 두고 참으로 가련하다고 하는 것이다. 그대는 자세히 들으라. 내가 그대를 위해 분별하여 열어 보일 것이며, 또한 미래에 대승을 닦는 이로 하여금 실상을 통달하게 할 것이다." 아난다는 잠자코 부처님의 성스러운 교지를 받들었다. 〔세존〕"아난다여, 그대가 말한 것과 같이 '네 가지 요소가 화합하여 세간의 갖가지 변화를 일으킨다.'고 하였으나, 아난다여, 만약 요소의 성품 자체가 화합이 아니라면, 모든 요소와 뒤섞일 수 없음이 마치 허공이 온갖 물질과 화합할 수 없는 것과 같을 것이다. 만약 화합이라면, 변화와 같아서 처음과 끝이 서로 이루고 생멸이 서로 이어져 났다가 죽고 죽었다 나며, 나고 또 나고 죽고 또 죽어, 마치 선화륜(旋火輪)이 쉬지 못하는 것과 같으리라. 아난다여, 물이 얼음이 되고 얼음이 다시 물이 되는 것과 같으리라."904)

26. 1) 〔땅의 요소(地大)〕"그대가 땅의 성품을 보라. 큰 것은 대지가 되고, 작은 것은 미세한 먼지가 된다. 인허진(鄰虛塵)905)은 그 극미진(極微塵)인 색변제상(色邊際相)906)을 일곱 등분으로 쪼개

---

904) 阿難白佛言世尊. 如來常說和合因緣. 一切世間種種變化. 皆因四大和合發明. 云何如來因緣自然二俱排擯. 我今不知斯義所屬. 推垂哀愍開示衆生. 中道了義無戲論 爾時世尊告阿難. 言. 汝先厭離聲聞緣覺諸小乘法. 發心勤求無上菩提. 故我今時爲汝開示第一義諦. 如何復將世間戲論. 妄想因緣而自纏繞. 汝雖多聞如說藥人. 眞藥現前不能分別. 如來說爲眞可憐愍. 汝今諦聽. 吾當爲汝分別開示. 亦令當來修大乘者通達實相. 阿難默然承佛聖旨. 阿難如汝所言四大和合. 發明世間種種變化. 阿難若彼大性體非和合. 則不能與諸大雜和. 猶如虛空不和諸色. 若和合者同於變化. 始終相成生滅相續. 生死死生生生死死. 如旋火輪未有休息. 阿難如水成冰冰還成水.

905) 鄰虛塵 : 극미진(極微盡)을 7등분한 것을 뜻한다.

어 이루어진 것이다. 그런데 인허진을 다시 쪼갠들 참으로 공성이 되겠는가?[907] 아난다여, 이 인허진을 쪼개어 허공이 된다면, 허공이 색상(色相)[908]으로 생겨난다는 것을 알아야 할 것이다. 그대가 지금 묻기를 화합으로 인해서 세간의 모든 변화하는 현상이 나타난다고 했으니, 그대는 먼저 관찰해 보라. 하나의 인허진은 몇 개의 허공이 화합하여 존재하는 것인가? 인허진이 화합하여 인허진이 된 것은 아닐 것이다. 또한 인허진을 쪼개서 허공이 된다면, 얼마나 많은 색상(色相)을 사용해야 허공을 합성하겠는가? 만약 색상이 합해졌을 경우에는 물질이 합해진 것이지 허공은 아닐 것이며, 만약 허공이 합해졌을 경우에는 허공이 합해진 것이지 물질이 아닐 것이다. 색상은 오히려 쪼갤 수 있으나 허공이야 어찌 합해질 수 있겠는가? 그대는 원래 여래장 가운데 '성품이 물질인 참다운 공(空)' 즉, 성색진공(性色眞空)과, '성품이 공(空)인 참다운 물질' 즉, 성공진색(性空眞色]이 있는데,[909] 청정본연(淸靜本然) 그대로 법계에 두루 편재하여 있으면서,[910] 뭇삶의 마음을 따르고 그들이 헤아리는 대로 응해주는 것을 알지 못하는구나. 다만 업에 따라 발현하는 것인데, 세상이 무지하고 미혹하여 인연이나 자연이라고 하는 것이니, 모두

---

906) 色邊際相 : 물질의 궁극적인 모습이라는 뜻으로 극미진을 지칭한다.

907) 更析鄰虛卽實空性 : Unh. 128의 번역문은 "인허진((鄰虛塵))을 다시 쪼개면 곧 허공이 되느니라.'고 했으나, 이 문장은 Pr. 272의 경우처럼 내용상 의문문으로 도치해야만 한다.

908) 色相 : 여기서는 인허진(隣虛塵)을 뜻한다.

909) 性色眞空性空眞色 : 현상세계에서는 물질을 물질이고 허공은 허공이지만, 여래장의 세계에서는 '성품이 물질인 참다운 공(空)과, 성품이 공(空)인 참다운 물질'이라는 표현으로 반야심경의 색즉시공(色卽是空), 공즉시색(空卽是色)을 표현하고 있다.

910) 淸淨本然周遍法界 : Unh. 130에 따르면, 더러운 것도 없고 깨끗한 것도 없는 것[不垢不淨]을 청정(淸淨)이라고 하고, 화합도 아니고 불화합도 아닌 것을 본연(本然)이라고 하고, 있지 않은 데가 없는 것을 '두루 편재하는 것[周遍]'이라고 한다.

의식하는 마음으로 분별하고 계탁하는 것[911]으로, 단지 언설일 뿐, 진실한 의미는 없는 것이다."[912]

27. 2) 〔불의 요소(火大)〕 "아난다여, 불의 성품은 실체〔我〕가 없어서 온갖 조건에 의지한다. 그대가 이 도시에서 아직 밥을 짓지 않는 집에서 밥을 지으려 할 때에 양수(陽燧)[913]라는 거울을 들고 햇볕 앞에서 불을 구하는 것을 볼 수 있다. 아난다여, 화합이라고 하는 것은 마치 내가 그대들 1250명의 수행승들과 한 대중이 된 것과 마찬가지이니, 그 대중이 비록 하나일지라도 그 근본을 따지면 각각 몸이 있고 모두 소생한 종족과 이름이 따로 있다. 마치 샤리뿌뜨라가 바라문[914] 종족이고 우루벨라[915]는 까쉬야빠[916] 종

911) 分別計度 : 여러 가지 사물을 헤아리고 분별하는 의식의 작용으로서 과거, 현재, 미래에 걸쳐 현실로 나타나지 않은 일들을 미루어 상상하는 정신 작용을 말한다.

912) 汝觀地性. 麤爲大地細爲微塵. 至鄰虛塵析彼極微. 色邊際相七分所成. 更析鄰虛卽實空性. 阿難若此鄰虛析成虛空. 當知虛空出生色相. 汝今問言由和合故. 出生世間諸變化相. 汝且觀此一鄰虛塵. 用幾虛空和合而有. 不應鄰虛合成鄰虛. 又鄰虛塵析入空者. 用幾色相合成虛空. 若色合時合色非空. 若空合時合空非色. 色猶可析空云何合. 汝元不知如來藏中. 性色眞空性空眞色. 淸淨本然周遍法界. 隨衆生心應所知量. 循業發現世間無知. 惑爲因緣及自然性. 皆是識心分別計度. 但有言說都無實義.

913) 陽燧 : 동으로 만든 오목 거울로, 영상이 비치면 거꾸로 비치고 태양을 향하면 불을 일으킨다.

914) 婆羅門 : 엄밀히 말해서 계급이지 종족은 아니다. 여기서 '마치 샤리뿌뜨라는 바라문 족이고 우루벨라는 까쉬야빠 족이고 내지 아난다는 가우따마 족인 것과 같다.'에서 바라문은 종족이 아니라 계급의 이름인 것인데, 『수능엄경』이 인도전래의 경전이 아닐 수 있다는 증거가 될 수 있다.

915) Uruvela (Kāśyapa) : 한역은 우로빈라(優盧頻螺) 가섭(迦葉)이다. 부처님의 제자 수행승 가운데 '대중을 거느린 님 가운데 제일(mahāparisānaṁ aggaṁ)'이다. 우루벨라 지역의 결발삼형제(Tebhātika-Jaṭilā)의 한 분이다. 그는 네란자라 강 언덕에서 500명의 제자를 거느리고 살았고 보다 하류 쪽에서 그의 동생 나디 깟싸빠(Nadī Kassapa)가 300명의 제자를 거느리고, 가야 깟싸바(Gayā Kassapa)가 200명의 제자를 거느리고 살았다. 율장에 나와 있듯이, 부처님이 이곳을 방문하여 우루벨라 깟싸빠가 용왕이 산다고 경고한 화신을 숭배하는 사당에서 하룻밤을 보내면서 화염을 뿜어내는 용왕을 굴복시킨다. 부처님은 이곳에서 우기를 보내며, 갖가지 신통을 보여

족이고 내지 아난다는 가우따마917) 종족인 것과 같다. 아난다여, 만약에 저 불의 성품이 화합으로 인하여 있다면, 저 손이 거울을 잡고 불을 구할 때, 그 불은 거울에서 나오는 것이냐, 쑥에서 나오는 것이냐, 아니면 태양에서 나오는 것인가? 아난다여, 태양에서 나오는 것이라면, 스스로가 그대의 손에 있는 쑥을 태울 것이니, 오는 곳마다 숲과 나무가 모두 불타야 할 것이다. 거울 중에서 나온다면 거울 가운데 나와서 쑥을 태우는데, 거울은 어찌하여 녹지 않는가? 그대의 손에 들려있으면서 뜨겁지 않은데 어찌 녹겠는가? 만약 쑥에서 생겨난 것이라면, 어찌 깔개 위에서 해와 거울의 빛이 서로 닿은 뒤에야 불이 생겨나는가? 그대가 또한 자세히 보라. 거울은 손에 들렸고, 해는 하늘에 떴고, 쑥은 땅에서 난 것인데, 불은 어디에서부터 여기까지 온 것인가? 해와 거울은 서로 멀어서 서로 어울린 것도 아니고 합쳐진 것도 아니고, 그렇다고 불꽃이 나온 데도 없이 스스로 있는 것은 아닐 것이다. 그대는 여태껏 여래장 가운데 '성품이 불인 참다운 공(空)' 즉, 성화진공(性火眞空)과, '성품이 공(空)인 참다운 불' 즉, 성공진화(性空眞火)가 있는데, 청정본연 그대로 법계에 두루 편재하여 있으면서, 뭇삶들의 마음을 따르고 그들이 헤아리는 대로 응해주는 것을 알지 못하는구나. 아난다여, 마땅히 알아야 한다. 세상 사람이 한 곳에 거울을 잡고 있으면, 한 곳에 불이 생기고, 온 법계에 두루 잡고 있으면, 세상 가득히 불이 생겨날 것

주어 우루벨라 깟싸바를 굴복시켰다. 결국 결발삼형제와 모든 그의 제자들은 부처님 앞에 출가하여 수행승이 된다. 우루벨라 까쉬야빠의 시는 Thag. 375-380에 실려 있다.

916) Kāśyapa : 인도 고대 바라문 계급에 속한 종족의 성씨(姓氏)이다.

917) Gautama(Gotama) : 부처님이 속한 석가족의 성씨(姓氏)이다.

이다. 온 세상에 두루 생겨난다면, 어찌 처소가 따로 있겠는가? 다만 업에 따라 발현하는 것인데, 세상이 무지하고 미혹하여 인연이나 자연이라고 하는 것이니, 모두 의식하는 마음으로 분별하고 계탁하는 것으로, 단지 언설일 뿐, 진실한 의미는 없는 것이다."918)

28. 3) 〔물의 요소(水大)〕 "아난다여, 물의 성품은 일정하지 않아 흐르고 그치는 것이 항상하지 않다. 슈라바쓰띠 시의 까삘라919) 선인, 차크라920) 선인, 빠두마921) 선인, 아그라싸무드라922) 선인 등의 대환술사들이 달의 정기를 구하여 그것으로 환약을 만들고 있다. 이들 환술사들은 달 밝은 밤중에 손에 '방제(方諸)'923)라는

---

918) 阿難火性無我寄於諸緣. 汝觀城中未食之家欲炊爨時. 手執陽燧日前求火. 阿難名和合者. 如我與汝一千二百五十比丘今爲一衆. 衆雖爲一. 詰其根本各各有身. 皆有所生. 氏族名字. 如舍利弗婆羅門種. 優盧頻螺迦葉波種. 乃至阿難瞿曇種姓. 阿難若此火性因和合有. 彼手執鏡於日求火. 此火爲從鏡中而出. 爲從艾出爲於日來. 阿難若日來者. 自能燒汝手中之艾. 來處林木皆應受焚. 若鏡中出自能於鏡. 出然于艾鏡何不鎔. 紆汝手執尚無熱相云何融泮. 若生於艾何藉日鏡. 光明相接然後火生. 汝又諦觀鏡因手執. 日從天來艾本地生. 火從何方遊歷於此. 日鏡相遠非和非合. 不應火光無從自有. 汝猶不知如來藏中. 性火眞空性空眞火. 清淨本然周遍法界. 隨衆生心應所知量. 阿難當知. 世人一處執鏡一處火生. 遍法界執滿世間起. 起遍世間寧有方所. 循業發現世間無(118a)知. 惑爲因緣及自然性. 皆是識心分別計度. 但有言說都無實義.

919) Kapila : 음사하여 가비라(迦毘羅)라고 하는데, 두발의 색이 황적색(黃赤色)이었다. 옛 인도의 이교도 선인(仙人)의 이름이다.

920) Cakra : 음사하여 작가라(斫迦羅)라고 하는데, 원래 수레바퀴를 뜻한다. 옛 인도 이교도의 이름이다. 원래 '짜끄라'로 음사해야 하지만, '차크라'라는 일반적으로 이미 알려진 음사이므로 그대로 사용한다.

921) Padma : 음사하여 발두마(鉢頭摩)라고 하는데, 적련화(赤蓮華)란 뜻을 지니고 있다. Unh. 132에 따르면, 원래 호수의 이름이었는데, 이교도가 이곳 근처에 산다고 하여 붙여진 이교도의 이름이다.

922) Agrasamudra : 음사하여 아살다(訶薩多)인데, Unh. 132에서 아살다(訶薩多)가 아가살모다라(阿迦薩謨多羅)의 준말이고, 해수(海水)란 뜻이 있고, 이교도가 이 해변(海邊)에 살고 있었다고 한다면, 범어로 Agrasamudra라고 환원할 수 있다.

923) 방제(方諸) : 옥돌로 만든 술잔과 같은 것으로 달을 향하면 진액이 생겨난 물이 흐른다고 한다.

구슬을 들고 달 속의 물을 받는데, 이 물이 구슬 속에서 나오는 것인가, 허공 가운데 저절로 생겨난 것인가, 달에서 오는 것인가? 아난다여 달에서 오는 것이라면, 멀리서 구슬로 하여금 물을 나오게 하는 것이니, 경과하는 숲과 나무마다 물을 토해 흘러야 할 것인데, 흐른다면 어찌 구슬에서 나오길 기다릴 것이며, 흐르지 않는다면 물이 달에서 내려오는 것이 아닌 것이 분명해진다. 만약 구슬에서 나온다면 그 구슬 속에서 항상 물이 흘러야 하는데, 어찌하여 달 밝은 밤중을 기다려 물을 받아야 하는가? 만약 허공에서 생겨난 것이라면, 허공의 성품은 가장자리가 없어 물도 또한 한정이 없어 사람으로부터 하늘에 이르기까지 모두 물에 잠길 것인데, 어찌 물과 육지와 허공의 구별이 있겠는가? 그대는 다시 잘 살펴보라. 달은 하늘에 떠있고 구슬은 손에 들려 있으며, 구슬의 물을 받는 쟁반은 사람이 부설한 것인데, 물은 어디에서 흘러 이곳까지 오는 것인가? 달과 구슬은 서로 멀어서 어울린 것도 아니고 합하는 것도 아니고 그렇다고 물의 정기가 오는데 없이 스스로 있는 것은 아닐 것이다. 그대는 여태껏 여래장 가운데 '성품이 물인 참다운 공(空)' 즉, 성수진공(性水眞空)과, '성품이 공(空)인 참다운 물' 즉, 성공진수(性空眞水)가 있는데, 청정본연 그대로 법계에 두루 편재하여 있으면서, 뭇삶들의 마음을 따르고 그들이 헤아리는 대로 응해주는 것을 알지 못하는구나. 한 곳에서 구슬을 잡으면 한 곳에서 물이 나오니, 온 법계를 두루 잡으면 법계에 가득 생기는데, 세상에 두루 생겨나면 어찌 처소가 따로 있겠는가? 다만 업에 따라 발현하는 것인데, 세상이 무지하고 미혹하여 인연이나 자연이라고 하는 것이니, 모두 의식하는 마음으로 분별하고 계탁하는 것으로, 단지 언설일 뿐, 진실한 의미는 없는 것이다."924)

29. 4) 〔바람의 요소(風大)〕 "아난다여, 바람의 성품은 실체가 없어서 요동과 적요가 항상하지 않다. 그대가 항상 옷을 여미고 대중에 들어갈 때, 가사 자락이 펄럭이어 옆 사람에 미치면 미풍이 그 사람의 얼굴에 스치게 된다. 이 바람은 가사 자락에서 나온 것인가, 허공에서 나온 것인가, 그 사람의 얼굴에서 나온 것인가? 아난다여, 그 바람이 가사 자락에서 나온 것이라면, 그대가 바람을 입었으므로 그 옷이 날려서 네 몸을 벗어났어야 할 것이다. 내가 지금 법회 중에 가사를 입었으니, 그대는 나의 옷을 보라. 바람이 어느 곳에 있는가? 옷 가운데 바람을 숨긴 곳이 있지는 않을 것이다. 만약 허공에서 생겨난 것이라면, 그대의 옷이 펄럭이지 않을 때에 어찌하여 바람이 일지 않는가? 허공의 성품은 항상 있으니, 바람도 항상 생겨나겠지만, 만약에 바람이 없을 때에는 허공은 당연히 없어져야 할 것이다. 그러나 바람이 없어지는 것은 볼 수 있지만 허공이 소멸하는 것은 어떠한 모습이겠는가? 만약에 생멸이 있다면, 허공이라고 부르지 못할 것이니, 허공이라고 부른다면, 어떻게 바람이 나오겠는가? 만약에 바람이 그 사람의 얼굴에서 스스로 생겨난다면, 그 사람의 얼굴에서 생겨나는 것이므로 그대에게도 불어와야

---

924) 阿難水性不定流息無恒. 如室羅城迦毘羅仙斫迦羅仙. 及鉢頭摩訶薩多等諸大幻師. 求太陰精用和幻藥. 是諸師等於白月晝. 手執方諸承月中水. 此水爲復從珠中出. 空中自有爲從月來. 阿難若從月來. 尙能遠方令珠出水. 所經林木皆應吐流. 流則何待方珠所出. 不流明水非從月降. 若從珠出則此珠中常應流水. 何待中宵承白月晝. 若從空生空性無邊水當無際. 從人洎天皆同陷溺. 云何復有水陸空行. 汝更諦觀. 月從天陟珠因手持. 承珠水盤本人敷設. 水從何方流注於此. 月珠相遠非和非合. 不應水精無從自有. 汝尙不知如來藏中. 性水眞空性空眞水. 淸淨本然周遍法界. 隨衆生心應所知量. 一處執珠一處水出. 遍法界執滿法界生. 生滿世間寧有方所. 循業發現世間無知. 惑爲因緣及自然性. 皆是識心分別計度. 但有言說都無實.

할 것인데, 그대가 스스로 옷을 여미니, 어찌하여 바람이 거꾸로 부는 것이냐? 그대는 자세히 관찰해 보라. 옷을 여미는 것은 그대이고, 얼굴은 저 사람에게 있고, 허공은 고요하여 움직이지 않거늘, 바람은 어디서 이곳으로 불어오겠는가? 바람과 허공은 성품은 떨어져 있어 어울리는 것도 아니고 합하는 것도 아니고, 그렇다고 바람이 온 데가 없이 스스로 있는 것도 아닐 것이다. 그대는 여태껏 여래장 가운데 '성품이 바람인 참다운 공(空)' 즉, 성풍진공(性風眞空)과, '성품이 공(空)인 참다운 바람' 즉, 성공진풍(性空眞風)이 있는데, 청정본연 그대로 법계에 두루 편재하여 있으면서, 뭇삶들의 마음을 따르고 그들이 헤아리는 대로 응해주는 것을 알지 못하는구나. 아난다여, 마치 그대 한 사람이 옷을 펄럭이면 미풍이 생겨나듯, 온 법계가 펄럭이면 바람이 온 국토에 가득 생겨날 것이니, 세상에 두루 퍼져 존재한다면, 어찌 처소가 따로 있겠는가? 다만 업에 따라 발현하는 것인데, 세상이 무지하고 미혹하여 인연이나 자연이라고 하는 것이니, 모두 의식하는 마음으로 분별하고 계탁하는 것으로, 단지 언설일 뿐, 진실한 의미는 없는 것이다."925)

30. 5) 〔허공의 요소(空大)〕 "아난다여, 허공의 성품은 형상이 없는 것이어서 물질로 인하여 발현한 것이다. 마치 슈라바쓰띠 시에

---

925) 阿難風性無體動靜不常. 汝常整衣入於大衆. 僧伽梨角動及傍人. 則有微風拂彼人面. 此風爲復出袈裟角. 發於虛空生彼人面. 阿難此風若復出袈裟角. 汝乃披風. 其衣飛搖應離汝體. 我今說法會中垂衣. 汝看我衣風何所在. 不應衣中有藏風地. 若生虛空. 汝衣不動何因無拂. 空性常住風應常生. 若無風時虛空當滅. 滅風可見滅空何狀. 若有生滅不名虛空. 名爲虛空云何風出. 若風自生(118b)彼拂之面. 從彼面生當應拂汝. 自汝整衣云何倒拂. 汝審諦觀. 整衣在汝面屬彼人. 虛空寂然不參流動. 風自誰方鼓動來此. 風空性隔非和非合. 不應風性無從自有. 汝宛不知如來藏中. 性風眞空性空眞風. 淸淨本然周遍法界. 隨衆生心應所知量. 阿難如汝一人. 微動服衣有微風出. 遍法界拂滿國土生. 周遍世間寧有方所. 循業發現世間無知. 惑爲因緣及自然性. 皆是識心分別計度. 但有言說都無實義.

서 강이 멀리 떨어진 곳에는 여러 왕족들, 바라문족들, 평민들, 노예들과 아울러 바라드와자926) 족이나 짠달라 족 등이 안거할 곳을 새로 새우고 우물을 파고 물을 구하는 것과 같이, 흙을 한 자 파내면 바로 한 자의 허공이 생기고, 이와 같이 한 길까지 파내면 중간에 한 길의 허공이 생겨나고, 허공의 얕음과 깊음은 파낸 흙의 많고 적음에 따라 나타난다. 그렇다면 이 허공은 흙으로 인하여 생겨난 것인가, 파냄으로 인하여 생겨난 것인가, 원인도 없이 생겨난 것인가? 아난다여, 이 허공이 원인도 없이 생겨난 것이라면, 흙을 파내기 전에는 어찌 폐색이 없지 않아서 오직 큰 땅만 보이고 훤히 통하지 못한 것인가? 만약 흙으로 인하여 나온 것이라면, 바로 흙이 나올 때 허공이 들어가는 것을 보아야 하고, 만약 흙이 먼저 나오고 허공이 들어가지 않는다면, 어떻게 허공이 흙으로 인하여 나온다고 하겠는가? 만약에 나오고 들어가는 것이 없다면, 허공과 흙이 원래 다른 원인이 없으니 다르지 않으면 같은 것일 것이다. 그렇다면 흙이 나올 때에, 허공이 어찌 나오지 않겠는가? 만약 파냄으로 인하여 나온다면, 곧 파냄으로 허공이 나오는 것이니 흙은 나오지 말아야 할 것이다. 만약 파냄으로 인하여 나오는 것이 아니라면, 파냄으로서 반드시 흙이 나올 텐데, 어찌 허공이 보이게 되는가? 그대가 자세히 살펴서 자세히 관찰해 보라. 파는 것은 사람의 손을 따라 이리저리 움직이고 흙은 땅으로 인하여 옮겨지는데, 그렇다면, 허공은 무엇을 인하여 나오는가? 파는 일과 허공은 허실이 서로 작용하

---

926) Bharadvāja : 여기서 바라타(頗羅墮)라고 음사되어 있는데, Unh. 136에 따르면, 중동(重瞳), 첩질(捷疾), 이근(利根) 등으로 번역된다. 인도 바라문 계급의 여섯 가지 성씨 가운데 하나이다.

지 못하여 어울리는 것도 아니고 합하는 것도 아니고, 그렇다고 허공이 온데 없이 스스로 나오는 것도 아니다. 만약에 이 허공의 성품이 원만하고 두루 편재하여 본래 동요가 없다면, 그것은 현전하는 땅, 물, 불, 바람과 함께 균등하게 다섯 가지 요소〔五大〕라고 불리는 것으로서 성품이 참되고 원융하여 모두 여래장이라, 본래 생멸이 없는 것임을 알아야 한다. 아난다여, 그대의 마음이 혼미하여 네 가지 요소〔四大〕가 본래 여래장인 것을 깨닫지 못하고 있다. 허공을 관찰해 보아라. 나오는 것인가, 들어가는 것인가, 나오는 것도 아니고 들어가는 것도 아닌 것인가? 그대는 전혀 알지 못하고 있다. 여래장 가운데 '성품이 지각〔覺〕인 참다운 공(空)' 즉, 성각진공(性覺眞空)과, '성품이 공(空)인 참다운 지각' 즉, 성공진각(性空眞覺)이 있는데, 청정본연 그대로 법계에 두루 편재하여 있으면서, 뭇삶들의 마음을 따르고 그들이 헤아리는 대로 응해주는 것을 알지 못하는구나. 아난다여, 마치 한 우물의 허공이 한 우물만큼의 허공을 생기게 하는 것과 같이, 시방의 허공도 역시 그러하여, 시방에 두루 가득 찰 것이니 어찌 처소가 있겠는가? 다만 업에 따라 발현하는 것인데, 세상이 무지하고 미혹하여 인연이나 자연이라고 하는 것이니, 모두 의식하는 마음으로 분별하고 계탁하는 것으로, 단지 언설일 뿐, 진실한 의미는 없는 것이다."927)

927) 阿難空性無形因色顯發. 如室羅城去河遙處. 諸刹利種及婆羅門. 毘舍首陀兼頗羅墮旃陀羅等. 新立安居鑿井求水. 出土一尺於中則有一尺虛空. 如是乃至出土一丈. 中間還得一丈虛空. 空虛淺深隨出多少. 此空爲當因土所出. 因鑿所有無因自生. 阿難若復此空無因自生. 未鑿土前何不無礙. 唯見大地迥無通達. 若因土出則土出時應見空入. 若土先出無空入者. 云何虛空因土而出. 若無出入則應空土. 元無異因無異則同. 則土出時空何不出. 若因鑿出. 則鑿出空應非出土. 不因鑿出. 鑿自出土云何見空. 汝更審諦諦審諦觀. 鑿從人手隨方運轉土因地移. 如是虛空因何所出. 鑿空虛實不相爲用非和非合. 不應虛空

31. 6) 〔봄의 요소(見大)〕 "아난다여, 보고 인지하는 것은 물질과 허공으로 인하여 있다는 것을 알지 못하는구나. 그대가 지금 이 제따바나 숲에 있을 때 아침에는 밝고 저녁에는 어둡지만, 설사 밤이라도 달이 밝아 비추면 환하고, 달이 없으면 바로 어두운 것과 같이, 밝음과 어둠 등으로 인하여 보는 것이 분석되는 것이다. 이 보는 것이 밝고 어두운 모습과 아울러 큰 허공과 더불어 동일체인가 동일체가 아닌가? 혹은 동일체이기도 하고 동일체가 아니기도 한 것인가? 혹은 다른 것이기도 하고 다르지 않기도 한 것인가? 아난다여, 그 보는 것이 다시 밝음과 어둠과 허공과 더불어 원래 동일체라면, 밝고 어두운 것의 두 가지 체상이 없는 것이니, 어두울 때에는 밝음이 없을 것이고 밝을 때에는 어둠이 없을 것이다. 만약 어둠과 하나라면, 밝을 때에는 보는 것은 없을 것이고, 필연적으로 밝음과 하나라면, 어두울 때에는 보는 것이 없을 것이니, 없어지면 어떻게 밝음을 보고 어둠을 보겠는가? 만약에 어둠과 밝음이 다르다고 한다면, 보는 것에 생겨나고 소멸하는 것이 없을 터인데, 동일체라는 말이 어떻게 성립한다고 하겠는가? 만약 이 견정(見精)이 어둡고 밝은 것과 더불어 동일체가 아니라면, 그대가 밝음과 어둠과 허공을 떠나서 보는 것의 근원을 분석해 보라. 어떠한 형상이 되겠는가? 밝음을 떠나고 어둠을 떠나고 허공을 떠나면, 이 보는 것이 원래 거북이털과 토끼뿔과 같아지니, 밝음, 어둠, 허공의 세 가지 사

無從自出. 若此虛空性圓周. 遍本不動搖. 當知現前地水火風. 均名五大性眞圓融. 皆如來藏本無生滅. 阿難汝心昏迷. 不悟四大元如來藏. 當觀虛空爲出爲入爲非出入. 汝全不知如來藏中. 性覺眞空性(118c)空眞覺. 淸淨本然周遍法界. 隨衆生心應所知量. 循業發現世間無知. 惑爲因緣及自然性. 皆是識心分別計度. 但有言說都無實義. 阿難如一井空空生一井. 十方虛空亦復如是. 圓滿十方寧有方所.

실과 다르다면, 무엇을 따라서 보는 것을 세우겠는가? 밝음과 어둠이 서로 반대가 되는데, 어떻게 같다고 하겠으며, 세 가지를 떠나면 원래 없는데, 어떻게 다르다고 하겠는가? 허공을 나누고 보는 것도, 나누어 본들 한계가 없을 것인데 어떻게 같지 않다고 말할 수 있겠는가? 어둠도 보고 밝음도 보기도 하지만, 보는 성품이 바뀐 것도 아닌데, 어떻게 다르지 않다고 할 수 있겠는가? 그대는 다시 자세히 살피고 미세하게 살피어 상세하고 명료하게 관찰해 보라. 밝음은 태양에서 오고, 어둠은 달이 없는데서 오고, 소통은 허공에 소속되고, 폐색은 대지로 돌아가는 것이다. 이와 같다면 견정(見精)은 무엇을 원인으로 출현하는 것인가? 보는 것은 지각하는 것이고 허공은 완고한 것이어서 어울리지 않고 합하지도 않는 것이지만, 보는 것이 의지하는데 없이 스스로 출현하지도 않을 것이다. 만약에 보고 듣고 지각하고 인지하는 것이 원만히 두루 편재하여 본래 움직이는 것이 아니라면, 끝이 없고 움직이지 않는 허공이나 움직이는 땅, 물, 불, 바람과 아울러 함께 여섯 가지 요소라고 한다는 것을 알아야 할 것이다. 그 본성은 참되고 원융한 것이어서 모두가 여래장이며, 본래 생멸이 없는 것이다. 아난다여, 그대의 성품이 미혹하여 '보고 듣고 지각하고 인지하는 것'이 본래 여래장인 것을 깨닫지 못하고 있다. 그대는 이 보고 듣고 지각하고 인지하는 것을 관찰해 보라. 생한 것인가 멸한 것인가 같은 것인가 다른 것인가? 생한 것도 멸한 것도 아닌 것인가? 같은 것도 다른 것도 아닌 것인가? 그대는 여래장 가운데 '성품이 봄인 참다운 지각', 즉, 성견각명(性見覺明)928)과, '성품이 지각인 참다운 봄' 즉, 각정명견(覺精

928) 性見覺明 : Unh. 141에 따르면, '성품 가운데 봄[見]이 곧 각상(覺上)의 밝음이

明見)929)이 있는데, 청정본연 그대로 법계에 두루 편재하여 있으면서, 뭇삶들의 마음을 따르고 그들이 헤아리는 대로 응해주는 것을 알지 못하는구나. 마치 하나의 보는 감관으로 법계에 두루 보는 것과 같이, 듣고 냄새 맡고 맛보고 감촉하고 인지하는 승묘한 덕성이 밝은 그대로 법계에 두루 편재하여 시방허공에 가득 한 것인데, 어찌 처소가 따로 있겠는가? 다만 업에 따라 발현하는 것인데, 세상이 무지하고 미혹하여 인연이나 자연이라고 하는 것이니, 모두 의식하는 마음으로 분별하고 계탁하는 것으로, 단지 언설일 뿐, 진실한 의미는 없는 것이다."930)

32 7) 〔의식의 요소(識大)〕 "아난다여, 의식의 성품은 근원이 없어 여섯 감관과 경계로 인하여 거짓으로 출현하는 것이다. 그대는 지금 이 모임의 고귀한 대중을 두루 살펴보면서 시각을 사용해서

다.'라는 뜻이다. 땅의 요소[地大] 가운데서 말한 성품이 물질인 참다운 공(空)[性色眞空]과 같은 식의 표현이다.

929) 覺精明見 : Unh. 141에 따르면, 참다운 각(眞覺)의 정(精)이 곧 성명(性明)의 봄[見]이라는 뜻으로, 땅의 요소[地大] 가운데서 말한 성품이 공(空)인 참다운 물질[性空眞色]과 같은 식의 표현이다.

930) 阿難見覺無知因色空有. 如汝今者在祇陀林朝明夕昏. 設居中宵白月則光黑月便暗. 則明暗等因見分析. 此見爲復與明暗相幷太虛空. 爲同一體爲非一體. 或同非同或異非異. 阿難此見若復與明與暗. 及與虛空元一體者. 則明與暗二體相亡. 暗時無明明時非暗. 若與暗一明則見亡. 必一於明暗時當滅. 滅則云何見明見暗. 若暗明殊見無生滅一云何成. 若此見精. 與暗與明非一體者. 汝離明暗及與虛空. 分析見元作何形相. 離明離暗及離虛空. 是見元同龜毛免角. 明暗虛空三事俱異從何立見. 明暗相背云何或同. 離三元無云何或異. 分空分見本無邊畔云何非同. 見暗見明性非遷改云何非異. 汝更細審微細審詳審諦審觀. 明從太陽暗隨黑月. 通屬虛空 擁歸大地. 如是見精因何所出. 見覺空頑非和非合. 不應見精無從自出. 若見聞知性圓周遍. 本不動搖當知無邊. 不動虛空幷其動搖. 地水火風均名六大. 性眞圓融皆如來藏本無生滅. 阿難汝性沈淪. 不悟汝之見聞覺知本如來藏. 汝當觀此見聞覺知. 爲生爲滅爲同爲異. 爲非生滅爲非同異. 汝曾不知如來藏中. 性見覺明覺精明見. (119a)淸淨本然周遍法界. 隨衆生心應所知量. 如一見根見周法界. 聽嗅嘗觸覺觸覺知. 妙德瑩然遍周法界. 圓滿十虛寧有方所. 循業發現世間無知. 惑爲因緣及自然性. 皆是識心分別計度. 但有言說都無實義

차례로 둘러보지만, 시각으로 살피는 것은 단지 거울 가운데 비치는 것과 같아 따로 분별하는 것이 없다. 그대의 의식은 그 가운데 차례로 이 분이 문수사리이고 이 분이 '뿌르나'이고, 이 분이 '마우드갈리야야나'이고, 이 분이 '쑤부띠'이고, 이 분이 '샤리뿌뜨라'라고 지목하고 있다. 이러한 의식이 분명히 아는 것은 보는 것에서 생기는 것인가, 대상에서 생기는 것인가, 허공에서 생기는 것인가, 아무런 원인이 없이 돌연히 생기는 것인가? 아난다여, 만약 그대의 의식의 성품이 보는 것 가운데 생겨나는 것이라면, 밝음과 어두움 내지 사물과 허공도 없는 것과 같은 것인데, 이 네 가지가 필연적으로 없으면, 그대의 보는 것도 없게 될 것이다. 보는 것이 아직 없는데, 무엇으로부터 의식이 발현하겠는가? 만약 그대가 의식하는 것이 대상 가운데서 생겨난다면, 보는 것으로부터 생겨나는 것이 아니니, 그러는 동안에 밝음도 보지 못하고 어둠도 보지 못할 것이다. 밝음과 어두움을 보지 못한다면 사물과 허공도 없을 것이니, 그러한 대상이 오히려 없는데, 의식이 무엇으로부터 발현하겠는가? 만약 허공에서 생겨난 것이라면, 대상도 아니고 보는 것도 아닌데, 보는 것이 아니라면 말할 것도 없이 스스로 밝음도 어둠도 사물도 허공도 알 수 없을 것이다. 대상이 아니면, 반연이 멸한 것이어서 보고 듣고 지각하고 인지하는 것도 안립될 곳이 없을 것이다. 보는 것과 그 대상의 두 가지가 아닌 데에 있는 것이라면, 허공으로 없는 것과 같은 것이고 있다고 하더라도 사물과 같은 것은 아닐 것이니, 비록 그대의 의식이 생겨난들, 어떻게 분별할 수 있겠는가? 만약 원인 없이 돌연히 나온 것이라면, 어찌하여 한 낮에 명월을 식별하지 못하는가? 그대는 다시 자세히 보고 미세하게 살펴보라. 보는 것은 그대의 눈동자에 의탁했고, 대상은 앞에 있는 경계이니, 형상을 이룰 수 있는 것은 존재가 되고, 대상을 이룰 수 없는 것은 무가 되는데, 이와 같은 의식의 조건은 무엇을 원인으로 나오는 것인가? 의식은 움직이고 보는 것은 맑아서, 어울리는 것도 합하는 것도 아니고, 듣고 지각하고 인지하는 것도 역시 그와 마찬가지이다. 의식의 조건은 까닭이 없이 저절로 출현할 수 있는 것이 아니다. 만약에 의식하는 마음이 본래 의지한 데가 없다면, 보고 듣고 지각하고 인지하는 것도 원만한 그대로의 성품이어서 좇아 온데가 없는 것이며, 아울러 저 허공과 땅, 물, 불, 바람도 똑같이 함께 일곱 가지 요소[七大]931)라고 부르는 것이니, 그 성품이 참되고 원융하여 모두가 여래장으로 본래 생멸이 없는 것이다. 아난다여, 그대의 마음이 거칠고 들떠 있어, 보고 듣고 지각하고 인지하는 것이 본래 여래장인 것을 알지 못하는구나. 그대는 이 여섯 감역과 의식하는 마음이 같은 것인지 다른 것인지 허공인지 존재하는 것인지, 같은 것도 아니고 다른 것도 아닌 것인지, 허공도 아니고 존재하는 것도 아닌 것인지, 관찰해야 한다. 그대는 원래 여래장 가운데 '성품이 의식인 참다운 인지' 즉, 성식명지(性識明知)932)와 '성품이 인지인 참다운 의식' 즉 각명진식(覺明眞識)933)이 있는데, 묘각으로 청정본연

---

931) 七大 : 여기서 이미 언급한 식대(識大), 견대(見大)와 공대(空大), 지대(地大), 수대(水大), 화대(火大), 풍대(風大)를 말한다.

932) 性識明知 : Unh. 144에 따르면, 성진(性眞)의 식(識)이 곧 묘명(妙明)의 지(知)라는 뜻이다. 땅의 요소[地大] 가운데서 말한 성품이 물질인 참다운 공(空)[性色眞空]과 같은 식의 표현이다.

933) 覺明眞識 : Unh. 144에 따르면, 본각(本覺)의 명(明)이 곧, 성진(性眞)의 식(識)이라는 뜻이다. 땅의 요소[地大] 가운데서 말한 성품이 공(空)인 참다운 물질[性空眞色]과 같은 식의 표현이다.

그대로 법계에 두루 편재하여 있으면서, 시방허공을 머금고 토하는 것인데 어찌 처소가 따로 있겠는가? 다만 업에 따라 발현하는 것인데, 세상이 무지하고 미혹하여 인연이나 자연이라고 하는 것이니, 모두 의식하는 마음으로 분별하고 계탁하는 것으로, 단지 언설일 뿐, 진실한 의미는 없는 것이다."934)

33. 〔아난다와 대중의 환희〕 이때 아난다와 대중들이 여래이신 부처님의 오묘한 가르침을 받고서 몸과 마음이 씻은 듯 깨끗하여 걸림이 없어졌다. 이 대중들은 스스로 각각 마음이 시방에 두루 편재하는 것을 알았고, 시방의 허공을 보기를 마치 손에 지닌 낙엽을 관찰하듯 하였으며, 일체세간의 온갖 사물들이 모두 보리의 묘명원심(妙明元心)이고, 마음의 정기가 두루 원만해서 시방을 포함하고 있는 것을 알게 되었다. 한편 부모가 낳아준 몸을 돌이켜보니, 마치 저 시방에 허공 가운데 날려버린 미진처럼 있는 듯 없는 듯 하고, 크나큰 바다에 떠가는 한 조각 물거품이 일어나고 소멸하는 것처럼 좇아 온데가 없었으니, 본래 승묘한 마음이 상주불멸(常住不滅)한

---

934) 阿難識性無源. 因於六種根塵妄出. 汝今遍觀此會聖衆. 用目循歷其目周視. 但如鏡中無別分析. 汝識於中次第標指. 此是文殊此富樓那. 此目乾連此須菩提此舍利弗. 此識了知爲生於見. 爲生於相爲生虛空. 爲無所因突然而出. 阿難若汝識性生於見中. 如無明暗及與色空. 四種必無元無汝見. 見性尙無從何發識. 若汝識性生於相中. 不從見生. 旣不見明亦不見暗. 明暗不矚卽無色空. 彼相尙無識從何發. 若生於空非相非見. 非見無辯. 自不能知明暗色空. 非相滅緣. 見聞覺知無處安立. 處此二非. 空非同無有非同物. 縱發汝識欲何分別.若無所因突然而出. 何不日中別識明月. 汝更細詳微細詳審. 見託汝睛相椎前境. 可狀成有不相成無. 如是識緣因何所出. 識動見澄非和非合. 聞聽覺知亦復如是. 不應識緣無從自出. 若此識心本無所從. 當知了別見聞覺知. 圓滿湛然性非從所. 兼彼虛空地水火風. 均名七大性眞圓融. 皆如來藏本無生滅. 阿難汝心. 麤浮不悟見聞. 發明了知本如來藏. 汝應觀此六處識心. 爲同爲異爲空爲有. 爲非同異爲非空有. 汝元不知如來藏中. 性識明知覺明眞識. 妙覺湛然遍周法界. 含吐十虛寧有方所. 循(119b)業發現世間無知. 惑爲因緣及自然性. 皆是識心分別計度. 但有言說都無實義.

것을 확연하게 스스로 알게 되었다. 부처님께 예경하고 합장하여 일찍이 없었던 것을 얻고 여래의 앞에서 시를 읊조리며 부처님을 찬탄했다.935)

34. [아난다와 대중의 부처님 찬탄]

"오묘한 다라니를 지닌 부동의 세존이시여,
세상에 희유한 슈랑가마936)의 왕이시여,
억겁 동안 뒤바뀐 전도망상을 녹여주시어,
아승지겁 거치지 않고 법신 얻게 하셨습니다.937)

원컨대 지금 과위 얻어 보배왕이 되어서는
항하사만큼 많은 뭇삶 제도하기 바라옵고
이 깊은 마음으로 미진찰토 받드는 것이938)
부처님의 은혜를 갚는 것이라 할 것입니다.939)

엎드려 청원하니 세존께서는 증명하소서
서원하여 오탁악세에 먼저 들어가니
하나의 뭇삶이라도 성불하지 못한다면,
끝내 여기서 열반에 들지 않겠습니다.940)

---

935) 爾時阿難及諸大衆. 蒙佛如來微妙開示. 身心蕩然得無罣礙. 是諸大衆. 各各自知心遍十方見十方空. 如觀掌中所持葉物. 一切世間諸所有物. 皆卽菩提妙明元心. 心精遍圓含裹十方. 反觀父母所生之身. 猶彼十方虛空之中. 吹一微塵若存若亡. 如湛巨海流一浮漚. 起滅無從. 了然自知獲本妙心常住不滅. 禮佛合掌得未曾有. 於如來前說偈讚佛

936) 首楞嚴王 : 수능엄(首楞嚴)은 수능엄삼매(Śuraṁgamasamādhi)의 이름이다.

937) 妙湛總持不動尊/首楞嚴王世希有/銷我億劫顚倒想/不歷僧祇獲法身//

938) 奉塵刹 : Unh. 146에 따르면, 미진찰토의 부처님을 시봉하고, 미진찰토의 중생을 구제하고 미진찰토를 장엄하는 것을 뜻한다.

939) 願今得果成寶王/還度如是恒沙衆/將此深心奉塵刹/是則名爲報佛恩//

940) 伏請世尊爲證明/五濁惡世誓先入/如一衆生未成佛/終不於此取泥洹// 오탁악세에 대해서는 5 : 3을 보라.

위대한 영웅, 대력과 대자비를 지닌 님이여
바라건대 남은 미세한 번뇌 끊게 하시고
하루바삐 위없는 깨달음에 오르도록 하시어
시방법계의 도량에 편히 앉게 하소서.
슈니야따941)의 성품이 쇄망할 수 있어도
차크라942)의 마음이 변할 수가 있겠습니까?"943)

제4장 세계와 중생

1. 〔수능엄경 제4권〕〔부석제상(部析諸相)〕944) 그때 '뿌르나 마이뜨라야니뿌뜨라'가 대중 가운데 있다가 자리에서 일어나 오른쪽 어깨를 벗어 메고, 오른쪽 무릎을 땅에 꿇고 합장하여 공경하고 부처님께 사뢰었다. 〔뿌르나〕 "위대한 덕성을 지닌 세존이시여, 중생을 위하여 여래의 제일의제(第一義諦)를 잘 말씀해주셨습니다. 세존께서는 항상 말씀하시길, 설법하는 자 가운데 제가 제일이라고 하였사오나, 지금 여래의 미묘한 법음을 듣자오니, 마치 청각장애인이 백 걸음 밖에서 모기와 파리의 소리를 듣는 것과 같으니, 본래 보지도 못하는데, 어떻게 들을 수가 있겠습니까? 부처님께서는 비

941) śūnyatā : 한역 음사가 순야다(舜若多)로 공성(空性)이라는 뜻을 지닌다.
942) cakra : 삭가라(爍迦囉)는 차크라(cakra: 짜끄라라고 발음해야 하지만 이미 차크라로 알려졌으므로 차크라로 표기)를 음사한 것인데. 수레바퀴(輪). 금강(金剛). 정진(精進)의 뜻이 있다. 이 책 『수능엄경』 제6장§75를 참조하라.
943) 大雄大力大慈悲/希更審除微細惑/令我早登無上覺/於十方界坐道場/舜若多性可鎖亡/爍迦囉心無動轉//
944) 部析諸相 : 세계와 인간을 분석하는 주제를 다루고 있다.

록 분명히 말씀하시어 저의 의혹을 제거하였사오나, 아직 그 뜻을 상세히 알지 못하여 구경의 의혹마저 없는 경지에는 이르지 못하였습니다. 세존이시여, 아난다와 같은 이들은 비록 개오하였다고는 하나 습기와 번뇌가 아직 제거되지 못하였고, 저희들의 모임 가운데 번뇌 없는 자들이 비록 모든 번뇌를 다하였다고는 하나, 지금 여래께서 하신 법문을 듣고 오히려 의혹과 회의에 얽혀 있습니다. 세존이시여, 세간의 일체의 감관, 경계, 다발, 감역, 인식의 세계 등이 모두 여래장이어서 청정본연하다면, 어찌하여 홀연히 산하대지의 모든 유위현상이 생겨나서 차례로 변천하고 종말을 겪다가 다시 시작합니까? 또한 여래께서는 지·수·화·풍의 본성이 원융하여 법계에 두루 편재하여 담연(湛然)히 상주한다고 하셨습니다. 세존이시여, 땅의 성품이 편재한다면 어떻게 물을 용납할 것이며, 물의 성품이 편재한다면 불은 생겨나지 못할 것인데, 어떻게 물과 불의 두 성품이 함께 허공에 두루 편재하여 서로 능멸하지 않는 것인지를 밝힐 수 있겠습니까? 세존이시여, 흙의 성품은 장애(障礙)이고, 허공의 성품은 허통(虛通)인데, 어떻게 두 가지가 법계에 편재한다고 하십니까? 제가 그 이치가 돌아가는 곳을 알지 못하오니 원컨대 여래께서는 큰 자비를 베풀어 저의 미혹과 구름을 벗겨주십시오." 그는 이와 같이 말하고는, 여러 대중과 함께 오체를 땅에 던지고 여래의 위없는 자비의 가르침을 흠모하고 갈구했다.945)

---

945) (119c) 爾時富樓那彌多羅尼子. 在大衆中卽從座起. 偏袒右肩右膝著地合掌恭敬而白佛言. 大威德世尊善爲衆生. 敷演如來第一義諦. 世尊常推說法人中我爲第一. 今聞如來微妙法音. 猶如聾人逾百步外聆於蚊蚋. 本所不見何況得聞. 佛雖宣明令我除惑. 今猶未詳斯義究竟無疑惑地. 世尊如阿難輩. 雖則開悟習漏未除. 我等會中登無漏者. 雖盡諸漏今聞如來所說法音. 尙紆疑悔. 世尊若復世間一切根塵陰處界等. 皆如來藏淸淨本然. 云何忽生山河大地. 諸有爲相次第遷流終而復始. 又如來說地水火風本性圓融. 周遍法界湛

2. 그때 세존께서 뿌르나와 모든 회중의 번뇌가 다하여 더 이상 배울 것이 없는 거룩한 님들에게 말씀하셨다. 〔세존〕 "여래가 오늘 널리 이 모임을 위하여 승의(勝義) 가운데 참다운 승의인 것946)을 설하여 그대들 회중에 있는 정성성문(定性聲聞)947)과 아직 아공(我空)과 법공(法空)의 이공(二空)을 얻지 못한 대중, 상승(上乘)으로 회향한 거룩한 님 등으로 하여금, 모두 일승적멸(一乘寂滅)의 경지를 얻도록 참된 아란야(阿蘭若)948)인 올바른 수행처에 관하여 설할 것이니, 그대들은 자세히 들어라. 내가 그대들을 위하여 설하리라." 뿌르나 등은 부처님의 법음을 흠모하여 잠자코 들었다.949)

3. 〔미망으로 인한 세계의 생성〕 부처님께서 말씀하셨다. 〔세존〕 "뿌르나여, 그대가 말한 대로 '청정본연하다면, 어찌하여 홀연히 산하대지가 생겨났는가?'라는 하는데, 그대는 여래가 항상 '성각(性覺)은 묘명(妙明)하고 본각(本覺)은 명묘(明妙)하다.'라고950) 설

然常住. 世尊若地性遍云何容水. 水性周遍火則不生復云何明. 水火二性俱遍虛空不相陵滅. 世尊地性障礙空性虛通. 云何二俱周遍法界. 而我不知是義攸往. 惟願如來宣流大慈. 開我迷雲. 及諸大衆. 作是語已五體投地. 欽渴如來無上慈誨.

946) 勝義中眞勝義性 : Unh. 149에 따르면, 법상종(法相宗)에서는 존재의 다발[蘊]과 감역[處]과 세계[界]는 세간승의(世間勝義)이고, 사제(四諦)는 도리승의(道理勝義)이고, 이공진여(二空眞如)는 증득승의(證得勝義)이고, 일진법계(一眞法界)는 승의승의(勝義勝義)인데, 여기서 승의 가운데 승의는 끝의 승의승의를 지칭한다.

947) 定性聲聞 : 근기가 정해져 성문으로서 아라한의 지위에 이르고 대승으로 회향하지 못하는 이를 말한다. 반대가 되는 말은 상승성문(上乘聲聞)이라고 할 수 있다. 아공(我空)과 법공(法空)은 아집(我執)과 법집(法執)이 사라진 경지를 말한다.

948) 阿蘭若 : 범어 Araṇya(araññа)를 음사한 것으로 한정처(閑靜處), 무쟁처(無諍處), 원리처(遠離處)라고 번역한다. 한적한 숲을 의미한다.

949) 爾時世尊告富樓那. 及諸會中. 漏盡無學諸阿羅漢. 如來今日普爲此會. 宣勝義中眞勝義性. 令汝會中定性聲聞. 及諸一切未得二空. 迴向上乘阿羅漢等. 皆獲一乘寂滅場地. 眞阿練若正修行處. 汝今諦聽當爲汝說. 富(120a)樓那等欽佛法音黙然承聽.

950) 性覺妙明本覺明妙 : Unh. 150에 따르면, 성각(性覺)은 일진리체(一眞理體)로서 사용(事用)에 미치지 않고 묘명(妙明)은 고요함에 즉하여 비추는 것이다. 본각(本覺)

하는 것을 듣지 못했는가?" 뿌르나는 사뢰었다. 〔뿌르나〕 "세존이시여, 그렇사옵니다. 부처님께서 항상 그러한 말씀을 설하시는 것을 들었습니다."951)

4. 부처님께서 말씀하셨다. 〔세존〕 "그대가 깨달음〔覺〕과 밝음〔明〕을 일컫는데, 성품의 밝음을 깨달음이라고 하는가? 깨달음이 밝지 못하여 깨달음을 밝히려고 그렇게 부르는 것인가?" 뿌르나가 대답했다. 〔뿌르나〕 "만약에 밝지 못한 것을 깨달음이라고 부른다면, 밝혀져야 할 것이 없을 것입니다."952)

5. 부처님께서 말씀하셨다. 〔세존〕 "만약 밝혀져야 할 것이 없다면, 밝혀야 할 깨달음도 없을 것이다. 밝혀져야 할 것이 있다면 깨달음이 아닐 것이고, 밝혀져야 할 것이 없다면 깨달음은 밝은 것은 아닐 것이다. 밝음이 없으면, 또한 깨달음은 맑고 밝은 것이 아닐 것이다. 성각(性覺)은 필연적으로 밝은 것이지만, 허망하게 깨달음을 밝히는 것이 된다.953) 깨달음은 밝혀져야 할 것〔所明〕이 아니라 밝음으로 인하여 세워진 것이고,954) 밝혀져야 할 것이 이미 허망

은 천연으로 본유하므로 수위(修爲)를 불론(不論)하고 명묘(明妙)는 조(照)에 즉하여 고요한 것이다.

951) 佛言富樓那. 如汝所言淸淨本然. 云何忽生山河大地. 汝常不聞如來宣說性覺妙明本覺明妙. 富樓那言唯然世尊. 我常聞佛宣說斯義.

952) 佛言汝稱覺明爲復性明稱名爲覺. 爲覺不明稱爲明覺. 富樓那言若此不明名爲覺者則無所明.

953) 性覺必明妄爲明覺 : 장자 제물론(齊物論)의 "도(道)는 밝힐 수 있는 것이 아닌데 밝히려 하기 때문에 혜시(惠施)가 견백론(堅白論)을 우매(愚昧)하게 주장하다가 생을 마쳤다"(非所明而明之, 故以堅白之昧終)라는 구절을 상기시킨다. Unh. 151에 따르면, 본성(本性)의 각(覺)에는 반드시 본유의 명(明)이 갖추어져 있는데, 그대가 무고하게 성각(性覺)에 명(明)을 망령되이 부가하여 각(覺)을 밝히는 것이다.

954) 覺非所明因明立所 : Unh. 152에 따르면, 성각은 본래 소명(所明)의 경계가 아닌데, 능명(能明)을 망령되어 부가하여 소명을 세운 것이므로 기신론(起信論)의 업상(業相)에 해당한다.

하게 섰으므로, 그대가 허망하게 분별하여 같고 다름이 없는 가운데 치열하게 다름을 이루게 되는 것이다.[955] 저 다른 것을 다르다고 하므로 다름을 원인으로 같음을 세우고,[956] 같음과 다름을 발명(發明)하고는, 그로 인하여 다시 같음도 없고 다름도 없는 것이 세워진다.[957] 이와 같은 혼란에 상대하여 피로가 생겨나고, 피로가 오래되면 티끌이 생겨나서 자상(自相)이 혼탁해지고, 이로 말미암아 객진번뇌(客塵煩惱)가 일어나고, 일어나서는 세계가 되고,[958] 고요한 것은 허공을 이루었으니, 허공은 같은 것이 되었고, 세계는 다른 것이 되었다. 저 같고 다름이 없는 것이 참으로 유위법이 되었느니라. 깨달음의 밝음과 허공의 어두움이 서로 상대하여 요동을 이루어 풍륜(風輪)이 생겨나 세계를 잡고 지탱하는 것이다. 허공으로 인하여 동요가 생겨나고 밝은 것이 굳어져 장애가 성립되었으니, 저 금보(金寶)[959]는 밝은 깨달음이 굳어진 것이다. 그러므로 금륜(金輪)이 있어 국토를 보존하고 지탱하는 것이다. 깨달음을 굳혀 금의 보배를 이루고 밝음을 흔들어 바람이 나왔으니,

---

955) 所旣妄立生汝妄能無同異中熾然成異 : Unh. 152에 따르면, 같은 것은 무차별경인 허공이고, 다른 것은 유차별경계이다. 같고 다름이 없는 것은 업상(業相)을 말한다. 다름을 이룬다는 것은 업상으로부터 현상인 경계상이 생긴다는 뜻이다.

956) 異彼所異因異立同 : Unh. 152에 따르면, 저 다른 차별경계를 다르다고 하므로 차별경계로 인하여 같은 무차별한 허공을 나타내었다.

957) 同異發明. 因此復立無同無異 : Unh. 152에 따르면, 같은 허공과 다른 경계를 발명하고는 이것(허공과 경계)으로 인하여 같음과 다름이 없는 중생(衆生)을 세운다.

958) 如是擾亂相待生勞. 勞久發塵自相渾濁. 由是引起塵勞煩惱. 起爲世界 : Unh. 153에 따르면, '혼란에 상대하여 피로가 생겨나는 것'은 육추상(六麤相)의 최초인 지상(智相)이고, '피로가 오래되는 것'은 상속상(相續相)이고, '티끌이 생겨나는 것'은 집취상(執取相)이고 '자상(自相)이 혼탁해지는 것'은 계명자상(計名字相)이고, 이로 말미암아 '객진번뇌(客塵煩惱)가 일어나는 것'이 기업상(起業相)이고, '일어나서는 세계가 되는 것'이 업계고상(業繫苦相)이다.

959) 金寶 : Unh. 154에 따르면, 대지의 정실(精實)한 본체이다.

바람과 금이 서로 마찰하여 화광이 생겨나 변화가 이루어지는 것이다. 금보의 밝음이 윤택한 기운을 내고 화광이 위로 치솟아 수륜(水輪)이 생겨나 시방세계를 머금고 있는 것이다. 불은 위로 치솟고 물은 아래로 하강하면서 서로 발하여, 굳어지게 되었는데, 습한 것은 큰 바다가 되고, 마른 것은 대륙과 섬이 되었다. 이러한 이치로 저 바다 가운데는 화광이 일어나고 육지와 섬 가운데는 강물과 냇물이 흐른다. 물의 세력이 불보다 열세이면 경합하여 높은 산이 된다. 그래서 산의 바위가 부딪히면, 화염을 이루고 녹으면 물이 된다. 흙의 세력이 물보다 열세이면, 싹이 터서 초목이 된다. 그래서 수풀이 타면 흙이 되고, 쥐어짜면 물이 되는 것이다. 망(妄)이 서로 얽혀 발생하여 번갈아 종자가 되니, 이러한 인연으로 세계가 상속하는 것이다."960)

6. 〔뭇삶의 상속〕 "뿌르나여, 또 다시 밝히는 것이 허망하다는 것은, 다름이 아니라 깨달음을 밝힌다는 것이 허물이 된다는 것으로서, 허망하게 이미 세워지면 그 이치를 넘어서지 못하는 것이다.961) 이러한 인연으로 듣는 것은 소리를 벗어나지 못하고, 보는 것은 형상을 벗어나지 못하는 것이니, 형상이나 냄새나 맛이나 감

960) 佛言若無所明則無明覺. 有所非覺無所非明. 無明又非覺湛明性. 性覺必明妄爲明覺. 覺非所明因明立所. 所旣妄立生汝妄能無同異中熾然成異. 異彼所異因異立同. 同異發明. 因此復立無同無異. 如是擾亂相待生勞. 勞久發塵自相渾濁. 由是引起塵勞煩惱. 起爲世界靜成虛空. 虛空爲同世界爲異. 彼無同異眞有爲法.覺明空昧相待成搖. 故有風輪執持世界. 因空生搖堅明立礙. 彼金寶者明覺立堅. 故有金輪保持國土. 堅覺寶成搖明風出. 風金相摩. 故有火光爲變化性. 寶明生潤火光上蒸. 故有水輪含十方界. 火騰水降交發立堅. 濕爲巨海乾爲洲潬. 以是義故彼大海中火光常起. 彼洲潬中江河常注. 水勢劣火結爲高山. 是故山石擊則成炎融則成水. 土勢劣水抽爲草木. 是故林藪遇燒成土因絞成水. 交妄發生遞相爲種. 以是因緣世界相續

961) 明妄非他覺明爲咎. 所妄旣立明理不踰 : Unh. 155에 따르면, 성각(性覺)은 반드시 밝으나, 허망하게 각(覺)을 밝히려고 한다.

촉 등의 여섯 가지가 성취되는 것이다. 이로 말미암아 보고 지각하고 듣고 인지하는 것이 나누어져 같은 업이 서로 얽히고 합하고 떨어져서 변화를 이루는 것이다. 밝음을 보아 형상을 발하고 보는 것을 밝혀 지각을 이루는데,[962] 보는 것이 다르면 미워지고 지각이 같으면 사랑하게 되어,[963] 사랑이 흘러 종자가 되고 지각을 받아들여 태가 되어, 서로 만나 어울려서 같은 업을 끌어들이는 까닭에 그 인연으로 말미암아 깔라라와 아르부다 등[964]이 생겨나는 것이다. 태생, 난생, 습생, 화생 등은 제각기 응하는 곳에 따라 난생은 오로지 지각으로 생겨나고 태생은 정기로 생겨나고, 습생은 습기와 결합하여 생겨나고, 화생은 분리에 응하여 생겨나는 것이다. 지각과 정기와 결합과 분리가 다시 서로 변하고 바뀌어서 있는 곳에서 업을 받아 그에 따라 날기도 하고 가라앉기도 하니, 그러한 인연으로 뭇삶들이 서로 상속하는 것이다."[965]

---

962) 見明色發明見想成 : Unh. 156에 따르면, 중음(中陰: antarābhava)의 입태를 말하는 것이다. 중음이 탁태를 할 때에 부모될 자의 무연처(無緣處)의 대지는 검은 빛, 유연처(有緣處)의 대지는 밝은 빛을 발한다. 이것이 '밝음을 보아 형상을 발하는 것'이고, 중음이 그 밝음을 따라가는 것이 '보는 것을 밝혀 지각을 이루는 것'이다.

963) 異見成憎同想成愛 : Unh. 157에 따르면, 남자중음이 탁태를 할 때에는 아버지가 남성인 것을 보고는 미워하고, 어머니를 보고는 아내라고 지각하여 사랑을 낸다.

964) kalala, arbuda 등 : 음사하여 羯囉藍, 遏蒱曇 등이라고 한다. 어머니의 모태에서의 아이의 상태, 즉 태내오위(胎內五位)를 나타낸다. 즉, ① 임신 직후의 1주가 깔랄라(kalala, *pāli.* kalala : 羯邏藍)라고 하는데, 세 가닥의 양모로 이루어진 실타래의 끝에 놓인 기름방울 크기이다. ② 임신 후 2~3주가 아르부다(arbuda, *pāli.* abbuda: 遏蒱曇)라고 하는데, 고기 씻은 물의 색깔을 하고 있다. ③ 임신 후 3~4주는 뻬씨(peśī, *pāli.* pesī : 蔽尸)라고 하는데, 용해된 주석(朱錫) 모양이며 색깔은 핑크색이다. ④ 임신 후 4~5주는 가나(ghana, *pāli.* ghana : 羯南)라고 하는데, 달걀 모양을 하고 있다. ⑤ 임신 후 6주 이상은 빠싸카(praśākhā, *pāli.* pasākhā: 鉢羅奢劫)라고 하는데, 두 팔, 두 다리, 머리의 기초가 되는 다섯 개의 돌기가 생겨난 상태를 말한다. 그러나 머리카락, 몸털, 손발톱은 42주가 지나야 생겨난다.

965) 復次富樓那明妄非他覺明爲咎. 所妄旣立明理不踰. 以是因緣聽不出聲見不超色. 色香味觸六妄成就. 由是分開見覺聞知. 同業相纏合離成化. 見明色發明見想成. 異見成憎

7. 〔업과 과보의 상속〕 "뿌르나여, 지각과 애욕이 함께 결합하여 애욕을 떠날 수 없게 되어 바로 온갖 세상의 부모와 자손이 서로 낳아 끊이지 않는 것이니, 이것들이 바로 애욕의 탐욕의 근본이 되는 것이다. 탐욕과 애욕이 함께 도와서 그치지 못하여, 바로 온갖 세상에서 태생, 난생, 습생, 화생이 힘의 강약에 따라 번갈아 서로 잡아먹으니, 이러한 것들이 살해의 탐욕의 근본이 되는 것이다. 사람이 양을 먹음으로써 양은 죽어 사람이 되고 사람은 죽어 양이 되니, 이렇게 열 가지 종류의 생류들이 죽고 또 죽고 나고 또 나면서 번갈아 와서 서로 삼키되, 악업이 함께 생겨나 미래세가 다할 때까지 이어지는데, 이것들이 바로 투도의 탐욕의 근본이 되는 것이다. 그대가 나의 목숨에 빚을 지면 나는 그대의 빚을 갚게 되는 것이니, 이러한 인연으로 백천 겁의 우주기가 지나도록 항상 생사가 있게 되는 것이다. 그대는 나의 마음을 사랑하고 나는 그대의 몸을 가련하게 여겨, 이러한 인연으로 백천 겁의 우주기가 지나도록 항상 얽매임이 있게 되는 것이다. 오직 살생과 투도와 음행의 세 가지가 근본이 되어, 이러한 인연으로 업과 과보가 서로 상속하는 것이다. 뿌르나여, 이러한 세 가지 전도된 상속 즉, 삼종전도상속(三種顚倒相續)은 모두가 각명(覺明)의 명료지성(明了知性)이 그 요지(了知)로 인하여 망견을 좇아 생겨나 나타나는 현상이니,966) 산하대지의 모든 유위

同想成愛. 流愛爲種納想爲胎. 交遘發生(120b)吸引同業. 故有因緣生羯囉藍遏蒱曇等. 胎卵濕化隨其所應. 卵唯想生胎因情有. 濕以合感化以離應. 情想合離更相變易. 所有受業逐其飛沈. 以是因緣衆生相續.

966) 如是三種皆是覺明明了知性. 因了發相從妄見生 : Unh. 158에 따르면, 성각(性覺)은 묘명(妙冥), 본각은 명묘(明妙)의 각명(覺明)이고, 명료지성(明了知性)은 망명(妄明)이니, 성각(性覺)은 반드시 밝지만, 허망하게 명각(明覺)이 되고, 명료(明了)를 허망하게 부가하는 것으로 인해서 업상(業相)·전상(轉相)·현상(現相)이 나타나고, 망견

상이 차례로 변천하여 흘러가는 것이며, 이러한 헛된 망견으로 인하여 끝나면 다시 시작하는 것이다."967)

8. 〔여래의 묘공명각(妙空明覺)〕 뿌르나가 사뢰었다. 〔뿌르나〕 "이 묘각(妙覺)의 본묘(本妙)한 각명(覺明)은968) 여래의 마음과 더불어 늘어나거나 줄지 않아 형상이 없는 것인데, 돌연히 산하대지와 온갖 유위상이 생겨난다면, 여래께서는 지금 묘공명각(妙空明覺)969)을 얻었사온데, 산하대지라는 유위의 번뇌가 어찌 다시 생기는 것입니까?"

9. 부처님께서는 뿌르나에게 말씀하셨다. 〔세존〕 "예를 들어 미혹한 사람이 어떤 부락에서 남쪽을 북쪽으로 알았다면, 이 잘못은 미혹으로 인해서 생겨난 것인가 깨달음으로 인해 생겨난 것인가?"970) 뿌르나가 사뢰었다. 〔뿌르나〕 "그러한 미혹한 사람은 미혹으로 인한 것도 아니고 또한 깨달음으로 인한 것도 아닙니다. 그것

이 생겨나 지상(智相)·상속상(相續相)의 망견으로부터 동(同)·이(異)·무(無)의 삼종(三種)이 나타난다.

967) 富樓那想愛同結愛不能離. 則諸世間父母子孫相生不斷. 是等則以欲貪爲本. 貪愛同滋貪不能止. 則諸世間卵化濕胎. 隨力强弱遞相呑食. 是等則以殺貪爲本. 以人食羊羊死爲人人死爲羊. 如是乃至十生之類. 死死生生互來相噉. 惡業俱生窮未來際. 是等則以盜貪爲本. 汝負我命我還債汝. 以是因緣經百千劫常在生死. 汝愛我心我憐汝色. 以是因緣經百千劫常在纏縛. 唯殺盜婬三爲根本. 以是因緣業果相續. 富樓那如是三種顚倒相續. 皆是覺明明了知性. 因了發相從妄見生. 山河大地諸有爲相次第遷流. 因此虛妄終而復始.

968) 此妙覺本妙覺明 : Unh. 19에 따르면, 묘각(妙覺)은 중생이 현재 갖추고 있는 재전(在纏)의 체(體)이고, 본묘(本妙)는 본래부터 묘하여 오염된 것[染法]이 없는 것이고, 각명(覺明)은 원래부터 밝아 장애가 없는 것이다.

969) 妙空明覺 : Unh. 159에 따르면, 무물(無物)의 본체에 복귀하고, 원조(圓照)의 본명(本明)에 돌아간 것을 뜻한다.

970) 富樓那言若此妙覺本妙覺明. 與如來心不增不減. 無狀忽生山河大地諸有爲相. 如來今得妙空明覺. 山河大地有爲習漏何當復生. 佛告富樓那譬如迷人. 於一聚落惑南爲北. 此迷爲復因迷而有因悟所出.

은 무슨 까닭입니까? 미혹은 본래 근본이 없는 것인데 어찌 미혹으로 인한 것이라 하겠으며, 깨달음이 미혹으로 인해 생겨난 것이 아닌데 어찌 깨달음으로 인한 것이라 하겠습니까?"[971]

10. 부처님께서 말씀하셨다. 〔세존〕 "저 미혹한 사람이 정말로 헷갈려 있을 때에 갑자기 어떤 깨달은 사람이 지도하여 깨닫게 했다면, 뿌르나여, 그대는 어떻게 생각하는가? 이 사람이 헷갈림으로부터 이 부락에서 다시 미혹이 생기겠는가?" 〔뿌르나〕 "세존이시여, 그렇지 않습니다."[972]

11. 〔세존〕 "뿌르나여, 시방의 여래도 역시 그와 같다. 이 미혹은 본래 성품이 필경에는 공한 것이다. 예로부터 본래 미혹은 없는 것인데, 미혹이 깨달음과 함께 있는 것 같아 보인다. 미혹을 깨달아 미혹이 사라지면 깨달음에서는 미혹이 생겨나지 않는 것이다. 마치 눈병이 있는 사람이 허공에서 꽃으로 보다가 눈병이 없어지면 그 꽃은 허공에서 사라지는 것과 같다. 갑자기 어떤 어리석은 사람이 저 허공꽃이 없어진 텅빈 자리에서 그 꽃이 다시 생겨나길 기다린다면, 그대는 그러한 사람을 볼 때에 어리석다고 하겠는가, 지혜롭다고 하겠는가?"[973] 뿌르나가 사뢰었다. 〔뿌르나〕 "허공에는 원래 꽃이 없는 것인데, 허망하게 생멸을 보는 것으로서, 꽃이 허공에서 사라지는 것을 보는 것이 이미 전도된 것이니, 억지로 다시 나오길

971) 富樓那言如是迷人. 亦不因迷又不因悟. 何以故迷本無根云何因迷. 悟非生迷云何因悟.

972) 佛言彼之迷人正在迷時. 倏有悟人指示令悟. 富樓那於意云何. 此人縱迷. 於此聚落更生迷不. 不也世尊.

973) 富樓那十方如來亦復如是. 此迷無本性畢竟空. 昔本無迷似有迷覺. 覺迷迷滅覺不生迷. 亦如翳人見空中花. 翳病若除華(120c)於空滅. 忽有愚人. 於彼空花所滅空地待花更生. 汝觀是人爲愚爲慧.

기다린다면, 그것은 실로 미친 바보의 짓거리입니다. 어찌 이러한 광인에게 어리석다 지혜롭다고 할 수 있겠습니까?"[974)]

12. 부처님께서 말씀하셨다. 〔세존〕 "그대가 이해하는 바와 같다면, 어찌하여 모든 여래이신 부처님들의 묘각명공(妙覺明空)에서 어떻게 산하대지가 다시 나오는가라고 묻는 것인가? 또한 금광에 순금이 섞여 있다가 그 금이 한번 순금이 되면 다시 섞이지 않는 것과 같이, 또한 나무가 한번 재가 되면 다시는 나무가 되지 못하는 것과 같이, 모든 부처님의 보리와 열반도 그와 같은 것이다."[975)]

13. 〔사대의 상호용납과 세간의 성립〕 "뿌르나여, 그대가 물어 말한 것은 '땅, 물, 불, 바람의 본성이 원융하여 법계에 두루 편재한다면, 어째서 물의 성품과 불의 성품이 상호 능멸하지 않는가?'라고 의심하고 '또한 허공과 모든 대지가 함께 법계에 편재한다면 왜 서로 용납하지 못하는가?'라고 의심하였는데, 뿌르나여, 마치 허공의 본체가 여러 가지 모양을 지니지는 않았지만, 여러 가지 모양이 발현하는 것을 거부하지 않는 것과 같다. 그것은 무슨 까닭인가?"[976)]

14. "뿌르나여, 저 허공은 해가 비치면 밝고 구름이 끼면 어둡고 바람이 불면 움직이고 비가 개이면 맑고, 기운이 엉기면 탁하고, 흙먼지가 쌓이면 흙비가 되고, 물이 맑으면 비치게 된다. 어떻게 생각하는가? 이러한 특수한 모든 유위상이 원인이 있어 생겨나는 것인가,

---

974) 富樓那言空元無花妄見生滅. 見花滅空已是顚倒. 敕令更出斯實狂癡. 云何更名如是狂人爲愚爲慧.

975) 佛言如汝所解云何問言. 諸佛如來妙覺明空. 何當更出山河大地. 又如金礦雜於精金. 其金一純更不成雜. 如木成灰不重爲木. 諸佛如來菩提涅槃亦復如是.

976) 富樓那又汝問言. 地水火風本性圓融周遍法界. 疑水火性不相陵滅. 又徵虛空及諸大地. 俱遍法界不合相容. 富樓那譬如虛空體非群相. 而不拒彼諸相發揮. 所以者何.

허공에 있는 것인가? 만약 그것들로 인해 생겨난다면, 뿌르나여, 해가 비칠 때에 그것은 해의 밝음일 것이니, 시방세계가 동일한 해의 색깔일 터인데, 어찌하여 공중에서 다시 둥근 해를 보는가? 만약 이것이 허공으로 인하여 밝은 것이라면 허공 스스로가 당연히 비쳐주는 것인데, 어찌하여 밤중이나 운무가 끼었을 때는 빛을 내지 못하는 것인가? 그러므로 마땅히 알아야 한다. 이 밝음은 해도 아니요 허공도 아니요, 그렇다고 허공이나 해와 다른 것도 아닌 것이다. 모습을 관찰해 보면 원래가 허망한 것이어서 지적하여 묘사할 수 없는 것이, 마치 허공꽃이 허공열매를 맺기를 기다리는 것과 같으니, 어떻게 서로 능멸하지 않은 이치를 따지겠는가?"977)

15. "본성을 관찰하면 원래가 진여(眞如)여서 오직 묘각명(妙覺明)뿐이니, 묘각명의 마음은 본래 물이나 불이 아닌데, 어째서 또한 서로 용납하지 못하는가를 묻는 것인가? 참으로 승묘한 각명(覺明)도 역시 그와 같다. 그대가 허공으로 밝히려 하면 바로 허공이 현전하게 되고, 땅, 물, 불, 바람으로 밝히려 하면 바로 그것들이 각각 현전하게 되고, 함께 밝히려 하면 바로 다함께 현전하는 것이다. 어찌 함께 현전하는가? 뿌르나여, 한 물 속에 해의 그림자가 나타나는 것과 같이 두 사람이 함께 물속의 해를 보다가 동쪽과 서쪽으로 제각기 가면 제각기 해도 두 사람을 따라 하나는 동쪽으로 하나는 서쪽으로 가니, 본래 표준이 없는 것이어서 '이 해는 하나인

---

977) 富樓那彼太虛空日照則明. 雲屯則暗風搖則動. 霽澄則淸氣凝則濁. 土積成霾水澄成映. 於意云何如是殊方諸有爲相. 爲因彼生爲復空有. 若彼所生. 富樓那且日照時旣是日明. 十方世界同爲日色. 云何空中更見圓日. 若是空明空應自照. 云何中宵雲霧之時不生光耀. 當知是明非日非空不異空日. 觀相元妄無可指陳. 猶邀空花結爲空果. 云何詰其相陵滅義.

데 어찌하여 제각기 가는 것인가? 각각 따라가는 해는 이미 둘인데 어찌하여 하나로 나타나는가?'라고 따질 것이 아니니, 완연히 허망하여 의지할 근거가 없기 때문이다."[978]

16. "뿌르나여, 그대가 형상과 허공으로 여래장에서 서로 기울기도 하고 서로 빼앗기도 하니,[979] 여래장도 그에 따라 형상도 되고 허공도 되어 법계에 두루 편재하게 되는 것이다. 그러므로 그 가운데 바람은 움직이고 허공은 맑고 해는 밝고 구름은 어두운 것인데, 뭇 삶들은 혼미하여 각(覺)을 등지고 경계〔塵〕와 어울리기 때문에[980] 진로(塵勞)가 생겨나 세간의 모습이 있게 된 것이다."[981]

17. 〔여래장의 진심과 세간·출세간법〕 "나는 묘명(妙明)의 불생불멸(不生不滅)로서 여래장과 합하여 있고 여래장은 오직 승묘한 각명(覺明)으로 법계를 두루 비추므로, 그 가운데에서 하나가 무량이 되고 무량이 하나가 되어, 작은 것 가운데 큰 것을 나투고 큰 것 가운데 작은 것을 나투며, 도량에서 움직이지 않고 시방세계에 두루 편재하는 까닭에, 몸에는 시방에 다함없는 허공을 머금고, 한 터럭에 보왕(寶王)[982]의 찰토를 나투고, 미진 속에 앉아서 대법륜

---

978)觀性元眞唯妙覺明. 妙覺明心先非水火. 云何復問不相容者. 眞妙覺明亦復如是. 汝以空明則有空現. 地水火風各各發明則各各現. 若俱發明則有俱現. 云何俱現. 富樓那如一水中現於日影. 兩人同觀水中之日. 東西各行則各有日. 隨二人去一東一西. 先無准的不應難言. 此日是一云何各行. 各日旣雙云何現一. 宛轉虛妄無可憑據.

979) 汝以色空 相傾相奪於如來藏 : Unh. 163에 따르면, '서로 기우는 것[相傾]'은 색이 나타나서 공을 밀어내는 것과 공이 나타나서 색을 밀어내는 것을 뜻하고, '서로 빼앗는 것[相奪]'은 색이 공을 밀어내고 그 자리를 혼자 차지하는 것이나 공이 색을 밀어내고 그 자리를 혼자 차지하는 것이다.

980) 背覺合塵 : Unh. 163에 따르면, 각(覺)을 등지는 것은 진성(眞性)을 어기는 것이고, 경계[塵]에 합하는 것은 망법(妄法)을 따르는 것이다.

981) 富樓那汝以色空. 相傾相奪於如來藏. 而如(121a)來藏隨爲色空周遍法界. 是故於中風動空澄日明雲暗. 衆生迷悶背覺合塵. 故發塵勞有世間相.

(大梵輪)을 굴리어 번뇌를 멸하고 깨달음을 이루어, 진여의 승묘한 각명(覺明)의 성품을 나툰다. 여래장의 본래 묘원(妙圓)한 마음은 마음도 아니고 허공도 아니고, 땅도 아니고, 물도 아니고, 바람도 아니고, 불도 아니고, 시각도 아니고, 청각, 후각, 미각, 촉각, 정신도 아니고, 형상도 아니고, 소리, 냄새, 맛, 감촉, 사실도 아니고, 시각의식의 세계도 아니고 이와 같이 내지 정신의식의 세계도 아니다. 명지도 아니고 무명도 아니고, 이와 같이 늙음도 아니고, 죽음도 아니고, 늙음과 죽음의 다함도 아니고, 괴로움도 아니고 괴로움의 원인도 아니고 괴로움의 소멸도 아니고, 괴로움의 소멸로 이끄는 길도 아니다. 지혜도 아니고 증득도 아니고, 보시도 아니고, 지계도 아니고, 인욕도 아니고, 정진도 아니고, 선정도 아니고, 반야도 아니고, 초월의 길 즉, 바라밀다(波羅密多)도 아니고, 이와 같이 내지 여래도 아니고, 거룩한 님도 아니고, 바르고 원만히 깨달은 님도 아니고, 대열반도 아니고, 상(常)도 아니고, 낙(樂)도 아니고 아(我)도 아니고, 정(淨)도 아니다."983)

18. "이렇게 하여 세간과 출세간이 모두 아니므로, 여래장의 원래 밝고 승묘한 마음은 즉 마음이고, 즉 허공이고, 즉 땅이고, 즉 물이고, 즉 바람이고 즉 불이고, 즉 시각이고, 즉 청각, 후각, 미각, 촉

982) 寶王 : 부처님의 존칭이다.

983) 我以妙明不滅不生合如來藏. 而如來藏唯妙覺明圓照法界. 是故於中一爲無量無量爲一小中現大大中現小. 不動道場遍十方界. 身含十方無盡虛空. 於一毛端現寶王刹. 坐微塵裏轉大法輪. 滅塵合覺故發眞如妙覺明性. 而如來藏本妙圓心. 非心非空. 非地非水非風非火. 非眼非耳鼻舌身意. 非色非聲香味觸法. 非眼識界如是乃至非意識界.非明無明明無明盡. 如是乃至非老非死非老死盡. 非苦非集非滅非道. 非智非得非檀那非尸羅. 非毘梨耶非羼提非禪那. 非鉢剌若非波羅蜜多. 如是乃至非怛闥阿竭. 非阿羅訶三耶三菩. 非大涅槃非常非樂非我非淨.

각, 정신이고, 즉 형상이고, 소리, 냄새, 맛, 감촉, 사실이고, 즉 시각의식의 세계이고 이와 같이 내지 정신의식의 세계이고, 즉 명지이고 무명이고, 즉 명지와 무명의 다함이고, 이와 같이 내지는 즉 늙음이고 죽음이고, 즉 늙음과 죽음의 다함이고, 즉 괴로움이고 괴로움의 원인이고 괴로움의 소멸이고, 괴로움의 소멸로 이끄는 길이며, 즉 지혜이고 증득이고, 즉 보시이고, 즉 지계이고, 즉 인욕이고, 즉 정진이고, 즉 선정이고, 즉 반야이고, 즉 초월의 길이고, 이와 같이 내지 여래이고, 즉 아라한이고, 즉 바르고 원만히 깨달음이고, 즉 대열반이고, 즉 상(常)이고, 즉 낙(樂)이고, 즉 아(我)이고, 즉 정(淨)이다."[984]

19. "이렇게 모두가 즉 세간과 출세간이므로, 여래장의 묘명한 마음의 근본은 즉(卽)에서도 떠나고 비즉(非卽)에서도 떠나 있어, 즉(卽)이자 비즉(非卽)이거늘, 어떻게 세상의 삼유중생(三有衆生)[985]이나 출세간의 성문들과 연각들이 제가 아는 마음으로 여래의 위없는 보리를 추측하여 세상의 언어로써 부처님의 지견에 들어가겠는가? 비유하자면, 거문고, 공후, 비파가 비록 묘한 소리가 있다고 하더라도, 묘한 손가락이 없다면 끝내 소리를 낼 수 없는 것과 같이, 그대와 더불어 뭇삶들도 역시 이와 같아서 보각(寶覺)인 진심(眞心)이 각각 원만하건만, 내가 손가락을 놀리면 해인(海

---

984) 以是俱非世出世故. 卽如來藏元明心妙. 卽心卽空. 卽地卽水卽風卽火. 卽眼卽耳鼻舌身意. 卽色卽聲香味觸法. 卽眼識界如是乃至卽意識界. 卽明無明明無明盡. 如是乃至卽老卽死卽老死盡. 卽苦卽集卽滅卽道. 卽智卽得 卽檀那卽尸羅. 卽毘梨耶卽羼提卽禪那. 卽鉢剌若卽波羅蜜多. 如是乃至卽怛闥阿竭. 卽阿羅訶三耶三菩. 卽大涅槃卽常卽樂卽我卽淨.

985) 三有衆生 : 감각적 쾌락의 욕망계[欲界], 미세한 물질계[色界], 비물질계[無色界]의 중생을 말한다.

印)986)이 빛을 발하지만, 그대들은 잠시만 마음을 움직여도 진로(塵勞)가 먼저 일어나니, 그것은 무상도를 부지런히 구하지 않고 소승을 사랑하여 적은 것을 구하고도 만족하는 까닭이다."987)

20. 〔망상의 원인에 대한 물음〕 뿌르나가 말했다. 〔뿌르나〕 "저에게는 여래(如來)와 더불어 보각(寶覺)의 원명하고 참되고 묘정(妙淨)한 마음이 둘이 없이 원만하지만, 제가 옛날부터 무시이래 망상을 내어 오랜 세월 윤회 속에 있었기에, 지금 고귀한 대승의 수레를 얻었으나, 구경에는 이르지 못하였습니다. 세존께서는 온갖 망상을 일체 소멸시키셨으니, 홀로 항상하는 묘진(妙眞)을 지녔사옵니다. 감히 여래께 묻사오니, 일체 뭇삶들은 무슨 원인으로 망상을 내어 스스로 묘명(妙明)을 가리고 이러한 윤회에 빠지는 것입니까?"988)

21. 〔미두축영지사((迷頭逐影之事)〕 부처님께서 뿌르나에게 말씀하셨다. 〔세존〕 "그대가 비록 의심은 없앴으나 아직 미혹이 남아 있어 다하지 못했으니, 내가 세간에 현전하는 온갖 일을 가지고, 지금 다시 그대에게 묻는다. 너도 어찌 듣지 않았겠는가? 슈라바쓰띠 시의 양냐닷따989)가 갑자기 이른 새벽에 거울로 얼굴을 비추어보다

---

986) 海印 : 바다가 일체의 사물을 인상(印象)함과 같이, 일체를 깨달아 아는 부처님의 지혜의 바다로 일체법을 인현(印現)하는 것을 뜻한다.

987) 以是卽俱世出世故. 卽如來藏妙明心元. 離卽離非是卽非卽. 如何世間三有衆生. 及出世間聲聞緣覺. 以所知心測度如來無上菩提. 用世語言入佛知見. 譬如琴瑟箜篌琵琶雖有妙音. 若無妙指終不能發. 汝與衆生亦復如是. 寶覺(121b)眞心各各圓滿. 如我按指海印發光. 汝暫擧心塵勞先起. 由不勤求無上覺道愛念小乘得少爲足.

988) 富樓那言我與如來寶覺圓明. 眞妙淨心無二圓滿. 而我昔遭無始妄想久在輪迴. 今得聖乘猶未究竟. 世尊諸妄一切圓滅獨妙眞常. 敢問如來一切衆生何因有妄. 自蔽妙明受此淪溺.

989) Yajñadatta : 음사하여 연야달라(演若達多)라고 하는데, 부처님 당대의 인도사람의 이름이다.

가 거울속의 머리와 눈썹과 눈은 볼 수 있으나. 자기의 머리에 얼굴과 눈이 보이지 않는 것을 화내고 성내면서 도깨비라고 여겨 미쳐서 달아났다. 어떻게 생각하는가? 이 사람이 무슨 원인으로 미쳐서 달아났는가?" 뿌르나가 사뢰었다. 〔뿌르나〕 "그 사람은 마음이 미친 것이지 달리 다른 원인은 없사옵니다."990)

22 〔묘각과 망상〕 부처님께서 말씀하셨다. 〔세존〕 "묘각(妙覺)은 밝고 원만하여 본래 뚜렷이 명묘(明妙)한 것인데, 이미 허망한 것이라고 일컫는다면, 어찌 원인이 있겠는가? 만일 원인이 있다면, 어찌 허망한 것이겠는가? 스스로 온갖 망상이 일어나 유전하면서 서로 원인이 되고 미혹을 좇아 미혹이 쌓이고 무수한 겁의 우주기를 지났으니, 비록 부처님께서 밝혀 주신다고 하더라도 오히려 돌이킬 수가 없는 것이다. 이와 같이 미혹의 원인은 미혹 자체에 있을 뿐, 미혹에 원인이 없다는 것을 알면, 망상이 의지할 곳이 없어 오히려 생겨나지 못할 것인데 무엇을 없애려고 할 것인가?"991)

23 "보리(菩提)를 얻은 이는 잠을 깨었을 때의 사람이 꿈속의 일을 말하는 것과 같아서, 마음에는 분명하지만, 무슨 인연으로 꿈속의 것을 취하겠는가? 하물며 원인이 없어 본래 있지도 않은 것이랴! 저 슈라바쓰띠 시의 양냐닷따는 무슨 인연으로 제 머리를 무서워하면서 달아났겠는가? 갑자기 미친 증세가 사라지면, 머리가 밖

990) 佛告富樓那汝雖除疑餘惑未盡. 吾以世間現前諸事. 今復問汝汝豈不聞. 室羅城中演若達多. 忽於晨朝以鏡照面. 愛鏡中頭眉目可見. 瞋責己頭不見面目. 以爲魑魅無狀狂走. 於意云何. 此人何因無故狂走. 富樓那言是人心狂更無他故.

991) 佛言妙覺明圓本圓明妙. 旣稱爲妄云何有因. 若有所因云何名妄. 自諸妄想展轉相因. 從迷積迷以歷塵劫. 雖佛發明猶不能返. 如是迷因因迷自有. 識迷無因妄無所依. 尙無有生欲何爲滅.

에서 얻은 것이 아니며, 비록 미친 증세가 사라지지 않았더라도, 어찌 잃어버렸겠는가?"992)

24. 〔삼종상속〕 "뿌르나여, 허망의 성품이 이러한 것이니, 원인이 어디에 있겠는가? 그대가 단지 세간(世間)-업과(業果)-중생(衆生)의 삼종상속(三種相續)을 따라 분별하지 않으면, 그 세 가지 반연이 끊어지기 때문에 세 가지 원인이 생겨나지 않으면,993) 바로 그대의 마음속에 얀냐닷따와 같은 미친 증상이 저절로 쉬게 될 것이다. 미친 증상이 쉬게 되면, 보리의 승정명심(勝淨明心)이 본래 법계에 편재한 것이라, 다른 사람으로부터 얻어지는 것이 아닌데, 어찌 애써 수고롭게 닦아서 증득하려 하느냐?"994)

25. "비유하자면, 어떤 사람이 자신의 옷에 여의주(如意珠)를 간직하고 있는데도 스스로 알지 못하고 타향에서 곤궁하게 빌어먹으며 돌아다니는 것과 같다. 비록 실제 빈궁하다고 하더라도 여의주를 잃은 적은 없으니, 갑자기 지혜로운 자가 그 여의주를 지적해 주면, 소원이 이루어져서 큰 부자가 될 것이며, 바야흐로 그 신비한 여의

---

992) 得菩提者如寤時人. 說夢中事心縱精明. 欲何因緣取夢中物. 況復無因本無所有. 如彼城中演若達多. 豈有因緣自怖頭走. 忽然狂歇頭非外得. 縱未歇狂亦何遺失.

993) 三緣斷故三因不生 : Unh. 168에서, 진감(眞鑑)에 의하면, 세 가지 반연[三緣]은 세 가지 상속에 따라 분별하는 것이고, 세 가지 원인[三因]은 삼세(三細) 중에 유주하는 세념(世念)을 뜻한다. 한암(閑庵)에 의하면, 세 가지 반연은 이전의 업과상속중의 살생(殺生), 투도(偸盜), 사음(邪淫)의 업이고, 세 가지 원인은 욕탐(欲貪), 살탐(殺貪), 도탐(盜貪)이다.

994) 富樓那妄性如是因何爲在. 汝但不隨分別世間. 業果衆生三種相續. 三緣斷故三因不生. 則汝心中演若達多. 狂性自歇. 歇卽菩提. 勝淨明心本周法界. 不從人得 何藉劬勞肯綮修證; Unh. 168에 따르면, 구노(劬勞)는 수고롭게 애쓴다는 뜻이고, 긍계(肯綮)의 긍(肯)은 살이 뼈에 붙은 것이고, 계(綮)는 살과 힘줄이 얽힌 것을 뜻하는데, 장자(莊子)에서 포정(庖丁)이 뼈와 살과 힘줄의 서로 얽힌 것을 칼로 떼어내는 것을 형용한 것이다.

주가 밖에서 얻어지는 것이 아님을 깨닫게 될 것이다."[995]

26. 〔인연과 자연에 대한 물음〕 바로 그때 아난다가 대중 가운데 있다가 부처님의 발에 머리를 조아려 예경하고 일어나 부처님께 사뢰었다. 〔아난다〕 "세존께서는 방금 살생, 도적질, 음욕의 세 가지 인연이 끊어지므로 세 가지 원인이 생겨나지 않으면 마음속에 양냐닷따의 광기가 스스로 쉬게 될 것이며, 쉬기만 하면 즉, 보리가 다른 사람으로부터 얻는 것이 아니라고 설하셨습니다. 이것은 바로 인연이 명명백백한 것인데, 어찌하여 여래께서는 인연을 버리는 것입니까? 저도 인연을 좇아 마음에 개오를 얻은 것입니다. 세존이시여, 이러한 뜻이 어찌 우리들 나이어린 성문들과 아직 배울 것이 남아 있는 성문들뿐이겠습니까? 지금 이 모임 가운데는 마하 마우드갈리야야나, 내지 샤리뿌뜨라, 쑤부띠 등, 연로한 바라문을 따르다가 부처님의 인연법을 듣고 발심하여 개오하여 번뇌를 여의었는데, 지금 보리가 인연을 따르는 것이 아니라고 하신다면, 바로 라자가하 시의 고샬리[996] 등이 설하는 자연이라야 제일의제가 되겠습니다. 바라건대 대비를 드리워 미혹한 것을 깨우쳐주십시오."[997]

27. 〔희론을 여읜 진리〕 부처님께서 아난다에게 이르셨다. 〔세존〕 "저 도시의 양냐닷따가 광기인 인연이 제거되면, 광기가 없는 성품

---

995) 譬如有人於自衣中. 繫如意珠不自覺知. 窮露他方乞食馳走. 雖實貧窮珠不曾失. 忽有(121c)智者指示其珠. 所願從心致大饒富. 方悟神珠非從外得.

996) Gosāli; 음사하여 구사리(拘舍離), 번역하여 우사(牛舍)이다, 마쓰까리 고샬리뿌뜨라(Maskārī Gośālīputra: *pali.* Makkhali Gosāla: 제2장§8참조)의 약칭이다.

997) 卽時阿難在大衆中. 頂禮佛足起立白佛. 世尊現說殺盜婬業. 三緣斷故三因不生. 心中達多狂性自歇. 歇卽菩提不從人得. 斯則因緣皎然明白. 云何如來頓棄因緣. 我從因緣心得開悟. 世尊此義何獨我等年少有學聲聞. 今此會中大目犍連. 及舍利弗須菩提等. 從老梵志聞佛因緣. 發心開悟得成無漏. 今說菩提不從因緣. 則王舍城拘舍梨等. 所說自然成第一義. 惟垂大悲開發迷悶.

이 나타날 것이니, 인연이다 자연이다 하는 이치가 여기서 끝나는 것이다. 아난다여, 양나닷따의 머리는 본래 자연 그대로라면, 본래부터 스스로 그런 것이어서, 자연이 아닌 것이 없을 터인데, 무슨 인연으로 머리가 두려워 미쳐 달아났겠는가? 만약에 자연의 머리를 인연으로 미쳤다면, 어찌하여 자연을 인연으로 머리를 잃어버리지 않았겠는가? 본래의 머리는 잃어버린 것이 아니데, 미쳐서 두려워한 것이 허망하게 나타났다면, 조금도 변한 것이 없거늘, 어찌 인연에 의한 것이라고 하겠는가? 본래 미친 것이 자연이라면, 미친 공포가 본래 있었을 것인데, 미치기 전에 광기는 어디에 숨어있었는가? 미치지 않은 것이 자연이라면, 머리가 본래 허망한 것이 아닌데, 어찌하여 미쳐서 달아났는가? 만약에 본래의 머리를 깨달아 미쳐서 달아난 것을 알면, 인연이다 자연이다 하는 것이 모두 희론이 될 것이다."998)

28. "그러므로 내가 세 가지 반연999)이 끊어지면 보리심이라고 한 것이다. 보리심이 생겨나서 생멸심이 멸한다면, 그것도 단지 생멸일 뿐이다. 생멸이 다하여 공용이 없는데, 자연이 있다고 한다면, 그러한 것은 명백히 즉 자연심이 생겨나고 생멸심이 멸한 것이니, 이것도 또한 생멸인 것이다. 생멸이 없는 것을 자연이라고 부른다면, 마치 세간의 온갖 모습으로 뒤섞어 한 덩어리를 이룬 것을 화합성이라고 하고, 화합되지 않은 것을 본연성이라고 하는 것과 같다.

---

998) 佛告阿難. 卽如城中演若達多. 狂性因緣若得滅除. 則不狂性自然而出. 因緣自然理窮於是. 阿難演若達多頭本自然本自其然無然非自. 何因緣故怖頭狂走. 若自然頭因緣故狂. 何不自然因緣故失. 本頭不失狂怖妄出. 曾無變易何藉因緣. 本狂自然本有狂怖. 未狂之際狂何所潛. 不狂自然頭本無妄何爲狂走. 若悟本頭識知狂走. 因緣自然俱爲戲論.

999) 三緣 : 삼연(三緣)에 대해서는 이 책 『수능엄경』 제4장§24을 참조하라.

본연이다 본연이 아니다, 화합이다 화합이 아니다 하는 화합과 본연을 모두 여의고, 여읨과 화합이 모두 아니어야, 이것을 일러 바야흐로 희론을 떠난 진리라고 하는 것이다."1000)

29. "보리와 열반이 아직 요원하여서, 그대가 여러 겁의 우주기를 거치면서 애써 닦아 증득할 것이 아니며, 비록 다시 시방여래의 십이부경(十二部經)1001)의 청정묘리를 다 기억하여도 항하의 모래알숫자 만큼 많은 희론을 더해갈 뿐이다."1002)

30. "그대가 비록 인연과 자연을 분명하게 말하여, 사람들이 그대를 일컬어 다문제일(多聞第一)이라고 하지만, 이렇게 여러 겁의 우주기 동안 많이 배운 보람으로도, 마땅기의 유혹에서 벗어나지 못하고 있다가, 어찌 나의 불정신주(佛頂神呪)를 의지하여서야, 마땅기 마음속의 음욕의 불길이 단박에 쉬어진 뒤에, 돌아오지 않는 경지를 얻어서, 나의 가르침 가운데 정진의 숲을 이루고, 애욕의 강물이 고갈되어 그대로 하여금 해탈케 한 것인가?"1003)

31. 〔무루선〕 "그러므로 아난다여, 그대가 비록 여러 겁의 우주기 동안 여래의 비밀묘엄(秘密妙嚴)을 기억하였더라도, 단 하루라도

1000) 是故我言三緣斷故卽菩提心. 菩提心生生滅心滅. 此但生滅. 滅生俱盡無功用道. 若有自然. 如是則明自然心生. 生滅心滅此亦生滅. 無生滅者名爲自然. 猶如世間諸相雜和. 成一體者名和合性. 非和合者稱本然性. 本然非然和合非合. 合然俱離離合俱非. 此句方名無戱論法.

1001) 十二部經 : 대승불교에서 불경을 열두 가지로 구분한 것으로 수다라(修多羅), 지야(祇夜), 수기(授記), 가타(伽陀), 무문자설(無問自說), 연기(緣起), 비유(譬喩), 본사(本事), 본생(本生), 방광(方廣), 미증유(未曾有)이다.

1002) 菩提涅槃尙在遙遠. 非汝歷劫辛勤修證. 雖復憶持十方如來. 十二部經淸淨妙理. 如恒河沙秖益戱論.

1003) 汝雖談說因緣自然決定明了. 人間稱汝多聞第一. (122a)以此積劫多聞熏習. 不能免離摩登伽難. 何因待我佛頂神咒. 摩登伽心婬火頓歇得阿那含. 於我法中成精進林. 愛河乾枯令汝解脫.

무루업(無漏業)1004)을 닦아 세간의 증오와 애욕의 두 가지 고통을 멀리 여의는 것만 못한 것이다. 마땅기와 같은 여자는 숙세에 음란한 여자였으나, 신주(神呪)인 「슈랑가마다라니」의 힘으로 말미암아 그 애욕을 녹여 지금은 나의 가르침 가운데 성비구니(性比丘尼)1005)라고 이름하며, 라훌라1006)의 어머니인 야쇼다라1007)

1004) 無漏業 : 사제(四諦)를 관찰하는 단계인 견도(見道) 이상의 성자의 업(業)을 뜻한다. 견도(見道) 이상의 성자란 소승에서는 예류향(預流向), 대승에서 초지(初地) 이상의 성자를 말한다.

1005) 性比丘尼 : 성품이 비구니라는 뜻의 이름이다.

1006) Rāhula : 부처님의 제자 수행승 가운데 '배우기를 열망하는 님 가운데 제일'이었다. 고따마 붓다(Gotama Buddha)의 외아들이다. 아버지가 출가하던 날 태어났다. 부처님께서 깨달음을 성취한 뒤 숫도다나(Śuddhodana) 왕의 초청으로 까삘라바쓰뚜 시를 처음 방문했을 때 라훌라의 어머니는 아들을 부처님에게 보내서 유산의 승계를 요청했다. 부처님은 침묵한 채 공양을 들고 왕궁을 떠났다. 라훌라가 좇아 나서자 부처님은 마침내 샤리뿌뜨라(Śāriputra)를 시켜 라훌라를 승단에 입단시켰다. 이 소식을 들은 왕은 어린 아이들의 출가는 부모의 허락을 맡아야 한다고 요청하자 부처님은 이에 동의했다. 그러나 라훌라는 이미 출가했고 부처님은 그에게 많은 가르침을 전했다. 어렸을 때 라훌라는 한 줌의 모래를 집어 들고 '오늘 내가 이 모래알처럼 많은 가르침을 얻기를 바란다.'고 기도했다. 라훌라가 일곱 살이었을 때 부처님은 MN. I. 414에서 농담으로라도 거짓말을 하지 말 것을 설했고, 라훌라가 열여덟 살 때 MN. I. 420을 통해 위빠싸나 명상을 가르쳤으며, 나중에 지혜가 무르익었을 때 MN. III. 277을 설해 깨달음을 얻어 아라한이 되도록 했다. 라훌라는 밀행제일(密行第一)의 제자가 되었다.

1007) Yaśodharā(Yasodharā) : 부처님의 여제자 수행녀 가운데 '위대한 곧바른 앎에 도달한 님 가운데 제일'이었다. 그녀는 라훌라의 어머니이자 가우따마(Gautama; *pāli.* Gotama)의 아내였다. 원래 이름은 바드라까띠야야나(Bhadrakātyāyanā; Bhaddākaccānā)였다. 후기 문헌에서는 야쇼다라(Yaśodharā) 또는 빔바데비(Bimbādevī) 또는 빔바쑨다리(Bimbāsundarī)라고 불렀다. 북방문헌에서는 야쇼다라(Yaśodharā)를 즐겨 사용하고 단다빠니(Daṇḍapāṇī)의 딸이라고 기록하고 있다. 가우따마의 아내 이름은 원래는 빔바(Bimbā)였고 나머지는 애칭이라고 추측된다. 그녀가 밧다깟짜나라고 불린 이유는 그녀의 몸이 빛나는 황금과 같았기 때문이며, 바라문 가문의 성씨인 깟짜나와는 상관이 없다. 그녀는 가우따마와 같은 날에 태어났으며, 16살에 가우따마와 결혼하고 라훌라를 출산하는 날에 남편인 가우따마가 수행자가 되었다. 가우따마가 부처님이 되어 깨달음을 성취한 뒤 숫도다나(Śuddhodana) 왕의 초청으로 까삘라바쓰뚜 시를 처음 방문하여 탁발을 할 때, 그녀는 부처님의 탁발 모습을 보고 부처님을 찬탄하는 아름다운 시인

와 함께 숙세의 인연을 깨달아, 여러 세상을 거치면서 탐욕과 애욕이 고통이 되는 것을 알고, 일념으로 무루선(無漏善)1008)을 닦고 익혔기 때문에, 혹은 세속의 얽매임에서 벗어나고, 혹은 수기를 받기도 하였는데, 그대는 어찌 스스로 속아서 아직 보고 듣는 것에 머물러 있는 것인가?"1009)

제5장 수행을 통한 생멸심의 극복

1. 〔수도분(修道分)〕1010) 〔삼매를 밝힘〕 〔두 가지 결정의〕 아난다와 모든 대중들은 부처님의 가르침을 듣고 의혹이 소멸하여 마음의 실상을 깨닫고, 몸과 마음이 경안해져서 일찍이 없었던 것을 얻고

나라씨하가타(Narasīhagāthā)를 남겼다. 부처님이 왕궁에서 공양을 든 날, 그녀는 궁중의 모든 여인들이 부처님을 찾아뵈었으나 그녀는 가길 거절했다. 자신에게 공덕이 있다면, 부처님이 찾아올 것이라고 생각했기 때문이었다. 부처님은 두 제자와 함께 그녀를 찾아오자 그녀는 부처님의 두 발에 예를 올리고 머리를 파묻었다. 부처님의 방문 7일째 되던 날, 라홀라의 어머니는 아들을 부처님에게 보내서 유산의 승계를 요청했다. 부처님은 침묵한 채 공양을 들고 궁을 떠났다. 라훌라가 좇아 나서자 부처님은 마침내 싸리뿟따를 시켜 라훌라를 승단에 입단시켰다. 그 후 그녀는 모든 사치를 버리고 부처님처럼 살다가 숫도다나 왕이 서거한 뒤에 마하빠자빠띠 가우따미와 500 명의 싸끼야 족의 여인들과 함께 출가했다. 그녀는 출가한 뒤에 통찰을 계발하여 거룩한 님이 되었고 초월적인 지혜로서 헤아릴 수 없는 겁을 회상할 수 있었다.

1008) 無漏善 : 사제(四諦)를 관찰하는 단계인 견도(見道) 이상의 성자가 일으키는 착하고 건전한 것[善]을 뜻한다. 견도(見道) 이상의 성자란 소승에서는 예류향(預流向), 대승에서 초지(初地) 이상의 성자를 말한다.

1009) 是故阿難汝雖歷劫. 憶持如來祕密妙嚴. 不如一日修無漏業. 遠離世間憎愛二苦. 如摩登伽宿爲婬女. 由神咒力鎖其愛欲. 法中今名性比丘尼. 與羅睺羅母耶輸陀羅同悟宿因. 知歷世因貪愛爲苦. 一念薰修無漏善故. 或得出纏或蒙授記. 如何自欺尙留觀聽.

1010) 修道分: 진감에 의하면, 계환 요해(要解)의 수도분(修道分:제4권중간-제7권중간: 제5장-제7장)은 삼매(三昧)에 대하여 밝힌 것이다.

거듭 눈물을 흘리며 부처님의 발에 머리를 조아려 예경하고 무릎을 꿇고 합장하고 부처님에게 사뢰었다.1011) 〔아난다〕 "위없이 대비하신 청정보왕(淸淨寶王)께서 저의 마음을 잘 열어주시어 이러한 갖가지 인연과 방편으로 이끌어주시고 어둠에서 끌어내시어 고해에서 벗어나게 하셨습니다. 세존이시여, 제가 지금 비록 이러한 법음을 듣고 여래장인 묘각(妙覺)의 밝은 마음이 시방세계에 두루 편재하여, 여래시방국토의 청정한 보물로 장엄된 묘각왕찰(妙覺王刹)1012)을 함유하고 있는 것을 알았습니다. 여래께서 다시 '많이 배우기만 하는 것으로는 공덕이 없어 닦고 익히는데 미치지 못한다.'라고 책망하시지만, 저는 지금 오히려 나그네 생활을 하던 사람으로서 갑자기 천왕이 하사한 호화로운 집을 선물 받은 것과 같습니다. 비록 큰 저택을 받았사오나 문을 열고 들어가야겠으니, 원컨대 여래께서는 큰 자비를 버리지 마시고, 저와 이 회중의 몽매한 이들을 깨우쳐 소승을 버리고 반드시 무여열반(無餘涅槃)1013)에 들도록 본래 발심하신 길을 얻게 하시고, 아직 배울 것이 있는 이들이 어떻게 옛 반연을 조복하고 다라니1014)를 얻어 부처님의 지견에

1011) 阿難及諸大衆聞佛示誨. 疑惑銷除心悟實相. 身意輕安得未曾有. 重復悲淚頂禮佛足. 長跪合掌而白佛言.

1012) 妙覺王刹 : 묘각왕은 부처님의 다른 이름이니 불찰토(佛刹土)라는 뜻이다.

1013) 無餘涅槃 : 초기불교에서는 거룩한 님이 살아있는 동안에 체험하는 열반은 '집착의 잔여가 있는 열반 즉 유여열반(有餘涅槃 : saupādisesanibbānadhātu)'이라고 하고, 거룩한 님이 존재의 다발[五蘊]을 내려놓은 뒤의 열반은 '집착의 잔여가 없는 열반 즉, 무여열반(無餘涅槃 : saupādisesanibbānadhātu)'이라고 한다. Unh. 174에 따르면, 몸과 지혜가 두루 멸진한 열반을 뜻한다. 이에 비해 유여열반(有餘涅槃)은 지혜만 멸진하고 몸은 남아있는 열반을 뜻한다.

1014) Dhāraṇī : 음사하여 다라니(陀羅尼)라고 하고 총지(總持)라고 번역하는데, 다르마를 기억하여 잊지 않는다는 의미를 지니고 있다. 주(呪), 진언(眞言)이라는 뜻이 있으나 지혜(智慧)나 삼매(三昧)의 의미까지도 포함하고 있어 번역하지 않는다.

들어갈 수 있겠습니까?"[1015] 이렇게 하고는 오체투지하여 회중과 일심이 되어 부처님의 자비하신 가르침을 기다렸다.[1016]

2 그때 세존께서는 모임 가운데 있는 연각과 성문으로서 아직 보리심이 자재하지 못한 이들을 가엾게 여기고, 또한 미래에 부처님께서 멸도하신 뒤에 말법시대의 뭇삶에게 보리심을 일으키기 위해, 무상승(無上乘)의 오묘한 수행의 길을 열어 보이시려고 아난다와 모든 대중들에게 말씀하셨다.[1017] 〔세존〕 "그대들이 결정코 보리심을 내어 여래이신 부처님의 오묘한 삼매에 대하여 피로와 권태를 생겨나게 하지 않으려면, 우선 각(覺)을 발하려는 초심의 두 가지 결정의(決定義)을 밝혀야 한다. 무엇을 초심의 두 가지 결정의라고 하는가?"[1018]

3 〔첫 번째 결정의〕 〔인지와 과지를 살핌〕 〔세존〕 "아난다여, 첫 번째 결정의는 그대들이 만약 성문을 버리고 보살승을 닦아 부처님의 지견에 들고자 한다면, 인지(因地)[1019]의 발심이 과지(果地)[1020]의 깨달음〔覺〕과 같은 것인가 다른 것인가를 잘 살펴보아야 한다."[1021]

1015) 無上大悲淸淨寶王善開我心. 能以如是種種因緣方便提獎. 引諸沈冥出於苦海. 世尊我今雖承如是法音知如來藏. 妙覺明心遍十方界. 含育如來十方國土. 淸淨寶嚴妙覺王刹. 如來復責多聞無功不逮修習. 我今猶如旅泊之人. 忽蒙天王賜以華屋. 雖獲大宅要因門入. 唯願如來不捨大悲. 示我在會諸蒙暗者. 捐捨小乘必獲如來. 無餘涅槃本發心路. 令有學者從何攝伏疇昔攀緣. 得陀羅尼入佛知見.

1016) 作是語已五體投地. 在會一心佇佛慈旨.

1017) 爾時世尊哀愍會中緣覺聲聞. 於菩提心未自在者. 及爲當來佛滅度後. 末法衆生發菩薩心. 開無上乘妙修行路. 宣示阿難及諸大衆.

1018) 汝等決定發菩提心. 於佛如來妙三摩提不生疲惓. 應當先明發覺初心二決定義. 云何初心二義決定.

1019) 因地 : 부처가 되기 위한 원인으로서의 수행의 지평을 뜻한다.

1020) 果地 : 수행으로 얻어지는 과보로서 깨달음의 지평을 뜻한다.

4. 〔생멸심과 오탁(五濁)〕 "아난다여, 만약 인지(因地)에서 생멸심(生滅心)으로 수행의 원인으로 삼고, 불승(佛乘)의 불생불멸(不生不滅)을 구하려 한다면, 옳지 않은 것이다. 이러한 이치가 있는 까닭에 그대는 모든 기세간(器世間)[1022]을 비추어보면, 만들어진 사실들은 모두가 괴멸하는 것이다. 아난다여, 세간을 관찰해 보아도, 만들어진 사실들은 어느 것이라도 괴멸하지 않는 것이 있는가? 그러나 허공이 무너졌다는 말은 듣지 못했다. 그것은 무슨 까닭인가? 허공은 만들어진 것이 아니기 때문이다. 이러한 이유로 허공은 시종 무너져 없어지는 것이 아니다. 그대의 몸 가운데 단단한 것은 땅이고 습윤한 것은 물이고, 따듯한 촉감은 불이고, 동요하는 것은 바람이다. 이 네 가지가 얽혀 그대의 맑고 원만한 묘각명심(妙覺明心)을 나누어, 보게 되고 듣게 되고 인지하게 되고 살피게 되어, 처음부터 끝까지 다섯 겹의 혼탁이 있게 된다. 무엇을 혼탁이라고 하는가? 아난다여, 예를 들어 맑은 물이 본래부터 청결하고, 저 흙먼지의 잿가루와 모래의 무리는 바탕이 엉키는 것이니, 이 두 가지의 체성이 서로 따르지 않아, 어떤 세간의 사람이 그 흙먼지를 가져다가 맑은 물에 넣으면, 흙은 엉키는 성질을 잃고 물은 청결한 성질을 잃어, 모양이 흐리터분하게 되는 것을 혼탁이라고 한다. 그대의 다섯 겹의 혼탁도 역시 마찬가지이다."[1023]

1021) 阿難第一義者汝等若欲捐捨聲聞. 修菩薩乘入佛知見. 應當審觀因(122b)地發心. 與果地覺爲同爲異.

1022) 器世間 : 우리가 살고 있는 산하대지 등을 말한다.

1023) 阿難若於因地. 以生滅心爲本修因. 而求佛乘不生不滅. 無有是處. 以是義故汝當照明諸器世間. 可作之法皆從變滅. 阿難汝觀世間. 可作之法誰爲不壞. 然終不聞爛壞虛空. 何以故空非可作. 由是始終無壞滅故. 則汝身中堅相爲地潤濕爲水. 煖觸爲火動搖爲風. 由此四纏分汝湛圓妙覺明心. 爲視爲聽爲覺爲察. 從始入終五疊渾濁. 云何爲濁. 阿難譬

5. 1) 〔겁탁〕 "아난다여, 그대가 허공이 시방세계에 두루 편재하는 것을 볼 때에 허공과 보는 것이 구분되지 아니하여 허공은 있으나 본체가 없고 보는 것은 있으나 인지하는 것은 없어서, 서로 짜여서 허망을 이루나니, 이것이 첫 번째 겹의 혼탁으로 겁탁(劫濁)[1024] 이라고 한다."[1025]

6. 2) 〔견탁〕 "그대의 몸은 사대가 뭉치어 본체가 되었는데, 보고 듣고 지각하고 인지하는 것이 장애를 받아 물. 불, 바람, 땅이 선회하며 인지하게 되면서 서로 짜이어 허망한 것이 되었으니, 이것이 두 번째 겹의 혼탁으로 견탁(見濁)[1026]이라고 한다."[1027]

7. 3) 〔번뇌탁〕 "또한 그대의 마음 가운데 기억하고 의식하고 외우는 것을 익혀서[1028] 성품은 지견을 발하고 모양은 여섯 경계를 나타내는데,[1029] 경계를 떠나면 현상이 없어지고[1030] 깨달음〔覺〕을 떠나면 성품이 없어지며,[1031] 서로 짜이어 허망한 것이 되었으니, 이것이 세 번째 겹의 혼탁으로 번뇌탁(煩惱濁)[1032]이

如淸水淸潔本然. 卽彼塵土灰沙之倫. 本質留礙二體法爾性不相循. 有世間人取彼土塵投於淨水. 土失留礙水亡淸潔. 容貌汨然明之爲濁. 汝濁五重亦復如是.

1024) 劫濁(kalpakaṣāya) : 시대적인 사회환경의 혼탁을 뜻한다.

1025) 阿難汝見虛空遍十方界空見不分. 有空無體有見無覺相織妄成. 是第一重名爲劫濁.

1026) 見濁(dṛṣṭikaṣāya) : 세계관이나 사상의 혼탁을 뜻한다.

1027) 汝身現摶四大爲體. 見聞覺知壅令留礙. 水火風土旋令覺知相織妄成. 是第二重名爲見濁.

1028) 憶識誦習 : Unh. 176에 따르면, 과거경(過去境)을 기억하고'는 현재경(現在境)을 의식하고 미래경(未來境)을 외우는 것이다.

1029) 性發知見容現六塵 : Unh. 176에 따르면, 지견은 능취(能取)의 육식망견(六識妄見)이고 여섯 경계[六塵]는 소취(所取)의 육진(六塵)이다.

1030) 離塵無相 : Unh. 176에 따르면, 망각(妄覺)은 육진(六塵)을 여의고는 각지(覺知)의 자상(自相)이 없다.

1031) 離覺無性 : Unh. 176에 따르면, 육식(六識)의 망각(妄覺)을 여의고는 경계[塵]의 자체가 없다.

라고 한다."[1033]

8. 4) 〔중생탁〕 "또한 그대는 아침저녁으로 생멸하는 것을 멈추지 못하고 지견은 매번 세간에 머물고자 하고,[1034] 업의 운행은 항상 국토에서 옮아가려고 하며,[1035] 서로 짜이어 허망한 것이 되었으니, 이것이 네 번째 겹의 혼탁으로 중생탁(衆生濁)[1036]이라고 한다."[1037]

9. 5) 〔명탁〕 "그대들이 보고 듣고 하는 것은 본래 다른 성품이 없는데,[1038] 여러 가지 경계가 격월(隔越)하여 까닭 없이 다름이 생겼으니,[1039] 성품 안에서 서로 알고 지내나, 공용 안에서는 서로 어긋나,[1040] 같고 다름이 기준을 잃으며[1041] 서로 짜이어 허

1032) 煩惱濁(kleśakaṣāya) : 탐진치의 번뇌에 의한 혼탁을 뜻한다.

1033) 又汝心中憶識誦習. 性發知見容現六塵. 離塵無相離覺無性相織妄成. 是第三重名煩惱濁.

1034) 生滅不停 知見每欲留於世間 : Unh. 177에 따르면, 생멸이 정지하지 않는 것은 형성의 다발[行陰]이고 업의 운행(業運)이고 지견은 육식(六識)의 망상인데, 세간에 머물려고 한다는 것은 삼계에 연연하여 출리를 구하지 않는다는 뜻이다.

1035) 業運每常遷於國土 : Unh. 177에 따르면, 형성의 다발이 밀이(密移)하여 사상(四相)을 경질하면서 여기서 죽어 저기에서 나며 형상을 달리한다.

1036) 衆生濁(sattvakaṣāya) : 중생의 과보가 쇠퇴하여 마음이 무뎌지고 신체가 약해지고 고통이 많은 모습을 뜻한다.

1037) 又汝朝夕生滅不停. 知見每欲留於世間. 業運每常遷於國土. 相織妄成是第四重名衆生濁.

1038) 見聞元無異性 : Unh. 177에 따르면, '보고 듣고 하는 것'은 '보고 듣고 지각하고 인지하는 것'을 뜻하고, 이것은 육근(六根) 중의 무분별한 공능으로 곧 제팔식(第八識)의 견분(見分)이다. 하나의 정명(精明)을 근본으로 하므로 다른 성품이 없다.

1039) 衆塵隔越無狀異生 : Unh. 177에 따르면, 여러 경계는 육진인데, 사대(四大)가 육근(六根)을 이루고 육근(六根)이 구별하고 위월하여 형상을 보고 소리를 듣고 까닭 없이 다름이 생겨났다.

1040) 性中相知用中相背 : Unh. 177에 따르면, 제8식의 체성으로는 서로 아는 것이니 지(知)와 각(知覺)이 동일하고, 공용(功用)으로는 서로 어긋나니 보는 것은 듣는 것이 아니고, 각(覺)은 지(知)가 아니다.

1041) 同異失準相織妄成 : Unh. 177에 따르면, 서로 아는 것이니 같은 듯하여 다름이

망한 것이 되었으니, 이것이 다섯 번째 겹의 혼탁으로 명탁(命濁)1042)이라고 한다."1043)

10. 〔명각의 무생멸성〕 "아난다여, 그대가 보고 듣고 지각하고 인지하는 것이 멀리 여래의 상·락·아·정(常·樂·我·淨)과 계합하기를 바란다면, 먼저 생사의 근본을 알아내어 불생불멸(不生不滅)의 원담성(圓湛性)에 의거하여 담연한 것으로써 허망한 멸생(滅生)을 돌이켜 조복시키고1044) 원각(元覺)으로 복귀하여 원래의 명각(明覺)인 무생멸성(無生滅性)을 인지(因地)의 마음으로 삼은 연후에, 과지(果地)에서의 수증(修證)을 원만성취해야 한다. 흐린 물을 맑게 할 때에 깨끗한 그릇에 담아 오래도록 고요히 흔들지 않고 두면 모래와 흙이 저절로 가라앉아 맑은 물이 앞에 나타나는 것과 같다. 이것이 우선 객진번뇌를 조복하는 것이라 한다면, 가라앉은 앙금마저 버리고 순수한 물이 되는 것은 근본무명(根本無明)마저 영구히 끊은 것이라고 할 수 있다. 밝음의 모습이 정묘하고 순수해지면, 일체가 현전하더라도 번뇌가 되지 않고, 열반의 청정묘덕(淸淨妙德)에 부합하는 것이다."1045)

11. 〔두 번째 결정의〕 〔번뇌의 근본을 살핌〕 "두 번째 결정의는 그

아니고, 서로 어긋나니 다른 듯하여 같음이 아니라 기준을 잃는다.

1042) 命濁 : 중생의 수명이 점차 짧아지는 것을 뜻한다.

1043) 汝等見聞元無異性. 衆塵隔越無狀異生. 性中相知用中相背. 同異失準相織妄成. 是第五重名爲命濁.

1044) 虛妄滅生伏 : 178에 따르면, 아주 끊는 것이 아니고 일시에 제압하여 번뇌가 일어나지 못하게 하는 것으로 영단(永斷)과는 다르다.

1045) 阿難汝今欲令見聞覺知. 遠契如來常樂我淨. 應當先擇死生根本. 依不生滅圓湛性成. 以湛旋其虛妄滅生. 伏還元覺得元明覺. 無生滅性爲因地心. 然後圓成果地修證. 如澄濁水貯於淨器. 靜深不動沙土自沈淸水現前. 名爲初伏客塵煩惱. 去泥純水名(122c)爲永斷根本無明. 明相精純一切變現不爲煩惱. 皆合涅槃淸淨妙德.

대들이 필연적으로 보리심을 내어 보살승에 큰 용맹을 일으켜 결정코 모든 유위상(有爲相)을 버리려고 한다면 번뇌의 근본을 잘 살펴보아야만 한다는 것이다. 그것은 무시이래 업(業)을 발하여 생(生)에 적셔왔으니[1046] 무엇이 짓고 무엇이 받았는가를 살펴보라는 것이다. 아난다여, 그대가 보리를 닦는다면서, 만약 번뇌의 근본을 살피지 못한다면, 허망한 감관과 경계를 알 수가 없어 어디가 전도된 것인지 알지 못할 터인데, 어떻게 이를 조복하여 여래의 지위를 성취하겠는가? 아난다여, 그대는 이 세상에서 매듭을 푸는 사람을 살펴보라. 맺힌 곳을 보지 못한다면 어찌 풀 줄 알겠는가? 그대가 허공을 무너뜨리고 찢었다는 말을 듣지 못했다. 그것은 무슨 까닭인가? 허공은 형상이 없어 맺히고 풀림이 없는 까닭이다. 그대의 현전하는 시각, 청각, 후각, 미각, 촉각과 정신의 여섯 가지가 매개체가 되어 스스로 가보(家寶)[1047]를 빼앗으니, 이로 말미암아 무시이래 뭇삶의 세계에 태어나 얽매였기 때문에, 기세간을 뛰어넘지 못하는 것이다."[1048]

12. 〔세계와 여섯 감관의 우열〕 "아난다여, 무엇을 뭇삶의 세계라고 하는가? '세(世)'란 천류하는 것이고 '계(界)'란 방위를 말하는 것이니, 그대는 동서남북과 동남, 서남, 동북, 서북과 상하가 계가

1046) 發業潤生 : Unh. 178에 따르면, 번뇌로 인하여 언어, 동작 등 여러 가지 소작을 일으키고, 중음이 모태에 안착할 때에 부모에 대하여 증오와 애착을 일으킨다.

1047) 家寶 : Unh. 179에 따르면, 여래장 가운데 있는 모든 공덕의 보물을 말한다.

1048) 第二義者. 汝等必欲發菩提心. 於菩薩乘生大勇猛. 決定棄捐諸有爲相. 應當審詳煩惱根本. 此無始來發業潤生誰作誰受. 阿難汝修菩提. 若不審觀煩惱根本. 則不能知虛妄根塵. 何處顚倒處尙不知. 云何降伏取如來位. 阿難汝觀世間解結之人. 不見所結云何知解. 不聞虛空被汝隳裂. 何以故空無相形無結解故. 則汝現前眼耳鼻舌及與身心. 六爲賊媒自劫家寶. 由此無始衆生世界生纏縛故. 於器世間不能超越.

되고, 과거, 현재, 미래가 세가 되는 것이니, 방위의 숫자는 열이고, 천류의 숫자는 셋이다. 일체중생은 허망한 것들로 얽혀 모습을 이루는데, 몸 가운데서 바꾸며 옮겨져서 세계와 교섭한다.1049) 이 계의 성품이 비록 시방이지만 일정한 방위로 분명한 것은 세간에서는 동서남북만 지목하니 상하는 정위가 없고 중간은 정방이 없다.1050) 사방은 분명하여 세와 서로 교섭한다. 3과 4, 4와 3이 완연히 변화되어 12가 되고, 천류가 세 번 거듭하여 1로, 10으로, 100으로, 1000으로 되니, 처음과 끝을 모두 총괄하면, 여섯 감관 가운데 각각의 공능이 1200이 되는 것이다.1051) 아난다여, 그대가 다시 이 가운데 우열을 정해 보라."1052)

13. 1) [시각의 공능] "시각과 같은 보는 것을 관찰해 보면 뒤는 어둡고 앞만 밝은데, 전방은 완전히 밝고 후방은 완전히 어둡고, 왼쪽

1049) 身中貿遷世界相涉 : Unh. 180에 따르면, 감관[根身]이 유무(有無)를 서로 바꾸어가면서 왕래하면서 서로 교섭하는 것이다.

1050) 世間秖目東西南北. 上下無位中無定方 : Unh. 180에 따르면, 동방의 사람은 동방의 상(上)을 상이라라고 하고 서방의 사람은 서방의 상을 상이라고 하고, 하(下)도 그와 같으므로 상하의 정위(定位)가 없고, 중간의 사잇방향도 동남쪽은 동으로는 동방에 속하고 남으로 남방에 속하므로 정방(定方)이 없다.

1051) 四數必明與世相涉. 三四四三宛轉十二. 流變三疊一十百千. 總括始終六根之中. 各各功德有千二百 : Unh. 180에 따르면, 세 번 거듭, 즉 삼루(三疊)의 계산: 제1루(第一疊): 3세×4방= 12, 4방×3세=12, 제2루(第二疊): 본래 방향이 10방이므로 동서남북으로 40방이 되고, 세는 과거3세와 현재3세와 미래3세와 현전일념(現前一念)의 10세로 30세가 된다. 3세×40방=120, 4방×30세=120, 제3루(第三疊): 30세×40방=1200, 40방×30세=1200이 된다. 그리고 미각은 맛을 보는 것과 혀로 말하는 것의 두 가지 공능이 있는데, 여기서는 말하는 것의 공능을 취한 것이다.

1052) 阿難云何名爲衆生世界. 世爲遷流界爲方位. 汝今當知東西南北. 東南西南東北西北上下爲界. 過去未來現在爲世. 位方有十流數有三. 一切衆生織妄相成. 身中貿遷世界相涉. 而此界性. 設雖十方定位可明. 世間秖目東西南北. 上下無位中無定方. 四數必明與世相涉. 三四四三宛轉十二. 流變三疊一十百千. 總括始終六根之中. 各各功德有千二百. 阿難汝復於中克定優劣.

과 오른쪽은 곁만 보는 것이어서 3분지 2이니1053) 통틀어 말하면 짓는 공능이 온전하지 못하고, 삼분으로 나누어 공능을 말하면 일분은 공능이 없으니, 시각은 오직 800의 공능을 지닌 것을 알아야 한다."1054)

14. 2) 〔청각의 공능〕 "청각과 같은 것은 두루 들어 시방에 남김이 없는 것으로서 움직이는 것으로 가깝고 먼 것이나 고요함으로는 변제가 없으니, 청각은 1200공능이 원만히 한 것을 알아야 한다."1055)

15. 3) 〔후각의 공능〕 "후각과 같은 것은 내쉬고 들이쉼을 통해서 냄새 맡는 것으로서 들이쉬고 내쉼은 있으나 중간에 교체되는 동안 끊어지니, 후각의 감관에 대해 체험해 보면 삼분가운데 일분이 빠져있으니 후각은 오직 800의 공능을 지닌 것을 알아야 한다."1056)

16. 4) 〔미각의 공능〕 "미각과 같은 것은 언어를 선양하는데, 세간과 출세간의 지혜를 다하는 것으로서, 발화하는 것은 방향이 있으나 이치는 무궁하므로 미각의 감관은 1200의 공능을 지닌 것을 알아야 한다.1057)

17. 5) 〔촉각의 공능〕 촉각과 같은 것은 감촉을 지각하여 거슬리고 따르는 것을 분별하되 연결될 때에는 알 수 있고 분리될 때에는 알

1053) 左右傍觀三分之二 : Unh. 181에 따르면, 전방과 좌와 우를 합하여 2/3가 된다.

1054) 如眼觀見後暗前明. 前方全明後方全暗. 左右傍觀三分之二. 統論所作功德不全. 三分言功一分無德. 當知眼唯八百功德.

1055) 如耳周聽十方無遺. 動若邇遙靜無邊際. 當知耳根圓滿一千二百功德.

1056) 如鼻嗅聞通出入息. 有出有入而闕中交. 驗於耳根三分闕一. 當知鼻唯八百功德 : 『수능엄경』에서 후각[鼻]은 냄새를 맡는 감관이자 호흡을 제어하는 감관이다.

1057) 如舌宣揚盡諸世間出世間智. 言有方分理無窮盡. 當知舌根圓滿一千二百功德 : 『수능엄경』에서 미각[舌]은 맛을 맛보는 감관이자 언어를 발화하는 감관이다.

지 못하므로 분리되면 하나이고 연결되면 한 쌍이 되므로, 촉각의 감관에 대하여 경험해 보면, 삼분가운데 일분이 빠져있으니 오직 800의 공능을 지닌 것을 알 수 있다."1058)

18. 6) 〔정신의 공능〕 "정신과 같은 것은 시방삼세와 일체세간과 출세간의 원리를 묵묵히 수용하여 성인과 범부를 모두 포용하지 않음이 없으며 그 끝닿는 곳까지 다하였으니, 정신의 감관은 1200의 공능을 지닌 것을 알 수 있다."1059)

19. 〔여섯 감관의 원통〕 "아난다여, 그대가 이제 생사의 흐름을 거슬러 그 흐름의 근원으로 되돌아가서 불생불멸에 이르려면, 이들 여섯 가지를 수용하는 근원이 어느 것은 합쳐지고 어느 것은 분리되고 어느 것은 깊고 어느 것은 얕고 어느 것은 원통(圓通)하고 어느 것은 원통하지 못한 줄을 체험해 보아야 한다.1060) 만약 여기서 원통의 근원을 알아서 저 무시이래 허망한 것으로 얽힌 업의 흐름을 거슬러 원통한 것을 따르면, 원통하지 못한 감관과는 하루와 겁의 차이가 날 것이다. 내가 지금 여섯 가지 맑고 원통하고 밝은 본래의 공능의 척도를 이와 같이 구비하여 밝혔으니, 그대가 들어갈 수 있는 것을 선택하는 것에 따라, 내가 그대로 하여금 수행이 증진되도록 밝혀 줄 것이다. 시방의 여래는 열여덟 가지 세계에서

1058) 如身覺觸識於違(123a)順. 合時能覺離中不知. 離一合雙. 驗於身根三分闕一. 當知身唯八百功德.

1059) 如意默容十方三世. 一切世間出世間法. 惟聖與凡無不苞容盡其涯際. 當知意根圓滿一千二百功德.

1060) 誰合誰離誰深誰淺 : Unh. 184에 따르면, 계환(戒環)에 의하면, 합쳐지는 것은 성품에 합쳐지는 것이 깊고, 분리되는 것은 성품을 떠나는 것이니 얕다. 반면 진감(眞鑑)에 의하면, 합쳐지는 것은 합중지(合中知)이니 얕고, 분리되는 것은 이중지(離中知)이니 깊다.

하나하나 수행하여 모두가 원만한 위없는 보리를 얻어 그 중간에 우열이 없었지만, 다만 그대는 하열하여 아직 그 가운데 원통자재한 지혜를 얻지 못한 것이다. 그러므로 내가 이제 선양하여 그대로 하여금 한 감관의 문으로 깊이 들어가게 하겠으니, 한 감관의 문으로 들어가 허망한 것이 없어지면, 저 여섯 감관이 일시에 청정해질 것이다."1061)

20. 〔여섯 감관과 청정〕 "아난다가 부처님께 사뢰었다. 〔아난다〕 "세존이시여, 어떻게 흐름을 거슬러 올라가야 한 감관의 문으로 깊이 들어가 여섯 감관이 일시에 청정하도록 할 수 있겠습니까? 부처님께서 아난다에게 말씀하셨다.1062) 〔세존〕 "그대는 이미 흐름에 든 님1063)의 지위에 도달하여, 이미 삼계의 뭇삶들의 견도위(見道位)1064)에서 끊어야 할 미혹은 끊었지만, 그러나 아직도 감관에 쌓인 무시이래의 헛된 습기는 알지 못하였으니, 그 습기는 수도위(修道位)1065)에서야 끊게 되는 것인데, 하물며 이 가운데 생주이멸(生住異滅)의 한계와 수량이랴?1066) 이제 그대는 또다시 살펴

1061) 阿難汝今欲逆生死欲流. 返窮流根至不生滅. 當驗此等六受用根. 誰合誰離誰深誰淺. 誰爲圓通誰不圓滿. 若能於此悟圓通根. 逆彼無始織妄業流. 得循圓通與不圓根日劫相倍. 我今備顯六湛圓明. 本所功德數量如是. 隨汝詳擇其可入者. 吾當發明令汝增進. 十方如來於十八界. 一一修行皆得圓滿無上菩提. 於其中間亦無優劣. 但汝下劣未能於中圓自在慧. 故我宣揚. 令汝但於一門深入. 入一無妄. 彼六知根一時淸淨.

1062) 阿難白佛言世尊. 云何逆流深入一門. 能令六根一時淸淨.

1063) Śrotāpanna : 須陀洹, 예류과(豫流果)에 이른자로 고귀한 흐름에 들었다는 뜻을 지닌다.

1064) 見道位 : 흐름에 든 님의 지위를 뜻하며 견혹(見惑)인 유신견(有身見) 등의 팔십팔사(八十八使)를 끊은 지위를 뜻한다.

1065) 修道位 : 한번 돌어오는 님과 돌아오지 않는 님의 지위에 해당하는데, 삼계구지(三界九地)의 팔십일품혹(八十一品惑)을 끊는다.

1066) 何況此中生住異滅分劑頭數 : Unh. 185에 따르면, 생주이멸의 번뇌를 끊는 것은 소승과 대승이 다르고 끊는 지위와 명목이 같지 않다. Ig.의 계환해에 따르면, 생주

보라. 현전하는 여섯 감관은 하나인가 여섯인가? 아난다여, 만약 하나라면 청각으로는 왜 보지 못하고 시각으로는 왜 듣지 못하고, 머리로는 왜 밟지 못하고 발로는 왜 말하지 못하는가? 만약에 이 여섯 감관이 결정코 여섯이라면, 나와 같은 자가 지금 여기서 그대에게 미묘한 법문을 선양할 때에, 그대의 여섯 감관 가운데 어떤 것이 와서 그것을 받아들이는가?" 아난다가 사뢰었다. 〔아난다〕 "저는 청각으로써 듣습니다."1067)

21. 〔여섯 감관의 관계〕 부처님께서 말씀하셨다. 〔세존〕 "그대의 청각이 스스로 듣는데, 몸과 입은 무슨 관계가 있어 입으로는 뜻을 묻고 몸으로는 일어서 공경하고 받드는가? 그러므로 하나가 아니라 여섯이고 여섯이 아니라 하나이니, 결국 그대의 감관은 하나도 여섯도 아니다. 아난다여, 이 감관이 하나도 아니고 여섯도 아니지만, 무시이래 전도된 무명으로 생사에 빠져들어 뒤바뀌면서 원담(圓湛) 속에서 하나니 여섯이니 하는 의미가 생겨난 것이다. 그대는 흐름에 든 님으로 비록 육진경계가 사라졌지만, 아직 한 가지는 없애지 못했다. 마치 큰 허공을 여러 가지 그릇에 담아놓고 그릇 모양에 따라 허공이 다르다고 하다가 그 그릇을 치우고 허공을 보면 허공이 하나라고 하는 것과 같다. 저 허공이 어찌 그대 때문에 같기도 하고 다르기도 한 것인가? 하물며 다시 어찌 '하나이다 하나가 아니다.'라고

이멸에서 각기 끊어야 할 미세혹(微細惑)이 있는데, 아난다는 그 한계와 수량을 알 수가 없었다.

1067) 佛告阿難. 汝今已得須陀洹果. 已滅三界衆生世間見所斷惑. 然猶未知根中積生無始虛習. 彼習要因修所斷得. 何況此中生住異滅分劑頭數. 今汝且觀現前六根爲一爲六. 阿難若言一者. 耳何不見目何不聞. 頭奚不履足奚無語. 若此六根決定成六. 如我今會與汝宣揚微妙法門. 汝之六根誰來領受. 阿難言我用耳聞.

하겠는가? 그대의 여섯 감관도 그와 같은 것이다."[1068]

22 1) 〔시각의 감관〕"밝음과 어둠 등 두 가지가 서로 모습을 취함으로 말미암아 묘원(妙圓) 가운데 담원(湛圓)한 성품에 붙어서 보는 것이 발현하고,[1069] 견정(見精)[1070]에 형상이 반영되고 그 형상이 맺혀 시각의 감관이 이루어졌으니, 그 감관은 원래 청정사대(淸淨四大)이므로, 그로 인해 시각체〔眼體〕라고 불리는데, 포도알과 같으며, 이 부진근(浮塵根)[1071] 위에서 사진(四塵)[1072]이 형상을 따라 흘러 치닫는 것이다."[1073]

1068) 佛言汝耳自聞何關身口. 口來問義身起欽承. 是故應知非一終六非六終一. 終不汝根元一元六. 阿難當知是根非一非六. 由無始來顚倒淪替. 故於圓湛一六義生. 汝須陀洹雖得六銷猶未亡一. 如太虛空參合群器. 由器形異名之異空. 除器觀空(123b)說空爲一. 彼太虛空云何爲汝成同不同. 何況更名是一非一. 則汝了知六受用根亦復如是 : '흐름에 든 님의 경지[須陀洹果]'는 견도위(見道位)에 해당하고 성문의 초과(初果)이다. 견도위에서는 견혹(見惑)인 팔십팔사(八十八使: 十使煩惱×[三界+四諦])를 끊는다. 한번 돌아오는 님의 경지[斯陀含果]와 돌아오지 않는 님의 경지[阿那含果]은 수도위(修道位)에 해당하고 수혹(修惑)인 삼계구지(三界九地)의 팔십일품혹(八十一品惑)을 끊는다. 전자를 이미혹(理迷惑) 후자를 사미혹(事迷惑)이라고도 한다. 전자는 연기의 이치를 봄으로서 해결되고 후자는 수행을 통해 해결된다. 그리고 '한 가지 없애진 못한 것'이란 법집(法執)을 말한다.

1069) 發見 : Unh. 186에 따르면, 망견(妄見)을 처음 발하는 것이다.

1070) 見精 : Unh. 186에 따르면, 처음 발해진 망견(妄見)으로 견정(見精)이 이루어진다. 견정(見精)은 담연(湛然)을 점(粘)하여 발생한 견(見)이다. 이하 여섯 감역의 경우도 마찬가지이다. 즉, 시각과 관련해서는 견정(見精), 청각과 관련해서는 청정(聽精), 후각과 관련해서는 취정(嗅精), 미각과 관련해서는 상정(嘗精), 촉각과 관련해서는 각정(覺精), 정신과 관련해서는 지정(知精)이라고 한다.

1071) 浮塵根 : 부진근(扶盡根)이라고도 하는데, 원문에서는 줄여서 부근(浮根)이라고 한 것이다. 승의근(勝義根)의 상대가 되는 말로 수도에 의하여 잘 닦여지면 감관이 승의근이 되고 수행을 닦지 않으면 감관이 부진근이 된다. 승의근은 부진근의 근본으로 청정한 사대(四大: 地水火風)로 구성되어 있다. 반면에 부진근은 사진(四塵) 즉, 형상, 냄새, 맛, 감촉(色 · 香 · 味 · 觸)으로 구성되어 있다.

1072) 四塵 : 위의 부진근(扶塵根)의 주석을 참조하라.

1073) 1) 由明暗等二種相形. 於妙圓中粘湛發見. 見精映色結色成根. 根元目爲淸淨四大. 因名眼體如蒲萄朵. 浮根四塵流逸奔色.

23 2) 〔청각의 감관〕 "진동과 적요 등의 두 가지가 서로 부딪힘으로 말미암아 묘원 가운데 담원한 성품에 붙어서 듣는 것이 발현하고, 청정(聽精)에 소리가 반영되어 그 소리가 감겨 청각의 감관이 이루어졌으니, 그 감관은 원래 청정사대이므로, 그로 인해 청각체〔耳體〕라고 불리는데, 새로 감겨 나온 잎과 같으며. 이 부진근 위에서 사진이 소리를 따라 흘러 치닫는 것이다."[1074]

24 3) 〔후각의 감관〕 "소통과 폐색 등의 두 가지가 서로 일어남으로 말미암아 묘원(妙圓) 가운데 담원(湛圓)한 성품에 붙어서 냄새 맡는 것이 발현하고, 취정(嗅精)에 냄새가 반영되어 그 냄새가 거두어져 후각의 감관이 이루어졌으니, 그 감관은 원래 청정사대이므로, 그로 인해 후각체〔鼻體〕라고 불리는데, 두 개의 오이가 드리운 것과 같으며, 이 부진근 위에서 사진이 냄새를 따라 흘러 치닫는 것이다."[1075]

25 4) 〔미각의 감관〕 "담백과 풍미[1076] 등의 두 가지가 서로 섞임으로 말미암아 묘원 가운데 담원한 성품에 붙어서 맛보는 것이 발현하고, 상정(嘗精)에 맛이 반영되어 그 맛이 짜내져서 미각의 감관이 이루어졌으니, 그 감관은 원래 청정사대이므로, 그로 인해 미각체〔舌體〕라고 불리는데, 두 개의 오이가 드리운 것과 같으며, 이 부진근 위에서 사진이 맛을 따라 흘러 치닫는 것이다."[1077]

1074) 2) 由動靜等二種相擊. 於妙圓中粘湛發聽. 聽精映聲卷聲成根. 根元目爲淸淨四大. 因名耳體如新卷葉. 浮根四塵流逸奔聲.

1075) 3) 由通塞等二種相發. 於妙圓中粘湛發嗅. 嗅精映香納香成根. 根元目爲淸淨四大. 因名鼻體如雙垂爪. 浮根四塵流逸奔香.

1076) 恬變 : Unh. 188에 따르면, '담백[恬]'은 맛이 없는 것, '풍미[變]'는 여러 가지 맛을 뜻한다.

1077) 4) 由恬變等二種相參. 於妙圓中粘湛發嘗. 嘗精映味絞味成根. 根元目爲淸淨四大.

26. 5) 〔촉각의 감관〕 "분리와 연결 등의 두 가지가 서로 어루만짐으로 말미암아 묘원 가운데 담원한 성품에 붙어서 감촉하는 것이 발현하고, 각정(覺精)에 촉감이 반영되어 그 촉감이 다져져서 촉각의 감관을 이루었으니, 그 감관은 원래 청정사대이므로, 그로 인해 촉각체〔身體〕라고 불리는데, 장구통과 같으며, 이 부진근 위에서 사진이 감촉을 따라 흘러 치닫는 것이다."1078)

27. 6) 〔정신의 감관〕 "생성과 소멸 등의 두 가지가 상속함으로 말미암아 묘원 가운데 담원한 성품에 붙어서 아는 것이 발현하고, 지정(知精)에 사실이 반영되어 그 사실이 가려 뽑혀서 정신의 감관을 이루었으니, 그 감관은 원래 청정사대이므로, 그로 인해 사유적 정신〔意思〕이라고 불리는데, 어두운 방안에서 보고 있는 것과 같으며, 이 부진근 위에서 사진이 사실을 따라 흘러 치닫는 것이다."1079)

28. 〔여섯 감관을 벗어난 깨달음〕 "아난다여, 이러한 여섯 감관은, 저 각명(覺明)이 명각(明覺)을 밝히려고 하기 때문에, 그 정료(精了)를 잃어버리고 허망에 붙어서 빛을 발하는 것이다.1080) 그러므로 그대가 지금 어둠을 여의고 밝음을 여의면 보는 체성이 없을 것이고, 요동을 여의고 적요를 여의면 듣는 바탕이 없을 것이고, 소통을 여의고 폐색을 여의면 냄새 맡는 성질이 없을 것이고, 풍미도 여의고 담백도 여의면 맛보는 것이 나타나지 않을 것이고, 분리도 여

因名舌體如初偃月. 浮根四塵流逸奔味.

1078) 5) 由離合等二種相摩. 於妙圓中粘湛發覺. 覺精映觸搏觸成根. 根元目爲清淨四大. 因名身體如腰鼓顙. 浮根四塵流逸奔觸.

1079) 6) 由生滅等二種相續. 於妙圓中粘湛發知. 知精映法覽法成根. 根元目爲清淨四大. 因名意思如幽室見. 浮根四塵流逸奔法.

1080) 由彼覺明有明明覺. 失彼精了粘妄發光 : Unh. 189에 따르면, 각명(覺明)은 본각(本覺)의 참다운 밝음이고, 밝히려는 명각(明覺)은 망(妄)으로서의 거짓 밝음이다.

의고 연결도 여의면 감촉을 느끼는 것은 본래 없을 것이다. 소멸을 여의고 생성을 여의면 지성으로 안다는 것이 어디에 있겠는가? 그대는 다만 요동, 적요, 소통, 폐색, 풍미, 담백, 분리, 연결, 소멸, 생성, 어둠, 밝음의 이러한 모든 열두 가지 유위상을 따르지 않고, 어느 감관이나 마음대로 선택하여 붙어있는 것을 벗기어 안으로 조복하고, 조복시킨 뒤에 원진(元眞)으로 돌아가게 하면, 본래의 밝은 빛을 발하게 된다. 비추는 성품이 환하게 밝아지면, 나머지 다섯 감관에 붙어있는 것도 그 선택에 따라 한꺼번에 벗겨질 것이다. 앞에 있는 경계로 말미암아 지견을 일으키지 않으면, 밝음이 감관을 따르지 않고, 감관에 의지하여 밝음이 나타내는 것이니, 이로부터 여섯 감관이 상호 작용하는 것이다."1081)

29. "아난다여, 그대가 어찌 지금 이 모임 가운데 아누룻다는 눈이 없어도 보고, '우빠난다'1082)라는 용은 귀가 없어도 듣고, '항하'의 여신은 코가 없어도 향기를 맡고, '가밤빠띠'1083)는 혀가 달라도 맛을 안다. 그리고 '슈니야따'1084)이라는 신은 몸이 없어도 감촉을 느끼는데 여래의 광명 가운데 비치면 잠깐 나타나지마는 바람의 체

1081) 阿難如是六根. 由彼覺明有明明覺. 失彼精了粘妄發光. 是以汝今離暗離明無有見體. 離動離靜元無聽質. 無通無塞嗅性不生. 非變非恬嘗無所出. 不離不合覺觸本無. 無滅無生了知安寄. 汝但不循動靜合離恬變通塞生滅暗明. 如是十二諸有爲相. 隨拔一根脫粘內伏. 伏歸元眞發本明耀. 耀性發明. 諸餘五粘應拔圓脫. 不由前塵所起知見. 明不循根寄根明發. 由是六根互相爲用.

1082) Upananda : 음사하여 발난타(跋難陀)라고 하고 현희(賢喜)라고 번역한다. 마하마우드갈리야야나에게 항복한 용왕의 이름이다.

1083) Gavāṃpati : 음사하여 교범발제(憍梵鉢提) 또는 교범바제(憍梵波提)라고 하는데 소처럼 새김질하는 버릇이 있어 우시(牛呞) 또는 우상(牛相)으로 번역했다. 부처님의 제자로서 '계율을 해석하는 자 가운데 제일(解律第一)'이었다.

1084) Śūnyatā : 음사하여 순야다(舜若多)라고 하는데, 원래 공성(空性)이라는 의미이지만, 여기서는 허공을 관장하는 신[主空神]이다.

질이어서 그 몸은 원래 없기 때문이다. 또한 멸진정(滅盡定)[1085]으로 적정에 든 성문으로서, 이 모임가운데 '마하 까쉬야빠'와 같은 이는 정신의 감관을 소멸시킨지 오래되었지만,[1086] 마음의 새김으로 말미암지 않고 뚜렷이 요지한다는 것을 알지 못하는가? 아난다여, 지금 그대가 모든 감관을 완전히 벗어나 안으로 훤하게 빛을 발하면, 이러한 부진근(浮塵根)과 기세간(器世間)의 모든 변화하는 양상들이 끓는 물에 얼음이 녹듯, 한 생각을 변화시켜 위없는 깨달음을 이룰 수 있을 것이다."[1087]

30. "아난다여, 보는 힘을 눈에 모았다가 갑자기 눈을 감아 어두운 모습이 앞에 나타나면, 여섯 감관이 어둠 그대로여서 머리와 발이 한결같고, 그 사람이 손으로 몸을 따라 두루 만지면 그가 보지 못하더라도, 머리인지 발인지 구분하여 아는 것은 한결같다. 반연을 보는 것은 밝음을 원인으로 하고, 어두우면 볼 수가 없는 것이고, 밝지 않아도 스스로 광명이 나오는 것이니, 모든 어두운 모습은 영구히 어두울 수 없을 것이다. 감관과 경계가 소멸하면, 어찌 각명이 원만하고 오묘해지지 않겠는가?"[1088]

31. 〔일곱 과위를 얻는 방법에 대한 질문〕 아난다가 부처님께 사뢰었다. 〔아난다〕 "세존이시여, 부처님께서 말씀하신 바와 같이, 인

1085) 滅盡定 : 구차제정(九次第定)의 최후의 정인 상수멸정(想受滅定)을 뜻한다.
1086) 久滅意根 : Unh. 191에 따르면, 제7식 정신감관[意根]의 사량이 다한 것이다.
1087) 阿難汝豈不知. 今此會中阿那律(123c)陀無目而見. 跋難陀龍無耳而聽. 殑伽神女非鼻聞香. 驕梵缽提異舌知味. 舜若多神無身有觸. 如來光中映令暫現. 既爲風質其體元無. 諸滅盡定得寂聲聞. 如此會中摩訶迦葉. 久滅意根圓明了知不因心念. 阿難今汝諸根若圓拔已內瑩發光. 如是浮塵及器世間. 諸變化相如湯銷冰. 應念化成無上知覺.
1088) 阿難如彼世人聚見於眼. 若令急合暗相現前. 六根黯然頭足相類. 彼人以手循體外繞彼雖不見. 頭足一辯知覺是同. 緣見因明暗成無見不明自發. 則諸暗相永不能昏. 根塵既銷云何覺明不成圓妙.

지(因地)에서 깨달음의 마음이 상주하길 구하려면, 반드시 과위의 명칭과 일치해야 할 것입니다. 세존이시여, 과위 가운데 보리(菩提), 열반(涅槃), 진여(眞如), 불성(佛性), 암마라식(菴摩羅識),1089) 공여래장(空如來藏), 대원경지(大圓鏡智)1090)의 일곱 가지가 명칭이 비록 다르나, 청정하고 원만하여, 그 체성이 견고하니, 마치 금강왕이 상주하여 파괴되지 않는 것과 같습니다. 만약 그 보고 듣는 것이 어둠과 밝음, 요동과 적요, 소통과 폐색을 떠나 궁극적으로 실체가 없으니, 마치 염심(念心)이 전진(前塵)을 떠나서는 아무 것도 없다고 하는 것과 같으니, 어찌 필경에는 단멸되어 없어지는 것을 가지고 수행의 원인을 삼아 여래의 그 일곱 가지 상주하는 과위를 얻겠습니까? 세존이시여, 밝음과 어둠을 떠나 보는 것이 궁극적으로 공하다면, 마치 앞의 경계가 없다면 그것을 새기는 것은 자성이 없는 것과 같겠습니다. 앞뒤로 순환하면서 미세하게 추구하여도 본래 저의 마음과 마음의 작용이 없는데, 무엇으로 인지(因地)의 마음을 세워 위없는 깨달음을 구하겠습니까? 여래께서 예전에 말씀하신 '담정(湛精)이 원상(圓常)하다.'는 말이 진실과는 어긋나 희론이 되어버렸습니다. 어떻게 여래께서 진실을 말씀하시는 분이라고 하겠습니까? 생각건대 자비를 드리워 저의 어리석음을 깨우쳐주십시오."1091)

1089) 菴摩羅識 : 아마라식(阿摩羅識)이라고도 음사하는데, 번역하면 무구식(無垢識: amalavijñāna)이 된다. 제8식인 아뢰야식이 깨달음으로 인하여 전환된 정식(淨識)을 말한다.

1090) 大圓鏡智 : 거울과 같이 청정무구한 마음으로 모든 사물을 있는 그대로 보는 부처님의 지혜를 말한다. 아뢰야식(阿賴耶識)을 대원경지라고도 한다. 오지(五智)의 하나로서 아촉불(阿閦佛)에 속하는 지혜이다.

1091) 阿難白佛言世尊. 如佛說言. 因地覺心欲求常住. 要與果位名目相應. 世尊如果位中

32. 부처님께서 아난다에게 말씀하셨다. 〔세존〕 "그대는 많이 배웠으나 아직 번뇌를 다하지 못하였다. 마음속으로 전도된 것의 원인을 알고 있으나 진실로 전도된 것이 앞에 나타나면, 알아차리지 못하고 있다. 그대가 아직 진심으로 믿는 것 같지 않으니, 내가 이제 시험 삼아 세속의 온갖 일로 그대의 의혹을 끊어주리라."1092)

33. 바로 그때 여래께서는 라훌라에게 종을 한번 치게 하시고 아난다에게 물으셨다. 〔세존〕 "그대는 지금 듣지 못했는가?" 아난다와 대중이 함께 말했다. 〔아난다와 대중〕 "듣고 있습니다." 종소리가 쉬자, 부처님께서 또 물으셨다. 〔세존〕 "그대는 지금 듣지 못하는가?" 아난다와 대중이 함께 말했다. 〔아난다와 대중〕 "듣지 못합니다." 그때 라훌라가 또 한 번 종을 쳤다. 부처님께서는 또 물으셨다. 〔세존〕 "그대는 지금 듣지 못했는가?" 아난다와 대중이 또 함께 말했다. 〔아난다와 대중〕 "모두 듣고 있습니다." 부처님께서 아난다에게 물으셨다. 〔세존 "그대가 무엇을 들었고 무엇을 듣지 못했는가?" 아난다와 대중들이 모두 부처님께 말씀드렸다. 〔아난다와 대중〕 "종을 쳐서 소리가 나면 저희들은 들을 수 있고, 친지 오래되어 소리가 사라지고 울림까지 다 없어지면, 듣지 못한다고 합니다."1093)

菩提涅槃眞如佛性菴摩羅識空如來藏大圓鏡智. 是七種名稱謂雖別. 淸淨圓滿體性堅凝. 如金剛王常住不壞. 若此見聽離於暗明. 動靜通塞畢竟無體. 猶如念心離於前塵本無所有. 云何將此畢竟斷滅以爲修因. 欲獲如來七常住果. 世尊若離明暗見畢竟空. 如無前塵念自性滅. 進退循環微細推求. 本無我心及我心所. 將誰立因求無上覺. 如來先說湛精圓常. 違越誠言終成戲論. 云何如來眞實語者. 惟垂大慈開我蒙吝.

1092) 佛告阿難. 汝學多聞未盡諸漏. 心中徒知顚倒所因. 眞倒現前實未能識. 恐汝誠心猶未信伏. 吾今試將塵俗諸事當除汝疑.

1093) 卽時如來敕羅睺羅擊鍾一聲. 問阿難言. 汝今聞不. 阿難大衆俱言我聞. 鍾歇無聲佛又問言汝(124a)今聞不. 阿難大衆俱言不聞. 時羅睺羅又擊一聲. 佛又問言汝今聞不. 阿難大衆又言俱聞. 佛問阿難汝云何聞云何不聞. 阿難大衆俱白佛言. 鍾聲若擊則我得聞.

34. 여래께서는 또 다시 라훌라에게 종을 치게 하고, 아난다에게 물으셨다. 〔세존〕 "지금 소리가 나지 않는가?" 아난다가 사뢰었다. 〔아난다〕 "소리가 납니다." 잠깐 뒤에 소리가 사라지자 부처님께서 또 물으셨다. 〔세존〕 "지금 소리가 나지 않는가?" 아난다와 대중이 대답했다. 〔아난다와 대중〕 "소리가 나지 않습니다." 잠깐 있다가 라훌라가 다시 와서 종을 치자 부처님께서 또 다시 물으셨다. 〔세존〕 "지금 소리가 나지 않는가?" 아난다가 대중과 함께 대답했다. 〔아난다와 대중〕 "소리가 납니다." 부처님께서 아난다에게 말씀하셨다. 〔세존〕 "그대는 어떤 것을 소리가 난다고 하고 어떤 것을 소리가 나지 않는다고 하는가?" 아난다와 대중이 모두 함께 부처님께 말씀드렸다. 〔아난다와 대중〕 "종을 쳐서 소리가 나면 소리가 난다고 하고, 종을 친지 오래되어 소리가 사라지고 울림까지 없어지면 소리가 나지 않는다고 합니다." 부처님께서 아난다와 대중에게 말씀하셨다. 〔세존〕 "그대들은 지금 어찌하여 스스로 어지럽게 말하는가?" 대중과 아난다는 함께 부처님께 여쭈었다. 〔아난다와 대중〕 "저희들이 지금 어찌 어지럽게 말한다고 하십니까?"1094)

35. 부처님께서 말씀하셨다. 〔세존〕 "내가 그대들에게 들리느냐고 물으니 그대들은 바로 들린다고 하였고, 또 소리가 나느냐고 물으니 소리가 난다고 하였다. 단지 듣는 것과 소리나는 것에 대한 대답이 일정치 않으니, 이것이 어찌 어지럽게 말하는 것이라고 아니 할

擊久聲銷音響雙絶則名無聞.

1094) 如來又敕羅睺擊鍾. 問阿難言爾今聲不. 阿難言. 聲. 少選聲銷佛又問言. 爾今聲不. 阿難大衆答言無聲. 有頃羅睺更來撞鍾. 佛又問言爾今聲不. 阿難大衆俱言有聲. 佛問阿難汝云何聲云何無聲. 阿難大衆俱白佛言. 鍾聲若擊則名有聲. 擊久聲銷音響雙絶則名無聲. 佛語阿難及諸大衆. 汝今云何自語矯亂. 大衆阿難俱時問佛. 我今云何名爲矯亂.

수가 있겠는가? 아난다여, 소리가 사라지고 울림이 없는 것을 그대는 듣지 못하는 것이라고 했는데, 만약 진실로 듣는 것이 없다면, 듣는 성품이 없어 고목과 같은 것이므로, 종을 다시 친들 그대가 어찌 안다고 하겠는가? 있는 것을 알고 없는 것을 아는 것은 소리 스스로의 경계로서 혹 있기도 하고 혹 없기도 할지언정, 어찌 그대의 듣는 성품이 있기도 하고 없기도 하는 것이겠는가? 참으로 듣는 성품이 참으로 없다면 무엇이 없는 줄을 아는가? 그러므로 아난다여, 소리가 듣는 가운데 생멸하는 것이지 그대가 듣는다고 소리가 생겨나고 소리가 사라지더라도, 그대의 듣는 성품에 따라 있고 없는 것은 아닌 것이다. 그대는 아직 전도되어 소리가 있어야 듣는 것으로 착각하고 있으니 어찌 그렇게 혼미하여 항상한 것을 단멸하는 것으로 의심하는가? 종국에는 모든 요동과 적요, 폐색과 소통을 떠나서 듣는 성품이 없다고 말해서는 안 된다. 마치 잠든 사람이 침상에서 깊이 잠들면, 그 집사람들이 그가 잠들었을 때에 다듬질이나 절구질을 하면, 그 사람은 잠결에 그 다듬질 소리나 절구질 소리를 듣고 따로 다른 사물을 친 것으로, 혹은 북을 두드린 것으로 혹은 종을 친 것으로 여기면서, '종소리가 목석의 울림과 같으냐?'고 스스로 괴이하게 여기다가, 그때 갑자기 깨어나서 다듬질 소리라는 것을 알고 스스로 집안사람들에게 '내가 꿈을 꿀 때, 이 다듬질 소리를 북치는 소리로 들었다.'라고 오해했다고 말하는 것과 같다. 아난다여, 이 사람이 꿈속에서 어떻게 적요와 요동, 열개와 차폐, 소통과 폐색을 기억하겠는가? 그러나 그 형체는 비록 잠결이지만, 듣는 성품은 혼미하지 않으니, 비록 그대의 형체가 없어져 목숨이 바뀐다고 하더라도 그 성품이야 어찌 그대에게 소멸하겠는가? 모든 뭇삶은 무시이래 모든 형상과 소리를 따르면서 생각을 좇아 유전하고 있으나, 성품이 청정하고 정묘하고 항상한 것을 깨닫지 못하고, 묘상(妙常)을 따르지 않고 생멸한 것들을 좇으므로, 세세생생 여러 가지로 오염되어 유전하는 것이다. 만약 생멸을 버리고 진상(眞常)을 지키면, 상주하는 광명이 나타날 것이니, 경계와 감관 그리고 의식의 마음이 그때에 맞추어 사라질 것이다. 지각하는 현상1095)이 티끌〔塵〕이 되고, 식정(識情)1096)이 때〔垢〕가 되므로, 이 두 가지를 멀리 여의면, 바로 그대의 법안(法眼)이 때를 맞추어 청명해질 것이니, 어찌 위없는 깨달음을 이루지 못하겠는가?"1097)

36. 〔수능엄경 제5권〕〔육해일망(六解一亡)〕1098) 아난다가 부처님께 사뢰었다. "세존이시여, 여래께서 비록 두 번째 뜻에 관하여 설하였으나, 지금 세간에서 매듭을 푸는 사람을 보건대 만약에 그

1095) 想相 : '지각하는 것[想]'은 육식(六識)이고, 현상[相]은 여섯 감관으로 이루어진 몸이다. 『수능엄경』 제2장§11을 참조하라.

1096) 識情 : 제팔식(第八識)을 뜻한다. 『수능엄경』 제1장§36을 참조하라.

1097) 佛言我問汝聞汝則言聞. 又問汝聲汝則言聲. 惟聞與聲報答無定. 如是云何不名矯亂. 阿難聲銷無響汝說無聞. 若實無聞聞性已滅同于枯木. 鍾聲更擊汝云何知. 知有知無自是聲塵. 或無或有豈彼聞性爲汝有無. 聞實云無誰知無者. 是故阿難聲於聞中自有生滅. 非爲汝聞聲生聲滅. 令汝聞性爲有爲無. 汝尙顚倒惑聲爲聞. 何怪昏迷以常爲斷. 終不應言離諸動靜. 閉塞開通說聞無性. 如重睡人眠熟床枕其家有人於彼睡時擣練春米. 其人夢中聞春擣聲. 別作他物. 或爲擊鼓. 或復撞鍾. 卽於夢時自怪其鍾爲木石響. 於時忽寤遄知杵音. 自告家人我正夢時. 惑此春音將爲鼓響. 阿難是人夢中. 豈憶靜搖開閉通塞. 其形雖寐聞性不昏. 縱汝形銷命光遷謝. 此性云何爲汝銷滅. 以諸衆生從無始來. 循諸色聲逐(124b)念流轉. 曾不開悟性淨妙常. 不循所常逐諸生滅. 由是生生雜染流轉. 若棄生滅守於眞常常光現前. 塵根識心應時銷落. 想相爲塵識情爲垢二俱遠離. 則汝法眼應時淸明. 云何不成無上知覺.

1098) 육해일망(六解一亡) : 생사에 윤회하는 것과 안락묘상(安樂妙常)케 하는 것이 다른 것이 아니라 우리의 여섯 감관이며, 감관과 경계가 그 본원이 동일하고 속박과 해탈이 둘이 아니라고 말씀하시고, 수행할 때 풀어야 할 업의 근원이 무엇인가를 밝히고 있다. 풀어야 할 근원적인 업의 매듭은 육근(六根)·육경(六境)·육식(六識) 등이며, 여섯 가지가 풀리면, 하나마저도 없어져 깨달음으로 들어갈 수 있다는 것이다.

매듭의 근원을 알지 못하면, 저는 그 사람이 매듭을 끝내 풀 수 없다고 믿습니다. 세존이시여, 저와 이 모임 가운데 배울 것이 남아있는 성문들도 역시 이와 같아서 무시이래 온갖 무명과 함께 사라지고 함께 생겨나서, 비록 이와 같이 많이 배워 선근을 얻어 출가하였다고는 하나, 하루거리 학질과 같사오니, 오직 원컨대 대비로서 미혹에 빠져있는 것을 애민히 여기십시오. 오늘의 몸과 마음이 어찌하여 매듭지어졌으며, 어찌하면 풀리겠습니까? 미래에 고난받는 뭇삶들로 하여금 윤회를 면하고 세 가지 존재〔三有〕에 떨어지지 않게 하여주십시오." 이렇게 말씀드리고 널리 대중들과 함께 오체투지하고 눈물을 흘리며 정성을 다하여 여래의 위없는 가르침을 기다리고 있었다.1099)

37. 〔무명과 무루진정(無漏眞淨)〕 이때 세존께서 아난과 모든 회중에 있는 아직 배울 것이 남아있는 학인들을 애민히 여겨서, 또한 미래의 일체 뭇삶을 위하여, 세속에서 벗어나는 원인을 짓고 장차 법안을 여시기 위하여, 염부단의 자광으로 빛나는 금빛 손로서 아난다의 이마를 쓰다듬으셨다. 즉시 시방의 보불세계(普佛世界)1100)가 여섯 가지로 진동하면서 미진처럼 많은 여래께서 그 세계에 계시는데, 각각 그 정수리로부터 보배광명을 내어, 그 광명이 동시에 그 세계로부터 제따바나 숲에 이르고 여래의 불정(佛頂)에 쏟아지게

1099) 阿難白佛言世尊. 如來雖說第二義門. 今觀世間解結之人. 若不知其所結之元. 我信是人終不能解. 世尊我及會中. 有學聲聞亦復如是. 從無始際與諸無明俱滅俱生. 雖得如是多聞善根名爲出家. 猶隔日瘧. 唯願大慈哀愍淪溺. 今日身心云何是結. 從何名解. 亦令未來苦難衆生. 得免輪迴不落三有. 作是語已普及大衆. 五體投地雨淚翹誠. 佇佛如來無上開示.

1100) 普佛世界 : Unh. 198에 따르면, 법계(法界)를 뜻한다,

하였으므로, 모든 대중이 일찍이 없었던 것을 경험하게 되었다. 그러자 아난다와 모든 대중은 시방의 미진 만큼 많은 여래께서 이구동성으로 아난다에게 말씀하시는 것을 듣게 되었다. 〔미진수의 여래〕 "아난다여, 훌륭하다. 구생무명(俱生無明)1101)이 그대로 하여금 유전하게 하는 생사매듭의 근본을 알고자 한다면, 그것은 바로 다른 것이 아니라 오직 그대의 여섯 감관이다. 또한 그대가 위없는 보리가 그대로 하여금 안락(安樂), 해탈(解脫), 적정(寂靜), 묘상(妙常)을 체험하게 하는 것을 알고자 해도, 그것 또한 다른 것이 아니라 오직 그대의 여섯 감관이다."1102)

38. 아난다가 비록 이와 같은 법음을 들었으나 마음이 아직 밝지 못하여 머리를 조아리며 부처님께 사뢰었다. 〔아난다〕 "어찌하여 저로 하여금 생사윤회(生死輪迴)하게 하는 것과 안락하고 묘상하게 하는 것이 다른 것이 아닌 여섯 감관이라고 하는 것입니까?" 부처님께서 아난다에게 말씀하셨다. 〔세존〕 "감관과 경계가 그 근원이 같은 것이고,1103) 속박과 해탈도 둘이 아니고,1104) 의식의 성

1101) 俱生無明 : Unh. 198에 따르면, 나면서부터 갖추어진 선천적 번뇌를 뜻한다.

1102) 爾時世尊憐愍阿難. 及諸會中諸有學者. 亦爲未來一切衆生. 爲出世因作將來眼. 以閻浮檀紫光金手摩阿難頂. 卽時十方普佛世界六種振動. 微塵如來住世界者. 各有寶光從其頂出. 其光同時於彼世界. 來祇陀林灌如來頂. 是諸大衆得未曾有. 於是阿難及諸大衆. 俱聞十方微塵如來. 異口同音告阿(124c)難言. 善哉阿難汝欲識知俱生無明. 使汝輪轉生死結根. 唯汝六根更無他物. 汝復欲知無上菩提. 令汝速登安樂解脫寂靜妙常. 亦汝六根更非他物.

1103) 根塵同源 : Unh. 199에 따르면, 감관은 유정(有情)에 속하고, 경계는 무정(無情)에 속하니 다른 듯하지만, 일심(一心)에서 허망하게 유정과 무정이 나뉜 것이므로 그 본원은 같다. 그러므로 여섯 감관[六根] 가운데 여섯 경계[六塵]가 있는 것이다.

1104) 縛脫無二 : Unh. 199에 따르면, 속박하면 범부가 되어 윤닉(淪溺)하고 해탈하면 성인이 되어 자재한다. 이 두 가지가 여섯 감관을 근본으로 하는 것이니 어찌 둘이라고 하겠는가?

품〔識性〕은 허망한 것이어서 허공꽃과 같다. 아난다여, 경계로 말미암아 지견이 일어나고, 감관으로 인하여 현상이 있는 것이니, 이 현상과 지견은 자성이 없어1105) 갈대가 서로 기대어 서있는 것과 같다. 그러므로 그대가 지금 지견(知見)에서 지해(知解)를 세우면, 즉, 무명의 근본이 되고, 지견(知見)에서 견해(見解)를 없애면, 즉, 열반의 무루진정(無漏眞淨)이 되는 것이니,1106) 어찌 그 가운데 다른 것을 용납하겠는가?"1107)

39. 〔묘련화(妙蓮華)와 여환삼매(如幻三昧)〕 이때 세존께서는 그 뜻을 거듭 밝히기 위해 시로써 말씀하셨다.1108)

진성에는 유위가 공하지만,
조건으로 생겨나니 환영과 같고,
무위는 일어나고 사라짐이 없어서

1105) 相見無性 : Unh. 200에 따르면, 육진(六塵)의 양상과 지견(知見)이 독립한 자성이 없는 것이다.

1106) 知見立知卽無明本. 知見無見斯卽涅槃. 無漏眞淨 : 이 구절은 선가의 공안으로 사용되는 『선문염송』 제 51칙에 들어가 있는데, 계환의 요해(要解)에서 '이 감관과 경계와 의식이 마치 갈대의 묶음처럼 서로 기대고 의지하여 비록 잠시 상이 있는 것 같으나 그 체는 완전히 공한 것이므로, 현상과 지견이 성품이 없어서 갈대와 같다고 하였다. 이미 자성(自性)이 없되, 인연 따라 전변하기 때문에 지견(知見)에 아는 마음[識知之心]을 세우면 맺혀서 무명의 근본이 되고, 지견을 보고 느끼는 허망함[見覺之妄]이 없으면, 풀려서 열반의 진정(眞淨)함이 이루어지나니, 이미 참되고 맑은 것이라면 어찌 지견을 용납하겠는가?'라고 해석하고 있다고 기술하고 있다. Unh. 200에 따르면, 육근(六根)의 지견하는 작용에 대하여 범부(凡夫)로서 유(有)라고 하거나 이승(二乘)으로서 공(空)이라는 견해를 세우면 근본무명이고 세우지 않아 그러한 견해가 없으면 열반의 무루진정이다.

1107) 阿難雖聞如是法音心猶未明. 稽首白佛. 云何令我生死輪迴安樂妙常. 同是六根更非他物. 佛告阿難. 根塵同源縛脫無二. 識性虛妄猶如空花. 阿難由塵發知因根有相. 相見無性同於交蘆. 是故汝今. 知見立知卽無明本. 知見無見斯卽涅槃. 無漏眞淨. 云何是中更容他物.

1108) 爾時世尊欲重宣此義. 而說偈言.

실재하지 않으니 허공꽃과 같다.[1109]

허망을 말하여 진실을 나타낸다면
허망과 진실이 둘 다 허망이여서[1110]
진실도 아니고 진실이 아닌 것도 아니니
어찌 보는 것과 보이는 것이 있으리.[1111]

그 중간에도 실재성은 없으니
그러므로 갈대가 서로 교차하여 의지하듯,
매듭짓고 푸는 것의 원인이 같고[1112]
성인과 범부되는 것에 두 길이 없다.[1113]

그대가 교차의 그 성품을 관찰하면
공(空)과 유(有) 둘 다 모두 아니다.
어두워 미혹하면, 그것이 무명이고
밝음이 발현하면, 그것이 해탈이다.[1114]

매듭을 푸는 데는 차제가 있으니
여섯이 풀리면 하나 또한 남지 않는다.

1109) 眞性有爲空/緣生故如幻/無爲無起滅/不實如空花//

1110) 言妄顯諸眞 妄眞同二妄 : Unh. 201에 따르면, 허망과 진실은 대법(對法)이어서 독립하여 상존하는 절대적 것이 아니어서 그 진실도 역시 허망한 것이 된다. Namh. 25에 따르면, 『능엄경』이 진상유심론(眞常唯心論)으로서 외도의 학설이라는 주장을 하는 신불학연구파의 논조를 반박하고, 비록 능엄경이 상주진심(常住眞心)을 설하지만 어디까지나 망심(妄心)과 구별하기 위해 마지못해 가설(假說)한 것이라는 밝혀는 그 근거가 바로 이 구절이다.

1111) 言妄顯諸眞/妄眞同二妄/猶非眞非眞/云何見所見//

1112) 結解同所因 : Unh. 201에 따르면, 결박과 해탈의 소인이 모두 육근(六根)이어서 해탈한 성인이나 결박된 범부가 되는 두 길이 없다.

1113) 中間無實性/是故若交蘆/結解同所因/聖凡無二路//

1114) 汝觀交中性/空有二俱非/迷晦卽無明/發明便解脫//

감관을 선택하여 원통을 이루면
법성의 흐름에 들어 정각을 이룬다.1115)

아뢰야식의 미세한 장식의
습기가 거센 흐름을 이루나니,1116)
참이다 참이 아니다 미혹될까 두려워
내가 항상 열어 보이지 않았다.1117)

제 마음 스스로 제 마음을 취하면1118)
환상이 아닌 것이 환상의 대상을 이룬다.1119)
취하지 않으면 환상이 아닌 것도 없으니,1120)
환상이 아닌 것조차 생겨나지 않는다.1121)

환상의 원리가 어떻게 세워지겠는가?
이것은 묘련화(妙蓮華)라고 불리는 것이고
금강왕의 보배로운 깨달음이자
여환삼매(如幻三昧)라고 이름 하는 것이다.1122)

1115) 解結因次第/六解一亦亡/根選擇圓通/入流成正覺//

1116) 陀那微細識 習氣成暴流 : Unh. 202에 따르면, 陀那는 阿陀那를 줄인 것이고 Ādāna의 음사인데, 집지(執持)라고 번역하고 제8식의 별칭이다. 물심제법(物心諸法)의 종자와 감관[根]을 범부의 지위에서 부처님의 지위에 이르기까지 변함없이 집지한다. 습기는 아다나가 소지한 종자를 뜻한다. 거센 흐름은 이 종자가 모든 운명의 존재로 태어나 근신기계(根身器界)를 인생(引生)하여 유전하는 것이다.

1117) 陀那微細識/習氣成暴流/眞非眞恐迷/我常不開演//

1118) 自心取自心 : Unh. 203에 따르면, 자기의 마음에서 견분(見分)과 상분(相分)이 생겨나는 것을 모르고 견분으로 상분을 망령되게 취하는 것이다.

1119) 非幻成幻法 : Unh. 203에 따르면, 인(人)도 법(法)도 없는 무명업상(無明業相) 가운데 티끌의 경계를 교란하여 환상이 아닌 감관이 되고는 환상이 되는 인상(人相)과 법상(法相)을 생겨나게 한다.

1120) 不取無非幻 : Unh. 203에 따르면, 감관을 되돌려 티끌의 경계를 취하지 않으면, 인(人)과 법(法)이 모두 공(空)하여져서 비환(非幻)조차도 없어진다.

1121) 自心取自心/非幻成幻法/不取無非幻/非幻尙不生//

손가락 튕기는 사이에 무학을 넘어서리.
이 수승한 가르침이야말로1123)
모든 시방의 존귀한 부처님들께서
한결같이 열반에 이르는 길이다.1124)

이에 아난다와 모든 대중이 부처님의 위없는 자비로운 가르침인 일련의 시1125)를 듣고, 정묘하게 빛나고 묘리가 꿰뚫어져, 심안이 밝게 열리어 그 예전에 없었던 일이라고 찬탄하였다.1126)

40. 〔여섯 감관의 매듭과 허공꽃〕 아난다가 합장하여 머리를 조아려 예경하고 부처님에게 사뢰었다. 〔아난다〕 "저는 지금 부처님의 차별 없는 대비의 가르침인 '성품은 청정하고 미묘하고 항상하다'라는 성정묘상(性淨妙常)의 진실한 법문을 들었습니다만, 마음은 아직 '여섯이 풀리면 하나마저 없어진다.'라는 매듭을 푸는 차례를 요달하지 못하고 있습니다. 부디 큰 자비를 드리워 여기 모인 대중과

1122) 幻法云何立/是名妙蓮華/金剛王寶覺/如幻三摩提// '환상의 원리가 어떻게 세워지겠는가?'는 '세워질 수가 없다.'라는 뜻이다. Unh. 203에 따르면, '묘련화'는 묘법연화란 말로 묘법인 감관 가운데 있는 장성(藏性)을 중생이 구현한 이 연꽃이 꽃피면서 열매가 있는 것과 같다는 뜻이다. '금강왕의 보배로운 깨달음'이란 금강왕은 가장 단단하고 가장 날카로운 것을 뜻하고 보배로운 깨달음은 실상반야(實相般若)와 관조반야(觀照般若)를 포함하는 것이다. '여환삼매'란 진(眞)이 본유(本有)하고 망(妄)이 본공(本空)한 것을 알고 무수이수(無修而修)하고 무단이단(無斷而斷)하므로 여환이고, 삼마제는 등지(等持)라고 번역하는데 정(定)과 혜(慧)를 평등하게 지니는 것이다.

1123) 此阿毘達磨 : 아비달마(阿毗達磨)의 원어 Abhidhrama는 논장(論藏)에 해당하는데, 여기서는 수승한 가르침이란 원래의 뜻으로 쓰인 것이다.

1124) 彈指超無學/此阿毘達磨/十方薄伽梵/一路涅槃門//

1125) 祇夜伽陀 : 원문은 기야(祇夜)와 가타(伽陀)인데, 각각 게이야(geya, geyya)와 가타(gāthā)를 음사한 것이다. 게야는 장행의 경문 뒤에 설한 운문을 말하고, 가타는 장해의 본문과 관계없이 노래한 운문이다. 여기서 일련의 시라고 번역한다.

1126) (125a)於是阿難及諸大衆. 聞佛如來無上慈誨祇夜伽陀. 雜糅精瑩妙理淸徹. 心目開明歎未曾有.

장래의 뭇삶들을 다시 애민히 여겨 법음을 베풀어 깊숙이 있는 티끌을 씻어주십시오."[1127]

41. 그러자 여래께서는 사자좌(獅子座)에서 법의(法衣)[1128]를 바로 하시고 가사(袈裟)를 여미신 다음에 칠보로 단장한 책상을 당기고 야마천(夜摩天)[1129]이 바친 첩화건(疊花巾)[1130]을 가져다가 대중 앞에서 매어서 매듭을 만들어 아난다에게 보이면서 말씀하셨다. 〔세존〕 "이것을 무엇이라고 하는가?" 아난다가 대중과 함께 부처님에게 사뢰었다. 〔아난다〕 "그것은 매듭이라고 합니다."[1131]

42. 그러자 여래께서는 다시 첩화건을 매어서 한 개의 매듭을 만들어 거듭 아난다에게 물으셨다. 〔세존〕 "이 이름이 무엇인가?" 아난다와 대중이 또 부처님에게 사뢰었다. 〔아난다와 대중〕 "그것 또한 매듭입니다."[1132] 이와 같이 차례로 첩화건을 매어 총 여섯 개의 매듭을 매어 한번 씩 매듭을 만들 때마다 손 안에 맺은 매듭을 들고서 아난다에게 물으셨다. 〔세존〕 "이것의 이름이 무엇인가?" 아난다와 대중은 차례로 부처님께 대답했다. 〔아난다와 대중〕 "그것도 매듭입니다."[1133]

1127) 阿難合掌頂禮白佛. 我今聞佛無遮大悲. 性淨妙常眞實法句. 心猶未達六解一亡舒結倫次. 惟垂大慈再愍斯會及與將來. 施以法音洗滌沈垢.

1128) 涅槃僧 : 이 말은 범어 nivāsana를 단순히 음사한 것으로 열반과 관계 없는 내의(內衣)라는 용어이므로 역자는 법의(法衣)라고 번역한다.

1129) 劫波羅天 : 시분천(時分天: kalpadevā)이라고 번역하는데, 야마천(夜摩天)을 의미한다.

1130) 華巾: 첩화건(疊花巾)이라고도 하는데, Unh. 205에 따르면, 인도의 천의 종류인데 값이 한량이 없다. 원어는 불분명하다.

1131) 卽時如來於師子座. 整涅槃僧歛僧伽梨. 覽七寶机引手於机. 取劫波羅天所奉華巾. 於大衆前綰成一結. 示阿難言. 此名何等. 阿難大衆俱白佛言此名爲結.

1132) 於是如來綰疊花巾又成一結. 重問阿難. 此名何等. 阿難大衆又白佛言此亦名結.

1133) 如是倫次綰疊花巾. 總成六結一一結成. 皆取手中所成之結. 持問阿難此名何等. 阿

43. 부처님께서 아난다에게 말씀하셨다. 〔세존〕 "내가 처음에 화건을 맺은 것을 그대가 매듭이라고 했다. 이 첩화건은 먼저 실제는 한 가닥이었는데, 두 번째 세 번째도 어찌하여 그대들이 다시 매듭이라고 하는 것이냐?"1134) 아난다가 부처님께 사뢰었다. 〔아난다〕 "세존이시여, 이 보첩화를 엮어 만든 수건은 비록 본래 일체이오나, 제가 생각하기로는 여래께서 한번 맺으시면 한 개의 매듭이라고 하고, 백번 맺으시면 백 개의 매듭이라고 해야 할 것입니다. 그러나 이 매듭이 단지 여섯 매듭일 뿐이어서 일곱까지는 이르지 못하였고, 다섯에는 머물지 않았사온데, 어찌하여 여래께서는 첫 매듭만 인정하시고 둘째 셋째는 매듭이 되지 못한다고 하십니까?"1135)

44. 부처님께서 아난다에게 말씀하셨다. 〔세존〕 "이 보배로운 첩화건이 원래 하나이지만, 내가 여섯 번 맺었으므로 여섯 매듭이 있다고 하는 것이니, 그대는 자세히 관찰해 보라. 수건 자체는 같은 것인데 매듭을 원인으로 달라진 것이다. 어떻게 생각하는가? 처음 맺은 것을 첫 매듭이라고 하고, 그리하여 여섯 째 매듭에 이르기까지 생겼으니, 내가 이제 이 여섯 번째의 매듭을 가지고 첫 번째 매듭이라고 할 수 있겠는가?"1136) 〔아난다〕 "세존이시여, 그렇지 않습니다. 그 여섯 번째를 끝내 첫 번째라고 부르지는 못합니다. 비록 제가 여러 생이 다하도록 그것을 밝힌다고 하더라도 어찌 그 여섯 번

難大衆亦復如是. 次第酬佛此名爲結.

1134) 佛告阿難. 我初綰巾汝名爲結. 此疊花巾先實一條. 第二第三云何汝曹復名爲結.

1135) 阿難白佛言世尊. 此寶疊花緝績成巾. 雖本一體如我思惟. 如來一綰得一結名. 若百綰成終名百結. 何況此巾秖有六結. 終不至七亦不停五. 云何如來秖許初時. 第二第三不名爲結.

1136) 佛告阿難. 此寶花巾. 汝知此巾元止一條. 我六綰時名有六結. 汝審觀察巾體是同因結有異. 於意云何. 初綰結成名爲第一. 如是乃至第六結生. 吾今欲將第六結名成第一不.

째 매듭의 이름이 달라지겠습니까?"1137) 부처님께서 말씀하셨다. 〔세존〕 "여섯 개의 매듭이 같지 않으나, 본래의 원인을 따져보면 한 수건으로 만들어진 것이니, 그 매듭을 뒤섞이게 할 수는 없는 것이다. 그대의 여섯 감관도 그와 같아서 결국 같은 것에서 생겨나 필경 다른 것이 되는 것이다."1138)

45. 부처님께서 아난다에게 말씀하셨다. 〔세존〕 "그대가 굳이 이 여섯 매듭을 싫어하여 풀어버리고 하나의 매듭을 이루려 하면 다시 어떻게 해야 하는가?"1139) 아난다가 사뢰었다. 〔아난다〕 "이 매듭이 그대로 있다면, 그 가운데 자연히 이 매듭은 저것이 아니고 저 매듭은 이것이 아니라고 시비가 일어날 것입니다. 여래께서 지금 오늘 모두 풀어서 매듭이 생겨나지 않게 하시면, 바로 이것과 저것이 없어지고 오히려 하나라고도 부르지 않을 것이니, 여섯 매듭이 어찌 성립하겠습니까?"1140)

46. 부처님께서 말씀하셨다. 〔세존〕 "여섯이 풀리면 하나마저 없어진다.'는 것은 이와 마찬가지이다. 그대가 무시이래 심성이 어지러워 앎과 봄이 허망하게 생겨나고 그러한 허망을 쉬지 못하여, 보는 것을 피로하게 하여 경계를 생겨나게 하니, 마치 눈동자를 피곤하게 하면 허공꽃이 보이는 것과 같다. 담연하고 정명한 데서 원인 없이 일체세간과 산하대지와 생사열반이 어지럽게 일어나는 것은 모

1137) 不也世尊. 六結若存. 斯第六名終非第一. 縱我歷生盡其明辯. 如何令是六結亂名.

1138) 佛言六結不同. 循顧本因一巾所造. 令其雜亂終不得成. 則汝六根亦復如是. 畢竟同中生畢竟異.

1139) 佛告阿難. 汝必嫌(125b)此六結不成. 願樂一成復云何得.

1140) 阿難言. 此結若存. 是非鋒起於中自生. 此結非彼彼結非此. 如來今日若總解除. 結若不生則無彼此. 尚不名一六云何成.

두가 광란의 진로(塵勞)로 인해 생겨나는 전도된 허공꽃의 모습이다."1141)

47. 〔매듭을 푸는 방법〕〔인법구공(人法俱空)〕 아난다가 사뢰었다. 〔아난다〕 "이 피로가 매듭과 같다면, 어떻게 풀어 없애야 합니까?" 여래께서 손에 매듭진 수건을 드시고 그 왼쪽을 당기면서 아난다에게 물으셨다. 〔세존〕 "이렇게 하면 풀리지 않겠는가?" 〔아난다〕 "세존이시여, 그렇지 않습니다." 다시 손을 돌려 오른쪽으로 잡아당기면서 또 아난다에게 물으셨다. 〔세존〕 "이렇게 하면 풀리지 않겠는가?" 〔아난다〕 "세존이시여, 그렇지 않습니다." 부처님께서 아난다에게 말씀하셨다. 〔세존〕 "내가 지금 손으로 왼쪽으로 오른쪽으로 당겼으나 끝내 풀지 못하였으니, 그대가 방편을 세워보라. 어떻게 하면 풀리겠는가?" 아난다가 부처님께 사뢰었다. 〔아난다〕 "세존이시여, 매듭의 복판에서 풀어야 풀리겠습니다."1142)

48. 부처님께서 아난다에게 말씀하셨다. 〔세존〕 "그렇다. 그러하다. 만약 매듭을 풀려면 매듭이 생긴 제 자리에서 풀어야 한다. 아난다여, 내가 설한 '불법(佛法)은 인연으로부터 생겨난 것이다.'라고 한 것은 세간의 '거칠게 화합되어 형성된 특징', 즉 화합추상(和合麤相)을 취하여 말한 것이 아니다. 여래는 세간법과 출세간법을 밝혀 그 본래의 원인이 조건에 따라 생겨난 줄 알고, 이와 같이 내지 항하의 모래알 숫자만큼 많은 세계 외에도 한 방울 비까지도 그

1141) 佛言六解一亡亦復如是. 由汝無始心性狂亂. 知見妄發發妄不息. 勞見發塵如勞目睛. 則有狂花於湛精明. 無因亂起一切世間. 山河大地生死涅槃. 皆卽狂勞顚倒花相.

1142) 阿難言. 此勞同結云何解除. 如來以手將所結巾. 偏掣其左問阿難言. 如是解不. 不也世尊. 旋復以手偏牽右邊. 又問阿難如是解不. 不也世尊. 佛告阿難. 吾今以手. 左右各牽竟不能解. 汝設方便云何成解. 阿難白佛言世尊. 當於結心解卽分散.

수효를 알며, 현전하는 갖가지, 소나무는 곧고 가시나무는 굽었고, 백조는 희고 까마귀는 검다는 근본적 이유를 모두 알고 있다. 그러므로 아난다여, 그대의 마음 가운데 여섯 감관을 선택하여 감관의 매듭을 풀면 경계의 모습은 스스로 없어질 것이다. 온갖 허망한 것들이 사라지면, 어찌 부진(不眞)을 기대하겠는가? 아난다여, 내가 지금 그대에게 묻겠다. 이 야마천의 수건에서 여섯 매듭이 나타났는데, 동시에 얽힘을 풀면 한꺼번에 풀리지 않겠는가?"〔아난다〕" 세존이시여, 그렇지 않습니다. 그 매듭이 본래 차례로 잡아맨 것이니, 지금 오늘도 차례로 풀어야 할 것입니다. 여섯 개의 매듭이 몸은 같지만 매듭은 동시적인 것은 아니니, 그렇다면 매듭을 풀 때에 어떻게 한꺼번에 풀 수 있겠습니까?"[1143]

49. 부처님께서 말씀하셨다.〔세존〕"여섯 감관을 푸는 것도 역시 그와 같다. 그 감관을 처음 풀려고 하면 먼저 인공(人空)[1144]을 얻어야 하고, 공성(空性)이 원만하게 밝아지면 법해탈(法解脫)을 이루고, 법마저 벗어나 인법구공(人法俱空)[1145]의 불생(不生)이 되면, 이것을 두고 보살이 삼매에서 무생법인(無生法忍)을 얻었다고 하는 것이다."[1146]

1143) 佛告阿難. 如是如是. 若欲除結當於結心. 阿難我說佛法從因緣生. 非取世間和合麤相. 如來發明世出世法. 知其本因隨所緣出. 如是乃至恒沙界外. 一滴之雨亦知頭數. 現前種種松直棘曲. 鵠白烏玄皆了元由. 是故阿難隨汝心中選擇六根. 根結若除塵相自滅. 諸妄銷亡不眞何待. 阿難吾今問汝. 此劫波羅巾六結現前. 同時解縈得同除不. 不也世尊. 是結本以次第綰生. 今日當須次第而解. 六結同體結不同時. 則結解時云何同除.

1144) 人空 : 아공(我空)을 말한다.

1145) 人法俱空 : 아공법공(我空法空)을 말한다.

1146) 佛言六根解除亦復如是. 此根初解先得人空. 空性圓明成法解脫. 解脫法已俱空不生. 是名菩薩從三摩地得無生忍.

제6장 원통(圓通)의 요체

1. 〔선택원통(選擇圓通)〕1147) 아난다와 여러 대중이 부처님의 가르침을 받고, 혜각(慧覺)이 원통하여 의혹이 없어지자, 일시에 합장하여 머리를 부처님의 두 발에 조아리고 부처님께 아뢰었다. 〔아난다〕 "저희들이 지금 몸과 마음이 밝아지고 장애가 없어져서, 비록 다시 하나와 여섯이 없어지는 이치를 깨우쳤으나, 아직 원통의 근본에는 미치지 못하였습니다. 세존이시여, 저희들이 여러 겁의 우주기를 외롭게 떠돌아다니다가, 무슨 마음 무슨 생각으로 부처님의 천륜(天倫)1148)에 참여하였으니 마치 젖을 잃은 아이가 자애로운 어머니를 만난 듯합니다. 다시 이 기회로 인하여 도업(道業)을 이루면, 얻어들은 비밀한 말씀은 본래의 깨달음과 같으련만, 듣지 않았을 때와 아무런 차별이 없습니다. 부디 큰 자비를 드리워 저희에게 비밀하고 장엄한 법음을 베풀어 여래의 구경의 가르침을 열어주십시오." 이렇게 말하고 오체투지를 하고 물러나, 비밀한 계기를 간직하고 부처님의 그윽한 가르침을 기다리고 있었다.1149) 이때 세존께서 대중가운데 있는 위대한 보살들과 번뇌를 다한 거룩한 님들께 널리 알렸다. 〔세존〕 "그대들 보살과 거룩한 님들이 나의 가

1147) 選擇圓通 : 원래 제5권 중간에서부터 제6권의 끝가지 다루는 25가지 원통에 대해 설하는 것이다.

1148) 天倫 : 부자관계와 형제는 천륜(天倫)이고 군신관계와 친구관계는 인륜(人倫)이니 중국의 유교적 표현이다.

1149) 阿難及諸大衆蒙佛開示. 慧覺圓通得無疑惑. 一時合掌頂禮雙足. 而白佛言. 我等今日. 身心皎然快得無礙. 雖復悟知一六亡義. 然(125c)猶未達圓通本根. 世尊我輩飄零積劫孤露. 何心何慮預佛天倫. 如失乳兒忽遇慈母. 若復因此際會道成. 所得密言還同本悟. 則與未聞無有差別. 惟垂大悲惠我祕嚴. 成就如來最後開示. 作是語已五體投地. 退藏密機冀佛冥授.

르침 가운데 더 이상 배울 것이 없는 무학의 경지를 이루었으니, 내가 지금 그대들에게 묻겠다. 최초로 발심하여 열여덟 가지 인식의 세계를 깨달았을 때에 무엇을 원통으로 삼았고, 무슨 방편으로 삼매에 들어갔는가?"[1150]

2 〔여섯 경계로 인한 원통(六塵圓通)〕 1) 〔성진원통(聲塵圓通)〕 까운디니야[1151] 등의 다섯 수행승[1152]이 자리에서 일어나 부처님의 발에 머리를 조아려 예경하고 부처님께 사뢰었다. 〔까운디니야〕 "제가 므리가다바[1153] 승원과 꾹꾸따라마[1154] 승원에 있을 때에 여래께서 성도하신 최초에 부처님을 뵈옵고 부처님의 음성에서 네 가지 진리〔四諦〕[1155]를 깨달았습니다. 부처님께서 물으셔서 제가 먼저 안다고 대답하자 여래께서 저를 인가하여 '앙냐따'[1156]라고 하셨는데, 묘음(妙音)이 밀원(密圓)하여[1157] 저는 소리로 거룩한 님이 되었습니다. 그러므로 부처님께서 물으시니 원통에 관한 한, 제가 증득한 바와 같이 소리의 원인〔聲因〕을 으뜸으

1150) 爾時世尊普告衆中諸大菩薩. 及諸漏盡大阿羅漢. 汝等菩薩及阿羅漢. 生我法中得成無學. 吾今問汝. 最初發心悟十八界誰爲圓通. 從何方便入三摩地.

1151) Kauṇḍiniya : 한역으로 음사하면 교진여(憍陳如)라고 한다. 앞에서 언급한 앙냐따 까운디니야(Ajñāta Kauṇḍiniya)를 말한다.

1152) 五比丘 : 빠알리어 명칭은 꼰당냐(Koṇḍañña), 밥빠(Vappa), 밧디야(Bhaddiya), 마하나마(Mahānāma), 앗싸지(Assaji)를 말한다.

1153) Mṛgadāva : 한역으로 녹야원(鹿野苑)을 말한다.

1154) Kukkuṭārāma : 한역에서 계원(鷄園)이라고 한다.

1155) 四諦 : 괴로움·괴로움의 발생·괴로움의 소멸·괴로움의 소멸에 이르는 길[苦集滅道]의 진리를 뜻한다.

1156) Ajñāta : 까운디니야가 궁극의 앎을 얻었다는 뜻이다.

1157) 妙音密圓 : Unh. 212에 따르면, 사제를 말씀하실 때에 실행성문은 생멸사제(生滅四諦)의 이치만을 알지만, '까운디니야'는 묘음이 밀원한 것을 통해 사종사제(四種四諦) 즉, 생멸사제(生滅四諦), 무생사제(無生四諦), 무량사제(無量四諦) 뿐만 아니라 무작사제(無作四諦)까지 꿰뚫어 여래장심을 통달하였다.

로 하는 것입니다."[1158]

3. 2) 〔색진원통(色塵圓通)〕 우빠니샤드[1159]가 자리에서 일어나 부처님의 발에 머리를 조아려 예경하고 부처님께 사뢰었다. 〔우빠니샤드〕 "저 역시 성도하신 최초에 부처님을 뵈옵고, 부정상(不淨相)[1160]을 관하다가 크게 싫어하여 떠남을 생각하고 모든 형상의 성품을 깨닫고 나서, 부정상으로부터 백골과 미진이 허공으로 돌아가니, 허공과 형상이 둘이 아니었습니다. 이로써 더 이상 배울 것이 없는 무학도(無學道)를 이루었습니다. 여래께서 저를 인가하여 '니샤드'[1161]라고 하셨습니다. 객진과 색신이 다하여 묘색(妙色)이 밀원(密圓)하게 되어 저는 색상으로 거룩한 님이 되었습니다. 그러므로 부처님께서 물으시니 원통에 관한 한, 제가 증득한 바와 같이 형상의 원인〔色因〕을 으뜸으로 하는 것입니다."[1162]

4. 3) 〔향진원통(香塵圓通)〕 향엄동자(香嚴童子)[1163]가 자리에서 일어나 자리에서 일어나 부처님의 발에 머리를 조아려 예경하고

1158) 驕陳那五比丘卽從座起. 頂禮佛足而白佛言. 我在鹿苑及於雞園. 觀見如來最初成道. 於佛音聲悟明四諦. 佛問比丘我初稱解. 如來印我名阿若多. 妙音密圓. 我於音聲得阿羅漢. 佛問圓通如我所證音聲爲上.

1159) Upaniṣaḍ : 서분§1을 참조하라.

1160) 不淨相 : 부정상에는 팽창상(膨脹想 : uddhumātaka), 청어상(靑瘀想 : vinīlaka), 농란상(膿爛想 : vipubbaka), 단괴상(斷壞想 : vicchiddaka), 식잔상(食殘想 : vikkhāyitaka), 산란상(散亂想 : vikkhittaka), 참작이산상(斬斫離散想 : hatavikkhittaka), 혈도상(血塗想 : lohitaka), 충취상(蟲聚想 : puḷuvaka), 해골상(骸骨想 : aṭṭhika)이 있다.

1161) Niṣaḍ : 음사가 尼沙陀이므로 앞에서 언급한 수행승의 이름이다. 비밀한 가르침의 전수라는 뜻을 가지고 있다.

1162) 優波尼沙陀卽從座起. 頂禮佛足而白佛言. 我亦觀佛最初成道. 觀不淨相生大厭離. 悟諸色性以從不淨. 白骨微塵歸於虛空. 空色二無. 成無學道. 如來印我名尼沙陀. 塵色旣盡妙色密圓. 我從色相得阿羅漢. 佛問圓通如我所證色因爲上

1163) 香嚴童子 : 향엄(香嚴)으로 즉, 향광장엄(香光莊嚴: 제6장§25를 참조)의 염불삼매를 통해 아라한(阿羅漢)이 된 동자이다.

부처님께 사뢰었다. 〔향엄동자〕 "저는 여래께서 저에게 온갖 유위상을 관찰하라는 가르침을 들었습니다. 저는 그때 부처님께 하직하고 몸을 깨끗이 하고 명상하다가 수행승들이 침수향(沈水香)을 태우는 것을 보다가, 향기가 은연중에 코로 들어왔습니다. 제가 이 향기를 관찰하니 나무에서 온 것도 아니고, 허공에서 온 것도 아니고, 연기에서 온 것도 아니고, 불에서 온 것도 아니어서, 가도 닿는 데가 없고 와도 좇아온 데가 없었습니다. 이로 말미암아 분별의식이 사라져서 무루(無漏)를 밝혔습니다. 여래께서 저를 인가하여 '향엄(香嚴)'이라는 호를 얻었습니다. 객진의 냄새가 문득 사라지고 묘향(妙香)이 비밀스럽고 원만하여 저는 향엄(香嚴)[1164]으로 거룩한 님이 되었습니다. 그러므로 부처님께서 물으시니 원통에 관한, 제가 증득한 바와 같이 냄새의 원인〔香因〕을 으뜸으로 하는 것입니다."[1165]

5. 4) 〔미진원통(味塵圓通)〕 약왕보살(藥王菩薩)[1166]과 약상보살(藥上菩薩)[1167] 두 법왕자도 모임 가운데 있다가, 오백의 하느님들〔梵天〕[1168]과 더불어 자리에서 일어나 부처님의 발에 머리를 조아려 예경하고 부처님께 사뢰었다. 〔약왕보살 등〕 "저는 무시이

1164) 香嚴 : 향광장엄(香光莊嚴)의 준말로 사용된 것으로 염불을 향기에 비유한 염불삼매를 이르는 것이다. 제6장§25를 참조하라.

1165) 香嚴童子卽從座起. 頂禮佛足而白佛言. 我聞如來教我諦觀諸有爲相. 我時辭佛宴晦清齋. 見諸比丘燒沈水香. 香氣寂然來入鼻中. 我觀此氣非木非空非煙非火. 去無所著來無所從. 由是意銷發明無漏. 如來印我得香嚴號. 塵氣倏滅妙香密圓. 我從香嚴得阿羅漢. 佛問圓通如我所證香嚴爲上.

1166) 藥王菩薩 : 『법화경』의 「약왕보살본사품」에서 상세히 설명하고 있다. 그는 대비의 약으로 항상 중생의 혹업(惑業)을 치료한다. 범어로는 Bhaiṣajyarāja라고 한다.

1167) 藥上菩薩 : 약왕보살의 동생으로 전광명보살(電光明菩薩)이라고도 한다.

1168) 五百梵天 : 약왕보살, 약상보살과 함께 수행하는 권속들이다.

래 세상의 훌륭한 의사가 되어 입으로 맛본 이 사바세계의 풀, 나무, 쇠붙이, 돌이 그 수가 무릇 십만 팔천이나 됩니다. 이와 같이 쓰고, 시고, 짜고, 싱겁고, 달고, 매운 것 등의 맛과 아울러 화합해서 생긴 맛, 함께 생긴 맛, 변이된 맛과[1169] 찬 맛과 더운 맛과 독 있는 맛과 독없는 맛을 실로 모두 알게 되었습니다. 여래를 받들어 모시면서 맛의 성품이 공(空)도 아니고 유(有)도 아니어서[1170] 바로 몸과 마음도 아니요, 몸과 마음을 여읜 것도 아닌 것을 알고,[1171] 맛의 원인을 분별하여 깨달았으니, 여래이신 부처님께서 저의 형제를 인가하여 약왕, 약상의 두 보살이라 하셨습니다. 지금 회중에서 법왕자가 되어 맛으로 인해 깨닫고 보살의 지위에 올랐습니다. 그러므로 부처님께서 물으시니 원통에 관한 한, 제가 증득한 바와 같이 맛의 원인〔味因〕을 으뜸으로 하는 것입니다."[1172]

6. 5) 〔촉진원통(觸塵圓通)〕 바드라빨라[1173]가 그 도반인 16명의 보살들과 함께 자리에서 일어나 부처님의 발에 머리를 조아려 예경하고 부처님께 사뢰었다. 〔바드라빨라 등〕 "저희는 선세에 위

1169) 和合俱生變異 : Unh. 214에 따르면, 화합해서 생긴 맛은 맛이 섞인 것이고, 함께 생긴 맛은 직접 채취한 맛이고, 변이된 맛은 요리하거나 굽거나 삶은 맛이다.

1170) 味性非空非有 : Unh. 214에 따르면, 혀가 약에 닿으면 맛이 생기니 공도 아니고, 혀에 닿아 맛이 생기나 형상이 없으므로 유도 아니다.

1171) 非卽身心非離身心 : Unh. 214에 따르면, 약이 아니면 미각과 미각의식이 맛을 내지 못하므로 몸과 마음에 즉한 것도 아니고, 미각과 미각의식이 맛을 보지 않으면 약의 맛이 스스로 나타나지 못하므로 몸과 마음을 여읜 것도 아니다.

1172) 藥王藥上二法王子. 幷在會中五百梵天卽(126a)從座起. 頂禮佛足而白佛言. 我無始劫爲世良醫. 口中嘗此娑婆世界草木金石. 名數凡有十萬八千. 如是悉知苦醋鹹淡甘辛等味. 幷諸和合俱生變異. 是冷是熱有毒無毒悉能遍知. 承事如來了知味性非空非有. 非卽身心非離身心. 分別味因從是開悟. 蒙佛如來印我昆季. 藥王藥上二菩薩名. 今於會中爲法王子. 因味覺明位登菩薩. 佛問圓通如我所證味因爲上.

1173) Bhadrapāla : 음사하여 발다바라(跋陀婆羅)라고 하는데, 선수(善守), 현호(賢護)라고 번역한다.

음왕불(威音王佛)[1174]에게서 가르침을 듣고 출가하여 스님들이 목욕할 때에 차례를 따라 욕실에 들어가면서 홀연히 물로 인하여 깨닫고, 때를 씻은 것도 아니고 몸을 씻은 것도 아닌데,[1175] 그 가운데 안연(安然)하여 무소유를 얻었습니다.[1176] 숙세의 습기를 잊지 못하다가 지금에 이르러 부처님을 따라 출가하여 지금 더 이상 배울 것이 없는 무학의 경지에 이르자, 부처님께서 저를 '바드라빨라'라는 부르셨고, 묘촉(妙觸)으로 밝아져서 불자(佛子)의 지위[1177]를 얻게 되었습니다. 그러므로 부처님께서 물으시니 원통에 관한 한, 제가 증득한 바와 같이 감촉의 원인〔觸因〕을 으뜸으로 하는 것입니다."[1178]

7 6) 〔법진원통(法塵圓通)〕 마하 까쉬야빠와 비구니 바드라 까삘라니[1179] 등이 자리에서 일어나 부처님의 발에 머리를 조아려 예

1174) 威音王佛 : 위음왕은 범어 Bīṣmagarjitasvararāja를 음사한 것이다. 『법화경』의 「상불경보살품」에 등장하는 부처님으로 이 부처님 이전에는 부처님이 없었다. 공겁(空劫) 때에 맨 처음으로 성불한 부처님이다.

1175) 旣不洗塵亦不洗體 : Unh. 215에 따르면, 목욕할 때에 몸과 물이 함하여 차고 더움이 생겨난다. 이 감촉이 어떻게 생겨나는가? 때를 씻으므로 생겨난다면 때는 무정인데 어떻게 감촉을 생겨나게 하겠는가? 만일 승의근(勝義根)인 촉각체(觸覺體)를 씻으므로 생겨난다면, 그 촉각체는 씻을 수가 없는 것이다.

1176) 中間安然得無所有 : Unh. 215에 따르면, '그 가운데'는 때와 몸의 중간이고, 안연(安然)은 깨달아서 자재한 모양이고, 무소유를 얻었다는 것은 이 촉진(觸塵)이 온 곳이 없다는 뜻이다.

1177) 佛子住 : Unh. 215에 따르면, 초주위(初住位)를 증득한 것을 뜻한다.

1178) 跋陀婆羅并其同伴. 十六開士卽從座起. 頂禮佛足而白佛言. 我等先於威音王佛. 聞法出家於浴僧時. 隨例入室忽悟水因. 旣不洗塵亦不洗體. 中間安然得無所有. 宿習無忘乃至今時從佛出家今得無學. 彼佛名我跋陀婆羅. 妙觸宣明成佛子住. 佛問圓通如我所證觸因爲上.

1179) Bhadrā Kapilānī : 한역에서는 자금광비구니(紫金光比丘尼)라고 한다. 일월등불(日月燈佛) 부처님 형상에 도금할 때에 금을 헌납한 시주로서, 마하 까쉬야빠 존자와 출가 전에 혼인한 사이였다가 그녀는 마하 까쉬야싸빠와 함께 집을 떠나 제따바나 숲 근처의 이교도사원에서 머물다 나중에 비구니 승단이 생기자 출가하여 구족계

경하고 부처님께 사뢰었다. 〔마하 까쉬야빠 등〕 "제가 오랜 우주기를 거쳐 이 세계에 있는 동안 세상에 나오신 일월등명불(日月燈明佛)[1180]이 계셨는데, 제가 가까이 모시면서 가르침을 듣고 수학하였으나, 그 부처님께서 멸도하신 뒤에는, 사리(舍利)[1181]를 섬기면서 등을 켜서 계속 불을 밝히고, 자금광으로 부처님의 형상에 도금하였습니다. 그 후부터는 세세생생 몸에 항상 자금광의 빛이 가득 찼습니다. 이 바드라 까삘라니 등은 바로 저의 권속으로 그때 동시에 발심하였습니다. 제가 세간의 육진경계가 변괴하는 것을 관하고, 오직 공적(空寂)을 닦음으로써 멸진정(滅盡定)[1182] 가운데 몸과 마음이 백천 겁의 우주기를 지내도 탄지(彈指)와 같았습니다. 저는 공법(空法)으로써 거룩한 님이 되었으니, 세존께서는 저를 두타행자 가운데 제일이라고 하셨고, 묘법(妙法)이 밝게 열리어, 온갖 번뇌가 다 소멸되었습니다. 그러므로 부처님께서 물으시니 원통에 관한 한, 제가 증득한 바와 같이 사물의 원인〔法因〕을 으뜸으로 하는 것입니다."[1183]

를 받고 곧 거룩한 님이 되었다.

1180) 日月燈明佛 : 오랜 겁의 우주기전에 출현하여 돈교와 점교, 대승과 소승의 법을 설하고 뒤에는 방편교가 일승진실교(一乘眞實教)인 것을 설한 부처님으로 『법화경』을 설했다고 한다. 그는 『법화경』을 묘광(妙光) 보살과 구명(求名) 보살에게 설했는데, 묘광 보살이 지금의 석가모니불이고 구명보살이 미륵불이라고 한다.

1181) 舍利 : 범어 Śarīra를 음사한 것이다. 신골(身骨), 유신(遺身), 영골(靈骨)이라고 번역한다. Unh. 216에 따르면, 무량한 여섯 가지 초월의 길(六波羅蜜)을 닦은 공덕으로 생겨나는 것이다.

1182) 滅盡定 : Unh. 216에 따르면, 소승에서는 돌아오지 않는 님이나 거룩한 님이 닦는 유루정(有漏定)으로 인집(人執)을 일으키는 말나식(末那識)을 없애는 것이고, 대승에서는 보살이 닦는 무루정(無漏定)으로 법집(法執)을 일으키는 말나식까지 없애는 것이다.

1183) 摩訶迦葉及紫金光比丘尼等卽從座起. 頂禮佛足而白佛言. 我於往劫於此界中. 有佛出世名日月燈. 我得親近聞法修學. 佛滅度後供養舍利然燈續明. 以紫光金塗佛形像. 自

8. 〔여섯 감관으로 인한 원통(六根圓通)〕[1184] 1) 〔안근원통(眼根圓通)〕 아누룻다가 자리에서 일어나 부처님의 발에 머리를 조아려 예경하고 부처님께 사뢰었다. 〔아누룻다〕 "저는 처음 출가하여 항상 수면을 즐기다가 여래께서 저를 꾸짖어 축생의 무리가 된다고 하시어, 저는 부처님의 꾸지람을 듣고 울면서 자책하여 칠일 동안 잠을 자지 않고 두 눈을 잃었습니다. 세존께서 저에게 낙견조명금강삼매(樂見照明金剛三昧)[1185]를 가르쳐주시어, 저는 시각으로 인하지 않고 시방을 보지만, 정묘한 진실이 통연하여 손바닥의 과일을 보는 듯하니, 여래께서 저를 인가하여 거룩한 님이 되었다고 하셨습니다. 그러므로 부처님께서 물으시니 원통에 관한 한, 제가 증득한 바와 같이 시각을 돌이켜 근본을 따르는 것이 으뜸이라고 생각합니다."[1186]

9. 2) 〔비근원통(鼻根圓通)〕 쭈다빤타까[1187]가 자리에서 일어나 부처님의 발에 머리를 조아려 예경하고 부처님께 사뢰었다. 〔쭈다빤타까〕 "저는 외우는 능력이 모자라 많이 배우지 못하였습니다.

爾已來世世生生. 身常圓滿紫金光聚. 此紫金光比丘尼者. 卽我眷屬同時發心. 我觀世間六塵變壞. 唯以空寂修於滅盡. 身心乃能度百千劫猶如彈指. 我以空法成阿羅漢. 世尊說我頭陀爲最. 妙法開明銷滅諸漏. 佛問圓通如我所證法因爲上.

1184) 六根圓通 : 여기서 실제로는 이근원통(耳根圓通)을 뺀 오근원통(五根圓通)만을 설명하고, 관세음보살의 이근원통(耳根圓通)에 대해서는 별도로 제6권에서 다룬다.

1185) 樂見照明金剛三昧 : Unh. 217에 따르면, 낙견(樂見)은 보는 것을 돌려 티끌의 경계를 잊는 것이고, 조명은 본래의 명료(明耀)를 발하는 것이다. 금강삼매는 천안통을 얻어 심안(心眼)이 현전하여 금강처럼 파괴되지 않는 삼매이다.

1186) 阿那律陀卽從座起. 頂禮佛足而白佛言. 我初出家常樂睡眠. 如來訶我爲畜生類. 我聞佛訶啼泣自責. 七日不眠失其雙目. 世尊示(126b)我樂見照明金剛三昧. 我不因眼觀見十方. 精眞洞然如觀掌果. 如來印我成阿羅漢. 佛問圓通如我所證. 旋見循元斯爲第一.

1187) Cūḍapanthaka : 음사하여 주리반특가(周利槃特迦)라고 하고, 계도(髻道), 소로(小路) 등으로 번역한다. 부모가 여행하다가 노상에서 형을 낳고 빤타까(Panthaka)라고 이름을 붙이고, 또 여행하다가 동생을 낳고 쭈다빤타까라고 이름을 붙였다.

처음 부처님을 만나 가르침을 듣고 출가하였으나, 여래의 싯구 하나를 기억하는데, 백일이 걸리었고, 앞의 것을 외우면 뒤의 것을 잊고, 뒤의 것을 외우면 앞의 것을 잊었습니다. 부처님께서 저의 어리석음을 애민히 여겨 저에게 안온하게 숨을 내쉬고 들이쉬는 법을 가르치시어, 제가 그때 숨이 미세하게 다하는 것을 관찰하고 생주이멸(生住異滅)의 모든 형성이 찰나인 것을 알고, 그 마음이 환하게 터져 장애가 없게 되었고, 내지 번뇌가 다하여 거룩한 님이 되어, 부처님의 자리 아래에서 지냄으로서 인가를 받아 더 이상 배울 것이 없는 무학이 되었습니다. 그러므로 부처님께서 물으시니 원통에 관한 한, 제가 증득한 바와 같이 숨을 돌이켜 허공을 따르는 것이 으뜸이라고 생각합니다."[1188]

10. 3) 〔설근원통(舌根圓通)〕 가밤빠띠[1189]가 자리에서 일어나 부처님의 발에 머리를 조아려 예경하고 부처님께 사뢰었다. 〔가밤빠띠〕 "저는 구업(口業)이 있는데, 오랜 겁의 우주기 전에 수행자를 조롱한 탓으로 세세생생 소처럼 되새김질하는 우치병(牛齝病)[1190]었습니다. 여래께서 제게 일미청정심지법문(一味淸淨心地法門)[1191]을 보여주시어, 제가 적멸의 마음을 얻어 삼매에 들어서, 맛이 미각

1188) 周利槃特迦卽從座起. 頂禮佛足而白佛言. 我闕誦持無多聞性. 最初値佛聞法出家. 憶持如來一句伽陀. 於一百日得前遺後得後遺前. 佛愍我愚敎我安居調出入息. 我時觀息微細窮盡. 生住異滅諸行刹那. 其心豁然得大無礙. 乃至漏盡成阿羅漢. 住佛座下印成無學. 佛問圓通如我所證. 返息循空斯爲第一 : 『수능엄경』에서 후각[鼻]은 냄새를 맡는 감관이자 호흡을 제어하는 감관이다.

1189) Gavāmpati : 음사하여 교범발제(憍梵鉢提)라고 하는데, 제5장§28과 주석을 참조하라.

1190) 牛齝病 : 우시병(牛呞病)이라고도 한다. 전생에 노승이 치아가 없이 밥을 먹는 것으로 보고 웃으면서 소가 되새김질하는 것같다고 조롱한 과보였다.

1191) 一味淸淨心地法門 : Unh. 219에 따르면, 염주를 돌리면서 염불하는 것을 의미하는데, 염불할 때에 잡연을 쉬고 순일하게 청정한 새김을 갖는 까닭에 붙여진 이름이다.

에서 온 것도 아니고 맛에서 온 것도 아닌 것을 알았습니다. 일념으로 세간의 온갖 번뇌에서 벗어나 안으로 몸과 마음을 해탈하고 밖으로 세계를 버려서, 새가 새장을 벗어나듯, 세 가지 존재〔三有〕를 떠나서, 때가 벗겨지고 티끌이 소멸하여 법안(法眼)이 청정해져 거룩한 님이 되었으니, 여래께서 친히 인가하시어 더 이상 배울 것이 없는 무학도(無學道)에 이르렀습니다. 그러므로 부처님께서 물으시니 원통에 관한 한, 제가 증득한 바와 같이 맛을 돌이켜 앎으로 돌아가는 것이 으뜸이라고 생각합니다."1192)

11. 4) 〔신근원통(身根圓通)〕 삘린다바뜨싸1193)가 자리에서 일어나 부처님의 발에 머리를 조아려 예경하고 부처님께 사뢰었다. 〔삘린다바뜨싸〕 "저는 처음 발심하여 불문에 들었을 때, 자주 여래께서 '일체의 세간에는 즐길만한 것이 없다.'라고 말씀하시는 것을 들었습니다. 탁발하던 중에 마음속으로 법문을 생각하다가 길 위의 독한 가시에 찔려 발에 상처를 입어 감촉을 느끼는데 통증이 심했습니다. 저는 '안다는 것이 있어 이 심한 통증을 알고, 감촉이 있어 통증에 대한 지각이 있지만, 촉각의 청정한 마음에는 통증도 통증에 대한 지각도 없을 것이다.'라고 추론하고, 또한 '이러한 한 촉각에 어찌 두 개의 감촉이 있겠는가?'라고 생각했습니다. 이렇게 생각을 가다듬다가 오래지 않아 몸과 마음이 홀연히 텅 비게 되어 삼

1192) 驕梵缽提卽從座起. 頂禮佛足而白佛言. 我有口業於過去劫輕弄沙門. 世世生生有牛齝病. 如來示我一味淸淨心地法門. 我得滅心入三摩地. 觀味之知非體非物. 應念得超世間諸漏. 內脫身心外遺世界. 離三有如鳥出籠. 離垢銷塵法眼淸淨成阿羅漢. 如來親印登無學道. 佛問圓通如我所證. 還味旋知斯爲第一: 『수능엄경』에서 미각[舌]은 맛을 맛보는 감관이자 언어를 발화하는 감관이다.

1193) Pilindavatsa : 음사하여 필릉가바차(畢陵伽婆蹉)라고 한다. 여습(餘習)이라고 번역하는데, 거만한 습성이 남아 있어 그렇게 불린 부처님 당시의 수행승의 이름이다.

칠일 동안 모든 번뇌가 다하여서 거룩한 님이 되었으니. 친히 인가해주시어 더 이상 배울 것이 없이 밝아졌습니다. 그러므로 부처님께서 물으시니 원통에 관한 한, 제가 증득한 바와 같이 지각이 순일해져서 촉각을 버리는 것이 으뜸이라고 생각합니다."[1194]

12 5) 〔의근원통(意根圓通)〕 쑤부띠가 자리에서 일어나 부처님의 발에 머리를 조아려 예경하고 부처님께 사뢰었다. 〔쑤부띠〕 "저는 오랜 우주기 이전부터 장애가 없어졌고, 이 세상에 항하의 모래알 숫자만큼 많은 생을 스스로 받아 태어난 것을 기억합니다. 처음 어머니의 모태에 있을 때에 공적(空寂)을 알았고, 이와 같이 하여 시방에 이르러서도 공을 성취하고, 뭇삶으로 하여금 역시 공성(空性)을 증득케 하다가, 여래께서 성각(性覺)인 진공(眞空)을 밝힌 것에 힘입어[1195] 공성이 원만하게 밝아져서 거룩한 님이 되었습니다. 즉시 여래의 보명공해(寶明空海)[1196]에 들어가 부처님과 지견이 같아져서, 인가를 하시어, 더 이상 배울 것이 없는 무학으로 성공(性空)의 해탈을 이룬 자 가운데 제일이라고 하셨습니다. 그러므로 부처님께서 물으시니 원통에 관한 한, 제가 증득한 바와 같이 모든 상(相)이 상이 아닌 것에 들고,[1197] 아니라는 것과 아님이 되는

1194) 畢陵伽婆蹉卽從座起. 頂禮佛足而白佛言. 我初發心從佛入道. 數聞如來說諸世間不可樂事. 乞食城中心思法門. 不覺路中毒刺傷足. 擧身疼痛. 我念有知. 知此深痛. 雖覺覺痛. 覺淸淨心無痛痛覺. 我又思惟如是一身寧有雙覺. 攝念未久身心忽空. 三七日中諸漏虛盡成阿羅漢. 得親印記發明無學. 佛問圓通如我所證. 純覺遺身斯爲第一. 필릉가바차(畢陵伽婆蹉 : Pilindavasta)는 오백생을 바라문 가문에 태어나 사람을 경시한 습관이 남아 있었다.

1195) 蒙如來發性覺眞空 : Unh. 221에 따르면, 성각(性覺)인 진공(眞空)은 성공(性空)인 진각(眞覺)을 내포한 것이니, 여래장심(如來藏心)이 청정하고 본연하여 법계에 두루 가득한 것이다.

1196) 寶明空海 : Unh. 221에 따르면, 일진법계(一眞法界), 제일의제(第一義諦), 필경공(畢竟空)을 뜻한다.

것이 다하여,[1198] 사실을 돌이켜 무위로 돌아가는 것이[1199] 으뜸이라고 생각합니다."[1200]

13. 〔여섯 의식에 의한 원통(六識圓通)〕 1) 〔안식원통(眼識圓通)〕 샤리뿌뜨라가 자리에서 일어나 부처님의 발에 머리를 조아려 예경하고 부처님께 사뢰었다. 〔샤리뿌뜨라〕 "저는 오랜 우주기 이래로 심견(心見)이 청정하여[1201] 이렇게 태어난 것이 항하의 모래알만큼 많아, 세간과 출세간의 갖가지 변화를 한번 보면 바로 바로 통달하여 장애가 없게 되었습니다. 저는 길에서 까쉬야빠 형제[1202]를 만나 함께 동행하는 동안, 그들의 인연에 대하여 설했는데. 마음이 한계가 없음을 깨닫고, 부처님을 따라 출가하여, 견각(見覺)[1203]이 밝고 원만해져서 크게 두려움을 여의고 거룩한 님이 되어 부처님의 장자가 되었으니, 부처님의 금구에서 태어나고

1197) 諸相入非 : Unh. 221에 따르면, '모든 상(相)'은 아상(我想), 인상(人相), 중생상(衆生相), 수자상(壽者相)을, '상이 아닌 것[非]'은 인공(人空), 법공(法空)이다.

1198) 非所非盡 : Unh. 221에 따르면, '아니라는 것'은 아상, 인상 등이 아니라는 것을 뜻하고, '아님이 되는 것'은 아상, 인상 등이니 비법상(非法相)을 뜻한다. 다한다는 것은 공(空)과 공소(空所)가 멸하는 것이다.

1199) 旋法歸無 : Unh. 221에 따르면, 사실[法]은 여기서 일심법(一心法)이니, 정신의 감관 가운데 지성(知性)으로서 법진(法塵)이 아니며, 무위[無]로 돌아간다는 것은 지성을 돌리어 필경공(畢竟空)으로 돌아가는 것이다.

1200) 須菩提卽從座起. 頂禮佛足而白佛言. 我曠劫來心得無礙. 自憶受生如恒河沙. 初在母(126c)胎卽知空寂. 如是乃至十方成空. 亦令衆生證得空性. 蒙如來發性覺眞空. 空性圓明得阿羅漢. 頓入如來寶明空海. 同佛知見印成無學. 解脫性空我爲無上. 佛問圓通. 如我所證. 諸相入非. 非所非盡. 旋法歸無斯爲第一.

1201) 心見淸淨 : Unh. 221에 따르면, 심견(心見)은 시각의식이고, 청정은 장애가 없는 것이다.

1202) Kāśyapa 형제: 가섭파형제(迦葉波兄弟)는 우루벨라 지역의 결발삼형제(Tebhātika-Jaṭilā: 제3장§27참조)를 뜻한다. 그들은 화신(火神)을 숭배하는 바라문들이었다가 부처님의 교화를 받고 부처님의 제자가 되었다.

1203) 見覺 : Unh. 222에 따르면, 시각의식[眼識]이다.

가르침을 따라 화생하였습니다. 그러므로 부처님께서 물으시니 원통에 관한 한, 저와 같이 마음으로 보는 것이 빛을 발하여 광명이 극에 이른 지견을 증득하는 것이 으뜸이라고 생각합니다."1204)

14. 2) 〔이식원통(耳識圓通)〕 보현보살(普賢菩薩)1205)이 자리에서 일어나 부처님의 발에 머리를 조아려 예경하고 부처님께 사뢰었다. 〔보현보살〕 "저는 이미 일찍이 항하의 모래알만큼 많은 여래의 법왕자가 되었으며, 시방의 여래가 그 제자로서 보살의 근기를 가진 자들을 가르칠 때, 보현행(普賢行)1206)을 닦아야 한다고 하셨으니, 이는 저를 따라 이름을 세운 것입니다. 세존이시여, 저는 심문(心聞)1207)으로써 뭇삶이 지닌 지견을 분별합니다. 만약 항하의 모래알 숫자만큼 많은 세계 밖에서 한 뭇삶이라도 보현행을 밝히는 자가 있다면, 저는 그때 육아백상(六牙白象)1208)을 타고,

---

1204) 舍利弗卽從座起. 頂禮佛足而白佛言. 我曠劫來心見淸淨. 如是受生如恒河沙. 世出世間種種變化. 一見則通獲無障礙. 我於路中逢迦葉波. 兄弟相逐宣說因緣. 悟心無際從佛出家. 見覺明圓得大無畏. 成阿羅漢爲佛長子. 從佛口生從法化生. 佛問圓通如我所證. 心見發光光極知見斯爲第一.

1205) 普賢菩薩 : 보현은 범어 'Samantabhadra'를 음사한 것이다. 문수보살과 아울러 석가보니불의 협시보살(보현; 오른쪽)이다. 보현보살은 부처님의 이(理)·정(定)·행(行)의 덕성을 담당한다. 그의 십대원은 「화엄경보현행원품」에 나타나 있고, 법화경을 지송하는 자를 수호한다고 한다. 육아(六牙)의 흰 코끼리를 타고 다니며 밀교에서는 금강살타(金剛薩埵)와 동체이고, 태장계만다라중대팔엽원의 동남쪽에 있으며 왼손에 칼을 세운 연화를 갖고 있고 오른손에는 삼업묘선인(三業妙善印)을 하고 있다.

1206) 普賢行 : 보현십원(普賢十願) - ① 여러 부처님을 예경하는 것 ② 모든 여래를 찬탄하는 것 ③ 공양을 널리 베푸는 것 ④ 자신의 업장을 참회하는 것 ⑤ 공덕을 짓는 것을 수희하는 것 ⑥ 법륜을 굴리기를 청하는 것 ⑦ 부처님께서 세상에 머물기를 청하는 것 ⑧ 항상 부처님을 따라 배우는 것 ⑨ 항상 중생에 수순하는 것 ⑩ 모든 것을 회향하는 것이다. -을 실천하는 것이다.

1207) 心聞 : 청각의식[耳識]을 말한다.

1208) 六牙白象 : 보현보살이 타는 흰 코끼리이다. 육아(六牙)는 육바라밀(六波羅蜜)을 상징한다.

백천의 몸으로 분신하여 그가 있는 곳을 찾아가, 비록 그가 업장이 깊어서 저를 볼 수가 없다고 하더라도, 저는 그와 더불어 어둠 속에서 이마를 만지며 옹호하고 위로하여 그로 하여금 보현행을 성취하도록 합니다. 그러므로 부처님께서 물으시니 원통에 관한 한, 저와 같이 설명 드린 본래의 원인인 마음으로 듣는 것을 발현시켜, 분별이 자재하게 되는 것이 으뜸이라고 생각합니다."[1209]

15. 3) 〔비식원통(鼻識圓通)〕 쑨드라난다[1210]가 자리에서 일어나 부처님의 발에 머리를 조아려 예경하고 부처님께 사뢰었다. 〔쑨드라난다〕 "저는 처음 출가하여 부처님을 따라 불도에 들어서 비록 계율을 갖추었으나 삼매에서 항상 마음이 산란하여 아직 번뇌 없는 무루(無漏)를 얻지 못하였습니다. 세존께서는 저와 까우슈틸라[1211]를 가르치어서 코의 뿌리에 있는 빛나는 곳을 관찰하게 하셨습니다. 저는 처음부터 자세히 관찰하여 삼칠일이 지나 코 가운데 출입하는 기운이 연기와 같음을 보았고 몸과 마음이 안으로 밝아져 세계를 온전히 통찰하였으니, 텅 비어 청정해진 것이 유리와 같았습니다. 그리고 연기의 모습이 점차 사라지고 코와 숨이 흰색으로 변하고 마음이 열리어 번뇌가 다하고, 들이쉬고 나는 숨이 변하여 빛

1209) 普賢菩薩卽從座起. 頂禮佛足而白佛言. 我已曾與恒沙如來爲法王子. 十方如來敎其弟子. 菩薩根者修普賢行從我立名. 世尊我用心聞. 分別衆生所有知見. 若於他方恒沙界外. 有一衆生心中發明普賢行者. 我於爾時乘六牙象. 分身百千皆至其處. 縱彼障深未合見我. 我與其人暗中摩頂. 擁護安慰令其成就. 佛問圓通我說本因. 心聞發明分別自在斯爲第一.

1210) Sundrananda: 음사하여 손타라난타(孫陀羅難陀)라고 한다. 염희(艶喜)라고 번역하는데, 부처님의 이복동생인 난다(Nanda)를 지칭한다. 그는 출가 전에 아름다운 여자와 결혼하였으므로 그렇게 불린 것이다. 난다는 부처님의 제자 수행승 가운데 '감관을 수호하는 님 가운데 제일'이었다.

1211) Kauṣṭhila : 이 책 『수능엄경』 서분§1과 그 주석을 참조하라.

이 되어 시방세계를 비추어서 거룩한 님이 되었으니, 세존께서 제가 보리를 얻었다고 수기를 주셨습니다. 그러므로 부처님께서 물으시니 원통에 관한 한, 저와 같이 숨이 사라짐으로써, 숨이 오래되자 빛으로 화하여, 광명이 원만해져서 번뇌가 사라지는 것이 으뜸이라고 생각합니다."[1212]

16. 4) 〔설식원통(舌識圓通)〕[1213] 뿌르나 마이뜨라야니뿌뜨라가 자리에서 일어나 부처님의 발에 머리를 조아려 예경하고 부처님께 사뢰었다. 〔뿌르나〕 "저는 오랜 우주기 이전부터 변재가 걸림이 없어 괴로움과 공(空)에 대하여 널리 설하고 실상을 깊이 통달하였고, 이와 같이 내지 항하의 모래알 숫자만큼 많은 여래의 비밀법문을 대중 가운데 미묘하게 열어 보임으로서 두려움이 없게 하였습니다. 세존께서는 저에게 변재가 있음을 아시고 음성륜(音聲輪)[1214]으로써 저를 가르쳐 선양하도록 하셨고 저는 부처님 앞에서 부처님을 도와 법륜을 굴리면서 사자후로 인하여 거룩한 님이 되었으니, 세존께서 인가하시어 제가 설법제일이라고 하셨습니다. 그러므로 부처님께서 물으시니 원통에 관한 한, 저와 같이 법음(法音)으로서 마원(魔怨)을 항복시켜 온갖 번뇌를 소멸시키는 것이 으뜸이라고 생각합니다."[1215]

1212) 孫陀羅難陀. 卽從座起. 頂禮佛足. 而白佛言. 我初出家從佛入道. 雖具戒律於三摩提. 心常散動未獲無漏. 世尊教我及俱絺羅觀鼻端白. 我初諦觀經三七日. 見鼻中氣出入如煙. 身心內明圓洞世界. 遍成虛淨猶如琉璃. 煙相漸銷. 鼻息成白心開漏盡. 諸出入息化爲光明. 照十方界得阿羅漢. 世尊記我當得菩提. 佛問圓通. 我以銷息息久發明. 明圓滅(127a)漏斯爲第一.

1213) 舌識圓通 : 혀는 원래 미각과 관련하여 설명되는데, 『수능엄경』에서 미각의식[舌識]과 관련해서는 변재(辯才)가 언급되는 것이 독특하다.

1214) 音聲輪 : 부처님께서는 신체·언어·정신[身口意]의 세 가지 수레[三輪]를 사용하여 뭇삶을 교화한다. 이 가운데 음성륜은 언어의 수레[口輪]를 뜻한다.

17. 5) 〔신식원통(身識圓通)〕1216) 우빨리1217)가 자리에서 일어나 부처님의 발에 머리를 조아려 예경하고 부처님께 사뢰었다. 〔우빨리〕 "저는 몸소 부처님을 따라 유성출가하여 여래께서 친히 육년 동안 고행을 하시는 것을 보았습니다. 그리고 여래께서 온갖 마장을 극복하고 여러 이교도를 제압하여 세간의 탐욕과 온갖 번뇌에서 해탈하시는 것을 직접 보았습니다. 저는 부처님께서 가르치신 계행을 받들어 이렇게 삼천위의(三千威儀)1218)와 팔만세행(八萬細行)1219)의 성업(性業)1220)과 차업(遮業)1221)이 모두 청정해지고, 몸과 마음이 적멸에 들어 거룩한 님이 되었습니다. 저는 여래의 대중 가운데 기강을 바로 잡았으므로 친히 저의 마음을 인가하시어 지계(持戒)와 수신(修身)이 대중가운데 으뜸이라고 하셨습니다. 그러므로 부처님께서 물으시니 원통에 관한 한, 저와 같이 몸을 단

1215) 富樓那彌多羅尼子卽從座起. 頂禮佛足而白佛言. 我曠劫來辯才無礙. 宣說苦空深達實相. 如是乃至恒沙如來. 祕密法門我於衆中. 微妙開示得無所畏. 世尊知我有大辯才. 以音聲輪敎我發揚. 我於佛前助佛轉輪. 因師子吼成阿羅漢. 世尊印我說法無上. 佛問圓通我以法音. 降伏魔怨銷滅諸漏斯爲第一.

1216) 身識圓通 : 몸은 원래 촉각과 관련하여 설명되는데, 『수능엄경』에서 촉각의식[身識]과 관련해서는 계행(戒行)이 언급되는 것이 독특하다.

1217) Upāli : 그는 싸끼야 족의 궁중이발사였다. 아누룻다와 그의 조카들이 아누삐야(Anupiyā) 숲에서 부처님의 가르침을 따라 출가할 때 동행했는데, 왕자들이 값비싼 패물을 모두 그에게 넘겨주었으나 그는 거절하고 함께 출가하여 수행승이 되었다. 부처님의 제자 수행승 가운데 '계율을 지키는 님 가운데 제일'이었다.

1218) 三千威儀 : Unh. 224에 따르면, 수행승의 250계×행주좌와의 사위의(四威儀)×과현미의 삼세(三世)로 삼천위의가 된다.

1219) 八萬微細 : Unh. 224에 따르면, 수행승의 250계×행주좌와의 사위의(四威儀)×삼취정계(三聚淨戒)×신삼업구사업(身三業口四業)×사번뇌(四煩惱)=팔만사천(八萬四千)의 세행(細行)을 뜻한다.

1220) 性業 : 부처님이 계율로 정하지 않더라도 그 자체가 죄가 되는 것이다. 살생, 투도, 사음, 망어에 해당한다.

1221) 遮業 : 본래는 범계(犯戒)가 죄가 되지는 않지만, 다른 범계(犯戒)로 인해 죄악이 되는 업으로 음주나 오신채를 먹는 것이나 땅을 개간하는 것 등에 해당한다.

속하여 몸의 자재를 얻고, 차제로 마음을 단속하여 마음의 통달을 얻은 후에 몸과 마음 일체가 모두 통달을 얻고 이익을 얻는 것이 으뜸이라고 생각합니다."[1222]

18. 6) 〔의식원통(意識圓通)〕[1223] 마하 마우드갈리야야나가 자리에서 일어나 부처님의 발에 머리를 조아려 예경하고 부처님께 사뢰었다. 〔마하 마우드갈리야야나〕 "저는 처음으로 탁발하는 길에서 우루벨라, 가야, 나디의 세 까쉬야빠[1224]를 만났는데, 여래께서 인연법의 깊은 이치를 상세히 설하시는 것을 듣고, 저는 홀연히 발심하여 크게 그 이치에 통달하였습니다. 여래께서는 저에게 가사를 몸에 입게 하셨고 머리와 수염을 깎게 하셨습니다. 저는 시방세계를 돌아다니더라도 걸림이 없고, 신통을 나투는데 으뜸이 되어, 거룩한 님이 되었습니다. 어찌 세존뿐입니까, 시방의 여래들이 와서 원명청정(圓明淸淨)하고 자재무외(自在無畏)한 저의 신통력을 찬탄했습니다. 그러므로 부처님께서 물으시니 원통에 관한 한, 저와 같이 담연(湛然)한 의식으로 돌아가서 심광(心光)을 널리 발하게 하여,[1225] 마치 탁류를 맑히듯, 오래되어 청정하게 광명을 이루는 것이 으뜸이라고 생각합니다."[1226]

1222) 優波離卽從座起. 頂禮佛足而白佛言. 我親隨佛踰城出家. 親觀如來六年勤苦. 親見如來降伏諸魔制諸外道. 解脫世間貪欲諸漏. 承佛敎戒. 如是乃至三千威儀八萬微細. 性業遮業悉皆淸淨. 身心寂滅成阿羅漢. 我是如來衆中綱紀. 親印我心持戒修身衆推無上. 佛問圓通我以執身身得自在. 次第執心心得通達. 然後身心一切通利斯爲第一.

1223) 意識圓通 : 정신의식의 원통을 말하는데, 신통을 뜻하는 것을 알 수 있다.

1224) 優樓頻螺伽耶那提三迦葉波 : 『수능엄경』 제3장§27의 우루벨라와 까쉬야빠를 참조하라.

1225) 旋湛心光發宣 : Unh. 225에 따르면, 의식을 전향하여 여래장심(如來藏心)의 묘담(妙湛)을 증득하여 신통묘용을 나투는 것을 뜻한다.

1226) 大目犍連卽從座起. 頂禮佛足而白佛言. 我初於路乞食逢遇優樓頻螺伽耶那提三迦葉波. 宣說如來因緣深義. 我頓發心得大通達. 如來惠我袈裟著身鬚髮自落. 我遊十方得

19. 〔일곱 요소에 의한 원통(七大圓通)〕 1) 〔화대원통(火大圓通)〕 웃추슈마[1227]가 자리에서 일어나 부처님의 발에 머리를 조아려 예경하고 부처님께 사뢰었다. 〔웃추슈마〕 "저는 항상 선세를 기억합니다. 아주 먼 우주기 이전에 탐욕스러운 성품이 많았습니다. 어떤 부처님께서 세상에 출현하여 공왕(空王)이라고 불렸는데, 말씀하시길 '음욕이 많은 사람은 맹열한 불더미가 된다.'라고 하시며, 저에게 골절과 사지의 차고 더운 기운을 두루 관찰하라고 가르쳤습니다. 그러자 신령스런 광명이 안으로 응결되어 많던 음욕심이 변화하여 지혜의 불꽃을 이루었는데, 그에 따라서 모든 부처님께서 저를 웃추슈마라고 부르셨고, 저는 화광삼매(火光三昧)의 힘으로 거룩한 님이 되었습니다. 마음에 대원을 세워 모든 부처님께서 성도하실 때에 저는 역사(力士)로써 몸소 마군을 항복시키겠다고 맹세했습니다. 그러므로 부처님께서 물으시니 원통에 관한한, 저와 같이 몸과 마음의 따뜻한 감촉을 자세히 관찰함으로써, 걸림 없이 유통하게 되면 온갖 번뇌가 사라지게 되고, 크나큰 보배의 불꽃이 생겨나 위없는 깨달음에 오르는 것이 으뜸이라고 생각합니다."[1228]

無罣礙. 神通發明推爲無上. 成阿羅漢. 寧唯世尊. 十方如來歎我神力. 圓明淸淨自在無畏. 佛問圓通我以旋湛心光發宣. 如澄濁流久成淸瑩斯爲第一.

1227) Ucchuṣma : 오추슬마(烏芻瑟摩; SD. 101참조)라고 음역하고 화두금강(火頭金剛) 또는 예적금강(穢跡金剛), 제예금강존(除穢忿怒尊)이라고 번역하는데, 전신에 큰 화염을 내는데, 음욕의 불꽃이 변하여 지혜의 불꽃을 내는 보살이다.

1228) 烏芻瑟摩於如來前. 合掌頂禮佛之雙足. 而白佛言. 我常先憶. 久遠劫前性多貪欲. 有佛出世名曰空王. 說多婬人成猛火聚. 敎我遍觀百骸四肢. 諸冷暖氣. 神光內凝. 化多婬心(127b)成智慧火. 從是諸佛皆呼召我名爲火頭. 我以火光三昧力故成阿羅漢. 心發大願諸佛成道. 我爲力士親伏魔怨. 佛問圓通我以諦觀身心暖觸. 無礙流通諸漏旣銷. 生大寶焰登無上覺斯爲第一.

20. 2) 〔지대원통(地大圓通)〕 지지보살(持地菩薩)[1229]이 자리에서 일어나 부처님의 발에 머리를 조아려 예경하고 부처님께 사뢰었다. 〔지지보살〕 "저는 기억해 보니, 지난 옛날에 보광여래(普光如來)께서 세상에 출현하였을 때, 제가 수행승이 되어 항상 일체 중요한 길목과 나룻터의 터전이 험하고 좁아서 제대로 되지 못하여 수레와 말을 방해했기 때문에, 제가 평탄하게 하거나 다리를 놓거나, 흙과 모래로 메우기도 하면서, 이렇게 한량없는 부처님들께서 세상에 출현하기까지 노력하고 수고하였습니다. 혹은 어떤 뭇삶이 성문에서 삯군을 구하여 짐을 지우려 하면 제가 먼저 짐을 지고 그 목적지에 도착해서 짐을 부리고는 돌아와서 삯을 받지 않았습니다. 비슈와부[1230] 부처님께서 세상에 계실 때에 여러 해 동안 흉년이 들어 제가 짐꾼이 되어 멀고 가까운 곳을 가리지 않고 품삯은 한 푼만 받았습니다. 혹은 어떤 수레를 끄는 소가 구덩이에 빠지면, 저는 신통한 힘으로 그 수레를 밀어 그 고뇌에서 벗어나게 했습니다. 한때 나라의 대왕이 부처님을 맞이하여 재(齋)를 베풀었는데, 제가 당시의 땅을 평탄하게 하여 부처님을 기다렸더니, 비슈와부 여래께서 정수리를 만지면서, 저에게 '마음의 땅을 평탄하게 하면 온 세계의 땅이 모두 평탄해질 것이다.'라고[1231] 말씀하셨습니다. 저는 바로 마음이 열리어 몸이 미진이 되고, 세계를 만든 미진과 평등하

1229) 持地菩薩 : 지장보살(地藏菩薩)의 다른 이름이다.

1230) Viśvabhū : 음사하여 비사부불(毘舍浮佛)이라고 한다. 일체승(一切勝), 편일체(遍一切), 사람의 수명이 6만세에 출현하신 부처님이다. 과거칠불(過去七佛) 가운데 세 번째 부처님이다.

1231) 當平心地 則世界地一切皆平 : Unh. 228에 따르면, 유정과 무정이 모두 일체로 정보와 의보, 자신과 타인, 범부와 성인, 원인과 결과 등이 모두 진여인 것을 통달하는 것이다.

여 차별이 없는 것을 보고, 미진들의 자성이 서로 저촉되지 않으며, 내지 나아가 칼날 같은 병기로도 닿지 않아,[1232] 저는 법성(法性)을 통해 무생법인(無生法忍)을 깨달아 거룩한 님이 되었습니다. 저는 마음을 돌려 보살의 지위에 들어가 모든 여래께서 펴신 묘련화인 부처님의 앎과 봄의 경지를 듣고, 제가 먼저 증명하여 상수가 되었습니다. 그러므로 부처님께서 물으시니 원통에 관한 한, 저와 같이 몸과 세계의 두 미진이 평등하여 차별이 없는 것을 자세히 관찰하여, 본래 여래장에서 허망하게 미진이 발현하는 것이어서, 그 미진이 사라지면 지혜가 원만하여져서 위없는 도를 이루게 되는 것이 으뜸이라고 생각합니다."[1233]

21. 3) 〔수대원통(水大圓通)〕 월광동자(月光童子)[1234]가 자리에서 일어나 부처님의 발에 머리를 조아려 예경하고 부처님께 사뢰었다. 〔월광동자〕 "저는 기억하건데, 항하의 모래알 숫자만큼 많은 오

1232) 微塵自性不相觸摩 乃至刀兵亦無所觸 : Unh. 228에 따르면, 법공(法空)을 부분적으로 통달하여, 미진의 자성이 공한 것을 알았으니, 능촉(能觸)의 대지(大地)와 소촉(所燭)의 지대(地大)가 모두 그러하므로 칼날 같은 병기인 외지대(外地大)로 육신인 내지대(內地大)를 접촉하더라도 빛그림자를 자르듯 손상이 없다.

1233) 持地菩薩卽從座起. 頂禮佛足而白佛言. 我念往昔普光如來. 出現於世我爲比丘. 常於一切要路津口. 田地險隘有不如法. 妨損車馬我皆平填. 或作橋梁或負沙土. 如是勤苦經無量佛出現於世. 或有衆生於闤闠處. 要人擎物我先爲擎. 至其所詣放物卽行不取其直. 毘舍浮佛現在世時. 世多饑荒我爲負人. 無問遠近唯取一錢. 或有車牛被於陷溺. 我有神力爲其推輪拔其苦惱. 時國大王筵佛設齋. 我於爾時平地待佛. 毘舍如來摩頂謂我. 當平心地. 則世界地一切皆平. 我卽心開見身微塵與造世界. 所有微塵等無差別. 微塵自性不相觸摩. 乃至刀兵亦無所觸. 我於法性悟無生忍成阿羅漢. 迴心今入菩薩位中. 聞諸如來宣妙蓮華佛知見地. 我先證明而爲上首. 佛問圓通我以諦觀. 身界二塵等無差別. 本如來藏虛妄發塵. 塵銷智圓成無上道斯爲第一 : 지지보살(持地菩薩)은 땅을 평탄하게 닦아 남이 다니기에 좋게 한 과보로 마음의 땅을 평탄하게 해서 거룩한 님이 되었다고 한다.

1234) 月光童子 : 마가다 국의 라자그리하 시의 장자의 아들이었다. 그의 아버지가 부처님을 살해하려 했는데, 부처님이 오실 때에 불구덩이가 서늘한 못이 되는 것을 그가 보고 부처님께 귀의하여 흐름에 든 님이 되었다.

랜 우주기의 옛날에 수천불(水天佛)이라고 하는 한 부처님께서 세상에 출현하였는데, 모든 보살에게 물에 대한 명상을 닦아 삼매에 들게 하였습니다. 몸 안에 있는 물이 서로 침탈함이 없음을 관찰하는데, 처음에 눈물과 타액으로부터 진액과 정혈과 대소변에 이르기까지 다하니, 몸 가운데 돌아다니는 물의 성품은 동일하였습니다. 몸속의 물과 세계 밖의 부당왕찰(浮幢王刹)[1235]의 모든 향수해(香水海)의 물도 관찰해 보니, 평등하여 차별이 없었습니다. 저는 그때에 처음 이 관법을 성취하여 단지 물만을 보았을 뿐, 몸이 없어지는 것을 체험하지 못한 채, 수행승이 되어 방안에서 편안히 명상하고 있었는데. 저의 한 제자가 창문에 구멍을 뚫어 방안을 엿보더니, 오직 맑은 물만이 방안에 가득하고 다른 것은 보이지 않는 틈을 타, 그 어린 것이 무지하여 기왓장을 물에 던졌는데, 요동치는 물이 소리를 내자, 힐끔 돌아보고는 떠나갔습니다. 제가 선정에서 나온 뒤에 갑자기 가슴이 아프기가 마치 샤리뿌뜨라가 해로운 귀신을 만난 것과 같았습니다.[1236] 저는 스스로 '지금 이미 나는 거룩한 님의 도를 얻은 지 오래되어 질병과는 인연을 떠났는데, 오늘 갑자기 어찌하여 가슴의 통증이 생겨났는가? 장차 퇴보하여 잃게 되는 것이 아닌가?'라고 생각하고 있는데, 그때 종자가 다가와서 위와 같은 이야기를 하였습니다. 저는 바로 '네가 물을 보거든 즉시 문을 열고 그 물속에 들어가 기왓장을 제거하라.'라고 일러주었습니다.

1235) 浮幢王刹 : 화엄세계를 말한다. 화엄세계해(華嚴世界海) 중에 대련화(大蓮華)가 있고 그 연화 가운데 많은 향수해(香水海)가 있다. 낱낱의 향수해가 여러 불찰을 이룬다. 화엄세계가 향수해 가운데 있는 것이 부(浮)이고 화엄의 12중찰이 층층이 높은 것이 당(幢)과 같으므로, 부당왕찰이라고 하는 것이다.

1236) 如舍利弗遭違害鬼 : Unh. 229에 따르면, 샤리뿌뜨라가 한때 물가에서 선정에 들었는데, 숙세의 원수인 위해귀(危害鬼)에게 뺨을 맞고 출정하니 아팠다.

동자가 가르침을 받들어, 제가 입정에 든 뒤에 다시 돌아와 물을 보고 기왓장이 완연하여 문을 열고 꺼내 제거하였는데, 제가 그후 선정에서 나오니 몸이 처음과 같아졌습니다. 그후 무량한 부처님을 만나 뵈었으나, 이와 같이 산해자재통왕여래(山海自在通王如來)에 이르러서야 바야흐로 몸이 사라져서 시방세계의 모든 향수해와 성품이 합해져서 진공무이(眞空無二)로서 차별이 없게 되었습니다. 지금 여래로부터 동진(童眞)이라는 이름을 얻어 보살의 모임에 참여하였습니다. 그러므로 부처님께서 물으시니 원통에 관한 한, 저와 같이 물의 성품이 일미로 유통하여 무생법인(無生法忍)을 얻어 보리를 원만하게 성취하는 것이 으뜸이라고 생각합니다."[1237]

22. 4) 〔풍대원통(風大圓通)〕 유리광법왕자(瑠璃光法王子)가 자리에서 일어나 부처님의 발에 머리를 조아려 예경하고 부처님께 사뢰었다. 〔유리광법왕자〕 "저는 기억하건대 옛날 항하의 모래알 숫자만큼 많은 우주기전에 무량성불(無量聲佛)[1238]이라는 한 부처님께서 세상에 출현하셨는데, 보살들에게 본각(本覺)의 정묘한 밝

1237) 月光童子卽從座起. 頂禮佛足而白佛言. 我憶往昔恒河沙劫. 有佛出世名爲水天. 敎諸菩薩修習水精入三摩地. 觀於身中水性無奪. 初從涕唾如是窮盡. 津液精血大小便利. 身中漩澓水性一同. 見水身中與世界外浮幢王刹. 諸香水海等無差別. 我於是時初成(127c)此觀. 但見其水未得無身. 當爲比丘室中安禪. 我有弟子窺窗觀室. 唯見淸水遍在屋中了無所見. 童稚無知取一瓦礫投於水內. 激水作聲顧眄而去. 我出定後頓覺心痛. 如舍利弗遭違害鬼. 我自思惟今我已得阿羅漢道久離病緣. 云何今日忽生心痛. 將無退失. 爾時童子捷來我前說如上事. 我則告言. 汝更見水. 可卽開門入此水中除去瓦礫. 童子奉敎後入定時. 還復見水瓦礫宛然. 開門除出. 我後出定身質如初. 逢無量佛. 如是至於山海自在通王如來. 方得亡身. 與十方界諸香水海. 性合眞空無二無別. 今於如來得童眞名預菩薩會. 佛問圓通我以水性一味流通. 得無生忍圓滿菩提斯爲第一 :

1238) 無量聲佛 : 태장계만다라(이책의 부록참조)의 석가원 석존의 오른편의 제5위에 있는 무량성불정(無量聲佛頂)으로 밀호는 묘향금강(妙響金剛)으로 설법의 덕성을 주관한다. Unh. 230에 따르면, 소리는 물질의 진동으로 풍대(風大)에 속한다.

음을 열어 보이시고, 이 세계와 뭇삶들의 몸이 모두 망연(妄緣)으로 바람의 힘에 의해 움직이는 것을 관찰하라고 하셨습니다. 저는 그때에 세계의 안립(安立)을 관찰하고 시간의 동시(動時)를 관찰하고 몸의 동지(動止)를 관찰하고 마음의 동념(動念)을 관찰하니, 모든 움직임이 둘이 아니고 평등하여 차별이 없었습니다.[1239] 저는 그때에 이러한 갖가지 움직이는 성품이 본래 온 곳이 없고 가서 이른 곳이 없는 것을 알았고, 시방의 미진과 같은 전도된 뭇삶들이 다 같이 허망하고, 이와 같이 내지 삼천대천세계에 이르기까지 한 세계내에 있는 뭇삶들은 마치 한 그릇에 담아 놓은 수많은 모기가 앵앵 시끄럽게 울면서 작은 곳에서 발광하며 소란 떠는 것과 같았습니다. 부처님을 만난 지 얼마 되지 않아 무생법인을 얻어, 그때에 마음이 열리어 동방에 있는 부동불(不動佛)[1240]의 국토를 보고 법왕자가 되어 시방의 모든 부처님을 섬기게 되었고, 몸과 마음에 광명이 일어나 훤하게 트이어 장애가 없게 되었습니다. 그러므로 부처님께서 물으시니 원통에 관한 한, 저와 같이 바람의 힘이 의지하는 것이 없다는 사실을 관찰하여 보리를 깨닫고 삼매에 들어가 시방의 모든 부처님과 합일하여 승묘한 마음에 전일하는 것이 으뜸이라고 생각합니다."[1241]

1239) 觀界安立觀世動時. 觀身動止觀心動念. 諸動無二等無差別 : Unh. 230에 따르면, 세계[界]는 방위이므로 안립이라고 하고, 시간[世]은 천류하므로 동시(動時)라고 하고, 몸의 동지(動止)는 바람의 힘의 소전(所轉)고, 마음의 동념(動念)은 바람이 이는 근원이다.

1240) 不動佛 : 동방의 아촉불(阿閦佛)을 의역한 것이다. Unh. 231에 따르면, 무생법인(無生法忍)을 얻어 동중(動中)에 부동(不動)을 보았으므로 동방의 부동여래를 본 것이다.

1241) 琉璃光法王子. 卽從座起. 頂禮佛足而白佛言. 我憶往昔經恒沙劫. 有佛出世名無量聲. 開示菩薩本覺妙明. 觀此世界及衆生身. 皆是妄緣風力所轉. 我於爾時觀界安立觀世

23. 5) 〔공대원통(空大圓通)〕 허공장보살(虛空藏菩薩)이 자리에서 일어나 부처님의 발에 머리를 조아려 예경하고 부처님께 사뢰었다. 〔허공장보살〕 "저는 여래와 더불어 정광불(定光佛)[1242]의 처소에서 한량없는 몸을 얻었는데, 그때 손으로 사대보주(四大寶珠)[1243]를 들고서 시방의 미진과 같은 불찰토를 비추니 허공으로 변하였고, 또한 자신의 마음에 대원경지(大圓鏡智)[1244]가 나타나, 안으로 열 가지 미묘한 보광(寶光)[1245]을 방출하여 시방의 허공계가 다하도록 흘러들어갔으며, 모든 불국토가 거울 속에 들어와, 저의 몸에 이르자, 몸이 허공과 같아져서 서로 거리끼거나 걸림이 없어, 몸이 미진과 같은 국토에 잘 들어가 널리 불사를 행하며 뭇삶들을 위하여 수순했습니다. 이와 같은 크나큰 신통력으로 제가 지수화풍의 사대는 의지할 곳이 없고, 허망한 망상으로 인해 생멸하는 것이고, 허공과 둘이 아니고 불국토와 본래 같은 것임을 관찰하여, 그 동일한 데서 광명을 일으켜 무생법인을 얻었습니다. 그러므로 부처님께서 물으시니 원통에 관한 한, 저와 같이 허공이 한계

動時. 觀身動止觀心動念. 諸動無二等無差別. 我時了覺此群動性. 來無所從去無所至. 十方微塵顚倒衆生同一虛妄. 如是乃至三千大千. 一世界內所有衆生. 如一器中貯百蚊蚋啾啾亂鳴. 於分寸中鼓發狂鬧. 逢佛未幾得無生忍. 爾時心開. 乃見東方不動佛國. 爲法王子事十方佛. 身心發光洞徹無礙. 佛問圓通我以觀察風力無依. 悟菩提心入三摩地. 合十方佛傳一妙心斯爲第一.

1242) 定光佛 : 연등불(燃燈佛: Dīpaṃkara)을 뜻한다. 사 아승지 십만 겁 이전에 석가모니 부처님이 보살이었을 때 성불의 수기를 주신 부처님이다.

1243) 四大寶珠 : Unh. 232에 의하면, 구주석에서는 지수화풍의 사대를 지칭한다고 했으나, 운허 스님에 따르면, 인공(人空), 법공(法空), 구공(俱空), 진공(眞空)이라고 추측하나, 역자의 생각으로는 부처님의 지혜인 대원경지(大圓鏡智), 평등성지(平等性智), 묘관찰지(妙觀察智), 성소작지(成所作智)를 뜻한다.

1244) 大圓鏡智 : 유식설(唯識說)에서 제8식을 전이하여 얻은 맑은 지혜를 말한다.

1245) 十種微妙寶光 : Unh. 232에 따르면, 『화엄경』에 나오는 삼세지(三世智) 내지 지무변제불지(知無邊諸佛智)이거나 부처님의 십력(十力=十智)을 뜻한다.

가 없음을 관찰하여 삼매에 들어가 승묘한 힘을 완전히 밝게 만드는 것이 으뜸이라고 생각합니다."[1246]

24. 6) 〔식대원통(識大圓通)〕 미륵보살(彌勒菩薩)이 자리에서 일어나 부처님의 발에 머리를 조아려 예경하고 부처님께 사뢰었다. 〔미륵보살〕 "저는 기억하건대 옛날 항하의 모래알 숫자만큼 많은 우주기전에 일월등명불(日月燈明佛)[1247]이라는 한 부처님께서 세상에 출현하셨는데, 저는 그 부처님을 따라 출가하였으나, 마음으로는 세상의 명리를 소중하게 여겨 귀족과 어울리기를 좋아했습니다. 그때 세존께서 저에게 유심식정(唯心識定)[1248]을 닦게 하여 삼매에 들도록 가르치셨는데, 여러 겁의 우주기를 지나 오면서 그 삼매로써 항하의 모래알 숫자만큼 많은 부처님을 섬기어 세상의 명리를 구하겠다는 마음을 완전히 쉬게 되었습니다. 연등불(燃燈佛)[1249]께서 세상에 출현하기에 이르자, 저는 비로소 무상묘원식심삼매(無上妙圓識心三昧) [1250]를 이루었으며, 내지 허공계에 가

1246) 虛空藏菩薩. 卽從座起. 頂禮佛足而白佛言. (128a)我與如來定光佛所得無邊身. 爾時手執四大寶珠. 照明十方微塵佛刹化成虛空. 又於自心現大圓鏡. 內放十種微妙寶光. 流灌十方. 盡虛空際諸幢王刹. 來入鏡內涉入我身. 身同虛空不相妨礙. 身能善入微塵國土. 廣行佛事得大隨順. 此大神力由我諦觀. 四大無依妄想生滅. 虛空無二佛國本同. 於同發明得無生忍. 佛問圓通我以觀察虛空無邊入三摩地. 妙力圓明斯爲第一.

1247) 日月燈明佛 : 부처님의 광명이 해와 달과 같고 땅에서는 등불과 같다고 해서 붙여진 이름인데, 오랜 겁의 우주기 전에 출현하여 돈교와 점교와 대소승의 여러 경전을 설하고 나중에 방편교가 그대로 일승진실교(一乘眞實敎)라고 보이면서 『법화경』을 설했다. 이만의 같은 이름의 부처가 계속 출현하여 다르마를 설하여 이만동명불(二萬同名佛)이라고도 한다. 최후에 묘광(妙光) 보살에게 법화경을 설하였고, 묘광보살은 구명(求名)보살에게 설했다. 묘광보살은 지금의 석가, 구명보살은 미래의 미륵이라고 한다.

1248) 唯心識定 : Unh. 233에 따르면, 일체만법이 나의 심식(心識)이 변하여 나타난 것이라고 관찰하는 삼매이다.

1249) 燃燈佛 : 앞 §23의 정광불을 참조하라.

1250) 無上妙圓識心三昧 : Unh. 233에 따르면, 앞에서 익힌 것은 오위유식(五位唯識)

득 한 모든 여래국토의 깨끗하거나 더럽거나 있거나 없는 것이 모두 나의 마음의 변화로 나타난 것임을 깨달았습니다. 세존이시여, 저는 이러한 것이 오직 심식(心識)인 것을 아는 까닭에, 이 심식의 성품에서 무량한 여래가 유출되고,[1251] 지금 수기를 받아 다음의 부처님 지위 즉, 보불처(補佛處)를 잇게 되었습니다. 그러므로 부처님께서 물으시니 원통에 관한 한, 저와 같이 시방이 유심(唯心)인 것을 자세히 관찰함으로써, 식심(識心)이 환하게 밝아져 원성실성(圓成實性)에 들어가, 의타기성(依他起性) 내지 변계소집성(遍計所執性)을 떠나,[1252] 무생법인을 증득하는 것이 으뜸이라고 생각합니다."[1253]

25. 7) 〔근대원통(根大圓通)〕[1254] 대세지법왕자(大勢至法王子)

인데, 여기서는 성품이 식(識)인 명지(明知)와 각명(覺明)인 진식(眞識)이 법계에 가득 차 여래장성(如來藏性)에 융입(融入)한 삼매이다.

1251) 識性流出無量如來 : Unh. 234에 따르면, 내가 유심식(唯心識)인 것을 요달한 까닭에 세계가 유식인 줄만 보는 것이 아니라, 장식해(藏識海) 가운데 삼세제불이 모두 식성(識性)에서 유출한 것을 보는 것이다.

1252) 圓明入圓成實. 遠離依他及遍計執 : 유식삼성(唯識三性)을 언급한 것이다. 원성실성(圓成實性)은 진여(眞如)를 말하고, 의타기성(依他起性)은 자기 원인만으로 생기는 것이 아니라 다른 연(緣)을 기다려 생겨나는 현상을 말하고, 변계소집성(遍計所執性)은 일체사물에 대하여 주관적으로 억측계탁(臆測計度)하여 잘못 보는 현상을 말한다.

1253) 彌勒菩薩卽從座起. 頂禮佛足而白佛言. 我憶往昔經微塵劫. 有佛出世名日月燈明. 我從彼佛而得出家. 心重世名好遊族姓. 爾時世尊教我修習唯心識定入三摩地. 歷劫已來以此三昧事恒沙佛. 求世名心歇滅無有. 至然燈佛出現於世. 我乃得成無上妙圓識心三昧. 乃至盡空如來國土淨穢有無. 皆是我心變化所現. 世尊我了如是唯心識故. 識性流出無量如來. 今得授記次補佛處. 佛問圓通. 我以諦觀十方唯識. 識心圓明入圓成實. 遠離依他及遍計執. 得無生忍斯爲第一.

1254) 根大圓通 : 대부분의 번역에서 일곱 가지 요소의 견대(見大)가 이십오원통과 관련하여서 언급이 왜 없는가를 관과하고 있는데, Ig. 414의 『계환해』에 따르면, 앞의 견도분(見道分)에서 일곱 가지 요소[七大] 가운데 견대(見大)라고 한 것은 만물을 예로 든 것이지만, 여기 수도분(修道分)에서는 견대를 근대(根大)로 바꾸어 육근(六根)을 모두 아울러서 밝힌 것이다.

1255)는 그와 동륜(同倫)1256)인 오십이보살(五十二菩薩)1257)과 함께 자리에서 일어나 부처님의 발에 머리를 조아려 예경하고 부처님께 사뢰었다. 〔대세지법왕자〕 "저는 기억하건대 옛날 항하의 모래알 숫자만큼 많은 겁의 우주기전에 무량광(無量光)이라는 한 부처님께서 세상에 출현하셨고, 이어서 열두 분의 여래가 한 우주기 동안 계속 나셨는데, 그 최후가 초일월광(超日月光)이라는 부처님이셨습니다. 그 부처님께서 저에게 염불삼매를 가르치셨는데, '예를 들어 한 사람이 오로지 기억하기만 하고 다른 사람이 오로지 잊는다면, 이러한 두 사람은 만나도 만난 것이 아니고, 두 사람이 서로 기억하여 두 기억이 깊어지면, 그러한 기억은 이 생에서 저 생으로 형상에 그림자가 이어지듯, 서로 어긋나지 않는 것과 같이, 시방의 여래께서 뭇삶을 어여삐 여기는 것이 어머니가 자식을 기억하는 것과 같다. 만약에 자식이 도망가 버리면, 비록 기억한들 무슨 소용이겠는가? 자식이 만약 어머니를 기억하는 것이 어머니가 자식을 기억하듯 한다면, 어머니와 자식은 여러 생을 거치더라도 서로 멀리 떨어지지 않을 것이다. 만약에 뭇삶의 마음이 부처님을 기억하면서 염불을 한다면, 현재나 미래에 반드시 부처님을 볼 것이고 부

1255) 大勢至法王子 : 대세지보살(大勢至菩薩)을 말하며 아미타불(阿彌陀佛)의 우보처(右補處)이다.

1256) 同倫五十二菩薩 : Unh. 235에 따르면, 동륜(同倫)은 동류라는 뜻으로 염불삼매를 같이 닦거나 염불중생을 동섭(同攝)하는 무리를 가르킨다.

1257) 同倫五十二菩薩 : 대세지보살과 함께 온 52보살은 『화엄경』의 십신, 십주, 십행, 십회향, 십지의 50단계의 보살에 등각(等覺: 바른 깨달음과 동일한 깨달음을 얻는 지우;), 묘각(妙覺: 미혹이 다하여 지혜가 원만해진 지위)의 보살을 더한 52분의 보살을 말한다. 십신에서 십회향까지는 범부이고, 십지의 초지부터는 성자가의 지위에 속한다. 그리고 십신을 외범(外凡), 십주, 십행, 십회향을 내범(內凡) 또는 삼현(三賢)이라고도 한다.

처님께 가는 것이 멀지 않을 것이고, 다른 방편을 빌리지 않아도 스스로 마음이 열려지는 것이 마치 향이 배어든 사람의 몸에 향기가 나는 것과 같으니, 이것을 두고 향광장엄(香光莊嚴)1258)이라고 한다.'라고 말씀하셨습니다. 저는 본래 인지(因地)에서 염불하는 마음으로 무생법인(無生法忍)에 들어갔고, 지금 이 세계에서도 염불하는 사람들을 데리고 정토에 들게 합니다. 그러므로 부처님께서 물으시니 원통에 관한 한, 저와 같이 어떤 것을 선택하지 않고 여섯 감관을 모두 섭수하여 청정한 새김을 확립시켜 서로 끊임없이 이어지게 하여 삼매를 얻는 것이 으뜸이라고 생각합니다."1259)

26. 〔수능엄경 제6권〕 그때 관세음보살(觀世音菩薩)이 자리에서 일어나 부처님의 발에 머리를 조아려 예경하고 부처님께 사뢰었다. 〔관세음보살〕 "저는 기억하건대 옛날 항하의 모래알 숫자만큼 많은 겁의 우주기전에 관세음(觀世音)이라는 한 부처님께서 세상에 출현하셨고, 저는 그 부처님으로 인하여 보리심을 내었더니, 그 부처님께서 '청문-사유-수행' 즉, 문사수(聞思修)로써 삼매에 들게 하였습니다.1260) 처음 청문 가운데 관조의 흐름에 들어가 들려지는 것

1258) 香光莊嚴 : 염불을 향기에 비유한 염불삼매를 이르는 것이다. Unh. 236에 따르면, 서로 떠나지 않고 부처님을 관하고 부처님을 새기면, 법신(法身)의 향광(香光)으로 자성불(自性佛)을 장엄하게 된다.

1259) 大勢至法王子. 與其同倫五十二菩薩卽從座起. 頂禮佛足而白佛言. 我憶往昔恒河沙劫. 有佛出世名無量光. 十二如來相繼一劫. 其最後佛名超日月光. 彼佛教我念佛三昧. 譬如有人一專爲憶一人專忘. 如是二人若逢不逢或見非見. 二人相憶二憶念深. 如是乃至從生至生. 同於形影不相乖異. 十方如來憐念衆生如母憶子. 若子逃逝雖憶何爲. 子若憶母如母憶時. 母子歷生不相違遠. 若(128b)衆生心憶佛念佛. 現前當來必定見佛去佛不遠. 不假方便自得心開. 如染香人身有香氣. 此則名曰香光莊嚴. 我本因地以念佛心入無生忍. 今於此界攝念佛人歸於淨土. 佛問圓通我無選擇都攝六根淨念. 相繼得三摩地斯爲第一.

1260) 彼佛教我從聞思修入三摩地 : Unh. 238에 따르면, 일반적인 문사수(聞思修)가 아니라 여기서 '청문'는 청각기관 중의 문성(聞性)이고 무분별한 여여한 이지(理智)가

이 사라져,[1261] 대경과 들어감이 고요해져서 요동과 적요의 두 모습이 전혀 생겨나지 않아,[1262] 이와 같이 점점 증진하여 듣는 것과 들려지는 것이 다하고,[1263] 듣는 것의 다함에도 머물지 않아, 깨닫는 것과 깨달아지는 것이 텅 비게 되어,[1264] 텅 빈 것에 대한 깨달음이 극히 원만해져서 공소(空所)과 공(空)이 사라지자,[1265] 생멸이 이미 사라져서 적멸이 현전하였습니다.[1266] 홀연히 세간과

체(體)가 되고, '사유'는 공(空)과 유(有)에 집착하지 않고 한결 같이 반문하여 밖으로 성진(聲塵)을 벗어나고 안으로 이지(理智)에 명합(冥合)하여 선정에 드는 공부이고, 수행은 만행을 통달하여 선관(禪觀)에 어긋나지 않는 것이다.

1261) 初於聞中入流亡所 : Unh. 238에 따르면, '처음'은 결정심(決定心)을 내는 때이고, '청문 가운데'에는 소입(所入)의 감관[門]이 있고 소조(所照)의 대경[境]이 있으니 분명히 알아서 이종의 착오에 떨어지지 말아야 하는데, 첫째는 육신의 귀가 아니라는 것이고, 둘째는 청각의식[耳識]이 아니라는 것이다. 이 청문의 문성[門性]은 본래 장식심해(藏識心海)이다. 흐름에는 두 가지 뜻이 있다. 첫째는 법류(法流)이니 바로 문성을 뜻하고 들어간다는 것은 청문을 돌이켜 자성을 반문(反聞)하는 것이다. 둘째는 청문을 따라 소리로 가는 것을 외주(外注)라고 하고 청문을 돌이켜 본성을 반조하는 것을 내주[內注]라고 하는데, 이것이 흐름에 드는 것[入流]이다. '들려지는 것[所]'은 성진(聲塵)을 뜻한다. 들려지는 것이 사라짐으로써 육결[六結] 중의 동결(動結)에서 벗어난다. Ig. 418의 계환해에 따르면, 입류망소(入流亡所)란 성진을 따르지 않고 바로 관법(觀法)의 흐름에 들어 들어감에도 집착하지 않는 것이다.

1262) 所入既寂動靜二相了然不生 : Unh. 239에 따르면, 들려지는 성진(聲塵)과 들어가는 선전(旋轉)이 고요해지고 남아있는 고요한 모습[靜相]마저 사라져 생하지 않으면, 정결(靜結)에서 벗어난다.

1263) 如是漸增聞所聞盡 : Unh. 239에 따르면, 능문(能聞)의 문기(聞機)와 소문(所聞)의 문성(聞性)이 제멸되어 근결(根結)에서 벗어난다.

1264) 盡聞不住覺所覺空 : Unh. 239에 따르면, 듣는 것과 들려지는 것의 다함에 머물면, 지(智)와 경(境)이 항상 상대하여 능소(能所)가 나뉘어져서 수행에 장애가 된다. '듣는 것의 다함에 머물지 않는다'는 것은 문기(聞機)와 문성(聞性)이 쌍민(雙泯)한 경지를 공력증진으로 투과한다는 것이고, 그러면, 능각(能覺)의 지(智)와 소각(所覺)의 경(境)이 모두 공적하여지는데, 이것이 각결(覺結)에서 벗어나는 것이다.

1265) 空覺極圓空所空滅 : Unh. 240에 따르면, 여기서 텅빈 것[空]은 이전의 깨닫는 것과 깨달아지는 것이 공적한 것이라는 것에 대한 이중의 공[重空]을 나타낸다. '공소(空所)과 공(空)이 사라졌다'라는 것은 이중의 공의 지(智)와 앞의 지(智)와 경(境)이 모두 멸진한 것이므로, 공결(空結)에서 벗어난 것이다.

1266) 生滅既滅寂滅現前 : Unh. 240에 따르면, 여기서 생멸(生滅)은 앞서 이야기한 동

출세간을 초월하여 시방이 완전히 밝아지면서 두 가지 수승한 것을 얻었으니, 첫째는 위로 시방제불이 본래 지닌 묘각심(妙覺心)과 합일하여 여래이신 부처님과 더불어 자비를 베푸는 능력이 같아진 것이고, 둘째는 시방의 일체 육도중생과 더불어 자비를 원하는 소망이 같아진 것입니다. 세존이시여, 저는 관음여래를 공양함으로써 그 여래께서 저에게 여환삼매(如幻三昧)1267)인 문훈문수금강삼매(聞薰聞修金剛三昧)1268)를 가르치는 것에 힘입어, 여래이신 부처님과 더불어 자비를 베푸는 능력이 같아진 까닭에, 저의 몸으로 하여금 서른두 가지 응신(三十二應身)1269)을 이루어 모든 국토에 들 수가 있었습니다."1270)

27. 〔서른두 가지 응신〕 1) 〔부처의 몸〕 "세존이시여, 여러 보살이

결(動結), 정결(靜結), 근결(根結), 각결(覺結), 공결(空結), 멸결(滅結)의 육결(六結)을 지칭한다. 멸상(滅相)에 머물면 항상 구공(俱空)에 있게 되는 것이므로 멸결(滅結)이라고 하는 것이다. 적멸이 나타나면, 멸결(滅結)에서 벗어난다.

1267) 如幻三昧 : 산하대지 등의 모든 사상(事象)이 환상이고 실체가 아니라고 생각하는 삼매이다. 이 여환삼매를 얻으면, 삼십이응신(三十二應身)이 가능하다.

1268) 聞薰聞修金剛三昧 : Unh. 241에 따르면, 여기서 듣는 것이 훈습하고 듣는 것을 닦는 것 즉, 문훈문수(聞薰聞修)에서 '문훈'은 문성(門性)인 본각(本覺)의 체가 안으로 훈습하는 것, '문수'는 도문기(倒聞機)를 돌려서 시각(始覺)의 지혜가 작용하는 것을 말한다. 금강(金剛)은 본각(本覺)이 끝까지 나타나 쇠멸하지 않는다는 것을 뜻한다.

1269) 三十二應身 : 응신(應身)은 화신(化神)과 같은 개념으로 뭇삶의 욕구에 응하여 나타내는 몸을 뜻한다. 다만 응신(應身)은 부처님 쪽에서 보는 것을 반영하고 화신(化身)은 중생 쪽에서 보는 것을 반영한다. 삼신(三身)인 법신(法身), 보신(報身), 응신(應身) 가운데 하나이다. 삼십이응신(三十二應身)은 아래에 등장한다.

1270) 爾時觀世音菩薩卽從座起. 頂禮佛足而白佛言. 世尊憶念我昔無數恒河沙劫. 於時有佛出現於世名觀世音. 我於彼佛發菩提心. 彼佛教我從聞思修入三摩地. 初於聞中入流亡所. 所入既寂動靜二相了然不生. 如是漸增聞所聞盡. 盡聞不住覺所覺空. 空覺極圓空所空滅. 生滅既滅寂滅現前. 忽然超越世出世間. 十方圓明獲二殊勝. 一者上合十方諸佛本妙覺心. 與佛如來同一慈力. 二者下合十方一切六道衆生. 與諸衆生同一悲仰. 世尊由我供養觀音如來. 蒙彼如來授我如幻聞薰聞修金剛三昧. 與佛如來同慈力故. 令我身成三十二應入諸國土.

삼매에 들어가 무루(無漏)를 닦아, 승해(勝解)를 완전히 나타내려 한다면, 제가 그의 앞에 부처의 몸을 나투어 그를 위해 설법하고 그로 하여금 해탈하게 하겠습니다."1271)

28. 2) 〔독각의 몸〕 "만약 배워야 할 것 남아있는 여러 학인이 적정묘명(寂靜妙明)의 승묘(勝妙)를 완전히 나타내려 한다면, 저는 그의 앞에 독각(獨覺)의 몸을 나투어 그를 위해 설법하고 그로 하여금 해탈하게 하겠습니다."1272)

29. 3) 〔연각의 몸〕 "만약 배워야 할 것 남아있는 여러 학인이 십이인연(十二因緣)을 끊고, 연단승성(緣斷勝性)의 승묘(勝妙)를 완전히 나타내려 한다면, 저는 그의 앞에 연각(緣覺)의 몸을 나투어 그를 위해 설법하고 그로 하여금 해탈하게 하겠습니다."1273)

30. 4) 〔성문의 몸〕 "만약 배워야 할 것 남아있는 여러 학인이 네 가지 진리에 대한 공성을 얻어, 길을 닦아 적멸의 승성(勝性)을 완전히 나타내려 한다면, 저는 그의 앞에 성문(聲聞)의 몸을 나투어 그를 위해 설법하고 그로 하여금 해탈하게 하겠습니다."1274)

1271) 世尊若諸菩薩入三摩地. 進修無漏勝解現圓. 我現佛身(128c)而爲說法令其解脫.

1272) 若諸有學寂靜妙明勝妙現圓. 我於彼前現獨覺身. 而爲說法令其解脫: 독각(獨覺)은 일반적으로 연각(緣覺)과 같은 말이나 여기서는 부처님이 없는 세상에 나서 사물의 무상함을 깨달아 무생법인을 얻은 이라는 뜻으로 쓰인 것이다. 여기서 이곳과 다음 파래그래프에서 벽지불(辟支佛)을 연각(緣覺: 연기법을 깨달은 님)과 독각(獨覺: 홀로 깨달은 님)을 분리하여 설명하지만, 사실상 동일한 어원인 쁘라띠에까붓다(pratyekabuddha)를 달리 번역한 것에 불과한데, 마치 다른 의미인 것처럼 쓰였다.

1273) 若諸有學斷十二緣. 緣斷勝性勝妙現圓. 我於彼前. 現緣覺身. 而爲說法令其解脫: 연각(緣覺)은 독각과 같은 말이나, 십이인연(十二因緣: 無明, 行, 識, 名色, 六入, 觸, 受, 愛, 取, 有, 生, 老死)의 도리를 스스로 깨달았다는 뜻이다.

1274) 若諸有學得四諦空. 修道入滅勝性現圓. 我於彼前現聲聞身. 而爲說法令其解脫: 네 가지 진리[四諦]는 고집멸도(苦集滅道)의 진리를 말한다.

31. 5) 〔범천왕의 몸〕 "만약 여러 뭇삶이 욕망의 마음을 밝게 깨닫고 욕망의 경계를 범하지 않고 몸을 청정하게 하려고 한다면, 저는 그의 앞에 범천왕(梵天王)의 몸을 나투어 그를 위해 설법하고 그로 하여금 해탈하게 하겠습니다."1275)

32. 6) 〔제석천의 몸〕 "만약 여러 뭇삶이 천주(天主)가 되어 모든 하늘을 다스리려고 한다면, 저는 그의 앞에 제석천(帝釋天)의 몸을 나투어 그를 위해 설법하고 그로 하여금 성취하게 하겠습니다."1276)

33. 7) 〔자재천의 몸〕 "만약 여러 뭇삶이 몸이 자재하여 시방으로 유행하기를 원한다면, 저는 그의 앞에 자재천(自在天)의 몸을 나투어 그를 위해 설법하고 그로 하여금 성취하게 하겠습니다."1277)

34. 8) 〔대자재천의 몸〕 "만약 여러 뭇삶이 몸이 자재하여 허공을 날아다니기를 원한다면, 저는 그의 앞에 대자재천(大自在天)의 몸을 나투어 그를 위해 설법하고 그로 하여금 성취하게 하겠습니다."1278)

35. 9) 〔천대장군의 몸〕 "만약 여러 뭇삶이 귀신을 통솔하여 국토를 구호하기를 좋아한다면, 저는 그의 앞에 천대장군(天大將軍)

1275) 若諸衆生. 欲心明悟. 不犯欲塵欲身淸淨. 我於彼前現梵王身. 而爲說法令其解脫: 범천왕(梵天王)은 감각적 쾌락의 욕망계를 떠난 미세한 물질계[色界]의 초선천(初禪天)의 주존이다.

1276) 若諸衆生欲爲天主統領諸天. 我於彼前現帝釋身. 而爲說法令其成就: 제석천은 서른셋 신들의 하늘나라 즉, 도리천(忉利天)의 주존이다.

1277) 若諸衆生欲身自在遊行十方. 我於彼前現自在天身. 而爲說法令其成就 : 자재천은 감각적 쾌락의 욕망계[欲界]의 제6천의 주존이다.

1278) 若諸衆生欲身自在飛行虛空. 我於彼前現大自在天身. 而爲說法令其成就: 대자재천은 미세한 물질계[色界]의 제18천의 마헤수라천(摩醯首羅天)이다.

의 몸을 나투어 그를 위해 설법하고 그로 하여금 성취하게 하겠습니다."1279)

36. 10) 〔사천왕의 몸〕 "만약 여러 뭇삶이 세계를 통솔하여 뭇삶을 구호하기를 좋아한다면, 저는 그의 앞에 사천왕(四天王)의 몸을 나투어 그를 위해 설법하고 그로 하여금 성취하게 하겠습니다."1280)

37. 11) 〔사천왕국 태자의 몸〕 "만약 여러 뭇삶이 천궁에 태어나서 귀신을 부리기를 좋아한다면, 저는 그의 앞에 사천왕국 태자의 몸을 나투어 그를 위해 설법하고 그로 하여금 성취하게 하겠습니다."1281)

38. 12) 〔왕의 몸〕 "만약 여러 뭇삶이 사람의 주인이 되기를 좋아한다면, 저는 그의 앞에 왕의 몸을 나투어 그를 위해 설법하고 그로 하여금 성취하게 하겠습니다."1282)

39. 13) 〔장자의 몸〕 "만약 여러 뭇삶이 가문의 주인이 되기를 좋아한다면, 저는 그의 앞에 장자의 몸을 나투어 그를 위해 설법하고 그로 하여금 성취하게 하겠습니다."1283)

40. 14) 〔거사의 몸〕 "만약 여러 뭇삶이 명언을 담론하며 청정하게

1279) 若諸衆生愛統鬼神救護國土. 我於彼前現天大將軍身. 而爲說法令其成就: 천대장군은 제석천의 상장(上將) 또는 천상의 역사(力士) 또는 위타천(韋陀天)이라는 해석이 있지만, 범어문헌에서는 Cakravartirāja 즉, 전륜왕(轉輪王)을 뜻한다.

1280) 若諸衆生愛統世界保護衆生. 我於彼前現四天王身. 而爲說法令其成就: 사천왕은 욕계육천(欲界六天)의 제1천의 신들로 수미산의 사대륙을 수호하는 신들이다. 동방의 지국천왕(持國天王: Dhṛtarāṣṭra), 남방의 증장천왕(增長天王: Virūḍhaka), 서방의 광목천왕(廣目天王: Virūpākṣa), 북방의 다문천왕(多聞天王: Vaiśravaṇa)이다.

1281) 若諸衆生愛生天宮驅使鬼神. 我於彼前現四天王國太子身. 而爲說法令其成就; Unh. 244에 따르면, 사천왕의 태자는 각각 91명씩인데, 각각 귀신을 부린다고 한다.

1282) 若諸衆生樂爲人主. 我於彼前現人王身. 而爲說法令其成就.

1283) 若諸衆生愛主族姓世間推讓. 我於彼前現長者身. 而爲說法令其成就.

살기를 좋아한다면, 저는 그의 앞에 왕의 거사의 몸을 나투어 그를 위해 설법하고 그로 하여금 성취하게 하겠습니다."[1284]

41. 15) 〔재상의 몸〕 "만약 여러 뭇삶이 국토를 여러 도읍으로 나누어 통치하기를 좋아한다면, 저는 그의 앞에 재상의 몸을 나투어 그를 위해 설법하고 그로 하여금 성취하게 하겠습니다."[1285]

42. 16) 〔바라문의 몸〕 "만약 여러 뭇삶이 온갖 술수로 자신을 지키며 살기를 좋아한다면, 저는 그의 앞에 바라문의 몸을 나투어 그를 위해 설법하고 그로 하여금 성취하게 하겠습니다."[1286]

43. 17) 〔수행승의 몸〕 "만약 어떤 남자가 배움을 좋아하여 출가한 뒤에 온갖 계율을 지키려 한다면, 저는 그의 앞에 수행승의 몸을 나투어 그를 위해 설법하고 그로 하여금 성취하게 하겠습니다."[1287]

44. 18) 〔수행녀의 몸〕 "만약 어떤 여자가 배움을 좋아하여 출가한 뒤에 온갖 계율을 지키려 한다면, 저는 그의 앞에 수행녀의 몸을 나투어 그를 위해 설법하고 그로 하여금 성취하게 하겠습니다."[1288]

45. 19) 〔청신사의 몸〕 "만약 어떤 남자가 다섯 가지 계행을 지키기를 좋아한다면, 저는 그의 앞에 청신사의 몸을 나투어 그를 위해 설법하고 그로 하여금 성취하게 하겠습니다."[1289]

1284) 若諸衆生愛談名言淸淨其居. 我於彼前現居士身. 而爲說法令其成就.

1285) 若諸衆生愛治國土剖斷邦邑. 我於彼前現宰官身. 而爲說法令其成就.

1286) 若諸衆生愛諸數術攝衛自居. 我於彼前現婆羅門身. 而爲說法令其成就: Unh. 244에 따르면, 술수는 점상(占相), 천문(天文), 지리(地理), 위생(衛生), 의사(醫師) 등을 말하는 것이다.

1287) 若有男子好學出家持諸戒律. 我於彼前現比丘身. 而爲說法令其成就.

1288) 若有女子好學出家持諸禁戒. 我於彼(129a)前現比丘尼身. 而爲說法令其成就.

1289) 若有男子樂持五戒. 我於彼前現優婆塞身. 而爲說法令其成就.

46. 20) 〔청신녀의 몸〕 "만약 어떤 여자가 다섯 가지 계행을 지키며 살려고 한다면, 저는 그의 앞에 청신녀의 몸을 나투어 그를 위해 설법하고 그로 하여금 성취하게 하겠습니다."[1290]

47. 21) 〔황후의 몸〕 "만약 어떤 여인이 정사를 돌보아 입신하여 나라와 가문을 다스려 입신하려 한다면, 저는 그의 앞에 황후의 몸이나, 제후부인이나 정경부인이나 귀부인의 몸을 나투어 그를 위해 설법하고 그로 하여금 성취하게 하겠습니다."[1291]

48. 22) 〔동남의 몸〕 "만약 어떤 뭇삶이 남근을 파괴하지 않으려고 한다면, 저는 그의 앞에 동남의 몸을 나투어 그를 위해 설법하고 그로 하여금 성취하게 하겠습니다."[1292]

49. 23) 〔동녀의 몸〕 "만약 어떤 여자가 처녀의 몸을 침범당하지 않기를 바란다면, 저는 그의 앞에 동녀의 몸을 나투어 그를 위해 설법하고 그로 하여금 성취하게 하겠습니다."[1293]

50. 24) 〔천신의 몸〕 "어떤 여러 하늘사람이 하늘의 무리에서 벗어나려고 한다면, 저는 그의 앞에 천신의 몸을 나투어 그를 위해 설법하고 그로 하여금 성취하게 하겠습니다."[1294]

1290) 若復女子五戒自居. 我於彼前現優婆夷身. 而爲說法令其成就.

1291) 若有女人內政立身以修家國. 我於彼前現女主身. 及國夫人命婦大家. 而爲說法令其成就; Unh. 245에 따르면, 여주(女主)는 황후, 국부인(國夫人)은 제후의 부인, 명부(命婦)는 벼슬에 따라 직위를 받는 여인이니 정경부인(貞敬夫人)이나 숙부인(淑夫人) 등을 말하고 대가(大家)는 특정한 귀부인을 지칭했는데, 일반적으로 쓰인 것이다.

1292) 若有衆生不壞男根. 我於彼前現童男身. 而爲說法令其成就 : Unh. 246에 따르면, 동남(童男)은 일생동안 여색을 범하지 않은 남자를 지칭한다.

1293) 若有處女愛樂處身不求侵暴. 我於彼前現童女身. 而爲說法令其成就: Unh. 246에 따르면, 동녀는 일생동안 견정자수(堅貞自守)하여 남성을 가까이 하지 않은 여자를 뜻한다.

1294) 若有諸天樂出天倫. 我現天身而爲說法令其成就.

51. 25) 〔용의 몸〕 "어떤 여러 용이 용의 무리에서 벗어나려고 한다면, 저는 그의 앞에 용의 몸을 나투어 그를 위해 설법하고 그로 하여금 성취하게 하겠습니다."1295)

52. 26) 〔야차의 몸〕 "어떤 야차가 본래의 무리에서 벗어나려고 한다면, 저는 그의 앞에 야차의 몸을 나투어 그를 위해 설법하고 그로 하여금 성취하게 하겠습니다."1296)

53. 27) 〔건달바의 몸〕 "어떤 건달바가 본래의 무리에서 벗어나려고 한다면, 저는 그의 앞에 건달바의 몸을 나투어 그를 위해 설법하고 그로 하여금 성취하게 하겠습니다."1297)

54. 28) 〔아수라의 몸〕 "어떤 아수라가 본래의 무리에서 벗어나려고 한다면, 저는 그의 앞에 아수라의 몸을 나투어 그를 위해 설법하고 그로 하여금 성취하게 하겠습니다."1298)

1295) 若有諸龍樂出龍倫. 我現龍身而爲說法令其成就.

1296) 若有藥叉樂度本倫. 我於彼前現藥叉身. 而爲說法令其成就: 야차(夜叉: Yakṣa)는 용건(勇健), 첩질귀(捷疾鬼)라고 번역하는데, 숲이나 산록에나 버려진 동굴과 같은 멀리 떨어진 장소에서 사는 비인간(非人間)으로 아귀보다는 약간 높은 단계의 귀신으로 인간과 건달바 사이에 존재하는 무서운 귀신들을 말한다. 유령, 도깨비, 요정, 괴물이 여기에 속한다. 그들은 소름끼치는 얼굴을 하고 있으며, 화를 잘 내는 성격을 갖고 있지만, 제물을 그들에게 바치고 존경을 표시하면, 자비로워져서 사람을 해치기보다는 오히려 보호한다.

1297) 若乾闥婆樂脫其倫. 我於彼前現乾闥婆身. 而爲說法令其成就: 건달바(乾達婆: gandharva)는 심향(尋香), 식향(食香)이라고 한다. 용이나 금시조와 아울러 불교와 베다 시대의 민속이 결합되어 있음을 보여 주는 증거이다. 우리말로 건달(乾達)이라고 하는 말은 여기서 나왔으며, 불교에서는 사천왕(四天王)의 지배를 받는 하늘의 음악가들로 신들 가운데 최하층의 신들에 편입되었다. 이들과 짝이 되는 하늘의 여자 음악가는 압싸라쓰(apsaras, accharā)라고 부르는 요정이다. 수행승이 이 건달바의 세계에 환생하는 것은 불명예로 여겨졌다.

1298) 若阿修羅樂脫其倫. 我於彼前現阿修羅身. 而爲說法令其成就: 아수라(阿修羅: Asura)들은 비천(非天), 부단정(不端正)으로 번역되는데, 신들의 적대자로 인간계와 아귀계 사이에 존재하지만, 서른셋 신들의 하늘나라의 근처에 있다가 자주 신들에게

55 29) 〔긴나라의 몸〕 "어떤 긴나라가 본래의 무리에서 벗어나려고 한다면, 저는 그의 앞에 긴나라의 몸을 나투어 그를 위해 설법하고 그로 하여금 성취하게 하겠습니다."1299)

56 30) 〔마호라가의 몸〕 "어떤 마호라가가 본래의 무리에서 벗어나려고 한다면, 저는 그의 앞에 마호라가의 몸을 나투어 그를 위해 설법하고 그로 하여금 성취하게 하겠습니다."1300)

57 31) 〔사람의 몸〕 "여러 뭇삶이 수행하는 사람을 좋아한다면, 저는 그의 앞에 사람의 몸을 나투어 그를 위해 설법하고 그로 하여금 성취하게 하겠습니다."1301)

58 32) 〔기타의 몸〕 "온갖 존재로서 비인(非人)이거나 형제가 있거나 형체가 없는 것이나, 지각이 있는 것이나 지각이 없는 것이 본래의 무리에서 벗어나려고 한다면, 저는 그의 앞에 그러한 몸을 나투어 그를 위해 설법하고 그로 하여금 성취하게 하겠습니다."1302) 이것을 모든 국토에 들어갈 수 있는 묘정한 서른두 가지 응신이라고 하는데, 모두가 문훈문수금강삼매(聞薰聞修金剛三昧)의 무작묘

전쟁을 일으키는 무리를 말한다. 아수라들은 굉장한 무기를 갖추고 상대방을 정복하고 정복한 영토를 지배하려는 존재들이다.

1299) 若緊那羅樂脫其倫. 我於彼前現緊陀羅身. 而爲說法令其成就: 긴나라(緊那羅: Kiṃnara)는 의인(擬人), 인비인(人非人)이라고 번역하는데, 꾸베라(Kubera)신을 섬기고 반인반수(半人半獸)로서 가무를 즐기는 존재이다.

1300) 若摩呼羅伽樂脫其倫. 我於彼前現摩呼羅伽身. 而爲說法令其成就: 마호라가(摩呼羅伽: Mahoraga)는 대복행(大腹行), 또는 대복행용(大腹行龍)이라고 번역하는데, 몸은 사람이고 머리는 뱀인 존재이다.

1301) 若諸衆生樂人修人. 我現人身而爲說法令其成就.

1302) 若諸非人有形無形. 有想無想樂度其倫. 我於彼前皆現其身. 而爲說法令其成就: 비인(非人: amanuṣya)에는 신, 야차, 나찰, 다나바, 건달바, 긴나라, 마호라가(deva·yakṣa·rākṣasa·dānava·kiṃnara·mahoraga) 등이 있다.

력(無作妙力)에 의해서 자재하게 성취되는 것입니다."1303)

59. 〔열네 가지 무외공덕〕 "세존이시여, 저는 이 문훈문수금강삼매의 무작묘력으로 시방삼세의 육도에 있는 일체 뭇삶과 더불어 동일한 자비를 원하는 소망이 같아졌으므로, 모든 뭇삶으로 하여금 저의 몸과 마음에서 열네 가지 무외공덕 즉, 십사무외공덕(十四無畏功德)을 얻게 하였습니다."1304)

60. 1) "첫째, 제가 스스로 음성을 관찰하지 않고 관찰하는 자를 관찰함으로써, 저 시방의 고뇌하는 뭇삶들로 하여금, 제가 그 뭇삶의 음성을 관하여, 해탈을 얻게 하였습니다."1305)

61. 2) "둘째, 지견을 되돌려 모든 뭇삶으로 하여금 설사 큰 불속에 들어간다고 하여도 그 불이 태우지 못하게 하였습니다."1306)

62. 3) "셋째, 청문을 관하는 것을 되돌려, 모든 뭇삶으로 하여금 큰물에 표류한다고 하여도 그 물에 빠지지 않게 하였습니다."1307)

63. 4) "넷째, 망상을 끊어 없앰으로써 마음속에 살해의 뜻이 없어 모든 뭇삶으로 하여금 귀신의 세계에 들어가더라도 귀신이 해칠 수 없게 하였습니다."1308)

1303) 是名妙淨三十二應入國土身. 皆以三昧聞薰聞修. 無作妙力自在成就.

1304) 世尊我復以此聞薰聞修金剛三昧無作妙力. 與諸十方三世六道. 一切衆生同悲仰故. 令諸衆生於我身心. 獲十四種無畏功德: 열네 가지 무외공덕은 아래서 설해진다.

1305) 一者由我不自觀音以觀觀者. 令彼十方苦惱衆生. 觀其音聲卽得解脫: Unh. 248에 따르면, 성진(聲塵)을 일으킨 지견을 따르지 않고 도문기(倒聞機)를 돌려서 자성(自性)을 반조하여, 고뇌중생으로 하여금 그 중생의 음성을 관하여 해탈을 얻게 한다.

1306) 二者知見旋復. 令(129b)諸衆生設入大火火不能燒: Unh. 248에 따르면, 견각(見覺)이 불에 접촉하였으므로 지견을 돌이켜 회복하면 불이 태우지 못한다.

1307) 三者觀聽旋復. 令諸衆生大水所漂水不能溺: Unh. 248에 따르면, 관청(觀聽)은 물에 속하므로 청문을 돌이켜 회복하면 물이 빠뜨리지 못한다.

1308) 四者斷滅妄想心無殺害. 令諸衆生入諸鬼國鬼不能害.

64. 5) "다섯째, 청문을 훈습하여 청문을 이루어[1309] 여섯 감관을 녹여내어 다시 소리의 청문과 같아져서[1310] 뭇삶으로 하여금 피해를 당하더라도 칼이 동강동강 부러져, 마치 칼과 창이 물을 베는 것과 같이, 또한 마치 빛을 바람이 부는 것과 같이, 성품이 동요하지 않게 하였습니다."[1311]

65. 6) "여섯 번째, 청문을 훈습하여 정명하게 법계를 두루 비추어 바로 모든 어두운 성품이 사라지게 하여, 뭇삶으로 하여금 야차와 나찰과 꿈반다와 삐사짜와 뿌따나 등이 비록 가까이 있더라도 눈으로 보지 못하게 하였습니다."[1312]

66. 7) "일곱 번째, 소리의 성품이 완전히 사라지게 하여 청문을 관찰하여 돌이켜 들어가,[1313] 경계의 허망을 떠나게 하여, 모든 뭇삶으로 하여금 포승이나 쇠사슬이 몸에 붙지 못하게 하였습니다."[1314]

67. 8) "여덟 번째, 소리가 사라지고 청문이 원만해지고 자비의 힘이 두루 생겨나게 하여, 뭇삶으로 하여금 험로를 지나면서도 도적

1309) 薰聞成聞 : Unh. 249에 따르면, 반문(反聞)할 때에는 본각(本覺)의 진문(眞聞)이 안으로 망문(妄聞)을 훈습하여 순진한 문성(聞性)을 이룬다.

1310) 同於聲聽 : Unh. 249에 따르면, 소리와 문성(聞性)이 모두 동일하게 형상이 없는 것이다.

1311) 五者薰聞成聞. 六根銷復同於聲聽. 能令衆生臨當被害刀段段壞. 使其兵戈猶如割水. 亦如吹光性無搖動.

1312) 六者聞薰精明明遍法界. 則諸幽暗性不能全. 能令衆生藥叉羅刹鳩槃茶鬼. 及毘舍遮富單那等. 雖近其傍目不能視 : 나찰(羅刹: Rākṣasa)은 속질귀(速疾鬼)라는 악귀의 일종이고, 꿈반다(Kumbhāṇḍa)는 옹형귀(甕形鬼), 삐사짜(Piśāca)는 전광귀(癲狂鬼) 또는 식혈귀(食血鬼), 뿌따나(Pūtana)는 취귀(臭鬼)라고 번역된다.

1313) 音性圓銷. 觀聽返入 : Unh. 250에 따르면, 성진(聲塵)이 민멸(泯滅)하고 청각의 감관(耳根)이 민멸하는 것이다.

1314) 七者音性圓銷. 觀聽返入離諸塵妄. 能令衆生禁繫枷鎖所不能著.

이 겁탈하지 못하게 하였습니다."[1315]

68. 9) "아홉 번째, 청문을 훈습하여 경계를 여의어, 색욕이 겁탈하지 못하여 하여, 모든 음욕이 많은 뭇삶으로 하여금 탐욕을 멀리 여의게 하였습니다."[1316]

69. 10) "열 번째, 소리가 순일해지고 경계가 없어져서 감관과 경계가 융합하여 주객이 사라져서 분노와 원한을 지닌 뭇삶으로 하여금 온갖 성냄에서 벗어나게 하였습니다."[1317]

70. 11) "열한 번째, 경계가 사라져서 광명으로 돌아가 법계와 몸과 마음이 유리처럼 맑아져서 투명하고 걸림이 없게 하여, 일체의 어둡고 어리석은 성품의 장애를 지닌 아띠얀띠까[1318]로 하여금 캄캄한 어둠에서 영구히 떠나게 하였습니다."[1319]

71. 12) "열두 번째, 형체가 융화되어 청문을 회복하고 도량에서 움직이지 않고 세간을 끌어들이되, 세계를 손괴하지 않고 시방에 두루 편재하면서, 미진처럼 많은 여래이신 부처님을 공양하고 각각 부처님 곁의 법왕자가 되어, 법계에 자식 없는 뭇삶으로 하여금 아들을 구하고자 하면 복덕과 지혜를 갖춘 아들을 낳게 하였습니다."[1320]

72. 13) "열세 번째, 여섯 감관이 원통하여 무이(無二)의 광명을

1315) 八者滅音圓聞遍生慈力. 能令衆生經過嶮路賊不能劫.

1316) 九者薰聞離塵色所不劫. 能令一切多婬衆生遠離貪欲.

1317) 十者純音無塵. 根境圓融無對所對. 能令一切忿恨衆生離諸嗔恚.

1318) Ātyantika : 음사하여 아전가(阿顚迦 = 阿顚底迦)라고 하는데, 필경(畢竟)이라고 번역하는데, 열반을 원하지 않아 영원히 성불할 수 없는 중생을 말한다.

1319) 十一者銷塵旋明法界身心. 猶如琉璃朗徹無礙. 能令一切昏鈍性障. 諸阿顚迦永離癡暗.

1320) 十二者融形復聞. 不動道場涉入世間. 不壞世界能遍十方. 供養微塵諸佛如來. 各各佛邊爲法王子. 能令法界無子衆生. 欲求男者誕生福德智慧之男.

비추어 시방세계를 머금고 대원경지(大圓鏡智)[1321]와 공여래장(空如來藏)[1322]을 세워, 시방의 미진만큼 많은 여래의 비밀한 법문을 이어받아 잃지 않고, 법계에 자식 없는 뭇삶으로 하여금 딸을 구하고자 하면 단정과 복덕 있고 유순하여 사람들이 사랑하고 존경하는, 모습이 훌륭한 딸을 낳게 하였습니다."[1323]

73. 14) "열네 번째, 이 삼천대천세계(三千大千世界)[1324]에는 100억의 일월[1325]이 있고, 현재 이 세간에 살고 있는 법왕자는 62항하사 숫자만큼 많이 있는데, 법을 닦고 모범을 보이고 뭇삶을 교화하고 뭇삶을 수순하는 방편과 지혜가 각각 같지 않습니다.[1326] 제가 얻은 이근원통의 본래 감관에 관한 한, 승묘한 청각의 감관이 발현된 연후에, 몸과 마음이 미묘하게 함용하여 법계에 두루 퍼지면, 뭇삶으로 하여금 저의 이름만 지녀도, 저 62항하사 숫자만큼 많은 모든 법왕자와 함께 지니는 것이 되어, 두 사람의 복

1321) 大圓鏡智 : 제8식인 아뢰야식(阿賴耶識)의 전식득지(轉識得智)이다.

1322) 空如來藏 : Unh. 251에 따르면, 여러 부처님이 증득한 청정법신(淸淨法身)의 본체로 여래의 무량한 공덕을 지니고 있음으로 여래장(如來藏)이라고 하고, 번뇌와 상응하지 않으므로 공(空)이라고 한다.

1323) 十三者六根圓通. 明照無二含十方界. 立大圓鏡空如來藏. 承順十方微塵如來. 祕密法門受領無失. 能令法界無子衆生. 欲求女者誕生端正福德柔順. 衆人愛敬有相之女.

1324) 三千大天世界 : 수미산을 중심으로 구산팔해(九山八海)가 있고 사방에 사대주(四大洲)가 있다. 위로는 미세한 물질계의 초선천에서 아래로는 대지의 풍륜이 있고, 그 바깥 주위에는 철위산(鐵圍山)이 있는데, 이것을 하나의 세계[四天下]라고 하고, 그 세계를 천 개 모은 것을 소천(小千)세계라고 하고, 소천세계를 천 개 모은 것을 중천(中千) 세계, 중천세계를 천 개 모아서 대천세계(大千世界)라고 한다. 이 대천세계는 천을 세 번 곱한다고 하여 삼천대천세계라고도 하는 것이다. 천의 삼승(三乘)의 세계, 곧 십억(十億)의 세계이다.

1325) 百億日月 : Unh. 252에 따르면, 삼천대천세계에 10억의 일월이 있으나, 중등수(中等數)에서는 백진(百進)이므로 100억의 일월이 된다.

1326) 十四者此三千大千世界百億日月. 現住世間諸法王子. 有六十二恒河沙數修法垂範. 教化衆生隨順衆生. 方便智慧各各不同.

덕이 평등하여 다름이 없게 되는 것입니다. 세존이시여, 저 한 사람의 이름이 저 많은 사람의 이름과 다르지 않은 것은 제가 닦아 익힌 참다운 원통을 닦은 연고입니다. 이것이 열네 가지 무외공덕의 힘을 베풀어 뭇삶에게 복을 주고 돕는 것이라고 하는 것입니다."1327)

74. 〔네 가지 부사의〕 세존이시여, 저는 또한 이러한 원통을 얻고 위없는 도를 증득하였으므로 네 가지 부사의〔四不思議〕인 무작묘덕(無作妙德)을 얻었습니다.1328)

75. 1) 〔현용부사의(現容不思議)〕 "첫째는 제가 처음으로 묘묘한 청문의 마음1329)을 얻어, 마음이 정미로워지고 청문이 버려져서 보고, 듣고, 지각하는 것이 나누어지지 않게 되었고, 한결같이 원융하고 청정한 보각(寶覺)을 이루었기 때문에 여러 가지 승묘한 용모를 나툴 수 있게 되었고, 가이 없는 비밀한 신주(神呪)를 설할 수 있게 되었습니다. 그 가운데 때로는 하나, 셋, 다섯, 일곱, 아홉, 열하나의 머리〔首〕, 이와 같이 해서 내지 백팔, 천, 만, 팔만사천의 차크라1330) 머리를 나투기도 합니다. 때로는 둘, 넷, 여섯, 여덟,

---

1327) 由我所得圓通本根發妙耳門. 然後身心微妙含容遍周法界. 能令衆生持我名號. 與彼共持六十二恒河沙諸法王子. 二(129c)人福德正等無異. 世尊我一號名與彼衆多名號無異. 由我修習得眞圓通. 是名十四施無畏力福備衆生.

1328) 世尊我又獲是圓通修證無上道故. 又能善獲四不思議無作妙德: Unh. 252에 따르면, 무작묘덕이란 유위의 작의로 되는 것이 아닌, 임운(任運)으로 자재성취하는 묘덕을 말한다.

1329) 妙妙聞心 : Unh. 252에 따르면, 반문(反聞)할 때의 청문은 시각(始覺)이고, 자성(自性)의 성품은 본각(本覺)인데 시각과 본각이 합일하여 둘 다 묘하게 되었으므로 묘묘한 청문의 마음이 되었다.

1330) Cakra : 원문의 삭가라(爍迦囉)는 범어 Cakra를 음사한 것인데, 짜끄라라고 발음 되지만 '차크라'로 관행적으로 알려져 있으므로 차크라라고 음사한다. 수레바퀴(輪). 금강(金剛). 정진(精進)의 뜻이 있지만, 여기서는 '견고하여 파괴되지 않는 것'이라는 의미로 쓰였다.

열, 열둘, 열넷, 열여섯, 열여덟, 스물, 스물넷의 팔〔臂〕, 이와 같이 해서 내지 백팔, 천, 만, 팔만사천의 무드라의 팔을 나투기도 합니다. 때로는 둘, 셋, 넷, 아홉의 눈〔眼〕, 이와 같이 해서 내지 백팔, 천, 만, 팔만사천의 청정보배의 눈을 나투기도 하는데, 때로는 자비로, 때로는 위엄으로, 때로는 삼매로, 때로는 지혜로 뭇삶을 구호하고 대자재를 얻습니다."1331)

76. 2) 〔설주부사의(說呪不思議)〕 "두 번째는 제가 청문하고 사유하는 것으로 여섯 경계〔六塵〕를 벗어나, 마치 소리가 담장을 넘어가듯, 걸림이 없게 되었으므로, 저의 묘능이 가지가지 형상을 나투고 가지가지 다라니를 지송하니, 그 형상과 그 다라니를 무외(無畏)를 통해 중생에게 베푸는 것이므로, 시방의 미진처럼 많은 국토에서 저를 무외를 베푸는 자라고 부릅니다."1332)

77. 3) 〔수공부사의(受供不思議)〕 "셋째, 제가 본래 승묘하고 원통(圓通)하고 청정한 본래의 감관〔本根〕을 닦고 익혔기 때문에, 제가 가는 세계의 곳곳마다 모든 뭇삶으로 하여금 몸과 진귀한 보물을 버리게 하고 저에게 애민을 구하도록 하였습니다."1333)

1331) 一者由我初獲妙妙聞心心精遺聞. 見聞覺知不能分隔. 成一圓融淸淨寶覺. 故我能現衆多妙容. 能說無邊祕密神咒. 其中或現一首三首. 五首七首九首十一首. 如是乃至一百八首. 千首萬首八萬四千爍迦囉首. 二臂四臂六臂八臂. 十臂十二臂十四十六. 十八二十至二十四. 如是乃至一百八臂千臂萬臂. 八萬四千母陀羅臂. 二目三目四目九目. 如是乃至一百八目千目萬目. 八萬四千淸淨寶目. 或慈或威或定或慧. 救護衆生得大自在.

1332) 二者由我聞思脫出六塵. 如聲度垣不能爲礙. 故我妙能現一一形. 誦一一咒. 其形其咒. 能以無畏施諸衆生. 是故十方微塵國土. 皆名我爲施無畏者: 무외시(無畏施)는 재시(財施), 법시(法施')와 더불의 삼시(三施) 가운데 하나로 계행을 지키는 자가 뭇삶에게 아무것도 두려워할 것이 없다는 것을 확신시켜 주는 것이다.

1333) 三者由我修習本妙圓通淸淨本根. 所遊世界. 皆令衆生. 捨身珍寶求我哀愍: Unh. 254에 따르면, 본래의 감관[本根]이 청정하져지면 일체의 애착이 없어져서, 중생으로 하여금 몸과 귀중한 보물을 버리게 한다,

78. 4) 〔여공부사의(與供不思議)〕 "넷째는 제가 구경의 불심을 증득하여 여러 가지 진귀한 보배로 시방의 여래와 법계의 육도중생에게 종종 공양을 할 수 있었습니다. 저는 그들이 아내를 구하면 아내를 얻게 하고, 아들을 구하면 아들을 얻게 하고, 삼매를 구하면 삼매를 얻게 하고, 장수를 구하면 장수를 얻게 하고, 이와 같이 해서 대열반을 구하면 대열반을 얻게 하였습니다.1334) 부처님께서 여쭈시니, 원통에 관한 한, 저는 청각의 감관으로 원만히 비추는 삼매를 좇아 반연하는 마음이 자재하여서 진리의 흐름에 들어가 삼매를 얻어 보리를 성취하면 이것이 으뜸이라고 생각합니다. 세존이시여, 저 여래이신 부처님께서는 제가 원통법문을 얻은 것을 찬탄하시고 크나큰 모임에서 저에게 '관세음'이라는 호칭을 수기하셨으니, 제가 청문을 관함으로써 시방이 원명해진 까닭에 관세음의 이름이 시방세계에 편재하게 되었습니다."1335)

79. 그때 세존께서 사자좌에서 그 오체로부터 동시에 보배로운 광명을 놓으시니, 시방의 미진처럼 많은 여래, 법왕자 그리고 보살의 정수리를 멀리 비추어 관정했다. 저 모든 여래도 역시 오체로부터 동시에 보배로운 광명을 놓으시니, 미진처럼 많은 곳을 거쳐 와서 부처님의 정수리를 비추어 관정했고, 아울러 그 모임의 모든 대보살과 거룩한 님에게 까지 비추어 관정했다. 숲, 나무, 연못, 늪지에 모두 법음이 스며들고 광명이 교차되니 보배로운 실로 엮은 그물과

1334) 四者我得佛心證於究竟. 能以珍寶種種供養十方如來. 傍及法界六道衆生. 求妻得妻求子得子. 求三昧得三昧. 求長壽得長壽. 如是乃至求大涅槃得大涅槃.

1335) 佛問圓通我從耳門圓照三昧. 緣心自在因入流相. 得三摩提成就菩提斯爲第一. 世尊彼佛如來. 歎我善得圓通法門. 於大會中授記我爲觀世音號. 由我觀聽十方圓明. 故觀音名遍十方界

같았다. 그 모든 대중은 일찍이 없었던 것을 얻었으며 모두가 금강삼매를 얻었다. 바로 그때 하늘에서 백 가지 보련화의 비를 내리니, 푸르거나 노랗거나 붉거나 하얀 빛이 사이사이 섞여 찬란하게 빛나 시방의 허공이 칠보의 색깔을 이루자, 이 사바세계와 대지산하가 함께 사라졌고, 오직 시방의 미진처럼 많은 국토가 하나의 세계로 합해서 보일 뿐이었고, 범패(梵唄)[1336]와 영가(詠歌)[1337]만이 저절로 연주되었다.[1338]

80. 〔문수보살의 선택〕 그때 여래께서 문수사리법왕자(文殊師利法王子)에게 말씀하셨다. 〔세존〕 "그대는 지금 이 스물다섯 명의 대보살 내지 거룩한 님을 관찰해 보라. 각자가 최초의 성도를 이룬 방법을 설하였는데, 그들은 모두가 진실한 원통을 닦았다고 했다. 그들의 수행은 실제로 우열도 없고 앞뒤의 차별이 없다. 나는 지금 아난다로 하여금 깨닫게 하고자 하는 것이다. 스물다섯 가지 수행 가운데 어떤 것이 그의 근기에 맞는 것인가? 아울러 내가 멸도한 뒤에 이 세계의 뭇삶들이 보살승에 들어가서 위없는 도를 구하려한다면, 어떠한 방법으로 해야 쉽게 성취할 수 있겠는가?" 문수사리법왕자가 부처님의 자애로운 뜻을 받들어 바로 자리에서 일어나 부처님의 발에 머리를 조아려 예경하고 부처님의 위엄과 신비를 받들어

1336) 梵唄 : 원어가 Brahmabhāṣā라고 하지만, 어원은 불분명하다. 부처님은 빠알리율에서 바라문성조로 독송하는 것을 금했으나, Unh. 255에 따르면, 소리를 길게 하여 찬탄하는 것은 심신의 피로를 풀고 기억을 되살리므로 허락하였다고도 전한다.

1337) 詠歌 : 부처님이나 고승의 덕을 기리며 부르는 화찬(和讚)을 뜻한다.

1338) 爾時世尊於師子座. 從其五體同放寶光. 遠(130a)灌十方微塵如來. 及法王子諸菩薩頂. 彼諸如來亦於五體同放寶光. 從微塵方來灌佛頂. 幷灌會中諸大菩薩及阿羅漢. 林木池沼皆演法音. 交光相羅如寶絲網. 是諸大衆得未曾有. 一切普獲金剛三昧. 卽時天雨百寶蓮華. 靑黃赤白間錯紛糅. 十方虛空成七寶色. 此娑婆界大地山河俱時不現. 唯見十方微塵國土合成一界. 梵唄詠歌自然數奏.

부처님께 시로써 대답했다.[1339]

81. 〔문수사리의 답변〕

"각해(覺海)는 본성이 맑고 원만하고
원만한 밝은 깨달음 원래 승묘하다.
원래의 밝음을 비추어 경계가 생겨난다.
경계가 성립하면 비추는 성품이 사라진다.[1340]

미혹과 허망에서 허공이 생겨나고
허공을 의지하여 세계가 성립되었다.
망상이 맑아져서 국토를 이루고
분별의 지각으로 뭇삶도 생겨났다.[1341]
대각(大覺) 가운데 허공이 생겨난 것이지만,
마치 바다에 한 물거품이 일어난 듯,
번뇌로 가득한, 미진처럼 많은 국토가
모두가 이 허공을 좇아 생겨난 것이다."[1342]

1339) 於是如來告文殊師利法王子. 汝今觀此二十五無學諸大菩薩及阿羅漢. 各說最初成道方便. 皆言修習眞實圓通. 彼等修行實無優劣前後差別. 我今欲令阿難開悟. 二十五行誰當其根. 兼我滅後此界衆生. 入菩薩乘求無上道. 何方便門得易成就. 文殊師利法王子奉佛慈旨. 卽從座起頂禮佛足. 承佛威神說偈對佛.

1340) 覺海性澄圓/圓澄覺元妙/元明照生所/所立照性亡// Unh. 256에 따르면, 불성을 지각하여 체가 되고 그 양이 심오하고 광대하므로 '각해'라고 하는데, 그것은 맑고 고고요하고 원융하여 원래의 밝은 성품에서 허망하게 비추는 작용을 내어 경계[所]의 모습을 나투고, 모습[相]이 있으면 정(情)에 당하고, 모습이 없으면 비추는 성품이 없어진다.

1341) 迷妄有虛空/依空立世界/想澄成國土/知覺乃衆生// Unh. 257에 따르면, 무명에 의지하여 허공이 먼저 나타나고, 흑암이 허공이 되고 허공이 흑암가운데 어둠과 결합하여 물질이 되었고, 망상이 응결하여 무정(無情)의 국토가 되었고, 망식으로 지각하는 것이 유정(有情)을 이루었다.

1342) 空生大覺中/如海一漚發/有漏微塵國/皆從空所生//

82. 〔다양한 방편문〕

"물거품이 스러지면 허공 또한 없는 것인데
하물며 세 가지 존재가 어디에 있을 것인가?
근원으로 돌아가면 성품이 둘이 없으나
방편으로는 여러 가지 문이 있다.[1343)]

성현의 성품으론 원통하지 않음이 없고
순역의 수행이 모두 그 방편이지만,
초심자가 삼매에 들려고 할 때에는
느리고 빠름이 있어 함께 견줄 수 없다."[1344)]

83. 〔여섯 경계로 인한 원통(六塵圓通)〕

"형상의 경계〔色塵〕란 망상이 맺혀진 것
심정(心情)으로 알려면 뚫지 못하리.
그와 같은 밝지 못한 꿰뚫음으로
어떻게 원통을 얻는다고 하겠는가?[1345)]

음성이 뒤섞이어 언어가 되었고,
단지 명칭과 구절들이 의미를 지닐 뿐,
한 마디 말이 일체를 포함하지 못하니
어떻게 그것으로 원통을 얻으리?[1346)]

1343) 漚滅空本無/況復諸三有/歸元性無二/方便有多門// Unh. 258에 따르면, 세 가지 존재는 삼계(三界)인데, 한 사람이 진(眞)을 나투어 근원으로 돌아가면 삼계와 시방의 허공이 모두 소멸할 것이다.

1344) 聖性無不通/順逆皆方便/初心入三昧/遲速不同倫//

1345) 色想結成塵/精了不能徹/如何不明徹/於是獲圓通// Unh. 258에 따르면, 형상이 망상과 섞이어 장애의 티끌이 결성되었으니, 이 형상의 경계를 심정(心情)으로 요지하려고 하면 꿰뚫을 수 없다.

냄새의 경계란 후각에 연결되어야 알려지고
분리되면 원래부터 있지 않으니,
항상하게 냄새 맡고 아는 것이 아닐지니,
어떻게 그것으로 원통을 얻으리?[1347]

맛보는 성품은 본래 그러한 것이 아니어서
맛보는 그때에만 존재하는 것이니,
그 미각은 본래 한결같지 않은 것인데,
어떻게 그것으로 원통을 얻으리?[1348]

촉각은 감촉의 대상으로써 밝혀지는 것이라
대상이 없으면 감촉을 밝힐 수 없으니,
연결과 분리의 성품이 결정되어 있지 않은데,
어떻게 그것으로 원통을 얻으리?[1349]

사물이란 마음의 경계라고 일컬어지는데
경계에 의지하여 반드시 대상이 되어야 한다.
주객을 건너뛰는 것이 아닌데,
어떻게 그것으로 원통을 얻으리?"[1350]

1346) 音聲雜語言/但伊名句味/(130b)一非含一切/云何獲圓通// Unh. 258에 따르면, 음성은 경직이 있는 소리이고, 언어는 굴곡이 있는 소리이고, 명칭은 자성을 말하고, 구절은 차별을 말하고, 의미는 언어 중에 포함되어 있다.

1347) 香以合中知/離則元無有/不恒其所覺/云何獲圓通//

1348) 味性非本然/要以味時有/其覺不恒一/云何獲圓通//

1349) 觸以所觸明/無所不明觸/合離性非定/云何獲圓通//

1350) 法稱爲內塵/憑塵必有所/能所非遍涉/云何獲圓通// Unh. 260에 따르면, 사실의 티끌인 법진(法塵)은 외오진(外五塵)의 본 바탕이 아니고, 오진(五塵)의 그림자이니, 정신 가운데 있는 내진(內塵)이고, 정신의 감관은 둘이 아니므로 일경(一境)만을 반연하니, 주객이 다 한 장소로 한정되니 어떻게 편섭(遍涉)하겠는가?

84. 〔다섯 감관을 통한 원통(五根圓通)〕

"시각의 성품이 비록 통연하더라도
앞만 보고 뒤는 보지 못하니,
네 사잇방향에서 하나 반이 모자라는데,
어떻게 그것으로 원통을 얻으리?1351)

후각을 통해 숨을 쉬며 들고남에 통하지만,
현전에서 교차하는 기운이 없어
각지 흩어져 후각영역과 교섭이 없거늘
어떻게 그것으로 원통을 얻으리?1352)

미각은 무단(無端)하게 있지 못하거늘,
맛을 인하여 지각이 생기지만,
맛을 잃으면 아무 것도 없는데,
어떻게 그것으로 원통을 얻으리?1353)

촉각이 감촉하는 대상과 동일하고
각각이 뚜렷이 알아보지 못하고,
서로의 한계가 어두워 만날 수가 없으니
어떻게 그것으로 원통을 얻으리?1354)

정신의 감관이란 잡란한 생각이 섞인 것이고
탐닉하면 마침내 보지 못하니

1351) 見性雖洞然/明前不明後/四維虧一半/云何獲圓通//
1352) 鼻息出入通/現前無交氣/支離匪涉入/云何獲圓通//
1353) 舌非入無端/因味生覺了/味亡了無有/云何獲圓通// Unh. 261에 따르면, 미각의 감역은 미진(味塵)이 있어야 생기므로 무단(無端)이 아니고, 미진으로부터 지각이 생기는데, 맛이 없으면 지각이 생기지 않는다.
1354) 身與所觸同/各非圓覺觀/涯量不冥會/云何獲圓通//

허망한 상념을 벗어날 수가 없는데,
어떻게 그것으로 원통을 얻으리?"1355)

85. 〔여섯 의식에 의한 원통(六識圓通)〕

"의식으로 보는 것은 세 가지가 화합한 것,
근본을 따지면 그 자체의 모습은 없다.
자체가 일정한 것이 없는데,
어떻게 그것으로 원통을 얻으리?1356)

마음의 청문은 시방에 통하지만,
크나큰 인연의 힘으로 생긴 것이다.
초심으로는 들어갈 수가 없는데,
어떻게 그것으로 원통을 얻으리?1357)

코를 지각하는 수행은 본래 권교이니,
마음을 거두어 머물게 한 것일 뿐,
머무는 그 마음이 대상에도 머무는데,
어떻게 그것으로 원통을 얻으리?1358)

1355) 知根雜亂思/湛了終無見/想念不可脫/云何獲圓通// Unh. 262에 따르면, 지근(知根)이란 정신의 감관(意根)을 말한다. 여러 의식 가운데는 정신의식이 가장 잡란하여 조복하기 힘들고, 의식의 담연요지(湛然了知)하는 경지는 얻기 어렵고 허망한 상념을 초극하기 힘들다.

1356) 識見雜三和/詰本稱非相/自體先無定/云何獲圓通// Unh. 262에 따르면, 의식으로 보는 것[識見]은 정신의식[意識]을 뜻하고 세 가지란 감관과 경계와 의식(根境識)을 말한다. 밖으로 무정(無情)의 색진(色塵)을 대하고 안으로 분별하는 시각에 의존하여 중간에 상념을 따라 사현(詐現)하는 것이 시각의식[眼識]이니, 이 세 가지 화합은 본래 자체의 모습이 없는 것이고 자체가 결정되어 있지 않은 것이다.

1357) 心聞洞十方/生于大因力/初心不能入/云何獲圓通// Unh. 263에 따르면, 보현보살이 마음의 청문으로 항하사 세계 밖의 일을 아는 것은 법계행(法界行)을 닦은 대인(大因)으로 생겨난 것이니 초심(初心)이 어떻게 들어갈 수 있겠는가?

1358) 鼻想本權機/秖令攝心住/住成心所住/云何獲圓通// Unh. 263에 따르면, 코의 뿌

설법은 음성과 문자로 하는 것이지만,
먼저 깨달음을 이룬 자가 하는 것이다.
이름과 구절은 번뇌를 여읜 것이 아닌데,
어떻게 그것으로 원통을 얻으리?1359)

지계나 범계는 단지 몸의 단속이라,
몸이 아니면 단속될 바가 없으니.
원래 일체처에 두루 편재하지 못하는데,
어떻게 그것으로 원통을 얻으리?1360)

신통은 본래부터 숙인으로 생겨난 것
사물의 분별과는 하등의 관계가 없다.
망념과 망연으로는 물질을 못 떠나는데,
어떻게 그것으로 원통을 얻으리?"1361)

86. 〔일곱 요소를 통한 원통(七大圓通)〕

"만약 땅의 성품으로 관찰해 보면,
견고하게 가로막혀 통달하지 못한다.
유위의 그 성품은 성자의 성품이 아닌데,
어떻게 그것으로 원통을 얻으리?1362)

리[鼻端]에 있는 밝음을 관하라고 한 것은 쑨드라난다의 산란한 마음을 대치하기 위한 권교일 뿐, 진심(眞心)은 머문 바가 없는데, 머문다고 한다면 벌써 허망한 것이다.

1359) 說法弄音文/開悟先成者/名句非無漏/云何獲圓通//

1360) 持犯但束身/非身無所束/元非遍一切/云何獲圓通// Unh. 264에 따르면, 계율을 갖는 것은 몸과 마음을 단속하는 것이고 몸만을 단속하는 것이 아니며, 원통이라는 것은 몸과 세계 그리고 만법에까지 두루 융통해야 한다.

1361) (130c)神通本宿因/何關法分別/念緣非離物/云何獲圓通//

1362) 若以地性觀/堅礙非通達/有爲非聖性/云何獲圓通// Unh. 256에 따르면, 지대(地大)는 견고한 장애를 갖고 있어 통달이 아닌데, 지지보살(持地菩薩)이 흙을 가져다

만약 물의 성품으로 관찰해 보면,
상상의 망념인 것으로 진실한 것이 아니다.
여여한 그대로는 알아보는 것이 아닌데,
어떻게 그것으로 원통을 얻으리?[1363)]

만약 불의 성품으로 관찰해 보면,
싫어하여 떠남은 참다운 여읨이 아니다.
초심자에게도 맞는 방편이 아닌데,
어떻게 그것으로 원통을 얻으리?[1364)]

만약 바람의 성품으로 관찰해 보면,
요동과 적요가 서로 상대하고 있다.
상대가 있으면 위없는 깨달음이 아닌데,
어떻게 그것으로 원통을 얻으리?[1365)]

만약 허공의 성품으로 관찰해 보면,
어둡고 둔한 것은 처음부터 깨달음이 아니다.
깨달음이 없다면 보리와 다른 것인데,
어떻게 그것으로 원통을 얻으리?[1366)]

메우는 것은 유위법(有爲法)이요 성자의 성품이 아니다.

1363) 若以水性觀/想念非眞實/如如非覺觀/云何獲圓通// Unh. 265에 따르면, 달빛이 반사된 물은 상념을 여의지 못하였고 상념은 진실한 것이 아니고, 여여한 원통의 진실체는 분별이나 사유와 숙고와 다른 것이다.

1364) 若以火性觀/厭有非眞離/非初心方便/云何獲圓通// Unh. 256에 따르면, 몸과 마음으로 탐욕을 끊고 끊었다는 생각마저 없어야 참으로 여읜 것인데, 싫어하여 떠나는 것은 참으로 여의는 것이 아니고, 초심자에게도 방편이 되지 못한다.

1365) 若以風性觀/動寂非無對/對非無上覺/云何獲圓通//

1366) 若以空性觀/昏鈍先非覺/無覺異菩提/云何獲圓通// Unh. 266에 따르면, 어두워서 허공이 되었으므로 어둡고 둔한 것이다. 다시 말해서 허공은 아득하고 완고하여 지각(知覺)이 없거늘 보리의 각지(覺知)와 같겠는가?

만약 의식의 성품으로 관찰하면
의식을 관찰해도 상주하지 않는다.
마음을 간직한다고 해도 허망한 것인데,
어떻게 그것으로 원통을 얻으리?[1367)]

모든 형성된 것은 무상한 것이고,
그것을 새기는 그 성품도 생멸하는 것이니,
인지(因地)와 과지(果地)가 지금 다르게 느껴진다면
어떻게 그것으로 원통을 얻으리?"[1368)]

87. 〔관세음보살의 이근원통〕

"저는 지금 세상의 존귀한 님께 사뢰니다.
부처님께서 사바세계에 출현하시어,
여기 가르치는 참된 가르침인
청정은 음성의 청문에 있습니다.[1369)]

삼매에 들어가고자 원한다면,
진실로 청문 가운데로 들어가

1367) 若以識性觀/觀識非常住/存心乃虛妄/云何獲圓通// Unh. 266에 따르면, 능관(能觀)의 관심(觀心)이나, 소관(所觀)의 식성(識性)이 모두 순간순간 천류하면서 무상한 것이니, 초심자가 열심히 유식관(唯識觀)을 하더라도 식무변처정(識無邊處定)에 떨어질 것이고, 지극히 연구하더라도 오직 의식의 다발의 경계로서 담정(湛淨)한 듯하나, 허망할 뿐이다.

1368) 諸行是無常/念性元生滅/因果今殊感/云何獲圓通// 여기서 인지(因地)는 생멸을 새기는 것이고 과지(果地)는 불생불멸의 원통을 얻는 것이지만, 인과가 다르다.

1369) 我今白世尊/佛出娑婆界/此方眞敎體/淸淨在音聞// Unh. 267에 따르면, 부처님께서 가르치시는 교체(敎體)는 세계에 따라 달라서, 어떤 불토에서는 보리수나 원림으로 불사를 짓고, 어떤 불토에서는 고요하고 말이 없고, 향적불국(香積佛國)에서는 천향(泉香)으로 모든 신들 사람들을 계율에 들게 하고, 이 사바세계에서는 음성의 청문으로 바른 삼매에 들게 하므로 음성이 교체이다.

괴로움 벗어나 해탈을 얻사오니,
참으로 훌륭한 관세음(觀世音)이여![1370]

항하의 모래알처럼 오랜 우주기 동안
미진처럼 많은 불국토를 드나들면서
크고도 자재하신 위신력으로
뭇삶들에게 두려움 없음을 베푸십니다.[1371]

묘음(妙音)이자 관세음(觀世音)이시고
범음(梵音)이자 해조음(海潮音)이시니,
세상을 구호하여 모두 안녕케 하시고
세간을 벗어나 상주하게 하옵소서."[1372]

88. 〔이근원통에 대한 찬탄〕

"저는 지금 여래께 사뢰옵니다.
관세음보살님께서 말씀하신 대로
사람들이 고요히 쉬고 있을 때에
시방에서 한꺼번에 북을 치면,
열 곳의 소리를 일시에 듣게 되는데,
이것이야말로 원만한 진실입니다.[1373]

1370) 欲取三摩提/實以聞中入/離苦得解脫/良哉觀世音//
1371) 於恒沙劫中/入微塵佛國/得大自在力/無畏施衆生//
1372) 妙音觀世音/梵音海潮音/救世悉安寧/出世獲常住// 묘음(妙音), 관세음(觀世音), 범음(梵音), 해조음(海潮音)에 대해서는 역자의 『수능엄해제』 제2장§14를 참조하라. 구세실안녕(救世悉安寧)은 승피세간음(勝彼世間音)에 대응되는 구절로 보인다. Unh. 268에 따르면, 설법에 막히지 않으니 묘음이라고 하고, 괴로움을 구제하니 관세음이라고 하고, 집착하지 않으니 범음이라고 하고, 시기를 놓치지 않으니 해조음이라고 한다.
1373) 我今啓如來/如觀音所說/譬如人靜居/十方俱擊鼓/十處一時聞/此則圓眞實//

시각으로 담장 밖으로 내다보지 못하고,
미각으로나 후각으로도 그러하듯
촉각으로도 접촉하여 합해야 아는 데다,
정신의 상념은 어지러워 두서가 없습니다.[1374)]

그러나 담장이 가렸어도 음향은 들리고
청각은 멀거나 가깝거나 다 들을 수가 있으나,
다른 다섯 가지 감관은 그렇지가 못하니,
이것이 바로 원통의 진실인 것입니다.[1375)]

음성의 성품은 움직이거나 고요한 것이라
청문 가운데 있기도 하고 없기도 한 것이다.
소리가 없으면 안 들린다고 하지만,
실제로 청문의 성품이 없는 것은 아닙니다.[1376)]

소리가 없이도 청문의 성품은 소멸하지 않고
소리가 있다고 또한 생겨나는 것이 아니니,
생성과 소멸 두 가지를 원만하게 떠났으니
이것이 바로 항상하는 진실입니다.[1377)]

비록 꿈을 꾼다고 하더라도 존재하며
생각하지 않는다고 없는 것은 아니니,

1374) 目非觀障外/口鼻亦復然/身以合方知/心念紛無緒// Unh. 269에 따르면, 시각은 떨어져야 아는 것이니 종이 한 장 가로막혀도 보지 못하고, 미각, 후각, 촉각은 합해져야 아는 것이다.

1375) (131a)隔垣聽音響/遐邇俱可聞/五根所不齊/是則通眞實// 다섯 감관은 시각, 후각, 미각, 촉각, 정신을 의미한다.

1376) 音聲性動靜/聞中爲有無/無聲號無聞/非實聞無性//

1377) 聲無旣無滅/聲有亦非生/生滅二圓離/是則常眞實//

청문의 성품은 알고 보면 사유를 벗어나니
몸과 마음이 미칠 수 없는 것입니다.1378)

오늘의 이 사바세계는
음성으로 논해야 분명하게 밝혀지거늘,
뭇삶들은 본래의 청문에 미혹하여
소리만 따르는 까닭에 유전합니다."1379)

"아난다가 비록 많이 기억한다고는 하나,
삿된 생각에 떨어짐을 면하지 못했으니,
어찌 소리를 따라 빠진 것이 아니겠습니까?
그 흐름 되돌리면 허망을 여윌 것입니다.1380)

89. 〔아난다에 대한 가르침〕

아난다여, 그대는 자세히 들을 지니,
나 이제 부처님의 위신력을 받들어
환술과 같고 불가사의한, 금강왕의 참된 삼매,
불모(佛母)인 이 삼매를 설하리라.1381)

그대는 미진처럼 많은 부처님의
모든 비밀스런 법문을 들었으나

1378) 縱令在夢想/不爲不思無/覺觀出思惟/身心不能及//

1379) 今此娑婆國/聲論得宣明/衆生迷本聞/循聲故流轉// Unh. 271에 따르면, 본래의 청문은 청문의 본성[聞性]으로 묘명심성(妙明心性)이다.

1380) 阿難縱强記/不免落邪思/豈非隨所淪/旋流獲無妄//

1381) 阿難汝諦聽/我承佛威力/宣說金剛王/如幻不思議/佛母眞三昧// Unh. 271에 따르면, 금강왕은 깨질 수 없는 견고한 것을 뜻하고, 환술과 같다는 것은 원승(圓乘)의 방편으로 능소를 세워 무수이수(無修而修)하는 것이고, 불가사의하다는 것은 빠르게 세간과 출세간을 초월하기 때문이고, 불모(佛母)는 모든 부처님을 초출(超出)하는 열반문(涅槃門)을 말하는 것이다.

애욕의 번뇌를 우선 제거하지 못하여
청문을 쌓아서 허물을 이루었구나.1382)

어찌 청문으로 부처님의 불법만 지니고
어떻게 스스로 청문을 청문하지 못하는가?
청문은 자연적으로 생겨난 것이 아니니
소리로 인하여 비로소 이름이 있는 것이다.1383)

청문을 되돌려서 소리에서 벗어나면
해탈할 수 있는데 무엇이라 부를 것인가?
하나의 감관이 본원으로 돌아간다면
여섯 감관이 모두 해탈을 이루게 되리라.1384)

보고 듣는 것은 헛것의 눈병과 같고
삼계라는 것은 허공꽃과 같다.
청문을 회복하고 눈병을 제거하면,
경계가 사라지고 깨달음이 원만청정해진다.1385)

청정이 지극하여 광명이 통달되면
고요히 비춤이 허공을 삼킨다.
돌이켜서 세간을 살펴보니
오히려 마치 꿈속의 일과 같다.1386)

1382) 汝聞微塵佛/一切祕密門/欲漏不先除/畜聞成過誤//
1383) 將聞持佛佛/何不自聞聞/聞非自然生/因聲有名字//
1384) 旋聞與聲脫/能脫欲誰名/一根旣返源/六根成解脫//
1385) 見聞如幻翳/三界若空花/聞復翳根除/塵銷覺圓淨// Unh. 272에 따르면, 보고 든 것은 여섯 감관을 말하는 것이고, 헛것의 눈병은 경계의 허망함을 비유한 것이고, 삼계는 실재하는 것이 아니라 문성(聞性)을 회복하면 경계가 소멸하고 본각(本覺)의 체(體)가 원만청정해진다.
1386) 淨極光通達/寂照含虛空/卻來觀世間/猶如夢中事//

마땅기도 꿈속에 있는 것이니
누가 그대의 몸을 머물게 할 수 있겠는가?
마치 세상의 교묘한 환술사가
환술로 남녀를 만들어낸 것과 같다."1387)

90. 〔여섯 감관의 사라짐〕

"비록 모든 감관의 움직임을 보더라도
하나의 기틀에서 트는 것이니
기틀을 쉬어 적연(寂然)으로 돌아가면
모든 환상은 성품 없어 사라진다.1388)

여섯 감관도 역시 이와 같이
한 정명(精明)에서 나뉘어
여섯 화합을 이룬 것이니
한 곳만 쉬어져서 제자리로 돌아가면
여섯 감관의 작용도 모두 성립하지 않는다.1389)

경계와 번뇌가 찰나에 소멸하면,
원명정묘(圓明淨妙)를 이루나니,
경계가 남아있으면 아직도 유학(有學)이나,

1387) 摩登伽在夢/誰能留汝形/如世巧幻師/幻作諸男女// Unh. 273에 따르면, 요술사는 진여(眞如)에 비유된 것이다. 진여가 반연하여 진(眞)과 망(妄)이 화합하여 여섯 감관[六根]을 변성하여 남녀가 만들어진 것이 환술로 만들어진 남녀에 비유된 것이다.

1388) 雖見諸根動/要以一機抽/息機歸寂然/諸幻成無性//

1389) 六根亦如是/(131b)元依一精明/分成六和合/一處成休復/六用皆不成// Unh. 274에 따르면, 정명(精明)은 진여와 무명이 화합아여 이루어진 식정원명(識精元明)이니 여섯 감관의 총체인데, 나뉘어서 육화합(六和合)을 이룬 것이 여섯 감관이고, 한 곳만 쉬어진다는 것은 하나의 정명인 하나의 기틀이 쉰다는 것이고, 여섯 작용은 여섯 감관의 작용을 뜻한다.

밝음이 지극하면 그가 바로 여래이리."[1390]

91. 〔부처에 이르는 무상도〕

"대중들과 그리고 아난다여,
그대들의 전도된 기틀을 돌이키라.
청문을 돌이켜 자성을 들으면,
성품이 무상도(無上道)를 이루리니.
원통이란 진실로 그러하리라.[1391]

이것이 미진처럼 많은 부처님께서
한 길로 열반에 들어가시는 문이다.
지난 세상 모든 여래께서도
이 문으로 위없는 깨달음을 이루셨다.[1392]

현재의 모든 보살들도
제 각기 원명(圓明)에 들어갔으며
미래에 수행하는 여러 학인도
마땅히 이 법문에 의지하리라.[1393]

나도 역시 그것 따라 증득했고
관세음보살만이 아니더니라.

1390) 塵垢應念銷/成圓明淨妙/餘塵尙諸學/明極卽如來// Unh. 275에 따르면, 원명정묘(圓明淨妙)에서 '원'이란 정(情)과 기(器)의 차별이 없는 것이고, '명'은 무명의 가림이 없는 것이고, '정'은 감관과 경계의 오예가 없는 것이고, '묘'는 결박 없이 서로 작용하는 것이다.

1391) 大衆及阿難/旋汝倒聞機/反聞聞自性/性成無上道/圓通實如是// Unh. 275에 따르면, 문성(聞性)이 성불하는 참된 원인이고, 과(果)와 일여한 것이므로 무상도를 이루는 것이다.

1392) 此是微塵佛/一路涅槃門/過去諸如來/斯門已成就//

1393) 現在諸菩薩/今各入圓明/未來修學人/當依如是法//

황송하게 세존이신 부처님께서도
나에게 그 방편을 물으셨다."1394)

92. 〔최상의 이근원통수행법〕

"말세의 뭇삶들을 구원하시고
세간을 벗어나는 사람들을 구출하여
열반의 마음을 이루는 데는
세상의 소리를 관하는 것〔觀世音〕이 최상입니다.1395)

그 밖의 여러 가지 방편들은
모두가 부처님의 위신력으로,
사정에 따라 진로(塵勞)를 버리게 할뿐,
옅고 깊은 근기들에게 같이 일러 줄
장구하게 닦아나갈 법문은 아닙니다.1396)

생각을 여의어 불가사의한
무루(無漏)의 여래장에 머리를 조아려 예경하니
미래의 뭇삶들에게 가피를 내리시어
이 법문에 의혹을 없게 하여지이다.1397)

성취하기 용이한 방편이오니
아난다와 말법의 시대에 빠져든 뭇삶들을
이것으로 가르치시는 것이 낫습니다.

1394) 我亦從中證/非唯觀世音/誠如佛世尊/詢我諸方便//
1395) 以救諸末劫/求出世間人/成就涅槃心/觀世音爲最// Unh. 276에 따르면, 위없는 열반심(涅槃心)을 이루려면, 관세음의 이근원통(耳根圓通)이 최상이다.
1396) 自餘諸方便/皆是佛威神/卽事捨塵勞/非是長修學/淺深同說法//
1397) 頂禮如來藏/無漏不思議/願加被未來/於此門無惑//

이 감관으로 수행을 닦게 하면,
원통의 성취가 다른 것을 뛰어넘으니
진실한 마음이 이와 같습니다."1398)

93. 〔대중의 발심〕 이때 아난다와 대중들이 몸과 마음이 뚜렷이 밝아지고 크나큰 가르침을 얻었다. 부처님의 보리와 대열반을 살펴보니, 마치 어떤 사람이 일 때문에 멀리 갔다가 아직 귀가하지 않았는데, 돌아갈 길을 분명히 아는 것과 같아졌다. 온 모임의 대중들과 천룡팔부(天龍八部)1399)와 배울 것이 남아있는 이승(二僧: 성문과 연각)과 내지 새로 발심한 보살, 그 수가 무릇 10항하사 숫자만큼 되었는데, 모두 본래의 마음을 얻어 티끌을 멀리하고 때를 여의어 청정한 법안을 얻었다. 성비구니(性比丘尼: 마땅기)는 이 연시를 듣고 거룩한 님이 되었으며, 한량없는 뭇삶들이 위없는 바르고 원만한 깨달음을 마음을 발하게 되었다.1400)

제7장 도량의 건립과 수행

1. 〔수행에 대한 질문〕 아난다가 의복을 정돈하고 대중을 향하여 합장하여 예경을 올리고 마음의 자취가 원만히 밝아져서1401) 감

1398) 方便易成就/堪以教阿難/及末劫沈淪/但以此根修/圓通超餘者/眞實心如是//
1399) 天龍八部 : 천신, 용, 야차, 아수라, 가루다, 건달바, 긴나라, 마호라가이다.
1400) 於是阿難及諸大衆. 身心了然得大開示. 觀佛菩提及大涅槃. 猶如有人因事遠遊未得歸還. 明了其家所歸道路. 普會大衆天龍八部有學二乘. 及諸一切新發心菩薩. 其數凡有十恒河沙皆得本心. 遠塵離垢獲法眼淨. 性比丘尼聞說偈已成阿羅漢. 無量衆生皆發無等等阿耨多羅三藐三菩提心.
1401) 心跡圓明 : Unh. 278에 따르면, 마음은 본래부터 갖고 있던 진심이고, 자취는

회의 슬픔과 기쁨이 교차하면서 미래세의 뭇삶들을 유익하게 하고자 머리를 조아려 부처님께 사뢰었다. 〔아난다〕 "크나큰 자비를 지닌 세존이시여, 저는 이미 성불의 법문을 깨달아, 여기 수행하는데 아무런 의혹이 없습니다. 항상 저는 여래께서 이와 같이 '스스로 득도하지 못하였으나 다른 이를 득도하게 하는 것이 보살의 마음이고, 자기의 깨달음이 이미 원만하여 다른 이를 깨닫게 하는 것이 여래가 세상에 응현하는 것이다.'라고 설하시는 것을 들었습니다. 저는 비록 득도하지 못했으나 말세 우주기의 일체 뭇삶을 득도하게 하려고 합니다. 세존이시여, 이 모든 뭇삶이 부처님을 떠나 점점 멀어지면, 사도(邪道)의 스승들이 항하의 모래알 숫자만큼 많이 가르침을 설할 것인데, 그때에 그 마음을 거두어들여 삼매에 들려고 하면, 어떻게 도량을 건립하여 온갖 마장을 멀리하여 보리심에서 물러나는 것이 없겠습니까?"1402)

2 그때 세존께서는 대중 가운데 있는 아난다를 칭찬하셨다. 〔세존〕 "아난다여, 훌륭하다. 훌륭하다. 그대가 질문한 바와 같이 도량을 안립하여 말세의 우주기에 헤매는 뭇삶을 구호하려 한다니, 그대는 자세히 들어라. 그대를 위해 설하리라." 아난다와 대중은 오직 부처님의 가르침을 받들었다. 부처님께서 아난다에게 말씀하셨다. 〔세존〕 "그대는 내가 비나야(毘奈耶)1403) 가운데 수행의 세 가지 결정

닦고 증득한 궤적이고 이제 둘 다를 마치었으므로 원만하게 밝아진 것이다.

1402) (131c)阿難整衣服. 望大衆中合掌頂禮. 心跡圓明悲欣交集. 欲益未來諸衆生故. 稽首白佛. 大悲世尊. 我今已悟成佛法門. 是中修行得無疑惑. 常聞如來說如是言. 自未得度先度人者菩薩發心. 自覺已圓能覺他者如來應世. 我雖未度願度末劫一切衆生. 世尊此諸衆生去佛漸遠. 邪師說法如恒河沙. 欲攝其心入三摩地. 云何令其安立道場遠諸魔事. 於菩提心得無退屈.

1403) Vinaya : 음사하여 비나야(毘奈耶)라고 한다. 제복(制伏), 조법(調法)이라고 번

의(決定義)를 설한 것을 들었을 것이다. 이른바 마음을 거두는 것을 계행이라고 하고, 그 계행으로 인하여 선정이 생겨나고, 선정으로 인하여 지혜가 생겨난다는 것을 들었을 것이다. 이것을 두고 번뇌를 여의는 세 가지 무루학(無漏學)[1404]이라고 한다.[1405] 아난다여, 어떻게 마음을 거두는 것을 두고 계행이라고 하는가?"[1406]

3. 1) 〔불사음〕 "만약 모든 세계의 육도중생[1407]이 그 마음이 음란하지 않으면, 생사가 상속되는 것이 뒤따르지 않을 것이다. 그대가 삼매를 닦는 것은 본래 진로(塵勞)[1408]를 벗어나고자 하는 것인데, 음심을 제거하지 않으면 진로에서 벗어날 수가 없는 것이다. 비록 지혜가 많아 선정이 현전한다고 하여도 음욕을 끊지 못하면 반드시 악마의 길에 떨어지니, 상품은 마왕이 되고, 중품은 마왕의 백성이 되고, 하품은 마녀가 된다. 그들 마귀들도 무리가 있어 각각 무상도를 이루었다고 스스로 말하리니, 내가 멸도한 후에 말법 시대에 이러한 마왕의 백성이 세간에 번성하여 음행을 널리 행하면서 선지식이라고 할 것이고, 모든 뭇삶으로 하여금, 애욕의 구렁텅이에 떨어지게 하고, 보리의 길을 잃게 할 것이다. 그대가 세상 사람들을 가르쳐서 삼매를 닦게 하려면, 먼저 음심을 끊게 할 것이니, 이것이 여래와 과거의 세존이신 모든 부처님께서 첫 번째로 결정하

역한다. 율장을 말하는 것이다.

1404) 三無漏學 : 계율, 선정, 지혜의 세 가지 배움[三學]을 뜻한다.

1405) 爾時世尊於大衆中稱讚阿難. 善哉善哉. 如汝所問. 安立道場救護衆生末劫沈溺. 汝今諦聽當爲汝說. 阿難大衆唯然奉敎佛告阿難. 汝常聞我毘奈耶中. 宣說修行三決定義. 所謂攝心爲戒因戒生定因定發慧. 是則名爲三無漏學.

1406) 阿難云何攝心我名爲戒.

1407) 六道衆生 : 천상, 인간, 아수라, 축생, 아귀, 지옥을 말한다.

1408) 塵勞 : 번뇌를 뜻한다.

신 청정명백한 가르침이다."[1409]

4. "그러므로 아난다여, 만약 음욕을 끊지 않고 선정을 닦는다면, 마치 모래를 삶아 밥을 짓는 것과 같아, 백 천의 우주기를 지나도 뜨거운 모래인 것과 같아질 뿐이다. 그것은 무슨 까닭인가? 이것은 밥이 아니라 본래 모래로 이루어진 까닭이다. 그대가 음행의 몸으로 부처님의 묘과(妙果)를 구한다면, 비록 오묘한 깨달음을 얻더라도, 모두가 음욕의 뿌리가 될 뿐이다. 근본이 음욕으로 이루어졌으니 삼도를 유전하면서 벗어날 수가 없을 터이니, 여래의 열반을 어떠한 길을 따라 닦아 증득하겠는가? 반드시 몸과 마음의 음기를 함께 끊어서, 끊음의 자취마저 없어져야 부처님의 보리를 기대할 수 있을 것이다. 나처럼 이와 같이 설하면 부처님의 말씀이라고 하고, 만약 이와 같이 설하지 않으면 마왕 빠삐야쓰[1410]의 말이라고 한다."[1411]

1409) 若諸世界六道衆生其心不婬. 則不隨其生死相續. 汝修三昧本出塵勞. 婬心不除塵不可出. 縱有多智禪定現前. 如不斷婬必落魔道. 上品魔王中品魔民下品魔女. 彼等諸魔亦有徒衆. 各各自謂成無上道. 我滅度後末法之中. 多此魔民熾盛世間. 廣行貪婬爲善知識. 令諸衆生. 落愛見坑失菩提路. 汝敎世人修三摩地先斷心婬. 是名如來先佛世尊. 第一決定淸淨明誨.

1410) Pāpīyas : 악마, 마왕을 뜻하는 것으로 빠쁘만(Pāpman, pāli. Pāpimant)이라고도 하는데, 음사하여 파순(波旬)이라고 한 것이다. 악마 마라(Māra: 죽음의 신)의 별명이 파순이라, 마파순(魔波旬)이라고도 한다. 악마는 모든 경우에 부처님과는 다른 입장에 선다. 악마는 일반적으로 감각적 쾌락의 욕망을 유혹하는 자의 입장에 있지만, 여기서는 반대로 엄격한 고행을 주장하고 있다. 이것은 두 가지 극단이 그렇지 않은 것보다 가깝다는 것을 시사한다. 한편, 악마는 다른 종교에서의 악마와는 달리 대조적인 견해를 드러내서 깨달음의 길을 분명히 하는 데 이용된다. 철학적으로는 악마는 번뇌, 업의 형성력, 존재의 다발[五蘊] 등을 상징한다. 악마 마라는 자재천(Vasavṛti, Vasavatti)으로 하늘아들(天子) 다마리까(Dāmarika)라고 불리며, 감각적 쾌락의 욕망계의 하늘나라에서 그 최고천인 '다른 신들이 만든 것을 지배하는 신들의 하늘나라[他化自在天 : Paranirmitavaśavartino devāḥ]'에 살면서 수행자들이 감각적 쾌락의 욕망계를 벗어나는 것을 방해하는 자이다. 마왕은 제석천처럼 군대를 거느리고 있는데 그가 거느린 군대를 마군(mārasena)이라고 한다.

1411) 是故阿難若不斷婬修禪定者. 如蒸沙石欲其成飯. 經百千劫秖名熱沙. 何以故此非飯

5. 2) 〔불살생〕 "아난다여, 또한 세계의 육도중생이 그 마음이 살생하지 않으면, 생사가 상속되는 것이 뒤따르지 않을 것이다. 그대가 삼매를 닦는 것은 본래 진로(塵勞)를 벗어나고자 하는 것인데, 살심을 제거하지 않으면 진로에서 벗어날 수가 없는 것이다. 비록 지혜가 많아 선정이 현전한다고 하여도 살생을 끊지 못하면 반드시 귀신의 길에 떨어지니, 상품은 대력귀가 되고, 중품은 공계를 비행하는 야차 등의 귀신의 장수가 되고, 하품은 지상에서 다니는 나찰이 된다. 그들 귀신들도 무리가 있어 각각 무상도를 이루었다고 스스로 말하리니, 내가 멸도한 후에 말법 시대에 이러한 귀신들이 세간에 번성하여 스스로 고기를 먹어도 보리의 길을 얻는다고 할 것이다. 아난다여, 내가 수행승으로 하여금 다섯 가지 정육1412)을 먹게 하였으나, 그 고기들은 모두 나의 신통력으로 화생한 것이라 본래 목숨이 없는 것이었다. 너희 바라문들의 땅은1413) 더위와 습기가 많고 모래와 자갈이 섞여 풀과 채소가 나지 못하므로 나의 대비와 신력으로 가호하여, 대자비로 인해 가명으로 고기라고 한 것을 그대들이 맛보게 되었으나, 어찌 여래가 멸도 후에 뭇삶의 고기를 먹는다면 어찌 불자라고 하겠는가? 그대들은 알아야 한다. 이 고기를 먹는 사람들은 비록 마음이 열려 삼매를 얻은 것 같지만,

---

本石沙成故. 汝以婬身求佛妙果. 縱得妙悟皆是婬根. 根本成婬輪轉三途必不能出. 如來涅槃何路修證. 必使婬機身心俱斷斷性亦無. 於佛菩提斯(132a)可希冀. 如我此說名爲佛說. 不如此說卽波旬說.

1412) 五淨肉 : 수행승이 병이 들어 부득히 하게 먹어도 되는 고기로 ① 직접 죽이는 것을 보지 않은 것 ② 자신을 위하여 일부러 죽인 고기라고 듣지 않은 것 ③ 자신을 위하여 죽인 고기라고 의심이 들지 않은 것 ④ 스스로 죽은 것 ⑤ 매나 사나운 짐승에 잡아 먹히고 남은 것이다.

1413) 汝婆羅門地 : 인도(印度)를 지칭하는 것이다.

모두가 크나큰 나찰로서 목숨을 마친 후에는 반드시 생사고해에 떨어질 것이니, 이는 불제자가 아니다. 이러한 사람은 서로 죽이고 서로 삼키고 서로 먹기를 그치지 않을 것이니, 어떻게 삼계를 벗어날 수가 있겠는가? 그대가 세상 사람들을 가르쳐서 삼매를 닦게 하려면, 다음으로 살생을 끊게 할 것이니, 이것이 여래와 과거의 세존이신 모든 부처님께서 두 번째로 결정하신 청정하고 명백한 가르침이다."1414)

6. "그러므로 아난다여, 만약 살생을 끊지 않고 선정을 닦는다면, 마치 어떤 사람이 스스로 그 귀를 막고 크게 절규하면서 사람이 듣지 않기를 구하는 것과 같아, 이것을 두고 '숨기고자 하지만 더욱 드러나는 것'이라고 할 수가 있다. 청정한 수행승과 모든 보살들은 길을 다니면서 살아있는 풀도 밟지 않는데, 하물며 손으로 뽑겠는가? 어찌 크나큰 자비를 지닌 자들이 모든 뭇삶의 피와 고기를 취하여 배불리 먹겠는가? 만약 모든 수행승이 동방의 명주나 비단으로 만든 옷을 입지 않고 내지 이 땅의 구두, 가죽신, 가죽옷, 새털옷을 사용하지 않고, 우유와 타락과 버터를 먹지 않으면, 이러한 수행승은 참으로 세상에서 벗어나 묵은 빚을 갚고 삼계에서 다시 유행하지 않는다. 그것은 무슨 까닭인가? 그러한 뭇삶의 몸의 일부를 사용하거나

1414) 阿難又諸世界六道衆生其心不殺. 則不隨其生死相續. 汝修三昧本出塵勞. 殺心不除塵不可出. 縱有多智禪定現前. 如不斷殺必落神道. 上品之人爲大力鬼. 中品卽爲飛行夜叉諸鬼帥等. 下品尙爲地行羅刹. 彼諸鬼神亦有徒衆. 各各自謂成無上道. 我滅度後末法之中. 多此神鬼熾盛世間. 自言食肉得菩提路. 阿難我令比丘食五淨肉. 此肉皆我神力化生本無命根. 汝婆羅門地多蒸濕. 加以沙石草菜不生. 我以大悲神力所加. 因大慈悲假名爲肉. 汝得其味. 奈何如來滅度之後. 食衆生肉名爲釋子. 汝等當知是食肉人縱得心開似三摩地. 皆大羅刹. 報終必沈生死苦海非佛弟子. 如是之人相殺相呑相食未已. 云何是人得出三界. 汝敎世人修三摩地次斷殺生. 是名如來先佛世尊. 第二決定淸淨明誨.

먹으면, 그 모든 것이 인연이 되어, 마치 사람이 땅에서 나는 온갖 곡식을 먹기 때문에 발이 땅에 묶이는 것과 같다. 반드시 몸과 마음으로 일체 뭇삶의 몸이나 몸의 일부를 몸과 마음 두 길에서 사용하거나 먹지 않는다면, 나는 이러한 사람을 참다운 해탈자라고 말한다. 나처럼 이와 같이 설하면 부처님의 말씀이라고 하고, 만약 이와 같이 설하지 않으면 마왕 빠삐야쓰의 말이라고 한다."[1415]

7. 3) 〔불투도〕 "아난다여, 또한 세계의 육도중생이 그 마음이 투도하지 않으면, 생사가 상속되는 것이 뒤따르지 않을 것이다. 그대가 삼매를 닦는 것은 본래 진로(塵勞)를 벗어나고자 하는 것인데, 투심(偸心)을 제거하지 않으면 진로에서 벗어날 수가 없는 것이다. 비록 지혜가 많아 선정이 현전한다고 하여도 투도를 끊지 못하면 반드시 사도의 길에 떨어지니, 상품은 정령[1416]이 되고, 중품은 요매[1417]가 되고, 하품은 귀신들린 삿된 사람이 된다. 그들 사악한 자들도 무리가 있어 각각 무상도를 이루었다고 스스로 말하리니, 내가 멸도한 후에 말법시대에 이러한 요괴들이 세간에 번성하여 몰래 숨어서 간사하게 속이고 선지식(善知識)이라고 일컬으며, 각자 '인간을 뛰어넘는 원리' 즉 상인법(上人法)[1418]을 얻었다고

1415) 是故阿難若不斷殺修禪定者. 譬如有人自塞其耳. 高聲大叫求人不聞. 此等名爲欲隱彌露. 淸淨比丘及諸菩薩. 於岐路行不踏生草. 況以手拔. 云何大悲取諸衆生血肉充食. 若諸比丘不服東方絲綿絹帛. 及是此土靴履裘毳乳酪醍醐. 如是比丘於世眞脫. 酬還宿債不遊三界. 何以故服其身分皆爲彼緣. 如人食其地中百穀. 足不離地. 必使身心. 於諸衆生若身身分. 身心二途不服不食. 我說是人眞解脫者. 如我此說名爲佛說. 不如此說卽波旬說(132b)

1416) 精靈 : Unh. 284에 따르면, 산정(山精)이나 수괴(水怪)와 같이 신통을 갖춘 요물이다.

1417) 妖魅 : Unh. 284에 따르면, 세간에 출몰하면서 사람에게 빙의되어 정기를 빼앗기도 하고 재물을 훔치기도 하는 요물을 뜻한다.

1418) 上人法: 흐름에 든 님' 등의 수행자로서의 길과 경지를 체득하였다고 주장하는

말하면서 무식한 사람들을 현혹하여 공포를 주입하고 본래의 마음을 잃게 만들어 가는 곳마다 가산을 탕진하게 할 것이다. 내가 수행승들에게 가는 곳마다 탁발을 하게 가르친 것은, 그들로 하여금 탐욕을 버리고 보리도(菩提道)를 이루게 하려고 함이고, 수행승들이 스스로 밥을 지어 먹지 아니하고, 살아있는 동안 삼계의 나그네가 되어 한번 다녀가고 다시 돌아오지 않을 것을 보여주려 함이다. 어찌하여 도적들이 나의 옷을 빌어서 입고, 여래를 팔아 갖가지 업을 지으면서 모두가 부처님의 가르침이라고 말하고, 도리어 출가하여 구족계(具足戒)1419)를 지니는 수행승들을 소승의 길이라고 비방하고, 한량 없는 뭇삶을 의혹케 하고 오도하여 무간지옥에 떨어지게 하는가? 만약 내가 멸도한 뒤에 어떤 수행승이 발심하여 삼매를 닦기를 결정하여 여래의 형상 앞에서 몸에 한 등(燈)을 켜거나, 손가락 한 마디를 태우거나, 몸 위에 한 개의 향(香)을 사루면, 나는 이 사람이 무시이래의 빚을 일시에 갚고, 이 세상을 길이 하직하고 모든 번뇌에서 영구히 해탈하리니, 비록 위없는 깨달음의 길을 밝히지 못하였더라도, 그 사람은 가르침에 대해서 결정적인 마음을 지녔다고 할 것이다. 만약 이렇게 몸을 버리는 미미한 원인을 짓지 않으면, 비록 무위의 도를 이루더라도 반드시 환생하여 묵은 빚을 갚아야 한다. 그것은 마치 내가 말보리1420)를 먹은 것과 다름이

것에 대한 법이므로, 사실상 체득하지 못한 선정이나 신통이나 길과 경지를 체득했다고 사칭하는 것에 대한 법인데, 이 인간을 뛰어넘는 원리(*pāli.* uttarimanussa-dhamma. Vin. III. 109)를 얻었다고 사칭하면, 승단추방죄에 해당한다

1419) 具足戒 : 출가자들이 지켜야 하는 계율로 수행승은 250계, 수행녀는 348계를 말하는 것이다. 그러나 구족계를 받는다는 것은 광의로는 불교교단에 들어가는 것을 의미한다.

1420) 馬麥 : 부처님께서 90일간 말보리 먹이를 먹게 된 설화와 관계된다. 과거생에

없다. 그대가 세상 사람들을 가르쳐서 삼매를 닦게 하려면, 다음으로 투도를 끊게 할 것이니, 이것이 여래와 과거의 세존이신 모든 부처님께서 세 번째로 결정하신 청정하고 명백한 가르침이다."1421)

8. "그러므로 아난다여, 만약 투도를 끊지 않고 선정을 닦는다면, 마치 어떤 사람이 새는 그릇에 물을 부으면서 그것이 가득 차기를 바라는 것과 같아, 비록 티끌의 숫자와 같이 많은 오랜 우주기를 지나도 채워지지 않을 것이다. 만약 수행승들이 의발 이외에 조금이라도 남겨 모아두지 않고 탁발하고 남은 것을 굶주린 뭇삶들에게 베풀고, 큰 집회에서는 대중들에게 합장하고 예경하며, 다른 사람이 치고 꾸짖어도 칭찬하는 것과 동일시하고, 반드시 몸과 마음에서 둘을 함께 버리며, 몸의 살과 뼈와 피를 뭇삶들에게 주고, 여래

부처님께서 범지산(梵志山)에서 바라문으로 500명의 동자를 데리고 수행하였다. 이때 부처님이 세상에 출현하여 탁발을 하게 되었는데, 병든 수행승이 있어, 다른 수행승들이 밥을 탁발하여 주게 했다. 수행승들이 탁발한 밥을 가지고 범지산으로 갈 때에, 바라문이 그것을 보고 "까까중이 어떻게 이렇게 맛있는 밥을 먹을 수 있는가? 말보리나 먹지 이러한 밥을 먹어서는 안 된다."라고 비난했다. 500명의 동자들이 맞장구를 쳤다. 오랜 세월이 흐른 뒤에 석가모니 부처님께서 성불하여 한 나라에서 500명의 제자를 데리고 하안거(夏安居)를 하게 되었는데, 그 나라의 왕은 그들을 환영하여 영접한 뒤에 공양을 약속했다가 마음이 바뀌어 취소했다. 그러자 말먹이는 사람이 그 사정을 딱하게 여겨 말보리를 공양하게 되어, 90일간의 하안거를 말보리를 먹으면서 지냈다.(五分律1卷, T. 22)

1421) 阿難又復世界六道衆生其心不偸. 則不隨其生死相續. 汝修三昧本出塵勞. 偸心不除塵不可出. 縱有多智禪定現前. 如不斷偸必落邪道. 上品精靈中品妖魅. 下品邪人諸魅所著. 彼等群邪亦有徒衆. 各各自謂成無上道. 我滅度後末法之中. 多此妖邪熾盛世間. 潛匿姦欺稱善知識. 各自謂已得上人法. 詃惑無識恐令失心. 所過之處其家耗散. 我教比丘循方乞食. 令其捨貪成菩薩道. 諸比丘等不自熟食. 寄於殘生旅泊三界. 示一往還去已無返. 云何賊人假我衣服. 裨販如來造種種業. 皆言佛法卻非出家. 具戒比丘爲小乘道. 由是疑誤無量衆生墮無間獄. 若我滅後其有比丘. 發心決定修三摩提. 能於如來形像之前. 身然一燈燒一指節. 及於身上爇一香炷. 我說是人無始宿債一時酬畢. 長揖世間永脫諸漏. 雖未即明無上覺路. 是人於法已決定心. 若不爲此捨身微因. 縱成無爲必還生人酬其宿債. 如我馬麥正等無異. 汝教世人修三摩地後斷偸盜. 是名如來先佛世尊. 第三決定淸淨明誨.

의 불요의설을 자기의 견해로 삼아 초학자를 그르치지 않는다면, 부처님은 이러한 사람이 참다운 삼매를 얻었다고 인가할 것이다. 나처럼 이와 같이 설하면 부처님의 말씀이라고 하고, 만약 이와 같이 설하지 않으면 마왕 빠삐야쓰의 말이라고 한다."1422)

9. 4) 〔불망어〕"아난다여, 또한 세계의 육도중생이 비록 몸과 마음이 살생과 투도와 음행이 없어, 세 가지 계행이 원만하더라도 만약 큰 망어를 하면, 삼매가 청정을 얻지 못하여, 애착의 마장과 견해의 마장이 생겨나 여래의 종자를 잃어버릴 것이다. 이른바 얻지 못한 것을 얻었다고 하고 증득하지 못한 것을 증득하였다고 하고, 혹은 세간에서 수승한 제일가는 것을 구하면서 사람들 앞에서 '나는 이미 흐름에 든 님의 경지, 한번 돌아오는 님의 경지, 돌아오지 않는 님의 경지, 거룩한 님의 길과 연기법을 깨달은 님의 수레와 십지보살과 초지 이전의 보살의 지위를 얻었다.'라고 하며 그들의 예참을 구하고 그들의 공양을 탐한다. 이러한 잇찬띠까1423)는 부처님의 종자를 소멸시키는 것이 마치 사람이 칼로 딸라1424) 나무를 자르는 것과 같으리니, 부처님께서는 '이러한 사람은 영원히 착하고 건전한 뿌리가 끊어지고 또한 앎과 봄이 없어, 삼계고해에 떨어져 삼매를 이루지 못할 것이다.'라고 수기하신다. 내가 멸도한 뒤에 보살

1422) 是故阿難若不斷偸修禪定者. 譬如有人水灌漏巵欲求其滿. 縱經塵劫終無平復. 若諸比丘衣缽之餘分寸不畜. 乞食餘分施餓衆生. 於大集會合掌禮衆. 有人捶罵同於稱讚. 必使身心二俱捐捨. 身肉骨血與衆生共. 不將如來不了義說. 迴爲已解以誤初學. 佛印是人得眞三昧. 如我所說名爲佛說. 不如此說卽波旬說.

1423) Icchantika : 음사하여 일천제(一闡提) 또는 일전가(一顚迦)라고 하는데, 선근(善根)이 끊어져 구원될 가망이 없는 자를 말한다.

1424) Tala : 음사하여 다라수(多羅樹)라고 한다. 딸라 나무의 높이는 14미터 내지 16미터 정도 이고 줄기가 잘리면, 다시는 움이 나지 않는다. 수행승이 네 가지 승단추방죄[四波羅夷]를 범한 것에 비유한다.

이나 아라한을 시켜 응신으로 말법 중에 태어나 갖가지 형상으로 유전하는 모든 이들을 제도할 적에 혹, 사문, 흰옷을 입은 거사, 왕, 재관, 동남, 동녀, 내지는 창녀, 과부, 간사한 도적, 도살자, 육류판매자가 되어 그들과 함께 일하며 부처님의 수레〔佛乘〕를 찬탄하여 그들의 몸과 마음으로 하여금 삼매에 들게 하되, 끝내 '내가 참다운 보살이고 참다운 아라한이다.'라고 말하며 부처님의 밀인(密印)을 누설하여, 아직 배우지 못한 자들에게 경솔하게 말하지 말게 해야 한다. 다만 목숨이 다할 때에 은밀하게 부촉하는 것은 제외로 한다. 그러니 어찌 그런 사람이 뭇삶을 현혹하고 혼란하게 하여 크나큰 망어를 하겠는가? 그대가 세상 사람들에게 가르쳐 삼매를 닦게 하려면, 다음으로 크나큰 망어를 끊게 할 것이니, 이것이 여래와 과거의 세존이신 모든 부처님께서 네 번째로 결정하신 청정하고 명백한 가르침이다."1425)

10. "그러므로 아난다여, 만약 크나큰 망어를 끊지 못한다면, 마치 인분을 깎아 전단조형을 만드는 것과 같아서, 향기가 나기를 기다려도 그렇게 될 리가 없는 것이다. 내가 수행승들에게 직심이 도량이라고 가르치어, 네 가지 위의자세의 일체행 중에 헛된 가식을 없게 하였는데, 어찌 자칭해서 인간을 뛰어넘는 원리를 얻었다고 하

1425) 阿難如是世界六道衆生. 雖則身心無殺盜(132c)婬. 三行已圓若大妄語. 卽三摩提不得清淨. 成愛見魔失如來種. 所謂未得謂得未證言證. 或求世間尊勝第一. 謂前人言. 我今已得須陀洹果. 斯陀含果阿那含果. 阿羅漢道辟支佛乘. 十地地前諸位菩薩. 求彼禮懺貪其供養. 是一顚迦銷滅佛種. 如人以刀斷多羅木. 佛記是人永殞善根無復知見. 沈三苦海不成三昧. 我滅度後敕諸菩薩及阿羅漢. 應身生彼末法之中. 作種種形度諸輪轉. 或作沙門白衣居士. 人王宰官童男童女. 如是乃至婬女寡婦姦偸屠販. 與其同事稱歎佛乘. 令其身心入三摩地. 終不自言我眞菩薩眞阿羅漢. 泄佛密因輕言未學. 唯除命終陰有遺付. 云何是人惑亂衆生成大妄語. 汝敎世人修三摩地. 後復斷除諸大妄語. 是名如來先佛世尊. 第四決定清淨明誨.

겠는가? 비유하자면, 궁색한 사람이 제왕이라고 거짓으로 자칭한다면, 주살을 당하는 것인데, 하물며 법왕이라고 어찌 거짓으로 훔쳐 말하겠는가? 인지(因地)가 곧지 못하면 과지(果地)도 구부러지게 될 것인데, 부처님의 보리를 구하려 해도, 자기가 자기의 배꼽을 물려는 사람과 같으리니,1426) 누가 그것을 성취할 수 있을 것인가? 만약 모든 수행승들이 마음이 현과 같이 곧으면, 일체가 진실해져서 삼매에 들어가 영구히 마사가 없어질 것이다. 나는 '이러한 사람이 보살의 위없는 지각을 성취한 것이다.'라고 인가할 것이다. 나처럼 이와 같이 설하면 부처님의 말씀이라고 하고, 만약 이와 같이 설하지 않으면 마왕 빠삐야쓰의 말이라고 한다."1427)

11. 〔수능엄경 제7권〕〔주심묘용(呪心妙用)〕1428) "아난다여, 그대가 마음을 섭수하는 것을 물었기에 내가 먼저 삼매에 들어가 수학할 묘문(妙門)을 설하였으나, 보살도를 구하려면 그보다 먼저 이 사종율의(四種律儀)1429)를 지녀서 얼음과 서리처럼 깨끗이 하면, 일체의 사소한 일이 생겨날 수 없을 것이며, 마음으로 짓는 세 가지와 입으로 짓는 네 가지 즉, 심삼구사(心三口四)1430)가 생겨나야

1426) 噬臍人 : 불가능한 것을 하려는 사람을 뜻한다.

1427) 是故阿難若不斷其大妄語者. 如刻人糞爲栴檀形. 欲求香氣無有是處. 我敎比丘直心道場. 於四威儀一切行中尙無虛假. 云何自稱得上人法. 譬如窮人妄號帝王自取誅滅. 況復法王如何妄竊. 因地不直果招紆曲. 求佛菩提如噬臍人. 欲誰成就. 若諸比丘心如直絃. 一切眞實入三摩提永無魔事. 我印是人成就菩薩無上知覺. 如我是說名爲佛說不如此說卽波旬說 : 초지 이전의 보살(地前菩薩)은 십신, 십주, 십행, 십회향의 보살을 뜻한다.

1428) 呪心妙用 : 불살생, 불투도, 불사음, 불망어의 사종율의를 얼음과 서리처럼 정화하면, 마음으로 짓는 세 가지와 입으로 짓은 네 가지[心三口四]의 일곱 가지 악하고 불건전한 원리가 일어나지 않아, 마장이 일지 않겠지만, 숙세의 습기가 이 마장을 없애지 못한다면, 「슈랑가마다라니」를 일심으로 외워야 한다.

1429) 四種律儀 : 불살생(不殺生), 불투도(不偸盜), 불사음(不邪淫), 불망어(不妄語)를 지키는 것이다.

만 할 원인이 없어질 것이다. 아난다여, 이러한 네 가지 율의를 잃지 않는다면, 마음으로 형상, 냄새, 맛, 감촉에 반연하지 않게 되므로 일체의 마사(魔事)가 어찌 생겨나겠는가?"1431)

12 〔신주의 지송〕 "만약에 숙세의 습기가 있어 이를 없애지 못한다면, 그대는 그 사람에게 일심으로 나의 불정광명(佛頂光明)인 '마하씨따따빠뜨라'1432)라는 위없는 신주(神呪)를 외우게 하라. 이것이 바로 여래이신 무견정상무위심불(無見頂相無爲心佛)1433)께서 정수리로부터 광명을 내고 보련화에 앉아 말씀한 신주이다. 또한 그대가 숙세에서 마땅기와 더불어1434) 오랜 우주기를 지나면서 인연을 맺은 은애와 습기가 일생이나 한 생애만이 아니었지만, 내가 한번 이 다라니를 선양하자, 그녀는 애욕의 마음에서 영구히 벗어나 거룩한 님이 된 것이다. 그녀는 음란한 여자로서 수행할 마음이 없었으나, 신비한 힘의 은근한 도움으로 더 이상 배울 것이 없는 무학의 경지를 빨리 증득했던 것이다."1435)

1430) 心三口四 : 십선(十善) 가운데 탐욕, 성냄, 사견의 마음으로 짓는 세 가지와 망어, 기어, 양설, 악구의 입으로 짓는 네 가지를 말한다. 그러나 Ig. 489에서는, 마음으로 짓는 세 가지로 살생, 투도, 사음의 세 가지를 들고 있다.

1431) (133a)阿難汝問攝心. 我今先說入三摩地. 修學妙門求菩薩道. 要先持此四種律儀. 皎如冰霜. 自不能生一切枝葉. 心三口四生必無因. 阿難如是四事若不失遺. 心尙不緣色香味觸. 一切魔事云何發生.

1432) mahāsitātapatra : 음사하여 마하살달다반달라(摩訶薩怛多般怛囉)라고 하는데, 번역하면, 대백산개(大白傘蓋)가 된다.

1433) 無見頂相無爲心佛 : 볼 수 없는 정수리의 높이에 계신 무위(無爲)의 마음을 지닌 부처님이라는 뜻이다.

1434) 且汝宿世與摩登伽 : Unh. 292에 따르면, 아난다와 마땅기는 전세에 오백생 동안 부부가 되었었다.

1435) 若有宿習不能滅除. 汝敎是人一心誦我佛頂光明摩訶薩怛多般怛囉無上神咒. 斯是如來無見頂相無爲心佛從頂發輝坐寶蓮華所說心咒. 且汝宿世與摩登伽. 歷劫因緣恩愛習氣. 非是一生及與一劫. 我一宣揚愛心永脫成阿羅漢. 彼尙婬女無心修行. 神力冥資速證無學.

13. "그런데 그대들은 이 회상에 있는 성문들로서 최상승을 구하는 자들이니 결정코 성불하는 것이 마치 먼지를 순풍에 날리는 것처럼 쉬울 것인데, 어찌 무슨 어렵고 험난한 일이 있겠는가? 만약에 말세에 부처님의 도량에 앉으려 하거든, 먼저 수행승의 청정한 금계를 지녀야 하고, 계행이 청정한 제일의 수행자를 선택하여 스승으로 삼아야 한다. 만약에 참다운 청정수행승을 만나지 못한다면, 그대들의 계율은 결코 성취되지 못할 것이다."1436)

14. "계행이 성취된 이후에 새로 깨끗한 옷을 갈아입고 향을 사루고 고요히 앉아 마음으로 이 부처님께서 말씀하신 신주를 108번을 외운 연후에 결계(結界)1437)를 만들고 도량을 건립하고 시방국토에 현존하는 위없는 여래께서 대비광명을 놓아 관정해주실 것을 청한다. 아난다여, 이와 같이 말세에 청정한 수행승들 혹은 수행녀들 혹은 재가의 거사들이 마음에 탐심과 음욕을 버리고 부처님의 청정한 계율을 지니고 도량에서 보살로서의 서원을 세우고, 출입할 때에는 목욕을 하고, 하루 여섯 차례 행도를 행하고1438) 이와 같이 삼칠일을 경과하도록 자지 않으면, 내가 그 사람 앞에 몸을 나투어

1436) 云何汝等在會聲聞. 求最上乘決定成佛. 譬如以塵揚于順風有何艱險. 若有末世欲坐道場. 先持比丘清淨禁戒. 要當選擇戒清淨者. 第一沙門以爲其師. 若其不遇眞清淨僧. 汝戒律儀必不成就.

1437) 結界 : 불교에서 포살 등을 위하여 그 범위가 정해진 일정한 구역을 말한다. 현전승가는 시간 · 공간적으로 무한한 사방승가가 이러한 유한한 결계에 의해서 한정된 지역승가생활공동체를 말한다. 결계를 정하는 방법은 먼저 산록의 표지, 바위의 표지, 숲의 표지, 나무의 표지, 길의 표지, 개미집의 표지, 강의 표지, 물의 표지가 선포되고 그것을 기준으로 화합된 동일교구에 따른 동일포살결계를 확정한다.

1438) 六時行道 : 하루를 여섯으로 나누면, 네 시간은 앉아서 염송하고, 네 시간은 걸으면서 염송하고, 다시 네 시간은 앉아서 다시 네 시간은 서서, 다시 네 시간은 앉아서 다시 네 시간은 서서 염송하는 것을 말한다.

정수리를 만지면서 위로하여 깨닫게 만들 것이다."1439)

15. 〔도량의 건립〕 아난다가 부처님께 사뢰었다. 〔아난다〕 "세존이시여, 저는 여래의 위없는 자비로운 가르침을 받고 마음이 열리어 스스로 더 이상 배울 것이 없는 무학의 도를 닦아 증득할 수 있음을 압니다. 말법시대에 수행하는 자로서 도량을 건립하려면 어떻게 결계하여야 세존이신 부처님의 청정한 궤범에 부합되겠습니까?"1440)

16. 부처님께서 아난다에게 말씀하셨다. 〔세존〕 "만약 말세의 사람으로서 도량을 건립하려거든, 먼저 설산(雪山)에서 산중의 비니향초(肥膩香草)1441)만을 먹는 큰 힘을 지닌 흰 소를 찾아내야 한다. 이 소는 오직 설산에서 맑은 물만 마셨기 때문에 그 똥이 미세하므로, 그 똥을 취해서 전단과 섞어 땅에 발라야 한다. 만약에 설산의 그 소가 아니라면 냄새가 고약해서 땅에 바를 수가 없다. 특별히 평지에서 오척 이상까지 땅표면을 파내고, 그 이하의 황토를 채취해서, 상품의 전단향,1442) 침수향,1443) 소합향,1444) 훈육

1439) 戒成已後著新淨衣然香閑居. 誦此心佛所說神咒一百八遍. 然後結界建立道場. 求於十方現住國土無上如來. 放大悲光來灌其頂. 阿難如是末世清淨比丘. 若比丘尼白衣檀越. 心滅貪婬持佛淨戒. 於道場中發菩薩願. 出入澡浴六時行道. 如是不寐經三七日. 我自現身至其人前. 摩頂安慰令其開悟.

1440) (133b)阿難白佛言世尊. 我蒙如來無上悲誨. 心已開悟自知修證無學道成. 末法修行建立道場云何結界. 合佛世尊淸淨軌則.

1441) 肥膩香草 : Unh. 294에 따르면, 히말라야 산에서 나는 Pinodhni(?)라는 향기나는 풀로 소가 먹으면 제호(醍醐)가 된다고 한다.

1442) 旃檀香 : 인도에서 나는 향나무의 하나. 목재는 불상을 만드는 재료로 쓰고 뿌리는 가루로 만들어 단향(檀香)으로 쓴다.

1443) 沈水香 : 향나무과의 식물로, 중국, 일본, 한국 등 아시아 지역에서 자라며, 잎과 줄기는 향기가 나서 향료나 약재로 사용되며, 항암, 항염, 항균, 항산화, 진통, 소화촉진 등의 효능이 있고, 차로 마시거나, 증류수로 만들어 피부에 바르거나, 증류기로 향을 내거나, 목욕제로 사용된다.

1444) 蘇合香 : 조록나무과의 소합향나무의 수지로 옛날에는 소합국(蘇合國: 현재의

향,1445) 울금향,1446) 백교향,1447) 청목향,1448) 영릉향,1449) 감송향,1450) 계설향1451)의 열 가지 향을 가루로 만들어 황토와 배합하여 진흙을 만들어 도량의 지면에 바르는 것이다. 방원형(方圓形)으로 일장장육(一丈六尺: 16尺 = 4.8m)의 팔각단(八角壇)을 만들고 단의 중앙에 금, 은, 동, 목으로 연꽃을 만들어, 연꽃 가

이란)에서 생산되었기 때문에 붙여진 이름이며, 향기가 있고 맛은 조금 매운 편이다. 정신을 맑게 하고 항균 거담 작용을 하고 중풍 협심증 관상동맥질환에 효능이 있다.

1445) 薰陸香 : 감람과에 속하는 유향나무(인도 및 아프리카 고산 지대에서 서식)의 가지에서 추출한 수액을 진액으로 굳힌 보스웰리아를 말한다. 나무 한 그루에서 1년에 350g 정도가 생산됩니다. 예수가 탄생할 때 동방박사들의 예물 3가지 중 한 가지로도 알려져 있고 옛날 제사의식 중에 향으로써 사용되기도 하며, 클레오파트라가 사용한 향수의 원료로도 잘 알려져 있다.

1446) 鬱金香 : 백합과 튤립속의 여러해살이풀로, 높이는 20~60cm이며 잎은 어긋나고 넓은 피침 모양이다. 4~5월에 종 모양의 흰색, 노란색, 자주색의 겹꽃이 핀다. 꽃은 술을 빚는 데 쓰기도 한다. 관상용이고 동남 유럽과 소아시아가 원산지이다.

1447) 白膠香 : 한국 일본 중국에 분포하는 뽕나무과의 백교목의 페놀 성분의 향을 지칭한 것으로 뿌리, 줄기, 꽃은 모두 약용으로 사용할 수 있고, 청열 해독 작용이 있고, 세균 진균의 성장을 억제하고 면력력을 증강시키고 피부병 인후염 치주염등에 사용된다. 우리나라에서는 가을에 유난히 붉게 물들어 붉나무라고도 한다.

1448) 靑木香 : 향나무과의 식물로, 중국, 일본, 한국 등 동아시아 지역에 자생하며, 향나무와 비슷하지만 잎이 더 작고 둥글며 향기가 강하고 청목향은 약용, 향료, 정원 식물로 널리 이용되고, 항균, 항염, 진통, 해열 등의 작용을 하며, 차로 마시거나 물에 삶아 증기를 맡거나 목욕할 때 사용한다.

1449) 零陵香 : 중국의 전통 향으로 영릉(零陵)이라는 곳에서 만들어졌으며, 천황의 장례식이나 제사에 사용되었다. 산호나무, 카시아, 향나무, 페퍼민트, 라벤더 등의 재료로 만들어지며, 상쾌하고 고급스러운 향기를 낸다.

1450) 甘松香 : 백합과의 다년생 식물로, 아시아의 열대와 아열대 지역에서 자라고, 그 흰색이나 분홍색 꽃은 향기가 강하고 달콤하다. 한약재로도 사용되며, 추출물은 화장품이나 향수에도 널리 쓰이고 항염증, 항균, 항산화, 항암, 항우울, 진정, 면역 증진 등의 작용을 하며, 차로 마시거나, 증류수로 만들어 피부에 바르거나, 오일을 만들어 향을 맡거나, 목욕물에 넣거나, 맛사지에 사용된다.

1451) 鷄舌香 : 향나무과의 식물로, 중국, 일본, 대만 등의 동아시아 지역에서 자라고, 꽃은 하얀색이고, 열매는 검은색이며, 잎은 향기가 납니다. 계설향은 약용으로도 쓰이고, 특히 잎에서 추출한 오일은 향수나 화장품에 널리 사용되는데, 상쾌하고 청량한 향으로, 여름에 적합하다.

운데 발우를 안치하고 그 발우 가운데 먼저 팔월에 받은 감로수를 가득 채우고 그 물속에 꽃잎을 띄운다. 그리고 여덟 개의 둥근 거울을 각 방에 안치하여 연꽃과 발우를 에워싸게 하고 거울 밖에는 16개의 연꽃을 건립하여, 16개의 향로를 연꽃 사이사이에 설치하고, 장엄된 향로 속에는 순전히 침수향 만을 사루어서 불이 보이지 않게 해야 한다."[1452)]

17. "흰 소의 우유를 가져다가 16개의 그릇을 놓고, 그 우유로 전병과 아울러 갖가지 사탕과 유병 그리고 유미를 만들고 밀강, 연유, 꿀과 배합하여 내지 여러 가지 과자와 음식 그리고 포도와 석밀 등 갖가지 승묘한 음식을 만들어, 연꽃 밖에 16개씩 놓아, 연꽃 밖을 에워싸게 하여 모든 부처님들과 위대한 보살들을 받들어 모시고, 매번 식사 때와 중야에 꿀 반 되와 연유 세 홉을 취해서 단 앞에 별도로 작은 화로를 안치하고 뚜루슈까[1453)] 향으로 다린 향수로 숯을 적셔 태워서 활활 타게 하고, 그 연유와 꿀을 던져서 타오르는 화로에 태워 연기가 나도록 해서 불보살들에게 공양한다."[1454)]

18. 〔도량의 장엄〕"그 사방의 밖에는 깃발과 꽃을 두루 달고, 단실

1452) 佛告阿難. 若末世人願立道場. 先取雪山大力白牛. 食其山中肥膩香草. 此牛唯飮雪山淸水其糞微細. 可取其糞和合栴檀以泥其地. 若非雪山其牛臭穢不堪塗地. 別於平原穿去地皮五尺已下. 取其黃土. 和上栴檀沈水蘇合. 薰陸鬱金白膠靑木. 零陵甘松及雞舌香. 以此十種細羅爲粉. 合土成泥以塗場地. 方圓丈六爲八角壇. 壇心置一金銀銅木所造蓮華. 華中安鉢. 鉢中先盛八月露水. 水中隨安所有華葉. 取八圓鏡各安其方圍繞花鉢. 鏡外建立十六蓮華. 十六香鑪間花鋪設. 莊嚴香鑪純燒沈水無令見火.

1453) Turuṣka: 음사하여 도솔바(兜樓婆)라고 하는 것으로 앞서 언급한 소합향(蘇合香)을 말하는 것이다.

1454) 取白牛乳置十六器. 乳爲煎餠幷諸沙糖油餠乳糜. 酥合蜜薑純酥純蜜. 及諸果子飮食葡萄石蜜種種上妙等食於蓮華外各各十六圍繞華外. 以奉諸佛及大菩薩. 每以食時. 若在中夜取蜜半升用酥三合. 壇前別安一小火鑪. 以兜樓婆香煎取香水. 沐浴其炭然令猛熾. 投是酥蜜於炎爐內. 燒令煙盡饗佛菩薩.

(壇室)의 네 벽에는 시방의 여래와 모든 보살의 형상을 부설하고, 정면 남쪽〔當陽〕에는 비로자나불(毗盧遮那佛),1455) 석가모니불(釋迦牟尼佛), 미륵불(彌勒佛), 아촉불(阿閦佛), 아미타불(阿彌陀佛)을 모시고, 온갖 대변화를 나투는 관세음보살(觀世音菩薩)의 형상과 금강장보살(金剛藏菩薩)의 형상을 그 좌우에 모신다. 제석천왕(帝釋天王)과 하느님〔梵天〕, 웃추슈마1456)와 아울러 꾼달리1457) 보살과 브리꾸띠1458) 보살, 사천왕(四天王)들과 더불어 바라하1459)와 가네샤1460)는 문쪽 좌우에 안치한다. 그리고 여덟 면의 거울을 허공중에 매달아 단장 안에 안치한 거울과 마주하게 하여 그 영상이 중중으로 겹쳐 이어지게 한다."1461)

1455) 毗盧遮那佛 : 원래 노사나불(盧舍那佛)로 되어 있는데, 비로자나불의 약칭이므로 경전의 전체적 맥락에서 비로자나불로 통일시킨 것이다.

1456) Ucchuṣma : 한역음사 오추슬마(烏芻瑟摩: SD. 101)를 참조하라.

1457) Kuṇḍalī : 군다리보살(軍茶利菩薩)은 무능승명왕(無能勝明王; SD. 99참조)이라고도 하는데, 석가모니불이 보리수하에서 성도할 때에 주력으로서 마군을 퇴치하고 항복시킨 대분노(大忿怒)의 보살이다.

1458) Bhṛkuṭī : SD. 106을 참조하라.

1459) Varaha : '바라하'는 멧돼지 머리를 한 신으로 경에서는 빈나(頻那)라고 음사하고 한역에서는 저두사자(猪頭使者)라고 한다. 바라하에 얽힌 이야기는 다음과 같다. 오늘날의 한 시기의 시초에 최초의 부부가 아직 창조에 열중할 때에 육지가 바다 밑에 가라앉았다. 브라흐마 신은 빛깔이 검고 천둥처럼 울부짖는 거대한 멧돼지의 모습을 하고 있는 비슈누 신에게 도움을 요청했다. 아수라인 히라니야끄샤(Hiraṇy-ākṣa)도 물의 신에게 땅을 돌려달라고 했다. 그때 거대한 멧돼지가 땅을 작은 여신의 형태로 어금니를 사용하여 수면위로 끌어올렸다. 바라하와 히라니야끄샤 사이에 무시무시한 금강저를 사용한 전투가 벌어졌다. 아수라는 죽었다. 그래서 신들은 비슈누신을 최고신으로 섬기게 되었다.

1460) Ganeṣa : '가네샤'는 코끼리 머리를 한 신으로 경에서는 야가(夜迦)라고 음사했는데, SD. 296에 따르면, 상비사자(象鼻使者)이다. 가네샤에 얽힌 이야기는 SD. 253-254참조하라.

1461) 令其四外遍懸幡華. 於壇室中. 四壁敷設十方如來. 及諸菩薩所有形像. 應於當陽張盧舍那. 釋迦彌勒阿閦彌陀. 諸大變化觀音形像. 兼金剛藏安其左右. 帝釋梵王烏芻瑟摩. 幷藍地迦諸軍茶利. 與毘俱知四天王等頻那夜迦. 張於門側左右安置. 又取八鏡覆懸虛空. 與壇場中所安之鏡方面相對. 使其(133c)形影重重相涉.

19. 〔삼칠일의 지송〕 "첫 번째 7일 동안은 지성으로 시방여래에게 머리를 조아려 예경하고 항상 하루 여섯 차례 신주를 외우고 단을 돌며 지심으로 한 차례에 108번 염송하면서 도를 닦는다. 두 번째 7일 동안은 한결같이 보살의 서원을 일으켜 지송하는 마음에 끊임이 없게 하여야 한다. 나는 계율 가운데서 예전에 서원에 대해 가르친 적이 있다. 세 번째 7일 동안은 하루 종일 한 마음으로 부처님의 능엄신주를 지송해야 한다. 네 번째 7일에 이르러서는 시방의 여래가 일시에 출현하시어 거울에 광명이 교차하는 곳마다 부처님의 마정수기를 받게 될 것이니, 이 도량에서 삼매를 닦아야 할 것이다. 이렇게 말세에서 수학하는 사람들은 몸과 마음을 밝고 깨끗하게 하여 유리와 같아지게 해야 할 것이다. 아난다여, 만약 이 수행승의 본래의 수계사와 함께 같이 법회에 있던 열 명의 수행승1462) 가운데 한 사람이라도 청정하지 못한 이가 있다면, 그러한 도량에서는 많은 것을 성취하지 못할 것이다."1463)

20. 〔백일의 안거〕 "삼칠일이 지난 뒤부터는 단정히 앉아 편히 지내면서 100일을 지내야 하는데, 근기가 뛰어난 사람은 그 자리에서 일어나지도 않고 흐름에 든 님이 될 것이고, 비록 몸과 마음으로 성스러운 경지를 얻지 못하였더라도 결정코 틀림없이 성불하게 될

1462) 本受戒師及同會中十比丘 : 삼사칠증(三師七證)의 수행승을 말한다. 삼사는 계를 주는 계화상(戒和尙), 수계의 지침을 주는 갈마사(羯磨師), 계단의 작법을 가르쳐주는 교수사(敎授師)이고 칠증은 덕이 높은 7인의 스님을 말한다.

1463) 於初七日中. 至誠頂禮十方如來. 諸大菩薩及阿羅漢. 恒於六時誦咒繞壇至心行道. 一時常行一百八遍. 第二七中一向專心. 發菩薩願心無間斷. 我毘奈耶先有願教.第三七中於十二時. 一向持佛般怛羅咒至. 第四七日十方如來一時出現. 鏡交光處承佛摩頂卽於道場修三摩地. 能令如是末世修學. 身心明淨猶如琉璃. 阿難若此比丘本受戒師. 及同會中十比丘等. 其中有一不淸淨者. 如是道場多不成就.

것이라는 사실을 스스로 알게 될 것이다. 그대가 질문한 도량의 건립은 이와 같다."1464)

21. 〔슈랑가마다라니 송출의 요청〕 아난다가 부처님의 발에 머리를 조아리고 예경하며 부처님께 사뢰었다. 〔아난다〕 "제가 출가한 뒤에 부처님의 총애를 믿고 많이 배움만을 구한 까닭에 아직 무위를 증득하지 못하고, 저 하느님의 사술에 걸려들어, 마음은 비록 훤히 알았지만, 힘은 자유롭지 못하였는데, 문수보살을 만나고 나서야 저를 해탈시킬 수가 있었습니다. 비록 여래의 불정신주의 영향으로, 어렴풋이 그 힘을 얻었으나, 아직 손수 듣지 못하였으니, 오직 바라옵건대 큰 자비를 베풀어 거듭 널리 설해주시어, 이 모임의 여러 수행자들을 구제하시고, 당래의 미래세에 윤회하는 자들로 하여금 부처님의 비밀한 음성을 받들어, 몸과 마음을 해탈하게 하십시오."1465)

22. 이때 회중 가운데 일체대중이 모두 예경을 올리면서 여래의 비밀스러운 말씀을 듣고자 기다리고 있었다. 그때 세존께서 육계 가운데로부터 백가지 광명을 용출시키니, 광명 가운데 천엽보련(千葉寶蓮)이 솟아올랐다. 그 보배연꽃 가운데 화신여래가 앉아계셨고, 그의 육계(肉髻)로부터 부처님1466)의 백보광명(百寶光明)이 방출되었다. 하나하나의 광명에서 모두 10항하사 숫자만큼의 금강

1464) 從三七後端坐安居. 經一百日有利根者. 不起于座得須陀洹. 縱其身心聖果未成. 決定自知成佛不謬. 汝問道場建立如是.

1465) 阿難頂禮佛足而白佛言. 自我出家恃佛憍愛. 求多聞故未證無爲. 遭彼梵天邪術所禁. 心雖明了力不自由. 賴遇文殊令我解脫. 雖蒙如來佛頂神咒. 冥獲其力尙未親聞. 唯願大慈重爲宣說. 悲救此會諸修行輩. 末及當來在輪迴者. 承佛密音身意解脫.

1466) 十道 : 십도는 십력(十力)을 뜻하며 부처님의 다른 이름이다.

밀적(金剛密跡)1467)이 나타나서 산을 받들고 금강저를 들고 허공계에 가득 메웠다. 대중들이 우러러 보고 두려운 마음과 사랑스런 마음을 함께 가지고 부처님에게 믿고 의지하는 일심을 구하여 부처님의 무견정상(無見頂相)에서 방광하는, 여래께서 설하는 신주(神呪)를 듣게 되었다.1468)

23. 〔대불정능엄신주〕〔세존〕"따타가또슈니샤 씨따따빠뜨라 아빠라지따 쁘라띠양기라 다라니1469)〔제1회 비로진법회〕 1) 나마하 싸따따 쑤가따야 아르하떼 싸미약쌈붓다씨야 2) 싸따따 붓다 꼬띠 우슈니쌈 3) 나마하 싸르와 붓다 보디쌋뜨웨뱌하 4) 나마하 쌉따남 싸미약쌈붓다 꼬띠낭 5) 싸슈라바까 쌍가난 6) 나모 로께 아르한따난 7) 나마하 쓰로따빤나난 8) 나마하 싸끄리다가미난 9-10) 나모 로께 싸미약가따낭, 싸미약쁘라띠빤나난 11) 나모 데바 르씨난 12) 나마하 씻다 비디야 다라 르씨낭 13) 샤빠 아누그라하 싸하 싸마르타난 14) 나모 브라흐마네 15) 나모 인드라야 16-19) 나모 바가바떼 루드라야 우마빠띠 싸히따야 20-23) 나모 바가바떼 나라야나야 빤짜 마하무드라 나마쓰끄리따야 24-31) 나모 바가바떼 마하깔라야 뜨리 뿌라 나가라 비드라바나 깔라야 아디묵띠까 슈마

1467) 金剛密跡 : 밀적금강(密迹金剛), 밀적역사(密迹力士), 금강력사(金剛力士), 금강수(金剛手), 집금강(執金剛)으로도 불린다. 항상 부처님을 모시고 부처님의 비밀한 사적(事跡)을 기억한다는 뜻을 지녔다. 손에 금강저를 들고 불법을 옹호하는 천신의 총칭이다.

1468) 于時會中一切大衆普皆作禮. 佇聞如來祕密章句. 爾時世尊從肉髻中涌百寶光. 光中涌出千葉寶蓮. 有化如來坐寶華中. 頂放十道百寶光明. 一一光明皆遍示現十恒河沙金剛密跡. 擎山持杵遍虛空界. 大衆仰觀畏愛兼抱. 求佛哀祐一心. 聽佛無見頂相放光如來宣說神咒

1469) 大佛頂如來放光悉怛多鉢怛囉無上神呪 : 이하 다라니는 반명본(般明本; T745, 139a-141b)의 한문음사를 고전범어의 표준문법에 맞게 오리지널한 범어로 환원한 것을 범어음성학의 원리에 따라 한글로 음사한 것이다.

샤나 니바씨네 마뜨리 가나 나마쓰끄리따야."[1470]

24. "32-33) 나모 바가바떼 따타가따 꿀라야 34) 나마하 빠드마 꿀라야 35) 나모 바즈라 꿀라야 36) 나모 마니 꿀라야 37) 나모 까르마 꿀라야 38-41) 나모 바가바떼 드리다 슈라 쎄나 쁘라하라 나 라자야 따타가따야 아르하떼 싸미약쌈붓다야 42-46) 나모 바가바떼 아미따바야 따타가따야 아르하떼 싸미약쌈붓다야 47-51) 나모 바가바떼 악쇼비야야 따타가따야 아르하떼 싸미약쌈붓다야 52-55) 나모 바가바떼 바이샤지야 구루 바이두리야 쁘라바 라자야 따타가따야 아르하떼 싸미약쌈붓다야 56-61) 나모 바가바떼 쌈뿌슈삐따 쌀렌드라 라자야 따타가따야 아르하떼 싸미약쌈붓다야 62-66) 나모 바가바떼 샤끼야무나예 따타가따야 아르하떼 싸미약

1470) [第一會: 毘盧眞法會] 1) 南無薩怛他蘇伽多耶阿羅訶帝三藐三菩陀寫 2) 薩怛他佛陀俱胝瑟尼釤 3) 南無薩婆勃陀勃地薩跢鞞弊 4) 南無薩多南三藐三菩陀俱知南 5) 娑舍囉婆迦僧伽喃 6) 南無盧雞阿羅漢跢喃 7) 南無蘇盧多波那喃 8) 南無娑羯唎陀伽彌喃 9) 南無盧雞三藐伽跢喃 10) 三藐伽波囉底波多那喃 11) 南無提婆離瑟赧 12) 南無悉陀耶毘地耶陀囉離瑟赧 13) 舍波奴揭囉訶娑訶娑囉摩他喃 14) 南無跋囉訶摩泥 15) 南無因陀囉耶 16) 南無婆伽婆帝 17) 嚧陀囉耶 18) 烏摩般帝 19) 娑醯夜耶 20) 南無婆伽婆帝 21) 那囉野拏耶 22) 槃遮摩訶三慕陀囉 23) 南無悉羯唎多耶 24) 南無婆伽婆帝 25) 摩訶迦羅耶 26) 地唎般剌那伽囉 27) 毘陀囉波拏迦囉耶 28) 阿地目帝 29) 尸摩舍(139b) 那泥婆悉泥 30) 摩怛唎伽拏 31) 南無悉羯唎多耶; [제1회 비로진법회] 1. 상주하시는 행복한 님, 거룩한 님, 올바로 원만히 깨달은 님 2. 불멸의 백억 부처님들의 정수리에 귀의합니다. 3. 모든 부처님과 보살님께 귀의합니다. 4. 칠백억 올바로 원만히 깨달은 님들과 5. 그 제자들의 참모임에 귀의합니다. 6. 세상에 계신 거룩한 님들께 귀의합니다. 7. 흐름에 든 님들께 귀의합니다. 8. 한번 돌아오는 님들께 귀의합니다. 9-10. 세상에 올바로 가는 님들, 올바로 실천하는 님들께 귀의합니다. 11. 천신들과 성선(聖仙)들에게 귀의합니다. 12. 신통력이 있는 명주(明呪)를 지닌 성선들, 13. 사악한 주력을 조복할 수 있는 성선들께 귀의합니다. 14. 브라흐마 신께 귀의합니다. 15. 제석천(帝釋天)에 귀의합니다. 16-19. 존귀한 님, 우마의 반려자인 루드라 신께 귀의합니다. 20-23. 존귀한 님, 다섯 마하무드라의 제존에게 섬김 받는 나라야나 신께 귀의합니다. 24-31. 존귀한 님, 천계와 공계와 지계의 세 도시의 요새를 파괴하는 시간의 신으로서 즐겨 시체 버리는 곳에 살면서 성모의 무리에게 섬김 받는 마하깔라 신께 귀의합니다.

쌈붓다야 67-71) 나무 바가바떼 라뜨나 께뚜 라자야 따타가따야 아르하떼 싸미약쌈붓다야."1471)

25. "72) 떼비요 나마쓰끄리띠야 73-77) 에따드 바가바띠 싸따타가또슈니샤 씨따따빠뜨라 나마 아빠라지따 쁘라띠양기라 78-79) 싸르와 부따 그라하 니그라하 까라니 80) 빠라 비디얏 체다니 81-82) 아깔라 므리띠유 빠리뜨라야나 까리 83) 싸르와 반다나 목끄샤나 까리 84-85) 싸르와 두슈따 두후쓰와쁘나 니바라니 86) 짜뚜라쉬띠낭 87-88) 그라하 싸하쓰라낭 비드방싸나 까리 89-91) 아슈따빈샤띠난 낙샤뜨라남 쁘라싸다나 까리 92-94) 아슈따남 마하그라하낭 비드왕싸나 까리 95) 싸르와 샤뚜루 니바라

1471) 32) 南無婆伽婆帝 33) 多他伽跢俱囉耶 34) 南無般頭摩俱囉耶 35) 南無跋闍羅俱囉耶 36) 南無摩尼俱囉耶 37) 南無伽闍俱囉耶 38) 南無婆伽婆帝 39) 帝唎茶輸囉西那 40) 波囉訶囉拏囉闍耶 41) 跢他伽多耶 42) 南無婆伽婆帝 43) 南無阿彌多婆耶 44) 跢他伽多耶 45) 阿囉訶帝 46) 三藐三菩陀耶 47) 南無婆伽婆帝 48) 阿芻鞞耶 49) 跢他伽多耶 50) 阿囉訶帝 51) 三藐三菩陀耶 52) 南無婆伽婆帝 53) 鞞沙闍耶俱盧吠柱唎耶 54) 般囉婆囉闍耶 55) 跢他伽多耶 56) 南無婆伽婆帝 57) 三補師毖多 58) 薩憐捺囉剌闍耶 59) 跢他伽多耶 60) 阿囉訶帝 61) 三藐三菩陀耶 62) 南無婆伽婆帝 63) 舍雞野母那曳 64) 跢他伽多耶 65) 阿囉訶帝 66) 三藐三菩陀那 67) 南無婆伽婆帝 68) 剌怛那雞都囉闍耶 69) 跢他伽多耶 70) 阿囉訶帝 71) 三藐三菩陀耶; 32-33. 존귀한 여래부족의 님들께 귀의합니다. 34. 연화부족의 님들께 귀의합니다. 35. 금강부족의 님들께 귀의합니다. 36. 보물부족의 님들께 귀의합니다. 37. 갈마부족의 님들께 귀의합니다. 38-41. 존귀한 님, 완고한 마군을 최파하는데 자재하신 이렇게 오신 님, 거룩한 님, 올바로 원만히 깨달은 님께 귀의합니다. 42-46. 존귀한 님, 아미타불(阿彌陀佛)이신 이렇게 오신 님, 거룩한 님, 올바로 원만히 깨달은 님께 귀의합니다. 47-51. 존귀한 님, 아촉불(阿閦佛)이신 이렇게 오신 님, 거룩한 님, 올바로 원만히 깨달은 님께 귀의합니다. 52-55. 존귀한 님, 약사유리광왕불(藥師琉璃光王佛)이신 이렇게 오신 님, 거룩한 님, 올바로 원만히 깨달은 님께 귀의합니다. 56-61. 존귀한 님, 개부화사라수왕불(開敷華沙羅樹王佛)이신 이렇게 오신 님, 거룩한 님, 올바로 원만히 깨달은 님께 귀의합니다. 62-66. 존귀한 님, 석가모니불(釋迦牟尼佛)이신 이렇게 오신 님, 거룩한 님, 올바로 원만히 깨달은 님께 귀의합니다. 67-71. 존귀한 님, 보당왕불(寶幢王佛)이신 이렇게 오신 님, 거룩한 님, 올바로 원만히 깨달은 님께 귀의합니다.

니 96) 고라 두후쓰와쁘나난 짜 나샤니 97-98) 비샤 샤쓰뜨라 아그니 우다꿋따라니."[1472]

26. "99) 아빠라지따 고라 100) 마하 발라 짠다 101) 마하 딥따 102) 마하 떼자 103) 마하 슈웨따 즈왈라 104) 마하 발라 빤다라 바씨니 105) 아리야 따라 106) 브리꾸띠 107) 짜이와 비자야 108-109) 바즈라 말레띠 비슈루따 110) 빠드마까 111) 바즈라 지흐와 짜 112) 말라 짜이와 아빠라지따 113) 바즈라 단디 114) 비샬라 짜 115) 샨따 비데하 뿌지따 116) 싸우미야 루빠 117) 마하 슈웨따 118) 아리야 따라 119) 마하 발라 아마라 120) 바즈라 슈링깔라 짜이와 121) 바즈라 꾸마리 122) 꿀라 다리 123) 바즈라 하쓰따 짜 124) 비디야 깐짜나 말리까 125) 꾸쑴바 라뜨나 126-127) 바이로짜나 끄리야 아르토슈니샤 128) 비즈름바마나 짜 129-130a) 바즈라 까나까 쁘라바 로짜나 130b) 바즈라 뚠디 짜 131-133) 슈웨따 짜 까말라 악끄샤 샤쉬 쁘라바 이띠에떼 134) 무

1472) 72) 帝瓢南無薩羯唎多 73) 翳曇婆伽婆多 74) 薩怛他伽都瑟尼釤 75) 薩怛多般怛嚂 76) 南無阿婆囉視躭 77) 般囉帝揚岐囉 78) 薩囉婆部多揭囉訶 79) 尼羯囉訶揭迦囉訶尼 80) 跋囉毖地耶叱陀儞 81) 阿迦囉蜜唎柱 82) 般唎怛囉耶儜揭唎 83) 薩囉婆槃陀那目叉尼 84) 薩囉婆突瑟吒 85) 突悉乏般那儞伐囉尼 86) 赭都囉失帝南 87) 羯囉訶娑訶薩囉若闍 88) 毘多崩娑那羯唎 89) 阿瑟吒冰舍帝南 90) 那叉刹怛囉若闍 91) 波囉薩陀那羯唎 92) 阿瑟吒南 93) 摩訶揭囉訶若闍 94) 毘多崩薩那羯唎 95) 薩婆舍都嚧儞婆囉若闍 96) 呼藍突悉乏難遮那舍尼 97) 毖沙舍悉怛囉 98) 阿吉尼烏陀迦囉若闍; 72. 이러한 모든 존귀한 님들께 귀의하오니, 73-77. 이 존귀한 님, 여래의 불정에서 나투시어 승리하여 패하지 않고 사악한 주력에서 뭇삶을 수호하는 백산개의 불모께서는 78-79. 모든 부따의 악귀를 제압하시고, 80. 타자들의 사악한 주력을 끊어버리시고, 81-82. 때 아닌 때의 죽음에서 구호하시고, 83. 모든 결박에서 벗어나게 하시고, 84-85. 일체의 사악한 악몽을 없애주시고, 86. 팔만하고도 사천의 87-88. 천(千)의 귀신들을 쳐부수시고, 89-91. 이십팔성수천신(二十八星宿天神)을 정렬시키시고, 92-94. 팔대행성신(八大行星神)들을 최복(摧伏)시키시고, 95. 모든 원적을 제거시켜주시고, 96. 공포스러운 악몽을 없애주시고 97-98. 독 · 칼 · 불 · 물의 재앙에서 구제하여주십니다.

드라 가나하 135-136) 싸르웨 락샤 꾸르완뚜 137) 잇탐 마마 아씨야."1473) 〔불제자 ○○○는 경수봉지(經受奉持)하옵니다.〕

27. 〔제2회 석존응화회〕 "138-141) 옴 르쉬 가나 쁘라샤쓰따 따타가또슈니샤 142-143) 훔 뜨룸 144) 잠바나 1`45-146) 훔 뜨룸 147) 쓰땀바나 148-149) 훔 뜨룸 150) 빠라비디야 쌈바끄샤나 까라 151-152) 훔 뜨룸 153-154) 싸르와 약샤 락샤싸 그라하낭 155) 비드왕싸나 까라 156-157) 훔 뜨룸 158-159) 짜뚜르아쉬띠남 그라하 싸하쓰라남 160) 비드왕싸나 까라 161-162) 훔

1473) 99) 阿般囉視多具囉 100) 摩訶般囉戰持 101) 摩訶疊多 (102) 摩訶帝闍 103) 摩訶稅多闍婆囉 104) 摩訶跋囉槃陀囉婆悉儞 105) 阿唎耶多囉 106) 毘唎俱知 107) 誓婆毘闍耶 108) 跋闍囉摩禮底 109) 毘舍嚧多 110) 勃騰罔迦 111) 跋闍囉制喝那阿遮 112) 摩囉制婆般囉質多 113) 跋闍囉檀持 114) 毘舍囉遮 115) 扇多舍鞞提婆補視多 116) 蘇摩嚧波 117) 摩訶稅多 118) 阿唎耶多囉 119) 摩訶婆囉阿般囉 120) 跋闍囉商羯囉制婆 121) 跋闍囉俱摩唎 122) 俱藍陀唎 123) 跋闍囉喝薩多遮 124) 毘地耶乾遮那摩唎迦 125) 啒蘇母婆羯跢那 126) 鞞嚧遮那俱唎耶 127) 夜囉菟瑟尼釤 128) 毘折藍婆摩尼遮 129) 跋闍囉迦那迦波囉婆 130) 嚧闍那跋闍囉頓稚遮 131) 稅多遮迦摩囉 132) 刹奢尸波囉婆 133) 翳帝夷帝 134) 母陀囉羯拏 135) 娑鞞囉懺 136) 掘梵都 137) 印免那麼麼寫 [誦咒者至此句稱弟子某]; 99. 경외의 무능승명왕(無能勝明王) 님, 100. 분노의 대력금강(大力金剛) 님, 101. 광대한 화염을 뿜어내는 님, 102. 위대한 위광을 지닌 님, 103. 위대한 백-광명을 지닌 님, 104. 위대한 힘을 지닌 백의관음(白衣觀音) 님, 105. 고귀한 따라 보살님 106. 분노승모(忿怒勝母) 님 107. 뿐만 아니라 또한 승리자로서, 108-109. 금강의 꽃타래를 지닌 님으로 잘 알려진 110. 연화 위의 존자님, 111. 금강의 혀를 지닌 님, 112. 또한 불패의 꽃타래를 갖춘, 113. 금강의 칼을 지닌 님, 114. 위대한 님으로, 115. 죽음을 평정하고 공양을 받으시는 116. 싸우미야 여신 님, 117. 위대한 백-광명으로 빛나는 님, 118. 고귀한 따라 여신님, 119. 불사(不死)의 위대한 힘을 지닌 님, 120. 그리고 금강의 사슬을 지닌 님 뿐만 아니라, 121. 금강동자를 섬기는 님, 122. 부족을 지지하는 님, 123. 금강저를 손에 쥔 님, 124. 명주(明呪)의 황금 꽃타래를 품은 님, 125. 홍화색의 보물을 갖춘 님, 126-127. 두루 비추는 작용을 발휘하는 불정님, 128. 그리고 악귀를 마비시키는 님, 129-130a. 번개처럼 황금빛 광명을 비추는 눈과 130b. 금강과 같은 부리를 지닌 님, 131-133. 그리고 백-광명 연화의 눈으로 달처럼 광명을 비추는 님, 이와 같은 이들 134. 무드라를 현시하는 님들, 135-136. 모든 님들께서는 수호하사이다. 137. 이와 같이 저를 수호하사이다. [불제자 ○○○는 경수봉지(經受奉持)하옵니다.]

뜨룸 163) 락샤 164-165) 바가방쓰 따타가토슈니샤 166) 쁘라띠양기레 167-168) 마하 싸하쓰라 부제 싸하쓰라 쉬르쉐 169) 꼬띠 싸하쓰라 네뜨레 170-171) 아베디야 즈왈리따 나따께 172) 마하 바즈라 다레 173-174) 뜨리 부바나 만다레슈와레 175-177) 옴 쓰와쓰띠르 바바뚜 마마 178) 잇탐 마마 아씨야."1474) 〔불제자 ○○○는 경수봉지(經受奉持)하옵니다.〕

28. 〔제3회 관음합동회〕 "179) 라자 바야쯔 180) 짜우라 바야드 181) 아그니 바야드 182) 우다까 바야드 183) 비샤 바야쯔 184) 차쓰뜨라 바야뜨 185) 빠라짜끄라 바야드 186) 두르비끄샤 바야드 187) 아샤니 바야드 188) 아깔라 므리띠유 바야드 189) 다라니 부미 깜빠 까빠타 바야드 190) 울까 빠따 바야드 191) 라자 단

1474) [第二會: 釋尊應化會] 138) 烏䋛 139) 唎瑟揭拏 140) 般刺舍悉多 141) 薩怛他伽都瑟尼釤142) 虎䋛 143) 都嚧雍 144) 瞻婆那 145) 虎䋛 146) 都嚧雍 147) 悉耽婆那 148) 虎䋛 149) 都嚧雍 150) 波羅瑟地耶三般叉拏羯囉 151) 虎䋛 152) 都嚧雍 153) 薩婆藥叉喝囉刹娑 154) 揭囉訶若闍155) 毘騰崩薩那羯囉 156) 虎䋛 157) 都嚧雍 158) 者都囉尸底南 159) 揭囉訶娑訶薩囉南 160) 毘騰崩薩那囉 161) 虎䋛 162) 都嚧雍 163) 囉叉 164) 婆伽梵 165) 薩怛他伽都瑟尼釤 166) 波囉點闍吉唎 167) 摩訶娑訶薩囉 168) 勃樹娑訶薩囉室唎沙 169) 俱知娑訶薩泥帝隸 170) 阿弊提視婆唎多 171) 吒吒甖迦 172) 摩訶跋闍嚧陀囉 173) 帝唎菩婆那 174) 曼茶囉 175) 烏䋛 176) 莎悉帝薄婆都 177) 麼麼 178) (140a) 印免那麼麼寫 [誦咒者至此句稱弟子某] [제2회 석존응화회] 138-141. 옴, 선인들에게 찬양받는 여래의 불정이여! 142-143. 훔 뜨룸 144. 파괴하는 님이여, 145-146. 훔 뜨룸 147. 제어하는 님이여 148-149. 훔 뜨룸 150. 타자의 사악한 주력을 삼켜 없애는 님이여 151-152. 훔 뜨룸 153-154. 모든 야차와 나찰의 악귀들을 155. 쳐부수는 님이여 156-157. 훔 뜨룸 158-159. 팔만사천의 악귀들을 160. 쳐부수는 님이여 161-162. 훔 뜨룸 163. 수호하십시오. 164-165. 존귀한 여래의 불정이여! 166. 사악한 주력에서 뭇삶을 수호하는 님이여, 167-168. 천개의 팔과 천개의 머리를 지닌 님이여, 169. 천백 억의 눈으로 살피시는 님이여 170-171. 불멸의 광휘를 뿜으며 춤추는 님이여 172. 위대한 금강저를 지닌 님이여 173-174. 삼계의 만다라를 지배하는 님이여, 175-177. 옴 제게 안온이 있어지이다. 178. 이와 같이 간절한 제게 안온이 있어지이다. [불제자 ○○○는 경수봉지(經受奉持)하옵니다.]

다 바야드 192) 나가 바야드 193) 비디윳 바야뜨 194) 쑤빠르나 바야드 195) 약샤 그라하드 196) 락샤샤 그라하뜨 197) 쁘레따 그라하뜨 198) 삐샤짜 그라하드 199) 부따 그라하뜨 200) 꿈반다 그라하뜨 201) 뿌따나 그라하뜨 202) 까따뿌따나 그라하뜨 203) 쓰깐다 그라하드 204) 아빠쓰마라 그라하드 205) 운맛따 그라하쯔 206) 차야 그라하드 207) 레바띠 그라하드 208) 오자 아하리니야 209) 가르바 아하리니야 201) 루디라 아하리니야 211) 망싸 아하리니야 212) 메다 아하리니야 213) 맛자 아하리니야 214) 자따 아하리니야 215) 지비따 아하리니야 216) 바따 아하리니야 217) 반따 아하리니야 218) 아슈찌야 아하리니야하 219) 찟따 아하리니야하."[1475]

1475) [第三會: 觀音合同會] 179) 囉闍婆夜 180) 主囉跋夜 181) 阿祇尼婆夜 182) 烏陀迦婆夜 183) 毘沙婆夜 184) 舍薩多囉娑夜 185) 婆囉斫羯囉婆夜 186) 突瑟叉婆夜 187) 阿舍儞婆夜 188) 阿迦囉蜜唎柱婆夜 189) 陀囉尼部彌劍波伽波陀婆夜 (190) 烏囉迦婆多婆夜 191) 刺闍壇茶婆夜 192) 那伽婆夜 193) 毘條怛婆夜 194) 蘇波囉拏婆夜 195) 藥叉揭囉訶 196) 囉叉私揭囉訶 197) 畢唎多揭囉訶 198) 毘舍遮揭囉訶 199) 部多揭囉訶 200) 鳩槃茶揭囉訶 201) 補丹那揭囉訶 202) 迦吒補丹那揭囉訶 203) 悉乾度揭囉訶 204) 阿播悉摩囉揭囉訶 205) 烏檀摩陀揭囉訶 206) 車夜揭囉訶 207) 醯唎婆帝揭囉訶 208) 社多訶唎南 209) 揭婆訶唎南 210) 嚧地囉訶唎南 211) 忙娑訶唎南 212) 謎陀訶唎南 213) 摩闍訶唎南 214) 闍多訶唎女 215) 視比多訶唎南 216) 毘多訶唎南 217) 婆多訶唎南 218) 阿輸遮訶唎女 219) 質多訶唎女; [제3회 관음합동회] 179. 사악한 정치의 위험 180. 도적의 위험 181. 불의 위험 182. 물의 위험 183. 독극물의 위험 184. 무기의 위험 185. 전쟁의 위험 186. 굶주림의 위험 187. 천둥의 위험 188. 때 아닌 때의 죽음의 위험 189. 대지의 지진으로 생겨난 험로의 위험 190. 운석낙하의 위험 191. 정치적 형벌의 위험 192. 용의 위험 193. 번개의 위험 194. 금시조(金翅鳥)의 위험으로부터, 195. 야차의 악귀 196. 나찰의 악귀 197. 아귀의 악귀 198. 삐샤짜의 악귀 199. 부따의 악귀 200. 꿈반다의 악귀 201. 뿌따나의 악귀 202. 까따뿌따나의 악귀 203. 쓰깐다의 악귀 204. 아빠쓰마라의 악귀 205. 운맛따의 악귀 206. 차야의 악귀 207. 레바띠의 악귀으로부터, 208. 자양을 먹는 귀신 209. 태아를 먹는 귀신 210. 피를 먹는 귀신 211. 살을 먹는 귀신 212. 고름을 먹는 귀신 213. 골수를 먹는 귀신 214. 유아를 먹는 귀신 215. 목숨을 먹는 귀신 216. 바람을 먹는 귀신 217. 구토물을 먹는 귀신 218. 부정물(不淨

29. "220) 떼삼 싸르웨샴 221) 싸르와 그라하남 222) 비디얀 체다야미 223) 낄라야미 224) 빠리브라자까 끄리땅 225) 비디얀 체다야미 226) 낄라야미 227) 다끼니 그리땅 228) 비디얀 체다야미 229) 낄라야미 230-231) 마하 빠쓔빠띠야 루드라 끄리땅 232) 비디얀 체다야미 233) 낄라야미 234) 나라야나 끄리땅 235) 비디얀 체다야미 236) 낄라야미 237) 따뜨와 가루다 싸하야 끄리땀 238) 비디얀 체다야미 239) 낄라야미 240) 마하 깔라 마뜨리가나 끄리땅 241) 비디얀 체다야미 242) 낄라야미 243) 까빨리까 끄리땅 244) 비디얀 체다야미 245) 낄라야미 246-247) 자야까라 마두까라 싸르와르타싸다나 끄리땅 248) 비디얀 체다야미 249) 낄라야미 250) 짜뚜르 바기니 끄리땅 251) 비디얀 체다야미 252) 낄라야미 253-254) 브링기리띠 난디께슈와라 가나빠띠 싸하야 끄리땅 255) 비디얀 체다야미 256) 낄라야미 257) 나그나 슈라바나 끄리땅 258) 비디얀 체다야미 259) 낄라야미 260) 아라한따 끄리땅 261) 비디얀 체다야미 262) 낄라야미 263) 비따 라가 끄리땅 264) 비디얀 체다야미 265) 낄라야미 266-267) 바즈라빠니 구히야 구히야까 아디빠띠 끄리땅 268) 비디얀 체다야미 269) 낄라야미 270) 락샤 맘 271) 바가반 272) 잇탐 마마 아씨야."[1476] 〔불제자 ○○○는 경수봉지(經受奉持)하

物)을 먹는 귀신 219. 심장을 먹는 귀신으로부터

1476) 220) 帝釤薩鞞釤 221) 薩婆揭囉訶南 222) 毘陀耶闍瞋陀夜彌 223) 雞囉夜彌 224) 波唎跋囉者迦訖唎擔 225) 毘陀夜闍瞋陀夜彌 226) 雞囉夜彌 227) 茶演尼訖唎擔 228) 毘陀夜闍瞋陀夜彌 229) 雞囉夜彌 230) 摩訶般輸般怛夜 231) 嚧陀囉訖唎擔 232) 毘陀夜闍瞋陀夜彌 233) 雞囉夜彌 234) 那囉夜拏訖唎擔 235) 毘陀夜闍瞋陀夜彌 236) 雞囉夜彌 237) 怛埵伽嚧茶西訖唎擔 238) 毘陀夜闍瞋陀夜彌 239) 雞囉夜彌 240) 摩訶迦囉摩怛唎伽拏訖唎擔 241) 毘陀夜闍瞋陀夜彌 242) 雞囉夜彌 243) 迦波

옵니다.〕

30. 〔제4회 강장절섭회〕 "273-274) 바가바띠 씨따따 빠뜨레 275) 나모쓰뚜 떼 276-278) 아씨따 아날라 아르까 쁘라바 쓰푸따 비까씨따 아따빠뜨레 279) 즈와라 즈와라 280) 달라 달라 281a) 비달라 비달라 281b) 체다 체다 282-283) 훔 훔 284-

---

唎迦訖唎擔 244) 毘陀夜闍瞋陀夜彌 245) 雞囉夜彌 246) 闍耶羯囉摩度羯囉 247) 薩婆囉他娑達那訖唎擔 248) 毘陀夜闍瞋陀夜彌 249) 雞囉夜彌 250) 赭咄囉婆耆儞訖唎擔 251) 毘陀夜闍瞋陀夜彌 252) 雞囉夜彌 253) 毘唎羊訖唎知 254) 難陀雞沙囉伽拏般帝 255) 索醯夜訖唎擔 256) 毘陀夜闍瞋陀夜彌 257) 雞囉夜彌 258) 那揭那舍囉婆拏訖唎擔 259) 毘陀夜闍瞋陀夜彌 260) 雞囉夜彌 261) 阿羅漢訖唎擔毘陀夜闍瞋陀夜彌 262) 雞囉夜彌 263) 毘多囉伽訖唎擔 264) 毘陀夜闍瞋陀夜彌 265) 雞囉夜彌跋闍囉波儞 266) 具醯夜具醯夜 267) 迦地般帝訖唎擔 268) 毘陀夜闍瞋陀夜彌 269) 雞囉夜彌 270) 囉叉罔 271) 婆伽梵 272) 印免那麼麼寫 [誦咒者至此句稱弟子某] 220. 그러한 모든 221. 일체의 악귀들이 거는 222. 주력의 영향을 저는 끊어버립니다. 223. 저는 묶어버립니다. 224. 이교도의 유행자가 행하는 225. 주력의 영향을 저는 끊어버립니다. 226. 저는 묶어버립니다. 227. 다끼니가 행하는, 228. 주력의 영향을 저는 끊어버립니다. 229. 저는 묶어버립니다. 230-231. 위대한 짐승의 주인인 루드라 신이 행하는 232. 주력의 영향을 저는 끊어버립니다. 233. 저는 묶어버립니다. 234. 나라야나 신이 만든 235. 주력의 영향을 저는 끊어버립니다. 236. 저는 묶어버립니다. 237. 실제로 가루다를 거느리는 비슈누 신이 행하는 238. 주력의 영향을 저는 끊어버립니다. 239. 저는 묶어버립니다. 240. 마하깔라 신과 성모들의 무리가 행하는 241. 주력의 영향을 저는 끊어버립니다. 242. 저는 묶어버립니다. 243. 까빨리까들이 행하는 244. 주력의 영향을 저는 끊어버립니다. 245. 저는 묶어버립니다. 246-247. 작승존, 작밀존, 모든 의취의 성취존이 만드는 248. 주력의 영향을 저는 끊어버립니다. 249. 저는 묶어버립니다. 250. 사자매여신(四姉妹女神)이 만드는 251. 주력의 영향을 저는 끊어버립니다. 252. 저는 묶어버립니다. 253-254. 브링기리띠와 난디께슈와라와 가나빠띠를 거느린 시바 신이 행하는 255. 주력의 영향을 저는 끊어버립니다. 256. 저는 묶어버립니다. 257. 나형외도가 행하는 258. 주력의 영향을 저는 끊어버립니다. 259. 저는 묶어버립니다. 260. 이교의, 거룩한 자가 행하는 261. 주력의 영향을 저는 끊어버립니다. 262. 저는 묶어버립니다. 263. 이교의, 욕망을 여읜 자가 행하는 264. 주력의 영향을 저는 끊어버립니다. 265. 저는 묶어버립니다. 266-267. 인드라 신과 비밀스런 구히야까의 주인 꾸베라 신이 행하는 268. 주력의 영향을 저는 끊어버립니다. 269. 저는 묶어버립니다. 270. 저를 수호하소서 271. 존귀한 님이시여, 272. 이와 같이 저를 수호하사이다. [불제자 ○○○는 경수봉지(經受奉持)하옵니다.]

285) 핏 팟 팟 팟 팟 286) 쓰와하 287) 헤 헤 팟 288) 아모가야 팟 289) 아쁘라띠하따야 팟 290) 바라 쁘라다야 팟 291) 아쑤라 비드라바까야 팟 292) 싸르와 데베뱌하 팟 293) 싸르와 나게뱌하 팟 294) 싸르와 야끄셰뱌하 팟 295) 싸르와 간다르베뱌하 팟 296) 싸르와 뿌따네뱌하 팟 297) 싸르와 까따뿌다네뱌하 팟 298) 싸르와 두르랑기떼뱌하 팟299) 싸르와 두슈따 쁘레끄쉬떼뱌하 팟 300) 싸르와 즈바레뱌하 팟 301) 싸르와 아빠쓰마레뱌하 팟."1477)

31. "302) 씨르와 슈라마네뱌하 팟303) 싸르와 띠르티께뱌하 팟 304) 싸르본맛떼뱌하 팟 305) 싸르와 비디야다라 쑤짜리뱌하 팟 306-307) 자야까라 마두까라 싸르와르타싸다께뱌하 팟 308) 비디야 짜리예뱌하 팟 309) 짜뚜르남 바기니뱌하 팟 310-311) 바즈라 꾸마리 비디야 라즈니뱌하 팟 312) 마하 쁘라띠양기라뱌하

1477) [第四會: 剛藏折攝會] 273) 婆伽梵 274) (140c)薩怛多般怛囉 275) 南無粹都帝 276) 阿悉多那囉剌迦 277) 波囉婆悉普吒 278)毘迦薩怛多鉢帝唎 279) 什佛囉什佛囉 280) 陀囉陀囉 281) 頻陀囉頻陀囉瞋陀瞋陀 282) 虎 283) 虎䶵 284) 泮 285) 泮泮泮泮 286) 娑訶 287) 醯醯泮 288) 阿牟迦耶泮 289) 阿波囉提訶多泮 290) 婆囉波囉陀泮 291) 阿素囉毘陀囉波迦泮 292) 薩婆提鞞弊泮 293) 薩婆那伽弊泮 294) 薩婆藥叉弊泮 295) 薩婆乾闥婆弊泮 296) 薩婆補丹那弊泮 297) 迦吒補丹那弊泮 298) 薩婆突狼枳帝弊泮 299) 薩婆突澀比㗚訖瑟帝弊泮 300) 薩婆什婆唎弊泮 301) 薩婆阿播悉摩㗚弊泮; [제4회 강장절섭회] 273-274. 존귀한 백산개불모님이시여, 275. 당신께 예경하나이다. 276-278. 광휘의 불꽃을 놓아 광명을 열어 비추는 백산개여존이시여, 279. 광휘를 비추소서. 광휘를 비추소서. 280. 분쇄하소서. 분쇄하소서. 281a. 파쇄하소서. 파쇄하소서. 281b. 끊어버리소서. 끊어버리소서. 282- 283. 훔 훔 284-285. 팟 팟 팟 팟 팟 286. 쓰와하 287. 헤 헤 팟 288. 허망하지 않은 님이여, 팟 289. 장애가 없는 님이여, 팟 290. 은혜를 베푸는 님이여, 팟 291. 아수라를 몰아내는 님이여, 팟 292. 모든 천신이여, 팟 293. 모든 용이여, 팟 294. 모든 야차여, 팟 295. 모든 건달바여, 팟 296. 모든 뿌따나여, 팟 297. 모든 까따뿌따나여, 팟 298. 모든 극복하기 어려운 존재여, 팟 299. 모든 추악하게 보이는 존재여, 팟 300. 모든 열병의 병마여, 팟 301. 모든 아빠쓰마라여, 팟

팟 313) 바즈라 샹깔라야 314) 쁘라띠양기라 라자야 팟 315) 마하 깔라야 316-317) 마하 마뜨리가나 나마쓰 끄리따야 팟 318) 비슈나베 팟 319) 브라흐마네 팟 320) 아그나예 팟 321) 마하깔라야 팟 322) 깔라단다야 팟 323) 인드라야 팟 324) 루드라야 팟 325) 짜문다야이 팟 326) 깔라라뜨라에 팟 327) 까빨리네 팟 328-329) 아디묵띠까 슈마샤나 바씨네 팟 330-331) 예 께찌뜨 쌋뜨와하 332) 마마 잇탐 마마 아씨야."[1478] 〔불제자 ○○○는 경수봉지(經受奉持)하옵니다.〕

32 〔제5회 문수홍전회〕 "333) 두슈따 찟따 334) 아미뜨라 찟따 335) 오자 아하라 336) 가르바 아하라 337) 루디라 아하라 338) 바싸 아하라 339) 맛자 아하라 340) 자따 아하라 341) 지비따 아

1478) 302) 薩婆舍囉婆拏弊泮 303) 薩婆地帝雞弊泮 304) 薩婆怛摩陀繼弊泮 305) 薩婆毘陀耶囉誓遮嚟弊泮 306) 闍夜羯囉摩度羯囉 307) 薩婆羅他娑陀雞弊泮 308) 毘地夜遮唎弊泮 309) 者都囉縛耆儞弊泮 310) 跋闍囉俱摩唎 311) 毘陀夜囉誓弊泮 312) 摩訶波囉丁羊乂耆唎弊泮 313) 跋闍囉商羯囉夜 314) 波囉丈耆囉闍耶泮 315) 摩訶迦囉夜 316) 摩訶末怛唎迦拏 317) 南無娑羯唎多夜泮 318) 毖瑟拏婢曳泮 319) 勃囉訶牟尼曳泮 320) 阿闍尼曳泮 321) 摩訶羯唎曳泮 322) 羯囉檀遲曳泮 323) 蔑怛唎曳泮 324) 嘮怛唎曳泮 325) 遮文茶曳泮 326) 羯邏囉怛唎曳泮 327) 迦般唎曳泮 328) 阿地目質多迦尸摩舍那 329) 婆私儞曳泮 330) 演吉質 331) 薩埵婆寫 332) 麽麽 印免那 麽麽(141a) 寫 [誦咒者至此句稱弟子某] 302. 모든 사문이여, 팟 303. 모든 이교수행자여, 팟 304. 모든 운맛따들을 위하여, 팟 305. 모든 진언의 파지를 잘 행하는 님이여, 팟 306-307. 작승존, 작밀존, 모든 의취의 성취존이여, 팟. 308. 진언행자들이여, 팟 309. 사자매여신들이여, 팟 310-311. 금강동녀로서 진언에 자재한 여존들이여, 팟 312. 사악한 주력에서 뭇삶을 수호하시는 위대한 여존들이여, 팟 313. 금강의 사슬을 지닌, 314. 사악한 주력에서 뭇삶을 수호하는데 자재하신 존자여, 팟 315. 마하깔라 신[大黑天神]으로서 316-317. 위대한 성모(聖母)의 무리에 섬김 받는 님이여, 팟 318. 비슈누 신이여 팟 319. 브라흐마 신이여, 팟 320. 아그니 신이여 321. 마하깔라 신이여, 팟 322. 깔라단다 신이여, 팟 323. 인드라 신이여, 팟 324. 루드라 신이여, 팟 325. 짜문다 여신이여, 팟 326. 깔라라뜨리 여신이여, 팟 327. 까빨린 신이여, 팟 328-329. 해탈의 묘지에 사는 마하깔라 신이여, 팟 330-331. 어떠한 님들이라도 뭇삶들이라면, 332. 이와 같이 간절한 저를 수호하사이다. [불제자 ○○○는 경수봉지(經受奉持)하옵니다.]

하라 342) 발리야 아하라 343) 간다 아하라 344) 뿌슈빠 아하라 345) 팔라 아하라 346) 싸씨야 아하라 347) 빠빠 찟따 348) 두슈따 찟따 349) 루드라 찟따 350) 약샤 그라하 351) 락샤싸 그라하 352) 쁘레따 그라하 352) 삐샤짜 그라하 353) 삐샤짜 그라하 354) 부따 그라하 355) 꿈반다 그라하 356) 쓰깐다 그라하 357) 운맛따 그라하 358) 차야 그라하 359) 아빠쓰마라 그라하 360) 다까 다끼니 그라하 361) 레바띠 그라하 362) 자미까 그라하 363) 샤꾸니 그라하 364) 마뜨리난디까 그라하 365) 알람바까 그라하 366) 간타빠니 그라하"[1479]

33. "367) 즈와라이까흐니까 368) 드웨띠야까 369) 뜨리띠야까 370) 짜뚜르타까 371) 니띠야 즈와라 비쓰마라 즈와라. 372) 바띠까 373) 빠잇띠까 374) 슈라이슈미까 375) 쌈니빠띠까 376)

1479) [第五會; 文殊弘傳會] 333) 突瑟吒質多 334) 阿末怛唎質多 335) 烏闍訶囉 336) 伽婆訶囉 337) 嚧地囉訶囉 338) 婆娑訶囉 339) 摩闍訶囉 340) 闍多訶囉 341) 視毖多訶囉 342) 跋略夜訶囉 343) 乾陀訶囉 344) 布史波訶囉 345) 頗囉訶囉 346) 娑寫訶囉 347) 般波質多 348) 突瑟吒質多 349) 嘮陀囉質多 350) 藥叉揭囉訶 351) 囉刹娑揭囉訶 352) 閉隸多揭囉訶 353) 毘舍遮揭囉訶 354) 部多揭囉訶 355) 鳩槃茶揭囉訶 356) 悉乾陀揭囉訶 357) 烏怛摩陀揭囉訶 358) 車夜揭囉訶 359) 阿播薩摩囉揭囉訶 360) 宅祛革茶耆尼揭囉訶 361) 唎佛帝揭囉訶 362) 闍彌迦揭囉訶 363) 舍俱尼揭囉訶 364) 姥陀囉難地迦揭囉訶 365) 阿藍婆揭囉訶 366) 乾度波尼揭囉訶 [제5회 문수홍전회] 333. 악한 마음을 갖는 귀신들 334. 적대적인 마음을 갖는 귀신들 335. 정기를 먹는 귀신들 336. 태아를 먹는 귀신들 337. 피를 먹는 귀신들 338. 지방을 먹는 귀신들 339. 골수를 먹는 귀신들 340. 갓난아이를 먹는 귀신들 341. 생명을 먹는 귀신들 342. 공물을 먹는 귀신들 343. 냄새를 먹는 귀신들 344. 꽃을 먹는 귀신들 345. 열매를 먹는 귀신들 346. 곡물을 먹는 귀신들 347. 악독한 마음을 지닌 귀신들 348. 사악한 마음을 지닌 귀신들 349. 포악한 마음을 지닌 귀신들 350. 야차의 악귀들 351. 나찰의 악귀들 352. 아귀의 악귀들 353. 삐샤차의 악귀들 354. 부따의 악귀들 355. 꿈반다의 악귀들 356. 쓰깐다의 악귀들 357. 운맛따의 악귀들 358. 차야의 악귀들 359. 아빠쓰마라의 악귀들 360. 다까와 다끼니의 악귀들 361. 레바띠의 악귀들 362. 자미까의 악귀들 363. 샤꾸니의 악귀들 364. 마뜨리난디까의 악귀들 365. 알람바까의 악귀들 366. 간타빠니의 악귀들

싸르와 즈와라 377) 쉬로 루자 378) 아르다바베다까 379) 악쉬로고 380) 무카 로가하 381) 깐타 로가하 382) 갈라까 가람 383) 까르나 슐란 384) 단따 슐랑 385) 흐리다야 슐람 386) 마르마 슐람 387) 빠르슈와 슐람 388) 쁘리슈타 슐람 389) 우다라 슐랑 390) 까띠 슐람 391) 바쓰띠 슐람 392) 우루 슐란 393) 장가 슐랑 394) 하쓰따 슐람 395) 빠다 슐람 396) 싸르바 앙가 쁘라띠양가 슐람 397-398) 부따 베딸라 다끼니 즈와라 399-400) 다드루 간다 끼띠바 루따 비싸르빠 로하링가하 401) 슈샤 뜨라싸나 까라 402) 비샤 요가 403) 아그니 우다까 404) 마라 비라 깐따라."1480)

1480) 367) 什伐囉堙迦醯迦 368) 墜帝藥迦 369) 怛隸帝藥迦 370) 者突託迦 371) 昵提什伐囉毖釤摩什伐囉; 372) 薄底迦 373) 鼻底迦 374) 室隸瑟蜜迦 375) 娑儞般帝迦 376) 薩婆什伐囉 377) 室嚧吉帝 378) 末陀鞞達嚧制劍 379) 阿綺嚧鉗 380) 目佉嚧鉗 381) 羯唎突嚧鉗 382) 揭囉訶揭藍 383) 羯拏輸藍 384) 憚多輸藍 385) 迄唎夜輸藍 386) 末麽輸藍 387) 跋唎室婆輸藍 388) 毖栗瑟吒輸藍 389) 烏陀囉輸藍 390) 羯知輸藍 391) 跋悉帝輸藍 392) 鄔嚧輸藍 393) 常伽輸藍 394) 喝悉多輸藍 395) 跋陀輸藍 396) 娑房盎伽般囉丈伽輸藍 397) 部多毖跢茶 398) 茶耆尼什婆囉 399) 陀突嚧迦建咄(141b)嚧吉知婆路多毘 400) 薩般嚧訶凌伽 401) 輸沙怛囉婆那羯囉 402) 毘沙喻迦 403) 阿耆尼烏陀迦 404) 末囉鞞囉建跢囉; 367. 하루 안에 나타나는 발열귀 368. 이틀 만에 나타나는 발열귀 369. 사흘 만에 나타나는 발열귀 370. 나흘 만에 나타나는 발열귀 371. 계속적으로 의식불명을 일으키는 발열귀 372. 바람의 부조화에 의한 병마 373. 담즙의 부조화에 의한 병마 374. 점액의 부조화에 의한 병마 375. 체질의 부조화에 의한 병마 376. 모든 열병의 병마 377. 두통의 병마 378. 편두통의 병마 379. 안질의 병마, 380. 구강통의 병마, 381. 인후통의 병마, 382. 인두통의 병마, 383. 이통의 병마, 384. 치통의 병마, 385. 심장통의 병마, 386. 관절통의 병마, 387. 늑골통의 병마, 388. 척추통의 병마, 389. 복통의 병마, 390. 요통의 병마, 391. 방광통의 병마, 392. 대퇴통의 병마, 393. 각통의 병마, 394. 수통의 병마, 395. 족통의 병마, 396. 모든 사지관절통의 병마, 397-398. 부따와 베딸라와 다끼니와 관계되는 발열귀, 399-400. 피부염귀, 개선귀, 수두귀, 지주창귀, 단독귀, 정창귀, 401. 무시무시한 공포를 일으키고 402. 독기를 품은 403. 불귀신, 물귀신, 404. 역병귀(疫病鬼), 원적귀(怨敵鬼), 재난귀(災難鬼),

34. "405) 아깔라 므리띠유 뜨리얌부까 406-407) 뜨라이라따 브리슈찌까 408) 싸르빠 나끄라 409) 씽하 비야그리하 리끄샤 따락슈410) 짜마라 지바쓰 떼샴 싸르베샴 411) 씨따따 빠뜨라 412) 마하 바즈로슈니샤 413) 마하 쁘라띠양기라 414-415) 야바드 드와다샤 요자나 아비얀따레나 416) 비디야 반당 까로미 417) 디샤 반당 까로미 418) 빠라비디야 반당 까로미 419) 따디야타 〔주심〕 420-422) 옴 아날레 비샤데 423) 비라 바즈라 다레 424) 반다 반다니 425) 바즈라 빠니 팟 426) 훔 뜨룸 팟 427) 쓰와하!"1481) 〔불제자 ○○○는 경수봉지(經受奉持)하옵니다.〕

35. 〔다라니의 공덕〕 〔시방여래의 불모〕 "아난다여, 이 부처님 정수리 광명이 모여 이루어진 백산개의 비밀한 게송 승묘한 장구가 시방의 일체 부처님을 출생하는 까닭에, 1) 시방의 여래가 이 다라니의 주심(呪心)으로 위없이 바르고 원만한 깨달음을 얻는다. 2)

1481) 405) 阿迦囉蜜唎咄怛斂部迦 406) 地栗剌吒 407) 毖唎瑟質迦 408) 薩婆那俱囉 409) 肆引伽弊揭囉唎藥叉怛囉芻 410) 末囉視吠帝釤娑鞞釤 411) 悉怛多鉢怛囉 412) 摩訶跋闍嚧瑟尼釤 413) 摩訶般賴丈耆藍 414) 夜波突陀舍喩闍那 415) 辮怛隸拏 416) 毘陀耶槃曇迦嚧彌 417) 帝殊槃曇迦嚧彌 418) 般囉毘陀槃曇迦嚧彌 419) 跢姪他 [呪心] 420) 唵 421) 阿那隸 422) 毘舍提 423) 鞞囉跋闍囉陀唎 424) 槃陀槃陀儞425) 跋闍囉謗尼泮 426) 虎許都嚧甕泮 427) 莎婆訶. [誦咒者至此句稱弟子某] 405. 불시의 죽음을 야기하는 벌, 406-407. 등에, 전갈 408. 뱀, 악어 409. 사자, 호랑이, 곰, 하이에나, 410. 야크와 같은 뭇삶들이 있는데, 그러한 모든 뭇삶들에 대하여 411. 백산개불모님, 412. 위대한 금강과 같은 불정에서 나투신 님, 413. 사악한 주력에서 뭇삶을 수호하시는 위대한 여존께서는 414-415. 십이 요자나의 범위 안에 임하셨으니, 416. 명주의 성역을 제가 결계하옵니다. 417. 시방의 성역을 제가 결계하옵니다. 418. 타자의 사악한 주력에 승리하는 성역을 제가 결계하옵니다. 419. 곧, 그것은 이와 같습니다. 420-422. 옴, 타오르는 불꽃이여, 광휘로 빛나는 님이여, 423. 금강저를 지닌 용맹한 님이여, 424. 신성한 결계를 관장하는 님이여. 425. 금강저를 손에 쥔 님이여, 팟 426. 훔 뜨룸 팟 427. 쓰와하! [불제자 ○○○는 경수봉지(經受奉持)하옵니다.]

시방의 여래가 이 다라니의 주심으로 온갖 악마와 모든 이교도를 조복시킨다. 3) 시방의 여래가 이 다라니의 주심을 타고 보련화에 앉아 티끌처럼 많은 국토를 드나든다. 4) 시방의 여래가 이 다라니의 주심을 품고 수많은 국토에서 크나큰 가르침의 수레바퀴를 굴린다. 5) 시방의 여래가 이 다라니의 주심을 지니고 시방에서 정수리를 어루만져 수기를 주시니, 누구든 스스로 성스런 경지를 얻지 못하였더라도 시방 어디서나 부처님의 수기를 받을 수 있다. 6) 시방의 여래가 이 다라니의 주심에 의지하고 시방에서 여러 가지 고통을 뽑아내어 구제하시니, 이른바 지옥의 고통, 아귀의 고통, 축생의 고통, 시각장애인의 고통, 청각장애인의 고통과 미워하는 사람과 만나는 고통, 사랑하는 사람과 헤어지는 고통, 구하지만 얻지 못하는 고통, 다섯 가지 존재의 다발이 치성한 고통, 크고 작은 횡액을 동시에 벗어나게 하고, 도적의 난, 전쟁의 난, 왕에 의한 재앙, 투옥의 재앙, 바람과 물과 불에 의한 재앙, 배고프고 목마른 가난과 궁핍을 한 생각에 소멸시킨다. 7) 시방 여래가 이 다라니의 주심에 따라 시방의 선지식을 섬기어, 네 가지 위의자세로 뜻대로 공양하여 항하의 모래알 숫자만큼 많은 여래의 모임 가운데 추대되어, 위대한 가르침의 제왕이 된다. 8) 시방 여래가 이 다라니의 주심을 행하여, 시방에서 친히 인연을 받아들여 모든 소승으로 하여금 비밀의 법장을 듣고도 놀라거나 두려워하지 않게 한다. 9) 시방의 여래가 이 다라니의 주심을 외워, 위없는 깨달음을 이루고 보리수 아래서 크나큰 열반에 든다. 10) 시방의 여래가 이 다라니의 주심을 전파하고 멸도하신 후에도 불법을 유촉하여 최후에 이르기까지 굳게 지키게 하고, 계율을 엄정히 지켜 청정을 얻게 한다."[1482)]

36. 〔다라니 공덕의 무한성〕 "내가 이 부처님 정수리의 광명이 모여 이루어진 백산개에서 나오는 다라니를 설한다면, 아침부터 저녁까지 음성이 서로 연결되고 음절이 중간에 중첩되지 않게 항하사겁의 우주기가 지나도록 설하더라도 이루다 설할 수가 없을 것이다. 또한 이 진언을 '여래의 불정'이라고 하니, 너희들이 아직 배워야 하고 윤회를 다하지 못했다면, 지성으로 발심하여 바르고 원만한 깨달음을 향하여 나아가더라도, 이 다라니를 지송하지 않고 도량에 앉아 그 몸과 마음을 모든 마사(魔事)에서 멀리 여읜다는 것은 타당하지 않다."1483)

37. "아난다여, 만약 모든 세계의 국토에 따라 그 국토의 뭇삶들이 그 나라에서 생산된 자작나무 껍질이나 패엽이나 흰 비단에 이 다라니를 써서 향낭에 간직할 것이니, 그 마음이 혼미하여 외우거나 기억할 수 없다면 혹은 몸에 지니거나 혹은 집안에 써서 두기만 하여도, 한평생이 다하도록 일체의 독소로부터 위해를 당하지 않는다.1484) 아난다여, 내가 지금 세상을 구호하여 크게 두려움을 없

1482) 阿難[136c16]是仏頂光聚悉怛多般怛羅祕密伽陀微妙章句. 出生十方一切諸仏. ① 十方如來因此咒心. 得成無上正遍知覚 ② 十方如來執此咒心. 降伏諸魔制諸外道. ③ 十方如來乗此咒心. 坐寶蓮華応微塵国. ④ 十方如來含此咒心. 於微塵国転大法輪. ⑤ 十方如來持此咒心. 能於十方摩頂授記. 自果未成亦於十方蒙仏授記. ⑥ 十方如來依此咒心. 能於十方抜済群苦. 所謂地獄餓鬼畜生盲聾瘖瘂 怨憎会苦愛別離苦. 求不得苦五陰熾盛. 大小諸横同時解脱. 賊難兵難王難獄難. 風水火難飢渇貧窮応念銷散. ⑦ 十方如來随此咒心. 能於十方事善知識. 四威儀中供養如意. 恒沙如(137a)來会中推為大法王子. ⑧ 十方如來行此咒心. 能於十方摂受親因. 令諸小乗聞祕密蔵不生驚怖. ⑨ 十方如來誦此咒心. 成無上覚坐菩提樹入大涅槃. ⑩ 十方如來伝此咒心. 於滅度後付仏法事究竟住持. 厳浄戒律悉得清浄.

1483) 若我説是仏頂光聚般怛羅咒. 従旦至暮音声相連. 字句中間亦不重畳. 経恒沙劫終不能盡. 亦説此咒名如來頂. 汝等有学未盡輪迴. 発心至誠趣向阿耨多羅三藐三菩提. 不持此咒而坐道場. 令其身心遠諸魔事無有是処.

1484) 阿難若諸世界随所国土. 所有衆生随国所生. 樺皮貝葉紙素白畳. 書写此咒貯於香

게 할 것이며 뭇삶을 성취시켜 출세간의 지혜를 얻도록 이 다라니에 대하여 설할 것이다."1485)

38. 1) 〔재앙으로부터의 안전〕 "만약 내가 멸도후에 말세의 뭇삶들이 스스로 외우고 남을 가르쳐 외우게 하면, 이렇게 지송하는 뭇삶들은 불이 태우지 못하고 물이 빠뜨리지 못할 것이고 크고 작은 독소가 해치지 못하리라는 사실을 알아야 한다."1486)

39. 2) 〔수호의 보장〕 "이처럼 나아가 용이나 천신이나 귀신이나 정기(精祇)1487)나 마매(魔魅)1488)의 악한 주문이 붙을 수가 없게 되고, 마음이 삼매를 얻어 일체의 주저(呪詛)나 악몽이나 독충이나 독약이나 금독, 은독, 풀, 나무, 곤충, 뱀, 만물의 독기가 그의 입에 들어가면 감로로 변할 것이다.1489) 일체의 사악한 별과 아울러 귀신이나 악독한 사람이 이러한 사람에게 악심을 일으키지 못할 것이며, 바라하1490)와 가네샤1491)와 악귀왕와 그 권속들이 모두 은혜를 입고 항상 수호하게 될 것이다.1492) 아난다여, 이 다라니는 항상 8만4천 나유타 항하사 꼬띠1493)의 금강장왕보살(金剛藏

囊. 是人心惛未能誦憶. 或帯身上或書宅中. 当知是人盡其生年. 一切諸毒所不能害

1485) 阿難我今為汝更説此咒. 救護世間得大無畏. 成就衆生出世間智.

1486) 若我滅後末世衆生. 有能自誦若教他誦. 当知如是誦持衆生. 火不能焼水不能溺. 大毒小毒所不能害.

1487) 精祇 : Unh. 311에 따르면, 하늘의 영(靈)을 받은 것이 정(精)이고, 땅의 영(靈)을 받은 것이 기(祇)이다.

1488) 魔魅 : Unh. 311에 따르면, 수도를 방해하는 것이 마(魔)이고, 사람을 미혹하게 하는 것이 매(魅)이다.

1489) 如是乃至竜天鬼神. 精祇魔魅所有悪咒. 皆不能著心得正受. 一切咒咀魘蠱毒薬. 金毒銀毒草木虫蛇万物毒気. 入此人口成甘露味.

1490) Varaha : '바라하'에 대해서는 이 장의 §10을 참조하라.

1491) Ganeṣa : '가네샤'에 대해서는 이 장의 §10을 참조하라.

1492) 一切悪星并諸鬼神磣毒心人. 於如是人不能起悪. 毘那夜迦諸悪鬼王并其眷属. 皆領深恩常加守護.

王菩薩)1494) 종족이 하나하나 모두 온갖 금강대중을 권속으로 삼아 수호하는 대상인 것을 알아야 한다.1495) 설사 어떤 뭇삶이 마음이 산란하여 삼매에 들지 못하고 마음으로 생각하고 입으로 외우면 이 금강장왕이 그 각각의 선남자를 따라다니거늘, 하물며 보리심이 결정된 자는 어떠하겠는가? 이 금강장왕보살이 정심으로 신속히 그의 영험한 마음을 일깨울 것이다.1496) 그 사람은 때맞추어 팔만사천 항하사 겁의 우주기를 기억하고 두루 잘 알아 의혹을 거두게 될 것이다."1497)

40. 3) 〔악취에 태어나지 않음〕 "제1겁으로부터 나아가 뒤에 받는 몸에 이르기까지1498) 태어나고 태어날 때마다 야차, 나찰, 내지 뿌따나1499)나 까따뿌따나1500)나 꿈반다,1501) 삐샤짜1502) 등

1493) 那由他恒河沙倶胝 : 인도의 큰 숫자는 다음과 같다. 꼬띠(倶胝 : koṭi)는 최상의 첨단이라는 말로 10의 16승에 해당. 항하사(恒河沙 : gaṅgānadī vālukā): 항하의 모래알 숫자만큼이라는 뜻, 숫자로는 10의 52승에 해당, 아승지(阿僧祇 : asaṃkhya): 셀 수 없다는 뜻, 숫자로는 10의 56승에 해당, 나유타(那由陀 : niyuta): 숫자로는 10의 60승에 해당, 천억 등의 수의 이름이나 확실치 않음. 부가사의(不可思議 : acintya): 10의 64승에 해당. 무량대수(無量大數 : aparimāṇa): 한량없다는 뜻으로 10의 68승에 해당. 따라서 여기서 말하는 숫자 꼬띠나유따(倶胝那庾多 : koṭi-nayuta)는 10의 76승에 해당하는 것이다.

1494) 金剛藏王菩薩 : 천개의 팔과 천개의 머리를 지닌 보살이다. 천수천안관자재보살과 상대하여, 허공장보살(虛空藏菩薩)의 복지이문(福智二門) 가운데 지덕(智德)을 표현한 것이다.

1495) 阿難当知. 是咒常有八万四千那由他恒河沙倶胝金剛藏王菩薩種族. 一一皆有諸金剛衆而為眷属.

1496) 設有衆生於散亂心. 非三摩地心憶口持. 是金剛王常随従彼諸善男子. 何況決定菩提心者. 此諸金(137b)剛菩薩藏王. 精心陰速発彼神識.

1497) 是人応時心能記憶八万四千恒河沙劫. 周遍了知得無疑惑.

1498) 従第一劫乃至後身 : Ig. 525의 계환해에 따르면, 일겁(一劫)은 수행의 시초를 말하는 것이고, 후신(後身)은 수행의 완성을 말하는 것이다.

1499) pūtanā : 음사하여 부단나(富単那)이고. 취귀(臭鬼), 취아귀(臭餓鬼), 열병귀(熱病鬼), 재괴귀(災恠鬼)라고 번역한다. 힌두신화에 의하면, 뿌따나는 악마 왕 발리(Bali)의 딸로 거인이었는데, 크리슈나 신이 지상의 생활에서 어렸을 때에 독 있는

과 아울러 온갖 아귀와 유형이나 무형이나 지각이 있는 것이나 지각이 없는 것이나, 이러한 악취에는 태어나지 않을 것이다.[1503] 이 선남자가 만약 독송하거나 외우거나 쓰거나 베끼거나 지니거나 간직하거나 여러 가지 형색으로 공양하면, 겁의 우주기마다 빈궁하거나 하천하거나 좋지 못한 곳에는 태어나지 않을 것이다."[1504]

41. 4) 〔부처님 세계에 태어남〕 "비록 모든 뭇삶들이 그 자신의 복업을 짓지 못하였더라도, 시방의 여래가 지닌 공덕을 그 사람에게 줄 것인 즉, 그는 이로 말미암아 항하사 아승지의 이루 말할 수 없는 겁의 우주기에 걸쳐서 항상 모든 부처님과 한곳에 태어나, 한량없는 공덕으로 아끄샤[1505] 열매가 모여 있는 것과 같이, 한곳에

젖으로 그를 달래려고 했다. 크리슈나 신은 그녀를 때려죽였고, 죽은 뒤에 여악귀로 태어나 인간과 가축에 질병을 일으키는 귀녀가 되었다. 혜림음의(慧琳音義)에서는 '더럽고 냄새나는 귀신이지만 아귀 중에는 복은 최상이다.'라고 설명하고 있다.

1500) 까따뿌따나(kaṭa-pūtanā) : 음사하여 가타부단나(迦吒富単那)라고 하고, 한역에서 극취귀(極臭鬼), 기취귀(奇臭鬼), 극취아귀(極臭餓鬼), 재괴귀(災恠鬼)라고 번역한다. 힌두신화에 따르면, 살아서 그의 의무를 게을리 한 왕족계급의 죽은 영혼이라고 추측되는 악마이다.

1501) kumbhāṇḍa : 옹형귀(甕形鬼), 음낭귀(陰囊鬼), 동고귀(冬苽鬼)라고 한역하는데, 남방 증장천왕의 권속으로 태장계만다라최외원 남쪽에 배당되어 있다. 사람의 정기를 빨아먹는 귀신이다. 형상은 인간의 몸에 백마의 머리를 갖고 있는데, 10형제들이 있다. 밀교에서는 남녀이체(男女二體)를 갖고 있어, 남자 꿈반다는 발우를 두드리고 여자 꿈반다는 태고를 두드린다.

1502) piśāca : 음사하여 필사차(畢舍遮) 또는 비사차(毘舍遮)라고 하는데, 동방지국천의 권속이고, 아귀의 형상을 갖고 손에는 잘린 팔을 들고 있다. 식혈육귀(食血肉鬼)이자, 담인정기귀(噉人精氣鬼)이고, 전광귀(癲狂鬼)이다.

1503) 從第一劫乃至後身生生不生. 薬叉羅刹及富単那. 迦吒富単那鳩槃茶. 毘舍遮等并諸餓鬼. 有形無形有想無想. 如是悪処.

1504) 是善男子. 若読若誦若書若写. 若帯若蔵諸色供養. 劫劫不生貧窮下賎不可樂処.

1505) Akṣa : 한역으로 惡叉라고 한다. 전마과(田痲科)에 속하는 나무로 인드락끄갸(Indrākṣa)라고도 한다. 인도 말레이 반도의 교목으로 희색꽃, 열매는 자색 앵두 모양이고, 그 가운데 있는 씨로 염주를 만드는데, 종관구(縱貫球), 천목구(天目球), 금강자(金剛子)라고도 한다.

서 함께 수행하며 영구히 흩어지지 않을 것이다.[1506] 그리하여 계행을 파괴한 사람에게는 계행의 뿌리를 청정하게 하고 계행을 아지 얻지 못한 자에게는 계행을 얻게 하고, 아직 정진을 얻지 못한 자에게는 정진을 얻게 하고 아직 지혜를 얻지 못한 자에게는 지혜를 얻게 하고, 청정하지 못한 자에게는 청정을 얻게 하고 아직 재계를 지니지 못한 자에게는 재계를 지니게 할 것이다. 아난다여, 선남자가 이 다라니를 수지하면 수지 하지 않았을 때 계율을 범했더라도 다라니를 수지한 다음에는 파계로 인한 죄가 가볍건 무겁건 불문하고 일시에 없어질 것이다.[1507] 비록 술을 마시거나 오신채(五辛菜)[1508]를 먹거나 갖가지 부정을 저질렀다고 하더라도 일체의 불보살과 금강장왕, 천신, 신선, 귀신이 허물로 삼지 않을 것이다."[1509]

42. 5) 〔만다라의 설치와 같음〕 "설사 더러운 해진 옷을 입었더라도 거닐고 지내는 것이 모두 청정하게 되고, 비록 단(壇: maṇḍala)[1510]을 설치하지 않고 도량에 들지 않더라도, 도를 행하지

1506) 此諸衆生縦其自身不作福業. 十方如來所有功徳悉与此人. 由是得於恒河沙阿僧祇不可説不可説劫. 常与諸仏同生一処. 無量功徳如悪叉聚. 同処熏修永無分散.

1507) 是故能令破戒之人戒根清浄. 未得戒者令其得戒. 未精進者令得精進. 無智慧者令得智慧. 不清浄者速得清浄. 不持斎戒自成斎戒. 阿難是善男子持此咒時. 設犯禁戒於未受時. 持咒之後衆破戒罪. 無問軽重一時銷滅.

1508) 五辛採 : 마늘, 파, 달래, 부추, 흥거(興渠: 인도에만 있음)를 의미한다.

1509) 縦経飲酒食噉五辛種種不浄. 一切諸仏菩薩金剛. 天仙鬼神不将為過.

1510) 壇 : 밀교에서는 단 즉, 만다라(曼荼羅: maṇḍala)을 설치하여 기도법을 행한다. 불상, 삼매야형을 안치하여 공물이나 공구 등을 바치는 단이다. 인도에서는 7일 작단법으로 만든 토단(土壇)을 사용했으나 중국, 한국, 일본에서는 목단(木壇)을 주로 사용한다. 여기에는 본존을 그린 대단(大壇), 화로를 안치하는 호마단(護摩壇'), 관정 등에 사용하는 소단(小壇)의 구별이 있고, 그 형태는 여러 가지이다. 대단은 대개 사각형의 사면에 연꽃이 그려진 화형단(華形壇)을 사용하고, 호마단은 대단위에 안치하는데, 수법(修法)에 따라 그 형태가 다르다. 식재법(息災法)에는 원형, 증익법(增益

않더라도, 이 다라니를 외우고 지니면, 그는 만다라에 들어 도를 닦는 공덕과 다름이 없게 될 것이다."1511)

43. 6) 〔죄악의 소멸〕 "만약 오역(五逆)1512)의 무간지옥1513)에 떨어질 중죄를 지었을지라도 내지 어떠한 수행승과 수행녀이든 사기팔기(四棄八棄)1514)의 죄를 지었을지라도, 이 다라니를 외우면, 그러한 무거운 업이라도 사나운 바람에 모래가 흩어져 사라지듯, 모두 사라지게 되어 털끝만큼도 남지 않게 될 것이다.1515) 아난다여, 만약 어떤 뭇삶이든, 한량없이 무수한 겁의 우주기 이래로 지어온 일체의 가볍거나 무거운 죄의 업장을 예전부터 지금까지 아직 참회하지 못했더라도, 이 다라니를 외우거나, 베껴 써서 몸에 지

法')에는 사각형, 경애법(敬愛法)에는 연꽃형, 항복법(降伏法)에는 삼각형을 사용한다. 소단 중에서 관정단(灌頂壇)은 사각형, 공양단(供養壇)은 궤형(机形)을 사용한다.

1511) 設著不浄破弊衣服. 一行一住悉同清浄. 縦不作壇不入道場. 亦不行道 誦持此咒. 還同入壇行道功徳

1512) 五逆 : 다섯 가지 중죄인 오역죄(五逆罪)를 말하는 것으로, 오무간(五無間)이라고도 한다. ① 아버지를 죽이고 ② 어머니를 죽이고 ③ 거룩한 님[阿羅漢]을 죽이고, ④ 화합 승단을 파괴하고, ⑤ 부처님의 몸에 피를 내게 하는 것이다.

1513) 無間地獄 : 『유마경』(維摩經; 大正14, 549a)에 따르면, 무간지옥에는 5종류가 있어 오무간(五無間)이라고 한다. ① 취과무간(趣果無間): 지옥의 고통을 느끼는 죄업과 그 결과를 받는 것 사이에 간격이 없다. ② 수고무간(受苦無間): 고통을 경험하는데 간격이 없다. ③ 시무간(時無間): 시간이 연속되어 중단되는 일이 없다. ④ 명무간(命無間): 수명이 연속되어 간격이 없다. ⑤ 형무간(形無間): 지옥의 넓이 만큼 신체의 형태도 똑같아 빈곳이 없다.

1514) 四棄八棄 : 사기(四棄)는 네 가지 수행승이 피해야 하는 죄악 즉, 살생, 투도, 사음, 망어를 의미한다. 팔기(八棄)는 수행녀가 피해야 할 여덟 가지로 사기(四棄)에다가 촉팔복수(触八覆随)를 말한다. 촉(触)은 남자와 성적 교섭을 하는 것이고, 팔(八)은 1. 남자의 손을 잡거나 2. 옷을 잡거나 3. 으슥한 곳에 함께 들어가거나 4. 으슥한 곳에 함께 있거나 5. 으슥한 곳에서 함께 말하거나 6. 함께 다니거나 7. 몸을 기대거나 8. 서로를 기약하는 것을 말한다. 복(覆)은 다른 수행승의 중죄를 덮어두는 것이고, 수(随)는 죄악이 드러난 수행승과 함께 거주하는 것이다.

1515) 若造五逆無間重罪. 及諸比丘比丘尼四棄八棄. 誦此咒已如是重業. 猶如猛風吹散沙聚. 悉皆滅除更無毫髪

니거나 집안이나 장원 등에 안치하면, 그렇게 쌓여온 업장이지만 끓는 물에 눈 녹듯, 사라지리니, 머지않아 모두가 무생법인(無生法忍)을 얻을 것이다."1516)

44. 7) 〔복덕과 지혜를 갖춘 자녀의 출산〕 "또한 아난다여, 어떤 여인이 자녀를 낳지 못해 낳기를 원한다면, 이 다라니를 새기거나 혹은 몸에 이 백산개다라니를 지닌다면, 복덕과 지혜를 갖춘 자녀를 낳을 것이다."1517)

45. 8) 〔장수와 과보의 성취〕 "사람이 오래 살기를 바란다면 바로 장수할 것이고, 과보가 성취되길 바란다면 바로 성취될 것이고, 목숨과 건강도 역시 마찬가지이다."1518)

46. 9) 〔소원에 따른 왕생〕 "목숨이 끝난 뒤에는 소원에 따라 시방국토에 왕생할 것이고 기필코 변방이나 비천한 곳에 태어나지 않을 것이니, 하물며 잡스러운 모습으로 태어나겠는가?"1519)

47. 10) 〔재액의 소멸〕 "아난다여, 만약 모든 국토의 지방이나 도시나 마을에 흉년이 들거나 역병이 들거나 혹은 난리가 나고 도적이 일고 싸움이 생기거나 일체의 액난이 있는 곳에 이 다라니를 써서 도시의 사대문과 탑묘와 깃발1520) 위에 봉안하거나, 혹은 그 국토의 뭇삶들이 이 다라니를 받들어 맞이하고 예배하고 공경하며 일심

1516) 阿難若有衆生. 從無量無數劫來. 所有一切軽重罪障. 從前世來未及懺悔. 若能読誦書写此咒身上帯持. 若安住処荘宅園館. 如是積業猶湯銷雪. 不久皆得悟無生忍

1517) 復次阿難若有女人. 未生男女欲求生者. 若能至心. 憶念斯咒. 或能身上帯此悉怛多鉢怛羅者. 便生福徳智慧男女.

1518) 求長命者速得長命. 欲求果報速圓満者速得圓満. 身命色力亦復如是.

1519) 命終之後随願往生十方国土. 必定不生邊地下賤. 何況雜形.

1520) 支提或脱闍 : 지제(支提)는 범어 짜이띠야(caitiya)를 음사한 것으로 탑묘를 뜻하고, 탈자(脱闍)는 드와자(dhvaja)를 음사한 것으로 당(幢)이나 기(旗)를 뜻한다.

으로 공양하며, 그 백성들로 하여금 각각 몸에 지니고 혹은 각각 집 안에 안치하게 하면, 일체의 재앙과 액운이 소멸할 것이다."[1521]

48. 11) 〔오곡의 풍성〕 "아난다여, 어느 곳이든 모든 국토의 뭇삶들이 이 다라니를 따르면, 천룡이 기뻐하여 풍우가 순조로워지고 오곡이 풍성하여 백성들이 안락을 누릴 것이다."[1522]

49. 12) 〔재앙의 소멸〕 또한 일체의 사악한 별들이 곳곳에서 일으키던 변괴와 재앙이 일어나지 않게 되고 사람들은 횡액과 요절을 겪지 않게 될 것이고, 족쇄나 쇠사슬이 몸에 붙지 못하고, 밤낮으로 편안하게 잠을 이루고 악몽을 꾸지 않을 것이다.[1523] 아난다여, 이 사바세계는 8만4천 천재지변을 일으키는 사악한 별자리들이 있는데, 그 가운데 이십팔대악성(二十八大惡星)[1524]를 비롯하여 팔대악성(八大惡星)[1525]들이 주가 되어 갖가지 형상으로 세상에 출현하여 뭇삶에게 재앙과 이변을 일으키지만, 이 다라니가 있는 곳에서는 모두 소멸하고, 12요자나에 걸쳐 결계(結界)가 이루어져서 모든 악재가 영구히 들지 못하게 될 것이다.[1526] 그러므로 여래가 이 다라니를 선설하여 미래세의 초학을 보호하고

1521) 阿難若諸国土州県聚落饑荒疫癘. 或復刀兵賊難鬥諍. 兼余一切厄難之地. 写此神咒安城四門. 并諸支提或脱闍上. 令其国土所有衆生奉迎斯咒. 礼拝恭敬一心供養. 令其人民各各身佩. 或各各安所居宅地. 一切災厄悉皆銷滅

1522) 阿難在在処処国土衆生随有此咒. 天竜歓喜風雨順時. 五穀豊殷兆庶安樂.

1523) 亦復能鎮一切悪星. 随方変怪災障不起 人無横夭. 杻械 枷鎖不著其身. 昼夜安眠常無悪夢.

1524) 二十八大悪星 : 이십팔숙(二十八宿: SD. 89-91참조)을 의미한다.

1525) 八大悪星 : 팔대행성신(八大行星神: SD. 92-94참조)을 의미한다.

1526) 阿難是娑婆界. 有八万四千災変悪星. 二十八大悪星而為上首. 復有八大悪星以為其主. 作種種形出現世時. 能生衆生種種災異. 有此咒地悉皆銷滅. 十二由旬成結界地. 諸悪災祥永不能入.

모든 수행자가 삼매에 들게 하여, 몸과 마음이 태연해지고 안온해지게 하여 다시는 일체의 악마와 귀신, 무시이래 맺혀진 원한과 횡액, 오랜 업장의 빚쟁이가 찾아와서 그들을 괴롭히고 해를 끼치는 일이 없게 할 것이다.1527)

50. 〔지계와 지송〕 그대와 내지 대중 가운데 학인들과 미래에 모든 수행할 사람들은 나의 계단과 도량에 의지하여 여법하게 계행을 지키고 계행을 받는 주인으로서 청정한 수행승을 만나서 이 다라니를 지송하며 의심과 후회를 일으키지 말아야 한다. 그러한 선남자가 부모로부터 받은 몸으로 마음에 원통(圓通)을 얻지 못한다면 시방여래의 말씀이 모두 거짓이 될 것이다.1528)

51. 〔신들의 가호〕 이렇게 말씀하시니 1) 회중 가운데 무량백천의 금강호법신들이 일시에 합장하여 부처님 앞에 머리를 조아려 예경하고 부처님께 사뢰었다. 〔금강호법신들〕 "부처님께서 말씀하신 바와 같이 저희들이 정성을 다해 이렇게 보리를 닦는 자들을 수호하겠습니다."1529)

52. 2) 그때 하느님들과 아울러 제석천과 네 하늘나라의 대왕들이 부처님 앞에 동시에 머리를 조아려 예경하고 부처님께 사뢰었다. 〔하느님들 등〕 "그렇게 닦고 익히는 착한 자들이 있다면, 그들을 살펴 저희들이 정성을 다해 수호하여 그들로 하여금 평생토록 하는

1527) 是故如來宣示此咒. 於未來世保護初学. 諸修行者入三摩提. 身心泰然得大安隱. 更無一切諸魔鬼神. 及無始來冤横宿殃. 旧業陳債來相惱害.

1528) 汝及衆中諸有学人. 及未來世諸修行者. 依我壇場如法持戒. 所受戒主逢清浄僧. 持此咒心不生疑悔. 是善男子於此父母所生之身. 不得心通. 十方如來便為妄語.

1529) 説是語已會中無量百千金剛一時佛前合掌頂禮而白佛言. 如佛所説我當誠心. 保護如是修菩提者.

일이 소원대로 이루어지도록 하겠습니다."[1530]

53. 3) 또한 한량 없는 야차대장, 나찰왕, 뿌따나 왕, 꿈반다 왕, 삐샤짜 왕, 바라하, 가네샤와 모든 큰 귀신의 왕 내지 모든 귀신의 괴수들이 역시 부처님 앞에 합장하여 머리를 조아리고 예경하고 사뢰었다. 〔야차대장 등〕 "저희들도 역시 이러한 사람을 수호하기를 서원하오며, 보리심을 속히 원만하게 얻도록 하겠습니다."[1531]

54. 4) 또한 한량없는 태양의 신, 달의 신, 바람의 신, 비의 신, 구름의 신, 우레의 신, 번개의 신, 한 해를 순찰하는 태세(太歲)의 모든 별자리의 권속들도 이 회중에서 부처님의 발에 머리를 조아리고 예경하면서 부처님께 사뢰었다. 〔태양의 신 등〕 "저희들도 역시 이러한 수행자를 수호하고 도량을 안전하게 건립하여 두려움 없음을 얻도록 하겠습니다."[1532]

55. 5) 또한 한량 없는 산신(山神)과 해신(海神), 일체의 토지신, 물과 육지와 허공을 다니는 만물의 정령들, 아울러 풍신의 제왕과 비물질계의 하느님들도 여래의 앞에서 동시에 머리를 조아리고 부처님께 사뢰었다. 〔산신과 해신 등〕 "저희들도 역시 이러한 수행자를 수호하고 보리를 이루게 하여 영구히 마사(魔事)가 없도록 하겠습니다."[1533]

1530) 爾時梵王幷天帝釋四天大王. 亦於佛前同(138a)時頂禮而白佛言. 審有如是修學善人. 我當盡心至誠保護. 令其一生所作如願.

1531) 復有無量藥叉大將. 諸羅刹王富單那王. 鳩槃茶王毘舍遮王. 頻那夜迦諸大鬼王及諸鬼帥. 亦於佛前合掌頂禮. 我亦誓願護持是人. 令菩提心速得圓滿.

1532) 復有無量日月天子. 風師雨師雲師雷師幷電伯等. 年歲巡官諸星眷屬. 亦於會中頂禮佛足而白佛言. 我亦保護是修行人. 安立道場得無所畏.

1533) 復有無量山神海神. 一切土地水陸空行萬物精祇. 幷風神王無色界天. 於如來前同時稽首而白佛言. 我亦保護是修行人. 得成菩提永無魔事.

56. 6) 그때 팔만사천 나유타 항하사 구지의 금강장왕보살들이 크나큰 무리의 회중에 있다가 자리에서 일어나 부처님의 발에 머리를 조아려 예경하고 사뢰었다. 〔금장왕보살들〕 "세존이시여, 저희와 같은 무리들은 공들여 업을 닦은 지 오래되어 보리를 이루었으나, 열반을 취하지 않고 항상 이 다라니를 따라 말세에 삼매를 닦는 올바른 수행자를 수호하겠습니다. 세존이시여, 이렇게 마음을 닦고 올바른 선정을 구하는 사람이 도량에 있거나 다른 곳에서 경행하거나 마음을 흩뜨려 취락에서 유희하더라도 저희들의 무리가 그 사람을 모시고 호위하겠고, 설령 대자재천(大自在天)인 마왕(魔王)이 그 틈새를 노리더라도 끝내 뜻을 이루지 못하게 할 것이고, 온갖 작은 귀신들도 이 착한 사람으로부터 10유순 밖으로 내보내. 그것을 제거하고 발심하여 선정수행을 즐기도록 하겠습니다. 세존이시여, 악마나 악마의 권속들이 와서 이 착한 사람을 괴롭히려는 자가 있다면, 저는 보배의 철퇴로써 그 머리를 부수어 미진처럼 만들어, 죽이고, 항상 이 사람으로 하여금, 하는 일이 소원대로 이루어지도록 하겠습니다."1534)

제8장 열반의 길과 세계의 건립

1534) 爾時八萬四千那由他恒河沙俱胝金剛藏王菩薩. 在大會中卽從座起. 頂禮佛足而白佛言. 世尊如我等輩. 所修功業久成菩提. 不取涅槃常隨此咒. 救護末世修三摩提正修行者. 世尊如是修心求正定人. 若在道場及餘經行. 乃至散心遊戲聚落. 我等徒衆常當隨從侍衛此人. 縱令魔王大自在天. 求其方便終不可得. 諸小鬼神去此善人十由旬外. 除彼發心樂修禪者. 世尊如是惡魔若魔眷屬. 欲來侵擾是善人者. 我以寶杵殞碎其首猶如微塵. 恒令此人所作如願

1. 〔증과분(證果分)[1535] 〔선정을 밝힘〕 아난다가 자리에서 일어나, 부처님의 발에 머리를 조아려 예경하고 부처님께 사뢰었다. 〔아난다〕 "저희들은 우둔하여 많이 배우기만을 좋아하며 아직 모든 번뇌에서 출리를 하지 못하였으나, 부처님의 자비로운 가르침을 받아 올바로 익히고 닦아서 몸과 마음이 쾌연하여 크게 요익을 얻었습니다. 세존이시여, 이와 같이 부처님의 삼매를 닦아 깨달으면서 아직 열반에 이르기 전에, 어떤 것을 건혜지(乾慧地)[1536]라고 하고 마흔네 가지 마음〔四十四心〕[1537]이라고 하고, 어떻게 해야 점차 수행하는 덕목을 얻으며, 어느 방향으로 가야 지평〔地〕에 든다고 하고, 어떤 분을 등각보살(等覺菩薩)[1538]이라고 하는 것입니까?"[1539] 이렇게 말을 마치고 오체투지하여 대중과 일심으로 부처님의 자비로운 음성을 기다리면서 눈을 바로하고 우러러 보았다.[1540]

2. 그때 세존께서 아난다를 찬탄하며 말씀하셨다. 〔세존〕 "아난다

1535) 證果分 : 진감에 의하면, 계환 요해(要解)의 증과분(證果分: 제7권중간-제8권중간: 제8장-제9장)과 결경분(結經分; 제8권중간: 제10장-제11장)은 선정(禪定)을 밝힌 것이다.

1536) 乾慧地 : 범어로는 śuklavidarśanābhūmi라고 하는데, 「마하반야바라밀경발취품」(大正8; 256c1-257c)에 나오는 첫 번째 단계 지평으로 지혜가 선정을 얻지 못해 깨달음을 얻지 못한 경지이다.

1537) 四十四心 : 십신(十信), 십주(十住), 십행(十行), 십회향(十廻向) 및 사가행(四加行: 煖·頂·忍·世: 제9장§10)을 뜻한다.

1538) 等覺菩薩 : 오십오위(五十五位: 十信, 十住), 十行, 十廻向, 四加行, 十地와 等覺) 가운데 마지막 보살의 극위로서 부처님과 동등한 경지에 든 보살이지만, 묘각(妙覺: 이것을 포함하면 오십육위)이라고 불리는 부처님과 구별하여 등각보살이라고 한다.

1539) 阿難卽從座起. 頂禮佛足而白佛言. 我輩愚鈍好爲多聞. 於諸漏心未求出離. 蒙佛慈誨得正熏修. 身心快然獲大饒益. 世尊如是修證佛三摩提未到涅槃. 云何名爲乾慧之地. 四十四心. 至何漸次得修行目. 詣何方所名入地中. 云何名爲等覺菩薩.

1540) 作是語已五體(138b)投地. 大衆一心佇佛慈音瞪瞢瞻仰.

여, 훌륭하다. 훌륭하다. 그대들이, 대중과 내지 말세의 뭇삶들과 삼매를 닦아 대승을 구하려는 자들을 위하여, 범부로부터 대열반의 과위에 이르는 위없는 바른 수행의 길을 보여 달라고 하는구나. 지금 자세히 들어라. 내가 설하겠다."1541) 아난다와 대중은 합장하고 마음을 가다듬고 묵연히 가르침을 들었다.1542)

3. 부처님께서 말씀하셨다. 〔세존〕 "아난다여, 묘성(妙性)이 두루 밝아 모든 이름과 모습을 여의어 본래 세계와 뭇삶이 있는 것이 아니다. 허망(虛妄)으로 인하여 발생이 있고 발생으로 인하여 소멸이 있다. 생멸을 허망이라고 부르고, 허망의 소멸을 진실이라고 부른다. 이것이 여래의 무상보리와 대열반의 이전의호(二轉依號)1543) 이다."1544)

4. 〔두 가지 전도〕 "아난다여, 그대가 지금 진실삼매를 닦아 여래의 크나큰 열반에 바로 나아가려고 한다면, 먼저 이 뭇삶과 세계가 두 가지 전도의 원인을 알아야 한다. 전도가 발생하지 않으면, 그것이 바로 여래의 진실삼매이다."1545)

5. 1) 〔뭇삶의 전도〕 "아난다여, 어떤 것을 뭇삶의 전도라고 하는가? 아난다여, 성품이 밝은 마음〔性明心〕의 본성은 명원(明圓)한

1541) 爾時世尊讚阿難言. 善哉善哉. 汝等乃能普爲大衆. 及諸末世一切衆生. 修三摩提求大乘者. 從於凡夫終大涅槃. 懸示無上正修行路. 汝今諦聽當爲汝說.

1542) 阿難大衆合掌刳心默然受教.

1543) 二轉依號 : 번뇌를 전향하여 보리에 의존하고, 생사를 전향하여 열반에 의존하는 두 호칭을 말한다.

1544) 佛言阿難當知. 妙性圓明離諸名相. 本來無有世界衆生. 因妄有生因生有滅. 生滅名妄滅妄名眞. 是稱如來無上菩提. 及大涅槃二轉依號.

1545) 阿難汝今欲修眞三摩地. 直詣如來大涅槃者. 先當識此衆生世界二顚倒因. 顚倒不生斯則如來眞三摩地.

까닭으로, 성품을 밝히려는 성질로 인하여 성품에서 망견이 생겨나는 것이니,[1546] 필경 무(無)를 좇아 구경의 유(有)를 이루는 것이다. 이 주관적 유(有)와 객관적 소유(所有)가 주관적 인(因)과 객관적 소인(所因)이 아니어서,[1547] 주관적 주(住)와 객관적 소주(所住)의 모습에 분명히 근본이 없는 것이라,[1548] 이렇게 무주(無住)를 근본으로 삼아 세계와 모든 뭇삶이 건립된 것이다.[1549] 본래의 원명에 미혹하여 허망을 낸 것이니, 허망한 성품은 당체가 없어 의지할 곳이 되지 못한다.[1550] 장차 진여(眞如)에 복귀하고자 하면, 진여로 돌아가고자 하는 것은 이미 진여성이 아닌데,[1551] 진여가 아닌 것에 복귀하고자 하면, 완연히 상(相)도 아니고, 생

1546) 由性明心性明圓故 因明發性性妄見生. : Unh. 320에 따르면, 계환(戒環)에 의하면, 성명심(性明心)은 진여체(眞如體)를 말하고 본성이 명원(明圓)한 것은 자성(自性)이 불수(不守)하는 것이고, 자성이 불수함으로 망명(妄明)을 인하여 망성(妄性)을 발하고, 망성으로 인하여 망견을 생하므로, 무상(無相)의 진(眞)으로부터 유상(有相)의 망(妄)을 이룬다.

1547) 此有所有非因所因 : Unh. 321에 따르면, 주관적 유(有)는 혹(惑)이고, 객관적 소유(所有)은 업(業)이고, 인(因)도 소인(所因)도 아니어서, 이 업(業)이 참다운 주관적 인[能因]도 아니고 이 혹(惑)이 참다운 객관적 소인(所因)도 아니다.

1548) 住所住相了無根本 : Unh. 321에 따르면, 주(住)는 상속(相續)을 말하는 것이고 방생(方生)이 유(有)이다. 상속부단(相續不斷)을 주(住)라고 하면, 유(有)가 Unh. (能住)이고, 혹(惑)이 소주(所住)인데, 두 모습이 료연(了然)히 의거할 근본이 없다.

1549) 本此無住. 建立世界及諸衆生 : Unh. 321에 따르면, 무주(無住)는 Unh. (能住)와 소주(所住)의 두 모습에 요연(了然)히 근본이 없는 혹업(惑業)이다. 세계는 중생과 함께하는 산하대지고 중생은 정보(正報)이니, 이 무주(無住)가 중생과 산하대지의 근본이 되는 것이다.

1550) 迷本圓明是生虛妄. 妄性無體非有所依 : Unh. 321에 따르면, 본래의 명원(明圓)은 불변하는 체성을 지녔으나 중생이 그것에 미혹한 까닭에 허망한 혹업(惑業)이 생겨났다. 망성(妄性)은 추궁하여도 실체가 없고 의거할 바도 없으므로 진(眞)은 불변하고 망(妄)은 본공(本空)하다.

1551) 將欲復眞欲眞已非眞眞如性 : Unh. 322에 따르면, 소승과 대승의 권교(權敎)와 점교(漸敎)가 이치에 따라 진여(眞如)에 복귀하고자 하나 진여성(眞如性)을 얻지 못하는 것은 떠나서 복귀할 수 없는 것을 억지로 복귀하려고 하기 때문이다. 원교(圓敎)와 돈교(頓敎)에서는 불리이리(不離而離)와 불복이복(不復而復)으로 복귀한다.

(生)도 아니고, 주(住)도 아니고, 마음도 아니고 사실도 아닌 것들이 굴러다니며 발생하고,[1552] 발생의 힘이 드러나면, 훈습하여 업을 이룸으로써, 같은 업에 감응하고, 감응하는 업이 있으므로, 서로 멸하고 서로 생하는데, 그로 말미암아 뭇삶의 전도가 있게 되는 것이다."[1553]

6. 2) 〔세계의 전도〕 "아난다여, 어떠한 것이 세계의 전도인가? 이 주관적 유(有)와 객관적 소유(所有)가 나뉘어서 망상이 생겨나서 그로 인해 공간적 세계〔界〕가 건립되었으므로, 주관적 인(因)과 객관적 소인(所因)도 아니어서, 주관적 주(住)와 객관적 소주(所住)도 없이 천류하면서 머물지 못하니, 그로 인해 시간적 세계〔世〕가 건립되었다."[1554]

7. 〔열두 종류의 뭇삶〕 "삼세(三世)와 사방(四方)이 서로 화합하고 서로 어울러져 변화된 뭇삶이 열두 종류로 생겨난다. 그러므로 세계가 진동으로 인하여 소리가 있고, 소리로 인하여 형상이 있게 되고, 형상으로 인하여 냄새가 있고, 냄새로 인하여 감촉이 있고, 감촉으로 인하여 맛이 있고, 맛으로 인하여 사실을 알게 되는 것이고, 이

1552) 非眞求復宛成非相. 非生非住非心非法. 展轉發生 : Unh. 322에 따르면, 일체의 외도의 갖가지 삿된 수행이 진여가 아닌데서 복귀하길 구하니, 현저하게 사망(邪妄)의 인과(因果)적 작용을 받아 완연히 상(相)도 아니고, 생(生)도 아니고, 주(住)도 아니고, 마음도 아니고 사실도 아닌 것들이 굴러다니며, 나아가 사인(邪因), 사과(邪果), 사지(邪智), 사경(邪境)을 상호인발하며, 사혹(邪惑)을 발생한다.

1553) 阿難云何名爲衆生顚倒. 阿難由性明心性明圓故. 因明發性性妄見生. 從畢竟無成究竟有. 此有所有非因所因. 住所住相了無根本. 本此無住. 建立世界及諸衆生. 迷本圓明是生虛妄. 妄性無體非有所依. 將欲復眞欲眞已非眞眞如性. 非眞求復宛成非相. 非生非住非心非法. 展轉發生生力發明. 熏以成業同業相感. 因有感業相滅相生. 由是故有衆生顚倒.

1554) 是故世界因動有聲因聲有色. 因色有香因香有觸. 因觸有味因味知法. 阿難云何名爲世界顚倒. 是有所有分段妄生因此界立. 非因所因無住所住. 遷流不住因此世成.

여섯 가지 어지러운 망상이 업성(業性)을 이루는 까닭에 열두 종류로 나뉘어, 이것으로 유전하며 윤회하는 것이다.[1555] 그러므로 세간의 소리와 냄새와 맛과 감촉 등이 열두 종류로 변하여 한 바퀴를 도는 것이다. 이 수레를 타고 윤회하면서 전도되기 때문에, 이 세계에서 난생, 태생, 습생, 화생이 있고, 물질 있는 생명, 물질 없는 생명, 지각 있는 생명, 지각 없는 생명이 있는 것이며, 물질 있는 존재는 아니지만 물질을 이룬 생명, 물질 없는 존재는 아니지만 물질이 없는 생명, 지각 있는 존재가 아니지만 지각을 이룬 생명, 지각 없는 존재가 아니지만 지각이 없는 생명이 있는 것이다."[1556]

8. 1) 〔난생〕 "아난다여, 이러한 이유로 세계는 허망하게 윤회하고 움직임으로 전도되는 까닭으로 기운과 화합하여 팔만사천[1557] 가지로 비상하고 침몰하는 난상을 이루는데, 그러므로 난생(卵生) 모습의 '깔랄라'가 국토에 유전하면서 물고기, 새, 거북이, 뱀과 같은 종류들이 가득 차게 된 것이다."[1558]

1555) 三世四方. 和合相涉變化衆生成十二類. 是故世界因動有聲因聲有色. 因色有香因香有觸. 因觸有味因味知法. 六亂妄想成業性故. 十二區分由此輪轉. : Unh. 322에 따르면, 최초에 자심(自心)이 발동하여 소리를 듣는 까닭에 진동으로 인하여 소리가 있다고 하고, 소리는 먼저 이르고 가장 멀리 통하므로 편리하므로 육란(六亂) 가운데 앞서 있다. 소리를 따라 형상을 찾게 되는 까닭에 소리를 인하여 형상이 있다고 하고, 형상이 가까우면 냄새가 나는 까닭에 형상으로 인하여 냄새가 있다고 하고, 냄새를 맡으면 감촉을 느끼므로, 냄새로 인하여 감촉이 있다고 하고, 감촉하면 맛을 보게 되고, 맛을 보면 사실[法]을 알게 된다.

1556) 是故世間聲香味觸. 窮十二變爲一旋復. 乘此輪轉顚倒相故. 是有世界卵生胎生濕生化生. 有色無色有想無想. 若非有色若非無色. 若非有(138c)想若非無想.

1557) 八萬四千 : Unh. 325에 따르면, 팔만사천번뇌로 감변(感變)하는 것을 뜻한다.

1558) 阿難由因世界虛妄輪迴動顚倒故. 和合氣成八萬四千飛沈亂想. 如是故有卵羯邏藍流轉國土. 魚鳥龜蛇其類充塞 : 임신 후의 1주의 태아의 상태를 깔랄라(kalala, pāli. kalala : 羯邏藍)라고 한다. 세 가닥의 양모로 이루어진 실타래의 끝에 놓인 기름방울 크기이다. 『수능엄경』 제4장§6의 주석을 참조하라.

9. 2) 〔태생〕 "이러한 이유로 세계가 잡염(雜染)으로 인하여 윤회하고 애욕으로 전도되는 까닭에 자양과 화합하여 팔만사천 가지로 가로로 어지러운 난상을 이루는데, 그러므로 태생(胎生) 모습의 '아르부다'가 국토를 유전하면서 사람, 가축, 용, 신선의 그러한 종류들이 가득 차게 된 것이다."1559)

10. 3) 〔습생〕 "이러한 이유로 세계가 집착으로 인하여 윤회하고 운명으로 전도되는 까닭에 부드러움과 화합하여 팔만사천 가지로 뒤집히는 어지러운 난상을 이루는데, 그러므로 습생(濕生) 모습의 '뻬쉬'가 국토를 유전하면서 움츠리고 꿈틀거리는 그러한 종류들이 가득 차게 된 것이다."1560)

11. 4) 〔화생〕 "이러한 이유로 세계가 변역(變易)으로 인하여 윤회하고 거짓으로 전도되는 까닭에 감촉과 화합하여 팔만사천 가지로 새롭고 오래된 것의 난상을 이루는데, 그러므로 화생(化生) 모습의 '가나'가 국토를 유전하면서 허물을 벗고 날아다니는 그러한 종류들이 가득 차게 된 것이다."1561)

1559) 由因世界雜染輪迴欲顚倒故. 和合滋成八萬四千橫竪亂想. 如是故有胎遏蒱曇流轉國土. 人畜龍仙其類充塞 : 임신 후 2~3주의 태아의 상태를 아르부다(arbuda, pāli. abbuda: 遏蒱曇)라고 하는데, 고기 씻은 물의 색깔을 하고 있다. 『수능엄경』 제4장 §6의 주석을 참조하라.

1560) 由因世界執著輪迴趣顚倒故. 和合軟成八萬四千飜覆亂想. 如是故有濕相蔽尸流轉國土. 含蠢蠕動其類充塞 : 임신 후 3~4주의 태아의 상태를 뻬씨(peśī, pāli. pesī : 蔽尸)라고 하는데, 용해된 주석(朱錫) 모양이며 색깔은 핑크색이다. 『수능엄경』 제4장 §6의 주석을 참조하라.

1561) 由因世界變易輪迴假顚倒故. 和合觸成八萬四千新故亂想. 如是故有化相羯南流轉國土. 轉蛻飛行其類充塞由 : 임신 후 4~5주의 태아의 상태를 가나(ghana, pāli. ghana : 羯南)라고 하는데, 달걀 모양을 하고 있다. 『수능엄경』 제4장§6의 주석을 참조하라.

12. 5) 〔물질 있는 생명〕 "이러한 이유로 세계가 유애(留礙)로 인하여 윤회하고 장애로 전도되는 까닭에 드러냄과 화합하여 팔만사천 가지로 정밀하게 빛나는 것의 난상을 이루는데, 그러므로 '물질 있는 생명〔有色〕' 모습의 '가나'가 국토를 유전하면서 길하거나 흉하거나 정명한 그러한 종류들이 가득 차게 된 것이다."[1562)]

13. 6) 〔물질 없는 생명〕 "이러한 이유로 세계가 소산(銷散)으로 인하여 윤회하고 미혹으로 전도되는 까닭에 어둠과 화합하여 팔만사천 가지로 잘 보이지 않고 아주 미세한 것의 난상을 이루는데, 그러므로 '물질 없는 생명〔無色〕' 모습의 '가나'가 국토를 유전하면서 공중에서 흩어지거나 없어져 가라앉는 그러한 종류들이 가득 차게 된 것이다."[1563)]

14. 7) 〔지각 있는 생명〕 "이러한 이유로 세계가 망상(罔象)으로 인하여 윤회하고 영상으로 전도되는 까닭에 기억과 화합하여 팔만사천 가지로 잠복하여 맺어지는 것의 난상을 이루는데, 그러므로 '지각 있는 생명〔有想〕' 모습의 '가나'가 국토를 유전하면서 귀신이나 정령과 같은 그러한 종류들이 가득 차게 된 것이다."[1564)]

1562) 因世界留礙輪迴障顚倒故. 和合著成八萬四千精耀亂想. 如是故有色相羯南流轉國土. 休咎精明其類充塞 : Unh. 326에 따르면, 해, 달, 물, 불을 섬기어 광명과 화합하여 견집을 버리지 못하는 것이 유애(留碍)이고, 장애로 떨어져 불통하므로 장애로 전도되는 것이고, 정명이 현저하여 이것으로 생을 받는 것이 물질이 있는 모습이니, 작화 방주(爝火蚌珠)가 이러한 종류이다.

1563) 由因世界銷散輪迴惑顚倒故. 和合暗成八萬四千陰隱亂想. 如是故有無色羯南流轉國土. 空散銷沈其類充塞; Unh. 326에 따르면, 유를 싫어하고 공에 집착하여 몸을 멸하여 무로 돌아가는 것이 소산으로 윤회하는 것이고, 미혹하여 들은 것이 없는 것이 미혹하여 전도되는 것이고, 유를 싫어하여 무로 돌아가면 애매한 공에 의지하으로 어둠과 화합하게 되어, 잘 보이지 않고 아주 미세한 것의 난상을 이루는데, 무색계외도(無色界外道)가 이러한 종류이다.

1564) 由因世界罔象輪迴影顚倒故. 和合憶成八萬四千潛結亂想. 如是故有想相羯南流轉

15. 8) 〔지각 없는 생명〕 "이러한 이유로 세계가 우둔(愚鈍)으로 인하여 윤회하고 어리석음으로 전도되는 까닭에 완고와 화합하여 팔만사천 가지로 마르고 야윈 것의 난상을 이루는데, 그러므로 '지각 없는 생명〔無想〕'의 모습의 '가나'가 국토를 유전하면서 정신이 변화하여 흙, 나무, 금속, 돌이 되는 그러한 종류들이 가득 차게 된 것이다."1565)

16. 9) 〔물질적 존재가 아닌 생명〕 "이러한 이유로 세계가 상대(相待)로 인하여 윤회하고 거짓으로 전도되는 까닭에 오염과 화합하여 팔만사천 가지로 인의(因依)하는 것의 난상을 이루는데, 그러므로 '물질적 존재는 아니지만 모습을 이룬 생명〔非有色相成色〕' 모습의 '가나'가 국토를 유전하면서 해파리 등의 새우로서 눈을 삼는 그러한 종류들이 가득 차게 된 것이다."1566)

17. 10) 〔비물질적 존재가 아닌 생명〕 "이러한 이유로 세계가 서로 잡아당기기 때문에 윤회하는 성품의 전도로 인해서 주술과 화합하

國土. 神鬼精靈其類充塞 : Unh. 327에 따르면, 망상(罔象)은 없는 듯하면서도 없지 않은 모양을 뜻하는 것으로 귀신이나 정령 등은 볼 수 없으나 어둠속에서 잠복하여 맺어지는 것이다.

1565) 由因世界愚鈍輪迴癡顚倒故. 和合頑成八萬四千枯槁亂想. 如是故有無想羯南流轉國土. 精神化爲土木金石其類充塞: Xuan. II. 363에서 정신이 변화하여 흙, 나무, 금속, 돌이 되는 것으로 선화상인은 망부석(望夫石)을 들고 있다. Unh. 327에 따르면, 마음이 경계를 따라 변화하고 물체를 만나 형태를 이루는 것이다. 외도들은 흙, 나무, 금속, 돌이 정(情)은 없으나 명(命)은 있다고 하는 것이나, 혹은 삼매를 익혀 물(物)을 만나 형태를 이루는 것을 뜻한다.

1566) 由因世界相待輪迴僞顚倒故. 和合染成八萬四千因依亂想. 如是故有非有色相成色羯南流轉國土. 諸水母等以蝦爲目其類充塞; Unh. 328에 따르면, 해파리는 물거품으로 몸을 삼고 새우로 눈을 삼아, 본래 물질이 있는 것이 아닌데, 물질에 의지하여 몸을 이루었다. 천진(天眞)을 잃고 부위(浮僞)에 귀착하였으므로 인의(因依)하는 것이라고 한다. 이러한 종류는 가탁으로 인의하여 번갈아 형세를 이루며 자류(自類)를 따라 몸을 받지 않는다.

여 팔만사천 가지로 호소(呼召)하는 것의 난상을 이루는데, 그러므로 '비물질적 존재는 아니지만 모습이 없는 생명〔非無色相無色〕' 모습인 '가나'가 국토를 유전하면서 사악한 주력을 행하고 미워하며 사는 그러한 종류들이 가득 차게 된 것이다."1567)

18. 11) 〔지각적 존재가 아닌 생명〕 "이러한 이유로 세계가 허망과 부합하여 윤회하고 허망으로 전도되는 까닭에 이질적인 것과 화합하여 팔만사천 가지로 서로 맞물려 돌아가는 것의 난상을 이루는데, 그러므로 '지각적 존재가 아니지만 지각을 이룬 생명〔非有想相成想〕' 모습인 '가나'가 국토를 유전하면서 포로(蒲盧)와 같은 이질적인 조화의 모습을 이루는 그러한 종류들이 가득 차게 된 것이다."1568)

19. 12) 〔무지각적 존재가 아닌 생명〕 "이러한 이유로 세계가 원해(怨害)로 인하여 윤회하고 살생으로 전도되는 까닭에 괴이(怪異)와 화합하여 팔만사천 가지로 부모를 잡아먹는 것의 난상을 이루는데, 그러므로 '무지각적 존재가 아니지만 지각이 없어진 생명〔非無想相無想〕' 모습인 '가나'가 국토를 유전하면서 마치 올빼미 등이 흙

1567) (139a)由因世界相引輪迴性顚倒故. 和合咒成八萬四千呼召亂想. 由是故有非無色相無色羯南流轉國土. 咒咀厭生其類充塞: Unh. 328에 따르면, 사업(邪業)으로 서로 잡아당겨 성정(性情)을 전도(轉倒)하면서 주문을 타고 의식을 의탁하여 호소를 망령되게 따르고 세간의 사술과 사악한 주력을 사용하면 나타나는 존재들이다.

1568) 由因世界合妄輪迴罔顚倒故. 和合異成八萬四千迴互亂想. 如是故有非有想相成想羯南流轉國土. 彼蒲盧等異質相成其類充塞: 포로(蒲盧)는 구멍벌과의 곤충으로 나나니벌이라고도 하며 뽕나무벌레를 자기의 아들로 삼는다. 여기서 이질적 조화의 모습은 포로와 뽕나무벌레가 같은 부류가 아닌데 어울리는 것을 뜻한다. Unh. 329에 따르면, 포로는 본래 뽕나무벌레로서의 벌의 지각이 없었으나, 이제 그 지각을 이룬 것이므로, 이질적인 것이 이루어진 까닭에 '지각적 존재는 아니지만 지각을 이룬 생명'이 된 것이다.

덩이를 품어 새끼로 삼고, 파경조(破鏡鳥)가 독 있는 나무열매를 품어 새끼로 삼는 것과 같이, 아들이 자라서 부모를 잡아먹는 그러한 종류들이 가득 차게 된 것이다. 이러한 것을 열두 종류의 뭇삶이라고 한다."1569)

제9장 수행정진의 길

1. 〔수능엄경 제8권〕〔지위진수(地位進修)〕1570) "아난다여, 이와 같이 뭇삶 하나하나의 종류에 각각 열두 가지 전도를 갖추었으니, 마치 눈을 비비면 어지러이 꽃이 발생하듯, 승묘하고 원만하고 참답고 청정하고 밝은 마음이 전도되어 이러한 허망한 어지러운 생각을 구족한 것이다. 그대가 지금 삼매를 닦아 증득하려면 근본원인이 되는 어지러운 생각에 세 가지 점차를 세워야 제멸할 수 있다. 마치 깨끗한 그릇 가운데 있는 독밀(毒蜜)을 제거하려면, 끓는 물에 재와 향을 섞어 그 그릇을 세척한 후에야 감로를 담을 수 있는 것과 같은 것이다. 어떠한 것이 세 가지 점차인가? 첫째는 수습이니, 조성원인〔助因〕을 제거하는 것이다. 둘째는 참다운 수행을 하

1569) 由因世界怨害輪迴殺顚倒故. 和合怪成八萬四千食父母想. 如是故有非無想相無想羯南流轉國土. 如土梟等附塊爲兒. 及破鏡鳥以毒樹果抱爲其子. 子成父母皆遭其食其類充塞. 是名衆生十二種類. 올빼미[土梟]는 엄마올빼미의 살을 먹으므로 불효조(不孝鳥)이고, 파경조(破鏡鳥)는 파경수(破鏡獸)를 잘못 번역한 것으로 호랑이나 표범보다는 작은 동물이지만 아들이 나오면 아버지를 잡아먹는 불효수(不孝獸)이다. 여기서는 지각이 매우 비정상적인 존재를 말한다. Unh. 329에 따르면, 이러한 뭇삶은 원래 원수를 갚으려고 온 것이므로, 무지각적 존재는 아니지만 지각이 없어진 생명이라고 하는 것이다.

1570) 地位進修 : 보살이 수행하여 나아가는 단계를 말한다.

는 것이니, 정성(正性)을 닦는 것이다. 셋째는 증진이니, 그 현업(現業)을 거스르는 것이다."[1571]

2 〔조성원인의 제거〕 1) "어떠한 것을 조성원인을 제거하는 것이라고 하는가? 아난다여, 이와 같이 세계에는 열두 종류의 뭇삶이 스스로 온전할 수가 없어 네 가지 자양에 의존하여 살아간다. 이른바 거칠거나 미세한 먹을 수 있는 자양, 접촉의 자양, 의도의 자양, 의식의 자양이다.[1572] 그러므로 부처님께서는 일체의 뭇삶이 모두 자양을 의지하여 산다고 하셨다. 아난다여, 일체의 뭇삶은 맛있는 것을 먹으면 살고, 독을 먹으면 죽는다. 모든 뭇삶은 삼매를 구하고자 한다면 세간의 오신채(五辛菜)를 끊어야 한다. 이 오신채는 익혀 먹으면 음란한 마음이 발생하고 날로 먹으면 성내는 마음이 증가한다. 이 세계에서 오신채를 먹는 사람은 설사 십이부경을 잘 설한다고 하더라도 시방의 천신들과 신선들이 그 악취의 더러움을 싫어하여 모두가 멀리 떠날 것이고, 모든 아귀들이 그가 식사할 때에 그 입술을 핥으므로, 항상 귀신과 함께 있게 되어 복덕이 날로 쇠멸하여 이익이 없게 될 것이다. 또한 이 오신채를 먹는 사람은 삼

1571) (141b)阿難如是衆生一一類中. 亦各各具十二顚倒. 猶如捏. 目亂花發生. 顚倒妙圓眞淨明心. 具足如斯虛妄亂想. 汝今修證佛三摩提. 於是本因元所亂想. 立三漸次方得除滅. 如淨器中除去毒蜜. 以諸湯水幷雜灰香. 洗滌其器後貯甘露. 云何名爲三種漸次. 一者修習. 除其助因. 二者眞修. 刳其正性. 三者增進. 違其現業. Pr. 690에서 고기정성(刳其正性)을 고기정성(刳其情性)으로 바꾼 것은 고(刳)를 '도려낸다'고 해석했기 때문인데, '닦는다'라는 뜻도 있기 때문에 원문을 구태어 바꿀 필요까지는 없다고 본다.

1572) 依四食住. 所謂段食觸食思食識食 : 자양(食; āhāra)에 동화된다. 자양들은 네 가지 존재의 강력한 지지자, 즉 ① 거칠거나 미세한 먹을 수 있는 자양(段食 : kabaliṅkāro āhāro oḷāriko sukhumo : 麤細食), ② 느낌을 위한 접촉의 자양(觸食: phasso āhāro) ③ 새로운 존재의 생성을 위한 의도의 자양(思食: manosañcetanā āhāro : 意思食:) ④ 정신·신체를 위한 의식의 자양(識食 : viññāṇa āhāro)로 구성되어 있다.

매를 닦더라도 보살과 천신과 신선과 시방의 착한 신들이 수호하러 오지 않을 것이다. 큰 힘을 가진 마왕이 그 틈새를 타서 부처님의 몸을 나투어 와서 설법을 하면서 금계를 그르다고 비방하고 음욕과 분노와 어리석음을 찬탄할 것이다. 수명이 끝나면, 마왕의 권속이 되어 악마의 복덕을 받다가 그것이 다하면, 무간지옥에 떨어질 것이다. 아난다여, 보리를 닦는 자는 이 오신채를 영구히 끊어야 할 것이니, 이것이 첫 번째 수행을 증진하는 점차(漸次)이다."1573)

3. 〔정성의 수습〕 2) "어떠한 것을 정성(正性)을 닦는 것이라고 하는가? 이 뭇삶들이 삼매에 들려면, 먼저 청정한 계율을 엄하게 지켜서, 음욕의 마음을 영구히 끊고 술과 고기를 먹지 않으며, 불로써 음식을 정화하고 날것의 기운이 있는 것을 먹지 말아야 한다. 아난다여, 수행하는 사람이 만약 음욕을 끊지 않고 더불어 살생하면서 삼계를 벗어난다고 한다면, 타당하지 않은 것이다. 그러므로 항상 음욕을 독사같이 보아야 하고 원수와 도적과 같이 보아야 한다. 먼저 성문의 사기팔기(四棄八棄)1574)를 지켜서 몸을 단속하고 흔들리지 말아야 하고, 그런 후에 보살의 청정율의를 행하여 마음을 단속하여 일어나지 말게 하여야 한다. 금계를 성취하면, 바로 세간에서 영구히 서로 살리고 서로 죽이는 일이 없을 것이고, 투도와 겁탈

1573) 云何助因. 阿難如是世界十二類生. 不能自全依四食住. 所謂段食觸食思食識食. 是故佛說一切衆生皆依食住. 阿難一切衆生. 食甘故生. 食毒故死. 是諸衆生求三摩提. 當斷世間五種辛菜. 是五種辛熟食發婬生啖增恚.如是世界食辛之人. 縱能宣說十二部經. 十方天仙嫌其臭穢咸皆遠離. 諸餓鬼等因彼食次. 舐其唇吻常與鬼住. 福德日銷長無利益. 是食辛人修三摩地. 菩薩天仙十方善神不來守護. 大力魔王得其方便. 現作佛身來爲說法. 非毁禁戒讚婬怒癡. 命終自爲魔王眷屬. 受魔福盡墮無間獄. 阿難修菩提者永斷五辛. 是則名爲第一增進修行漸次.

1574) 四棄八棄 : 남방 율장의 사바라이(四波羅夷: 수행승의 승단추방죄)나 팔바라이(八波羅夷 : 수행녀의 승단추방죄)를 금하는 것, 상세한 것은 ≪유통분≫§2를 참조하라.

을 행하지 않으면, 서로 누를 끼칠 리가 없고, 역시 세간에서 갚아야할 묵은 빚도 없을 것이다. 이렇게 청정한 사람이 삼매를 닦으면, 부모가 육신으로, 모름지기 천안이 아니어도, 자연스럽게 시방세계를 관찰하여, 부처님을 뵙고 가르침을 듣고 가르침을 몸소 받들고, 크나큰 신통력을 얻어 시방세계를 다니며 숙명통(宿命通)1575)이 청정해져서 어렵고 험한 것이 없어질 것이니, 이것이 두 번째 수행을 증진하는 점차이다."1576)

4. 〔현업을 거스름〕 3) "어떠한 것이 현업(現業)을 거스르는 것인가?1577) 아난다여, 이렇게 청정한 금계를 지키면 사람은 마음에 탐욕과 음욕이 없어지고 밖의 육진경계에 빠져 흐름에 빠져 들지 않고, 빠져들지 않음으로써 근원으로 돌이켜 자신에게로 돌아가, 육진경계에 반연하지 않아 감관이 상대할 대상이 없어지고 흐름을 돌이켜 완전한 하나로 돌아가므로, 여섯 감관의 작용이 행해지지 않게 되고 시방의 국토가 밝고 청정해져서, 마치 유리 속에 명월을 걸어놓은 것처럼, 몸과 마음이 쾌연하고 묘원하고 평등한 크나큰 안온을 얻게 될 것이니,1578) 일체 여래의 밀원정묘(密圓淨妙)1579)가 모

1575) 宿命通 : 자신의 전생에 대한 새김[宿命通 : pubrvanivāsānusmṛti]을 말한다.

1576) 云何正性阿難如是衆生入三摩地. 要先嚴持淸淨戒律. 永斷婬心不餐酒肉. 以火淨食無啖生氣. 阿難是修行人. 若不斷婬及與殺生出三界者無有是處. 常觀婬欲猶如毒蛇如見怨賊. 先持聲聞四棄八棄執身不動. 後行菩薩淸淨律儀執心不起. 禁戒成就. 則於世間. 永無相生相殺之業. 偸劫不行無相負累. 亦於世間不還宿債. 是淸淨人修三摩地. 父母肉身. 不須天眼. 自然觀見十方世界. 睹佛聞法親奉聖旨. 得大神通遊十方界. 宿命淸淨得無艱嶮. 是則名爲第二增進修行漸次.

1577) 云何[違基]現業 : 원문에는 云何現業이라고만 되어 있는데, 문맥상 云何違基現業이 되어야 한다.

1578) 身心快然妙圓平等獲大安隱 : Unh. 334에 따르면, 공과 각이 뚜렷하여, 지혜의 피로가 되지 않고 공의 소박(所縛)이 되지 않고, 심신이 쾌연하여 법신이 탕연하고, 결박이나 장애도 없이 묘원하고, 몸과 마음이 법계에 두루 편만하여 유정과 무정이

두 그 속에 나타나, 그 사람은 바로 무생법인(無生法忍)을 성취할 것이다. 이로부터 점점 닦아 나가게 되면, 가는 곳마다 행원을 발하여 성스러운 과위에 안립되는 것이다. 이것이 바로 세 번째 수행을 증진시키는 점차이다."1580)

5. 〔보살수행의 단계〕 1) 〔건혜지〕 "아난다여, 선남자가 욕애(欲愛)가 말라 없어져서 감관과 경계가 서로 만나지 않게 되면, 앞에 나타난 남은 습기도 다시 계속해서 생겨나지 않는다. 집착하는 마음도 비어서 밝아지고, 순수하게 지혜만이 있게 되고, 지혜의 성품이 밝고 원만하여 시방세계가 환하게 밝아질 것이니, 마른 지혜만이 있는 것을 건혜지(乾慧地)라고 한다."1581)

6. 2) 〔십신위(十信位)〕1582) ① 〔신심주〕 "욕심의 습기가 처음으로 마르기 시작하여, 여래의 법류수(法流水)와는 아직 접하지 못한 것이지만, 이 마음으로 안으로 안으로 들어가면 원묘(圓妙)가 열려 편재한다. 참된 원묘로부터 거듭 진묘(眞妙)가 나타나 묘신(妙信)이 상주하게 되면, 일체의 망상은 남김없이 사라져서 중도가 순수

동체여서 마음과 부처와 중생이 하나인 상태이다.

1579) 密圓淨妙 : Unh. 334에 따르면, 부처님의 경계인 비밀하고 원융하고 청정하고 신묘한 적멸(寂滅)을 묘사한 것이다.

1580) 云何[違基]現業. 阿難如是淸淨持禁戒人心無貪婬. 於外六塵不多流逸. 因不流逸旋元自歸. 塵旣不緣根無所偶. 反流全一六用不行. 十方國土皎然淸淨. 譬如琉璃內懸明月. 身心(142a)快然妙圓平等獲大安隱. 一切如來密圓淨妙皆現其中. 是人卽獲無生法忍. 從是漸修隨所發行安立聖位. 是則名爲第三增進修行漸次.

1581) 阿難是善男子欲愛乾枯根境不偶. 現前殘質不復續生. 執心虛明純是智慧. 慧性明圓瑩十方界. 乾有其慧名乾慧地 : Unh. 335에 따르면, 욕애(欲愛)가 말라버리면, 마음의 탐음(貪淫)이 없어졌으므로 여섯 작용(作用)이 없으므로 감관과 경계가 짝하지 않고 현전에 남은 몸이 지속되지 않고 후유(後有)를 받지 않는다. 건혜지라고 하는 이유는 지혜가 아직 건조한 까닭이다. 이 건혜지는 등각(等覺)의 금강심 가운데 건혜지(乾慧地)와 유사하고 이름도 같다.

1582) 十信位 : 능엄경이 설하는 55위 가운데 첫 10위까지를 말한다.

하고 참되게 드러난 것을 심신주(信心住)라고 한다.[1583] ② 〔염심주〕 참된 믿음이 밝아져 일체가 원통하여 존재의 다발과 감역과 인식의 세계가 장애가 되지 못하고, 내지 과거와 미래의 무수한 겁의 우주기에서 몸을 버리고 몸을 받는 일체의 습기가 모두 나타나는데, 이 선남자가 기억하여 새김을 잃지 않는 것을 염심주(念心住)라고 한다.[1584] ③ 〔정진심〕 묘원(妙圓), 순진(純眞), 진정(眞精)이 나투어져 무시이래의 습기가 하나로 통일되어 정명해지면, 오직 정명(精明)으로써 참다운 청정에 나아가는 것을 정진심(精進心)이라고 한다.[1585] ④ 〔혜심주〕 마음의 정명(精明)이 현전하여 순수하게 지혜의 상태가 되는 것을 혜심주(慧心住)라고 한다.[1586] ⑤ 〔정심주〕 지혜의 밝음을 집지하여 두루 편재하게 하여, 고요하고 담연(湛然)하고 적묘(寂妙)가 항상 안정된 것을 정심주(定心住)라

1583) 欲習初乾未與如來法流水接. 卽以此心中中流入. 圓妙開敷. 從眞妙圓. 重發眞妙妙信常住. 一切妄想滅盡無餘. 中道純眞名信心住 : Unh. 335에 따르면, 건혜지(乾慧地)의 마음에서 가운데로 흘러 들어가면 초심의 진구(塵垢)가 먼저 떨어지고 인(人)과 법(法)이 쌍멸하고 구공(俱空)마저 불생(不生)하니 중도(中道)가 더욱 순진하여지고 마음이 열려 감관과 경계가 호주(互周)하고 몸과 국토가 중중하여 꽃이 핀 것과 같다. 묘신(妙信)이 항상하여 마음과 부처와 중생의 무차별을 친견한다.

1584) 眞信明了一切圓通. 陰處界三不能爲礙. 如是乃至過去未來. 無數劫中捨身受身. 一切習氣皆現在前. 是善男子皆能憶念. 得無遺忘名念心住 : Unh. 337에 따르면, 여기서 습기는 업력이 훈습된 수면혹(睡眠惑)의 종자습기(種子習氣)인데, 숙명통(宿命通)과 누진통(漏盡通)으로 모든 근습종성(近習種性)을 억념(憶念)한다.

1585) 妙圓純眞眞精發化. 無始習氣通一精明. 唯以精明進趣眞淨名精進心 : Unh. 337에 따르면, 진정(眞精)은 묘원(妙圓)하고 순진(純眞)한 관찰의 힘이 오래된 것이고 나투어진 것은 관지(觀智)가 망념을 녹이는 작용을 일으킨 것이다. 앞의 지위에서는 근습(近習)이 융통하여 하나가 되지 못하였으나 여기서는 녹아서 하나의 정명(精明)한 지체(智體)가 되었다. 정명으로 진정(眞淨)에 나아감으로 정진(精進)이라고 한다.

1586) 心精現前純以智慧名慧心住 : Unh. 337에 따르면, 망습(妄習)이 다하여 마음의 정묘(精妙)가 현전하고 여기서 따로 지혜를 이룬 것이다. 앞의 지위에서는 혹습(惑習)이 바뀌어 지혜를 이룬 것이지만 여기서는 혹습이 부서져 진심(眞心)이 나타나 보리(菩提)의 당체에 망잡(妄雜)이 없어진 것이다.

고 한다.[1587] ⑥〔불퇴심〕 삼매의 빛이 밝음을 나투고, 밝음의 성품이 깊어져서 오직 나아가고 퇴전하지 않는 것을 불퇴심(不退心)이라고 한다.[1588] ⑦〔호법심〕 마음의 정진이 안정되어 퇴실되지 않으면, 시방의 여래와 교통하여 기운을 주고받는 것을 호법심(護法心)이라고 한다.[1589] ⑧〔회향심〕 각명(覺明)을 유지하며 묘력(妙力)으로써 부처님의 자비광명을 돌이켜 부처님을 향하여 안주하면, 마치 두 개의 거울이 빛을 대하는 것과 같아, 그 가운데 묘한 영상이 거듭 서로 비추어 들어가는 것을 회향심(迴向心)이라고 한다.[1590] ⑨〔계심주〕 마음의 광명을 은밀히 돌이켜 부처님의 항상 응결된 무상묘정(無上妙淨)을 얻어서 무위(無爲)에 안주하여, 잃을 것이 없는 것을 계심주(戒心住)라고 한다.[1591] ⑩〔원심주〕 계행으로 지내는 것이 자재하여 시방을 유행하면서 거니는 곳마다 원

1587) 執持智明周遍寂湛. 寂妙常凝名定心住: Unh. 337에 따르면, 지혜의 밝음을 삼매의 힘으로 집지하여 적묘(寂妙)한 삼매의 모습이 항상 안정된다.

1588) 定光發明明性深入. 唯進無退名不退心: Unh. 338에 따르면, 이것이 정진의 힘을 나타낸 것이다. 삼매로 지혜를 나투어 마음이 부동(不動)해지고, 지혜로 삼매에 들어가 통찰이 철저해져서 삼매가 더욱 깊어지니 삼매와 지혜가 서로 도와 나아가기만 하고 물러서지 않는다.

1589) 心進安然保持不失. 十方如來氣分交接名護法心: Unh. 338에 따르면, 이것이 삼매의 힘을 나타낸 것이다. 정진이 안정되어 삼매의 힘(定力)을 갖추었으므로 누락(漏落)이 없고 삼매의 경계가 두루 편재하여 법신과 교통하면서 안으로 심법을 수호하고 밖으로 불법을 외호한다.

1590) 覺明保持能以妙力. 迴佛慈光向佛安住. 猶如雙鏡光明相對. 其中妙影重重相入名迴向心 : Unh. 338에 따르면, 이것이 지혜의 힘을 나타낸 것이다. 각명(覺明)은 삼매의 힘으로 유지되는 각체(覺體)이고, 묘력(妙力)은 지혜의 힘으로 여래와 교통하여 부처님의 자광(慈光)에 힘입어 타불(他佛)의 자광이 심불(心佛)의 자광이 되는데, 이 자광을 돌이켜 타불의 지경(智境)을 향해 안주하니 두 거울이 마주하는 것과 같다.

1591) 心光密迴獲佛常凝. 無上妙淨安住無爲. 得無遺失名戒心住 : Unh. 339에 따르면, 이것은 믿음의 힘이다. 자심(自心)과 불광(佛光)이 은밀히 계합하여, 부처님의 대정(大定)에 들어 무상묘정(無上妙淨)의 대적멸해(大寂滅海)로 들어가 마음과 경계가 일여(一如)하여 유위공용(有爲功用)을 멀리 여의고 무공용도(無功用道)에서 지낸다.

하는 대로 이루어지는 것을 원심주(願心住)라고 한다."[1592]

7. 〔십주위(十住位)〕[1593] ① 〔발심주〕 "아난다여, 이 선남자가 이러한 참된 방편으로 열 가지 마음을 내었으니, 심정(心精)이 빛을 발하고 열 가지 작용이 발휘되어 서로 섭입되어 일심(一心)을 원만히 성취하는 것을 발심주(發心住)라고 한다.[1594] ② 〔치지주〕 마음 속에 광명을 발하는 것이 마치 깨끗한 유리 속에 정련된 금을 나타나는 듯하면, 앞의 묘심(妙心)으로 이를 밟아 지평을 다지는 것을 치지주(治地住)라고 한다.[1595] ③ 〔수행주〕 마음과 지평이 상섭하여 함께 명료해져서 시방에서 장애 없이 거니는 것을 수행주(修行住)라고 한다.[1596] ④ 〔생귀주〕 실천하는 것이 부처님과 같아서 부처님의 기운을 받는 것이 중음(中陰)이 스스로 부모를 구하는 것과 같아, 명계의 믿음이 그윽히 통하듯, 여래의 종성에 들어가

1592) 住戒自在能遊十方. 所去隨願名願心住 : Unh. 339에 따르면, 이것은 새김의 힘[念力]이다. 예전에는 계행으로 지내면서 자재한 것이 부동의 체에 국한 되었으나, 이제부터는 작용에서 자재해진다. 따라서 소원에 따라 정토에 왕생하는 것도 어렵지 않다. 이제까지 ①~⑥은 자기의 마음을 닦는 것이라면 ⑦~⑩은 부처님의 덕성을 닦는 것이다.

1593) 十住位 : 능엄경이 설하는 55위 가운데 11위에서 20위까지를 말한다.

1594) 阿難是善男子以眞方便發此十心. 心精發揮十用涉入. 圓成一心名發心住 : Unh. 339에 따르면, 열 가지 마음은 앞의 십신위(十信位)를 말하고, 이 십신위의 마음인 심정(心精)이 빛을 발하고 열 가지 작용이 섭입하여 일심(一心)을 원만히 성취한다는 것은 처음엔 일심(一心)으로 십용(十用)을 나투고 이제는 십용을 거두어 일심을 성취한다는 뜻이다.

1595) 心中發明如淨琉璃. 內現精金. 以前妙心履以成地名治地住 : Unh. 340에 따르면, 마음은 밝음을 밝히는 지혜이고 이(理)는 밝음을 밝힌 바의 경(境)이고, 유리(瑠璃)는 지혜에 비유하고 정금(精金)은 이(理)에 비유한 것이다. 묘심(妙心)은 앞의 발심주를 뜻한다.

1596) 心地涉知俱得明了. 遊履十方得無留礙名修行住 : Unh. 340에 따르면, 마음은 지혜이니 곧 시각(始覺)이고 지평은 리(理)이니 곧 본각(本覺)이다. 동일한 각체(覺體)이므로 명료한 것이다. 견명(見明)으로 행하여 도달하는 것이니 중음이 멀리 있어도 목전에 있는 것같이 보고 빠르게 간다.

는 것을 생귀주(生貴住)라고 한다.[1597] ⑤〔방편구족주〕이미 도(道)의 모태에서 거닐며, 친히 깨달음을 계승받아 받드는 것이 마치 태아가 이미 이루어져 모습에 결함이 없는 것과 같은 것을 방편구족주(方便具足住)라고 한다.[1598] ⑥〔정심주〕용모(容貌)가 부처님과 같고 심상(心相)도 역시 같은 것을 정심주(正心住)라고 한다.[1599] ⑦〔불퇴주〕몸과 마음이 부합하여 날마다 증장하는 것을 불퇴주(不退住)라고 한다.[1600] ⑧〔동진주〕십신(十身)의 신령한 모습이 일시에 구족한 것을 동진주(童眞住)라고 한다.[1601] ⑨〔법왕자주〕형태가 이루어져 모태에서 스스로 출산하여 불자가 되는 것을 법왕자주(法王子住)라고 한다.[1602] ⑩〔관정주〕성인이 되

1597) 行與佛同受佛氣分. 如中(142b)陰身自求父母. 陰信冥通入如來種名生貴住 : Unh. 340에 따르면, 실천이 부처님과 같아 이(理)로 행(行)을 일으키니, 행(行)이 리(理)를 넘지 않으니 본각(本覺)과 시각(始覺)이 동일한 까닭이다. 중음(中陰)은 부모와 업이 같아서 서로 모인다.

1598) 旣遊道胎親奉覺胤. 如胎已成人相不缺名方便具足住 : Unh. 341에 따르면, 도(道)의 모태를 거닌다는 것은 유복한 중음(中陰)이 모태를 화림전당(華林殿堂)과 같이 보는 것이고, 친히 깨달음을 계승받는 것은 부처님의 권(權)·실(實)의 두 가지 지혜로 성태(聖胎)를 응결시키는 것, 성태(聖胎)가 이루어져 인상(人相)이 결함이 없는 것은 보고 듣는 것 등의 묘용(妙用), 구족한 방편, 선근(善根)이 부처님과 같은 것이다.

1599) 容貌如佛心相亦同名正心住 : Unh. 341에 따르면, 용모는 응용(應用)에 비유한 것이고, 심상은 이지(理智)에 비유한 것이다.

1600) 身心合成日益增長名不退住 : Unh. 341에 따르면, 외모(外貌)와 내심(內心), 표리(表裏)가 일여하여 부처님과 같이 몸과 마음이 화합을 이루어 날마다 확충되면서 성숙한다.

1601) 十身靈相一時具足名童眞住. Unh. 341에 따르면, 십신(十身)이란 보리신(菩提身), 원신(願身), 화신(化身),역신(力神), 장엄신(莊嚴神), 위세신(威勢身), 의생신(意生身), 복신(福身), 법신(法身), 지신(智身)이다. 이 가운데 보리신, 법신, 지신은 내신(內身)에 속하고 나머지는 외신(外身)에 속한다.

1602) 形成出胎親爲佛子名法王子住 : Unh. 342에 따르면, 형태가 이루어진다는 것은 십신(十身)의 신령한 모습을 구족하는 것이고, 모태에서 나온다는 것은 혁혁(赫奕)하게 치성(熾盛)한 것을 뜻하고 불자(佛子)가 된다는 것은 보살이 법왕의 일을 익힌다는 뜻이다.

는 것을 드러내어 마치 나라의 왕이 국사를 태자에게 위임하고, 왕족의 왕으로서 세자가 장성하면 관정식을 하는 것과 같은 것을 관정주(灌頂住)라고 한다."[1603]

8. 〔십행위(十行位)〕[1604] ① 〔환희행〕 "아난다여, 이 선남자가 불자가 되고 나서 무량한 여래의 묘덕이 구족하고 시방에 수순하면, 환희행(歡喜行)이라고 한다.[1605] ② 〔요익행〕 일체 뭇삶에게 이익을 주면, 요익행(饒益行)이라고 한다.[1606] ③ 〔무진한행〕 자신도 깨닫고 남도 깨닫게 하여 거슬림이 없다면, 무진한행(無嗔恨行)이라고 한다.[1607] ④ 〔무진행〕 갖가지 종류로 태어나길 미래세가 다하고, 삼세에 평등하고 시방에 통달하면, 무진행(無盡行)이라고 한다.[1608] ⑤ 〔이치란행〕 일체가 합동하는 갖가지 법문에 착오가 없게 되면, 이치란행(離癡亂行)이라고 한다.[1609] ⑥ 〔선현행〕 동

1603) 表以成人如國大王. 以諸國事分委太子. 彼刹利王世子長成. 陳列灌頂名灌頂住 : Unh. 342에 따르면, 성인이 되는 것을 드러낸다는 것은 불사(佛事)를 감행(堪行)하는 것이다. 전륜왕의 관정식은 다음과 같다. 전륜왕의 태자가 왕위를 계승할 때에 어머니인 정후(正后)가 보좌가 설치된 흰 코끼리를 타고 사대해수(四大海水)를 길어다가 금병에 담으면, 전륜왕이 이 병을 들어 태자의 머리에 붓는다.

1604) 十行位 : 『수능엄경』이 설하는 55위 가운데 21위에서 30위까지를 말한다.

1605) 阿難是善男子成佛子已. 具足無量如來妙德. 十方隨順名歡喜行 : Unh. 342에 따르면, 이것은 보시를 나타낸 것으로, 불자가 된다는 것은 모태에서 나와 관정을 하는 것이고 시방에 수순한다는 것은 보시를 많이 행하는 것이다.

1606) 善能利益一切衆生名饒益行 : Unh. 342에 따르면, 이것은 지계를 나타낸 것으로 일체중생으로 하여금 위없는 계행을 지키게 하여 보리와 열반에 이르게 한다.

1607) 自覺覺他得無違拒名無嗔恨行 : Unh. 343에 따르면, 이것은 인욕을 나타낸 것이다. 『화엄경』에 나오는 무위역행(無違逆行)과 같은 말이다. 보살이 자신(自身)과 고락(苦樂)이 모두 없다고 스스로 깨닫고, 다른 사람에게 널리 가르쳐 깨닫게 만든다.

1608) 種類出生窮未來際. 三世平等十方通達名無盡行 : Unh. 343에 따르면, 이것은 정진을 나타낸 것이다. 『화엄경』에는 '아비지옥의 중생까지 다 나와서 성불하여 무여열반에 든 후에 자기가 부처의 경지를 이룬다.'라고 하였다. 바다의 한 방울, 세계의 한 티끌 같은 겁의 우주기 동안, 중생을 위해 고행을 해도 조금도 후회하는 것이 없다.

1609) 一切合同種種法門. 得無差誤名離癡亂行 : Unh. 343에 따르면, 이것은 선정(禪

일한 것 가운데 다양한 것을 드러내고, 다양한 것 가운데 동일한 것이 보이면, 선현행(善現行)이라고 한다.[1610] ⑦ 〔무착행〕 이와 같이 내지 시방허공에 가득한 미진에 이르기까지 하나하나의 티끌 속에 시방세계가 나타나고, 티끌이 나타나고 세계가 나타나더라도 서로 걸림 없이 나타나면, 무착행(無著行)이라고 한다.[1611] ⑧ 〔존중행〕 갖가지 현전하는 것이 모두 제일바라밀다(第一波羅密多)가 된다면, 존중행(尊重行)이라고 한다.[1612] ⑨ 〔선법행〕 이와 같이 원융해서 시방의 모든 부처님의 궤칙(軌則)을 성취하면, 선법행(善法行)이라고 한다.[1613] ⑩ 〔진실행〕 하나하나가 모두 청정하여 무루(無漏)이고 한결 같이 참되고 무위(無爲)로서 성품이 본연하면, 그러한 까닭에, 진실행(眞實行)이라고 한다."[1614]

定)을 나타낸 것이다. 일체가 합동하는 종종법문(種種法門)은 일념삼매의 마음 속에 일체법을 모두 가진다.

1610) 則於同中顯現群異. 一一異相各各見同名善現行 : Unh. 343에 따르면, 이것은 지혜를 나타낸 것이다. 이것은 이사무애지(理事無礙智), 이제융통지(二諦融通智)를 나타낸 것이다. 동일한 것 가운데 다양한 것을 드러내는 것은 이(理)가 사(事)를 방해하지 않음이고, 다양한 것 가운데 동일한 것이 보이면 사(事)가 이(理)를 방해하지 않는 것이다.

1611) 如是乃至十方虛空滿足微塵. 一一塵中現十方界. 現塵現界不相留礙名無著行 : Unh. 343에 따르면, 이것은 사사무애지(事事無碍智), 광협자재무애문(廣狹自在無碍門)를 나타낸 것이다. 세계가 티끌 속에 들어가도 세계가 작아지지 않고, 티끌이 세계를 포함하여도 티끌이 커지지 않는다.

1612) 種種現前咸是第一波羅蜜多名尊重行 : Unh. 345에 따르면, 이것은 구경피안지(究竟彼岸智)를 나타낸 것이다. 앞의 두 가지 무애지(無礙智)를 거두어 구경의 자리(自利)를 밝힌 것이 제일바라밀다인데, 부처님의 무여열반(無餘涅槃)을 뜻한다. 갖가지 현전하는 것은 여래의 열반묘덕(涅槃妙德)에 합해진다.

1613) 如是圓融能成十方諸佛軌則名善法行 : Unh. 345에 따르면, 이것은 궤생물해지(軌生物解智)를 나타낸 것이다. 앞의 두 가지 무애지(無礙智)를 거두어 구경의 이타(利他)의 구제를 건립한 것이다. 모든 부처님의 궤칙은 중생에게 무량법문을 열어보이는 것이다.

1614) 一一皆是淸淨無漏. 一眞無爲性本然故名眞實行 : Unh. 345에 따르면, 이것은 불위실상지(不違實相智), 회연입실지(會緣入實智)를 나타낸 것이다. 청정한 무루(無漏)

9. 〔십회향(十廻向)〕[1615] ① 〔구호일체중생이중생상회향〕 "이 선남자가 신통을 구족하여 불사(佛事)를 이루고 순결과 정진(精眞)으로 모든 유환(留患)을 멀리하여 뭇삶을 제도하지만, 제도한다는 인상을 없애서 무위의 마음을 돌려 열반으로 회향하는 것을 '일체 뭇삶을 구호하되 뭇삶에 대한 인상의 여읨으로 향한 회향' 즉, 구호일체중생이중생상회향(救護一切衆生離衆生相迴向)이라고 한다.[1616] ② 〔불괴회향〕 무너뜨려야 할 것을 무너뜨리고 여읠 것을 멀리 여읨으로 회향하는 것을 '무너질 것이 없는 것으로 향한 회향' 즉 불괴회향(不壞迴向)이라고 한다.[1617] ③ 〔등일체불회향〕 본각(本覺)이 담연(湛然)하여져서 깨달음이 부처님의 깨달음과 같아지는 것으로 회향하는 것을 '일체의 부처와 같아지는 것으로 향한 회향' 즉, 등일체불회향(等一切佛迴向)이라고 한다.[1618] ④ 〔지일체처회향〕 정진(精眞)이 광명을 발하여 지평이 부처님의 지평과 같아지는 것으로 회향하는 것을 '일체처에 도달하는 것으로

이므로 범부, 외도의 감각적 쾌락의 욕망계의 무명에 탐착하지 않는 것을 뜻하고, 진정한 무위(無爲)이므로 애쓰는 긍경수증(肯綮修證)이 아니고, 성품이 본연하면 전수(全修)가 성품이므로, 청정은 유루(有漏)에 속하지 않고 본연은 유위(有爲)에 떨어지지 않는다.

1615) 十廻向 : 능엄경이 설하는 55위 가운데 31위에서 40위까지를 말한다.

1616) 阿難. 是善男子滿足神通成佛事已. 純潔精眞遠諸留患. 當度衆生滅除度相. 迴無爲心向涅槃路. 名救護一切衆生離衆生相迴向 : Unh. 346에 따르면, '신통을 구족하여'는 앞의 제8행을, '불사(佛事)를 이루고'는 제9행을 '순결과 정진(精眞)으로 모든 유환(留患)을 멀리하여'는 제10행을 거둔 것을 뜻한다. 뭇삶을 제도하지만, 제도한다는 인상을 여읜다는 것은 『금강경』의 사상으로 일체중생을 제도하되 중생상(衆生相)을 여읜 것이다.

1617) 壞其可壞遠離諸離. 名不壞迴向 : Unh. 346에 따르면, 구제한다는 상을 무너뜨리고 중생상을 여읜다는 것마저 여의는 것이다.

1618) 本覺湛然覺齊佛覺. 名等一切佛迴向 : Unh. 346에 따르면, 본각(本覺)이 담연하면, 심불(心佛)이 현현하여 각해(覺海)가 맑고 고요해지고, 깨달음이 불각(佛覺)과 같아져서 일체여래의 심정(心精)이 통문(通脗)하여 묘각법신(妙覺法身)만이 가득 찬다.

향한 회향' 즉, 지일체처회향(至一切處迴向)이라고 한다.[1619] ⑤ 〔무진공덕장회향〕 세계와 여래가 서로 나아가고 들어가되 걸림이 없는 것으로 회향하는 것을 '다함없는 공덕장으로 향한 회향' 즉, 무진공덕장회향(無盡功德藏迴向)이라고 한다.[1620] ⑥ 〔수순평등선근회향〕 부처님의 지평과 같아져서 지평마다 각각 청정인(淸淨因)을 내고 그 인으로 광휘를 발휘하여 열반도를 얻는 것으로 회향하는 것을 '평등한 선근에 대한 수순으로 향한 회향' 즉, 수순평등선근회향(隨順平等善根迴向)이라고 한다.[1621] ⑦ 〔수순등관일체중생회향〕 진근(眞根)을 성취한 후 시방의 뭇삶이 모두 나의 본성이어서 본성이 원만히 성취되어 뭇삶을 잃지 않는 것으로 회향하는 것을 '일체 뭇삶을 수순하는 평등의 관찰로 향한 회향' 즉, 수순등관일체중생회향(隨順等觀一切衆生迴向)이라고 한다.[1622] ⑧ 〔진여상

1619) 精眞發明地如佛地. 名至一切處迴向 : Unh. 347에 따르면, 정진(精眞)은 본각의 당체이고 광명(光明)을 발하는 것은 묘용(妙用)을 발휘하는 것이고, 지평이 불지(佛地)와 같아지는 것은 인지(因地)에서 함유한 무변법계를 발휘하여 모든 부처님의 과지(果地) 상에 나타나는 무량찰토와 같아지는 것이다.

1620) 世界如來互相涉入得無罣礙. 名無盡功德藏迴向 : Unh. 348에 따르면, 세계가 여래를 향해 나아가 들어가면, 장애 없이 하나하나의 모공 가운데 무량찰토(無量刹土)가 전개되고, 여래가 세계를 향해 나아가 들어가면, 장애 없이 하나하나의 미진 가운데 무량여래(無量如來)가 전개되어 대법륜을 전한다.

1621) 於同佛地地中各各生淸淨因. 依因發揮取涅槃道. 名隨順平等善根迴向 : Unh. 347에 따르면, 보살이 무진공덕장(無盡功德藏)을 깨치면 여래의 과지(果地)와 같아지고, 지평마다 그 공덕이 무진한 것이 육도만행의 만덕의 장엄이 그의 본유(本有)인 것과 같다. 그 본유에 의하며 낱낱이 연을 따라 무수이수(無修而修)를 일으키고 인을 겸하여 과를 취하여 이전의 자심리지(自心理地)가 여래과지(如來果地)로 바뀌는 열반도를 이룬다. '평등하게 수순한다는 것'은 자심(自心)이 불심(佛心)과 평등한 것을 따르는 것이다.

1622) 眞根旣成十方衆生皆(142c)我本性. 性圓成就不失衆生. 名隨順等觀一切衆生迴向 : Unh. 248에 따르면, 진근(眞根)은 앞의 청정인(淸淨因)과 평등한 선근(善根)을 말하고, 이것을 전수(全修)하면 본성이 되고 이 본성은 시방의 중생을 모두 거둔 것이다. 자신의 마음과 중생이 평등한 것을 수순하는 것이다.

회향〕 일체법(一切法)에 즉하지만 일체상(一切相)을 떠난 것이어서, 즉(卽)과 떠남〔離〕에 모두 집착이 없는 것으로 회향하는 것을 '진여의 인상으로 향한 회향' 즉, 진여상회향(眞如相迴向)이라고 한다.1623) ⑨ 〔무박해탈회향〕 진정하게 여여한 바를 얻어 시방에 장애가 없는 것으로 회향하는 것을 '묶이지 않은 해탈로 향한 회향' 즉 무박해탈회향(無縛解脫迴向)이라고 한다.1624) ⑩ 〔법계무량회향〕 성덕(性德)이 원만하게 성취되고 법계(法界)가 한량이 없어지는 것으로 회향하는 것을 '법계의 무량해지는 것으로 향한 회향' 즉, 법계무량회향(法界無量迴向)이라고 한다."1625)

10. 〔네 가지 묘원가행(妙圓加行)〕 "아난다여, 선남자가 청정한 마흔한 가지 마음을 다한 뒤에는 네 가지 묘원가행을 이룬다.1626) ① 〔난지〕 부처님의 깨달음으로써 나의 마음을 삼았으나, 나아갈 듯 하면서도 나가지 못하는 것이 부싯목의 불과 같아, 그 나무를 태

1623) 卽一切法離一切相. 唯卽與離二無所著. 名眞如相迴向 : Unh. 348에 따르면, 일체법에 즉하는 것은 세간 출세간의 모든 법으로 세간, 중생, 법문, 업행 등이고, 일체모습을 떠난 것은 세간이나 중생에 집착하지 않는 것으로 일체법에 자성이 없어서 모두가 적멸(寂滅)하다는 뜻이다. 즉(卽)에 집착이 없는 것은 유(有)에서 뛰어남이고, 리(離)에 집착이 없는 것은 공(空)에서 뛰어남이다.

1624) 眞得所如十方無礙. 名無縛解脫迴向 : Unh. 349에 따르면, 여여한 바를 얻었다는 것을 진여(眞如)와 일상(一相)인 것을 얻은 것이고, 시방에 장애가 없는 것은 이사무애(理事無礙)와 사사무애(事事無碍)를 얻은 것이다. 무박해탈(無縛解脫)은 입법계(入法界)의 불가사의해탈이다.

1625) 性德圓成法界量滅. 名法界無量迴向: Unh. 349에 따르면, 성덕(性德)의 체는 무착(無着)이고, 용은 무애(無碍)인데, 원만하게 이루어진 것은 이러한 체와 용을 구비한 것이다. 법계가 한량이 없는 것은 체가 미치지 않는 곳이 없고 용이 두루 하지 않는 곳이 없다는 뜻이다.

1626) 阿難是善男子盡是淸淨四十一心. 次成四種妙圓加行 : Unh. 349에 따르면, 마흔한 가지 마음[四十一心]은 건혜지(乾慧地), 십신(十信), 십주(十住), 십행(十行), 십회향(十廻向)을 말한다. 네 가지 묘원가행(妙圓加行)은 이하에 소개되는 사가행(四加行)을 뜻한다.

우려는 것과 같은 상태를 난지(煖地)라고 한다.[1627] ② 〔정지〕 자기의 마음으로 부처님께서 밟던 바를 이루었으나, 의지한 듯하면서도 의지한 것이 아닌 것이, 높은 산에 올라가 몸은 허공에 들어갔으나 아래로 약간의 장애가 있는 것과 같은 상태를 정지(頂地)라고 한다.[1628] ③ 〔인지〕 마음과 부처님 둘이 같아져서 중도를 잘 얻었으니 일을 참는 사람이 간직하는 것도 아니고 드러내는 것도 아닌 것과 같은 상태를 인지(忍地)라고 한다.[1629] ④ 〔세제일지〕 헤아림이 소멸하여 미혹과 깨달음이 둘 다 중도(中道)에서 지목할 수 없게 되는 상태는 세제일지(世第一地)라고 한다."[1630]

11. 〔열 가지 지평(十地)〕[1631] ① 〔환희지〕 "아난다여, 이 선남자

1627) 卽以佛覺用爲己心. 若出未出猶如鑽火. 欲然其木名爲煖地 : 앞의 ③의 등일체불회향에서 깨달음이 부처님의 깨달음과 같다고 하였으나 정증(正證)을 하지 못하였고 이제 성과(聖果)에 나아갈 것이므로 부처님의 깨달음을 나의 마음으로 삼은 것을 찬목(鑽木)의 불에 비유한 것이다.

1628) 又以已心成佛所履. 若依非依如登高山. 身入虛空下有微礙. 名爲頂地 : Unh. 35에 따르면, 앞의 ④ 지일체처회향에서 지평이 부처님의 지평과 같다고 하였으나, 난지(煖地)의 마음으로 부처님의 과지(果智)를 닦으면서 그 지혜로 마음을 관하는 것은 마치 발로 땅을 밟는 것과 같고, 심상(心相)이 다하려함으로 의지한 듯하면서도 의지한 것이 아니고, 높은 산은 높은 마음을, 허공은 본체인 리(理)를 비유한 것이고, 심상이 완전히 다하지 않은 까닭에 미세한 장애가 있다.

1629) 心佛二同善得中道. 如忍事人非懷非出. 名爲忍地 : Unh. 351에 따르면, 앞의 정지(頂地)의 마음과 부처가 같아져서 인(因)과 과(果)가 교철(交徹)하여 중도를 잘 얻은 것이다. 용인(容認)하는 상태로 범부가 화를 품는 상태는 아니나, 그 일을 잊으려하면서도 잊지 못하는 상태이다.

1630) 數量銷滅迷覺中道. 二無所目名世第一地 : Unh. 351에 따르면, 마음과 부처가 쌍민(雙泯)하여 헤아림이 소멸한 상태이다. 여기서 헤아림이란, 미중도(迷中道)는 보살의 인심(因心)이고 각중도(覺中道)는 부처님의 과지(果智)인 것을 헤아리는 것인데, 이 두 가지를 지목할 수 없다는 것은 아래로는 자기의 마음을 보지 않고, 위로는 부처님의 지혜를 보지 않아 양쪽을 모두 잊어버린 것을 뜻한다. 이 세제일지(世第一地)는 세간법 중의 제일, 즉, 유루위(有漏位) 가운데 최후의 지위라는 뜻이다.

1631) 열 가지 지평 : 즉 십지(十地)에 대한 상세한 사항은 역자의 저술인 『십지경-오리지널 화엄경』을 참조하라.

가 대보리(大菩提)에 잘 통달하여 깨달음이 여래와 통하여 부처님의 경계를 나타내는 것을 환희지(歡喜地)라고 한다.1632) ② 〔이구지〕 서로 다른 성품이 같아지고, 같다는 성품도 사라지는 것을 이구지(離垢地)라고 한다.1633) ③ 〔발광지〕 청정한 것이 극에 이르면 광명이 생겨나는 것을 발광지(發光地)라고 한다.1634) ④ 〔염혜지〕 광명이 극에 이르러 깨달음이 원만한 것을 염혜지(焰慧地)라고 한다.1635) ⑤ 〔난승지〕 일체의 같고 다름이 이르지 못하는 곳을 난승지(難勝地)라고 한다.1636) ⑥ 〔현전지〕 무위진여(無爲眞如)의 성품이 맑고 밝게 나타나는 것을 현전지(現前地)라고 한다.1637) ⑦ 〔원행지〕 진여가 그 가장자리 끝까지 다한 것을 원행

1632) 阿難是善男子. 於大菩提善得通達. 覺通如來盡佛境界. 名歡喜地 : Unh. 351에 따르면, 대보리는 무상보리(無上菩提)를 뜻하며, 여래장을 전체로 삼아 일다(一多)가 상즉하고 대소(大小)가 무애한 것을 대용으로 삼아 통달하였으나 증극(證極)하지 못하여 아직도 명심보리(明心菩提)의 견도위(見道位)에 있는 것이다. 자심(自心)의 본각(本覺)이 불심(佛心)의 묘각(妙覺)과 원융하여, 부처님의 묘경(妙境)을 거두어들인 것이다.

1633) 異性入同同性亦滅. 名離垢地 : Unh. 352에 따르면, 구계(九界 : 육도와 성문, 연각, 보살)의 다른 성품이 하나의 부처의 경계로 들어감으로 다른 성품이 같은 곳으로 들어가고, 처음 체험하여 잊지 못하나, 정회를 품으면 청정본연의 허물이 되니, 이러한 허물마저 없앤 것이다.

1634) 淨極明生名發光地 : Unh. 352에 따르면, 청정이 극에 이른다는 것은 구예(垢穢)를 여의고 여읨마저 여의는 것을 뜻한다. 광명이 나타난다는 것은 진각(眞覺)이 나타남을 뜻한다.

1635) 明極覺滿名焰慧地 : Unh. 353에 따르면, 앞에서 광명이 처음 나타났으나 충분하지 못하고 이제는 광명이 치성하여 큰 불더미를 이루는 것이고 깨달음이 원만한 것은 광명이 본성에 계합하는 것이다.

1636) 一切同異所不能至. 名難勝地 : Unh. 353에 따르면, 환희지는 다름이 소멸한 우일한 부처의 경계인데, 같음이 소멸하고 부처의 경계까지 잊어서 청정본연하여 걸림이 없고, 그후 발광지와 염혜지를 거치면서 같고 다름을 여윈지 오래되었으니, 같고 다름이 이르기 어려운 것이다.

1637) 無爲眞如性淨明露. 名現前地 : Unh. 354에 따르면, 앞의 난승지의 유위공용(有爲功用)이 지극하여 다하면, 무위(無爲)인 진여(眞如)의 성품이 앞에 나타난다.

지(遠行地)라고 한다.1638) ⑧〔부동지〕 하나의 진여의 마음이 된 것을 부동지(不動地)라고 한다.1639) ⑨〔선혜지〕 진여의 작용이 나오는 것을 선혜지(善慧地)라고 한다.1640)〔수습위〕 아난다여, 이 모든 보살들이 이왕에 닦고 익힌 공을 다하여 공덕이 원만하므로 이들 지평을 또한 수습위(修習位)라고 한다.1641) ⑩〔법운지〕 자애의 그늘과 승묘의 구름이 열반의 바다를 덮은 것을 법운지(法雲地)라고 한다."1642)

12. 〔무상도의 성취〕 "여래는 역류하는데, 보살은 순행하면서 깨달음의 궁극에 들어가 어울리는 것을 등각(等覺)이라고 한다.1643) 아난다여, 건혜지(乾慧地)로부터 등각에 이르고는, 이 깨달음이 비로소 금강심 가운데 처음의 건혜지를 얻는 것이다. 이렇게 거듭해

1638) 盡眞如際名遠行地 : Unh. 354에 따르면, 앞의 현전지에서 진여가 나타났으나 완전히 뚜렷하지 않았으나 여기서는 그 진여가 가장자리의 끝까지 가지 못한 데가 없다. 그러나 진여의 가장자리 끝은 끝이 없는 끝이니, 어찌 가까이 갈 수 있겠는가?

1639) 一眞如心名不動地 : Unh. 355에 따르면, 현전지에서 진여가 나타나고 원행지에서 뚜렷해졌으나, 아직 자기의 마음이 아닌데, 이제 하나의 진여의 마음이 되었으니, 자기의 마음과 불심이 모두 소멸하여 일진여본심(一眞如本心), 일진여법계(一眞如法界)가 된 것이다. 여기서는 일진일모(一塵一毛)가 다 청정하다.

1640) 發眞如用名善慧地 : Unh. 354에 따르면, 부동지에서 진여의 전체(全體)를 얻고, 이 선혜지에서는 진여의 대용(大用)을 나투는 것이다. 여기서는 일진일모(一塵一毛)가 서로 융섭하고 서로 상입하니 십현(十玄)의 업용(業用)을 나툰다.

1641) 阿難是諸菩薩從此已往. 修習畢功功德圓滿. 亦目此地名修習位 : Unh. 354에 따르면, 이 선혜지로부터 그 이전을 통칭하여 수습위라고 하는데, 초심에서 진여(眞如)의 성품을 보고 점점 닦아 나아가다가 여기에 이르러서는 진여 전체 대용(大用)까지 나투는 것이다. 마지막 세 지평은 수습(修習)보다는 증득(證得)하는 것이 많다.

1642) 慈陰妙雲覆涅槃海名法雲地 : Unh. 355에 따르면, 자애는 이타(利他)의 자비로서 그늘과 같고, 승묘는 자리(自利)의 지혜로서 구름과 같다, 그늘과 구름은 모두 열반의 바다를 덮어준다.

1643) 如來逆流如是菩薩. 順行而至覺際入交名爲等覺 : Unh. 355에 따르면, 보살의 시각(始覺)과 부처의 본각(本覺)은 내용이 같으나 역류와 순류가 같지 않다. 여래가 역류한다는 것은 이미 시각이 본각의 과해(果海)에 들어가 더 나아갈 것이 없고 오직 중생을 위하여 자항(慈航)을 거꾸로 저어가는 것을 말한다.

서 열두 개의 과위를 홑으로 겹으로 거쳐야, 바야흐로 묘각(妙覺)을 다하여 무상도(無上道)를 이룬다.1644) 이러한 여러 가지 지평은 모두가 금강(金剛)으로, 10가지 환상과 같은 깊은 비유를 관찰하며, 사마타를 닦으면서 여래의 위빠사나로써 청정하게 닦아 깨달아 점차 깊이 들어가는 것이다.1645) 아난다여, 이와 같은 것은 모두 세 가지 증진으로 55위의 참다운 보리도(菩提道)를 잘 성취할 수가 있게 된 것이니, 이렇게 관찰하는 것을 정관(正觀)이라고 하고, 다르게 관찰하는 것을 사관(邪觀)이라고 한다."1646)

제10장 경전의 명칭

1. 〔결경분(結經分)〕1647) 그때 문수사리법왕자가 대중 가운데 있

1644) 阿難從乾慧心至等覺已. 是覺始獲金剛心中初乾慧地. 如是重重單複十二. 方盡妙覺成無上道 : Unh. 356에 따르면, 열두 개의 과위는 건혜(乾慧), 신(信), 주(住), 행(行), 회향(廻向), 난(煖), 정(頂), 인(忍), 세제일(世第一), 지(地), 등각(等覺), 금강(金剛)을 뜻한다. 건혜(乾慧), 난(煖), 정(頂), 인(忍), 세제일(世第一), 등각(等覺), 금강(金剛)은 홑이고, 신(信), 주(住), 행(行), 회향(廻向), 지(地)는 겹이다.

1645) 是種種地皆以金剛. 觀察如幻十種深喩. 奢摩他中. 用諸如來毘婆舍那. 淸淨修證漸次深入. 사마타(奢摩他: śamatha, samatha)는 멈춤, 위빠사나(毘婆舍那: *sk.* vipaśyanā; *pali.* vipassanā)는 통찰을 뜻한다. Unh. 356에 따르면, 열 가지 비유(十種喩)는 일체의 유위상은 허깨비, 아지랑이, 물속의 달, 허공꽃, 메아리, 건달바성, 꿈, 그림자, 거울속의 영상, 환화(幻化)와 같다는 사실을 뜻한다.

1646) 阿難如是皆以三增進故. 善能成就五十五位眞菩提路. 作是觀者名爲正觀. 若他觀者名爲邪觀 : 세 가지 증진은 제9장§1의 제기조인(除其助因), 고기정성(刳其正性), 위기현업(違其現業)을 말한다. 55위 안에서 건혜지(乾慧地)는 참다운 보리도가 아니므로 제외된다.

1647) 結經分 : 진감에 의하면, 계환 요해(要解)의 결경분(結經分; 제8권중간: 제10장-제11장)은 앞의 증과분((證果分: 제7권중간-제8권중간: 제8장-제9장)과 더불어 선정(禪定)에 대해서 밝힌 것이다.

다가 자리에서 일어나 부처님의 발에 머리를 조아려서 예경하고 부처님께 사뢰었다. 〔문수사리〕 "이 경의 이름을 무엇이라고 해야 하며, 저와 뭇삶들은 어떻게 받아 지녀야 합니까?"1648)

2 부처님께서 문수사리에게 말씀하셨다. 〔세존〕 "1) 이 경의 이름은 『대불정실달다반달라무상보인시방여래청정해안』(大佛頂悉怛多般怛囉無上寶印十方如來淸淨海眼)'이라고 칭하고,1649) 2) 또한 『구호친인도탈아난급차회중성비구니득보리심입편지해』(救護親因度脫阿難及此會中性比丘尼得菩提心入遍知海)'라고 칭하고.1650) 3) 또한 『여래밀인수증요의』(如來密因修證了義)'라고 칭하고,1651) 4) 또한 『대방광묘련화왕시방불모다라니주』(大方廣妙蓮華王十方佛母陀羅尼咒)'라고 칭하고,1652) 5) 또한 『관정장구제보살만행수

1648) 爾時文殊師利法王子. 在大衆中卽從座起. (143a)頂禮佛足而白佛言. 當何名是經. 我及衆生云何奉持.

1649) 佛告文殊師利. 是經名大佛頂悉怛多般怛囉無上寶印十方如來淸淨海眼 : Unh. 357에 따르면, '불정'은 부처님의 정수리로 위없이 높다는 뜻과 아울러 일진법계(一眞法界)를 상징하고, '실달다반달라'는 백산개(白傘蓋)라는 뜻으로 자비가 모든 뭇삶을 덮는다는 것을 상징한다. '무상보인'은 가장 높은 해인삼매(海印三昧)의 심인(心印)을 상징하고, '시방여래청정해안'은 무량한 부처님의 청전심해(淸淨心海)의 지안(智眼)을 상징한다.

1650) 亦名救護親因度脫阿難及此會中性比丘尼得菩提心入遍知海 : Unh. 357에 따르면, 이것은 「슈랑가마다라니」의 공능을 나타낸 것이다. '친인(親因)'의 '친'은 아난다, '인'은 마땅기를 뜻하며, 아난다와 마땅기를 건져내어 보리심(菩提心)을 얻어 편지해(徧知海)에 들게 한 것은 다라니의 공덕을 나타낸 것이다. 보리심은 삼제(三諦: 空·假·中)가 원융한 마음이고, 편지해는 삼제에 두루 비치는 해안(海眼)이다.

1651) 亦名如來密因修證了義 : Pr. 737에 따르면, '여래밀인'은 범부로서는 알 수 없는 여래의 비밀스런 다라니가 성불의 인(因)이 된다는 뜻이고, '수증요의'는 본래 불성이 본유한 것을 알지만 닦아서 증득해야만 하는 것으로 닦음 없이 닦고, 증득한 없이 증득하는 것을 뜻한다.

1652) 亦名大方廣妙蓮華王十方佛母陀羅尼咒 : Unh. 358에 따르면, 대(大)는 성체(性體)가 시방과 삼세를 다하여 변저(邊底)가 없음을 뜻하고, 방(方)은 항하사같은 성공덕(性功德)을 구족한 것을 뜻하고, 광(廣)은 무진(無盡), 무량(無量), 무장(無障), 무애(無碍)의 작용을 뜻하고, '묘련화'는 더러운 물 가운데 깨끗한 것으로 일심삼대(一心

능엄』(灌頂章句諸菩薩萬行首楞嚴)이라고 칭하므로, 이와 같이 그대는 받들어 지녀야 한다."[1653]

3. 이렇게 말씀을 마치시니, 즉시 아난다와 모든 대중이 여래께서 말씀하신 밀인(密印)인 백산개(白傘蓋)의 뜻을 받들고 아울러 이 경의 요의(了義)인 이름을 듣고, 선정을 닦아 성자의 지위로 나아가 보다 수승한 묘리를 깨닫고 심려(心慮)가 텅 비게 되어 삼계의 수도위(修道位)에서 끊는 육품(六品)의 미세한 번뇌를 끊었다.[1654]

제11장 일곱 가지 운명

1. 아난다가 자리에서 일어나 부처님의 발에 머리를 조아려 예경하고 합장하여 공경하면서 부처님께 말했다. 〔아난다〕 "크나큰 위덕을 갖추신 세존이시여, 자비하신 음성이 폐색이 없으시니, 뭇삶의 깊

三大)의 법이 인과(因果)가 교철하여 염정불이(染淨不二)한 것을 나타내고, '왕(王)'은 자재(自在), '불모다라니(佛母陀羅尼)'는 시방의 부처님을 탄생시킨 총지(總持)라는 뜻이다.

1653) 亦名灌頂章句諸菩薩萬行首楞嚴. 汝當奉持 : Unh. 358에 따르면, '관정장구'라는 것은 이 경이 인도의 관정부(灌頂部) 가운데서 유출하였다고 해서 붙여진 이름이고, '제보살만행'은 삼현십성(三賢十聖: 십주, 십행, 십회향의 보살과 십지보살)의 수행을 뜻하고, '수능엄'은 삼제(三諦)를 총섭한 것으로 일체사필경견고(一切事畢竟堅固)를 뜻한다.

1654) 說是語已. 卽時阿難及諸大衆. 得蒙如來開示密印般怛囉義. 兼聞此經了義名目. 頓悟禪那修進聖位. 增上妙理心慮虛凝. 斷除三界修心六品微細煩惱. Unh. 359에 따르면, '삼계의 수도위(隊道位)에서 끊은 육품의 미세한 번뇌'라는 것은 수도혹(修道惑) 또는 사혹(思惑)이라고 한다. 삼계의 구지(九地)에는 각각 구품(九品)이 있어 모두 81품인데, 감각적 쾌락의 욕망계[欲界]의 전6품을 끊으면, 두 번째 한번 돌아오는 경지를 얻게 된다. 사혹(思惑)은 수도위 중에서 끊어지므로 수심(修心)이라고도 하며 삼계에 통하므로 여기서 삼계의 수도위라고 한 것이다.

고 미세한 미혹을 잘 깨우쳐주시어, 저희로 하여금 오늘 몸과 정신이 쾌연하도록 크게 요익을 얻게 하셨습니다. 세존이시여, 만일 이 묘명하여 참으로 깨끗한 묘심이 본래 두루 원만한 것이고, 이와 같이 내지 대지와 초목과 준동함령이 본래 진여(眞如)이어서 여래의 성불하신 진체이오면, 부처님의 본체가 진실한 것일 것인데, 어찌 또다시 지옥, 아귀, 축생, 아수라, 인간, 천상 등의 길이 있는 것입니까? 세존이시여, 이 길은 본래부터 스스로 있는 것입니까? 뭇삶들의 망습(妄習)으로 생겨난 것입니까? 세존이시여, 수행녀 보련향(寶蓮香)1655)은 보살계를 지키다가 사사로이 음행을 행하고는 망언으로 '음행은 살생도 아니고 훔치는 것도 아니므로 업보가 있을 수 없다.'라고 하더니, 말을 마치자마자 여근에서 맹렬한 불길이 일어나 마침내 사지의 마디마디가 불길에 타면서 무간지옥에 떨어졌습니다. 대왕 비두다바1656)와 수행승 쑤낙샤뜨라1657)의 경우, 비두다바는 샤끼야 족을 죽여 없애고, 수행승 쑤낙샤뜨라는 '일체법(一切法)은 공(空)하다.'라고 망설하다가 살아있는 몸으로 아비지옥(阿鼻地

1655) 寶蓮香 : 범어로 환원하면 Ratnotpalagandhā이겠지만, 출처가 불분명하다.

1656) Viḍūḍabha : 한역에서 비유리왕(毘琉璃王) 또는 유리왕(瑠璃王)이라고 한다. 비두다바는 빠라쎄나짓뜨 왕의 아들이었다. 비두다바는 청년이 되어 까삘라바쓰뚜 시에 왔다가 싸끼야 족의 왕족이라고 알고 있던 자신의 어머니가 노예신분이었다는 사실을 우연히 알게 되어 격분하였다. 훗날 비두다바는 장군 디르가까라야나(Dīrgha-kārāyaṇa)의 도움으로 부왕(父王)이 부처님께서 계시던 메다따룸빠(Medatalumpa)를 방문했을 때에, 왕위를 찬탈하고 성문을 닫아버렸다. 그러자 부왕은 아들의 왕위 찬탈 소식을 듣고 라자가하 시의 아자따샤뜨루(Ajataśatru) 왕에 도움을 구하러 가는 도중에 여행에 지친 나머지 죽고 말았다. 비두바다는 왕위에 오르자 어머니의 출생 신분을 속인 싸끼야 족을 몰살시켰다.

1657) Sunakṣatra : 한역에서 선성(善星)이라고 한다. 출가하여 12부경을 독송하여 감각적 쾌락의 욕망계의 번뇌를 끊었으나 제4선정을 얻었다가 악우와 사귀어 속퇴하고 사견을 지어 부처님에 대하여 악심을 일켰기 때문에 니련선하에서 아비지옥에 떨어졌다.

獄)[1658]에 들어갔습니다. 이러한 모든 지옥이 정해진 곳이 있는 것입니까, 또는 자연히 제각기 업을 지어 각각 자기가 받는 것입니까? 오직 크나큰 자비를 드리워 어리석고 어두운 자들을 일깨워주시고 모든 계율을 지키는 뭇삶으로 하여금 정해진 이치를 듣고 환희로써 받들고 삼가고 순결하여 어기지 않게 하여 주십시오."[1659]

2 부처님께서 아난다에게 말씀하셨다. 〔세존〕 "그대의 그 질문은 참으로 훌륭하다. 뭇삶으로 하여금 사견(邪見)에 들지 않게 하려고 하는구나. 자세히 들어라. 내가 설하겠다. 아난다여, 일체 뭇삶은 본래 참되고 청정하였는데, 망견(妄見)으로 인하여 망습(妄習)이 생겨나고, 이것으로 말미암아 ① 내분(內分)과 ② 외분(外分)으로 갈라지게 되었다."[1660]

3 1) 〔내분〕 "아난다여, 내분(內分)이라는 것은 뭇삶들의 몸 안에서, 모든 애욕에 물듦으로 인하여 정념(情念)이 생겨나고 그 정념

1658) Avīci : 한역으로 음사하여 아비지옥이라고 하는데, 무간지옥의 다른 이름이다. 제7장§32의 주석을 보라. 8열지옥(八熱地獄=八大地獄)의 하나이다. 1. 등활지옥(等活地獄 : saṃjīvaniraya) 2. 흑승지옥(黑繩地獄 : kāḷasūtraniraya) 3. 중합지옥(衆合地獄 : samghātaniraya) 4. 규환지옥(叫喚地獄 : rauravaniraya) 5. 대규환지옥(大叫喚地獄 : mahārauravaniraya) 6. 초열지옥(焦熱地獄 : tāpananiraya) 7. 대초열지옥(大焦熱地獄 : mahātāpananiraya) 8. 무간지옥(無間地獄 : avīciniraya)이 있다.

1659) 卽從座起頂禮佛足. 合掌恭敬而白佛言. 大威德世尊慈音無遮. 善開衆生微細沈惑. 令我今日身意快然得大饒益. 世尊若此妙明眞淨妙心本來遍圓. 如是乃至大地草木. 蠕動含靈本元眞如. 卽是如來成佛眞體. 佛體眞實. 云何復有地獄餓鬼畜生修羅人天等道. 世尊此道爲復本來自有. 爲是衆生妄習生起. 世尊如寶蓮香比丘尼. 持菩薩戒私行婬欲. 妄言行婬非殺非偸無有業報. 發是語已先於女根生大猛火.後於節節猛火燒然墮無間獄. 琉璃大王善星比丘. 琉璃爲誅瞿曇族姓. 善星妄說一切法空. 生身陷入阿鼻地獄. 此諸地獄爲有定處爲復自然. 彼彼發業各各私受. 唯垂大慈發開童蒙. 令諸一切持戒衆生. 聞決定義歡喜頂戴謹潔無犯.

1660) 佛告阿難. 快哉此問. 令諸衆生不入邪見. 汝今諦聽當爲汝說. 阿難一切衆生實本眞淨. (143b)因彼妄見有妄習生. 因此分開內分外分.

이 쌓여 그치지 않고 애정의 물〔愛水〕이 생겨나는 것을 말한다. 그러므로 뭇삶들이 마음으로 맛있는 음식을 생각하면 입에 침이 생겨나고, 앞 사람을 마음으로 생각하여 가련하거나 한탄스러우면, 눈에 눈물이 가득 고이게 된다. 재물을 탐하거나 보배를 탐하여 구하는 마음이 생겨나, 애착으로 수분이 흘러나와 온 몸이 윤택해지고, 마음으로 음행을 탐착하면 남녀의 두 음근(陰根)에 저절로 액체가 흐른다. 아난다여, 갖가지 애정이 비록 다르나 물이 흘러 맺히는 것은 동일하다. 습윤한 것은 상승하지 못하고 자연히 추락하니, 이것을 내분이라고 하는 것이다."1661)

4. 2) 〔외분〕 "아난다여, 외분(外分)이라고 하는 것은 뭇삶들의 몸 밖에서, 모든 갈앙(渴仰)으로 인하여 허상(虛想)이 나타나서, 그 허상이 쌓여 그치지 않고 오르려는 기운〔勝氣〕이 생겨나는 것을 말한다. 그러므로 뭇삶이 마음으로 금계를 지니면, 몸이 가볍고 청정해지고 마음으로 주인(呪印)을 염송하면 돌이켜보는 것이 굳세어지고, 천상에 나기를 원하면 꿈에서 날아다니고, 마음이 불국에 있으면 성스러운 경계가 그윽이 나타나고 선지식을 잘 섬기면, 스스로 신명(身命)을 가볍게 느낀다. 아난다여, 온갖 생각이 비록 다르더라도 가뿐하게 들리는 것은 마찬가지여서, 날아다니는 것은 가라앉지 않는 까닭에 자연히 뛰어오르는데, 이것을 외분이라고 한다."1662)

1661) 阿難內分卽是衆生分內. 因諸愛染發起妄情. 情積不休能生愛水. 是故衆生心憶珍羞口中水出. 心憶前人或鄰或恨目中淚盈. 貪求財寶心發愛涎擧體光潤. 心著行婬男女二根自然流液. 阿難諸愛雖別流結是同. 潤濕不昇自然從墜此名內分. Unh. 361에 따르면, 망견은 혹(惑)이고 망습은 업(業)이니, 이 혹과 업이 원인이 되어 내분(內分)과 외분(外分)이 있게 된다.

1662) 阿難外分卽是衆生分外. 因諸渴仰發明虛想. 想積不休能生勝氣. 是故衆生心持禁戒擧身輕淸. 心持咒印顧眄雄毅. 心欲生天夢想飛擧. 心存佛國聖境冥現. 事善知識自輕身

5. 〔생사의 상속〕 "아난다여, 일체 세간의 생사가 상속하되, 삶은 수순하는 습기를 따르고 죽음은 변천하는 흐름을 따르는 것이라, 임종하려 할 때에 난촉(煖觸)이 남아 있으면 일생의 선악이 한꺼번에 나타나 죽음을 거역하고 삶을 따르려는 두 가지 습기가 교차하게 된다."1663)

6. 1) "순전히 상념(想念)만 있으면, 반드시 날아서 천상에 태어난다. 만약 나는 마음 가운데 복덕과 지혜를 겸하고 아울러 청정한 서원까지 있으면, 저절로 마음이 열리어 시방의 부처님을 보게 되고 일체 정토에 서원을 따라 왕생하게 된다."1664)

7. 2) "정념(情念)이 적고 상념이 많으면 가볍게 들리는 것이 멀지 못하며 하늘을 나는 선인이나 대력귀왕이나 하늘을 나는 야차나 땅 위를 돌아다니는 나찰이 되어 사천왕천을 다니는 데 장애가 없게 된다. 그 가운데 좋은 서원이나 착한 마음이 있어 나의 가르침을 잘 보호하고 지키며, 혹은 금계를 지키고 지계자를 따르고, 혹은 신주를 보호하고 신주를 지닌 사람을 따르며, 혹은 선정을 보호하고 법인을 안전하게 보전하면, 이들은 친히 여래의 자리 아래를 차지한다."1665)

命. 阿難諸想雖別輕擧是同. 飛動不沈自然超越. 此名外分

1663) 阿難一切世間生死相續. 生從順習死從變流. 臨命終時未捨暖觸. 一生善惡俱時頓現. 死逆生順二習相交.

1664) 純想卽飛必生天上. 若飛心中兼福兼慧及與淨願. 自然心開見十方佛. 一切淨土隨願往生.

1665) 情少想多輕擧非遠. 卽爲飛仙大力鬼王. 飛行夜叉地行羅刹. 遊於四天. 所去無礙. 其中若有善願善. 心護持我法. 或護禁戒隨持戒人. 或護神咒隨持咒者. 或護禪定保綏法忍. 是等親住如來座下. 법인은 부생법인(無生法忍)을 말한다. '여래의 자리 아래에' 있는 것은 천룡팔부이다.

8. 3) "정념과 상념이 균등하면, 날으지도 않고 떨어지지도 않아 인간에 태어나니, 상념은 밝아서 총명하게 되고, 정념은 어두워져서 우둔하게 된다."1666)

9. 4) "정념이 많고 상념이 적으면, 축생으로 들어가서 무거우면 털 달린 짐승이 되고 가벼우면 깃털이 달린 짐승이 된다."1667)

10. 5) "정념이 7할이고 상념이 3할이면, 수륜(水輪) 아래로 가라앉아 불의 세계에 태어나, 맹렬한 불의 기운을 받아 몸이 아귀가 되고, 항상 불에 타게 되고, 물도 몸을 해치는 지라, 먹지도 마시지도 못하고 백천겁의 우주기를 지내게 된다."1668)

11. 6) "정념이 9할이고 상념이 1할이면 아래로 화륜(火輪)을 뚫고 내려가 몸이 바람과 불, 그 둘이 교차하는 땅에 들어가 가벼우면 사잇지옥에 태어나고 무거우면 무간지옥의 두 가지 지옥에 태어난다."1669)

12. 7) "순전히 정념만 있으면, 바로 가라앉아 아비지옥에 들어가는데, 만약 가라앉으면서 마음속으로 대승을 비방하고 부처님의 금계를 헐뜯고, 광망하게 가르침을 설하고, 헛되이 믿음의 시물을 탐내고, 외람되게 공경을 받거나, 오역죄(五逆罪)1670)나 십중죄(十重罪)1671)를 지으면, 다시 시방의 아비지옥에 태어난다. 지은대로

1666) 情想均等不飛不墜生於人間. 想明斯聰情幽斯鈍.

1667) 情多想少流入橫生. 重爲毛群輕爲羽族.

1668) 七情三想沈下水輪. 生於火際. 受氣猛火身爲餓鬼. 常被焚燒水能害已. 無食無飮經百千劫.

1669) 九情一想下洞火輪. 身入風火二交過地. 輕生有間重生無間二種地獄.

1670) 五逆(罪) : 제7장§32와 주석으로 보라.

1671) 十重罪 : 십악업(十惡業)으로, 살생(殺生), 투도(偸盜), 사음(邪婬), 망어(妄語), 기어(綺語), 악구(惡口), 양설(兩舌), 탐욕(貪欲), 진에(瞋恚), 사견(邪見)을 뜻한다.

악업을 자초하는 것이지만, 여러 가지 같은 업〔衆同分〕 가운데는 제각기 지었으나 과보를 받는 데는 일정한 장소〔元地〕가 있다."1672)

13. 〔지옥의 운명〕 〔열 가지 습인〕 "아난다여, 이러한 모든 것들은 저 뭇삶들이 자신의 업으로 감응하는 것인데, 열 가지 습인(習因)을 지어서 여섯 가지 교보(交報)를 받는 것이다. 무엇이 열 가지 습인인가?"1673)

14. 1) 〔음욕의 습인〕 "아난다여, 첫 번째로 음욕의 습기〔淫習〕로 교접하는 것이니, 서로 문지르고 비벼대고 접촉하기를 쉬지 않으므로, 이러한 까닭에 크고 맹렬한 불길이 그 가운데 생겨나는 것이, 마치 사람이 손을 서로 마찰하면, 뜨거운 기운이 생기는 것과 같다. 두 습기가 서로 타올라 지옥의 달구어진 무쇠평상과 구리 기둥이 있게 되는 것이다. 그러므로 시방의 일체여래께서는 음행을 지목하여 '애욕의 불〔欲火〕'이라고 하고, 보살은 음욕을 보는 것을 불구덩이를 피하듯 한다."1674)

15. 2) 〔탐욕의 습인〕 "두 번째로 탐욕의 습기〔貪習〕로서 계략을 주고받으며 서로 빨아들이고 빨아들여 흡취하기를 쉬지 않으므로, 이러한 까닭에 한기가 쌓이고 결빙이 되어 그 가운데 얼어붙는 것이, 마치 사람이 입으로 바람의 기운을 빨아들이면 냉촉(冷觸)이

1672) 純情卽沈入阿鼻獄. 若沈心中有謗大乘. 毀(143c)佛禁戒誑妄說法. 虛貪信施濫膺恭敬五逆十重. 更生十方阿鼻地獄. 循造惡業雖則自招衆同分中兼有元地.

1673) 阿難此等皆是彼諸衆生自業所感. 造十習因受六交報. 云何十因: Pr. 753에 따르면, '교보(交報)'란 주고받는 업보라는 뜻이다.

1674) 阿難一者婬習交接. 發於相磨研磨不休. 如是故有大猛火光於中發動. 如人以手自相磨觸暖相現前. 二習相然故有鐵床銅柱諸事. 是故十方一切如來. 色目行婬同名欲火. 菩薩見欲如避火坑: Unh. 366에 따르면, '두 습기'란 현행(現行)과 종자(種子)이다. 다시 말하면, 음습(淫習)과 종자이다.

생기는 것과 같다. 두 습기가 서로 침범하기 때문에 '타타, 파파, 라라'라고 소리내면서 청련지옥, 적련지옥, 백련지옥의 한빙(寒氷) 추위가 있게 되는 것이다. 그러므로 시방의 일체여래께서는 다구(多求)를 지목하여 '탐욕의 물〔貪水〕'이라고 하고, 보살은 탐욕을 보는 것을 독을 푼 바다를 피하듯 한다."1675)

16. 3) 〔교만의 습인〕 "세 번째로 교만의 습기〔慢習〕로 업신여김을 주고받으며 서로 기대고 치달아 쉬지 않으므로, 이러한 까닭에 솟아 올랐다가 꺼지고 치닫는 파도 쌓이는 파도가 물이 되는 것이 마치 사람이 스스로 혀를 대고 맛을 보면 입안에 물이 생기는 것과 같다. 두 습기가 서로 때리기 때문에 피의 강물, 재의 강물, 열사의 모래, 독 있는 바닷물, 녹은 구리를 삼키는 일이 있게 되는 것이다. 그러므로 시방의 일체여래는 교만을 지목하여 '우치의 물〔飮癡水〕'이라고 하고, 보살은 교만을 보는 것을 오줌통을 피하듯 한다."1676)

17. 4) 〔성냄의 습인〕 "네 번째로 성냄의 습기〔瞋習〕로 충돌을 주고받으며 서로 거스르고 거슬러서 맺힌 것이 쉬지 않으므로, 마음의 열이 발화하여 기운을 주조시켜 쇠붙이가 되게 한다. 이러한 까닭에 칼산, 쇠말뚝, 칼날이 달린 나무, 칼날이 서 있는 바퀴, 도끼, 작두, 창, 톱이 있는 것이, 마치 사람이 원한을 품으면, 살기가 비등하는 것과 같다. 두 습기가 서로 공격하는 까닭에 궁형을 주고,

---

1675) 二者貪習交計. 發於相吸吸攬不止. 如是故有積寒堅冰於中凍冽. 如人以口吸縮風氣有冷觸生. 二習相凌故有吒吒波波囉囉. 青赤白蓮寒冰等事. 是故十方一切如來. 色目多求同名貪水. 菩薩見貪如避瘴海.

1676) 三者慢習交凌. 發於相恃馳流不息. 如是故有騰逸奔波積波爲水. 如人口舌自相綿味因而水發. 二習相鼓故有血河灰河熱沙毒海融銅灌呑諸事. 是故十方一切如來. 色目我慢名飮癡水. 菩薩見慢如避巨溺.

팔다리를 자르고, 목을 베고, 도끼로 찍고, 톱으로 자르고, 창으로 찌르고, 몽둥이로 때리는 일이 있게 되는 것이다. 그러므로 시방의 일체여래는 성냄을 지목하여 '날카로운 칼〔利刀劍〕'이라고 하였고, 보살은 성냄을 보는 것을 살육을 피하듯 한다."1677)

18. 5) 〔사기의 습인〕 "다섯 번째로 사기의 습기〔詐習〕는 유혹을 주고받으며 서로 유인하는 것에서 멈추지 않는다. 이러한 까닭에 밧줄과 나무로 목을 매달아 죽이는 일이 있다. 마치 밭에 물을 대면 초목이 성장하는 것과 같다. 두 습기가 서로 이끌기 때문에 쇠고랑, 수갑, 목에 차는 형구, 쇠사슬, 채찍, 곤장, 회초리, 방망이로 고통을 겪는 일이 있게 되는 것이다. 그러므로 시방의 일체여래는 간사한 위장〔奸僞〕을 지목하여 '간사한 도적〔讒賊〕'이라고 하고, 보살은 사기(詐欺)를 보는 것을 승냥이나 이리를 두려워하듯 한다."1678)

19. 6) 〔기만의 습인〕 "여섯 번째로 기만의 습기〔誑習〕는 속임을 주고받으며 서로 속이고 깔보는 것에서 그치지 않고 마음을 들뜨게 하여 간사함을 짓는다. 이러한 까닭에 티끌 흙, 똥, 오줌의 더럽고 부정한 것이 있다. 마치 티끌이 바람에 날리면 각각 보이지 않는 것과 같다. 두 습기가 서로 더해지므로 물에 빠져 죽고, 높은 곳에 던져져 죽고, 바다에 표류하여 죽는 일이 있게 되는 것이다. 그러므로 시방의 일체여래는 속이는 기만〔詐誑〕을 지목하여 '겁탈

1677) 四者瞋習交衝. 發於相忤忤結不息. 心熱發火鑄氣爲金. 如是故有刀山鐵橛劍樹劍輪斧鉞鎗鋸. 如人銜冤殺氣飛動. 二習相擊故有宮割斬斫剉刺搥擊諸事. 是故十方一切如來. 色目嗔恚名利刀劍. 菩薩見嗔如避誅戮

1678) 五者詐習交誘. 發於相調引起不住. 如是故有繩木絞挍. 如水浸田草木生長. 二習相延故有杻械枷鎖鞭杖撾棒諸事. 是故十方一切如來. 色目姦僞同名讒賊. 菩薩見詐如畏(144a)豺狼.

후의 살해〔劫殺〕'라고 하고, 보살은 기만을 보는 것을 살모사를 밟듯 한다."[1679]

20. 7) 〔원망의 습인〕 "일곱 번째로 원망의 습기〔怨習〕는 혐오를 주고받으며 원한을 품는 것에서 생겨난다. 이러한 까닭에 돌을 날리고, 자갈을 던지고, 뒤주에 가두고, 수레에 가두고, 항아리속에 넣고 밖에서 불을 지피고, 부대에 넣어 때리는 일이 있다. 마치 음험하고 독한 사람이 악한 마음을 품어 쌓아두는 것과 같다. 두 가지 습기가 서로 삼키는 까닭으로 멀리 던지고, 도망가면 다시 잡아오고, 화살로 쏘아 죽이고, 공중에 던져 떨어지게 하는 일들이 생겨난다. 그러므로 시방의 일체여래는 원한을 지닌 자를 지목하여 '위해하는 귀신〔違害鬼〕'이라고 하고, 보살은 원한을 보는 것을 독주를 마시듯 한다."[1680]

21. 8) 〔사견의 습인〕 "여덟 번째로 사견의 습기〔見習〕는 밝히는 것을 주고받는 개체가 있다는 견해,[1681] 규범과 금기에 대한 집착[1682]과 같은 삿된 깨달음[1683]의 업들이 틀림에서 출발하여 상

1679) 六者誑習交欺. 發於相罔誣罔不止. 飛心造姦. 如是故有塵土屎尿穢汚不淨. 如塵隨風各無所見. 二習相加故有沒溺騰擲飛墜漂淪諸事. 是故十方一切如來. 色目欺誑. 同名劫殺. 菩薩見誑如踐蛇虺

1680) 七者怨習交嫌發于銜恨. 如是故有飛石投礰. 匣貯車檻甕盛囊撲. 如陰毒人懷抱畜惡. 二習相呑故有投擲擒捉擊射拋撮諸事. 是故十方一切如來. 色目怨家名違害鬼. 菩薩見怨如飮鴆酒 : Xuan. II. 465-466에 따르면, 압저(匣貯)는 뒤주에 가두는 것이고, 차람(車檻)은 수레에 가두는 것이고, 옹성(甕盛)은 항아리에 넣어 밖에서 불을 지피는 섯이고, 낭박(囊撲)은 부대속에 넣어 때리는 것이고, 금착(擒捉)은 도망가면 다시 잡아오는 것이고 격사(擊射)는 화살을 쏘아 죽이는 것이고 포촬(拋撮)은 공중에 던져 떨어지게 하는 것이다.

1681) 薩迦耶見 : 유신견(有身見) 즉, 싸뜨까야드리슈띠(satkāyadirṣṭi. sakkāya-diṭṭhi)를 살가야견(薩迦耶見)으로 음사한 것으로 개체가 있다는 견해로 구체적으로 존재의 다발(五陰=五蘊)이 화합한 신체를 내 것이라고 집착하는 견해를 말한다. 생략하여 신견(身見)이라고도 한다.

반을 낳는다. 이러한 까닭에 염라대왕의 사자나 관리가 문서를 사용하여 증거로 삼는다. 마치 행인이 오가면서 서로 마주 보는 것과 같다. 두 습기가 서로 어우러져, 심문하고, 유도하고, 고문하고, 추국하고, 파견 조사하고, 들추어내고, 조명하여 밝혀, 선악동자(善惡童子)가 손에 문서를 들고 따지는 온갖 일들이 있게 된다. 그러므로 시방의 일체여래는 악견을 지목하여 '사견의 구렁텅이〔見坑〕'라고 하고, 보살은 허망한 편집(偏執)을 보는 것을 독의 구렁텅이에 빠지듯 한다."1684)

22 9) 〔모함의 습인〕 "아홉 번째로 모함의 습기〔枉習〕로 무고하고 비방하는 것이 생겨난다. 이러한 까닭에 산이 합쳐지는 것, 돌이 합쳐지는 것, 멧돌로 가는 것과 쟁기로 가는 것이 성립한다. 마치 적을 모함하는 도적이 선량한 사람을 핍박하여 모함하는 것과 같다. 두 습기가 서로 배척하기 때문에 누르고, 찍고, 치고, 당기고, 쫓고, 쥐어짜고, 부딪히게 하는 일이 있게 된다. 그러므로 시방의 일체여래는 '원망 섞인 비방'을 지목하여 '헐뜯는 호랑이〔讒虎〕'라고 하고, 보살은 모함을 보는 것을 벼락을 만나듯 한다."1685)

1682) 戒禁取: 규범과 금기에 대한 집착(śīlavrataparāmarśa, sīlabhataparāmāsa)을 한역한 것이다. 원래는 인도의 민간신앙에서 소나 개처럼 행동함으로서 천상에 태어날 수 있다는 미신적인 규범이나 금계에 대한 집착을 뜻한다. Smp. 1082에 따르면, 규범(sīla)과 관습(vatta)에 마촉(摩觸)하여 갖게 되는 집착을 말한다.

1683) 邪悟 : Unh. 369에 다르면, 사견(邪見)으로 인과의 이치를 무시하는 옳지 못한 견해이다.

1684) 八者見習交明. 如薩迦耶見戒禁取邪悟諸業. 發於違拒出生相返. 如是故有王使主吏證執文藉. 如行路人來往相見. 二習相交故有勘問權詐考訊推鞫察訪披究照明善惡童子手執文簿辭辯諸事. 是故十方一切如來. 色目惡見同名見坑. 菩薩見諸虛妄. 遍執如入毒壑.

1685) 九者枉習交加發於誣謗. 如是故有合山合石碾磑耕磨. 如讒賊人逼枉良善. 二習相排故有押捺搥按蹙漉衝度諸事. 是故十方一切如來. 色目怨謗同名讒虎. 菩薩見枉如遭霹靂. Unh. 370에 따르면, '산이 합쳐지는 것'은 두 산이 와서 합하여 죄인이 피할 수 없

23. 10) 〔송사의 습인〕 "열 번째로 송사(訟事)의 습기〔枉習〕로 떠들썩함을 주고받으며 서로 감추고 뒤집는 것은 장복(藏覆)에서 생겨난다. 이러한 까닭에 거울로 비춰보고 촛불로 비추어보는 것이 성립한다. 마치 대낮에 그림자를 숨길 수 없는 것과 같다. 두 습기가 서로 펼치기 때문에 악우(惡友), 업경대(業鏡臺), 화주(火珠)로 숙세의 업이 드러나고, 증거를 들이대는 일이 있게 된다. 그러므로 시방의 일체여래는 '장복'을 지목하여 '음흉한 도적〔陰賊〕'이라고 하고, 보살은 장복을 보는 것을 높은 산을 머리에 이고 바다를 건너듯 한다."1686)

24. 〔여섯 가지 과보〕 "아난다여, 어떠한 것이 여섯 가지 과보인가? 일체의 뭇삶들이 여섯 가지 의식으로 업을 만들고 악한 업보를 초래하여 여섯 감관을 따라 나오게 된다. 어떻게 악한 과보가 여섯 감관을 따라 나온다고 하는가?"1687)

25. 1) 〔시각적 업보〕 "첫 번째로는 시각적 업보〔見報〕로써 악한 과보를 불러들이는 것이다. 이 시각적 업보가 작용하면서 임종시에 먼저 맹렬한 불길이 시방세계에 가득한 것을 보고 망자의 영혼〔神識〕이 날아가다가 떨어져 연기를 타고 무간지옥으로 들어가면 두 가지

는 것이고, '돌이 합쳐지는 것'은 두 바위가 죄인을 가운데 두고 합해지는 것이고, '맷돌을 가는 것'과 '쟁기로 가는 것'은 '보습으로 혀를 가는 것'이다.

1686) 十者訟習交諠發於藏覆. 如是故有鑒見照燭. 如於日中不能藏影. [二習相陳]故有惡友業鏡火珠披露宿業對驗諸事. 是故十方一切如來. 色目覆藏同名陰賊. 菩薩觀覆如戴高山覆於巨海: '두 습기가 서로 펼치기 때문에[二習相陳]'라는 구절이 대정장경에서는 누락되어 있는데, 보완한다. Unh. 371에 따르면, 업경대는 숙세에 지은 업을 낱낱이 비추는 거울이고, 화주(火珠)는 사람을 거기에 비추면 마음의 곡직(曲直)이 그대로 나타나는 구슬이다.

1687) 云何六報. 阿難. 一切衆生六識造業. 所招惡報從六根出. 云何惡報從六根出.

모습이 나타나는 것을 보게 된다. 하나는 밝아서 보이는 것인데 각 가지 악한 사물을 두루 보고 무한한 두려움이 생기는 것이고, 또 하나는 어두워 보이지 않는 것인데 적연하여 보이지 않아 한량없는 공포가 생기는 것이다. 이와 같이 시각적 불이, 청각에 붙으면 확탕지옥(鑊湯地獄)[1688]과 양동지옥(洋銅地獄)[1689]을 이루고, 후각적 숨에 붙으면 검은 연기와 붉은 화염이 되고, 미각에 붙으면 달구어진 구슬과 쇳물죽이 되고, 촉각에 붙으면 뜨거운 재와 화로숯이 되고, 정신에 붙으면 별의 불꽃이 솟아나와 허공계를 불태운다."[1690]

26. 2) 〔청각적 업보〕 "두 번째로는 청각적 업보〔聞報〕로써 악한 과보를 불러들이는 것이다. 이 청각적 업보가 작용하면서 임종시에 먼저 파도가 천지를 뒤덮는 것을 보게 되고 망자의 영혼은 내려 쏟아붓는 흐름을 타고 무간지옥에 들면, 두 가지 모습이 나타나 보이게 된다. 하나는 청각이 열려 갖가지 시끄러운 소리를 듣게 되어 정신이 혼란해지는 것이고, 또 하나는 청각이 막혀 적막하여 듣지 못해 혼백이 빠지는 것이다. 이와 같이 청각적 파도가 청각에 쏟아지면 꾸짖고 힐난하는 것이 되고, 시각에 쏟아지면 우레가 되고 천둥이 되고 악독한 기운이 되고, 후각의 숨에 쏟아지면 비가 되고 안개가 되고 갖가지 독충이 뿌려져서 몸에 가득하게 되고, 미각에 쏟아

1688) 鑊湯地獄 : Xuan. II. 476에 따르면, 44요자나나 되는 큰 가마솥에 쇳물을 끓이고 죄인을 넣는 지옥이다.

1689) 洋銅地獄 : Xuan. II. 476에 따르면, 죄인에게 끓는 구리물을 마시게 하는 지옥이다.

1690) 一者(144b)見報招引惡果. 此見業交則臨終時. 先見猛火滿十方界. 亡者神識飛墜乘煙. 入無間獄發明二相一者明見. 則能遍見種種惡物生無量畏. 二者暗見. 寂然不見生無量恐. 如是見火. 燒聽能爲鑊湯洋銅. 燒息能爲黑煙紫焰. 燒味能爲燋丸鐵糜. 燒觸能爲熱灰爐炭. 燒心能生星火迸灑煽鼓空界.

지면 고름이 되고 피가 되고 갖가지 더러운 것이 되고, 촉각에 쏟아지면 축생이 되고 귀신이 되고 똥오줌이 되고, 정신에 쏟아지면 번개가 되고 우박이 되어 마음과 혼을 부수어버린다."[1691]

27. 3) 〔후각적 업보〕 "세 번째로는 후각적 업보〔嗅報〕로써 악한 과보를 불러들이는 것이다. 이 후각적 업보가 작용하면서 임종시에 먼저 독기가 원근에 가득 차는 것을 보게 된다. 망자의 영혼이 땅에서 솟아 무간지옥에 들면, 두 가지 모습이 나타나 보이게 된다. 하나는 후각이 통하는 것인데, 온갖 악한 기운을 맡고 극도로 마음이 어지러워지는 것이고, 또 하나는 후각이 막히는 것인데, 숨이 막혀 혼절하여 땅바닥에 쓰러지는 것이다. 이와 같이 후각적 기운이 후각의 숨에 쏘이면 막히기도 하고 통하기도 하고, 시각에 쏘이면 불이 되기도 하고 횃불이 되기도 하고, 청각에 쏘이면 가라앉기도 하고 가득 차기도 하고 끓어 넘치기도 한다. 미각에 쏘이면 썩기도 하고 냄새나기도 한다. 촉각에 쏘이면 터지기도 하고 문드러지기도 하고 큰 고깃덩이가 되고 백천의 눈이 달린 한량없는 벌레들에게 빨아 먹힌다. 정신에 쏘이면, 잿가루가 되기도 하고 독기가 되기도 하고 날아다니는 모래와 자갈들이 몸을 부수기도 한다."[1692]

28. 4) 〔미각적 업보〕 "네 번째로는 미각적 업보〔味報〕로써 악한

1691) 二者聞報招引惡果. 此聞業交則臨終時. 先見波濤沒溺天地. 亡者神識降注乘流. 入無間獄發明二相. 一者開聽. 聽種種鬧精神瞀亂. 二者閉聽. 寂無所聞幽魄沈沒. 如是聞波. 注聞則能爲責爲詰. 注見則能爲雷爲吼爲惡毒氣. 注息則能爲雨爲霧. 灑諸毒虫周滿身體. 注味則能爲膿爲血種種雜穢. 注觸則能爲畜爲鬼爲屎爲尿. 注意則能爲電爲雹摧碎心魄.

1692) 三者嗅報招引惡果. 此嗅業交則臨終時. 先見毒氣充塞遠近. 亡者神識從地涌出. 入無間獄發明二相. 一者通聞. 被諸惡氣薰極心擾. 二者塞聞. 氣掩不通悶絶於地. 如是嗅氣衝息則能爲質爲履. 衝見則能爲火爲炬. 衝聽則能爲沒爲溺爲洋爲沸. 衝味則能爲餒爲爽. 衝觸則能爲綻爲爛爲大肉山. 有百千眼無量唼食. 衝思則能爲灰爲瘴. 爲飛砂礰擊碎身體.

과보를 불러들이는 것이다. 이 미각적 업보가 작용하면서 임종시에 먼저 철망에 화염이 사납게 솟으면서 세계를 뒤엎는 것을 보게 된다. 망자의 영혼이 아래로 떨어져 철망에 걸려 머리가 거꾸로 매달리면서 무간지옥에 들면, 두 가지 모습이 나타나 보이게 된다. 하나는 기운을 마시는 것인데, 찬 얼음이 맺히어 몸의 살이 얼어터지는 것이고, 또 하나는 기운을 토하는 것인데, 격렬한 불길이 날리어 골수를 초토화시키는 것이다. 이렇게 미각적 맛이 미각에 닿으면 인정하고 인내해야 하고, 시각에 닿으면 불타는 쇠와 돌이 되고, 청각에 닿으면 날카로운 무기의 칼이 되고, 후각적 숨에 닿으면 큰 쇠소쿠리가 국토에 가득 덮이고, 촉각에 닿으면 활이 되기도 하고 화살이 되고 쇠뇌가 되고 사궁이 되고, 정신에 닿으면 뜨거운 쇳물이 날아올라 허공에서 비를 내리듯 한다."1693)

29. 5) 〔촉각적 업보〕 "다섯 번째로는 촉각적 업보〔觸報〕로써 악한 과보를 불러들이는 것이다. 이 촉각적 업보가 작용하면서 임종시에 먼저 큰 산이 사면에서 다가와 합해지면서 다시 벗어날 길이 없는 것을 보게 된다. 망자의 영혼이, 큰 쇠로 만든 성곽을 볼 때, 불뱀, 불개, 호랑이, 이리, 사자, 및 소머리를 한 옥졸과 말머리를 한 나찰이 손에 창을 들고 그를 성문으로 몰아넣어, 그가 무간지옥에 들면, 두 가지 모습이 나타나 보이게 된다. 하나는 촉각이 합해지는 것인데, 산이 합해져서 몸을 핍박하여 뼈와 살과 피가 문드러지는 것이고, 또 하나는 촉각에서 떠나는 것인데, 단도와 칼이 몸을 찔러 심

1693) 四者味報招引惡果. 此味業交則臨終時. 先見鐵網猛炎熾烈周覆世界. 亡者神識下透挂網倒懸其頭. 入無間獄發明二相. 一者吸(144c)氣. 結成寒冰凍裂身肉. 二者吐氣. 飛爲猛火燋爛骨髓. 如是嘗味. 歷嘗則能爲承爲忍. 歷見則能爲然金石. 歷聽則能爲利兵刃. 歷息則能爲大鐵籠彌覆國土. 歷觸則能爲弓爲箭爲弩爲射. 歷思則能爲飛熱鐵從空雨下

장과 간이 파열하는 것이다. 이렇게 촉각적 감촉이 촉각에 닿으면 지옥의 길이 되고, 망루가 되고, 재판소가 되고, 심문소가 된다. 시각에 닿으면 불타고 태워지기도 하고, 청각에 닿으면 부딪치고 때리고 칼로 찌르고 활로 쏘고, 후각적 숨에 닿으면 묶고 포대에 싸고 고문하고 포박하고, 미각에 닿으면 혀를 갈고 목에 칼을 씌우고 베고 자르고, 정신에 닿으면 추락시키고 날리고 삶고 굽는다."1694)

30. 6) 〔정신적 업보〕 "여섯 번째로는 정신적 업보〔思報〕로써 악한 과보를 불러들이는 것이다. 이 정신적 업보가 작용하면서 임종시에 먼저 사악한 바람이 불어 국토가 무너지는 것을 보게 된다. 망자의 영혼이 바람에 날려 공중으로 치솟다가 되돌아 떨어지고 바람을 타고 무간지옥에 떨어지면, 두 가지 모습이 나타나 보이게 된다. 하나는 지각이 없는 것인데, 어리석음이 극에 이르러 황망하고 분주하게 달리면서 쉬지 못하는 것이고, 또 하나는 미혹하지 않아 지각이 있는 것인데, 고통스러워 삶고 불태우는 고통이 무량하여 참기 어려운 것이다. 이렇게 정신적 사유가 정신에 맺히면, 죄를 받는 처소가 되고, 시각에 맺히면, 죄상이 나타나고 증거가 되고, 청각에 맺히면 죄인을 사이에 두고 크게 돌이 합쳐지고, 얼음이 되고 서리가 되고 흙이 되고 안개가 되고, 후각의 숨에 맺히면 큰 불 수레, 불

1694) 五者觸報招引惡果. 此觸業交則臨終時. 先見大山四面來合無復出路. 亡者神識見大鐵城. 火蛇火狗虎狼師子. 牛頭獄卒馬頭羅刹. 手執槍槊驅入城門. 向無間獄發明二相. 一者合觸合山逼體骨肉血潰. 二者離觸. 刀劍觸身心肝屠裂. 如是合觸. 歷觸則能爲道爲觀爲廳爲案. 歷見則能爲燒爲爇. 歷聽則能爲撞爲擊爲剚爲射. 歷息則能爲括爲袋爲拷爲縛. 歷嘗則能爲耕爲鉗爲斬爲截. 歷思則能爲墜爲飛爲煎爲炙. Unh. 374에 따르면, 여기서 도(道)는 지옥으로 가는 길, 관(觀)은 감옥의 문궐에 달린 두 개의 루관(樓觀), 청(廳)과 안(案)은 죄인을 다스리는 장소인데, 재판하는 곳과 죄인인 심문하는 곳이다. Unh. II. 486에 따르면, '촉각에 닿으면'의 이 내용들은 '청각에 닿으면'의 내용과 뒤바뀐 것이다.

배, 불 감옥이 되고, 미각에 맺히면 크게 울부짖고 후회하고 울게 되고, 촉각에 맺히면 커지기도 하고 작아지기도 하고 하루에도 만 번 태어나기도 하고 만 번 죽기도 하고 엎어지기도 하고 우러르기도 한다."1695)

31. "아난다여, 이러한 것을 지옥의 열 가지 원인과 여섯 가지 과보라고 하는데, 모든 것이 뭇삶들의 미망으로 만들어진 것이다. 만약 모든 뭇삶들이 악업을 함께 지었으면, 아비지옥(阿鼻地獄)1696)에 들어가 한량 없는 고통을 받으며 한량 없는 겁의 우주기를 지내야 한다. 여섯 감관을 각각 지었거나, 짓는 것이 경계를 겸하고 감관을 겸했다면, 그 사람은 팔무간지옥(八無間地獄)1697)에 들어간다. 신체적·언어적·정신적인 세 가지 행동으로 살생·투도·사음을 저지르면, 그 사람은 십팔지옥(十八地獄)1698)에 들어간다. 세 가지 업을 겸하지 않고 그 중에 하나의 살생만 하거나 하나의 투도만 하면, 그 사람은 삼십육지옥(三十六地獄)1699)에 들어간다. 보는 것을

1695) 六者思報. 招引惡果. 此思業交則臨終時. 先見惡風吹壞國土. 亡者神識被吹上空旋落乘風. 墮無間獄發明二相. 一者不覺. 迷極則荒奔走不息. 二者不迷. 覺知則苦無量煎燒痛深難忍. 如是邪思. 結思則能爲方爲所. 結見則能爲鑒爲證. 結聽則能爲大合石. 爲冰爲霜爲土爲霧. 結息則能爲大火車火船火檻. 結嘗則能爲大叫喚爲悔爲泣. 結觸則能爲大爲小. 爲一日中萬生萬死爲偃爲仰.

1696) 阿鼻地獄 : 여기에 갇힌 죄인은 쉴 틈이 없이 고통을 받는다. 오역죄(五逆罪: 제7장§32를 보라)를 진 자들이 가는 곳으로 수명은 중겁(中劫)에 이른다.

1697) 八無間獄 : Unh. 376에 따르면, 아비지옥의 부속지옥들이다.

1698) 十八地獄 : Unh. 376에 따르면, 아비지옥의 밖에 18소옥(十八小獄)이 있다. 팔한빙지옥(八寒冰地獄)과 팔염화지옥(八炎火地獄)을 뜻한다.

1699) 三十六地獄 : Jin. IV. 239에서는 삼십육지옥의 삼십육에 대하여, 아홉 가지 퇴락으로 지옥에 들어가는 것만 언급되어 있다. ① 신체적 · 언어적 × 살생 · 투도 ② 신체적 · 언어적 × 살생 · 사음 ③ 신체적 · 언어적 × 사음 · 투도 ④ 신체적 · 정신적 × 살생 · 투도 ⑤ 신체적 · 정신적 × 살생 · 사음 ⑥ 신체적 · 정신적 × 사음 · 투도 ⑦ 신체적 · 정신적 × 살생 · 투도 ⑧ 언어적 · 정신적 × 살생 · 사음 ⑨ 언어적 · 정신적 × 사음 · 투도. 이것(9×4)이 삼십육지옥 자체는 아니더라도 원인에 따

볼 때[1700] 한 감관으로 하나의 업만 범하면, 그 사람은 백팔지옥(百八地獄)[1701]에 들어간다. 이로 말미암아 따로 짓고 따로 만들면 세계 가운데 분수가 같은 지옥에 들어가게 되는데, 이것은 망상으로 생겨난 것이지 본래부터 있는 것은 아니다."[1702]

32. 〔귀신의 운명〕 "또한 아난다여, 모든 뭇삶들이 그르다고 계율을 부수거나, 보살계(菩薩戒)[1703]를 범하거나, 부처님의 열반을 훼손하였거나, 그밖에 여러 가지 잡업(雜業)으로 겁의 우주기 동안 불에 태워지다가 죄업이 끝나면 온갖 귀신의 형태를 받게 된다.[1704] ① 〔괴귀〕 만약 본래의 업인이 재물을 탐하여 죄인이 된 사람은 그 죄업을 마치더라도 재물을 만나면 모습을 나타내는데, 괴귀(怪鬼)라고 부른다.[1705] ② 〔발귀〕 여색을 탐하여 죄인이 된 사

른 삼십육지옥의 분류가 될 수는 있다.

1700) 見見一根 : Unh. 376에 따르면, 통리(通理)에 의하면, '망견(妄見)으로 망경(妄境)을 볼 때'라고 해석하고, 오흥(吳興)에 의하면, '능견(能見)으로 소견(所見)을 볼 때'라고 해석한다.

1701) 百八地獄 : Unh. 376에서는, 18철환지옥(鐵丸地獄), 18비동지옥(沸銅地獄), 18도륜지옥(刀輪地獄), 18검림지옥(劒林地獄), 18철사지옥(鐵蛇地獄), 18철조지옥(鐵鳥地獄)일 것으로 추측하고 있다.

1702) 阿難是名地獄十因六果. 皆是衆生迷妄所造. 若諸衆生惡業圓造. 入阿鼻獄受無量苦經無量劫. 六根各造及彼所作兼境兼根. 是人則入八無間獄. 身口意三作殺盜婬. 是人(145a)則入十八地獄. 三業不兼中間或爲一殺一盜. 是人則入三十六地獄. 見見一根單犯一業. 是人則入一百八地獄. 由是衆生別作別造. 於世界中入同分地. 妄想發生非本來有. Unh. 376에 따르면,

1703) 菩薩戒 : 대승보살이 받아 지니는 계율로 총괄적으로는 삼취정계(三聚淨戒: 止惡, 修善, 利他 또는 攝律儀戒, 攝善法戒, 攝衆生戒)를 말하는 것이고, 개별적으로 범망경(梵網經: T74, 625상)의 십중대계(十重大戒: 不殺生, 不偸盜, 不邪婬, 不妄語, 不枯酒, 不說過罪戒, 不自讚毁他戒, 不慳戒, 不慳戒, 不謗三寶戒)와 사십팔경계(四十八輕戒)를 말한다.

1704) 復次阿難是諸衆生非破律儀. 犯菩薩戒毁佛涅槃. 諸餘雜業歷劫燒然. 後還罪畢受諸鬼形: 귀신(鬼神)은 광의의 아귀(餓鬼: preta)에 속한다.

1705) 若於本因. 貪物爲罪是人罪畢. 遇物成形名爲怪鬼. Unh. 377에 따르면, 괴귀는 탐욕의 습기[貪習]로 귀신이 된 것인데, 금, 은, 거울, 칼과 나무와 돌 등에 붙어서

람은 그 죄업을 마치더라도 바람을 만나면 모습을 나타내는데, 발귀(魃鬼)라고 부른다.[1706] ③〔매귀〕 미혹을 탐하여 죄인이 된 사람은 그 죄업을 마치더라도 짐승을 만나면 모습을 나타내는데, 매귀(魅鬼)라고 부른다.[1707] ④〔고독귀〕 원한을 탐하여 죄인이 된 사람은 그 죄업을 마치더라도 곤충을 만나면 모습을 나타내는데, 고독귀(蠱毒鬼)라고 부른다.[1708] ⑤〔여귀〕 기억을 탐하여 죄인이 된 사람은 그 죄업을 마치더라도 쇠락(衰落)을 만나면 모습을 나타내는데, 여귀(癘鬼)라고 부른다.[1709] ⑥〔아귀〕 오만을 탐하여 죄인이 된 사람은 그 죄업을 마치더라도 기운을 만나면 모습을 나타내는데, 아귀(餓鬼)라고 부른다.[1710] ⑦〔염귀〕 그물을 탐하여 죄인이 된 사람은 그 죄업을 마치더라도 어둠을 만나면 모습을 나타내는데, 염귀(魘鬼)라고 부른다.[1711] ⑧〔망량귀〕 총명을 탐하여 죄인이 된 사람은 그 죄업을 마치더라도 정령을 만나면 모습을 나타내는데,

---

다닌다.

1706) 貪色爲罪是人罪畢. 遇風成形名爲魃鬼. Unh. 378에 따르면, 발귀는 음욕의 습기[淫習]로 귀신으로 가물귀신이다.

1707) 貪惑爲罪是人罪畢. 遇畜成形名爲魅鬼. Unh. 378에 따르면, 매귀는 기만의 습기[誑習]로 인해 귀신이 된 것이다. 허수아비나 요사한 귀신에 붙어 산다.

1708) 貪恨爲罪是人罪畢. 遇蟲成形名蠱毒鬼. Unh. 378에 따르면, 고독귀는 독충(毒蟲) 등에 붙는 귀신인데, Unh. II. 495에 따르면, 고(蠱)의 독에 중독되어 있으면 반드시 해독하는 주문을 읽어야 한다. 결혼 후에 여자가 남자에게 고의 독을 먹게 했다면, 그 남자가 그녀를 떠나면 죽게 된다고 한다.

1709) 貪憶爲罪是人罪畢. 遇衰成形名爲癘鬼. Unh. 378에 따르면, 여귀는 숙세의 원한을 잊지 못해 원한의 습기[怨習]로 홍역이나 마마 등의 괴질에 붙어 보복하는 귀신이다.

1710) 貪傲爲罪是人罪畢. 遇氣成形名爲餓鬼 아귀는 교만의 습기[慢習]로 교만하고 게을러 주린 기운을 만나면 모습을 나타내니, Unh. 378에 따르면, 육취(六趣)의 아귀를 지칭하는 것은 아니다.

1711) 貪罔爲罪是人罪畢. 遇幽爲形名爲魘鬼. Xuan. II. 496에 따르면, 그물을 탐한다는 것은 남을 억울하게 하는 것을 뜻한다. Unh. 376에 따르면 염귀는 모함의 습기[枉習]로 생겨난 귀신으로 가위 누르는 귀신이다.

망량귀(魍魎鬼)라고 부른다.1712) ⑨〔역사귀〕성취를 탐하여 죄인이 된 사람은 그 죄업을 마치더라도 명주(明呪)를 만나면 모습을 나타내는데, 역사귀(役使鬼)라고 부른다.1713) ⑩〔전송귀〕파당을 탐하여 죄인이 된 사람은 그 죄업을 마치더라도 사람을 만나면 모습을 나타내는데, 전송귀(傳送鬼)라고 부른다.1714) 아난다여, 이러한 사람들은 모두 100%의 정념으로 추락하였다가 업화(業火)로 불타 없어지고 올라와서 귀신이 된 것이다. 이러한 것들은 모두 자신의 망상의 업으로 끌어들인 것이니, 만약 보리를 깨달으면 묘원(妙圓)이 밝아서 본래가 없는 것이다."1715)

33. 〔축생의 운명〕"또한 아난다여, 이미 귀신의 업보가 다 받았으면, 정념과 상념이 모두 텅 비어 이 세간에서 원래 빚을 진 사람과 원한을 서로에게 갚는데, 그 몸이 축생이 되어 숙세의 빚을 갚게 되는 것이다.1716) ①〔효류〕재물에 붙은 괴귀(怪鬼)는 재물이 사라지고 업보가 다하면 세간에 태어나는데, 대부분 올빼미같은 축생 즉, 효류(梟類)가 된다.1717) ②〔이류〕바람에 붙은 발귀(魃鬼)는

1712) 貪明爲罪是人罪畢. 遇精爲形名魍魎鬼. Unh. 379에 따르면, 망량귀는 사견의 습기[見習]로 생겨난 귀신으로 정령에 붙어사는 귀신이다.

1713) 貪成爲罪是人罪畢. 遇明爲形名役使鬼. Unh. 379에 따르면, 역사귀는 사기의 습기[詐習]로 생겨난 귀신으로 주문을 만나면 심부름하는 귀신이다.

1714) 貪黨爲罪是人罪畢. 遇人爲形名傳送鬼. Unh. 379에 따르면, 전송귀는 송사의 습기[訟習]로 생겨난 귀신으로 무당이나 박수에게 붙어서 길흉을 전해주는 귀신이다.

1715) 阿難是人皆以純情墜落. 業火燒乾上出爲鬼. 此等皆是自妄想業之所招引. 若悟菩提則妙圓明本無所有.

1716) 復次阿難鬼業旣盡. 則情與想二俱成空. 方於世間. 與元負人怨對相値. 身爲畜生酬其宿債. Xuan. II. 501에 따르면, '원래 빚을 진 사람과 원한을 서로에게 갚는다.'란 숙세에 어떤 사람의 고기를 먹었으면, 금생에 다른 사람도 그의 고기를 먹고자 하고 이전에 그가 남의 목숨을 죽였으면, 지금도 다른 사람의 목숨을 죽이고자 한다는 것이다.

1717) 物怪之鬼物銷報盡. 生於世間多爲梟類. Unh. 380에 따르면, 올빼미는 불효한 악

바람이 사라지고 업보가 다하면 세간에 태어나는데, 대부분 재앙을 부르는 모든 괴이한 축생 즉 이류(異類)가 된다.1718) ③ 〔호류〕 축생에 붙었던 매귀(魅鬼)는 축생이 죽고 업보가 다하면 세간에 태어나는데, 대부분 여우와 같은 축생 즉, 호류(狐類)가 된다.1719) ④ 〔독류〕 충류에 붙었던 고독귀(蠱毒鬼)는 충류가 죽고 업보가 다하면 세간에 태어나는데, 대부분 독 있는 축생 즉, 독류(毒類)가 된다.1720) ⑤ 〔회류〕 약자에 붙었던 여귀(癘鬼)는 쇠약이 다하고 업보가 다하면 세간에 태어나는데, 대부분 회충과 같은 축생 즉, 회류(蛔類)가 된다.1721) ⑥ 〔식류〕 기운에 붙었던 아귀(餓鬼)는 기운이 사라지고 업보가 다하면 세간에 태어나는데, 대부분 잡아먹거나 잡아먹히는 축생 즉, 식류(食類)가 된다.1722) ⑦ 〔복류〕 어둠에 붙었던 염귀(魘鬼)는 어둠이 사라지고 업보가 다하면 세간에 태어나는데, 대부분 피복을 제공하거나 복종하는 축생 즉, 복류(服類)가 된다.1723) ⑧ 〔응류〕 정령에 붙은 망량귀(魍魎鬼)는 정령이 사

조(惡鳥)이다. 처음에 나서는 부모를 잡아먹고 새끼를 치고는 또 새끼들에게 잡아먹힌다. 그러나 이 주석은 실제와는 다르다.

1718) 風魃之鬼風銷報盡. 生於世間多爲咎徵一切異類. Unh. 380에 따르면, '재앙을 부르는 모든 괴이한 축생(咎徵一切異類)'이란 상양(商羊)이나 물에서 춤추거나 오서(鼯鼠)가 사람을 부르는 것이다. 상양이 물에서 춤추면 홍수가 일어난다고 한다.

1719) 畜魅之鬼畜死報盡. 生於世間多爲狐類. Unh. 381에 따르면, 여우가 오래되면 사람을 유혹하는데, 이를테면 구미호(九尾狐)의 종류를 뜻한다.

1720) 蟲蠱之鬼蟲滅報盡. 生於世間多爲毒類. Unh. 381에 따르면, '독 있는 충류'는 독사, 지네, 전갈 등을 뜻한다.

1721) 衰癘之鬼衰窮報盡. 生於世間多爲蛔類. Unh. 381에 따르면, 회충(蛔蟲)이나 촌백충(寸白蟲)의 종류를 말한다.

1722) 受氣之鬼氣銷報盡. 生於世間多爲食類. Unh. 381에는, '잡아 먹히는 종류'라고 되어 있으나, Xuan. II. 506에서는 '잡아먹는 종류'와 '잡아먹히는 종류'라고 두 가지 다 언급하고 있다. 잡아먹는 종류란 호랑이, 표범, 승냥이, 이리 등을 말하고, 잡아먹히는 종류란 소, 돼지, 양, 닭 등을 말한다.

1723) 綿幽之鬼幽銷報盡. 生於世間多爲服類. Unh. 381에 따르면 '피복을 제공하거나

라지고 업보가 다하면 세간에 태어나는데, 대부분 시절에 응하는 축생 즉, 응류(應類)가 된다.1724) ⑨〔휴징류〕 명주에 붙은 역사귀(役使鬼)는 명주가 사라지고 업보가 다하면 세간에 태어나는데, 대부분 길조를 알리는 모든 축생 즉, 휴징류(休徵類)가 된다.1725) ⑩〔순류〕 사람에 붙은 전송귀(傳送鬼)는 사람이 죽고 업보가 다하면 세간에 태어나는데, 대부분 사람을 따르는 축생 즉, 순류(循類)가 된다.1726) 아난다여, 이들은 모두 업보의 불길에 타서 소진되어 숙세의 빚을 갚고 축생이 되었으니, 이것들은 모두 자신의 허망한 업으로 불러들인 것이나, 만약 보리를 깨달으면 이 모든 허망한 인연은 본래가 없는 것이다. 그대가 말한 바와 같이 보련향 등, 비두다바 왕 및 쑤낙샤뜨라의 그러한 악업은 본래 스스로 발현시킨 것이지, 하늘로부터 내려온 것도 아니고 땅에서 솟아오른 것도 아니고 다른 사람이 준 것도 아니다. 스스로 망상을 불러일으켜 스스로 돌려받은 것이다. 보리심 가운데 있는 모든 떠도는 허상은 망상이 응결된 것이다."1727)

34. 〔인간의 운명〕 "또한 아난다여, 이러한 축생들이 숙세의 빚을 갚을 때에 만약에 지나치게 갚았다면, 이 뭇삶들은 다시 사람이 되

복종하는 종류'에서 피복을 제공하는 종류는 누에나 양 따위를 말하고, 복종하는 종류는 소나 말 등이다.

1724) 和精之鬼和銷報盡. 生於世間多爲應類. Unh. 381에 따르면, '시절에 응하는 종류'란 제비나 기러기 등의 철새를 말한다.

1725) 明靈(145b)之鬼明滅報盡. 生於世間多爲休徵一切諸類. Unh. 382에 따르면, 휴징(休徵)은 길조한 징조이고, 길상를 알리는 종류는 봉황, 기린 등을 말한다.

1726) 依人之鬼人亡報盡. 生於世間多於循類. Unh. 382에 따르면, '사람을 따르는 종류'란 개나 고양이 등을 말한다.

1727) 阿難是等皆以業火乾枯. 酬其宿債傍爲畜生. 此等亦皆自虛妄業之所招引. 若悟菩提. 則此妄緣本無所有. 如汝所言寶蓮香等. 及琉璃王善星比丘. 如是惡業本自發明. 非從天降亦非地出. 亦非人與. 自妄所招還自來受. 菩提心中皆爲浮虛妄想凝結

어 더 갚은 잉여를 상환받기를 요구한다. 상대가 힘이 있고 복덕이 있다면 사람 가운데서 사람의 몸을 잃지 않고 그의 능력껏 더 받은 것을 돌려줄 것이지만, 만약에 복덕이 없다면 다시 축생이 되어 그 더 받은 것을 돌려주어야 된다. 아난다여, 만약에 돈이나 재물을 사용하거나 혹은 일을 하는데 보상이 충분하면 자연히 그 보상은 정지된다. 만약에 그 중간에 상대의 몸과 목숨을 죽이거나 그 살코기를 먹는다면 이와 같이 내지 티끌만큼 많은 겁의 우주기를 지나도 서로 먹고 서로 죽이는 것이 수레바퀴처럼 돌아가는 것과 같아, 서로 오르락내리락 하는 것이 쉼이 없을 것이므로, 사마타 중이거나 부처님이 출현할 때를 제외하고는 그칠 수가 없다. 그대는 지금 알아야 한다.1728) ① 〔완류〕 저 올빼미와 같은 축생은 갚을 만큼 갚고 형상을 회복하여 인간에 태어나면 '완악한 무리' 즉 완류(頑類)에 참여하게 된다. ② 〔우류〕 저 재앙을 부르는 축생은 갚을 만큼 갚고 형상을 회복하여 인간에 태어나면 어리석은 무리 즉, 우류(愚類)에 참여하게 된다. ③ 〔흔류〕 저 여우와 같은 축생은 갚을 만큼 갚고 형상을 회복하여 인간에 태어나면 심술궂은 무리 즉, 흔류(很類)에 참여하게 된다. ④ 〔용류〕 저 독기 있는 축생은 갚을 만큼 갚고 형상을 회복하여 인간에 태어나면 용렬한 무리 즉, 용류(庸類)에 참여하게 된다. ⑤ 〔미류〕 저 회충과 같은 축생은 갚을 만큼 갚고 형상을 회복하여 인간에 태어나면 미천한 무리 즉, 미류(微類)에 참여하게 된다. ⑥ 〔유류〕 저 잡아먹거나 먹히는 축생은 갚을 만

1728) 復次阿難從是畜生酬償先債. 若彼酬者分越所酬. 此等衆生還復爲人返徵其剩. 如彼有力兼有福德. 則於人中不捨人身酬還彼力. 若無福者還爲畜生償彼餘直. 阿難當知若用錢物. 或役其力償足自停. 如於中間殺彼身命或食其肉. 如是乃至經微塵劫. 相食相誅猶如轉輪. 互爲高下無有休息. 除奢摩他及佛出世不可停寢. 汝今應知

큼 갚고 형상을 회복하여 인간에 태어나면 겁약한 무리 즉, 유류(柔類)에 참여하게 된다. ⑦〔노류〕저 피복을 제공하는 축생은 갚을 만큼 갚고 형상을 회복하여 인간에 태어나면 노역의 무리 즉, 노류(勞類)에 참여하게 된다. ⑧〔문류〕저 시절에 응하는 축생은 갚을 만큼 갚고 형상을 회복하여 인간에 태어나면 글을 아는 무리 즉, 문류(文類)에 참여하게 된다. ⑨〔명류〕저 길조를 알리는 축생은 갚을 만큼 갚고 형상을 회복하여 인간에 태어나면 총명한 무리 즉, 명류(明流)에 참여하게 된다. ⑩〔달류〕저 사람을 따르는 축생은 갚을 만큼 갚고 형상을 회복하여 인간에 태어나면 달인의 무리 즉, 달류(達類)에 참여하게 된다.1729) 아난다여, 이들은 모두 숙세의 빚을 갚았기 때문에 다시 인간의 길을 회복하였으나 모두 무시이래 업보에 얽혀 전도된 탓으로 서로 살리고 서로 죽이니 여래를 만나지 못하거나 정법을 듣지 못하고 번뇌 가운데 그대로 유전하는 것이다. 이러한 무리를 가련한 자들이라고 하는 것이다."1730)

35. 〔신선의 운명〕1731) "또한 아난다여, 어떤 경우는 사람에 따라 올바른 깨달음에 의지하여 삼매를 닦지 않고, 별도로 망념을 닦아

1729) ① 彼梟倫者酬足復形. 生人道中參合頑類. ② 彼咎徵者酬足復形. 生人道中參合愚類. ③ 彼狐倫者酬足復形. 生人道中參於很類. ④ 彼毒倫者酬足復形. 生人道中參合庸類. ⑤ 彼蛔倫者酬足復形. 生人道中參合微類. ⑥ 彼食倫者酬足復形. 生人道中參合柔類. ⑦ 彼服倫者酬足復形. 生人道中參合勞類. ⑧ 彼應倫者酬足復形. 生人道中參於文類. ⑨ 彼休徵者酬足復形. 生人道中參合明類. ⑩ 彼諸循倫酬足復形. 生人道中參於達類.

1730) 阿難是等皆以宿債畢酬復形人道. 皆無始來業計顚倒相生相殺. 不遇如來不聞正法. 於塵勞中法爾輪轉. 此輩名爲可憐愍者.

1731) 仙趣 : 인도불교에서는 여섯 가지 운명의 존재인 육취(六趣)를 설하는데, 이 『수능엄경』에서는 신선의 세계를 포함하여 일곱 가지 운명의 존재 즉, 칠취(七趣: 제11장§46)를 설한다. 여기에 전개되는 열 가지 종류의 신선들과 그 주석적 내용은 도교(道敎)에서 영향을 받은 것이 아닌지 의심스러워 보인다. Pr. 792에 따르면, 이러한 도교적 가르침이 내포된 것이 『수능엄경』의 위경설(僞經說)의 근거가 될 수 있다.

상념을 보존하고 형체를 견고히 하고 인적이 미치지 못하는 산림에서 노니는 열 종류의 신선이 된다.1732) ① 〔지행선〕 아난다여, 저 뭇삶이 음식을 복용하는 것을 단련하여 쉬지 않아 음식을 복용한 효과가 완성되면, 그를 지행선(地行仙)이라고 한다.1733) ② 〔비행선〕 초목을 복용하는 것을 단련하여 쉬지 않아 약재를 복용한 효과가 완성되면, 그를 비행선(飛行仙)이라고 한다.1734) ③ 〔유행선〕 금석(金石)을 복용하기를 단련하여 쉬지 않아서 연단을 복용한 효과가 완성되면, 그를 유행선(遊行仙)이라고 한다.1735) ④ 〔공행선〕 운동과 정지를 단련하여 쉬지 않아 정기(精氣)를 정련한 효과가 완성되면, 그를 공행선(空行仙)이라고 한다.1736) ⑤ 〔천행선〕 진액을 복용하는 것을 단련하여 쉬지 않아 윤택한 덕성의 효

1732) (145c)阿難復有從人不依正覺修三摩地. 別修妄念. 存想固形遊於山林. 人不及處有十仙種.

1733) 阿難彼諸衆生. 堅固服餌而不休息. 食道圓成名地行仙. Unh. 386에 따르면, 음식은 굽고, 정련하고, 화합하여 구병(九餅)을 만든 것을 뜻하고, 식도(食道)란 복용의 효과를 뜻하고, 지행선(地行仙)이란 몸이 건강하여 오래 살 수 있으나 날아다닐 수는 없는 신선이라는 뜻이다.

1734) 堅固草木而不休息. 藥道圓成名飛行仙. Unh. 386에 따르면, 초목은 자지(紫芝), 황정(黃精), 창포(菖蒲), 송(松), 백(柏)과 같은 종류인데, 오래 먹으면 몸이 가벼워지고 높은 곳을 뛰어오르고 골짜기를 건너뛴다고 한다.

1735) 堅固金石而不休息. 化道圓成名遊行仙. Unh. 386에 따르면, 금석은 연수(鉛水)를 삶고 달여서 만든 단사(丹沙)를 뜻한다. Xuan. II. 518에 따르면, 연단(鍊丹)의 복용의 효과[化道]는 환골탈퇴를 뜻한다. 역자주 : 다만 연단술은 중국의 도교에 고유한 것인데, 원래 깨달음과 같은 정신적 변화에서 오는 신체의 생리적 변화에 대한 상징적인 표현이다. 여기서 소개하는 신선들에 대한 언급은 도가적 신선사상을 사실상 비판하기 위해 정리된 것일 뿐이다. 이 「신선의 운명」(제11장§35)의 서두와 결론에서 신선들을 향해 '올바른 깨달음에 의지하여 삼매를 닦지 않는 자들'이고 '망정(忘情)으로 유전하는 자들'이라고 비판하고 있는 것을 명심해야 한다.

1736) 堅固動止而不休息. 氣精圓成名空行仙. Xuan. II. 518에 따르면, 정기단련의 효과[氣精圓成]란 정(精)을 단련하여 기(氣)로 변화시키고 기를 단련하여 신(神)으로 변화시키고 신을 단련시켜 허(虛)로 변화시키는 것이다.

과가 완성되면, 그를 천행선(天行仙)이라고 한다.1737) ⑥〔통행선〕 정색(精色)을 흡수하는 것을 단련하여 쉬지 않아 흡수의 효과가 완성되면, 그를 통행선(通行仙)이라고 한다.1738) ⑦〔도행선〕 송주(誦呪)와 금계(禁戒)를 단련하여 쉬지 않아 술법의 효과가 완성되면, 그를 도행선(道行仙)이라고 한다.1739) ⑧〔조행선〕 사념을 단련하여 쉬지 않아 억념의 효과가 완성되면, 그를 조행선(照行仙)이라고 한다.1740) ⑨〔정행선〕 교구(交遘)를 단련하여 쉬지 않아 감응의 효과가 완성되면, 그를 정행선(精行仙)이라고 한다.1741) ⑩〔절행선〕 조화를 단련하여 쉬지 않아 각오의 효과가 완성되면, 그를 절행선(絶行仙)이라고 한다.1742) 아난다여, 이들 모두는 사람으로서 마음을 단련하지만, 올바른 깨달음을 추구하지 않고 별도로 장생(長生)의 이치를 얻어 천세만세를 깊은 산속이나

1737) 堅固津液而不休息. 潤德圓成名天行仙. Unh. 387에 따르면, 진(津)은 오래된 것을 토하고 액(液)은 새 것을 들이키는 것이라고 했으나, Xuan. II. 518에 따르면, 진(津)은 좌선을 할 때 혀를 입천정에 대고 있으면, 침이 흘러내리는 것을 말하고, 액(液)은 그 침을 뱃속에 삼킨 상태를 뜻한다.

1738) 堅固精色而不休息. 吸粹圓成名通行仙. Unh. 387에 따르면, 정색(精色)은 무지개의 기운, 운무의 기운, 태양과 월화(月華)와 오성(五星)의 기운 등을 뜻한다.

1739) 堅固咒禁而不休息. 術法圓成名道行仙. Unh. 388에 따르면, 주금(呪禁)을 오롯이 지녀서 선도(仙道)를 스스로 이루어 주조서부(呪棗書符)로 질병을 치료하는 도심(道心)을 이룬 것을 뜻한다.

1740) 堅固思念而不休息. 思憶圓成名照行仙. Unh. 388에 따르면, '억념의 효과를 완성한다[思憶圓成]'는 것은 정사(精思)를 응결시켜 오래 동안 조응(照應)하면 상(想)을 이마에 두고 신(神)을 나투고 심(心)을 배꼽에 묶어 단(丹)을 단련하는 것을 뜻한다.

1741) 堅固交遘而不休息. 感應圓成名精行仙. Xuan. II. 521에 따르면, 자신의 몸 안의 영아(嬰兒)인 심장과 차녀(奼女)인 신장 사이에서 일어나는 생리적 상호작용을 뜻한다. 주역에서 건(乾)괘가 한번 변하면 리중허(離中虛)가 되고 곤(坤)괘가 한번 변하면 감중만(坎中滿)이 되는데, 이때 리중허가 양아이고 감중만이 차녀가 된다고 한다.

1742) 堅固變化而不休息. 覺悟圓成名絶行仙. Unh. 388에 따르면, 여기서 각오(覺悟)란 장자(莊子)의 관화(觀化)와 담자(譚子)의 달화(達化)와 같은 것으로 정각(正覺) 중의 깨달음을 의미하는 것이 아니다.

큰 바다의 섬이나 인적이 끊어진 곳에 산다. 이들도 역시 망정(妄情)으로 유전하면서 삼매를 닦지 않아 과보가 다하면 다시 돌아와 여러 운명의 존재에 흩어져 들어가는 것이다."[1743]

36. 〔신들의 운명〕 1) 〔욕망계의 신들(欲界天)〕 ① 〔사천왕천〕 "아난다여, 세간의 모든 사람이, 상주(常住)를 구하지 않으므로 처첩의 은애를 버리지 못하지만, 삿된 성적 욕망 가운데로 마음이 방일하게 흐르지 않는다면 청정한 빛을 내며 목숨이 다한 뒤에는 해와 달에 이웃하게 되는데, 이와 같은 무리를 '네 위대한 왕들 하늘나라의 신들' 즉 사천왕천(四天王天)이라고 한다.[1744] ② 〔도리천〕 자기의 아내에게도 성적 욕망이 엷어지면, 청정하게 지낼 때에 온전히 청정해지지는 못하더라도, 목숨이 다한 뒤에는 해와 달을 초월하여 인간세계의 정점에 으르는데, 이와 같은 무리를 '서른셋 하늘나라의 신들' 즉, 도리천(忉利天)이라고 한다.[1745] ③ 〔야마천〕 성적 욕망의 경계를 만나 잠시 어울리더라도 지나면 잊어버려 인간에 있을 때에 동요가 적고 고요함이 많으면, 목숨이 다한 뒤에 허공 가운데 밝게 안주하므로 해와 달의 광명이 위에서 비추지 않더라도 이 모든

1743) 阿難是等皆於人中鍊心不循正覺. 別得生理壽千萬歲. 休止深山或大海島絶於人境. 斯亦輪迴妄想流轉不修三昧. 報盡還來散入諸趣

1744) 阿難諸世間人不求常住. 未能捨諸妻妾恩愛. 於邪婬中心不流逸澄瑩生明. 命終之後鄰於日月. 如是一類名四天王天. 네 위대한 왕들의 하늘나라, 즉 사천왕천에 대해서는 제2장§18의 주석을 살펴보라.

1745) 於己妻房婬愛微薄. 於淨居時不得全味. 命終之後超日月明居人間頂. 如是一類名忉利天. 서른셋 신들의 하늘나라, 즉 도리천(忉利天)은 수미산정에 위치한 하늘나라인데 제석천왕이 이곳에서 다스린다. 수미산정의 네 모퉁이에 8개씩, 총 32개의 천궁이 있고 중앙 제석천궁이 있어 각 천궁에 신들이 있어 서른셋 신들의 하늘나라라고 불린다. 이 도리천은 해와 달이 있는 사천왕천보다 4만2천 요자나나 높이 있고, 수미산의 정상이고 공거천(空居天)이 아니므로 인간의 정상이라고 하는 것이다. 이곳의 천인들은 인간처럼 부부 간의 음욕이 있으나 아주 엷어서 음행을 거의 하지 않는다.

사람이 자기의 광명이 있는데, 이와 같은 무리를 '축복 받는 하늘나라의 신들' 즉, 야마천(夜摩天=須焰摩天)이라고 한다.[1746] ④〔도솔천〕 언제나 고요히 지내지만 성적 접촉의 경계가 오면 거절하지 못하는 정도여서, 목숨이 다한 뒤에 정미한 곳으로 올라가 하계의 인간과 하늘에 접촉하지 않고 내지 겁의 우주기가 무너질 때에도 삼재(三災)가 미치지 못하는데, 이와 같은 무리를 '만족을 아는 하늘나라의 신들' 즉, 도솔천(兜率天=兜率陀天)이라고 한다.[1747] ⑤〔화락천〕 자신의 마음에는 성적 욕망이 없고 상대의 마음에 응하여 일을 치르지만, 횡진(橫陣)[1748]의 일을 치를 때에 그 맛을 밀랍을 씹듯 담담하게 여긴다면, 목숨이 다한 뒤에 변화의 땅을 초월하여 천상에 나는데, 이와 같은 무리를 '창조하고 기뻐하는 하늘나라의 신들' 즉, 화락천(化樂天=樂變化天)이라고 한다.[1749] ⑥〔타화자

1746) 逢欲暫交去無思憶. 於人間世動少靜多. 命終之後於虛空中朗然安住. 日月光明上照不及. 是諸人等自有光明. 如是一類名須焰摩天 : 축복 받는 신들의 하늘나라 즉, 야마천(夜摩天)에는 큰 산봉우리가 있고 그 위에 천 개의 궁전이 있어 천자와 천녀들이 야마천왕을 둘러싸고 춤추고 노래하며 즐긴다. 이들은 천 개의 궁전을 마음대로 날아다니며 활동한다. 궁전들은 허공으로 이동하고 합해지기도 하고 떨어지기도 하고 아름다운 꽃과 향기로 덮여있다. 이곳의 천인들은 서로 손만 잡아도 감각적 쾌락의 욕망이 충족된다고 한다.

1747) 一切時靜. 有應觸來未能違戾. 命終之後上昇精微. 不接下界諸人天境. 乃至劫壞三災不及. 如是一類名兜率陀天. 도솔천은 석가모니 부처님의 전생처였으며, 야마천 위의 하늘나라로 야마천 보다 복력이 배가 된다. 신체적 언어적 정신적으로 선업을 쌓은 자들이 이곳에 태어난다. 이곳에서 미륵보살을 비롯한 500보살이 설법하고 교화한다고 한다. '인간과 하늘에 접촉하지 않고 내지 겁의 우주기가 무너질 때에도 삼재(三災)가 미치지 못하는 곳'이라는 것은 도솔천 내원궁(內院宮)의 묘경(妙境)을 말한 것이다. 이곳의 천인들은 서로 보고 웃는 것만으로도 감각적 쾌락의 욕망이 충족된다고 한다.

1748) 橫陣 : 그렇게 하려고 한 것이 아닌데 어쩌다 생기는 일을 말한다.

1749) 我無欲心應汝行事. 於橫陳時味如嚼蠟. 命終之後生越化地. 如是一類名樂變化天 : 화락천은 도솔천 위의 하늘나라로 도솔천에 비해 모든 복락의 크기가 배에 이르고 오욕락이 충족되는 하늘나라이다. 이곳의 천인들은 서로 몇 분 정도 바라만 봐도 감

재천〕 세간의 마음이 없이 세간의 일을 행하면서, 행하는 일에서 성적 욕망을 뚜렷이 초월하면, 목숨이 다한 뒤에 변화가 있거나 변화가 없는 경계를 두루 초월하여 벗어나는데, 이와 같은 무리를 '다른 신들이 만든 것을 누리는 하늘나라의 신들' 즉, 타화자재천(他化自在天)이라고 한다.1750) 아난다여, 이와 같이 여섯 하늘나라의 신들은 형상은 비록 동요에서 벗어났지만 마음의 자취에는 아직 성적 욕망이 있으니, 여기까지를 욕망계라고 하는 것이다."1751)

37. 〔수능엄경 제9권〕 2) 〔미세한 물질계의 신들(色界天)〕 〔초선천〕 ① 〔범중천〕 "아난다여, 세간에 일체 마음을 닦는 사람이 선정에 의지하지 못하여 지혜가 없더라도, 단지 몸을 단속하여 음욕을 행하지 않고 다니거나 앉아있거나 상념을 모두 없애 애욕에 물들지 않아 욕망계에 머물고자 하지 않고 생각에 응하여 몸이 하느님의 반려가 되면, 이와 같은 무리를 '하느님의 권속인 하느님세계의 신들' 즉, 범중천(梵衆天)이라고 한다.1752) ② 〔범보천〕 애욕의 습기가 이미 제거되어 애욕을 여읜 마음이 나타나 모든 계율을 좋아하고 수순하면 그 사람은 때에 따라 하느님의 덕성을 행할 수 있으므로, 이와 같은 무리를 '하느님을 보좌하는 하느님세계의 신들' 즉,

---

각적 쾌락의 욕망이 충족된다고 한다. Ig. 645의 계환해에 따르면, 횡진(橫陣)은 무심한데도 경계가 스스로 이르는 것을 뜻하고 밀랍을 씹듯한다는 것은 맛이 매우 담담한 것을 뜻한다.

1750) 無世間心同世行事. 於行事交了然超越. 命終之後遍能出(146a)超化無化境. 如是一類名他化自在天. 타화자재천은 다른 신들이 만든 것을 누리는 하늘나라로 하락천보다 크기나 복력이 배가 되는 곳이다. '변화가 있거나 변화가 없는 경계'에서 '변화가 있는 경계'는 욕망계의 제5천을 말하고 '변화가 없는 경계'는 욕망계의 제4천 이하를 말한다. 이곳의 천인들은 찰나만 서로 보아도 감각적 쾌락의 욕망이 충족된다고 한다.

1751) 阿難如是六天. 形雖出動心跡尙交. 自此已還名爲欲界

1752) 阿難世間一切所修心人. 不假禪那無有智慧. 但能執身不行婬慾. 若行若坐想念俱無. 愛染不生無留欲界. 是人應念身爲梵侶. 如是一類名梵衆天.

범보천(梵輔天)이라고 한다.[1753] ③〔대범천〕 몸과 마음이 묘원(妙圓)하고 위의자세가 결함이 없고 금계를 청정하게 잘 지킬 뿐만 아니라 밝게 깨달음으로서 그 사람은 때에 따라 하느님의 무리를 통솔할 수 있어 위대한 하느님들의 왕이 되면, 이와 같은 무리를 '위대한 하느님세계의 신들' 즉, 대범천(大梵天)이라고 한다.[1754] 아난다여, 이 세 가지 수승한 부류는, 일체의 고뇌가 그들을 핍박하지 못하므로, 비록 참다운 삼매를 올바로 닦은 것은 아니지만, 청정한 마음 가운데 온갖 번뇌가 준동하지 못하므로, 초선천(初禪天)의 부류라고 한다."[1755]

38. 〔이선천〕 ①〔소광천〕 "아난다여, 그 다음도 하느님세계의 신들이니 하느님세계의 사람들을 통섭하여 청정한 삶이 맑아 움직이지 않고 고요하고 담연하여 빛을 내면, 이와 같은 무리를 '작게 빛나는 하느님세계의 신들' 즉, 소광천(少光天)이라고 한다.[1756] ②〔무량광천〕 빛과 빛이 아우러지듯 서로 밝게 비치는 것이 다함이 없아 시방세계를 비추어 두루 유리를 이루는 것과 같으면, 이와 같은 무리를 '한량없이 빛나는 하느님세계의 신들' 즉 무량광천(無量光天)이라고 한다.[1757] ③〔광음천〕 원묘한 광명을 흡수하여 광음(光音)으로 가르침의 본체를 삼아 청정한 교화의 응용이 다함이 없으면, 이와 같은 무리를 '빛이 흐르는 하느님의 세계의 신들' 즉, 광

1753) 欲習既除離欲心現. 於諸律儀愛樂隨順. 是人應時能行梵德. 如是一類名梵輔天.
1754) 身心妙圓威儀不缺. 清淨禁戒加以明悟. 是人應時能統梵衆爲大梵王. 如是一類名大梵天.
1755) 阿難此三勝流. 一切苦惱所不能逼. 雖非正修眞三摩地. 清淨心中諸漏不動名爲初禪.
1756) 阿難其次梵天. 統攝梵人圓滿梵行. 澄心不動寂湛生光. 如是一類名少光天.
1757) 光光相然照耀無盡. 映十方界遍成琉璃. 如是一類名無量光天.

음천(光音天)이라고 한다.[1758] 아난다여, 이 세 가지 수승한 부류는, 일체의 우수가 그들을 핍박하지 못하므로, 비록 참다운 삼매를 올바로 닦은 것은 아니지만, 청정한 마음 가운데 온갖 번뇌가 조복되었으므로, 이선천(二禪天)의 부류라고 한다."[1759]

39. 〔삼선천〕 ① 〔소정천〕 "아난다여, 이러한 하늘사람이 원광(圓光)으로 음파를 이루어 그 음파로 묘리를 나타내고, 정행(精行)을 이루어 적멸의 즐거움에 이르면, 이와 같은 무리를 '작은 영광의 하느님세계의 신들' 즉 소정천(小淨天)이라고 한다.[1760] ② 〔무량정천〕 청정한 공의 도리가 앞에 나타나 한계가 없는 청정이 펼쳐지고 몸과 마음이 경안하여 적멸의 즐거움에 이르면, 이와 같은 무리를 '한량없는 영광의 하느님세계의 신들' 즉 무량정천(無量淨天)이라고 한다.[1761] ③ 〔변정천〕 세계와 몸과 마음이 일체가 원만하고 청정하여, 깨끗한 덕성이 성취되면 수승한 공능이 나타나 적멸의 즐거움으로 돌아가면, 이와 같은 무리를 '영광으로 충만한 하느님세계의 신들' 즉, 변정천(遍淨天)이라고 한다.[1762] 아난다여, 이 세 가지 수승한 부류는, 크나큰 수순을 갖추고 있으며, 몸과 마음이 안온하여 한량없는 즐거움을 얻게 되어, 비록 참다운 삼매를 올바로 닦은 것은 아니지만, 안온한 마음 가운데 환희를 갖추었으므로, 삼선천(三禪天)의 부류라고 한다."[1763]

1758) 吸持圓光成就敎體. 發化淸淨應用無盡. 如是一類名光音天.
1759) 阿難此三勝流. 一切憂愁所不能逼. 雖非正修眞三摩地. 淸淨心中麤漏已伏名爲二禪.
1760) 阿難如是天人. 圓光成音披音露妙. 發成精(146b)行通寂滅樂. 如是一類名少淨天.
1761) 淨空現前引發無際. 身心輕安成寂滅樂. 如是一類名無量淨天.
1762) 世界身心一切圓淨. 淨德成就勝託現前歸寂滅樂. 如是一類名遍淨天.
1763) 阿難此三勝流具大隨順. 身心安隱得無量樂. 雖非正得眞三摩地. 安隱心中歡喜畢具名爲三禪.

40. 〔사선천〕 ① 〔복생천〕 "아난다여, 다음으로 하늘사람이 몸과 마음을 핍박하지 아니하고 고통의 원인이 다하였으나, 즐거움도 상주하는 것이 아니라 오래되면 반드시 괴멸하는 것이므로, 괴로움과 즐거움의 두 마음을 동시에 버려서, 거칠고 무거운 모습이 없어지고 청정한 복덕의 성품이 생겨나면, 이와 같은 무리를 '복덕이 생겨나는 하느님세계의 신들' 즉 복생천(福生天)이라고 한다.[1764] ② 〔복애천〕 평정한 마음이 원융해지고 수승한 이해가 청정해지고 복덕에 폐색이 없는 가운데 승묘한 수순을 얻어 미래가 다하도록 하면, 이러한 무리를 '복덕을 사랑하는 하느님세계의 신들' 즉 복애천(福愛天)이라고 한다.[1765] ③ 〔광과천〕 아난다여, 이 하늘에는 두 갈래 길이 있으니, 만약 먼저의 마음에 한량없이 청정한 광명으로 복덕이 완전히 밝아져, 그것을 닦아 증득하며 지낸다면, 이러한 무리를 '광대한 경지를 갖춘 하느님세계의 신들' 즉 광과천(廣果天)이라고 한다.[1766] ④ 〔무상천〕 만약 먼저의 마음에서 괴로움과 즐거움이 쌍으로 싫어지고, 평정의 마음이 정밀히 연마되어 상속되기를 쉬지 않아, 궁극적으로 평정의 길과 몸과 마음도 함께 사라지고, 마음속의 근심이 화로 속의 재처럼 되어 오백 겁의 우주기를 지내고, 이미 이러한 생멸을 원인으로 삼아 불생불멸을 밝혀낼 수는 없어도, 처음의 반 겁의 우주기는 멸하고 뒤의 반 겁의 우주기는 생한다

1764) 阿難次復天人. 不逼身心苦因已盡. 樂非常住久必壞生. 苦樂二心俱時頓捨. 麤重相滅淨福性生. 如是一類名福生天 : 일반적으로 대승불교에서는 이 자리에 무운천(無雲天)이 있으나 『수능엄경』에서는 복생천(福生天)이 있다.

1765) 捨心圓融勝解淸淨. 福無遮中得妙隨順窮未來際. 如是一類名福愛天 : 일반적으로 대승불교에서는 이 자리에 복생천(福生天)이 있으나 『수능엄경』에서는 복애천(福愛天)이 있다.

1766) 阿難從是天中有二岐路. 若於先心無量淨光. 福德圓明修證而住. 如是一類名廣果天.

면, 이러한 무리를 '지각을 초월한 하느님세계의 신들' 즉 무상천(無想天)이라고 한다.[1767] 아난다여, 이 네 가지 수승한 부류는, 모든 세간의 온갖 고락의 경계에 동요할 수가 없으니, 비록 무위의 참다운 부동은 아니고 유소득의 마음이지만, 공능이 순수하게 무르익었으므로, 사선천(四禪天)의 부류라고 한다."[1768]

41. 〔불환사선천〕 "아난다여, 이 가운데 또한 다섯 가지 돌아오지 않는 님의 하늘 즉, 오불환천〔五不還天=五淨居天〕이 있는데, 하계 구품(九品)의 습기가 한꺼번에 끊어지고 괴로움과 즐거움이 모두 없어서 하계에는 머물 곳이 없으므로, 평정의 마음이 공통적인 곳에 안립된 것이다.[1769] ① 〔무번천〕 아난다여, 괴로움과 즐거움이 둘 다 없어져서 다투는 마음이 오가지 않으면, 이러한 무리를 '성공으로 타락하지 않는 하느님세계의 신들' 즉 무번천(無煩天)이라고 한다.[1770] ② 〔무열천〕 마음과 경계가 일치하지 않아 다툼이 일어날 여지가 없다면, 이러한 무리를 '고뇌를 여읜 하느님세계의 신들 즉, 무열천(無熱天)이라고 한다.[1771] ③ 〔선견천〕 시방세계에 대한 승묘한 관찰이 원만하고 맑아서 티끌 같은 모습의 일체 오염이

1767) 若於先心雙厭苦樂. 精硏捨心相續不斷. 圓窮捨道身心俱滅. 心慮灰凝經五百劫. 是人旣以生滅爲因. 不能發明不生滅性. 初半劫滅後半劫生. 如是一類名無想天.

1768) 阿難此四勝流一切世間. 諸苦樂境所不能動. 雖非無爲眞不動地. 有所得心功用純熟名爲四禪.

1769) 阿難此中復有五不還天. 於下界中九品習氣俱時滅盡. 苦樂雙亡下無卜居. 故於捨心衆同分中安立居處.

1770) 阿難苦樂兩滅鬥心不交. 如是一類名無煩天 : Ig. 656에 따르면, 고락에 대해 버리거나 싫어하는 마음이 있으면 마음과 경계가 다투어 번뇌가 없을 수 없으니 오직 마음과 경계를 놓아버려야만 여기서 번뇌가 끊어지게 된다.

1771) 機括獨行硏交無地. 如是一類名無熱天. Xuan. II. 547에 따르면, 기(機) 화살을 발사하는 곳이고 괄(括)은 화살이 줄에 닿는 부분이다. 독행(獨行)은 일치하지 않고 어긋난다는 뜻이다.

없다면, 이러한 무리를 선정이 잘 이루어지는 하느님세계의 신들 즉, 선견천(善見天)이라고 한다.[1772] ④〔선현천〕정묘한 관찰이 앞에 나타나 심성을 도야하는데 장애가 없다면, 이러한 무리를 '관찰이 잘 이루어지는 하느님세계의 신들 즉, 선현천(善現天)이라고 한다.[1773] ⑤〔색구경천〕일체의 조짐을 철저하게 밝히고 색성의 성품을 밝혀내어 한계가 없는 곳에 들어가면, 이러한 무리를 '궁극적인 미세한 물질로 이루어진 하느님세계의 신들〔色究竟天=有頂天〕이라고 한다."[1774]

42. "아난다여, 이 돌아오지 않는 님의 하느님세계는 저 사선천(四禪天)의 네 천왕들도 단지 듣고 부러워만하고 알지도 보지도 못하는 것이다. 마치 이 세간의 광야와 심산에 있는 거룩한 도량에 모두 거룩한 님이 기거하는 곳이나 세간의 범부들이 볼 수 없는 것과 같다. 아난다여, 이 열여덟 하느님세계는 독신의 삶으로서 성적 교제가 없지만, 미세한 물질계의 얽매임에서 벗어나지 못하였으니, 여기까지를 미세한 물질계라고 한다."[1775]

43. 〔비물질계의 하느님세계〕①〔공무변처천〕"또한 아난다여, 미

1772) 十方世界妙見圓澄. 更無塵象一切沈垢. 如是一類名善見天 : Unh. 400에 따르면, 승묘한 관찰[妙見]은 천안통(天眼通)을 의미한다.

1773) 精見現前陶鑄無礙. 如是一類名善現天 : Ig. 657에 따르면, 정묘하게 보는 것은 지혜로 보는 것이다.

1774) 究竟群幾窮色性性入無邊際. 如是一類名色究竟天 : Ig. 657에 따르면, 조짐(幾)은 색의 조짐이고 성(性)은 상(相)의 근본이니, 규명하지 못하면 색상에 국집되어 스스로 한계에 걸리지만, 이들은 궁구하고 궁구하여 형상의 장애에서 벗어나 끝없는 경지에 들어가 이름이 색구경(色究竟)이다.

1775) (146c)阿難此不還天. 彼諸四禪四位天王. 獨有欽聞不能知見. 如今世間曠野深山聖道場地. 皆阿羅漢所住持故. 世間麤人所不能見. 阿難是十八天獨行無交未盡形累. 自此已還名爲色界.

세한 물질계의 최고천에서 다시 두 갈래 길이 있다. 만약에 평정심에서 지혜가 나타나 그 지혜의 광명이 원통하여 여섯 티끌경계를 벗어나 거룩한 님이 되어 보살승에 들어가면, 이와 같은 무리를 마음을 전향한 위대한 거룩한 님이라고 한다.[1776] 만약에 그가 평정심에서 버리고 싫어함을 성취하여 몸이 장애가 되는 것을 깨닫고 장애를 소멸시켜 허공에 들어가면, 이러한 무리를 '무한공간의 하느님세계의 신들' 즉, 공무변처천(空無邊處天)이라고 한다.[1777] ② 〔식무변처천〕 온갖 장애가 이미 사라져 장애도 없고 소멸도 없어 그 가운데 오직 아뢰야식만이 완전하고, 말나식은 절반만 미세하게 남으면, 이러한 무리를 '무한의식의 하느님세계의 신들' 즉, 식무변처천(識無邊處天)이라고 한다.[1778] ③ 〔무소유처천〕 공간의 자취가 사라지고 의식의 마음마저 소멸하여 시방이 적연하여 갈 곳이 없어지면, 이러한 무리를 '아무것도 없는 하느님세계의 신들' 즉, 무소유처천(無所有處天)이라고 한다.[1779] ④ 〔비상비비상처천〕 의식의 성품이 동요하지 않아 소멸로써 궁구하되 다함이 없는 데서 다함의 성품이 발현되어, 있는듯하면서도 있는 것이 아니고,

---

1776) 復次阿難從是有頂色邊際中. 其間復有二種岐路. 若於捨心發明智慧. 慧光圓通便出塵界. 成阿羅漢入菩薩乘. 如是一類名爲迴心大阿羅漢 : Unh. 402에 따르면 '궁극적인 미세한 물질로 이루어진 하느님세계의 신들[色究竟天]'에는 근기가 날카로운 자[利根]와 근기가 둔한 자[鈍根]가 있어 두 길로 나뉜다. 근기가 날카로운 자는 무루지를 내어 수혹을 끊고 삼계를 뛰어넘는데, 근기가 둔한 자는 다신 정심(定心)으로 위를 좋아하고 아래를 싫어하여 비물질계에 태어난다.

1777) 若在捨心捨厭成就. 覺身爲礙銷礙入空. 如是一類名爲空處 : Unh. 402에 따르면 '허공에 들어간다.'는 입공(入空)은 장애를 싫어하여 공관(空觀)을 닦아 장애를 녹여 허공으로 들어간다는 뜻이다.

1778) 諸礙旣銷無礙無滅. 其中唯留阿賴耶識. 全於末那半分微細. 如是一類名爲識處.

1779) 空色旣亡識心都滅. 十方寂然逈無攸往. 如是一類名無所有處. Unh. 403에 따르면, '의식의 마음마저 소멸하여'란 말나식과 아뢰야식이 심정(沈定)의 힘으로 그 현행(現行)이 면복(眠伏)되어 행해지지 않는 것을 뜻한다.

다한듯하면서도 다한 것이 아니면, 이러한 무리를 '지각하는 것도 아니고 지각하지 않는 것도 아닌 하느님세계의 신들' 즉, 비상비비상처천(非想非非想處天)이라고 한다."1780)

44. "이것들이 공(空)한 것을 궁구하였으나 공의 이치를 다 알지 못하고, 돌아오지 않는 님의 천상계에서부터 거룩한 길에 이르렀다면, 이와 같은 무리는 '마음을 전향하지 못한 둔한 거룩한 님'이라고 한다. 만약 무상천으로부터 이교도의 신들이 궁극의 공으로 돌아오지 못하고 번뇌에 미혹되어 있다면, 그들은 불법을 배운 것이 없으므로 바로 윤회의 세계에 유전할 것이다.1781) 아난다여, 이러한 모든 천상의 각각의 신들은 제각기 범부의 업과로서 보답을 받는 것이어서, 받는 것이 끝나면 다시 윤회에 들어가는 것이지만, 그 천왕들이 보살로서 삼매를 노닐게 되면 점차 발전하여 성인의 무리로 회향하여 수행하는 것이다.1782) 아난다여, 이 네 가지 공한 천상계 즉 사공천(四空天)은 몸과 마음이 멸진하고 선정의 성품이 현전

1780) 識性不動以滅窮研. 於無盡中發宣盡性. 如存不存若盡非盡. 如是一類名爲非想非非想處. Unh. 403에 따르면, '의식의 성품[識性]'은 종자(種子)를 말하는 것이다. '소멸로써 궁구(窮究)하되[以滅窮研]'이라는 것은 멸정(滅定)의 힘으로 연구한다는 뜻이다. '다할 수 없는 것'은 아뢰야식의 본체인 장식(藏識)을 뜻하는 것이고, '다함의 성품이 발현되는 것'이란 끝까지 다 할 수 없음을 판결하는 것이다. '있는 듯하면서 있는 것이 아니고, 다한 듯하면서 다한 것이 아닌 것'은 천상계에 머물게 되는 과보이다.

1781) 此等窮空不盡空理. 從不還天聖道窮者. 如是一類名不迴心鈍阿羅漢. 若從無想諸外道天窮空不歸. 迷漏無聞. 便入輪轉 : Unh. 404에 따르면, 이것들이란 무상천(無想天=無想有頂天), 공무변처(空無邊處), 식무변처(識無邊處), 무소유처(無所有處)를 말하는 것이고, 공(空)를 궁구한다는 것은 공무변처에서 물질[色]을 궁진(窮盡)하게 하고, 식무변처에서는 허공이 궁진하게 하고, 무소유처에서는 의식이 궁진하게 하고, 비상비비상처에서는 성품[性]을 궁진하게 하는 것을 뜻한다. '공한 이치를 다하지 못했다'는 것은 범부와 외도는 인공(人空)의 이치를 모르고, 소승의 성현은 법공(法空)의 이치를 모르고 심경(心境)의 본공(本空)도 모른다는 뜻이다.

1782) 阿難是諸天上各各天人. 則是凡夫業果酬答答盡入輪. 彼之天王卽是菩薩. 遊三摩提漸次增進. 迴向聖倫所修行路.

하면서 업과(業果)의 물질이 없어졌으므로, 시작부터 끝까지를 비물질계〔無色界〕라고 하는 것이다.1783) 이 모두가 묘각(妙覺)의 밝은 마음을 알지 못하여 허망한 것을 쌓아 생겨난 것으로 허망하게 삼계가 있게 되었으며, 그 중간에 허망하게 일곱 가지 운명의 존재〔七趣〕로 빠져들어 개체가 각기 그 부류를 따르는 것이다."1784)

45. 〔아수라의 세계〕 "또한 아난다여, 이 삼계 안에는 다시 네 가지 아수라의 부류가 있다.1785) ① 만약 아귀의 길에서 불법을 보호한 힘으로 신통을 얻어 허공으로 들어가면, 이 아수라는 알에서 생겨나는 아귀라는 운명의 존재에 속하게 된다.1786) ② 천상의 길에서 덕성이 모자라 추락하여 그가 거처하는 곳이 해와 달에 이웃하면, 그 아수라는 모태에서 생겨나는 인간이라는 운명의 존재에 속하게 된다.1787) ③ 어떤 아수라는 왕으로 세계를 쥘 만큼 힘이 세고 두려움이 없어서 하느님들의 왕과 더불어 제석천과 네 하늘나라의 위대한 왕과 더불어 권세를 다투면, 이 아수라는 화생으로 생겨나는

1783) 阿難. 是四空天身心滅盡. 定性現前無業果色. 從此逮終名無色界. Unh. 405에 따르면, 처음의 이천(二天)은 몸과 경계가 전무하여 몸이 멸하고, 뒤의 이천(二天)은 칠식(七識), 팔식(八識)과 현행이 모두 조복되어 실행되지 않으므로 마음이 멸한 것이고, 선정의 성품[定性]이 나타나는 것은 선정에 들 때에 정과색(定果色)이 나타나는 것이고, 업과색(業果色)이 없어졌다는 것은 선정에서 나왔을 때에 몸과 마음이 적멸하여 의보(依報)와 정보(正報)가 모두 공(空)한 것을 뜻하는데, 그때 성안(聖眼)으로 보면 삼척식신(三尺識身)이 중유(中有)와 같아 보인다고 한다.

1784) 此皆不了妙覺明心. 積妄發生妄有三界. 中間妄隨七趣沈溺. 補特伽羅各從其類: 인도불교에서는 여섯 가지 운명의 존재인 육취(六趣)를 설하는데, 이 『수능엄경』에서는 신선의 세계를 포함한 일곱 가지 운명의 존재 즉, 칠취(七趣: 제11장§46)를 설한다.

1785) 復次阿難是三界中復有四種阿修羅類.

1786) 若於鬼道以護法力成通入空. 此阿修羅從卵而生. 鬼趣所攝 : Unh. 406에 따르면, '불법을 보호하는 것[護法]'은 경전, 다라니, 선정, 계율을 옹호하는 것을 말한다.

1787) 若於天中降德貶墜. 其所卜居鄰於日月. 此阿修羅從胎而出. 人趣所攝 : Unh. 406에 따르면, '해와 달에 이웃한다.'는 것은 사천왕천에 근처에 있다는 것을 뜻한다.

천신이라는 운명의 존재에 속하게 된다.1788) ④ 아난다여, 따로 한 등급 낮은 아수라로서, 크나큰 바다의 중심에 있는 깊은 물의 동굴에서 살면서 아침에는 허공을 돌아다니다가 저녁에는 물에 돌아와 잠을 잔다면, 이 아수라는 습기로 생겨나는 축생이라는 운명의 존재에 속하게 된다."1789)

46. "아난다여, 이와 같은 지옥, 아귀, 축생, 인간, 신선, 천신, 아수라의 일곱 가지 운명의 존재를 살펴보면, 모두가 혼침한 유위의 양상을 지니고 있어, 망상으로 생을 받고 망상으로 업보를 따르므로, 묘원광명(妙圓光明)의 짓는 바 없는 본심(本心)의 관점에서는 허공꽃과 같아 원래 없는 것이고, 한결같이 허망한 것이라 뿌리와 두서가 없는 것이다."1790)

47. "아난다여, 이들 뭇삶들은 본심을 알지 못하고 이러한 생사윤회를 받으며 무량겁의 우주기를 지나면서도 참다운 청정을 얻지 못하는 것은 모두가 살생, 투도, 사음을 따르는 까닭이니, 이 세 가지를 삼가면 살생, 투도, 사음이 없는 곳에 태어나는데. 이것들이 있는 곳을 귀신의 세계라고 하고, 없는 곳을 천상의 세계라고 하며, 있고 없는 양상으로 기울면서 윤회의 경향을 일으킨다."1791)

48. "그러나 만약에 오묘하게 삼매에 들어 승묘하고 항상하고 적요

1788) 有修羅王執持世界力洞無畏. 能與(147a)梵王及天帝釋四天爭權. 此阿修羅因變化有天趣所攝.

1789) 阿難別有一分下劣修羅. 生大海心沈水穴口. 旦遊虛空暮歸水宿. 此阿修羅因濕氣有畜生趣攝.

1790) 阿難如是地獄餓鬼畜生人及神仙. 天洎修羅精研七趣. 皆是昏沈諸有爲想. 妄想受生妄想隨業. 於妙圓明無作本心. 皆如空花元無所有. 但一虛妄更無根緒.

1791) 阿難此等衆生. 不識本心受此輪迴. 經無量劫不得眞淨. 皆由隨順殺盜婬故. 反此三種又則出生無殺盜婬. 有名鬼倫無名天趣. 有無相傾起輪迴性.

하여, 있는 곳이나 없는 곳이 둘 다 없어지고, 없어진 둘마저 사라지면, 오히려 불살생, 불투도, 불사음마저 없을 것이니, 어찌 살생, 투도, 사음을 따르겠는가?"[1792]

49. "아난다여, 이러한 세 가지 행위를 끊지 못하는 것은 제각기 사사로운 지음이 있기 때문이며, 제 각기 사사로운 지음으로 인하여 여러 사람이 사사로이 짓는 일이 한데 모여, 일정한 처소에서 자신의 망상으로 발생하는 것이고, 망상이 원인 없이 생겨난다면 그 뿌리를 찾을 수도 없을 것이다."[1793]

50. "그대가 힘써 수행하여 보리를 얻고자 한다면 그 세 가지 미혹을 끊어야 할 것이고, 세 가지 미혹을 끊지 못한다면 비록 신통을 얻는다고 하더라도 모두가 세간적 유위의 공용에 불과할 것이다.[1794] 습기를 소멸하지 못하면, 악마의 도에 떨어질 것이고, 비록 망념을 제거하려고 해도 허위만 배가시킴으로써 여래가 가련하다고 말씀하시는 것이다. 그대의 망념은 그대 스스로가 지은 것이지, 보리의 허물이 아닌 것이다. 이와 같이 설하면 올바른 설법이라고 하고 달리 설하면 마왕의 설법이라고 한다."[1795]

1792) 若得妙發三摩提者則妙常寂. 有無二無無二亦滅. 尙無不殺不偸不婬. 云何更隨殺盜婬事.

1793) 阿難不斷三業各各有私. 因各各私衆私同分. 非無定處自妄發生. 生妄無因無可尋究 : '세 가지 행위'는 살생, 투도, 사음을 말한다

1794) 汝勗修行欲得菩提要除三惑. 不盡三惑縱得神通. 皆是世間有爲功用 : 세 가지 미혹은 살생, 투도, 사음을 말한다.

1795) 習氣不滅落於魔道. 雖欲除妄倍加虛僞. 如來說爲可哀憐者. 汝妄自造非菩提咎. 作是說者名爲正說. 若他說者卽魔王說.

제12장 오십 가지 마장

1. 〔조도분(助道分)〕1796) 〔오음망상(五陰妄想)〕1797) 바로 그때 여래께서 법좌에서 내려오시다가 사자좌의 칠보탁자를 잡아당기면서 자금산(紫金山)과 같은 몸을 돌려 다시 기대어 앉으시고 대중과 아난다에게 말씀하셨다.1798)

2. 〔세존〕 "그대들이 배울 것이 남아있는 연각들과 성문들로서 오늘 마음을 돌려 대보리(大菩提)의 무상묘각(無上妙覺)에 나아가려할 때에 내가 이미 참다운 수행법을 설하였으나, 그대들은 아직도 사마타와 위빠사나에서 미세한 마사(魔事)가 나타나는 것을 알지 못하는구나. 악마의 경계가 앞에 나타나는 것을 그대들이 알지 못하여 마음을 깨끗이 하는 것이 바르지 못하면 사견에 떨어진다. 혹은 그대에게 존재의 다발의 악마,1799) 천상의 악마1800)나 혹은 귀신이 붙기도 하고 도깨비를 만날 때에 마음이 밝지 못하여 도적을 아들로 삼기도 하고, 또는 그 가운데 조금만 얻고도 만족하기도 하고, 사선천(四禪天)에서 배우는 바가 없는 수행승이 거룩한 경지를

1796) 助道分 : 계환 요해(要解)의 조도분(助道分: 제8권중간이하 마장분; 제12장)은 오십마장(五十魔障)을 말한다.

1797) 五陰妄想 : 다섯 가지 존재의 다발[五陰=五蘊]에 의한 망상 즉, 오십 가지의 악마성인 오십마장(五十魔障)을 의미한다. 그러나 실제로는 물질의 다발의 마장[色陰魔], 느낌의 다발의 마장[受陰魔], 지각의 다발의 마장[想陰魔]을 각각 열 가지 특징으로 나누어서 삼십종마(三十種魔)를 지칭한다.

1798) 卽時如來將罷法座. 於師子床攬七寶几. 迴紫金山再來凭倚. 普告大衆及阿難言.

1799) 陰魔 : 다섯 가지 존재의 다발[五陰=五蘊] 자체가 악마인 것을 뜻한다. 『수능엄경』 제7장§4의 주석을 참조하라.

1800) 天魔 : 천자마(天子魔)의 약어로 타화자재천마(他化自在天魔) 또는 자재천마(自在天魔)라고 한다. 『수능엄경』 제7장§4의 주석을 참조하라.

얻은 것처럼 거짓 증언하기도 하고, 천상의 과보가 이미 다하여 쇠멸의 모습이 앞에 나타날 때에 거룩한 님도 나중에 몸을 받는다고 비방하다가 아비지옥에 떨어지기도 한다. 그대는 자세히 들어라. 내가 지금 그대를 위하여 자세히 설할 것이다."[1801] 아난다가 일어나서 그 모임의 배울 것이 남아 있는 학인들과 함께 환희하고 머리를 조아려 예경하고 자비로운 가르침을 들었다.[1802]

3. 〔다섯 가지 존재의 다발의 마장(五陰魔)〕 부처님께서는 아난다와 모든 뭇삶에게 말씀하셨다.[1803] 〔세존〕 "그대들은 알아야 한다. 유루세계의 열두 종류의 뭇삶도 본각(本覺)이 지닌 묘하고 밝은 각원심체(覺圓心體)는 시방의 부처님들과 둘이 없고 다름이 없건만, 그대들의 망상으로 인하여 진리에 어두운 것이 허물이 되어 우치와 갈애가 생겨나고, 발생하여 두루 미혹한 탓으로 허공의 성품이 있게 되었고, 미혹한 변화가 쉬지 않아 이 세계가 생겨난 것이다. 이 시방의 티끌과 같이 많은 유루국토(有漏國土)는 모두 이러한 완미한 망상(妄想)으로 건립된 것이다."[1804]

4. "그대는 마땅히 알아야 한다. 허공이 그대의 마음 안에서 생겨나는 것이고, 마치 한 조각의 구름이 맑은 하늘에서 일어나는 것과 같으니, 하물며 모든 세계가 허공 안에 있는 것이라면 말할 것이 있겠

1801) 汝等有學緣覺聲聞. 今日迴心趣大菩提無上妙覺. 吾今已說眞修行法. 汝猶未識修奢摩他毘婆舍那微細魔事. 魔境現前汝不能識. 洗心非正落於邪見. 或汝陰魔或復天魔. 或著鬼神或遭魑魅. 心中不明認賊爲子. 又復於中得少爲足. 如第四禪無聞比丘妄言證聖. 天報已畢衰相現前. 謗阿羅漢身遭後有. 墮(147b)阿鼻獄. 汝應諦聽吾今爲汝子細分別.

1802) 阿難起立幷其會中同有學者. 歡喜頂禮伏聽慈誨.

1803) 佛告阿難. 及諸大衆.

1804) 汝等當知有漏世界十二類生. 本覺妙明覺圓心體. 與十方佛無二無別. 由汝妄想迷理爲咎癡愛發生. 生發遍迷故有空性. 化迷不息有世界生. 則此十方微塵國土非無漏者. 皆是迷頑妄想安立.

는가?"[1805]

5. "그대들 가운데 한 사람이라도 참을 드러내어 근원으로 돌아가면, 시방의 허공이 모두 소멸할 것인데, 어찌 허공 가운데 있는 모든 국토가 갈라지지 않고 존재하겠는가?"[1806]

6. "그대들이 선정을 닦아 삼매를 장엄하면 시방의 보살과 모든 번뇌를 여읜, 위대한 거룩한 님으로서 마음의 정기가 통합하여 당처가 담연해질 것이고, 일체의 마왕 내지 귀신과 더불어 범부의 천신들에 관한 한, 그들의 궁전은 속절없이 붕괴되고, 대지가 흔들리고 붕괴되며, 바다와 육지가 날아오르는 것을 보게 될 것이니 놀라 두려워하지 않을 수가 없을 것이다."[1807]

7. "범부들은 혼미하고 어두워서 거짓이 변천해가는 것을 깨닫지 못하고, 저들이 모두 누진통(漏盡通)을 제외한 다섯 가지 신통을 얻었다고 이 번뇌의 세상을 그리워하고 있으니, 어찌 그대로 하여금 그의 처소를 무너뜨리게 하겠는가? 그러므로 귀신과 천상의 악마와 도깨비와 요정들이 삼매 속에 있을 때에 몰려와서 그대를 괴롭히는 것이다."[1808]

8. "그러나 비록 저 악마들이 비록 대노하더라도 저것은 번뇌 안에 있고 그대는 묘각(妙覺) 가운데 있으므로 바람이 광명을 부는 듯, 칼이 물을 베어내는 듯하여, 조금도 서로 저촉되지 않을 것이고, 그

1805) 當知虛空生汝心內. 猶如片雲點太清裏. 況諸世界在虛空耶.
1806) 汝等一人發眞歸元. 此十方空皆悉銷殞. 云何空中所有國土而不振裂.
1807) 汝輩修禪飾三摩地. 十方菩薩及諸無漏大阿羅漢. 心精通溜當處湛然. 一切魔王及與鬼神諸凡夫天. 見其宮殿無故崩裂. 大地振坼水陸飛騰. 無不驚慴.
1808) 凡夫昏暗不覺遷訛. 彼等咸得五種神通唯除漏盡. 戀此塵勞. 如何令汝摧裂其處. 是故神鬼及諸天魔魍魎妖精. 於三昧時僉來惱汝.

대는 끓는 물 같고 저것은 얼음 같아서 더운 기운이 이웃하면 곧 녹아 사라질 것이다."[1809]

9. "아무리 신통력을 믿어도 단지 오직 객일 따름이어서 성취와 파란이 그대의 마음속에 있는 다섯 가지 존재의 다발의 주인에게 달려있다.[1810] 주인이 만약에 혼미하면 객이 그 기회를 얻을 것이고, 당처에서 선정에 들어 깨달아 미혹이 없어지면, 바로 저 악마가 하는 일들이 그대를 어찌 할 수 없을 것이다.[1811] 존재의 다발이 사라져 밝음에 들면, 바로 저 사특한 것들은 어두운 기운을 받고 있는 것으로서, 밝음이 어둠을 파할 수 있으므로 밝음이 가까이 가면 저절로 어둠은 파괴될 운명이니, 어찌 감히 남아서 선정을 어지럽힐 수 있겠는가?"[1812]

10. "만약에 밝게 깨닫지 못해 존재다발에 미혹되면, 바로 그대 아난다는 반드시 악마의 자식이 되어 악마적인 사람이 될 것이다.[1813] 마땅기와 같은 경우는 특히 졸렬한 것이기는 하지만, 그녀가 비록 주문을 가지고 그대를 홀려 부처님의 계율을 깨뜨리려고 하되, 팔만의 행위 가운데 오직 한 가지 계행만을 훼손하려는 것이었는데, 마음이 청정한 까닭에 빠져들지 않았지만, 그것은 그대의 보각전신(寶覺全身)을 무너뜨리려 했던 것으로, 마치 재상의 집이 갑자기 호적을 몰수당해 완연히 영락하여 그 슬픔을 구제할 수 없

1809) 然彼諸魔雖有大怒. 彼塵勞內汝妙覺中. 如風吹光如刀斷水了不相觸. 汝如沸浪彼如堅冰. 煖氣漸鄰不日銷殞.

1810) 徒恃神力但爲其客. 成就破亂. 由汝心中五陰主人.

1811) 主人若迷客得其便. 當處禪那覺悟無惑. 則彼魔事無奈汝何.

1812) 陰銷入明則彼群邪咸受幽氣. 明能破暗近自銷殞. 如何敢留擾亂禪定.

1813) 若不明悟被陰所迷. 則汝阿難必爲魔子成就魔人.

을 뺀했던 것과 같은 것이다."[1814]

11. 〔물질의 다발의 마장(色陰魔)〕〔견고망상〕 "아난다여, 그대는 알아야 한다. 그대가 도량에 앉아서 온갖 상념이 사라져 그 상념이 다한다면, 온갖 망념을 벗어나 일체가 정묘하게 밝아져, 요동과 적요에 끌리지 않고 기억과 잊음이 한결같을 것인데, 이러한 경지에 들어 삼매에 들어도, 마치 눈 밝은 사람이 매우 어두운 곳에 있는 것처럼, 비록 정묘한 성품이 승묘하고 청정하지만, 마음이 아직 광명을 발하지 못하고 있다면, 이것을 물질의 다발의 굴레라고 하고, 만약 눈이 밝고 맑아져서 시방이 툭 터지고 열려서 다시는 어둠이 없게 되면, 이것을 물질의 다발의 궁진이라고 한다. 이러한 사람은 겁탁(劫濁)을 초월할 수가 있을 것인데, 그 이유를 관찰해 보면, 견고망상(堅固妄想)으로 그 근본을 삼기 때문이다."[1815]

12. 1) 〔신능출애〕 "아난다여, 이 가운데 있으면서 묘명(妙明)을 연마하여 네 가지 요소〔四大〕가 서로 얽히지 않으면, '잠깐 동안이라도 몸이 장애에서 벗어날 수 있는 것', 즉, 신능출애(身能出礙)를

1814) 如摩登伽殊爲眇劣. 彼雖咒汝破佛律儀. 八萬行中秖毁一戒. 心淸淨故尙未淪溺. 此乃隳汝寶覺全身. 如宰臣家忽逢籍沒. 宛轉零落無可哀救.

1815) (147c)阿難當知汝坐道場. 銷落諸念其念若盡. 則諸離念一切精明. 動靜不移憶忘如一. 當住此處入三摩提. 如明目人處大幽暗. 精性妙淨心未發光. 此則名爲色陰區宇. 若目明朗十方洞開. 無復幽黯名色陰盡. 是人則能超越劫濁. 觀其所由堅固妄想以爲其本. Unh. 415에 따르면, 의식이 일어나는 것을 요동과 기억이라고 하고 의식이 소멸하는 것을 적요와 잊음이라고 하는 것이다. 한결같다는 것은 생겨나고 사라지더라도 예를 들어 거울에서는 그림자가 없어서 한결같다는 뜻이다. Ig. 678의 계환해에 따르면, 겁탁(劫濁)은 최초의 일념 속에서 공(空)과 견(見)이 나누어지지 않는 것을 말하는데, 이것이 물질의 다발의 본체이다. 그러므로 물질의 다발이 다했다면 오탁 가운데 겁탁을 초월하는 것이다. 물질의 다발이 다하고 겁탁을 초월하는 과정에서 아래와 같이 열 가지 물질의 다발의 마장이 나타나는데, 이처럼 물질의 다발의 마장이 나타나는 것은 견고망상으로 근본을 삼아서 아직 나머지 느낌의 다발 등으로 견고망상에 지배받기 때문이다.

이루는데, 이것은 정명(精明)이 눈앞의 경계에 흘러넘치는 것이라고 하지만, 단지 수행의 힘으로 잠시 그렇게 된 것일 뿐, 거룩한 경지를 증득한 것은 아니므로, 거룩한 경지를 증득했다는 마음을 짓지 않으면 좋은 경계에 있다고 할 수 있지만, 거룩한 경지를 증득했다는 견해를 짓는다면 삿된 무리가 될 뿐이다."[1816]

13. 2) 〔신상완연〕 "아난다여, 다시 이러한 마음으로 묘명(妙明)을 연마하여 몸 안을 꿰뚫어보면, 그 사람은 홀연히 그 몸속에서 요충이나 회충을 집어내더라도, 몸의 모습은 완연한 것 즉, 신상완연(身相宛然)을 얻어 훼손되지 않는데, 이것은 정명이 눈앞의 경계에 흘러넘치는 것이라고 하지만, 단지 수행의 힘으로 잠시 그렇게 된 것일 뿐, 거룩한 경지를 증득한 것은 아니므로, 거룩한 경지를 증득했다는 마음을 짓지 않으면 좋은 경계에 있다고 할 수 있지만, 거룩한 경지를 증득했다는 견해를 짓는다면 삿된 무리가 될 뿐이다."[1817]

14. 3) 〔성취선종〕 "또한 이러한 마음으로 안팎을 정밀하게 연마하여 그때에 혼백과 의지와 정신이 집수신(執受身)[1818]을 제외하고 모두 들랑거리면서 서로 손님이 되고 주인이 되면, 홀연히 공중에서 설법하는 소리가 들리기도 하고, 시방에서 비밀한 이치를 말하

1816) 阿難當在此中精研妙明四大不織. 少選之間身能出礙. 此名精明流溢前境. 斯但功用暫得如是. 非爲聖證不作聖心名善境界. 若作聖解卽受群邪.

1817) 阿難復以此心精研妙明其身內徹. 是人忽然於其身內拾出蟯蛔. 身相宛然亦無傷毁. 此名精明流溢形體. 斯但精行暫得如是. 非爲聖證不作聖心名善境界. 若作聖解卽受群邪

1818) 執受身 : 『구사론』(1권7)에 따르면, 집수(執受)라는 것은 원래 밖에 대상이 있다고 인정하고 그것에 의해서 감각이 생겨나는 것을 뜻한다. Ig. 680의 계환해에 따르면, 집수(執受)는 제팔식이니 칠식(七識)의 혼합이고, 신(身)은 다섯 감관[五根]의 총합이니, 이미 모두 통합되었기에 서로 관계되는 바가 없어 여기서 제외한다는 것이다. 정맥소에 따르면, 그 신형(身形)이 안연(安然)하여 천개(遷改)되지 않기에 이것을 제외한다는 것이다.

는 것이 들리기도 하는데, 이것은 정신과 혼백이 번갈아 분리되었다가 연결되기도 하면서 '좋은 종자를 성취시킨 것' 즉, 성취선종(成就善種)이지만, 잠시 그렇게 된 것일 뿐, 거룩한 경지를 증득한 것은 아니므로, 거룩한 경지를 증득했다는 마음을 짓지 않으면 좋은 경계에 있다고 할 수 있지만, 거룩한 경지를 증득했다는 견해를 짓는다면 삿된 무리가 될 뿐이다."[1819]

15. 4) 〔조제세계〕 "또한 이러한 마음으로 맑게 드러나고 밝게 사무치어 정밀하게 연마하여 안으로 빛이 나타나고, 시방세계가 두루 염부단금의 황금빛이 되고 일체의 종류가 여래의 모습으로 변화하면, 그때에 홀연히 비로자나불이 천광대(天光臺)에 앉아 천불에 둘러싸여 계시면서 백억의 국토가 연화와 더불어 나투는 것을 보게 되는데, 이것은 심혼이 신령스런 깨달음에 물들어 심광이 연마로 밝아져서 '모든 세계를 비추는 것' 즉, 조제세계(照諸世界)라고 하지만, 잠시 그렇게 된 것일 뿐, 거룩한 경지를 증득한 것은 아니므로, 거룩한 경지를 증득했다는 마음을 짓지 않으면 좋은 경계에 있다고 할 수 있지만, 거룩한 경지를 증득했다는 견해를 짓는다면 삿된 무리가 될 뿐이다."[1820]

16. 5) 〔보색편만〕 "또한 이러한 마음으로 묘명(妙明)을 연마하여 관찰하기를 쉬지 않고 마음을 억제하고 조복하고 제지하여 초월하

1819) 又以此心內外精研. 其時魂魄意志精神. 除執受身餘皆涉入. 若爲賓主. 忽於空中聞說法聲. 或聞十方同敷密義. 此名精魂遞相離合. 成就善種暫得如是. 非爲聖證不作聖心名善境界. 若作聖解卽受群邪.

1820) 又以此心澄露皎徹內光發明. 十方遍作閻浮檀色. 一切種類化爲如來. 于時忽然見毘盧遮那踞天光臺. 千佛圍繞百億國土. 及與蓮華俱時出現. 此名心魂靈悟所染. 心光研明照諸世界. 暫得如是非爲聖證. 不作聖心名善境界. 若作聖解卽受群邪

면 홀연히 시방허공이 일곱 가지 보물의 색깔을 이루거나 '백 가지 보물의 색깔을 이루어 동시에 편만한 것' 즉, 보색편만(寶色遍滿)이 서로 장애가 되지 않고 청색, 황색, 적색, 백색이 각각 나타나는데, 이것은 억제하는 공력이 분에 넘친 것이라 하지만, 잠시 그렇게 된 것일 뿐, 거룩한 경지를 증득한 것은 아니므로, 거룩한 경지를 증득했다는 마음을 짓지 않으면 좋은 경계에 있다고 할 수 있지만, 거룩한 경지를 증득했다는 견해를 짓는다면 삿된 무리가 될 뿐이다."1821)

17. 6) 〔암실견물〕 "또한 이러한 마음으로 연마를 맑고 투철하게 하여 정광(精光)이 흩어지지 않으면 홀연히 밤중에 '어두운 실내에서 갖가지 사물을 보는 것' 즉, 암실견물(暗室見物)이 대낮과 다르지 않게 되고 방안에 있는 사물도 없어지지 않게 되는데, 이것은 마음이 세밀하게 되어 그 보는 것이 맑아져서 어두운 곳까지 꿰뚫어 보는 것이라고 하지만, 잠시 그렇게 된 것일 뿐, 거룩한 경지를 증득한 것은 아니므로, 거룩한 경지를 증득했다는 마음을 짓지 않으면 좋은 경계에 있다고 할 수 있지만, 거룩한 경지를 증득했다는 견해를 짓는다면 삿된 무리가 될 뿐이다."1822)

18. 7) 〔동어초목〕 "또한 이러한 마음으로 허융(虛融)에 완전히 들어가면, 사지가 홀연히 '초목과 같아지는 것' 즉, 동어초목(同於草

1821) 又以此心精研妙明觀察不停. 抑按降伏制止超越. 於時忽然十方虛空. 成七寶色或百寶色. 同時遍滿不相留礙. 青黃赤白各各純(148a)現. 此名抑按功力踰分. 暫得如是非爲聖證. 不作聖心名善境界. 若作聖解卽受群邪.

1822) 又以此心研究澄徹精光不亂. 忽於夜合在暗室內. 見種種物不殊白晝. 而暗室物亦不除滅. 此名心細密澄其見所視洞幽. 暫得如是非爲聖證. 不作聖心名善境界. 若作聖解卽受群邪.

木)을 얻어, 불로 태우거나 칼로 도려내도 조금도 아프지 않거나, 또는 불로 태우지 못하고 살을 깍아도 나무를 깍는 것과 같게 되는데, 이것은 육진경계가 소멸되고 아울러 사대의 성품이 배격되어 필연적으로 순일해진 것이라고 하지만, 잠시 그렇게 된 것일 뿐, 거룩한 경지를 증득한 것은 아니므로, 거룩한 경지를 증득했다는 마음을 짓지 않으면 좋은 경계에 있다고 할 수 있지만, 거룩한 경지를 증득했다는 견해를 짓는다면 삿된 무리가 될 뿐이다."1823)

19. 8) 〔견무장애〕 "또한 이러한 마음으로 청정을 성취하여 마음을 깨끗이 하는 공력이 지극하면, 홀연히 대지와 시방의 산하가 불국토를 이루며 칠보가 구족해 지고 광명이 편만해 지는 것을 보기도 하고, 항하의 모래알 숫자만큼 많은 여래가 허공에 가득하고 누각과 전당이 화려한 것을 보거나, 아래로는 지옥을 보고 위로는 천궁을 '보는데 장애가 없는 것' 즉, 견무장애(見無障礙)를 이루는데, 이것은 열반을 좋아하고 생사를 싫어하는 생각이 응결되어 날로 깊어져서 그 생각이 오래되어 이루어진 것이라고 하지만, 잠시 그렇게 된 것일 뿐, 거룩한 경지를 증득한 것은 아니므로, 거룩한 경지를 증득했다는 마음을 짓지 않으면 좋은 경계에 있다고 할 수 있지만, 거룩한 경지를 증득했다는 견해를 짓는다면 삿된 무리가 될 뿐이다."1824)

1823) 又以此心圓入虛融. 四肢忽然同於草木. 火燒刀斫曾無所覺. 又則火光不能燒爇. 縱割其肉猶如削木. 此名塵併排四大性一向入純. 暫得如是非爲聖證. 不作聖心名善境界. 若作聖解卽受群邪.

1824) 又以此心成就淸淨. 淨心功極忽見大地. 十方山河皆成佛國. 具足七寶光明遍滿. 又見恒沙諸佛如來. 遍滿空界樓殿華麗. 下見地獄上觀天宮得無障礙. 此名欣厭凝想日深想久化成. 非爲聖證不作聖心名善境界. 若作聖解卽受群邪.

20. 9) 〔요견원방〕 "또한 이러한 마음으로 연마가 심원해지면, 홀연히 밤중에 시정(市井)이나 시가(市街)나 친족이나 권속이 '먼 곳에 있는 것을 보는 것' 즉, 요견원방(遙見遠方)으로 그의 말을 듣기도 하는데, 이것은 마음을 지나치게 핍박하여 극에 이르러 마음의 광명이 돌출한 연고로 격외를 보는 것이라고 하지만, 잠시 그렇게 된 것일 뿐, 거룩한 경지를 증득한 것은 아니므로, 거룩한 경지를 증득했다는 마음을 짓지 않으면 좋은 경계에 있다고 할 수 있지만, 거룩한 경지를 증득했다는 견해를 짓는다면 삿된 무리가 될 뿐이다."[1825]

21. 10) 〔통달묘의〕 "또한 이러한 마음으로 연마가 정미하여 극도에 이르면, 선지식의 형체가 변이하되, 잠깐 동안 무단히도 갖가지 형태로 변천하는 것을 보게 되는데, 이것은 사특한 마음으로 도깨비에 빙의되었거나 혹은 천상의 악마가 그 마음속에 들어가 무단히 설법한 연고로, '오묘한 이치를 통달한 것' 즉, 통달묘의(通達妙義)라고 하지만, 잠시 그렇게 된 것일 뿐, 거룩한 경지를 증득한 것은 아니므로, 거룩한 경지의 증득이라는 마음을 짓지 않으면 악마의 일은 소멸할 것이지만, 거룩한 경지를 증득했다는 견해를 짓는다면 삿된 무리가 될 뿐이다."[1826]

22. "아난다여, 이러한 열 가지 선정에서 나타나는 경계는 모두가 물질의 다발에 대하여 마음이 서로 영향을 주고받으며 나타나는 현

1825) 又以此心研究深遠. 忽於中夜遙見遠方. 市井街巷親族眷屬或聞其語. 此名迫心逼極飛出故多隔見. 非爲聖證不作聖心名善境界. 若作聖解卽受群邪.

1826) 又以此心研究精極. 見善知識形體變移. 少選無端種種遷改. 此名邪心含受魑魅. 或遭天魔入其心腹. 無端說法通達妙義. 非爲聖證不作聖心魔事銷歇. 若作聖解卽受群邪.

상의 일인데, 뭇삶들이 완미하여 스스로 헤아리지 못하는 것이다. 이러한 인연을 만났을 때에 미혹하여 스스로 알지 못하고 거룩한 경지에 올랐다고 하면, 크나큰 망어가 되어 무간지옥에 떨어지는 것이다. 그대들은 나의 가르침에 의지하여 여래가 멸한 뒤에 말법 시대에 그 뜻을 널리 전하여 천상의 악마로 하여금 그 틈을 얻지 못하게 하고 그 가르침을 보호하고 수호하여 위없는 도를 이루게 하라."1827)

23. 〔느낌의 다발의 마장(受陰魔)〕〔허명망상〕"아난다여, 이 선남자가 삼매 닦을 때 사마타 가운데서 물질의 다발이 다한 자는 모든 부처님의 마음을 보는데, 마치 밝은 거울 가운데 영상이 나타나는 것과 같아진다, 만약 소득이 있는듯하지만 쓸모가 없다면, 마치 가위눌린 사람이 수족이 완연하고 보고 듣는 것에 의혹할 것이 없지만, 마음이 가위에 눌려 꼼짝달싹 할 수 없게 되는데, 이것을 느낌의 다발의 굴레라고 하고, 만약에 가위눌린 증세가 사라지면 그 마음이 몸을 떠나 도리어 제 얼굴을 보게 되고 가고 머무는 것이 자유로워지고 다시는 걸림이 없게 되는데, 이것을 느낌의 다발의 궁진이라고 한다. 이 사람은 견탁(見濁)을 초월할 수 있을 것인데, 그 이유를 관찰하면 허명망상(虛明妄想)으로 그 근본을 삼기 때문이다."1828)

1827) 阿難如是十種禪那現境. 皆是色陰用心交互故現斯事. 衆生頑迷不自忖量. 逢此因緣迷不自識謂言登聖. 大妄語成墮無間獄. 汝(148b)等當依如來滅後. 於末法中宣示斯義. 無令天魔得其方便. 保持覆護成無上道.

1828) 阿難彼善男子. 修三摩提奢摩他中. 色陰盡者見諸佛心. 如明鏡中顯現其像. 若有所得而未能用. 猶如魘人手足宛然見聞不惑. 心觸客邪而不能動. 此則. 名爲受陰區宇. 若魘咎歇其心離身. 返觀其面去住自由. 無復留礙名受陰盡. 是人則能超越見濁. 觀其所由虛明妄想以爲其本: Ig. 690의 계환해에 따르면, 견탁(見濁)이란 허망하게 견각(見覺)을

24. 1) 〔체읍무한〕 "아난다여, 선남자가 이 가운데 큰 광명을 얻어 그 마음이 밝아져서 안으로 억누름이 분수에 지나치면 홀연히 그곳에서 무궁한 슬픔이 생겨나서, 모기나 등에를 보는 데도 갓난아이와 같이 여기고 연민의 마음을 내어 저도 모르게 눈물을 흘리게 되는데, 이것은 수행의 힘으로 지나치게 억누른 것이라고 해야 하는 것으로, 깨달으면 바로 그 허물이 없겠지만, 거룩한 경지의 증득은 아닌 것이니, 깨달아 오래도록 미혹하지 않으면 스스로 사라지지만, 거룩한 경지를 증득했다는 견해를 짓는다면, 즉시 슬픔의 악마가 그 심장에 들어가 사람만 보면 슬퍼하고 '한없이 눈물을 흘리는 상태' 즉, 체읍무한(啼泣無限)을 일으켜, 삼매(三昧)를 잃고 타락하고야 만다."[1829]

25. 2) 〔아만무비〕 "아난다여, 또한 그 선정 가운데 선남자가 물질의 다발이 사라지고 느낌의 다발이 뚜렷해지는 것을 보고, 수승한 모습이 앞에 나타나 지나치게 감격하면, 홀연히 그 가운데 무한한 용기가 생겨나 마음이 영웅이 되어 모든 부처님과 같아졌고 삼아승지겁의 우주기를 뛰어넘을 수 있다고 생각하지만, 이것은 수행의 힘으로 지나치게 능멸하는 것이라고 해야 하는 것으로, 깨달으면 바로 그 허물이 없겠지만, 거룩한 경지의 증득은 아닌 것이니,

---

일으켜 담성(湛性)을 혼란케 하는 것인데, 이것이 느낌의 다발의 본체이다. 그러므로 느낌의 다발이 다하면, 견탁을 초월할 수 있는 것이다. 그리고 어기고 따르는 환영과 같은 경계로 인해 손익(損益)의 허망한 느낌이 생겨나니 느낌의 다발에는 실체가 없고 허명망상이 있을 뿐이다. 견탁을 초월할 수 있는 것은 느낌의 다발이 허명망상이기 때문이다.

1829) 阿難彼善男子. 當在此中得大光耀. 其心發明內抑過分. 忽於其處發無窮悲. 如是乃至觀見蚊虻猶如赤子. 心生憐愍不覺流淚. 此名功用抑摧過越. 悟則無咎非爲聖證. 覺了不迷久自銷歇. 若作聖解則有悲魔入其心府. 見人則悲啼泣無限. 失於正受當從淪墜.

깨달아 오래도록 미혹하지 않으면 스스로 사라지지만, 거룩한 경지를 증득했다는 견해를 짓는다면, 즉시 광기의 악마가 그 심장에 들어가 사람만 보면 자랑하여 '아만이 비할 데가 없는 상태' 즉, 아만무비(我慢無比)를 일으켜, 그 마음에 위로는 부처님이 보이지 않고 아래로는 사람이 보이지 않게 되므로, 삼매를 잃고 타락하고야 만다."[1830]

26. 3) 〔억마입심〕 "또한 그 선정 가운데 선남자가 물질의 다발이 사라지고 느낌의 다발이 뚜렷해지는 것을 보고, 앞으로 나아가도 새로 증득할 것이 없고 뒤로 되돌아가도 이전의 토대를 잃어버리고 지혜의 힘은 쇠미해지고 중휴지〔中隳地〕[1831]에 들어서 보이는 것이 없게 되어, 마음 속에 홀연히 크나큰 갈증이 생겨나고 언제나 깊은 기억이 흩어지지 않으면, 이것으로 부지런히 정진하는 현상이라고 여기는데, 이것은 마음을 닦다가 지혜가 없어 자신을 잃어버린 것이라고 해야 하는 것으로, 깨달으면 바로 그 허물이 없겠지만, 거룩한 경지의 증득은 아닌 것이니, 만약 거룩한 경지를 증득했다는 견해를 짓는다면, 즉시 '기억의 악마가 그 심장에 들어간 상태' 즉, 억마입심(憶魔入心)을 일으켜, 조석으로 마음을 움켜쥐어 한곳에 매달리게 되므로, 삼매를 잃고 타락하고야 만다."[1832]

1830) 阿難又彼定中諸善男子. 見色陰銷受陰明白. 勝相現前感激過分. 忽於其中生無限勇. 其心猛利志齊諸佛. 謂三僧祇一念能越. 此名功用凌率過越. 悟則無咎非爲聖證. 覺了不迷久自銷歇. 若作聖解則有狂魔入其心腑. 見人則誇我慢無比. 其心乃至上不見佛. 下不見人. 失於正受當從淪墜.

1831) 中隳地 : 사마타와 위빠사나의 수행 중에 사마타의 선정이 강하고 위빠사나의 지혜가 약하면 나타나는 현상이다.

1832) 又彼定中諸善男子. 見色陰銷受陰明白. 前無新證歸失故居. 智力衰微入中隳地迥無所見. 心中忽然生大枯渴. 於一切時沈憶不散. 將此以爲勤精進相. 此名修心無慧自失. 悟則無咎非爲聖證. 若作聖解則有憶魔入其心腑. 旦夕撮心懸在一處. 失於正受當從(148c)

27. 4) 〔족마입심〕 "또한 그 선정 가운데 선남자가 물질의 다발이 사라지고 느낌의 다발이 뚜렷해지는 것을 보고, 지혜의 힘이 선정보다 지나쳐서 너무 맹렬하고 예리하면, 온갖 뛰어난 성품을 마음속에 품게 되어 자기의 마음이 이미 노사나불(盧舍那佛)인가 의심하게 되고, 적게 얻은 것으로 만족할 것인데, 이것은 마음을 쓰되 항상 살피지 못하고 지견에 빠지는 것이라고 해야 하는 것으로, 깨달으면 바로 그 허물이 없겠지만, 거룩한 경지의 증득은 아닌 것이니, 만약 거룩한 경지를 증득했다는 견해를 짓는다면, 즉시 하열한 것으로 쉽사리 '만족하는 악마가 그 심장에 들어간 상태' 즉, '족마입심(足魔入心)을 일으켜, 사람만 보면 스스로 '나는 무상의 제일의제를 증득했다.'라고 하면서, 삼매를 잃고 타락하고야 만다."1833)

28. 5) 〔심불욕활〕 "또한 그 선정 가운데 선남자가 물질의 다발이 사라지고 느낌의 다발이 뚜렷해지는 것을 보고, 새로운 증득은 아직 얻지 못했고 이전의 마음은 이미 사라졌으므로 과거·현재의 이제(二際)를 살펴보고 험한 생각을 내면, 홀연히 마음에 끝없는 근심이 생겨나, 바늘방석에 앉은 것 같고 독약을 마신 것과 같아지고, '살고 싶지 않은 마음의 상태' 즉, 심불욕활(心不欲活)이 일어나, 항상 사람에게 자기 목숨을 끊어주어 빨리 해탈하게 해달라고 갈구하게 되는데, 이것은 수행을 하다가 방편을 잃은 것이라고 해야 하는 것으로, 깨달으면 바로 허물이 없겠지만, 거룩한 경지의 증득은 아닌 것

淪墜.

1833) 又彼定中諸善男子. 見色陰銷受陰明白. 慧力過定失於猛利. 以諸勝性懷於心中. 自心已疑是盧舍那. 得少爲足. 此名用心亡失恒審溺於知見. 悟則無咎非爲聖證. 若作聖解則有下劣. 易知足魔入其心腑. 見人自言我得無上第一義諦. 失於正受當從淪墜.

이니, 만약 거룩한 경지를 증득했다는 견해를 짓는다면, 즉시 한편으로 항상 근심하는 악마가 심장 깊숙이 들어가, 손에 칼을 잡고 제 살을 깎으니 목숨을 버리기를 좋아하거나, 때로는 항상 근심하여 산 속으로 달아나 사람을 보려고 하지 않으며, 삼매를 잃고 타락하고야 만다."1834)

29. 6) 〔심중환열〕 "또한 그 선정 가운데 선남자가 물질의 다발이 사라지고 느낌의 다발이 뚜렷해지는 것을 보고, 청정한 선정 가운데 처하여 마음이 안온해진 뒤에 홀연히 스스로 한량없는 기쁨이 생겨나 '마음 속으로 환희하고 즐거운 상태' 즉, 심중환열(心中歡悅)이 일어나 그칠 수가 없게 되는데, 이것은 경안을 자제할 지혜가 없는 것이라고 해야 하는 것으로, 깨달으면 바로 허물이 없겠지만, 거룩한 경지의 증득은 아닌 것이니, 만약 거룩한 경지를 증득했다는 견해를 짓는다면, 즉시 한편으로 기쁨과 즐거움을 좋아하는 악마가 심장 깊숙이 들어가, 사람을 보면 바로 웃기거나, 또는 길거리에서 저 혼자 노래하고 춤추고 스스로 걸림 없는 해탈을 얻었다고 하면서, 삼매를 잃고 타락하고야 만다."1835)

30. 7) 〔무단아만〕 "또한 그 선정 가운데 선남자가 물질의 다발이 사라지고 느낌의 다발이 뚜렷해지는 것을 보고, 스스로 만족하게 여기므로, 홀연히 크나큰 '무단한 아만의 상태' 즉, 무단아만(無端

1834) 又彼定中諸善男子. 見色陰銷受陰明白. 新證未獲故心已亡. 歷覽二際自生艱險. 於心忽然生無盡憂. 加坐鐵床如飮毒藥. 心不欲活常求於人. 令害其命早取解脫. 此名修行失於方便. 悟則無咎非爲聖證. 若作聖解則有一分常憂愁魔入其心腑. 手執刀劍自割其肉. 欣其捨壽或常憂愁. 走入山林不耐見人. 失於正受當從淪墜.

1835) 又彼定中諸善男子. 見色陰銷受陰明白. 處淸淨中心安隱後. 忽然自有無限喜生. 心中歡悅不能自止. 此名輕安無慧自禁. 悟則無咎非爲聖證. 若作聖解則有一分好喜樂魔入其心腑. 見人則笑於衢路傍自歌自舞. 自謂已得無礙解脫. 失於正受當從淪墜,

我慢)이 일어나 이와 같이 만(慢), 과만(過慢), 만과만(慢過慢), 증상만(增上慢), 비열만(卑劣慢) 등[1836]이 일시에 함께 발동하여, 마음속으로는 시방의 여래도 오히려 가볍게 여기므로, 하물며 하위의 성문과 연각은 말할 필요가 없게 되는데, 이것은 수승한 것을 보고 자신을 구제할 지혜가 없는 것이라고 해야 하는 것으로, 깨달으면 바로 허물이 없겠지만, 거룩한 경지의 증득은 아닌 것이니, 만약 거룩한 경지를 증득했다는 견해를 짓는다면, 즉시 한편으로 크나큰 아만을 지닌 악마가 심장 깊숙이 들어가, 탑묘에 예배하지 않고 경전과 불상을 부수어버리면서 단월에게 '이 불상은 금이나 동이나 흙이나 나무로 만든 것이고, 경전은 나뭇잎이나 헝겊조각에 불과하지만, 육신은 참되고 항상한 것인데, 이를 공경하지 않고 도리어 흙이나 나무를 숭상하는 것은 전도된 것이다.'라고 말하거나, 또는 신심이 깊은 사람까지도 그를 따라 그것들을 훼손하여 땅속에 묻게 하여 뭇삶을 오도하여 무간지옥에 들게 하면서, 삼매를 잃고 타락하고야 만다."[1837]

31. 8) [경안청정] "또한 그 선정 가운데 선남자가 물질의 다발이

1836) 慢與過慢. 及慢過慢或增上慢. 或卑劣慢 : 자만에는 일곱 가지 자만이 있다. ① 열등한 타인에 대해 자신이 낫다고 하고 동등한 타인에 대해 동등하다는 자만[慢] ② 동등한 타인에 대해 자신이 낫다고 하고, 우수한 타인에 대해 자신이 동등하다는 자만[過慢] ③ 타인이 우수한 것에 대해 내가 더 낫다고 하는 자만[慢過慢] ④ 나와 나의 소유에 대한 집착으로 나를 높이는 자만[我慢] ⑤ 아직 깨닫지 못하였는데 깨달았다고 주장하는 자만[增上慢] ⑥ 타인이 우수한데 자신은 조금 뒤떨어졌다는 자만[卑劣慢] ⑦ 악행을 저지르고 악행을 자랑하는 자만[邪慢]이 있다.

1837) 又彼定中諸善男子. 見色陰銷受陰明白. 自謂已足. 忽有無端大我慢起. 如是乃至慢與過慢. 及慢過慢或增上慢. 或卑劣慢一時俱發. 心中尙輕十方如來. 何況下位聲聞緣覺. 此名見勝無慧自救. 悟則無咎非爲聖證. 若作聖解則有一分大我慢魔入其心腑. 不禮塔廟摧毀經像. 謂檀越言. 此是金銅或是土木. 經是樹葉或是疊花. 肉身眞常不自恭敬. (149a) 卻崇土木實爲顚倒. 其深信者從其毀碎埋棄地中. 疑誤衆生入無間獄. 失於正受當從淪墜.

사라지고 느낌의 다발이 뚜렷해지는 것을 보고, 정명(精明)한 가운데 정묘한 이치를 원만히 깨달아 크게 수순하면, 그 마음에 홀연히 한량없는 경안이 생겨나 '이제 거룩한 경지를 이루어 크나큰 자재를 얻었다.'라고 말하는데, 이것은 지혜로 인한 '경안하고 청정한 상태' 즉, 경안청정(輕安淸靜)을 얻은 것으로, 깨달으면 바로 그 허물이 없겠지만, 거룩한 경지의 증득은 아닌 것이니, 만약 거룩한 경지를 증득했다는 견해를 짓는다면, 즉시 한편으로 경안청정을 좋아하는 악마가 심장 깊숙이 들어가, 스스로 만족하다고 하고 다시 정진을 구하지 않거나, 이러한 무리 대부분은 배우는 바가 없는 수행승이 되어 뒤에 오는 뭇삶들을 혼란시켜 아비지옥에 떨어지게 하면서, 삼매를 잃고 타락하고야 만다."1838)

32. 9) 〔공심현전〕 "또한 그 선정 가운데 선남자가 물질의 다발이 사라지고 느낌의 다발이 뚜렷해지는 것을 보고, 명오(明悟) 가운데 허명(虛明)한 성품을 얻으면, 그 가운데서 홀연히 영원한 단멸로 돌아가서 인과가 없다고 주장하며 필연적으로 공(空)으로 들어가서 '공심이 현전하는 상태' 즉, 공심현전(空心現前)이 일어나, 마침내 마음에서 영구히 단멸한다는 견해를 내게 되는 것으로, 깨달으면 바로 허물이 없겠지만, 거룩한 경지의 증득은 아닌 것이니, 만약 거룩한 경지를 증득했다는 견해를 짓는다면, 즉시 공(空)의 악마가 심장 깊숙이 들어가, 계행을 지니는 사람을 소승(小僧)이라고 폄훼하고, '보살은 공(空)을 깨쳤으므로 무슨 지계와 범계가 있겠는가?'하면

1838) 又彼定中諸善男子. 見色陰銷受陰明白. 於精明中圓悟精理得大隨順. 其心勿生無量輕安. 已言成聖得大自在. 此名因慧獲諸輕淸. 悟則無咎非爲聖證. 若作聖解則有一分好輕淸魔入其心腑. 自謂滿足更不求進. 此等多作無聞比丘. 疑謗後生墮阿鼻獄. 失於正受當從淪墜.

서, 항상 신심이 있는 단월 앞에서, 술을 먹고, 고기를 먹고, 사음을 행하더라도, 악마의 힘으로 앞에 있는 사람을 사로잡아 의심이나 비방이 생겨나지 않게 하고, 귀신의 마음이 오래 전부터 들려있으므로 똥오줌이나 술과 고기 등을 먹더라도, 한결같이 '모두가 공한 것이다.'라고 하면서 부처님의 계율을 파괴하고 사람들을 오도하고 죄악을 짓게 하면서, 삼매를 잃고 타락하고야 만다."[1839]

33. 10) [애극발광] "또한 그 선정 가운데 선남자가 물질의 다발이 사라지고 느낌의 다발이 뚜렷해지는 것을 보고, 그 허명(虛明)을 맛보고 마음과 뼛속으로 깊이 들어가면 그 마음에 홀연히 한없는 애욕이 생겨나서, 그 '애욕의 극치에 이른 발광의 상태' 즉, 애극발광(愛極發狂)이 일어나 탐욕이 되는데, 이것은 선정의 경계에서의 안순(安順)[1840]이 마음에 드는 것을 스스로 유지할 지혜가 없어 온갖 애욕에 잘못 빠져들어 간 것이라고 해야 하는 것으로, 깨달으면 바로 허물이 없겠지만, 거룩한 경지의 증득은 아닌 것이니, 만약 거룩한 경지를 증득했다는 견해를 짓는다면, 즉시 음욕의 악마가 심장 깊숙이 들어가, 반드시 음욕(淫欲)을 두고 보리(菩提)라고 말하고 재가신도들을 속여 구분 없이 음행을 행하게 하고 음행을 행한 자들을 향하여 법왕의 아들을 갖는 것이라고 하니, 귀신의 힘으로 말세에 어리석은 자들을 섭수하여 그 숫자가 백 명이 되고, 내지

1839) 又彼定中諸善男子. 見色陰銷受陰明白. 於明悟中得虛明性. 其中忽然歸向永滅. 撥無因果一向入空. 空心現前. 乃至心生長斷滅解. 悟則無咎非爲聖證. 若作聖解則有空魔入其心腑. 乃謗持戒名爲小乘. 菩薩悟空有何持犯. 其人常於信心檀越. 飮酒噉肉廣行婬穢. 因魔力故攝其前人不生疑謗. 鬼心久入或食屎尿. 與酒肉等一種俱空. 破佛律儀誤入人罪. 失於正受當從淪墜.

1840) 安順 : Unh. 434에 따르면, 묘촉(妙觸)을 수용하는 것이다.

일백 명, 이백 명, 혹은 오백 명, 육백 명이 되고, 많으면 천 명, 만 명도 되지만, 악마의 마음에 싫증이 생겨 그 몸을 떠나면 위덕이 없어져서 왕난(王亂)에 빠지며 뭇삶들을 오도하여 무간지옥에 들어가게 하면서, 삼매를 잃고 타락하고야 만다."1841)

34. "아난다여, 이와 같은 열 가지 선정에서 나타나는 경계는 모두 느낌의 다발에 대하여 마음이 서로 영향을 주고받으며 나타나는 현상의 일인데, 뭇삶들이 완미하여 스스로 헤아리지 못하는 것이다. 이러한 인연을 만났을 때에 미혹하여 스스로 알지 못하고 거룩한 경지에 올랐다고 하면, 크나큰 망어가 되어 무간지옥에 떨어지는 것이다. 그대들은 나의 가르침에 의지하여 여래가 멸한 뒤에 말법시대에 그 뜻을 널리 전하여 천상의 악마로 하여금 그 틈을 얻지 못하게 하고 그 가르침을 보호하고 수호하여 위없는 도를 이루게 하라."1842)

35. 〔지각의 다발의 마장(想陰魔)〕〔융통망상〕 "아난다여, 이 선남자가 삼매를 닦아 느낌의 다발이 다하면, 비록 번뇌는 아직 다하지 못하였으나, 마음이 그 형체를 떠나는데, 마치 새가 새장에서 벗어나는 것과 같아, 범부의 몸으로부터 위로 보살의 '60가지 거룩한 과위'1843)를 경험하고, 정신으로 생겨난 몸을 얻어 가는 곳마다

1841) 又彼定中諸善男子. 見色陰銷受陰明白. 味其虛明深入心骨. 其心忽有無限愛生. 愛極發狂便爲貪欲. 此名定境安順入心. 無慧自持誤入諸欲. 悟則無咎非爲聖證. 若作聖解則有欲魔入其心腑. 一向說欲爲菩提道. 化諸白衣平等行欲. 其行婬者名持法子. 神鬼力故於末世中. 攝其凡愚其數至百. 如是乃至一百二百. 或五六百多滿千萬. 魔心生厭離其身體. 威德旣無陷於王難. 疑誤衆生入無間獄. 失於正受當從淪墜.

1842) (149b)阿難如是十種禪那現境. 皆是受陰用心交互故現斯事. 衆生頑迷不自忖量. 逢此因緣迷不自識. 謂言登聖. 大妄語成墮無間獄. 汝等亦當將如來語. 於我滅後傳示末法. 遍令衆生開悟斯義. 無令天魔得其方便. 保持覆護成無上道.

1843) 六十聖位 : Unh. 436에 따르면, 건혜지(乾慧地), 십신(十信), 십주(十住), 십행

장애가 없을 것이니, 마치 어떤 사람이 깊이 잠이 들어 잠꼬대를 할 때에 그 사람이 비록 달리 알지는 못하지만 그 말이 음운이 있고 순서가 있어, 잠을 자지 않는 자는 그 말을 알아듣는 것과 같은데, 이것을 지각의 다발의 굴레라고 하고. 만약에 움직이던 상념이 다하고 들뜬 상념이 사라지고, 각명(覺明)의 마음에 객진번뇌가 사라져 한 차례 생사의 처음과 끝을 원만하게 비춘다면 이것을 지각의 다발의 궁진이라고 한다. 이 사람은 번뇌탁(煩惱濁)을 초월할 수 있을 것이니, 그 이유를 관찰해 보면 융통망상(融通妄想)을 그 근본으로 삼기 때문이다."1844)

36. 1) 〔심애원명〕 "아난다여, 이 선남자가 느낌의 다발이 허묘(虛妙)하여지고 삿된 염려를 만나지 않아 원만하게 선정이 밝아진 삼매 가운데 '원명(圓明)에 대한 애착의 마음' 즉 심애원명(心愛圓明)을 일으켜 그 정미한 지각을 예리하게 하여 선교의 방편을 탐하여 추구하면, 그때 천상의 악마가 틈을 타서 권속을 날려 보내 사람의 입에 붙게 하고 경전의 가르침을 설하게 하지만, 그는 악마가 든 것

(十行), 십회향(十廻向), 사가행(四加行), 십지(十地), 등각(等覺), 묘각(妙覺)과 처음 삼점차(三漸次)를 말한다.

1844) 阿難彼善男子. 修三摩提受陰盡者. 雖未漏盡心離其形. 如鳥出籠已能成就. 從是凡身上歷菩薩六十聖位. 得意生身隨往無礙. 譬如有人熟寐寱言. 是人雖則無別所知. 其言已成音韻倫次. 令不寐者咸悟其語. 此則名爲想陰區宇. 若動念盡浮想銷除. 於覺明心如去塵垢. 一倫死生首尾圓照名想陰盡. 是人則能超煩惱濁. 觀其所由融通妄想以爲其本: Ig. 706의 계환해에 따르면, 기억하고 인식하고 외우고 익히고 분별을 드러내고 번뇌를 나타내는 것을 번뇌탁(煩惱濁)이라고 하는데, 이것이 곧 지각의 다발의 본체이다. 그러므로 지각의 다발이 다하면 번뇌탁을 초월할 수가 있다. 지각이 원융하게 변하여 마음으로 하여금 경계를 따르게 하고, 경계로 하여금 마음을 따르게 하는 것이 마치 신 매실을 생각하면 막힌 질애(質礙)를 통하게 하는 것과 같기 때문에 융통망상이라고 한다. 지각의 다발이 다하면 번뇌탁을 초월할 수 있는 것은 지각의 다발이 융통망상을 근본으로 하기 때문이다.

을 알지 못하고, 스스로 '위없는 열반을 얻었다.'라고 하면서, 선교방편을 구하는 선남자에게 와서 자리를 펴고 가르침을 설하는데, 그 형상이 잠시 수행승이 되어 그 사람이 보게 하고, 혹은 제석천도 되고, 혹은 부녀자도 되고, 혹은 수행녀도 되기도 할뿐만 아니라, 어두운 방에서 잠을 잘 때에 그의 몸에서 광명이 나와 그 사람이 어리석고 미혹하여 그를 보살로 착각하여 그의 교화를 믿고 마음이 방탕하여져서 부처님의 율의를 파하고 몰래 탐욕을 행하지만, 입으로는 재앙과 상서와 변이를 말하기를 좋아하고, 혹은 여래가 모처에 나타났다고 하고, 혹은 겁화가 일어난다고도 하고, 혹은 병란이 일어난다고도 하고, 사람을 두렵게 하여 그 집의 재산을 까닭 없이 흩어지게 한다. 이것을 두고 괴귀(怪鬼)가 나이가 들어 악마가 되어 그 사람을 괴롭히는 것이라 하는 것인데, 싫증이 나서 그 사람의 몸에서 떠나면, 제자와 스승이 함께 왕난(王難)을 겪게 되지만, 그대가 먼저 깨달으면 윤회에 들지 않을 것이요, 미혹하여 알지 못하면 무간지옥에 떨어지게 될 것이다."1845)

37. 2) 〔심애유탕〕 "아난다여, 또한 이 선남자가 느낌의 다발이 허묘(虛妙)하여지고 삿된 염려를 만나지 않아 원만하게 선정이 밝아진 삼매 가운데 '유탕(遊蕩)1846)에 대한 애착의 마음' 즉, 심애유

1845) 阿難彼善男子. 受陰虛妙不遭邪慮. 圓定發明三摩地中. 心愛圓明銳其精思貪求善巧. 爾時天魔候得其便. 飛精附人口說經法. 其人不覺是其魔著. 自言謂得無上涅槃. 來彼求巧善男子處敷座說法. 其形斯須或作比丘. 令彼人見或爲帝釋. 或爲婦女或比丘尼. 或寢暗室身有光明. 是人愚迷惑爲菩薩. 信其教化搖蕩其心. 破佛律儀潛行貪欲. 口中好言災祥變異. 或言如來某處出世. 或言劫火或說刀兵. 恐怖於人令其家資無故耗散. 此名怪鬼年老成魔惱亂是人. 厭足心生去彼人體. 弟子與師俱陷王難. 汝當先覺不入輪迴. 迷惑不知墮無間獄.

1846) 遊蕩 : 돌아다니며 구경하기를 좋아하는 것이다.

탕(心愛遊蕩)이 일어나 그 정미한 지각을 날려 두루 다니는 것을 탐하여 추구하면, 그때 천상의 악마가 틈을 타서 권속을 날려 보내 사람의 입에 붙게 하고 경전의 가르침을 설하게 하지만, 그는 악마가 든 것을 알지 못하고, 스스로 '위없는 열반을 얻었다.'라고 하면서, 그 유탕을 구하는 선남자가 있는 곳에 와서, 자리를 펴고 가르침을 설할 때에 자기의 형상은 변함이 없으나, 가르침을 듣는 자가 홀연히 그 몸이 보련화에 앉았는데 전체가 나투어 자금광의 빛살이 된 것을 보며, 여러 듣는 사람마다 그렇게 여기고 일찍이 없었던 것을 얻었다고 할 것인즉, 이 사람은 어리석고 미혹하여 마음이 방탕하여져서 부처님의 율의를 파괴하고 몰래 탐욕을 행하지만, 입으로는 말하길 좋아하여 부처님들이 세상에 출현했다고 하고, 어떤 곳의 아무개는 어떤 부처님의 화신으로 이곳에 온 것이고, 아무개는 어떤 보살이 인간으로 나투어 온 것이라고 할 것이니, 그 사람은 그러한 모습을 보는 까닭에 마음에 갈앙이 생겨나 삿된 견해가 은밀히 자라나고 종지(種智)[1847]가 사라지게 된다. 이것을 두고 발귀(魃鬼)[1848]가 나이가 들어 악마가 되어 그 사람을 괴롭히는 것이라 하는 것인데, 싫증이 나서 그 사람의 몸에서 떠나면, 제자와 스승이 함께 왕난(王難)을 겪게 되지만, 그대가 먼저 깨달으면 윤회에 들지 않을 것이요, 미혹하여 알지 못하면 무간지옥에 떨어지게 될 것이다."[1849]

1847) 種智 : 일체종지(一切種智)의 준말로 만유를 아는 부처님의 지혜를 뜻한다.

1848) 魃鬼 : 가물귀신이다. 여색을 탐하다가 귀신이 된 것이다.

1849) 阿難又善男子. 受陰虛妙不遭邪慮. 圓定發(149c)明三摩地中. 心愛遊蕩飛其精思貪求經歷爾時天魔候得其便. 飛精附人口說經法. 其人亦不覺知魔著. 亦言自得無上涅槃. 來彼求遊善男子處. 敷座說法自形無變. 其聽法者忽自見身坐寶蓮華. 全體化成紫金光聚. 一衆聽人各各如是得未曾有. 是人愚迷惑爲菩薩. 婬逸其心破佛律儀潛行貪欲. 口中好言

38. 3) 〔심애면홀〕 "또한 선남자가 느낌의 다발이 허묘(虛妙)하여지고 삿된 염려를 만나지 않아 원만하게 선정이 밝아진 삼매 가운데 마음으로 '면홀(綿湣)[1850]에 대한 애착의 마음' 즉, 심애면홀(心愛綿湣)을 일으켜 그 정미한 지각을 맑게 하여 계합을 탐하여 추구하면, 그때 천상의 악마가 틈을 타서 권속을 날려 보내 사람의 입에 붙게 하고 경전의 가르침을 설하게 하지만, 그는 악마가 든 것을 알지 못하고, 스스로 '위없는 열반을 얻었다.'라고 하면서, 그 계합을 구하는 선남자가 있는 곳에 와서, 자리를 펴고 가르침을 설할 때에 그의 형상과 가르침을 듣는 사람이 밖으로는 변함이 없으나, 듣는 자로 하여금 아직 가르침을 듣기도 전에 마음이 스스로 열려서 순간순간 달라지되, 숙명통을 얻기도 하고, 타심통을 얻기도 하고, 지옥을 보기도 하고, 인간의 좋고 나쁜 일을 알기도 하고, 입으로 게송을 외우기도 하고, 경전을 외우기도 하면서, 제각기 환희하여 예전에 없었던 것을 얻었다고 할 것인즉, 이 사람은 어리석고 미혹하여 보살인양 착각해서 그 마음에 계속 애착이 생겨나 부처님의 율의를 파괴하고 몰래 탐욕을 행하지만, 입으로는 말하길 좋아 하면서 부처님도 크고 작음이 있고, 어떤 부처님은 앞의 부처님이고 어떤 부처님은 뒤의 부처님이고, 그 가운데는 진짜 부처님과 가짜 부처님이 있고, 남자 부처님과 여자 부처님이 있고, 보살도 또한 마찬가지라고 할 것이니, 그 사람은 그러한 모습을 보는 까닭에 본심

諸佛應世. 某處某人當是某佛化身來此. 某人卽是某菩薩等來化人間. 其人見故心生傾渴. 邪見密興種智銷滅. 此名魃鬼年老成魔惱亂是人. 厭足心生去彼人體. 弟子與師俱陷王難. 汝當先覺不入輪迴. 迷惑不知墮無間獄.

1850) 綿湣 : Xuan. II. 650에 따르면, 신통이나 깨달음을 탐하는 상태를 말한다. Unh. 441에 따르면, 묘리(妙理)에 대한 밀계(密契)를 뜻한다.

을 씻어버리고 사특한 견해에 쉽게 빠져 들어간다, 이것을 두고 매귀(魅鬼)가 나이가 들어 악마가 되어 그 사람을 괴롭히는 것이라 하는 것인데, 싫증이 나서 그 사람의 몸에서 떠나면, 제자와 스승이 함께 왕난(王難)을 겪게 되지만, 그대가 먼저 깨달으면 윤회에 들지 않을 것이요, 미혹하여 알지 못하면 무간지옥에 떨어지게 될 것이다."1851)

39. 4) 〔심애근본〕 "또한 선남자가 느낌의 다발이 허묘(虛妙)하여지고 삿된 염려를 만나지 않아 원만하게 선정이 밝아진 삼매 가운데 '근본(根本)에 대한 애착의 마음' 즉, 심애근본(心愛根本)을 일으켜 만물이 변화하는 성품의 시작과 종말을 궁구하여 보고, 마음을 가다듬어 변석(辯析)1852)을 탐하여 추구하면, 그때 천상의 악마가 틈을 타서 권속을 날려 보내 사람의 입에 붙게 하고 경전의 가르침을 설하게 하지만, 그는 악마가 든 것을 알지 못하고, 스스로 '위없는 열반을 얻었다.'라고 하면서, 그 근본을 구하는 선남자가 있는 곳에 와서, 자리를 펴고 가르침을 설할 때에 몸에 위신이 있어 근본을 구하는 자를 굴복시켜 그 자리 아래서 가르침을 듣지 못하였으나 자연히 마음으로 복종케 하니, 이 여러 사람들이 부처님의

1851) 又善男子. 受陰虛妙不遭邪慮. 圓定發明三摩地中. 心愛綿溜澄其精思貪求契合. 爾時天魔候得其便. 飛精附人口說經法. 其人實不覺知魔著. 亦言自得無上涅槃. 來彼求合善男子處敷座說法. 其形及彼聽法之人. 外無遷變. 令其聽者未聞法前心自開悟. 念念移易或得宿命. 或有他心. 或見地獄. 或知人間好惡諸事. 或口說偈或自誦經. 各各歡喜得未曾有. 是人愚迷惑爲菩薩. 綿愛其心. 破佛律儀潛行貪欲. 口中好言佛有大小. 某佛先佛某佛後佛. 其中亦有眞佛假佛. 男佛女佛. 菩薩亦然. 其人見故洗滌本心易入邪悟. 此名魅鬼年老成魔惱亂是人. 厭足心生去彼人體. 弟子與師俱陷王難. 汝當先覺不入輪迴. 迷惑不知墮無間獄.

1852) 辯析 : 옳고 그름을 가려 사물의 이치를 밝히는 것인데, 우능453에 따르면, 지식을 모두 알려고 하는 것을 뜻한다.

열반과 보리와 법신이 바로 이 우리의 육신 상에 현전하는 것이라고 하고, 아버지와 아들이 대를 이어 서로 낳는 것이 곧 법신이 상주불멸하는 것이라고 하고, 모든 현재를 지칭하여 바로 불국(佛國)이라고 하고, 달리 정토나 금색의 모습은 없다고 하니, 그 사람이 그것을 믿어 앞의 마음을 잃어버리고 신명으로 귀의하여 일찍이 없었던 것을 얻었다고 하리니, 이들은 어리석고 미혹하여 보살인양 착각해서 그 마음을 따라서 부처님의 율의를 파괴하고 몰래 탐욕을 행하지만, 입으로는 말하기를 좋아하여 시각, 청각, 후각, 미각이 모두 정토이고 남근과 여근이 모두 보리열반의 참된 곳이라고 하므로, 저 무지한 자들은 그 더러운 말을 믿게 된다. 이것을 두고 고독귀(蠱毒鬼)1853)와 염승귀(魘勝鬼)1854)라는 악귀가 나이가 들어 악마가 되어 그 사람을 괴롭히는 것이라고 하는 것인데, 싫증이 나서 그 사람의 몸에서 떠나면, 제자와 스승이 함께 왕난(王難)을 겪게 되지만, 그대가 먼저 깨달으면 윤회에 들지 않을 것이요, 미혹하여 알지 못하면 무간지옥에 떨어지게 될 것이다."1855)

40. 5) 〔심애현응〕"또한 선남자가 느낌의 다발이 허묘(虛妙)하여지고 삿된 염려를 만나지 않아 원만하게 선정이 밝아진 삼매 가운

1853) 蠱毒鬼 : Pr. 879에 따르면, 성내는 습기로 이루어진 귀신이고

1854) 魘勝鬼 : Pr. 879에 따르면, 남을 속이는 습기로 이루어진 귀신이다.

1855) 又善男子. 受陰虛妙不遭邪慮. 圓定發明三(150a)摩地中. 心愛根本窮覽物化性之終始. 精爽其心貪求辯析. 爾時天魔候得其便. 飛精附人口說經法. 其人先不覺知魔著. 亦言自得無上涅槃. 來彼求元善男子處敷座說法. 身有威神摧伏求者. 令其座下雖未聞法自然心伏. 是諸人等將佛涅槃菩提法身. 卽是現前我肉身上. 父父子子遞代相生. 卽是法身常住不絶. 都指現在卽爲佛國. 無別淨居及金色相. 其人信受忘失先心. 身命歸依得未曾有. 是等愚迷惑爲菩薩. 推究其心破佛律儀潛行貪欲. 口中好言眼耳鼻舌皆爲淨土. 男女二根卽是菩提涅槃眞處. 彼無知者信是穢言. 此名蠱毒魘勝惡鬼年老成魔惱亂是人. 厭足心生去彼人體. 弟子與師俱陷王難. 汝當先覺不入輪迴. 迷惑不知墮無間獄.

데 '현응(懸應)1856)에 대한 애착의 마음' 즉, 심애현응(心愛懸應)을 일으켜 두루 정미하게 연마하고 명감(冥感)1857)을 탐하여 추구하면, 그때 천상의 악마가 틈을 타서 권속을 날려 보내 사람의 입에 붙게 하고 경전의 가르침을 설하게 하지만, 그는 악마가 든 것을 알지 못하고, 스스로 '위없는 열반을 얻었다.'라고 하면서, 그 현응을 구하는 선남자가 있는 곳에 와서, 자리를 펴고 가르침을 설할 때에, 청중들로 하여금 잠깐 동안 몸이 백세 천세가 된 것처럼 보이게 하면 마음으로 애염(愛染)을 내어 떠날 수가 없어 노복이 되어 네 가지 공양을 하는데도 피로를 느끼지 않고, 그 자리에 있는 사람들의 마음으로 하여금 선세의 스승이거나 선지식인 줄로 알게 하니, 특별히 가르침을 좋아하는 마음이 생겨나 아교처럼 달라붙어 일찍이 없었던 것을 얻었다고 하리니, 이 사람이 어리석고 미혹하여 보살인양 착각해서 그 마음을 친근히 하여 부처님의 율의를 파괴하고 몰래 탐욕을 행하지만, 입으로는 말하기를 좋아하여 '내가 전세의 어느 생에서 먼저 아무개를 제도하였는데, 당시에 그는 나의 아내, 첩, 형, 또는 동생이었는데, 이번에 또 제도하게 되었으니, 서로 따라다니다가 어떤 세계에 가서 어떤 부처님에게 공양할 것이다.'라고 하기도 하고, 또한 말하길 '따로 대광명천이 있는데, 부처님이 거기에 계시며, 일체여래께서 쉬는 곳이다.'라고 하니, 저 무지한 자들은 그 허광한 말을 믿고 본래의 마음을 잃어버린다, 이것을 두고 여귀(厲鬼)가 나이가 들어 악마가 되어 그 사람을 괴롭히는 것

1856) 懸應 : Pr. 880에 따르면, 전생으로부터 인연 있는 성인들이 남몰래 자기에게 감응하여 도와주기를 바라는 것을 뜻한다.

1857) 冥感 : Unh. 454에 따르면, 선지식(本善知識)의 감응을 희구하는 것을 말한다.

이라고 하는 것인데, 싫증이 나서 그 사람의 몸에서 떠나면, 제자와 스승이 함께 왕난(王難)을 겪게 되지만, 그대가 먼저 깨달으면 윤회에 들지 않을 것이요, 미혹하여 알지 못하면 무간지옥에 떨어지게 될 것이다."[1858]

41. 6) 〔심애심입〕 "또한 선남자가 느낌의 다발이 허묘(虛妙)하여지고 삿된 염려를 만나지 않아 원만하게 선정이 밝아진 삼매 가운데 '심입(深入)에 대한 애착의 마음' 즉, 심애심입(心愛深入)을 일으켜, 자기를 극복하고 애써 노력하여 음적(陰寂)[1859]한 곳에 있기를 좋아하여 정밀(靜謐)[1860]을 탐하여 추구하면, 그때 천상의 악마가 틈을 타서 권속을 날려 보내 사람의 입에 붙게 하고 경전의 가르침을 설하게 하지만, 그는 악마가 든 것을 알지 못하고, 스스로 '위없는 열반을 얻었다.'라고 하면서, 그 음적을 구하는 선남자가 있는 곳에 와서, 자리를 펴고 가르침을 설할 때에, 청중들로 하여금 제각기 본업을 알게 하며, 혹은 그곳에서 어떤 사람에게 말하길 '그대는 지금 죽기도 전에 축생이 되었다.'라고 하고, 다른 사람을 시켜서 뒤에 가서 꼬리를 밟으라고 하고 갑자기 그 사람으로 하여금 일

1858) 又善男子. 受陰虛妙不遭邪慮. 圓定發明三摩地中. 心愛懸應周流精研貪求冥感. 爾時天魔候得其便. 飛精附人口說經法. 其人元不覺知魔著. 亦言自得無上涅槃. 來彼求應善男子處敷座說法. 能令聽衆暫見其身如百千歲. 心生愛染不能捨離. 身爲奴僕四事供養不覺疲勞. 各各令其座下人心. 知是先師本善知識別生法愛. 粘如膠漆得未曾有. 是人愚迷惑爲菩薩. 親近其心破佛律儀潛行貪欲. 口中好言我於前世. 於某生中先度某人. 當時是我妻妾兄弟. 今來相度與汝相隨. 歸某世界供養某佛. 或言別有大光明天佛於中住. 一切如來所休居地. 彼無知者信(150b)是虛誑遺失本心. 此名厲鬼年老成魔惱亂是人. 厭足心生去彼人體. 弟子與師俱陷王難. 汝當先覺不入輪迴. 迷惑不知墮無間獄.

1859) 陰寂 : Xuan. II. 664에 따르면, 사람도 없고 소리도 없는 것을 말한다. 그러나 Unh. 445에 따르면, 선정(禪定)의 극경(極境)을 말한다.

1860) 靜謐 : Xuan. II. 664에 따르면, 고요한 것을 말한다. 그러나 Unh. 445에 따르면, 선정(禪定)의 극경(極境)을 말한다.

어나지 못하게 하면, 이에 온 대중이 마음을 기울여 흠복하고, 어떤 사람이 마음에 일으킨 것을 그 시초부터 알고, 부처님의 율 이외에 정미하고 힘든 계율을 가중하여 수행승을 비방하고 제자들을 꾸짖고 남의 비밀한 일을 들추어내어 비난과 증오를 개의치 않으나, 입으로는 아직 오지 않은 화복에 대하여 말하길 좋아하고, 그때가 되면 터럭만큼도 틀리지 않는다, 이것을 두고 대력귀(大力鬼)가 나이가 들어 악마가 되어 그 사람을 괴롭히는 것이라고 하는 것인데, 싫증이 나서 그 사람의 몸에서 떠나면, 제자와 스승이 함께 왕난(王難)을 겪게 되지만, 그대가 먼저 깨달으면 윤회에 들지 않을 것이요, 미혹하여 알지 못하면 무간지옥에 떨어지게 될 것이다."1861)

42. 7) 〔심애지견〕 "또한 선남자가 느낌의 다발이 허묘(虛妙)하여지고 삿된 염려를 만나지 않아 원만하게 선정이 밝아진 삼매 가운데 '지견(知見)에 대한 애착의 마음' 즉, 심애지견(心愛知見)을 일으켜 부지런히 고생하고 연구하여 숙명(宿命)을 탐하여 추구하면, 그때 천상의 악마가 틈을 타서 권속을 날려 보내 사람의 입에 붙게 하고 경전의 가르침을 설하게 하지만, 그는 악마가 든 것을 알지 못하고, 스스로 '위없는 열반을 얻었다.'라고 하면서, 그 지견을 구하는 선남

1861) 又善男子. 受陰虛妙不遭邪慮. 圓定發明三摩地中. 心愛深入克己辛勤. 樂處陰寂貪求靜謐. 爾時天魔候得其便. 飛精附人口說經法. 其人本不覺知魔著. 亦言自得無上涅槃. 來彼求陰善男子處敷座說法. 令其聽人各知本業. 或於其處語一人言. 汝今未死已作畜生. 敕使一人於後踏尾. 頓令其人起不能得. 於是一衆傾心欽伏. 有人起心已知其肇. 佛律儀外重加精苦. 誹謗比丘罵詈徒衆. 訐露人事不避譏嫌. 口中好言未然禍福. 及至其時毫髮無失. 此大力鬼年老成魔惱亂是人. 厭足心生去彼人體. 弟子與師多陷王難. 汝當先覺不入輪迴. 迷惑不知墮無間獄. Unh. 446에 따르면, '마음에 일으킨 것을 그 시초부터 아는 것'이 타심통이고, 남의 비밀한 일을 들추어내는 것이 천안통과 천이통이고, 아직 오지 않은 화복에 대하여 말한 것이 때가 되어 틀리지 않는 것이 숙명통이고, 대력귀는 신통력이 큰 귀신을 말한다.

자가 있는 곳에 와서, 자리를 펴고 가르침을 설할 때에, 그 사람이 무단으로 설법하는데서 대보주를 얻기도 하며, 그 악마가 때로는 축생으로 변화하여 입으로 그 보주와 갖가지 진귀한 보물과 간책(簡策)이나 부독(符牘)이나 진귀한 사물을 가져다가 먼저 그 사람에게 주고 나중에 그 몸에 붙기도 하고, 혹은 청중을 유인하여 땅속에 구슬을 묻고, 밝은 달빛 구슬로 그곳을 비추면 그 모든 청중이 일찍이 없었던 것을 얻은 것이 되고. 이 사람은 약초만 많이 먹고 좋은 음식은 먹지 않으며, 어떤 때는 하루에 삼씨 한 알, 보리 한 알만 먹어도 그 몸이 살이 찌기도 하는데, 악마의 힘으로 유지되는 까닭에 수행승을 비방하고 대중을 꾸짖으며 비난과 증오를 개의치 않으나, 입으로는 다른 곳의 보배가 숨겨진 곳과 시방의 성현이 있는 곳을 말하길 좋아하고, 그의 뒤에 가는 사람들은 가끔 기이한 사람을 보게 된다. 이것을 두고 산림, 토지, 성황당, 하천, 산악의 귀신들이 나이가 들어 악마가 된 것이라 하고, 혹은 음행을 저질러 부처님의 율의를 부수고 일을 함께 하는 자와 몰래 다섯 가지 감각적 쾌락의 욕망을 즐기고, 혹은 정진하게 하면서 풀과 나무만 먹고, 혹은 하는 일이 일정하지 않아 그 사람을 괴롭히는 것이라고 하는 것인데, 싫증이 나서 그 사람의 몸에서 떠나면, 제자와 스승이 함께 왕난(王難)을 겪게 되지만, 그대가 먼저 깨달으면 윤회에 들지 않을 것이요, 미혹하여 알지 못하면 무간지옥에 떨어지게 될 것이다."[1862]

1862) 又善男子. 受陰虛妙不遭邪慮. 圓定發明三摩地中. 心愛知見勤苦硏尋貪求宿命. 爾時天魔候得其便. 飛精附人口說經法. 其人殊不覺知魔著. 亦言自得無上涅槃. 來彼求知善男子處敷座說法. 是人無端於說法處得大寶珠. 其魔或時化爲畜生. 口銜其珠及雜珍寶. 簡策符牘諸奇異物. 先授彼人後著其體. 或誘聽人藏於地下. 有明月珠照耀其處. 是諸聽者得未曾有. 多食藥草不餐嘉膳. 或時日餐一麻一麥. 其形肥充魔力持故. 誹謗比丘罵詈徒衆不避譏嫌. 口中好言他方寶藏. 十方聖賢潛匿之處. 隨其後者往(150c)往見有奇異之

43. 8) 〔심애신통〕 "또한 선남자가 느낌의 다발이 허묘(虛妙)하여지고 삿된 염려를 만나지 않아 원만하게 선정이 밝아진 삼매 가운데 마음으로 '신통에 대한 애착의 마음' 심애신통(心愛神通〕)을 일으켜 갖가지 변화에 대하여 변화의 근원을 연구하여 신력(神力)을 탐하여 취하면, 그때 천상의 악마가 틈을 타서 권속을 날려 보내 사람의 입에 붙게 하고 경전의 가르침을 설하게 하지만, 그는 악마가 든 것을 알지 못하고, 스스로 '위없는 열반을 얻었다.'라고 하면서, 신통을 구하는 선남자가 있는 곳에 와서, 자리를 펴고 가르침을 설할 때에, 그 사람은 혹은 손에 화광(火光)을 들기도 하고, 손으로 화광을 쥐었다가 청중인 사중의 머리 위에 나누어 놓으면, 모든 청중의 정수리위에 화광이 수척이나 일어나되, 뜨겁거나 타지도 않고, 혹은 물위에 다니기를 평지와 같이 하고, 혹은 허공에 앉아 움직이지 않기도 하고, 혹은 병속에 들어가거나 주머니 속에 들어가기도 하고, 창을 뚫고 담을 넘는 것에 걸림이 없고, 오직 칼이나 무기에는 자재하지 못하지만, 스스로 자신이 부처님이라고 하면서 몸에 흰 옷을 입고 수행승에게 예배를 받으며 선정과 계율을 비방하고 대중을 꾸짖으며 남의 일을 들추어내어 비난하고 혐오하는 것을 개의치 않으며, 입으로는 항상 신통자재를 말하고 혹은 다시 사람으로 하여금 불국토를 엿보게 하지만 귀신의 힘으로 사람을 현혹시키는 것으로 진실한 것이 아니고, 음란한 행동을 찬탄하고 추악한 행동도 탓하지 않고, 온갖 외설적인 것으로 전법의 도구를 삼는다.

人. 此名山林土地城隍川嶽鬼神年老成魔. 或有宣婬破佛戒律. 與承事者潛行五欲. 或有精進純食草木. 無定行事惱亂彼人. 厭足心生去彼人體. 弟子與師多陷王難. 汝當先覺不入輪迴. 迷惑不知墮無間獄.

이것을 두고 천지간에 대력을 지닌 산의 정령, 바다의 정령, 바람의 정령, 하천의 정령, 흙의 정령 및 일체 초목의 오래된 정령의 요괴이거나, 혹은 용의 요괴이거나 수명이 다한 신선이 다시 살아난 도깨비이거나, 혹은 신선이 기한을 마치고 죽었는데 그 형체가 변화되지 않아 다른 요괴가 붙은 것으로, 이것들이 나이가 들어 악마가 되어 그 사람을 괴롭히는 것이라고 하는 것인데, 싫증이 나서 그 사람의 몸에서 떠나면, 제자와 스승이 함께 왕난(王難)을 겪게 되지만, 그대가 먼저 깨달으면 윤회에 들지 않을 것이요, 미혹하여 알지 못하면 무간지옥에 떨어지게 될 것이다."[1863]

44. 9) 〔심애입멸〕 "또한 선남자가 느낌의 다발이 허묘(虛妙)하여지고 삿된 염려를 만나지 않아 원만하게 선정이 밝아진 삼매 가운데 '입멸(入滅)에 대한 애착의 마음' 즉, 심애입멸(心愛入滅)을 일으켜 변화의 성품을 연구하여 심공(深空)을 탐하여 구하면, 그때 천상의 악마가 틈을 타서 권속을 날려 보내 사람의 입에 붙게 하고 경전의 가르침을 설하게 하지만, 그는 악마가 든 것을 알지 못하고, 스스로 '위없는 열반을 얻었다.'라고 하면서, 심공을 구하는 선남자가 있는 곳에 와서, 자리를 펴고 가르침을 설할 때에, 대중 속에서

1863) 又善男子. 受陰虛妙不遭邪慮. 圓定發明三摩地中. 心愛神通種種變化. 研究化元貪取神力. 爾時天魔候得其便. 飛精附人口說經法. 其人誠不覺知魔著. 亦言自得無上涅槃. 來彼求通善男子處敷座說法. 是人或復手執火光手撮其光. 分於所聽四衆頭上. 是諸聽人頂上火光皆長數尺. 亦無熱性曾不焚燒. 或上水行如履平地. 或於空中安坐不動. 或入瓶內或處囊中. 越牖透垣曾無障礙. 唯於刀兵不得自在. 自言是佛身著白衣. 受比丘禮誹謗禪律. 罵詈徒衆訐露人事不避譏嫌. 口中常說神通自在. 或復令人傍見佛土. 鬼力惑人非有眞實. 讚歎行婬不毁麤行. 將諸猥媟以爲傳法. 此名天地大力山精. 海精風精河精土精. 一切草樹積劫精魅. 或復龍魅或壽終仙再活爲魅. 或仙期終計年應死. 其形不化他怪所附. 年老成魔惱亂是人. 厭足心生去彼人體. 弟子與師多陷王難. 汝當先覺不入輪迴. 迷惑不知墮無間獄.

그 모습이 홀연히 없어져 대중들이 보지 못하게 하고 다시 허공으로부터 돌연히 생겨났다가 사라지는 것이 자재하게 되고, 혹은 그 몸이 유리처럼 훤히 보이도록 나타나기도 하고, 혹은 손발을 드리우면 전단의 향기가 나기도 하고, 혹은 대소변이 두꺼운 석밀(石蜜)과 같아지고, 또한 계율을 가볍고 천하게 여겨 출가를 비방하기도 하고, 입으로 항상 '원인도 없고 결과도 없으며, 한번 죽으면 영멸하여 다시 받는 몸도 없고 범부와 성인도 없다.'라고 설하며, 비록 공적(空寂)을 얻었다고 하더라도 몰래 탐욕을 행하고 그 탐욕을 받은 자도 공심(空心)을 얻어 인과가 없다고 부정하게 된다. 이것을 두고 일식, 월식의 정기(精氣)나 금(金), 옥(玉), 지초(芝草), 기린, 봉황, 거북, 학이 천년, 만년이 되도록 죽지 않는 영물이 되어 이 국토에 출생하여 나이가 들어 악마가 되어 그 사람을 괴롭히는 것이라고 하는 것인데, 싫증이 나서 그 사람의 몸에서 떠나면, 제자와 스승이 함께 왕난(王難)을 겪게 되지만, 그대가 먼저 깨달으면 윤회에 들지 않을 것이요, 미혹하여 알지 못하면 무간지옥에 떨어지게 될 것이다."1864)

45. 10) 〔심애장수〕 "또한 선남자가 느낌의 다발이 허묘(虛妙)하여지고 삿된 염려를 만나지 않아 원만하게 선정이 밝아진 삼매 가운데 '장수(長壽)에 대한 애착의 마음' 즉, 심애장수(心愛長壽)를 일으

1864) 又善男子. 受陰虛妙不遭邪慮. 圓定發明三摩地中. 心愛入滅姸究化性貪求深空. 爾時天魔候得其便. 飛精附人口說經法. 其人終不覺知魔著. 亦言自得無上涅槃. 來彼求空(151a)善男子處敷座說法.於大衆內其形忽空. 衆無所見還從虛空. 突然而出存沒自在. 或現其身洞如琉璃. 或垂手足作旃檀氣. 或大小便如厚石蜜. 誹毀戒律輕賤出家. 口中常說無因無果. 一死永滅無復後身. 及諸凡聖. 雖得空寂. 潛行貪欲受其欲者. 亦得空心撥無因果. 此名日月薄蝕精氣. 金玉芝草麟鳳龜鶴. 經千萬年不死爲靈出生國土. 年老成魔惱亂是人. 厭足心生去彼人體. 弟子與師多陷王難. 汝當先覺不入輪迴. 迷惑不知墮無間獄.

켜, 변화의 성품을 연구하여 영생(永生)을 탐하여 구하면서 분단생사(分段生死)1865)를 버리고 변역생사(變易生死)1866)를 얻어서 세상상주(細相常住)1867)를 희구하면, 그때 천상의 악마가 틈을 타서 권속을 날려 보내 사람의 입에 붙게 하고 경전의 가르침을 설하게 하지만, 그는 악마가 든 것을 알지 못하고, 스스로 '위없는 열반을 얻었다.'라고 하면서, 영생을 구하는 선남자가 있는 곳에 와서, 자리를 펴고 가르침을 설할 때에, 다른 지방에 왕래하는데 걸림이 없고, 혹은 만리 밖에 갔다가 순식간에 돌아오는데, 대개는 그 지방의 특산물을 가지고 온다고 말하길 좋아하고, 혹은 다른 사람과 한 자리 한 방안에 있으면서 두어 걸음 되는 거리를 다른 사람으로 하여금 동쪽 벽에서 서쪽 벽으로 가보라고 하고, 그 사람이 빠른 걸음으로 가는데, 몇 년이 걸려도 도달하지 못하거든, 이것을 보고 마음으로 믿어 부처님이 출현한 것을 의혹하게 되지만, 입으로는 항상 '시방의 중생이 모두 내 아들이고 내가 모든 부처님을 출생시켰고 내가 세계를 만들었고 내가 원래의 부처님이고 자연히 출현하였고 수행으로 인해 얻어진 것이 아니다.'라고 말하게 된다. 이것을 두고 세간에 사는 자재천마(自在天魔)1868)가 그 권속인 짜문다1869)와 사천왕의 삐샤짜1870)와 같이, 아직 발심하지 못한 자

1865) 分段生死 : Xuan. II. 692에 따르면, 범부의 거친 몸에서 일어나는, 태어나서 죽을 때까지를 하나의 단락이라고 말하는 그러한 분단적 신체의 생사를 의미한다.

1866) 變易生死 : Xuan. II. 692에 따르면, 성인이나 보살의 미세한 몸에서 일어나는 것으로 생각생각이 천류하면서 생겨났다가 소멸하는 생사를 의미한다. Unh. 452에 따르면, 변역생사(變易生死)는 견혹을 끊고 법성토(法性土)에 나는 것이다.

1867) 細相常住 : Xuan. II. 692에 따르면, 미세한 몸으로 영원히 사는 것을 의미한다.

1868) 自在天魔 : 타화자재천마(他化自在天魔)의 줄임말로 욕망계의 제6천에 사는 마왕으로 천마파순(天魔波旬)이라고도 한다. 네 종류의 악마[四魔: 煩惱魔, 陰魔, 四魔, 自在天魔]의 하나이다.

를 시켜 그 허명(虛明)을 이용하여 그 사람들의 정기를 먹는 것이라고 하고, 혹은 스승 없이 수행하는 사람이 친히 보게 하여, 집금강신(執金剛神)1871)이라고 칭하면서 그대를 오래 살게 하겠다고 하고 미녀의 몸으로 나투어, 탐욕에 빠지도록 하여 일 년도 지나지 않아 간과 뇌가 고갈되어 입으로 혼잣말을 하는 것이 듣기에 요매(妖魅)와 같아 앞에 있는 사람도 자세히 알지 못하게 하고, 대부분 왕난(王亂)에 걸려들어 형벌도 받기 전에 먼저 말라죽게 되니, 그 사람을 괴롭혀서 죽음에 이르게 하는 것이나, 그대가 먼저 깨달으면 윤회에 들지 않을 것이요, 미혹하여 알지 못하면 무간지옥에 떨어지게 될 것이다."1872)

46. "아난다여, 그대는 알아야 한다. 이 열 종류의 악마가 말법시대의 나의 가르침 가운데 출가하여 수행하는 것처럼 하면서 혹은 다른

1869) 짜문다(Cāmuṇḍā) : 힌두교에서는 짜문다(cāmuṇḍā) 또는 짜문디(cāmuṇḍi)라고도 하는, 두르가(Durgā: SD. 116을 참조) 여신의 해골상으로 상세한 것은 SD. 325와 그 주석을 보라.

1870) 삐샤차(Piśāca) : 비사동자(毘舍童子)는 비사차귀(毘舍遮鬼) 즉, 삐샤차(Piśāca)를 뜻한다. 어둠의 자식(Manu. XII. 44)으로 살코기를 먹는 귀신이다. 나찰과 연결되기도 한다. SD. 198과 그 주석을 보라.

1871) 執金剛神 : 불가파괴의 무기인 금강저를 지닌 신이란 뜻으로, 금강수(金剛手), 지금강(持金剛), 금강역사(金剛力士)라고도 한다. 부처님곁에서 언제나 호위의 업무를 맡고 있다.

1872) 又善男子. 受陰虛妙不遭邪慮. 圓定發明三摩地中. 心愛長壽辛苦研幾. 貪求永歲棄分段生. 頓希變易細相常住. 爾時天魔候得其便. 飛精附人口說經法. 其人竟不覺知魔著. 亦言自得無上涅槃. 來彼求生善男子處敷座說法. 好言他方往還無滯. 或經萬里瞬息再來. 皆於彼方取得其物. 或於一處在一宅中. 數步之間令其從東詣至西壁. 是人急行累年不到. 因此心信疑佛現前. 口中常說十方衆生皆是吾子. 我生諸佛. 我出世界我是元佛. 出生自然不因修得. 此名住世自在天魔使其眷屬. 如遮文茶及四天王毘舍童子. 未發心者利其虛明. 食彼精氣. 或不因師. 其修行人親自觀見. 稱執金剛與汝長命. 現美女身盛行貪欲. 未逾年歲肝腦枯竭. 口兼獨言聽若妖魅. 前人未詳多陷王難. 未及遇刑先已乾死. 惱亂彼人以至殂殞. 汝當先覺不入輪迴. 迷惑不知墮無間獄.

사람의 몸에 붙기도 하고 혹은 스스로 형체를 나투어, 바르고 원만한 깨달음을 이루었다고 말하면서 음욕을 찬탄하고 부처님의 율의를 깨뜨린다. 먼저 악마인 스승이 악마인 제자와 더불어 음욕으로 음행을 저질러 서로 전하고, 이러한 삿된 정기가 그 심장을 매혹시켜, 가까우면 아홉 생을 멀면 일백 생을 참답게 수행하는 자들을 모두 악마의 권속이 되게 하고, 목숨이 다한 뒤에는 악마의 백성이 되어 바르고 원만한 깨달음을 잃고 무간지옥에 떨어지게 한다. 그대는 아직 모름지기 적멸을 취하지 말고, 비록 더 이상 배울 것이 없는 무학을 얻었더라도, 서원을 세우고 말법시대에 들어가 크나큰 자비를 일으켜서 바른 마음으로 깊이 믿는 뭇삶들을 제도하고, 악마가 붙지 않게 하고 바른 지견을 얻게 하라. 내가 지금 그대를 제도하여 생사를 벗어나게 하였으니, 그대가 부처님의 말씀을 준수하는 것이 부처님의 은혜에 보답하는 것이다. 아난다여, 이 열 가지 선정의 경계가 나타난 것은 모두 지각의 다발에서 작용하는 마음이 서로 주고받으면서 이러한 일이 나타난 것이거늘, 뭇삶들은 완고하고 미혹하여 스스로 헤아리지 못하고 이러한 인연을 만나면 혼미하여 스스로 알아채지 못하고 성인의 반열에 올랐다고 말하면서 크게 망언을 하면서 무간지옥에 떨어진다. 그대들은 반드시 모름지기 여래의 말씀을 내가 멸도한 뒤에 말법시대에 전하여 널리 뭇삶들로 하여금 그 뜻을 열어 깨우치게 하고, 천상의 악마로 하여금 그 틈을 얻지 못하게 하여 학인들을 보호하고 위없는 가르침을 이루게 하라."1873)

1873) (151b).阿難當知是十種魔於末世時. 在我法中出家修道. 或附人體或自現形. 皆言已成正遍知覺. 讚歎婬欲破佛律儀. 先惡魔師與魔弟子婬婬相傳. 如是邪精魅其心腑. 近則九生多踰百世. 令眞修行總爲魔眷. 命終之後畢爲魔民. 失正遍知墮無間獄. 汝今未須先取寂滅. 縱得無學留願入彼末法之中起大慈悲. 救度正心深信衆生. 令不著魔得正知見.

47. 〔수능엄경 제10권〕〔오십종마(五十種魔)〕[1874]〔형성의 다발의 마장(行陰魔)〕〔유은망상〕"아난다여, 이 선남자가 삼매를 닦아 지각의 다발이 다하면, 평상시의 몽상(夢想)이 소멸하여 '자나 깨나 언제나 한결같아' 즉, 오매항일(寤寐恒一)하여, 각명(覺明)이 맑고 고요하여 마치 맑은 하늘처럼 다시는 거친 객진번뇌가 영향을 끼치지 못하며, 세간의 산하대지가 거울에 비치듯, 와도 흔적이 없고 가도 종적이 없으니, 허공처럼 받아들이고 비추어주니, 그물처럼 얽힌 습기는 없고 오직 정진(精眞)뿐이니, 생멸의 근원은 여기서부터 드러나서 시방세계의 열두 종류의 뭇삶의 그 종류를 다하여 보게 되는데, 비록 그들 각 생명의 유서(由緖)를 통달하지 못하였다하더라도, 각 생명의 기본을 보면, 마치 아지랑이가 아롱거리듯 맑으면서도 어지럽게 보게 될 것인즉, 부진근(扶塵根)의 구경적 중추혈이 되는 것이니, 이것을 형성의 다발의 굴레라고 하고, 만약에 이 맑으면서 어지러운 원성(元性)이 원징(元澄)에 들어가 원습(元習)이 한번 맑아지면, 마치 파도가 가라앉아 맑은 물로 변하는 것과 같아, 이것을 형성의 다발의 궁진이라고 한다. 이 사람은 중생탁(衆生濁)을 초월할 수 있을 것인데, 그 이유를 관찰해 보면 유은망상(幽隱妄想)을 그 근본으로 삼기 때문이다."[1875]

我今度汝已出生死. 汝遵佛語名報佛恩. 阿難如是十種禪那現境. 皆是想陰用心交互故現斯事. 衆生頑迷不自忖量. 逢此因緣迷不自識謂言登聖. 大妄語成墮無間獄. 汝等必須將如來語. 於我滅後傳示末法. 遍令衆生開悟斯義. 無令天魔得其方便. 保持覆護成無上道.

1874) 五十種魔 : 다섯 가지 존재의 다발[五陰=五蘊]의 악마성을 설명하는 것인데, 제9권에서 다른 것을 제외한 형성의 다발의 마장[行陰魔]과 의식의 다발의 마장[識陰魔]을 각각 열 가지 특징으로 나누어서 이십종마(二十種魔)를 다루고 있다.

1875) 阿難彼善男子. 修三摩提想陰盡者. 是人平(151c)常夢想銷滅寤寐恒一. 覺明虛靜猶如晴空. 無復麤重前塵影事. 觀諸世間大地河山如鏡鑑明. 來無所粘過無蹤跡. 虛受照應了罔陳習唯一精眞. 生滅根元從此披露. 見諸十方十二衆生. 畢殫其類. 雖未通其各命由

48. 1) 〔무인론〕 "아난다여, 그대는 알아야 한다. 이 올바른 앎을 얻은 사마타 가운데 있는 모든 선남자가 밝음이 응결된 올바른 마음을 얻으면, 열 가지 천상의 악마가 그 틈을 얻을 수 없으니, 바야흐로 정미로운 연구로 생류의 근원을 궁구하여 본류 가운데 생류의 근원이 드러나게 된다. 이때 저 유청(幽淸)하고 뚜렷이 우동(優動)하는 본원을 관찰하고, 저 뚜렷한 본원 가운데 계탁을 일으키면, 그 사람은 두 가지 무인론(無因論)에 떨어지게 된다.1876) ① 첫째의 그런 사람은 근본무인〔本無因〕을 보는데, 그 이유는 이 사람이 태어나는 기틀이 완전히 파괴되는 것을 경험하고, 시각능력의 800공능에 의지하여 8만겁의 우주기의 뭇삶을 보니, 업보의 흐름이 굽이쳐 돌아 여기서 죽어 저기서 나는지라, 뭇삶들이 그곳에서 윤회하는 것만 보이고, 팔만겁의 우주기 이외에는 어두워서

緖. 見同生基猶如野馬熠熠淸擾. 爲浮根塵究竟樞穴. 此則名爲行陰區宇.若此淸擾熠熠元性. 性入元澄一澄元習. 如波瀾滅化爲澄水名行陰盡. 是人則能超衆生濁. 觀其所由幽隱妄想以爲其本. Unh. 458에 따르면, 각 생명의 유서(由緖)는 의식의 다발[識陰]이고, 각 생명의 기본은 형성의 다발[行陰]이다. 형성의 다발은 분단생사의 근원이고, 의식의 다발은 변역생사의 근원이다. 부진근(扶塵根)은 네 가지 감관이니 육신을 뜻하고, 구경적 중추혈은 노사의 근본인 형성의 다발을 의미한다. 원성(元性)은 생멸의 근원을 뜻하고 원징(元澄)은 의식의 다발[識陰]을 뜻한다. 파도는 형성의 다발을 뜻하고, 맑은 물은 파도가 없는 의식의 바다[識海]를 뜻한다. 원습(元習)은 형성의 다발의 종자이다. Ig. 737의 계환해에 따르면, 중생탁(衆生濁)은 생멸이 멈추지 않아 업의 운행이 한상 변천하는 것인데, 그것이 바로 형성의 다발의 본체이므로, 형성의 다발이 다하면, 중색탁을 초월할 수가 있다. 유은망상(幽隱妄想)이란 형성의 다발의 미세한 추이를 알 수 없기 때문에 거기에 붙여진 이름이다. 그러므로 형성의 다발이 다하면, 중색탁을 초월할 수가 있는데, 그 이유는 형성의 다발이 유은망상이기 때문이다.

1876) 阿難當知是得正知奢摩他中諸善男子凝明正心. 十類天魔不得其便. 方得精研窮生類本. 於本類中生元露者. 觀彼幽淸圓擾動元. 於圓元中起計度者. 是人墜入二無因論. Unh. 459에 따르면, 본류(本類)는 열두 종류의 뭇삶을 말하고 생류의 근원과 뚜렷한 본원[圓元]은 형성의 다발을 말한다. '유청(幽淸)과 우동(優動)'은 미세한 동요하는 모양을 말한다. 계탁(計度)는 열 가지 사계(邪計)를 일으키는 것이다. 두 가지 무인론은 근본무인[本無因]과 결말무인[末無因]을 뜻한다.

보이지 않으므로, 문득 '이들 세간의 시방에 있는 뭇삶들은 팔만 겁의 우주기 이래로[1877] 원인 없이 스스로 생겨난 것이다.'라고 이렇게 계탁하여 바르고 원만한 앎을 잃고 이교도에 떨어져 보리의 성품에 의구심을 품게 된다.[1878] ② 둘째의 그런 사람은 결말무인〔末無因〕을 보는데, 이미 생겨난 것의 그 근본을 보았기 때문에 '사람은 사람을 낳고, 새는 새를 낳고, 까마귀는 본래부터 검고, 고니는 본래부터 희고, 인간과 천신은 본래 서서 다니고, 축생은 본래 기어 다니고, 흰 것은 씻어서는 된 것이 아니고, 검은 것은 물들여 만든 것이 아니다.'라고 팔만겁의 우주기 동안 변이가 없음을 알고는, '지금 형체가 다하여도 그러할 것이다. 내가 본래 보리를 보지 못하였는데, 어찌 다시 보리를 성취하는 일이 있겠는가? 오늘 일체의 사물이 모두 본래 무인이라는 것을 알아야 한다.'라고 이렇게 계탁하여 바르고 원만한 앎을 잃고 이교도에 떨어져 보리의 성품에 의구심을 품게 된다. 이것을 첫 번째 이교도가 내세우는 무인론이라고 한다."[1879]

1877) 八萬劫來 : Unh. 460에서는 '팔만 겁의 우주기 이래로'를 '팔만겁 이전에'라고 번역하고 있다.

1878) 一者是人見本無因. 何以故. 是人既得生機全破. 乘于眼根八百功德. 見八萬劫所有衆生. 業流灣環死此生彼. 祇見衆生輪迴其處. 八萬劫外冥無所觀. 便作是解. 此等世間十方衆生. 八萬劫來無因自有. 由此計度亡正遍知. 墮落外道惑菩提性. Unh. 460에 따르면, '태어나는 기틀'은 형성의 다발이고, '완전히 파괴되는 것'은 나타나는 것을 뜻하고, Pr. 902에 따르면, 시각능력의 800공능은 1200공능 중에 뒤를 보지 못하고 왼쪽과 오른쪽은 2/3만을 보기 때문에 800공능이다.

1879) 二者是人見末無因. 何以故. 是人於生既見其根. 知人生人悟鳥生鳥. 烏從來黑鵠從來白. 人天本豎畜生本橫. 白非洗成黑非染造. 從八萬劫無復改移. 今盡此形亦復如是. 而我本來不見菩提. 云何更有成菩提事. 當知今日一切物象皆本無因. 由此計度亡正遍知. 墮落外道惑菩提性. 是則名爲第一外道立無因論. Unh. 460에 따르면, '사람이 사람을 낳는다'는 것은 본래의 원인이 없고 자연으로 그렇다는 것이니 이것은 자연외도(自然外道)의 견해이다.

49. 2) 〔변상론〕 "아난다여, 삼매 가운데 있는 모든 선남자가 밝음이 응결된 올바른 마음을 얻으면, 악마가 그 틈을 얻을 수가 없으니, 생류(生類)의 근본을 궁구하게 된다. 이때 저 유청(幽淸)하고 뚜렷이 우동(優動)하는 본원을 관찰하고, 저 뚜렷한 본원 가운데 계탁을 일으키면, 그 사람은 네 가지 변상론(遍常論)에 떨어지게 된다.1880) ① 첫째의 그런 사람은 마음과 경계의 성품을 궁구하여 두 곳에 원인이 없다는 것을 닦고 익혀서 이만 겁의 우주기 동안 시방의 뭇삶들이 생멸하는 것을 알 수 있어 모두 순환하는 것일뿐, 흩어져 사라지는 것이 아니라고 항상한 것으로 계탁한다.1881) ② 둘째의 그런 사람은 사대의 근원을 궁구하여 네 가지 성품1882)이 상주한다는 것을 닦고 익히어 사만 겁의 우주기 동안 시방의 뭇삶들이 생멸하는 것을 알 수 있어 모두 그 본체가 항상하여 흩어져 사라지는 것이 아니라고 항상한 것으로 계탁한다.1883) ③ 셋째의 그런 사람은 정신의식〔意識〕, 말나식(末那識),1884) 집수식(執受識)1885)이 심의식 가운데서 궁극적으로 다하여도, 본원(本元)이 유래하는 곳의 본성은 항상하는 까닭으로, 닦고 익히어 팔만 겁의 우주기 가

1880) 阿難是三摩中諸善男子. 凝明正心魔不得便. 窮生類本觀彼幽淸常擾動元. 於圓常中(152a)起計度者. 是人墜入四遍常論.

1881) 一者是人窮心境性二處無因. 修習能知二萬劫中. 十方衆生所有生滅. 咸皆循環不曾散失. 計以爲常.

1882) 네 가지 성품 : 땅은 견고하고, 물은 축축하고, 불은 따듯하고, 바람은 움직이는 것을 뜻한다.

1883) 二者是人窮四大元四性常住. 修習能知四萬劫中. 十方衆生所有生滅. 咸皆體恒不曾散失. 計以爲常.

1884) 末那識: 유식철학에서의 제7식으로 manas를 음역한 것이다. 사량을 본질로 하고 제6의식인 정신의식과는 구별된다. 아집(我執)을 일으키는 근거이다.

1885) 執受識 : 아뢰야식(阿賴耶識)을 뜻한다.

운데 일체의 뭇삶들이 순환하는 것일 뿐 사라지는 것이 아니라는 것을 알 수 있어 본래 상주하는 성품은 궁극적으로 잃어버리는 것이 아니라고 항상한 것으로 계탁한다.1886) ④ 넷째의 그런 사람은 지각의 근원을 이미 다하였으니 생리(生理)가 다시 흐르거나 멈추거나 유전하는 것이 없고, 생멸하는 지각의 마음은 이미 영멸하였으니, 그러한 이치 가운데 자연히 불생불멸이 이루었을 것이라고 마음으로 요량하여 항상한 것으로 계탁한다.1887) 이렇게 계탁하여 항상하다고 하는 까닭에 바르고 원만한 앎을 잃고 이교도에 떨어져 보리의 성품에 의구심을 품게 된다. 이것을 두 번째 이교도가 내세우는 변상론(遍常論)이라고 한다."1888)

50. 3) 〔일분무상일분상론〕 "아난다여, 삼매 가운데 있는 모든 선남자는 밝음이 응결된 올바른 마음을 얻으면, 악마가 그 틈을 얻을 수가 없으니, 생류의 근본을 궁구하게 된다. 이때 저 유청(幽淸)하고 뚜렷이 우동(優動)하는 본원을 관찰하고, 자타 가운데 계탁을 일으키면, 그 사람은 네 가지 전도된 소견에 떨어지는데, 일분은 무상하고 일분은 항상하다는 이론에 떨어진다.1889) ① 첫째의 그런 사람은 묘명한 밝은 마음이 시방세계에 두루 편재한 것을 보고 담연한 것으로 구경의 신아(神我)로 삼으니, 이로부터 바로 계탁하여

1886) 三者是人窮盡六根. 末那執受心意識中. 本元由處性常恒故. 修習能知八萬劫中. 一切衆生循環不失. 本來常住窮不失性. 計以爲常.

1887) 四者是人旣盡想元. 生理更無流止運轉. 生滅想心今已永滅. 理中自然成不生滅. 因心所度計以爲常 : Unh. 462에 따르면, 생리(生理)는 형성의 다발이다.

1888) 由此計常亡正遍知. 墮落外道惑菩提性. 是則名爲第二外道立圓常論. 원상론(圓常論)이라고 되어 있으나 도입부의 변상론(遍常論)을 뜻하므로 용어를 통일시킨다.

1889) 又三摩中諸善男子. 堅凝正心魔不得便窮生類本. 觀彼幽淸常擾動元. 於自他中起計度者. 是人墜入四顚倒見. 一分無常一分常論.

자아가 시방에 편만하게 응명(凝明)하여 부동이 되니, 일체 뭇삶이 자아의 마음 속에서 스스로 나고 스스로 죽은 것이니, 바로 자아의 심성은 항상한 성품이라 하고, 저 생멸은 참으로 무상한 성품이라고 한다.[1890] ② 둘째의 그런 사람은 그 마음을 관찰하지 못하고 시방에 있는 항하의 모래알숫자만큼 많은 국토를 두루 관찰하면서 겁의 우주기에 괴멸하는 곳을 보고는 구경의 무상한 종성이라고 하고, 겁의 우주기에 괴멸하지 않는 곳을 보고는 구경의 항상한 종성이라고 한다.[1891] ③ 셋째의 그런 사람은 자아의 마음을 관찰하되 정미하고 세밀하기가 미진(微塵)과 같아서 시방에 유전하여도 성품이 바뀌지 않으니, 이 몸으로 하여금 바로 생하고 바로 멸하게 할 수 있지만, 저 불괴의 성품은 자아의 항상한 성품이라고 하고, 자아로부터 흘러나온 일체의 생사는 무상한 성품이라고 한다.[1892] ④ 넷째의 그런 사람은 지각의 다발이 다해진 것을 알고 형성의 다발이 유전하는 것을 보고, 형성의 다발이 항상 유전하는 것을 계탁하여 항상한 성품이라고 하고, 물질의 다발, 느낌의 다발, 지각의 다발 등은 지금 이미 멸진한 것으로 알고 무상한 것이라고 한다.[1893] 이와 같이 계탁하여 일분은 무상하고 일분은 항상하다고 하는 까닭에

1890) 一者是人觀妙明心遍十方界. 湛然以爲究竟神我. 從是則計我遍十方凝明不動. 一切衆生於我心中自生自死. 則我心性名之爲常. 彼生滅者眞無常性. Unh. 464에 따르면, 생멸(生滅)은 형성의 다발의 생멸이다.

1891) 二者是人不觀其心. 遍觀十方恒沙國土. 見劫壞處名爲究竟無常種性. 劫不壞處名究竟常. Unh. 464에 따르면, 삼선천(三禪天) 이하는 삼재(三災)로 괴멸하는 곳이므로 무상한 종성이라고 하고, 사선천(四禪天) 이상은 삼재(三災)가 괴멸시키지 못하므로 항상한 종성이라고 한다.

1892) 三者是人別觀我心. 精細微密猶如微塵. 流轉十方性無移改. 能令此身卽生卽滅. 其不壞性名我性常. 一切死生從我流出名無常性.

1893) 四者是人知想陰盡見行陰流. 行陰常流計爲常性. 色受想等今已滅盡名爲無常.

이교도에 떨어져 보리의 성품에 의구심을 품게 된다. 이것이 세 번째로 이교적인 일분무상일분상론(一分無常一分常論)이라고 하는 것이다."[1894)]

51. 4) 〔유변론〕 "아난다여, 삼매 가운데 있는 모든 선남자가 올바른 마음을 견고하게 응결시키면, 악마가 그 틈을 얻을 수가 없으니, 생류의 근본을 궁구하게 된다. 이때 저 유청(幽淸)하고 뚜렷이 우동(優動)하는 본원을 관찰하고, 분위(分位) 가운데 계탁을 일으키면, 그 사람은 네 가지 유변론(有邊論)에 떨어진다.[1895)] ① 〔삼제분위〕 첫째의 이런 사람은 마음으로 계탁하기를 태어나는 본원의 작용이 쉬지 않는다고 하여, 과거와 미래는 유변(有邊)이라고 계탁하고, 상속하는 마음은 무변(無邊)이라고 계탁한다.[1896)] ② 〔문견분위〕 둘째의 이런 사람은 팔만 겁의 우주기 동안 뭇삶을 보았고, 팔만 겁의 우주기 이전에는 고요하여 듣고 본 것이 없음을 관찰하므로, 듣고 본 것이 없는 경우는 무변(無邊)이라고 하고, 뭇삶이 있는 경우는 유변(有邊)이라고 한다.[1897)] ③ 〔피아분위〕 셋째의 이런 사람은 계탁하되 '나는 두루 알아서 무변(無邊)의 성품을 얻

1894) 由此計度一分無常一分常故. 墮落外道惑菩提性. 是則名爲第三外道一分常論(152b) 역자는 일분상론(一分常論)이라고 되어 있으나 수미일관하게 일분무상일분상론(一分無常一分常論)이라고 했다.

1895) 又三摩中諸善男子. 堅凝正心魔不得便窮生類本. 觀彼幽淸常擾動元. 於分位中生計度者. 是人墜入四有邊論. Unh. 464에 따르면, 분위에는 네 가지가 있는데, 삼제분위(三際分位), 견문분위(見聞分位), 피아분위(彼我分位), 생멸분위(生滅分位)가 있다. 분(分)은 시분(時分)이고 위(位)는 방위(方位)를 뜻한다.

1896) 一者是人心計生元流用不息. 計過未者名爲有邊. 計相續心名爲無邊 : Unh. 465에 따르면, '본원(本元)의 흐르는 작용'이 형성의 다발이다. 과거는 멸했다고 유변(有邊)이고 미래는 보이지 않는다고 유변(有邊)이나 현재는 상속하므로 무변(無邊)이다.

1897) 二者是人觀八萬劫. 則見衆生八萬劫前寂無聞見. 無聞見處名爲無邊. 有衆生處名爲有邊.

었다.'고 하고, '저 일체의 사람이 내가 아는 것 가운데 나타나는 것인데, 나는 저들의 지성(知性)을 알지 못하므로, 저들은 무변(無邊)의 마음을 얻지 못하고 단지 유변(有邊)의 성품만 지녔다.'고 한다.[1898] ④ 〔생멸분위〕 넷째의 이런 사람은 형성의 다발이 공(空)이어서 그가 보는 마음대로 계탁하여 일체 뭇삶의 일신(一身) 가운데 모두 절반은 생하고 절반은 멸한다고 하여, 이 세계의 모든 것은 절반은 유변(有邊)이고 절반은 무변(無邊)이라고 밝힌다.[1899] 이와 같이 계탁하여 유변이다 무변이라고 하는 까닭에 이교도에 떨어져 보리의 성품에 의구심을 품게 된다. 이것이 네 번째로 이교적인 유변론(有邊論)이라고 하는 것이다."[1900]

52 5) 〔변계허론〕 "아난다여, 삼매 가운데 있는 모든 선남자가 올바른 마음을 견고하게 응결시키면, 악마가 그 틈을 얻을 수가 없으니, 생류의 근본을 궁구하게 된다. 이때 저 유청(幽淸)하고 뚜렷이 우동(優動)하는 본원을 관찰하고, 지견 가운데 계탁을 내면, 그 사람은 전도(顚倒)된, 네 가지 죽지 않으려고 교란하는 변계허론(遍計虛論)에 떨어진다.[1901] ① 〔생멸교란〕 첫째의 이런 사람은 변화

1898) 三者是人計我遍知得無邊性. 彼一切人現我知中. 我曾不知彼之知性. 名彼不得無邊之心但有邊性.

1899) 四者是人窮行陰空. 以其所見心路籌度. 一切衆生一身之中. 計其咸皆半生半滅. 明其世界一切所有. 一半有邊一半無邊.

1900) 由此計度有邊無邊. 墮落外道惑菩提性. 是則名爲第四外道立有邊論.

1901) 又三摩中諸善男子. 堅凝正心魔不得便窮生類本. 觀彼幽淸常擾動元. 於知見中生計度者. 是人墜入四種顚倒. 不死矯亂遍計虛論. Xuan. II. 734에 따르면, 변계허론(遍計虛論)은 변계소집성(遍計所執性)의 허망한 집착의 이론을 말한다. 계탁(計度)은 망상이 많아서 여러 가지로 사량분별하는 것을 말한다. Unh. 467에 따르면, 바사론(婆沙論)에서 이교도들은 계탁하되, 하늘이 상주하는 것이 죽지 않는 것이라고 하고 만일 잘못 대답하면 하늘에 가서 나지 못한다고 하면서 만일 참으로 잘못 대답하면 교란이 될까 분명하게 대답하지 못한다고 했다.

의 본원을 관찰하여 천류하는 것을 보면 변화한다고 하고, 상속하는 것을 보면 항상하다고 하고, 보이는 것을 보면 생겨난다고 하고, 보이는 것을 보지 못하면 소멸한다고 하고, 상속의 원인성품이 끊어지지 않으면 늘어난다고 하고 올바른 상속 가운데 중간이 떨어지면 줄어든다고 하고, 각각 생겨나면 있다고 하고, 서로서로 없어지면 없다고 하고, 이치로는 모두 보고 마음으로는 따로 보았으므로, 가르침을 구하는 사람이 와서 물으면 '내가 지금, 나기도 죽기도 하고, 있기도 없기도 하고, 늘기도 하고 줄기도 한다.'라고 언제나 교란하여 저 앞에 있는 사람으로 하여금 말귀를 잃어버리게 만든다.[1902] ② 〔답무교란〕 둘째의 이런 사람은 그 마음이 서로서로 원인이 없는 곳을 자세히 관찰하여 무(無)로 인하여 증득하였으므로 사람이 와서 물으면 오로지 한 글자로 '없다'라고 답하고 '없다'를 제외하고는 말할 것이 없다고 한다.[1903] ③ 〔답유교란〕 셋째의 이런 사람은 그 마음이 각각 원인이 있는 곳을 자세히 관찰하여 유(有)로 인하여 증득하였으므로 사람이 와서 물으면 오로지 한 글자로 '있다'라고 답하고 '있다'를 제외하고는 말할 것이 없다고 한다.[1904] ④ 〔유무교란〕 넷째의 이런 사람은 유(有)와 무(無)를 함께 보아서 그 경계가 두

1902) 一者是人觀變化元. 見遷流處名之爲變. 見相續處名之爲恒. 見所見處名之爲生. 不見見處名之爲滅. 相續之因性不斷處名之爲增. 正相續中中所離處名之爲滅. 各各生處名之爲有. 互互亡處名之爲無. 以理都觀用心別見. 有求法人來問其義. 答言我今亦生亦滅. 亦有亦無亦增亦減. 於一切時皆亂其語. 令彼前人遺失章句. Unh. 468에 따르면, 생멸하는 형성의 다발을 여덟 가지로 보고 있는 것이다.

1903) 二者是人諦觀其心. 互互無處因無得證. 有人來問唯答一字但言其無. 除無之餘無所言說.

1904) 三者是人諦觀其心. 各各有處因有得證. 有人來問唯答一字但言其是. 除是之餘無所言說. Unh. 469에 따르면, 유(有)에 대하여 '있다.'가 아니라 '이다.'로 답한 것은 '사람은 사람이다.'라고 말하므로 '있다.'라고 하면 치우칠 염려가 있기 때문에 '이다.'라고 한 것이다.

갈래이므로, 마음도 어지러워 사람이 와서 물으면 '역시 유가 바로 무이며, 또한 무 가운데 그렇지 않은 것이 유이다.'라고 일체를 교란하므로 끝까지 따질 수가 없게 한다.1905) 이렇게 교란하여 허무하게 계탁하는 까닭에 이교도에 떨어져 보리의 성품에 의구심을 품게 된다. 이것이 다섯 번째로 이교적인, '네 가지 전도성을 지닌, 죽지 않으려고 교란하는 변계허론' 즉, 불사교란변계허론(不死矯亂遍計虛論)이라고 하는 것이다."1906)

53. 6) 〔사후유상론〕 "아난다여, 삼매 가운데 있는 모든 선남자가 바른 마음이 견고하게 응결되면, 악마가 그 틈을 얻을 수가 없으니, 생류의 근본을 궁구하게 된다. 이때 저 유청(幽淸)하고 뚜렷이 우동(優動)하는 본원을 관찰하고, 다함없는 흐름에 계탁을 일으키면, 그 사람은 사람이 죽은 뒤에도 상이 있다는 심전도(心顚倒)를 일으킨다. ① 혹은 스스로 육신을 견고히 하여 내가 물질이라고 하고, ② 혹은 자아가 원만하여 국토를 포함하고 있는 것을 보고 내가 물질을 가졌다고 하고, ③ 혹은 저 눈앞의 인연들이 나를 따라 회복되므로 물질은 나의 것이고 하고, ④ 혹은 형성의 다발 가운데 내가 상속하므로 물질 가운데 자아가 있다고 하면서, 모두가 계탁하여 '죽은 뒤에 상이 있다.'라고 하니, 이렇게 돌고 돌아 열여섯 가지 상이 있게 된다.1907) 이로부터 미혹으로 계탁하여 '궁극적인 번뇌와

1905) 四者是(152c)人有無俱見. 其境枝故其心亦亂. 有人來問答言亦有卽是亦無. 亦無之中不是亦有. 一切矯亂無容窮詰.

1906) 由此計度矯亂虛無. 墮落外道惑菩提性. 是則名爲第五外道四顚倒性. 不死矯亂遍計虛論.

1907) ① 或自固身云色是我. ② 或見我圓含遍國土. 云我有色. ③ 或彼前緣隨我迴復. 云色屬我. ④ 或復我依行中相續. 云我在色. 皆計度言死後有相. 如是循環有十六相. 물질에 대하여 네 가지 아상(我相) - ① 물질이 자아이다(色是我). ② 자아가 물질을

궁극적인 보리의 두 성품은 나란히 달리는 것이어서 서로 접촉하지 않는다.'라고 하고, 이러한 계탁으로 죽은 뒤에도 상이 있다고 하는 까닭에 이교도에 떨어져 보리의 성품에 의구심을 품게 된다. 이것이 여섯 번째로 이교적인, 다섯 가지 존재의 다발과 관련하여 '죽은 뒤에 상이 있다.'는 사후유상심전도론(死後有相心顚倒論)을 세우는 것이다."1908)

54. 7) [사후무상론] "또한, 삼매 가운데 있는 모든 선남자가 바른 마음이 견고하게 응결되면, 악마가 그 틈을 얻을 수가 없으니, 생류의 근본을 궁구하게 된다. 이때 저 유청(幽淸)하고 뚜렷이 우동(優動)하는 본원을 관찰하고, 먼저 제거하여 없앤 물질의 다발, 느낌의 다발, 지각의 다발 가운데 계탁을 일으키면, 그 사람은 사람이 죽은 뒤에는 상이 없다는 심전도(心顚倒)를 일으킨다.1909) ① 그 물질의 다발이 소멸하였으니 형체가 의탁할 곳이 없는 것을 보고, 지각의 다발이 소멸하였으니 마음이 계박될 곳이 없는 것을 보고, 느낌의 다발이 소멸하였으니 연결될 곳이 없는 것을 안다. 이러한 다발의 성품이 사라지니, 설사 생성의 이치가 있을 지라도 느낌의 다발과 지각의 다발이 없으므로 초목과 같아진다. 이러한 성질은 지금 나타났을 때에도 오히려 얻을 수 없는데, 사후에 어떻게 모든 상이 있다고 할 것인가? 그로 인해 사후에 상이 없다고 유추할 수

지녔다(我有色). ③ 물질은 나의 것이다(色屬我). ④ 물질 안에 내가 있다(我在色) – 가 있으므로 느낌, 지각, 형성에도 각각 네 가지 상이 있어 모두 열여섯 가지 아상[十六相]이 있다.

1908) 從此惑計畢竟煩惱畢竟菩提. 兩性並驅各不相觸. 由此計度死後有故. 墮落外道惑菩提性. 是則名爲第六外道. 立五陰中死後有相心顚倒論.

1909) 又三摩中諸善男子. 堅凝正心魔不得便窮生類本. 觀彼幽淸常擾動元. 於先除滅色受想中生計度者. 是人墜入死後無相發心顚倒.

있으니, 이와 같이 돌고 돌아 여덟 가지 무상(無相)이 있는 것이다.[1910] ② 이로부터 혹은 계탁하기를, 열반과 인과가 일체 모두 공(空)하므로, 부질없이 이름만 있을 뿐, 구경에는 단멸하는 것이라고도 한다.[1911] ③ 이와 같이 계탁하여 사후에 아무것도 없다고 하는 까닭에, 이교도에 떨어져 보리의 성품에 의구심을 품게 된다. 이것이 일곱 번째로 이교적인, 다섯 가지 존재의 다발과 관련하여 '죽은 뒤에는 상이 없다.'는 사후무상심전도론(死後無相心顚倒論)을 세우는 것이다."[1912]

55. 8) 〔사후구비론〕 "또한, 삼매 가운데 있는 모든 선남자가 바른 마음이 견고하게 응결되면, 악마가 그 틈을 얻을 수가 없으니, 생류의 근본을 궁구하게 된다. 이때 저 유청(幽淸)하고 뚜렷이 우동(優動)하는 본원을 관찰하고, 형성의 다발이 있는 가운데 느낌의 다발과 지각의 다발이 함께 소멸함으로서 유와 무를 쌍으로 계탁하여 자체가 서로 파괴한다고 하면, 그 사람은 죽은 뒤에 유와 무가 모두 아니라는 전도론을 일으키는데 떨어진다.[1913] ① 물질과 느낌과 지각 가운데 유(有)를 보나 유가 아니라고 하고, 형성의 다발이 천류하는 곳에서 무(無)를 보나 무가 아니라 하며, 이렇게 돌고 도는

1910) 見其色滅形無所因. 觀其想滅心無所繫. 知其受滅無後連綴. 陰性銷散. 縱有生理而無受想與草木同. 此質現前猶不可得. 死後云何更有諸相. 因之勘校死後相無. 如是循環有八無相. Xuan. II. 742에 따르면, 생리(生理)는 형성의 다발이다. Unh. 472에 따르면, 여덟 가지 무상[八無相]은 현재의 무, 미래의 무 2가지가 물질, 느낌, 지각, 형성의 4가지 다발에 적용된 것을 말한다.

1911) 從此或計涅槃因果一切皆空. 徒有名字究竟斷滅.

1912) 由此計度死後無故. 墮落外道惑菩提性. 是則名爲第七外道. 立五陰中死後無相心顚倒論.

1913) 又三摩中諸善男子. 堅凝正心魔不得便窮生類本. 觀彼幽淸常擾動元. 於行存中兼受想滅. 雙計有無自體相破. 是人墜入死後俱(153a)非起顚倒論.

다발의 세계가 다해지면, 여덟 가지 모두가 상이 아니라고 하고, 한 가지 인연을 얻음에 따라서 모두가 사후에 상이 있거나 상이 없게 된다고 말한다.1914) ② 또한 모든 형성의 다발의 성품이 변천한다고 계탁하는 까닭에 마음에 통달하여 깨달았다는 생각으로 유(有)와 무(無)가 모두 아니라고 하면서 허상과 실재를 분간치 못하게 된다.1915) 이와 같이 계탁하여 사후에 모든 것이 아니라고 하는 까닭에, 이교도에 떨어져 뒤에 오는 미래에 대해서는 어두워 길이 보이지 않으므로 보리의 성품에 의구심을 품게 된다. 이것이 여덟 번째로 이교적인, 다섯 가지 존재의 다발과 관련하여 '죽은 뒤에는 유와 무 모두가 아니다.'라는 사후구비심전도론(死後俱非心顚倒論)을 세우는 것이다."1916)

56. 9) 〔사후단멸론〕 "또한, 삼매 가운데 있는 모든 선남자가 바른 마음이 견고하게 응결되면, 악마가 그 틈을 얻을 수가 없으니, 생류의 근본을 궁구하게 된다. 이때 저 유청(幽淸)하고 뚜렷이 우동(優動)하는 본원을 관찰하고, 후속이 되는 이후의 세상에는 생이 없다고 계탁하니, 이러한 사람은 일곱 가지 단멸론(斷滅論)에 떨어진다.1917) ① 혹은 몸이 멸한다고 계탁하고, ② 혹은 욕망이 다하여

1914) 色受想中見有非有. 行遷流內觀無不無. 如是循環窮盡陰界. 八俱非相隨得一緣. 皆言死後有相無相. 여덟 가지가 상이 아니라고 하는 것[八俱非相]은 비유(非有), 비무(非無)의 2가지가 물질[色], 느낌[受], 지각[想], 형성[行]의 4가지 다발에 적용된 것을 말한다.

1915) 又計諸行性遷訛故. 心發通悟有無俱非虛實失措.

1916) 由此計度死後俱非. 後際昏瞢無可道故. 墮落外道惑菩提性. 是則名爲第八外道. 立五陰中死後俱非心顚倒論.

1917) 又三摩中諸善男子. 堅凝正心魔不得便窮生類本. 觀彼幽淸常擾動元. 於後後無生計度者. 是人墜入七斷滅論. Unh. 475에 따르면, 일곱 가지 단멸론[七斷滅論]은 일곱 가지 운명의 존재[七趣: 제11장§46]의 단멸론을 뜻한다. 일곱 가지 운명의 존재는 인간, 욕계천, 초선천, 이선천, 삼선천, 사선천, 무색계천이다.

멸한다고 계탁하고, ③ 혹은 괴로움이 다하여 멸한다고 계탁하고, ④ 혹은 지극한 행복〔極樂〕이 멸한다고 계탁하고, ⑤ 혹은 지극한 평정〔極捨〕이 멸한다고 계탁하는 것이다.1918) 이렇게 돌고 돌아 칠제(七際)가 다해져서 눈앞에서 소멸하면 다시 회복되지 않는다고 한다.1919) 이와 같이 계탁하여 죽은 뒤에는 단멸한다고 하는 까닭에 이교도에 떨어져 보리의 성품에 의구심을 품게 된다. 이것이 아홉 번째로 이교적인, 다섯 가지 존재의 다발과 관련하여 '죽은 뒤에는 모든 것이 단멸한다.'는 사후단멸심전도론(死後斷滅心顚倒論)을 세우는 것이다."1920)

57. 10) 〔오현열반론〕 "또한, 삼매 가운데 있는 모든 선남자가 바른 마음이 견고하게 응결되면, 악마가 그 틈을 얻을 수가 없으니, 생류의 근본을 궁구하게 된다. 이때 저 유청(幽淸)하고 뚜렷이 우동(優動)하는 본원을 관찰하고, 후속이 되는 이후의 세상에는 생이 있다고 계탁하니, 이러한 사람은 이러한 다섯 가지 열반론(涅槃論)에 떨어진다.1921) ① 혹은 욕계천(欲界天)으로 바른 전생(轉生)의 의지처로 삼는데, 원명한 생을 보고 애모하는 까닭이고. ② 혹은 초선천(初禪天)으로 바른 전생의 의지처로 삼는데, 성품에 근심이

1918) 或計身滅. 或欲盡滅或苦盡滅. 或極樂滅或極捨滅 : Unh. 475에 따르면, 여기서 일곱 가지 운명의 존재와 관련시키면, 몸은 인간과 욕계천에 해당하고 욕망의 다함은 초선천, 괴로움의 다함은 이선천, 지극한 행복[極樂]은 삼선천, 지극한 평정[極捨]은 사선천과 무색계천에 해당한다.

1919) 如是循環窮盡七際. 現前銷滅滅已無復 : 여기서 칠제(七際)는 일곱 가지 운명의 존재인 칠취(七趣: 제11장§46)를 말하는 것이다.

1920) 由此計度死後斷滅. 墮落外道惑菩提性. 是則名爲第九外道. 立五陰中死後斷滅心顚倒論.

1921) 又三摩中諸善男子. 堅凝正心魔不得便窮生類本. 觀彼幽淸常擾動元. 於後後有生計度者. 是人墜入五涅槃論.

없는 까닭이고. ③ 혹은 이선천(二禪天)으로 바른 전생의 의지처로 삼는데, 마음에 괴로움이 없는 까닭이고. ④ 혹은 삼선천(三禪天)으로 바른 전생의 의지처로 삼는데, 지극한 기쁨이 따르는 까닭이고. ⑤ 혹은 사선천(四禪天)으로 바른 전생의 의지처로 삼는데, 괴로움과 즐거움을 여의니 윤회생멸을 받지 않는 까닭이다. 이렇게 미혹하여 번뇌가 있는 유루천(有漏天)을 번뇌가 없는 무위(無爲)라고 잘못 알고, 이러한 다섯 처소를 안온하여 수승하고 청정한 의지처로 삼으니, 이렇게 고리 돌리듯, 다섯 처소가 구경이 되는 것이다.[1922] 이와 같이 계탁하여 다섯 가지 열반이 나타나는 까닭에, 이교도에 떨어져 보리의 성품에 의구심을 품게 된다. 이것이 열 번째로 이교적인, 다섯 가지 존재의 다발 속에서 '다섯 처소가 그대로 열반의 현전이다.'는 오현열반심전도론(五現涅槃心顚倒論)을 세우는 것이다."[1923]

58. "아난다여, 이와 같이 열 가지 선정에 대한 잘못된 이해는 모두가 형성의 다발에서 작용하는 마음이 교호하므로 이러한 깨달음의 경계가 나타나는 것인데, 뭇삶들이 완미하여 스스로 헤아려 알지 못하는 것이다. 이러한 현상을 만나서 그것이 눈앞에 나타나, 미혹하여 잘못 이해하면, 스스로 성인의 반열에 올랐다고 하며, 크나큰 망어를 짓게 되니 무간지옥에 떨어진다.[1924] 그대들은 반드시 모

1922) ① 或以欲界爲正轉依. 觀見圓明生愛慕故. ② 或以初禪性無憂故. ③ 或以二禪心無苦故. ④ 或以三禪極悅隨故. ⑤ 或以四禪苦樂二亡. 不受輪迴生滅性故. 迷有漏天作無爲解. 五處安隱爲勝淨依. 如是循環五處究竟.

1923) 由此計度五現涅槃. 墮落外道惑菩提性. 是則名爲第十外道. 立五陰中五現涅槃心顚倒論.

1924) 阿難如是十種禪那狂解. 皆是行陰用心交互故現斯悟. 衆生頑迷不自忖量. 逢此現前以迷爲解自言登聖. 大妄語成墮無間獄.

름지기 여래의 마음을 가지고 내가 멸도한 뒤의 말법시대에 두루 뭇삶들로 하여금 그 의미를 깨닫게 해야 할 것이다. 마음의 악마로 하여금 스스로 깊은 과오를 범하지 않게 하고 바른 견해를 잘 지키고 수호하여 삿된 견해를 소멸시켜 그 몸과 마음에 참다운 이치를 깨닫게 가르쳐, 위없는 길에서 샛길을 만나지 않게 하고, 마음으로 하여금 적게 얻은 것으로 만족하게 하지 말고 크나큰 깨달음의 왕〔大覺王〕의 청정한 지표가 되게 해야 한다."1925)

59. 〔의식의 다발의 마장(識陰魔)〕〔전도망상〕 "아난다여, 선남자가 삼매를 닦아 형성의 다발이 다하면, 모든 세간의 성품인 유청(幽淸)하고 우동(擾動)하는 '함께 생겨난 근본'〔同分生機〕의 깊고 미세한 강뉴(綱紐)가 갑자기 끊어지고 개체의 업을 따르던 명맥(命脈)의 깊은 감응이 아주 끊어지게 되고, 이때 열반의 하늘이 크게 밝아지려고 하는 것이 마치 새벽닭이 운 뒤에 동방을 바라보면 이미 그 정색(精色)이 나타나듯, 여섯 감역이 허공과 같이 고요해지면서 다시 치닫는 것이 없어지고 안팎이 깊게 밝아져서 들어갈 곳이 없게 되고, 시방세계의 열두 종류의 뭇삶이 생명을 받는 원유(元由)를 깊이 통달하여, 그 원유를 관찰하여 원인을 보고 본원을 붙들어 어디에서도 태어나지 못하며 시방세계에서 그 동일함을 얻고 정색이 침몰하지 않고 그윽한 비밀을 드러내니, 이것을 바로 의식의 다발의 굴레라고 하고, 만약에 여러 종류가 태어나면서 동일함을 얻은 가운데 여섯 감관의 문을 소멸시켜 통합을 성취하면, 보

1925) 汝等必須將如來心. 於我滅後傳示末法. 遍令衆生覺了斯義. 無令心魔自起深孽. 保持覆(153b)護消息邪見. 敎其身心開覺眞義. 於無上道不遭枝岐. 勿令心祈得少爲足. 作大覺王淸淨標指.

고 듣는 것이 서로 통하여 상호작용으로 청정해져서 시방세계와 몸과 마음이 마치 폐유리(吠琉璃)1926)처럼 안팎이 환해질 것이니, 이것을 '의식의 다발의 궁진이라고 한다. 이 사람은 명탁(命濁)을 초월할 수가 있을 것인데, 그 이유를 관찰해 보면 망상허무(罔象虛無)의 전도망상(轉倒妄想)으로 그 근본을 삼기 때문이다."1927)

60. 1) 〔인소인집〕 "아난다여, 알아야 한다. 이 선남자가 모든 형성의 다발의 공(空)함을 다하고 의식의 다발의 근원으로 돌아가 생멸이 이미 멸하였으나, 적멸에서 정묘(精妙)가 원만하지 못하였으므로, 자기의 몸으로 하여금 감관에 막혔던 것을 통합하고, 또한 시방의 온갖 부류와도 지각이 통하여 지각하는 것이 통하면 홀연히 원원(圓元)1928)에 들어갈 수 있다. 만약 여기서 돌아가고자 하는 곳에 진상(眞常)을 세우고 수승한 이해라는 생각을 일으키면, 그 사람은 '소인(所因)1929)을 원인이라고 하는 집착' 즉, 인소인집

1926) 吠琉璃 : 범어 vaidūrya(=vaiḍūrya)를 음사한 것으로 비유리(毘琉璃), 비두리(毘頭梨)라고도 한다. 묘안석(猫眼石)이라고도 한다. 청색의 보석으로 칠보의 하나이다.

1927) 阿難彼善男子. 修三摩提行陰盡者. 諸世間性幽淸擾動. 同分生機倏然隳裂. 沈細綱紐補特伽羅. 酬業深脈感應懸絶. 於涅槃天將大明悟. 如雞後鳴瞻顧東方已有精色. 六根虛靜無復馳逸. 內外湛明入無所入. 深達十方十二種類受命元由. 觀由執元諸類不召. 於十方界已獲其同. 精色不沈發現幽祕. 此則名爲識陰區宇. 若於群召已獲同中. 銷磨六門合開成就. 見聞通鄰互用淸淨. 十方世界及與身心. 如吠琉璃內外明徹名識陰盡.是人則能超越命濁. 觀其所由罔象虛無. 顚倒妄想以爲其本 : Unh. 478에 따르면, 원유(元由)는 의식의 다발[識陰]을 뜻한다. Ig. 767의 계환해에 따르면, 명탁(命濁)이란 성품이 본래 하나의 진리인데 번뇌로 말미암아 성품과 격월(隔越)되어 성품이 작용하는 사이에 동이(同異)가 기준을 잃게 되는 것인데, 이것이 의식의 다발의 본체가 되기 때문에 의식의 다발이 다하면, 명탁을 초월할 수가 있는 것이다. 그 이유는 의식의 다발이 망상허무(罔象虛無)의 전도망상(轉倒妄想)이기 때문이다. 이때 망상허무란 있는 듯 없는 듯 미세한 것을 뜻한다.

1928) 圓元 : Unh. 480-481에 따르면, 의식의 다발을 지칭하는 것이다.

1929) 所因 : '원인이 있는 장소' 또는 '원인의 대상'이라는 뜻인데, 엄밀한 의미에서 Xuan. II. 756에서처럼, '원인이 아닌 것'을 뜻한다. Ig. 768의 계환해에 따르면, 인

(因所因執)에 떨어져, 쌍키야[1930] 학파가 귀의하는 명제(冥諦)[1931]와 반려가 되어, 부처님의 보리를 미혹하여 지견을 잃어버리게 되는 것이다. 이것은, 첫 번째로 소득심(所得心)을 세워 소귀과(所歸果)를 이루는 것이라고 하는데, 원통(圓通)을 어기고 열반의 도시를 등지고 이교의 종자에 나는 것이다."[1932]

61. 2) [능비능집] "또한 아난다여, 선남자가 모든 형성의 다발의 공(空)함을 다하고 생멸이 이미 멸하였으나, 적멸에서 정묘(精妙)가 원만하지 못하였으므로, 만약 돌아갈 때에 그것을 자체라고 보고, 진허공계(盡虛空界)의 열두 종류의 뭇삶들이 다 내 몸에서 한결 같이 유출한 것이라고 수승한 이해에 도달했다는 생각을 일으킨다면, 그러한 사람은 '불가능한 것을 가능한 것이라고 하는 집착' 즉, 능비능집(能非能執)에 떨어져, 마혜슈와라[1933]와 같이 한 없

(因)은 의처(依處)이고 소인(所因)은 비의처(非依處)이다.

1930) 쌍키야 학파(數論: Sāṃkhya) : 서분§6과 주석을 보라.

1931) 冥諦 : 쌍키야 학파가 주장하는 스물다섯 가지 진리(二十五諦) 가운데 제일제(第一諦)인 물질적 본체로서의 질료인(質料因)인 쁘라끄리띠(prakṛti)를 의미한다. 쁘, 라끄리띠는 물질적 원인으로서 활동성이 있고 자성(自性), 본성(本性), 승성(勝性), 명성(冥性), 명초(冥初)로 번역된다. 그와는 대조적인 뿌루샤(puruṣa)는 순수하고 청정한 초월적 실체로서 그 자체로서는 활동이 없는 신아(神我)이다. 쁘라끄리띠에는 순질(純質), 격질(隔質), 암질(暗質) 3요소가 있는데, 이 세 가지 구성 요소가 평형 상태를 유지하고 있다가, 뿌루샤의 관조(觀照)를 받아 그 균형이 깨지면서 동요하기 시작한다. 처음에는 분별 의식이 생겨나고 그 다음에 '나'라는 자아의식이 이어지면서 고통스러운 윤회가 시작된다. 이 고통의 극복 방법으로는 요가 수행을 통하여 푸루샤의 본래적인 기능을 회복하는 것이다.

1932) 阿難當知是善男子窮諸行空. 於識還元已滅生滅. 而於寂滅精妙未圓. 能令己身根隔合開. 亦與十方諸類通覺. 覺知通㴱能入圓元. 若於所歸立眞常因生勝解者. 是人則墮因所因執. 娑毘迦羅所歸冥諦成其伴侶. 迷佛菩提亡失知見. 是名第一立所得心. 成所歸果違遠圓通. 背涅槃城生外道種 : '원통을 어기고 열반의 도시를 등진다.'라는 것은 인지(因地)의 마음을 잃어버리고 과지(果地)의 증명이 얻지 못한 것이다. Ig. 769의 계환해에 따르면, 마음에 얻을 것이 있고 과(果)에도 돌아갈 곳이 있어서, 즉인즉과(卽因卽果)가 모두 망소(妄所)에 떨어졌기 때문에 '원통을 어기고 열반의 도시를 등진다.'

는 몸을 나투는 자와 반려가 되어, 부처님의 보리를 미혹하여 지견을 잃어버리게 되는 것이다. 이것은, 두 번째로 능위심(能爲心)을 세워 능사과(能事果)를 이루는 것이라고 하는데, 원통(圓通)을 어기고 열반의 도시를 등지고 대만천(大慢天)의 아편원(我遍圓)의 종자로 나는 것이다."1934)

62 3) 〔상비상집〕 "또한 선남자가 모든 형성의 다발의 공(空)함을 다하고 생멸이 이미 멸하였으나, 적멸에서 정묘(精妙)가 원만하지 못하였으므로, 만약 돌아갈 때에 돌아가 의지할 곳이 있다고 하여, 스스로 몸과 마음이 여기에서 유출하였고, 시방의 허공계도 모두 여기서 생겨났다고 의심하니, 즉, 모든 생겨나는 것이 선류하는 곳을 참되고 항상하는 몸으로 삼아 그곳에는 생멸이 없다는 견해를 일으키고 생멸 가운데 있으면서 상주한다고 미리 계탁하여, 이미 불생에도 현혹되고 생멸에도 미혹한데도 깊은 혼미 속에서 안주하면서 수승한 이해에 도달했다는 생각을 일으키면, 그러한 사람은 '항상하지 못한 것을 항상하다고 하는 집착' 즉, 상비상집(常非常執)에 떨어져, 자재천을 계탁하여 반려가 되어, 부처님의 보리를 미혹하여 지견을 잃어버리게 되는 것이다. 이것은, 세 번째로 인의

1933) Maheṣvara : 한역에서는 마혜수라(摩醯首羅)라고 하는데, 대자재천(大自在天)이라고 번역한다. 우주의 대주재신, 시바 신의 이름이기도 하다. 불교에서는 미세한 물질계[色界]의 최고천인 색구경천(色究竟天)의 이름이기도 하다.

1934) 阿難又善男子. 窮諸行空已滅生滅. 而於寂滅精妙未圓. 若於所歸覽爲自體. 盡虛空界十二類內所有衆生. 皆我身中一類流出生勝解者. 是人則墮能非能執. 摩醯首羅現無邊身. 成其伴侶. 迷佛菩提亡失知見. 是名第二立能爲心. 成能事果違遠圓通. 背涅槃城生大慢天我遍圓種 : Pr. 934에 따르면, 능위심(能爲心)은 스스로 만물의 지배자로서 만물을 만들어냈다는 마음을 뜻하고, 능사과(能事果)는 만물이 만들어진 결과로서의 피조물이라는 생각을 말한다. Unh. 481에 따르면, 대만천(大慢天)은 마헤슈와라가 지배하는 색구경천를 뜻하고, 아편원(我遍圓)은 '내가 허공계에 편만하다.'라는 주장을 말한다.

심(因依心)을 세워 망계과(妄計果)를 이루는 것이라고 하는데, 원통(圓通)을 어기고 열반의 도시를 등지고 전도된 원명(圓明)의 종자에 나는 것이다."[1935]

63. 4) 〔무지지집〕 "또한 선남자가 모든 형성의 다발의 공(空)함을 다하고 생멸이 이미 멸하였으나, 적멸에서 정묘(精妙)가 원만하지 못하였으므로, 만약 아는 대상에 대하여 두루 원만하게 알아 그 아는 것으로 견해를 세워, 시방의 초목도 모두가 유정이어서 사람과 다를 바가 없고, 초목도 사람이 되고, 사람이 죽으면 시방의 초목이 된다고, 가릴 것이 없이 두루 안다고 수승한 이해에 도달했다는 생각을 일으키면, 그러한 사람은 '아는 것이 없는 것을 안다고 하는 집착' 즉, 무지지집(無知知執)에 떨어져 바드라[1936]와 쎄니까[1937]와 같이 '일체에 지각이 있다.'고 고집하는 자들과 반려가 되어, 부처님의 보리를 미혹하여 지견을 잃어버리게 되는 것이다. 이것은, 네 번째로 원지심(圓知心)을 세워 허류과(虛謬果)를 이루는 것이라고 하는데, 원통(圓通)을 어기고 열반의 도시를 등지고 전도된 원지(圓知)의 종자에 나는 것이다."[1938]

1935) (153c)又善男子. 窮諸行空已滅生滅. 而於寂滅精妙未圓. 若於所歸有所歸依. 自疑身心從彼流出. 十方虛空咸其生起. 卽於都起所宣流地. 作眞常身無生滅解. 在生滅中早計常住. 旣惑不生亦迷生滅. 安住沈迷生勝解者. 是人則墮常非常執. 計自在天成其伴侶. 迷佛菩提亡失知見. 是名第三立因依心. 成妄計果違遠圓通. 背涅槃城生倒圓種 : Unh. 482에 따르면, 인의심(因依心)은 식원(識元)에 의지하는 것을 말하고 망계과(妄計果)는 상주의 결과를 얻는 것을 말한다. 전도된 원명(圓明)의 종자는 '내가 원만히 만물을 냈다.'는 의식을 말한다.

1936) Bhadra : 한역으로 음사하여 바타(婆吒), 번역하여 최승(最勝)이라고 번역된다. 초목에도 생명이 있다고 믿는 외도이다.

1937) Senika : 한역으로 음사하여 산니(霰尼)라고 하는데, 번역하여 유군(有軍) 또는 승군(勝軍)이라고 한다. 초목에도 생명이 있다고 믿는 외도이다.

1938) 又善男子窮諸行空已滅生滅. 而於寂滅精妙未圓. 若於所知知遍圓故. 因知立解十方

64. 5) 〔무생생집〕 "또한 선남자가 모든 형성의 다발의 공(空)함을 다하고 생멸이 이미 멸하였으나, 적멸에서 정묘(精妙)가 원만하지 못하였으므로, 만약 원융해진 감관이 서로 작용하는 가운데 수순을 얻고는, 문득 원융하여 변화하는 데서 모든 것이 발생한다고 하여, 불의 광명을 구하고, 물의 청정을 즐기고, 바람의 유통을 좋아하고, 감역의 성취를 보아, 각각 숭상하고 섬기어 여러 티끌을 만들어내는 본인(本因)이라고 하여 상주의 견해를 세우면, 그러한 사람은 '생겨나지 않는 것을 생겨나게 하는 집착' 즉, 무생생집(無生生執)에 떨어져, 까쉬야빠와 바라문들이 마음을 쓰고 몸을 사역하면서 불을 섬기고 물을 숭상하며 생사를 벗어나려는 것과 같은데, 그들과 반려가 되어, 부처님의 보리를 미혹하여 지견을 잃어버리게 되는 것이다. 이것은, 다섯 번째로 숭배하여 섬김을 계착하여 마음을 모르고 사물을 따르는 망구인(妄求因)을 세워 망기과(妄冀果)를 이루는 것이라고 하는데, 원통(圓通)을 어기고 열반의 도시를 등지고 전도된 변화(變化)의 종자에 나는 것이다."[1939]

65. 6) 〔귀무귀집〕 "또한 선남자가 모든 형성의 다발의 공(空)함을 다하고 생멸이 이미 멸하였으나, 적멸에서 정묘(精妙)가 원만하지

草木. 皆稱有情與人無異. 草木爲人人死還成十方草樹. 無擇遍知生勝解者. 是人則墮知無知執. 婆吒霰尼執一切覺成其伴侶. 迷佛菩提亡失知見. 是名第四計圓知心. 成虛謬果違遠圓通. 背涅槃城生倒知種.

1939) 又善男子窮諸行空已滅生滅. 而於寂滅精妙未圓. 若於圓融. 根互用中已得隨順. 便於圓化一切發生. 求火光明樂水淸淨. 愛風周流觀塵成就. 各各崇事以此群塵. 發作本因立常住解. 是人則墮生無生執. 諸迦葉波幷婆羅門. 勤心役身事火崇水. 求出生死成其伴侶. 迷佛菩提亡失知見. 是名第五計著崇事. 迷心從物立妄求因. 求妄冀果違遠圓通. 背涅槃城生顚化種 Unh. 484에 따르면, 티끌은 사대를 말하고, 망구인(妄求因)은 원인이 아닌 것을 원인이라고 하는 것을 말하고, 망기과(妄冀果)는 과위가 아닌데 과위를 희구하는 것이다.

못하였으므로, 만약 원명(圓明)한 데서 그 밝음이 모자란다고 계탁하여 모든 변화를 부정하고 영멸에 의지하여 귀의처로 삼고, 수승한 이해에 도달했다는 생각을 일으키면, 그러한 사람은 '귀의할 수 없는 곳을 귀의처로 삼는 집착' 즉, 귀무귀집(歸無歸執)에 떨어져, 무상천(無相天) 가운데 슈니야따[1940]와 반려가 되어 부처님의 보리를 미혹하여 지견을 잃어버리게 되는 것이다. 이것은, 여섯 번째로 원허무(圓虛無)의 마음으로 공망과(空亡果)를 이루는 것이라고 하는데, 원통(圓通)을 어기고 열반의 도시를 등지고 단멸(斷滅)의 종자에 나는 것이다."[1941]

66. 7) 〔탐비탐집〕 "또한 선남자가 모든 형성의 다발의 공(空)함을 다하고 생멸이 이미 멸하였으나, 적멸에서 정묘(精妙)가 원만하지 못하였으므로, 만약 원상(圓常)한 곳에서 몸을 견고히 하여 상주(常住)하려고 정원(精圓)과 동일하게 되어 영구히 죽지 않는 것이 수승한 이해에 도달했다는 생각을 일으키면, 그러한 사람은 '탐내서는 안 될 것을 탐내는 집착' 즉, 탐비탐집(貪非貪執)에 떨어져, 아씨따[1942] 선인과 같은 오래 살기를 구하는 자들과 반려가 되어

1940) Śūnyatā : 제5장§29를 참조하라.

1941) 又善男子窮諸行空已滅生滅. 而於寂滅精妙未圓. 若於圓明計明中虛. 非滅群化以永滅依. 爲所歸依生勝解者. 是人則墮歸無歸執. 無相天中諸舜若多成其伴侶. 迷佛菩提亡失知見. 是名第六圓虛無心. 成空亡果違(154a)遠圓通. 背涅槃城生斷滅種; Unh. 485에 따르면, '원허무(圓虛無)의 마음으로 공망과(空亡果)를 이룬다.'는 것은 '원명한 것을 허무하다고 보는' 즉, '공을 취하는' 마음을 원인으로 단멸하는 견해를 이루는 것을 결과로 삼는다는 뜻이라고 해석하고 있다. 다만 한역에서 원래 무상천(無想天)이라고 나온 것은 Pr. 939에 따라 무상천(無相天)으로 고쳤다. 무상천(無想天)은 미세한 물질계[色界]의 최고천인 무상유정천(無想有頂天)을 의미하기 때문이다. 그러나 무상천(無相天)은 비물질계의 천상세계(無色界天)로서 사공천(四空天)이라고 불리는 까닭에, 순야다((舜若多; Śūnyatā; Suññātā; 空性)로서 규정될 수 있기 때문이다.

1942) Asita : 음사하여 아사타(阿斯陀)라고 하는데, 아씨따(Asita) 선인(仙人)는 원래

부처님의 보리를 미혹하여 지견을 잃어버리게 되는 것이다. 이것은, 일곱 번째로 목숨의 본원에 집착하여 고망인(固妄因)을 세워 장로과(長勞果)에 나아가는 것이라고 하는데, 원통(圓通)을 어기고 열반의 도시를 등지고 망연(妄延)의 종자에 나는 것이다."1943)

67. 8) 〔진무진집〕 "또한 선남자가 모든 형성의 다발의 공(空)함을 다하고 생멸이 이미 멸하였으나, 적멸에서 정묘(精妙)가 원만하지 못하였으므로, 만약 명원(命元)이 서로 통하는 것을 관찰하고, 번뇌에 머물러 그 소진을 두려워하며, 문득 이 기회에 연화궁에 앉아서 칠보를 널리 나투고 미녀들을 많이 늘려 마음대로 즐기는 것이 수승하다는 견해를 일으키면, 그러한 사람은 '진실하지 않은 것을 진실하다고 하는 집착' 진무진집(眞無眞執)에 떨어져, 그란티1944)와 까라1945)와 같은 자들과 반려가 되어 부처님의 보리를 미혹하

고따마 붓다의 할아버지이자 숫도다나(Śuddhodana)의 아버지인 씽하하누(Siṃhahanu)의 사제였다. 따라서 그는 숫도다나의 선생이었다가 나중에 제사장이 되었다. 그는 아침 저녁으로 숫도다나 왕을 찾아뵙고 문안을 드렸다. 왕이 서거하자 아씨따는 세상을 버리고 왕의 유원에서 살았다. 그는 여러 가지 신통력을 구사해서 천상세계에서 노닐기도 했는데, 어느 날 도리천에서 신들이 기뻐하는 것을 보고 씻다르타 고따마가 부처님이 되는 것을 알게 된다. 이렇게 해서 이 경이 시작되고 여기에 등장하는 날라까는 아씨따 선인의 누이동생의 아들이었다. Prj. II. 483에 따르면, 아씨따는 검은 피부를 가지고 있었기 때문에 깐하 데발라 등(Kaṇha Devala, Kaṇha Siri, Siri Kaṇha, Kāḷa Devala)으로 불리었다.

1943) 又善男子窮諸行空已滅生滅. 而於寂滅精妙未圓. 若於圓常固身常住. 同于精圓長不傾逝生勝解者. 是人則墮貪非貪執. 諸阿斯陀求長命者成其伴侶. 迷佛菩提亡失知見. 是名第七執著命元立固妄因. 趣長勞果違遠圓通. 背涅槃城生妄延種; Unh. 486에 따르면, '원상(圓常)한 곳'은 의식의 다발의 거처이고, '몸을 견고히 하여 상주하려고'하는 것은 성품이 상주하는 것을 보고 목숨까지 상주하려고 하는 것이다. 정원(精圓)은 성품의 원만을 뜻한다. 고망인(固妄因)은 공부로 망령되이 목숨을 견고하게 하려는 의도를 뜻하고 장로과(長勞果)는 영구히 노력하는 것뿐이고 상주(常住)가 아닌 것을 초래한다는 뜻이다. 망연(妄延)은 목숨의 연장을 망령되이 구하는 것을 뜻한다.

1944) Granthi : 천마의 이름인데 한역에서 타지(吒抧)로 음사되고 결박의 의미를 지닌다면, 원어는 그란티(Granthi)일 가능성이 높으나 확실하지 않다.

여 지견을 잃어버리게 되는 것이다. 이것은, 여덟 번째로 사사인(邪思因)을 내어 치진과(熾塵果)를 세우는 것이라고 하는데, 원통(圓通)을 어기고 열반의 도시를 등지고 천마(天魔)의 종자에 나는 것이다."[1946]

68. 9) 〔정성성문〕"또한 선남자가 모든 형성의 다발의 공(空)함을 다하고 생멸이 이미 멸하였으나, 적멸에서 정묘(精妙)가 원만하지 못하였으므로, 명원(命元)이 밝혀진 가운데 정밀한 것과 추중한 것을 분별하고, 진실과 허위를 결정하고, 원인과 결과가 서로 갚아지는 것이라 하여, 오직 감응하는 것만을 구하고 청정한 도를 등지고, 이른바 괴로움을 보고 그 원인을 끊고 적멸을 증득코자 도를 닦아 적멸에 이르러서는 쉬기만 하고 다시 앞으로 나아가지 않고, 수승한 이해에 도달했다는 생각을 일으키면, 그러한 사람은 정성성문(定性聲聞)에 떨어져 증상만을 지닌 배운 바가 없는 수행승들과 반려가 되어 부처님의 보리를 미혹하여 지견을 잃어버리게 되는 것이다. 이것은, 아홉 번째로 원정응(圓精應)의 마음으로 취적과(趣寂果)로 나가는 것이라고 하는데, 원통(圓通)을 어기고 열반의 도시를 등지고 전공(纏空)의 종자에 나는 것이다."[1947]

1945) Kāra : 천마(天魔)의 이름으로, 한역에서 가라(迦羅)라고 음사되고 아소작(我所作)이라고 번역되는 것으로 보아 원어는 까라(Kāra)라고 추측해 볼 수 있다.

1946) 又善男子窮諸行空已滅生滅. 而於寂滅精妙未圓. 觀命互通卻留塵勞恐其銷盡. 便於此際坐蓮華宮. 廣化七珍多增寶媛. 縱恣其心生勝解者. 是人則墮眞無眞執. 吒枳迦羅成其伴侶. 迷佛菩提亡失知見. 是名第八發邪思因. 立熾塵果違遠圓通. 背涅槃城生天魔種; Unh. 486에 따르면, 명원(命元)은 신명(身命)이 아니라, 의식의 다발을 뜻한다. 타지(吒枳)와 가라(迦羅)는 두 명의 천마(天魔)의 이름으로 음사된 것인데, 각각 결박(結縛)과 아소작(我所作)이라고 의역하는 것이다. '사사인(邪思因)을 내어 치진과(熾塵果)를 세우는 것'이란 '삿된 생각이라는 원인을 내어 번뇌가 치성한 결과를 이루는 것'을 뜻한다.

1947) 又善男子窮諸行空已滅生滅. 而於寂滅精妙未圓. 於命明中分別精麤. 疏決眞僞因果

69. 10) 〔정성벽지〕 “또한 선남자가 모든 형성의 다발의 공(空)함을 다하고 생멸이 이미 멸하였으나, 적멸에서 정묘(精妙)가 원만하지 못하였으므로, 만약 원융하고 청정한 각명(覺明)에서 심묘한 이치를 연마하여 열반이라고 내세우고 앞으로 나아가지 않고, 수승한 이해에 도달했다는 생각을 일으키면, 그러한 사람은 정성벽지(定性辟支)에 떨어져, 마음을 돌이키지 못하는 연각(緣覺)들이나 독각(獨覺)들과 반려가 되어, 부처님의 보리를 미혹하여 지견을 잃어버리게 되는 것이다. 이것은, 열 번째로 원각올(圓覺淴)의 마음으로 담명과(湛明果)로 나가는 것이라고 하는데, 원통(圓通)을 어기고 열반의 도시를 등지고, 깨달음을 원만히 나투지 못한 원명〔圓明不化圓〕의 종자에 나는 것이다.”1948)

相酬. 唯求感應背淸淨道. 所謂見苦斷集證滅修道居滅已休. 更不前進生勝解者. 是人則墮定性聲聞. 諸無聞僧增上慢者成其伴侶. 迷佛菩提亡失知見. 是名第九圓精應心成趣寂果違遠圓通. 背涅槃城生纏空種; Unh. 487-488에 따르면, ‘정밀한 것과 추중한 것’은 계외(界外)의 성법(聖法)은 정밀한 것이고 계내(界內)의 범부선정은 추중한 것이다. ‘진실과 허위’는 내교(內敎)의 인연은 진실이고 외도(外道)의 단상(斷常)은 허위이다. ‘원인과 결과가 갚아가는 것’은 세간과 출세간의 인과를 밝히는 것이다. ‘감응(感應)’의 감(感)은 닦음이고 응(應)은 증득하는 것이다. 정성성문(定性聲聞)은 대승심으로 돌리지 못한 둔한 아라한(阿羅漢)을 뜻하고, ‘원정응(圓精應)의 마음으로 취적과(趣寂果)로 나가는 것’이란 ‘증명을 구하는 마음을 원인으로 명적(冥寂)에 치우친 단멸적 적멸의 결과를 이루는 것을 뜻한다. 전공(纏空)은 공(空)에 속박된 상태를 말한다.

1948) 又善男子窮諸行空已滅生滅. 而於寂滅精妙未圓. 若於圓融淸淨覺明. 發硏深妙卽立涅槃. 而不前進生勝解者. 是人則墮定性辟支. 諸緣獨倫不迴心者. 成其伴侶. 迷佛菩提亡失知見. 是名第十圓覺淴心. 成湛明果違遠圓通. 背涅槃城生覺圓明不化圓種: Unh. 488에 따르면, 원융은 여섯 감관이 소멸하여 하나로 들어간 것이고, 청정은 유(有)를 파하고 공(空)으로 들어간 것이다. 각명은 명원(命元)을 보는 것을 뜻하고, 정성벽지(定性辟支)는 대승으로 회심할 수 없는 독각과 연각을 말하고, 독각은 사물의 변천을 보고, 연각은 십이인연을 보고, 심묘한 깨달음에 도달한 자이다. ‘원각올(圓覺淴)의 마음으로 담명과(湛明果)로 나가는 것’은 원융을 통해 명원(命元)을 보는 것을 원인으로, 해오의 경계로 나아가 열반을 삼는 것을 뜻한다.

70. "아난다여, 이와 같이 열 가지 선정으로서 중도에 광해(狂解)를 이루거나, 미혹으로 말미암아 아직 부족한 상태에 있으면서 만족하게 증득했다고 생각하는 것은 모두가 의식의 다발에서 작용하는 마음이 교호하므로 이러한 경계에 나는 것인데, 뭇삶들이 완미하여 스스로 헤아려 알지 못하는 것이다. 이러한 현상을 만나서 그것이 눈앞에 나타나, 제각기 그것을 좋아하여 먼저 익혔던 습기로 마음이 미혹하여 스스로 쉬면서, 그것을 가지고 필경 돌아갈 경지로 삼으며, 위없는 보리에 만족하였다고 하며, 크나큰 망어를 짓게 되니 이교의 삿된 악마에 걸려들고, 감응한 업보가 끝나면 무간지옥에 떨어진다. 그대들은 반드시 모름지기 여래의 마음을 가지고 내가 멸도한 뒤의 말법시대에 두루 뭇삶들로 하여금 그 의미를 깨닫게 해야 할 것이며, 견해의 악마로 하여금 스스로 깊은 과오를 범하지 않게 하고, 바른 인연를 잘 지키고 수호하여 삿된 인연를 소멸시켜 그 몸과 마음을 부처님의 앎과 봄에 들게 하여, 위없는 길에서 샛길을 만나지 않게 하라."1949)

71. 〔원명정심〕 "이러한 법문,1950) 앞선 과거세의 항하의 모래알 숫자만큼 많은 겁의 우주기에서 미진처럼 많은 여래께서도 이것을 의지하여 마음을 열어 위없는 도를 증득한 것이다. 만약에 의식의 다발이 궁진하면, 그대의 눈앞에서 모든 감관이 서로 통합적으로

1949) 阿難如是十種禪那中途成狂因依. 或未足中生滿足證. 皆是識陰用心交互故生斯(154b)位. 衆生頑迷不自忖量. 逢此現前各以所愛. 先習迷心而自休息. 將爲畢竟所歸寧地. 自言滿足無上菩提. 大妄語成外道邪魔. 所感業終墮無間獄. 聲聞緣覺不成增進. 汝等存心秉如來道. 將此法門於我滅後傳示末世. 普令衆生覺了斯義. 無令見魔自作沈蘖. 保綏哀救消息邪緣. 令其身心入佛知見. 從始成就不遭岐路.

1950) 如是法門 : 여기서 '이러한 법문'이란 50마장(魔障)에 대한 법문을 뜻한다.

작용할 것이고, 서로 통합적으로 작용하는 가운데 보살의 금강건혜(金剛乾慧)에 들어가서[1951]에 원명정심(圓明精心)이 그 가운데 나타나, 마치 맑은 유리 가운데 보월(寶月)을 넣은 듯 빛날 것이다.[1952] 이와 같이 십신(十信), 십주(十住), 십행(十行), 십회향(十迴向) 및 사가행(四加行)[1953]의 마음으로 보살이 수행하는 대상인 금강십지(金剛十地)와 등각(等覺)이 원명해지면, 여래의 묘장엄해(妙莊嚴海)에 들어가 보리를 원만히 이루어 무소득(無所得)의 경계로 돌아갈 것이다.[1954] 이것이 바로 과거세에 먼저 부처님이 되신 세존께서 사마타 중에 위빠사나에서 각명(覺明)으로 미세한 악마성〔魔事〕을 분석하신 것이다."[1955]

72 〔마경의 제거〕 "악마의 경계가 눈앞에 나타날 때에 그대가 잘 알아서 마음의 때를 씻어 제거하고, 삿된 견해에 떨어지지 않으면, 존재다발의 악마가 소멸하고 천상의 악마가 최파되고 대력귀신이 넋을 잃고 도망가고 온갖 도깨비들이 다시는 나타나지 못할 것이다. 바로 보리에 이르러 부족함이 없을 것이고, 하열한 자들도 더욱

1951) 能入菩薩金剛乾慧 : Unh. 490에 따르면, 건혜지(乾慧地)에서 단박에 등각(等覺)의 후심(後心)에까지 들어간 것이니, 처음과 나중을 모두 든 것이다.

1952) 圓明精心於中發化. 如淨琉璃內含寶月 : Unh. 490에 따르면, 유리(瑠璃)는 원명정심(圓明精心)을, 그 속의 보월(寶月)은 원명정심의 변화를 비유한 것이고 보리(菩提)는 지혜의 구경을 나타낸 것이고, 무소득(無所得)은 이치의 구경을 나타낸 것이다.

1953) 四加行 : 유식철학에서 견도(見道)에 들기 위한 난정인세난정인세(煖·頂·忍·世: 제9장§10)의 네 가지 유익한 행위를 뜻한다.

1954) 入於如來妙莊嚴海. 圓滿菩提歸無所得 : 묘장엄해(妙莊嚴海)는 만덕이 구족한 과해(果海)이고 보리를 원만히 하는 것은 일체종지를 회복하는 것이고, 무소득에 돌아가는 것은 진리에 계합하는 것이다.

1955) 如是法門先過去世. 恒沙劫中微塵如來. 乘此心開得無上道. 識陰若盡則汝現前諸根互用. 從互用中能入菩薩金剛乾慧. 圓明精心於中發化. 如淨琉璃內含寶月. 如是乃超十信十住十行十迴向四加行心. 菩薩所行金剛十地. 等覺圓明入於如來妙莊嚴海. 圓滿菩提歸無所得. 此是過去先佛世尊. 奢摩他中毘婆舍那. 覺明分析微細魔事.

정진하면 대열반에 관한 한, 마음이 미혹되지 않을 것이다."[1956]

73. [수지불정다라니주] "만약에 말법시대의 우둔한 뭇삶들이 선정을 알지 못하고, 설법을 알지 못하면서, 삼매를 닦기를 좋아한다면, 그대도 똑같이 사도에 떨어질까 두려우니, 일심으로 권하여 나의 불정다라니주를 수지하게 하라. 만약 아직 외우지 못한다면, 선방에 써서 걸어두거나 몸에 지니면, 일체의 모든 악마가 그대를 동요시킬 수가 없을 것이다. 그대는 시방 여래께서 구경까지 닦아 나가는 최후의 수범(垂範)인 이것을 공경하여 받들어라."[1957]

74. [존재의 다발의 생멸상] [아난다의 질문] 아난다가 자리에서 일어나 부처님께 가르침을 듣고자, 머리를 조아려 예경하고, 받들어 기억하여 잃어버리지 않고 대중 가운데 다시 부처님께 사뢰었다.[1958] [아난다] "부처님께서 말씀하신 바와 같이 다섯 가지 존재의 다발 가운데 다섯 가지가 허망한 것으로 본래 망상으로 된 것이라고 하지만, 저희들은 평상시에 여래께서 미세한 부분까지 열어 보이지 않아 깨우치지 못했습니다. 또한 그렇다면 다섯 가지 존재의 다발이 한꺼번에 소진되는 것입니까? 차제로 소진되는 것입니까? 이러한 다섯 가지 중첩은 어디까지가 경계입니까? 원컨대 여래께서는 대자비를 베풀어 이 대중을 위하여 청명한 마음의 눈이 되어 주

1956) 魔境現前汝能諳識. 心垢洗除不落邪見. 陰魔銷滅天魔摧碎. 大力鬼神褫魄逃逝. 魑魅魍魎無復出生. 直至菩提無諸少乏下劣增進. 於大涅槃心不迷悶.

1957) 若諸末世愚鈍衆生. 未識禪那不知說法. 樂修三昧汝恐同邪. 一心勸令持我佛頂陀羅尼咒. 若未能誦寫於禪堂或帶身上. 一切諸魔所不能動. 汝當恭欽十方如來. 究竟修進最後垂範: Unh. 491에 따르면, 선정을 알지 못한다는 것은 마사(魔事)를 깨닫지 못하는 것이고, 설법을 알지 못하는 것은 경을 많이 알지 못하는 것이고, 삼매를 닦기를 좋아하는 것은 간편한 방법을 알아서 고요하게 닦는 것이다.

1958) 阿難卽從坐起聞佛示誨. 頂禮欽奉憶持無失. 於大衆中重復白佛.

시고 말세의 일체 뭇삶을 위하여 미래의 눈이 되어 주십시오."1959)

75. 〔부처님의 답변〕 부처님께서 아난다에게 말씀하셨다. 〔세존〕 "정진(精眞)이 묘명(妙明)하고 본각(本覺)이 원정(圓淨)하니, 생사와 온갖 번뇌와 내지 허공까지 머물지 못하니, 모두가 망상으로 인하여 생겨난 것이다. 이 본각(本覺)은 묘명(妙明)하고 진정(眞精)한 것인데, 허망하게 모든 기세간(器世間)을 나투니, 마치 양냐닷따가 제 머리를 모르고 환영으로 오인하는 것과 같다. 망상은 원래 원인이 없는데, 망상 가운데 인연의 성품을 세운 것이다. 인연에 밝지 못한 자는 자연이라고 말하겠지만, 저 허공의 성품도 사실은 환상으로 생겨난 것이니, 인연과 자연이라는 것은 모두 뭇삶의 망심을 계탁하여 생겨난 것이다. 아난다여, 허망이 생겨난 곳을 알면 허망의 인연을 말할 수 있으나, 만약 허망이 본래 없는 것이라면, 허망의 인연을 말한다고 하더라도, 원래 있는 것이 아닌데, 어찌 알지 못하는 것을 자연이라고 추정할 수 있겠는가? 그러므로 여래는 그대와 더불어 다섯 가지 존재의 다발의 근본원인도 동일하게 망상이라는 것을 밝히는 것이다."1960)

1959) 如佛所言五陰相中. 五種虛妄爲本想心. 我等平常未蒙如來微細開示. 又此五陰爲倂銷除爲次第盡. 如是五重詣何爲界. 惟願如來發宣大慈. 爲此大衆淸明心目. 以爲末世一切衆生作將來(154c)眼.

1960) 佛告阿難. 精眞妙明本覺圓淨. 非留死生及諸塵垢乃至虛空. 皆因妄想之所生起. 斯本覺妙明眞精. 妄以發生諸器世間. 如演若多迷頭認影. 妄元無因. 於妄想中立因緣性. 迷因緣者稱爲自然. 彼虛空性猶實幻生. 因緣自然. 皆是衆生妄心計度. 阿難知妄所起說妄因緣. 若妄元無. 說妄因緣元無所有. 況不知推自然者. 是故如來與汝發明五陰本因同是妄想: Unh. 493에 따르면, 정진(精眞)은 참다운 전체(全體)이고 묘명(妙明)은 고요[寂]와 비춤[照]이 서로 융합한 것이고, 본각(本覺)은 수성(修成)이 아니기 때문에 본각이고, 원정(圓淨)은 두루 가득한 청정이다. 그러나 허망으로 세상이 생겨난 것은 양냐닷따[演若達多]의 머리는 본래 있었으나 망상으로 잃어버린 것과 같다.

76. 1) 〔물질과 견고망상〕 "너의 몸은 이전에 부모의 망상으로 인하여 생겨난 것이니 그대의 마음은 망상이 아니므로 바로 그 망상 중에 와서 생명을 전할 수는 없었을 것이다. 내가 앞서 말하길 마음에 신맛을 생각하면 입안에 침이 생겨나고, 마음이 높은 데를 오르는 것을 생각하면 발바닥이 저린 것과 같지만, 높은 절벽이 있는 것도 아니고, 신 물건도 온 것이 아닌데, 그대의 몸이 반드시 허망한 부류가 아니라면, 입에 침이 어떻게 신 물건에 대한 이야기로 인해서 나오겠는가? 그러므로 그대에게 현존하는 물질적인 몸을 첫 번째의 견고망상(堅固妄想)이라고 하는 것을 알아야 한다."1961)

77. 2) 〔느낌과 허명망상〕 "바로 여기서 말한 높은 곳에 있다고 생각하는 마음이 그대의 형진(形眞)으로 하여금 저린 느낌을 받게 하는 것인데, 그러한 느낌의 다발이 생겨남으로 말미암아 '물질로 이루어진 몸'〔色身〕이 움직이는 것이니, 그대가 지금 현존하면서 좋은 것을 따르고 싫은 것을 거스르는 두 가지 추동을 나타내는 것을 두 번째의 허명망상(虛明妄想)이라고 하는 것이다."1962)

78. 3) 〔지각과 융통방상〕 "그대의 생각에 입각한 염려로 말미암아 그대는 물질로 이루어진 몸을 부리는데, 몸이 생각의 부류가 아니라면, 그대의 몸이 어찌 생각에 따라 부려져서 갖가지 모습을 취하고, 마음이 형상을 취하고자 하면 지각과 더불어 따르겠는가? 깨면 지각을 새기는 마음이고, 자면 갖가지 꿈이다. 바로 그 그대의 지각

1961) 汝體先因父母想生汝心非想. 則不能來想中傳命. 如我先言心想醋味口中涎生. 心想登高足心酸起. 懸崖不有醋物未來. 汝體必非虛妄通倫. 口水如何因談醋出. 是故當知汝現色身. 名爲堅固第一妄想.

1962) 卽此所說臨高想心. 能令汝形眞受酸澀. 由因受生能動色體. 汝今現前順益違損二現驅馳. 名爲虛明第二妄想.

의 다발이 요동치는 망정(妄情)을 세 번째로 융통망상(融通妄想)이라고 하는 것이다."[1963]

79. 4) 〔형성과 유은망상〕 "변화하는 이치가 머물지 않고 움직이면서 알지 못하는 사이에 천이하면서 손발톱이 자라고 모발이 나면서 기운이 스러지고 용모가 쭈그러지는 것이 밤낮으로 이어지는 것을 조금도 알아채지 못한다. 아난다여, 이것이 그대가 아니라면, 어찌하여 몸이 변천하는 것이고, 이것이 반드시 그대라면, 어찌하여 알아채지 못하는 것인가? 바로 그대의 형성의 다발이 생각생각에 머물지 않는 것을 네 번째로 유은망상(幽隱妄想)이라고 하는 것이다."[1964]

80. 5) 〔의식과 미정망상〕 "또한, 그대가 정명하고 담연하고 부동한 것을 항상한 것이라고 한다면, 몸에서 보고 듣고 지각하고 인지하는 것이 생겨나지 않을 것이며, 만약 참으로 정진(精眞)이라면 망습을 용납하지 않을 것인데, 어찌하여 그대들이 왕년에 어떤 기이한 사물을 본 뒤에 여러 해를 지내면서 기억하는지 잊었는지조차 모르다가 나중에 홀연히 다시 그 사물을 보게 되면 기억이 완연해져서 조금도 잊어버리지 않은 것이니, 이 정명하고 담연하고 부동한 것 가운데 매순간 훈습을 받고 있는 것을 헤아릴 수 있겠는가? 아난다여, 이 담연한 것은 참된 것이 아니어서 급히 흐르는 물과 같아, 보기에는 고요한 듯하나, 흐름이 빨라 볼 수 없을지언정

1963) 由汝念慮使汝色身. 身非念倫汝身何因. 隨念所使種種取像. 心生形取與念相應. 寤即想心寐爲諸夢. 則汝想念搖動妄情. 名爲融通第三妄想.

1964) 化理不住運運密移. 甲長髮生氣銷容皺. 日夜相代曾無覺悟. 阿難此若非汝云何體遷. 如必是眞汝何無覺. 則汝諸行念念不停. 名爲幽隱第四妄想.

흐르지 않는 것은 아니니, 만약 의식의 다발이 망상의 본원이 아니라면 어찌 망상의 습기를 받아들이겠는가? 그대의 여섯 감관이 서로 작용하여 통합되어 열리지 않는다면, 그러한 망상은 언젠가는 소멸될 것이다. 그러므로 그대가 현재에서 보고 듣고 지각하고 인지하는 것 가운데 훈습을 꿰뚫는 기미 즉, 담연한 것 속에 형체가 없는 것을 다섯 번째로 전도된 미정망상(微精妄想)이라고 하는 것이다."[1965]

81. 〔존재의 다발과 돈오점수〕 "아난다여, 이렇게 다섯 가지로 경험하는 존재의 다발은 다섯 가지 망상으로 이루어진 것이다. 그대가 이제 그러한 원인의 세계의 깊고 얕은 것을 알고자 하면, 물질(物質)과 허공(虛空)은 물질의 다발의 한계이고,[1966] 접촉(接觸)과 분리(分離)는 느낌의 다발의 한계이고,[1967] 기억(記憶)과 망각(忘却)은 지각의 다발의 한계이고,[1968] 지멸(止滅)과 생기(生氣)

1965) 又汝精明湛不搖處名恒常者. 於身不出見聞覺知. 若實精眞不容習妄. 何因汝等曾於昔年睹一奇物. 經歷年歲憶忘俱無. 於後忽然覆睹前異. 記憶宛然曾不遺失. 則此精了湛不搖中. 念念受熏有何籌算. 阿難當知此湛非眞. 如急流水望如恬靜. 流急不見非是無流. 若非想元寧受想(155a)習. 非汝六根. 互用合開此之妄想無時得滅. 故汝現在見聞覺知中串習幾. 則湛了內罔象虛無. 第五顚倒細微精想; 역자의 '그대의 여섯 감관이 서로 작용하여 통합되는 것이 아니라면, 그러한 망상은 언젠가는 소멸될 것이다.'라는 번역은, Unh. 960을 비롯한 대부분의 번역에서 '너의 육근이 호용하여 개통함이 아니라면, [망상은] 없어질 때가 없느니라.'라고 번역되어 있다.

1966) 唯色與空是色邊際 : Unh. 499에 따르면, 물질(物質)은 유상(有相)이고 허공(虛空)은 무상(無相)인데, 유상을 다하고 무상을 다하지 못하면, 물질의 다발의 한계를 초월할 수 없다.

1967) 唯觸及離是受邊際 : Unh. 499에 따르면, 접촉(接觸)은 취착(取着)이고 분리(分離)는 염사(厭捨)인데, 취착을 다하고도 염사를 다하지 못하면, 느낌의 다발의 한계를 초월할 수가 없다.

1968) 唯記與忘是想邊際 : Unh. 499에 따르면, 기억(記憶)은 유념(有念)이고, 망각(忘却)은 무념(無念)인데, 유념을 다하고도 무념을 다하지 못하면, 지각의 다발의 한계를 초월할 수가 없다.

는 형성의 다발의 한계이고,1969) 담입(湛入)과 합담(合湛)은 의식의 다발의 한계이다.1970) 이러한 다섯 가지 존재의 다발은 본래 중첩하여 생겨난 것으로서, 생성은 의식을 원인으로 생겨나게 되고 소멸은 물질로부터 제거되는 것이다.1971) 이치로는 단박에 깨닫는 것이라, 깨달으면 모두 소멸하는 것이지만, 사상(事相)은 단박에 없어지는 것이 아니라 차제로 소멸하는 것이다. 네가 이미 그대에게 까빨라1972) 수건으로 매듭짓는 일을 보여주었는데, 무엇이 분명하지 않아 다시 묻는 것인가? 그대는 이 망상의 근원을 마음으로 열고 통달하여서 장차 말법시대의 모든 수행자에게 전하여 헛된 망상을 알아차리고 깊이 싫어하는 마음을 자생하게 하고, 스스로 열반이 있는 것을 알아, 삼계를 연연하지 않도록 하라."1973)

1969) 唯滅與生是行邊際 : Unh. 499에 따르면, 지멸(止滅)은 수행위의 정심세행(定心細行)이고 생기(生起)는 미혹위의 산심추행(散心麤行)인데, 산심추행을 다하고도 정심세행을 다하지 못하면, 형성의 다발의 한계를 초월할 수가 없다.

1970) 湛入合湛歸識邊際 : Unh. 499에 따르면, 담입(湛入)은 의식의 바다[識海]에 들어가는 것이고 합담은 의식의 바다에 합류하는 것인데, 의식의 바다에 들어감을 다하고 의식의 바다에 합류하는 것을 다하지 못하면, 의식의 다발의 한계를 초월할 수가 없다.

1971) 生因識有滅從色除 : Pr. 962에 따르면, '생기'는 의식의 다발(識陰)로부토 시작해서 형성의 다발(行陰), 지각의 다발(想陰), 느낌의 다발(受陰), 물질의 다발(色陰)로 생겨나는 것이고, 소멸하는 것은 물질의 다발로부터 시작해거 느낌의 다발, 지각의 다발, 형성의 다발, 의식의 다발의 순서로 소멸한다.

1972) Kapāla : 음사하여 겁파라(劫波羅)라고 하는데, 나무의 이름으로 이 나무의 줄기로 만들어 짠 수건을 말한다.

1973) 阿難是五受陰五妄想成. 汝今欲知因界淺深. 唯色與空是色邊際. 唯觸及離是受邊際. 唯記與忘是想邊際. 唯滅與生是行邊際. 湛入合湛歸識邊際. 此五陰元重疊生起. 生因識有滅從色除. 理則頓悟乘悟併銷. 事非頓除因次第盡. 我已示汝劫波巾結. 何所不明再此詢問. 汝應將此妄想根元心得開通. 傳示將來末法之中諸修行者. 令識虛妄深厭自生. 知有涅槃不戀三界.

III. 유통분(流通分)

1. 〔전법의 공덕〕 "아난다여, 만약에 어떤 사람이 시방세계에 두루 가득한 허공을 칠보로 가득 채워 미진처럼 많은 모든 부처님에게 이것을 가지고 공양하고 마음에 헛된 사량을 하지 않는다면, 어떻게 생각하는가? 이러한 사람은 부처님께 베푼 인연으로 복덕을 많이 얻지 않겠는가?"1974) 아난다가 대답했다. "허공이 다함이 없으니 진귀한 보배도 끝이 없겠습니다. 옛날에 어떤 뭇삶이 부처님에게 7전을 보시하여, 몸을 버리고 전륜왕의 지위에 올랐는데, 하물며 눈앞에 현존하는 허공이 다하고 불토가 충만하도록 진귀한 보물을 모두 보시하였다면, 겁의 우주기가 다하도록 생각해 보아도 미칠 수가 없으니, 그 복덕이 어찌 끝이 있겠습니까?"1975)

2. 〔죄장의 소멸〕 부처님께서 아난다에게 말씀하셨다. 〔세존〕 "모든 부처님이신 여래께서는 허망한 거짓을 말하지 않는다. 만약 어떤 사람이 네 가지 중죄1976)와 열 가지 승단추방죄1977)를 짓고

1974) 阿難若復有人遍滿十方. 所有虛空盈滿七寶. 持以奉上微塵諸佛. 承事供養心無虛度. 於意云何是人以此施佛因緣得福多不.

1975) 阿難答言虛空無盡珍寶無邊. 昔有衆生施佛七錢. 捨身猶獲轉輪王位. 況復現前虛空旣窮. 佛土充遍皆施珍寶. 窮劫思議尙不能及.是福云何更有邊際

1976) 四重罪 : 남방 율장과 동일한 사바라이(四波羅夷: 수행승의 승단추방죄)를 말한다. 계율 가운데 가장 중죄를 구성하는 것으로 4조(四條)가 있다. ① 음행 ② 투도 ③ 살인 ④ 인간을 뛰어넘는 상태(上人法 : uttarimanussadhamma)에 대한 사칭이다. 여기서 인간을 뛰어넘는 상태에 대한 사칭이란 실제로 얻지 못한 선정이나 신통이나 길과 경지를 얻었다고 허위로 알리는 것을 뜻한다. 수행녀의 경우에는 율장에 따라 조금 다르지만 네 가지가 더 추가된다. 이러한 죄들을 지으면, 참모임에서 추방되고, 다시는 구족계를 받을 수 없다. 그러나 사미계는 가능하다. 이 승단추방죄는 용서할 수 없는 죄(anavasesā āpatti)라고 하고 나머지는 용서할 수 있는 죄이다.

1977) 十波羅夷罪 : 대승보살계로 십중금계(十重禁戒)를 말한다. 십중금계는 십중대계라고도 하는데, ① 불살생계 ② 불투도계 ③ 불사음계 ④ 불망어계 ⑤ 불고주계(不

순식간에 이곳저곳의 아비지옥을 지나 시방의 무간지옥에까지 빠짐없이 거쳐야 되는 것이지만, 일념으로 이 법문을 말법시대에 아직 배우지 못한 사람들에게 열어 보이면, 그 사람의 죄장은 찰나에 소멸되어 그 받아야 할 지옥고의 원인이 변화하여 안락국을 이룰 것이고, 얻는 복덕은 앞의 보시한 사람보다도 백 배, 천 배, 천만억 배가 될 것이고, 내지 이와 같은 계산과 비유로 미치지 못할 것이다."1978)

3. 〔지송과 공덕〕 "아난다여, 어떤 뭇삶이 이 경전을 외우거나 이 다라니를 지송하면, 그 공덕은 내가 아무리 겁의 우주기가 다하도록 널리 설하여도 미치지 못할 것이고, 나의 가르침과 말에 의지하여 가르치는 대로 실천을 행하면, 곧바로 보리를 이루어 다시는 악마로 인한 마장이 없을 것이다."1979)

4. 〔대중의 환희〕 부처님께서 이 경전을 설해 마치니, 수행승과 수행녀, 재가의 남녀 신도와 일체 세간의 천신과 인간과 아수라 내지 모든 타방에서 온 보살과 성문과 연각과 고귀한 신선과 동자, 아울러 초발심을 일으킨 큰 힘을 지닌 귀신들이 모두 크게 환희하면서 예경하고 물러났다.1980)

沽酒戒): 술을 팔지 말라 ⑥ 불설과죄계(不說過罪戒); 사부중의 허물을 말하지 말라. ⑦ 불자찬훼타계(不自讚毁他戒); 자기를 칭찬하고 남을 비방하지 말라. ⑧ 불간계(不慳戒); 제 것을 아끼려고 남을 욕하지 말라. ⑨ 불진계(不瞋戒); 성내지 말라고 참회하는 것을 받으라. ⑩ 불방삼보계(不謗三寶戒): 삼보를 비방하지 말라.

1978) 佛告阿難. 諸佛如來語無虛妄. 若復有人身具四重十波羅夷. 瞬息卽經此方他方. 阿鼻地獄乃至窮盡. 十方無間靡不經歷. 能以一念將此法門. 於末劫中開示未學. 是人罪障應念銷滅. 變其所受地獄苦因成安樂國. 得福超越前之施人. 百倍千倍千萬億倍. 如是乃至算數譬喩所不能及.

1979) 阿難若有衆生. 能誦此經能持此咒. 如我廣說窮劫不盡. 依我教言如教行道. 直成菩提無復魔業.

1980) 佛說此經已. 比丘比丘尼優婆塞優婆夷. 一(155b)切世間天人阿修羅. 及諸他方菩薩二乘聖仙童子. 并初發心大力鬼神. 皆大歡喜作禮而去.

슈랑가마다라니와 수능엄경

부 록

참고문헌과 약어

주요참고문헌과 약어

『首楞嚴經』(T. 19. No. 945)

『首楞嚴呪』(T. 944A 不唐本, 944B. 不唐本)

『首楞嚴呪』(T. 19. No. 945A 般宋本, 945B 般明本)

「슈랑가마다라니」(SD.) (T. 19. No. 945B. 139a)

「호탄본 슈랑가마다라니」(호탄본) 『敦煌出土于闐語祕密經典集の研究』 田久保周譽師 東京 : 春秋社, 1975.

『楞厳呪－現代語訳と解説』(Kimu.) 木村得玄. 東京 : 春秋社 2006

「楞嚴呪解義」(Chung.) 鄭泰爀 佛教學報

『楞嚴呪詳解』(Zhang.) 張宏實 著, 橡實文化. 臺北. 2023.

『禪宗の陀羅尼』(Kih.) 木村俊彦/・竹中智泰, 大東出版社, 東京 2004

『楞嚴呪疏』(Xog.) 浙水慈雲寺顯密教觀沙門 續法集 佛陀教育基金會印贈 2009年 修訂版

『楞嚴經註解』(Unh.) 李耘虛 註解 東國譯經院. 동국역경원. 서울 1974

『譯註首楞嚴經』(Ig.) 일귀 역주. 샘이 깊은 물, 서울, 2003.

『능엄경대의풀이』(Namh.) 남회근 저, 송찬문 번역, 마하연, 서울, 2016

『능엄경강설』(Xuan.) 선화상인 저, 각산 정원규 편역, 불광출판사, 서울. 2009년

『楞嚴經正脈疏』(Jin.) 전4권 교광진감 저, 진명 옮김, 불광출판사, 서울, 2023.

『大乘起信論을 통해 본 楞嚴經』(Pr.) 백련 전종식 지음, 도서출판 예학 서울. 2010.

『古梵文楞嚴呪校註』 簡豊祺 註釋 大千出版社. 臺北. 2006

「梵学津梁所収の白傘蓋陀羅尼の研究」 木村俊彦. 印度學佛教學研究, 2013, Vol. 62(1), pp.421-414

『The Śūraṃgama Dhāraṇī in Sinitic Buddhist Context』(Chi.) by. Chi Chen Ho : Univercity of California. Los Angeles 2010.

『The Shurangama Sutra』 with commentary by Master Hsuan Hua Volumes 1 to 8. Buddhist Translation Society, 2nd edition (October 2003). Buddhist Text Translation Society (2009). The Śūraṁgama Sūtra, With Excerpts from the Commentary by the Venerable Master Hsüan Hua, A New Translation, p. 267. Dharma Realm Buddhist Association, 4951 Bodhi Way, Ukiah, California 95482 (707) 462-0939, bttsonline.org.

『The Śūraṃgama Sūtra』 commentary by. Ch'an Master Han Śhan(1546-1623), Tr. by Charles Luk. Brighthill Buddhist Centre Sri Lanka. website: www. buddhanet.net
『Die Bildsprache des Hinduismus』 Die indische Götterwelt und ihre Symbolik (DuMont Taschenbücher) (German Edition) Perfect Paperback – January 1, 1983
「Chinese and Tibetan Sources on the Dhāraṇī in Roll Seven of the Śūraṃgamasūtra」 ed. by Keyworth, George A. Studies in Chinese religions, Routledge. 2022, Vol.8 (1), p.99-142
「East Asian Apocryphal Scriptures: Their Origin and Role in the Development of Sinitic Buddhism」 by. Muller, Charles. Bulletin of Toyo Gakuen University, vol. 6 (1998), BRILL, pp. 245–255.
「A. Another Look at the Pseudo-Śūraṃgamasūtra」 by. Benn, James, Harvard Journal of Asiatic Studies, Vol. 68, No. 1 (Jun., 2008), pp. 57-89, Harvard-Yenching Institute, JSTOR 40213652
「The Shurangama-Sutra(T. 945): A Reappraisal of it's Authenticity」. by. Ronald Epstein(Presented at the annual meeting of the American Oriental Society, March 16-18, 1976, Philadelphia, Pennsylvania.
『The Illustrated Dictionary of Hindu Iconography』 by. Margaret Stutly, Munshiram Manoharlal Publishers PvT. LvT. New Delhi. 2003. Routledge & Kegan Paul plc, London. 1985.
『Aṅguttara Nikāya』(AN.) ed. by R. Moms & E. Hardy, 5vols(London : PTS, 1885-1900) tr. by F. L. Woodward & E. M. Hare,
『Dīgha Nikāya』(DN.) ed. by T. W. Rhys Davids & J. Estin Carpenter, 3vols(London : PTS, 1890-1911)
『Majjhima Nikāya』(MN.) ed. by V. Trenckner & R. Chalmers, 3vols(London : PTS, 1887-1901)

기타참고문헌

「白傘蓋陀羅尼から楞嚴呪への改變」 木村俊彦 宗教研究87別冊 2014
「首楞嚴三昧와 楞嚴呪의 不二性 小考」 鄭泰爀 佛教學報
「楞嚴呪의 韓國流通에 관한 硏究」 崔成烈 東國大佛教學科 碩士論文. 1979
「아시아 근대불교의례와 禪門日誦의 유통」 鄭永植 한국사상과 문화 제52집
「楞嚴經 傳譯의 전개와 특징」 황영희. 불교연구제45집. 2016.

「봉암사결사의 수행론」 金星順 원불교사상과 종교문화 2015. 원불교사상연구원. 익산시. 2015.
「성철스님의 禪修行觀에 대한 一考」 姜文善. 한국불교학제40집. 한국불교학회. 서울, 2005.
「首楞嚴經의 呪力念誦에 대한 硏究」 李甲峰 석사논문 동국대학교불교대학원 서울, 2010.
「禪宗에서의 楞嚴經의 사상적 위치」 박영희. 『韓國禪學第11號. 韓國禪學會, 2005.
「戒環楞厳経要解の釈経特色について—長水子璿 首楞厳義疏注経との比較を中心として」 大澤邦由 印度學佛教學硏究, 2018, Vol.67(1), pp.249-254
「中国仏教における首楞厳経の受容態度」 小野嶋祥雄, 印度學佛教學硏究, 2017, Vol.65(2), pp.548-55
『밀교강좌』 혜정 지음, 출판시대. 서울. 1998
『한국의 전승진언』 대한불교진각종 한국밀교문화총람사업단. 도서출판진각종해인행, 서울. 2018년.
『한국밀교사상사』 서윤길 저, 운주사, 서울, 2006.
『대불정능엄신주』 무비 지음, 도서출판 창, 서울, 2010.
『능엄경』 각성 한글역 용하 편저, 도서출판 마음과 소통, 서울, 2018.
『능엄신주법문』 선화상인, 정원규편역, 불광출판사, 서울. 2009
『백일법문』 상·하 성철 장경각 서울 1993
『한국불교의례자료총서』 전 4권 박세민 저자 (글) 보경문화사 · 1993년
『開元釋敎錄』(T. 55. No. 2154)
『景德傳燈錄』 道原 京都市 : 禅文化研究所 1993
『經律異相』 송성수 옮김. 東國大學校附設東國譯經院, 서울 1995.
『敎苑淸規』(X. 57. No. 968)
『根本說一切有部毘奈耶』(T. 23. No. 1442)
『金剛頂瑜伽略出念誦經』(T. 18. No. 866)
『金剛頂一切如來眞實攝大乘現證大敎王經』(T. 18. No. 865)
『金剛頂瑜伽三十七尊出生義』(T. 18. No. 872)
『金剛頂瑜伽中略出念誦經』(T. 18. No. 866)
『大般涅槃經』(T. 12. No. 374)
『大方廣圓覺修多羅了義經』(T. 17. No. 842)
『大方等陀羅尼經』(T. 21. No. 1339)
『大佛頂首楞嚴經戒環解』: 全十卷, 서울 : 東國大學校, 1959.

『大佛頂首楞嚴經正脈疏』(X. 12. No. 275) 般剌密帝 譯；真鑑 述. 台北：台灣商務 印書館, 1968.
『大佛頂如來密因修證了義諸菩薩萬行首楞嚴經要解』 20卷 般剌密帝譯 彌伽釋迦譯語 房融筆受 戒環解. 南京 金陵佛經流通處 1911
『大乘起信論』(T. 32. No. 1666)
『大智度論』(T. 25. No. 1509)
『敦煌本楞嚴經の研究』 崔昌植(法慧)著. 東京都文京区：山喜房佛書林 2005
『律苑事規』(X. 60. No. 1113)
『楞嚴經疏解蒙鈔』(X. 287)
『楞嚴經指掌疏』 十卷, 懸示一卷, 事義十卷, 般剌密諦譯, 彌伽釋迦譯語, 房融筆受, 通理敬述; 維揚藏經 1901
『摩登伽經』(T. 21, No. 1300),
『伯亭大師傳記總帙』(X. 88. No. 1656)
『翻譯名義集』(T. 54. No. 2131)
『法華三昧懺儀』(T. 46. No. 1941)
『佛敎大辭典』 吉祥編 弘法院 서울. 2001.
『佛說佛名經』 十二卷, 菩提流支譯. 江北磚橋刻經處法藏寺, 1914
『佛說安宅神呪經』(T. 21, No. 1394)
『佛說華積陀羅尼神呪經』(T. 21. No. 1356)
『佛頂大白傘蓋陀羅尼經』(T. 19. No. 976)
『釋門儀範』 안진호. 1935.
『禪林備用清規』(X. 63. No. 1250)
『禪門日誦』 藏外佛經卷27, 中國宗敎文化文獻集成1, 黃山書社 2005
『禪門日誦』 藏外佛經卷二十七. 中國宗敎歷史文獻集成. 黃山書社, 2005
『續古今譯經図紀』(T. 55. No. 2152)
『宋高僧傳』(T. 50, No. 2061)
『首楞嚴經疏』: 20卷 般剌密諦譯 房融筆授 彌伽釋迦譯語, 子璿集. 揚州 揚州藏經院存板 1906
『首楞嚴經義疏注經』(T. 39. No. 1799)
『首楞嚴經義海』: 30卷 般剌密諦譯經 彌伽釋迦譯語 房融筆授 懷迪證譯 子璿集義疏注經并科 曉月標指要義 仁岳集解]. 常州 天甯寺刻經處. 1919.
『首楞厳経注釈書考』: 岩城, 英規 印度學佛教學研究, 2004/03/20,
『首楞嚴經』 昭和新纂國譯大藏經. 経典部. 第7卷
『首楞嚴壇場修證儀』(X.74. No. 1477)

『首楞嚴三昧經百句義』(T. 15. No. 632)
『首楞嚴三昧經』(T. 15. No. 642)
『首楞嚴神呪漢和訳』: 桜井文隆 編 1956 東京: 狗佛会
『依楞嚴究竟事懺』大日本續藏經 : 靖國紀念 / 前田慧雲編, 第1輯第2編乙第2套第1冊 ; 支那撰述 禮儀部
『仁王護國般若波羅蜜經』(T. 8. No. 246)
『一字佛頂輪王經』(T. 19. No. 951)
『入衆須知』(X. 63. No. 1247)
『正法華經』(T. 9. No. 263)
『貞元新定釋教目錄』(T. 55. No.2157)
『朝鮮佛教通史』李能和 저술. 慶熙出版社; 서울, 1968
『朝鮮王朝實錄』國史編纂會 1968.
『從容錄』(T.48. No. 2004)
『中國の佛教儀禮』鎌田茂雄, 大東出版社 東京, 2004
『中國密教史』呂建福 著. 中國社會科學出版社, 北京. 2011(c1995)
『中國佛教史』鎌田茂雄 著 鄭舜日譯 경서원, 서울 1996.
『眞言事典』八田幸雄 著, 平河出版社. 東京, 昭和60年.
『超日明三昧經』(T. 15. No. 638)
『叢林校定淸規總要』(X. 63. No. 1249)
『敕修百丈淸規』(T. 48. No. 2025)
『抱朴子』葛弘 著, 上海書店: 岩波書店 동경. 1997.
『韓國密教思想史』서윤길. 운주사. 서울. 2006.
『韓國佛教史』우정상, 김영태 공저, 신흥출판사; 서울 1976
『韓國佛教所依經典硏究』李智冠 著 보련각; 서울, 1983
『韓國佛教纂述文獻總錄』동국대학교; 서울, 1978
『慧琳音義』一切經音義三種校本合刊 徐時儀校注 ; 畢慧玉助校. 第1版. 上海 : 上海古籍出版社, 2008.
『幻住庵淸規』(X. 63. No. 1248)

산스크리트어의 표기

산스크리리트어는 표기에 따라 영어 알파벳을 보완하여 사용한다. 알파벳은 48개이며, 35개의 자음과 13개의 모음으로 되어 있다.

자음(子音)	폐쇄음(閉鎖音)				비음(鼻音)
	무성음(無聲音)		유성음(有聲音)		
	무기음	대기음	무기음	대기음	무기음
① 후음(喉音)	ka 까	kha 카	ga 가	gha 가	ṅa 나
② 구개음(口蓋音)	ca 짜	cha 차	ja 자	jha 자	ña 냐
③ 권설음(捲舌音)	ṭa 따	ṭha 타	ḍa 다	ḍha 다	ṇa 나
④ 치음(齒音)	ta 따	tha 타	da 다	dha 다	na 나
⑤ 순음(脣音)	pa 빠	pha 파	ba 바	bha 바	ma 마
⑥ 반모음(半母音)	ya 야, 이야 va 봐, 바, 와				
⑦ 유활음(流滑音)	ra 라 la ㄹ라 ḷa ㄹ라				
⑧ 마찰음(摩擦音)	sa 싸				
⑨ 기식음(氣息音)	ha 하 ḥ(ah^{a}, ih^{i}, uh^{u})[아하, 이히, 우후]				
⑩ 억제음(抑制音)	ṁ -ㅇ, -ㅁ, -ㄴ				

모음에는 단모음과 장모음이 있다. a, ā, i, ī, u, ū, ṛ, ṝ. ḷ, e, o, ai, au 모음의 발음은 영어와 같다. 단모음에는 a, i, u, ṛ, ḷ가 있고, 장모음에는 ā, ī, ū, ṝ, 복모음에는 e, o, ai, au가 있다. 유의할 점은 e와 o는 장모음에 속하지만, 종종 복자음 앞에서 짧게 발음된다. 단음은 영어나 우리말의 발음보다 짧고, 장음은 영어나 우리말보다 약간 길지만, 따로 한글표기에서는 따로 장단음표기하지 않고 a, ā는 '아' i, ī는 '이'

u, ū는 '우' ṛ, ṝ는 '리'로 표기하고 ḷ는 '르리'로 표기한다.

자음의 발음과 한글표기는 위의 도표와 같다. ka는 '까'에 가깝게 발음되고, kha는 '카'에 가깝게 소리나므로 그대로 표기한다. ga, gha는 하나는 무기음이고 하나는 대기음이지만 우리말에는 구별이 없으므로 모두 '가'으로 표기한다. 발음에서 특히 유의해야 할 것은 aṅ은 '앙'으로, añ은 '얀'으로, aṇ은 '안(언)'으로, an은 '안'으로 발음한다. 비싸르가(ḥ)의 경우에는 앞에 오는 모음의 영향을 받아 aḥ, iḥ, uḥ를 aha, ihi, uhu(아하, 이히, 우후)로 짧게 발음해 주는데, 우리말 표기에서도 가능한 따라해 주는 것이 좋다. 아누쓰와라(ṁ)은 그 다음에 오는 소리가 ①, ②, ③, ④, ⑤일 경우에는 각각 (a)ṅ, (a)ñ, (a)ṇ, (a)n, (a)m으로 소리나며, 모음일 경우에는 '(a)m', 그 밖의 다른 소리 즉, 반모음, 유활음, 마찰음일 경우에는 '(a)ṅ'으로 소리난다. 그리고 y와 v일 경우에는 일반적으로 영어처럼 발음되지만 그 앞에 자음이 올 경우와 모음이 올 경우 각각 발음이 달라진다. 예를 들어 aya는 '아야'로 tya는 '띠야'로 ava는 정확히 발음하자면 '아봐'로 표기하고, 일반적으로는 '아바'로 표기하고 tva는 '뜨와'로 소리난다. 또한 ajña는 '앙냐'로, yya는 '이야'로 소리난다. 폐모음 ②, ③, ④가 묵음화되어 받침이 될 경우에는 ㅅ, ①은 ㄱ, ⑤는 ㅂ으로 표기한다.

글자의 사전적 순서는 위의 모음과 자음의 왼쪽부터 오른쪽으로의 순서와 일치한다. 단지 ṁ은 항상 모음과 결합하여 비모음에 소속되므로 해당 모음의 뒤에 배치된다.

그리고 관례대로 쓰여왔던 범어는 써왔던 관례에 따라 표기했으며 정확한 발음은 역자의 범어문법학을 참고하기 바란다.

불교의 세계관 · 우주관

불교의 세계관은 일반적으로 알려진 것처럼 단순히 신화적인 비합리성에 근거하는 것이 아니라 인간의 정신세계인 명상 수행의 차제에 대응하는 방식으로 합리적으로 조직되었다. 물론 고대 인도의 세계관을 반영하고 있는 것은 사실이지만 언어의 한계를 넘어선다면 보편적인 우주의 정신세계를 다루고 있다고 볼 수 있다.

여기서 세계의 존재(有 : bhava)라고 하는 것은, 엄밀히 말하면 육도윤회하는 무상한 존재를 의미하며, 감각적 쾌락에 대한 욕망의 세계(欲界), 미세한 물질의 세계(色界), 비물질의 세계(無色界)라는 세 가지 세계의 존재가 언급되고 있다. 감각적 쾌락에 대한 욕망의 세계, 즉 감각적 욕망계의 존재(欲有 : kāmabhava)는 지옥, 축생, 아귀, 수라, 인간뿐만 아니라 욕계의 하늘에 사는 거친 신체를 지닌 존재를 의미한다.

미세한 물질의 세계, 즉 색계에 사는 존재(色有 : rūpabhava)는 하느님의 세계의 하느님의 권속인 신들의 하늘(梵衆天)에서 궁극적인 미세한 물질로 이루어진 신들의 하늘(色究竟天=有頂天)에 이르기까지 첫 번째 선정에서 네 번째 선정에 이르기까지 명상의 깊이를 조건으로 화생되는 세계를 말한다. 따라서 이들 세계는 첫 번째 선정의 하느님의 세계의 신들(初禪天)에서부터 청정한 삶을 사는 하늘나라의 신들(Śuddhāvāsakāyikā devā : 淨居天은 無煩天, 無熱天, 善現天, 善見天, 色究竟天)까지의 이름으로도 불린다. 초선천부터는 하느님의 세계에 소속된다.

가장 높은 단계의 세계인 비물질의 세계, 즉 무색계에 사는 존재(無色有 : arūpabhava)에는 '무한공간의 하느님의 세계의 신들'(空無邊處天), '무한의식의 하느님의 세계의 신들'(識無邊處天), '아무 것도 없는 하느님의 세계의 신들'(無所有處天), '지각하는 것도 아니고 지각하지 않는 것도 아닌 하느님의 세계의 신들'(非想非非想處天)이 있다. '무한공간의 세계'에서 '지각하는 것도 아니고 지각하지 않는 것도 아닌 세계'에 이르기까지는 첫 번째 비물질계의 선정에서 네 번째의 비물질계의 선정에 이르기까지의 명상의 깊이를 조건으로 화현하는 비물질의 세계이다.

이들 하늘나라(天上界)나 하느님의 세계(梵天界)에 사는 존재들은 화생, 인간은 태생, 축생은 태생 · 난생 · 습생 · 화생의 발생방식을 택하고 있다. 그것들의 형성조건은 윤리적이고 명상적인 경지를 얼마만큼 성취했는지에 달려있다.

하늘나라의 감각적 쾌락에 대한 욕망의 세계에 태어나려면 믿음과 보시와 계행과 같은 윤리적인 덕목을 지켜야 한다. 인간으로 태어나기 위해서는 오계에 대한 인식이 있어야 한다. 그리고 아수라는 분노에 의해서, 아귀는 인색함과 집착에 의해서, 축생은 어리석음과 탐욕에 의해서, 지옥은 잔인함과 살생을 저지르는 것에 의해서 태어난다.

미세한 물질의 세계에 속해 있는 존재들은 첫 번째 선정〔初禪〕에서부터 네 번째 선정〔四禪〕에 이르기까지 명상의 깊이에 따라 차별적으로 하느님의 세계에 태어난다. 미세한 물질의 세계의 최상층에 태어나는 존재들은 돌아오지 않는 님〔不還者〕의 경지를 조건으로 한다. 물질이 소멸한 비물질적 세계의 존재들은 '무한공간의 세계'에서 '지각하는 것도 아니고 지각하지 않는 것도 아닌 세계'에 이르기까지 비물질적 세계의 선정의 깊이에 따라 차별적으로 각각의 세계에 태어난다. 불교에서 여섯 갈래의 길(六道)은 천상계, 인간, 아수라, 아귀, 축생, 지옥을 말하는데, 이 때 하늘나라(天上界)는 감각적 쾌락의 욕망이 있는 하늘나라(欲界天)와 하느님의 세계(梵天界)로 나뉘며, 하느님의 세계는 다시 미세한 물질의 세계와 비물질의 세계로 나뉜다. 그리고 부처님께서는 이러한 육도윤회의 세계를 뛰어넘어 불생불멸하는 자이다. 여기 소개된 천상의 세계, 즉 하늘의 세계에 대하여 이 책에서는 다음과 같이 번역한다.

1) 감각적 쾌락에 대한 욕망의 세계의 여섯 하늘나라

① 네 위대한 왕들의 하늘나라(Catvāro Mahārājānaḥ : 四王天) : 동방의 드리따라슈뜨라(Dhṛtarāṣṭra : 持國天王)은 천상의 음악가들인 건달바(Gandharva)들을, 남방의 비루다까(Virūḍhaka : 增長天王)는 산이나 들의 숨겨진 보물을 관리하는 꿈반다(Kumbhaṇḍa)들을, 서방의

비루빠크샤(Virūpākṣa : 廣目天王)는 용(Nāga)들을, 북방의 바이슈라바나(Vaiśravaṇa : 多聞天王)는 야차(Yakṣa)들을 통치한다. ② 서른셋 신들의 하늘나라(Trāyastriṁsāḥ devāḥ : 三十三天=忉利天) ③ 축복 받는 신들의 하늘나라(Yāmāḥ devāḥ : 夜摩天) ④ 만족을 아는 신들의 하늘나라(Tusitāḥ devāḥ : 兜率天) ⑤ 창조하고 기뻐하는 신들의 하늘나라(Nirmāṇaratayaḥ devāḥ : 化樂天) ⑥ 다른 신들이 창조한 것을 누리는 신들의 하늘나라(Paranirmitavaśavartino devāḥ : 他化自在天) : 악마(Māra)는 이곳에 살며 하느님세계로 가는 것을 막는다.

2) 첫 번째 선정의 세계의 세 하느님세계

⑦ 하느님의 권속인 신들의 하느님세계(Brahmapārisadyāḥ devāḥ : 梵衆天) ⑧ 하느님을 보좌하는 신들의 하느님세계(Brahmapurohitāḥ devāḥ : 梵輔天) ⑨ 위대한 신들의 하느님세계(Mahābrahmāṇāḥ devāḥ : 大梵天). 그리고 이들 ⑦ — ⑨ 하느님세계를 '하느님의 무리인 신들의 하느님세계(Brahmakāyikāḥ devāḥ : 梵身天)'라고 한다.

3) 두 번째 선정의 세계의 세 하느님세계

⑩ 작게 빛나는 신들의 하느님세계(Parīttābhāḥ devāḥ : 小光天) ⑪ 한량 없이 빛나는 신들의 하느님세계(Apramāṇābhāḥ devāḥ : 無量光天) ⑫ 빛이 흐르는 신들의 하느님세계(Ābhāsvarāḥ devāḥ : 極光天, 光音天)

4) 세 번째 선정의 세계의 세 하느님세계

⑬ 작은 영광의 신들의 하느님세계(Parīttaśubhāḥ devāḥ : 小淨天) ⑭ 한량 없는 영광의 신들의 하느님세계(Apramāṇaśubhāḥ devāḥ : 無量淨天) ⑮ 영광으로 충만한 신들의 하느님세계(Śubhakṛtsnāḥ devāḥ : 遍淨天)

5) 네 번째 선정의 세계의 아홉 하느님세계

⑯ 번뇌의 구름이 없는 신들의 하느님세계(Anabhrakāḥ devāḥ : 無雲天「大乘佛教」) ⑰ 공덕으로 태어나는 신들의 하느님세계(Puṇyaprasavāḥ devāḥ : 福生天「大乘佛教」) ⑱ 광대한 경지를 갖춘 신들의 하느님

세계(Vṛhatphalāḥ devāḥ : 廣果天) ⑲ 지각을 초월한 신들의 하느님세계(Asaṁjñīsattvāḥ devāḥ : 無想有情天=無想天) = 승리하는 신들의 하느님세계(pāli. Abhibhū devā : 勝者天) ⑳ 성공으로 타락하지 않는 신들의 하느님세계(Avṛhāḥ devāḥ : 無煩天) ㉑ 타는 듯한 고뇌를 여읜 신들의 하느님세계(Atapāḥ devāḥ : 無熱天) ㉒ 선정이 잘 이루어지는 신들의 하느님세계(Sudṛśāḥ devāḥ : 善現天) ㉓ 관찰이 잘 이루어지는 신들의 하느님세계(Sudarśaṇāḥ devāḥ : 善見天) ㉔ 궁극적인 미세한 물질로 이루어진 신들의 하느님세계(Akaniṣṭhāḥ devāḥ : 色究竟天=有頂天) 그리고 이 가운데 ⑳-㉔의 다섯 하느님세계는 청정한 삶을 사는 신들의 하느님세계(Śuddhāvāsāḥ devāḥ : 淨居天)이라고도 한다.

6) 비물질적 세계에서의 네 하느님세계

㉕ 무한공간의 세계의 하느님세계(Ākāśānantyāyatanabrahmaloka : 空無邊處天) ㉖ 무한의식의 세계의 하느님세계(Vijñānānantyāyatanabrahmaloka : 識無邊處天) ㉗ 아무 것도 없는 세계의 하느님세계(Ākiṁcanyāyatanabrahmaloka : 無所有處天) ㉘ 지각하는 것도 아니고 지각하지 않는 것도 아닌 세계의 하느님세계(Naivasaṁjñānāsaṁjñāyatanabrahmaloka : 非想非非想處天)

<table>
<tr><th>형성조건</th><th>발생방식</th><th colspan="2">명 칭(梵漢 : 수명)</th><th colspan="4">분 류</th></tr>
<tr><td>無形象</td><td>化生</td><td colspan="2">Naivasaṃjñānāsaṃjñāyatana(非想非非想処天 : 84,000劫)
Ākiṃcanyāyatana (無所有処天 : 60,000劫)
Vijñāṇānantyāyatana(識無邊処天 : 40,000劫)
Ākāsānantyāyatana(空無邊処天 : 20,000劫)</td><td rowspan="7">梵
天
界</td><td>無
色
界</td><td rowspan="9">天
上
界</td><td rowspan="10">善
業
報
界</td></tr>
<tr><td colspan="4">형 상 또는 물질의 소 멸</td><td></td></tr>
<tr><td>不還
(四禪)</td><td>化生</td><td>Akaniṣṭhāḥ(色究竟天=有頂天 : 16000劫)
Sudarśaṇāḥ(善見天 : 8,000劫)
Sudṛśāḥ(善現天 : 4,000劫)
Atapāḥ(無熱天 : 2,000劫)
Avṛhāḥ(無煩天 : 1,000劫)</td><td>Śuddhāvāsāḥ
(浄居天)</td><td rowspan="5">色
界</td></tr>
<tr><td>四禪</td><td>化生</td><td colspan="2">Asaṁjñīsattvāḥ(無想有情天 : 500劫)
Vṛhatphalāḥ(廣果天 : 500劫)
Puṇyaprasavāḥ(福生天 : 大乘)
Anabhrakāḥ(無雲天 : 大乘)</td></tr>
<tr><td>三禪</td><td>化生</td><td colspan="2">Śubhakṛtsnāḥ(遍浄天 : 64)
Apramāṇaśubhāḥ(無量浄天 : 32)
Parīttaśubhāḥ(小浄天 : 16)</td></tr>
<tr><td>二禪</td><td>化生</td><td colspan="2">Ābhāsvarāḥ(極光天 : 8劫)
Apramāṇābhāḥ(無量光天 : 4劫)
Parīttābhāḥ(小光天 : 2劫)</td></tr>
<tr><td>初禪</td><td>化生</td><td>Mahābrahmāṇaḥ(大梵天 : 1劫)
Brahmapurohitāḥ(梵輔天 : 1/2劫)
Brahmapārisadyāḥ(梵衆天 : 1/3劫</td><td>Brahmakāyikāḥ
(梵身天)</td></tr>
<tr><td colspan="6">다섯 가지 장애(五障)의 소멸</td></tr>
<tr><td>信
布施
持戒</td><td>化生</td><td colspan="2">Paranirmitavaśavartino
(他化自在天 : 500天上年=9,216百万年)
Nirmāṇaratayaḥ(化樂天 : 8,000天上年=2,304百万年)
Tusitāḥ(兜率天 : 4,000天上年=576百万年)
Yāmāḥ(耶麻天 : 2,000天上年=144百万年)
Trāyastriṁsāḥ(三十三天 : 1,000天上年=36百万年)
Catvāro Mahārājānaḥ(四天王 : 500天上年=9百万年)</td><td>天
上
의
欲
界</td><td rowspan="7">欲
界</td></tr>
<tr><td>五戒</td><td>胎生</td><td colspan="3">Manuṣya(人間 : 非決定)</td><td>人間</td></tr>
<tr><td>瞋恚</td><td>化生</td><td colspan="3">Asura(阿修羅 : 非決定)</td><td>修羅</td><td rowspan="5">悪
業
報
界</td></tr>
<tr><td>吝嗇
執著</td><td>化生</td><td colspan="3">Preta(餓鬼 : 非決定)</td><td>餓鬼</td></tr>
<tr><td>愚痴
貪欲</td><td>胎生 卵生
湿生 化生</td><td colspan="3">Tiryagyoni(畜生 : 非決定)</td><td>畜生</td></tr>
<tr><td>残忍
殺害</td><td>化生</td><td colspan="3">Naraka(地獄 : 非決定)</td><td rowspan="2">地獄</td></tr>
<tr><td colspan="5">※ 天上의 欲界의 하루는 四天王부터 他化自在天까지 각각 인간의 50년, 100년, 200년, 400년, 800년, 1,600년에 해당하고 人間이하의 수명은 결정되어 있지 않다.</td></tr>
</table>

금강계만다라와 태장계만다라

속법대사의 주석에 따르면 「슈랑가마다라니」에는 다섯 부처님 부족에 부처님, 보살, 벽지불, 아라한과 불보살이 화현된 천상의 신들, 금강장보살로부터 화현된 8만4천 금강천(金剛天)들과 보살들이 화현된 지수화풍과 해와 달과 별 등의 신들까지 포함된다. 능엄주의 석존응화회(釋尊應化會; 188-232)에는 야차와 나찰을 포함한 싸끼야무니의 모든 화신들과 금강장(金剛將)과 그 권속들, 「슈랑가마다라니」를 수호하는 천신들이 등장하고, 관음합동회(觀音合同會; 233-236)에는 비로자나불의 마음에서 유출한 불보살의 화신들이 등장한다. 거기에는 귀신들의 왕들, 천신의 왕들, 천신의 장군들, 천신의 군대, 금강왕들, 금강천들이 포함된다. 강장절섭회(剛藏折攝會; 364-434)에는 귀신들과 독을 품은 용들, 이교도와 재앙을 물리치는 금강천들, 명왕(明王)이라고 불리는 분노존으로의 화신들을 포함한다. 마지막 모임은 문수홍전회(文殊弘傳會; 435-544)에서는 부처님들이나 보살들의 화신인 귀신들이 등장한다. 「슈랑가마다라니」에 포함된 모든 존재들은 다양한 형태를 한 천신들이건 귀신들이건 실재로는 불보살의 화신들이다. 그들은 그들의 지도자들의 명령을 따른다. 다라니를 독송하면서 그 지도자들의 이름을 부르는 것으로 염송자들은 그 지도자들과 천신들과 귀신들과 사악한 힘의 영향 하에 있는 재앙들을 제어 아래 두게 된다. 태장계만다라는 대비(大悲)의 진리적 실상을 나타내고 금강계만다라는 지혜(智慧)의 관상적 진리를 나타낸다.

금강계만다라(金剛界曼荼羅)

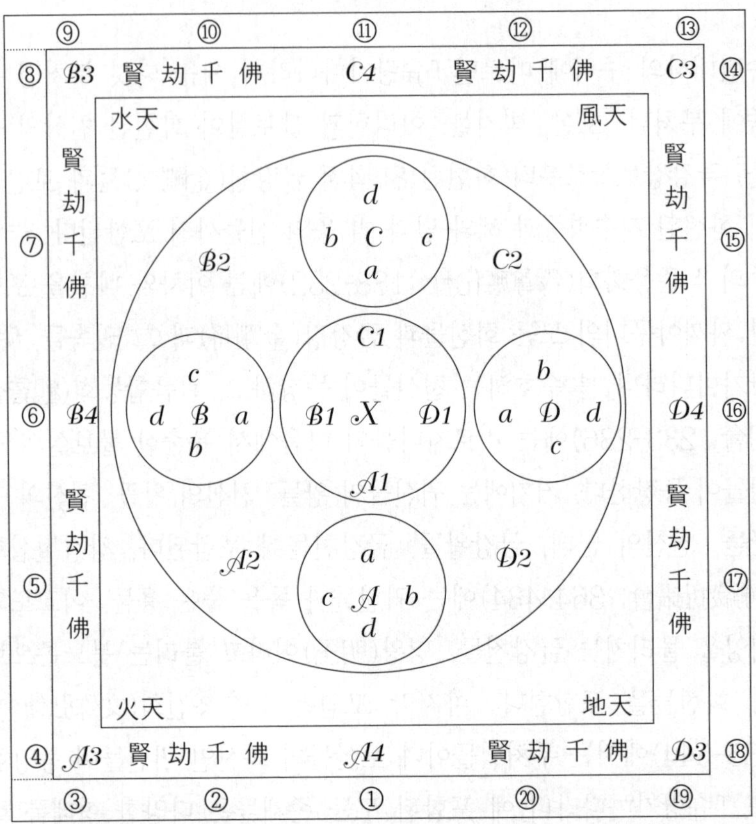

금강계만다라 삼십칠존(三十七尊)의 이름				
다섯부처님	중앙	X	비로자나불(毗盧遮那佛) ↔ 법계체성지(法界體性智) ← 제9무구정식(無垢淨識)	Mahāvairocana
	동방	𝒜	아촉불(阿閦佛) ↔ 대원경지(大圓鏡智) ← 제8아뢰야식(阿賴耶識)	Akṣobhya
	남방	ℬ	보생불(寶生佛) ↔ 평등성지(平等性智) ← 제7말나식(末那識)	Ratnasambhava

	서방	*C*	아미타불(阿彌陀佛) ↔ 묘관찰지(妙觀察智) ← 제6의식(第六意識)	Amitabha
	북방	*D*	불공성취불(不空成就佛) ↔ 성소작지(成所作智) ← 전5식[眼耳鼻舌神](前五識)	Amoghasiddhi
열여섯보살	동방 금강부족(金剛部族)	*Aa*	금강살타(金剛薩埵) =금강수(金剛手)=지금강	Vajrasattva =Vajrapāṇī
		Ab	금강왕(金剛王)	Vajrarāja
		Ac	금강애(金剛愛)	Vajrarāga
		Ad	금강희(金剛喜)	Vajrasādhu
	남방 보물부족[寶部族]	*Ba*	금강보(金剛寶)	Vajraratna
		Bb	금강광(金剛光)	Vajrateja
		Bc	금강당(金剛幢)	Vajraketu
		Bd	금강소(金剛笑)	Vajrahāsa
	서방 연화부족(蓮華部族)	*Ca*	금강법(金剛法)	Vajradharma
		Cb	금강검(金剛劍)	Vajratīkṣṇa
		Cc	금강인(金剛因)	Vajrahetu
		Cd	금강어(金剛語)	Vajrabhāṣa
	북방 갈마부족(羯磨部族)	*Da*	금강업(金剛業)	Vajrakarma
		Db	금강호(金剛護)	Vajrarakṣa
		Dc	금강아(金剛牙) =금강야차(金剛夜叉)	Vajradhaṃṣṭra =Vajrayakṣa
		Dd	금강권(金剛拳)	Vajrasaṃdhi
공양회열여섯보살	사바라밀(四波羅密)	*A1*	금강바라밀(金剛波羅蜜)	Vajrapāramitā
		B1	보바라밀(寶波羅蜜)	Ratnapāramitā
		C1	법바라밀(法波羅蜜)	Dharmapāramitā
		D1	업바라밀(業波羅蜜)	Karmapāramitā
	내사공양(內四供養)	*A2*	금강희(金剛嬉)	Vajralāsī
		B2	금강만(金剛鬘)	Vajramālā
		C2	금강가(金剛歌)	Vajragītā
		D2	금강무(金剛舞)	Vajranṛtā
	외사공양(外四供養)	*A3*	금강향(金剛香)	Vajradhūpā
		B3	금강화(金剛華)	Vajrapuṣpā
		C3	금강등(金剛燈)	Vajrālokā
		D3	금강도향(金剛塗香)	Vajragandhā
	사섭	*A4*	금강구(金剛鉤)	Vajrāṅkuśā

<table>
<tr><td rowspan="3"></td><td rowspan="3">(四攝)</td><td>B4</td><td>금강색(金剛索)</td><td>Vajrapāśa</td></tr>
<tr><td>C4</td><td>금강진(金剛鎖)</td><td>Vajrasphoṭa</td></tr>
<tr><td>D4</td><td>금강령(金剛鈴)</td><td>Vajrāveśā</td></tr>
<tr><td colspan="5">※금강계만다라의 최외원의 영역에는 위에 언급한 삼십칠존(三十七尊) 이외에 이십천신(二十天神)들이 존재한다. A4 아래서부터 시계방향으로 ① 금강최천(金剛摧天), ② 범천(梵天), ③ 제석천(帝釋天), ④ 일천(日天), ⑤ 월천(月天), ⑥ 금강식천(金剛食天), ⑦ 혜성천(彗星天) ⑧ 형혹천(熒惑天) ⑨ 나리천(羅利天) ⑩ 풍천(風天) ⑪ 금강의천(金剛衣天) ⑫ 화천(火天) ⑬ 비사문천(毘沙門天) ⑭ 금강면천(金剛面天) ⑮ 염마천(炎魔天) ⑯ 조복천(調伏天) ⑰ 비나야가천(毘那夜迦天) ⑱ 수천(水天) ⑲ 나라연천(那羅延天) ⑳ 구마라천(俱摩羅天)이다.
※ 밀교에서 다섯 가지 지혜의 이름과 원어는 다음과 같다. 법계체성지(法界體性智 : dharma-dhātu-svabhāvajñāna), 대원경지(大圓鏡智 : ādarsana-jñāna), 평등성지(平等性智 : samatā-jñāna), 묘관찰지(妙觀察智 : paratyavekṣanā-jñāna), 성소작지(成所作智 : kṛtyānusthāna-jñāna)
참조 : 『眞言事典』 293</td></tr>
</table>

태장계만다라(胎藏界曼荼羅)

동

207 219 223 224 229 232 235 237 239 240
208 209 ~ 218 221 226 227 230 233 236 238 242 244 246
220 222 225 228 231 234 241 243 245

371 370 369 368 367 366 365 364 363 362 361 360 359 358 357 356 355 354
H
129 131 128 133 134 135 136 137 130 132
139 140 (138) 141 142
143 144 ~ 148 149 150 151 152
E
247 248 249 250 251 252 239 254 255 256 257 258 259 260 261 262 263 264 265 266 267 268 269 270 271

162 163 164 165 (166) 167 168 169 170
89 90 ~ 97 98 99 ~ 105
107 108 (106) 109 110
111 112 ~ 119 120 121 ~ 127
153 154 155 156 (157) 158 159 160 161

36 29 22 47 37 30 23 38 21 24 52 48 39 32 (25) 53 49 44 40 33 26 54 50 45 43 41 24 27 55 51 46 45 32 28
12 (10) 11 14 13 15 16
D A
2 9 3 8 (1) 4 7 5 6
C B
21 20 (17) 19 18
56 63 70 57 64 71 58 64 71 78 81 85 (59) 66 73 77 79 82 86 69 67 74 80 83 87 61 68 75 84 88 62 69 76

북 352 353 351 350
남 272 273 274 275

349 348 347 346 345 344 343 342 341 340 339 338 337
176 177 178 179 180 186 187 188 189 190
172 173 (185) 197 198
181 182 183 184 191 192 193 194 195
276 277 278 279 280 281 282 283 284 285 286 287 288 289

G
171 199 200 201 202 174 175
203 204 205 206 196
F

333 331 329 325 320 336 335 328 327 326 323 322 319 334 332 330 324 321
316 315 318 317
312 310 308 306 305 303 301 299 297 295 293 314 291 290 313 311 309 307 304 302 300 298 296 294 292

서

태장계만다라(胎藏界曼荼羅)			
중中	1	비로자나여래(毘盧遮那如來)	Vairocana
대臺	2	보당여래(寶幢如來)	Ratnaketu
	3	보현보살(普賢菩薩)	Smantabhadra
팔八	4	개부화왕여래(開敷華王如來)	Saṃkusumitarāja

엽葉 원院	5	문수사리보살(文殊師利菩薩)	Mañjuśrī
	6	무량수여래(無量壽如來)	Amitābha
	7	관자재보살(觀自在菩薩)	Avalokiteśvara
	8	천고뢰음보살(天鼓雷音菩薩)	Divyadundubhimeghanirghoṣa
	9	미륵보살(彌勒菩薩)	Maitreya
편遍 지知 원院	10	일체여래지인(一切如來智印)	Sarvatathāgatajñānamudra
	11	우루빈라가섭(優樓頻囉迦葉)	Urviḷvākāśyapa
	12	가야가섭(伽耶迦葉)	Gayākāśyapa
	13	불안불모(佛眼佛母=虛空藏)	Buddhalocanī
	14	칠구지불모(七俱胝佛母=準提)	Saptakotibuddhamatṛ(Cuṇḍī)
	15	대용맹보살(大勇猛菩薩)	Mahāvīra
	16	대안락불공진실금강 (大安樂不空眞實金剛=普賢延命)	Vajrāmoghasamayasattva (Mahāsukhāmoghavajrasattva)
지持 명明 원院	17	반야바라밀보살(般若波羅蜜菩薩)	Prajñāpāramitā
	18	부동명왕(不動明王)	Acalanātha
	19	항삼세명왕(降三世明王)	Vajrahūṃkāra
	20	대위덕명왕(大威德明王)	Yamāntaka
	21	승삼세명왕(勝三世明王)	Trailokyavijāya
연蓮 화華 부部 원院 ‖ ‖ 관觀 음音	22	연화부발생보살(連華部發生菩薩)	Padmakulodbhava
	23	대세지보살(大勢至菩薩)	Mahāsthāmaprāpta
	24	비구지보살(毘俱胝菩薩)	Bhṛkuṭī
	25	성관자재보살(聖觀自在菩薩)	Āryāvalokiteśvara
	26	다라보살(多羅菩薩)	Tārā
	27	대명백신보살(大明白身菩薩)	Gaurimahāvidya
	28	마두관음보살(馬頭觀音菩薩)	Hayagrīva
	29	대수구보살(大隨求菩薩)	Mahāpratisara
	30	살타바대길상보살 (薩埵婆大吉祥菩薩)	Stāpamahāśrī
	31	야륜다라보살(耶輪陀羅菩薩)	Yaśodhara
	32	여의륜보살(如意輪菩薩)	Cintāmaṇicakra
	33	대길상대명보살(大吉祥大明菩薩)	Mahāśrīmahāvidya
	34	대길상명보살(大吉祥明菩薩)	Śrīmahāvidya
	35	적류명보살(寂留明菩薩)	Śivāvahavidya
	36	피엽의보살(被葉衣菩薩)	Palāśāmbari
	37	백신관자재보살(白身觀自在菩薩)	Śvetabhagavatī
	38	풍재보살(豊財菩薩)	Bhogavatī
	39	불공견삭보살(不空羂索菩薩)	Amoghapāśa
	40	수길상보살(水吉祥菩薩)	Dakāśrī
	41	대길상변보살(大吉祥变菩薩)	Lakṣmamahāvidya
	42	백처관자재보살(白處觀自在菩薩)	Pāṇḍaravāsinī
	43	다라사자(多羅使者)	Tārāceṭī

원院	44	연화군다리보살(蓮華軍荼利菩薩)	Padmakuṇḍalī
	45	만공양사자(鬘供養使者)	Mālāpūjā
	46	연화사자(蓮華使者)	Padmakulaceṭī
	47	연화사자삼위(蓮華使者三位)	Padmadūtī
	48	사자(使者)	Dūtī
	49	보공양사자(寶供養使者)	Ratnapūjā
	50	소향공양사자(燒香供養使者)	Gandhapājā
	51	연화부사자(連華部使者)	Padmakulaceṭī
	52	사자(使者)	Dūtī
	53	연화부사자(連華部使者)	Padmakulaceṭī
	54	도향공양사자(塗香供養使者)	Dhūpapūjā
	55	연화부사자(連華部使者)	Padmakulaceṭī
금金 강剛 부部 원院 ‖ ‖ 금金 강剛 수手 원院	56	발생금강보살(發生金剛菩薩)	Vajrakulodbhava
	57	금강구녀보살(金剛鉤女菩薩)	Vajraṅkuśī
	58	금강수지금강보살 (金剛手持金剛菩薩)	Vajrahastavajradhara (Māmakī)
	59	금강살타(金剛薩埵)	Vajrasattva
	60	지금강봉보살(持金剛棒菩薩)	Vajrāgradhārī
	61	금강권보살(金剛拳菩薩)	Vajramuṣṭī
	62	분노월염보살(忿怒月黶菩薩)	Krodhacandratilaka
	63	허공무구지금강보살 (虛空無垢持金剛菩薩)	Gaganāmalavajradhara
	64	금강뇌지보살(金剛牢持菩薩)	Śivajradhara
	65	분노지금강보살(忿怒持金剛菩薩)	Vajrāgravajradhara
	66	허공무변초월보살 (虛空無邊超越菩薩)	Gaganānantavikrama
	67	금강쇄보살(金剛鎖菩薩)	Vajraśṛnkhala
	68	금강지보살(金剛持菩薩)	Vajradhara
	69	지금강리보살(持金剛利菩薩)	Vajrāgrasharaka
	70	금강륜지보살(金剛輪持菩薩)	Cakravajradhara
	71	금강예보살(金剛銳菩薩)	Vajravikhyāta
	72	이열지금강보살(懌悅持金剛菩薩)	Suratavajradhara
	73	금강아보살(金剛牙菩薩)	Vajradaṃṣtra
	74	이희론보살(離戱論菩薩)	Niṣpapañcavihārī
	75	지묘금강(持妙金剛)	Suvajradhara
	76	대륜금강(大輪金剛)	Mahācakravajra
	77	금강사자(金剛使者)	Vajraceṭa
	78	금강사자(金剛使者)	Vajraceṭa
	79	금강군다리(金剛軍荼利)	Vajrakuṇḍalī
	80	금강구녀(金剛鉤女)	Vajrāṅkuśī
	81	금강사자(金剛使者)	Vajraceṭa
	82	대력금강(大力金剛)	Mahābala

	83	금강동자(金剛童子)	Kanikrodha
	84	손바보살(孫婆菩薩)	Sumbha
	85	금강사자(金剛使者)	Vajraceṭa
	86	금강권보살(金剛拳菩薩)	Vajramuṣṭī
	87	금강사자(金剛使者)	Vajraceṭa
	88	금강왕보살(金剛王菩薩)	Vajrarāja
	89	여래사(如來捨)	Tathāgatopekṣa
	90	여래희(如來喜)	Tathāgatamudita
	91	사리불(舍利弗)	Śāriputra
	92	가섭파(迦葉波)	Kāśyapa
	93	수보리(須菩提)	Subhūti
	94	대목건련(大目犍連)	Maudgalyāna
	95	다마라향벽지불(多摩羅香辟支佛)	Tamālapatra
	96	전단향벽지불(栴檀香辟支佛)	Candanagandhapratyekabuddha
	97	여래삭걸디(如來鑠乞底)	Tathāgataśakti
	98	여래자(如來慈)	Tathāgatamaitri
	99	여래민(如來愍)	Tathāgatamṛditā
	100	여래비(如來悲)	Tathāgatakaruṇā
	101	무량음성불정(無量音聲佛頂)	Anantasvaraghoṣacakravartī
	102	광취불정(光聚佛頂)	Tejorāśyuṣṇīṣa
	103	대전륜불정(大轉輪佛頂)	Mahoṣṇiṣacakravartī
석釋	104	여래호상(如來毫相)	Tathşgatatūla
	105	일체여래보(一切如來寶)	Sarvatathşgatamaṇi
	106	석가모니불(釋迦牟尼佛)	Śākyamuni
가迦	107	허공장보살(虛空藏菩薩)	Akasagarbha
	108	관자재보살(觀自在菩薩)	Avalikiteśvara
원院	109	무능승비(無能勝妃)	Aparājitavidyārājñī
	110	무능승금강(無能勝金剛)	Aparājita
	111	여래아(如來牙)	Tathāgatadaṃṣṭra
	112	윤폭벽지불(輪幅辟支佛)	Nemipratiekabuddha
	113	보폭벽지불(寶幅辟支佛)	Ratnanemi
	114	구치라(拘絺羅)	Koṣṭhila
	115	아난(阿難)	Ānanda
	116	가전연(迦旃延)	Kātyāyana
	117	우바리(優波離)	Upāli
	118	지구치라(智拘絺羅)	Jñānakoṣṭhila
	119	공양운해(供養雲海)	Pūjāmeghasāgara
	120	백산개불정(白傘蓋佛頂)	Sitātapatroṣṇīsa
	121	승불정(勝佛頂)	Jayoṣīisa
	122	최승불정(最勝佛頂)	Vijayoṣṇīsa
	123	고불정(高佛頂)	Abhyudgatoṣṇīsa
	124	최쇄불정(摧碎佛頂)	Tathāgatavikiraṇoṣṇīsa

	125	여래설(如來舌)	Tathāgatajihva
	126	여래어(如來語)	Tathāgatavaktra
	127	여래소(如來笑)	Tathāgatahāsa
문文 수殊 원院	128	동모로(瞳母嚕)	Tumburu
	129	비자야(毘者耶)	Vijayā
	130	자야(若心耶)	Jayā
	131	아이다(阿爾多)	Ajitā
	132	아파라이다(阿波羅爾多)	Aparājitā
	133	묘음보살(妙音菩薩)	Mañjughoṣa
	134	월광보살(月光菩薩)	Candraprabha
	135	무구광보살(無垢光菩薩)	Vimalaprabha
	136	보관보살(寶冠菩薩)	Ratnakūṭa
	137	광망보살(光網菩薩)	Jālinīprabha
	138	묘길상보살(妙吉祥菩薩)	Manjuśri
	139	관자재보살(觀自在菩薩)	Avalokiteśvara
	140	보현보살(普賢菩薩)	Samantabhadra
	141	사자대호문(使者對護門)	Abhimukhadvārapāla
	142	사자대호문(使者對護門)	Abhimukhadvārapāla
	143	계설니(髻設尼)	Keśinī
	144	오파계설니(隖波髻設尼)	Upakeśinī
	145	질다라(質多羅)	Citrā
	146	지혜(地慧)	Vasumatī
	147	구소사자(鉤召使者)	Ākarṣaṇī
	148	사자(使者)	Kiṃkāriṇī
	149	사자(使者)	Kiṃkāriṇī
	150	사자(使者)	Kiṃkāriṇī
	151	사자(使者)	Kiṃkāriṇī
	152	사자(使者)	Kiṃkāriṇī
제除 개蓋 장障 원院	153	구호혜(救護慧)	Paritrāṇāśayamati
	154	파악취(破惡趣)	Apāyajaha
	155	시무외(施無畏)	Abhayaṃdada
	156	현호(賢護)	Bhadrapāla
	157	제개장(除蓋障)	Sarvanīvaraṇaviṣkambhī
	158	비민(悲愍)	Karuṇāmṛditamati
	159	자발생(滋發生)	Maitryabhyudgata
	160	절제열뇌(折諸熱惱)	Sarvadāhaparaśamita
	161	부사의혜(不思議慧)	Acintyamatidatta
지地 장藏 원院	162	제일체우명보살(除一切憂冥菩薩)	Sarvaśokatamoghatamati
	163	불공견보살(不空見菩薩)	Amoghadarśana
	164	보수보살(寶手菩薩)	Ratnapāṇi
	165	보광보살(寶光菩薩)	Ratnakara
	166	지장보살(地藏菩薩)	Kṣitigarbha
	167	보인수보살(寶印手菩薩)	Ratnamudrāhasta

	168	지지보살(持地菩薩)	Dharaṇidhara
	169	견고심심보살(堅固深心菩薩)	Dṛdhādhyāśaya
	170	일광보살(日光菩薩)	Sūryaprabha
허虛 공空 장藏 보菩 살薩	171	천수천안관자재(千手千眼觀自在)	Sahasrabhujāryāvalokiteśvara
	172	비천(飛天)	Devatā
	173	비천(飛天)	Devatā
	174	공덕천(功德天)	Śrīdevī
	175	파수대선(婆藪大仙)	Vasvṛṣī
	176	선바라밀(禪波羅蜜)	Dhyānapāramitā
	177	정진바라밀(精進波羅蜜)	Vīryapāramitā
	178	인바라밀(忍波羅蜜)	Kṣāntipāramitā
	179	계바라밀(戒波羅蜜)	Sīlapāramitā
	180	단바라밀(壇波羅蜜)	Dānapāramitā
	181	불공구관자재(不空鉤觀自在)	Amoghāṅkuśa
	182	분노구관자재(忿怒鉤觀自在)	Amoghakrodhāṅkuśarāja
	183	생념처보살(生念處菩薩)	Smṛtijātya
	184	공발의전륜(共發意轉輪)	Sahacittodpādadharmacakra
	185	허공장보살(虛空藏菩薩)	Ākāśagarbha
	186	혜바라밀(慧波羅蜜)	Prajñāpāramitā
	189	력바라밀(力波羅蜜)	Balapāramitā
	190	지바라밀(智波羅蜜)	Jñānapāramitā
	191	무구서보살(無垢逝菩薩)	Vimalagata
	192	소바호보살(蘇婆呼菩薩)	Subāhu
	193	금강침보살(金剛針菩薩)	Vajrasūci
	194	소실지가라(蘇悉地伽羅)	Susiddhikara
	195	만다라보살(曼荼羅菩薩)	Mahācakra
	196	일백팔비금강장왕(一百八臂金剛藏王)	Aṣṭottarasatabhujavajra
	197	비천(飛天)	Devatā
	198	비천(飛天)	Devatā
소蘇 실悉 지地 원院	199	십일면관자재(十一面觀自在)	Ekādaśamukha
	200	일계나찰(一髻羅刹)	Ekajaṭārākṣasa
	201	공작왕모보살(孔雀王母菩薩)	Mahāmāyūrī
	202	불공공양보살(不空供養菩薩)	Amoghapūjāmaṇi
	203	불공금강(不空金剛)	Amoghavajara
	204	금강군다리(金剛軍荼利)	Vajrakuṇḍalī
	205	금강장보살(金剛將菩薩)	Vajrasena
	206	금강명왕(金剛明王)	Vidyottama
최最 외外 원院	207	이사나(伊舍那)	Īśāna
	208	희면천(喜面天)	Nandīmukha
	209	상취천(常醉天)	Sadāmatta
	210	기수천후(器手天后)	Karoṭapāṇinī
	211	기수천(器手天)	Karoṭapāṇi
	212	견뇌신후(堅牢神后)	Dharaṇidharī

북北 동東	213	견뇌지신(堅牢地神)	Dharaṇidhara
	214	비상천(非想天)	Naivasaṃjñāyatana
	215	무소유처천(無所有處天)	Ākiṃcanāyatana
	216	식무변처천(識無邊處天)	Vijñānanantāyatana
	217	공무변처천(空無邊處天)	Ākāśānantāyatana
	218	일천후(日天后)	Ādityaparivāra
	219	일천(日天)	Āditya
	220	미자야(微闍耶)	Vijayā
	221	제석천(帝釋天)	Śakra
	222	수문천(守門天)	Devatā
	223	수문천녀(守門天女)	Devatā
최最 외外 원院 동東	224	수문천(守門天)	Devatā
	225	수문천녀(守門天女)	Devatā
	226	지국천(持國天)	Dhṛtarāṣṭra
	227	대범천(大梵天)	Brahmā
	228	묘수(昴宿)	Kṛttikā
	229	필수(畢宿)	Rohiṇī
	230	참수(參宿)	Ārdrā
	231	자수(觜宿)	Mṛgaśiras
	232	귀수(鬼宿)	Puṣya
	233	유수(柳宿)	Āṣleṣā
	234	정수(井宿)	Punarvasū
	235	백양궁(白羊宮)	Meṣa
	236	우밀궁(牛密宮)	Vṛṣa
	237	부부궁(夫婦宮)	Mithuna
	238	부부궁(夫婦宮)	Mithuna
	239	혜성(彗星)	Ketu
	240	유성(流星)	Nirghātaketu
	241	일요(日曜)	Sūrya
	242	일요권속(日曜眷屬)	Sūryaparicarā
	243	파수선후(婆藪仙后)	Vasvī
	244	파수선(婆藪仙)	Vasu
	245	화천비(火天妃)	Agnāyī
	246	화천(火天)	Agni
최最 외外 원院	247	아예라선(阿詣羅仙)	Aṅgiras
	248	아예라선후(阿詣羅仙后)	Aṅgirasī
	249	구담선(瞿曇仙)	Gautama
	250	구담선후(瞿曇仙后)	Gautamī
	251	자재녀(自在女)	Rudrā
	252	비뉴녀(毘紐女)	Vaiṣṇavī
	253	야마녀(夜摩女)	Yamī
	254	현병궁(賢瓶宮)	Kumbha
	255	마갈궁(摩竭宮)	Makara

동東 남南	256	쌍어궁(雙魚宮)	Mīna
	257	라후성(羅睺星)	Rāhu
	258	목요(木曜)	Bṛhaspati
	259	화요(火曜)	Aṅgāraka
	260	진수(軫宿)	Hastā
	261	성수(星宿)	Maghā
	262	항수(亢宿)	Svātī
	263	장수(張宿)	Pūrvaphalgunī
	264	익수(翼宿)	Uttaraphalgunī
	265	각수(角宿)	Citrā
	266	저수(氐宿)	Viśākhā
	267	약차지명(藥叉持明)	Yakṣavidyādhara
	268	지명사자(持明使者)	Yakṣavidyādharī
	269	지명사자(持明使者)	Yakṣavidyādharī
	270	증장천(增長天)	Virūḍhaka
	271	대사천(大使天)	Mahādūta
	272	난타용왕(難陀龍王)	Nandanāgarāja
	273	오파난타용왕(烏波難陀龍王)	Upananda
최最 외外 원院 남南	274	아수라왕(阿修羅王)	Asurarāja
	275	아수라(阿修羅)	Asura
	276	흑암천녀(黑暗天女)	Kālarātṛ
	277	염마라왕(焰摩羅王)	Yamarāja
	278	대산부군(大山府君)	Citragupta
	279	대사자귀(大使者鬼二位)	Mṛtyugaṇa
	280	비사사(毘舍使)	Piśācī
	281	비사차(毘舍遮六位)	Piśāca
	282	나길니(拏吉尼六位)	Ḍākiṇī
	283	사귀(死鬼)	Mṛtyu
	284	성취지명선(成就持明仙四位)	Siddhavidyādhara
	285	마니아수라(摩尼阿修羅三位)	Maṇyasura
	286	아수라(阿修羅三位)	Asura
	287	가루라(迦樓羅三位)	Garuḍa
	288	구반다(鳩槃茶二位)	Kumbhāṇḍa
	289	나찰동(羅刹童二位)	Rākṣasa
최最 외外 원院	290	열리제왕(涅里帝王)	Nirṛtirāja
	291	나찰녀이위(羅刹女二位)	Rākṣasī
	292	대자재천(大自在天)	Maheśvara
	293	오마비(烏摩妃)	Umā
	294	범천녀(梵天女)	Brāhmī
	295	제석녀(帝釋女)	Śakrāṇī
	296	구마리(鳩摩利)	Kumarī
	297	차문다(遮文茶)	Cāmuṇḍa
	298	남(男)	Manuśya

남南 서西	299	여(女)	Manuśyā
	300	수요(水曜)	Budha
	301	토요(土曜)	Śanaiścara
	302	월요(月曜)	Soma
	303	칭궁(秤宮)	Tulā
	304	궁궁(弓宮)	Dhanu
	305	갈궁(蝎宮)	Vṛścika
	306	녀수(女宿)	Śravaṇā
	307	두수(斗宿)	Uttarāsāḍhā
	308	우수(牛宿)	Abhijit
	309	기수(箕宿)	Pūrvasāḍhā
	310	미수(尾宿)	Mūla
	311	심수(心宿)	Jyeṣṭhā
	312	방수(房宿)	Anurādhā
	313	수천권속(水天眷屬)	Varuṇaparicarā
	314	수천(水天)	Varuṇa
	315	난타용왕(難陀龍王)	Nanda
	316	발난타용왕(跋難陀龍王)	Upananda
최最 외外 원院 서西	317	대면문(對面門)	Abhimukha
	318	난파천(難破天)	Dhūrdhana
	319	광목천(廣目天)	Virūpakṣa
	320	수천(水天)	Varuṇa(Nāgarāja)
	321	수천비(水天妃)	Vārunāṇī
	322	수천비권속(水天妃眷屬)	Varunanīparicarā
	323	나라연천(那羅延天)	Nārāyaṇa
	324	나라연천비(那羅延天妃)	Nārāyaṇī
	325	변재천(辨財天)	Sarasvatī
	326	구마라천(鳩摩羅天)	Kumāra
	327	월천(月天)	Candra
	328	월천비(月天妃)	Candrā
	329	고천(鼓天)	Vādyadevatā
	330	가천(歌天)	Gitā
	331	가천(歌天)	Gitā
	332	낙천(樂天)	Sukhadevatā
	333	풍천비권속(風天妃眷屬)	Vāyavīparicarā
	334	풍천비(風天妃)	Vayavī
	335	풍천동자(風天童子二位)	Vāyudevatā
	336	풍천(風天)	Vāyu
	337	풍천동자(風天童子二位)	Vāyudevatā
최最 외外	338	광음천(光音天三位)	Ābhāsvara
	339	대광음천(大光音天)	Bṛhadābhāsvara
	340	도솔천(兜率天三位)	Tuṣita
	341	타화자재천(他化自在天三位)	Paranimmitavaśavartī

원院 서西 북北	342	지만천(持鬘天三位)	Mālādhara
	343	성취지명선(成就持明仙三位)	Siddhavidyādhara
	344	마후라가(摩睺羅伽三位)	Mahoraga
	345	긴나라(緊那羅二位)	Kiṃnara
	346	가천이위(歌天二位)	Gitā
	347	낙천(樂天)	Vādyadharī
	348	제석천비(帝釋天妃)	Indrāṇī
	349	제석천(帝釋天)	Indra
	350	구비라(俱肥羅)	Kubera
	351	구비라녀(俱肥羅女)	Kauberī
최最 외外 원院 북北	352	난타용왕(難陀龍王)	Nanda
	353	오파난타용왕(烏波難陀龍王)	Upananda
	354	비사문천(毘沙門天)	Vaiśravaṇa
	355	성취선녀(成就仙女)	Siddhavidyādharī
	356	성취지명선(成就持明仙)	Siddhavidyādhara
	357	허수(虛宿)	Dhaniṣṭhā
	358	위수(危宿)	Śataviṣaj
	359	실수(室宿)	Pūrvabhādrapadā
	360	규수(奎宿)	Revatī
	361	벽수(壁宿)	Uttarabhādrapadā
	362	누수(婁宿)	Aśvinī
	363	위수(胃宿)	Bharaṇī
	364	소녀궁(小女宮)	Kanyā
	365	방해궁(螃蟹宮)	Karkaṭaka
	366	사자궁(師子宮)	Siṃha
	367	전귀(戰鬼)	Mṛdhayuddhājibhūta
	368	금요(金曜)	Śukra
	379	비나야가(毘那夜迦)	Vināyaka(Gaṇapati)
	370	마하가라(摩訶迦羅)	Mahākāla
	371	이사나천후(伊舍那天后)	Īśānī
참조:『眞言事典』295-301			

고유명사와 차례 및 주요술어 색인

KĀLI G.
MOR
Kapilavatthu I
SAKYA
Lumbinī
Sāvatthi
Kapilavatthu II
KOLIYA
ACIRAVATĪ
Sāketa
(Ayojjhā)
Kusināra
KOSALA
Lucknow
Gorakhpu
GHĀGARA
VAMSĀ
GOMATI
KĀLĀMA
GANGES
KĀSI
YAMUNĀ
Prayāga
(Allāhabād)
Sārnāth
Kosambī
Benares
AVANTI
M
부처님 당시의 도시들
부처님 이후의 도시들
네팔 국경선
부처님 당시의 강줄기
무역로